DROIT CONSTITUTIONNEL

Francis Hamon
Professeur émérite de la Faculté Jean Monnet
(Université de Paris XI)

Michel Troper
Professeur émérite de l'Université de Paris Nanterre
Membre de l'Institut universitaire de France

DROIT CONSTITUTIONNEL

42e édition
2021-2022

LGDJ
un savoir-faire de Lextenso

1, Parvis de La Défense • 92044 Paris La Défense Cedex
www.lgdj-editions.fr
ISBN : 978-2-275-09082-5 • ISSN 0990-3909

Sommaire

Principales abréviations 17
Bibliographie générale 19
Introduction Le droit constitutionnel 25
Section 1. Le droit constitutionnel ensemble de normes 25
§ 1. Le droit comme système de normes 25
§ 2. Le droit constitutionnel comme sous-système 31
Section 2. Le droit constitutionnel comme science 42
§ 1. Jusnaturalisme et positivisme 42
§ 2. Droit constitutionnel et science politique 46

PREMIÈRE PARTIE – THÉORIE GÉNÉRALE DE L'ÉTAT

Chapitre 1. La Constitution 55
Section 1. Les sources du droit constitutionnel 55
§ 1. La hiérarchie des sources de la constitution matérielle 57
§ 2. Les types de faits producteurs de droit 67
Section 2. Le contrôle de la suprématie de la Constitution 76
§ 1. Légitimité du contrôle de constitutionnalité 77
§ 2. Les formes du contrôle de constitutionnalité 80
§ 3. Le rôle des cours constitutionnelles dans le jeu politique 86
Chapitre 2. Le pouvoir 91
Section 1. Le cadre : l'État 91
§ 1. L'État et le droit 92
§ 2. L'État et l'espace, les formes d'organisation de l'État 95
Section 2. Les formes d'organisation du pouvoir 100
§ 1. Les formes de gouvernement 101
§ 2. Le principe de la séparation des pouvoirs 107
§ 3. Les régimes politiques 114
Section 3. Les techniques d'exercice du pouvoir 129
Sous-Section 1. Les fonctions de l'État 129
§ 1. La fonction législative 131
§ 2. La fonction exécutive 145
§ 3. La fonction juridictionnelle 157
§ 4. Les pouvoirs de crise 162
Sous-Section 2. La désignation des gouvernants : le scrutin 165
§ 1. Le droit de suffrage 165
§ 2. Les différents modes de scrutin 167
§ 3. Le choix d'un mode de scrutin 179

Section 4. Les justifications du pouvoir 183
§ 1. La représentation 184
§ 2. La souveraineté 192

DEUXIÈME PARTIE – LES PRINCIPAUX RÉGIMES CONSTITUTIONNELS ÉTRANGERS

Chapitre 1. Les régimes parlementaires 209
Section 1. Le régime britannique 209
§ 1. Les sources du droit constitutionnel britannique 212
§ 2. Les organes 216
§ 3. Le fonctionnement du système 228
§ 4. La dévolution 235
§ 5. Le parlementarisme dans le Commonwealth britannique 237
Section 2. Quelques variantes du régime parlementaire 241
§ 1. Le régime parlementaire en Allemagne 242
§ 2. Le régime parlementaire en Italie 250
§ 3. Le régime parlementaire en Espagne 259
§ 4. Le parlementarisme japonais 266
Chapitre 2. Le système constitutionnel des États-Unis 275
Section 1. Les organes 276
§ 1. Le Congrès 277
§ 2. Le président 287
§ 3. La Cour suprême 297
Section 2. Les rapports politiques 304
§ 1. Le fédéralisme 304
§ 2. Les rapports entre organes 306
Section 3. L'inexportabilité du système constitutionnel américain . 308
Chapitre 3. Les États de l'Europe centrale et orientale 313
Section 1. Le régime socialiste 314
§ 1. L'URSS 314
§ 2. Les démocraties populaires 317
§ 3. Les signes de dysfonctionnement 317
Section 2. Les transformations : de la perestroïka à l'éclatement de l'URSS (1985-1991) 319
§ 1. La perestroïka 319
§ 2. La disparition de l'URSS 320
Section 3. La situation actuelle 321
§ 1. La situation actuelle de la Russie 321

§ 2. La situation dans les anciennes démocraties populaires et les Républiques de l'ex-URSS 329
§ 3. Les variantes du régime socialiste hors d'Europe 334

Chapitre 4. L'Union européenne 343
Section 1. Les institutions 348
§ 1. Le Parlement européen 348
§ 2. Le Conseil européen 349
§ 3. Le Conseil 350
§ 4. La Commission européenne 350
§ 5. La Cour de justice (CJUE) 351
Section 2. Les compétences 352
Section 3. Quelques problèmes constitutionnels liés à la construction européenne 353
§ 1. Le fédéralisme 353
§ 2. La démocratie 357

TROISIÈME PARTIE – APERÇU SOMMAIRE D'HISTOIRE CONSTITUTIONNELLE DE LA FRANCE

Chapitre 1. Les Constitutions de la Révolution et de l'Empire .. 369
Section 1. L'œuvre de l'Assemblée nationale constituante 369
§ 1. La Déclaration des droits de l'Homme et du Citoyen de 1789-1791 370
§ 2. La Constitution du 3 septembre 1791 371
Section 2. Les Constitutions de la Convention 379
§ 1. La Constitution de 1793 380
§ 2. La Constitution du 5 fructidor an III 381
Section 3. Le Consulat et l'Empire 384
§ 1. La Constitution du 22 frimaire an VIII 384
§ 2. Les modifications de la Constitution de l'an VIII 386

Chapitre 2. La monarchie parlementaire 391
Section 1. La Charte du 4 juin 1814 391
§ 1. Caractères généraux 391
§ 2. Les pouvoirs publics 393
§ 3. La pratique politique introduit le régime parlementaire 393
Section 2. La Charte du 14 août 1830 394

Chapitre 3. L'avènement du suffrage universel 397
Section 1. La Constitution du 4 novembre 1848 397
Section 2. Du Prince-président au régime impérial 1852-1870 399
§ 1. La Constitution du 14 janvier 1852 399

§ 2. L'Empire 401
§ 3. Le sénatus-consulte du 21 mai 1870 402

Chapitre 4. La IIIe République 403

Section 1. L'élaboration des lois de 1875 403
§ 1. Le gouvernement de l'Assemblée nationale 404
§ 2. Les lois constitutionnelles de 1875 406

Section 2. L'organisation des pouvoirs publics 409
§ 1. Le Parlement 409
§ 2. Le pouvoir exécutif 412

Section 3. Le fonctionnement des pouvoirs publics 416
§ 1. La législation 417
§ 2. Le jeu du régime parlementaire dans le cadre de la Constitution de 1875 420
§ 3. Les déformations du régime parlementaire par la pratique politique 424

Chapitre 5. Les institutions politiques françaises de 1940 à 1946 427

Section 1. Le gouvernement de « l'État français » 427
§ 1. L'acte dit « loi constitutionnelle » du 10 juillet 1940 428
§ 2. L'organisation constitutionnelle du gouvernement de Vichy 429

Section 2. L'organisation de la continuité républicaine dans la France libre 431

Section 3. Les gouvernements provisoires et la préparation de la Constitution de 1946 432
§ 1. Le premier gouvernement provisoire 433
§ 2. Le régime provisoire de la loi constitutionnelle du 2 novembre 1945 434
§ 3. Le projet de Constitution du 19 avril 1946 437
§ 4. Le régime politique 439

Chapitre 6. La IVe République 443

Section 1. Notions générales 444
§ 1. Caractères de la Constitution de 1946 444
§ 2. La philosophie politique et sociale du régime 444

Section 2. L'organisation des pouvoirs publics 446
§ 1. Le Parlement 447
§ 2. Le pouvoir exécutif 451

Section 3. Le fonctionnement des pouvoirs publics 455
§ 1. La législation 456
§ 2. Les rapports entre les pouvoirs publics 457

QUATRIÈME PARTIE – LES INSTITUTIONS DE LA Ve RÉPUBLIQUE

Chapitre 1. Le cadre 465
Section 1. Origines et évolution de la Ve République 465
Sous-Section 1. Le problème de la réforme constitutionnelle en 1958 465
§ 1. Les maux 465
§ 2. Les remèdes 466
Sous-Section 2. Préparation et adoption de la Constitution 468
§ 1. Le retour au pouvoir du général de Gaulle 468
§ 2. La loi constitutionnelle du 3 juin 1958 470
§ 3. L'élaboration du projet 472
§ 4. Le référendum constituant du 28 septembre 1958 476
Sous-Section 3. La Constitution et son application 477
§ 1. La nature des institutions 477
§ 2. Les institutions et la conjoncture politique 480
Sous-Section 4. Les principes d'indivisibilité de la République et de la souveraineté nationale 492
§ 1. La République et ses collectivités composantes 492
§ 2. La République et l'Union européenne 498
Sous-Section 5. La rigidité constitutionnelle 504
§ 1. La révision dans le cadre de l'article 89 505
§ 2. La révision en dehors du cadre de l'article 89 507
§ 3. L'état actuel du problème de la révision 510
Section 2. Le suffrage et l'encadrement de la vie politique 516
Sous-Section 1. Le corps électoral 516
§ 1. La composition du corps électoral 516
§ 2. Les conditions d'exercice du droit de vote 519
§ 3. Les modalités de l'exercice du droit de vote 520
§ 4. Le problème des « discriminations positives » en matière électorale 522
Sous-Section 2. L'encadrement partisan 525
§ 1. Le statut des partis politiques 525
§ 2. L'évolution du système des partis 536
Sous-Section 3. Les principales votations politiques 537
§ 1. Les élections législatives 538
§ 2. L'élection présidentielle 555
§ 3. Le référendum 570
Sous-Section 4. La moralisation de la vie politique 588
§ 1. Le choix des collaborateurs 589
§ 2. Le pouvoir des parlementaires en matière de dépenses 590

§ 3. La prévention des conflits d'intérêts 590

Chapitre 2. Les organes 593

Section 1. Le statut du président de la République 593
§ 1. Durée et renouvellement des fonctions 593
§ 2. Responsabilité politique ou pénale du président 597
§ 3. Les pouvoirs du président 606
Section 2. Le gouvernement 629
§ 1. L'organisation du gouvernement 629
§ 2. Le statut des membres du gouvernement 636
§ 3. Les attributions du gouvernement 642
Section 3. Le Parlement 649
Sous-Section 1. Composition du Parlement 650
§ 1. L'Assemblée nationale 650
§ 2. Le Sénat 651
Sous-Section 2. La protection de l'exercice du mandat parlementaire 657
§ 1. Les moyens matériels des parlementaires 658
§ 2. Les incompatibilités et la limitation des cumuls 659
§ 3. La situation patrimoniale et les intérêts des parlementaires 665
§ 4. Les immunités parlementaires 666
Sous-Section 3. Organisation et fonctionnement des Chambres 668
§ 1. Les sessions 669
§ 2. Les organes du travail parlementaire 672
§ 3. La séance 681
Sous-Section 4. Le Conseil économique, social et environnemental (CESE) 687
Sous-Section 5. Les projets d'Emmanuel Macron 688
Section 4. Les rapports entre les pouvoirs 691
Sous-Section 1. Le contrôle informatif 692
§ 1. Les questions 692
§ 2. Les commissions d'enquête et les missions d'information 695
§ 3. Les propositions de résolution 697
§ 4. La notion d'évaluation des politiques publiques 703
Sous-Section 2. La responsabilité ministérielle 705
§ 1. La responsabilité du gouvernement devant l'Assemblée nationale 705
§ 2. L'absence de responsabilité du gouvernement devant le Sénat 712
Sous-Section 3. Le contrôle parlementaire en période de crise 713
Sous-Section 4. Le droit de dissolution 718

Chapitre 3. Types de normes et compétences normatives 723
Section 1. Les normes dotées d'une autorité supérieure à celle des lois 723
§ 1. Les normes constitutionnelles 724
§ 2. Les normes internationales 725
Section 2. Les normes législatives et réglementaires 739
§ 1. La fonction normative de la loi 740
§ 2. La séparation du domaine législatif et du domaine réglementaire 742
Section 3. L'élaboration de la loi dans le cadre parlementaire 754
§ 1. Les lois ordinaires 754
§ 2. Les procédures législatives spéciales 777
§ 3. Le problème de l'inflation législative 787
Section 4. L'élaboration de la loi en dehors du cadre parlementaire 789
§ 1. La législation gouvernementale : les ordonnances de l'article 38 789
§ 2. La législation populaire : les lois adoptées par la voie du référendum 797
§ 3. La législation présidentielle : les décisions prises en application de l'article 16 799

Chapitre 4. Justice et Constitution 805
Section 1. Le Conseil constitutionnel 806
Sous-Section 1. Composition et organisation du Conseil constitutionnel 807
Sous-Section 2. Les compétences du Conseil constitutionnel 816
§ 1. Le contrôle abstrait 818
§ 2. Le contrôle concret : la question prioritaire de constitutionnalité 829
Sous-Section 3. Le développement du rôle du Conseil constitutionnel 845
§ 1. L'assouplissement de la saisine 845
§ 2. La richesse des normes de référence 847
§ 3. La gradation savante des verdicts 851
§ 4. L'impact de la jurisprudence du Conseil constitutionnel 854
Section 2. Les juridictions judiciaires et administratives 866
§ 1. L'autorité judiciaire 867
§ 2. Les juridictions administratives 874
Section 3. Le Défenseur des droits 875
Index 881

Avertissement

Ce livre est la 42e édition du manuel de droit constitutionnel, dont les premières éditions jusqu'à la 20e ont été rédigées par Georges Burdeau. Ce livre était devenu un classique. Georges Burdeau nous avait fait l'honneur de nous demander de préparer la 21e édition et les suivantes.

Depuis la 21e édition, la science du droit constitutionnel et le droit constitutionnel lui-même ont connu une évolution considérable, dont il nous a fallu rendre compte et l'ouvrage a été profondément remanié. Néanmoins, si son contenu est aujourd'hui très sensiblement différent, nous avons toujours procédé dans un souci de fidélité à l'esprit dans lequel Georges Burdeau avait conçu ce manuel et qu'il exposait dans la préface de la 20e édition : construire une théorie susceptible de servir d'instrument pour l'analyse du droit constitutionnel positif.

Francis Hamon
Michel Troper

Avant-propos

Les manuels de droit constitutionnel sont très nombreux et variés. Si les questions traitées sont les mêmes, les approches et les doctrines peuvent être profondément différentes.

Ces différences s'expliquent : en effet, ce que l'on appelle la science du droit constitutionnel n'est pas seulement une somme de connaissances. C'est aussi un ensemble de problèmes auxquels les réponses les plus diverses peuvent être apportées. La pertinence et la cohérence de ces réponses dépendent de la rigueur du raisonnement qui les justifie. Et il est au moins aussi important d'acquérir la maîtrise du raisonnement que de retenir les grands traits des systèmes constitutionnels.

L'un des moyens d'y parvenir est de confronter sur chaque question les thèses de plusieurs auteurs. Cette confrontation ne peut cependant être fructueuse que si l'on prend en compte tous les présupposés explicites ou implicites des raisonnements. Les plus importants tiennent au langage. Bien des différences doctrinales peuvent s'éclairer et bien des problèmes se dissiper, dès lors qu'on s'aperçoit qu'ils tiennent principalement aux usages linguistiques. La maîtrise du raisonnement suppose donc la maîtrise d'un langage et c'est pourquoi, dans la première partie du présent ouvrage, un soin particulier a été apporté à la définition des concepts fondamentaux.

Si le droit constitutionnel était formé, comme on l'imagine parfois, d'un petit nombre de principes fixes et établis, que l'on pourrait combiner de diverses manières et à partir desquels on pourrait déduire toutes les règles particulières, la difficulté résiderait avant tout dans l'exposé et la compréhension des principes, et il suffirait de partir de quelques définitions pour procéder ensuite de manière linéaire. Mais, il n'en va pas ainsi et le contenu des principes emprunte toujours aux règles qui sont censées en découler. Les étudiants doivent admettre que l'ordre des chapitres a quelque chose d'arbitraire et que la compréhension des premiers suppose parfois la connaissance des autres. On ne saurait donc trop conseiller de revenir sur les premiers chapitres après la lecture de l'ensemble.

Une bonne méthode consiste à faire des allers et retours entre la partie générale et les chapitres particuliers.

Il n'y a pas en matière juridique de science certaine et l'exposé du droit constitutionnel dépend des interprétations qu'on en donne et de la méthode que l'on adopte. Celles des deux coauteurs de cet ouvrage ne sont pas toujours identiques à celles des autres auteurs de manuels, mais ils sont pour ce qui les concerne d'accord sur l'essentiel. Dans le cas exceptionnel où cet accord n'existerait pas, ils le préciseraient dans une note infrapaginale signée de l'un d'eux seulement. L'art du juriste réside avant tout dans la confrontation des arguments. C'est pourquoi les étudiants devraient s'efforcer de compléter l'étude du manuel par la lecture de certaines au moins des publications auxquelles il renvoie.

Pour faciliter la recherche, nous avons choisi d'utiliser les conventions du *Chicago Manual of Style*, qui permettent de limiter le volume des références contenues dans le texte. Chacune de ces références est donnée selon le modèle suivant :

(Kelsen, 1962, p. 237).

On se reportera alors à la bibliographie, qui figure à la fin de chaque chapitre, pour y trouver les indications complètes ou, s'agissant d'ouvrages généraux, à la bibliographie qui figure en tête du livre.

KELSEN Hans (1962), *Théorie pure du droit*, Paris, Dalloz, trad. fr., Ch. Eisenmann.

Cela signifie que pour effectuer une recherche bibliographique sur un sujet donné, il faut d'abord rechercher les références dans les parties du texte où ce sujet est traité.

Nous nous sommes cependant écartés de cette convention pour ce qui concerne le *Traité de science politique* de G. Burdeau, auquel nous renvoyons à maintes reprises, sans mention de date, mais en indiquant le numéro du volume et ceux des paragraphes.

Principales abréviations

AA. VV.	Auteurs divers
AJDA	Actualité Juridique Droit Administratif
C	Constitution
Cs	Revue « Constitutions »
CC	Conseil constitutionnel
CCC	Cahiers du Conseil constitutionnel (v. aussi NCCC « Nouveaux Cahiers du Conseil constitutionnel »)
CESE	Conseil économique, social et environnemental
CJCE	Cour de justice des Communautés européennes
CJUE	Cour de justice de l'Union européenne
CNCCFP	Commission des Comptes et Campagne et des Financements Politiques
CE	Conseil d'État
CEDH	Convention européenne des Droits de l'Homme
C. élect.	Code électoral
C. pén.	Code pénal
CSA	Conseil supérieur de l'audiovisuel
CSM	Conseil supérieur de la magistrature
D.	Dalloz
Doc. Fran.	Documentation française
DROM	Département et région d'outre-mer
FSNP	Fondation Nationale des Sciences Politiques
GA	Long, Weil et Braibant, *Les Grands Arrêts de la Jurisprudence administrative*, 14e éd., Paris, Dalloz, 2003
GD	Favoreu et Philip, *Les Grandes Décisions du Conseil constitutionnel*, Paris, Dalloz, 12e éd., 2003
IRFM	Indemnité représentative de frais de mandat
JCP	Jurisclasseur Périodique – La Semaine Juridique
JO	*Journal officiel*
L.	Loi
LO	Loi organique
LCEFP	Loi-cadre d'équilibre des finances publiques
LR	Les Républicains
LREM	La République En Marche
NCCC	Nouveaux Cahiers du Conseil constitutionnel
NED	Notes et Études Documentaires
PA	Petites affiches
PECO	Pays d'Europe Centrale et Orientale
PFRLR	Principes fondamentaux reconnus par les lois de la République
POL	Politeia (Cahiers de l'Association Française des Auditeurs de l'Académie Internationale de Droit Constitutionnel)
PUAM	Presses universitaires d'Aix-Marseille

PUF	Presses universitaires de France
QPC	Question prioritaire de constitutionnalité
R.	Règlement
RA	Revue administrative
RDP	Revue du Droit Public et de la Science Politique
RFDA	Revue Française de Droit administratif
RFDC	Revue Française de Droit constitutionnel
RFSP	Revue Française de Science politique
RJP	Revue Juridique et Politique
RPP	Revue Politique et Parlementaire
Rec.	Recueil des décisions du Conseil d'État ou des décisions du Conseil constitutionnel
RSA	Regards sur l'actualité
S.	Sirey
TCE	Traité sur la Communauté européenne
TSCG	Traité sur la stabilité, la coordination et la gouvernance économique et financière
TUE	Traité sur l'Union européenne

Bibliographie générale

Ouvrages généraux

1. Traités

BARTHÉLÉMY J. et DUEZ P. (1985), *Traité de droit constitutionnel*, 2e éd. [1933], Paris, Economica, rééd., nouv. rééd. 2004, Paris, Éditions Panthéon-Assas.

BURDEAU G., *Traité de science politique*, Paris, LGDJ.

T. I. – *Présentation de l'univers politique*, 1980, 3e éd., vol. 1, *Société politique et droit* ; vol. 2, *Le pouvoir politique*.

T. II. – *L'État*, 3e éd., 1980.

T. III. – *La dynamique politique*, 3e éd., vol. 1, *Les Forces politiques*, 1982 ; vol. 2, *La dialectique de l'ordre et du mouvement*, 1981.

T. IV. – *Le statut du pouvoir dans l'État*, 3e éd., 1984.

T. V. – *Les régimes politiques*, 3e éd., 1985.

T. VI. – *L'État libéral*, 2e éd., 2 vol., 1971.

T. VII. – *La démocratie gouvernante. Son assise philosophique et sociale*, 2e éd., 1972.

T. VIII. – *La démocratie et les contraintes du Nouvel âge*, 2e éd., 1974.

T. IX. – *Les façades institutionnelles de la démocratie gouvernante*, 2e éd., 1976.

T. X. – *La révolte des colonisés*, 3e éd., 1986.

CARRÉ DE MALBERG R. (1921), *Contribution à la théorie générale de l'État*, 2 vol., Paris, nouv. éd. 2003, Paris, Dalloz.

DUGUIT L. (1930), *Traité de droit constitutionnel*, 5 vol., Paris, Cujas, nouvelle édition, 1981.

ESMEIN A. (1914), *Éléments de Droit constitutionnel français et comparé*. Avant-propos de D. Chagnollaud, Paris, reproduction de la 6e éd., Éditions Panthéon-Assas, 2001.

ESMEIN A. (1928), *Traité de droit constitutionnel*, 2e éd., revue par H. Nézard, Paris, Sirey.

HAURIOU M. (1929), *Précis de droit constitutionnel*, Paris, rééd. CNRS, 1975.

JELLINEK G. (1905), *L'État moderne et son droit*, Préface Olivier Jouanjan, nouvelle édition, Paris, Panthéon-Assas, 2 vol. 2005.

KELSEN H.,

– (1945), *Théorie générale du droit et de l'État*, Paris, LGDJ, trad. fr. 1997.

– (1962), *Théorie Pure du Droit*, trad. française de la 2e éd., Paris, LGDJ, rééd. 1999.

LAFERRIÈRE J. (1947), *Manuel de droit constitutionnel*, 2e éd., Paris, Domat-Montchrestien.

SCHMITT C. (1928), *Théorie de la Constitution*, Paris, PUF, trad. fse. 1993, Préface d'Olivier Beaud.

VEDEL G. (1949), *Manuel élémentaire de droit constitutionnel*, Paris, Dalloz, rééd. 2002 présentée par Guy Carcassonne et Olivier Duhamel.

2. Manuels

ARDANT Ph. et MATHIEU B. (2021), *Droit constitutionnel et institutions politiques* , Paris, LGDJ, 33e éd.

BARANGER D. (2017), *Le droit constitutionnel*, Paris, PUF, coll. Que sais-je ?, 7e éd.

BOUDON J. (2016), *Manuel de droit constitutionnel*, 2 vol., Paris, PUF.

CHAGNOLLAUD D. (2017), *Droit constitutionnel contemporain*, 3 vol., Paris, Dalloz, 9e éd.

CHANTEBOUT B. (2015), *Droit constitutionnel*, Paris, Sirey université, 32e éd.

COHENDET M.-A. (2021), *Droit constitutionnel*, Paris, LGDJ, 5e éd.

CONSTANTINESCO V. et PIERRÉ-CAPS S. (2016), *Droit constitutionnel*, Paris, PUF, 7e éd.

DUHAMEL O. et TUSSEAU G. (2016), *Droit constitutionnel et Institutions politiques*, Paris, Seuil, 4e éd.

FAVOREU L. et *al.* (2019), *Droit constitutionnel*, Paris, Dalloz, 21e éd.

GICQUEL J. et GICQUEL J.-E. (2021), *Droit constitutionnel et institutions politiques*, Paris, LGDJ, 35e éd.

LE POURHIET A.-M. (2017), *Droit constitutionnel*, Paris, Economica, 8e éd.

PACTET P., MÉLIN-SOUCRAMANIEN F. (2018), *Droit constitutionnel*, Paris, Sirey, 37e éd.

PIERRÉ-CAPS S. (2015), *Droits constitutionnels étrangers*, Paris, PUF.

PORTELLI H. (2017), *Droit constitutionnel*, Paris, Dalloz, 12e éd.

ROUSSEAU D. et VIALA A. (2004), *Droit constitutionnel*, Paris, Montchrestien.

ROUVILLOIS F. (2017), *Droit constitutionnel. Tome 1. Fondements et pratiques*, Paris, Flammarion, 6e éd.

VERPEAUX M. (2015), *Droit constitutionnel français*, Paris, PUF, 2e éd.

ZOLLER E. et MASTOR W. (2021), *Droit constitutionnel*, Paris, PUF.

3. Histoire constitutionnelle

BODINEAU P. et VERPEAUX M. (2016), *Histoire constitutionnelle de la France*, Paris, PUF, coll. Que sais-je ?, 5e éd.

BRAUD P. et BURDEAU F. (1992), *Histoire des idées politiques depuis la Révolution*, Paris, Montchrestien, 2e éd.

CHEVALLIER J.-J. (2009), *Histoire des institutions et des régimes politiques de la France de 1789 à 1958*, Paris, Dalloz, 9e éd.

DESLANDRES M. (1932-1937), *Histoire constitutionnelle de la France*, 3 vol., Paris, A. Colin : recueil Sirey.

MORABITO M. (2020), *Histoire constitutionnelle de la France* (1787-1958), Paris, LGDJ, 16e éd.

REMOND R. (2005), *La vie politique en France depuis 1789*, 2 vol., Paris, Pocket.

SZRAMKIEWICZ R., BOUINEAU J. (1998), *Histoire des institutions, 1750-1914*, Paris, Litec, 4e éd.

VELLEY S. (2009), *Histoire constitutionnelle française de 1789 à nos jours*, Paris, Ellipses, 3e éd.

Recueil de textes

DUGUIT L., MONNIER H., BONNARD R. et BERLIA G. (1952), *Les constitutions et les principales lois politiques de la France depuis 1789*, Paris, LGDJ, 7e éd.

RIALS S. (2017), *Textes constitutionnels français*, Paris, PUF, coll. Que sais-je ?, 29e éd.

RIALS S. et BOUDON J. (2017), *Textes constitutionnels étrangers*, Paris, PUF, 16e éd.

La plupart des textes constitutionnels sont disponibles sur Internet.

Droit constitutionnel comparé

DAVID R. et JAUFFRET-SPINOSI C. (2016), *Les grands systèmes de droit contemporains*, 12e éd., Paris, Dalloz.

DE VERGOTTINI G. (2013), *Diritto costituzionale comparato*, Padova, CEDAM, 9e éd.

GAILLET A., HOCHMANN T. et al., *Droits constitutionnels français et allemand : perspective comparée*, Paris, LGDJ, 2019.

LAUVAUX P. (2015), *Les grandes démocraties contemporaines*, Paris, PUF, 4e éd.

MÉNY Y., SUREL Y. (2009), *Politique comparée*, Paris, Montchrestien, 8e éd.

PINON S. (2015), *Les systèmes constitutionnels dans l'Union européenne. Allemagne, Espagne, Italie et Portugal*, Bruxelles, Bruylant.

PONTHOREAU M.-C. (2010), *Droit(s) constitutionnel(s) comparé(s)*, Paris, Economica.

PIERRÉ-CAPS S. (2015), *Droits constitutionnels étrangers*, Paris, PUF.

ROSENFELD M., SAJO A. (2012), *Oxford Handbook of Comparative Constitutional Law*, Oxford.

TUSHNET M. (2014), *Advanced Introduction to Comparative Constitutional Law*, Cheltenham, Elgar.

Ouvrages de référence

ALLAND D. et RIALS S. (dir.) (2003), *Dictionnaire de la culture juridique*, Paris, PUF.

ARNAUD A.-J. (dir.) (1998), *Dictionnaire encyclopédique de théorie et de sociologie du droit*, Paris, LGDJ, 2e éd.

AVRIL P. et GICQUEL J. (2016), *Lexique de droit constitutionnel*, Paris, PUF, coll. Que sais-je ?, 5e éd.

DUHAMEL O. et MÉNY Y. (dir.) (1992), *Dictionnaire constitutionnel*, Paris, PUF.

TROPER M. et CHAGNOLLAUD D. (dir.) (2012), *Traité international de droit constitutionnel*, Paris, Dalloz, 3 vol.

Revues

Cahiers du Conseil constitutionnel.

Constitutions : Revue de droit constitutionnel appliqué.

Jus Politicum, Revue de droit politique.

Politeia.

Pouvoirs.

Revue du Droit Public et de la Science Politique.

Revue Française de Droit Constitutionnel.

ICON. International Journal of Constitutional Law.

Guides pratiques

COHENDET M.-A., *Les épreuves en droit public*, Paris, LGDJ, 4e éd., 2009.

VERPEAUX M. (dir.) (2017), *Annales droit constitutionnel 2018 : méthodologie et sujets corrigés*, Paris, Dalloz.

Sites Internet

De très nombreux documents sont disponibles sur l'Internet notamment toutes les Constitutions françaises, ainsi que la jurisprudence, sur le site du Conseil constitutionnel : *www.conseil-constitutionnel.fr*

Vous y trouverez les liens pour aller vers les sites des Constitutions et des cours constitutionnelles étrangères, ainsi que la jurisprudence, des bibliographies et quelques textes doctrinaux.

Le Conseil constitutionnel offre également un accès en ligne thématique avec par exemple un dossier sur la Constitution du 4 octobre 1958 réalisée à l'occasion de son cinquantième anniversaire :

Les textes de nombreuses Constitutions étrangères sont accessibles sur le site de l'IEP de Lyon :

http://iep.univ-lyon2.fr/Constitution-etr.html

Un site américain présente des dossiers très complets sur les questions d'actualité du droit constitutionnel américain :

http//jurist.law.pitt.edu/

Enfin de nombreux sites institutionnels offrent une information actualisée et pédagogique sur le fonctionnement des institutions :

Le site de la Présidence de la République : *http://www.elysee.fr*

Le site du Premier ministre :

http://www.premier-ministre.gouv.fr

Le site de l'Assemblée nationale : *http://www.assemblee-nationale.fr*

Le site du Sénat : *http://www.senat.fr*

Le service public d'accès au droit Legifrance :

http://www.legifrance.gouv.fr

Il existe également un nombre important de sites privés relatifs au droit constitutionnel ou réservant une place importante à la matière :

http://www.droitconstitutionnel.org

http://www.droitconstitutionnel.net

http://www.rajf.org

Le site de l'Association des cours constitutionnelles partageant l'usage du français : *http://www.accpuf.org*

L'Université de Perpignan a mis en ligne la traduction française des Constitutions de très nombreux pays étrangers :

http://mjp.univ-perp.fr/constit/constitintro.htm

Introduction
Le droit constitutionnel

1. Le terme « droit ». – Le terme « droit » est employé dans de très nombreux sens différents. On peut, en simplifiant, en distinguer trois. On dit souvent que les hommes ont des droits. Le droit dont on parle alors est une faculté d'accomplir certaines actions. Ainsi, lorsqu'on dit qu'un citoyen français a le droit de vote, on exprime l'idée que ce citoyen peut participer au choix des gouvernants et qu'il est interdit de l'en empêcher.

Dans un deuxième sens, par exemple dans les expressions « le droit français » ou « le droit civil », « le droit constitutionnel », on désigne par le mot droit un ensemble de normes.

Enfin, dans un troisième sens, le mot « droit » se rapporte à la science qui étudie ces normes, comme dans les expressions « la faculté de droit » ou « l'étudiant en droit ». Dans ces facultés, on n'étudie pas directement toutes les normes qui forment le droit d'un pays et qui sont bien trop nombreuses pour être connues. On n'en étudie que les principales et l'on s'initie surtout à la méthode qui permet de les comprendre et de découvrir celle qui est applicable à telle ou telle situation particulière.

Dans ce chapitre, on emploiera le mot « droit » dans le second et le troisième sens. Il apparaît en effet d'ores et déjà que le droit constitutionnel peut être conçu d'une part comme un ensemble de normes, une partie du droit en général, et d'autre part comme la discipline qui étudie cet ensemble.

Section 1
Le droit constitutionnel ensemble de normes

§1. Le droit comme système de normes

2. Propositions et normes. – D'une manière générale, on appelle « norme », la signification d'une phrase par laquelle on déclare que quelque chose *doit être*, par exemple qu'une certaine conduite doit avoir lieu. La norme s'oppose ainsi à la *proposition*, qui est la signification d'une phrase par laquelle on indique que quelque chose *est*. « Les hommes ne doivent pas mentir » exprime une norme. « Les hommes mentent » exprime une proposition. Cette opposition correspond à deux fonctions du langage humain : d'une part, on communique des informations en décrivant la réalité ; d'autre part, on tente d'influer sur le comportement d'autrui, de lui faire faire quelque chose. La première fonction est dite indicative ou descriptive ou encore assertive, la seconde prescriptive ou normative.

Les propositions peuvent être exprimées par des phrases dont le verbe est à l'indicatif, les normes par des phrases à l'impératif ou à l'aide d'un verbe tel que « devoir » ou « falloir ». Mais ce n'est pas toujours le cas et la forme linguistique d'une phrase n'est qu'un indice parmi d'autres de la fonction indicative ou prescriptive qu'elle remplit. Une phrase apparemment normative peut être en réalité indicative. Ainsi, la phrase « pour faire bouillir de l'eau, on doit la porter à 100 degrés » ne vise pas, malgré la présence du verbe devoir, à prescrire une conduite quelconque. On indique seulement que si l'on chauffe de l'eau jusqu'à 100 degrés, elle entrera en ébullition. On a donc seulement informé sur une réalité objective. De même, une phrase apparemment indicative peut-être en réalité prescriptive. Ainsi, la phrase « nous sommes dans une agglomération » adressée à un conducteur signifie évidemment qu'il doit réduire la vitesse de son véhicule.

C'est la raison pour laquelle on a souligné dans la définition de la norme qu'elle n'était pas une phrase, mais seulement la signification d'une phrase. La forme grammaticale d'une phrase ne permet donc pas à elle seule de dire qu'on est en présence d'une proposition ou d'une norme et, intuitivement, on s'aide toujours du contexte. C'est vrai de la morale ou du droit, souvent énoncés à l'indicatif et chacun comprend que « Tu ne tueras point » n'exprime pas une prédiction, mais un commandement.

3. Signification de cette distinction. – La distinction entre norme et proposition est importante pour plusieurs raisons :

a) Elle correspond à l'opposition entre des fonctions psychiques différentes. Les propositions sont énoncées pour exprimer une connaissance du monde, les normes pour exprimer une volonté.

b) Norme et proposition ont des propriétés différentes. La proposition est susceptible d'être vraie ou fausse, la norme non. On peut répondre « c'est faux » à « tous les hommes mentent », mais pas à « ne mentez pas ». On pourrait objecter qu'il suffirait, au lieu de « ne mentez pas », de dire « on ne doit pas mentir », pour qu'il soit possible de répondre « il est faux qu'on ne doit pas mentir ». Mais, si l'on répond ainsi, on ne conteste pas la description d'un fait que l'on connaîtrait mieux que son interlocuteur ; on se borne à opposer sa volonté à la sienne et à tenter de substituer à la norme « ne mentez pas », la norme « mentez quelquefois ».

Si la norme ne peut être ni vraie ni fausse, on dit cependant qu'elle est valide. Dire d'une norme qu'elle est valide, signifie qu'elle est en vigueur et qu'on doit se comporter conformément à ce qu'elle prescrit. Il faut remarquer que la validité n'est pas une propriété de la norme équivalant à la vérité de la proposition. Une proposition dépourvue de vérité reste néanmoins une proposition, tandis qu'une norme dépourvue de validité n'est pas une norme du tout (Kelsen, 1979). D'autre part, une proposition qui serait réfutée une seule fois devrait être considérée comme fausse. Ainsi, la proposition « tous les cygnes sont blancs » est fausse dès lors qu'on rencontre un seul cygne d'une autre couleur. Au contraire, une norme reste valide, même si les comportements prescrits ne sont pas réalisés. On peut continuer à dire « les hommes ne doivent pas mentir », même s'il s'est avéré qu'ils mentent souvent.

Ces caractères servent d'indices pour reconnaître qu'on est en présence d'une norme. Si elle exprime une volonté, si elle ne peut être vraie ou fausse, si elle ne cesse pas d'être valide lorsqu'elle est violée, il s'agit d'une norme.

c) Enfin, il ne peut y avoir entre les normes et les propositions aucune relation logique. Cette impossibilité est connue sous le nom de loi de Hume. De ce que quelque chose est on ne peut déduire que quelque chose doit être. Par exemple si tous les hommes mentent, on ne peut en déduire que les hommes doivent mentir, ni d'ailleurs qu'ils ne doivent pas mentir. Symétriquement, s'il existe une norme selon laquelle il ne faut pas mentir, on ne peut en déduire que les hommes ne mentent pas.

4. La hiérarchie des normes. – N'importe quel ordre ou commandement n'est pas une norme. Un voleur qui ordonne « donne-moi l'argent », émet un commandement et non une norme. Ce commandement n'est pas juridiquement valide et il est permis de refuser d'obéir. En revanche, si le percepteur émet un ordre semblable, on est en présence d'une norme juridique et on doit lui obéir. Quelle est la différence entre ces deux commandements ? Elle ne réside pas dans le contenu, car le comportement prescrit est le même, donner de l'argent. Elle est dans la validité. Mais pourquoi dit-on que l'ordre du percepteur est valide et que l'ordre du voleur ne l'est pas ?

Le percepteur n'émet son commandement qu'en application d'une loi, qui lui ordonne de percevoir les impôts. Son commandement est une norme valide en raison de sa conformité à la loi. On dit qu'il trouve dans la loi le fondement de sa validité. La loi a été émise par le Parlement et elle est d'ailleurs elle-même une norme valide, parce qu'une autre norme, la Constitution, habilite le Parlement à adopter des lois. Au-dessus de la Constitution, il n'existe aucune norme. Si l'on considère que la Constitution est malgré tout une norme et qu'elle est ainsi apte à fonder la validité de la loi, et indirectement celle du commandement du percepteur, c'est simplement qu'on présuppose qu'elle est valide. Ce présupposé s'appelle la *norme fondamentale*. Cette norme fondamentale n'existe pas. Elle n'est même pas véritablement une norme. C'est seulement le présupposé, faute duquel il serait impossible de traiter la Constitution comme une norme et de faire la moindre différence entre l'ordre du percepteur et celui du voleur.

Il faut remarquer à ce propos que la validité dont il est question ici est la validité *formelle*. En revanche la norme fondamentale ne permet en aucune façon de justifier le fond des normes. Cette fonction revient à l'idéologie, c'est-à-dire à la représentation de l'ordre social désirable.

On voit qu'une norme est valide en raison de sa conformité à une norme supérieure, qui est elle-même valide parce qu'elle est conforme à une norme encore supérieure. Autrement dit, une phrase quelconque n'a la signification d'une norme qu'en raison de son insertion dans une hiérarchie. Cette hiérarchie forme un système. Dire qu'il s'agit d'un système, c'est dire que l'ensemble n'est pas composé d'une juxtaposition ou d'une addition d'éléments. Ici les éléments n'ont la nature de norme qu'en raison de leur appartenance au système. C'est lui qui en fait des normes.

En définitive, on identifie une norme lorsqu'on constate qu'une certaine phrase acquiert une signification prescriptive du fait d'un système normatif. En même temps, on détermine l'espèce de norme dont il s'agit. Il existe en effet des normes juridiques, morales, religieuses, sociales, etc. Si l'on examinait isolément une phrase comme, « il est interdit de consommer des boissons alcoolisées », il serait impossible de dire s'il s'agit d'une norme et, dans l'affirmative, s'il s'agit d'une norme juridique, morale ou religieuse. En revanche, on peut rechercher si cette phrase a été énoncée conformément à une norme supérieure, si par conséquent elle s'insère dans un système normatif. On découvrira alors qu'elle s'insère dans un système religieux, celui de l'Islam ou bien dans le système juridique de tel ou tel État du Moyen-Orient, mais non dans le système juridique français. En France, il n'est pas obligatoire de se conformer à une telle norme ou, en d'autres termes, une telle norme juridique n'est pas valide ou encore *n'existe pas*.

On dispose à présent d'une définition simple de la norme juridique : c'est celle qui appartient au système juridique. Cependant, on n'a pas complètement résolu le problème de l'identification de la norme juridique, car si c'est celle qui appartient au système juridique, encore faut-il pouvoir définir le système juridique lui-même.

5. Le droit et les autres systèmes normatifs. – Il existe de nombreux systèmes normatifs : outre le droit, les diverses morales, les règles de la courtoisie, les codes d'honneur, les manières de table, etc. On peut tenter de distinguer le droit ou système juridique de tous les autres systèmes normatifs, en considérant qu'il possède deux séries de caractères spécifiques. Ces caractères seront appelés les *critères* de la distinction. On peut envisager des caractères matériels, tenant au contenu des prescriptions ou des caractères formels, tenant à la forme ou à la structure du système.

a) On considère quelquefois que le droit possède un *caractère matériel* spécifique : il ne se bornerait pas comme les autres à prescrire des comportements, mais il assortirait ces prescriptions de sanctions. Si le comportement prescrit n'a pas lieu, alors le droit prescrit qu'une sanction soit infligée. Au contraire, les autres systèmes normatifs ne comporteraient pas de sanctions.

Cependant, il existe de nombreuses normes juridiques qui ne comportent pas de sanctions, par exemple « si un étudiant subit avec succès les épreuves de l'examen, il recevra un diplôme » ou « le Parlement peut voter les lois ». Pour tenir compte de cette possible objection, les tenants de la thèse des caractères matériels ont élargi la notion de sanction. Dans un sens étroit, qui est aussi le sens courant, la sanction est un mal infligé à quelqu'un, au besoin par la contrainte. Dans un sens large, la notion comprend aussi les récompenses (au cas où la conduite prescrite a bien lieu). Dans le sens le plus large, on appellera sanction toute conséquence, bonne, mauvaise ou neutre, que le droit attache à la conduite prescrite ou permise. On dira par exemple, que si la Constitution permet au Parlement de voter la loi, alors la conduite permise est le vote et la sanction est la conséquence de ce vote, c'est-à-dire la circonstance qu'une loi a été adoptée.

Cette présentation n'est pourtant guère satisfaisante, car si l'on emploie le terme de sanction dans un sens aussi large, il faut dire que les autres systèmes normatifs comportent eux aussi des sanctions. Dans les systèmes religieux ou moraux, il s'agit de châtiments ou de récompenses dans l'au-delà ou encore de remords. Dans les systèmes de normes sociales, la sanction (au sens très large) est la signification que la société attache au comportement : si la norme permet aux parents d'élever les enfants et s'ils leur interdisent de se nourrir exclusivement de bonbons, il faudra appeler « sanction » le fait qu'une telle interdiction sera considérée non comme un mauvais traitement à enfant ou comme une atteinte aux libertés individuelles, mais comme un acte d'éducation. De ce point de vue, il n'y a donc guère de différence matérielle entre les systèmes normatifs.

b) En revanche, on peut estimer que le droit possède des caractères formels spécifiques. Le système juridique, comme tout système normatif, est hiérarchisé. Mais on peut concevoir deux types de hiérarchie : une hiérarchie statique et une hiérarchie dynamique. On peut raisonner sur un exemple simple : un tribunal émet une sentence, qui est une norme, « Dupont, le voleur, doit subir une peine de cinq ans de prison ». Naturellement, cette norme est valide parce qu'elle est conforme à une norme supérieure. Mais si l'on recherche la norme susceptible de fonder sa validité, on peut en trouver deux.

La première est la loi pénale, qui prescrit de punir tous les voleurs d'une peine de cinq ans de prison. La sentence énoncée par le tribunal est valide parce que son contenu est conforme à celui, plus général, de la loi et cette conformité pourrait être exprimée par un syllogisme très simple :

1° prémisse majeure : tous les voleurs doivent être punis de cinq ans de prison,

2° prémisse mineure : Dupont est un voleur,

3° conclusion : Dupont doit être puni de cinq ans de prison.

La relation entre les deux normes, la loi et la sentence, est donc seulement une relation entre deux contenus (dont l'un est général et l'autre particulier). Elle est dite statique. Le tribunal a dans ce cas un pouvoir très restreint, puisque la sentence est prédéterminée. Dès lors qu'il constate que Dupont est un voleur, il ne peut que le punir de cinq ans de prison.

La seconde norme qui peut fonder la validité de la sentence est « le tribunal est autorisé à prononcer des peines de prison ». Elle ne précise ni dans quels cas il peut le faire, ni la durée de la peine et se borne à conférer au tribunal un pouvoir, qu'il n'aurait pas autrement, d'émettre des sentences. Il n'y a ici aucune relation de contenu entre la norme supérieure et la sentence. On dit que la norme supérieure règle la production des normes inférieures et la relation est, pour cette raison, appelée « dynamique ».

6. Le système juridique est caractérisé par une double relation, statique et dynamique, tandis que les autres systèmes ne consistent qu'en relations statiques ou en relations dynamiques entre les normes. Dans la morale, par exemple, la norme « ne fais pas de tort à autrui » est valide, non pas parce qu'elle a été énoncée d'une certaine manière, mais parce qu'elle se déduit du contenu d'une norme plus générale « aime ton prochain comme toi-même ». Les deux normes sont valides en même temps. La morale est un système statique. À l'inverse, le système de pouvoir dans une bande de voleurs peut correspondre au schéma suivant : le chef suprême attribue un territoire à chaque chef de bande, qui à son tour affecte ses hommes à telle ou telle mission. L'ordre donné par le chef de bande n'est pas valide parce que son contenu correspondrait à celui d'une norme générale, c'est-à-dire parce qu'il se présenterait comme l'application d'un ordre plus général de son propre supérieur, mais seulement parce qu'il est habilité à donner des ordres dans son district. Ces ordres sont valides, quels que soient leurs contenus et seulement en raison de l'autorité dont ils émanent. Les ordres du chef suprême ont été émis avant ceux du chef local. Le système est dynamique.

Nous sommes à présent en mesure de distinguer le système juridique des autres systèmes normatifs et de le définir par ses caractères formels. Une telle définition est une définition *stipulative* et non une définition *réelle* ou *lexicale*. Une définition réelle est une définition qui porte sur une chose et qui la décrit sommairement telle qu'elle est réellement. Elle concerne l'essence de la chose. De bons auteurs estiment cependant qu'il n'y a pas d'essence du droit ou, s'il y en a une, qu'on ne peut l'atteindre. On ne pourra donc en donner une définition réelle. Mais une telle définition n'est pas vraiment nécessaire. Ce dont nous pouvons avoir besoin, c'est d'abord de connaître le sens du mot « droit », dans une langue donnée et dans un contexte donné. On recherchera alors une définition *lexicale*. La définition lexicale ne se confond pas avec une définition réelle, comme on peut le constater en ouvrant un dictionnaire, parce que pour un même mot, il y aura nécessairement plusieurs définitions lexicales, dès lors que ce mot a plusieurs sens, et qu'on peut parfaitement définir le sens dans lequel on emploie un mot dans une langue donnée, sans pour autant parler de la nature de la chose.

Nous pouvons aussi avoir besoin de choisir une définition qui ne corresponde ni à l'essence prétendue de la chose, ni à l'usage du mot dans une langue donnée.

C'est notamment le cas, si l'on veut étudier un objet, dont les limites, si l'on s'en tenait à l'usage linguistique, seraient trop imprécises. Ainsi, un historien, qui voudrait étudier la royauté au Moyen Âge, ne pourrait évidemment trouver une définition réelle du Moyen Âge, qui est le nom que l'on donne au produit d'un découpage chronologique et qui n'a pas d'existence objective. Il ne pourrait pas non plus se contenter d'une définition lexicale, parce que l'on donne des dates très variées pour le début et la fin de cette période, et que, selon les définitions lexicales, notre historien devrait englober dans son étude le règne d'Isabelle la Catholique ou au contraire l'en exclure. Les conclusions auxquelles il aboutira dans l'un et l'autre cas seront naturellement très différentes. C'est la raison pour laquelle, on décide d'appeler « Moyen Âge », telle ou telle période que l'on va étudier. Une telle définition est dite *stipulative*, parce qu'elle est *stipulée* ou convenue au commencement de l'étude. Une définition stipulative n'est ni vraie, ni fausse. Elle résulte d'un choix et est seulement utile ou non. C'est en ce sens qu'on dit que les définitions sont libres.

Justement la définition formelle que l'on vient de donner du droit est une définition stipulative. On ne prétend pas révéler la nature véritable du droit, mais seulement se donner un instrument commode. Cette définition apparaît en effet commode et cela pour deux raisons principales : d'une part, elle permet d'éviter toutes les difficultés auxquelles on se heurte avec une définition matérielle fondée sur la sanction, lorsqu'on cherche à distinguer le droit, la morale et l'ordre de la bande de voleurs. D'autre part, elle conduit à définir un objet auquel on peut appliquer une méthode unique, la dogmatique juridique, qui sera examinée dans la section suivante.

Cette présentation reflète d'ailleurs l'idée que toute science constitue son objet. Le droit, comme les autres objets scientifiques, n'est pas une réalité qui serait objectivement définie et délimitée. C'est à la science qu'il appartient de découper les limites de son objet dans un monde qui apparaît chaotique et cet objet sera celui auquel elle peut appliquer sa méthode. C'est donc la méthode, qui est ici l'élément premier et déterminant. Or, précisément, la méthode de la science juridique, la dogmatique, consiste à utiliser les relations entre les normes, pour établir quelles sont les normes en vigueur. La seule définition du droit sur laquelle elle puisse se fonder est une définition formelle[1].

§2. Le droit constitutionnel comme sous-système

7. Il apparaît maintenant que le droit constitutionnel est une partie du système juridique, comme d'ailleurs le droit civil ou le droit pénal. Cependant, s'il fait l'objet d'une étude spécifique, distincte de celle des autres parties du système (qu'on appelle aussi branches du droit), c'est qu'il possède certaines caractéristiques spécifiques.

Comme pour le système juridique en général, on peut chercher à définir le droit constitutionnel par des caractères matériels ou par des caractères formels. Il s'agit toujours du droit relatif à la Constitution, mais on dira dans le premier cas que la Constitution est un ensemble de normes caractérisées par leur objet, dans le second que ces normes sont définies par le niveau auquel elles se situent dans la hiérarchie de l'ordre juridique. Il ne faut pas croire qu'une définition serait supérieure à une autre. Une définition n'est pas une thèse relative à la véritable nature d'une chose, mais un outil intellectuel permettant de construire un raisonnement. Selon le contexte, on emploie donc tantôt une définition matérielle, tantôt une définition formelle.

1. Il existe une littérature immense sur la question de la définition du droit. Pour une première approche, voir la revue *Droits* 1989 et 1990 et le *Dictionnaire d'Éguilles*.

A. Définition matérielle

8. On peut concevoir plusieurs définitions matérielles.

1. La définition traditionnelle : le droit constitutionnel, droit de l'État

9. C'est un fait que les constitutions ne sont apparues qu'avec l'État moderne. D'une part, on assiste au XVIIIe siècle au développement d'un mouvement idéologique puissant, le constitutionnalisme, qui concevait la liberté et le pouvoir comme antinomiques. Pour garantir la liberté, il fallait limiter le pouvoir au moyen de quelques règles d'organisation judicieusement combinées. On a appelé ces règles « constitution », terme synonyme à cette époque d'« organisation » ou de « structure », comme on le voit encore lorsqu'on dit aujourd'hui d'un homme qu'il a une constitution robuste. D'autre part, le pouvoir qu'il s'agit de limiter n'est pas n'importe quel pouvoir, ce n'est pas celui qui peut s'exercer dans la famille, dans l'armée ou dans l'Église, mais seulement le pouvoir politique le plus considérable, celui précisément qui s'est développé au XVIIe siècle, notamment en France, et qu'on appelle l'État.

Il est donc naturel qu'on considère que la Constitution et le droit constitutionnel ont pour objet l'État et les limites de son pouvoir et qu'on cherche ainsi à les définir. La Constitution (ou le droit constitutionnel), au sens matériel, est alors *l'ensemble des règles relatives à l'organisation de cet État*, c'est-à-dire à la désignation des hommes qui exercent ce pouvoir, à leurs compétences, à leurs rapports mutuels. Mais, si l'on raisonne ainsi, on a seulement déplacé le problème, car il faut définir l'État.

Il faut alors considérer qu'il existe un État dès lors que trois conditions sont remplies : qu'il y ait un territoire, une population, une puissance publique.

a. Le territoire

10. Encore que la question ait été discutée, on peut dire qu'il n'y a pas d'État sans territoire. Non pas que le territoire soit, comme on le croit parfois, un élément constitutif de l'État ; mais parce qu'il est une condition indispensable pour que l'autorité politique s'exerce efficacement.

Il est vrai que l'histoire nous offre l'exemple d'États reconnus comme tels, avant que leurs frontières soient totalement fixées – ce fut le cas de la Pologne à la suite de la guerre de 1914-1918 ; mais c'est là une situation exceptionnelle qui ne peut se réaliser que pour un État ancien en voie de reconstitution et qui, autrefois, s'était constitué sur une base territoriale.

L'idée d'enfermer une collectivité humaine dans des limites linéaires stables – les frontières – est relativement récente. Dans la Grèce antique, il n'y avait ni ligne douanière, ni ligne militaire ; à Rome, les *limes* de l'Empire étaient des espaces où s'exerçait la vigilance des légions. Ce n'est qu'au XVIe siècle que les travaux cartographiques, rendus possibles par le renouveau des études mathématiques et géographiques, font apparaître la notion moderne de frontière. Or, il n'est pas sans intérêt d'observer que c'est vers la même époque que se fait jour le concept d'État pour définir certaines formes du Pouvoir politique (Ancel, 1936, t. I ; Fèbvre, 1962, p. 11 et s.).

La nature du droit de l'État sur son territoire (Schoenborn, 1929 ; Scelle, 1948, p. 67 ; Rousseau, 1987, p. 224).

Cette question est évidemment l'effet d'une métaphore anthropomorphique : dans la mesure où l'État est considéré comme une personne, on considère qu'il *possède* un territoire et l'on s'interroge sur la nature de son droit sur ce territoire. Cette métaphore résulte de certaines ressemblances entre les normes du droit international relatives aux changements territoriaux et les normes du droit interne relatives à la propriété. Mais cette manière de poser la question conduit à des difficultés considérables : on ne peut assimiler ce droit à la propriété parce que si l'État était le propriétaire du sol, son droit serait exclusif et les particuliers ne pourraient être propriétaires en même temps que lui. On ne peut pas davantage l'assimiler à la souveraineté, qui est considérée comme un droit sur des hommes et non sur les choses. On a alors cherché une troisième voie et considéré que ce droit devait être considéré comme un *droit réel institutionnel, réel* pour marquer qu'il porte directement sur le sol national, *institutionnel* pour indiquer que *son contenu est limité et déterminé par ce qu'exige le service de l'institution étatique*. Mais, on ne doit pas oublier qu'il ne s'agit que d'une manière commode de présenter les choses, d'une façon de parler : l'État produit des normes qui sont obligatoires sur une certaine portion d'espace à l'égard d'un certain ensemble d'hommes. Il n'est nul besoin de penser qu'il existerait dans la réalité un véritable lien, dont on rechercherait la nature, entre l'État et cet espace.

Il suffit alors de souligner que le territoire est un concept nécessaire pour définir l'État : c'est l'espace géographique sur lequel l'État exerce ses compétences, c'est-à-dire qu'il produit des règles régissant les hommes et les biens qui s'y trouvent.

Cela étant, il faut souligner que le territoire est un espace à trois dimensions : il comprend non seulement la surface terrestre, mais aussi la couche atmosphérique située au-dessus du sol ; il n'est pas seulement terrestre, mais s'étend également aux portions de la mer qui baigne les côtes, la mer territoriale.

b. La population

11. En deuxième lieu, on ne peut parler d'État que lorsqu'un ensemble limité d'hommes est soumis à un ordre juridique déterminé à l'exclusion de tout autre. Cet ensemble d'hommes est appelé la population de l'État. Il est possible – et c'est le cas le plus fréquent – que les hommes qui font partie de cet ensemble ne possèdent aucune autre *caractéristique commune que d'être soumis à un certain ordre juridique*. Il peut exister entre eux des différences très importantes du point de vue linguistique, ethnique, religieux, économique, du point de vue aussi de leur sentiment d'appartenance à cette population ou d'allégeance à l'État. Ils n'en forment pas moins, du strict point de vue juridique, la population de l'État.

On peut cependant estimer que l'État ne peut fonctionner de façon satisfaisante que lorsque la population présente d'autres caractéristiques communes, notamment l'adhésion à des valeurs fondamentales et à l'État lui-même, la conscience d'appartenir à un même peuple et la volonté de préserver son unité.

Le peuple structuré par un État ou par le désir d'en instituer un, est aussi appelé « nation ».

Il suit de là que la nation est quelquefois antérieure à l'État, comme il arrive précisément dans les revendications nationales, mais elle peut être aussi créée par l'État lui-même. C'est ce qui s'est produit en France sous l'ancienne monarchie.

Mais il peut également se produire – c'est même le cas le plus fréquent – qu'un État ait une population qui ne présente aucune homogénéité, ni linguistique, ni ethnique, ni culturelle et qu'il n'y ait aucun sentiment d'appartenance nationale. Il n'en est pas moins un État. Ce n'est donc pas l'existence d'une nation, mais seulement celle d'une population, qui est une condition de l'État.

c. La puissance

12. Enfin, pour qu'il existe un État, il ne suffit pas qu'il existe sur un territoire déterminé, une population soumise à un même ensemble de normes. On n'emploie pas habituellement le terme d'État pour parler des sociétés sans histoire, dites « primitives » ou en Europe occidentale de la société féodale ; il faut encore que cette population et ce territoire soient soumis à une forme spécifique de pouvoir politique. Cette troisième condition d'existence est généralement appelée la *puissance publique* ou encore *souveraineté*.

On confond parfois la question juridique de la spécificité de la puissance propre à l'État avec les questions sociologiques ou politiques du consentement et de la légitimité.

Il est vrai, d'un point de vue sociologique, que l'État ne peut exercer sa puissance par le simple usage de la force. Il a besoin pour l'exercer durablement du consentement des sujets ou du moins d'une partie d'entre eux.

Il est également vrai, qu'il a besoin d'une *légitimité*, c'est-à-dire d'un ensemble de raisons qui justifient aux yeux des sujets ou des gouvernants eux-mêmes l'attribution du pouvoir à ceux qui l'exercent et l'obligation de leur obéir. Max Weber a ainsi distingué trois types de légitimité, selon que le pouvoir est traditionnel (gouvernement du prince), charismatique (gouvernement du chef qualifié par son prestige) ou rationnel (gouvernement d'autorités agissant conformément au droit).

Mais d'un point de vue juridique, le consentement ou la légitimité ne peuvent être des éléments de définition de l'État, car il y a bien des États, auxquels le consentement des sujets fait défaut ou dont la légitimité est contestée, mais qui n'en sont pas moins des États.

On dit alors que ce qui caractérise l'État, c'est qu'il exerce un pouvoir d'une « essence » particulière, un pouvoir supérieur à tous les autres, qu'on appelle *souverain*. Cependant, s'il s'agit de définir l'État par la souveraineté, on ne peut pas considérer cette suprématie comme une suprématie de fait, une suprématie réelle. Il peut se trouver en effet, dans certains pays, des institutions ou des groupes plus puissants en fait que l'État. La puissance dont il s'agit est donc une puissance qui n'est pas supérieure en fait, mais seulement en droit.

On constate ainsi que les trois éléments de la définition de l'État correspondent à des phénomènes qui ne sont ni naturels, ni même sociaux et culturels. Il peut y avoir des États auxquels ne correspondent ni une population, ni un territoire homogène et dont la puissance n'est pas réellement et matériellement supérieure. Ces trois éléments doivent donc être eux-mêmes définis juridiquement et seulement juridiquement. Mais une définition juridique de l'État – et par conséquent une définition matérielle du droit constitutionnel – donne lieu à de nouvelles difficultés.

2. Insuffisance de cette définition matérielle

13. Elle repose sur une définition de l'État. Or celle-ci souffre d'une incertitude grave. La critique, très simple, en a été faite par Hans Kelsen. Définir l'État par la réunion de trois conditions, c'est affirmer que dès lors qu'on constate que ces trois conditions sont réalisées, on constate du même coup qu'il existe un État. Mais, objecte Kelsen, il est impossible de faire cette constatation, car les trois conditions ne correspondent pas à des faits empiriques que l'on pourrait rencontrer dans la nature. Comment savoir par exemple qu'il y a un peuple ? Un peuple n'est pas un phénomène naturel. C'est un groupe d'hommes, mais ils n'ont le plus souvent en commun ni la langue, ni la religion, ni l'appartenance ethnique, ni aucun autre caractère. Le seul lien qui les unit, c'est qu'ils sont tous soumis au même État. Mais on voit par là que si le peuple se définit par l'État, il devient impossible de définir l'État par le peuple. De même, le territoire n'existe pas « naturellement ». C'est seulement la portion d'espace sur laquelle l'État exerce son autorité. Quant à la puissance publique, ce n'est pas non plus n'importe quelle puissance politique, c'est celle de l'État. La définition classique de l'État présente donc un caractère tautologique : il y a un État lorsqu'il y a un peuple, un territoire et une puissance publique et il y a un peuple, un territoire et une puissance publique lorsqu'il y a un État (Kelsen, 1962, spécialt. p. 275-310).

De plus, le droit constitutionnel a connu depuis le XVIIIe siècle une évolution considérable. Il n'a plus seulement pour objet l'organisation de l'État et n'a plus seulement pour fin la limitation du pouvoir et la garantie de la liberté, mais concerne des domaines sans cesse plus variés et plus nombreux. Cette évolution s'explique aisément par la hiérarchie des normes (v. *supra* n° 4) : chaque norme trouve le fondement de sa validité dans une norme supérieure, à laquelle elle doit être conforme. Cela implique évidemment qu'elle ne peut la modifier. Appliquée aux rapports de la Constitution et de la loi, cette idée signifie que la loi ne peut modifier la Constitution. Elle est riche de conséquences pratiques, car lorsqu'on veut donner à une prescription une très grande valeur, lorsqu'on veut la mettre à l'abri de toute modification par la loi, on lui donne la forme constitutionnelle, on l'exprime par un texte constitutionnel et elle devient ainsi elle-même une norme constitutionnelle. Elle ne pourra alors être modifiée qu'à la suite d'une procédure spéciale, généralement plus difficile à mettre en œuvre. Depuis deux siècles, on a énoncé de la sorte des règles nombreuses, le plus souvent pour garantir des libertés fondamentales, mais aussi pour affirmer les principes essentiels régissant les matières les plus diverses, ce qui explique la longueur de plusieurs Constitutions contemporaines. Ainsi, la Constitution du Brésil de 1988 compte 250 articles, alors que celle des États-Unis, plus ancienne de deux siècles, n'en a que 6 – il est vrai qu'ils sont sensiblement plus longs. Mais il est impossible de donner une définition purement matérielle de la Constitution, parce qu'il n'y a pas de matière qui soit constitutionnelle par nature et qu'il est impossible de faire une liste des matières qui seraient nécessairement régies par la Constitution. Chacun a en mémoire un amendement à la Constitution des États-Unis qui avait institué la prohibition de l'alcool, de sorte qu'il avait fallu un nouvel amendement pour en permettre à nouveau la vente et la consommation.

3. La Constitution, système d'organes

14. Les hommes qui exercent le pouvoir politique n'exercent pas un pouvoir propre, mais une compétence. On dit qu'ils ont individuellement ou en collège la qualité d'organes de l'État, parce que leurs actes sont considérés comme ayant été accomplis par l'État et qu'ils sont attribués à l'État. On les appelle aussi des autorités ou des pouvoirs publics. Dans les États modernes, il existe toujours plusieurs organes, de telle sorte que le pouvoir est partagé entre eux. La Constitution est alors l'organisation générale du pouvoir, qui résulte de la répartition des compétences entre les organes. C'est la norme qui règle la production des normes les plus élevées du système juridique, par exemple les lois, les traités ou les décisions par lesquelles les gouvernements exécutent les lois.

On emploie d'ailleurs aussi le mot « constitution » dans un sens très large pour désigner toute forme d'organisation du pouvoir, même s'il ne s'agit pas du pouvoir de l'État. On peut parler ainsi de la constitution de l'Église ou des constitutions des ordres monastiques ; dans certaines langues étrangères les statuts d'une association sont appelés « constitution » ; on parle aujourd'hui en ce sens de la « Constitution » de l'Union européenne, bien qu'elle ne soit pas un État, parce qu'elle règle les compétences des organes de l'Union et le processus de production des normes européennes.

15. La Constitution comme discours. – L'exercice du pouvoir, quel qu'il soit, repose sur l'emploi d'un langage spécifique. Dans les sociétés pré-étatiques, ce langage peut être de type religieux. Dans les sociétés étatiques, il est juridique et il est employé aussi bien pour l'exercice que pour la légitimation du pouvoir. D'une part, les gouvernants énoncent des règles générales, les lois, et chaque commandement particulier adressé à un ou plusieurs individus est censé en être l'application. D'autre part, les gouvernants affirment exercer un pouvoir suprême, qu'ils appellent souverain, qui n'est soumis à aucun autre, qui est sans limites et qui constitue le fondement de tous les autres.

Comme ce langage ne se rencontre que dans les sociétés étatiques, on peut l'employer comme critère pour définir l'État : l'État, appelé aussi « État moderne », est une forme historique du pouvoir politique qui s'exerce au moyen du droit. Il s'agit en effet d'une forme historique parce qu'il est apparu en Europe occidentale vers la fin du XVIe siècle. C'est depuis ce moment, où a été énoncée la doctrine de la souveraineté, que le souverain a commencé d'agir par la loi, que les lois ont pu régir tous les domaines de la vie sociale et que toutes les règles ont trouvé leur fondement dans une loi émanant du souverain, autrement dit que s'est installée une hiérarchie des normes.

L'État constitutionnel, apparu, lui, à la fin du XVIIIe siècle est une variante de l'État moderne. Il emploie lui aussi le langage de la souveraineté et de la suprématie de la loi, mais il s'y ajoute deux doctrines essentielles : la représentation et la séparation des pouvoirs. Selon la première, le titulaire de la souveraineté, peuple ou nation, n'est pas en mesure de l'exercer. Ceux qui l'exercent sont donc ses représentants et n'agissent qu'en son nom. Selon la seconde, le pouvoir de faire les règles générales et celui de les exécuter ne doivent pas être réunis entre les mêmes mains. Ces doctrines, qui sont au fondement de tous les États constitutionnels, sont exprimées dans le texte de la plupart des Constitutions et invoquées par les autorités qui les appliquent.

On reconnaît un État constitutionnel au fait qu'il emploie ce discours. On peut alors préciser l'objet de la science du droit constitutionnel : elle ne consiste pas seulement dans l'étude des règles relatives à l'organisation du pouvoir, mais aussi dans celle du discours constitutionnel.

4. La Constitution, énoncé des droits fondamentaux

16. On dit souvent aujourd'hui que l'objet du droit constitutionnel est double : d'une part l'organisation du système politique, d'autre part les droits fondamentaux des personnes. Cette dualité a eu des incidences sur la désignation et le contenu des enseignements rattachés au droit constitutionnel, mais ces incidences varient selon les pays et même parfois selon les époques à l'intérieur d'un même pays.

Aux États-Unis, un enseignement répertorié sous le titre de « constitutional law » traite essentiellement des droits fondamentaux énoncés dans les dix premiers amendements tels qu'ils ont été interprétés par les tribunaux et en particulier par la Cour suprême. Un enseignement consacré aux institutions politiques est présenté sous le titre « political institutions ».

En France, au contraire, au moins jusqu'en 1958, l'enseignement du droit constitutionnel qui figurait obligatoirement aux programmes de la première année de licence en droit ne portait pratiquement que sur le système de gouvernement. Le titre complet de cet enseignement, « Droit constitutionnel et institutions politiques », soulignait d'ailleurs bien cette orientation. Quant aux droits fondamentaux, ils étaient traités soit séparément dans des cours spécialisés (par exemple la liberté d'expression en droit de la presse ou le droit de propriété en droit des biens), soit globalement dans un cours de libertés publiques distinct du cours de droit constitutionnel.

Ces différences pédagogiques et terminologiques s'expliquaient par l'évolution institutionnelle des deux pays. Aux États-Unis, la Constitution de 1787, avec les amendements qui forment le *Bill of Rights*, est toujours en vigueur. D'autre part, il existe depuis plus de deux siècles (depuis 1803 très exactement) un contrôle de constitutionnalité. Toute atteinte à des droits fondamentaux est donc une violation de la Constitution et peut être sanctionnée par un juge.

En France, au contraire, une quinzaine de Constitutions se sont succédé depuis 1791 – la seule qui ait duré relativement longtemps, celle de la IIIe République (1875-1940), ne comportait aucun texte concernant les droits fondamentaux – et il n'existait, jusqu'en 1958, aucun contrôle effectif de la constitutionnalité des lois.

La protection des droits fondamentaux était donc assurée par la loi et sanctionnée par les tribunaux ordinaires, selon les règles du droit administratif ou de la procédure pénale.

Mais la situation a changé sous la Ve République. Premièrement, il existe désormais un organe chargé de contrôler « la conformité des lois à la Constitution » : le Conseil constitutionnel. Deuxièmement, les normes de référence qu'il peut utiliser pour ce contrôle sont encore plus nombreuses et variées qu'aux États-Unis car elles comprennent non seulement la Déclaration de 1789 mais aussi des textes beaucoup plus récents (le Préambule de 1946 et la Charte de l'environnement de 2004). Troisièmement, aujourd'hui le Conseil peut être saisi facilement soit par les parlementaires de l'opposition (depuis la réforme de 1974), soit même par de simples plaideurs (depuis la réforme de 2008 qui a créé la procédure de la question prioritaire de constitutionnalité). Il en résulte que le droit constitutionnel français est à la fois plus riche et moins homogène qu'autrefois et, s'il fait toujours l'objet d'un enseignement dispensé au cours de la première année des études juridiques, le contenu de celui-ci n'est plus déterminé de façon précise par les programmes nationaux.

Autrefois, ainsi qu'on l'a déjà noté, le cours de première année s'intitulait « Droit constitutionnel et institutions politiques », ce qui signifiait d'une part qu'il fallait mettre l'accent sur l'organisation et le fonctionnement des pouvoirs publics et d'autre part qu'ils devaient être analysés à la fois sous l'angle du droit constitutionnel et sous celui de la science politique. Aujourd'hui, c'est « droit constitutionnel » tout court.

Il est donc possible de faire porter cet enseignement à la fois sur les institutions et sur le contenu des règles constitutionnelles, notamment sur celles qui sont relatives aux droits fondamentaux, telles qu'elles sont interprétées par le juge constitutionnel. On désigne ces règles par l'expression « droit constitutionnel substantiel (ou matériel) ».

Cependant, l'analyse du droit constitutionnel substantiel présuppose la connaissance d'autres disciplines juridiques, le droit administratif, le droit du travail, le droit pénal ou la procédure pénale et ne peut être entreprise dès la première année.

Néanmoins, il n'existe pas de séparation étanche entre le droit institutionnel et le droit substantiel car le fonctionnement de certaines institutions politiques peut être fortement influencé par les limites ou l'absence de limites que l'on fixe à un droit ou à une liberté. Par exemple, il est impossible de comprendre comment se déroulent, aux États-Unis l'élection du président et celle des membres du Congrès si l'on ne sait pas que la Cour suprême défend une conception extensive de la liberté d'expression, qui a permis de tenir en échec la plupart des tentatives de réglementation du financement des campagnes électorales.

Bien que l'objet principal du présent manuel soit l'étude des institutions politiques, nous serons donc conduits à évoquer l'existence de certains droits et libertés fondamentaux, notamment ceux concernant le système économique lorsque cela sera nécessaire pour comprendre le fonctionnement ou l'évolution générale des institutions politiques.

B. Définition formelle

17. Mais, on peut donner aussi une définition formelle du droit constitutionnel : c'est un ensemble de normes qui présentent trois caractéristiques : premièrement leur valeur est supérieure à celle de toutes les autres normes ; deuxièmement elles déterminent la manière dont ces autres normes doivent être produites ; enfin, elles constituent le fondement ultime de leur validité, sans que les normes qu'il contient soient elles-mêmes fondées sur d'autres normes juridiques.

Ces éléments doivent eux-mêmes être explicités. Une norme A a une valeur supérieure à celle d'une autre norme B, lorsque, en cas de contradiction, il existe une procédure juridictionnelle pour annuler B ou pour en empêcher l'application. La Constitution a ainsi une valeur supérieure à celle des lois lorsqu'il existe des procédures pour empêcher l'application des lois contraires à la Constitution. Elle a aussi une valeur supérieure à celle des traités, des décrets, des contrats et de toutes les autres normes juridiques. Il en résulte qu'une Constitution peut abroger ou modifier une loi, mais que l'inverse n'est pas vrai. Il en résulte aussi que la Constitution ne peut elle-même être modifiée qu'au moyen d'une procédure spéciale, longue et plus difficile que celle qui permet de modifier les lois.

Une norme A est le fondement de la validité d'une norme B, lorsque A a donné à une certaine autorité le pouvoir de produire une norme B en suivant une certaine procédure et respectant certaines conditions et que, à la question de savoir si et pourquoi B est une norme obligatoire, on répond en disant que B est valide parce qu'elle a été produite selon les conditions prescrites par A.

Ainsi, on sait en France qu'une loi est une norme obligatoire lorsqu'elle a été produite par le Parlement conformément à la Constitution. La Constitution est le fondement de validité de la loi. Elle est de même le fondement de validité des traités, des décrets et d'autres normes encore.

Elle est le fondement ultime de la validité de toutes les normes. La loi peut à son tour donner à d'autres autorités le pouvoir de produire des normes. Le fondement immédiat de la validité de ces normes sera dans la loi, mais comme la loi a elle-même son fondement dans la Constitution, celle-ci est leur fondement ultime.

La Constitution n'a pas elle-même de fondement, en ce sens qu'il n'y a pas de norme au-dessus de la Constitution, qui ait autorisé sa production et qui permette de dire qu'il s'agit d'une norme obligatoire.

Certaines de ces normes sont énoncées dans un texte ou document que la science du droit constitutionnel appelle « constitution formelle », bien qu'il puisse porter des noms divers (« acte constitutionnel », « loi fondamentale », « charte », etc.). Cependant, dans plusieurs pays, la constitution formelle est appliquée et interprétée par les juges, de sorte que l'ensemble de ces interprétations, qui forment ce qu'on appelle la « jurisprudence », est aussi une partie du droit constitutionnel.

Le droit constitutionnel ne se définit plus matériellement par son objet, mais seulement par sa forme : il s'agit des normes qui occupent le sommet de la hiérarchie du système juridique, qui ne peuvent être modifiées par la loi, mais seulement au terme d'une procédure généralement plus lente et plus difficile à mettre en œuvre que la procédure législative et qui peuvent porter sur des objets très variés : l'organisation du pouvoir, les droits de l'Homme ou même une matière, qui ne concerne ni le pouvoir ni les droits de l'Homme, mais à laquelle on attache une grande importance symbolique, comme l'hymne national, les couleurs du drapeau, une devise ou encore la proclamation d'une croyance religieuse ou philosophique.

Il faut observer que la définition formelle qu'on vient d'esquisser peut être appliquée d'une manière plus ou moins stricte.

Dans un sens strict, on appellera « constitution » seulement les ensembles de normes qui présentent tous ces caractères. Seuls les États ont une constitution en ce sens. Le fait que leur constitution soit le fondement ultime de toutes les autres normes, c'est-à-dire de leur droit national, qu'elle soit suprême, est appelé « souveraineté ». Mais certains États n'ont pas du tout de constitution au sens formel, bien qu'ils en aient une au sens matériel. C'est le cas de l'Angleterre, puisque non seulement il n'y a pas de document écrit appelé constitution, mais il n'y a pas de norme qui ait une valeur supérieure à celle des lois.

Mais on peut parler aussi de constitution formelle dans un sens large, lorsque certains seulement de ces caractères sont présents.

De même, l'État membre d'un État fédéral, par exemple la Californie aux États-Unis ou l'État de Rio de Janeiro au Brésil, a des règles d'organisation et de fonctionnement du pouvoir politique analogues à celles d'un État unitaire comme la France. Ces règles forment un ensemble généralement – mais pas toujours – appelé « Constitution ». Elles ont une valeur supérieure à celles de toutes les normes juridiques de l'État membre et fondent leur validité, mais elles ne sont pas suprêmes, car la Constitution de l'État fédéral a une valeur encore supérieure.

On s'est demandé si le traité établissant une Constitution pour l'Europe, rejeté en France par le référendum du 29 mai 2005, créait non seulement une constitution matérielle – parce qu'elle met en place un système d'organes qui produisent des normes du niveau le plus élevé – mais également une véritable constitution formelle. La réponse doit être nuancée. Tout d'abord, cette Constitution ne devait pas être adoptée par un pouvoir constituant (v. *infra* n° 305), mais par un traité – et ne pouvait être révisée que comme un traité, c'est-à-dire à l'unanimité des États. En outre, elle n'était pas la norme la plus élevée, bien qu'elle proclamât le principe de sa suprématie sur les droits nationaux, dans la mesure où elle n'était pas le fondement de validité des Constitutions nationales. Il n'était d'ailleurs même pas certain qu'elle aurait toujours prévalu en cas de contradiction avec certains principes constitutionnels nationaux jugés essentiels.

Il ressort de tout ce qui précède que les définitions formelles et matérielles ne coïncident pas et que certains textes peuvent être appelés ou non constitution selon les cas. Une norme contenue dans un texte constitutionnel peut être constitutionnelle formellement, mais non pas matériellement. L'exemple le plus célèbre est celui d'une disposition de la Constitution helvétique qui interdisait l'abattage des animaux selon le rite juif. On l'a insérée pour qu'elle ne puisse pas être modifiée par une loi ordinaire. À l'inverse, une norme relative à l'élection des députés, qui, comme en France, n'est pas contenue dans le texte constitutionnel, mais dans une loi ordinaire, est constitutionnelle matériellement, mais non formellement, de sorte qu'elle est assez facilement modifiable.

Dans la science du droit constitutionnel, comme dans la science du droit en général, on privilégie le point de vue formel, parce que c'est celui qui est adopté par la pratique juridique. Ceux qui élaborent une Constitution utilisent ce point de vue. Pour protéger certaines règles, notamment celles qui concernent des principes particulièrement importants, contre des atteintes et des modifications par la voie législative, ils lui donnent la forme constitutionnelle, par exemple en les inscrivant dans le texte de la Constitution. Aujourd'hui un nombre de plus en plus grand de matières a son fondement dans le droit constitutionnel, dès lors qu'elles sont en partie régies par des normes formellement constitutionnelles et que leur suprématie est assurée grâce au contrôle d'une Cour constitutionnelle.

C'est aussi le point de vue qu'adoptent les tribunaux, lorsqu'ils veulent déterminer si une norme possède ou non la nature constitutionnelle. Ils appellent en effet, constitutionnelle, toute norme qui ne peut être modifiée qu'au terme de la procédure de révision constitutionnelle.

Section 2
Le droit constitutionnel comme science

18. Dans un deuxième sens, l'expression « droit constitutionnel » désigne la discipline, la science, qui étudie l'ensemble de règles que l'on a appelées « constitutionnelles » ou « Constitution ». Sur la nature et les méthodes de cette science, il existe des conceptions très différentes, qui reflètent d'ailleurs les grandes oppositions relatives à la science du droit en général, celle du positivisme et du jusnaturalisme, celle de la science du droit ou dogmatique juridique et de la sociologie (Troper, 2002).

§1. Jusnaturalisme et positivisme

A. Le jusnaturalisme

19. Certains croient qu'il existe non pas un droit, mais deux. Le premier est celui dont on a traité jusqu'à présent, le droit en vigueur, appelé aussi « droit positif », parce qu'il est l'expression de la volonté de certains hommes et qu'il a été « posé » par eux. L'autre serait un droit qui ne serait pas produit par la volonté humaine, mais immanent à la nature (d'où son nom de droit naturel) ou produit par la volonté de Dieu. Le droit naturel existerait avant le droit positif et se situerait au-dessus de lui. Il devrait notamment déterminer quelle autorité politique est légitime, c'est-à-dire habilitée à produire du droit positif, et à quelles conditions ce droit est valide et obligatoire. Il servirait par conséquent de fondement de validité pour le droit positif. Quant au contenu de ce droit naturel (ce qu'il prescrit), c'est tout simplement la justice : les hommes doivent produire un droit positif qui réalise la justice.

Comme on peut s'y attendre, il existe de nombreuses variantes de cette doctrine. Les différences tiennent d'abord à la source du droit naturel, que les uns trouvent dans la volonté de Dieu, d'autres dans la nature des choses, d'autres encore dans la nature humaine ou dans la Raison. Elles tiennent aussi aux conceptions de la justice, qui varient considérablement : l'esclavage, qui dans nos sociétés, apparaît comme la plus grande des injustices, a été souvent considéré comme juste. Enfin, il y a des différences quant aux conséquences qu'on attache à une contradiction entre le droit naturel et le droit positif. Selon certains auteurs, qui invoquent le beau mythe d'Antigone, une norme du droit positif qui serait contraire au droit naturel, donc à la justice, ne serait pas obligatoire et il serait juste de lui désobéir. Il y aurait même un devoir de *désobéissance*. D'autres auteurs vont plus loin et estiment que le droit naturel fournit un critère d'identification du droit : *un droit positif contraire au droit naturel ne serait même pas du droit*. D'autres enfin sont plus modérés ; ils considèrent qu'un droit positif contraire au droit naturel reste du droit, et même qu'il faut lui obéir, mais que le droit naturel peut servir d'*instrument pour le juger* et pour suggérer des améliorations.

En tout cas, le juriste qui adhère à cette conception ne se contente pas de décrire le droit tel qu'il est. Il pense qu'il lui appartient aussi de parler du droit tel qu'il devrait être. Cette conception trouve naturellement à s'appliquer dans de nombreux domaines, mais tout particulièrement à l'égard du pouvoir politique. Quel est le pouvoir légitime ? Quelles sont les limites du pouvoir et quels sont les droits naturels de l'homme que ce pouvoir est tenu de respecter ? Ce sont là quelques-unes des questions traitées par les doctrines du droit naturel. S'agissant plus spécialement du droit constitutionnel, cette conception se manifesterait de la façon suivante : d'une part, une définition matérielle de ce droit ; il y aurait un droit constitutionnel par nature, qui aurait pour objet l'État ; d'autre part, on peut rattacher au jusnaturalisme l'idée qu'il existerait des formes juridiques pures, par exemple les régimes parlementaire ou présidentiel (v. *infra* n° 100 et 105), dont les institutions concrètes devraient se rapprocher. Mais cette conception se manifeste surtout dans l'idéologie contemporaine des droits de l'Homme, selon laquelle les gouvernants doivent respecter ces droits, inscrits dans la nature de l'Homme et qui s'imposeraient même lorsqu'ils ne sont pas expressément formulés dans le texte de la Constitution.

B. Le positivisme juridique

1. Le modèle des sciences empiriques

20. Le positivisme juridique se caractérise avant tout par la volonté de construire une science du droit sur le modèle des sciences de la nature. Ces sciences consistent dans une description du monde à l'aide de propositions vérifiables (v. *supra* n° 2). Les jugements de valeur ne sont pas susceptibles d'être vrais ou faux. Ils correspondent seulement aux émotions et aux goûts de ceux qui les expriment. Ils ne sont donc évidemment pas vérifiables et la science ne s'est développée qu'en y renonçant. Or les thèses sur le droit naturel, sur ce qui est juste et injuste, ne sont que des jugements de valeur. Ils ne correspondent à aucune réalité objective, mais seulement à des opinions subjectives et relatives. Il suffit d'ailleurs d'examiner les doctrines du droit naturel pour constater que si toutes veulent soumettre le droit positif à une exigence de justice, elles diffèrent profondément sur le contenu de la notion de justice. Au contraire, une véritable science sera « pure » de tout jugement de valeur et se limitera à la description de son objet.

Il existe une objection classique au positivisme juridique : si l'on s'abstient de tout jugement de valeur, conformément à l'idéal de pureté, ne va-t-on pas accepter de considérer comme du droit, n'importe quel système juridique, fût-il celui de la plus atroce tyrannie ? Le système juridique nazi serait du droit, tout comme celui de la Suisse. Le positivisme aboutirait ainsi à légitimer n'importe quel système. À cette objection, les tenants du positivisme opposent deux arguments : d'une part, dire qu'un système est juridique, qu'il forme un droit, ne signifie pas qu'on le considère comme bon ou qu'on prescrive de lui obéir. Ce n'est une recommandation ni d'obéir, ni d'ailleurs de désobéir, mais seulement l'identification d'un objet pour la science du droit, la reconnaissance du fait qu'il appartient à une certaine classe d'objets. En outre, le positivisme n'interdit pas tout jugement de valeur, mais seulement celui qui serait énoncé au nom de la science. Une science peut seulement décrire le réel à l'aide de propositions et il est logiquement impossible de dériver des prescriptions. Celui qui énoncerait des jugements de valeur et qui prétendrait le faire en vertu de ses compétences scientifiques commettrait tout simplement une escroquerie intellectuelle. En revanche, il est parfaitement légitime de porter un jugement de valeur à partir d'un autre point de vue que celui de la science. On peut par exemple considérer du point de vue de la science du droit que le système nazi est un droit, qui peut être étudié et décrit en tant que tel, selon les méthodes des juristes, et en même temps, du point de vue moral, soutenir qu'il s'agit d'un droit abominable et qu'il faut s'efforcer de le détruire par tous les moyens. En pratique, de nombreux positivistes ont d'ailleurs eu cette double attitude.

2. L'objet de la science du droit est le droit

21. Le positivisme juridique se présente sous deux variantes : selon la première, il existe peut-être un droit naturel, mais il n'est pas connaissable par la science et celle-ci ne peut rien en dire. Selon la seconde, plus dure, les seuls objets existants sont des objets empiriques, c'est-à-dire accessibles aux sens et les doctrines du droit naturel servent seulement à leurs auteurs à présenter leurs opinions politiques sous une apparence d'objectivité. Il n'y a pas deux droits, mais un seul droit, qui est le droit positif. Quoi qu'il en soit, pour les uns comme pour les autres, une véritable science du droit doit se borner à décrire ce qu'elle peut connaître. Or, le droit positif est composé de normes qui sont la signification de certaines phrases (v. *supra* n° 2), par lesquelles certains individus expriment leur volonté ; il y a là, dans le fait qu'une volonté a été exprimée, une réalité empirique qui peut être connue et décrite par la science du droit.

3. Le contenu de la science du droit, les propositions de droit

22. Une véritable science du droit doit se composer de propositions. On les appelle des « propositions de droit ». Chacune de ces propositions décrit une norme. Elle est susceptible d'être vraie ou fausse. Elle est vraie si la norme décrite existe bien, fausse dans le cas contraire. Ainsi, la proposition « il existe en France une norme selon laquelle, si quelqu'un a commis un meurtre, il doit être condamné à mort » est fausse, car cette norme a été abrogée en France et n'existe plus.

La distinction entre normes et propositions de droit est importante, mais parfois délicate. Elle est importante, car elles ont des propriétés différentes.

Les normes sont un produit de la volonté, tandis que les propositions de droit sont un produit de la connaissance. Les normes ne peuvent être ni vraies ni fausses, tandis que les propositions de droit, elles, sont susceptibles d'être vraies ou fausses. La distinction est cependant délicate, parce que, bien souvent, on énonce la proposition de droit non pas sous la forme complète qu'on vient d'indiquer « dans le système juridique du pays X, il existe une norme selon laquelle si quelqu'un a commis un meurtre, il doit être condamné à mort », mais sous une forme abrégée, qui reproduit purement et simplement le contenu de la norme. Un professeur de droit par exemple, qui n'énonce pas de norme, mais seulement des propositions de droit, ne fera pas précéder la description de chaque norme de la formule « dans le système juridique X, il existe une norme selon laquelle... » et dira tout simplement : « si quelqu'un a commis un meurtre, il doit être condamné à mort ». On comprend cependant qu'il s'agit non d'une norme mais d'une proposition, parce que la phrase n'émane pas d'une autorité juridiquement autorisée à poser des normes, mais d'un professeur et qu'elle est logiquement susceptible d'être fausse.

D'après l'exemple sur lequel on a raisonné, on pourrait croire que la science du droit se borne à reproduire purement et simplement les normes et qu'elle n'est par conséquent pas d'une grande utilité. Il ne faut pas oublier cependant que les normes ne sont pas des énoncés, qu'elles ne sont pas accessibles aux sens. La science du droit n'a affaire qu'à des énoncés, qui expriment des normes, mais pas aux normes elles-mêmes. Il lui appartient donc de découvrir quelles sont ces normes qu'expriment les énoncés, c'est-à-dire d'en dégager la signification et de la décrire à l'aide d'une proposition de droit (voir Troper, 2002).

Cette description ne se limite d'ailleurs pas à une indication du contenu de la norme, de ce qu'elle prescrit. Il faut encore, pour la décrire complètement et l'expliquer, la comprendre à l'aide de l'ensemble des normes auquel elle appartient. Ce point s'éclairera si l'on raisonne plus spécialement sur la science du droit constitutionnel.

4. Le contenu de la science du droit constitutionnel

23. La science du droit constitutionnel est simplement une partie de la science du droit. Si son objet est spécifique – c'est la Constitution – sa fonction est identique : elle énonce des propositions de droit. Elle est en présence de textes. Soit, par exemple, cette phrase bien connue : « la loi est l'expression de la volonté générale ». Il est évidemment possible, mais peu utile, d'énoncer la proposition de droit : « il existe une norme selon laquelle la loi est l'expression de la volonté générale ». Mais, on peut la comprendre et ainsi la décrire complètement dans le système auquel elle appartient. Cela peut s'entendre au moins de trois manières.

En premier lieu, du point de vue formel, cette norme se situe à un certain niveau de la hiérarchie de l'ordre juridique. Le texte qui l'exprime est l'article 6 de la Déclaration des droits de l'Homme et du Citoyen de 1789, à laquelle renvoie le préambule de la Constitution de 1958. Elle fait donc partie aujourd'hui de la constitution formelle, ce qui signifie qu'elle s'impose à tous et notamment au législateur.

En deuxième lieu, du point de vue matériel, on doit indiquer ce que signifie que « la loi est l'expression de la volonté générale ». Or cette phrase ne peut se comprendre que par rapport à une conception d'ensemble du pouvoir politique, élaborée au XVIIIe siècle, mais qui inspire encore le droit français. Cette phrase, rédigée au mode indicatif, n'acquiert une signification prescriptive qu'à condition d'être éclairée par son contexte. Elle signifie alors que celui qui énonce la loi, n'a pas de droit propre à exercer le pouvoir législatif, que la volonté qu'il exprime n'est pas la sienne mais la volonté générale, qu'il n'est pas le souverain, mais seulement son représentant.

En troisième lieu, d'un point de vue matériel encore, il faut déterminer le contenu précis de la prescription. L'énoncé « la loi est l'expression de la volonté générale » peut bien signifier une prescription, mais cette prescription ne peut être considérée comme une norme qu'une fois établi quelle est la conduite qui doit avoir lieu. On se demandera par exemple si la formule de l'article 6 implique que tout ce que fait le détenteur du Pouvoir législatif doit être considéré comme l'expression de la volonté générale ou si certaines conditions doivent en outre être remplies. Bien entendu, la lecture, même attentive, de l'article 6 ne fournit pas la réponse à cette question. La science du droit constitutionnel ne peut donc la fournir seule, mais il lui appartient d'abord de poser cette question (*in abstracto*, en dehors de toute difficulté particulière, en l'absence de tout litige concret) et d'exposer les diverses solutions possibles, ensuite de décrire la solution apportée par le droit positif. Ainsi, dans le cas envisagé, sous la IIIe République, la solution était : « tout ce que fait le pouvoir législatif est l'expression de la volonté générale, c'est une loi » ; sous la Ve République, la solution, qui résulte de la jurisprudence du Conseil constitutionnel est au contraire : « *ce qu'a adopté le pouvoir législatif n'est l'expression de la volonté générale qu'à condition de l'avoir été en conformité avec la Constitution* ».

On constate ainsi qu'il existe un rapport étroit entre le texte en question et l'organisation générale du pouvoir. C'est parce que la Constitution est un système d'organes que le contenu de l'article 6 de la Déclaration acquiert une signification particulière selon le système dans lequel on l'interprète, une signification différente sous la IIIe et sous la Ve République.

§2. Droit constitutionnel et science politique

24. La distinction reflète celle de la science du droit et de la sociologie. Ces deux disciplines ont été perçues tantôt comme une seule et même science, tantôt comme deux disciplines soit opposées soit complémentaires.

A. L'unité du droit constitutionnel et de la science politique

25. Jusqu'au début du XXe siècle, droit constitutionnel et science politique ne formaient qu'une seule et même discipline. Cette situation s'explique par deux facteurs principaux.

D'une part, la distinction d'inspiration positiviste entre le point de vue descriptif et le point de vue prescriptif n'était pas clairement établie et la science politique se donnait pour tâche de découvrir le meilleur système de gouvernement. Elle avait donc pour contenu un ensemble de prescriptions. C'est en ce sens que, par exemple les histoires de la science politique publiées au XIXe siècle portaient sur ce qu'on appellerait aujourd'hui philosophie ou théorie politique. Lorsque ces prescriptions étaient précises, elles pouvaient prendre l'apparence de règles constitutionnelles.

D'autre part, même dans une perspective plus proche de la conception positiviste, décrire l'organisation et le fonctionnement du Pouvoir, c'était décrire les règles effectivement appliquées, de même qu'on décrit et explique un jeu en énonçant les règles.

B. La distinction du droit constitutionnel et de la science politique

26. Les deux disciplines se sont séparées, lorsque ces facteurs se sont affaiblis. D'un côté, on a admis qu'il fallait distinguer entre les règles dont on pouvait constater qu'elles sont en vigueur, qu'elles font partie du droit positif, et d'autre part celles dont on pouvait souhaiter l'introduction, qu'on pouvait préconiser, mais qu'on ne pouvait pas décrire. D'où une première distinction entre d'une part la théorie politique, prescriptive, et d'autre part, la science du droit et la sociologie, descriptives. D'un autre côté, on pouvait constater facilement que le fonctionnement réel du pouvoir politique ne peut se comprendre comme le résultat d'une simple application de règles de droit et qu'il y a des situations, de plus en plus nombreuses au XIXe siècle, où celui que le droit désigne comme le principal détenteur du Pouvoir, le monarque, n'est plus en mesure de l'exercer que partiellement ou plus du tout. Il faut alors chercher d'abord à décrire la répartition réelle du pouvoir, puis à l'expliquer et on ne peut naturellement le faire qu'en mettant en évidence les rapports sociaux. Il se constitue donc, à côté d'une discipline proprement juridique, le droit constitutionnel qui étudie les règles, une discipline sociologique, la science politique attachée à décrire la réalité.

Cette dualité a entraîné en France, au lendemain de la Seconde Guerre mondiale, une rivalité et un déclin de la science du droit constitutionnel, qui apparaissait définitivement inapte à décrire le réel et se trouvait donc cantonnée dans ses tâches traditionnelles : décrire les normes en vigueur et en éclairer les fondements à l'aide des grandes doctrines. À vrai dire, la description des règles constitutionnelles n'ajoutait que peu d'éléments nouveaux à la simple lecture des textes de Constitution et, d'un autre côté, les grandes doctrines de l'époque révolutionnaire et leur rapport avec les règles du droit positif avaient été dans l'ensemble très bien et très complètement présentés par les juristes des générations précédentes comme Esmein ou Carré de Malberg.

On a donc admis à cette époque que, puisque la science du droit constitutionnel ne donnait pas accès à une connaissance de la politique, il fallait compléter l'exposé des règles par la description du fonctionnement réel. C'est ainsi que les programmes des études de droit ont été modifiés pour faire figurer dans le titre des cours, à côté de l'expression « droit constitutionnel », celle de « science politique » ou d'« institutions politiques ».

Cette modification n'était cependant qu'un maquillage superficiel. Aussi, à quelques remarquables exceptions près, les ouvrages de droit constitutionnel postérieurs à la Seconde Guerre mondiale en France, se présentaient-ils comme des ouvrages pédagogiques, utiles, mais sans grande originalité, tandis que les plus brillants parmi les juristes de droit public se dirigeaient soit vers le droit administratif, soit vers la science politique.

C. Le renouveau du droit constitutionnel

27. Ce déclin paraît aujourd'hui définitivement enrayé, en raison de deux séries de facteurs, qui tiennent les uns à l'influence de la science politique, les autres aux transformations de fond du droit constitutionnel.

En premier lieu, la science du droit constitutionnel a commencé de modifier sa méthodologie en empruntant à la science politique deux instruments, qu'elle avait d'ailleurs elle-même importés d'autres disciplines et qui s'étaient révélés particulièrement efficaces : l'analyse stratégique et l'analyse systémique. La première consiste à expliquer les actions des autorités publiques en les concevant comme des conduites organisées en vue d'un certain but, en fonction des conduites réelles ou probables des autres autorités. On a, par exemple, construit des modèles théoriques, pour rendre compte des comportements des pouvoirs publics constitutionnels sous la Ve République, dans différentes hypothèses de concordance ou, au contraire, de divergence entre la majorité parlementaire et la majorité présidentielle. L'analyse systémique, elle, envisage le pouvoir comme un ensemble d'interactions entre des éléments, qui ne sont pas invariables, mais qui prennent leur signification et se modifient en fonction de ces interactions. On ne peut donc se borner à raisonner comme si le droit constitutionnel positif consistait dans une série de règles, logiquement déduites de quelques principes fondamentaux. Ces principes se modifient en fonction des systèmes constitutionnels dans lesquels ils se trouvent insérés et en raison de leurs rapports avec les autres éléments de ces systèmes[2].

Mais le renouveau de la science du droit constitutionnel résulte aussi en grande partie des transformations qui affectent le fond du droit constitutionnel. Il s'agit principalement du prodigieux développement de la justice

2. Ces nouvelles méthodes sont décrites par D. Cooter, *The Strategic Constitution,* 1999, accessible en ligne : http://works.bepress.com/Robert_cooter/51.

constitutionnelle (v. *infra* n° 53 et s. et *infra* n° 790 et s.). Dans de nombreux pays ont été créées des cours constitutionnelles. Elles ont produit des jurisprudences d'une grande portée et d'une grande complexité. Ces cours sont en effet amenées notamment à contrôler la validité des lois dans les matières les plus diverses et à examiner si elles sont conformes aux principes contenus dans la Constitution. Il faut donc admettre d'abord que toutes les branches du droit, le droit civil, le droit pénal, le droit du travail ou le droit commercial, ont leurs bases dans la Constitution, ensuite que ce sont les cours constitutionnelles, chargées d'en interpréter le texte, qui contribuent à déterminer ces bases. La science du droit constitutionnel retrouve alors un rôle essentiel : décrire et commenter cette jurisprudence.

Aujourd'hui, on aperçoit dans la science française du droit constitutionnel deux orientations principales. La première étudie un objet traditionnel, les institutions, mais en intégrant les méthodes nouvelles. La seconde applique la méthode juridique classique, la dogmatique, à un objet nouveau, la justice constitutionnelle.

D. Les rapports du droit constitutionnel et de la science politique aujourd'hui

28. Ces rapports sont différents pour les deux orientations qu'on vient d'indiquer : la science institutionnelle est incontestablement plus proche de la science politique. Il y a non seulement une influence méthodologique, mais aussi des objets en partie communs. L'exemple le plus célèbre est celui des partis politiques : ils sont mentionnés dans plusieurs Constitutions modernes et on les considère parfois comme des organes de l'État, de sorte que la science du droit constitutionnel peut désormais les faire figurer parmi les éléments des systèmes constitutionnels et étudier leurs relations avec les autres composantes : les autorités et leurs compétences. De son côté, la science politique, qui cherche à comprendre les systèmes de partis, c'est-à-dire leur nombre, leurs relations mutuelles, leurs structures, fait une place importante à un élément proprement juridique, le mode de scrutin.

Les relations entre la science politique et la seconde orientation de la science du droit constitutionnel, celle qui étudie la justice constitutionnelle, sont moins étroites, pour des raisons évidentes : s'il s'agit de comprendre le sens et la portée d'une jurisprudence, cela ne peut se faire par une méthode empruntée à la sociologie, mais seulement au moyen de cette science propre aux juristes, la dogmatique.

Il faut noter cependant un intérêt nouveau de la science politique, non certes pour le droit constitutionnel lui-même, mais pour la science du droit constitutionnel et les juristes, désormais appréhendés comme acteurs du jeu politique (Gaxie, 1989 ; Poirmeur et Rosenberg, 1989).

29. Bibliographie

Ancel J. (1936), *Les frontières*, Recueil des cours de l'Académie de droit international, t. I.

Anderson M. (1996), *Frontiers ; Territory and State Formation in the Modern World*, Cambridge, Polity Press.

Bastid P. (*alii.*) (1967), « L'idée de légitimité », *Annales de philosophie politique*, Paris, PUF.

Chevallier J. (1996), *Institutions politiques*, Paris, LGDJ.

Combacau J., Sur S. (2019), *Droit international public*, Paris, LGDJ, 13e éd.

Deux numéros spéciaux (10 et 11) de la revue *Droits*, « Définir le Droit », 1989 et 1990.

Favoreu L. (1988), *La politique saisie par le droit*, Paris, Economica.

Febvre L. (1962), « Frontière, le mot et la notion », in *Pour une histoire à part entière*, Paris, SEVPEN.

Gaxie D. (1989), « Jeux croisés », in Curapp (éd.), *Les usages sociaux du droit*, Paris, PUF, p. 209 et s.

Grzegorczyk Ch., Troper M., Michaut Fr. (dir.) (1992), *Le positivisme juridique*, Paris, LGDJ.

Guigou J.-L. (1999), « Le principe d'intégration-subsidiarité : solution au dilemme territorial français ? », *Pouvoirs* n° 88, p. 123.

Kelsen H.,
– (1945), *Théorie générale du droit et de l'État*, Paris, LGDJ, réédition 1997.
– (1979), *Théorie générale des normes*, trad. fr., Paris, PUF, 1996.

Korinman M., Renal M. (1978), « Les idéologies du territoire », in F. Chatelet, *Histoire des idéologies*, t. IV, Paris, Hachette.

Mouton J.-D. (dir.) (2013), Colloque de Nancy. *L'État dans la mondialisation*, Paris, Pedone.

Pierré-Caps S. (1990), *Nation et peuple dans les constitutions modernes*, Nancy, PU de Nancy, Préface de F. Borella.

Poirmeur Y. et Rosenberg D. (1989), « La doctrine constitutionnelle et le constitutionnalisme français », dans CURAPP (éd.), *Les usages sociaux du droit*, Paris, PUF, p. 209 et s. p. 230 et s.

Schoenborn W. (1929), *Nature juridique du territoire*, Académie de droit international, Recueil des cours, t. 30.

Troper M.,
– (1994a), *Pour une théorie juridique de l'État*, Paris, PUF.
– (2001), *Le droit, la théorie du droit, l'État*, Paris, PUF.
– (2018), *La philosophie du droit*, Paris, PUF, coll. Que sais-je ?, 5e éd.

Troper M. et Chagnollaud D. (dir.) (2012), *Traité international de droit constitutionnel*, Paris, Dalloz, 3 vol.

Weber M. (1998-2003), *Économie et Société*, trad. fr. 1971, 2 vol., Paris, Press Pocket.

PREMIÈRE PARTIE

THÉORIE GÉNÉRALE DE L'ÉTAT

30. Qu'est-ce que la théorie générale de l'État ? – Les institutions ne sont pas de simples assemblages, mais des systèmes. Il y a entre les deux notions d'assemblage et de système de grandes différences. Pour réaliser un assemblage, comme par exemple en mécanique, on choisit et on monte dans un certain ordre des pièces fabriquées à l'avance. Au contraire, un système présente au moins cette propriété que c'est lui qui non seulement donne leur rôle aux éléments, mais encore les modifie.

C'est pourquoi il n'est pas possible d'exposer une théorie générale de l'État, qui aurait pour objet l'étude séparée de quelques éléments invariables (la souveraineté, la représentation, la séparation des pouvoirs, etc.), et qui précéderait l'étude des différents régimes politiques, laissée à la science du droit constitutionnel. Une telle démarche reposerait sur l'idée que chaque type de régime n'est qu'un montage différent de ces mêmes éléments. Mais ce serait méconnaître que les éléments ne sont en réalité jamais les mêmes.

La théorie générale de l'État n'est donc pas l'analyse des éléments invariables de tout système politique.

En réalité, ce qu'on expose d'habitude sous cette rubrique n'est pas une « théorie générale de l'État ». Une théorie générale est un ensemble coordonné de propositions que l'on tient pour vraies et qui ont non un objet particulier, non pas tel ou tel État, mais tous les États existants ou même tous les États possibles. Or, la théorie générale de l'État ou bien n'est pas une théorie, ou bien elle n'est pas générale et elle ne porte pas réellement sur l'État. Ce qu'elle contient d'ordinaire peut en effet être regroupé sous deux rubriques.

On y trouve d'abord non pas des propositions, mais des prescriptions très générales, appelées « principes ». Ainsi « les pouvoirs doivent être séparés » ou « pour que la loi soit l'expression de la volonté générale, il faut qu'elle soit adoptée par les représentants du souverain ». Certes, ces prescriptions, à la différence des commandements, se présentent parfois non pas comme l'expression de la volonté de leurs auteurs, mais comme l'indication de moyens propres à réaliser une certaine fin. La séparation des pouvoirs serait un moyen de préserver la liberté, le contrôle de constitutionnalité un moyen d'assurer la suprématie de la Constitution. Il s'agirait donc non de véritables prescriptions, mais de lois scientifiques. Pourtant, il faut constater que le rapport entre moyens et fins est ici très vague. Ces « lois » ne peuvent être admises que si l'on précise le sens que l'on donne aux expressions par lesquelles on désigne les fins (*liberté*) ou les moyens (*séparation des pouvoirs*). Selon le sens qu'on donne à ces mots, les moyens permettent ou non de réaliser les fins considérées, de sorte que la théorie générale de l'État porte en réalité non sur l'État, mais sur la langue.

On trouve aussi dans la théorie générale de l'État de véritables propositions. Il s'agit ici non de l'énoncé de principes, mais d'affirmations que ces principes existent dans tel ou tel système constitutionnel, c'est-à-dire qu'ils y sont respectés. Cet énoncé forme bien une théorie, mais celle-ci n'a rien de général.

Ainsi, lorsque la théorie générale de l'État traite de la séparation des pouvoirs, elle n'énonce pas, en dépit des apparences, une théorie selon laquelle les pouvoirs seraient séparés dans tous les systèmes constitutionnels ou même dans quelques-uns de ces systèmes. Elle se borne à affirmer que certains systèmes ont été construits conformément à une prescription générale nommée « le principe de la séparation des pouvoirs ». Mais il lui faut alors examiner ce qui est ainsi prescrit concrètement et constater que le contenu des prescriptions est très variable selon les constitutions. Aussi, de l'affirmation que les pouvoirs sont séparés dans tel ou tel système constitutionnel, on ne peut rien inférer sur le nombre des autorités, leurs rapports mutuels ou leurs compétences. La théorie classique en conclut qu'il y a diverses interprétations du principe, ce qui veut dire qu'aucune théorie générale n'est possible.

Il est cependant impossible de comprendre et de décrire les règles du droit constitutionnel positif sans le secours de cette théorie générale de l'État. Ceux qui élaborent une constitution et adoptent les règles constitutionnelles positives doivent justifier leurs choix. Ils ne peuvent le faire exclusivement par des considérations techniques, parce qu'il n'existe pas de technologie constitutionnelle. Ils doivent donc donner des justifications à l'aide de principes, variables selon les pays et les époques, même s'ils portent le même nom. On peut donc comprendre la *théorie générale de l'État* à la fois comme l'inventaire, dans les différents contextes où ils se posent, des problèmes constitutionnels pratiques, des manières dont ils se posent, des types de solutions qui leur sont apportées et des principes par lesquels on les justifie.

CHAPITRE 1

La Constitution

Section 1
Les sources du droit constitutionnel

31. Position du problème. – Comme de très nombreux problèmes juridiques, celui des sources dépend d'une distinction entre un point de vue matériel et un point de vue formel. Le premier porte sur le fond ou le contenu des règles, leur objet, ce qu'elles ordonnent ou interdisent, les institutions qu'elles organisent. Le point de vue formel, lui, est indifférent au contenu et ne concerne que la forme, c'est-à-dire la procédure employée pour les produire, le type et la valeur des règles, donc leur place dans la hiérarchie du système juridique (cf. *supra* n° 11 et s. et *infra* n° 32).

La question des sources, qui part d'une règle matérielle, par exemple « le président de la République française est élu au suffrage universel » peut amener deux types de réponse, une réponse formelle « cette règle a été inscrite dans la Constitution de la Ve République, à la suite de la révision de 1962 » et une réponse matérielle « la règle résulte de la conception que le général De Gaulle se faisait du gouvernement de l'État ». En faisant la première de ces réponses, on indique une source formelle, tandis qu'avec la seconde on indique une source matérielle.

Le terme de « sources » a évidemment son origine dans une métaphore, qui se comprend elle-même, à la lumière d'une théorie du droit implicite. Une source est le point où l'eau sort des profondeurs de la terre, et émerge à la lumière. Parler de sources du droit, c'est donc présupposer que, comme l'eau, le droit existait avant d'apparaître aux hommes, et que ceux qui paraissent produire des règles ne font que les découvrir et les exprimer, mais ne les créent pas. Les doctrines d'inspiration jusnaturaliste ou sociologique, lorsqu'elles examinent les sources du droit, posent donc en réalité deux questions différentes : la première porte sur l'origine de la règle, avant qu'elle ne soit exprimée ; c'est la question des sources matérielles. La seconde porte sur l'expression elle-même ; c'est la question des sources formelles. Selon cette conception, la question des sources formelles est moins importante. Il ne s'agit que de technique. Les réponses à la première question, celle des sources matérielles, sont très diverses. Il peut s'agir du droit naturel, de l'Histoire ou d'une théorie de l'État.

On comprend que la question des sources ne porte pas en réalité seulement sur l'origine des règles, mais que, au-delà, il s'agit bien souvent de leur fondement ou de leur légitimité. Affirmer que telle règle du droit positif, exprimée dans la loi (la source formelle) a pour source matérielle le droit naturel, c'est certes parler de son origine, dire que le législateur s'est inspiré d'une doctrine du droit naturel, mais c'est dire aussi que la règle positive est conforme au droit naturel et qu'il faut lui obéir.

Une telle position est inacceptable du point de vue d'une théorie positiviste, qui considère quant à elle qu'il n'y a de droit que « posé » (v. *supra* n° 19 et 20). Le droit contenu dans les sources matérielles n'est donc pas du droit. Il ne deviendra du droit qu'après avoir été « posé », c'est-à-dire exprimé par une autorité compétente. De ce point de vue, il n'y a que des sources formelles. Il faut ajouter deux remarques : tout d'abord, la question du fondement du caractère obligatoire des règles de droit n'est pas une question juridique, mais une question morale. La science du droit se borne à identifier et à décrire les règles ; elle ne prescrit pas qu'on leur obéisse et ne recherche donc pas le fondement d'une prescription qu'elle ne formule pas.

Cependant, la question des sources matérielles ne porte pas toujours sur le fondement de l'obligation. Pour la sociologie du droit, il peut s'agir seulement d'identifier les représentations de la règle désirable, dont le législateur a pu s'inspirer. Une telle question présente un intérêt scientifique évident. Cependant, elle ne peut être traitée par la science du droit, car elle ne porte pas réellement sur des normes, mais sur des faits psychosociaux. Elle relève donc seulement d'une discipline ayant ces faits pour objet et usant d'une méthodologie différente, la sociologie juridique.

Une théorie positiviste ne s'intéresse, par conséquent, qu'aux sources formelles, c'est-à-dire aux techniques par lesquelles sont produites les normes juridiques. On dit qu'une norme a été posée lorsqu'un certain fait (par exemple un acte de volonté) a été institué par une norme supérieure comme ayant la signification d'une prescription. Il existe donc autant de sources qu'il y a de faits institués de cette manière. Il est cependant possible de les regrouper en types et ce sont ces types que la théorie positiviste appellera « sources formelles ». On peut d'ailleurs les regrouper de deux manières différentes. On peut d'abord considérer que toute norme est posée conformément à une norme supérieure et qu'elle-même autorise la création d'une norme inférieure, ce qui conduit à distinguer les sources selon le niveau auquel elles se situent dans la hiérarchie de l'ordre juridique. On énumérera alors la Constitution, la loi, l'acte du pouvoir exécutif. On peut aussi les classer selon que le fait institué comme signification d'une norme est un acte de volonté ou un autre type de fait, par exemple une coutume.

On comprend alors toute l'importance de la question des sources : c'est par les sources qu'on peut identifier une branche du droit. Le droit constitutionnel est une partie du système juridique, un sous-système. On le distingue des autres branches parce qu'il possède un ensemble de sources spécifiques. On parle alors d'autonomie du droit constitutionnel. Cette autonomie provient avant tout du niveau auquel se situent les sources, notamment dans la constitution formelle, mais elle résulte aussi du rôle différent qu'y jouent la loi, la coutume ou la jurisprudence.

On traitera successivement de la hiérarchie des sources (§ 1) et du type de faits producteurs de droit (§ 2).

§1. La hiérarchie des sources de la constitution matérielle

A. La constitution formelle

32. C'est l'ensemble des règles, quel que soit leur objet, qui sont énoncées dans la forme constitutionnelle : elles sont en général contenues dans un document spécial, mais surtout, elles ont une valeur supérieure à celle de toutes les autres normes positives et ne peuvent être modifiées que conformément à une procédure spéciale, plus difficile à mettre en œuvre que celle qui permet de modifier une autre norme, par exemple une loi ordinaire. Cette qualité de la constitution formelle est appelée « rigidité ». On étudiera donc la *rigidité* de la constitution formelle *avant* d'en examiner le contenu.

1. La rigidité constitutionnelle[1]

a. La justification de la rigidité : la séparation du pouvoir constituant et des pouvoirs constitués

33. L'auteur de la Constitution est appelé « pouvoir constituant ». Les procédures d'adoption et de mise en vigueur sont très variables. Le texte peut être adopté par une assemblée, qui prend le nom d'assemblée constituante ou de « convention », ou par un gouvernement. Il peut être seulement préparé par une assemblée ou un gouvernement, puis soumis au référendum. Quoi qu'il en soit, le pouvoir constituant est celui ou ceux, dont le consentement a permis l'entrée en vigueur du texte.

Cette Constitution a toujours pour objet – et pour contenu minimum – d'instituer des autorités ou organes ou encore « pouvoirs constitués » et de répartir entre eux des compétences. C'est cette répartition que l'on appelle *séparation des pouvoirs*. Or, il est clair que si l'une de ces autorités pouvait modifier la Constitution, elle accroîtrait ses propres compétences au détriment des autres et détruirait ainsi l'ensemble des équilibres que le pouvoir constituant a cherché à établir. La séparation des pouvoirs ne peut donc

1. KLEIN, 1996.

être préservée que si les pouvoirs constitués ne disposent pas du pouvoir constituant, c'est-à-dire si la Constitution est « rigide ».

Au contraire, *la Constitution serait « souple » si elle pouvait être facilement modifiée par l'un des pouvoirs constitués*, par exemple par le pouvoir législatif, au terme de la procédure législative ordinaire. C'est précisément le cas à chaque fois qu'il n'y a pas de constitution formelle, ou bien parce que la constitution est coutumière, comme en Grande-Bretagne ou bien parce qu'elle est pour l'essentiel exprimée dans des lois ordinaires, comme en Israël.

b. L'expression de la rigidité : la distinction du pouvoir constituant originaire et du pouvoir constituant dérivé

34. La rigidité ne signifie pas que la Constitution ne pourra pas être modifiée ou révisée, mais qu'elle ne pourra l'être que selon certaines formes, qu'elle a elle-même organisées et par les organes qu'elle a institués à cet effet. On appelle « *pouvoir constituant dérivé* » le pouvoir des organes compétents pour modifier la Constitution, par opposition au « *pouvoir constituant originaire* », celui des organes qui ont adopté la Constitution. En pratique, on emploie aussi ces expressions pour désigner non seulement le pouvoir de ces organes, mais les organes eux-mêmes.

Le principe de la séparation du pouvoir constituant et des pouvoirs constitués interdit de confier entièrement le pouvoir constituant dérivé à l'un des pouvoirs constitués, mais non de leur attribuer un rôle dans la procédure de révision constitutionnelle. Ainsi, le Parlement peut intervenir dans cette procédure de plusieurs manières : pour élaborer une proposition de révision, pour la discuter et l'adopter, pourvu qu'il ne le fasse pas selon la procédure législative ordinaire ou qu'il ne statue pas dans la même formation.

Le pouvoir constituant dérivé est ainsi enfermé dans des limites, qui touchent à la forme de la révision, mais aussi quelquefois au fond.

Les limites ou conditions de forme peuvent tenir aux délais dans lesquels la procédure peut être entamée, aux circonstances dans lesquelles elle peut avoir lieu ou à la procédure.

C'est ainsi qu'il est possible qu'une Constitution interdise toute révision pendant un certain délai suivant son entrée en vigueur. Elle ne pourra intervenir que lorsque quelques années d'expérience en auront montré les défauts. Ainsi, la Constitution de 1791 interdisait toute révision pendant les dix premières années de son application (v. *infra* n° 203 et 328).

En deuxième lieu, la Constitution peut interdire toute révision dans certaines circonstances, par exemple lorsqu'une partie du territoire national est occupée par une puissance étrangère ou en temps de guerre ou en période de crise.

En troisième lieu, elle peut organiser une procédure de révision contraignante. On peut ainsi distinguer l'adoption d'un vœu de révision et la révision proprement dite, ces deux opérations étant confiées à deux organes différents. On peut généralement attribuer un rôle dans la révision soit à certains des pouvoirs constitués, mais statuant au terme d'une procédure spéciale, soit à un organe spécialement institué à cet effet, par exemple une assemblée de révision. Dans ce dernier cas, cet organe pourra ou bien exercer seulement le pouvoir de révision ou bien assurer aussi des fonctions normalement exercées par le Parlement. La Constitution peut encore exiger, comme en France, que les projets soient adoptés à des majorités qualifiées (plus importantes que la majorité simple) ou qu'ils soient ratifiés par référendum ou encore par un certain nombre d'États dans un État fédéral, comme c'est le cas aux États-Unis. On peut naturellement combiner toutes ces limitations de différentes manières.

Les limites de fond consistent dans l'interdiction de modifier la Constitution sur certains points. En France, par exemple, il est interdit de modifier la forme républicaine du régime (art. 89 al. 5 de la Constitution de 1958). Mais on peut interdire aussi de porter atteinte au caractère socialiste de l'économie, au caractère fédéral de l'État ou à certains droits fondamentaux, comme le fait la Loi fondamentale allemande pour ses vingt premiers articles (v. *infra* n° 239).

Ces conditions ne sont pas également contraignantes. Les conditions de fond ne limitent pas véritablement le pouvoir dérivé, parce qu'il est toujours possible de réviser dans un premier temps les dispositions de la Constitution, qui fixent ces limites, pour, dans un second temps, opérer la révision désirée. En France, on pourrait par exemple réviser la Constitution pour supprimer l'interdiction de porter atteinte à la forme républicaine et la réviser une seconde fois pour instituer une monarchie. Ces conditions sont donc avant tout des limites morales.

Les conditions de forme, elles, ne peuvent être tournées aussi facilement, car il faudrait, pour les modifier, si on les juge trop sévères, réviser la Constitution dans les formes prévues. Une telle révision n'est pourtant pas impossible.

On peut d'abord interpréter et appliquer des dispositions jugées habituellement étrangères à la révision. Ainsi, en France, le général de Gaulle a appliqué à la révision, non pas l'article 89 de la Constitution, mais l'article 11, dont tous estimaient jusqu'alors qu'il ne pouvait être employé que pour soumettre au référendum un projet de loi ordinaire (v. *infra* n° 513).

Il faut aussi mentionner la doctrine de la supra-constitutionnalité, qui trouve son origine chez C. Schmitt. Elle suppose l'existence de deux niveaux de règles constitutionnelles : celui des lois constitutionnelles et celui de la Constitution proprement dite. Les lois constitutionnelles contiennent des règles techniques relatives à l'organisation des pouvoirs publics, à leurs compétences ou à leurs relations mutuelles. Elles peuvent être modifiées conformément à la procédure prévue pour la révision. En revanche, la Constitution proprement dite (appelée quelquefois « constitution matérielle », dans un sens de cette expression très différent de celui que nous employons dans ce volume) comprend les principes politiques fondamentaux de l'État. Les partisans de cette doctrine soutiennent que le pouvoir constituant dérivé, parce qu'il est institué par la Constitution, n'est en réalité qu'un pouvoir constitué.

Il n'aurait donc qu'une compétence limitée : il ne pourrait modifier que les « lois constitutionnelles », mais non la Constitution elle-même (Beaud, 1993 ; Troper, 2001, p. 334 s.).

Dans sa variante moderne, la doctrine de la supra-constitutionnalité conduit à accorder au juge constitutionnel le pouvoir d'annuler les lois de révision constitutionnelle qui toucheraient à certains principes fondamentaux. C'est ainsi que la Cour suprême de l'Inde a invalidé en 1980 un amendement à la Constitution[2] et que plusieurs cours constitutionnelles se sont reconnu le pouvoir de le faire.

Il faut encore ajouter un point capital : la constitution formelle, comme tout texte juridique, ne se transforme pas seulement par la révision constitutionnelle. Elle subit une évolution, qui peut être considérable, en raison des conditions dans lesquelles elle est appliquée, c'est-à-dire interprétée (v. *infra* Section 2).

2. Fonction de la Constitution

35. La fonction de la Constitution est complexe et d'ailleurs variable. Toutes les constitutions n'ont pas les mêmes fonctions. Parmi celles qu'elle peut remplir, il faut distinguer des fonctions juridiques et politiques.

36. *Du point de vue juridique,* la fonction de la Constitution peut être triple : En premier lieu, elle est le *fondement de la validité de l'ordre juridique tout entier*. C'est parce qu'elle a été adoptée conformément à la Constitution qu'une loi peut être considérée comme une norme juridique, qu'elle est donc obligatoire et qu'elle peut elle-même servir de fondement à d'autres normes. La Constitution est donc le fondement ultime de chacune des normes qui font partie du système juridique.

Elle n'est elle-même subordonnée à aucune autre norme. Il peut arriver que des conventions ou des juridictions internationales proclament la suprématie du droit international sur le droit des États, y compris sur leurs Constitutions. C'est par exemple le cas du droit de l'Union européenne (cf. *infra* n° 318 et 731). Cependant, cette suprématie, même lorsqu'elle est acceptée par les États, ne trouve pas son fondement dans les traités, mais dans les Constitutions nationales. C'est ce qu'ont décidé plusieurs cours constitutionnelles des États membres de l'Union européenne, par exemple le Conseil constitutionnel français, qui a considéré que si le droit européen prévaut sur la Constitution, c'est parce que la Constitution institue cette suprématie et que, par conséquent, celle-ci ne saurait aller jusqu'à porter atteinte à l'identité constitutionnelle de la France, ni limiter le pouvoir constituant (cf. *infra*).

En deuxième lieu, la *Constitution détermine les modalités de désignation des gouvernants et leur attribue des compétences*, c'est-à-dire qu'elle définit les cas dans lesquels les volontés des individus sont détachées de leur auteur pour

2. Décision Minerva Mills Ltd. v. Union Of India.

être imputées à l'État. Ces individus sont alors appelés les organes de l'État. Ce qu'ils veulent, ce qu'ils font, c'est l'État qui est censé le vouloir et le faire.

En troisième lieu, la Constitution énonce des principes, par exemple ceux qui sont relatifs à la souveraineté, aux droits fondamentaux, à la représentation ou la séparation des pouvoirs, qui justifient les règles positives qu'elle contient par ailleurs et qui permettront de justifier ultérieurement des interprétations particulières du texte.

37. *Du point de vue politique,* la fonction de la Constitution est également complexe.

1° Tout d'abord, la Constitution organise la transmission et l'exercice du pouvoir et définit sa légitimité. Les Constitutions modernes s'efforcent d'organiser le pouvoir – ou prétendent le faire – de telle manière qu'il ne puisse être exercé dans l'intérêt personnel des gouvernants, mais seulement en vue d'un intérêt général, qui peut d'ailleurs être conçu de plusieurs manières.

Historiquement, les premières Constitutions ont été rédigées au XVIIIe siècle, non en vue de donner le pouvoir au peuple ou de garantir qu'il agira dans son intérêt. Elles ne cherchaient pas nécessairement à fonder une démocratie, au sens que lui donnera plus tard Abraham Lincoln, qui la définissait comme « le gouvernement du peuple, par le peuple, et pour le peuple », mais pour protéger la liberté. On appelle donc constitutionnalisme l'idéologie qui entend organiser le pouvoir à travers une constitution afin de préserver la liberté. Il faut cependant en distinguer deux versions correspondant à deux conceptions de la liberté. Elles sont toutes deux dérivées des doctrines du XVIIIe siècle : la première est libérale et conçoit la liberté comme l'espace garanti aux citoyens par la limitation de l'État ; c'est la Constitution qui assure cette limitation notamment grâce à l'équilibre des pouvoirs et au contrôle de ses organes par les tribunaux ; la seconde voit au contraire dans l'État non une menace, mais une garantie de la liberté, dès lors que celle-ci est définie comme le droit de n'obéir qu'à la loi, pourvu que celle-ci soit faite au nom du peuple souverain. La constitution doit donc avant tout déterminer le fondement et la légitimité du pouvoir. La version libérale insiste sur les droits fondamentaux et la séparation des pouvoirs ; l'autre sur la souveraineté et la représentation. Si la conception libérale s'est imposée surtout aux États-Unis, elles ont toutes deux inspiré les constitutions françaises de la période révolutionnaire.

On parle aujourd'hui de constitutionnalisme *global*, car cette idéologie, dans l'une ou l'autre de ces versions, s'est répandue à travers le monde. Tous les États ont proclamé des droits fondamentaux, se sont dotés d'une constitution, et un grand nombre d'entre eux ont institué une Cour constitutionnelle. Les constitutions récentes ont subi l'influence de cette idéologie et sont construites sur des principes sinon identiques, au moins apparentés, tandis que les cours constitutionnelles nationales tiennent compte non seulement de leurs constitutions respectives, mais aussi de la jurisprudence des autres cours, ainsi que des conventions internationales.

Le constitutionnalisme soulève deux problèmes difficiles. Le premier est un problème technique : quel est le type d'organisation qui permettra d'atteindre effectivement le but recherché ? Le second problème, qui concerne davantage la première version, est théorique : si l'idéal libéral implique que le pouvoir soit divisé entre plusieurs autorités, dont certaines ne représentent pas le peuple, comment cet idéal est-il conciliable avec la théorie démocratique, qui entend, elle, reconnaître au peuple souverain un pouvoir sans partage ?

2° Ensuite, la Constitution est le fondement de la légitimité des gouvernants. Ceux-ci peuvent justifier leur pouvoir et leurs décisions par le fait qu'ils ont été désignés conformément à la Constitution et qu'ils exercent des compétences qui leur ont été attribuées par la loi fondamentale.

3° Ceux qui rédigent les constitutions appartiennent à des forces politiques qui se réclament de conceptions différentes de la liberté, des droits fondamentaux à préserver ou de la démocratie. Ils cherchent aussi à défendre des intérêts idéologiques ou matériels. La Constitution a dès lors pour fonction de traduire les compromis entre ces forces politiques et de préserver l'équilibre qui a été ainsi obtenu.

4° Enfin, elle est un élément d'intégration nationale et de production de la citoyenneté. Bien souvent, les citoyens d'un même État n'ont en commun ni l'appartenance ethnique, ni la langue, ni la religion, ni les valeurs, mais seulement le fait d'être soumis à la même Constitution et ainsi de jouir des mêmes garanties et des mêmes droits fondamentaux. Parfois, le patriotisme ne se définit que comme l'amour de la Constitution.

3. Contenu de la constitution formelle. La question des préambules et Déclarations des droits

a. Déclarations des droits et constitution matérielle

38. La constitution formelle a pour contenu principal la Constitution (au sens matériel), c'est-à-dire l'organisation et le fonctionnement des pouvoirs publics et la répartition des compétences entre eux.

On sait qu'elle peut cependant avoir aussi des contenus très différents, au moins en apparence. On y trouve par exemple des dispositions sur la couleur du drapeau ou l'hymne national. Les raisons qui conduisent à introduire dans la Constitution des dispositions de ce genre sont simples : elles tiennent principalement à la rigidité de la Constitution. Adopter ces règles en forme constitutionnelle, c'est empêcher qu'elles soient facilement modifiées. Dans certains pays, les citoyens ont le droit d'initiative en matière constitutionnelle, mais non en matière législative. Ils tournent alors cette incapacité en proposant, sous forme d'amendements à la Constitution, des mesures qui, ailleurs, relèveraient de la loi ordinaire.

Certains auteurs en ont conclu, à tort, que ces mesures ne sont pas matériellement constitutionnelles et, parmi elles, on mentionne parfois les Préambules et les Déclarations des droits.

Il s'agit de dispositions, regroupées dans un texte placé en tête de certaines Constitutions. Si la Déclaration des droits de l'Homme et du Citoyen de 1789 n'est pas la première – la première est celle du Massachusetts du 15 juin 1780 –, c'est incontestablement celle qui a eu le plus grand retentissement. Comme l'indique son titre, ce texte n'a pas été conçu par l'Assemblée nationale, qui l'a adopté, comme un ensemble de droits accordés aux citoyens par un acte de volonté politique, mais comme des droits, que tous les hommes possèdent par nature et qu'il suffit de reconnaître et de déclarer. Il s'agissait, selon la conception dominante à cette époque, de droits et de libertés individuels.

À ces droits individuels, se sont ajoutés par la suite, des droits de l'Homme dits de la seconde génération, dont l'objet est économique et social et qui peuvent être des droits collectifs. Une troisième génération est d'ailleurs en cours de gestation (droit à l'environnement, droit au développement, etc.) et les droits nouveaux se couvrent du prestige des anciens.

Dans ces conditions, peut-on dire que ces textes ne sont pas matériellement constitutionnels ? Une telle affirmation peut en réalité revêtir trois significations différentes :

Cela peut signifier d'abord que les Déclarations des droits n'ont aucune valeur obligatoire et constituent seulement l'énoncé d'une idéologie ou d'un programme politique. Dans ce cas, en effet il ne s'agit pas de l'organisation et des compétences des pouvoirs publics et le contenu des Déclarations est étranger à la constitution matérielle.

Cependant, il est possible que ces textes aient bien une valeur obligatoire, mais qu'on présuppose une conception étroite de la constitution matérielle, qui comprendrait les règles relatives aux organes, à leurs compétences et aux procédures qu'ils doivent suivre, mais non les règles qui leur enjoignent de prendre des mesures ayant tel ou tel contenu. Ainsi les Déclarations des droits ne seraient pas constitutionnelles, bien qu'elles assignent des buts aux pouvoirs publics (les pouvoirs constitués). Rien ne justifie une conception aussi étroite et en réalité les compétences des pouvoirs publics ne peuvent être définies sans référence au contenu et aux limites de leur action. On ne peut dire que le Parlement aura le droit de faire des lois sans dire au moins implicitement en quoi consiste ce droit, ce que sont les lois et le cas échéant, sur quelles matières elles doivent porter ou quelles limites le législateur devra respecter.

Enfin, il est également possible que, alors même qu'ils ont une valeur juridique, ces textes soient cependant conçus avant tout comme accordant aux citoyens ou, plus généralement, aux sujets, des droits qu'ils peuvent faire valoir dans certains cas sans l'intermédiaire des pouvoirs publics constitutionnels et contre eux. On peut alors penser que les Déclarations ne font pas partie de la constitution matérielle parce qu'elles ne concernent pas les pouvoirs publics. Mais, c'est oublier que les droits ne peuvent être compris que comme l'autre face des obligations et que l'on peut dire indifféremment que le citoyen a des droits contre les pouvoirs publics ou que les pouvoirs publics ont des obligations envers lui.

Énoncer des droits, c'est donc aussi énoncer les obligations des pouvoirs publics, ce qui relève bien de la constitution matérielle.

Ainsi, dès lors que les Déclarations des droits présentent un caractère obligatoire, elles font partie non seulement de la constitution matérielle, mais aussi de la constitution formelle et l'étude de leur contenu relève bien de la science du droit constitutionnel.

b. Valeur juridique des déclarations

39. Pendant très longtemps, la question de la valeur juridique des déclarations a été controversée. Il convient cependant de préciser l'objet de cette controverse, quelque peu obscurcie par l'ambiguïté de l'expression « valeur juridique ». Le débat peut apparaître plus clair si l'on comprend que cette question en recouvre en réalité deux, qu'il faut soigneusement distinguer : les déclarations sont-elles juridiquement obligatoires ? Si oui, pour qui sont-elles obligatoires ?

1° Les déclarations sont-elles juridiquement obligatoires ? Lorsqu'on s'interroge sur la valeur juridique d'une règle, on se demande d'abord si cette règle est juridique ou si elle appartient à un autre système de normes que le droit. On peut penser par exemple qu'une règle constitutionnelle est obligatoire, mais qu'elle n'est que politiquement ou moralement obligatoire. Ainsi, les conventions de la Constitution en Grande-Bretagne ou au Canada sont considérées comme politiquement obligatoires (v. *infra* n° 217). La question de la valeur juridique des Déclarations porte donc sur leur caractère *juridiquement* obligatoire. Une règle juridiquement obligatoire est une règle dont la violation peut être sanctionnée d'une manière ou d'une autre, par une peine, mais aussi par l'annulation d'une autre règle non conforme à la première (avril, 1997).

2° Pour qui les déclarations sont-elles obligatoires ? La valeur juridique, comme toute valeur d'ailleurs, est toujours relative : une règle ne présente pas nécessairement un caractère universellement obligatoire : elle présente une valeur juridique à l'égard de certaines autorités mais non à l'égard d'autres. Si l'on se représente, comme il est commode de le faire, le système juridique comme un ensemble de normes hiérarchisées, alors parler de la valeur juridique relative d'une règle, c'est parler du niveau auquel elle se situe dans cette hiérarchie. Aussi, dira-t-on que les déclarations ont une valeur juridique supérieure à celle des actes qui peuvent être annulés pour avoir violé l'une de leurs dispositions et qu'elles ont une valeur juridique égale à celle des actes par lesquels on peut les modifier elles-mêmes.

On comprend dans ces conditions que la question ne peut recevoir que des réponses variables selon le pays et le moment considérés. En France par exemple, sous la IIIe et la IVe Républiques, la violation de la Déclaration des droits pouvait être sanctionnée lorsqu'elle était commise par un acte administratif, mais non pas lorsqu'elle l'était par une loi. On pouvait donc penser que sa valeur juridique était égale à celle des lois et supérieure à celle des actes administratifs. Sous la Ve République et plus particulièrement depuis 1971, la violation par la loi est également sanctionnée (v. *infra* n° 819). On en conclut généralement que la valeur juridique de la déclaration est désormais supérieure à celle de la loi et égale à celle de la Constitution.

B. Les lois organiques

40. Par l'expression loi organique, on peut désigner deux types de textes différents par leur place dans la hiérarchie des normes. Il peut d'abord s'agir de *lois ordinaires*, dont le contenu est matériellement constitutionnel, parce qu'elles sont relatives à l'organisation et au fonctionnement des pouvoirs publics. Elles peuvent être prises par le législateur spontanément ou bien sur invitation du constituant. L'emploi de l'expression *loi organique* résulte simplement de la pratique et n'a pas de conséquences juridiques. Comme il s'agit de lois ordinaires, elles seront étudiées plus loin (v. *infra* n° 43).

Il peut s'agir aussi de *lois qui se placent à un échelon intermédiaire entre la Constitution et la loi ordinaire*. C'est dans ce deuxième sens que l'expression est surtout employée en France aujourd'hui. Ces lois présentent trois caractères :

- elles sont, comme les précédentes, matériellement constitutionnelles ;
- c'est la Constitution qui, faute de pouvoir énoncer des règles aussi détaillées qu'il serait nécessaire, prévoit ces lois organiques pour compléter et préciser le texte. La Constitution de 1958 le fait dans plusieurs domaines importants, par exemple pour l'organisation et le fonctionnement du Conseil constitutionnel ou de la Haute Cour ;
- elles sont adoptées ou modifiées selon une procédure particulière, sensiblement plus contraignante que la procédure législative ordinaire. En France, par exemple, le trait le plus marquant de cette procédure est l'examen par le Conseil constitutionnel de la conformité à la Constitution de tout projet ou proposition de loi organique, c'est-à-dire sans qu'il ait été nécessaire de le saisir. Il s'agit évidemment d'empêcher que la loi organique, sous prétexte de compléter la Constitution, n'en remette en cause les principes.

C. Les règlements des assemblées

41. Domaine du règlement. – Les règlements des assemblées parlementaires complètent la Constitution pour tout ce qui concerne l'organisation interne des assemblées et le travail parlementaire, par exemple pour le détail de la procédure législative, le rôle des commissions, celui du bureau ou l'ordre de parole. Il s'agit de questions très importantes[3]. Ils peuvent même avoir des effets sur les règles constitutionnelles de procédure, comme on le voit dans le cas du *filibuster* au Sénat américain (cf. *infra*, n° 264). Les règles que contiennent les règlements sont matériellement constitutionnelles et, comme d'ailleurs celles qui font l'objet de lois organiques, plusieurs d'entre elles pourraient être aussi bien adoptées en forme constitutionnelle, c'est-à-dire traitées dans la constitution formelle, ou, au contraire, dans une loi ordinaire.

3. Ces règlements ne doivent évidemment pas être confondus avec ceux qui ont pour objet de préciser et de compléter les lois et qui émanent du pouvoir exécutif.

Ainsi, la Constitution de la Ve République contient des règles relatives au vote personnel ou à l'établissement de l'ordre du jour qui, dans d'autres régimes, par exemple la IIIe République, relevaient du règlement des assemblées. C'est donc la Constitution qui détermine l'étendue du domaine régi par le règlement. Si elle s'abstient d'entrer dans les détails et laisse au règlement un domaine très étendu, cela entraîne une conséquence technique (une plus grande souplesse, parce que le règlement est plus facile à modifier que la Constitution), et une conséquence politique (une plus large autonomie des assemblées, si celles-ci jouent un rôle important dans l'élaboration du règlement).

Sous la IIIe République, dotée d'une Constitution très brève (v. *infra* n° 370 et s.), l'importance du règlement était considérable. Il comportait par exemple des règles aussi fondamentales que celles relatives à la vérification des pouvoirs ou à l'interpellation du gouvernement (c'est-à-dire à la mise en jeu de sa responsabilité), au point qu'on a pu écrire du règlement qu'« il a plus d'influence que la Constitution elle-même sur la marche des affaires publiques » (Pierre, 1902, p. 490).

Mais même si la Constitution contient effectivement des règles relatives à un grand nombre des matières qu'il serait concevable d'abandonner au règlement, elle ne peut pourtant pas aller très loin dans le détail. Un règlement est donc nécessaire en tout état de cause.

42. Adoption du règlement. – Plusieurs systèmes sont concevables, selon le degré d'autonomie que la Constitution entend laisser aux assemblées.

Le système qui leur laisse la plus grande autonomie est naturellement celui qui leur donne compétence pour adopter leur règlement. Tel était le système de la IIIe République, où chaque assemblée élaborait son propre règlement et pouvait le modifier à tout moment.

Le second système est celui dans lequel c'est le pouvoir exécutif qui a le pouvoir d'adopter le ou les règlements des assemblées. Tel était le cas sous le Consulat et l'Empire.

Un système intermédiaire consiste à permettre aux assemblées d'adopter leurs règlements respectifs, mais, sous le contrôle du juge pour éviter qu'elles ne portent atteinte aux principes constitutionnels. C'est la solution de la Ve République.

D. Les lois ordinaires

43. Il s'agit de lois, que l'on appelait sous la IIIe République lois organiques et qui sont relatives à l'organisation et au fonctionnement des pouvoirs publics.

La plus importante concernait le mode de scrutin. La IVe et la Ve République ont conservé cette matière à la loi ordinaire. L'avantage est évidemment qu'il est possible de modifier rapidement la loi électorale, sans avoir à réviser la Constitution. Le risque tient à ce que les majorités parlementaires successives peuvent être tentées de modifier la règle du jeu pour accroître leurs chances de se maintenir au pouvoir.

§2. Les types de faits producteurs de droit

44. Définition. – L'expression de « faits producteurs de droit » est trompeuse, car, en réalité, de ce que quelque chose est, on ne peut conclure que quelque chose doit être, de sorte qu'un fait ne peut jamais produire du droit (v. *supra* n° 3). Ce qu'on désigne par cette expression, c'est simplement un fait institué par une norme supérieure, comme la condition qu'une norme nouvelle soit produite. Ainsi, on dit que le vote du Parlement a produit une loi, mais il ne s'agit là que d'un raccourci.

En réalité, le vote d'une assemblée est un simple fait d'où il ne saurait résulter qu'on doit se conformer à ce vote. Il y a bien des réunions d'hommes capables d'émettre des votes. Nul ne prétend qu'on doit obéir aux produits de tous ces votes. Si l'on doit s'y soumettre, s'il y a une règle, c'est que la Constitution *habilite* le Parlement à adopter des lois. En d'autres termes, la Constitution définit le produit des votes émis par le Parlement comme une loi valable. La formule fréquente dans les textes constitutionnels et qui figure par exemple dans la Constitution française actuelle, « *la loi est votée par le Parlement* », est celle par laquelle la Constitution accorde à un fait, le vote, la signification qu'une norme a été produite. Examiner les sources du droit constitutionnel du point de vue de ces faits, c'est donc rechercher quels sont les faits ayant la signification qu'une norme constitutionnelle a été produite (Tusseau, 2006).

On peut en distinguer trois types : le premier est évidemment l'expression de la volonté d'un organe compétent. Il n'est pas nécessaire d'en traiter ici à nouveau, puisque ce type de fait est celui qui a produit les règles matériellement constitutionnelles étudiées plus haut, la constitution formelle, la loi organique, etc. Les deux autres types de faits susceptibles d'avoir la signification de norme sont la coutume et l'interprétation.

A. La coutume constitutionnelle

1. Définition

45. En droit constitutionnel, comme dans les autres branches du droit, on parle de coutume lorsque deux conditions sont réunies :

1° lorsqu'une pratique a été répétée pendant une assez longue durée,

2° lorsqu'existe le sentiment que cette pratique est obligatoire. C'est *l'opinio juris*.

Ces conditions sont parfois appelées improprement les éléments de la coutume et on les désigne alors par des termes couplés : le premier et le second élément sont qualifiés respectivement de matériel et de psychologique, d'objectif et de subjectif[4].

Cela dit, il existe sur la question de la coutume d'importants débats. On aura remarqué le caractère extrêmement vague des mots utilisés pour définir les conditions de la coutume et les auteurs s'opposent sur le point de savoir

4. On trouvera une critique des définitions par éléments dans Troper, 1994a, p. 127 et s.

par exemple combien de fois une pratique doit être répétée pour qu'on soit en présence d'une coutume ou sur quelle durée – suffit-il d'une fois ou faut-il transposer au droit constitutionnel l'adage populaire selon lequel « une fois n'est pas coutume » – ou encore sur les personnes qui doivent avoir le sentiment du caractère obligatoire – les hommes politiques ou les professeurs de droit ?

2. Position du problème

46. En réalité, ces débats, qui portent seulement sur l'identification d'une coutume, sont l'expression de difficultés théoriques considérables.

La première tient à la position qu'occupe la Constitution au sommet de la hiérarchie des normes. Un fait ne peut produire du droit, que s'il est institué par une norme supérieure comme condition suffisante de l'édiction d'une norme nouvelle. On peut donc facilement comprendre l'existence de la coutume en droit civil ou commercial, parce que, dans ces branches, une loi peut avoir le contenu suivant : « si une pratique a été répétée pendant une certaine durée et s'il existe un sentiment que cette pratique est obligatoire, alors on doit s'y conformer ». Dans ce cas, la coutume est instituée comme source du droit par la loi. On pourrait donc concevoir de la même manière une coutume instituée comme source du droit par la Constitution, mais cette coutume serait subordonnée à la Constitution. Il ne s'agirait pas d'une règle formellement constitutionnelle. Une telle règle ne pourrait être créée par voie de coutume, que s'il existait une norme au-dessus de la Constitution. Or, une telle règle n'existe pas.

La deuxième difficulté est liée au rôle de la volonté dans le droit. S'il est vrai qu'il n'y a de droit que positif, c'est-à-dire posé par un acte de volonté, comment expliquer qu'une règle apparaisse sans avoir jamais été voulue ? Là encore, le problème peut être plus facilement résolu en droit civil ou en droit commercial, parce qu'on peut admettre d'abord, comme on vient de le voir que c'est la loi qui institue la coutume comme fait producteur de droit, et que, par conséquent, la règle coutumière naît de la volonté du législateur. Une autre explication prend en compte le rôle du juge : la coutume n'est obligatoire que si un juge constate son existence et indique le contenu de la règle. Mais il ne s'agit d'une constatation qu'en apparence. En réalité, le juge doit nécessairement interpréter les faits constitutifs d'une coutume et concilier la règle avec d'autres règles, écrites celles-là. Or, l'ensemble de ces opérations est une fonction de la volonté (v. *infra* n° 50).

Cependant, ni l'un, ni l'autre de ces raisonnements ne sont transposables à la coutume constitutionnelle, car il n'y a ni volonté supra-constitutionnelle, ni juge capable de constater l'existence et le contenu d'une coutume constitutionnelle.

La troisième difficulté tient à la nécessité de concilier une norme coutumière avec les normes écrites en vigueur. On vise ici le cas où la pratique répétée serait contraire à une norme écrite. Cette pratique serait donc simplement une violation du droit et on comprend mal comment elle pourrait être alors créatrice de droit. Là encore, les solutions admises pour le droit civil ou le droit commercial paraissent impossibles à transposer. On peut considérer dans ces branches du droit que si la loi autorise la création de droit par voie de coutume, elle le fait sous cette réserve implicite que la coutume ne soit pas directement contraire à une loi en vigueur. On dit alors que la coutume existe non pas *contra legem*, mais seulement *praeter legem*, à côté de la loi et pour la compléter. Cependant, la création d'une norme constitutionnelle par voie de coutume n'est pas autorisée de la même façon par une norme supra-constitutionnelle, qui prévoirait des coutumes *praeter constitutionem*. De même, pour considérer qu'une coutume est *praeter legem*, il faut admettre qu'il y avait des lacunes dans la loi et qu'il est possible et nécessaire de la compléter. La loi, lorsqu'elle autorise la création coutumière du droit, admet elle-même un tel présupposé. Mais il n'est pas possible de l'admettre en droit constitutionnel, toujours pour la même raison : il n'y a pas de norme supra-constitutionnelle. Aussi tout comportement est-il nécessairement ou bien conforme ou bien contraire à la Constitution. S'il est interdit par une norme constitutionnelle écrite, il ne saurait être créateur de droit, mais s'il n'est pas contraire à une telle norme, s'il n'est pas expressément interdit, alors il faut bien admettre qu'il est permis et, dans ce cas, il ne saurait donner naissance à une règle coutumière parce que, par définition, ce qui est simplement permis n'est pas obligatoire. Il n'y a donc pas de place pour une coutume *praeter constitutionem*.

3. Les contraintes constitutionnelles[5]

47. Tout paraît donc conduire à la conclusion qu'il n'y a pas de place en droit constitutionnel pour une source coutumière et de nombreux auteurs concluent en effet en ce sens. Pourtant, il faut bien se rendre à l'évidence qu'il existe des pratiques répétées, qui ne sont pas prévues par la Constitution et qui sont ressenties comme obligatoires. Certaines de ces pratiques apparaissent même comme *contra constitutionem*. En voici deux exemples. Le premier est tiré du droit constitutionnel britannique. En Grande-Bretagne, lorsque la majorité de la Chambre des communes a exprimé sa défiance au cabinet, le Premier ministre remet sa démission à la Reine. Il n'existe pas de norme écrite qui lui en fasse obligation. On pourrait donc penser que, puisque cette conduite n'est pas expressément prescrite, ni d'ailleurs interdite, il a le droit de le faire, comme de s'en abstenir. Cependant, depuis plus de deux siècles, lorsque ces circonstances se produisent, le Premier ministre présente toujours sa démission et il existe un sentiment universellement répandu qu'il s'agit pour lui non pas d'une simple faculté mais d'une réelle obligation (Baranger, 1999).

Le second exemple appartient à l'histoire constitutionnelle française : les lois constitutionnelles de 1875 accordaient au président de la République le droit de dissoudre la Chambre des députés, avec le consentement du Sénat. Le président n'a effectivement utilisé ce droit qu'une fois, en 1877. Après

5. Troper, Champeil-Desplats, Grzegorczyk, 2005.

cette date, il n'a même pas sollicité l'avis conforme du Sénat et n'a donc jamais prononcé la dissolution de la Chambre. Aux yeux de nombreux auteurs de cette époque, en raison des circonstances malheureuses dans lesquelles avait été prononcée la dissolution de 1877, il aurait été désormais interdit au président de dissoudre et d'ailleurs l'absence de dissolution effective constituerait à la fois la pratique répétée et le signe d'une croyance dans l'existence d'une règle. Il s'agirait d'une espèce particulière de coutume, une coutume négative ou désuétude, celle qui ne donne pas naissance à une règle nouvelle, mais fait disparaître une règle ancienne. Ici la coutume aurait fait disparaître la norme écrite selon laquelle « *Le président a le droit de prononcer la dissolution* » et lui aurait substitué une norme nouvelle contraire selon laquelle « *Le président n'a pas le droit de prononcer la dissolution* » (v. *infra* n° 389, Troisième Partie).

Un exemple semblable pourrait être tiré de l'application de l'article 11 de la Constitution française de 1958, qui a été utilisé à deux reprises pour une révision constitutionnelle, de telle sorte que plusieurs auteurs éminents – et François Mitterrand lorsqu'il était président de la République – estiment que cette pratique, autrefois jugée *contra constitutionem*, a pourtant donné naissance à une coutume (v. *infra* n° 454). Pour rendre compte de ces phénomènes, il faut soigneusement distinguer deux problèmes : un problème causal, celui de l'émergence de ces pratiques, un problème juridique, celui de leur caractère obligatoire.

Pour ce qui concerne le premier problème, on observe que la plupart de ces pratiques apparaissent dans un contexte particulier : il existe une norme constitutionnelle autorisant une conduite donnée, ce qui signifie qu'il est également permis de s'en abstenir. Mais les acteurs du jeu constitutionnel n'utilisent pas également ces deux possibilités : ou bien ils usent fréquemment de cette permission ou bien ils s'abstiennent d'en user sur une assez longue période. On dit alors qu'à la norme ancienne, qui était une norme d'habilitation, s'est substituée une norme nouvelle et que cette conduite qui était permise est devenue, dans le premier cas « obligatoire », dans le second « interdite ». Ainsi, le Premier ministre britannique, qui avait le droit de démissionner aurait désormais l'obligation de le faire, le président de la IIIe République, qui avait le droit de dissoudre, se voit interdire de le faire. Mais pourquoi et comment ces acteurs ont-ils été amenés à adopter telle conduite plutôt qu'une autre ? Vraisemblablement parce qu'ils ne pouvaient faire autrement : les premières démissions du Premier ministre britannique, au XVIIIe siècle, ont été présentées pour échapper à une mise en accusation (v. *infra* n° 212). Le président de la IIIe République ne s'est jamais trouvé dans une situation politique telle qu'il puisse espérer remporter des élections législatives, de sorte qu'il n'aurait probablement jamais dissous la Chambre, même s'il n'avait pas eu besoin de l'accord du Sénat. Ainsi peuvent s'expliquer leurs conduites.

On remarquera cependant que l'on n'a expliqué que des faits et non l'apparition d'une règle. On peut dire qu'il existe une *contrainte*, mais pas d'obligation. C'est que, comme on l'a vu, une règle est un *sollen*, un devoir-être, qui ne peut être « causé », mais seulement « posé ». La conclusion est alors, tout simplement, qu'il n'y a pas de règle aussi longtemps que n'est pas intervenu un acte de volonté, dont le contenu est qu'il faut se conformer à la pratique antérieure. Si un tel acte n'intervient pas, cette pratique n'est pas obligatoire, ce qui veut dire qu'une pratique contraire ne pourrait pas être sanctionnée. La prétendue coutume dure tant que dure la contrainte. Mais si celle-ci disparaît, alors peut naître une pratique différente.

C'est d'ailleurs ce qui se produit parfois effectivement. L'exemple le plus célèbre concerne le droit constitutionnel américain (v. *infra* n° 269). Le mandat du président y est de quatre ans. Dans sa rédaction de 1787, la Constitution ne limitait pas le nombre des mandats qu'un même homme pouvait exercer. Cependant, le premier président, George Washington, après avoir accompli deux mandats, avait renoncé à en briguer un troisième et il fut imité en cela par tous ses successeurs. On était donc en présence d'une pratique répétée, assortie du sentiment du caractère obligatoire et de nombreux commentateurs estimaient qu'il existait une norme constitutionnelle coutumière, qui avait abrogé et remplacé la norme écrite : il aurait été interdit de briguer plus de deux mandats. Cela n'empêcha nullement Franklin D. Roosevelt d'en briguer avec succès un troisième et même un quatrième. Pour introduire une norme constitutionnelle ayant le contenu de la prétendue coutume, il fallut réviser la Constitution.

Un autre exemple est emprunté à la IVe République française (v. *infra* n° 461). On prétendait, alors que la coutume qui avait abrogé le droit de dissolution sous la IIIe République, persistait malgré l'entrée en vigueur d'une nouvelle Constitution, de sorte que le président du Conseil, qui disposait désormais de ce pouvoir, ne pourrait l'exercer effectivement. Cela n'a nullement empêché la dissolution de 1955.

B. L'interprétation

48. Nécessité de l'interprétation. – Avant d'appliquer un texte juridique, quel qu'il soit, il faut en déterminer la signification. La signification d'un texte juridique, en effet, c'est ce que ce texte ordonne ou permet, c'est la norme qu'il exprime. En d'autres termes, selon le sens qu'on lui attribue, le texte ordonne tel comportement ou tel autre. On appelle interprétation, l'opération par laquelle on attribue une signification à un texte (Troper, 1994a, p. 293 et s.).

On a affirmé parfois que l'interprétation n'est nécessaire que lorsque le texte est obscur et que, par contre, elle est superflue lorsque le texte est clair, ce que l'on exprime par l'adage latin *in claris cessat intepretatio*. Cette thèse aboutit en réalité à un paradoxe, car pour pouvoir affirmer que le texte est clair et qu'il n'y a pas lieu de l'interpréter, il faut savoir quelle est sa signification, c'est-à-dire qu'il faut l'avoir interprété.

49. La nécessité d'interpréter le texte tient à trois facteurs principaux. – Le premier est son *indétermination*, c'est-à-dire le fait d'être porteur de plusieurs sens. Cette indétermination est elle-même liée aux propriétés du langage naturel, dans lequel s'est exprimé le constituant, comme le législateur d'ailleurs. Il est nécessairement vague et ambigu. L'ambiguïté est cette propriété d'un mot de désigner plusieurs objets possibles : dans le langage courant le mot « hommes » désigne ou bien les êtres humains ou bien seulement les adultes de sexe masculin. De même, l'expression « organisation des pouvoirs publics », contenue dans l'article 11 de la Constitution française de 1958 désigne ou bien l'organisation des autorités déjà instituées par la Constitution ou bien la Constitution elle-même. D'un autre côté, une expression peut très bien être non pas ambiguë, parce qu'on sait au moins approximativement ce que veulent dire les mots qu'elle contient, mais *vague* parce qu'on ne sait pas très exactement si elle s'applique à un objet concret. Ainsi, chacun sait ce que veut dire *chauve*, mais on ne sait pas si tel homme, qui a encore une partie de ses cheveux, peut être qualifié de *chauve*. Le langage juridique contient de très nombreuses expressions vagues, particulièrement celui des Déclarations des droits. Ainsi, la Déclaration des droits de l'Homme de 1789 dispose dans son article 17 que nul ne peut être privé de sa propriété que lorsque la nécessité publique l'exige « et sous la condition d'une juste et préalable indemnité ». On comprend ce que signifient ces mots, mais quelle est l'indemnité qui devra être considérée comme « juste » ? C'est évidemment affaire d'appréciation.

Il faut souligner que cette indétermination est parfois involontaire, mais qu'elle est le plus souvent tout à fait délibérée. Faute de pouvoir prévoir toutes les situations qui se présenteront, l'auteur d'un texte est amené à employer des mots susceptibles d'en recouvrir une grande variété. La flexibilité d'une Constitution est à ce prix. Ainsi, le célèbre article 16 de la Constitution française de 1958 prescrit au président de la République « *lorsque les institutions de la République* (...) *sont menacées d'une manière grave et immédiate* (...) *de prendre des mesures exigées par les circonstances* » ; nul ne peut dire évidemment ce que le constituant entendait par « grave et immédiate » et par « mesures exigées par les circonstances ». Il ne le savait pas lui-même. Il pouvait certes penser à certaines situations, mais s'il les avait décrites avec précision et s'il avait indiqué les mesures à prendre, il pouvait craindre des événements imprévus, qui n'auraient pas permis au président de prendre les mesures appropriées. En restant dans le vague, il lui permet de faire face à une très grande variété de situations imprévisibles avec une gamme de pouvoirs très étendue.

Le deuxième facteur tient à la nature de la signification elle-même. On peut croire que la signification d'un texte est ce que son auteur a voulu exprimer et qu'on pourrait retrouver. La signification d'un texte serait donc l'intention de son auteur. Mais un texte juridique n'a pas un seul auteur, mais plusieurs. À supposer que parmi les constituants, certains aient eu une idée précise – malgré le caractère vague et ambigu des mots qu'ils ont employés –, à supposer qu'il soit possible de connaître cette intention d'une manière certaine, il est évidemment impossible que tous aient eu la même. Une Constitution est adoptée par un très grand nombre de personnes. Le projet est préparé par des groupes et souvent discuté dans des assemblées ou soumis au référendum. Parmi les personnes qui l'adoptent, certaines ne l'ont pas lu et toutes celles qui l'ont lu ne l'ont pas compris de la même manière. Retrouver l'intention d'un constituant peut être un intéressant exercice de psychologie historique, mais il n'y a aucune raison de tenir compte de cette intention plus que de n'importe quelle autre.

Le troisième facteur tient à l'évolution des conceptions politiques et sociales. La Déclaration des droits de l'Homme, qui fait partie du droit constitutionnel français actuel, est vieille de plus de deux siècles. Nous pourrions, au terme d'une analyse historique, parvenir à connaître la ou les signification(s) que les auteurs de la Déclaration accordaient à ses principales dispositions. Nous découvririons alors que la plupart des termes qu'ils ont employés signifiaient pour eux bien autre chose que ce qu'ils peuvent représenter pour nous.

Ainsi, lorsqu'ils proclamaient le principe d'égalité, ce principe n'impliquait pas à leurs yeux l'égalité des hommes et des femmes, ni le droit de vote pour tous les hommes. Si, par conséquent, nous considérions que le sens de la Déclaration, c'est celui que leur attribuaient ses auteurs, nous devrions nécessairement admettre qu'une loi, qui priverait les femmes de certains droits ou qui réserverait le droit de vote aux plus riches serait conforme au principe d'égalité. Non seulement une telle solution serait politiquement et moralement intolérable pour la plupart de nos contemporains, mais elle serait difficile à fonder rationnellement. Dire que nous sommes soumis à la Déclaration des droits, signifierait en effet que nous sommes soumis à l'intention, c'est-à-dire à la volonté de ses auteurs. Mais comment justifier que nous soyons encore soumis à la volonté d'hommes morts depuis si longtemps ? Si l'on veut éviter cette conséquence absurde, force est d'admettre que le texte possède une signification indépendante de celle que lui attribuaient ses auteurs. Cette signification est celle que nous pouvons lui attribuer aujourd'hui, compte tenu de l'évolution politique et sociale (Melin-Soucramanien, 2005).

50. Nature de l'interprétation. – Deux conceptions s'opposent. Selon la première, l'interprétation est un acte de connaissance, selon la seconde, un acte de volonté.

La première conception est la plus répandue. Elle repose sur l'idée que le texte possède un sens et un seul. Si ce sens est clair, il n'est pas nécessaire d'interpréter, mais s'il est caché, alors il faut le retrouver et, pour cela, appliquer certaines méthodes, que la science du droit a élaborées et qu'elle est capable d'enseigner.

Cette thèse n'est pas acceptable pour plusieurs raisons. En premier lieu, comme on l'a vu, il est impossible d'affirmer qu'un texte possède un sens clair, sans l'avoir au préalable interprété. En deuxième lieu, à supposer que les auteurs d'un texte aient eu une intention claire et unique, il n'est pas possible de réduire le sens du texte à cette intention. En troisième lieu, si chaque texte avait un sens unique, alors l'interprétation serait susceptible d'être vraie ou fausse et l'on devrait disposer de procédés de vérification. Or, affirmer qu'une interprétation est vraie, c'est affirmer qu'elle a énoncé le sens véritable du texte. Mais, pour savoir qu'il s'agit bien du sens véritable, il faut avoir soi-même procédé à une interprétation et cette seconde interprétation ne pourra être tenue pour vraie qu'au terme d'une troisième et ainsi de suite.

La quatrième raison, la plus forte, fonde la conception opposée, dite « *réaliste* ». Elle tient à la portée de l'interprétation lorsqu'elle émane de certaines autorités, auxquelles l'ordre juridique attribue le pouvoir d'interpréter.

L'interprétation émanant de ces autorités est dite *authentique* c'est-à-dire que le texte est présumé n'avoir pour signification que celle qui lui a été ainsi attribuée et cela quel que soit le contenu de l'interprétation, même si elle contredit tout ce qu'on croit savoir du texte. L'interprétation authentique se distingue de l'interprétation *scientifique* ou *de doctrine*, celle qui émane de personnes privées, même techniquement qualifiées, comme des avocats ou des professeurs de droit. L'interprétation scientifique ne produit aucun effet juridique et n'est que l'expression d'opinions, qui d'ailleurs peuvent être divergentes et le sont fréquemment. Au contraire, l'interprétation authentique n'est pas l'expression d'une opinion parmi d'autres. C'est le produit d'une décision, par laquelle un débat est tranché. Elle s'incorpore au texte, en ce sens que celui-ci ne peut désormais être compris qu'à la lumière de l'interprétation authentique. Celle-ci est un acte de volonté, car l'interprète peut donner au texte le sens qu'il veut lui donner. Cette théorie est appelée *réaliste* parce qu'elle décrit non pas la manière dont le droit fonctionnerait, s'il fonctionnait de manière idéale, mais celle dont il fonctionne réellement. Elle a des conséquences très importantes.

51. Conséquences de la théorie réaliste de l'interprétation. – Tout d'abord, l'interprétation ne peut être vraie ou fausse, mais seulement valide ou non valide. Sa validité ne dépend en rien des méthodes employées, mais seulement des conditions dans lesquelles elle a été émise. Il est possible qu'une norme supérieure confie expressément à une autorité le pouvoir d'interpréter. C'est le cas, par exemple, de la loi qui remet à la Cour de cassation le pouvoir de décider en assemblée plénière. Mais le plus souvent, ce pouvoir est attribué de manière implicite, dès lors qu'on n'institue aucun contrôle sur l'interprétation donnée par une autorité. Ainsi, les décisions par lesquelles un juge constitutionnel interprète la Constitution ne sont susceptibles d'aucun contrôle et sont donc des interprétations authentiques.

Mais les autorités juridictionnelles ne sont pas les seules à disposer de ce pouvoir. Les interprétations émanant d'organes dont les décisions ne sont soumises à aucun contrôle sont elles aussi authentiques. Ainsi, pour reprendre un exemple qui a déjà été envisagé, sous la Ve République, c'est le président de la République qui, lorsqu'il s'agit d'appliquer l'article 16, apprécie si les institutions sont menacées d'une manière « grave et immédiate » et qui décide du sens qu'il convient de donner à ces mots. Il est d'ailleurs fréquent, en droit constitutionnel, que l'interprétation soit donnée de manière collective par plusieurs autorités. C'est ce qui peut se produire dans l'exemple envisagé. Le président de la République peut être accusé par le Parlement de « haute trahison ». Ce crime n'est pas défini par la Constitution, de sorte que le Parlement doit interpréter les mots « haute trahison » avant d'accuser le président. Il lui est donc possible de considérer qu'une interprétation abusive par le président des termes de l'article 16 constitue précisément ce crime. Le président a, de son côté, nécessairement conscience de cette possibilité. À supposer qu'il soit tenté de donner une interprétation très large de ces termes, dans le but de se saisir des pouvoirs que lui donne l'article 16, il doit tenir compte de l'attitude possible du Parlement. Aussi l'interprétation définitive n'est-elle que la résultante de toutes les interprétations que différentes autorités sont susceptibles de donner.

La conséquence la plus importante de l'interprétation, telle que la décrit la théorie réaliste, est que l'interprète détient un pouvoir de même niveau que celui de l'autorité dont il interprète les textes. L'interprète de la loi détient un pouvoir législatif et l'interprète de la Constitution un pouvoir constituant. En effet, s'il peut déterminer librement le sens du texte, alors c'est lui qui détermine ce que ce texte prescrit. En d'autres termes, si la norme est la signification d'un texte, alors celui qui détermine la signification, énonce la norme. La norme constitutionnelle n'est pas le texte écrit de la Constitution, mais ce texte tel qu'il est interprété par toutes les autorités qui en sont les interprètes authentiques. Ceux-ci n'appliquent pas réellement des normes constitutionnelles. Ils ne sont pas tenus par elles. Ils les créent.

On peut être tenté d'objecter qu'ils appliquent au moins une espèce de normes : celles qui leur donnent le pouvoir d'interpréter. Mais, au nombre des textes qu'ils interprètent, figurent en réalité aussi ceux qui déterminent leurs compétences, de sorte qu'ils sont en mesure de déterminer leurs propres compétences (Tusseau, 2006). L'exemple le plus célèbre est fourni par la Cour suprême des États-Unis. La Constitution de 1787 ne lui conférait pas expressément le pouvoir de contrôler la constitutionnalité des lois. C'est par une interprétation, à laquelle elle s'est livrée en 1803, à propos de l'affaire *Marbury v. Madison*, qu'elle a interprété la Constitution pour décider qu'elle comportait une norme instituant un contrôle de constitutionnalité (v. *infra* n° 272). Le Conseil constitutionnel français a d'ailleurs procédé de la même manière en 1971, lorsqu'il s'est considéré comme compétent pour contrôler la constitutionnalité des lois au fond par rapport au préambule de la Constitution, alors que les rédacteurs de la Constitution avaient refusé d'inscrire ce pouvoir dans le texte (v. *infra* n° 820).

Cela ne signifie pas cependant que les interprètes soient réellement en mesure de bouleverser la Constitution à tout moment : d'une part, ils ne sont pas isolés et doivent, comme on l'a vu, tenir compte les uns des autres ; d'autre part, l'idéologie à laquelle adhèrent ces interprètes les conduit à exercer leur pouvoir avec modération. Selon cette idéologie, le détenteur du pouvoir doit disposer d'une légitimité ; il faut, en d'autres termes qu'il existe une justification politique et morale à l'exercice d'un pouvoir. La justification généralement acceptée dans les systèmes politiques modernes réside dans une délégation, expresse ou tacite, de la nation ou du peuple souverains. Toutes les autorités capables d'interpréter ne peuvent se prévaloir d'une telle délégation et la plupart s'efforcent en conséquence d'exercer leurs compétences de bonne foi, c'est-à-dire de telle manière que leurs décisions soient acceptables par une partie au moins de leurs destinataires. Enfin, certains de ces interprètes sont placés dans une situation particulière. Ce sont les juridictions.

52. Une modalité particulière de l'interprétation, la jurisprudence. – La jurisprudence est l'ensemble des règles qui résultent de l'activité des juridictions. L'un des procédés par lesquels elles produisent ces règles est naturellement l'interprétation. Cependant, les juridictions se trouvent dans une situation sensiblement différente de celle des autres interprètes. En effet, leurs interprétations sont écrites et, souvent, justifiées. Il en résulte des contraintes importantes. Pour différentes raisons – notamment parce que l'efficacité de la jurisprudence en dépend – les interprétations doivent être cohérentes : elles ne doivent pas se contredire et elles doivent être justifiées de la même façon, c'est-à-dire par l'invocation de procédés d'interprétation constants.

Section 2
Le contrôle de la suprématie de la Constitution

53. Comme on l'a vu à propos des déclarations des droits, on peut affirmer qu'une norme possède une valeur juridique supérieure à celle d'une autre norme si et seulement si l'édiction d'une seconde norme contraire à la première *peut être sanctionnée.* La sanction la plus fréquente et la plus facile à mettre en œuvre dans les systèmes juridiques modernes est l'*annulation de la nouvelle norme.*

La Constitution peut être violée par des normes de niveaux très différents émises par le pouvoir exécutif (l'administration), les tribunaux et naturellement aussi par les particuliers. L'émission de ces normes peut donc faire l'objet d'un contrôle et être sanctionnée, mais cette question relève de l'étude des autres branches du droit, notamment du droit administratif et du droit civil. Pour ce qui concerne le droit constitutionnel, la question porte principalement sur les sanctions de l'édiction de lois contraires à la Constitution. C'est celle du *contrôle de la constitutionnalité des lois.* Ce contrôle n'a pourtant été institué que tardivement, car les théories constitutionnelles de l'époque des Lumières, qui ont dominé jusqu'au milieu du XXe siècle, reposaient sur l'idée que l'équilibre des pouvoirs et la responsabilité du pouvoir exécutif suffisaient à garantir le maintien de la Constitution. Plus tard, l'institution d'un contrôle de la constitutionnalité des lois est apparue contraire à la démocratie et à l'idée que la loi est l'expression de la volonté générale. C'était donc seulement lorsque la Constitution organisait une répartition des compétences par exemple entre l'État fédéral et les États membres (comme aux États-Unis en 1787 ou en Autriche en 1921) ou bien entre le pouvoir législatif et le pouvoir réglementaire, qu'il fallait impérativement prévoir une autorité de type juridictionnel pour arbitrer les inévitables conflits.

Cependant, après la Seconde Guerre mondiale, tous les régimes qui ont succédé aux dictatures fascistes ont tenu à créer de telles cours constitutionnelles pour plusieurs raisons : perte de la croyance dans l'efficacité des garanties internes, qui n'avaient pu empêcher la conquête du pouvoir par les dictateurs empruntant les voies légales ; volonté de protéger les minorités contre le pouvoir absolu de la majorité du moment, de développer les mécanismes de l'État de droit et de garantir les droits de l'Homme.

Cependant, dès lors que les Constitutions dont il s'agit d'assurer le respect proclament leur attachement à la démocratie, on ne peut éviter de s'interroger sur la compatibilité entre les organismes de contrôle et le principe démocratique lui-même.

§1. Légitimité du contrôle de constitutionnalité[6]

54. On ne peut échapper à la question de la légitimité du contrôle de la constitutionnalité des lois en raison d'un dilemme très simple : d'une part, s'il n'existe aucun contrôle, cela signifie que le législateur peut violer la Constitution et que celle-ci n'est ni supérieure aux lois, ni même obligatoire. Mais d'autre part, dans un système politique démocratique, les lois sont faites par le peuple souverain ou, en son nom, par ses représentants. L'institution d'un tel contrôle, confié à une autorité, qui n'est pas le peuple, signifie alors que cette autorité contrôle la volonté du peuple et donc que le système n'est pas véritablement démocratique.

Tout constituant devrait donc choisir et renoncer ou bien à la suprématie de la Constitution ou bien à la démocratie.

On a cependant tenté d'échapper à ce dilemme et d'affirmer la légitimité du contrôle de constitutionnalité dans un système démocratique. Ces tentatives se heurtent à une série de critiques.

A. Thèse de la légitimité du contrôle dans un système démocratique

55. Toutes les tentatives pour échapper au dilemme impliquent un travail sur les deux notions de contrôle de constitutionnalité et de démocratie pour montrer qu'elles ne sont pas antinomiques.

1° Pour ce qui concerne la démocratie, on peut soutenir qu'elle ne se résume pas au pouvoir de la majorité du Parlement. Partant de là, on peut ou bien adopter une définition plus restrictive de la démocratie ou bien une définition plus large, qui toutes deux légitimeront le contrôle de constitutionnalité.

6. Troper, 2011, p. 111 et s.

Selon la conception la plus restrictive, la démocratie est le pouvoir du peuple lui-même ; la seule démocratie est la démocratie directe et les systèmes politiques que nous connaissons ne sont pas démocratiques. Dans le meilleur des cas, le peuple élit les gouvernants, mais ne gouverne pas lui-même et contrôler la volonté des gouvernants n'est donc pas contrôler la volonté du peuple.

Selon la conception large, on admet bien que la démocratie représentative est une forme de démocratie, mais on soutient qu'elle ne se réduit pas au seul pouvoir de la majorité, qui ne serait que le pouvoir de la force. Elle consiste aussi dans les garanties de la minorité, qui ne doit pas être opprimée par la majorité et qui doit disposer des libertés lui permettant d'espérer devenir un jour majorité. Le contrôle de constitutionnalité est ainsi l'instrument de la protection de la minorité.

D'après une variante de cette conception, la démocratie représentative serait bien une forme de démocratie, mais on ne devrait pas considérer que les seuls représentants légitimes sont ceux qui sont élus. Le peuple souverain serait celui qui a adopté la Constitution. En faisant prévaloir la Constitution sur la loi, le juge constitutionnel imposerait ainsi la volonté du peuple dont il serait ainsi le représentant (Rousseau, 1999).

2° Pour ce qui concerne le contrôle, on fait valoir d'abord que toute loi n'est pas forcément l'expression de la volonté du peuple ou de la volonté générale. C'est en effet la Constitution qui détermine les compétences du législateur et qui l'habilite à faire des lois dans certaines matières, conformément à certaines procédures, en lui prescrivant d'observer certains principes. Lorsque le législateur a respecté l'ensemble des conditions fixées par la Constitution, alors, mais alors seulement, il a exprimé la volonté générale. Si, en revanche, ces prescriptions n'ont pas été observées, on n'est pas en présence de la volonté générale, mais de la volonté particulière du législateur et le contrôleur peut parfaitement annuler la loi, sans s'opposer à la volonté du peuple.

On avance aussi que le contrôle a une portée essentiellement procédurale. L'organe de contrôle ne se prononce pas sur le fond de la loi, sur les mesures qu'elle contient, sur leur opportunité. Ce sont là des questions politiques, qui ne relèvent que du législateur. Il se borne quant à lui, à indiquer que la Constitution ne permet pas d'adopter les mesures litigieuses dans la forme législative. Si on veut les adopter, il faut le faire dans la forme constitutionnelle, c'est-à-dire en révisant la Constitution. C'est pourquoi les décisions du juge constitutionnel peuvent toujours être réformées au moyen d'une révision de la Constitution. Cette possibilité révélerait bien le caractère démocratique du contrôle de constitutionnalité, parce qu'il manifeste la subordination du juge constitutionnel au pouvoir constituant, qui représente le souverain. Mais, cette justification du contrôle s'effondre si l'on admet l'idée, conformément à la doctrine de la supra-constitutionnalité, que certaines dispositions constitutionnelles échappent au pouvoir constituant dérivé et que les cours constitutionnelles peuvent contrôler la conformité des lois de révision à des principes supra-constitutionnels (v. *supra* n° 34).

B. L'objection tirée de la théorie réaliste de l'interprétation

56. Ces arguments se heurtent à une objection sérieuse : ils sont tous fondés sur le présupposé implicite que la violation de la Constitution est un fait objectif qui peut être *constaté* par un juge. L'annulation de la loi inconstitutionnelle ne serait que la conséquence de cette constatation. Mais on peut penser que la violation de la Constitution n'est pas comparable à un fait objectif. Pour affirmer qu'une violation a été commise, il faut en effet au préalable déterminer ce que prescrit exactement la Constitution (v. *supra* n° 48 et s.).

Mais en réalité, le texte de la Constitution est vague et ambigu.

Il doit nécessairement faire l'objet d'une *interprétation* juridique. Il faut déterminer son sens. Mais, comme on l'a vu, ce sens n'est pas inclus dans le texte, l'interprétation est non une constatation, mais une véritable décision Par conséquent instituer un contrôle de la constitutionnalité d'une loi adoptée par le peuple ou ses représentants, c'est la soumettre à la volonté du contrôleur.

En tout état de cause, il existe souvent des contradictions ou des conflits entre les droits et libertés garantis par les déclarations, de telle sorte que la loi ne sera jugée conforme à la Constitution que si elle a assuré entre ces droits un juste équilibre. Mais le juge dispose d'une marge d'appréciation considérable dans la réponse à la question de savoir si la loi qu'il contrôle a ou non réalisé un juste équilibre. On a pu dire que, *lorsqu'une loi est interprétée, le véritable législateur n'est pas celui qui en a adopté le texte, mais celui qui l'interprète.* Il en va de même pour la Constitution.

Cependant, le juge constitutionnel n'est pas seulement le coauteur de la Constitution, mais aussi celui de la loi qu'il examine. En effet, s'il peut à son gré déterminer le sens du texte constitutionnel, il décidera du même coup que la loi est ou non conforme. Il peut même décider que la loi n'est conforme qu'à la condition d'être interprétée d'une certaine manière et il est ainsi en mesure de déterminer son contenu matériel.

Selon la thèse réaliste, le contrôle de constitutionnalité n'est donc pas conciliable avec la démocratie. Il s'agit en réalité d'un mode de gouvernement différent, le *gouvernement des juges* (Brondel *et al.*, 2001).

C. Les théories modernes de l'interprétation

57. C'est pourquoi les auteurs contemporains, désireux de justifier l'existence du contrôle de constitutionnalité et, d'une manière plus générale, le rôle du juge dans les systèmes juridiques modernes, doivent tenter de montrer que ce rôle n'est pas politique. Ces auteurs ne prétendent pas que le texte constitutionnel renfermerait une signification unique ; ils admettent qu'il doit être interprété, mais ils contestent la théorie réaliste de l'interprétation et soutiennent que l'interprétation ne dépend pas de la volonté souveraine du juge.

Il existe plusieurs variantes de cette position : pour les uns, à la différence de la décision du législateur ou du constituant, l'interprétation donnée par le juge doit être justifiée au moyen d'un raisonnement spécifique. La forme de ce raisonnement déterminerait dans une large mesure le contenu de l'interprétation, c'est-à-dire le sens qui sera donné au texte. Aussi, pour ces auteurs, le contrôle de constitutionnalité est un frein au pouvoir politique du législateur, sans être lui-même un pouvoir politique.

Pour d'autres, le rôle du juge constitutionnel doit être apprécié en tenant compte de la situation de fait dans laquelle il se trouve. Il peut souhaiter déclarer qu'une loi, dont le contenu lui déplaît, est contraire à la Constitution et décider de l'annuler, mais il lui faut tenir compte de nombreux facteurs : le législateur frustré pourrait faire adopter la même mesure en forme constitutionnelle en faisant réviser la Constitution ; il pourrait exercer des pressions sur les personnes des juges ou faire augmenter le nombre des membres de l'organe de contrôle de manière à faire basculer la majorité en son sein. Certains des membres peuvent songer à préparer des décisions futures et chercher à se concilier certains de leurs collègues, etc. (Murphy, 1962 ; Meunier, 1994).

Pour d'autres encore, le juge exerce une fonction foncièrement différente de celle du législateur, mais qui doit être comparée à celle du critique littéraire. Comme lui, il doit donner une interprétation du texte, qui n'exprime pas ses propres préférences, mais qui présente au moins deux caractères : d'une part elle doit faire apparaître le texte à interpréter sous son meilleur jour ; d'autre part, elle doit être compatible avec le plus grand nombre de données possibles de l'ordre juridique en question (Dworkin, 1986).

§2. Les formes du contrôle de constitutionnalité[7]

58. L'organisation d'un système de contrôle de la constitutionnalité des lois soulève deux questions principales : Qui sont les juges ? Selon quelles techniques procédurales le contrôle s'exerce-t-il ?

A. Le mode de composition des juridictions constitutionnelles

59. *A priori,* deux types de solutions sont possibles et le choix dépend de l'idée que l'on se fait du contrôle de constitutionnalité des lois. Ou bien l'on estime que ce contrôle entre dans les attributions normales du pouvoir judiciaire : la juridiction constitutionnelle se confond alors avec la ou les juridictions de droit commun. Ou bien l'on estime qu'il s'agit d'une fonction spécifique qui doit être confiée à un collège de magistrats spécialisés : la juridiction constitutionnelle a alors une existence autonome (Carpentier 2020).

7. Favoreu-Mastor, 2011 ; Tussau, 2009 ; Hamon-Wiener, 2011.

La première solution correspond à un type d'organisation que l'on désigne habituellement sous le nom de « modèle américain ». La Constitution des États-Unis ne reconnaît pas explicitement au pouvoir judiciaire le pouvoir de contrôler la constitutionnalité des lois. Mais, dès 1803, dans son fameux arrêt *Marbury v. Madison*, la Cour suprême fédérale l'a elle-même attribué aux tribunaux au terme d'une interprétation audacieuse de la Constitution. Elle a justifié cette interprétation en affirmant que le principe même de ce contrôle (*Judicial Review*) pouvait se déduire de l'intention qui avait guidé les constituants : « *Les pouvoirs du législatif sont définis et délimités, et une Constitution est écrite pour que ces limites ne soient pas mal interprétées ou oubliées. À quoi serviraient donc que les pouvoirs soient limités et que ces limites soient fixées par écrit, si elles pouvaient à tout moment être transgressées par ceux que l'on entend restreindre ?* (...) *Si les tribunaux doivent se référer à la Constitution, et si la Constitution est supérieure à tout acte législatif ordinaire, c'est la Constitution et non la loi ordinaire qui doit régir le cas auquel toutes deux sont applicables* » (cité in Hamon et Wiener, 2006, cf. aussi Zoller, 2003).

Dans ce modèle, le contrôle de constitutionnalité n'est pas réservé à la juridiction suprême. Tout tribunal, quel que soit son rang, a qualité pour l'exercer car, chaque fois que deux règles sont en conflit, il lui appartient de déterminer celle qui s'applique au cas particulier. C'est pourquoi ce modèle est souvent qualifié de « décentralisé » ou de « diffus » pour le distinguer des systèmes européens qui réservent ce contrôle à une juridiction spécialisée. Toutefois, en pratique, cette décentralisation est plus apparente que réelle car elle se combine avec une hiérarchie fonctionnelle : par le jeu des recours, les affaires qui posent un problème de principe concernant l'interprétation de la Constitution fédérale remontent généralement jusqu'à la Cour suprême, et c'est la jurisprudence de celle-ci qui fait autorité.

D'un point de vue logique, dans tous les pays d'Europe continentale qui s'étaient dotés d'une constitution écrite et rigide, les juges auraient pu se reconnaître un pouvoir de contrôle sur la loi en usant du même raisonnement que leurs collègues d'outre-Atlantique. Mais, dans la plupart des cas, ils n'ont pas osé franchir ce pas parce que le contexte politique s'y prêtait mal : en France, notamment, deux idées au moins s'y opposaient : d'une part la loi est « l'expression de la volonté générale », comme l'affirme l'article 6 de la Déclaration de 1789, de sorte qu'il serait criminel de s'y opposer, et d'autre part, selon une tradition, qui remonte à Montesquieu, la puissance judiciaire est considérée comme nulle.

Le modèle européen de justice constitutionnelle a fait son apparition en Autriche et en Tchécoslovaquie, au lendemain de la Première Guerre mondiale. C'est le philosophe du droit, Hans Kelsen, qui le premier fit inscrire dans la Constitution de l'Autriche de 1920 l'institution d'une Cour constitutionnelle. Il s'agissait d'une part de régler les conflits de compétence qui ne manqueraient pas de surgir entre l'État fédéral et les États membres et d'autre part de rendre la Constitution réellement suprême.

Ce pouvoir ne pouvait pas être confié aux tribunaux ordinaires, comme aux États-Unis, parce que les juges des pays de tradition romano-germanique ne bénéficient pas du même prestige que ceux des pays de *Common Law*, et parce que la pluralité des ordres de juridiction aurait entraîné des divergences sur l'interprétation de la Constitution. Selon Kelsen, la meilleure solution était d'instituer une « Cour constitutionnelle », dont la légitimité découlerait indirectement du suffrage universel, ses membres devant être élus par le Parlement à des conditions de majorité qualifiée.

Les premières cours constitutionnelles établies en Autriche et en Tchécoslovaquie ont été rapidement balayées par l'hitlérisme. Mais, après la Seconde Guerre mondiale la Cour autrichienne a été rétablie et, durant les années suivantes, la plupart des pays d'Europe occidentale se sont dotés d'un tribunal conçu selon un modèle plus ou moins analogue. Ce tribunal n'a plus seulement pour fonction de veiller à la répartition des compétences, mais aussi celle d'éviter la domination excessive d'une majorité parlementaire et de garantir les droits de l'Homme. Tel a été notamment le cas de l'Italie (1947), de l'Allemagne (1949), de la France (1958), du Portugal (1976) et de l'Espagne (1978). Durant les années 1990, après la chute du mur de Berlin, les pays d'Europe centrale et orientale ex-communistes ont suivi la même voie. L'Afrique du Sud s'est également dotée d'une Cour constitutionnelle après la suppression de la politique d'apartheid.

Il convient de noter que la plupart des pays que l'on vient de citer se sont convertis au contrôle de la constitutionnalité des lois, alors qu'ils venaient juste de mettre fin à un régime de dictature. L'option en faveur du modèle européen leur a permis de confier la protection de la Constitution à des juges qui ne s'étaient pas compromis avec le régime ancien.

En dehors de l'Europe, la plupart des États qui ont subi principalement l'influence anglo-saxonne (Canada, Inde, Japon, Afrique anglophone), ont choisi le modèle américain, à l'exception toutefois de l'Afrique du Sud ; ceux qui ont subi principalement l'influence française ou allemande (Afrique francophone, Corée du Sud, Turquie) ont choisi le modèle européen.

Il faut cependant souligner que le modèle dit américain, dans lequel le contrôle est diffus (parce qu'il est exercé par tous les juges), et le modèle dit européen, dans lequel une Cour constitutionnelle a le monopole du contrôle de constitutionnalité, ne sont que des types idéaux et que, la plupart des Constitutions empruntent aux deux modèles : une Cour constitutionnelle a bien le monopole, mais un juge ordinaire peut la saisir d'une question préjudicielle (v. *infra* n° 60 et 795 et s.).

Quel que soit le modèle de référence, les juges constitutionnels sont généralement choisis par des autorités politiques (président et Sénat aux États-Unis, Parlement en Allemagne et en Autriche, président de la République et présidents des assemblées en France, etc.). Mais si leur fonction a incontestablement une importance politique considérable, leur mandat se distingue par quelques traits de ceux détenus par les autorités élues. En premier lieu, en vertu des textes ou des usages, ils doivent toujours posséder des qualifications juridiques au moins équivalentes à celles que l'on exige d'un magistrat ordinaire (la France fait toutefois exception sur ce point, (v. *infra* n° 793). En second lieu, une fois nommés, les juges bénéficient d'un statut qui garantit leur indépendance à l'égard des autorités politiques, y compris celles auxquelles ils doivent leur nomination. Ils sont nommés soit à vie (comme aux États-Unis), soit pour une durée relativement longue comme en Europe (de neuf à douze ans selon les pays). Et sauf en cas de faute extrêmement grave, il est impossible de les destituer en cours de mandat.

Malgré l'opposition de principe entre le modèle américain et le modèle européen, le mode de composition des juridictions constitutionnelles est donc relativement homogène. Leur mode de fonctionnement, en revanche, varie beaucoup selon les pays.

B. Le mode de fonctionnement des juridictions constitutionnelles

60. Deux distinctions importantes sont à retenir : la première, d'ordre chronologique, concerne le moment auquel s'exerce le contrôle ; la seconde, d'ordre méthodologique, est relative au point de vue auquel le juge doit se placer.

- Si le juge intervient en amont de la promulgation, c'est-à-dire avant même que la loi soit déclarée applicable, on parle de « contrôle *a priori* » ; si au contraire, il intervient en aval de la promulgation, donc à un moment où la loi est déjà en vigueur, le contrôle est dit « *a posteriori* ».
- Si le juge considère la loi en elle-même, indépendamment de tout litige particulier, on dit qu'il se livre à un « contrôle abstrait » ; si au contraire il l'examine à l'occasion d'un litige particulier dont la solution dépend du résultat de cet examen, il s'agit d'un « contrôle concret ».

En croisant ces deux critères, on devrait donc pouvoir distinguer quatre grands types de contrôle. Mais il n'en existe en fait que trois, car le contrôle concret ne peut jamais s'exercer *a priori* : comment en effet la solution d'un litige particulier pourrait-elle dépendre d'une loi qui, par hypothèse, n'est pas encore entrée en vigueur ?

La préférence donnée par un système national à l'un de ces trois types peut dépendre d'un choix délibéré du pouvoir constituant. Mais elle s'explique aussi souvent, au moins en partie, par les circonstances historiques dans lesquelles le contrôle a été introduit.

On a vu qu'aux États-Unis le contrôle, qui n'était pas expressément prévu par la Constitution, n'a pu s'imposer que parce que les tribunaux, et notamment la Cour suprême, le considéraient comme une fonction inhérente au pouvoir judiciaire. Dans ce pays, le contrôle ne peut donc s'exercer qu'*a posteriori* (car les juges n'ont pas à connaître des lois qui ne sont pas encore en vigueur) et présente toujours un aspect concret (car la question de constitutionnalité ne peut être soulevée que dans le cadre d'un litige particulier, c'est-à-dire d'un procès civil, pénal ou administratif). Les deux procédures les plus couramment utilisées sont l'exception d'inconstitutionnalité et l'injonction.

La première suppose simplement que l'une des parties au procès conteste la constitutionnalité de la loi sur laquelle s'appuie la partie adverse. Par exemple, un journaliste poursuivi pour avoir divulgué une information considérée comme un « secret d'État » peut se défendre en affirmant que la loi en vertu de laquelle le Ministère public voudrait le faire condamner est contraire au premier amendement, qui interdit au Congrès de limiter « la liberté de parole ou de presse ».

La seconde est liée au fait que les juridictions des pays anglo-saxons peuvent délivrer contre une autorité administrative une « injonction », c'est-à-dire un ordre de faire ou de ne pas faire quelque chose. La procédure de l'injonction peut être utilisée à l'initiative d'une personne qui tente de neutraliser une loi portant atteinte à ses droits constitutionnels : c'est par cette voie qu'en 1954 des parents d'écoliers noirs ont obtenu, nonobstant les dispositions ségrégationnistes des lois locales, l'admission de leurs enfants dans des écoles publiques jusqu'alors réservées aux blancs.

Dans les pays qui se rattachent au « modèle européen », les modes de saisine de la juridiction spécialisée doivent être expressément prévus, soit par la Constitution elle-même, soit par une loi organique. Ils peuvent être de trois sortes : le recours préjudiciel, le recours individuel direct ou la saisine par des autorités politiques.

1° Le recours préjudiciel présente de grandes analogies avec « l'exception d'inconstitutionnalité » du droit américain. Au cours d'un procès qui se déroule devant le tribunal normalement compétent, l'un des plaideurs (ou éventuellement le tribunal lui-même) soulève la question de savoir si une loi dont dépend la solution du litige est ou non conforme à la Constitution. Mais comme, par hypothèse, on se trouve dans un système où le contrôle est centralisé, le tribunal saisi de l'affaire (que l'on désigne habituellement sous le nom de « juge de renvoi ») ne peut pas trancher lui-même cette question, comme il pourrait le faire aux États-Unis. Il y a donc question « préjudicielle », c'est-à-dire que le juge de renvoi doit suspendre le procès (en termes techniques : « surseoir à statuer ») jusqu'à ce que la Cour constitutionnelle se soit prononcée. Le rôle de celle-ci se borne à résoudre la question préjudicielle, c'est-à-dire à apprécier la constitutionnalité de la loi qui lui est soumise. Le procès pourra ensuite reprendre son cours devant le juge du fond. On qualifie généralement ce type de contrôle de « concret » parce que le juge est saisi *à l'occasion* d'un litige concret, mais il n'est pas réellement concret. Il est abstrait si l'on considère non pas la procédure, mais la nature et la portée du contrôle, dans la mesure où le juge constitutionnel n'examine pas les faits, mais seulement la loi applicable et où il statue en termes abstraits.

Selon des modalités variables, cette procédure a été introduite dans la plupart des pays qui se sont dotés d'une Cour constitutionnelle, notamment en Allemagne, en Italie et en Espagne et tout récemment en France, par la révision constitutionnelle de 2008 sous le nom de « question prioritaire de constitutionnalité » (QPC) (v. *infra* 4e partie). Elle permet de déclencher assez facilement le contrôle. Pour les plaideurs, l'accès à la Cour constitutionnelle n'est cependant pas illimité, car les juges du fond opèrent toujours un certain filtrage, qui peut être plus ou moins sévère : ils ont en effet la faculté de rejeter eux-mêmes les exceptions qui leur paraîtraient manifestement infondées, et qui généralement ont été soulevées à des fins purement dilatoires. Il s'agit d'un contrôle concret *a posteriori*.

2° À la différence de l'exception d'inconstitutionnalité, le recours direct permet à un plaideur de saisir le juge constitutionnel sans passer par un intermédiaire. On évite ainsi le filtre des tribunaux ordinaires, ce qui oblige le juge constitutionnel à effectuer lui-même un tri, et explique sans doute que les pays ayant institué un tel recours soient encore relativement peu nombreux : on le trouve, sous des formes assez différentes, en Allemagne (*Verfassungsbeschwerde*), en Autriche, en Suisse et en Espagne (*amparo*), mais non en France, ni même en Italie. Là où il existe, d'ailleurs, il n'est conçu que comme un remède ultime : on ne peut l'utiliser qu'après avoir épuisé toutes les autres possibilités de recours offertes par le droit interne du pays considéré. En pratique, le « recours direct » est par excellence l'arme des plaideurs qui s'estiment lésés par les décisions des tribunaux ordinaires. Il conduit donc le juge constitutionnel à exercer un contrôle sur l'activité de ceux-ci, un peu comme pourrait le faire une Cour suprême, et renforce considérablement son emprise sur l'ensemble du système juridictionnel. Il s'agit également d'un contrôle concret *a posteriori*.

3° Reste la saisine par des autorités politiques. Les autorités politiques habilitées à déclencher le contrôle peuvent être des membres de l'exécutif (président de la République ou Premier ministre en France) ou des membres du Parlement (soixante députés ou soixante sénateurs en France, un tiers des membres du Bundestag en Allemagne, cinquante députés ou cinquante sénateurs en Espagne). Dans les pays où certaines collectivités territoriales disposent d'un pouvoir législatif (comme c'est le cas des *Länder* allemands, des régions italiennes et des communautés autonomes espagnoles), il appartient au juge constitutionnel de veiller à la répartition des compétences entre le législateur national et le législateur local : la Cour peut donc également être saisie par le gouvernement central pour contrôler la conformité à la Constitution d'une loi locale, et par les organes de l'une de ces collectivités territoriales pour vérifier si une loi nationale n'empiète pas sur les compétences qui leur sont réservées. Il s'agit d'un contrôle abstrait qui peut s'exercer tantôt *a priori* (France), et tantôt *a posteriori* (Allemagne, Italie, Espagne).

On peut distinguer en gros trois groupes de pays :

- Ceux qui pratiquent uniquement le contrôle concret, comme les États-Unis. Mais en pratique, le juge ne peut jamais régler un cas concret sans envisager la classe des cas à laquelle il appartient. Par exemple, lorsque la Cour suprême des États-Unis décide que la loi d'un État a porté atteinte aux droits constitutionnels de M. ou Mme X en sanctionnant le fait de brûler un drapeau américain en public, elle se prononce non seulement sur le cas de M. ou Mme X, mais sur l'acte de brûler un drapeau, quels qu'en soient les auteurs ou les circonstances et elle se fonde sur une réflexion générale et abstraite sur le point de savoir si ce type d'acte peut être considéré comme une forme d'expression politique et sur les limites qu'il faut ou non fixer à la liberté d'expression. En d'autres termes, le contrôle concret a toujours en réalité un caractère général. Par son fondement et sa portée, il rejoint donc, dans une certaine mesure, le contrôle abstrait.

- Ceux qui ne pratiquent que le contrôle abstrait *a priori* : c'était le cas de la France avant la réforme constitutionnelle du 23 juillet 2008. Mais rien n'interdit au juge qui exerce un contrôle abstrait d'essayer d'imaginer les cas concrets auxquels la loi pourrait s'appliquer et d'en tenir compte dans la motivation de sa décision. C'est ainsi que, depuis la fin des années 1970, le Conseil constitutionnel français rend fréquemment des décisions de conformité « sous réserves », c'est-à-dire qu'il adresse des directives d'interprétation aux administrations et aux juridictions ordinaires.
- Ceux qui combinent le contrôle concret et le contrôle abstrait : Allemagne, Italie, Espagne. Mais on constate que, dans ces pays, le contrôle concret se développe généralement plus vite que le contrôle abstrait, parce que tout plaideur peut en prendre l'initiative.

En pratique, le rôle joué par les juges constitutionnels dépend davantage des éléments fonctionnels, c'est-à-dire du type de contrôle qu'ils exercent, que des éléments organiques, c'est-à-dire de leur rattachement au modèle américain ou au modèle européen. Par exemple, le système allemand présente probablement plus de similitudes avec le système américain, qui permet également à tout plaideur de contester la conformité d'une loi à la Constitution, qu'avec le système français, qui jusqu'à une date récente (réforme de 2008) réservait ce droit à des autorités politiques.

On a soutenu que les systèmes qui ne pratiquent que le contrôle abstrait *a priori* (comme le système français avant la réforme de 2008) garantissaient mieux la sécurité juridique car, une fois qu'elle a été promulguée, la loi ne peut plus être déclarée inconstitutionnelle, alors que, dans les systèmes principalement fondés sur le contrôle concret *a posteriori*, il faut parfois attendre des années avant que la question soit tranchée à l'occasion d'un procès.

En revanche, les systèmes américain, allemand, espagnol ou italien se prêtent à un contrôle plus approfondi dans la mesure où ils permettent de sanctionner des inconstitutionnalités qui ne sont pas immédiatement apparentes et qui ne se révéleront qu'à l'occasion des litiges soulevés par l'application de la loi. Et l'insécurité juridique qu'ils génèrent peut être limitée en atténuant les effets des déclarations d'inconstitutionnalité (par exemple en prévoyant que le juge peut octroyer un délai au législateur pour modifier la loi inconstitutionnelle, comme c'est le cas en Allemagne et en France depuis la réforme de 2008).

§3. Le rôle des cours constitutionnelles dans le jeu politique

61. Il existe une controverse sur le point de savoir si les juridictions constitutionnelles sont ou non de nature politique. On peut en réalité distinguer deux groupes de questions. Les premières tiennent à la nature du pouvoir qu'elles exercent, les secondes aux rapports qu'elles entretiennent avec les autres pouvoirs publics constitutionnels.

Pour soutenir que ces juridictions disposent d'un pouvoir politique, on peut invoquer trois idées. D'abord, leurs décisions ont des conséquences politiques au sens large, c'est-à-dire qu'elles confirment ou contredisent des décisions prises par le législateur et déterminent les choix fondamentaux dans tous les domaines de la vie sociale. Ensuite, elles disposent dans l'exercice du contrôle d'une marge importante de pouvoir discrétionnaire. Même si l'on prétend qu'elles ne font qu'appliquer la Constitution, il faut bien admettre qu'elles ne le font pas au terme d'un raisonnement purement logique et que plusieurs résultats seraient également possibles, notamment parce qu'un texte ne peut être appliqué sans interprétation (v. *supra* n° 68). La preuve en est que, au sein de ces cours, on procède très souvent à un vote et que ceux qui l'emportent doivent leur succès non à la supériorité de leur raisonnement, mais seulement à leur nombre. Troisièmement, la position de chaque juge dépend, en partie au moins, de ses préférences politiques au sens large. Il ne s'agit pas nécessairement de préférences partisanes, mais au moins de préférences axiologiques. Lorsque le détail des votes est connu, on peut ainsi facilement observer des constantes dans les comportements individuels des juges. Ainsi, au sein de la cour suprême américaine, il y a un groupe de juges conservateurs et un autre groupe de juges libéraux. On peut remarquer que ces trois idées sont indépendantes les unes des autres et qu'on peut admettre la première tout en refusant la troisième.

C'est ce qui explique l'importance des décisions conduisant à la création d'une cour et les relations que les autres pouvoirs publics entretiennent avec elle. Les cours participent à une nouvelle balance des pouvoirs. Certaines juridictions n'ont pas été expressément habilitées à exercer le contrôle de constitutionnalité, mais se sont attribué elles-mêmes ce pouvoir. Tel est le cas de la Cour suprême américaine et du Conseil constitutionnel français en 1971. Mais la création des cours, l'extension ou la réduction de leurs pouvoirs, qui sont justifiées par la théorie de l'État de droit ou de la démocratie, peut aussi obéir à des motifs politiques. Il peut s'agir par exemple, comme pour la majorité d'aujourd'hui, de freiner la majorité de demain dans l'application de son programme, comme on l'a vu en France en 1974, ou de lever les obstacles qui freinent la majorité d'aujourd'hui dans la réalisation du sien, comme on le voit en Hongrie ou en Pologne depuis quelques années et en Asie, où une élite utilise la cour pour préserver son pouvoir (Ginsburg 2003, Hirschl 2007).

Les juridictions constitutionnelles s'inscrivent ainsi dans le système politique d'un pays et ont avec les autres pouvoirs publics des rapports qui peuvent être de coopération ou de conflit. Les uns et les autres disposent dans ces relations d'une grande variété de moyens.

Lorsque la relation est conflictuelle, un gouvernement disposant d'une majorité parlementaire peut tenter d'influer sur les juridictions en agissant sur la composition ou le nombre des membres (comme Roosevelt a menacé de la faire à l'époque du New Deal) en favorisant ou en freinant la nomination de certains juges, en modifiant l'âge du départ à la retraite, en exerçant des poursuites judiciaires contre les juges, en modifiant les conditions de saisine ou d'autres règles de procédure ou encore en adoptant en forme constitutionnelle des lois ordinaires jugées inconstitutionnelles. Pour résister, les cours peuvent selon les cas agir pour modifier les lois électorales, contrôler le respect par les élus des règles de campagne ou le résultat des élections, invalider les lois ordinaires qui restreignent leurs pouvoirs, voire contrôler la validité des lois de révision constitutionnelle.

Lorsque la relation n'est pas conflictuelle, un gouvernement peut utiliser la cour en faisant adopter par le Parlement une loi dont il pourra se prévaloir auprès de l'opinion publique, mais dont en réalité il ne veut pas, par exemple en raison de son coût financier, et attendre que le juge constitutionnel la déclare contraire à la Constitution. Il peut aussi saisir le juge constitutionnel *a priori* pour obtenir une décision de conformité à la Constitution et tenter ainsi d'éviter une décision d'inconstitutionnalité *a posteriori* dans l'espoir que le juge refusera d'examiner la même loi une seconde fois (v. *infra* n° 798). De son côté, le juge peut dans ses motivations fixer à l'avance des limites au législateur qui sera alors dissuadé d'adopter certaines dispositions et incité à l'autocensure.

62. Bibliographie

AVRIL P. (1997), *Les conventions de la Constitution*, Paris, PUF.

BARANGER D. (1999), *Parlementarisme des origines. Essai sur les conditions de formation d'un exécutif responsable en Angleterre (des années 1740 au début de l'âge victorien)*, Paris, PUF.

BASTID P. (1985), *L'idée de Constitution*, Paris, Economica.

BEAUD O. (1993), « La souveraineté de l'État, le pouvoir constituant et le traité de Maastricht », *RFDA*, p. 1045 et s. (1994), *La puissance de l'État*, Paris, PUF.

BRONDEL S., FOULQUIER N., HEUSCHLING L. (dir.) (2001), *gouvernement des juges et démocratie*, Paris, Publications de la Sorbonne.

BURDEAU G. (1956), « Une survivance : La notion de constitution », in *Mélanges Mestre*, Paris, Sirey, p. 53 et s.

Cahiers du Conseil constitutionnel (2009), n° 27, dossier « Le contrôle de constitutionnalité des lois constitutionnelles ».

CAPITANT R. (1929), « La coutume constitutionnelle », rééd. in CAPITANT R. (2004), *Écrits d'entre-deux-guerres (1928-1940)*, O. Beaud (éd.), Paris, Éditions Panthéon-Assas, p. 283-295 (1934), « Le droit constitutionnel non écrit », in *Mélanges Gény*, Vol. III, p. 1-8.

CAPPELLETTI M. (1990), *Le pouvoir des juges*, trad. René David, Préface Louis Favoreu, Paris, Economica.

CARPENTIER M. (2019), « Une modélisation alternative des systèmes de justice constitutionnelle : enjeux et difficultés », *Revue française de droit constitutionnel*, vol. 120, n° 4, pp. 843-864.

CHEVALLIER J. (1970), « La coutume et le droit constitutionnel français », *RDP*, p. 1375 et s.

CONSEIL CONSTITUTIONNEL (1989), *La Déclaration des droits de l'Homme et du Citoyen et la jurisprudence*, Paris, PUF.

Revue *Droits*

– (1986), n° 3, « La coutume ».

– (1988), n° 8, « La Déclaration de 1789 ».

DWORKIN R.,

– (1985-1986), Revue *Droit et Société*, n° 1-2.

– (1995), *Prendre les droits au sérieux*, trad. fr., Paris, PUF.

EISENMANN C. (1928), *La justice constitutionnelle et la Haute Cour constitutionnelle d'Autriche*, PUAM-Economica, nouv. éd., 1986.

FAVOREU L. (dir.) (1982), *Cours constitutionnelles européennes et droits fondamentaux*, Paris, Economica.

FAVOREU L., JOLOWICZ A. (1986), *Le contrôle juridictionnel des lois. Effectivité et légitimité*, Colloque d'Uppsala, Paris, Economica.

FAVOREU L., MASTOR W. (2011), *Les cours constitutionnelles*, Paris, Dalloz.

FRIEDRICH K. (1958), *La démocratie constitutionnelle*, Paris, PUF.

FROMONT M. (1996), *La justice constitutionnelle dans le monde*, Paris, Dalloz.

GARLICKI L. (2007), *Constitutional Courts versus Supreme Courts*, in. *I. CON*, vol. 5, n° 1, p. 44-68.

GREWE C., JOUANJAN O., MAULIN E., WACHSMANN P. (2005), *La notion de « justice constitutionnelle »*, Paris, Dalloz.

GRIMM D. (2012), Article « souveraineté », TROPER M., CHAGNOLLAUD D. (dir.), *Traité international de droit constitutionnel*, Paris, Dalloz, 3 vol.

GINSBURG T. (2003), Judicial review in New Democracies : Constitutional Courts in Asian Cases, Cambridge University Press.

HAMON L. (1987), *Les juges de la loi*, Paris, Economica.

HAMON F., WIENER C.,

– (1999), *La loi sous surveillance*, Paris, Odile Jacob.

– (2011), *La justice constitutionnelle en France et à l'étranger*, Paris, LGDJ, coll. Systèmes.

HIRSCHL R. (2007), *Towards Juristocracy*, Cambridge, Harvard University Press.

KLEIN C. (1996), *Théorie et pratique du pouvoir constituant. Critique des discours sur le pouvoir constituant*, Paris, PUF.

DE LACHARRIÈRE R. (1980), « Opinion dissidente », *Pouvoirs*, n° 13.

LEVY D. (1975), « De l'idée de coutume constitutionnelle », in *Mélanges Charles Eisenmann*, Paris, Cujas, p. 133-151.

LE PILLOUER A. (2005), *Les pouvoirs non constituants des assemblées constituantes. Essai sur le pouvoir instituant*, Paris, Dalloz.

MÉLIN-SOUCRAMANIEN F. (dir.) (2005), *L'interprétation constitutionnelle*, Paris, Dalloz.

MEUNIER J. (1994), *Le pouvoir du Conseil constitutionnel*, Paris, LGDJ.

MOUTON J.-D. (dir.) (2013), Colloque de Nancy. *L'État dans la mondialisation*, Paris, Pedone.

MURPHY W. (1962), *Judicial Strategy*, Chicago, University of Chicago Press.

PIERRE E. (1902), *Traité de droit politique électoral et parlementaire*, 2 vol., Paris, Loysel, réédition 1989.

RIALS S.,

– (1979), « Réflexions sur la notion de coutume constitutionnelle », *Revue administrative*, p. 265 et s.

– (1988), *La déclaration des droits de l'Homme et du Citoyen*, Paris, Hachette.

ROUSSEAU D.,

– (1998), *La justice constitutionnelle en Europe*, 3e éd., Paris, Montchrestien.

– (1999) La jurisprudence constitutionnelle ; quelle « nécessité démocratique » ? in DRAGO G., FRANCOIS B., MOLFESSIS N. (éd.), *La légitimité de la jurisprudence du Conseil constitutionnel*, Paris, Economica, p. 363-376.

SCHMITT C. (1928), *Théorie de la Constitution*, trad. fr., Paris, PUF, Préface d'Olivier Beaud, 1993.

STONE SWEET A. (2000), *Governing with Judges. Constitutional Politics in Europe*, Oxford, Oxford University Press.

TROPER M.,

– (1994), *Pour une théorie juridique de l'État*, Paris, PUF.

– (2001), *Le droit, la théorie du droit, l'État*, Paris, PUF.

– (2011), *Le droit et la nécessité*, Paris, PUF.

– (2012), « Théorie constitutionnelle et théorie générale de l'État », TROPER M., CHAGNOLLAUD D. (dir.) *Traité international de droit constitutionnel*, Paris, Dalloz, 3 vol.

TROPER M., CHAMPEIL-DESPLATS V., GRZEGORZYK Chr. (dir.) (2005), *Théorie des contraintes juridiques*, Paris, LGDJ, Bruxelles, Bruylant.

TUSSEAU G.,

– (2006), *Les normes d'habilitation*, Paris, Dalloz.

– (2009), *Contre les modèles de justice constitutionnelle. Essai de critique méthodologique / « Modelli » di giustizia costituzionale. Saggio di critica metodologica*, Préf. L. Pegoraro, éd. bilingue, trad. it. A. Morandini, Bologna, Bolonia University Press.

VEDEL G. (1987), « Le Conseil constitutionnel, gardien du droit positif ou défenseur de la transcendance des droits de l'Homme », *Pouvoirs*, n° 45, p. 149 et s.

WEBER M. (1998-2003), *Économie et Société*, trad. fr. 1971, 2 vol., Paris, Press Pocket.

ZOLLER E. (dir.), *Marbury v. Madison 1803-2003*, Paris, Dalloz, 2003, p. 215 s.

CHAPITRE 2

Le pouvoir

63. À la différence de la science politique, la science moderne du droit constitutionnel n'étudie pas le phénomène du pouvoir sous toutes ses formes et dans toutes les sociétés, mais seulement celui qui s'exerce dans la forme juridique et que l'on appelle *État*.

On examinera dans ce chapitre, le cadre dans lequel agit ce pouvoir, les formes sous lesquelles il se manifeste et les techniques par lesquelles il s'exerce.

Section 1
Le cadre : l'État

64. Définition. – La forme étatique se caractérise par quelques traits essentiels :

Le pouvoir est exercé dans la forme juridique, c'est-à-dire, non pas au moyen de commandements isolés, mais de règles qui sont créées et appliquées selon des procédures régulières et relativement stables, de telle manière que chaque commandement individuellement adressé à un sujet apparaît toujours comme l'application d'une règle générale antérieure.

Le pouvoir est censé avoir pour titulaire non pas les hommes qui l'exercent en fait, mais un être distinct, à qui les actes sont attribués.

Cet être est appelé *État*. L'État ne peut vouloir et agir par lui-même. Aussi y a-t-il nécessairement des hommes pour vouloir et agir, mais on présume que leurs actes sont ceux de l'État. On use fréquemment à leur endroit d'une métaphore : ils sont des *organes* de l'État. De même qu'on dit qu'un homme parle lorsque des sons articulés sortent de sa bouche, de même, on dit que l'État veut lorsque certains hommes, qui sont ses organes, expriment une volonté.

Cet ensemble est le plus souvent considéré comme une *personne juridique* ou *morale*, un être analogue à une personne physique. Il possède donc un patrimoine, des droits et des obligations, des intérêts mêmes, distincts de ceux de ses organes, distincts de ceux des sujets.

L'État est aussi distinct de la société, appelée *société civile*. Il exerce son *pouvoir sur elle* et remplit à son égard un certain nombre de fonctions. Ces fonctions peuvent naturellement être perçues comme des fonctions sociales : l'État rend la justice, assure la direction de l'économie du pays, l'éducation de la jeunesse, la défense du territoire, etc. Mais ces fonctions sont exercées dans une forme juridique : l'État émet des règles, qui ont pour objet ces différentes activités. Autrement dit, *l'État apparaît comme « producteur de droit »*.

Cette production donne lieu à deux types de problèmes :

- si l'État est producteur de droit, peut-on concevoir qu'il soit lui-même soumis au droit ?
- le pouvoir de l'État s'exerce à l'égard d'un groupe d'hommes, plus ou moins important, qu'on appelle, si on les envisage individuellement, les *sujets*, et, si on les considère collectivement, le « peuple de l'État ». Il s'exerce aussi sur une certaine portion d'espace géographique, le *territoire de l'État*.

§1. L'État et le droit

65. Le problème des rapports entre l'État et le droit est un problème qui relève non pas tant de la théorie juridique, que de la philosophie politique (Ferry, 1999). Il a donné lieu à une doctrine aujourd'hui très répandue et qui forme même le fond de l'idéologie dominante dans les systèmes politiques libéraux, l'État de droit. Avant d'aborder ce problème, il convient de considérer qu'il ne peut y avoir de rapports entre l'État et le droit – quels que ce soient ces rapports, que l'on conçoive l'État comme subordonné au droit ou au contraire comme seul producteur de droit – que s'il s'agit bien de deux entités distinctes. Il existe bien plusieurs théories qui concluent en ce sens. Mais elles sont contestées par d'autres, selon lesquelles l'État et le droit ne sont qu'un seul et même phénomène désigné par deux termes différents. Ce n'est qu'après avoir examiné les unes et les autres que l'on pourra traiter du problème de l'État de droit.

66. Le dualisme de l'État et du droit. – Lorsqu'on aborde ce problème, on présuppose le plus souvent que l'État et le droit sont deux entités distinctes. Deux solutions sont alors concevables : la première est la position *jusnaturaliste* qui consiste, on l'a vu, à admettre qu'au-dessus du droit positif, c'est-à-dire *posé* par l'État, il y a un droit naturel, qui s'impose à lui (v. *supra* n° 19). L'État doit donc être soumis au droit et il faut instituer des mécanismes qui garantissent cette soumission.

Au contraire, selon la conception positiviste, il n'y a pas d'autre droit que celui qui a été posé par l'État, qui est l'expression de la volonté de l'État. L'État ne peut donc jamais être soumis au droit, parce qu'il serait alors simplement soumis à sa propre volonté. On peut seulement, dans cette perspective, concevoir une *autolimitation* de l'État.

À ce point, les adhérents respectifs aux deux positions échangent des arguments tenant à la signification politique des deux doctrines. Aux yeux des jusnaturalistes, le positivisme ne serait qu'une forme d'idolâtrie de l'État et, partant, une simple justification de l'autoritarisme, voire du totalitarisme. Puisqu'il affirme que l'État est le seul producteur du droit et qu'il ne peut lui être soumis, ne conduit-il pas en effet à recommander l'obéissance à n'importe quel ordre, aussi despotique soit-il, puisque dès lors qu'il émane de l'État, il est « le droit » ? Cette accusation a été formulée avec une vigueur toute particulière après la Seconde Guerre mondiale et les positivistes ont été considérés par certains de leurs adversaires comme des alliés objectifs, sinon comme des complices des nazis.

Les positivistes répliquent qu'il y a une grande différence entre une définition du droit et une justification de son contenu ou une incitation à la soumission. Les commandements émis par l'État sont en effet du droit, conformément à la seule définition possible du droit. Mais *le positivisme est une attitude scientifique et non morale ou politique* et cette qualification n'est pas un jugement moral : on peut les nommer « droit » sans pour autant prêcher l'obéissance. Ce sont les jusnaturalistes qui confondent à tort le point de vue scientifique et le point de vue moral et qui en réalité propagent une idéologie : comme il est impossible de prouver l'existence d'un droit naturel ou de connaître ce qu'il prescrit, ce que les jusnaturalistes appellent « droit naturel » n'est que l'expression de leurs propres préférences subjectives. S'ils affirment que l'État doit être soumis au droit naturel, cela ne signifie donc qu'une chose : que l'État doit être soumis aux valeurs auxquelles adhèrent personnellement les auteurs. Autrement dit, aux yeux des positivistes, le jusnaturalisme n'exprime que la prétention de certains auteurs à superviser la direction de l'État.

Ces deux conceptions sont irréconciliables et l'adhésion des auteurs à l'une ou l'autre permet de comprendre un grand nombre de débats théoriques en droit. C'est ainsi que si certains auteurs ont recherché une solution au problème des rapports de l'État et du droit, c'est nécessairement soit à partir d'un point de vue jusnaturaliste, soit à partir du point de vue positiviste.

67. L'unité de l'État et du droit. – Selon la doctrine de Hans Kelsen connue sous le nom de Théorie Pure du Droit, le problème des rapports de l'État et du droit n'est qu'un faux problème (Kelsen, 1962, p. 275-310). Il présuppose en effet que l'État et le droit sont deux entités distinctes, alors qu'en réalité il s'agit d'une seule et même chose désignée par deux noms différents. L'une des démonstrations de cette unité repose sur la définition traditionnelle de l'État. On a vu que, selon Kelsen, les trois éléments qui doivent servir à définir l'État, *le peuple, le territoire et la puissance publique*, ne peuvent être définis que par l'État lui-même. Mais cela signifie qu'ils ne peuvent être définis que par le droit : la population, en effet, est l'ensemble des hommes, soumis aux normes appartenant à un certain ordre juridique ; le territoire est l'espace sur lequel ces normes sont applicables ; la puissance publique est celle qui s'exerce à l'aide de ces normes. *Définir l'État, c'est bien définir le droit.*

Il en découle évidemment que la question des rapports de l'État et du droit ne se pose plus. S'il ne s'agit que d'un seul et même phénomène, l'un ne peut être soumis à l'autre.

68. L'État de droit. – Au nombre des idéologies contemporaines relatives aux rapports de l'État et du droit figure la doctrine dite de l'État de droit (Chevallier, 2010). Elle s'est développée à partir des travaux des juristes allemands du XIXe siècle. Cette doctrine, aujourd'hui très répandue, – au point que le Secrétaire Général du Parti Communiste de l'Union soviétique avait proclamé sa volonté d'instaurer un « État socialiste de droit » (*Le Monde*, 28 mai 1988) – comporte en réalité plusieurs idées différentes.

En premier lieu, elle admet que l'État agit exclusivement dans la forme juridique, ce qui ne signifie pas « conformément au droit », mais « au moyen du droit ». Cette forme se caractérise, on l'a vu, par la subordination des normes les unes aux autres (v. *supra* n° 17).

Elle apparaît comme une protection contre le risque d'arbitraire, puisque les organes inférieurs de l'État ne peuvent jamais agir autrement que pour appliquer une norme plus générale et antérieure, donc connue des sujets. Aussi, le premier principe protecteur de la doctrine de l'État de droit est-il le *principe de légalité*.

Mais ce premier principe ne protège évidemment pas contre des lois qui seraient elles-mêmes oppressives. La doctrine de l'État de droit est donc à la recherche d'un second principe. À ce point, se manifestent certaines divergences. Les uns voudraient imaginer des procédures législatives complexes, reposant sur l'équilibre des pouvoirs, et propres à empêcher, par le simple jeu des oppositions d'intérêts, l'adoption de lois tyranniques. D'autres mettent leur confiance dans le fonctionnement de la démocratie. D'autres encore, aujourd'hui les plus nombreux, voient la solution dans la soumission de la loi à des principes supérieurs, c'est-à-dire pratiquement dans le contrôle de la constitutionnalité des lois (v. *supra* n° 53 et s.).

Cela dit, il existe au sein de ce dernier groupe une tension permanente entre deux conceptions possibles, très différentes et incompatibles entre elles (Vedel, 1988). Selon la première, les principes supralégislatifs sont ceux qui ont été inscrits dans la Constitution par le constituant originaire ; ce sont des principes du droit positif. Il en résulte que puisque ces principes ont été posés dans la Constitution, ils peuvent être modifiés selon la procédure prévue pour la révision constitutionnelle. L'institution du contrôle de constitutionnalité peut donc trouver dans cette conception sa justification, car l'annulation d'une loi pour inconstitutionnalité signifie alors non pas que le juge constitutionnel s'est opposé à la volonté des représentants du peuple, mais simplement qu'il a indiqué que cette loi ne pouvait être adoptée que moyennant la modification des principes constitutionnels. Le juge s'est donc borné en quelque sorte à indiquer la procédure à suivre. Mais, il est clair que, selon cette conception, si le législateur se trouve limité, l'État dans sa totalité ne l'est pas, puisque d'une part le juge dispose d'une grande marge de pouvoir discrétionnaire pour décider si les principes ont été ou non violés et que d'autre part l'État peut, même si c'est seulement au terme d'une procédure plus ou moins difficile à mettre en œuvre, modifier les principes auxquels il est censé être soumis.

Selon la seconde conception, les principes supralégislatifs ne sont pas simplement des principes du droit positif. Ce sont des principes du droit naturel. Certes, ils ont pu faire l'objet d'une proclamation dans les préambules des constitutions ou dans des déclarations des droits, mais ils ne tirent pas leur force et leur valeur de l'édiction de ces textes. Ceux-ci ne sont, comme leur nom l'indique le plus souvent, que des « déclarations ». Ils ne font que constater de manière solennelle des droits qui leur préexistent et que les hommes possèdent par nature. Cette conception comporte deux implications très importantes : d'une part, même s'il n'y avait aucune déclaration des droits ou si les principes n'étaient pas mentionnés dans le préambule de la Constitution, ils s'imposeraient malgré tout à l'État, notamment au législateur ; d'autre part, même s'ils font l'objet d'une déclaration, ce que le juge applique lorsqu'il contrôle la conformité de la loi aux principes, ce n'est pas le texte de la déclaration, par lequel il n'est pas lié, mais les principes du droit naturel, qu'il a pour mission de découvrir par des méthodes appropriées.

Les partisans de la deuxième conception peuvent donc faire valoir que c'est la seule dans laquelle l'État soit véritablement soumis à un droit supérieur, mais ils se heurtent évidemment à l'objection des positivistes qui soutiennent que la justesse d'une conception ne se mesure pas à la force des justifications qu'elle fonde. Encore faut-il qu'elle repose sur des idées vraies et que l'on prouve, ce qui est impossible, que les principes du droit naturel existent réellement.

§2. L'État et l'espace, les formes d'organisation de l'État

69. Il importe d'abord d'éviter une confusion courante entre la forme d'organisation de l'État et la forme de son gouvernement. La forme de gouvernement est déterminée par le nombre des titulaires du pouvoir et la manière dont ils sont désignés. La forme d'organisation de l'État est la forme de l'ordre juridique de l'État, l'espace de validité territoriale de ses normes et la manière dont elles sont posées. Dans un ordre juridique, sauf s'il s'agit de l'ordre juridique d'un État minuscule, toutes les normes n'ont pas la même sphère de validité territoriale. Certaines sont valables et s'imposent sur tout le territoire national, d'autres seulement sur une portion de ce territoire. En France par exemple, les lois s'imposent sur l'ensemble du territoire, mais certaines décisions ne s'imposent que sur le territoire du département ou sur celui de la commune. Par convention et pour faciliter l'exposé, on appellera les premières « normes nationales » et les secondes « normes locales ». La question de la forme d'organisation de l'État concerne d'abord la répartition des matières entre celles qui sont régies par les normes nationales et celles qui le sont par les normes locales ainsi que la manière dont sont posées ces dernières normes.

La distinction entre la forme d'organisation de l'État et la forme de son gouvernement permet de comprendre – encore que la forme de l'État influe dans une certaine mesure sur celle de son gouvernement – que des États dont la forme d'organisation est semblable soient régis par des procédés gouvernementaux différents et – à l'inverse – que des États dont la forme de gouvernement ou le régime politique est semblable présentent des formes d'organisation différentes. Ainsi, avant juillet 1940, la France et l'Italie étaient deux États unitaires (même forme d'organisation), mais la première était une démocratie représentative et l'autre une dictature fasciste (deux formes de gouvernement différentes). Naguère, l'Union soviétique et la Pologne étaient deux États socialistes, mais le premier était un État fédéral et le second un État unitaire.

On vient d'opposer ainsi deux formes d'organisation : l'État unitaire et l'État composé.

A. L'État unitaire

70. C'est celui dans lequel les normes locales ne peuvent être créées qu'en application de normes nationales préalables. On dit qu'elles sont « conditionnées ». Il n'y a donc qu'un seul centre de pouvoir et c'est en définitive la même autorité nationale, qui établit directement les normes nationales et indirectement les normes locales.

Ainsi, en France, les lois sont nationales et les normes locales ne peuvent être créées que si une loi nationale détermine les matières dans lesquelles elles peuvent intervenir. C'est aussi la loi qui institue l'autorité locale compétente, lui fixe des objectifs et des limites, détermine des procédures et organise un contrôle sur le contenu des décisions, de telle manière qu'on peut penser que dans un tel État, les normes locales ne sont jamais que la concrétisation, compte tenu des situations locales, des normes nationales.

Il existe cependant des différences considérables entre les États unitaires : les uns sont dits centralisés, les autres décentralisés. Dans les États unitaires du premier type, toutes les normes sont prises par des autorités nationales, dites aussi *centrales*. Dans les États unitaires décentralisés, les normes locales sont prises par ceux-là mêmes qui leur seront soumis ou par des personnes qu'ils ont élues. C'est pourquoi l'on parle dans ce cas d'*autonomie*.

On ne doit pas confondre la décentralisation et la *déconcentration* : dans un État déconcentré, les normes locales sont prises, par délégation, par des agents nommés par les autorités centrales. Ces agents font partie d'une hiérarchie et sont soumis au contrôle de leurs supérieurs, de sorte que les sujets ne participent en rien à la création des normes. La déconcentration est donc non une forme de décentralisation, mais une forme de centralisation.

On comprend alors que la décentralisation soit liée à l'idée démocratique. En effet, la population d'un État n'est pas homogène sur le territoire du point de vue ethnique, linguistique, religieux ou simplement politique. Il arrive fréquemment qu'un groupe soit minoritaire à l'échelon national, mais majoritaire dans certaines régions. Dans un État centralisé, ce groupe serait toujours soumis à des normes qu'il n'a pas voulues et qui lui sont imposées par la majorité. Dans un système décentralisé, au contraire, il est soumis à des normes qu'il a lui-même adoptées directement ou indirectement par des autorités élues (Mény, 1974 ; Moreau, Darcy, 1984).

Centralisation et décentralisation sont des *types-idéaux*, c'est-à-dire des catégories construites par les juristes. Dans la réalité on ne rencontre jamais ces types à l'état pur, mais des situations intermédiaires plus proches de l'un ou de l'autre. La décentralisation est d'autant plus poussée que les normes locales portent sur des matières plus importantes, que dans ces matières les normes nationales laissent une plus grande marge de liberté aux autorités locales et que le contrôle exercé par les autorités nationales est moins strict.

Le degré le plus élevé de décentralisation est celui de l'*État régional*, dans lequel les sujets des normes locales, regroupés en régions relativement vastes, doivent leur autonomie non à la loi, mais à la Constitution nationale elle-même et cela de deux manières : d'une part, elle leur attribue une liste de matières, que la loi nationale ne peut modifier ; d'autre part, dans certains cas, comme celui de l'Espagne, la Constitution peut aller jusqu'à permettre aux régions de déterminer elles-mêmes, dans certaines limites, l'organisation et le mode de fonctionnement des autorités régionales. On n'est alors plus très éloigné de l'État fédéral.

B. L'État composé

71. Les États composés sont de structures différentes selon la rigidité du lien qui unit leurs parties composantes. On va ainsi de la confédération d'États à l'État fédéral (Le Fur, 1896 ; Beaud, 2007).

72. La confédération d'États. – Plusieurs États peuvent se grouper par un traité international et constituer une communauté organisée, dite « confédération d'États ». Les États parties au traité sont les États membres de la confédération. Le traité constitutif de la confédération peut instituer un organe central compétent pour exercer un certain nombre de fonctions énumérées de façon limitative dans le traité. En général, cet organe n'est pas composé de députés élus, mais de représentants des États, nommés par leurs gouvernements respectifs. La plupart des décisions se prennent à l'unanimité, mais certaines peuvent être prises à la majorité, si elles ne portent pas sur des questions jugées essentielles. Aussi, la souveraineté n'appartient-elle pas à la confédération, qui n'est pas elle-même un État, mais continue de résider dans les États membres (Kelsen, 1945).

L'Histoire montre plusieurs exemples de confédérations, Confédération américaine, Confédération helvétique, Confédération de l'Allemagne du Nord. Il s'agissait principalement pour les États membres d'exercer en commun des compétences diplomatiques et militaires. Mais aucune Confédération n'a subsisté très longtemps : ou bien elles se sont dissoutes ou bien les liens entre les États membres se sont renforcés et la Confédération s'est transformée en un État fédéral, comme dans le cas américain, voire en un État unitaire, comme aux Pays-Bas. Cette forme d'organisation n'appartient cependant pas entièrement au passé. Elle a connu un certain renouveau à l'époque contemporaine, d'abord avec les tentatives pour réaliser la décolonisation sans rompre complètement les liens entre l'ancienne puissance coloniale et les États qui accédaient à l'indépendance, puis avec les entreprises d'intégration économique, notamment avec les Communautés européennes.

73. L'État fédéral. – (Mouskhéli, 1931 ; Héraud, 1968 ; Rials, 1986). Il présente un tout autre caractère. Dans ce cas, la communauté qui a été instituée est un véritable État et cela à deux points de vue. D'abord, au sens du droit international, c'est même le seul État qui subsiste. Lui seul, à l'exclusion des États membres, peut normalement entretenir des relations internationales. Ensuite, au sens du droit interne, l'État fédéral se dote d'une Constitution et exerce les trois fonctions de tout État, les fonctions législative, exécutive et juridictionnelle. Quant aux États membres, ils possèdent également une Constitution et exercent eux aussi les trois fonctions.

Il est commode d'analyser l'État fédéral comme une combinaison de deux principes :

a) le principe de participation : les États membres participent à la formation des décisions de l'État fédéral. Il y a notamment dans tous les États fédéraux une seconde Chambre où siègent des représentants des États membres ;

b) le principe d'autonomie : les États membres établissent leur propre Constitution, adoptent leurs propres lois, les exécutent, désignent leurs gouvernants, disposent d'un appareil judiciaire.

Cependant, il ne faut pas croire que les structures des États membres et celles de l'État fédéral forment deux étages superposés, mais nettement séparés. Il n'en est rien : non seulement, sur le plan organique, la constitution fédérale organise, comme on l'a vu, la participation des États membres à la formation des normes fédérales, mais l'autonomie elle-même n'existe qu'en vertu des normes fédérales. En réalité, l'ordonnancement juridique d'ensemble est hiérarchisé :

1° C'est la Constitution de l'État fédéral qui détermine les compétences des organes fédéraux, notamment de l'organe législatif et donc *a contrario* celles des États membres. La constitution fédérale énumère les matières qui relèvent de la compétence fédérale ; toutes celles qui ne figurent pas dans la liste relèvent des États membres. Il faut souligner que, au nombre des pouvoirs que se donne l'État fédéral, figure celui de lever des impôts. Il ne dépend donc pas des versements des États membres. Bien au contraire, ce sont souvent ceux-ci qui reçoivent des subventions de l'État fédéral.

Les États membres reçoivent donc leurs compétences d'une norme fédérale, comme les autorités locales dans un État unitaire les reçoivent d'une norme nationale. Les conflits de compétences inévitables sont tranchés par une juridiction fédérale. Même s'ils sont tranchés, ce qui est d'ailleurs assez rare, en faveur des États membres, ceux-ci auront tout de même reçu leurs pouvoirs d'un organe fédéral.

2° L'État membre n'a donc pas comme l'État fédéral le pouvoir de déterminer les matières de sa propre compétence, ce qu'on appelle parfois la

« compétence de la compétence ». Il n'est pas *souverain*. Les auteurs qui font de la souveraineté le caractère distinctif de l'État en concluent par conséquent que l'État membre n'est pas un véritable État (Rials, 1986).

3° Il est vrai que les États membres peuvent se doter d'une Constitution, mais la Constitution fédérale peut fixer des limites à son pouvoir constituant et lui interdire par exemple certains types de dispositions. Les États américains ne pourraient pas décider d'adopter la forme monarchique ou réviser leurs Constitutions pour rétablir l'esclavage.

4° Les lois des États membres doivent être conformes non seulement à leurs propres Constitutions, mais également à la Constitution de l'État fédéral. Ainsi, le contrôle de constitutionnalité exercé par la Cour suprême des États-Unis porte avant tout sur les lois des États. Ainsi, c'est parce que des lois des États interdisaient l'avortement que la Cour suprême a été saisie et a déclaré que ces lois étaient contraires à la Constitution fédérale.

Dans ces conditions, il n'est pas injustifié de soutenir qu'il n'y a entre l'État unitaire décentralisé et l'État fédéral qu'une différence de degré et non de nature. Cela ne signifie pas que cette différence soit négligeable. Elle présente évidemment une grande signification politique, car il est clair qu'une région qui dispose simplement d'un pouvoir administratif autonome n'est pas aussi libre que l'État membre qui peut, même si c'est en vertu de la Constitution fédérale, légiférer sur le droit des personnes ou la politique scolaire. C'est bien pourquoi le fédéralisme se présente souvent comme une solution possible aux problèmes des États multinationaux. Mais du point de vue spécifiquement juridique, il faut bien constater que dans le cas de l'État fédéral comme de l'État unitaire décentralisé, les normes locales sont émises par des autorités autonomes conformément à des normes centrales (Kelsen, 1945, p. 316).

74. Le cas de l'Union européenne. - (Beaud, 2007 ; Leben, 1991). L'Union européenne ne peut être classée dans la catégorie des États fédéraux (v. *infra* n° 316).

Sans doute présente-t-elle certains traits de l'État fédéral : éventail de pouvoirs très larges dans les domaines d'une importance capitale, existence d'organes « supranationaux », d'un Parlement européen élu au suffrage universel direct, application directe des normes communautaires sur les territoires des États, jurisprudence de la Cour de justice des Communautés européennes, qui affirme la primauté de l'ordre juridique européen sur les droits nationaux.

Il lui manque cependant pour être un État fédéral un caractère essentiel : elle n'est pas un État du tout. Le fondement de ses pouvoirs réside, malgré l'emploi dans le traité rejeté en 2005 de l'expression « Constitution de l'Union européenne », non dans une constitution formelle au sens strict (v. *supra* n° 32), mais dans des traités internationaux, qu'elle ne peut modifier et qui ne peuvent être révisés que par les États qui les ont ratifiés. Elle n'est pas souveraine, dans la mesure où elle n'a pas de compétence pour déterminer sa propre compétence, ni celle des États et où elle ne peut exercer que les pouvoirs qui lui sont transférés par les États.

Ceux-ci restent souverains. Ils ne tiennent pas leurs pouvoirs de l'Union, mais de leur propre souveraineté et c'est en vertu de leur pouvoir souverain qu'ils ont pu transférer des compétences à l'Union et qu'ils pourraient les reprendre en dénonçant les traités. D'ailleurs, en pratique, toute la logistique de l'action politique, y compris les moyens administratifs et la force publique, reste entre leurs mains.

Néanmoins, l'Union ne correspond qu'imparfaitement à la définition d'une confédération. Sans doute est-elle, comme une confédération, fondée sur des traités et ne dispose-t-elle que des compétences qui lui ont été conférées, sans doute, les États restent-ils souverains du point de vue du droit international, mais ils ont consenti des limitations de compétences si importantes qu'elles étaient incompatibles avec les dispositions de leurs Constitutions qui affirmaient le principe de la souveraineté nationale. C'est ainsi que le Conseil constitutionnel a affirmé à plusieurs reprises que les traités portaient atteinte aux « conditions essentielles d'exercice de la souveraineté nationale », notamment à propos des traités de Maastricht et d'Amsterdam (v. *infra* n° 504 et *infra* n° 791). Dans ces conditions, ils ne pouvaient être ratifiés qu'après révision de la Constitution. Cela signifie qu'une fois cette révision intervenue, les conditions essentielles d'exercice de la souveraineté nationale ont bien été modifiées.

Cependant, ce sont seulement les conditions d'exercice de la souveraineté qui ont été modifiées, mais la souveraineté elle-même n'a pas été atteinte et aucun nouveau souverain n'est apparu. Il faut donc considérer que l'Union est encore une organisation internationale, même si ses pouvoirs vont bien au-delà de ceux des autres organisations internationales (Troper, 2011, p. 77 s.).

Section 2
Les formes d'organisation du pouvoir

75. Si, dans toutes les sociétés humaines, il existe des phénomènes de pouvoir, le pouvoir n'est pourtant pas toujours organisé par une Constitution. C'est pourquoi il est nécessaire de distinguer deux notions : la forme de pouvoir ou de gouvernement, d'un côté, le régime politique, de l'autre. La première notion est plus générale : puisque toutes les sociétés sont gouvernées, on peut distinguer des types de pouvoir que la théorie politique appelle traditionnellement « formes de gouvernement ».

En outre, lorsque le pouvoir est organisé selon des règles juridiques, c'est-à-dire lorsqu'il y a une constitution matérielle, on parle de « régimes politiques ». Toutes les sociétés modernes sont ainsi organisées aujourd'hui. Ces règles ont pour objet la répartition des compétences et l'on peut classer les régimes selon la répartition des compétences qu'ils réalisent.

On examinera donc successivement les formes de gouvernement, le principe moderne, selon lequel les compétences doivent être réparties, et les modes de répartition, c'est-à-dire les régimes politiques.

§1. Les formes de gouvernement

76. Il existe une classification simple, employée avec quelques variantes depuis l'Antiquité jusqu'au XVIIIe siècle, mais qui ne l'est plus guère aujourd'hui.

A. La classification ancienne

77. Les trois formes de gouvernement. – Cette classification est généralement présentée non pas dans un but de pure connaissance, un but *théorique*, mais dans un but *pratique*, pour tenter de prouver la supériorité de l'une des formes de gouvernement[1] sur les autres.

De ce point de vue, décrire la forme de gouvernement, c'est indiquer qui est le détenteur du pouvoir et l'on distingue ainsi, la monarchie, l'oligarchie et la démocratie. La distinction la plus fréquente est fondée sur le nombre de ceux qui gouvernent, un seul, tous ou quelques-uns. Elle est présentée de manière semblable de l'Antiquité au XVIIIe siècle[2]. On appelle ainsi *monarchie* le gouvernement d'un seul, *démocratie* le gouvernement de tous et *oligarchie* le gouvernement de quelques-uns. Mais il est aussi possible d'employer un critère qualitatif et d'appeler monarchie non pas tout gouvernement dans lequel un seul gouverne, mais celui où le gouvernement appartient à un homme désigné par l'hérédité ou qui l'exerce d'une certaine manière, oligarchie, le gouvernement des nobles ou celui des meilleurs, auquel cas on le nomme aristocratie, et démocratie, celui du peuple.

Chacune de ces formes de gouvernement peut être préconisée pour les avantages spécifiques qu'on lui prête ou décriée en raison de ses inconvénients. Les arguments sont très variables, mais ils peuvent prendre la forme suivante : si le pouvoir appartient à un seul, la décision peut être plus rapide et l'exécution plus efficace. Mais il est aussi possible que le monarque n'agisse que pour satisfaire ses caprices. Dans l'aristocratie, le pouvoir sera bien exercé, puisqu'il le sera, par définition par les meilleurs. Cependant, on ne peut exclure que les gouvernants agissent exclusivement en vue de leurs intérêts égoïstes, qui ne coïncident pas avec l'intérêt général. Dans la démocratie, ceux qui composent le peuple refuseront les décisions qui briseraient l'égalité ou porteraient atteinte à la liberté. Par contre, on peut craindre la longueur des débats et l'inefficacité ou les dissensions et les guerres civiles.

C'est la raison pour laquelle de nombreux auteurs, de Polybe (201-120 av. J.-C.) à Montesquieu, préconisent un gouvernement mixte, qui n'aurait

1. Le mot « gouvernement » est employé ici dans le sens très large de « gouvernement des hommes », de pouvoir politique, et non pas, évidemment dans celui, que lui donnera Rousseau, de « pouvoir exécutif ».

2. On peut comparer par exemple Platon (*Politique*, 291 d), Aristote (*Politique*, 1279 a) et Rousseau J.-J., *Contrat social*, Livre III, chap. 3.

aucun des inconvénients des formes simples, mais réunirait les avantages de chacune.

Un gouvernement mixte serait un gouvernement dans lequel le pouvoir, notamment le pouvoir législatif, serait partagé ou, mieux, exercé en commun par un roi, le peuple et les meilleurs. Au XVIIIe siècle, cette forme mixte peut être réalisée par la *balance des pouvoirs* (v. *infra* n° 92). À l'époque contemporaine, tous les gouvernements se présentent comme démocratiques et la forme mixte n'est jamais revendiquée. Cependant, certains auteurs analysent les systèmes dans lesquels existent des cours constitutionnelles comme des avatars du gouvernement mixte. Dans la mesure en effet où les cours ont le pouvoir d'annuler des lois, elles participent avec les parlements au pouvoir législatif. Par conséquent, ou bien l'on continue de soutenir que le système est démocratique et il faut dire que les cours, bien que leurs membres ne soient pas élus, représentent le peuple souverain, ou bien l'on admet que le gouvernement est mixte parce que le pouvoir législatif est exercé en commun par les représentants du peuple et par ceux que l'on a pris l'habitude d'appeler des sages, c'est-à-dire par un élément aristocratique, au sens originel de ce terme, qui désigne une élite fondée sur la compétence.

78. Défauts de cette classification. – Il est certain que cette distinction n'est plus guère utilisée aujourd'hui. Il y a à cela plusieurs raisons. La principale est que dans les États d'une certaine dimension physique, il est impossible de rencontrer la monarchie ou la démocratie. Il est en effet matériellement impossible qu'un seul exerce la totalité du pouvoir, comme il est impossible que le pouvoir soit véritablement exercé par le peuple tout entier. Si l'on persistait à employer la distinction classique, il faudrait considérer que tous les gouvernements existant dans la réalité sont au mieux des aristocraties, au pire des oligarchies.

Dans ces conditions, il faut se résoudre ou bien à subdiviser la classe des oligarchies et à constituer des sous-classes, ou bien à considérer qu'un gouvernement exercé par quelques-uns peut néanmoins être une monarchie, une aristocratie ou une démocratie. La première solution se heurte à une difficulté considérable : trouver des critères satisfaisants pour distinguer des sous-classes d'oligarchies. La seconde est plus facile à mettre en œuvre ; il suffit de décider que la monarchie n'est pas le gouvernement d'un seul, mais celui dans lequel tous les gouvernants dérivent leurs pouvoirs d'un homme ou que la démocratie n'est pas toujours le gouvernement du peuple, mais aussi celui dans lequel les gouvernants dérivent leurs pouvoirs du peuple. On sera alors conduit à distinguer deux formes de démocratie : la démocratie directe dans laquelle le peuple exerce lui-même le pouvoir et la démocratie indirecte ou représentative, dans laquelle ceux qui détiennent le pouvoir l'exercent au nom du peuple et sont, au moins pour une partie d'entre eux, élus par lui. Dans la démocratie représentative, dit-on, les gouvernants sont les représentants du peuple et la volonté qu'ils expriment n'est pas la leur propre, mais celle du peuple ou encore ce qu'il est convenu d'appeler la « volonté générale ».

Cette conception a cependant fait l'objet de vives critiques. La plus radicale a été formulée par J.-J. Rousseau. Elle est fondée sur l'impossibilité de représenter la volonté. Je peux dire en effet : « ce que cet homme veut aujourd'hui, je le veux aussi. En exprimant sa volonté, il exprimera donc en même temps la mienne ». Mais je ne peux pas dire : « ce que cet homme voudra demain, je le voudrai aussi », parce que j'ignore au moment où je parle ce que nous voudrons demain l'un et l'autre[3]. La volonté qu'il exprimera demain ne sera donc pas la mienne. « *La volonté ne se représente point : elle est la même, ou elle est autre ; il n'y a point de milieu* »[4].

Aussi, la représentation n'est-elle qu'une fiction, car, à supposer que le peuple possède une volonté, il n'y a aucun moyen de s'assurer que c'est bien elle qui est exprimée par les représentants. On ne peut pas comparer la volonté des représentants à celle du peuple, parce qu'on ne peut connaître la seconde indépendamment de la première. La volonté des représentants est *présumée* ou censée être celle du peuple. Mais, la réalité est que la volonté exprimée par les représentants est bien la leur et que, par conséquent, la démocratie représentative n'est pas une espèce de démocratie, mais une espèce d'aristocratie (Gaxie, 2000).

Il faut observer en outre que, en parlant de démocratie représentative, on a, chemin faisant, abandonné la conception initiale de la « forme de gouvernement » : une forme de gouvernement n'est plus définie par le nombre ou le genre des détenteurs du pouvoir, mais par la manière dont ils sont nommés ou simplement par le type de justification donnée au système d'attribution du pouvoir. La nouvelle classification remplit ainsi, une fonction non pas scientifique, mais idéologique : elle ne sert pas la connaissance, mais joue un rôle politique. Elle veut faire accepter la démocratie représentative en la faisant passer pour une forme de démocratie.

B. Les classifications contemporaines

79. Autocratie et démocratie. – La classification la plus achevée est celle de Hans Kelsen (Kelsen, 1945, p. 283 et s.). Elle est aujourd'hui largement employée. Kelsen souligne qu'elle découle d'une opposition faite par la théorie du droit entre deux types de rapports entre les hommes : ou bien les normes sont produites par ceux-là mêmes qui y sont soumis – c'est l'*autonomie* – ou bien elles sont produites par d'autres, quel que soit leur nombre – c'est l'*hétéronomie*. Sur le plan constitutionnel, les normes dont il est question sont principalement les lois, ce qui conduit à distinguer la démocratie et l'autocratie. Il y a donc deux formes de gouvernement et non plus trois. Cette distinction prend pour critère la liberté. Un homme est libre, s'il fait ce qu'il veut, s'il se soumet à sa propre volonté. Il est donc libre s'il est soumis seulement à des lois qu'il a contribué à faire. La démocratie est ainsi un système de liberté parce que les lois sont faites

3. *Du contrat social* (1re version), Livre I, chapitre 4, dans l'édition de la Pléiade des *Œuvres complètes*, tome III, p. 295.

4. *Du contrat social,* Livre III, chap. 15, « Des députés ou représentants ».

par tous ceux qui leur sont soumis. À l'opposé, dans le système de l'autocratie, les lois sont faites par d'autres et il n'y a pas de coïncidence entre la volonté de ceux qui font les lois et celle de celui qui doit lui obéir.

Démocratie et autocratie ne sont que des *types-idéaux*, c'est-à-dire des systèmes que l'on ne rencontre jamais tout à fait dans la réalité. Ce sont des constructions intellectuelles, mais on peut s'en servir pour décrire la réalité, parce que les gouvernements réels se rapprochent plus ou moins de l'un ou de l'autre type. On peut alors parler de démocratie représentative, comme d'une forme intermédiaire entre l'autonomie et l'hétéronomie. Elle présente des traits communs avec les deux types-idéaux. Avec l'hétéronomie d'abord : d'une part, il existe rarement une unanimité totale, mais, sur presque toutes les questions, une majorité et une minorité, si bien que pour la minorité, les lois sont nécessairement hétéronomes ; d'autre part, les lois sont faites non par les sujets, mais par leurs représentants et l'on a vu que la représentation est une fiction. De plus, il existe certains traits communs avec la démocratie, notamment dans la mesure où ceux qui émettent les normes sont élus et tiennent compte de la volonté réelle des électeurs, qui sont aussi les sujets.

80. Totalitarisme et libéralisme. – Il s'agit ici non plus d'opposer les formes de gouvernement en prenant pour critère la manière dont les normes, spécialement législatives, sont produites, mais, en étendue et en profondeur, les matières que régissent ces normes. Les systèmes libéraux sont ceux dans lesquels ces normes ne portent que sur certaines matières et dans ces matières seulement sur les principes fondamentaux laissant le reste à l'autonomie des personnes privées. Ces systèmes préservent donc la liberté de ces personnes. La liberté dont il est ici question est d'une part l'ensemble des libertés appelé « libertés publiques » ou « droits de l'Homme », d'autre part la liberté économique.

Dans les systèmes totalitaires, au contraire, il existe un très grand nombre de normes, produites par le pouvoir politique et qui régissent tous les domaines de la vie, de sorte que la marge laissée à l'autonomie, c'est-à-dire à la liberté des individus est très faible.

De nombreux auteurs opposent l'État et la société civile. L'État est, dans ce contexte, l'ensemble des institutions productrices de normes hétéronomes de niveau élevé. C'est l'État *stricto sensu*. Quant à la société civile, c'est l'ensemble des hommes, envisagé de manière distincte de l'État. Le libéralisme est alors le système qui maintient la distinction de l'État et de la société civile, tandis que dans le système totalitaire, l'État envahit complètement la sphère de la société civile.

La distinction du totalitarisme et du libéralisme ne coïncide pas avec celle de la démocratie et de l'autocratie. On ne doit pas confondre démocratie et libéralisme, ni société totalitaire et autocratie. On peut en effet concevoir un système à la fois démocratique et totalitaire, dans lequel la loi, adoptée par le peuple, limite les libertés individuelles. Cependant, un tel système ne se rencontre guère dans la réalité, quoique l'on ait parfois analysé de cette manière le système soviétique. En revanche, on peut non seulement concevoir, mais aussi découvrir dans le monde réel un système autocratique et libéral, dans lequel les lois sont adoptées de façon hétéronome, mais préservent les libertés individuelles. Ce système correspondait à l'idéal politique de certains philosophes des Lumières, partisans du « despotisme éclairé ».

Pour situer par rapport aux catégories traditionnelles des régimes comme ceux de la Hongrie, de la Pologne, de la Russie ou de la Turquie, certains emploient un nouveau concept, qu'ils désignent par des termes tels que « démocrature » ou « démocratie illibérale ». La démocrature se caractériserait « par un mode de gouvernement autoritaire organisé autour du culte d'un homme fort et l'exacerbation des passions identitaires, nationales et religieuses. Elle s'appuie non pas sur l'imposition d'une terreur de masse comme le totalitarisme du XXe siècle, mais sur la répression ciblée de toute forme d'opposition politique. Elle peut tolérer le suffrage universel et l'existence de plusieurs partis mais les élections font l'objet de fraudes et sont manipulées par un vaste effort de propagande relayé à travers les médias et les réseaux sociaux » (Baverez 2019, Hochmann 2019).

On désigne parfois ces régimes hybrides comme des « démocraties illibérales » (Zakaria 2003). Elles seraient des « démocraties » dans la mesure où elles comportent des élections en principe disputées, mais la compétition y serait en grande partie faussée par la mainmise du pouvoir élu sur les médias et sur la justice, ainsi que par la restriction des libertés individuelles. Dans certains pays, comme la Pologne ou la Hongrie, mais aussi dans plusieurs États de l'Asie du Sud-Est, les dirigeants, qui ont réussi à obtenir des majorités assez fortes pour faire réviser la constitution, modifient le statut et les fonctions des institutions de contrôle susceptibles d'être des obstacles, notamment ceux des cours constitutionnelles. Ces régimes s'accompagnent souvent d'une politique économique de type néo-libéral. Contrairement à la notion de « démocrature », celle de « démocratie illibérale » est parfois ouvertement revendiquée par le pouvoir pour signifier le rejet des valeurs du libéralisme occidental, tout en affirmant que le fondement reste dans le peuple et que le système se justifie par son efficacité économique (Castillo-Ortiz, 2019).

Ces concepts restent imprécis et réfèrent à des régimes très variés, qui ont pour point commun de réunir des éléments dictatoriaux et des éléments démocratiques ou libéraux. Ils peuvent néanmoins être utiles en tant que types-idéaux, et pour rappeler qu'un régime démocratique est toujours susceptible de se dégrader sans tomber immédiatement dans une dictature franche et brutale.

81. Gouvernement pluraliste et gouvernement moniste. – Dans certaines formes de gouvernement, la compétition pour l'exercice du pouvoir est permise et même organisée. On parle alors de gouvernements « pluralistes ». Dans d'autres cas, cette compétition est interdite. Il s'agit de gouvernements « monistes » ou « monocratiques ».

Les gouvernements pluralistes, appelés aussi « ouverts », sont des systèmes dans lesquels plusieurs hommes ou plusieurs groupes d'hommes participent à la compétition pour le pouvoir de façon légitime, c'est-à-dire non pas clandestinement et par la force, mais ouvertement et dans les formes légales. Ceux qui l'emportent ne détiendront le pouvoir que pour un temps, au terme duquel la compétition reprendra. Dans l'intervalle, ils n'éliminent pas leurs rivaux, qui jouissent de certains droits, notamment pour leur permettre d'engager à nouveau la lutte politique.

Ce système ne se confond pas avec la démocratie. Certes, plusieurs démocraties représentatives modernes sont pluralistes, mais certains gouvernements, qui se présentent aussi comme des démocraties ne sont pas pluralistes. Il ne se confond pas non plus avec le libéralisme, comme le montre encore une fois l'exemple du despotisme éclairé.

À l'inverse, le gouvernement moniste ou « pouvoir clos » est un système dans lequel aucune compétition pour le pouvoir n'est juridiquement permise. Dans les États modernes, le type le plus répandu du pouvoir clos, mais il est loin d'être le seul, est réalisé grâce au parti unique. Le pouvoir clos n'est pas nécessairement totalitaire, ni autoritaire, quoiqu'il le soit fréquemment.

82. Concentration ou partage du pouvoir. – On peut encore opposer les systèmes dans lesquels le pouvoir est concentré entre les mains d'un homme ou d'un groupe et celui dans lequel il est partagé, divisé ou séparé – tous ces termes sont équivalents – entre plusieurs, qui peuvent s'opposer les uns aux autres.

Là encore, on est en présence d'une classification qui ne coïncide pas avec les autres, mais peut se combiner avec elles. Ainsi, on constate d'abord que, dans chacune des trois formes de gouvernement selon la classification ancienne, le pouvoir était concentré entre les mains du roi dans la monarchie, dans les meilleurs dans l'aristocratie et dans le peuple dans la démocratie. C'est seulement dans le gouvernement mixte que le pouvoir est partagé.

Il en va de même, avec l'opposition autocratie-démocratie, car le pouvoir est concentré dans ces deux formes de gouvernement. La distinction du totalitarisme et du libéralisme ne coïncide pas non plus avec l'opposition concentration-partage du pouvoir. Certes, le partage du pouvoir est souvent justifié de manière instrumentale et présenté comme un moyen de garantir et de préserver les libertés. Mais il n'y a là aucun rapport nécessaire et, comme on l'a vu avec l'exemple du despotisme éclairé, il est possible qu'un pouvoir concentré entre les mains d'un seul soit exercé de manière libérale, tandis qu'on peut concevoir qu'un pouvoir totalitaire soit partagé entre plusieurs groupes.

On constate ainsi qu'on peut, en combinant les classifications, définir un régime concret. On peut dire par exemple que dans le système nazi, le pouvoir était concentré, autoritaire et totalitaire, que dans le monde occidental d'aujourd'hui il s'affirme tantôt comme partagé et libéral, tantôt comme démocratique et libéral, tandis que le gouvernement des États socialistes se donnait comme démocratique, concentré et antilibéral.

La dernière distinction est cependant la plus importante du point de vue du droit constitutionnel, car c'est la seule qui prenne pour critère les compétences normatives des organes de l'État. Elle est enseignée dans la science du droit constitutionnel sous le nom de principe de la séparation des pouvoirs.

§2. Le principe de la séparation des pouvoirs

83. « *La séparation des pouvoirs* » est avant tout un principe de technique constitutionnelle destinée à éviter le despotisme et à garantir la liberté. Tous les auteurs hostiles au despotisme en préconisent donc l'application, mais tous cependant ne le conçoivent pas de la même manière et l'on peut en distinguer deux interprétations très différentes, au point qu'on doit considérer qu'il s'agit en réalité de deux principes et même de deux doctrines radicalement différentes. On exposera d'abord celle qui a été professée par les juristes modernes, depuis la deuxième moitié du XIXe siècle et qu'on appellera par commodité, parce qu'elle est acceptée par un très grand nombre d'auteurs, la doctrine traditionnelle, puis les critiques qui peuvent être formulées contre cette thèse et enfin la doctrine du XVIIIe siècle, qui a marqué les Constitutions de l'époque révolutionnaire.

A. La doctrine traditionnelle

84. Selon cette doctrine, le principe est lui-même composé de deux règles distinctes, la règle de la spécialisation et la règle de l'indépendance, dont la combinaison doit procurer le résultat souhaité, la liberté.

1. La règle de la spécialisation

85. L'État exerce ou doit exercer trois activités : il fait la loi, il l'exécute et il tranche les litiges. Il a donc trois *fonctions*, législative, exécutive et juridictionnelle. Selon une variante de cette doctrine, ces fonctions sont au nombre de deux seulement, la fonction exécutive étant subdivisée elle-même en une fonction administrative et une fonction juridictionnelle. Quoi qu'il en soit, il y aura trois autorités ou organes de l'État (ou seulement deux si l'on n'admet que deux fonctions) et chacun d'eux sera spécialisé dans l'exercice de l'une des fonctions. Cette spécialisation signifie que chacune des autorités devra exercer une fonction, mais qu'elle ne devra en exercer qu'une seule, mais l'exercer tout entière. En revanche, elle ne devra se mêler d'aucune manière des autres fonctions.

Dans une version forte de la doctrine, on considère que chaque autorité ou organe est investi d'un pouvoir spécifique, nécessaire à l'exercice de sa fonction et on le désignera par le nom de ce pouvoir. Il y aura donc un pouvoir législatif, un pouvoir exécutif, un pouvoir judiciaire.

2. La règle de l'indépendance

86. Mais, les pouvoirs ne resteraient pas longtemps spécialisés si l'un d'eux pouvait exercer des pressions sur le titulaire de l'autre. Si par exemple, le pouvoir exécutif pouvait nommer et révoquer à sa guise les titulaires du pouvoir législatif, c'est lui qui exercerait indirectement ce pouvoir et il n'y aurait plus de spécialisation. Il faut donc que les autorités ou organes soient mutuellement indépendants, ce qui signifie en pratique que les individus qui composent chacune de ces autorités ne doivent pas être nommés par les autres organes et surtout qu'ils ne doivent pas être discrétionnairement révocables par eux. Cela interdit donc notamment la responsabilité ministérielle et la dissolution. On rattache parfois à cette règle l'interdiction de contacts physiques entre les organes - ainsi, l'interdiction pour un membre de l'Exécutif de prendre la parole dans les assemblées - et l'indépendance financière - aucune autorité ne devant attendre ses crédits de la bonne volonté d'une autre –, et même une prescription de sécurité militaire, chaque autorité devant disposer d'une garde armée distincte pour se prémunir contre les tentatives violentes des autres.

3. Le résultat attendu

87. Le résultat, attendu de la combinaison des deux règles est que, selon une formule reprise de Montesquieu par la plupart des auteurs, « le pouvoir arrête le pouvoir » : une tentative de l'une des autorités pour devenir despotique se heurterait immédiatement à l'opposition d'une autre autorité. Le pouvoir législatif et le pouvoir exécutif se feront mutuellement équilibre de sorte que la liberté des sujets sera préservée.

B. Les critiques à la doctrine traditionnelle

88. La doctrine traditionnelle s'est d'abord heurtée à des critiques diverses et d'ailleurs incompatibles entre elles, liées à la théorie de la souveraineté : la séparation des pouvoirs ainsi entendue est contraire au principe fondamental de l'indivisibilité de la souveraineté. Par conséquent ou bien l'unité de la souveraineté se reconstitue nécessairement au profit de l'un ou l'autre des pouvoirs et le but est manqué, ou bien les tentatives pour briser la souveraineté n'aboutissent qu'à la détruire et comme il n'y a pas d'État sans souveraineté, c'est l'anarchie.

D'autres donnent à leurs objections une apparence plus instrumentale et soutiennent ou bien que les conflits se résoudront par des coups d'État ou bien que les oppositions entre les pouvoirs aboutiront à paralyser l'État. On verra cependant que cette dernière objection ne peut être retenue, compte tenu de la critique décisive de Raymond Carré de Malberg.

La démonstration de Carré de Malberg est d'une grande simplicité : tout d'abord, comment des pouvoirs spécialisés et indépendants et pour ainsi dire sans aucun contact les uns avec les autres, pourraient-ils s'arrêter l'un l'autre et se faire équilibre ? Un tel équilibre serait déjà difficilement concevable si les fonctions qu'ils exercent étaient équivalentes. Mais elles ne le sont pas et il est même tout simplement absurde de prétendre que l'activité qui consiste à faire les lois pourrait être équivalente à celle qui consiste à les exécuter. En réalité, l'exécution est bien évidemment, par définition même, subordonnée à la législation. Mais alors, si les fonctions sont ainsi hiérarchisées et les organes spécialisés, il s'ensuit naturellement que celui qui exerce la fonction la plus élevée est supérieur aux autres. Selon la formule de Carré de Malberg, la hiérarchie des organes suit la hiérarchie des fonctions et jamais un pouvoir subordonné ne pourra arrêter un pouvoir supérieur (Carré de Malberg, 1922, t. II, p. 109-142).

À ces critiques, il importe d'en ajouter deux autres : en premier lieu, la séparation des pouvoirs que décrit la doctrine traditionnelle est généralement imputée à Montesquieu, quoique certains auteurs en cherchent les germes chez des auteurs antérieurs, Locke ou Bolingbroke. Or, comme l'a montré Charles Eisenmann de manière irréfutable, le système préconisé par Montesquieu est en réalité entièrement différent et même radicalement opposé à celui de la séparation des pouvoirs (Eisenmann, 1933 ; Troper, 1980).

Il reste cependant que l'on trouve dans le texte de nombreuses Constitutions ou des déclarations des droits, des références à la « séparation des pouvoirs ». La plus célèbre et la plus importante est celle de l'article 16 de la Déclaration des droits de l'Homme de 1789 : « *Toute société dans laquelle la garantie des droits n'est pas assurée ni la séparation des pouvoirs déterminée n'a point de Constitution.* » Comment comprendre dans ces conditions, qu'un principe aussi absurde ait pu trouver une consécration aussi solennelle ? Comment peut-on concevoir qu'un principe, étranger à Montesquieu, ait été brusquement inventé et érigé au niveau d'un dogme de politique constitutionnelle ?

Deux sortes d'explications peuvent alors être avancées : selon la première, les hommes de la Révolution française auraient mal lu l'*Esprit des Lois* ; alors que Montesquieu entendait le principe d'une manière souple, les révolutionnaires en auraient, par esprit de système, donné une interprétation rigide.

Selon la seconde explication, envisagée sous l'angle historique la séparation des pouvoirs dont il est question dans la Déclaration des droits de l'Homme de 1789 n'a aucun rapport avec la séparation des pouvoirs de la doctrine traditionnelle. Les termes sont les mêmes, mais il s'agit d'une doctrine différente. L'expression a tout simplement, depuis cette époque, changé de sens.

C. La séparation des pouvoirs au XVIIIe siècle

89. En réalité, ce qu'on entend par séparation des pouvoirs au XVIIIe siècle – et cela d'une manière unanime – c'est un principe entièrement négatif. Lorsqu'on recommande la séparation des pouvoirs, on n'indique pas de quelle manière les fonctions doivent être réparties, mais seulement de quelle manière elles ne doivent pas l'être.

Les auteurs du XVIIIe siècle partent d'une distinction des fonctions et formulent ensuite le principe dans des termes analogues.

1. La distinction des fonctions législative et exécutive

90. Elle est ancienne, en tout cas antérieure à Montesquieu, car on la trouve formulée dans des termes semblables chez Locke. Elle découle en réalité d'une métaphore anthropomorphique : de même qu'on distingue chez l'Homme la tête et les bras ou la volonté et l'action, de même on distingue dans l'État le pouvoir législatif, qui est la volonté et le pouvoir exécutif, qui est l'action. Parfois, l'on distingue une troisième fonction, la fonction juridictionnelle, qu'on appelle aussi parfois « judiciaire » et qu'on présente comme une espèce de fonction exécutive ; c'est l'exécution des lois dans le but de trancher des litiges.

C'est cette distinction que formule à peu près Montesquieu lorsqu'il écrit : « *Il y a dans chaque État trois sortes de pouvoirs : la puissance législative, la puissance exécutrice des choses qui dépendent du droit des gens et la puissance des choses qui dépendent du droit civil. Par la première, le prince ou le magistrat fait des lois pour un temps ou pour toujours et corrige ou abroge celles qui sont faites. Par la seconde, il fait la paix ou la guerre, envoie ou reçoit des ambassades, établit la sûreté, prévient les invasions. Par la troisième, il punit les crimes ou juge les différends des particuliers. On appellera cette dernière la puissance de juger et l'autre simplement la puissance exécutrice de l'État* » (*Esprit des Lois*, Livre XI, chap. 6).

Mais c'est Rousseau qui la présente de la manière la plus claire « *Toute action libre a deux causes qui concourent à la produire, l'une morale, savoir la volonté qui détermine l'acte, l'autre physique savoir la puissance qui l'exécute. Quand je marche vers un objet, il faut premièrement que j'y veuille aller ; en second lieu que mes pieds m'y portent. Qu'un paralytique veuille courir ; qu'un homme agile ne le veuille pas ; tous deux resteront en place. Le corps politique a les mêmes mobiles, on y distingue de même la force et la volonté, celle-ci sous le nom de puissance législative, l'autre sous le nom de puissance exécutive. Rien ne s'y fait ou ne doit s'y faire sans leur concours* » (*Contrat social*, Livre III, chap. 1).

Cette distinction implique clairement la reconnaissance d'une hiérarchie entre les deux fonctions puisque l'exécution est évidemment subordonnée à la création.

2. Le contenu du principe de la séparation des pouvoirs : la règle négative ou l'interdiction du cumul

91. Il est extrêmement simple : il ne faut pas remettre tous les pouvoirs à un même individu ou un même groupe d'individus. C'est ce principe qu'énonce Montesquieu : « *Lorsque dans la même personne ou le même corps de magistrature, la puissance législative est réunie à la puissance exécutrice, il n'y a point de liberté, parce qu'on peut craindre que le même monarque ou le même sénat ne fasse des lois tyranniques pour les exécuter tyranniquement* ».

Montesquieu ne l'avait d'ailleurs ni inventé ni découvert. On le trouve déjà chez Locke : « *Ce serait provoquer une tentation trop forte pour la fragilité humaine, sujette à l'ambition que de confier à ceux-là mêmes qui ont déjà le pouvoir de faire les lois, celui de les faire exécuter* ».

Il est d'ailleurs frappant de constater que Rousseau, souvent considéré aujourd'hui comme un adversaire de Montesquieu et de la séparation des pouvoirs, énonce une formule semblable : « *il n'est pas bon que celui qui fait les lois les exécute, ni que le corps du peuple détourne son attention des vues générales pour les donner aux objets particuliers* ».

C'est donc une doctrine unanimement acceptée au XVIIIe siècle et il faut en souligner trois aspects :

En premier lieu, le principe est seulement négatif : il ne faut pas donner tous les pouvoirs à un seul, parce qu'il en abuserait. Il faut éviter à tout prix le cumul, qui serait le despotisme même. Autrement dit, il faut absolument que les pouvoirs soient répartis – ou, dans la langue du XVIIIe siècle, « séparés » ou « divisés » ou encore « distribués » – entre plusieurs autorités. Peu importe de quelle manière ils seront séparés – cela sera l'objet d'un autre principe – pourvu qu'ils le soient.

En deuxième lieu, le principe ne se confond nullement avec la règle de la spécialisation. Certes, s'il y a deux autorités spécialisées l'une dans la fonction législative et l'autre dans la fonction exécutive, l'interdiction du cumul sera respectée, mais elle le sera également si l'on adopte un autre mode de répartition, si par exemple on donne à une autorité une partie d'une fonction et une partie d'une autre. La spécialisation est donc l'une des manières dont on peut satisfaire au principe, l'un des procédés possibles de répartition des fonctions, mais seulement l'un d'eux.

En troisième lieu, il n'est évidemment question ici ni d'indépendance, ni d'équilibre, mais dès lors que les pouvoirs sont répartis entre plusieurs, quelle que soit la manière dont ils le sont, le despotisme est impossible, ne serait-ce que parce que celui qui exécute ne peut pas modifier la loi au gré de ses caprices. Il ne peut qu'exécuter une loi antérieure. Celui qui lui obéit n'obéit en définitive qu'à la loi, ce qui est la définition de la liberté.

92. Séparation des pouvoirs et classification des régimes politiques. – On peut utiliser le principe de la séparation des pouvoirs pour classer les régimes politiques. On peut d'abord opposer ceux dans lesquels le pouvoir est tout entier concentré entre les mains d'un homme ou d'un groupe d'hommes et ceux dans lesquels il existe une séparation des pouvoirs. Les difficultés commencent lorsqu'il s'agit de distinguer parmi les régimes de séparation des pouvoirs.

1° La doctrine moderne, on l'a vu, comprend la séparation des pouvoirs comme un système dans lequel des organes spécialisés et indépendants se font équilibre. Elle oppose alors les systèmes dans lesquels le principe est appliqué de manière rigide et ceux qui admettent quelques assouplissements ou quelques exceptions. Dans la première catégorie, elle place la Constitution américaine de 1787, les Constitutions françaises de 1791 et de l'an III et quelquefois celle de 1848, et dans la seconde catégorie, toutes les autres.

Cette classification présente plusieurs inconvénients. En premier lieu, elle est fondée sur une conception discutable de la séparation des pouvoirs, puisqu'il est impossible de réaliser un équilibre entre un pouvoir législatif et un pouvoir exécutif spécialisés. En deuxième lieu, elle laisse en dehors de la classification les systèmes qui rejettent le principe de la séparation des pouvoirs ainsi entendu, par exemple le système soviétique, ou qui reposaient sur une tout autre conception de ce principe, comme la Constitution française de 1793 (v. *infra* n° 339). En troisième lieu, elle rend impossible tout classement rigoureux parce que la séparation rigide n'est réalisée en pratique dans aucun régime politique, de sorte que tous les systèmes lui apportent nécessairement des exceptions et peuvent ainsi être indifféremment placés dans l'une ou l'autre catégorie. On le voit bien à propos du régime américain, considéré tantôt comme un système de séparation souple dans les manuels de droit américain, tantôt comme un système de séparation rigide des pouvoirs, dans les manuels français.

2° Au XVIIIe siècle, comme ce principe était compris uniquement de manière négative – il se borne à indiquer de quelle manière les fonctions ne doivent pas être attribuées – on comprenait qu'il devait être complété par un principe positif. S'il existait un accord très général sur le principe négatif, deux procédés positifs de répartition des compétences avaient chacun leurs partisans.

Le premier et le plus simple consistait à spécialiser les autorités, l'une dans la fonction législative, l'autre dans la fonction exécutive. Il devait en résulter, en raison de la hiérarchie des fonctions, une subordination de l'autorité exécutive au pouvoir législatif. Ce système est préconisé par les démocrates, parce que le pouvoir législatif devait, dans leur esprit, être le peuple lui-même ou ses représentants. C'est donc celui qui est exposé par Rousseau et ses successeurs. Dans le vocabulaire du XVIIIe, il est parfois appelé d'un terme, qui aujourd'hui a une signification radicalement différente, celui de « séparation absolue des pouvoirs ».

Le second système, appelé *balance des pouvoirs* est plus complexe : ses partisans reprochent au procédé de la spécialisation d'être instable. En effet, soutiennent-ils, le pouvoir législatif exercera une prédominance si forte sur l'autorité exécutive, qu'il sera en mesure de concentrer entre ses mains l'exercice des deux fonctions, c'est-à-dire de devenir despotique. Ce système ne pourrait se maintenir que par la vertu des gouvernants. Mais, si l'on connaît les hommes et leurs passions, on ne peut raisonnablement compter qu'ils seront durablement vertueux. Il faut donc, estiment-ils, construire un système stable, un système si bien construit qu'il ne puisse être détruit, quelles que soient les passions des hommes. Mieux, ce système doit être fondé non sur la vertu, mais sur les vices.

La solution est inspirée de la Constitution anglaise, une Constitution anglaise idéalisée, telle que, à la suite de Montesquieu, la décrivent de très nombreux auteurs. Elle consiste à réaliser un équilibre, non pas entre un pouvoir législatif et un pouvoir exécutif, ce qui est évidemment impossible, mais entre plusieurs autorités, qui participent toutes à la fonction législative. Ces autorités sont donc des organes législatifs partiels. Dans la Constitution anglaise, ces trois autorités sont une Chambre élue, la Chambre des communes, une Chambre nobiliaire, et, grâce à un droit de veto, le roi, qui exerce par ailleurs, mais seul, la fonction exécutive.

Dans ce système, il n'y a pas de spécialisation, puisque le roi exerce entièrement une fonction et participe à l'exercice d'une autre, mais le principe de la séparation des pouvoirs est préservé, puisqu'aucune autorité n'exerce tous les pouvoirs. L'équilibre se maintiendra entre les trois organes législatifs, dont les intérêts politiques et économiques sont opposés. Il sera par exemple impossible aux deux Chambres d'usurper le pouvoir exécutif, parce que si elles proposent une loi en ce sens, le roi, titulaire d'un pouvoir exécutif qu'il voudra défendre, s'y opposera immanquablement.

On peut donc classer les Constitutions de la fin du XVIIIe siècle et du début du XIXe siècle selon qu'elles réalisent une spécialisation ou une balance des pouvoirs. Dans la première catégorie, on ne trouvera d'ailleurs guère que la Constitution de 1793, dans la seconde la Constitution américaine de 1787, la Constitution française de 1791, les chartes, la Constitution belge de 1830 et de nombreuses autres. La Constitution française de l'an III, qui a entendu réaliser un équilibre, mais entre les Chambres seulement, appartient à un type intermédiaire (v. *infra* n° 340).

Cette classification n'est cependant pas utilisable pour les régimes modernes, notamment parce que ceux-ci, lorsqu'ils entendent réaliser un équilibre, ne prétendent plus le faire par le partage du pouvoir législatif, mais par des techniques d'action réciproques, que la classification du XVIIIe siècle ne prenait pas en compte. Il faut donc envisager les classifications modernes.

93. Les formes modernes de séparation des pouvoirs. – On utilise aussi aujourd'hui l'expression « séparation des pouvoirs » dans d'autres sens multiples et à vrai dire pas toujours très rigoureux.

Il s'agit d'abord d'un sens très large, proche du principe négatif, par lequel on désigne une répartition des compétences jugée protectrice de certaines libertés. Ainsi, on appelle quelquefois séparation verticale des pouvoirs une organisation fédérale ou fortement décentralisée de l'État. Cette séparation est dite « verticale » parce que les compétences sont réparties entre un État central ou fédéral et les collectivités qui en sont les composantes. L'expression est cependant trompeuse si elle conduit à désigner la séparation traditionnelle des pouvoirs législatif et exécutif comme une séparation « horizontale », c'est-à-dire entre pouvoirs égaux. Mais, employée seule, elle indique bien que les pouvoirs peuvent être législatifs, exécutifs, juridictionnels, voire constituants, aussi bien au niveau des collectivités composantes qu'au niveau fédéral, et néanmoins distincts et hiérarchisés. La garantie des libertés n'est pas attendue ici d'un équilibre entre organes, mais simplement de ce que les décisions seront en principe adoptées de la manière la plus efficace possible et par l'autorité la plus proche de ceux qui leur seront soumis.

Mais si l'on reste attaché à la distinction traditionnelle des fonctions législative, exécutive et juridictionnelle on peut parler de séparation des pouvoirs, au sens large toujours, pour désigner non la combinaison de la spécialisation et de l'indépendance, mais la seule spécialisation ou la seule indépendance. Il s'agit d'un usage à des fins pratiques ou à des fins théoriques lorsqu'il s'agit de justifier ou critiquer certaines pratiques. C'est ainsi que « séparation des pouvoirs » peut signifier soit la seule spécialisation – séparation fonctionnelle – soit la seule indépendance – séparation organique. Certains disent par exemple que la subordination du parquet au pouvoir exécutif est conforme à la séparation fonctionnelle des pouvoirs, parce que les activités du parquet relèvent de la fonction exécutive, d'autres qu'elle est contraire à ce principe parce qu'elles relèvent plutôt de la fonction juridictionnelle. Certains invoquent le principe de séparation organique pour soutenir que les autorités exécutives doivent être mises au moins temporairement à l'abri des poursuites judiciaires sous peine de perdre leur indépendance. On peut d'ailleurs utiliser le principe de séparation fonctionnelle pour soutenir le contraire, en affirmant que les autorités juridictionnelles doivent exercer pleinement leur fonction.

C'est encore dans ce sens qu'on parle en France de séparation des pouvoirs pour désigner la répartition des compétences entre les deux ordres de juridictions administratives et judiciaires.

On emploie « séparation des pouvoirs » au sens large à des fins théoriques dans la classification habituelle des régimes politiques, lorsqu'on définit le régime présidentiel comme un régime de séparation rigide des pouvoirs : la séparation y est considérée comme rigide, bien que les autorités ne soient pas spécialisées, mais parce qu'elles sont mutuellement indépendantes. De même, le régime parlementaire est appelé « séparation souple des pouvoirs », bien que les autorités ne soient pas indépendantes, mais parce qu'elles sont plus ou moins spécialisées.

De même, on parle aussi de séparation des pouvoirs dans les États modernes où certaines compétences qui étaient exercées jusque-là par le pouvoir exécutif sont confiées par la loi à des autorités qui restent administratives mais sont organiquement indépendantes du gouvernement. Il s'agit dans ce cas d'une séparation de plusieurs pouvoirs exécutifs (v. *infra* n° 152). Mais il peut arriver que ce soit la Constitution qui institue des autorités indépendantes du gouvernement, mais aussi du Parlement, pour leur attribuer des fonctions diverses mais qui n'entrent pas facilement dans les cadres habituels. Dans certains États, la banque centrale est instituée par la Constitution pour garantir qu'elle décidera de la politique monétaire indépendamment du pouvoir politique. Plusieurs pays d'Amérique latine connaissent une institution chargée de l'organisation des élections et qui peut être composée de magistrats mais aussi parfois de représentants désignés par les partis politiques.

§3. Les régimes politiques

94. La classification des régimes politiques ne doit pas être confondue avec la distinction des formes de gouvernement. Certes, il arrive que l'on reproche à la théorie classique des formes de gouvernement d'employer des critères juridiques et que l'on estime souhaitable d'intégrer dans les schémas d'autres éléments qui ne sont pas proprement constitutionnels, mais sociaux et politiques. Dans ce cas, on parle de « régimes politiques » pour désigner des formes politiques, définies par ces éléments politiques. *Régimes politiques* est alors synonyme de *formes de gouvernement*, conçues selon telle ou telle des classifications contemporaines (v. *supra* n° 79 s. ; Badie et Hermet, 1990). Lorsqu'on emploie l'expression en ce sens, on classe les régimes politiques selon des critères tirés de la structure sociale, du rapport de l'État et de la société, des conceptions relatives au rôle de l'État ou encore du degré de développement économique[5]. Tel est par exemple le cas de la distinction des systèmes occidentaux, des systèmes socialistes et des systèmes du Tiers-monde.

Toutefois, on a coutume, dans la langue du droit constitutionnel, de parler de *régimes politiques* principalement pour désigner des sous-classes au sein de la catégorie des gouvernements dans lesquels le pouvoir est partagé (v. *supra* n° 77 et s.). Une telle distinction est nécessaire, car le pouvoir peut naturellement être partagé de plusieurs manières. On peut concevoir, comme pour tout partage, qu'il soit égal ou inégal. Si on le veut égal, on peut tenter de réaliser cette égalité par plusieurs moyens. Si on le veut inégal, on peut vouloir accorder la suprématie à telle autorité ou au contraire à telle autre. Mais il faut encore envisager les conséquences que le partage peut avoir sur le fonctionnement réel du pouvoir.

On peut encore considérer la question sous l'angle du constitutionnalisme, qui vise à limiter le pouvoir par l'établissement d'une constitution. Or, une Constitution n'est pas autre chose, comme on l'a vu, qu'une certaine répartition des compétences. Les constitutions, toutes les constitutions, doivent donc pouvoir être classées selon le type de répartition du pouvoir qu'elles réalisent. C'est pourquoi toutes les classifications juridiques prennent pour critère différentes interprétations du principe de la séparation des pouvoirs et les classifications des régimes politiques portent en réalité sur les constitutions. On exposera la classification la plus usuelle avant d'en entreprendre la critique.

A. Exposé de la classification traditionnelle

95. Elle fait l'objet de présentations très variées, qu'il serait évidemment fastidieux d'exposer dans le détail, mais on peut considérer qu'il s'agit d'abord et avant tout d'une classification dualiste. On distingue en premier lieu les constitutions selon qu'elles visent à réaliser un équilibre des pouvoirs ou à accorder la prééminence à l'un d'eux, puis on opère des distinctions à l'intérieur de chacune de ces classes.

1. La prééminence d'un organe

96. On évitera une confusion terminologique fréquente consistant à désigner les constitutions qui accordent la prééminence à l'un des organes qu'elles instituent, comme des régimes de « confusion des pouvoirs ». Il existe bien des systèmes politiques dans lesquels tous les pouvoirs sont confondus entre les mains d'un seul homme ou d'un seul organe, mais on ne doit évidemment pas prétendre classer ces régimes selon un critère tiré de la séparation des pouvoirs. Ces systèmes correspondent à la définition que Montesquieu donnait du « despotisme » (v. *supra* n° 83 et s.) et, selon la classification traditionnelle des formes de gouvernement, ce sont ou bien des monarchies ou bien des aristocraties. On suppose ici, au

5. Ainsi, la distinction des systèmes occidentaux, des systèmes socialistes et des systèmes du Tiers-monde.

contraire, qu'il y a bien une séparation des pouvoirs, c'est-à-dire une constitution matérielle. Il n'y a donc pas confusion des pouvoirs, mais seulement prééminence donnée à l'un des organes. Il peut s'agir soit d'une assemblée, soit d'un collège restreint.

a. Prééminence d'une assemblée

97. Ce système est appelé tantôt « gouvernement conventionnel » tantôt gouvernement ou « régime d'assemblée » (Bastid, 1956 ; Le Pillouer, 2004). Il comprend en réalité au moins trois types très divers.

Il s'agit d'abord du régime effectivement pratiqué en France par la Convention nationale de 1792 à 1795 et c'est de lui que dérive l'expression « gouvernement conventionnel » (v. *infra* n° 323 et s., Troisième Partie, Chapitre 1). C'est pourquoi, d'ailleurs, cette expression est inadéquate. Le régime pratiqué à ce moment est en effet atypique, car c'est le seul régime d'assemblée où a été réalisée une réelle « confusion des pouvoirs ». D'où la tendance, erronée comme on l'a vu, à considérer que le régime d'assemblée est toujours un régime de confusion des pouvoirs.

La concentration très réelle des pouvoirs durant cette période était justifiée de deux manières. D'une part, la Convention était une assemblée constituante et dans le vide institutionnel, les pouvoirs qui n'avaient pas encore été répartis, étaient encore entre ses mains et devaient bien être exercés (Le Pillouer, 2005). D'autre part, la France était dans une situation de péril extrême et l'on ne pouvait espérer y faire face que par des moyens exceptionnels. La Convention a donc estimé qu'il lui fallait exercer la dictature au sens romain du mot.

On place parfois encore dans la catégorie des régimes d'assemblée celui qui était prévu par la Constitution française de 1793, adoptée par la Convention nationale. Si l'on entend par là que cette Constitution instituait une confusion des pouvoirs, c'est une erreur, car le constituant de 1793 proclamait son attachement à la séparation des pouvoirs et réalisait effectivement cette séparation (Troper, 1980). Si, en revanche, « régime d'assemblée » signifie simplement prééminence d'une assemblée sur les autres organes, alors la qualification est correcte.

Il y a un troisième régime que les auteurs placent ou non dans cette catégorie, selon les critères qu'ils emploient. C'est celui de la Suisse. Si l'on s'en tient à la lettre de la Constitution, on peut constater à la fois que l'Assemblée fédérale est l'organe prépondérant, notamment parce que c'est elle qui désigne et contrôle le Conseil fédéral, et que pourtant celui-ci est indépendant. Selon que l'on s'attache à l'un ou l'autre trait, on dira ou bien que la Constitution suisse organise un régime d'assemblée ou bien qu'elle réalise une variété de séparation des pouvoirs qu'on appelle le régime « directorial » (Lauvaux, 1998). Si, c'est la pratique qu'on examine, alors on peut estimer que la Constitution helvétique n'appartient pas du tout à cette catégorie et que c'est en réalité le Conseil fédéral qui est l'organe prépondérant, ce qui conduirait à le classer ou bien dans les systèmes de séparation des pouvoirs et même de séparation rigide ou bien dans la catégorie suivante, celle des systèmes avec prééminence du gouvernement.

On appelle parfois régimes d'assemblée les systèmes parlementaires, conçus comme des systèmes d'équilibres, mais dans lesquels une assemblée exerce en pratique une très grande prépondérance, comme la IIIe ou la IVe République (v. *infra* n° 370 et s., *infra* n° 403, *infra* n° 423 et s.).

Enfin, on devrait en bonne logique, trouver dans cette catégorie les régimes des pays socialistes, dont les constitutions rejetaient le principe « bourgeois » de la séparation des pouvoirs et accordaient en effet la prééminence aux assemblées. Pourtant, la plupart des auteurs répugnent à ce classement, parce que le siège réel du pouvoir ne se trouvait évidemment jamais dans ces assemblées, si bien que certains estiment qu'il s'agit d'un cas de prééminence du gouvernement.

b. Prééminence du gouvernement

98. Comme dans le cas précédent, la doctrine place dans une même classe toutes sortes de régimes dans lesquels le gouvernement ou, plus souvent, le chef de l'État (roi ou président) dispose des pouvoirs les plus importants. Cette prédominance peut résulter de facteurs très divers : les textes constitutionnels, le système des partis, la tradition ou la force militaire et on comprend que cette catégorie est profondément hétérogène. Ainsi, on y trouve selon les auteurs, différents régimes fascistes, les dictatures militaires, les régimes de parti unique, les monarchies traditionnelles ou simplement des systèmes, comme celui de la Ve République française, dans lesquels on constate que le président est la figure centrale (v. *infra* n° 592 et s.).

Cette diversité est la source de quelques confusions sur les noms qu'on donne à ces régimes : « prépondérance de l'exécutif » ou de « l'organe gouvernemental » ou « présidentialisme ». Le premier ne convient pas parce que, justement la prépondérance de ces organes n'est possible qu'à la condition qu'ils ne soient pas des organes d'exécution, le deuxième, parce que si l'organe prépondérant est un président, il ne fait pas nécessairement partie du gouvernement, qui, dans plusieurs Constitutions, est considéré comme un organe distinct, le troisième parce que l'organe prépondérant n'est pas toujours un président et que ce terme peut faire croire que ces régimes sont nécessairement des déformations du régime présidentiel.

2. Équilibre des organes : les modalités de la séparation des pouvoirs

99. Les constitutionnalistes français admettent que l'équilibre peut être réalisé selon deux modalités différentes, le régime parlementaire et le régime présidentiel, quelquefois caractérisés le premier comme une séparation souple ou collaboration des pouvoirs, l'autre comme une séparation rigide.

a. Le régime parlementaire

α. *Structure du régime parlementaire*

100. C'est la doctrine, qui au XIXe siècle, a construit un modèle du régime parlementaire. Dans la version la plus courante, on y trouve trois organes, un Parlement (composé d'une ou de deux assemblées), un chef d'État, un gouvernement ou cabinet. Ces organes sont spécialisés : le Parlement exercera la fonction législative, tandis que la fonction exécutive sera attribuée selon les cas, soit à l'ensemble chef d'État-cabinet, soit au cabinet seul. Ce qui caractérise le régime parlementaire, c'est la manière dont sont organisés les rapports entre ces organes, qui disposent de moyens d'action réciproques : le Parlement, ou au moins l'une des assemblées parlementaires, peut contraindre le cabinet à la démission – c'est la responsabilité politique – ; le Parlement, ou plus souvent l'une des Chambres du Parlement, peut être dissous par le chef de l'État ou le cabinet.

On constate cependant une divergence doctrinale : certains auteurs estiment que le seul critère véritablement déterminant est la responsabilité politique du gouvernement. Ils y voient un trait essentiel, de sorte qu'un régime qui comprendrait la responsabilité politique, mais non le droit de dissolution devrait malgré tout être considéré, selon eux, comme parlementaire. Ils définissent donc le régime parlementaire comme celui dans lequel les ministres sont politiquement responsables.

D'autres auteurs soutiennent au contraire que le régime parlementaire véritable résulte de la combinaison des deux critères : il faut que la responsabilité politique et le droit de dissolution soient tous deux présents. Dans le cas, soutiennent-ils, où l'exécutif ne dispose pas du droit de dissolution, il est à la merci du pouvoir législatif, qui devient l'organe dominant et on est en présence non d'un régime parlementaire, mais d'un régime d'assemblée.

β. *Technique du régime parlementaire, la responsabilité politique du cabinet. Définition*

101. Dans le langage du droit, la responsabilité au sens large est l'obligation de supporter les conséquences de certains actes. S'agissant des ministres, on distingue aujourd'hui trois formes de responsabilité : pénale, civile et politique. Il faut souligner un point capital : la distinction ne tient pas à la nature des actes qui donnent lieu à responsabilité ou au but dans lequel elle peut être engagée, car, s'agissant de ministres, les actes et le but sont toujours politiques. Cette distinction s'attache seulement à la procédure employée et au type de sanction qui peut être imposé.

La responsabilité pénale est celle qui est engagée au moyen d'une procédure semblable à celle qui est en vigueur dans les juridictions criminelles. Elle comporte notamment la distinction d'une phase d'accusation et d'une phase de jugement et la possibilité donnée à l'accusé de présenter sa défense.

Elle donne lieu à une sanction, qui est une sanction pénale, c'est-à-dire une peine.

La responsabilité civile est celle qui est engagée, le plus souvent devant les juridictions civiles ordinaires, selon la procédure civile ordinaire et qui donne lieu à une sanction civile, la condamnation à verser une indemnité.

La responsabilité politique est celle qui est engagée selon une procédure purement politique, c'est-à-dire qu'elle donne lieu à un simple vote par une assemblée. La sanction est alors elle-même politique, c'est l'obligation de démissionner. La responsabilité politique s'analyse donc comme le pouvoir, dont dispose une assemblée, de forcer un ministre à démissionner ou en d'autres termes, comme un pouvoir de révocation. Elle peut être soit individuelle, si elle s'exerce contre un ou des ministres, mais pas contre l'ensemble du gouvernement, ou collective – c'est le cas le plus fréquent – lorsque les ministres sont solidaires et qu'un vote hostile de l'assemblée entraîne l'obligation pour le chef du gouvernement de présenter la démission de la totalité de l'équipe.

102. Mise en jeu de la responsabilité. – La responsabilité peut être mise en jeu ou engagée, soit à l'initiative d'un parlementaire, soit à l'initiative du cabinet.

Dans le premier cas, un ou plusieurs parlementaires proposent à leurs collègues le vote d'un texte, que l'on désigne de façon variable, par exemple « motion de censure » ou de « défiance ». Si ce texte est adopté, le gouvernement a l'obligation de présenter sa démission. On dit qu'il a été « renversé ».

La responsabilité peut aussi être mise en jeu à l'initiative du cabinet, lorsque celui-ci soumet un texte, un projet de loi par exemple, au vote d'une assemblée et menace de démissionner, si ce texte n'est pas adopté. On appelle cette technique « question de confiance », parce que le gouvernement demande à l'Assemblée de lui manifester sa confiance en adoptant un texte, qu'il juge indispensable à la poursuite de sa politique. La question de confiance est employée comme un moyen de pression, lorsque le cabinet estime que le texte qu'il dépose ne serait pas adopté spontanément. Si la menace échoue, c'est-à-dire si l'assemblée rejette le texte, alors le gouvernement doit considérer qu'elle lui a manifesté sa défiance. Il est tenu de démissionner.

Certaines Constitutions, notamment depuis la Première Guerre mondiale, ont tenté d'éviter les conséquences qu'entraînerait pour la stabilité du gouvernement la mise en jeu trop facile et trop fréquente de la responsabilité. On a ainsi fixé des conditions au dépôt, à la discussion ou au vote d'une motion de censure. On exige que le texte soit proposé par un nombre minimum de parlementaires, qu'un certain délai sépare le dépôt et la discussion ou encore on fixe des modalités particulières pour le vote, dans le souci d'éviter qu'une motion de censure ne soit adoptée trop facilement. De même, on peut soumettre le rejet de la confiance à certaines conditions, par exemple qu'une majorité *qualifiée* (une majorité plus importante que la majorité simple) se prononce contre le gouvernement. Le régime parlementaire aménagé par ces Constitutions est appelé « *parlementarisme rationalisé* ».

La dissolution est la décision par laquelle il est mis fin aux pouvoirs d'une assemblée avant l'expiration du mandat de ses membres (Albertini, 1978 ; Lauvaux, 1983).

Le droit de dissolution appartient, selon les cas, au chef de l'État ou au gouvernement. Elle s'applique soit à une Chambre seulement, c'est le cas le plus fréquent, soit à deux (comme en Italie). Les théories du régime parlementaire attribuent à la dissolution plusieurs fonctions très différentes et d'ailleurs partiellement conciliables. Elle peut être conçue en premier lieu comme un moyen pour le chef d'État de se débarrasser d'une Chambre hostile, dans l'espoir que les élections apporteront une nouvelle majorité. En deuxième lieu, elle peut être comprise comme un moyen symétrique de la responsabilité politique du cabinet, permettant de faire équilibre à une Chambre, notamment la Chambre basse. En troisième lieu, on considère parfois que le régime parlementaire donne lieu à des conflits entre la Chambre et le cabinet ou entre la Chambre et le chef de l'État. Dans les deux cas, ce conflit se traduit par la mise en jeu de la responsabilité du cabinet et la dissolution est le moyen de provoquer l'arbitrage du corps électoral, qui pourra, soit renouveler la majorité hostile, soit au contraire remplacer cette majorité hostile par une autre qui soutiendra le gouvernement. En quatrième lieu, une assemblée peut être divisée en groupes nombreux, aux vues totalement inconciliables, au point qu'il paraît impossible d'y former une majorité, susceptible de *soutenir* le gouvernement, c'est-à-dire de voter les textes dont il a besoin. Une telle assemblée est dite *ingouvernable* et la dissolution peut paraître comme le moyen d'opérer une redistribution des cartes, dans l'espoir que les élections créeront les conditions pour que se forme une majorité. En cinquième lieu, on peut estimer que la menace de la dissolution est de nature à dissuader les parlementaires de rejeter la confiance au gouvernement, parce qu'ils peuvent toujours craindre de ne pas retrouver leur siège aux élections législatives. Enfin, la dissolution peut apparaître comme un moyen tactique commode pour un pouvoir exécutif, qui dispose d'une majorité parlementaire, de provoquer des élections à un moment qui lui semble propice, lorsqu'il espère qu'elles lui permettront de renforcer ou simplement de prolonger le mandat de cette majorité. Cette tactique a été fréquemment employée en Angleterre. Mais elle peut évidemment réussir ou échouer, comme il est arrivé en France en 1997.

La Constitution peut soumettre la dissolution à certaines conditions. Selon la fonction qu'on lui attribue, on peut la rendre plus difficile ou au contraire plus facile, voire la rendre automatique, autoriser l'exercice du droit de dissolution dans certaines circonstances seulement, fixer des délais dans lesquels doivent se dérouler les élections, déterminer les modalités d'exercice du pouvoir exécutif lorsque la dissolution a été prononcée, etc.

γ. Naissance du régime parlementaire

103. On a déjà souligné que cette catégorie a été construite par la doctrine, qui s'est fondée sur un petit nombre d'exemples historiques, principalement sur l'Angleterre et sur la France de la monarchie constitutionnelle. Dans les deux cas, le régime ne résulte pas de l'application d'une Constitution, mais d'une transformation des institutions, théorisée ensuite. L'élément essentiel a été, en France comme en Angleterre, la naissance de la responsabilité politique, qui s'est cependant accomplie selon deux modalités différentes.

En Angleterre, elle résulte de la transformation de la responsabilité pénale. On l'a vu, la responsabilité des ministres a toujours été politique, mais elle s'exerçait selon une procédure pénale : les ministres pouvaient être accusés par la Chambre des communes et étaient alors jugés par la Chambre des Lords. Cependant, comme les crimes pour lesquels les ministres pouvaient être accusés et jugés n'étaient définis par aucun texte et que les peines applicables ne l'étaient pas davantage, les Chambres disposaient d'un pouvoir totalement discrétionnaire et pouvaient faire condamner les ministres à n'importe quelle peine, pour n'importe quel acte qu'elles décidaient de considérer comme un crime, par exemple pour une politique jugée mauvaise. Il est compréhensible qu'à partir du milieu du XVIIIe siècle, la simple menace d'exercer l'accusation suffit à entraîner la démission des ministres et à la fin du siècle, il n'est même plus nécessaire d'exprimer cette menace et il suffit d'un vote de défiance : la responsabilité politique est née (Baranger, 1999). La France a connu une évolution semblable, au cours du premier semestre de 1792 (v. *infra* n° 335).

Cependant, c'est un processus différent qui s'est accompli sous la monarchie parlementaire française. La voie anglaise n'était pas praticable parce que les ministres ne pouvaient être accusés par la Chambre des représentants députés que « *pour fait de trahison ou de concussion* » et surtout parce que la Charte prévoyait que « *des lois particulières spécifieront cette nature de délits et en détermineront la poursuite* ». Ces lois n'ayant jamais été votées, la majorité de la Chambre a rapidement découvert un autre moyen, encore plus simple, pour contraindre les ministres à la démission : le « refus de concours », c'est-à-dire le refus de voter les lois et spécialement la loi de finances, le budget. Placés devant la menace d'un refus de concours, les ministres ne pouvaient évidemment demeurer en fonction (v. *infra* n° 336 et s.).

δ. *Le fonctionnement du régime parlementaire*

104. La doctrine du droit constitutionnel a coutume de distinguer deux modes de fonctionnement du régime parlementaire, qu'elle présente d'ailleurs quelquefois comme variantes du parlementarisme, le parlementarisme dualiste et *le parlementarisme moniste.*

Le parlementarisme dualiste est défini comme un système dans lequel le gouvernement est responsable devant deux autorités, la ou les Chambres d'une part, le chef de l'État d'autre part. L'exemple le plus important en est la monarchie de Juillet en France. Le roi tenait de la Charte le droit de le révoquer et la Chambre avait le même pouvoir grâce à la menace du refus de concours. Le ministère ne pouvait donc rester en fonction que tant qu'il conservait la confiance et du roi et de la Chambre. La conséquence la plus importante est que la nomination du ministère et le contenu de sa politique ne pouvaient être que le résultat de compromis entre les deux autorités dont dépendait le ministère et qui se faisaient ainsi équilibre.

Ce système est évidemment instable. Si l'opposition est trop forte entre le roi et la Chambre, le compromis ne peut être réalisé et le ministère tombe. La dissolution ne permet pas toujours de mettre fin au conflit, car si les électeurs renvoient la même majorité, le roi doit ou prendre le risque du recours à la force, comme Charles X en 1830, ou céder. Mais s'il cède, c'est-à-dire s'il accepte de nommer et de garder un ministère dont il désapprouve la politique, celui-ci ne dépend plus que de la Chambre et l'on est passé au système moniste.

Le parlementarisme moniste est un système dans lequel le gouvernement ne dépend plus que d'une seule autorité, la Chambre, qui peut le révoquer à tout moment et qui donc en détermine la composition et la politique. En pratique, cela signifie que cette composition et cette politique reflètent celles de la majorité. Pourtant ce système n'entraîne pas nécessairement la prédominance de la Chambre. On peut en trouver deux variantes, qui dépendent du système des partis.

Dans la première variante, il existe au sein de l'assemblée des partis nombreux, de telle sorte que la Constitution et le maintien du gouvernement dépendent toujours de la stabilité d'une coalition. La composition du gouvernement et le contenu de sa politique seront le résultat de compromis entre les partis membres de la coalition. Il y a prédominance de la Chambre, ou plutôt des partis. C'est la situation française sous les IIIe et IVe Républiques. C'est celle de l'Italie aujourd'hui, qu'on appelle parfois une « partitocratie ».

Dans la seconde variante du parlementarisme moniste, il existe un parti majoritaire homogène, stable et discipliné à la Chambre, de sorte que le gouvernement est formé de l'équipe dirigeante de ce parti. C'est alors le cabinet qui exerce la prédominance, car c'est lui qui exerce le pouvoir sur la majorité. Il est sûr de demeurer en fonction et de pouvoir faire adopter ses projets de lois. C'est, en gros, la situation de l'Angleterre depuis le milieu du XIXe siècle.

b. Le régime présidentiel

105. Le régime présidentiel est décrit par la doctrine principalement – on pourrait presque dire exclusivement – à partir de l'exemple des États-Unis et par opposition au régime parlementaire.

α. *Structure du régime présidentiel*

106. Aux États-Unis, la fonction législative est exercée par un Congrès, composé de deux assemblées, la Chambre des représentants et le Sénat, la fonction exécutive par un président. Le président n'est pas choisi par le Congrès, mais élu au suffrage universel. Il nomme des ministres avec le consentement du Sénat et les révoque librement. Il ne peut dissoudre les Chambres. Celles-ci ne peuvent révoquer ni le président, ni les ministres. Ainsi, pense-t-on, contrairement à ce qui peut se produire dans un régime parlementaire, chacune de ces autorités exerce-t-elle sa fonction en toute indépendance, mais elle n'exerce que cette fonction.

Du point de vue de la répartition du pouvoir, on considère généralement que, dans un tel système, l'organe le plus important est le président, mais que le Congrès n'est pas pour autant abaissé et qu'il peut exercer l'intégralité de son pouvoir législatif. C'est pourquoi, il est fréquent qu'on réclame, dans d'autres pays que les États-Unis, en France par exemple, l'instauration d'un régime présidentiel, tantôt lorsqu'on souhaite accroître le rôle du chef de l'État, tantôt au contraire, lorsqu'on veut restaurer les prérogatives d'un parlement, considéré comme trop affaibli.

β. *Variations doctrinales sur le modèle présidentiel*

107. À partir de la notion de *régime présidentiel*, ainsi construite à partir de l'exemple américain et qu'on ne voit guère réalisée ailleurs, on dérive parfois deux autres notions : le régime présidentialiste et le régime semi-présidentiel.

La première catégorie regroupe un très grand nombre de régimes, en réalité très variés, situés pour la plupart dans le Tiers-monde, plus ou moins inspirés du système américain mais dans lesquels le président dispose en droit ou en fait de pouvoirs plus importants encore qu'aux États-Unis (Moulin, 1978).

Les régimes semi-présidentiels sont ceux dans lesquels le président est élu au suffrage universel, mais où il existe aussi un ministère responsable, comme dans les régimes parlementaires (Duverger, 1986).

γ. *Le critère du régime présidentiel*

108. Lorsqu'ils cherchent non plus seulement à décrire à grand trait le régime américain, mais à l'ériger en type, les auteurs doivent indiquer le caractère significatif qui leur permet d'abord d'identifier ce régime et ensuite d'en comprendre le fonctionnement.

Nombreux sont ceux qui le caractérisent par la séparation rigide des pouvoirs. En réalité, les deux règles impliquées par le principe de la séparation des pouvoirs, tel qu'il est présenté par la doctrine traditionnelle, c'est-à-dire la spécialisation et l'indépendance, ne sont pas également respectées. À vrai dire, il y a même dans le système américain de très nombreuses et de très importantes exceptions au principe de la spécialisation. C'est ainsi que le président, titulaire du pouvoir exécutif, participe de façon déterminante à la fonction législative par un droit de veto partiel et que, de son côté, le Congrès participe à la fonction exécutive de plusieurs manières : par le vote du budget, grâce au rôle des commissions. En outre, le Sénat doit approuver les traités à la majorité des deux tiers et la nomination des ministres et des hauts fonctionnaires à la majorité simple.

En revanche, l'indépendance est assurée de manière rigoureuse : les deux groupes d'organes, exécutifs et législatifs, sont désignés séparément (le président, comme le Congrès, est élu par le peuple, selon un système très proche du suffrage universel direct) ; ils ne disposent pas des moyens d'action mutuels caractéristiques du régime parlementaire : le président et ses ministres ne sont pas politiquement responsables : le président ne peut dissoudre le Congrès, ni même une seule de ses Chambres.

Ainsi, chaque organe paraît disposer d'une autonomie considérable dans l'exercice de sa fonction. L'exécutif parce qu'il est à l'abri de la révocation par les Chambres, car le président dispose de peu de moyens pour influer sur le débat législatif. L'expression « séparation des pouvoirs » ne convient donc pas très bien pour caractériser le régime, parce qu'on n'y trouve que l'une des règles impliquées par le principe.

Il paraît alors plus simple de parler seulement d'indépendance ou, comme le font certains auteurs, d'« isolement » des pouvoirs. À vrai dire, ces expressions ne sont guère plus satisfaisantes et cela pour deux raisons.

La première est que, malgré l'absence de responsabilité et de dissolution, l'indépendance est loin d'être garantie. Si en effet, l'indépendance est la faculté d'exercer une fonction, sans aucune ingérence de la part d'une autre autorité, il faut constater que ces ingérences sont constantes : les Chambres disposent de moyens multiples, constitutionnels et non constitutionnels (par exemple financiers), pour influer sur la politique du président ; le président peut lui aussi influer sur les débats législatifs par des moyens constitutionnels (la menace du veto) ou non constitutionnels (le prestige qu'il retire de son élection par la nation tout entière, son rôle dans l'un des grands partis, les aides diverses dont il peut faire bénéficier la circonscription électorale de tel ou tel membre du Congrès, etc.) Ainsi, il est certainement faux de dire que chacun des organes est maître d'exercer ses compétences comme il l'entend. Bien au contraire, il doit constamment tenir compte des autres et c'est d'ailleurs bien ce qu'ont voulu les constituants américains et qu'on exprime par la formule des « checks and balances » : les pouvoirs ne sont pas « indépendants » : chacun peut arrêter ou freiner l'action de l'autre (*check*) et lui faire équilibre (*balances*).

La seconde raison est que, dans la réalité, si le président ne peut pas, en effet, dissoudre les Chambres, en revanche, les Chambres peuvent fort bien, même en l'absence de responsabilité politique, forcer le président ou ses ministres à la démission. Elles peuvent en effet, en cas de désaccord politique majeur, ou bien mettre en jeu leur responsabilité pénale (ou seulement menacer de le faire) ou bien refuser le vote du budget (le refus de concours). Le premier de ces moyens a été utilisé aux États-Unis contre le président Nixon en 1974. Grâce au second, le régime « présidentiel » chilien a fonctionné au XIXe siècle comme un régime parlementaire (Moulin, 1978, p. 330 et s.).

En définitive, la manière la plus sûre de caractériser le régime présidentiel est donc de se référer au mode d'élection du président et à l'absence de responsabilité politique. Cela ne met cependant pas l'opposition des régimes parlementaire et présidentiel à l'abri de toute critique.

B. Critique

109. Classification et classement. – La distinction du régime parlementaire et du régime présidentiel est la plus fréquemment employée – ces expressions font d'ailleurs partie du vocabulaire constitutionnel courant – et c'est à elle que l'on fait référence lorsqu'on s'interroge sur la *nature* d'un régime politique, comme on le fait à propos de la Ve République. Elle présente pourtant de très graves défauts (Eisenmann, 1968 ; Moulin, 1978).

On doit distinguer soigneusement deux opérations intellectuelles : la classification et le classement. La classification consiste à déterminer abstraitement des catégories ou *classes* en indiquant une caractéristique ou qualité que présenteront tous les objets rangés dans cette classe. Tout objet, une constitution par exemple, présente de nombreuses qualités : elle peut être écrite, comporter un nombre impair d'articles, avoir été rédigée avant 1991, mentionner la couleur du drapeau, instituer un roi, etc. Classer les constitutions, c'est avant tout choisir l'une de ces qualités, de telle manière qu'on puisse placer dans une classe toutes celles qui présentent cette qualité et dans une autre toutes celles qui ne la présentent pas ou, ce qui revient au même, présentent la qualité opposée. Cette qualité, qui sert à constituer les classes, est le « critère » de la classification. Le classement est seulement l'affectation d'un objet à une classe.

Cette distinction est importante : un mauvais classement n'affecte pas la qualité d'une classification. Ainsi, il est possible qu'on ait faussement considéré un régime comme parlementaire, alors qu'il ignore la responsabilité politique. Il n'en résulte évidemment pas que l'opposition des régimes parlementaire et présidentiel soit mauvaise. On ne peut donc pas critiquer une classification, sous prétexte que certains classements seraient mauvais. Il faut l'examiner en elle-même. En revanche, une classification est mauvaise, si elle empêche un classement rationnel, soit parce qu'il serait impossible de classer tous les objets, soit parce que certains objets appartiendraient aux deux classes à la fois.

110. Valeur logique de la classification. – Une classification peut présenter des défauts logiques et des défauts scientifiques. Les défauts logiques tiennent d'abord aux critères. Il est d'abord possible que les deux classes soient constituées à l'aide de critères qui ne s'opposent pas. Tel serait le cas par exemple, si l'on classait les villes en « villes de plus de 100 000 habitants » et « villes situées au bord de la mer », parce que d'une part certaines villes ne pourraient pas être classées (celles qui ont moins de 100 000 habitants et qui ne sont pas situées au bord de la mer), tandis que d'autres satisfont aux deux critères et appartiennent donc aux deux classes (celles qui ont plus de 100 000 habitants, et sont situées au bord de la mer). Dans l'une de ses versions la classification des régimes politiques présente ce défaut : si le régime parlementaire est celui dans lequel existe la responsabilité politique, et le régime présidentiel celui dans lequel le président est élu au suffrage universel, certains régimes, qui ne comportent ni l'un, ni l'autre élément, comme certains systèmes du Tiers-monde, ne peuvent être classées nulle part, tandis que d'autres, comme la Ve République, appartiennent aux deux catégories.

Dans d'autres cas encore, on aboutirait à un classement bizarre. Ainsi, en Israël, pendant une courte période et jusqu'à la réforme de 2001, c'était le Premier ministre et non le président de la République qui était élu au suffrage universel direct, tout en demeurant politiquement responsable devant l'assemblée (Klein, 1997). En appliquant strictement le critère de la responsabilité, il faudrait ranger ce système parmi les régimes parlementaires purs, alors que l'introduction de ce mode de désignation du Premier ministre avait précisément pour but d'éloigner les institutions politiques du fonctionnement habituel du modèle parlementaire.

De même, dans une autre version, le critère est la séparation des pouvoirs. Mais on sait que ce principe comporte deux règles, la spécialisation et l'indépendance de telle manière que le régime parlementaire est celui dans lequel la règle de la spécialisation est respectée, mais non celle de l'indépendance (parce que les organes sont mutuellement dépendants), tandis que le régime présidentiel est celui dans lequel la règle de l'indépendance est appliquée, mais non celle de la spécialisation. Les deux critères ne s'opposent pas et il y a des régimes qui comportent spécialisation et indépendance et d'autres qui ne comportent ni l'un ni l'autre.

Il est également possible que le critère de la classification soit trop vague et qu'il soit difficile de reconnaître qu'il est présent dans un objet. Dans sa version la plus répandue, le critère est tiré de la responsabilité politique. Toutefois, celle-ci n'est guère facile à identifier : on peut certes dire que c'est le pouvoir d'une Chambre de provoquer la démission du cabinet, mais on sait que, dans certaines conditions politiques, elles peuvent toujours l'acquérir, même s'il n'est pas inscrit dans la Constitution, par exemple en France sous les Chartes. Il n'y a donc pas de régime représentatif, qui ne soit susceptible de devenir parlementaire. Ainsi, au Chili, où la Constitution imitait au XIXe siècle celle des États-Unis et où le régime était dit « présidentiel », les ministres sont devenus politiquement responsables. Dira-t-on alors que, si l'exercice de ce pouvoir n'est pas effectif, le régime n'est que potentiellement parlementaire ? Mais, il y a bien des systèmes, dans lesquels, ce droit n'est pas contesté, mais où il n'est jamais utilisé, parce que le cabinet y dispose toujours d'une majorité et la Grande-Bretagne, à ce compte, n'est pas un régime parlementaire. On a même soutenu sérieusement qu'il s'agissait « en réalité » d'un régime présidentiel (Marx, 1969).

111. Valeur scientifique de la classification. – Cela étant, il ne suffit pas qu'une classification présente des qualités logiques. Encore faut-il que le critère choisi soit significatif, c'est-à-dire que sa présence soit une indication scientifiquement intéressante. Une classification des constitutions, selon qu'elles comportent un nombre pair ou impair d'articles, serait logiquement irréprochable. Elle ne présenterait pourtant aucun intérêt.

Pour présenter un intérêt scientifique, une classification doit faire progresser la connaissance, en permettant de révéler quelque phénomène caché. Ceci est possible si les objets qui sont rangés dans une même classe, parce qu'ils possèdent un même caractère apparent (le critère), possèdent également un autre caractère, celui-là plus difficile à percevoir, mais toujours associé au premier et dont on pourra ainsi déceler la présence, dès lors que l'on aura constaté celle du critère de la classification. C'est de cette manière que procède par exemple la médecine, lorsqu'elle classe les maladies par ensemble de symptômes, parce qu'elle présuppose qu'à cet ensemble de symptômes correspond une même cause et qu'il sera dès lors possible d'ordonner un traitement. Le classement permet une économie intellectuelle, parce qu'il permet de connaître immédiatement - ou tout au moins de soupçonner - la cause.

Cependant, pour ce qui concerne les régimes politiques, le classement d'un régime donné dans l'une ou l'autre des deux classes parlementaire et présidentielle ne peut apporter aucune connaissance nouvelle, parce qu'il n'existe aucun lien entre le caractère apparent, qui conduit au classement et un autre caractère caché. On aurait pu imaginer qu'au critère de la classification, le droit pour l'assemblée de renverser le gouvernement, corresponde un certain mode de fonctionnement (le gouvernement y serait effectivement renversé de temps à autre) ou encore l'assemblée serait l'organe politiquement prédominant. Une analyse juridique très simple fournirait ainsi une information politique complexe. Mais, en réalité, un tel lien n'existe pas et ne peut pas exister, car le droit n'est jamais la « cause » d'un comportement politique, ni la politique un « symptôme » du droit. Une règle juridique peut être appliquée ou non et s'il s'agit d'une règle d'habilitation, comme c'est le cas le plus fréquent en droit constitutionnel, l'habilitation peut être employée ou non, de sorte que la connaissance de la règle ne peut pas informer sur les conduites qui auront lieu réellement. Ainsi, on a beau savoir qu'il existe une responsabilité politique, on ne peut en tirer aucune conclusion sur la manière dont le régime fonctionnera.

En vérité, la classification n'est pas réellement utilisée dans un but scientifique, mais dans un but normatif. Lorsqu'on préconise une réforme constitutionnelle, dans un régime qui ne ressemble ni tout à fait au régime parlementaire, ni au régime présidentiel, il peut être avantageux de soutenir qu'il ne fonctionnera correctement que s'il obéit à la logique d'un régime pur. On lit ainsi en France, de temps à autre, des déclarations d'hommes politiques, qui soutiennent que le régime français devrait devenir un « vrai » régime présidentiel ou, plus rarement, un « vrai » régime parlementaire. Ce qu'ils préconisent en réalité, c'est dans le premier cas simplement qu'on supprime la responsabilité politique et la dissolution, dans le second, qu'on revienne sur l'élection du président de la République au suffrage universel et ils cherchent à justifier ces propositions par référence à la classification. Mais les « vrais » régimes sont seulement ceux que la doctrine a imaginés et il n'existe aucune raison valable de rendre les régimes réels conformes à des constructions doctrinales.

On justifie parfois la proposition de transformer le régime français en « véritable » régime présidentiel par un argument politique : dans un tel régime, dit-on, le Parlement est réellement en mesure de faire contrepoids au président, alors que dans le système français, si le président dispose d'une majorité parlementaire, il réunit tous les pouvoirs entre ses mains. Là encore, on confond le mode d'exercice du pouvoir et la structure du système et peut-être l'on généralise à tort à partir du cas américain. Si le Congrès américain est en mesure de s'opposer avec succès au président, ce n'est pas principalement parce que celui-ci est privé du droit de dissolution, mais d'une part parce que ses membres ne sont pas aussi fortement encadrés et disciplinés par les partis politiques que dans les pays européens, qu'ils ne doivent pas leur élection au président et d'autre part parce que la Constitution leur donne des compétences importantes. Si l'on supprimait en France le droit de dissolution et la responsabilité ministérielle, cela ne changerait pas automatiquement les relations politiques entre le président de la République et les partis. Quant aux pouvoirs du Congrès américain et notamment de ses commissions, ils ne sont en rien liés à la nature présidentielle du régime et il serait possible d'en donner de semblables au Parlement français sans rien changer à la responsabilité ministérielle ou au droit de dissolution.

Il faut donc conclure que la classification proposée par la majorité de la doctrine ne présente ni valeur logique, ni intérêt scientifique.

112. Pour des définitions lexicales. – On ne peut néanmoins éviter une constatation. Quels que soient les défauts scientifiques et logiques de la classification, les expressions *régime parlementaire* et *régime présidentiel* font effectivement partie du vocabulaire habituel des juristes, comme de celui des hommes politiques. C'est que, comme il arrive souvent dans le langage du droit, la fonction de ces mots n'est pas seulement de désigner des classes opposées de systèmes politiques, ni même des objets facilement identifiables. Le langage de la science du droit, comme celui du droit lui-même et comme le langage ordinaire, se satisfait parfaitement de termes vagues. Ceux qui connaissent ce langage connaissent le sens de ces termes, c'est-à-dire que, même s'ils ne peuvent en donner une définition précise ou les opposer à d'autres, ils savent quand et comment il convient de les employer dans la plupart des cas. Ces termes ne peuvent faire l'objet d'une définition réelle, mais seulement d'une définition lexicale, par laquelle on indique dans quel sens on les emploie habituellement.

Il en est précisément ainsi des expressions en cause. Lorsqu'on dit d'un pays, qu'il connaît un système parlementaire, on ne prétend pas tout révéler sur la réalité politique de ce pays, mais chacun comprend qu'il existe là-bas une forme quelconque de responsabilité politique du ministère. Cette indication ne renseigne pas sur le siège réel du pouvoir, ni sur le fonctionnement effectif du système, mais seulement sur l'existence d'une règle. De même, dire qu'on va introduire le régime parlementaire, c'est dire qu'on va introduire une règle selon laquelle le cabinet est tenu de démissionner à la demande des Chambres.

Dire qu'un régime est présidentiel, c'est dire qu'il existe un chef d'État élu au suffrage universel, qu'il n'est pas politiquement responsable et qu'il ne peut dissoudre les Chambres. Là encore, même si l'on n'a pas ainsi communiqué d'information sur le fonctionnement effectif du système, ni écarté toute possibilité pour la Chambre de provoquer par un moyen quelconque la démission du président ou des ministres, on a signifié l'existence de deux ou trois règles simples.

Il sera évidemment impossible de classer tous les régimes dans l'une ou l'autre classe, puisqu'elles ne s'opposent pas. On ne sait même pas, lorsqu'un régime est dit parlementaire, si l'on a décrit une structure ou un mode de fonctionnement, une règle proprement juridique ou le résultat d'un rapport de force. Il sera même quelquefois difficile de dire si un régime donné est ou n'est pas parlementaire, parce qu'on ne saura pas avec certitude si le gouvernement y est politiquement responsable. Ces définitions ne découlent donc pas d'une classification logiquement ou scientifiquement satisfaisante. Néanmoins, ces termes sont effectivement employés et ils sont utiles, comme des instruments permettant une communication rudimentaire.

Section 3
Les techniques d'exercice du pouvoir

113. L'État n'est pas un être physique, mais une entité abstraite. C'est le nom que l'on donne à cette entité à laquelle sont imputés les actes de certains hommes, les gouvernants.

Cette imputation est nécessaire. C'est elle qui permet de distinguer dans la masse des actes qu'accomplissent ces hommes, ceux qu'ils font dans leur propre intérêt, pour satisfaire leurs besoins personnels et dont ils doivent supporter les conséquences financières et ceux qu'ils font, au moins en principe, dans l'intérêt commun. L'imputation a donc des conséquences patrimoniales.

Ce qui la justifie, c'est précisément que les gouvernants agissent ou sont réputés agir pour le compte de la collectivité. On dit alors qu'ils remplissent les fonctions de l'État.

Deux questions doivent donc être examinées : quelles sont ces fonctions ? Comment ces hommes sont-ils désignés ?

Sous-section 1
Les fonctions de l'État

114. Définition (Eisenmann, 1964). – L'expression *fonctions de l'État*, comme le terme État, est le produit d'une construction intellectuelle. Dans la réalité, on peut observer seulement des actes particuliers, en très grand nombre, accomplis par les gouvernants pour le compte de l'État. Mais, il est souvent nécessaire, notamment lorsqu'il s'agit pour un constituant d'attribuer des compétences, de raisonner non pas sur tel ou tel acte particulier, mais sur des classes d'actes.

La théorie des fonctions est donc le produit d'une classification des actes. Les fonctions ne sont rien d'autre que des classes d'actes. On pourrait nommer ces classes *activités* plutôt que *fonctions*, mais ce dernier terme permet de souligner que l'accomplissement des actes est nécessaire au bon fonctionnement de l'ensemble du système.

Cela dit, il y a deux manières de concevoir les activités ou fonctions de l'État, c'est-à-dire deux manières de classer les actes. On peut d'abord les classer selon leurs fins. Ils sont en effet accomplis pour le compte de l'État, parce que celui-ci remplit un ensemble de missions à l'égard de la société civile : la nature et l'étendue de ces missions sont naturellement variables selon les époques et les idéologies. Tous les États ont au moins certaines attributions : conduire des relations internationales, défendre le territoire, rendre la justice, battre monnaie, assurer le maintien de l'ordre. Mais les États modernes accomplissent aussi d'autres tâches : assurer un certain nombre de services publics (éducation, transports, santé), diriger l'économie, redistribuer les revenus.

Mais on peut aussi considérer ces actes, non plus du point de vue politico-social, mais exclusivement du point de vue juridique. Quelles que soient les fins poursuivies, ces actes sont en effet toujours des actes juridiques, c'est-à-dire des actes créateurs de normes. Or, on classe les normes non pas selon leurs fins ou leurs objets (les matières sur lesquelles elles portent), mais selon d'autres critères : soit leur valeur, c'est-à-dire leur place dans la hiérarchie, soit leur degré de généralité. C'est de ce point de vue, exclusivement juridique, qu'on se placera ici.

115. La controverse sur le nombre des fonctions. – Les classifications les plus simples sont dualistes : elles opposent deux fonctions. La première, la fonction législative, consiste à faire des lois, la seconde, la fonction exécutive, à les exécuter. Naturellement, l'idée que l'on se fait de l'une et de l'autre varie considérablement, mais on se déclare impuissant à en concevoir une troisième.

Toutefois, la classification la plus courante distingue trois fonctions : à côté des fonctions législative et exécutive, on en distingue une troisième, qu'on nomme *juridictionnelle*, parce qu'elle consiste à rendre la justice, à dire le droit applicable à une affaire en litige (du latin *jurisdictio*), donc à juger des procès, ou *judiciaire*, parce qu'elle est le plus souvent assurée par des juges (du latin *judex*).

La fortune de la classification trialiste s'explique non par sa valeur logique ou scientifique, mais par sa portée idéologique. Du point de vue logique, en effet, elle présente un défaut très grave : si l'on prend pour critère de la distinction le fait de poser des règles ou de les appliquer, on ne peut concevoir que deux fonctions et non pas trois. La troisième ne pourra donc consister que dans l'application des lois au procès. Elle n'est donc qu'une variété de la fonction exécutive.

Cependant, la classification des fonctions sert à justifier une certaine répartition des compétences. C'est ainsi qu'on peut craindre les implications de la théorie dualiste. Si l'on admettait par exemple que chaque fonction doit être exercée par un groupe d'organes spécialisés, la théorie dualiste semble conduire à placer la fonction judiciaire sous l'autorité des autorités exécutives. Pour garantir une justice indépendante, on cherche donc à établir qu'elle relève d'une troisième fonction, radicalement distincte de la fonction exécutive.

Les théories dualistes ne peuvent éviter de soumettre les juges aux titulaires de la fonction exécutive qu'en distinguant d'abord deux fonctions, législative et exécutive, puis, au sein de la fonction exécutive, une exécution contentieuse (l'application de la loi à la solution des procès) et une exécution non contentieuse ou fonction administrative (en l'absence de procès).

La plupart des Constitutions modernes adoptent donc, avec des conséquences pratiques semblables, soit la théorie trialiste, soit la théorie dualiste complétée par la distinction de l'exécution contentieuse et de l'exécution non contentieuse. Le choix de l'une ou de l'autre n'entraîne guère qu'une différence de vocabulaire : pour désigner les juges, la théorie trialiste parlera de pouvoir judiciaire, la théorie dualiste d'*autorité judiciaire*.

Toutes, cependant, répartissent les compétences de telle manière que les procès soient tranchés par des agents distincts de ceux qui assurent l'exécution non contentieuse des lois, et de manière relativement autonome. Pour des raisons d'exposition et malgré ses défauts, on adoptera donc ici la présentation trialiste.

§1. La fonction législative

A. Définition

116. La fonction législative consiste évidemment dans la confection des lois, mais le contenu de cette fonction dépend de la conception que l'on se fait de la loi. À cet égard, il faut opposer deux conceptions ou définitions de la loi.

La loi peut d'abord faire l'objet d'une définition matérielle : on appellera *loi* toute norme dont le contenu présente certains caractères : par exemple d'être général (c'est-à-dire de s'adresser non à des individus nommément désignés, mais à des catégories d'individus), d'être abstraite (c'est-à-dire prescrire des types de conduites, dans un nombre indéterminé de circonstances de temps et de lieu, et non une conduite déterminée) ou de porter sur certaines matières.

Elle peut aussi faire l'objet d'une définition formelle : on appellera *loi* toute norme qui a été posée dans une certaine forme, c'est-à-dire par un certain organe, le Parlement par exemple, au terme d'une procédure particulière. La définition formelle est aussi quelquefois appelée *organique*.

Comme pour la Constitution, ces deux conceptions sont profondément différentes : une norme émanant du parlement, mais non générale, sera considérée comme une loi selon la conception formelle, mais non selon la conception matérielle. À l'inverse, une norme générale émanant du gouvernement sera une loi selon la conception matérielle, mais non selon la conception formelle.

Or les enjeux peuvent être très importants. Ils touchent d'abord à la compétence des organes. Ainsi, il est fréquent que la Constitution attribue le pouvoir de faire des lois à un parlement et le pouvoir de les exécuter à un gouvernement. Ces dispositions ne permettent pas à elles seules de connaître l'étendue des compétences de ces deux organes. Le Parlement aura-t-il le droit d'émettre des normes individuelles ? Le gouvernement des normes générales ? La réponse à ces deux questions est affirmative si l'on adopte une définition formelle. Elle est négative dans le cas contraire.

Ils touchent aussi à ce qu'on appelle le *régime juridique* des actes, c'est-à-dire l'ensemble des règles qui leur sont applicables, par exemple pour les modifier ou pour les annuler. Il est fréquent que les lois bénéficient d'un régime juridique spécial, beaucoup plus favorable que celui auquel sont soumis d'autres actes. En France, par exemple, il est interdit aux juges de s'immiscer dans la fonction législative[6], de sorte qu'il n'est pas possible de leur demander l'annulation d'une loi. Il est donc important de savoir quels sont les actes qui bénéficient de cette immunité : si la définition est matérielle, ce sont toutes les normes générales ou toutes celles qui portent sur certaines matières ; si elle est formelle, uniquement les normes émanant du parlement.

Il faut souligner que ce n'est pas à la théorie constitutionnelle ou à la science du droit constitutionnel qu'il appartient de choisir entre les deux conceptions. Elles doivent se borner à décrire la conception choisie par le droit positif. Les solutions sont naturellement variables. On se contentera de noter qu'en droit positif français, la conception de la loi est formelle : tous les actes adoptés par le Parlement conformément à la procédure législative sont des lois, qu'ils soient ou non généraux, qu'ils soient ou non abstraits, et quelles que soient les matières sur lesquelles ils portent. Il en résulte qu'ils ne peuvent être modifiés que par une autre loi et qu'ils ne peuvent être annulés par un tribunal. Cette conception était en vigueur sous la IIIe République, où elle traduisait la suprématie du parlement.

On doit reconnaître, même s'il faut apporter quelques nuances à cette affirmation, que la Ve République se rattache, elle aussi, à la conception formelle (v. *infra* n° 738). Si le Parlement n'y jouit pas en fait de la même suprématie, c'est en raison des conditions d'exercice de la fonction législative.

B. L'organe de la fonction législative

117. Qu'est-ce qu'un organe législatif ? – L'exercice de la fonction législative ou *pouvoir législatif* peut être attribué par la Constitution à une

6. Loi des 16-24 août 1790, art. 10 : « *Les tribunaux ne pourront prendre directement ou indirectement aucune part à l'exercice du pouvoir législatif, ni empêcher ou suspendre l'exécution des décrets du corps législatif, sanctionnés par le Roi, à peine de forfaitaire.* »

très grande variété d'organes. Il n'est pas toujours facile de déterminer quels sont ces organes, car il arrive fréquemment que la Constitution ne les désigne pas tous expressément.

Le cas le plus simple, mais non le plus fréquent, est naturellement celui où la Constitution institue un organe législatif unique ou *simple*. C'est celui des Constitutions françaises de 1793, 1848 et 1946. En raison de la suprématie de la fonction législative, cet organe domine naturellement tous les autres.

Mais il est fréquent que le pouvoir législatif soit confié à une pluralité d'organes, qui concourent à la production de la loi en consentant à son édiction. On les nomme alors collectivement *organe législatif complexe* et individuellement *organes législatifs partiels*. Un *organe législatif partiel* est donc un homme ou un groupe d'hommes, dont le consentement est nécessaire à l'édiction de la loi et dont l'opposition l'empêche. Par contre, on ne doit pas considérer comme *organe législatif partiel* ceux qui participent à la formation de la loi, sans que leur consentement soit véritablement nécessaire, comme par exemple les experts, qui apportent le concours d'une compétence seulement technique ou encore les autorités qui sont consultées, mais dont l'avis n'est pas obligatoire et qui, par conséquent, ne peuvent pas empêcher l'adoption d'une loi. Ce qui conduit à instituer un organe législatif complexe, c'est naturellement la crainte de la suprématie d'un organe unique.

On peut distinguer plusieurs types d'organes législatifs partiels.

1. Les assemblées parlementaires

118. Une assemblée parlementaire est une assemblée composée de membres élus ou non, qui est une composante d'une autorité plus large, le Parlement. Le Parlement peut bien entendu exercer d'autres fonctions que la fonction législative, par exemple le contrôle du gouvernement. Une assemblée est organe législatif partiel dans deux cas : ou bien si le Parlement comporte deux (ou plusieurs) assemblées ; ou bien si d'autres organes, par exemple le pouvoir exécutif, participent aussi de façon décisionnelle à la confection des lois.

Le premier cas est celui du bicaméralisme ou *bicamérisme*. L'une des assemblées ou *Chambres* au moins est élue au suffrage universel direct. La seconde Chambre, appelée quelquefois *Chambre haute*, peut elle-même être de plusieurs types.

Il peut s'agir d'abord, dans une monarchie constitutionnelle, d'une Chambre aristocratique, dont les membres sont héréditaires ou nommés par le roi. Ainsi, la Chambre des Lords en Angleterre ou la Chambre des Pairs de la Restauration, en France. On en trouve de nombreux exemples dans les Constitutions du XIXe siècle, mais dans les États modernes, leur rôle a considérablement décliné.

Il peut s'agir encore, dans un État fédéral, d'une Chambre représentant les États membres (v. *supra* n° 73).

Enfin, la Chambre haute peut être, elle aussi, élue, mais selon des modalités différentes de celles employées pour la Chambre basse, de telle manière qu'elle soit plus conservatrice dans sa composition : le suffrage peut être restreint ou indirect ou organisé sur d'autres bases territoriales ou encore subordonné à des conditions d'éligibilité différentes.

On rencontre encore des secondes Chambres à caractère économique, dont les membres sont choisis dans les organisations professionnelles.

Les secondes Chambres ne sont des organes partiels que si elles peuvent réellement s'opposer à la formation de la loi. C'est loin d'être toujours le cas. Il est évident que les Chambres hautes aristocratiques par exemple ont perdu leur pouvoir. On parle dans ces situations de bicaméralisme *imparfait* ou *inégalitaire*.

Néanmoins, l'absence de pouvoir législatif ne signifie pas nécessairement l'absence de tout rôle politique : d'une part, ces Chambres peuvent quelquefois non pas s'opposer, mais retarder l'adoption définitive d'une loi. Ce pouvoir peut dissuader le législateur principal de donner à la loi un contenu trop radical, s'il veut que la loi entre en vigueur rapidement. D'autre part, et surtout, une seconde Chambre, même sans grands pouvoirs, peut contribuer par ses débats à améliorer le contenu de la loi. C'est dans cette amélioration que l'on trouve aujourd'hui la meilleure justification à l'existence d'une Chambre haute, que l'on appelle alors *Chambre de réflexion*.

2. Le corps électoral statuant par voie de référendum

119. Lorsque le peuple se gouverne directement lui-même, on parle de démocratie directe. Les citoyens se réunissent sur une place publique ou dans un champ et statuent sur les affaires publiques.

Ce procédé de gouvernement, qui était celui des cités grecques de l'Antiquité, n'est plus aujourd'hui qu'une curiosité historique et n'existe que dans quelques cantons suisses (Glaris, Unterwalden, Appenzell), où chaque année les citoyens de ces États minuscules se réunissent en *Landsgemeinde* pour voter les lois, désigner des fonctionnaires et nommer les députés aux assemblées fédérales. Encore la démocratie directe est-elle dans ce cas très limitée, car elle ne s'exerce que dans le cadre des compétences du canton, tandis que les affaires les plus importantes relèvent aujourd'hui de l'État fédéral (appelé improprement, pour des raisons historiques, « confédération helvétique »).

120. Le gouvernement semi-direct. Le référendum (Quermonne, 1985 ; Hamon, 2007 et 2012). – Mais si l'expérience du gouvernement direct pur ne se conçoit plus, l'expérience constitutionnelle démontre la vitalité des institutions du gouvernement semi-direct, qui combine l'idée représentative et la démocratie pure. Il existe des représentants élus, mais sur certaines questions, les électeurs sont appelés à se prononcer non pas en choisissant les représentants qui prendront les décisions essentielles, mais par référendum sur le fond même de ces questions. L'institution du référendum tend à se répandre. La plupart des Constitutions modernes la prévoient. Il est vrai que l'inscription dans la Constitution ne garantit pas une pratique effective ; mais d'un autre côté il arrive que des référendums soient organisés dans un pays où cette institution n'est pas même mentionnée dans la Constitution.

Toutefois, dans l'ensemble, le référendum est beaucoup moins répandu que l'élection et son rôle varie beaucoup selon les pays. Cette disparité tient pour une part à des raisons de principe car des arguments puissants militent aussi bien pour que contre le référendum. Elle s'explique également par la très grande variété des techniques utilisées pour sa mise en œuvre.

a. Le débat sur le référendum

121. Comme il arrive souvent, certains arguments sont tirés de la théorie démocratique, d'autres de la doctrine de l'État de droit (v. *supra* n° 68).

Du point de vue de la théorie démocratique, on fait valoir avant tout que le peuple est souverain et ne doit déléguer à des représentants que les pouvoirs qu'il ne peut exercer lui-même. Il doit donc conserver tous les autres et se prononcer sur toutes les questions essentielles.

Les sceptiques font observer que les électeurs ne possèdent pas nécessairement la compétence requise ou n'éprouvent pas assez d'intérêt pour la chose publique. Ils sont d'ailleurs manipulables et les régimes autoritaires se sont parfois servis du référendum de façon antidémocratique, parce qu'ils parvenaient par démagogie ou en personnalisant le scrutin à accroître le pouvoir des gouvernants. On pense alors au plébiscite de type bonapartiste. On souligne également que la véritable démocratie implique une délibération rationnelle. Or, celle-ci pouvait être organisée dans la cité athénienne, parce que les citoyens étaient peu nombreux, fortement impliqués dans les affaires publiques et que la possession d'esclaves leur laissait des loisirs, tandis que dans l'État moderne, elle ne peut exister qu'au sein d'un groupe relativement restreint de représentants, bien formés, capables de respecter des procédures rigoureuses et de négocier des compromis.

Les partisans du référendum répliqueront que si les électeurs sont incompétents et irrationnels lorsqu'ils sont appelés à se prononcer par référendum et s'ils peuvent succomber à l'affectivité ou se désintéresser de la consultation, il en va exactement de même lorsqu'ils choisissent des représentants. Pourtant nul n'ose s'élever contre le principe de l'élection. Au demeurant, on a remarqué que les référendums les plus importants ont suscité des débats passionnés, donné aux électeurs l'occasion de s'informer et de se livrer à une véritable délibération et que la participation au scrutin était alors très haute, tandis qu'au contraire il est fréquent que l'abstention soit très élevée dans les scrutins pour l'élection des représentants, notamment lorsque l'enjeu ne paraît pas considérable.

Quant à la doctrine de l'État de droit, elle est, elle aussi, susceptible de jouer dans les deux sens (Fatin Rouge-Stefanini, 2004). On peut d'abord soutenir que, si le peuple exerçait directement sa souveraineté, celle-ci étant par définition illimitée, rien ne lui interdirait de porter atteinte à la Constitution, aux engagements internationaux de l'État ou aux droits fondamentaux. Cet argument repose néanmoins sur une assimilation du corps électoral qui se prononce par référendum au peuple souverain. Il est vrai que cette assimilation semble permise par la rédaction de certaines Constitutions, notamment la Constitution française, dont l'article 3 dispose que « la souveraineté nationale appartient au peuple qui l'exerce par ses représentants et par la voie du référendum » et que le Conseil constitutionnel a refusé de contrôler la validité de la loi adoptée par référendum au motif qu'elle était « l'expression directe de la souveraineté nationale ».

Cependant, dans certains systèmes juridiques, le corps électoral n'est pas le peuple souverain. C'est un organe de l'État, dont les compétences résultent de la Constitution et sont limitées par elles. En pratique d'ailleurs, il ne peut en aller autrement puisqu'il faut bien des règles pour déterminer les modalités d'organisation du référendum, la procédure à suivre, les questions sur lesquelles il peut porter, le déroulement de la campagne ou même les contenus possibles des décisions soumises au référendum. Le contrôle est alors possible et peut s'exercer selon deux modalités. Si l'on considère qu'il serait politiquement difficile à une Cour constitutionnelle d'invalider une loi adoptée par référendum au niveau national, il n'est pas impossible, comme c'est le cas par exemple en Italie et en France dans certains cas depuis la révision constitutionnelle de 2008 (article 11, al. 4), de lui permettre d'exercer un contrôle de constitutionnalité préalable sur l'organisation même du vote ou la nature des questions posées. Les juges peuvent alors invalider le projet sans entrer en conflit avec la volonté populaire puisque, par hypothèse, celle-ci ne s'est pas encore manifestée. Dans certains systèmes, un contrôle sur les lois référendaires peut s'exercer dans les mêmes conditions que pour les lois ordinaires. On justifie ce contrôle par l'idée que le corps électoral tient sa compétence de la Constitution, qu'il est donc tenu de respecter. Ainsi, en Californie, les tribunaux acceptent de contrôler les lois référendaires.

b. Les techniques[7]

122. On peut concevoir un référendum à l'échelle de la nation, d'une commune ou d'une entité territoriale intermédiaire comme le département ou la région. Dans certains pays, comme la Suisse, la démocratie semi-directe est très développée à chacun des trois niveaux : fédéral, cantonal ou local. Dans d'autres pays fédéraux, comme aux États-Unis, le référendum est possible au niveau de la ville, du comté ou de l'État, mais pas au niveau fédéral. Cependant les techniques de base sont toujours les mêmes.

Ces techniques peuvent être classées selon différents critères : la nature du référendum, son objet, sa place dans le processus législatif ou encore le système d'initiative, c'est-à-dire le processus de déclenchement.

123. La nature. – Le référendum peut être simplement consultatif : les autorités constituées ne sont alors pas tenues de se conformer au résultat. Il est impératif dans le cas contraire. Le référendum consultatif peut être organisé même si la Constitution ne le prévoit pas. En pratique,

7. Hamon, 2007, p. 3.

il est cependant politiquement difficile de ne tenir aucun compte du résultat d'une consultation populaire, sauf si plusieurs années se sont écoulées.

124. L'objet. – Selon les cas, il peut porter sur la Constitution elle-même, une loi, la ratification d'un accord international ou tout autre acte. L'objet est alors défini par la forme de l'acte sur lequel porte la question posée. Mais cet objet peut aussi être défini par la matière de cet acte. En France, par exemple, l'article 11 de la Constitution autorise le président de la République à soumettre au référendum un projet de loi portant sur certaines matières énumérées. La Constitution italienne procède autrement : la Constitution n'énumère pas les objets sur lesquels peut porter le référendum, mais ceux qui sont exclus, comme les lois fiscales, parce qu'on pouvait craindre que les électeurs manifestent un peu trop d'enthousiasme pour abroger les impôts.

125. La place dans le processus législatif. – Le vote référendaire peut se substituer entièrement au vote parlementaire. On parle alors de référendum d'adoption. C'est par exemple le cas de la procédure prévue par l'article 11 de la Constitution française qui permet au chef de l'État de soumettre directement au vote populaire un projet sur lequel les assemblées parlementaires ne se sont pas prononcées. Mais le plus souvent, vote référendaire et vote parlementaire se combinent. Le rôle du référendum dépend alors de l'ordre dans lequel les opérations se succèdent. Si le vote populaire intervient en premier, il s'agit d'un référendum d'orientation qui fixe le cadre général de la loi à intervenir ou qui renseigne les députés sur les attentes de l'opinion publique. Si au contraire le peuple se prononce sur un projet venant d'être adopté par le Parlement, il s'agit d'un référendum de confirmation ou de veto, qui peut empêcher l'entrée en vigueur de la loi. Le référendum est dit abrogatif lorsqu'il est dirigé contre une loi déjà en vigueur.

126. Le système d'initiative. – Le référendum est tantôt obligatoire[8], tantôt facultatif. Le référendum obligatoire est celui qu'on est tenu d'organiser lorsque l'on veut prendre des mesures portant sur un objet déterminé. Par exemple, en Suisse, au Danemark et en Australie, toute révision de la Constitution doit être approuvée par référendum. Mais, dans l'ensemble, le référendum obligatoire est peu répandu et les Constitutions qui le prévoient en limitent généralement l'application à un petit nombre d'objets spécifiques[9]. Le caractère obligatoire ne suffit d'ailleurs pas à garantir une pratique effective du référendum car les autorités s'arrangent parfois pour l'éviter en s'abstenant de toute modification des objets concernés : c'est ainsi qu'au Japon la Constitution adoptée au lendemain

8. Il ne faut évidemment pas confondre l'obligation d'organiser un référendum et l'obligation de se conformer au résultat lorsqu'un référendum a été organisé (c'est cette dernière qui a été étudiée plus haut sous la rubrique « la nature »).

9. Par exemple, aux termes de l'article 88-5 de la Constitution française, « *Tout projet de loi autorisant ratification d'un traité relatif à l'adhésion d'un État à l'Union européenne et aux Communautés européennes est soumis au référendum par le président de la République* ».

de la Seconde Guerre mondiale ne peut être révisée que par un référendum mais, en partie pour cette raison, elle n'a encore jamais été modifiée. Le référendum facultatif est celui que certaines autorités sont autorisées à organiser, ce qui signifie qu'elles n'y sont pas contraintes et que les mesures projetées peuvent aussi être adoptées par la voie parlementaire. Il est important de savoir quelles sont ces autorités car c'est d'elles que dépendent la fréquence des référendums et les sujets sur lesquels ils portent. Bien que les systèmes d'initiative soient souvent complexes, et qu'ils associent parfois plusieurs types d'autorités, on peut en distinguer trois sortes, selon que la décision de recourir au référendum dépend principalement du chef de l'État, des citoyens, ou du parlement.

127. *Le référendum d'initiative présidentielle* ne peut se concevoir que dans les pays où le chef de l'État n'a pas seulement un rôle de représentation mais participe activement à la direction des affaires politiques, comme c'est le cas en France sous la Ve République. Le président peut y recourir pour faire trancher par le peuple un conflit, ouvert ou latent, qui l'oppose au Parlement ou à l'une des chambres. En l'absence d'un tel conflit, il peut également l'utiliser pour permettre au peuple de trancher une question importante. Il est arrivé qu'il attache au résultat la signification d'un vote de confiance en menaçant de démissionner en cas de rejet. C'est pourquoi certains ont parlé de référendum plébiscite avec une connotation péjorative, tandis que d'autres y voyaient un régime plus démocratique que le système purement parlementaire, parce que le chef de l'État devenait responsable devant le peuple (cf. Capitant in Hamon, 2007, p. 21). C'est d'ailleurs à la suite de l'échec d'un référendum que le général de Gaulle a quitté le pouvoir en 1969. Le référendum d'initiative présidentielle est donc, pour le chef de l'État, une arme à double tranchant, qui mêle inextricablement vote de confiance et vote sur un projet, et qui devient périlleuse lorsque les temps sont difficiles car elle permet l'addition de tous les mécontentements. C'est pourquoi les successeurs du général de Gaulle ne l'ont utilisé que de façon sporadique sur des sujets apparemment consensuels et qu'ils croyaient sans risques – parfois à tort. La substitution du quinquennat au septennat en 2000 lui a d'ailleurs retiré l'une de ses justifications, car les échéances électorales sont désormais suffisamment rapprochées pour que le président n'ait pas besoin d'organiser un référendum pour s'assurer qu'il dispose toujours d'une légitimité populaire. Ce modèle se retrouve, conformément à la tradition bonapartiste, dans des pays où la démocratie représentative est peu développée, par exemple au Proche-Orient ou dans certaines républiques ex-soviétiques.

128. *Le référendum d'initiative populaire* est celui qui est organisé à la demande d'un nombre déterminé de citoyens et sur un sujet choisi par eux. Il se rapproche de l'idéal de la démocratie directe dans la mesure où il permet au peuple de se saisir lui-même de certaines questions. Mais précisément pour cette raison il s'accorde plus difficilement avec le régime représentatif que les autres formes de référendum car il retire au

Parlement et au gouvernement la maîtrise de l'agenda politique : il est en effet très fréquent que les promoteurs des référendums obligent les autorités publiques à prendre position sur des questions qu'elles ne souhaiteraient pas poser. En Europe occidentale, deux pays seulement ont institué le référendum d'initiative populaire : la Suisse et l'Italie.

En Suisse, au niveau fédéral, deux procédures peuvent être mises en œuvre par les citoyens : l'initiative et le référendum de veto.

L'initiative, qui nécessite 100 000 signatures, permet aux citoyens de proposer une modification de la Constitution[10]. Elle peut être présentée soit sous la forme d'un projet entièrement rédigé - c'est alors ce texte même qui sera soumis aux électeurs - soit sous la forme d'une proposition conçue en termes généraux - les électeurs devront alors se prononcer sur un projet établi par le Parlement en suivant les indications contenues dans la proposition. Mais les promoteurs des initiatives choisissent presque toujours la première modalité, parce qu'elle comporte moins de risques d'altération et permet un aboutissement plus rapide. L'initiative n'est adoptée que si elle a été approuvée à la fois par la majorité des électeurs et par la majorité des cantons. Son taux de succès est faible : sur une période d'un peu plus d'un siècle (1891-2005), un peu moins de 10 % des initiatives (14 sur 145) ont été adoptées. Toutefois, son effet indirect est important car le dépôt d'une initiative incite parfois le Parlement à proposer un contre-projet moins radical mais s'inspirant des mêmes idées. Les chances de succès de ce contre-projet, qui est soumis à la votation en même temps que l'initiative, sont statistiquement plus élevées, car il suscite généralement moins de méfiance.

Le référendum de veto, dont le déclenchement ne nécessite que 50 000 signatures, suspend l'entrée en vigueur d'une loi qui vient d'être adoptée par le Parlement : une majorité de non par rapport aux suffrages exprimés suffit alors à empêcher l'entrée en vigueur de la loi, la majorité des cantons n'étant pas prise en considération dans le cadre de cette procédure. De 1874 à 2005, près de la moitié des lois qui ont fait l'objet d'un référendum de veto (73 sur 151) ont été ainsi rejetées. Le taux de succès du référendum de veto est donc beaucoup plus élevé que celui de l'initiative, ce qui s'explique par le fait qu'il est généralement plus facile de mobiliser les adversaires que les partisans d'une réforme.

En Italie, il n'existe ni initiative ni référendum suspensif de veto. Mais d'après l'article 75 de la Constitution italienne, un référendum tendant à l'abrogation d'une loi en vigueur peut être organisé à la demande de 500 000 citoyens ou de cinq conseils régionaux. Cette procédure peut être utilisée dans un but conservateur, en s'attaquant à une loi récente qui a introduit une réforme controversée : par exemple, en 1974, des comités proches de la démocratie chrétienne ont provoqué un référendum abrogatif pour tenter (sans succès d'ailleurs) d'interdire le divorce qui n'était autorisé que depuis quatre ans. Mais il arrive aussi que les promoteurs du référendum

10. Au moins jusqu'en 2003, l'initiative n'était pas admise en matière législative. Mais il est toujours possible de tourner cette limitation en présentant une réforme législative sous la forme d'un amendement constitutionnel.

abrogatif soient animés par une volonté de réforme : leur but n'est pas alors de rétablir un *statu quo ante* mais de créer un vide législatif qui contraindra le Parlement à innover. Par exemple, des référendums de 1993 et 1995 ont obligé le Parlement italien à adopter un système électoral entièrement nouveau, à dominante majoritaire, qui a créé des conditions favorables à la formation de deux grandes coalitions alternant au pouvoir.

Outre-Atlantique, au début du xxe siècle, plusieurs États américains de l'Ouest, dont la Californie, se sont dotés d'instruments de législation directe inspirés du modèle suisse, en vue de lutter contre la corruption des parlements, soupçonnés d'être trop complaisants envers les lobbies industriels. Ces procédures sont de plus en plus utilisées : en 2006, près de 200 mesures ont été soumises au référendum dans 32 États. Mais le coût des campagnes référendaires est très élevé, surtout lorsque le déclenchement de la procédure nécessite une collecte de signatures, et les grands lobbies, dont on souhaitait à l'origine réduire l'influence, se montrent très actifs sur le front de la démocratie directe. Au niveau fédéral, il n'existe aucune procédure référendaire.

En Europe centrale et orientale, durant les années 1990, à la suite de l'effondrement du communisme, plusieurs États, dont la Hongrie, la Slovénie et la Slovaquie, ont introduit dans leur Constitution des procédures de référendum d'initiative populaire. Mais ces procédures sont relativement peu utilisées, sans doute parce que, dans ces pays, la société civile n'est pas encore suffisamment développée. Le lancement de référendums d'initiative populaire suppose en effet l'existence d'un réseau d'associations et de groupes d'intérêts indépendants des pouvoirs publics, et disposant de suffisamment de moyens pour organiser des collectes de signatures.

129. L'initiative parlementaire. – Dans les pays qui ont un régime parlementaire de type traditionnel, comme la Grande-Bretagne, la Suède, les Pays-Bas ou l'Espagne, aucune des procédures précédentes ne peut trouver sa place. Le référendum à l'initiative du chef de l'État obligerait celui-ci à sortir de sa réserve en prenant publiquement position sur un problème, alors qu'il doit normalement se tenir à l'écart des luttes politiques. Le référendum d'initiative populaire projetterait sur le devant de la scène politique des demandes non filtrées par la représentation nationale, ce qui serait contraire à l'esprit du parlementarisme. Mais rien n'interdit au Parlement lui-même d'organiser un référendum lorsqu'il est embarrassé pour trancher lui-même la question. Cette démarche a d'ailleurs été formalisée par certaines des Constitutions les plus récentes (voir par exemple l'article 92 de la Constitution espagnole). Parfois, comme au Danemark ou en Espagne, dans certaines circonstances, le référendum est de droit lorsqu'il est demandé par une fraction minoritaire des membres du Parlement. Une telle procédure peut être considérée comme un élément du statut de l'opposition car, si elle veut éviter le référendum, la majorité sera obligée de lui faire des concessions.

3. Le pouvoir exécutif comme organe législatif

130. L'organe chargé de la fonction exécutive peut être en même temps organe législatif partiel, si son consentement est indispensable à la formation de la loi. Cette hypothèse peut se réaliser de deux manières.

Le cas le plus connu est celui du droit de veto. Une règle constitutionnelle permet au chef de l'exécutif de s'opposer à l'adoption d'une loi. Techniquement, ce pouvoir prend la forme suivante : le texte de la loi, adopté par une ou plusieurs assemblées parlementaires, est transmis au chef de l'exécutif, qui doit donner son consentement – on dit aussi « accorder *sa sanction* ». Il peut refuser ce consentement, auquel cas, on dit qu'il a opposé son veto. Ce veto peut être *absolu*, s'il ne peut être surmonté. C'était le cas dans la Constitution anglaise du XVIIIe siècle ou dans la Charte de 1814. Il est *relatif* ou *partiel*, s'il peut être surmonté par la ou les Chambres à une majorité qualifiée, comme aux États-Unis.

Il est *suspensif*, si la loi peut entrer en vigueur malgré l'opposition du chef de l'exécutif, après l'écoulement d'un certain délai, comme dans la Constitution française de 1791.

Lorsque le pouvoir exécutif ne dispose pas d'un droit de veto, mais de l'initiative des lois, c'est-à-dire du droit de déposer des projets de loi, doit-il être considéré comme organe législatif partiel ? Il faut distinguer deux cas.

S'il s'agit d'un droit d'initiative partagé, c'est-à-dire si d'autres que lui, par exemple les membres du Parlement, ont également l'initiative, alors une loi peut être faite sans le consentement du pouvoir exécutif. S'il ne la propose pas, un député le fera et rien n'empêchera le Parlement d'adopter la proposition. L'exécutif n'est donc pas organe législatif partiel.

Il en va tout autrement lorsqu'il dispose du monopole de l'initiative. Tel était le cas sous la Charte de 1814 : seul le roi pouvait déposer un projet de loi. Non seulement les députés ne pouvaient pas déposer de proposition, mais ils ne disposaient même pas du droit d'amendement, c'est-à-dire du droit de proposer des modifications au projet émanant du roi. Dans ce cas, aucune loi ne pouvait entrer en vigueur sans la volonté du roi.

On trouve sous la Ve République une situation comparable. Députés et Sénateurs ont bien l'initiative des lois et peuvent déposer des propositions. Cependant, le gouvernement bénéficie d'une priorité pour l'inscription à l'ordre du jour de ses projets et des propositions acceptées par lui, ce qui signifie qu'il peut empêcher que soient inscrites, discutées et votées les propositions dont il désapprouve le contenu. Députés et sénateurs n'exercent leur droit d'initiative que par le dépôt d'amendements, mais comme ceux-ci ne doivent pas être dépourvus de tout lien avec le projet en discussion, le gouvernement dispose bien d'un monopole de l'initiative. Il est organe législatif partiel.

4. Le juge constitutionnel

131. Lorsqu'il existe un juge constitutionnel, il doit être lui aussi considéré comme un organe législatif partiel. Comme on l'a vu au chapitre précédent, même s'il n'invoque pas des arguments d'opportunité, comme les assemblées parlementaires, il dispose néanmoins d'un pouvoir d'interprétation considérable, qui lui permet de contribuer à déterminer le contenu des règles législatives et cela de deux manières différentes : il peut interpréter non seulement la Constitution, mais aussi la loi soumise à son examen et décider qu'elle n'est conforme qu'à la condition de recevoir telle ou telle signification.

Certains contestent qu'il s'agisse d'un véritable pouvoir législatif. L'un de leurs arguments principaux est que le juge se borne à appliquer la Constitution. Mais en réalité, comme l'application est impossible sans interprétation et que celle-ci est discrétionnaire, le juge impose nécessairement ses propres valeurs. D'autres, comme Hans Kelsen, considéré comme le père des cours constitutionnelles, tout en admettant que le juge est bien législateur, puisque sa décision a pour effet de maintenir les lois en vigueur ou au contraire de les priver de validité, soutiennent qu'il n'est qu'un législateur négatif, parce qu'il ne se prononce que sur des lois déjà faites.

Cependant, à part ce caractère, rien ne le distingue d'un législateur positif. Il ne se prononce pas seulement sur la loi qui lui est soumise, mais dans les motifs de ses décisions, il donne des interprétations générales de la Constitution, dont on peut déduire des prévisions de ses attitudes futures. Ces motifs font ainsi figure de directives générales, dont le gouvernement, lorsqu'il prépare un projet de loi, ou les assemblées parlementaires, lorsqu'elles débattent, doivent nécessairement tenir compte. Dans certains cas, le juge constitutionnel va, dans les motifs d'une décision, jusqu'à dicter les grandes lignes d'une législation future, qui sera seule considérée comme conforme à la Constitution. Les autres organes législatifs sont contraints de décider selon ces directives et le juge constitutionnel aura ainsi pesé sur le contenu de la loi, même s'il n'en a jamais été saisi.

Par ailleurs, lorsqu'il décide qu'une loi n'est conforme à la Constitution, qu'à la condition de recevoir telle signification, tout se passe comme s'il récrivait la loi, puisque c'est lui qui a indirectement déterminé le contenu des obligations qu'elle prescrit.

Dans certains cas, le juge va jusqu'à modifier ou compléter le texte de la loi, c'est-à-dire à reconnaître ouvertement qu'il contribue à l'exercice du pouvoir législatif. Ainsi, la Cour constitutionnelle d'Afrique du Sud, suivant d'ailleurs la Cour suprême du Canada, a décidé à l'unanimité de compléter une loi qui accordait certains droits aux conjoints en ajoutant les mots « ou partenaires du même sexe dans une relation permanente ». Elle a justifié cette décision par l'idée qu'il n'y avait aucune différence entre le fait de supprimer des termes d'une disposition législative ou d'en ajouter[11]. Les juges constitutionnels sont donc bien des législateurs.

Il arrive que l'opposition d'une cour à une politique législative conduise à une crise politique grave. C'est ce qui s'est par exemple produit aux États-Unis à l'époque du New Deal (v. *infra* n° 274). Selon les systèmes constitutionnels, il peut être plus ou moins difficile de surmonter ces crises. Dans

11. Déc. CCT du 2 décembre 1999, trad. in *CCC*, n° 9/2000, p. 66, avec le commentaire de Didier Ribes, « Le juge constitutionnel peut-il se faire législateur ? », même revue, p. 84.

certains cas, on peut envisager de réviser la Constitution soit pour changer le statut de la cour, soit tout simplement pour modifier le texte et rendre ainsi conforme une loi d'abord jugée contraire. Cette solution a cependant ses limites. La procédure de révision peut, comme aux États-Unis, être très lourde de sorte qu'il est presque impossible d'aboutir. Mais même si elle est rapide, la cour peut envisager d'examiner la validité de la révision constitutionnelle elle-même. Celle-ci pourrait avoir été faite en violation de la procédure de révision ou porter atteinte à des principes considérés comme supérieurs à la Constitution elle-même. Plusieurs cours, comme celle de l'Allemagne ou de l'Italie ont ainsi affirmé leur compétence pour procéder au contrôle de constitutionnalité des lois constitutionnelles. Certaines, comme la Cour suprême de l'Inde, ont franchi le pas et effectivement affirmé l'inconstitutionnalité d'une loi de révision (Troper, 1994b). Dans d'autres cas, comme en Roumanie, la Constitution reconnaît que la cour dispose d'un véritable pouvoir législatif et que celui-ci doit pouvoir être surmonté comme un veto partiel. Elle prévoit donc que le Parlement peut adopter à nouveau le même texte avec une majorité renforcée.

C. L'exercice de la fonction législative

1. L'organisation du travail législatif

132. La fonction législative est d'une importance extrême, non seulement du point de vue juridique – la loi se situe au sommet de la hiérarchie des normes – mais aussi du point de vue politique : en raison du développement considérable du rôle de l'État, les lois sont de plus en plus nombreuses et complexes. Dans la plupart des États modernes, on constate une évolution très profonde des conditions d'exercice de la fonction législative.

Même lorsque cette fonction est confiée à plusieurs organes, il y a toujours parmi eux au moins une assemblée parlementaire élue. Dans certains cas, les assemblées parlementaires se voyaient même confier la totalité du pouvoir législatif. Tous les constituants sans exception ont été conscients des risques que pouvait présenter un pouvoir aussi important. Robespierre lui-même déclarait qu'il redoutait autant la tyrannie de six cents despotes que celle d'un roi. Aux yeux des constituants du XVIIIe siècle, le risque le plus évident est que les assemblées peuvent employer la force et l'autorité de la loi pour décider de questions relevant de la fonction exécutive ou de la fonction juridictionnelle. Dès lors qu'il n'y a pas de contrôle de constitutionnalité, rien n'empêcherait le législateur de faire des lois particulières pour accorder des privilèges ou imposer des mesures plus sévères, de soustraire certaines personnes à l'action de la justice, de trancher des procès, etc. Ce cumul des fonctions, serait la négation de la séparation des pouvoirs et correspondrait très exactement au despotisme, tel qu'il est défini au XVIIIe siècle.

D'autre part, ces assemblées seraient très probablement soumises aux pressions populaires, déchirées par les factions, livrées aux démagogues et finalement réduites à l'anarchie et à l'impuissance.

Pour pallier ces risques, les constituants ont employé quelques procédés simples : limiter la durée du mandat, le nombre des mandats parlementaires qu'un même homme est en droit de briguer successivement, renouveler les assemblées par fractions (par exemple un tiers tous les deux ans, comme pour le Sénat américain), interdire le cumul du mandat parlementaire avec d'autres fonctions, mais surtout enfermer l'exercice de la fonction législative dans des procédures contraignantes. Il ne s'agit pas seulement d'ailleurs d'éviter le danger du cumul des fonctions, mais aussi d'améliorer la qualité du travail législatif. On estime notamment qu'il faut éviter qu'une loi ne soit adoptée sous l'empire des passions et qu'il faut organiser le débat de telle manière que l'échange des arguments permette d'apercevoir les solutions les meilleures.

Les assemblées comportent donc des *commissions*, groupes de parlementaires chargés de préparer l'examen des projets ou des propositions de loi. Selon les systèmes constitutionnels, ces commissions peuvent être spécialisées (comme en France) ou non spécialisées (comme en Angleterre). Elles peuvent être aussi permanentes ou *ad hoc*, c'est-à-dire constituées seulement pour l'examen d'un projet et dissoutes ensuite.

Les projets ou propositions sont le plus souvent envoyés à une commission, puis font l'objet d'une ou de plusieurs délibérations (ou *lectures*) en séance plénière.

2. Les difficultés

133. Il arrive fréquemment dans les États modernes que les parlements éprouvent quelques difficultés à assurer la fonction législative. Cela tient à de multiples facteurs, la technicité croissante des projets, la longueur et la lourdeur excessive des procédures alors qu'il est nécessaire d'agir rapidement, les réticences des parlementaires à adopter des mesures utiles, mais impopulaires, les divisions politiques et l'absence de majorité, qui font de chaque décision le résultat de compromis laborieusement négociés.

À ces difficultés, il existe quelques remèdes. Le plus fréquent est aujourd'hui le développement de l'initiative de l'exécutif. On estime que dans la plupart des systèmes représentatifs modernes, une proportion très importante (jusqu'à 90 %) des lois est issue de projets déposés par le gouvernement. Il en est ainsi même aux États-Unis, où pourtant le président n'a pas l'initiative des lois. Il lui suffit d'inspirer un membre du Congrès. Ce phénomène s'explique aisément : le pouvoir exécutif est en mesure, parce qu'il dispose de l'administration, de connaître les besoins de législation et de faire préparer des projets ; d'un autre côté, il peut aussi agir par divers moyens auprès des parlementaires pour rassembler des majorités qui les voteront.

Un autre type de procédé, très répandu lui aussi, consiste à accroître les compétences de l'organe exécutif. Ceci correspond à deux sortes de techniques. Le Parlement peut en premier lieu se limiter à énoncer dans la loi des principes ou des règles très générales et laisser au gouvernement le soin de les préciser et de les compléter par d'autres règles d'un degré moins élevé.

Ces règles, émanant du gouvernement, portent, en droit français, le nom de *règlements*. Il peut de même s'abstenir d'édicter des lois dans certains domaines ou matières, qui seront réservées au règlement. Ainsi, en France, la loi du 17 août 1948 dressait une liste de matières réglementaires. Si l'on veut éviter que le Parlement reprenne par une loi, le domaine qu'il a concédé au gouvernement par une loi antérieure, cette liste de matières peut être établie non dans la forme d'une loi, mais dans la constitution formelle. C'est la solution de la Constitution française de 1958 : l'article 34 énumère les matières réservées au législateur ; aux termes de l'article 37, toutes les autres matières sont réservées au pouvoir réglementaire.

En deuxième lieu, le Parlement peut autoriser le gouvernement à prendre des règlements dans des matières réservées à la loi. Ces règlements, qui portaient sous la IIIe République le nom de *décrets-lois* et que la Constitution de 1958 nomme *ordonnances*, pourront, le cas échéant, modifier une loi intervenue antérieurement dans le même domaine et seront soumis au Parlement pour ratification. La ratification a pour effet de transformer ces textes en lois et de les faire bénéficier du régime juridique de la loi : ils ne pourront être contestés devant un tribunal et ne pourront être modifiés que par une loi nouvelle. Il y a là une simple application du principe selon lequel la loi fait l'objet d'une définition formelle : est loi un texte adopté par l'organe que la Constitution désigne comme l'organe législatif et seulement un tel texte.

Cette dernière technique est parfois appelée une *délégation législative*. L'expression est pourtant erronée parce que l'exécutif ne reçoit pas le pouvoir de faire des lois. Les actes qu'il prend sont des actes d'exécution, des actes formellement réglementaires et par conséquent soumis au régime juridique du règlement.

Cependant, les remèdes ne passent pas seulement par l'accroissement du rôle de l'exécutif. Il est également possible de les rechercher dans une amélioration des méthodes de travail du Parlement lui-même. Il est d'abord possible de le doter de moyens accrus, notamment en personnel, pour le mettre en mesure de préparer plus facilement les textes. On peut également songer à modifier et alléger la procédure, au moins pour certains types de lois. L'exemple le plus frappant est celui de la Constitution italienne, qui permet de confier le pouvoir législatif aux commissions parlementaires.

§2. La fonction exécutive

A. Le contenu de la fonction exécutive

134. L'idée que l'on se fait de la fonction exécutive a considérablement varié au cours des temps. On est passé d'une conception très stricte à une conception si large que le terme *exécutif* paraît désormais à beaucoup tout à fait inadapté.

1. La fonction exécutive *stricto sensu*

135. Au début de la Révolution française, la fonction exécutive était conçue comme une fonction d'exécution stricte des lois. La tâche des autorités exécutives consistait seulement à faire les actes matériels et à donner les ordres nécessaires pour que la loi soit exécutée. La fonction comprenait donc la direction de l'administration, mais aucun pouvoir *réglementaire*. Les normes générales ne pouvaient être émises que par le législateur et en forme de loi. Il en découlait que cette fonction n'était pas une fonction politique et que ceux qui l'exerçaient ne pouvaient prendre aucune part à la détermination d'une politique. Bien plus, toute tentative pour exercer un rôle politique apparaissait, selon cette conception, comme une tentative pour sortir de la stricte exécution de la loi, donc comme un empiétement sur la fonction législative et un crime contre la Constitution.

2. La fonction exécutive *lato sensu*

136. Cette conception ne pouvait prévaloir longtemps et cela pour trois raisons :

La première est que le législateur est, comme on l'a vu, dans l'impossibilité matérielle de produire toutes les règles nécessaires. Si, dans les premiers temps de la Révolution, on est allé jusqu'à déterminer par la loi le style des uniformes militaires et la forme de leurs boutons, il est évident qu'il s'agit là de détails dont le soin ne peut pas être durablement confié à des assemblées. Dès la Constitution de l'an III, les organes exécutifs ont donc reçu un pouvoir réglementaire (v. *infra* n° 341).

La deuxième raison est que l'organe ou les organes exécutifs, aussi appelés « gouvernements »[12], sont chargés de la conduite des relations internationales. Il y a là une contradiction certaine avec l'idée qu'ils n'exercent qu'une fonction subordonnée. Cette activité ne peut évidemment être comprise comme l'exécution des lois et elle ne peut pourtant pas être retirée au gouvernement parce qu'elle exige le secret dans la conception et la rapidité dans l'action et qu'elle ne pourrait donc être exercée par une assemblée nombreuse. Il devient donc impossible de considérer la fonction exécutive comme subalterne et étrangère à la politique.

La troisième raison est que les organes exécutifs se sont également vus confier, à partir de l'an VIII, l'initiative des lois et quelquefois le monopole de l'initiative. Ce qui justifiait cette compétence était que l'exécutif disposait de l'administration et qu'il pouvait grâce à elle reconnaître les difficultés d'application des lois en vigueur, les besoins de législation nouvelle et préparer des projets dans de bonnes conditions techniques. Mais les exécutifs se serviront de ce pouvoir d'initiative, d'abord pour présenter des projets de lois tendant à accroître le pouvoir réglementaire, ensuite pour qu'il y ait entre ces projets une cohérence minimum et qu'il y ait de même une cohérence

12. Ce terme ne dénote par lui-même aucun pouvoir réel. C'est celui que Rousseau emploie pour désigner l'organe d'une fonction exécutive étroitement subordonnée.

entre la législation et les règlements, c'est-à-dire pour qu'ils apparaissent ensemble comme la mise en œuvre d'une politique.

À ce stade, la fonction exécutive comprend donc l'exécution matérielle et la direction de l'administration, la conduite des relations internationales, le pouvoir réglementaire et l'initiative des lois. Mais à ces compétences que les gouvernements tiennent de la Constitution, s'ajoute nécessairement un rôle politique au point que l'on parle alors parfois de fonction gouvernementale.

3. La fonction exécutive *latissimo sensu*, la fonction gouvernementale

137. Dans la conception précédente, la fonction exécutive reste subordonnée : le gouvernement peut faire des règlements, mais seulement pour appliquer des lois.

Il peut élaborer une politique, qui se traduira par le dépôt de projets de lois, mais il faudra bien que les lois soient votées.

Pourtant, le gouvernement dispose rapidement, dès le début du XIXe siècle, d'un ensemble de moyens pour tenter de faire adopter ces projets. Certains sont juridiques et découlent de la Constitution : le droit d'entrée et de parole dans les Chambres, la pression sur les députés par la question de confiance, la menace de dissolution ; dans les Constitutions modernes, certaines interventions dans la procédure législative. Mais d'autres moyens, extrêmement variés, ne sont pas prévus par la Constitution : ils sont pourtant employés par tout gouvernement quel qu'il soit et on peut les désigner globalement comme la direction de la majorité parlementaire.

Lorsqu'on parle encore de « fonction exécutive », c'est alors dans un sens tout différent. Il ne s'agit évidemment pas d'exécution des lois, mais de l'ensemble des activités exercées par l'organe chargé par la Constitution de la fonction exécutive. En d'autres termes, on est passé d'une conception matérielle (étroite ou large) à une conception très large, qui est formelle. Comme l'organe chargé de la fonction exécutive est souvent appelé « gouvernement », on désigne également cette fonction comme la fonction gouvernementale.

La volonté du gouvernement de concevoir et mettre en œuvre une politique se manifeste dès le Consulat, mais c'est la Constitution de 1958 qui la consacre pour la première fois dans son article 20 comme une véritable prérogative du gouvernement : il « *détermine et conduit la politique de la nation* ».

C'est dans ce contexte qu'on peut comprendre la théorie de la séparation des pouvoirs, dans la présentation qu'en faisait la doctrine traditionnelle. Lorsqu'on distingue la fonction législative pour l'opposer à la fonction exécutive. Dans l'un de ses premiers sens, celle-ci est évidemment subordonnée et il est impossible de concevoir un équilibre entre deux organes spécialisés. Par contre, si on compare les pouvoirs de deux organes chargés, l'un de la fonction législative, l'autre de la fonction exécutive dans ce troisième sens, ceux du gouvernement sont loin d'être inférieurs à ceux de l'organe législatif et l'idée d'un équilibre entre eux reprend un sens.

Certains auteurs – et en tout premier lieu Georges Burdeau – sont allés encore plus loin : ils ont conçu la fonction gouvernementale comme celle par laquelle s'exerce la totalité de la puissance de l'État. Elle englobe alors la fonction législative. Mais cette conception « *ne conduit nullement... à la concentration de la totalité de l'autorité gouvernementale entre les mains d'un organe unique. Il est au contraire indispensable que plusieurs organes soient associés à la tâche gouvernementale, de telle sorte qu'à côté du titulaire du pouvoir de décision, veille une autorité chargée du contrôle* » (Burdeau, 1945).

On peut alors substituer à la classification des fonctions une autre classification : au sein de la fonction gouvernementale, on trouve une fonction de décision et une fonction de contrôle. Certains des rédacteurs de la Constitution de 1958 se sont d'ailleurs inspirés de cette classification en distinguant non pas la fonction législative et la fonction exécutive, mais la fonction gouvernementale (la fonction de décision de Burdeau) et la fonction de délibération et de contrôle, confiée au Parlement (J.-L. Quermonne, 1982).

B. Les organes de la fonction exécutive

138. Dans un système juridique moderne, tout ce qui n'est ni la Constitution, ni la loi, est un acte d'exécution et, à prendre l'expression à la lettre, tous les organes autres que le Parlement sont des organes de la fonction exécutive. Cependant, on réserve en pratique l'expression et celle de *pouvoir exécutif* aux organes suprêmes de cette fonction. Cet usage est justifié par le fait que l'exécution est assurée pour l'essentiel sous l'autorité et le contrôle de ces organes suprêmes.

1. Les organes suprêmes

139. Le pouvoir exécutif peut revêtir de nombreuses formes qu'on peut classer de plusieurs manières.

a. Exécutif moniste et exécutif dualiste

140. On appelle *dualiste* un pouvoir exécutif comportant deux organes, un chef d'État et des ministres, *moniste* un exécutif comportant un organe unique. La plupart des Constitutions françaises ont institué un pouvoir exécutif dualiste. L'exécutif américain est moniste.

À l'origine, le dualisme avait une fonction précise : lorsque le chef d'État était un roi et qu'il était organe partiel de la fonction législative, son indépendance devait être garantie. Il devait donc être *irresponsable* et *inviolable*. L'*inviolabilité* est l'interdiction de l'arrêter, l'*irresponsabilité* d'exercer contre lui des poursuites.

Mais, il fallait aussi éviter que le roi ne s'abrite derrière l'irresponsabilité, que lui valait sa participation au pouvoir législatif, pour violer la loi sous couleur de l'exécuter. La solution fut trouvée dans l'institution des ministres. Les actes accomplis par le roi dans la fonction exécutive doivent être contresignés par les ministres, qui en sont pénalement responsables (v. *supra* n° 92). Ainsi, les ministres refuseront-ils de contresigner un ordre illégal, pour éviter d'encourir de lourdes peines. Le dualisme garantit à la fois l'irresponsabilité du roi et une bonne exécution des lois. On comprend que le dualisme a facilité l'avènement du régime parlementaire.

Dans les systèmes modernes, le dualisme a d'autres fonctions : d'une part, il permet, grâce à la permanence du chef de l'État, d'assurer, malgré les changements de ministère, la continuité au moins symbolique du pouvoir ; d'autre part, il conduit à une répartition des tâches : tantôt, le chef d'État assure une fonction de représentation tandis que le gouvernement détient la réalité du pouvoir ; tantôt, le chef d'État détermine les grandes orientations pour laisser au gouvernement la gestion quotidienne.

Le système de l'exécutif moniste se rencontre dans le système présidentiel. Cependant, dire que l'exécutif est moniste ne signifie pas qu'il n'y a pas de ministres – même la monarchie absolue connaissait l'institution des ministres – mais qu'ils sont étroitement soumis au chef de l'exécutif, qui les nomme, leur donne des instructions et peut les révoquer. Comme il n'est pas irresponsable, ses actes n'ont pas à être contresignés et les ministres n'acquièrent aucun pouvoir autonome.

b. Individu ou collège

141. La qualité d'organe peut être attribuée à un individu ou un groupe d'individus, un collège. Ainsi, dans le cas d'un exécutif dualiste, le chef de l'État peut être soit un individu (roi ou président), soit un collège. Ainsi, le Directoire, dans la Constitution de l'an III, ou le Praesidium du Soviet Suprême, dans les Constitutions soviétiques, étaient des chefs d'États collégiaux. Les ministres ne sont pas toujours un organe collégial. Dans certains systèmes, par exemple dans la Constitution française de 1793, ils ne « forment point un conseil », de sorte qu'ils doivent être considérés seulement comme une série d'organes individuels.

c. Statuts

α. *Désignation*

142. Plusieurs procédés de désignation sont concevables : outre le tirage au sort, qui n'est plus employé, l'hérédité, l'élection, la nomination, la cooptation. L'hérédité ne concerne que les chefs d'État. Les autres systèmes sont employés aussi bien pour les chefs d'État que pour les ministres. Chacun de ces procédés comporte de nombreuses variétés. On sait par exemple qu'un chef d'État peut être élu au suffrage universel ou par un collège restreint, que ce collège peut être le Parlement, comme en France sous les IIIe et IVe Républiques ou un collège qui n'a pas d'autre fonction que d'élire le président, comme au début de la Ve République. La durée de son mandat peut être plus ou moins longue. Il peut être autorisé à exercer un nombre illimité de mandats comme en France ou limité comme aux États-Unis. Quand l'exécutif est dualiste, le chef du gouvernement, qui peut porter des titres divers, Premier ministre, président du Conseil, Chancelier, etc., peut être désigné de plusieurs manières, par exemple par le chef de l'État, par une ou deux assemblées ou encore par accord entre le chef de l'État et les assemblées. Il peut même, comme en Israël pendant une courte période, être élu au suffrage universel (Klein, 1997). Tous ces procédés sont en outre combinables de différentes manières. Par exemple, le chef de l'État peut nommer des ministres, mais leur nomination doit être confirmée par le Parlement ou une Chambre du Parlement ou encore, une assemblée élit le chef de l'État, mais il doit être choisi sur une liste de personnes élues.

β. *Fin des fonctions*

143. Les textes constitutionnels ne précisent pas toujours la manière dont les fonctions prennent fin. Dans certains cas, comme la mort du titulaire, l'arrivée au terme du mandat ou encore la démission, une règle explicite n'est pas nécessaire. Dans d'autres, l'absence d'une telle règle peut créer des difficultés considérables. Ainsi, l'empêchement (qu'il ne faut pas confondre avec l'*impeachment*, le mot anglais qui signifie *accusation* dans le contexte constitutionnel, c'est-à-dire le pouvoir d'une Chambre de traduire certaines personnes devant une cour spéciale).

L'empêchement est une situation dans laquelle un membre de l'exécutif se trouve dans l'impossibilité d'exercer ses fonctions, soit pour des raisons de santé physique (il est dans le coma) ou mentale (il a perdu l'usage de ses facultés), soit parce que le pays est en guerre ou en crise et que cette personnalité est maintenue éloignée de l'appareil du pouvoir. Cependant, on ne peut éviter des situations où l'empêchement serait utilisé comme un moyen détourné pour réaliser une révolution de palais[13].

Certaines Constitutions comportent des règles spécifiques, d'une part pour constater l'empêchement, d'autre part pour déterminer les modalités de remplacement de l'individu ainsi empêché.

L'organe compétent pour constater l'empêchement est souvent une autorité de type juridictionnel. Il s'agit en effet d'éviter qu'un concurrent politique ne feigne de constater l'empêchement d'un chef d'État, qui est en réalité parfaitement en mesure d'exercer ses fonctions. Une autorité juridictionnelle peut être réputée neutre et objective. Mais, elle ne peut généralement procéder à cette constatation de son propre mouvement et elle doit être saisie. Ainsi en France, c'est le Conseil constitutionnel, saisi par le gouvernement, qui constate l'empêchement.

Quant au remplacement, les constitutions peuvent distinguer l'empêchement temporaire ou définitif. Dans les deux cas, le remplacement est en général assuré dans les systèmes présidentiels par le vice-président, dans les systèmes parlementaires par le président de l'une ou l'autre Chambre. Mais dans le cas d'un empêchement définitif, deux solutions sont possibles : ou bien l'autorité chargée de remplacer le chef d'État exerce ses fonctions jusqu'à l'expiration de la durée normale du mandat – c'est la solution américaine – ;

13. En Tunisie, le président Bourguiba a été ainsi démis de ses fonctions en raison de l'état de sénilité que, à tort ou à raison, on lui prêtait et alors qu'il refusait de démissionner.

ou bien de nouvelles élections doivent être organisées, comme en France ou en Italie.

γ. *La responsabilité*

• Les chefs d'État

144. L'absence de responsabilité politique. – Dans la plupart des systèmes constitutionnels modernes, le chef d'État n'est pas politiquement responsable. En d'autres termes, il n'est pas tenu de démissionner à la demande d'une majorité parlementaire. Ceci s'explique par des raisons historiques : dans les premières Constitutions du XVIIIe et du XIXe siècles, le chef de l'État, monarque ou président, exerçait fréquemment une double fonction : d'une part, il participait à la fonction législative et à ce titre il devait rester indépendant pour pouvoir faire contrepoids à la Chambre ou aux Chambres ; d'autre part, il exerçait la fonction exécutive, qui était entendue très strictement et qui n'impliquait pas la conduite d'une politique. Il ne pouvait donc être question de sanctionner une divergence de politiques, dès lors que le chef de l'État n'était pas censé en conduire, ni même en proposer une. On pouvait seulement craindre qu'il s'écarte de la stricte exécution des lois et c'est la raison pour laquelle ses actes d'exécution devaient être contresignés par un ministre, qui était responsable, mais pénalement. Cette responsabilité ne visait pas à empêcher des divergences politiques, mais à punir ce qui ne pouvait être qu'un crime. Aujourd'hui, ces raisons ont en partie disparu puisque le pouvoir exécutif est un véritable pouvoir et l'irresponsabilité du chef d'État a d'autres justifications, d'ailleurs variées.

Dans les régimes parlementaires, il existe un cabinet, distinct du chef de l'État, qui dispose de la réalité du pouvoir exécutif et qui, lui, est responsable. Le chef de l'État est donc irresponsable parce qu'il n'a pas de pouvoir.

Dans les régimes présidentiels, où le président dispose de la réalité du pouvoir exécutif, on entend au contraire lui permettre de l'exercer en toute indépendance et éviter que ce pouvoir ne soit exercé indirectement par une majorité parlementaire. C'est précisément ce qui pourrait se produire si cette majorité pouvait destituer le président dès lors qu'il conduit une politique qu'elle désapprouve.

Mais il existe aussi des systèmes, de plus en plus nombreux, dans lesquels, comme en France, le gouvernement est responsable et où le chef de l'État peut être amené à exercer lui aussi un pouvoir considérable, voire à déterminer les grandes orientations politiques, mais demeure néanmoins irresponsable. Face à de tels systèmes, plusieurs attitudes intellectuelles sont possibles.

On peut d'abord estimer que ces systèmes sont pour l'essentiel des systèmes parlementaires : le président de la République ne peut rien sans le gouvernement, si bien qu'à travers lui, la majorité parlementaire a les moyens d'infléchir la politique du pouvoir exécutif.

Cependant, dans certains cas, la majorité parlementaire accorde au gouvernement – et donc indirectement au président – un soutien constant. Le gouvernement a alors une triple fonction politique : il applique les grandes orientations de la politique définie par le président ; il assure la direction de la majorité parlementaire ; enfin, il joue le rôle d'un fusible. Si le président se trouve dans l'incapacité de réaliser le programme sur lequel il a été élu ou s'il risque de devenir impopulaire, il peut changer l'équipe gouvernementale. Le système que l'on vient de décrire est celui que connaît la France dans les périodes de concordance des majorités. Il a été reproduit dans plusieurs des anciennes républiques socialistes, où l'on pouvait craindre qu'un président élu au suffrage universel et politiquement irresponsable ne se heurte soit à une majorité hostile qui le paralyserait, soit à une opinion publique, qui n'aurait d'autre recours que la force.

Mais certains auteurs soutiennent que, si ce type de dualisme s'explique par des raisons historiques (on a voulu un régime parlementaire), il ne se justifie plus : le chef de l'État devrait donc être considéré comme politiquement responsable, même si la Constitution n'organise pas cette responsabilité. En Italie, une partie de la doctrine estime qu'il pèse sur le président de la République une responsabilité « diffuse ». En France, des idées semblables ont été exposées par René Capitant. Selon lui, dans un système démocratique, il n'est pas acceptable qu'un homme dispose de pouvoirs importants et qu'il ne soit pas tenu de rendre compte au peuple de l'usage qu'il en fait. C'est pourquoi certains votes importants doivent jouer pour le chef de l'État le rôle d'une mise en jeu de sa responsabilité politique devant les électeurs. C'est ainsi que le général de Gaulle, notamment à l'occasion d'un référendum, avertissait le corps électoral qu'il se retirerait s'il était désavoué, ce qu'il fit en 1969 (v. *infra* n° 489).

La thèse de la responsabilité diffuse, comme celle de Capitant, pour séduisante qu'elle soit sur le plan de la théorie démocratique, est cependant juridiquement inacceptable. La double obligation du président de la République, de mettre son mandat en jeu à l'occasion d'un vote important et de se retirer en cas d'échec, n'est jamais qu'une obligation politique ou morale et nullement une obligation juridique et l'on ne peut dire qu'un président qui se comporte autrement viole la Constitution. Au demeurant, l'exemple du général de Gaulle n'a été imité par aucun de ses successeurs.

Le chef de l'État est donc bien irresponsable. Mais il y a en réalité à cette irresponsabilité politique un tempérament important : la responsabilité pénale n'est pas aussi différente de la responsabilité politique qu'il y paraît.

145. La responsabilité pénale. – On a vu que, dans les constitutions monarchiques, le chef de l'État n'est pas pénalement responsable, que cette irresponsabilité est la garantie de son indépendance en tant qu'autorité législative partielle et qu'elle a conduit au dualisme de l'exécutif. Le dualisme une fois institué, l'irresponsabilité se justifie encore dans ces régimes bien que le roi ait perdu son droit de veto : un roi qui serait pénalement condamné ne saurait rester en fonction et si toute condamnation le forçait à renoncer au trône, on perdrait le principal bénéfice de la monarchie : l'application mécanique d'une règle immuable de succession.

Mais cette justification disparaît dans les régimes républicains, que l'exécutif soit moniste ou dualiste, le président est toujours pénalement responsable. On n'envisagera pas ici la responsabilité pénale qui pèse sur les gouvernants du point de vue du droit international. Du point de vue du droit constitutionnel, la responsabilité peut prendre des formes diverses.

146. Du point de vue de la procédure : le privilège de juridiction. – La responsabilité pénale se définit avant tout par la procédure : alors que la responsabilité politique est mise en œuvre par un simple vote d'une assemblée politique, la responsabilité pénale implique deux phases et donc deux décisions distinctes qui doivent être prises par deux autorités différentes : l'accusation et le jugement. On peut alors distinguer deux types de procédures pénales.

Dans le premier type, l'accusation et le jugement sont prononcés par des assemblées politiques. C'est le cas par exemple aux États-Unis, où la Chambre des représentants vote l'accusation, *l'impeachment*, et défère le président au Sénat qui le juge. De même en France, le président de la République est accusé par les deux assemblées et jugé par la Haute Cour, c'est-à-dire par le Parlement (v. *infra* n° 599).

Dans d'autres cas, on craint que les Chambres n'exercent les pouvoirs d'accusation et de jugement d'une manière politique et on remet au moins le jugement à des autorités de type juridictionnel, une Cour suprême ou une Cour constitutionnelle. C'est le cas en Italie, en Autriche ou au Portugal. On concevrait mal en revanche que l'accusation puisse être exercée par une autorité judiciaire dans les conditions du droit commun parce que le chef de l'État serait à la merci de l'autorité qui met en mouvement l'action publique, voire des particuliers lorsque ceux-ci ont le droit de déclencher les poursuites.

147. Du point de vue des infractions. – Ce ne sont pas toujours tous les actes du chef de l'État qui sont susceptibles de donner lieu à ces poursuites pénales, mais seulement les crimes les plus graves. Le président allemand ne peut être mis en accusation que « pour violation délibérée de la Loi fondamentale ou d'une autre loi fédérale », le président américain seulement pour « trahison, concussion ou autres crimes et délits », le président de la République française (jusqu'en 2007) et le président de la République italienne pour les actes accomplis dans l'exercice de ses fonctions et qualifier de « haute trahison » (v. *infra* n° 599). Ces dispositions donnent lieu à deux sortes de difficultés.

En premier lieu les expressions « autres crimes et délits », « violation délibérée », « haute trahison » ou encore « manquement à ses devoirs manifestement incompatible avec l'exercice de son mandat », sont susceptibles d'être interprétées de diverses façons et peuvent, selon l'interprétation retenue, conduire ou non à une mise en jugement du chef de l'État. Il faut souligner par exemple que le crime de haute trahison n'étant pas défini par le Code pénal français, de sorte que n'importe quel acte accompli dans l'exercice des fonctions et jugé suffisamment grave pouvant être qualifié de « haute trahison ». De la même manière, on s'est demandé en 1998, à propos du président Clinton, si le simple fait pour le président de mentir dans le cadre d'une procédure civile purement privée pouvait être considéré comme un de ces « autres crimes et délits », propres à justifier une accusation ou si l'infraction devait être, comme la trahison ou la concussion, de nature à porter atteinte à la Constitution des États-Unis (Zoller, 1999). On voit que le choix de l'une ou l'autre interprétation est inévitablement politique ou même partisan. Dans le cas du président Clinton, par exemple, c'est avant tout parce que les républicains occupaient la majorité des sièges à la Chambre des représentants, qu'il a pu être accusé et parce qu'ils ne disposaient pas des trois cinquièmes des voix au Sénat qu'il a été acquitté. La responsabilité pénale est donc nécessairement politique. Toutefois, dans certains systèmes constitutionnels, on a prévu des procédures pour tenter d'éviter qu'un simple désaccord politique puisse trop facilement donner lieu à la mise en œuvre de la responsabilité. Ainsi, en France une loi organique a prévu qu'un président, mis en accusation par les Chambres, ne pouvait être renvoyé devant la Haute Cour qu'après qu'une commission d'instruction, composée de magistrats, s'est prononcée sur les charges retenues contre lui. La Russie connaît un système analogue.

La seconde difficulté concerne les actes qui ne relèvent pas de l'exercice des fonctions, c'est-à-dire ceux qui sont de nature purement privée, un crime passionnel, une fraude fiscale ou une simple violation du Code de la route ou ceux qui, de nature publique ou privée, sont antérieurs à l'entrée en fonction. Trois solutions sont théoriquement possibles. La première est fondée sur le principe d'égalité : le chef de l'État doit sans doute être protégé dans l'exercice de ses fonctions et en cette qualité, mais seulement en cette qualité. Pour le reste, il ne doit jouir d'aucun privilège, qui le mettrait au-dessus des lois. Il devrait donc être possible de le poursuivre comme n'importe quel sujet ou citoyen devant les juridictions ordinaires.

Selon la thèse opposée, le chef de l'État ne pourrait exercer librement ses fonctions, s'il pouvait être facilement poursuivi et s'il devait constamment se défendre contre des accusations visant des actes de la vie privée ou antérieurs à son mandat. Sa position particulière justifie donc qu'on apporte une exception temporaire au principe d'égalité. Il ne sera donc responsable que de certains actes particulièrement graves accomplis dans l'exercice des fonctions. Les autres actes relevant de ses fonctions, mais qui ne présentent pas un degré de gravité suffisant, ne donnent lieu à aucune responsabilité. Quant aux actes privés et aux actes antérieurs au début du mandat, ils peuvent donner lieu à poursuite, mais seulement après la fin du mandat.

La troisième thèse est intermédiaire : l'acte privé ou antérieur au mandat, mais dont on n'a connaissance qu'au cours de celui-ci, pourrait être d'une gravité extrême et il serait évidemment choquant qu'un grand criminel ne puisse être poursuivi avant la fin de son mandat. Il ne doit donc bénéficier d'aucune irresponsabilité. Mais comme la décision de le poursuivre et de le condamner pour ces crimes privés ou anciens présente un caractère politique, on ne peut laisser s'exercer la compétence des juridictions de droit commun et on fait bénéficier le chef de l'État d'une immunité de juridiction. Cette troisième thèse conduit donc à distinguer pour ces actes entre l'irresponsabilité, qui est refusée, et l'immunité de juridiction, qui est accordée.

Telle est précisément la solution américaine et celle qu'a retenue en France le Conseil constitutionnel dans une décision du 22 janvier 1999[14].

• Les ministres

148. La question de la responsabilité politique a déjà été envisagée dans le chapitre précédent et les développements qui suivent ne porteront que sur la responsabilité dite pénale. Les problèmes sont analogues mais non identiques à ceux qui se posent à propos du chef de l'État et analogues mais non identiques dans les régimes parlementaires et dans les régimes présidentiels.

La responsabilité pénale des ministres est leur raison d'être. Aussi, à la différence du chef de l'État, ne sont-ils jamais pénalement irresponsables. Mais, comme pour le chef de l'État, la question est de savoir si, pour les actes liés à leurs fonctions, ils doivent être soumis à une responsabilité de droit commun ou à un régime particulier. On conçoit trois solutions, qui ont chacune leurs partisans.

a) Ils sont soumis à un régime particulier. C'est le cas en France. Avant la réforme de 1993, ils relevaient de la Haute Cour de justice, comme le président de la République. Depuis 1993, c'est la Cour de justice de la République qui est compétente pour les juger, mais il s'agit encore d'une juridiction spéciale. C'est cette juridiction qui, en 1999, a jugé les anciens ministres dans l'affaire du sang contaminé. C'est aussi le système américain. La principale justification est que seule une juridiction spéciale, composée au moins en partie d'hommes politiques, est à même de prononcer un jugement, nécessairement politique. La principale critique adressée à cette solution, est précisément liée à cette justification : une juridiction composée d'hommes politiques peut prêter le flanc au soupçon de partialité.

b) Ils sont soumis à une responsabilité de droit commun devant les tribunaux ordinaires (Duhamel et Vedel, 1999). C'est le cas par exemple de l'Italie. La justification de cette solution réside dans le principe d'égalité et dans la neutralité des juges ordinaires. Le risque, comme pour le chef de l'État, est l'incapacité technique des juges ordinaires pour apprécier les conditions desquelles les ministres exercent leurs pouvoirs et la tentation des autorités judiciaires de mêler au déclenchement des poursuites ou au jugement des préférences politiques, alors qu'ils n'ont pas la qualité de représentants du souverain.

c) Pour les actes relatifs à leurs fonctions, ils sont soumis exclusivement à une responsabilité politique. Cette solution est préconisée par certains juristes, notamment parce que les critères du droit pénal apparaissent inadéquats, quand il s'agit d'apprécier les actes éminemment politiques, liés au fonctionnement de l'État (Beaud, 1999). Mais cette solution est manifestement inadaptée aux systèmes dans lesquels la responsabilité politique des ministres n'existe pas et, là où elle existe, au cas des anciens ministres.

14. 98-408 DC, *Traité portant statut de la Cour pénale internationale.*

Pour les actes extérieurs aux fonctions, dans la plupart des systèmes, les ministres sont soumis à une responsabilité de droit commun.

2. Les organes subordonnés

149. Le chef de l'État et les ministres ne peuvent exercer leurs attributions et notamment exécuter les lois qu'au moyen d'une administration, composée de fonctionnaires qu'ils nomment et qu'ils dirigent. En pratique, les fonctionnaires sont amenés à prendre un très grand nombre de décisions et disposent dans le cas des hauts fonctionnaires d'un pouvoir d'appréciation important. Mais ce qui confère au pouvoir exécutif son unité, c'est que ces fonctionnaires sont insérés dans une hiérarchie et qu'ils ne doivent user de leurs pouvoirs que conformément aux instructions qu'ils reçoivent.

La soumission de cette administration est l'élément décisif qui permet de désigner le chef d'État et les ministres comme « le pouvoir exécutif ».

Les ministres sont d'ailleurs eux-mêmes un élément de cette hiérarchie. Ils sont en effet le plus souvent placés à la tête d'une administration spécialisée, un département ministériel et, à ce titre, ils doivent appliquer les décisions prises par le pouvoir exécutif suprême en donnant les ordres nécessaires aux fonctionnaires placés sous leur autorité. D'un autre côté, ils sont aussi parfois membres de ce pouvoir exécutif suprême lorsqu'ils ont le droit de se réunir en conseil et de prendre des décisions collectivement. On parle alors de *dédoublement fonctionnel* pour marquer que le ministre est à la fois membre du gouvernement et chef de service et qu'en tant que chef de service, il doit appliquer les décisions prises par le gouvernement collectivement, auxquelles il a participé.

Il y a néanmoins des cas où l'exécution des lois échappe au pouvoir exécutif suprême. On parle dans ce cas de démembrement du pouvoir exécutif.

3. Le démembrement du pouvoir exécutif

150. Cette expression est à vrai dire inadéquate, parce qu'elle laisse entendre que le pouvoir exécutif aurait été dans un premier temps parfaitement unifié, pour être ensuite divisé. En réalité, il est fréquent que le constituant ou le législateur souhaite faire assurer l'exécution des lois par des autorités indépendantes du pouvoir exécutif suprême, soit par méfiance envers lui, soit simplement parce qu'on estime nécessaire de préserver dans certains domaines une marge d'autonomie. Ceci correspond à deux cas, la décentralisation territoriale, la création d'autorités administratives indépendantes.

a. La décentralisation territoriale

151. C'est un procédé d'organisation administrative (v. *supra* n° 70). L'exécution des lois par la production de normes locales est confiée non à des fonctionnaires dépendant du pouvoir exécutif suprême, mais à des autorités élues par les habitants des circonscriptions qu'elles administrent. La décentralisation apparaît ainsi comme une forme d'auto-administration.

Les décisions de ces autorités doivent en tout état de cause être conformes à la loi. Cette conformité est assurée soit par les tribunaux, soit par le gouvernement, soit par une combinaison des deux procédés. Mais, même lorsqu'elle est assurée par le gouvernement, celui-ci ne peut adresser des instructions aux autorités décentralisées, comme il le fait envers ses fonctionnaires.

b. Les autorités administratives indépendantes[15]

152. Dans les systèmes politiques modernes, il y a, on l'a vu, un nombre croissant de domaines dans lesquels la loi ne peut tout régler et doit se borner à énoncer des principes, de telle manière que les sujets soient soumis ou bien à des règlements ou bien à des décisions prises au cas par cas. Dans l'État traditionnel, ces règlements et ces décisions étaient adoptés par le pouvoir exécutif. Il est apparu que cette solution pouvait présenter des inconvénients dans certains cas, soit qu'on soupçonnât le pouvoir exécutif de manquer de la compétence technique ou l'impartialité nécessaire, dans des matières qui touchent à des libertés fondamentales, soit que le pouvoir exécutif pût craindre, par lâcheté, de prendre des décisions difficiles, soit encore que, par souci corporatiste, certaines professions aient réclamé et obtenu le pouvoir de se gérer elles-mêmes, soit enfin que les ministères n'aient pas l'expertise technique suffisante pour s'occuper de certains domaines d'activité.

On a donc créé, dans plusieurs pays, des autorités dites *autorités administratives indépendantes*, assez différentes les unes des autres, mais qui présentent un caractère commun important : elles ne sont pas soumises à la hiérarchie administrative et ne reçoivent pas d'instructions du gouvernement. Elles sont composées de manière à garantir à la fois la neutralité et l'impartialité, la compétence technique, la protection des intérêts des destinataires des décisions. C'est pourquoi elles comprennent souvent des magistrats, des membres des professions intéressées, des représentants des usagers, des personnalités choisies en raison de leurs compétences ou de leur valeur morale. Les techniques de désignation sont variées : élection par les membres d'une profession ou d'un corps de magistrats, cooptation, nomination par des autorités politiques ou combinaison de ces procédés[16].

§3. La fonction juridictionnelle[17]

153. La fonction juridictionnelle consiste à résoudre les litiges. L'exercice de la fonction juridictionnelle soulève de très graves problèmes pratiques et politiques que l'on tente parfois de résoudre à partir de discussions théoriques. On demande ainsi si la justice constitue ou non un

15. Voir Colliard et Timsit, 1988 ; Collet, 2003 ; Conseil d'État, 2001.
16. Sur l'application de cette notion en droit français, voir n° 627.
17. Boucobza, 2005.

troisième *pouvoir* pour tenter de déduire de la réponse à cette question des conséquences pour l'indépendance des juges ou l'autorité de la jurisprudence.

À cette question, il n'est pas possible d'apporter de réponse, parce qu'il n'existe pas d'*essence* de la justice ou de la fonction juridictionnelle. On peut seulement examiner quelles conceptions de la justice ont servi à justifier tel ou tel type de solution pratique et quelle est l'étendue du pouvoir dont disposent en fait les autorités judiciaires du fait de ces solutions.

A. Différentes conceptions de la fonction juridictionnelle

1. Le jugement-syllogisme

154. Tout d'abord, on peut considérer que la fonction juridictionnelle consiste à trancher des litiges, en appliquant une règle générale législative à un cas particulier. Le jugement apparaît alors comme le produit d'un syllogisme dit « pratique », parce que tourné vers l'action, à la différence du syllogisme « théorique », qui fonde la connaissance. Le syllogisme théorique conduit à partir d'une prémisse majeure, « tous les hommes sont mortels » et une prémisse mineure « Socrate est un homme », à la conclusion certaine « Socrate est mortel ». Les prémisses comme la conclusion sont des propositions. Si les prémisses sont vraies, la conclusion est nécessairement vraie. Le syllogisme pratique présente une structure identique :

- *prémisse majeure :* « tous les voleurs doivent être punis de cinq ans de prison » ;
- *prémisse mineure :* « Dupont est un voleur » ;
- *conclusion :* « Dupont doit être puni de cinq ans de prison ».

La seule différence est qu'ici la prémisse majeure et la conclusion ne sont pas des propositions, mais des prescriptions (v. *supra* n° 5).

C'est la conception adoptée par la Révolution française. Elle est encore largement dominante, parce qu'elle est parfaitement compatible avec le principe démocratique : il n'y a pas d'autre pouvoir que celui de la loi.

Il en découle que la fonction juridictionnelle n'est qu'une partie de la fonction exécutive : elle consiste, en effet dans l'application de la loi. Mais il n'en résulte pas que la fonction juridictionnelle doive être exercée par le pouvoir exécutif, ni d'ailleurs par le pouvoir législatif. Bien au contraire, les fonctions doivent être séparées. Si elles ne l'étaient pas, le risque serait que le jugement ne soit pas la stricte exécution de la loi, mais l'expression des caprices du législateur ou de l'exécutif. On considère par conséquent que s'il n'y a que deux fonctions, la fonction exécutive se subdivise en *fonction exécutive proprement dite* ou *fonction administrative* et *fonction exécutive contentieuse* ou *fonction juridictionnelle*, chacune d'elles étant exercée non pas par un *pouvoir*, mais par une *autorité*. Ce vocabulaire n'a pas disparu et la Constitution de 1958 emploie l'expression *autorité judiciaire*.

Il est clair que, selon cette conception, la fonction juridictionnelle n'est pas la mise en œuvre d'un véritable pouvoir, car la prémisse majeure se trouve dans la loi, tandis que la prémisse mineure décrit un fait objectif. Le rôle du juge consiste donc seulement à déduire une conclusion et l'on peut alors dire, que, la puissance de juger est, selon une formule célèbre de Montesquieu, « en quelque sorte nulle ».

Il en résulte plusieurs conséquences.

La première est que les juges doivent être indépendants. En particulier, ils ne doivent pas être révocables, ni par le pouvoir législatif, ni par le pouvoir exécutif. Dans certains systèmes, on ajoute des exigences supplémentaires : ils ne doivent pas tenir leur nomination de l'un ou de l'autre, ce qui signifie en pratique qu'ils doivent être ou bien élus ou bien cooptés ; de même leurs carrières ne doivent pas dépendre des autres pouvoirs.

La seconde conséquence est que, à l'inverse, les juges ne doivent pas exercer d'autres fonctions que la fonction juridictionnelle. Ceci pose un problème délicat, celui de l'interprétation.

2. Le juge créateur

155. La théorie du syllogisme judiciaire repose entièrement sur l'idée que la prémisse majeure est pour le juge un donné, qu'il n'a aucun pouvoir de décision sur cette prémisse. Mais dans la réalité, il existe de nombreuses situations où le juge peut trouver plusieurs textes applicables à un même litige et conduisant à des solutions différentes et d'autres situations où il ne trouve aucun texte. Il est également possible et fréquent que le texte applicable soit porteur de plusieurs significations. Dans tous ces cas, il devient nécessaire de faire des choix et il n'est plus vrai de dire que les juges ne disposent d'aucun pouvoir. On est conduit, bien au contraire, à souligner que juger, c'est exercer un véritable pouvoir de création du droit.

Cette conception, qui s'est répandue à partir de la fin du XIXe siècle, implique elle aussi un certain nombre de conséquences : la fonction juridictionnelle n'est plus perçue comme une variété d'exécution, puisqu'elle ne consiste plus, en effet, dans l'exécution des lois. C'est une troisième fonction et l'on revendique au profit de ceux qui l'exercent le titre de « pouvoir judiciaire ». Elle doit être exercée par un pouvoir neutre : des juges professionnels indépendants. Ce troisième pouvoir peut servir de contrepoids aux deux autres : il peut contrôler les actes du pouvoir exécutif et même ceux du pouvoir législatif.

B. Les solutions

156. Les solutions adoptées dans les différents systèmes constitutionnels sont extrêmement variables et s'inspirent de l'une ou l'autre conception avec une rigueur variable. On peut, pour simplifier, considérer que la Révolution française a appliqué rigoureusement la conception du jugement-syllogisme et que les solutions adoptées postérieurement en France ou, dans d'autres pays, empruntent aux deux modèles.

1. Les solutions françaises de l'époque révolutionnaire

157. Elles se caractérisent par la volonté de spécialiser le juge dans la production de syllogismes. Il importe donc que les prémisses soient pour lui un donné sur lequel il n'aura aucune prise. Pour la prémisse mineure, qui décrit un fait, la solution est simple : ce n'est pas le juge, mais un jury qui l'établira. Quant à la prémisse majeure, la règle générale à appliquer, il ne peut s'agir que d'une loi, c'est-à-dire d'un acte adopté par le Parlement. Il faut donc faire en sorte que le juge n'ait aucune prise sur la loi. Ceci implique deux interdictions.

La première concerne les arrêts de règlements. Il s'agissait de décisions des Parlements de l'Ancien Régime, qui ne tranchaient pas un litige précis, mais contenaient l'énonciation d'une règle générale et abstraite. L'interdiction de ces arrêts, qui constituaient une immixtion dans l'exercice du pouvoir législatif, est formulée dans la loi des 16-24 août 1790, puis à nouveau dans l'article 5 du Code civil. Elle est donc toujours en vigueur.

La seconde porte sur l'interprétation. Sur ce point, on se trouve devant un dilemme : d'une part, on estime que l'interprétation des lois permet de leur accorder à volonté telle ou telle signification et n'est en définitive, comme les arrêts de règlements, qu'une usurpation du pouvoir législatif. C'est pourquoi on refuse l'idée que la jurisprudence puisse être une source du droit. Mais d'autre part, si le juge ne peut jamais interpréter, comme la loi peut être obscure, certains litiges ne pourront jamais être résolus. La solution, ingénieuse mais difficilement praticable, consista à distinguer deux types d'interprétation. En premier lieu, il faut interdire rigoureusement aux juges, toute interprétation par voie de dispositions générales et abstraites, qui équivaudraient à des arrêts de règlement. Mais, en second lieu, il faut leur permettre et même les obliger à interpréter la loi, lorsque cette interprétation est nécessaire pour résoudre un litige concret (interprétation dite *in concreto*). Cette obligation est formulée expressément à l'article 4 du Code civil.

La difficulté provient de l'existence d'une multiplicité de tribunaux, qui peut faire craindre qu'une loi ne soit interprétée dans un sens à Bordeaux et dans un autre sens à Lille. Si l'on organise une hiérarchie de juridictions, dans le but d'assurer par le jeu des appels une unité d'interprétation, on verra se former une *jurisprudence*, c'est-à-dire un ensemble de règles générales émanant des juges, précisément ce qu'on voulait éviter. C'est pourquoi, les révolutionnaires imaginent le référé législatif : on crée un tribunal de cassation, établi auprès du corps législatif qui cassera les décisions reposant sur une fausse interprétation de la loi et prononcera une interprétation *in concreto* correcte. Mais, en cas de désaccords répétés entre le tribunal de cassation et les cours d'appel de renvoi, *on présumera* qu'une interprétation générale, dite *in abstracto*, devient nécessaire et, comme il s'agit là d'un acte de législation, c'est le pouvoir législatif lui-même qui rendra cette interprétation (Hufteau, 1965).

En pratique, cette solution n'a pas donné les résultats escomptés. D'une part les juges, terrifiés, spécialement pendant la période révolutionnaire, par l'interdiction d'interpréter *in abstracto*, s'abstiennent d'interpréter, même *in concreto*, ce qui aboutit à de véritables dénis de justice. D'autre part, la procédure qui doit permettre au législateur d'interpréter la loi est si lourde qu'elle n'aboutit jamais. Aussi, le référé législatif sera-t-il définitivement aboli en 1837. C'est désormais la Cour de cassation, qui donnera de la loi une interprétation qui s'impose à tous. On consacre ainsi l'avènement de la jurisprudence comme source du droit.

2. Les solutions contemporaines. La théorie du pouvoir judiciaire

158. Dès lors que la jurisprudence est une source de droit et que les juges ne sont plus considérés exclusivement comme une autorité d'application de la loi, on parle parfois d'un troisième pouvoir, le pouvoir judiciaire. Cependant, si l'on donne à l'expression une signification non seulement fonctionnelle, mais organique, on ne peut parler d'un véritable pouvoir judiciaire qu'à un certain nombre de conditions, qui sont rarement remplies.

Notons d'abord qu'il n'est pas nécessaire de s'arrêter aux termes employés par le texte constitutionnel. Il arrive en effet qu'un chapitre soit intitulé « pouvoir judiciaire », comme dans la Constitution française de 1791, alors que les juges ne disposent pas d'un véritable pouvoir et sont même maintenus dans une situation subordonnée ou au contraire lorsqu'ils sont investis de compétences très réelles tout en étant désignés comme une simple « autorité judiciaire ».

C'est donc l'organisation des tribunaux et l'étendue de leurs attributions qui doit être examinée. En réalité, il est utile de distinguer deux sens très différents de l'expression « pouvoir judiciaire ».

Au sens large, l'expression désigne simplement l'indépendance et spécialement l'inamovibilité des juges, qui peuvent exercer la fonction juridictionnelle à l'abri de toute influence du pouvoir législatif ou du pouvoir exécutif. L'essentiel est qu'ils ne puissent être révoqués par les autres pouvoirs. Mais il peut exister des variations considérables dans les procédés de recrutement, de nomination, d'avancement ou dans l'exercice du pouvoir disciplinaire sur les juges. Dans les pays de *Common Law*, les juges sont désignés selon des procédés divers, élection ou nomination ; ils sont choisis parmi les juristes déjà expérimentés, avocats ou professeurs de droit, mais ils ne forment pas un corps unique au sein duquel ils feraient carrière. Si l'on parle néanmoins d'un pouvoir judiciaire, c'est en raison de leur indépendance. Dans les pays de l'Europe continentale, l'indépendance est organisée différemment : il existe des corps de magistrats, recrutés par concours, comme les autres fonctionnaires. Leur carrière se déroule au sein de ces corps et leur avancement est réglé par un conseil de la magistrature, composé au moins en partie de représentants élus des magistrats. C'est ce conseil qui exerce également le pouvoir disciplinaire.

Il faut signaler le problème particulier du parquet. On appelle ainsi l'ensemble des magistrats qui exercent notamment les poursuites en matière pénale. Ils revendiquent parfois, comme en France (v. *infra* n° 832 et s.), un statut analogue à celui des juges du siège et notamment les mêmes garanties d'indépendance. Ce statut ne leur est généralement reconnu que lorsque, comme en Italie, la loi ne leur confère pas le pouvoir discrétionnaire d'exercer ou non les poursuites.

Au sens étroit, qui est aussi le sens fort, on parle de pouvoir judiciaire quand on le conçoit comme un contre-pouvoir. Ceci implique d'une part que, pour que les tribunaux soient en mesure de faire contrepoids au pouvoir législatif, ils puissent contrôler la constitutionnalité des lois et d'autre part que la carrière des magistrats ne dépende en rien du pouvoir exécutif, qui ne doit pouvoir ni les promouvoir, ni les sanctionner, ni *a fortiori* les révoquer. Ces deux propositions peuvent d'ailleurs faire l'objet d'une interprétation radicale, la première pour signifier que le contrôle de constitutionnalité ne doit pas être exercé par une Cour constitutionnelle spécialisée, comme c'est en général le cas en Europe, mais par les tribunaux ordinaires, sous l'autorité d'une Cour suprême, la seconde de telle manière que ce ne sont pas seulement les juges, mais aussi les autorités de poursuite, les procureurs, qui devraient être considérés comme faisant partie du pouvoir judiciaire et bénéficier d'une totale indépendance.

Cependant, cette idée d'un pouvoir judiciaire au sens fort est difficilement compatible avec les théories démocratiques proclamées par toutes les Constitutions contemporaines. Dans une démocratie, en effet, si le pouvoir législatif est exercé par les représentants du peuple souverain, on conçoit mal qu'il puisse exister un contre-pouvoir dans la personne de juges non élus.

§4. Les pouvoirs de crise[18]

159. Il peut se produire des événements auxquels les pouvoirs constitués sont incapables de faire face, soit parce qu'ils sont matériellement paralysés par ces événements eux-mêmes, soit tout simplement parce que la lenteur des procédures, le respect des droits et libertés fondamentaux ou la division des compétences les en empêchent. Qu'il s'agisse de guerres étrangères ou intérieures ou de catastrophes naturelles, on comprend que le respect de la Constitution rende difficile, voire impossible de faire face à ces situations. Il peut même arriver que la crise menace la Constitution elle-même. On peut alors estimer qu'il faut pouvoir agir et décider rapidement en dehors des formes constitutionnelles, c'est-à-dire en concentrant pour un temps tous les pouvoirs dans les mains d'un seul. C'est pourquoi, on a pu écrire que les périodes de crise nécessitaient un souverain et par voie de conséquence qu'elles fournissaient un véritable test permettant de déceler celui qui, dans l'État, est véritablement le souverain : c'est celui qui « décide de la situation exceptionnelle » (Schmitt, 1988). D'un point de vue juridique, deux cas peuvent se

18. Saint Bonnet, 2001.

présenter : la Constitution ne contient aucune règle relative aux circonstances exceptionnelles ou elle a au contraire cherché à aménager les pouvoirs permettant d'y faire face.

Si le texte constitutionnel ne comporte aucune disposition pour temps de crise, le législateur peut, en cas de besoin, prendre lui-même les mesures appropriées ou conférer des pouvoirs exceptionnels à une autorité distincte, l'exécutif, une partie de l'exécutif, l'armée. Ces pouvoirs exceptionnels excéderont ceux qui sont normalement exercés par ces autorités et même le pouvoir attribué par la Constitution au législateur, s'ils comprennent par exemple des compétences judiciaires. On justifie cependant un tel acte par un principe non écrit, « *salus populi suprema lex* », le salut du peuple - ou de la république ou de la Constitution - est la loi suprême. En d'autres termes, il serait permis de suspendre - pour un temps - la Constitution, si c'est le seul moyen de sauver la Constitution.

Une telle solution comporte deux séries de difficultés principales : la première est théorique. Elle est liée au statut du principe « *salus populi...* ». Ou bien l'on considère qu'il ne s'agit pas d'une norme juridique, mais d'une simple nécessité politique. Cette suspension de la Constitution n'est alors qu'une violation. Ou bien, il s'agit d'une norme juridique implicite de valeur constitutionnelle. Dans ce cas, il n'y a évidemment aucune violation, mais il ne s'agit pas non plus d'une suspension, mais d'une simple mise en œuvre de la constitution[19].

La seconde série de difficultés est d'ordre pratique : il n'y a aucune mesure objective de la nécessité de recourir à l'état d'exception et l'on peut concevoir sans trop de peine qu'une autorité quelconque prenne prétexte d'un péril imaginaire pour justifier l'usurpation du pouvoir. Sans doute, peut-on concevoir que les constitutions s'efforcent de prévoir et régler ce type de situations, mais les constituants se trouvent pris entre deux objectifs contradictoires : ou bien ils tentent de fixer des limites aux pouvoirs de crise, de crainte d'un usage arbitraire, mais ils risquent de prescrire des règles qui, le moment venu, se révéleront inadéquates. Ou bien, ils privilégient l'efficacité, avec le risque inverse d'un usage arbitraire. Cela dit, les techniques et les règles sont extrêmement variées et peuvent être classées selon plusieurs axes, relativement à ce qu'elles prévoient pour la mise en œuvre des pouvoirs de crise, la détermination du bénéficiaire et les pouvoirs qui lui seront conférés.

A. La mise en œuvre

160. La Constitution peut s'abstenir de définir les circonstances qui justifient la mise en œuvre de ces pouvoirs, parce qu'on estime que ces circonstances sont par nature imprévisibles et qu'une définition trop stricte empêcherait d'y faire face ou obligerait à une violation du droit.

Elle peut aussi tenter une telle définition. Les circonstances visées sont alors soit externes au système constitutionnel (guerre extérieure,

19. Troper, 2011.

insurrection, catastrophes naturelles[20]), soit internes au système, c'est-à-dire une paralysie du système constitutionnel lui-même, soit, comme en France, avec l'article 16, une combinaison de ces deux phénomènes.

Qu'une définition figure ou non dans le texte constitutionnel, celui-ci doit désigner l'autorité compétente pour constater officiellement que les circonstances qui justifient la mise en œuvre des pouvoirs se trouvent réalisées. Cette autorité peut être, comme en France, celle-là même qui exercera les pouvoirs exceptionnels, avec le risque évident d'un usage abusif. Mais il peut s'agir aussi d'une autorité différente, le Parlement ou une juridiction, avec ici un double risque : connivence avec le bénéficiaire des pouvoirs de crise ou au contraire rivalité avec ce bénéficiaire et impossibilité de jamais les mettre en œuvre. Il arrive aussi que le régime des circonstances exceptionnelles puisse être mis en vigueur par une autorité, par exemple le pouvoir exécutif, mais sous le contrôle d'une autre, par exemple le Parlement, ou qu'il ne puisse l'être que pour un certain temps, au terme duquel le Parlement peut décider de le prolonger, comme en France pour l'état d'urgence.

B. Détermination du bénéficiaire

161. Il peut s'agir d'une autorité spécialement créée pour exercer ces pouvoirs pendant la période de crise (cas de la dictature romaine) ou d'une autorité instituée, par exemple l'armée ou l'un des pouvoirs publics constitutionnels, le plus souvent le chef de l'État.

C. Les pouvoirs conférés à cette autorité

162. Ces pouvoirs peuvent être définis de plusieurs manières :

Par leur objet (assurer par tous moyens la conduite de la guerre ou le maintien de l'ordre ou simplement, comme en France, prendre les mesures exigées par les circonstances) ou par la nature des normes que leur détenteur est habilité à édicter : des normes de niveau législatif avec ou sans possibilité de déroger à la Constitution, notamment pour limiter l'exercice des droits et libertés, des normes administratives ou même juridictionnelles, par dérogation aux compétences normales.

- Leurs modalités d'exercice : tous les pouvoirs peuvent être concentrés entre les mains d'une seule autorité, le plus souvent une autorité exécutive, pour être exercés sans aucune formalité, mais la Constitution peut aussi exiger le respect de certaines procédures notamment l'obligation de consulter certains organismes, voire de recueillir leur consentement.
- Le délai pendant lequel ils peuvent être exercés. Ce délai peut être fixé par la Constitution elle-même. Il peut aussi être à la discrétion du bénéficiaire lui-même ou d'un tiers, soit l'autorité compétente pour mettre en vigueur ces pouvoirs exceptionnels, soit une autre.

20. Les constitutions nouvelles de l'Europe de l'Est ajoutent les catastrophes écologiques, du type Tchernobyl.

- L'incidence sur les autres autorités. La mise en vigueur des pouvoirs de crise peut être liée à une suspension totale de la Constitution. Dans ce cas, les autorités autres que celle qui est dotée des pouvoirs de crise ne peuvent exercer leurs compétences, ni même dans certains cas se réunir. Mais il peut s'agir seulement d'une suspension partielle pour permettre à une autre autorité de contrôler l'usage qui en est fait. Il se peut aussi que la Constitution ne soit pas suspendue, mais qu'elle autorise le transfert de certains pouvoirs de l'administration à l'autorité militaire, comme dans le cas de l'état de siège ou le renforcement de certains pouvoirs de l'administration, comme dans le cas de l'état d'urgence.

Sous-section 2
La désignation des gouvernants : le scrutin

163. Le procédé le plus courant pour la désignation des gouvernants dans les systèmes politiques contemporains est l'élection. Plusieurs questions se posent.

D'abord celle des conditions requises pour participer à cette élection. Qui peut exercer le droit de vote (ou droit de suffrage) ?

Ensuite, l'élection elle-même est susceptible de modalités très différentes qui ne sont pas sans influence sur les résultats et, par conséquent, sur la portée du suffrage émis par les citoyens. L'étude de ces modalités conduit à distinguer différents modes de scrutin.

Enfin, le choix d'un mode de scrutin pose toujours des problèmes délicats et l'expérience montre qu'il peut être influencé par les intérêts des partis au pouvoir.

§1. Le droit de suffrage

164. En ce qui concerne l'attribution et l'exercice de ce droit, tous les pays ont connu depuis le XIXe siècle une évolution qui va dans le même sens et que l'on peut résumer en deux mots : universalité et égalité.

165. Universalité. – Primitivement réservé à un petit nombre de privilégiés, le suffrage n'est plus subordonné aujourd'hui à des conditions de revenu, d'instruction ou de sexe mais seulement à des conditions d'âge et de nationalité. Mais, il arrive que les nationaux ne forment qu'une partie de la population. Dans la plupart des pays, l'âge de la majorité électorale est aujourd'hui de dix-huit ans. Et tous les ressortissants nationaux sont électeurs lorsqu'ils atteignent cet âge minimum, sauf s'ils se trouvent dans un cas d'incapacité morale ou intellectuelle constaté par une décision de justice. C'est en ce sens que l'on peut parler de suffrage universel. Dans certains États, toutefois, les nationaux ne sont électeurs que dans la mesure où ils résident dans le pays. En France, au contraire, la condition de résidence n'est pas exigée. Depuis la réforme constitutionnelle de 2008, les

Français résidant à l'étranger ont leurs propres représentants à l'Assemblée nationale et au Sénat.

Il convient de noter que le suffrage universel n'a été vraiment réalisé qu'à une date relativement récente. En France, il a fallu attendre 1945 pour que les femmes puissent voter. Aux États-Unis c'est seulement en 1964 que fut adopté le XXIVe amendement interdisant les taxes électorales (*poll taxes*) qui permettaient d'écarter du corps électoral, dans certains États, environ 15 % de la population (essentiellement les Afro-Américains).

Et aujourd'hui encore, sans cesser d'être universel, le suffrage peut être *indirect*, c'est-à-dire qu'au lieu d'être désigné par l'électeur lui-même, les représentants le sont par des personnalités elles-mêmes élues au suffrage universel. Ce suffrage indirect ou à deux degrés est, par exemple, celui qui est actuellement utilisé en France pour l'élection des sénateurs.

166. Égalité. – La démocratie n'implique pas seulement l'universalité du suffrage. Il faut également que la voix de chaque électeur pèse exactement le même poids, quels que soient son niveau d'instruction, son état civil, sa profession ou sa situation de fortune. Il n'en a pas toujours été ainsi. Certains pays ont connu autrefois l'institution du vote plural : en Belgique, par exemple, sous le régime de la Constitution de 1831, un célibataire sans fortune et sans diplôme n'avait qu'une voix, alors qu'un homme marié, propriétaire foncier et titulaire d'un diplôme universitaire pouvait disposer de quatre voix ; au Royaume-Uni, le vote plural a subsisté jusqu'en 1950. Mais il a aujourd'hui complètement disparu. En théorie tout au moins, le principe « un homme, une voix » a partout triomphé. En pratique, il subsiste parfois encore des inégalités, mais elles ne sont plus liées à des distinctions sociales : elles résultent soit du découpage des circonscriptions, soit de la représentation de certaines collectivités territoriales.

Si deux circonscriptions élisent le même nombre de représentants, alors que leur population d'électeurs est différente, la voix d'un électeur de la circonscription la moins peuplée pèse évidemment plus lourd. Pour éviter de telles inégalités, il ne suffit pas que le découpage ait été effectué à l'origine de façon égalitaire ; il faut encore qu'il puisse être révisé périodiquement pour tenir compte des évolutions démographiques. Ceci suppose, d'une part, l'organisation de recensements de la population à des intervalles relativement rapprochés et, d'autre part, une surveillance exercée par un organisme indépendant (juge constitutionnel par exemple) pour s'assurer que le découpage est effectivement modifié en tenant compte des résultats de ces recensements.

Mais on estime parfois que ce ne sont pas seulement les hommes, mais les territoires eux-mêmes qui doivent être représentés. C'est particulièrement net dans les États fédéraux, où l'on considère que les États membres ont des intérêts propres et qu'ils doivent être représentés de façon non directement proportionnelle à leur population. Dans certains cas, aux États-Unis par exemple, tous les États élisent le même nombre de sénateurs à la Chambre haute, quelle que soit leur population, alors même que celle-ci peut varier de moins d'un million, comme en Alaska, à plus de trente millions, comme en Californie. Mais même dans les États unitaires comme la France, les collectivités territoriales peu peuplées bénéficient à la seconde Chambre d'une surreprésentation.

On peut aussi calculer le nombre de représentants auquel aura droit une circonscription en fonction d'autres critères que ceux tirés du nombre des électeurs. Ainsi, aux États-Unis, dans les années qui ont suivi la mise en place de la Constitution, chaque État pouvait envoyer à la Chambre des représentants un nombre d'élus calculé sur la base du nombre des électeurs augmenté des 2/3 du nombre des esclaves.

§2. Les différents modes de scrutin

167. La *summa divisio* des modes de scrutin est fondée sur l'opposition des systèmes majoritaires et des systèmes proportionnels. Mais de nombreux pays ont adopté des systèmes mixtes, qui combinent, selon des modalités variables, des éléments majoritaires et proportionnels.

A. Les systèmes majoritaires

1. Généralités sur les scrutins majoritaires

168. Le propre des *scrutins majoritaires* c'est que, dans chaque circonscription, le ou les sièges sont attribués en bloc aux candidats ou à la liste arrivé(e.s) en tête ; en d'autres termes, les tendances minoritaires ne sont pas représentées et les voix qui se sont portées sur elles sont perdues.

Le scrutin majoritaire peut se pratiquer dans le cadre de grandes circonscriptions où l'électeur doit choisir une liste de candidats. C'était le cas en France sous la Seconde République, où les députés étaient élus dans le cadre départemental[21]. Mais, aujourd'hui, en ce qui concerne tout au moins les élections législatives, les pays restés fidèles au scrutin majoritaire le pratiquent plutôt dans le cadre de petites circonscriptions où un seul siège est à pourvoir. Ce cadre présente un double avantage : d'une part, les rapports entre les candidats et les électeurs sont plus personnalisés ; d'autre part, plus les circonscriptions sont nombreuses, plus il y a de chances que la majorité ne soit pas la même partout, ce qui atténue quelque peu l'effet monolithique du principe majoritaire.

Les trois formes de scrutin majoritaire les plus répandues sont : le scrutin uninominal à un seul tour de type britannique ; le scrutin majoritaire uninominal à deux tours de type français ; et enfin le vote alternatif que l'on peut désigner sous le nom de système australien, car c'est surtout dans ce pays qu'il est pratiqué.

21. En France, le scrutin majoritaire de listes est encore utilisé pour les élections municipales dans les communes de moins de 3 500 habitants mais les listes ne sont pas bloquées ce qui permet aux électeurs d'écarter un nom et de le remplacer par un autre.

2. Le scrutin majoritaire uninominal à un seul tour (système britannique)

169. C'est le plus simple de tous les modes de scrutin : un seul siège est à pourvoir dans chaque circonscription, l'élection se joue en un seul tour, et le candidat qui a recueilli le plus de voix est élu, sans qu'il ait à satisfaire à la condition d'un pourcentage minimum par rapport aux suffrages exprimés ou aux électeurs inscrits. Ce système, que les auteurs anciens désignaient généralement sous le nom de scrutin à la pluralité des voix, est traditionnel au Royaume-Uni. Pour les Anglo-Saxons, c'est une institution tellement fondamentale qu'ils lui ont donné un nom spécial : le « *First-Past-The-Post* » (FPTP)[22]. Sous sa forme pure, le FPTP n'est pas pratiqué en Europe continentale, mais il est assez répandu dans le monde anglo-saxon et dans les pays du Commonwealth. On l'utilise notamment au Canada, aux États-Unis et en Inde. C'est donc le mode de scrutin en vigueur dans les deux démocraties les plus peuplées du monde.

Il exerce une influence importante sur la vie politique en incitant l'électeur à « voter utile », c'est-à-dire à donner son suffrage au candidat qui, sans répondre exactement à ses vœux, en est cependant le plus proche. Comme il n'a qu'un coup à jouer, l'électeur l'utilise pour éliminer le candidat dont il ne veut pas. Conscientes de cette attitude psychologique, les différentes forces politiques se regroupent de telle sorte que la compétition électorale s'apparente à un combat entre deux camps. Le FPTP conduit donc, sinon toujours au bipartisme, comme en Grande-Bretagne et aux États-Unis, du moins à une bipolarisation assez nette de la vie politique : en Inde, par exemple, en dépit de l'immensité du pays, de sa diversité ethnique et religieuse, les principales forces politiques se sont regroupées en deux grandes coalitions, dirigées, l'une par un parti laïque, le parti du congrès, qui a longtemps exercé le pouvoir, et l'autre par un parti traditionaliste de tendance hindouiste, le Bharatiya Janata Party (BJP), au pouvoir depuis 2014.

Cette structuration bipolaire se combine généralement avec la surreprésentation du parti vainqueur car dans toutes les circonscriptions où son candidat arrive en tête, les voix recueillies par les autres candidats sont perdues[23]. Cette surreprésentation permet au parti vainqueur d'obtenir plus de la moitié des sièges alors qu'il obtient moins de la moitié des voix au plan national.

22. Cette dénomination a été vraisemblablement inspirée par une comparaison entre l'élection d'un député et la course à pied : de même que le gagnant de la course est celui qui franchit le premier le poteau d'arrivée, parce qu'il a couru plus vite que n'importe lequel de ses concurrents, de même le vainqueur de l'élection est celui qui a recueilli plus de suffrages que n'importe quel autre candidat.

23. On a tenté de formaliser cet effet de surreprésentation au moyen d'une relation mathématique connue sous le nom de loi du cube : en supposant que les voix du parti majoritaire et celles du parti minoritaire soient dans un rapport de 5/4, les sièges qu'ils obtiendront seront dans un rapport de (5/4) à la puissance 3, c'est-à-dire dans cet exemple 125/62, ce qui est évidemment très favorable au parti majoritaire. Bien entendu, cette relation n'exprime qu'une tendance générale qui n'est pas toujours vérifiée, même d'une manière approximative, par les résultats d'une élection déterminée.

Le FPTP présente de notables avantages : en votant pour un député, les électeurs choisissent également un Premier ministre et une équipe gouvernementale ; il est fréquent qu'il y ait une majorité nette au sein du Parlement, de sorte que la stabilité gouvernementale est alors pratiquement garantie pendant toute la durée de la législature ; enfin, comme il suffit généralement d'un faible déplacement de voix pour provoquer un renversement de majorité, l'alternance est toujours possible, ce qui permet aux électeurs de sanctionner une équipe qui les a déçus.

Mais le scrutin de type britannique suscite également de nombreuses critiques : en premier lieu, on lui reproche de simplifier abusivement et de figer le paysage politique car les tiers partis et les nouveaux courants sont généralement tenus à l'écart du Parlement ; en second lieu, ce qui est paradoxal pour un système majoritaire, le gouvernement ne représente souvent qu'une minorité de l'électorat car, grâce à l'effet amplificateur du mode de scrutin, un parti ou une coalition peut obtenir assez facilement la majorité absolue des sièges avec moins de 50 %[24], parfois même moins de 40 % des voix ; enfin, dans les circonscriptions durablement acquises à l'un ou l'autre des deux blocs, la voix des électeurs flottants est pratiquement neutralisée, car elle ne peut avoir aucune influence sur la répartition des sièges.

C'est pourquoi, dans certains au moins des pays où il est traditionnellement utilisé, le scrutin de type britannique est aujourd'hui contesté par une fraction importante de l'opinion. La Nouvelle-Zélande y a renoncé en 1993 à la suite d'un référendum. Et même en Grande Bretagne, avant les élections de 1997, la contestation était suffisamment importante pour que Tony Blair, en tant que chef de l'opposition, ait promis, s'il gagnait les élections, de nommer une commission indépendante chargée de faire un rapport sur la réforme du mode de scrutin. Dans son rapport remis en 1998, cette commission a proposé le remplacement du système en vigueur par un système mixte, combinant le scrutin majoritaire et la représentation proportionnelle.

Une proposition un peu différente a été soumise aux électeurs britanniques en mai 2011 par référendum. Elle avait pour objet de remplacer le système « *first past the post* » par celui du vote alternatif (v. *infra* n° 174), mais elle a été rejetée à une forte majorité (Hamon, 2011).

3. Le scrutin majoritaire uninominal à deux tours (système français)

170. La différence avec le système précédent tient au fait que le premier tour n'est pas nécessairement décisif : il ne l'est que si l'un des candidats parvient à rassembler sur son nom la majorité absolue des suffrages exprimés ainsi qu'une proportion minimum des électeurs inscrits (25 % selon la loi française actuellement en vigueur). Dans le cas

24. Le parti vainqueur est presque toujours celui qui a obtenu la majorité relative des voix. Mais exceptionnellement, il peut arriver qu'il ait un peu moins de voix que le principal parti de l'opposition, lorsque les voix de ce dernier sont concentrées dans un petit nombre de circonscriptions. Ainsi, en 1951, au Royaume-Uni, les conservateurs ont obtenu 321 sièges avec 48 % des voix et les travaillistes seulement 295 avec 48,8 % des voix.

contraire, un second tour est organisé une ou deux semaines plus tard et, comme dans le système britannique, le siège est alors attribué au candidat qui recueille le plus grand nombre de voix, même s'il ne s'agit que d'une majorité relative.

Ce système, utilisé en France depuis la réforme constitutionnelle de 1962 pour l'élection du Président de la République a été surtout employé pour les élections législatives. Il était déjà en vigueur durant la première moitié du XIXe siècle, sous la Restauration et la monarchie de Juillet ; la Seconde République lui a préféré le scrutin de listes départemental mais l'une des premières initiatives de Louis Napoléon Bonaparte, après son coup d'État du 2 décembre 1851, fut de le rétablir ; la Troisième République, qui ne l'a écarté que durant de brèves périodes, de 1885 à 1889 et de 1919 à 1927, l'a pratiqué sous le nom de « scrutin d'arrondissement »; la Quatrième République avait choisi le scrutin proportionnel de listes mais dès 1958, lors de l'avènement de la Cinquième République, on est revenu au scrutin d'arrondissement. Cependant, en 1985, durant le premier septennat de F. Mitterrand, la proportionnelle de listes fut de nouveau adoptée, conformément à ce qui avait été prévu dans le programme commun de l'union de la gauche ; mais dès l'année suivante, à la suite de l'alternance, J. Chirac étant Premier ministre, on rétablit le scrutin d'arrondissement, parce qu'il paraissait s'accorder mieux avec la logique majoritaire du régime. Sans être une constante de la vie politique française, le scrutin d'arrondissement semble donc correspondre à une tendance profonde, que l'on n'est jamais parvenu à écarter durablement.

Sa longévité est probablement due au fait que c'est un scrutin très personnalisé, comme tous les scrutins uninominaux, mais politiquement moins réducteur que le système britannique car, le premier tour n'étant généralement pas décisif, de nombreux candidats peuvent y tenter leur chance. Il tend également à structurer la vie politique selon une configuration binaire, mais de façon beaucoup moins nette que le FPTP. Sous la Troisième République, le scrutin d'arrondissement a été utilisé dans douze élections sur quinze, mais on ne peut pas dire qu'il a exercé une influence bipolarisatrice car il y avait beaucoup de formations politiques et les frontières entre la majorité et l'opposition n'étaient généralement ni très nettes ni très stables. En revanche, sous la Cinquième République, le scrutin d'arrondissement a probablement contribué à la bipolarisation de la vie politique mais son influence s'est combinée avec d'autres facteurs allant dans le même sens, notamment le droit de dissolution et l'élection présidentielle au suffrage universel direct selon un système de scrutin majoritaire à deux tours obligeant les électeurs à choisir entre deux candidats seulement au second tour.

On reproche à ce mode de scrutin de présenter plusieurs défauts. En premier lieu, comme tout scrutin majoritaire d'ailleurs, il aboutit à agréger des préférences hétéroclites. Certains électeurs préfèrent un candidat pour certaines de ses idées, tandis que d'autres, bien qu'hostiles à ces idées, trouvent dans son programme d'autres parties qui leur conviennent. D'autres électeurs peuvent voter pour lui, sans partager aucune de ses idées, uniquement pour rejeter un autre candidat. La mutiplicité des critères peut conduire au paradoxe de Condorcet : s'il y a trois candidats, A, B, C, et si, en cas de duel, une majorité d'électeurs préférerait A à B, B à C et C à A, le résultat d'un second tour sera très différent selon que les deux candidats qui s'opposeront sont A et B ou B et C ou A et C.

Un autre défaut provient de la multiplication des candidatures au premier tour, qui a deux conséquences : si seuls les deux candidats arrivés en tête participeront au deuxième tour, ces deux candidats peuvent n'avoir réuni qu'un très petit nombre de suffrages, tandis qu'une très forte majorité peut leur être hostile ou simplement défavorable. Pourtant l'un des deux sera nécessairement élu. D'autre part, des candidats aux idées voisines sont en compétition pour le premier tour, mais leurs voix ne s'additionnent pas, mais se divisent, de sorte qu'aucun d'eux ne parvient au second tour. C'est-ce qui s'est produit par exemple en France en 2002, quand les voix de gauche se sont divisées entre cinq candidats, entraînant ainsi l'élimination de Lionel Jospin et permettant à Chirac, qui n'avait obtenu au premier tour qu'un peu moins de 20 % des voix, – ce qui signifiait que 80 % des électeurs lui préféraient d'autres personnalités, d'affronter Le Pen au deuxième tour et de l'emporter avec 82 % des voix. Il y a là une incitation pour les politiques à susciter dans le camp opposé des candidatures multiples.

Mais il existe d'autres systèmes qui ne présentent pas les mêmes inconvénients.

4. Le vote alternatif (système australien)

171. Il s'agit d'un scrutin uninominal à un tour, comme le scrutin de type britannique ; mais au lieu de sélectionner un seul candidat, l'électeur doit les classer tous (ou en classer au moins deux) selon l'ordre de ses préférences en leur attribuant un rang à partir de 1. Le classement peut ne porter que sur une partie des candidats mais il doit être un ordre total : donner le même rang à deux candidats invalide le bulletin de vote. Le principe est le suivant : si un candidat obtient la majorité absolue des voix (c'est-à-dire des préférences de premier rang), il est élu. Dans le cas contraire, le candidat qui a obtenu le moins de voix est éliminé, et les secondes préférences de ses électeurs sont reportées sur les candidats restant en lice. Si, à la suite de ce report, un candidat obtient la majorité absolue des voix, il est élu. Dans le cas contraire, l'opération peut être recommencée jusqu'à ce qu'une majorité absolue se dégage.

Du point de vue de la technique électorale, c'est un scrutin majoritaire parce que l'on n'aboutit pas à un partage des sièges : le candidat élu est celui qui totalise le plus grand nombre de préférences, tous les autres étant éliminés. Mais il est tout de même un peu proportionnaliste dans son esprit dans la mesure où l'électeur est appelé à voter successivement pour plusieurs candidats.

Comparé au scrutin de type britannique, le vote alternatif présente deux avantages : en premier lieu, l'électeur est plus libre de ses choix car la contrainte de « voter utile » est beaucoup moins forte. Il peut, par exemple, voter, en première position, pour un candidat très proche de ses idées, même si celui-ci n'a pas beaucoup de chances, et, en deuxième position seulement, pour le candidat le plus susceptible de barrer la route à celui dont il ne veut pas. En second lieu, la légitimité des élus est renforcée car la majorité absolue des préférences reflète nécessairement un consensus assez large. Mais, dans l'ensemble, les partis politiques ne sont pas très favorables à ce mode de scrutin auquel ils reprochent d'empêcher les électeurs de s'identifier à un parti déterminé, en les invitant à classer des candidats appartenant à différents partis.

Le vote alternatif est utilisé pour l'élection de la Chambre basse du Parlement fédéral australien ; en Europe, il n'est utilisé que pour l'élection du président de la République d'Irlande, qui est choisi directement par le peuple, comme en France.

Les pays européens autres que la France ou le Royaume-Uni ont préféré adopter des scrutins proportionnels ou des scrutins mixtes.

172. Le jugement majoritaire. – Plutôt que de voter pour un candidat et un seul, les électeurs portent sur tous les candidats un jugement qui s'exprime sur une échelle de mentions, comme par exemple : « excellent », « très bien », « bien », « assez bien », « passable », « insuffisant », « à rejeter ». Puis, pour chacun des candidats on détermine la mention médiane – comme il n'y a pas de chiffres, on ne pourrait pas calculer une moyenne – c'est-à-dire celle pour laquelle la moitié au moins des électeurs évalue ce candidat à ce niveau ou au-dessus et la moitié au moins des électeurs à ce niveau ou au-dessous. Le candidat qui a la meilleure médiane est élu[25].

Un tel système permet aux électeurs de se prononcer sur tous les candidats et pas seulement d'exprimer une préférence pour l'un d'eux en les laissant libres d'exprimer pleinement leurs préférences dans un langage commun. Il évite donc en cela les conséquences résultant d'une multiplication des candidatures et donc les dilemmes du « vote utile », ainsi que les stratégies qui visent à diviser le camp adverse. Il offre également, via la mention « à rejeter », la possibilité de prendre en compte des votes contestataires qui ne sont pas pris en compte dans les autres modes de scrutin et se manifestent généralement sous la forme de votes blancs, nuls ou d'une abstention massive (qui ont totalisé 34 % des inscrits au second tour de 2017). Le jugement majoritaire a été le premier mode de scrutin dans l'histoire de la théorie du choix social à résister au paradoxe de Condorcet (il existe toujours un gagnant) et il est moins sensible aux votes stratégiques.

25. On trouvera une présentation claire de ce système par l'un de ses inventeurs dans la vidéo YouTube de l'École Polytechnique (2015) : *« Un nouveau mode de scrutin : le jugement majoritaire », par R. Laraki, professeur à l'X.*
Il a fait l'objet de critiques par Laslier, J.-F. (2019), « L'étrange « jugement majoritaire » », *Revue économique*, vol. 70, n° 4, 569-88. Voir la réplique du second coinventeur, Balinski M. (2019), « Réponse à des critiques du jugement majoritaire », *Revue économique*, vol. 70, 589–610.

B. Les systèmes proportionnels

1. Généralités sur les scrutins proportionnels

173. Le propre de ces scrutins, c'est qu'ils tendent à répartir les sièges proportionnellement au nombre de suffrages obtenus par les candidats ou les listes correspondant aux différentes tendances de l'opinion. La composition du Parlement reproduit donc assez exactement l'état des forces politiques dans le pays. C'est pourquoi la proportionnelle est souvent associée à l'idée de justice ou de légitimité, alors que les défenseurs du scrutin majoritaire ont plutôt tendance à mettre en avant des arguments d'efficacité.

La proportionnelle risque de rendre plus difficile la formation d'un gouvernement appuyé sur une majorité stable. Mais l'importance de ce risque est fonction du contexte politique. L'expérience montre que la proportionnelle fonctionne généralement mal dans les pays où l'on trouve des partis extrémistes puissants et de bords opposés, parce que ces partis ne peuvent pas s'allier entre eux et refusent le plus souvent de s'allier avec les partis du centre : l'assise de la majorité gouvernementale est donc assez restreinte. Ainsi la proportionnelle a-t-elle contribué à provoquer la chute de la République de Weimar en Allemagne (1919-1933), et celle de la IVe République en France (1946-1958).

Au contraire, lorsqu'il n'y a pas de partis extrémistes puissants, la proportionnelle ne génère pas nécessairement l'instabilité car les principaux partis représentés au sein de l'assemblée peuvent s'entendre pour gouverner ensemble ; dans ce cas, il arrive même qu'on aboutisse à une stabilité plus grande que dans les pays à scrutin majoritaire, parce que la formule gouvernementale repose sur une entente tellement large qu'il n'y a plus d'alternance possible. En Suisse, par exemple, depuis 1959, le gouvernement est toujours composé selon une même formule, qui associe les quatre principaux partis représentés au Parlement, et que l'on qualifie de « magique », parce qu'elle garantit une parfaite stabilité.

Les effets politiques de la représentation proportionnelle dépendent également, dans une certaine mesure, des modalités selon lesquelles elle est mise en œuvre.

2. La mise en œuvre de la représentation proportionnelle

174. Le choix de la circonscription de base. – Il existe un petit nombre de pays (Israël, les Pays-Bas, la Pologne, et le Luxembourg notamment) qui, pour les élections législatives, mettent en œuvre la représentation proportionnelle dans le cadre d'une circonscription nationale unique[26]. Ce procédé est parfois désigné sous le nom de « représentation proportionnelle intégrale » car le choix d'un tel cadre géographique

26. Plusieurs pays utilisent la représentation proportionnelle dans le cadre d'une circonscription nationale unique pour l'élection de leurs représentants au Parlement européen. C'était notamment, jusqu'en 2003, le cas de la France.

permet d'attribuer à chaque liste un nombre de sièges correspondant presque exactement à la proportion de suffrages qu'elle a recueillie, en limitant au strict minimum les pertes dues à des restes non utilisées[27]. Mais, sauf peut-être dans les pays de très petites dimensions, comme le Luxembourg, il comporte des risques sérieux : d'une part, dans la mesure où l'on se rapproche beaucoup de la représentation proportionnelle intégrale, les partis n'ont pas besoin de se regrouper pour obtenir des sièges, ce qui favorise la fragmentation politique des assemblées parlementaires et peut rendre très aléatoire la constitution d'une majorité cohérente et stable. Il est néanmoins possible de limiter cette tendance à la fragmentation en fixant un seuil minimum en dessous duquel aucune liste ne se verra attribuer des sièges (5 % des suffrages exprimés par exemple). D'autre part, l'ensemble des représentants étant désigné par l'ensemble des électeurs, les relations entre les premiers et les seconds sont dépersonnalisées, ce qui peut accentuer dans l'opinion une tendance à l'antiparlementarisme et au rejet de la classe politique.

C'est pourquoi, dans la plupart des pays qui l'ont adoptée, la proportionnelle est mise en œuvre dans le cadre de circonscriptions multiples qui correspondent généralement à l'une des grandes divisions administratives du territoire national. En France par exemple, quand elle s'appliquait aux élections législatives, la proportionnelle était un scrutin départemental et c'est encore vrai aujourd'hui pour les élections sénatoriales. Quant à l'élection des représentants de la France au Parlement européen, depuis la réforme du 12 avril 2003, elle a lieu à la représentation proportionnelle mais dans le cadre de huit circonscriptions interrégionales.

175. La répartition des sièges entre les listes. – Selon la démarche la plus courante, on détermine d'abord un quotient électoral, qui est égal au nombre des suffrages exprimés divisé par le nombre des sièges à pourvoir. S'il n'y a pas une circonscription nationale unique, ce quotient doit normalement être calculé séparément pour chaque circonscription[28]. On attribue à chaque liste autant de sièges que le nombre de voix qu'elle a obtenu comprend de fois le quotient électoral. Comme il n'arrive pratiquement jamais que le nombre de suffrages recueilli par chaque liste soit un multiple exact du quotient électoral, cette première opération ne permet pas de répartir la totalité des sièges.

Admettons par exemple qu'il y ait 5 sièges à pourvoir et 100 000 suffrages exprimés. Le quotient est : 100 000 : 5 = 20 000. La liste A avec 36 000 voix aura un député, la liste B avec 28 000 voix en aura un autre, mais les listes C (19 000 voix), D (10 000 voix), E (7 000 voix) n'en auront aucun. Il y a 36 000 suffrages inutilisés et il reste trois sièges à pourvoir.

27. En fait, la représentation proportionnelle intégrale est une limite idéale que l'on ne parvient jamais à atteindre mais dont la circonscription nationale unique permet de se rapprocher sensiblement.

28. Toutefois, même dans ce cas, on peut calculer un quotient national unique qui est égal à la totalité des suffrages exprimés sur le territoire national divisé par le nombre de sièges à pourvoir. Ensuite, les sièges sont attribués en deux étapes : dans le cadre de chaque circonscription dans le premier temps ; au plan national après regroupement des restes dans le second.

Les sièges non encore attribués seront répartis en fonction des restes, mais différents procédés sont possibles. Les deux plus connus sont *le plus fort reste*, qui avantage les petits partis, et *la plus forte moyenne*, qui avantage plutôt les grands.

Le premier consiste à attribuer les sièges en suspens aux listes qui ont le plus grand nombre de suffrages inutilisés. En reprenant notre exemple, les trois mandats restants iront respectivement aux listes A (36 000 – 20 000 = 16 000 suffrages restants), C (19 000) et D (10 000). Pour un scrutin qui se veut proportionnel, le résultat n'est pas très juste puisque la liste B avec 28 000 voix aura obtenu un siège, comme la liste D avec 10 000 suffrages.

C'est pour corriger cette injustice qu'on a imaginé le procédé de la *plus forte moyenne*. Chacun des sièges restants est attribué à la liste pour laquelle la division du nombre de suffrages qu'elle a recueillis par le nombre des sièges attribués *plus un* donne le plus fort quotient.

Reprenons l'exemple précédent. Le calcul à la plus forte moyenne donne les chiffres suivants :

Liste A, 36 000 : 2 (1 siège pourvu + 1 fictivement ajouté) = 18 000 ; liste B, 28 000 : 2 (1 siège pourvu + 1 ajouté) = 14 000 ; liste C, 19 000 : 1 (1 siège fictivement ajouté) = 19 000 ; liste D, 10 000 : 1 = 10 000 ; liste E, 7 000 : 1 = 7 000. La liste C ayant le plus grand quotient se verra attribuer un des sièges restants et on recommencera l'opération pour les deux autres sièges en divisant cette fois les suffrages de la liste C par 2 puisqu'elle vient d'obtenir un siège. C'est la liste A qui obtiendra un siège supplémentaire. Le dernier ira à la liste B qui, compte tenu des deux répartitions précédentes, aura la moyenne la plus élevée.

Une méthode connue sous le nom de système d'Hondt, du nom du mathématicien belge qui l'a inventée, permet de calculer directement les résultats de la répartition à la plus forte moyenne, sans être obligé de déterminer préalablement le quotient électoral.

On divise successivement par 1, 2, 3, 4, 5... le nombre de voix obtenues par chaque liste et on range les quotients dans leur ordre d'importance jusqu'à concurrence d'un nombre total de quotients égal au nombre de sièges à pourvoir. Le dernier quotient (le plus faible) s'appelle le chiffre répartiteur et sert de diviseur électoral. Chaque liste reçoit autant de sièges que le nombre de ses voix contient de fois le diviseur. En appliquant cette méthode à l'exemple précédent, on constate que le chiffre répartiteur est 14 000. Il en résulte que les listes A et B auront chacune 2 sièges, la liste C 1 siège.

176. La répartition des sièges à l'intérieur des listes. – En France, et dans la plupart des autres pays européens, la proportionnelle est mise en œuvre selon le système des « listes bloquées », ce qui signifie que l'électeur ne peut modifier ni la composition des listes (panachage), ni l'ordre de présentation des candidats (vote préférentiel). Les sièges attribués à une liste sont donc toujours répartis en suivant l'ordre de présentation des candidats, ce qui renforce l'autorité des états-majors des partis politiques, dans la mesure où cet ordre est généralement imposé par eux, ou du moins fixé avec leur accord. Au contraire, le « vote préférentiel » permet à l'électeur de choisir individuellement ses représentants parmi les candidats figurant sur une liste. C'est sans doute en Finlande que le principe du vote préférentiel est appliqué de la manière la plus systématique : l'électeur vote pour une liste présentée par un parti mais l'ordre des candidats qui y figurent reste indéterminé jusqu'à l'issue du scrutin. En même temps qu'il choisit une liste, l'électeur sélectionne le candidat auquel il accorde sa préférence, en marquant son nom d'une croix. La répartition des sièges s'effectue en deux temps : dans un premier temps, on calcule le nombre de sièges revenant à chaque liste selon la méthode habituelle ; dans un second temps, on détermine pour chaque liste les candidats auxquels ces sièges seront attribués en fonction du nombre de préférences qu'ils ont recueillies. Un candidat ne peut donc jamais être sûr d'être élu du seul fait qu'il figure sur la liste d'un parti. Il faut encore qu'il soit relativement populaire auprès des électeurs de sa circonscription.

Pour personnaliser encore davantage les relations entre les électeurs et leurs représentants, certains pays se sont dotés de systèmes très perfectionnés permettant de dissocier au moins partiellement la représentation proportionnelle du scrutin de liste.

3. Quelques formes particulières de représentation proportionnelle personnalisée

177. Le système du double vote. – Ce système, adopté en Allemagne après la Seconde Guerre mondiale, repose sur la combinaison de deux modes de désignation.

D'une part, chacun des seize *Länder* est divisé en un certain nombre de circonscriptions de base. La moitié des membres du Bundestag (c'est-à-dire actuellement 299) sont élus dans le cadre de ces petites circonscriptions au scrutin majoritaire uninominal à un seul tour, comme en Grande-Bretagne. On dit qu'ils détiennent un « mandat direct » parce que les électeurs les ont individuellement choisis.

Mais, d'autre part, chaque *Land* considéré dans son ensemble constitue une grande circonscription plurinominale et la seconde moitié des membres du Bundestag est élue à ce niveau, sur des listes bloquées. On dit qu'ils détiennent un « mandat de liste ».

Tout électeur dispose de deux voix.

Les premières voix sont des bulletins pour un candidat. Elles sont comptabilisées dans le cadre de la circonscription de base dans laquelle l'électeur est inscrit et servent à désigner l'élu direct de cette circonscription. Les secondes sont des bulletins pour un parti. Elles sont comptabilisées au niveau du Land et servent à désigner les élus de liste. Les deux voix sont dissociables, c'est-à-dire qu'un électeur est entièrement libre de voter avec sa seconde voix pour un parti autre que celui du candidat auquel il a donné sa première voix.

Au niveau du *Land*, on calcule à la représentation proportionnelle le nombre total de mandats auquel a droit chaque parti en fonction du nombre des secondes voix qu'il a recueillies. Mais pour avoir droit à des mandats de listes, il faut avoir obtenu au moins 5 % des secondes voix (ou trois sièges directs dans le *Land*). Pour l'attribution des mandats de liste, on déduit le nombre des mandats directs déjà obtenus par le parti. Par exemple, s'il y a quarante sièges au total à pourvoir dans un *Land* et si le parti A obtient 25 % des secondes voix et quatre sièges directs dans les petites circonscriptions, il aura droit à dix sièges et le nombre des sièges de liste qui lui seront attribués sera égal à (10 – 4) = 6 ; le parti B qui a obtenu également 25 % des secondes voix mais seulement deux sièges directs, aura droit à huit sièges de liste, etc.

En d'autres termes, plus un parti obtient de « mandats directs », moins il aura de « mandats de liste »[29].

Il y a donc dans ce système une proportionnalité globale car le nombre total des mandats obtenus par un parti (mandats directs plus mandats de liste) doit être proportionnel au nombre de secondes voix que ce parti a recueillies. Il s'agit donc bien d'un système proportionnel et non d'un système mixte comme on le dit parfois. Mais malgré cette proportionnalité, le nombre des partis représentés au Bundestag n'est jamais très élevé (on en compte actuellement cinq) et une coalition entre un grand et un petit parti (par exemple les sociaux-démocrates et les verts, ou les chrétiens-démocrates et les libéraux) suffit généralement à constituer une majorité, mais il arrive aussi, qu'en raison d'une plus importante dispersion des voix, les deux principaux partis doivent s'allier pour constituer une majorité gouvernementale, situation que l'on désigne sous le nom de « grande coalition ». C'est ce qui s'est produit à plusieurs reprises et à nouveau après les élections législatives de 2013.

Le nombre relativement modeste des partis représentés au Bundestag s'explique non seulement par l'existence du seuil de 5 %, qui élimine les plus petits partis, mais aussi probablement par l'effet psychologique du double vote qui suscite, chez l'électeur, une sorte de réflexe majoritaire : en effet, bien que les deux voix soient théoriquement indépendantes, on constate que, dans plus de 85 % des cas, l'électeur vote de la même manière au niveau de la circonscription de base et au niveau du *Land*. Un parti qui est majoritaire par rapport aux premières voix a donc de bonnes chances de l'être également par rapport aux secondes voix.

En résumé, le système allemand est une forme de représentation proportionnelle très perfectionnée car, d'une part, il maintient un lien personnel direct entre les électeurs et une moitié de leurs représentants et, d'autre part, il limite l'éparpillement des forces politiques. Plusieurs pays d'Europe centrale ou orientale l'ont adopté lorsqu'ils sont passés du communisme au

29. Il arrive qu'un parti obtienne dans un *Land* un nombre de mandats directs supérieur au nombre total de mandats auxquels il a droit d'après ses secondes voix. Dans ce cas, le parti n'obtient aucun mandat de liste mais il garde tous ses mandats directs. Dans l'exemple ci-dessus, si un parti a obtenu 12 mandats directs, alors qu'il n'avait droit qu'à 10 mandats au total selon le décompte des secondes voix, les deux sièges supplémentaires lui restent acquis. Dans le Bundestag élu en 2002, on compte 5 sièges supplémentaires (4 pour les sociaux-démocrates et un pour les chrétiens-démocrates) ce qui porte le nombre total des sièges à 603.

pluralisme politique. C'était notamment le cas de la Fédération de Russie jusqu'en 2006 (v. *infra* n° 296).

Dans ce système, la personnalisation est tout de même limitée puisqu'une moitié des représentants sont élus sur des listes bloquées, contrôlées par les états-majors des partis. Au contraire, avec le vote unique transférable, tous les représentants sont individuellement désignés par les électeurs.

178. Le système du vote unique transférable. – Parfois désigné sous le nom de système de Hare, d'après le nom de son inventeur, il est utilisé en République d'Irlande pour l'élection du *Dail* (première Chambre). À l'origine, il avait été imposé par les Britanniques pour garantir la représentation des minorités protestantes mais il semble que les Irlandais y aient pris goût car, à deux reprises, en 1959 puis en 1968, ils se sont prononcés par référendum pour le maintien de ce mode de scrutin.

Le vote unique transférable présente la particularité d'être un scrutin proportionnel sans listes. Il y a plusieurs sièges à pourvoir dans chaque circonscription mais les candidats doivent se présenter individuellement même si certains d'entre eux appartiennent à un même parti. Contrairement à ce qui se passe dans le système allemand, chaque électeur n'a qu'une voix. Mais cette voix est transférable si son candidat préféré a plus de voix qu'il n'en faut pour être élu ou s'il est éliminé. Pour permettre ce transfert, l'électeur classe les candidats sur son bulletin selon l'ordre de ses préférences.

Pour être élu, un candidat doit obtenir un quota de voix qui se calcule en divisant le nombre de bulletins valables par le nombre de sièges à pourvoir augmenté d'une unité[30]. Ce calcul, déconcertant en apparence, revêt une signification toute simple : le quota correspond au plus petit nombre entier suffisamment grand pour qu'il ne puisse pas être atteint par plus de candidats qu'il n'y a de sièges à pourvoir. Par exemple, s'il y a trois sièges à pourvoir et 8 000 suffrages exprimés, le quota sera égal à : 8 000 / (3 + 1) + 1 = 2001 car il est mathématiquement impossible que plus de trois candidats atteignent ce nombre.

Bien que la répartition des sièges nécessite des calculs relativement longs et compliqués, dans le détail desquels on n'entrera pas (voir sur ce point Cotteret et Émeri, 1999), la démarche générale est relativement simple : primo, quand un candidat a obtenu un nombre de voix supérieur au quota, il est déclaré élu et, s'il reste des sièges à pourvoir, le surplus de ses voix est réparti entre les candidats restant en lice en fonction des secondes préférences indiquées par ses électeurs ; secundo, quand aucun candidat n'a obtenu un nombre de voix au moins égal au quota, alors qu'il y a encore un ou plusieurs sièges à pourvoir, celui qui a obtenu le nombre de voix le plus faible est éliminé et ses voix sont réparties entre les candidats restant en piste en fonction des secondes préférences indiquées par ses électeurs.

Le vote unique transférable personnalise au maximum les rapports entre les électeurs et les élus mais, précisément pour cette raison, il peut avoir un effet déstructurant sur les partis politiques, dans la mesure où la concurrence

30. Si la division ne tombe pas juste, on arrondit au nombre entier immédiatement inférieur.

entre candidats appartenant à un même parti est arbitrée par les électeurs. Du fait de cette concurrence, les campagnes électorales sont généralement dominées par la politique locale plus que par la politique nationale, car c'est sur ce terrain qu'il faut se placer pour séduire les électeurs. C'est pourquoi l'on reproche parfois à ce mode de scrutin de ne pas mettre suffisamment en valeur les grandes options de politique intérieure ou extérieure.

Dans tous les systèmes qui viennent d'être étudiés, la proportionnalité que l'on cherche à réaliser porte sur la totalité des sièges à pourvoir : c'est ce qui les distingue des systèmes mixtes.

C. Les systèmes mixtes

179. Ce sont des systèmes où la représentation proportionnelle s'applique seulement à une fraction des sièges, les autres étant attribués au scrutin majoritaire. L'objectif poursuivi est de dégager une majorité stable tout en permettant à chacune des grandes tendances de l'opinion d'obtenir une représentation au moins symbolique. Les modalités de la combinaison sont très variables.

Parfois, on distingue deux contingents de sièges, avec des candidatures distinctes, et des votes séparés. Par exemple en Italie, selon le système adopté en 1993, qui concernait aussi bien l'Assemblée nationale que le Sénat, 75 % des sièges étaient attribués au scrutin majoritaire uninominal à un tour, et 25 % à la représentation proportionnelle. De même qu'en Allemagne, chaque électeur disposait de deux voix. Mais la seconde voix avait moins de poids qu'en Allemagne car elle ne servait qu'à répartir les sièges du second contingent et non à réaliser une proportionnalité globale. Mais la nouvelle loi électorale d'avril 2006 a institué un « système mixte proportionnel avec prime à la majorité », qui n'est pas très éloigné du système français de la IVe République (cf. *infra* n° 438).

Parfois, au contraire, il n'y a pas de candidatures distinctes ni de votes séparés mais la liste arrivée en tête bénéficie d'un bonus qui lui confère un avantage décisif par rapport à ses concurrentes. En France, par exemple, pour les élections régionales, ainsi que pour les élections municipales dans les communes de 1 000 habitants ou plus, la liste arrivée en tête au second tour se voit attribuer 50 % des sièges, et les sièges restants sont répartis à la représentation proportionnelle entre toutes les listes.

§3. Le choix d'un mode de scrutin

180. D'après quels critères choisit-on un mode de scrutin ? Quelle est l'autorité compétente pour effectuer ce choix ? Et quelles sont les tendances générales concernant l'évolution des modes de scrutins ?

A. Les critères du choix

181. La difficulté tient au fait que ces critères sont multiples et conduisent parfois à des solutions opposées.

Si l'on privilégie *la représentativité* (c'est-à-dire si l'on souhaite que les principales familles politiques soient représentées selon leur importance au sein du corps électoral), on choisira la représentation proportionnelle, et même si possible la représentation proportionnelle intégrale (v. *supra* n° 174).

Si l'on met plutôt l'accent sur la *gouvernabilité* (c'est-à-dire sur l'existence d'une majorité cohérente et stable apte à soutenir une équipe gouvernementale pendant toute la durée d'une législature) on aura au contraire intérêt à choisir le scrutin majoritaire ou un scrutin mixte.

Pour que le système soit *réactif*, c'est-à-dire pour que le basculement de quelques centiles de voix suffise à provoquer un changement de majorité, le scrutin majoritaire est également préférable, dans la mesure où il amplifie les effets des mouvements d'opinion (v. *supra* n° 169).

Enfin, le renforcement des liens de *proximité* entre les élus et les électeurs s'accommode mal des scrutins proportionnels avec listes bloquées. Il suppose soit le scrutin majoritaire uninominal, soit une forme personnalisée de représentation proportionnelle (v. *supra* n° 177).

Du fait même de la diversité de ces critères il est rare que le mode de scrutin en vigueur bénéficie d'une approbation générale. Sa réforme donne souvent lieu à des négociations difficiles entre les partis qui cherchent à constituer ensemble une alliance électorale. C'est pourquoi il est important de savoir quelle est l'autorité compétente pour le modifier.

B. L'autorité compétente

182. Cette autorité dépend de la manière dont le mode de scrutin s'insère dans la hiérarchie des normes. À cet égard, la situation varie beaucoup selon les pays et l'on peut distinguer trois cas :

1° Le choix du mode de scrutin relève du domaine de la loi ordinaire.

C'est notamment le cas de la France, de l'Allemagne, de l'Italie, de la Grèce et du Royaume-Uni. Pour ce dernier pays, qui n'a pas de Constitution écrite, on voit mal comment il pourrait en être autrement. Pour les autres, le silence de la Constitution sur ce point peut sembler paradoxal, car le mode de scrutin est l'un des éléments qui influent le plus profondément sur le fonctionnement du système politique.

2° Le principe directeur du mode de scrutin est fixé par la Constitution mais ses modalités relèvent de la loi ordinaire.

C'est le cas de beaucoup de pays européens, notamment : l'Espagne, le Portugal, la Belgique, les Pays-Bas, le Danemark, l'Autriche, la Pologne et la République tchèque. Dans ces pays, le principe retenu est celui de la représentation proportionnelle, considérée comme une garantie des droits des minorités. Il faudrait donc une révision constitutionnelle pour revenir au scrutin majoritaire.

3° Non seulement le principe directeur mais aussi les principales modalités du système électoral sont fixés par la Constitution. Deux pays de l'Union européenne se trouvent dans ce cas : l'Irlande (vote unique transférable) et le Luxembourg (proportionnelle de liste selon le système du plus petit quotient électoral). Le mode de scrutin est donc encore mieux protégé que dans l'hypothèse précédente et l'expérience montre qu'il peut être extrêmement difficile de le modifier. C'est ainsi qu'en Irlande, deux tentatives de remplacement du vote unique transférable par le scrutin uninominal à un tour de type britannique ont échoué, en dépit du soutien du gouvernement et de la majorité parlementaire, parce que ce remplacement supposait une révision constitutionnelle qui ne pouvait être adoptée que par référendum.

La question de la constitutionnalisation du mode de scrutin est importante car la majorité parlementaire a naturellement tendance à privilégier le système qui lui est le plus favorable, comme le montrent les exemples de la France et du Royaume-Uni.

En France, il est arrivé que la majorité parlementaire manipule le système électoral pour tenter d'éviter une défaite électorale cuisante : en 1951, par exemple, fut introduit le système des apparentements qui limitait la représentation proportionnelle pour favoriser les partis du centre, menacés d'être mis en minorité par la double poussée de la gauche communiste et de la droite gaulliste (v. *infra* n° 438) ; inversement, en 1985, à la veille d'élections qui risquaient d'être triomphales pour l'opposition, la représentation proportionnelle fut substituée au scrutin majoritaire (v. *infra* n° 494 et 546). Pour éviter de telles manipulations, il a parfois été proposé de constitutionnaliser le mode de scrutin[31].

Au Royaume-Uni, la réforme du mode de scrutin est fréquemment mise à l'étude mais sa mise en œuvre est toujours renvoyée à plus tard. L'explication de ce paradoxe tient au fait que les partis qui souhaitent vraiment la réforme sont précisément ceux que le système en vigueur empêche d'accéder au pouvoir. Ce dernier, c'est-à-dire le scrutin uninominal à un tour, favorise une alternance entre les deux principaux partis, travailliste et conservateur. Aucun des deux n'a donc intérêt à le changer. Parfois cependant, afin d'élargir son audience, le parti qui se trouve dans l'opposition s'engage à réexaminer la question de la réforme électorale lorsqu'il reviendra au pouvoir. Mais rien ne l'oblige à tenir ses engagements.

Il est intéressant de noter que, dans les pays où existe un référendum d'initiative populaire, cette procédure est parfois utilisée pour faire aboutir une réforme électorale non souhaitée par la majorité parlementaire. Par exemple, en Suisse, au début du siècle, c'est à la suite d'une initiative populaire que la proportionnelle a été substituée au scrutin majoritaire. En Italie, en 1993, c'est également à la suite d'un référendum abrogatif d'initiative populaire

31. Cette constitutionnalisation paraît difficilement réalisable en raison des particularités du contexte français et européen. D'un côté, on ne souhaite pas constitutionnaliser la représentation proportionnelle, car cela risquerait de remettre en cause le parlementarisme majoritaire qui est à la base des institutions de la Ve République. Mais d'un autre côté, on hésite à constitutionnaliser le principe majoritaire, car cela irait à contre-courant de la tendance dominante en Europe, favorable à la consolidation de la représentation proportionnelle en tant que garantie des droits des minorités. À défaut de constitutionnalisation, une disposition législative non insérée dans le Code électoral (art. 7 de la loi du 11 décembre 1990) prévoit qu'il ne peut être procédé à aucun découpage des circonscriptions électorales dans l'année précédant l'échéance normale de renouvellement des assemblées concernées. Bien qu'elle ne vise pas directement le mode de scrutin, on estime généralement que cette disposition exclut qu'il puisse être modifié pendant la dernière année d'une législature.

que le système électoral a été profondément réformé mais en sens inverse, c'est-à-dire pour limiter la représentation proportionnelle (Hamon, 1997).

C. Les tendances générales

183. Les démocraties représentatives les plus anciennes ont toutes commencé par utiliser, sous une forme ou sous une autre, le scrutin majoritaire. Cela tient probablement au fait que, au XIXe siècle, les partis politiques n'étaient pas encore très développés et la représentation était alors conçue dans un esprit essentiellement individualiste : on choisissait un représentant, non pas en fonction d'une étiquette, mais plutôt en raison de sa notoriété, des qualités qu'on lui prêtait. Au siècle suivant, les partis se sont multipliés et structurés et la représentation a pris un caractère plus idéologique : désormais, on votait moins pour des personnes que pour des programmes. Les partis devenant les principaux acteurs de la vie politique, il paraissait logique qu'au moins les plus importants d'entre eux fussent représentés au Parlement. On a donc assisté à un glissement général vers la représentation proportionnelle, sauf dans les pays anglo-saxons où les contraintes du scrutin majoritaire étaient mieux acceptées parce qu'il existait une forte tradition de bipartisme.

Cependant, même en dehors des pays anglo-saxons, la proportionnelle ne s'est pas installée partout durablement. En France, depuis l'expérience malheureuse de la IVe République, elle est généralement associée à l'idée d'instabilité gouvernementale, et le scrutin majoritaire apparaît à beaucoup comme l'un des éléments essentiels du régime de la Ve République, bien qu'il ne soit pas inscrit dans la Constitution. De même, en Italie, au début des années 1990, on a assisté à un rejet massif de la représentation proportionnelle, à laquelle on reprochait de provoquer l'instabilité gouvernementale tout en permettant à quelques partis politiques de se maintenir indéfiniment au pouvoir.

Dans les nouvelles démocraties d'Europe centrale ou orientale, issues de l'implosion du Communisme, le scrutin majoritaire inspirait la méfiance, parce qu'il évoquait trop le monolithisme des régimes précédents et parce qu'il ne garantissait pas la représentation des minorités ethniques. Elles ont donc toutes adopté des systèmes de représentation proportionnelle dont les modalités étaient souvent très favorables aux petits partis. En Pologne, par exemple, dans la Diète élue sous le régime de la loi électorale de 1991, il y avait 29 partis représentés et il était donc très difficile de trouver une majorité parlementaire cohérente et stable. Et c'est pourquoi, déjà, dans certains de ces pays, sans remettre en cause le principe de la représentation proportionnelle, on a introduit des seuils qui tendent à limiter le nombre des partis représentés. D'après la loi polonaise de 1993, par exemple, les listes qui obtiennent moins de 5 % des voix ne sont pas représentées.

Section 4
Les justifications du pouvoir

184. La répartition des compétences que l'on vient d'examiner se fonde d'abord sur des raisons politiques et techniques. On s'efforce d'attribuer la totalité ou une parcelle du pouvoir à tel ou tel groupe. On adopte ou on rejette telle ou telle règle, parce qu'on estime qu'elle contribuera à un fonctionnement efficace. Autrement dit, les constitutions sont confectionnées selon un raisonnement principalement instrumental. Un tel raisonnement est cependant insuffisant si l'on souhaite non seulement organiser le pouvoir, mais aussi le rendre acceptable et il faut encore montrer que l'organisation que l'on adopte n'est pas seulement efficace, mais aussi qu'elle est juste.

Naturellement, la justification ne peut être convaincante que si les solutions adoptées apparaissent comme déduites de quelques principes incontestables. C'est pourquoi, ces principes sont le plus souvent présentés au début des textes constitutionnels, avant l'énoncé des règles qui sont réputées découler d'eux. Mais, on ne doit pas oublier qu'ils ont en réalité été non pas découverts comme des évidences, mais forgés *a posteriori*. C'est d'ailleurs ce qui explique que les mêmes principes (par exemple celui de la souveraineté nationale ou de la souveraineté populaire) puissent présenter des significations très différentes selon les constitutions dans lesquelles ils s'insèrent et les règles qu'ils ont pour fonction de justifier.

À la question fondamentale « Comment peut-on fonder le droit de certains hommes à gouverner les autres ? », qu'en termes sociologiques, on appelle aussi la question de la *légitimité*, il n'existe en réalité qu'un très petit nombre de réponses possibles. On peut soutenir que ceux qui gouvernent ont le droit de commander parce qu'ils sont d'une autre nature que les autres hommes, par exemple parce qu'ils sont divins. Ou bien on peut affirmer qu'ils sont des hommes comme les autres, mais qu'ils ont été choisis par une autorité incontestée, Dieu, le peuple ou la nation, qui a délégué un pouvoir dont elle est le véritable titulaire et commandé qu'on obéisse à ces gouvernants. En leur obéissant, c'est donc à cette autorité qu'on obéira. Le premier type de justification est très fréquent dans les sociétés anciennes, le second dans les sociétés modernes. Il se rencontre d'ailleurs sous plusieurs variantes, car chacune de ces théories doit répondre à deux questions : la première porte sur la nature du lien entre l'autorité titulaire du pouvoir et les gouvernants ; l'autre sur la nature de cette autorité elle-même.

À la première question, les monarchies traditionnelles apportaient une réponse simple : Dieu était la source du pouvoir et il désignait un homme ou une famille pour l'exercer comme il l'entendait. Le pouvoir était légitimé seulement par le mode de désignation de ceux qui l'exerçaient. Il ne l'était pas dans son contenu. Le constitutionnalisme apporte une réponse différente : la légitimité ne vient pas de la manière dont les gouvernants ont été désignés, mais de ce qu'ils sont censés exprimer une volonté, qui n'est pas la leur. Autrement dit, quelle que soit la manière dont ils ont été choisis, chacune de leur décision est justifiée parce qu'elle n'est pas leur décision, mais celle du titulaire véritable du pouvoir qu'ils *représentent*.

La seconde question porte sur la nature de ce titulaire véritable, qu'on appelle le *souverain*.

§1. La représentation

A. La théorie de la représentation

1. La notion de représentation[32]

185. Dans le langage ordinaire, on parle de représentation lorsqu'un objet possède quelques caractères principaux semblables à ceux d'un autre objet, de telle manière qu'on puisse reconnaître cette ressemblance et identifier le premier comme une image du second. On dit qu'il rend présent ce second objet, qu'il le *re-présente*. Ainsi d'une image picturale par rapport à un objet physique ou d'acteurs qui jouent une pièce de théâtre. Ce qui caractérise cette représentation, c'est qu'on peut à tout moment comparer la représentation à l'objet représenté – ou à l'idée qu'on s'en fait – et juger si la représentation est fidèle ou exacte.

Le droit se sert de cette métaphore pour illustrer et désigner un rapport entre deux personnes[33]. Ainsi, on admet en droit privé qu'une personne en représente une autre, lorsqu'elle peut vouloir et agir à sa place et en son nom. Elle est le *représentant*, l'autre est le *représenté*... La représentation peut résulter ici soit de la volonté du représenté, qui confie un *mandat* au représentant, soit de la loi, comme par exemple dans le cas de la représentation des mineurs.

Il est donc compréhensible que les gouvernants se servent eux aussi de cette construction et justifient le pouvoir qu'ils exercent en se présentant comme des représentants de son titulaire véritable, le souverain, qui peut être le peuple, la nation ou toute autre entité. Ce type de justification, qui n'est nullement lié à la démocratie représentative est aujourd'hui universellement répandu et employé, y compris dans les plus horribles des dictatures. Hitler lui-même se présentait comme le représentant de l'esprit du peuple allemand.

Toutes les doctrines de la représentation obéissent au schéma suivant : il existe un souverain, distinct des gouvernants, mais qui ne peut exercer lui-même son pouvoir, sa souveraineté. Il ne peut pas non plus la transférer à un autre, parce qu'il cesserait d'être souverain – c'est en ce sens qu'on dit que la souveraineté est *inaliénable*. On établit donc une distinction entre l'*essence* ou *principe* de la souveraineté et son *exercice*. L'essence de la souveraineté

32. Brunet, 2004 ; Albertone M. et Troper M. (2021), *La représentation politique. Anthologie.* Paris, Classiques Garnier.

33. Cf. Miaille, art. « Représentation », in *Dictionnaire d'Éguille.*

demeure dans le souverain, la nation ou le peuple, et son exercice peut être délégué à des représentants. C'est ce que proclament de nombreux textes et notamment l'article 3 de la Déclaration des droits de l'Homme de 1789 : « Le *principe* de toute souveraineté réside *essentiellement* dans la nation ». Formule reprise et développée aux articles 1er et 2e du titre III de la Constitution de 1791[34], et qui a inspiré la plupart des Constitutions françaises postérieures, y compris celle de 1958.

On constate cependant que la théorie de la représentation telle qu'elle fonctionne en droit privé, soulève quelques difficultés et ne peut être intégralement transposée au droit public.

2. Difficultés de la théorie de la représentation

186. Elles tiennent à l'impossibilité de *représenter* la volonté. Jean-Jacques Rousseau a parfaitement mis en évidence cette impossibilité selon un schéma simple, déjà exposé (v. *supra* n° 78).

On a souligné aussi le paradoxe de la représentation. Si le représentant exprime une volonté qui coïncide exactement avec celle du représenté, alors cette volonté n'est pas *représentée*, mais seulement exprimée par le canal d'un autre homme. Mais si le représentant exprime une volonté qui ne coïncide pas avec celle du représenté, comment peut-on encore dire qu'il le représente (Pitkin in Pennock-Chapman, 1968, p. 38 et s.) ?

Une autre source de perplexité tient à la difficulté de transposer cette théorie au droit public.

3. Spécificité de la théorie de la représentation en droit public

187. La première et la plus importante particularité de la représentation en droit public est qu'il n'y a pas ici, comme en droit privé, deux personnes. Il n'y a de représentation que s'il existe une personne représentable, ayant une volonté à laquelle le représentant doit se conformer et à qui il devra rendre des comptes. Or, ici, d'un côté, le représentant, c'est-à-dire celui qui exerce la souveraineté, l'autorité législative, n'est pas une personne, puisqu'elle est composée d'individus qui changent à intervalles plus ou moins réguliers et que ce n'est pas à elle, mais à l'État que ses actes sont imputés. D'un autre côté, le représenté, le souverain, n'est pas non plus une personne, puisqu'il n'a pas d'autre volonté que celle qu'expriment les représentants. On peut même affirmer que le représenté, le peuple ou la nation n'existe qu'à partir du moment où une volonté est exprimée en son nom, c'est-à-dire à partir du moment où il est représenté. Le représenté ne crée pas le représentant. C'est lui, au

34. « *Art. 1er : La Souveraineté est une, indivisible, inaliénable et imprescriptible. Elle appartient à la nation ; aucune section du peuple, ni aucun individu, ne peut s'en attribuer l'exercice.*
Art. 2. : La nation, de qui seule émanent tous les Pouvoirs, ne peut les exercer que par délégation. La Constitution française est représentative : les représentants sont le Corps législatif et le Roi ».

contraire, qui est *constitué* par la représentation (Carré de Malberg, 1922, spéc. t. II, p. 227 et s. ; Jaume, 1986).

4. Théorie de la souveraineté et théorie de l'organe

188. C'est pourquoi un courant doctrinal important, représenté en France par Raymond Carré de Malberg, estime qu'il ne s'agit pas d'une véritable représentation. On fait valoir notamment qu'il s'agit avant tout de rendre compte d'un phénomène politique : la volonté exprimée par certains hommes n'est pas censée être la leur propre, mais celle du souverain. Or, pour toutes les raisons qu'on vient d'exposer, on ne rend pas bien compte de ce phénomène à l'aide de la théorie de la représentation. On en rendrait beaucoup mieux compte à l'aide d'une théorie de l'organe : il y a un être, le souverain ou l'État, qui, comme un homme, veut et agit par ses organes. De même que les paroles qui sortent de la bouche d'un homme sont imputées à cet homme, de même les actes émanant du gouvernement ou du Parlement sont imputées à l'État. Pas plus qu'on ne prétend qu'une bouche représente un homme, on ne doit dire que le Parlement représente le souverain. Il est son organe. Le souverain ne peut avoir d'autre volonté que celle que son organe exprime et l'on peut même dire qu'il n'existe qu'autant qu'il possède des organes.

Cette doctrine est incontestablement plus cohérente qu'une théorie de la représentation maladroitement importée telle quelle du droit privé. Cependant, il faut souligner quelques points importants.

La théorie de la représentation est précisément différente en droit public et n'est pas la transposition pure et simple du droit privé. Bien au contraire, dans la mesure où elle affirme que le souverain ne peut s'exprimer que par ses représentants, elle est identique, sauf dans les mots, à la théorie qui affirme que le Parlement n'est pas le représentant, mais l'organe du souverain. Dès lors que le mot « représentant » est employé dans un sens spécifique, équivalent à celui d'« organe », il n'y a aucun intérêt à substituer un mot à un autre.

Il y aurait même quelques inconvénients à le faire. La théorie de la représentation en effet ne remplit pas tout à fait la même fonction politique que celle de l'organe. Celle-ci admet que tous ceux dont les actes sont rapportés à l'État sont ses organes, le Parlement, mais aussi le gouvernement ou les fonctionnaires. Au contraire, selon la théorie de la représentation, le représentant c'est seulement celui qui peut *exercer la souveraineté*, c'est-à-dire exprimer la volonté du souverain ; c'est le législateur. Les autres autorités, elles, ne sont pas des représentants. La théorie de la représentation permet ainsi de souligner la hiérarchie des fonctions et de légitimer seulement l'exercice de la fonction législative.

En troisième lieu, la théorie qui est efficace, celle dont on se sert effectivement dans les systèmes politiques modernes pour justifier la répartition des compétences, c'est la théorie de la représentation. Cela n'a rien d'étonnant. Dire que le Parlement est un organe ne justifie son pouvoir que si l'être, dont on affirme qu'il est organe, possède un pouvoir incontesté. Or, dire qu'il est organe de l'État, n'est en rien une justification, parce qu'il reste encore à justifier qu'on doit obéir à l'État. Au contraire, la théorie de la représentation renvoie à un être, la nation ou le peuple, dont l'autorité est admise comme une évidence.

Enfin, la théorie de la représentation ne sert pas seulement à justifier le pouvoir du législateur ; elle sert aussi à justifier un certain nombre de règles spécifiques relatives au mandat.

B. Le mandat représentatif

189. *Le mandat* est le rapport entre le représentant et le représenté. On dit que le représentant a reçu et exerce un mandat.

1. L'objet du mandat

190. L'objet du mandat, ce qui est transféré au représentant, est l'exercice de la souveraineté. Il ne s'agit donc pas de toutes les fonctions juridiques de l'État, mais seulement de la fonction législative. C'est en effet la loi qui, aux termes de l'article 6 de la Déclaration des droits de l'Homme, est « l'expression de la volonté générale », c'est-à-dire de la volonté du souverain. Il s'ensuit deux conséquences importantes.

En premier lieu, selon cette théorie, seules les autorités législatives sont des représentants et non les autorités exécutives ou judiciaires. En effet, si la fonction consiste dans l'exécution de la volonté du souverain, celui qui l'exerce ne peut pas être le souverain lui-même ou son représentant. Il trouve sa légitimité précisément dans le fait qu'il exécute la volonté générale. Mais en revanche, toutes les autorités législatives doivent être des représentants. C'est pourquoi la Constitution française de 1791 déclarait que « *les représentants sont le corps législatif et le Roi* »[35]. Il faut souligner que le Roi, n'est pas représentant en sa qualité de chef d'État ou de chef du pouvoir exécutif, mais seulement parce qu'il participe par son veto à l'exercice du pouvoir législatif (v. *infra* n° 329).

En second lieu, comme le montre clairement le cas du Roi en 1791, la qualité de représentant est tout à fait indépendante du mode de désignation. Elle n'est notamment pas liée à l'élection. Selon cette théorie, sont représentants tous ceux dont le consentement est nécessaire à la formation de la loi, tous ceux qui ont une part au pouvoir législatif. Ainsi, les Chambres du Parlement, quelle que soit la manière dont elles sont désignées, le pouvoir exécutif s'il dispose soit du monopole de l'initiative soit d'un droit de veto, et, selon certaines théories, un organe de contrôle de la constitutionnalité des lois.

2. Les caractères du mandat

191. Ils découlent de ce qui précède.

35. Titre III, art. 2.

a. Caractère collectif du mandat

192. En effet, il n'est pas exercé par une personne individualisée, mais par une autorité. Dans le cas d'une Assemblée par exemple, ce n'est pas réellement le député qui est un représentant, mais l'Assemblée tout entière. Il pourrait difficilement en être autrement, car un député peut se trouver dans la minorité. S'il était représentant, il faudrait alors comprendre pourquoi il cesse dans ce cas d'exprimer la volonté générale. Au contraire, si c'est l'Assemblée qui est représentant, chacun des députés qui la composent exprime sa volonté propre ou l'idée qu'il se fait de la volonté générale et celle-ci résulte seulement du processus législatif.

Aussi, lorsqu'on dit, comme on le fait parfois, que le député est représentant, ce mot revêt un autre sens : il signifie en raccourci que le député est membre d'une Assemblée qui a elle-même la qualité de représentant.

Si le député, considéré individuellement, n'est pas le représentant du souverain, il ne peut évidemment l'être de sa circonscription ou de ceux qui ont voté pour lui.

Ceux-ci l'ont désigné, mais n'ont pu lui confier l'exercice de la souveraineté, qui ne leur appartenait pas, puisqu'il n'appartenait qu'au souverain. Cette idée est exprimée dans la Constitution de 1791 : « Les représentants nommés dans les départements ne seront pas représentants d'un département particulier, mais de la nation entière », disposition que l'on retrouve dans un très grand nombre d'autres Constitutions[36].

On en a parfois tiré la conséquence que le sort des députés ne doit pas être affecté par celui de la circonscription dans laquelle ils ont été élus. Ainsi, lorsqu'en 1871, la France céda à l'Allemagne les départements d'Alsace et de Lorraine, les députés de ces départements furent considérés comme demeurant en fonction et ne quittèrent l'Assemblée qu'après avoir démissionné de leur propre initiative.

Toutefois, en 1962, lorsque l'Algérie devint indépendante, on adopta une solution différente : il fut mis fin par une disposition législative au mandat de parlementaires français élus dans les départements algériens. Cette solution a été fort critiquée et considérée par une grande partie de la doctrine comme une atteinte au principe. Elle peut pourtant être justifiée très simplement au regard de la théorie de la représentation. Le titulaire de la souveraineté en confie l'exercice à des représentants. La désignation des représentants, c'est-à-dire des autorités législatives, résulte de la Constitution. Cependant, le mode de désignation des individus qui composeront ces autorités, s'il peut résulter aussi de la Constitution peut aussi provenir d'autres sources. Dans la pratique, il résulte souvent de la loi, puisque, en France par exemple, c'est une loi qui détermine le mode de scrutin. En effet, le souverain n'a pas d'autre volonté que celle qu'exprime le législateur. L'acte par lequel il confie un mandat représentatif est l'expression de la volonté générale. C'est une loi.

36. Constitution de 1791, titre III, chap. 1, sect. 3, art. 7 ; Constitution de l'an III, art. 52 ; Constitution de 1848, art. 34.

Une loi a ainsi parfaitement pu décider dans un sens en 1871 et en sens inverse en 1962.

b. Prohibition du mandat impératif

193. Le mandat impératif serait un mandat, analogue au mandat de droit privé, qui serait confié par les électeurs aux élus et qui aurait pour conséquence que ceux-ci auraient l'obligation de se conformer aux instructions reçues, qu'ils devraient rendre des comptes et qu'ils seraient responsables envers leurs électeurs. Le mandat impératif a été formellement prohibé par la plupart des Constitutions françaises et implicitement par toutes. Cette prohibition s'explique aisément et découle de ce que le député n'est pas le représentant de sa circonscription, mais, conjointement avec ses collègues, celui de la nation ou du peuple tout entiers.

Politiquement, elle se justifie aussi de plusieurs manières : la plus grande compétence des élus, les avantages d'une décision à laquelle on est parvenue au terme d'une délibération, la liberté des élus vis-à-vis des groupes et des partis. C'est ce qu'exprimait de manière lumineuse Condorcet à la Convention : « *Mandataire du peuple, je ferai ce que je croirai le plus conforme à ses intérêts. Il m'a envoyé pour exposer mes idées, non les siennes ; l'indépendance absolue de mes opinions est le premier de mes devoirs envers lui* ».

Le député est ainsi irresponsable. Il n'a de compte à rendre à personne et n'est tenu par aucune obligation vis-à-vis de ses électeurs. Les promesses électorales elles-mêmes sont dépourvues de toute valeur juridique. Il en résulte par voie de conséquence, la nullité de la *démission en blanc* que les candidats aux élections remettent parfois à des comités électoraux ou à leurs partis, pour que ceux-ci l'adressent au président de l'Assemblée au cas où ils estimeraient que le mandat a été violé. Saisi de telles lettres, les présidents des Assemblées n'en ont jamais tenu compte.

Au contraire, les démocraties du type marxiste, qui dénonçaient la mystification incluse dans le concept de souveraineté nationale, écartaient également le mandat représentatif. L'article 4 de l'ancienne Constitution tchécoslovaque disposait ainsi : « *Le peuple souverain exerce les pouvoirs de l'État au moyen des corps de représentants qui sont élus par le peuple, contrôlés par le peuple et responsables devant le peuple* ».

C. Signification moderne du gouvernement représentatif

1. Gouvernement représentatif et démocratie

194. La théorie classique des formes de gouvernement distinguait la monarchie, l'aristocratie et la démocratie (v. *supra* n° 77). La théorie de la représentation permet de justifier n'importe laquelle de ces trois formes, car on peut parfaitement admettre que le peuple souverain exerce lui-même la souveraineté, auquel cas, le gouvernement sera démocratique ou bien qu'il délègue cet exercice à un roi ou aux meilleurs. On voit que la démocratie n'est réalisée que dans le premier cas et que, selon cette conception, le système représentatif moderne n'est pas une démocratie, mais une aristocratie, puisque la puissance suprême y est déléguée à un Parlement. Il est d'ailleurs remarquable que ni la Constitution américaine de 1787, ni la Constitution française de 1791 ne se soient présentées comme des constitutions démocratiques. Comme il aurait été embarrassant de les désigner comme des constitutions aristocratiques, la première se donnait comme une constitution *républicaine* et la seconde tantôt comme *mixte*, tantôt, de façon d'ailleurs tautologique, comme *représentative*.

Cependant, l'évolution des systèmes politiques a conduit à reconsidérer ce schéma, en raison de deux phénomènes majeurs, d'ailleurs étroitement liés : l'avènement du suffrage universel et la concentration du pouvoir législatif dans la ou les Chambres élues, au détriment du chef de l'État et des Chambres héréditaires. Depuis la fin du XIXe siècle, dans la plupart des États, la loi a pour auteur principal et quelquefois exclusif une ou deux Chambres issues directement ou indirectement du suffrage universel. Dans ces conditions, la théorie de la représentation a conduit à justifier le pouvoir des parlements en cherchant à le rattacher non plus à l'aristocratie ou au gouvernement mixte, mais à la démocratie.

La thèse aujourd'hui dominante est donc que la démocratie comporte deux variétés : la démocratie directe et la démocratie représentative. La démocratie directe est le système dans lequel le peuple exerce lui-même la souveraineté. Certains estiment qu'il présente des inconvénients, tenant au risque de démagogie ou à l'incompétence du peuple. Il est de toute manière impraticable dans les grands États modernes. Aussi, le peuple délègue-t-il l'exercice de la souveraineté à des hommes qu'il choisit pour le représenter. Le régime représentatif est donc bien une variété de démocratie, dès lors qu'il est associé à l'élection au suffrage universel.

Cette thèse se réclame de Montesquieu. « *Le grand avantage des représentants, écrit-il, c'est qu'ils sont capables de discuter les affaires. Le peuple n'y est point du tout propre ; ce qui forme un des grands inconvénients de la démocratie... Il y avait un grand vice dans la plupart des anciennes républiques : c'est que le peuple avait droit d'y prendre des résolutions actives, et qui demandent quelque exécution, chose dont il est entièrement incapable. Il ne doit entrer dans le gouvernement que pour choisir ses représentants, ce qui est très à sa portée. Car, s'il y a peu de gens qui connaissent le degré précis de la capacité des hommes, chacun est pourtant capable de savoir, en général, si celui qu'il choisit est plus éclairé que la plupart des autres* »[37].

Elle est vivement critiquée par de nombreux auteurs qui se situent dans la postérité de Jean-Jacques Rousseau. Leur argumentation est simple : dans la démocratie représentative, le peuple se borne à choisir des représentants, mais, il leur remet l'exercice de la souveraineté. Une fois le choix fait, c'est la volonté des représentants qui fait la loi et non la volonté du peuple. « *Toute loi que le Peuple en personne n'a pas ratifiée, écrit Rousseau, est nulle ; ce n'est*

37. *De l'esprit des lois*, Livre XI, chap. 6.

point une loi. Le peuple d'Angleterre pense être libre ; il se trompe fort, il ne l'est que durant l'élection des membres du Parlement ; sitôt qu'ils sont élus, il est esclave, il n'est rien. Dans les courts moments de sa liberté, l'usage qu'il en fait mérite bien qu'il la perde »[38]. Il n'y a donc qu'une fiction de démocratie.

L'une et l'autre conception négligent pourtant un élément essentiel : les électeurs ne choisissent plus aujourd'hui les députés après avoir porté un simple jugement sur les capacités respectives des candidats. L'élection n'est pas une modalité d'examen professionnel et le choix ne se fonde pas sur des compétences techniques, mais sur des orientations politiques. Les candidats se présentent avec un programme ou, tout au moins, sous l'égide d'un parti. Ce que les électeurs choisissent, c'est donc moins des hommes qu'une politique (Birnbaum, Hamon, Troper, 1977).

À cette influence du corps électoral à travers le choix des programmes, s'ajoute celle qui peut s'exercer dans l'intervalle entre deux élections par les contacts que l'élu peut entretenir avec les électeurs ou par les sondages d'opinion. Même investis d'un mandat représentatif, mais soumis à réélection, les députés et les partis, sont donc en réalité soumis à un contrôle diffus, mais permanent.

2. La qualité de représentant

195. La théorie de la représentation a eu pour fonction exclusive, à l'origine, c'est-à-dire, sous la Révolution, de justifier *a posteriori* l'exercice du pouvoir législatif. C'est la raison pour laquelle la qualité de représentant était entièrement indépendante du mode de désignation. Le débat fondateur sur ce point a eu lieu le 10 août 1791. Il a opposé Barnave à Robespierre et Roederer. Ceux-ci soutenaient que seul le corps législatif élu pouvait être qualifié de représentant. Barnave, au contraire, défendait la thèse que le représentant était celui qui contribuait à exprimer la volonté générale, ce qui était le cas du roi en raison de son droit de veto. Le fait que le débat a eu lieu en 1791 montre qu'on ne cherchait pas, à partir des principes, à déduire des règles de répartition des compétences.

C'est la thèse de Barnave qui l'a emporté et s'est imposée, non seulement pour la Constitution de 1791, mais aussi dans la suite de l'histoire constitutionnelle française. C'est ainsi que, le droit public de la IIIe République a reconnu la qualité de représentant au seul Parlement, non pas parce qu'il était élu, mais parce qu'il était la seule autorité législative.

Cependant plusieurs facteurs ont contribué à modifier les données du problème. Le premier est ce double caractère du Parlement, à la fois pouvoir législatif et élu. Le deuxième est le nouveau rôle joué par le principe, une fois qu'il a été admis. Il sert à justifier chaque loi, qui apparaît en effet, comme l'expression de la volonté générale. Mais il peut servir désormais aussi à justifier que l'on ait attribué le pouvoir législatif à tel organe plutôt qu'à tel autre. En 1791 on pouvait dire : « si un organe est législatif, alors il est représentant ». On veut désormais pouvoir dire : « il est représentant, donc il doit être

38. *Du contrat social,* Livre III, chap. 15, « Des députés ou représentants ».

législateur ». Mais, pour pouvoir jouer ce nouveau rôle, le principe doit évidemment être modifié. Il faut naturellement disposer d'un critère autre que la participation au pouvoir législatif pour affirmer la qualité de représentant. Cet autre critère sera l'élection. Et cela d'autant plus naturellement que la théorie de la représentation doit se combiner avec le principe démocratique : il faut que celui qui est élu par le peuple, soit son représentant et qu'il exerce la plus haute fonction. Le troisième facteur est le nouveau rôle joué par le pouvoir exécutif (v. *supra* n° 136 et s.). Dès lors qu'il n'est plus cantonné dans la stricte exécution des lois, mais qu'il contribue de façon déterminante aux orientations politiques majeures et qu'il est, lui aussi, élu du peuple, il peut trouver dans cette élection la justification de ses décisions. C'est pourquoi, il revendique lui aussi la qualité de représentant, comme on peut le voir en France très clairement sous la Ve République.

Les États-Unis ont connu une évolution analogue. Alors que les auteurs de la Constitution avaient considéré que c'était le Congrès qui était le représentant légitime, le président Jackson, soutenait au XIXe siècle qu'il était lui aussi le représentant du peuple, qui lui avait confié un mandat pour mener une certaine politique. Plus tard, Wilson ira encore plus loin et prétendra que le président est non seulement un représentant, mais qu'il est un meilleur représentant que le Congrès, parce qu'il représente non pas une série de circonscriptions, mais le peuple tout entier (Dahl, 1990).

§2. La souveraineté

196. La notion de souveraineté. – Dans le système représentatif, les gouvernants exercent une souveraineté, dont ils ne sont pas les titulaires. Il faut donc déterminer qui est le titulaire véritable et en quoi consiste cette mystérieuse puissance. Il existe à ce sujet un débat très ancien et rendu confus par l'imprécision du vocabulaire.

Il faut, pour le clarifier, distinguer quatre significations des mots *souveraineté* et *souverain*.

En premier lieu, la souveraineté est un caractère de l'État, qui est supérieur à toute autre entité interne (une église par exemple) et n'est soumis à aucune entité extérieure (un autre État). On parle quelquefois en ce sens de souveraineté internationale et l'on considère qu'il s'agit d'une qualité essentielle de l'État en ce sens qu'une entité, qui ne possède pas cette souveraineté n'est pas un véritable État. Ainsi, l'État membre d'un État composé (v. *supra* n° 71 et s.).

En deuxième lieu, c'est le caractère, la puissance d'un organe, qui, étant situé au sommet d'une hiérarchie, n'est soumis à aucun contrôle et dont la volonté est productrice de droit. On parle ainsi de la souveraineté du Parlement et l'on dit de la même manière que la Cour de cassation est une Cour souveraine.

On comprend que la souveraineté dans ces deux premiers sens soit *indivisible*, car si la souveraineté est la qualité de celui qui est suprême, un seul peut avoir cette qualité. Si l'on voulait créer deux entités suprêmes, aucune ne le serait.

En troisième lieu, la souveraineté est l'ensemble des pouvoirs que cet être peut exercer. On peut d'ailleurs l'entendre de deux façons. On dit d'abord que la souveraineté comprend par exemple le droit de battre monnaie, celui de faire des lois ou de rendre la justice. Tous les pouvoirs qui sont compris dans la souveraineté en ce sens sont parfois appelés des *attributs* de la souveraineté et l'on parle alors de puissance d'État. Cette souveraineté, contrairement à la précédente, n'est nullement indivisible et l'on peut fort bien répartir les attributs entre plusieurs autorités.

Mais il est clair que ces attributs ne se situent pas tous sur le même plan. L'un d'eux implique l'exercice d'une puissance supérieure, qui permet à son titulaire de dominer les autres. C'est évidemment le pouvoir de faire des lois. Si les décisions de justice ne sont que l'application de la loi, la souveraineté consiste non dans l'exercice de la fonction juridictionnelle, mais dans celui de la fonction législative.

La souveraineté peut donc être entendue seulement comme puissance législative. Il faut alors considérer qu'elle est bien indivisible, car si deux autorités étaient simultanément investies du pouvoir législatif aucune ne serait souveraine.

En revanche, on peut parfaitement confier ce pouvoir à deux ou plusieurs autorités *de manière indivisible*, c'est-à-dire pour qu'elles l'exercent conjointement. C'est le cas par exemple, lorsqu'on confie le pouvoir législatif à un Parlement bicaméral ou lorsqu'on accorde au pouvoir exécutif un droit de veto.

En quatrième lieu, la souveraineté est la qualité de l'être, réel ou fictif, au nom de qui est exercé le pouvoir de l'organe souverain dans la deuxième acception. C'est en ce sens que l'ont dit que seule la nation ou seul le peuple est souverain.

La confusion est due en partie aux particularités de la langue française. L'allemand par exemple possède des mots différents pour désigner les différentes espèces de souveraineté. Elle provient aussi de ce que, sous la monarchie absolue, le roi était souverain dans tous les sens du mot. Il se confondait avec l'État et était donc souverain sur le plan international (« le roi est empereur en son royaume »). Il était souverain en tant qu'autorité, qui commandait à toutes les autres à l'intérieur. Il disposait de la totalité de la puissance d'État et la loi, notamment, procédait de sa seule volonté. Enfin, il n'était le représentant de personne, car il ne tenait son pouvoir que de Dieu. On pouvait dire que la souveraineté lui appartenait tout entière.

C'est seulement à partir de la Révolution que ces différents sens se sont dissociés. Ainsi, sous la IIIe République, à la question : « qui est souverain ? », on pouvait également répondre : « la France, le Parlement, la Cour de cassation, la loi, la nation », toutes ces réponses étant non seulement justes, mais aussi parfaitement compatibles.

Dans le processus de justification, c'est principalement de la souveraineté dans le quatrième sens qu'il s'agit. Puisque le législateur n'est qu'un représentant, qu'il ne fait qu'exercer la souveraineté (dans le troisième sens), à qui appartient réellement cette souveraineté ? Puisque l'exercice de la souveraineté a été délégué à des représentants, à qui appartient son essence ?

Sur ce point, on oppose traditionnellement deux doctrines, la souveraineté nationale et la souveraineté populaire.

A. L'opposition traditionnelle de la souveraineté nationale et de la souveraineté populaire

1. La souveraineté populaire

197. Selon cette tradition, la doctrine de la souveraineté populaire enseignerait que la souveraineté appartient au peuple, conçu comme l'ensemble des hommes vivant sur un territoire donné. Ce peuple serait donc un être réel. Il peut donc exercer lui-même sa souveraineté. La doctrine de la souveraineté populaire serait donc compatible avec la démocratie directe. Cependant au cas où il apparaîtrait que cette démocratie directe est peu praticable, le peuple pourrait déléguer l'exercice de la souveraineté.

Mais comme le peuple est un être réel, il est parfaitement capable d'avoir et d'exprimer une volonté distincte de celles des gouvernants. Tous ceux qui composent le peuple peuvent et ont le droit de choisir ces gouvernants et de contrôler leurs actions. Aussi, la doctrine de la souveraineté populaire implique-t-elle trois conséquences :

- le principe de l'électorat-droit, c'est-à-dire le suffrage universel,
- des éléments de démocratie directe, c'est-à-dire l'institution du référendum,
- le mandat impératif.

2. La souveraineté nationale

198. Au contraire, la doctrine de la souveraineté nationale postulerait que le titulaire de la souveraineté est la *nation*, c'est-à-dire une entité tout à fait abstraite, qui n'est pas composée seulement des hommes vivant sur le territoire à un moment donné, mais qu'on définit en prenant en compte la continuité des générations ou un intérêt général qui transcenderait les intérêts particuliers. Comme il s'agit d'une entité abstraite, elle ne pourrait évidemment pas exercer la souveraineté. La démocratie directe est impossible. Elle ne peut vouloir que par ses représentants.

Elle ne peut d'ailleurs même pas les choisir, puisqu'elle n'a pas pour éléments des hommes réels. Elle est donc contrainte de confier ce soin à certains hommes. Le suffrage n'est pas un droit, mais une fonction confiée par la nation. Elle ne doit pas d'ailleurs être confiée à tous, mais à ceux qui sont capables de l'exercer et il se peut que seuls en soient capables certains, notamment parmi ceux qui, possédant des biens ou exerçant une profession ou payant des impôts, ont un intérêt à défendre. Une fois élus, les représentants, qui ne représentent pas leurs électeurs mais cette nation abstraite, ne peuvent évidemment être soumis à aucun contrôle.

La souveraineté nationale entraînerait donc des conséquences symétriquement inverses de celles que l'on suppose à la souveraineté populaire :
- refus de la démocratie directe ou semi-directe,
- théorie de l'électorat-fonction et possibilité du suffrage restreint,
- prohibition du mandat impératif.

Ainsi, les constituants procéderaient toujours à un choix fondamental entre les deux doctrines de la souveraineté. Ce choix présenterait d'ailleurs un caractère idéologique marqué : la doctrine de la souveraineté populaire serait démocratique et progressiste, la doctrine de la souveraineté nationale conservatrice. On pourrait donc classer les constitutions selon qu'elles se rattachent à l'une ou l'autre doctrine : souveraineté nationale en 1791, populaire en 1793, nationale à nouveau en l'an III, etc. À l'Assemblée constituante de 1946, les deux doctrines auraient eu leurs partisans, de sorte qu'il aurait fallu réaliser un compromis, en énonçant que : « la souveraineté nationale appartient au peuple ». Cette formule, reproduite à l'article 3 de la Constitution de 1958, entraînerait ainsi certaines des conséquences de la souveraineté nationale et certaines des conséquences de la souveraineté populaire.

B. Critique

199. L'opposition traditionnelle souffre de faiblesses graves. On se limitera ici aux deux principales : elle est incapable de rendre compte de la réalité historique ; elle repose sur un présupposé inacceptable (Bacot, 2001 ; Troper, 2001, p. 299 et s.).

1. Critique historique

200. En apparence le schéma fonctionne relativement bien lorsqu'il s'agit de rendre compte de la Constitution de 1791, qui proclame bien que la souveraineté appartient à la nation et comporte toutes les règles que la doctrine rattache à ce principe : le système représentatif, le suffrage restreint et le mandat représentatif.

On ne peut pourtant pas en conclure, comme on le fait trop rapidement, que les règles *découlent* du principe. Il peut s'agir soit d'une justification *a posteriori*, soit d'une simple coïncidence. Il est d'ailleurs remarquable que d'autres Constitutions, qui comportent les mêmes règles, par exemple la Charte de 1814, ne se réfèrent pourtant pas au principe de la souveraineté nationale.

La Constitution de 1793 proclame que « *la souveraineté réside dans le peuple* »[39]. On s'attend donc à y trouver le suffrage universel, le référendum et le mandat impératif. Or, si les deux premières règles y sont bien, encore que le référendum qu'elle institue soit en réalité impraticable, il existe au moins deux dispositions, qui, d'après la théorie traditionnelle, se rattachent plutôt au principe de la souveraineté nationale : « *aucune portion du peuple ne peut exercer la puissance du peuple tout entier* »[40] et « *chaque député appartient à*

39. Déclaration des droits de l'Homme et du Citoyen, art. 25.
40. *Ibid.*, art. 26.

la nation entière »[41]. Ces textes ont une double signification : d'une part, il s'agit d'une prohibition du mandat impératif ; d'autre part, il en ressort que les mots *peuple* et *nation* sont, selon cette Constitution, rigoureusement synonymes.

L'absence de tout lien entre souveraineté populaire et les trois institutions qu'on lui rattache habituellement est encore démontrée par l'examen de la Constitution de l'an III. Le principe de la souveraineté populaire est proclamé dans les mêmes termes qu'en 1793 : « *la souveraineté réside essentiellement dans l'universalité des citoyens* »[42]. On y trouve pourtant toutes les conséquences que l'on rattache habituellement non à la souveraineté populaire, mais à la souveraineté nationale : le suffrage restreint et indirect[43], le refus de la démocratie directe ou semi-directe, le refus du mandat impératif[44].

La proclamation de la souveraineté nationale ou de la souveraineté populaire ne présente donc pas la signification que lui accorde la doctrine traditionnelle. Celle-ci ne la lui prête que parce qu'elle conçoit le processus constituant comme une déduction logique.

2. Le présupposé implicite : la conception dogmatique des constitutions

201. L'opposition traditionnelle n'a de sens que s'il existe un lien logique tel que l'acceptation des principes entraîne nécessairement celles de toutes les conséquences, de sorte que les constituants commenceraient par poser l'un ou l'autre des deux principes pour en déduire les conséquences. Cette idée n'est nullement démontrée et plusieurs considérations incitent à penser le contraire.

On a vu, en premier lieu, qu'il peut arriver qu'on rédige d'abord les dispositions énonçant des règles concrètes et ensuite seulement les principes et qu'on peut rencontrer l'un des deux principes avec les règles qui sont la conséquence de l'autre.

En deuxième lieu, on ne pourrait établir un lien logique qu'à la condition d'accorder aux mots la même signification. Or ces significations sont variables. Ainsi, « peuple » et « nation » peuvent bien avoir deux significations différentes dans la langue politique et constitutionnelle du xxe siècle et avoir été synonymes en 1793.

En troisième lieu, quand bien même il y aurait dans l'esprit des constituants d'une époque donnée un lien entre souveraineté nationale et refus du référendum ou du mandat impératif, il ne s'agirait pas d'un lien logique, mais purement contingent, de sorte que la proclamation de la souveraineté n'a pas la même signification à une autre époque. Il est également possible que le constituant lui accorde une certaine signification et que, au cours du processus d'application, les interprètes de la Constitution lui en accordent une différente.

41. Constitution, art. 29.

42. Déclaration des droits et des Devoirs de l'Homme et du Citoyen, art. 17.

43. Titres II, III et IV.

44. Déclaration des droits de l'Homme et du Citoyen, art. 18 ; Constitution, art. 52.

En quatrième lieu, l'opposition traditionnelle néglige l'usage rhétorique que les constituants peuvent faire de formules comme *souveraineté nationale* ou *souveraineté populaire*. Il est possible et il arrive fréquemment qu'on les proclame sans autre souci que d'obtenir une adhésion populaire, mais sans aucune intention d'en tirer la moindre conséquence.

Il faut par conséquent examiner ces questions d'un point de vue strictement historique et donner de ces formules une interprétation non pas sémantique, mais systémique. Il faut en d'autres termes non pas chercher à comprendre la Constitution à partir des principes, mais les principes à partir de la Constitution.

C. Détermination du titulaire de la souveraineté

202. On se bornera à quatre Constitutions.

1. La Constitution de 1791

203. Il faut observer la chronologie. Jusqu'en 1791, les deux termes *peuple* et *nation* sont employés l'un pour l'autre. Le choix du système représentatif ne découle donc pas de la préférence pour le mot de nation, mais, comme on l'a vu, de la formule de la Déclaration des droits de l'Homme de 1789 : « Le *principe* de toute souveraineté réside *essentiellement* dans la nation ». La distinction du peuple et de la nation résulte de la nécessité de justifier l'attribution du pouvoir législatif au corps législatif et au roi. En effet, on peut justifier par la souveraineté populaire n'importe quelle forme simple de gouvernement, puisqu'il est parfaitement concevable que le peuple souverain ou bien exerce la souveraineté lui-même ou bien en délègue l'exercice à un roi ou à un corps de nobles. En revanche, il est impossible de justifier ainsi un gouvernement mixte, car on ne peut pas concevoir que l'exercice de la souveraineté soit à la fois délégué et conservé. On ne pourrait pas dire par exemple que le système est une démocratie, parce qu'on ne pourrait pas expliquer que le roi participe par son veto à l'exercice de la souveraineté et l'on ne pourrait pas dire davantage que l'exercice a été délégué à un roi, parce qu'on ne pourrait pas expliquer pourquoi il y a, dans ce cas, aussi un élément de démocratie.

On imagine donc d'appeler le souverain non pas *peuple*, mais *nation*. L'invention de ce concept présente plusieurs avantages : on peut concevoir la nation comme une entité abstraite, composée de deux éléments : le peuple et le roi. Puisqu'elle est abstraite, elle ne peut évidemment pas exercer la souveraineté, mais doit la déléguer à des représentants. Comme le souverain est composite, le pouvoir législatif le sera aussi et comportera deux éléments, correspondant à ceux de la nation : il y aura un roi et un corps législatif. Cependant, chacun représentera non l'élément correspondant, mais la nation tout entière.

2. La Constitution de 1793

204. La monarchie a été abolie en 1792 (v. *infra* n° 337). La nation ne comprend donc plus qu'un seul élément, le peuple, de sorte que les deux termes peuvent redevenir synonymes. On substitue donc l'expression de souveraineté populaire à celle de souveraineté nationale dans la Déclaration des droits, mais sans abandonner pour autant le mot *nation*, qui figure dans le texte de la Constitution.

Il faut souligner que le peuple dont il est question désormais n'est pas, comme le prétend la doctrine classique, un être réel, existant dans le monde, indépendamment de la représentation. Il s'agit, comme pour la nation, d'une notion construite par le droit. Il pourrait d'ailleurs difficilement en être autrement, car il ne s'agit pas d'un fait naturel. C'est donc la Constitution qui définit le peuple souverain comme l'universalité des citoyens français[45] et qui doit ensuite définir le citoyen français[46]. C'est la Constitution encore qui détermine les compétences de ce peuple, la manière dont il procède à l'élection ou dont il participe à l'exercice du pouvoir législatif. Comme on l'a vu, le mandat impératif est prohibé. Les électeurs exercent donc une fonction, exactement de la même manière que dans la prétendue doctrine de la souveraineté nationale.

Quant à l'idée que le peuple exercerait directement la souveraineté, elle n'est que partiellement exacte, puisque la Constitution n'organise un système de vote populaire que pour certaines lois, mais surtout elle ne découle pas du principe de la souveraineté populaire, mais plutôt de la manière dont il est formulé : « la souveraineté réside dans le peuple ». Ce n'est plus seulement en effet le *principe* de la souveraineté, comme en 1789, mais la souveraineté elle-même, qui réside dans le peuple. Celui-ci peut donc l'exercer directement au moins partiellement, dans les limites fixées par la Constitution, comme il peut l'exercer par représentation.

3. La Constitution de l'an III

205. L'examen de la Constitution de l'an III confirme cette analyse. Il est clair que les constituants reviennent sur le suffrage universel direct et le référendum. Mais cela n'implique nullement, comme on le croit parfois, qu'on rétablisse le principe de la souveraineté nationale. On a vu, au contraire, que le principe de la souveraineté populaire est maintenu. Il n'est pas nécessaire d'employer à nouveau le concept de nation, puisque la monarchie n'a pas été restaurée.

Pour donner une justification adéquate aux règles concrètes énoncées dans la Constitution, il suffit de recourir à deux techniques : en premier lieu, définir autrement les citoyens ; si le peuple est l'universalité des citoyens, comme en 1793, il suffit que la catégorie des citoyens soit définie de manière restrictive, pour que par exemple le suffrage restreint apparaisse

45. Art. 7.

46. C'est l'objet du titre II.

justifié par la souveraineté populaire. En deuxième lieu, surtout, rétablir dans la formulation du principe l'adverbe *essentiellement*, qui figurait déjà, on l'a vu, en 89, mais qu'on avait abandonné en 1793 : « la souveraineté réside *essentiellement* dans l'universalité des citoyens ».

4. La Constitution de 1958

206. La mystérieuse formule de l'article 3, « *La souveraineté nationale appartient au peuple* » doit être interprétée de la même manière. On en donne habituellement l'interprétation suivante :

En premier lieu, cette formule est reprise mot pour mot de l'article 3 de la Constitution de 1946. À l'Assemblée constituante, une controverse avait opposé Coste-Floret, partisan de la souveraineté populaire et Paul Bastid, tenant de la souveraineté nationale. Le texte de l'article 3 résultait donc simplement d'un compromis entre les deux conceptions.

En deuxième lieu, le compromis signifierait que la Constitution consacrerait certaines des conséquences découlant de la souveraineté nationale et d'autres découlant de la souveraineté populaire. L'article 3 de 1958 poursuit, en effet « (...) appartient au peuple, *qui l'exerce par ses représentants et par la voie du référendum* ».

Cette interprétation n'est pourtant guère satisfaisante. Le compromis de 1946 n'a pu avoir cette signification à l'époque. En effet, l'Assemblée constituante débattait après qu'un premier projet avait été rejeté par le peuple français. Or, ce premier projet qui proclamait le principe de la souveraineté populaire n'en tirait nullement les conséquences prescrites par la doctrine et ne comportait notamment ni mandat impératif, ni référendum[47]. Le compromis ne pouvait donc signifier qu'on allait faire une place à l'une et l'autre de ces institutions et d'ailleurs la Constitution de 1946 ne prévoyait le référendum que pour la révision. Il en résulte qu'on pouvait parfaitement utiliser la formule du compromis sans en faire découler aucune autre conséquence que celles qui découlent en principe de la seule souveraineté nationale.

Il faut même aller plus loin : en 1946, comme plus tard en 1958, on pouvait utiliser l'une des deux formules pures, sans renoncer à aucune des règles que l'on souhaitait inscrire dans la Constitution. On pouvait par exemple proclamer la souveraineté populaire et avoir toutes les conséquences habituellement attachées à la souveraineté nationale. C'est ce que faisait par exemple le premier projet de 1946, qui ajoutait immédiatement après la proclamation de la souveraineté populaire que « la loi est l'expression de la volonté *nationale* (...) Cette volonté s'exprime par les représentants élus du peuple ». On pouvait, à l'inverse, proclamer la souveraineté nationale et décider que la nation confiait l'exercice de la souveraineté non seulement à des représentants, mais aussi au corps électoral pour qu'il approuve certains projets de loi par référendum.

47. Il revenait d'ailleurs aux formules de 1789 et de l'an III et en particulier à l'usage de l'adverbe *essentiellement* : « Le principe de toute souveraineté réside essentiellement dans le peuple » (art. 2).

En d'autres termes, s'il est vrai que le compromis de 1946 était apte à justifier le droit positif de 1958, il pouvait également justifier des règles très différentes et les règles adoptées en 1946 ou en 1958 auraient été tout aussi bien justifiées par d'autres formules.

La rédaction précise de l'article 3 retrouve une utilité, lorsqu'on cherche à fonder sur elle, non pas une autre disposition de la Constitution, mais certains comportements ou certaines interprétations données par les pouvoirs publics. On n'en prendra qu'un exemple : pour justifier l'utilisation de l'article 11 en matière de révision constitutionnelle, où elle n'était pas expressément prévue, le général de Gaulle et ses partisans firent valoir en 1962 que l'article 3 consacrait à la fois l'expression indirecte et l'expression directe de la souveraineté ou la démocratie représentative et la démocratie directe. Comme la seconde doit l'emporter sur la première, l'article 3 devrait conduire à une interprétation large de l'article 11 (v. *infra* n° 513 ; Capitant, 1982, spécial. p. 422-429).

207. Bibliographie

Se reporter également à la bibliographie générale au début du volume.

ALBERTINI P. (1978), *Le droit de dissolution et les systèmes constitutionnels français*, Paris, PUF.

ASSOCIATION FRANÇAISE DES CONSTITUTIONNALISTES (1993), *Le pouvoir et l'État dans l'œuvre de Georges Burdeau*, Paris, Economica.

BACOT G. (2001), *Carré de Malberg et l'origine de la distinction entre souveraineté du peuple et souveraineté nationale*, Paris, CNRS.

BADIE B. et HERMET G. (2001), *La Politique comparée*, Paris, Armand Colin.

BAECHLER J. (1976), *Qu'est-ce que l'idéologie ?*, Paris, Gallimard.

BARANGER D. (1999), *Parlementarisme des origines. Essai sur les conditions de formation d'un exécutif responsable en Angleterre (des années 1740 au début de l'âge victorien)*, Paris, PUF.

BAVEREZ N., (2019), « Les démocratures contre la démocratie », *Pouvoirs*, n° 169, p 6.

BASTID P. (1956), *Le gouvernement d'Assemblée*, Paris, Cujas.

BAUME S. et FONTANA B. (dir.) (2008), *Les usages de la séparation des pouvoirs*, Paris, Michel Houdiard.

BEAUD O.,

– (1999), *Le sang contaminé. Essai critique sur la criminalisation de la responsabilité des gouvernants*, Paris, PUF.

– (2007), *Théorie de la Fédération*, Paris, PUF.

BELLAMY R. (ed). (2005), *The Rule of Law And The Separation of Powers*, Aldershot, Hampshire : Ashgate Publishing.

BIRNBAUM P., HAMON F., TROPER M. (1978), *Réinventer le Parlement*, Paris, Flammarion.

BOUCOBZA I. (2005), *La fonction juridictionnelle*, Paris, Dalloz.

BOWIE R., FRIEDRICH C.-J. (1960-1962), *Études sur le fédéralisme*, 2 vol., Paris, LGDJ.

BRUNET P. (2004), *Vouloir pour la nation. Le concept de représentation dans la théorie de l'État*, Bruxelles, Bruylant, Paris, LGDJ.

BURDEAU G.,

– (1945), « Remarques sur la classification des fonctions étatiques », *RDP*, p. 202-228.

– (1964), « Le pouvoir », *Encyclopédie française*, t. X, *L'État*, p. 113 et s.

CAPITANT R. (1982), *Droits constitutionnels*, éd. préparée par J.-P. MORELOU, Paris, CNRS.

CARRÉ DE MALBERG R.,

– (1931a), « Réflexions théoriques sur la combinaison du référendum avec le parlementarisme », *RDP*, p. 225.

– (1931b), *La loi, expression de la volonté générale*, Paris, Economica, réédition 1984, Préf. de Georges Burdeau.

Castillo-Ortiz (2019). *The Illiberal Abuse of Constitutional Courts in Europe. European Constitutional Law Review*. Vol. 15, pp. 48-72.

Centre d'études du fédéralisme (1994), *Le fédéralisme : approches politique, économique et juridique*, Bruxelles, De Boeck.

Chatelet F., Pisier-Kouchner E., Vincent J.-M. (1975), *Les marxistes et la politique*, Paris, PUF.

Chevallier J. (2017), *L'État de droit*, Paris, LGDJ, 6ᵉ éd.

Collet M. (2003), *Le contrôle juridictionnel des actes des autorités administratives indépendantes*, Paris, LGDJ.

Colliard C.-A. et Timsit G. (1988), *Les autorités administratives indépendantes*, Paris, PUF.

Colliard J.-C. (1978), *Les régimes parlementaires contemporains*, Paris, Presses de la Fondation des Sciences Politiques.

Conseil d'État (2001), *Rapport public 2001. Les autorités administratives indépendantes*, Paris, La Documentation française.

Cotteret J.-M., Émeri C. (1999), *Les systèmes électoraux*, Paris, PUF, 7ᵉ éd.

Denquin J.-M. (1976), *Référendum et plébiscite*, Paris, PUF.

Duprat G. (dir.) (1980), *Analyse de l'Idéologie*, Paris, éditions Galilée.

Duverger M. (dir.) (1986), *Les régimes semi-présidentiels*, Paris, PUF.

Eisenmann Ch.,

– (1933), « L'Esprit des Lois et la séparation des pouvoirs », *Mélanges Carré de Malberg*, Paris, Librairie recueil Sirey, p. 190 et s., rééd. in Eisenmann Ch. (2002), *Écrits de théorie du droit, de droit constitutionnel et d'idées politiques*, Paris, Panthéon-Assas.

– (1948), *Centralisation et décentralisation. Esquisse d'une théorie générale*, Paris, LGDJ.

– (1964), « Les fonctions de l'État », in *Encyclopédie française*, t. X, *L'État*, Paris, Société nouvelle de l'Encyclopédie française, p. 113 et s.

– (1968), « Essai d'une classification théorique des formes politiques », *Politique*, p. 8 et s.

Fatin Rouge-Stefanini M. (2004), *Le contrôle du référendum par la justice constitutionnelle*, Paris, Economica-PUAM.

Favre P. (1976), *La décision de majorité*, Paris, Presses de la Fondation Nationale des Sciences Politiques.

Ferry L. (1999), *Philosophie politique*, vol. 1, Paris, PUF, 4ᵉ éd.

Fontaine L. (2009), « Pouvoirs exceptionnels vs Garantie des droits : l'ambiguïté de la question constitutionnelle », in *RDP*, n° 2, p. 351 s.

Gaxie D. (2003), *La démocratie représentative*, Paris, Montchrestien, 4ᵉ éd.

Goguel F., Duverger M. (1950), *L'influence des systèmes électoraux sur la vie politique*, Paris, Armand Colin.

Grewe C., Ruiz-Fabri H. (1995), *Droits constitutionnels européens*, Paris, PUF.

Grimm D. (2012), Article « souveraineté », in Troper M. et Chagnollaud D. (dir.), *Traité international de droit constitutionnel*, Paris, Dalloz, 3 vol., tome 1, p. 443 s.

Halmai G. (2021), « Illiberal Constitutional Theories ». *Jus Politicum* ; n° 25.

Hamon F.,

– (2012), *Le référendum : Étude comparative*, Paris, LGDJ, 2ᵉ éd.

– (1997), « Le choix d'un système électoral par la voie référendaire », *RFDC*, p. 33 et s.

– (2001), « Les formes d'État : Essai de typologie », *RPP*, janv.-fév. p. 28 et s.

– (2007), *Le référendum*, Paris, La Documentation française

Hamon F. et Passelecq O. (dir.) (2001), *Le référendum en Europe, Bilan et Perspectives*, Paris, L'Harmattan.

Hamon L. (1990), « L'État de droit et son essence », *RFDC*, n° 4, p. 699.

Heraud E. (1968), *Les principes du fédéralisme et la fédération européenne*, Presses d'Europe, Cahier n° 6.

Heuschling L. (2002), *État de droit, Rechtstaat, Rule of Law*, Paris, Dalloz.

Hochmann T. (2019), « Cinquante nuances de démocratures », *Pouvoirs*, vol. 169, n° 2, pp. 19-32.

Hufteau Y.-L. (1965), *Le référé législatif et les pouvoirs du juge dans le silence de la loi*, Paris, PUF.

INSTITUT INTERNATIONAL DE PHILOSOPHIE POLITIQUE (1967), « L'idée de légitimité », *Annales de philosophie politique*, n° 7, Paris, PUF.

JAUME L. (1986), *Hobbes et l'État représentatif moderne*, Paris, PUF.

KLEIN C.,

– (1997), *La Démocratie d'Israël*, Paris, Le Seuil.

– (1999), *Israël, un État en quête d'identité*, Casterman.

LAUVAUX P. (1983), *La dissolution des assemblées parlementaires*, Paris, Economica.

LEBEN C. (1991), « De la nature juridique des communautés européennes », *Droits* n° 14, p. 61.

LE FUR L. (1896), *État fédéral et confédération d'États*, Paris, Marchal & Billard, rééd. 2000, Paris, Éditions Panthéon-Assas.

LE PILLOUER A.,

– (2004), « La notion de régime d'assemblée et les origines de la classification des régimes politiques », in *RFDC*, p. 305 et s.

– (2005), *Les pouvoirs non constituants des assemblées constituantes. Essai sur le pouvoir instituant*, Paris, Dalloz.

MANIN B. (1996), *Principes du gouvernement représentatif*, Paris, Flammarion.

MANNHEIM K. (1956), *Idéologie et utopie*, trad. fr., Paris, éditions Rivière et Co.

MARX F. (1969), « L'Angleterre vit-elle sous un régime présidentiel ? », *RDP*, p. 5 et s.

MOREAU J., DARCY G. (éd.) (1984), *La libre administration des collectivités locales. Réflexion sur la décentralisation*, Paris, Economica.

MOULIN R. (1978), *Le présidentialisme et la classification des régimes politiques*, Paris, LGDJ.

MOUSKHELY M. (1931), *La théorie juridique de l'État fédéral*, Paris, A. Pedone.

NANTOIS Ch. de (2010), *Le député : une étude comparative, France, Royaume-Uni, Allemagne*, Paris, LGDJ.

PARIENTE A. (dir.), *La séparation des pouvoirs. Théorie contestée et pratique renouvelée* Paris, Dalloz, 2007.

PENNOCK R. et CHAPMAN J. (éd.) (1968), *Representation*, New York, Atherton Press.

PIERRÉ-CAPS S.,

– (1990), *Nation et peuples dans les Constitutions modernes*, Nancy, PU de Nancy, Préf. de F. Borella.

– (1997), *L'État multinational et l'Europe*, Nancy, PU de Nancy.

Revue *Droits* (1987), « La représentation », n° 6.

Revue *Pouvoirs*

– (1999), « La démocratie majoritaire », n° 85.

– (2005), « La loi », n° 114.

RIALS S. (1986), *Destin du Fédéralisme*, Paris, LGDJ.

RIBES D. (2000), « Le juge constitutionnel peut-il se faire législateur ? », *CCC*, n° 9, p. 8.

SAINT-BONNET F. (2001), *L'état d'exception*, Paris, PUF.

SCHMITT C.,

– (1928), *Théorie de la Constitution*, trad. fr. 1993, Paris, PUF, préf. d'Olivier Beaud.

– (1988), *Théologie politique*, trad. fr. Paris, Gallimard.

SCOFFONI G., KLEIN C. (1998), « Chronique de Droit constitutionnel étranger : Israël », *RFDC* n° 34, p. 354.

STANKIEWICZ W. J. (éd.) (1969), *In Defense of Sovereignty*, New York-London, Oxford University Press.

TROPER M.,

– (1973), *La séparation des pouvoirs et l'histoire constitutionnelle française*, Paris, LGDJ, nlle édition 1989.

– (1994a), *Pour une théorie juridique de l'État*, Paris, PUF.

– (1994b), « À propos de la superconstitutionnalité », in TROPER M. (2001), *La théorie du droit, le droit, l'État*, Paris, PUF, p. 195 s.

– (1995), « La liberté d'interprétation du juge constitutionnel », in P. AMSELEK (dir.) *Interprétation et droit*, Bruxelles, Bruylant et PUAM, p. 235 s.

– (2001), *Le droit, la théorie du droit, l'État*, Paris, PUF.

– (2011), *Le droit et la nécessité*, Paris, PUF.

TUSSEAU G. (2021), *Contentieux constitutionnel comparé. Une introduction critique au droit processuel constitutionnel*, Paris, Lextenso.

VEDEL G. (1988), « Le Conseil constitutionnel, gardien du droit positif ou de la transcendance des droits de l'Homme », *Pouvoirs*, n° 45, p. 149 et s.

WALDRON J. (2013), "Separation of Powers in Thought and Practice", *54 B.C.L. Rev. 433 (2013)*, http://lawdigitalcommons.bc.edu/bclr/vol54/iss2/

ZAKARIA F. (2003) *L'avenir de la liberté : la démocratie illibérale aux États-Unis et dans le monde*, Paris, Odile Jacob.

ZOLLER E. (1999), *De Nixon à Clinton : malentendus transatlantiques*, Paris, PUF.

DEUXIÈME PARTIE

LES PRINCIPAUX RÉGIMES CONSTITUTIONNELS ÉTRANGERS[1]

1. Les développements relatifs à la Grande-Bretagne, à l'Italie, au Japon, aux États-Unis et à la Chine ont été respectivement revus et commentés par les professeurs Manuela Albertone, Riccardo Guastini, Hajime Yamamoto, Charles Buzzy Baron, Michel Rosenfeld et Pasquale Pasquino, auxquels les auteurs expriment leur vive gratitude.

208. Jusqu'à la fin des années 1980 l'étude des principaux régimes politiques contemporains a pu se faire dans le cadre d'une classification dualiste : d'un côté, les régimes de « *pouvoir ouvert* » que l'on désigne parfois aussi sous le nom de « *régimes pluralistes occidentaux* » – où les partis politiques se créent et exercent leur activité librement et où le choix des gouvernants dépend du résultat d'*élections compétitives*. De l'autre, les *régimes de « pouvoir clos »* – souvent qualifiés de « *monocratiques* » ou totalitaires – où un *parti unique* impose une idéologie, dirige l'économie, contrôle étroitement l'ensemble de la vie sociale, et où les élections, dont les résultats sont connus à l'avance, ne servent en fait qu'à légitimer la domination politique. La plupart de ces régimes totalitaires se réclamaient du marxisme-léninisme, d'autres appartenaient à différentes variantes de fascisme.

L'opposition de ces deux types de régimes était extrêmement nette non seulement du point de vue de la pratique politique, mais aussi du point de vue de l'idéologie et de la doctrine constitutionnelle. D'après les conceptions pluralistes, le pouvoir étatique est perçu à la fois comme un moyen indispensable à la régulation de la société et comme une menace pour les libertés, de sorte qu'il est nécessaire de le limiter et de le contrôler. Au contraire, dans les systèmes totalitaires, le pouvoir, celui de l'État, du parti, ou du chef, était vu comme un instrument indispensable à la réalisation d'une fin supérieure et qui ne saurait donc être limité.

Mais rares sont aujourd'hui les régimes dont la constitution formelle organise un système totalitaire. Certes, on peut toujours distinguer des régimes qui sont authentiquement pluralistes et d'autres qui le sont moins, ou même pas du tout. Mais, depuis quelques années, de nombreux régimes de « *pouvoir clos* » soit ont complètement cessé d'appartenir à cette catégorie, soit ont fait d'importantes concessions au pluralisme. Sans doute, de nombreux pays connaissent-ils des régimes autoritaires, mais la Constitution n'y joue qu'un rôle secondaire, de sorte que son étude ne présente qu'un intérêt limité. On envisagera donc ici principalement les régimes pluralistes, parmi lesquels on peut distinguer les types suivants :

Les institutions britanniques et quelques autres régimes de type parlementaire, au sens que l'on a donné à ce terme dans la première partie, voir *supra* n° 111 (chapitre 1).

Le régime des États-Unis est celui à partir duquel a été élaboré l'archétype du régime présidentiel. Mais bien que beaucoup de pays d'Amérique latine aient tenté de le reproduire, il reste unique en son genre (chapitre 2).

Les pays anciennement communistes ne forment une véritable classe qu'en raison d'une histoire commune. Après avoir été soumis jusqu'en 1989 à des régimes totalitaires et traversé une phase de transition, la plupart ont adopté des institutions démocratiques inspirées de celles des pays de l'Europe occidentale. Quelques-uns, qui sont tous situés hors d'Europe, sont toujours dirigés par une monocratie partisane qui se définit comme communiste. Mais l'exemple de la Chine, qui est le plus important d'entre eux, montre que l'on peut se demander s'ils le sont encore vraiment (chapitre 3).

Enfin, l'Union européenne, bien qu'elle ne soit pas un État, constitue une forme politique originale, que la science du droit constitutionnel peut et doit prendre pour objet (chapitre 4).

CHAPITRE 1

Les régimes parlementaires

209. Les régimes parlementaires. – Les régimes que l'on a regroupés dans ce chapitre présentent deux caractères communs : d'une part le gouvernement est responsable devant le Parlement ; d'autre part, le chef de l'État peut être un monarque héréditaire ou un président de la République, mais, en tout état de cause, il n'est pas élu au suffrage universel. Il en résulte que la composition de l'équipe gouvernementale est toujours déterminée indirectement par les résultats des élections législatives. Mais le mode de fonctionnement des régimes parlementaires varie selon l'état des forces politiques et selon les règles inscrites dans la Constitution.

Section 1
Le régime britannique

210. Le système britannique présente pour la science du droit constitutionnel un triple intérêt. Tout d'abord c'est le plus ancien, si l'on considère l'âge de certaines de ses sources écrites ou la forme extérieure des autorités politiques, qui n'a guère changé depuis le XVIIIe siècle. Au-delà de ce phénomène de l'ancienneté et de la permanence des institutions et des rites, qui suscite parfois à lui seul l'émerveillement des témoins, il faut noter que cette stabilité n'a nullement été un obstacle à des transformations très profondes. C'est même l'évolution subie par le système qui explique que la Grande-Bretagne ait pu, à différentes époques, servir de modèle ou de source d'inspiration pour des Constitutions fort différentes : la Constitution américaine de 1787 ou la Charte française de 1814.

D'autre part, c'est à partir du système anglais qu'a été élaboré le modèle du régime parlementaire, que l'on a l'habitude d'opposer aujourd'hui au régime présidentiel. Mais le système anglais auquel on se réfère était celui qui fonctionnait au XIXe siècle, tandis que le système contemporain est fort différent.

Enfin, la Grande-Bretagne est souvent citée comme l'un des rares exemples d'un pays dans lequel il n'y a pas de constitution formelle[1]. Bien entendu, cela ne signifie pas qu'il n'y a pas de Constitution du tout – il y a une constitution matérielle – ni même qu'il n'y a pas de règles constitutionnelles écrites, mais seulement que les règles ne sont pas renfermées dans un document unique et surtout qu'elles n'ont pas de valeur supra-législative, de sorte qu'elles peuvent, en principe, être facilement modifiées par une loi ordinaire, puisque le Parlement est souverain, mais ces règles s'imposent à toutes les autres autorités, y compris au Premier ministre, comme l'a souligné la Cour suprême en 2019 (v. *infra* nº 226).

211. Les origines. – Le système politique britannique trouve ses origines au Moyen Âge. Par la Grande Charte de 1215, Jean sans Terre concédait un certain nombre de droits et de privilèges et posait le principe essentiel qu'aucun impôt ne pouvait être levé sans le consentement du Grand Conseil, où siégeaient les vassaux du roi. C'est ce Grand Conseil, qui au XIIIe siècle prend le nom de Parlement, qui se séparera en deux Chambres, l'une dans laquelle délibèrent les barons et les représentants de l'Église, l'autre composée de délégués des Communes. En échange de leur consentement le roi fut rapidement amené à sanctionner, c'est-à-dire à accepter les lois nouvelles que les Chambres lui proposaient. Néanmoins le Parlement n'était réuni que lorsque le roi avait besoin de ressources nouvelles et celui-ci conservait par ailleurs le pouvoir d'imposer seul des lois nouvelles ou de suspendre les lois existantes (prérogative royale).

C'est ce pouvoir qui disparaît, au terme des guerres civiles du XVIIe siècle : le *Bill of Rights* de 1688 consacre le principe de l'annualité du vote de l'impôt et supprime l'essentiel de la prérogative royale. Désormais, les Chambres devront siéger chaque année et les lois ne peuvent être adoptées qu'après avoir été votées par les Chambres et sanctionnées par le roi, qui ne peut ni les faire seul, ni en suspendre l'exécution. On appelle alors Parlement l'organe complexe formé du roi et des deux Chambres et c'est ce Parlement – et non plus le roi – qui est le souverain. Aussi, ce système est-il considéré comme un gouvernement mixte, puisque le pouvoir essentiel, le pouvoir législatif, y est exercé conjointement par un roi, l'aristocratie (la Chambre des Lords) et le peuple (la Chambre des communes). Quant au pouvoir exécutif, il continuait d'être exercé par le roi avec ses ministres. C'est ce système mixte, qui est dit aussi de balance des pouvoirs, parce que les trois pouvoirs législatifs partiels se font équilibre, chacun pouvant arrêter les lois voulues par les deux autres. On sait que c'est à partir de ce modèle qu'a été élaborée la doctrine appelée « séparation des pouvoirs », qui signifiait alors non pas que les autorités doivent être spécialisées et indépendantes, mais simplement qu'une seule et même autorité ne doit pas exercer tous les pouvoirs (v. *supra* nº 83). Et c'est aussi en raison des conditions dans lesquelles il a fonctionné au XVIIIe siècle que s'est établi le régime parlementaire.

1. Le nom « Grande-Bretagne » désigne l'ensemble de l'Angleterre, du Pays de Galles et de l'Écosse, tandis que le Royaume-Uni est l'ensemble formé par la Grande-Bretagne et l'Irlande du Nord.

212. L'établissement du régime parlementaire. – Dans le système mixte, seul le pouvoir législatif est exercé collectivement par les trois éléments du Parlement, le pouvoir exécutif, lui, continuant d'être exercé par le roi. Cependant, l'attribution du pouvoir législatif au Parlement aurait été évidemment vidée de son sens, si le roi avait pu s'affranchir, dans l'exercice du pouvoir exécutif, de l'obéissance à la loi. On ne pouvait pourtant pas le contrôler en raison de son irresponsabilité, exprimée par le principe « le roi ne peut mal faire ». Les Chambres ont alors remis en vigueur une procédure ancienne, celle de *l'impeachment*. Elle consistait dans un acte d'accusation voté par la Chambre des communes pour une conduite des ministres, qu'elle estimait criminelle. Les ministres étaient alors jugés par la Chambre des Lords. Comme ni les crimes des ministres, ni les peines dont ils étaient passibles n'étaient définis, les ministres pouvaient facilement être accusés et condamnés pour n'importe quelle conduite du roi à laquelle ils avaient pu collaborer, notamment, mais pas exclusivement, en contresignant ses actes.

Il en est rapidement résulté que les ministres, qui encouraient la responsabilité, n'acceptaient de contresigner que les actes qu'ils approuvaient. Le roi aurait alors bien pu tenter de changer de ministre, mais le nouveau aurait été dans la même situation ; il devenait donc inévitable que le pouvoir du roi passe entre les mains des ministres. Cette évolution a été facilitée et accélérée par l'arrivée sur le trône de la dynastie des princes de Hanovre en 1715 : le premier de ces princes ne connaissait pas assez la langue anglaise pour participer efficacement aux réunions du cabinet, tandis qu'un autre était faible d'esprit. Aussi, la procédure d'accusation pouvait être entamée non seulement dans des cas où un crime au sens ordinaire du mot avait été commis, mais également lorsque la majorité de la Chambre des communes entendait s'opposer à la politique menée par les ministres. Dès lors qu'elle pouvait facilement aboutir, ceux-ci avaient intérêt à démissionner dès qu'une menace d'accusation pèsait sur eux. La première démission de ce type fut celle de Walpole en 1742. Mais il ne s'agissait que d'une démission individuelle. Le processus fut parachevé en 1782, lorsque Lord North démissionna avec l'ensemble de son cabinet en l'absence même de toute menace d'*impeachment*. On considère que cette date a marqué la naissance du système parlementaire, puisque d'une part la responsabilité est désormais réellement politique, non seulement parce qu'elle est mise en jeu pour des raisons politiques – c'est presque toujours le cas – mais parce que la procédure et la sanction sont politiques et que d'autre part cette responsabilité est collective et qu'ainsi c'est la politique de l'ensemble du cabinet qui est sanctionnée.

Enfin, comme le cabinet peut être contraint à tout moment par la Chambre des communes d'abandonner le pouvoir, il ne peut durer qu'en rassemblant une majorité qui le soutiendra. Le *leadership* exercé par le Premier ministre repose d'abord principalement sur la corruption. Celle-ci est facilitée par un système électoral archaïque permettant toutes les manipulations : suffrage restreint – moins de 5 % de la population –, conditions d'éligibilité restrictives, découpage irréaliste des circonscriptions, candidatures officielles.

Les fortes pressions en faveur d'une réforme aboutissent en 1832 à l'extension du corps électoral. Cette réforme a une portée considérable : un corps électoral élargi n'est pas aussi aisément manipulable et seuls des candidats organisés en partis ont des chances de l'emporter. La fin du XIXe siècle voit donc le développement de partis politiques structurés et disciplinés. Lorsque l'un de ces partis est majoritaire à la Chambre des communes, le cabinet est entièrement composé de ses dirigeants et bénéficie d'un soutien permanent.

§1. Les sources du droit constitutionnel britannique

213. Comme la Grande-Bretagne ne connaît pas de constitution formelle, il est nécessaire d'identifier au moins les types de sources du droit constitutionnel.

Le principe fondamental est celui de la souveraineté du Parlement et de la loi, qui résulte de la coutume. Selon le grand théoricien Albert Dicey, la souveraineté du Parlement consiste dans son pouvoir de faire ou d'abroger une loi sur n'importe quelle question, sans aucune limite tandis qu'aucune autorité n'a le pouvoir de les annuler ou d'en empêcher l'exécution. Cette seule proposition donne la mesure de la complexité du problème des sources, car si la loi est souveraine, elle peut aller contre la coutume, qui lui a précisément donné sa compétence. En outre, si le Parlement est souverain, il peut naturellement énoncer des règles constitutionnelles, mais ces règles ne sauraient le lier.

Il y a donc dans la réalité une variété de sources.

A. Les sources écrites

214. Bien que la Constitution soit pour l'essentiel coutumière, il existe des sources écrites[2]. Il peut s'agir de quelques documents fondamentaux, comme Magna Carta, la Grande Charte de 1215[3], la Pétition des Droits de Charles Ier (1628) ; le *Habeas corpus Act* (1679) ; le *Bill of Rights* (Bill des droits) (1688), l'Acte d'établissement (1701) ou des lois relatives à telle ou telle institution particulière ; ainsi les *Parliament Acts* de 1911, 1949 et 1999, qui restreignent les pouvoirs de la Chambre des Lords, le *Constitutional Reform Act* de 2005, qui crée une cour suprême, ou encore le *Succession to the Throne Act* de 2013, qui modifie les règles de succession au trône. Quant au Premier ministre et au cabinet, ils n'ont été formellement reconnus que par une loi de 1937, qui déterminait les salaires des ministres et des membres de l'opposition.

2. Bogdanor V., « La nouvelle constitution britannique. Vers une constitution écrite ? », *Jus Politicum*, n° 17 Thinking about Federalism(s), 2017.

3. L'importance de la Grande Charte a cependant été parfois exagérée pour des raisons idéologiques, cf. Ginsburg T., « Stop Revering Magna Carta », *International New York Times*, 14 juin 2015 ; Fioravanti M., « La Magna Carta nella storia del costituzionalismo », *Quaderni Florentini*, n° 45, 2016, p. 67 et s.

À ces textes s'ajoutent en 1998 le *Human Rights Act* et les actes de dévolution à l'Écosse et au pays de Galles, et, jusqu'à une date récente, la loi par laquelle la Grande-Bretagne a adhéré à l'Europe, le *European Community Act* de 1972 et par conséquent le traité de Rome, l'Acte Unique européen et le traité de Maastricht et tous ceux qui ont suivi, jusqu'au traité de Lisbonne. Tous ont été adoptés par le Parlement et ne constituent donc pas une limite, mais une expression de sa souveraineté.

Avant le Brexit, le pouvoir de l'Union européenne à l'égard du Royaume Uni ne trouvait donc son fondement que dans la loi de 1972 et non dans les traités européens. C'est encore une loi, le *European Union Withdrawal Act* de 2020, qui a ratifié les accords négociés avec l'Union européenne pour réaliser le Brexit, qui incorpore le contenu de ces accords dans le droit du Royaume-Uni et rappelle que le Parlement britannique est souverain.

Jusqu'au XVIIIe siècle, certains juges ont tenté d'imposer l'idée que les textes fondamentaux et la coutume ancienne liaient le roi et les Chambres. Mais cette idée fut abandonnée lorsqu'on dut constater que le Parlement – c'est-à-dire les deux Chambres et le roi – pouvait adopter n'importe quelle loi et qu'il était dès lors souverain. Il n'y a donc pas de norme supérieure à la loi et chacune de ces règles peut être à tout moment modifiée par une loi ordinaire. On dit souvent que ce que fait la Reine en son Parlement, c'est le droit, en d'autres termes qu'il n'y a pas de limite à ce que peut faire le Parlement. Dès lors, il ne saurait être question pour les tribunaux de refuser l'application d'une loi sous prétexte qu'elle serait invalide. Ce principe a été quelquefois contesté, mais n'a pas été réellement atteint, même par les développements les plus récents.

215. Le *Human Rights Act* de 1998. – Il existe un mouvement favorable à l'adoption d'un *Bill of Rights*, c'est-à-dire d'une Déclaration des droits sur le modèle de celles qui accompagnent les constitutions écrites, qui serait une codification des droits et libertés, dotée d'une valeur supra-législative, susceptible par conséquent de servir de fondement à un contrôle de constitutionnalité des lois. Ce mouvement est toutefois minoritaire et un tel *Bill of Rights* serait incompatible avec le principe de la souveraineté du Parlement. C'est pourquoi, seul a été adopté, en 1998, un *Human Rights Act* (HRA), qui rend la Convention européenne des droits de l'Homme directement applicable. Il semble que, puisque le Royaume Uni demeure liée par la Convention, le *Human Rights Act* ne sera pas directement affecté par le Brexit.

Le HRA n'a pas de valeur supérieure à celle des lois, mais les ministres qui déposent un projet à la Chambre des communes, doivent faire une déclaration sur leur compatibilité avec la Convention. D'autre part, les tribunaux, qui, à cause de la souveraineté du Parlement, ne peuvent annuler les lois, doivent, en cas de conflit entre la loi et la Convention, comme pour les règles européennes selon la jurisprudence *Factortame* (v. *infra* n° 216), donner aux lois une interprétation telle qu'elles deviennent conformes à la Convention et à la jurisprudence de la Cour européenne des droits de l'Homme. S'ils constatent qu'une loi est malgré tout incompatible avec la Convention, ils doivent déclarer cette incompatibilité. En revanche, à la différence de ce qui résulte de la jurisprudence *Factortame*, le juge ne peut pas écarter la loi parlementaire dans le cas en litige. C'est le ministre compétent qui pourra faire amender la loi pour mettre fin à l'incompatibilité, sans d'ailleurs revenir sur le cas particulier, mais la déclaration du tribunal fournira au ministre un argument vis-à-vis de la Chambre des communes. C'est pourquoi on a pu caractériser ce système comme un contrôle de constitutionnalité faible[4].

Mais il s'agit évidemment d'un contrôle très différent du contrôle de constitutionnalité pratiqué dans les autres pays européens : le texte de référence est une convention internationale ; les tribunaux doivent se conformer à la Convention telle qu'elle est interprétée par la Cour européenne des droits de l'homme siégeant à Strasbourg ; enfin, la décision d'incompatibilité a pour effet de transférer au ministre un véritable pouvoir législatif ; enfin, les tribunaux n'ont pas le pouvoir de priver une loi parlementaire de sa validité. En raison de ce dernier trait, on estime généralement que le principe de la souveraineté du Parlement reste intact, bien que son contenu ait pu changer (Elliott, 1999, Turpin & Tomkins, 2007). C'est ce principe qu'a appliqué la chambre des Communes, après que la Cour européenne des droits de l'Homme eut condamné le Royaume-Uni pour avoir refusé d'accorder à des prisonniers le droit de vote. La Chambre a adopté à une très grande majorité au mois de février 2011 une résolution par laquelle elle invitait le gouvernement à refuser d'appliquer la décision de la Cour.

216. La construction de l'Europe. – Le fait même que le Royaume-Uni était membre de l'Union européenne, n'était pas non plus de nature à porter réellement atteinte à la souveraineté du Parlement. S'il est vrai que certaines normes européennes sont d'application directe sur le territoire des États et que les États ont l'obligation de transposer les directives de l'Union (*cf. infra*), cela ne signifiait nullement que le droit européen était doté au Royaume-Uni d'une valeur supérieure à celle des lois. C'est que si, dans certains pays comme la France, le droit international prévaut sur les lois, le Royaume-Uni, lui, connaît, un système dualiste : le droit international ne fait partie du droit national qu'en vertu d'une loi adoptée par le Parlement – il ne s'agit pas seulement du droit de l'Union européenne, mais du droit international général. On peut donc considérer qu'un traité l'emporte sur une loi antérieure, mais seulement parce que, en ratifiant le traité, le Parlement a manifesté sa volonté de modifier cette loi antérieure. La question est plus complexe en cas de contradiction entre un traité et une loi postérieure au traité. Jusqu'à une date récente, on estimait qu'en adoptant une loi contraire à un traité, le Parlement violait sans doute une norme internationale, mais non pas une norme interne. Le Royaume-Uni peut certes être condamné par une cour internationale, mais la loi votée par le Parlement n'en sera pas moins en vigueur et ne pourra pas être écartée par un tribunal britannique s'il apparaît

4. Waldron J., "Judicial Review and Judicial Supremacy" (October 2, 2014). NYU School of Law, *Public Law Research Paper* No. 14-57. Disponible en ligne SSRN : *http://ssrn.com/abstract=2510550* ou *http://dx.doi.org/10.2139/ssrn.2510550*

clairement que le Parlement a entendu déroger à un traité. Toutefois, la Chambre des Lords, statuant comme juridiction suprême (dans l'affaire *Factortame*), a décidé, à propos d'une loi contraire aux traités européens, que si la volonté du Parlement de déroger aux traités n'était pas explicite, les traités devaient l'emporter[5]. Cette jurisprudence a été diversement interprétée. Certains estiment qu'elle entame le dogme de la souveraineté du Parlement dans la mesure où le traité prévaut sur la loi, tandis que d'autres considèrent qu'elle laisse intact ce dogme au moins sur le plan formel, parce que le Parlement peut toujours déclarer explicitement qu'il entend, par la loi nouvelle, déroger à la règle internationale (Bogdanor, 2009). Les conséquences qu'aura le *Brexit* sur cette présomption paraissent encore incertaines (cf. *infra* n° 230 à 232).

B. Les sources non écrites : la coutume et les conventions de la Constitution

217. Parmi les sources non écrites, on fait une distinction fondamentale entre les coutumes au sens strict et les conventions de la Constitution. Dans les deux cas, il s'agit de pratiques répétées assorties du sentiment du caractère obligatoire. La différence réside dans le fait qu'une coutume peut être constatée et sanctionnée par les tribunaux, tandis qu'une convention ne peut pas l'être.

Les conventions de la Constitution posent un problème théorique difficile, au regard des conceptions dominantes sur la juridicité. On estime en général qu'une règle juridique est une règle dont la violation est sanctionnée. Il faudrait donc en conclure que les conventions de la Constitution ne sont pas de véritables règles de droit. Or, elles jouent un rôle majeur. L'obligation pour un Premier ministre, s'il a fait l'objet d'une motion de défiance explicite de la Chambre des communes ou si la motion de confiance qu'il a présentée a été rejetée, de présenter sa démission ou de solliciter du roi la dissolution de la Chambre, l'obligation pour le monarque d'accorder sa sanction aux lois votées par les Chambres, sans pouvoir désormais leur opposer un veto, l'obligation du monarque encore de nommer au poste de Premier ministre le leader du parti majoritaire ou de dissoudre la Chambre des communes à la demande du Premier ministre, toutes ces règles sont seulement des conventions.

Pour expliquer qu'elles sont fidèlement observées, on peut d'abord soutenir que, si elles ne sont pas directement sanctionnées, elles le sont indirectement. On ne peut pas poursuivre le Premier ministre qui ne démissionnerait pas, mais le Parlement ne voterait pas la loi de finances, de sorte que les impôts ne pourraient pas être légalement perçus, ni les dépenses effectuées. À cette thèse, on peut faire deux objections. En premier lieu, elle ne rend pas compte des conventions qui ne peuvent être sanctionnées indirectement, par

5. *R.v. Secretary of State for Transport, ex. parte Factortame* (n° 1) [1990] 2.AC 85 ; *R.v. Secretary of State for Transport, ex. parte Factortame* (n° 2) [1991] 1.AC 603 et *R.v. Secretary of State for Employment, ex parte Equal Opportunities Commission* [1994] 2 WLR, 409.

exemple l'obligation de la Reine de consentir aux lois. En second lieu, la sanction indirecte n'est pas juridique, mais politique de sorte qu'il faudrait considérer les conventions non pas comme de véritables règles juridiques, mais comme de simples règles politiques, qui ne sont pas obligatoires, mais qu'on conserve soit par crainte des conséquences politiques, soit simplement par souci de *fair-play* (Marshall, 1987).

Mais on peut aussi estimer que, même si cette explication du comportement des hommes politiques est juste, il n'en résulte pas qu'on doive considérer les conventions comme essentiellement différentes des autres règles constitutionnelles, même écrites. Tout d'abord, en effet, il ne faut pas confondre une explication de la soumission à une règle avec une thèse sur le caractère obligatoire ou le caractère juridique de cette règle ; l'existence de la sanction, peut expliquer un phénomène psychologique, que les hommes se conforment à la règle ; elle n'explique pas qu'ils *doivent* s'y conformer. Par conséquent si les conventions ne comportent pas de sanctions, on ne saurait aussi en déduire qu'elles ne sont pas obligatoires. Par ailleurs, il y a bien des règles, dont on ne conteste jamais le caractère juridiquement obligatoire, qui sont dépourvues de sanction, et qui sont obéies pour les mêmes raisons et de la même façon que les conventions de la Constitution : c'est notamment le cas de la constitution formelle lorsqu'il n'existe pas de contrôle de constitutionnalité. Pour elle, comme pour les conventions de la Constitution, il faut dire qu'elle est une règle juridique dans la mesure où elle est considérée par les acteurs politiques comme une règle juridique.

§2. Les organes

A. Le Parlement

218. On a vu que, dans son sens traditionnel, le mot Parlement désigne l'organe complexe de la fonction législative, c'est-à-dire l'ensemble des trois autorités dont le consentement est nécessaire à l'adoption des lois : les deux Chambres et le roi. Néanmoins, dans la mesure où le monarque a de fait perdu son droit de veto, on appelle couramment *Parlement* dans un sens restreint l'ensemble formé par les deux Chambres.

1. La Chambre des communes

219. L'élection de la Chambre des communes. – Depuis 2010, la Chambre des communes compte 650 membres élus pour cinq ans. En réalité, avant la réforme de 2011 de la loi qui institue un mandat à durée fixe, la Chambre arrivait rarement au terme de son mandat, car elle était généralement dissoute par la Reine à la demande du Premier ministre et au moment que celui-ci jugeait favorable, en général durant la dernière année de la législature. Depuis, cette réforme, visant à réduire le pouvoir du Premier ministre, la dissolution n'est en principe possible que dans quelques cas limités, mais il n'est pas très difficile de la tourner pourvu que le Cabinet dispose d'une majorité (cf. *infra* n° 230).

La loi électorale a une importance considérable. On a vu comment le système s'est transformé à partir de la réforme de 1832, grâce à l'élargissement progressif du corps électoral. Le suffrage universel masculin ne fut établi qu'en 1918, c'est-à-dire beaucoup plus tard qu'en France, mais le suffrage féminin dès 1928, c'est-à-dire bien avant la France. Cependant, la règle dont la portée est la plus grande est celle qui fixe le mode de scrutin. Il s'agit du scrutin majoritaire à un seul tour. Dans chaque circonscription, il n'y a qu'un candidat à élire et celui qui obtient le plus grand nombre de voix est proclamé élu. Ce système, extrêmement brutal, est un facteur de concentration des partis, car il incite les électeurs à voter utile et à ne pas disperser leurs voix sur des candidats dont les chances sont faibles (v. *supra* n° 169). Les candidats, de leur côté, sont fortement dissuadés de quitter leur parti ou même d'enfreindre la discipline, parce que leurs chances seraient infimes s'ils allaient seuls à la bataille. D'un autre côté, le système entraîne une forte distorsion de la représentation, puisque les élections sont gagnées par les formations qui ont obtenu le plus de voix dans le plus grand nombre de circonscriptions, même si dans chacune de ces circonscriptions l'avance est faible. Aussi a-t-on pu fréquemment observer une surreprésentation du parti majoritaire. En 2005, par exemple, le parti travailliste a pu obtenir 55 % des sièges avec 35 % des suffrages, alors que les conservateurs n'obtenaient que 30 % avec 32,3 % des suffrages. On observe aussi que 1 % des suffrages a rapporté aux travaillistes 10 sièges, mais seulement 6 aux conservateurs. Il est même possible d'obtenir la majorité des sièges avec une minorité de voix, comme cela s'est produit en 1951 quand les conservateurs obtinrent 321 sièges avec 48 % des voix, tandis que les travaillistes n'en eurent que 295 avec 48,8 % des voix. Le même phénomène se produisit en 1974 au profit des travaillistes cette fois.

D'autres distorsions peuvent se produire, si les principaux partis ne sont pas implantés de façon homogène sur l'ensemble du territoire. Il peut arriver, comme ce fut le cas en Écosse en 2015, qu'un parti ayant une forte assise dans une région obtienne une légère majorité dans la plupart des circonscriptions et remporte la presque totalité des sièges. Le parti national écossais a ainsi remporté 56 sièges sur 59 en Écosse, ce qui a eu pour conséquence que le parti travailliste, qui y était jusque-là fortement représenté, a subi une écrasante défaite au plan national.

En raison de la concentration des partis politiques, le mode de scrutin a des effets importants sur la vie politique : tout d'abord, il y aura généralement mais pas toujours (v. *infra*), au lendemain des élections un parti majoritaire à la Chambre des communes et les électeurs savent que le leader de ce parti sera nommé Premier ministre. On a donc pu dire que tout se passait comme si le Premier ministre était élu au suffrage universel (Marx, 1969). D'autre part, le cabinet ainsi nommé jouit normalement d'une grande stabilité, car il ne peut être renversé que par son propre parti, c'est-à-dire par une sorte de révolution de palais. Enfin, dès lors que l'avance relative du parti majoritaire sur le principal parti d'opposition est faible, il suffit d'un léger déplacement de voix pour provoquer l'alternance au pouvoir. Les deux grands partis sont incités à courtiser les électeurs dits *flottants*, c'est-à-dire ceux qui sont susceptibles de voter tantôt pour l'un tantôt pour l'autre, car ce sont eux qui feront la différence. Aussi, tous deux ont-ils tendance à présenter des programmes politiques de nature à séduire ces électeurs, donc des programmes qui le plus souvent ne s'opposent pas de façon radicale.

Il peut cependant arriver qu'un troisième parti parvienne à gagner assez de circonscriptions pour qu'aucun des grands partis n'ait une majorité de sièges. On appelle le Parlement issu de cette élection un « hung parliament » (sans majorité). Dans ce cas, ou bien le parti qui a obtenu le plus grand nombre de sièges forme un gouvernement minoritaire et il lui faudra, pour faire adopter ses projets de lois, le soutien de députés appartenant à autre parti ; ou bien il négociera la formation d'un gouvernement de coalition, comme il est arrivé en 2010, quand les conservateurs se sont alliés avec les libéraux-démocrates et à nouveau en 2017 avec l'alliance des conservateurs et du parti unioniste de l'Irlande du Nord.

Naturellement, les partis autres que les conservateurs et les travaillistes souffrent du système majoritaire et réclament l'établissement d'une dose de représentation proportionnelle. C'était notamment le cas du parti libéral après qu'il a été devancé par les travaillistes, puis celui du libéral-démocrate, qui a succédé aux libéraux et qui est devenu le troisième parti derrière les travaillistes. Cette demande est évidemment contraire aux intérêts des deux grands partis qui sont les bénéficiaires du scrutin majoritaire. À plusieurs reprises ils ont promis, pour obtenir les suffrages d'électeurs proches du parti libéral-démocrate, de mettre à l'étude une modification du mode de scrutin, qui pourrait être soumise au référendum. Bien entendu, une fois les élections passées, le parti majoritaire n'avait plus aucun intérêt à tenir sa promesse. Pourtant, en 2010, les libéraux-démocrates en ont fait une condition de leur participation à une coalition et les conservateurs ont été cette fois contraints de soumettre au référendum un nouveau mode de scrutin : le système majoritaire à un tour devait être remplacé par un scrutin alternatif. Le référendum eut lieu le 5 mai 2011 mais le projet fut rejeté à une très nette majorité.

220. L'organisation de la Chambre des communes.– La Chambre choisit son président ; le *speaker*, qui demeure en fonction pendant toute la durée de la législature. Ce personnage jouit d'un prestige considérable, qui tient d'abord à sa neutralité et à son impartialité, mais il dispose surtout de prérogatives très importantes. En 2019, on est allé jusqu'à parler d'une crise constitutionnelle lorsqu'il a invoqué un précédent datant de 1604 pour interdire à la Première ministre de mettre à l'ordre du jour un texte sur le Brexit que la Chambre des communes avait déjà rejeté, mais qui cette fois était susceptible d'être approuvé.

L'opposition s'abstient en général de présenter dans sa circonscription un candidat contre lui et il est réélu à son poste, même en cas de changement de majorité. Mais son prestige tient aussi naturellement à ses pouvoirs : il désigne les présidents des commissions, assure notamment la police des débats et peut prendre des sanctions contre les députés. Cela signifie que, si ce prestige est atteint, il peut se voir contraint de démissionner, ce qui ne se produit que très rarement. En 2009, pour la première fois depuis plus de 300 ans, le *speaker* a renoncé à ses fonctions après avoir été vivement critiqué pour n'avoir pas su s'opposer à des demandes manifestement excessives par les députés de se voir rembourser des dépenses personnelles.

Dans le passé, le *speaker* était élu souvent - mais pas toujours - au sein du parti majoritaire et l'accord se faisait de façon informelle sur le nom d'un candidat, contre lequel il n'y avait pas de concurrent. Cependant, cette tradition a été rompue en 2000 où quatorze candidats se sont affrontés. La procédure a donc été réformée en 2007 : désormais, les candidatures doivent être présentées par douze députés et l'élection a lieu à la majorité absolue.

À la différence des commissions permanentes du Parlement français ou du Congrès américain, celles de la Chambre des communes ne sont pas spécialisées. Elles ont d'ailleurs un rôle plus faible. Elles sont désignées par des lettres de l'alphabet et c'est le *speaker* qui répartit entre elles les affaires.

À la Chambre des communes, les députés sont très fortement encadrés par leurs partis respectifs. Au sein de chaque parti, certains députés, les *whips*, sont chargés de transmettre les consignes de vote et d'assurer la discipline. Comme les députés doivent leur élection au parti et qu'ils en attendent l'investiture pour les élections suivantes, ils sont contraints de se plier à ces consignes. Il en résulte une conséquence importante : les textes déposés par le cabinet seront nécessairement adoptés, sauf crise interne au sein du parti majoritaire, comme il est arrivé au sein du parti travailliste au moment de l'intervention britannique en Irak en 2003. Un certain nombre de députés travaillistes ont voté contre le cabinet de Tony Blair, mais ces défections ont été compensées par le soutien apporté par des députés conservateurs.

2. La Chambre des Lords

221. Elle constitue incontestablement une survivance d'une époque disparue, et cependant, si sa suppression fut parfois envisagée, elle n'en subsiste pas moins, mais a été profondément réformée à plusieurs reprises depuis le début du XXe siècle. Sa composition a été modifiée et ses pouvoirs restreints. Ce qui est remarquable est que la Chambre des Lords a elle-même voté en faveur de ces réformes. Si elle l'a fait, c'est que la Reine avait le pouvoir de nommer des Lords en nombre illimité - elle pouvait d'ailleurs les nommer soit à titre héréditaire, soit à vie - ce qui signifie qu'elle pouvait en modifier la majorité à son gré. Comme ce pouvoir était exercé en fait par le Premier ministre, celui-ci disposait ainsi sur la Chambre d'un moyen de pression irrésistible.

a. Composition de la Chambre des Lords

222. À l'origine et jusqu'en 1999, il y avait trois catégories de Lords ou pairs : les pairs héréditaires, au nombre de 758 au 1er novembre 1999, les pairs à vie (542) et 26 pairs spirituels, évêques de l'Église anglicane.

En 1999, La Chambre des Lords a été profondément modifiée par la majorité travailliste, très hostile à cette seconde chambre aristocratique. Toutefois, le *House of Lords Act* de 1999, devait constituer seulement la première étape d'une réforme plus globale. Elle a consisté principalement dans la suppression des pairs héréditaires. Ceux-ci ont donc perdu leurs sièges, à l'exception de 92 d'entre eux, sélectionnés à la suite d'une élection au sein de la chambre, mais ils sont désormais pairs à vie. Le nombre des Lords n'est pas fixe. Il est actuellement de 802. Ils sont pour la plupart des pairs à vie, nommés par la Reine sur proposition du Premier ministre. Par tradition et pour maintenir un certain équilibre politique, celui-ci accepte de faire figurer sur la liste des personnes désignées par l'opposition.

Les travaillistes avaient annoncé leur intention de modifier encore la composition de la Chambre des Lords et de pourvoir par l'élection la grande majorité des sièges à l'exception d'une petite fraction dont les titulaires seraient nommés par le gouvernement. Leur défaite de 2010 a naturellement éloigné cette perspective. Toutefois, les « lib-dém », qui ont perdu la bataille du référendum sur le vote alternatif, cherchaient à obtenir, comme prix de leur maintien au sein de la coalition qu'ils formaient avec les conservateurs, une réforme de la composition de la Chambre des Lords. Une commission parlementaire a donc proposé au mois d'avril 2012 que la chambre des Lords soit réduite en nombre et que 80 % des membres soient élus pour un mandat de 15 ans, tandis que les membres restants seraient des experts nommés par le gouvernement pour leurs compétences. Cependant, le projet de loi déposé par le Premier ministre conservateur David Cameron a été bloqué au mois de juillet 2012 en raison notamment de la résistance d'une centaine de députés de son propre parti, les uns parce qu'ils étaient attachés à une Chambre des Lords conforme à la tradition, les autres au contraire parce qu'ils craignaient qu'une Chambre des Lords élue ait une légitimité égale à celle de la Chambre des communes.

b. Les pouvoirs de la Chambre des Lords

223. Jusqu'à une date récente la Chambre des Lords exerçait deux types de pouvoir, mais seul le premier subsiste aujourd'hui.

En premier lieu, elle a toujours joué un rôle important dans l'adoption des lois. Jusqu'en 1911, elle disposait d'un pouvoir identique à celui des Communes, mais à la suite du *Parliament Act*, adopté cette année-là, elle ne conservait qu'un droit de veto suspensif de deux ans (mais un mois seulement en matière financière). En 1949, un nouveau texte vint encore réduire les pouvoirs de la Chambre haute, et cela avec effet rétroactif, afin qu'elle ne puisse s'opposer au projet de nationalisation des aciéries déjà déposé par le gouvernement travailliste. La durée du veto n'est plus que d'une année. De plus, conformément à une convention de la Constitution, les Lords ne s'opposent pas à une réforme figurant au programme du parti majoritaire aux dernières élections.

Si les travaillistes acceptent de maintenir la chambre des Lords, c'est donc que son pouvoir d'obstruction est devenu très faible et qu'elle peut encore jouer le rôle d'une Chambre de réflexion et contribuer ainsi à la qualité de la législation. Il ne s'agit en tout cas ni de sauvegarder des privilèges de classe, ni de réaliser un équilibre des pouvoirs, salutaire pour la liberté politique. Le centre des conflits et des équilibres politiques n'est plus dans la rivalité entre deux assemblées, mais dans les relations de la majorité et de l'opposition et surtout dans les relations au sein même de la majorité. Mais, la Chambre des Lords conserve aux yeux de nombreux observateurs sa raison d'être. Sans disposer d'un véritable pouvoir législatif, elle joue un rôle précieux dans la procédure législative, d'une part parce que son pouvoir de retarder l'adoption d'une loi n'est pas négligeable et qu'il arrive même que certains projets retardés en fin de session ne soient pas représentés à la session suivante et soient ainsi enterrés, d'autre part parce que la proportion de plus en plus grande des pairs à vie, choisis parmi les personnalités les plus compétentes du pays, confère aux débats une très grande qualité technique, conduit à des amendements et permet ainsi d'améliorer le contenu de nombreux projets de lois.

En second lieu, la Chambre des Lords était traditionnellement la juridiction suprême en Grande-Bretagne, celle qui tranche les litiges en dernier ressort et établit la jurisprudence. Lorsque la Chambre des Lords devait statuer comme juridiction, seule siégeait une catégorie particulière de pairs à vie, les *Law Lords,* qui formaient un comité judiciaire et étaient en fait des magistrats.

Cependant, le gouvernement travailliste a réalisé une réforme importante du système judiciaire, qui, avec l'institution d'une cour suprême, le rapproche dans une certaine mesure des systèmes américain et canadien. Il était en effet difficile de justifier au regard de la séparation des pouvoirs le fait que le pouvoir judiciaire suprême soit entre les mains d'une commission de la Chambre haute. En 2005 a donc été adopté un *Constitutional Reform Act pour instituer une Cour suprême.* Les *Law Lords,* au nombre de 12, sont désormais séparés de la Chambre des Lords. Ils sont appelés «*justice*» et siègent dans un bâtiment séparé. Ils sont choisis parmi des personnes qualifiées, hauts magistrats ou avocats, par une commission indépendante essentiellement composée de hauts magistrats. Ils sont titulaires d'un mandat à vie, mais peuvent être révoqués par une résolution conjointe de la Chambre des communes et de la Chambre des Lords. Il ne saurait cependant être question, en raison du principe fondamental de la souveraineté du Parlement, de leur donner un véritable pouvoir de contrôler la constitutionnalité des lois.

B. La Couronne

224. L'Angleterre est une monarchie héréditaire où la dévolution de la couronne se fait par ordre de primogéniture. Jusqu'en 2013, les mâles bénéficiaient d'une priorité. Les femmes pouvaient succéder, mais si le monarque défunt avait des fils et des filles, c'était l'aîné des fils qui succédait, même s'il y avait une fille plus âgée. Élizabeth II est aujourd'hui Reine régnante (*Queen regnant*) parce qu'elle a accédé directement à la couronne. L'époux de la Reine n'est que prince consort et l'épouse du Roi, reine consort. En 2011, le gouvernement conservateur a entrepris une réforme des règles de la succession au trône. Comme le monarque règne non seulement sur le Royaume-Uni, mais aussi sur les 16 États membres du Commonwealth, la réforme a été adoptée lors d'une réunion des chefs de gouvernement qui en font partie et formalisée dans une loi du 25 avril 2013. La priorité aux mâles est désormais abolie. De même, a été supprimée la vieille interdiction pour les membres de la famille royale susceptibles de monter sur le trône d'épouser un ou une catholique. Toutefois, dans la mesure où le monarque demeure le chef de l'Église anglicane, il ne pourrait pas lui-même professer une autre religion.

En dépit d'une réduction continue au cours de l'histoire, les pouvoirs théoriques de la couronne demeurent considérables. Le monarque doit donner son assentiment aux lois après qu'elles ont été adoptées par les chambres, et le pouvoir de le refuser est un droit de veto. Mais en pratique, aucun monarque n'a refusé cet assentiment depuis 1708. D'autre part, il subsiste un ensemble de pouvoirs constituant la prérogative royale. En font partie le droit de nomination à un grand nombre d'emplois, le droit de décerner la pairie, des titres et des décorations, le droit de convoquer, proroger ou dissoudre la Chambre des communes, le droit de guerre et de paix, le droit de conclure des traités internationaux, etc. Ces pouvoirs sont en réalité purement formels, car ils sont en pratique exercés par les ministres et le Parlement peut toujours les supprimer.

Il exerce cependant un autre pouvoir, qui, celui-là donne au monarque une influence réelle, c'est le consentement – à ne pas confondre avec l'assentiment – qui est parfois demandé à la reine avant même un débat législatif qui pourrait affecter ses intérêts, notamment patrimoniaux. Il a été fait usage de ce pouvoir plus de mille fois (Saunier 2021)[6].

Toutefois, l'autorité de la Couronne tient principalement à la tradition. Jusqu'à ces dernières années, la Reine et la famille royale symbolisaient à la fois la grandeur de l'Empire britannique et les vertus de la famille anglaise. D'un autre côté, la Reine était tenue informée de toutes les décisions du cabinet et pouvait exercer une certaine influence personnelle. Enfin, l'Église d'Angleterre n'est pas séparée de l'État – c'est ce qui justifiait la présence des évêques à la Chambre des Lords – et la Reine en est le chef.

Le monarque est assisté d'un *Conseil privé* composé de tous ses conseillers. Originairement, son influence était considérable, mais depuis que le cabinet qui en est issu a pris l'autorité que lui vaut la confiance parlementaire, son rôle a diminué. Il est surtout l'organe à travers lequel le gouvernement doit faire passer certaines de ses décisions, notamment la convocation ou la dissolution de la Chambre, et l'exercice du pouvoir réglementaire. En la forme, les règlements anglais sont des *Orders in Council*, c'est-à-dire des ordonnances prises en Conseil privé. Comme les principaux ministres y siègent, son rôle est d'entériner les mesures adoptées par le cabinet. Au sein du Conseil privé,

6. Baker, Norman, « Queen's Consent Is a Constitutional Outrage – Parliament Must Abolish It », the Guardian, 10 février 2021.

un comité judiciaire joue le rôle de cour suprême pour plusieurs pays du Commonwealth. Il est composé de juges provenant de ces pays.

Cependant, la monarchie n'a pas toujours été indiscutée. Dans les années d'après-guerre, elle jouait un rôle symbolique important et offrait l'image d'une famille idéale, puis, une série d'incidents touchant aux mœurs ou aux finances de la famille royale a entaché cette image, au point que certains se sont pris à songer que la fonction de symboliser l'unité de la Grande-Bretagne pourrait être remplie autrement. Toutefois, depuis quelques années, il semble que, à la suite d'une série de mariages et de naissances et grâce à une politique efficace de relations publiques, la famille royale ait retrouvé une certaine popularité.

La crise présente aussi un aspect financier : les fastes de la Couronne reviennent fort cher. En outre, la Reine possède une énorme fortune privée, l'une des plus grandes du monde, et une fraction de l'opinion a été choquée d'apprendre que non seulement elle était exempte d'impôts, mais que tous les membres de la famille royale recevaient des pensions publiques (la « liste civile »). La Reine a donc décidé, sans y être obligée, de payer des impôts et le Parlement a adopté en 2011 le *Sovereign Grant Act*, une loi supprimant la traditionnelle liste civile votée au début du règne et organisant les finances de la famille royale sur le modèle du financement des départements ministériels, ce qui signifie qu'elles sont désormais soumises aux mêmes contrôles.

C. Le cabinet[7]

225. L'apparition du cabinet fut liée au développement du régime parlementaire. Avant la Révolution de 1688, le Roi choisissait parmi les *Privy Councillors* ceux qui feraient partie d'un cercle plus restreint : *Inner Circle*. Investi de la confiance du monarque, il était maître de les désigner et de les renvoyer. Ce n'est qu'à partir du ministère Walpole (1721-1742) que la nécessité pour les membres de ce Conseil restreint de jouir de la confiance des Communes, le détacha de la libre fantaisie du souverain pour en faire un cabinet au sens parlementaire du terme. D'abord instrument du Roi, puis instrument du Parlement, le cabinet acheva ses métamorphoses sous sa forme actuelle d'organisme du parti majoritaire.

Le cabinet dispose de pouvoirs considérables ; non seulement il exerce le pouvoir exécutif proprement dit et une partie des compétences relevant de la prérogative royale, mais en outre il détient le pouvoir considérable de produire une « législation déléguée ». Comme dans beaucoup d'autres pays, le Parlement éprouve des difficultés à prendre toutes les lois nécessaires et cela pour les mêmes raisons : technicité des matières, lenteurs de la procédure, encombrement de l'ordre du jour. Il vote alors une loi d'habilitation, par laquelle il autorise le gouvernement à prendre des règlements. Ceux-ci feront l'objet d'une ratification expresse ou tacite, mais pourront, même après cette ratification, être modifiés sans nouvelle habilitation.

7. Charlot, 1998.

La composition du ministère est extrêmement complexe à raison de la survivance de pratiques anciennes. Il comprend le Premier ministre, les ministres, les secrétaires d'État. Les ministres appartiennent à différentes catégories. Il y a les ministres proprement dits qui sont à la tête d'un ministère, et d'autres personnalités auxquelles leurs fonctions tantôt simplement honorifiques (par exemple Lord du Sceau privé), tantôt effectives (Lord Chancelier, Lord président du Conseil privé) valent de faire partie du ministère. Quant aux secrétaires d'État (*Foreign secretary*, *Home secretary*, etc.), ce sont des personnalités qui sont à la tête d'un département ancien qui a conservé son nom d'*office*. Entre eux et les ministres proprement dits, il n'y a donc d'autre différence que celle qui tient à la plus ou moins grande ancienneté de la création du département.

Ces secrétaires d'État, ministres pleins, encore qu'innomés, ne doivent pas être confondus avec les parliamentary *secretaries* qui assistent les chefs des grands départements ministériels. Ce sont des sous-ministres investis des compétences que leur délègue le ministre auquel ils sont attachés. Leur titre provient de ce que leur fonction comprend la liaison entre le département auquel ils appartiennent et le Parlement.

La complexité de l'organigramme a encore été accrue par l'apparition, à partir de 1941, de *ministres d'État*, titre qui ne désigne pas nécessairement, comme en France, un rang élevé dans la hiérarchie gouvernementale, mais que portent des ministres chargés de suivre une certaine catégorie de problèmes ou de coordonner l'action de divers départements.

À l'exception du Premier ministre, théoriquement choisi par la Reine, et des ministres ès qualités, tous les ministres et secrétaires d'État sont désignés par le Premier ministre. L'usage exige que les ministres appartiennent au Parlement (la proportion entre ceux qui appartiennent à la Chambre des communes et ceux qui font partie de la Chambre des Lords est laissée à la discrétion du Premier ministre). Le cabinet formé par Theresa May en 2017 ne comprenait qu'un seul Lord. Il y eut des exceptions à l'origine parlementaire des ministres, mais elles ont constitué une gêne pour le cabinet. En effet, les ministres n'ayant accès qu'à la Chambre dont ils font partie, un ministre non parlementaire est un poids mort pour le gouvernement puisqu'il ne peut assurer cette liaison. La liberté de choix du Premier ministre est évidemment limitée par le principe de la confiance nécessaire de la Chambre, mais elle l'est aussi par la coutume qui laisse peu de chance d'accéder au ministère à une personnalité qui ne se serait pas d'abord imposée aux Communes.

226. Le resserrement de l'autorité gouvernementale. – Le ministère est un organisme beaucoup trop lourd (plus de cent membres) pour s'adapter aux exigences de l'exercice de l'autorité politique. Aussi, traditionnellement, le cabinet ne comprend pas tous les ministres, mais ceux-là seulement que le Premier ministre a désignés pour en faire partie. Naturellement, certains d'entre eux y ont leur place marquée à raison de l'importance de leurs fonctions (Lord Chancelier, c'est-à-dire ministre de la Justice ; Chancelier de l'Échiquier, c'est-à-dire ministre du Trésor ; secrétaire d'État aux Affaires étrangères), les autres y sont appelés selon la conjoncture. L'organisation des travaux du cabinet est récente : avant la guerre de 1914, il n'existait ni secrétaire permanent, ni Agenda (ordre du jour). Aujourd'hui, la procédure a été rationalisée. D'après I. Jennings, le procédé du vote ne serait plus utilisé depuis 1880.

Le cabinet lui-même s'est avéré trop peu maniable. Dès la Première Guerre mondiale, Lloyd George réserva la tâche de fixer la politique du gouvernement à un cabinet de guerre ne comprenant que cinq membres. Le système fut remis en vigueur par sir Winston Churchill en 1940. Depuis lors, un cabinet intérieur (*Inner cabinet*) a joué un rôle discret mais décisif dans l'établissement des plans du gouvernement travailliste de Attlee (1943-1951). Enfin la pratique des Comités du cabinet, comités interministériels consacrés à l'étude d'un certain ordre de questions, par exemple la mise au point des projets de loi, est devenue une institution régulière. Il s'y ajoute, pour éviter la dispersion des efforts, l'action des ministres spécialement chargés de la coordination et qui sont de véritables super-ministres.

Les comités interministériels sont plus fortement structurés qu'en France. Ils siègent sous la présidence du Premier ministre ou, à son défaut, d'un ministre qu'il désigne en le choisissant généralement parmi les ministres sans portefeuille, ce qui lui laisse plus de loisirs pour s'occuper des problèmes à l'ordre du jour que n'en disposent ses collègues chargés d'un département. Certains comités, tels ceux de défense, des affaires économiques et des affaires administratives, sont permanents. Ce sont les *standing committees*.

De ce resserrement de l'autorité gouvernementale certains auteurs anglais déduisent l'effacement du cabinet comme véritable autorité gouvernementale. Il ne serait qu'une instance d'appel, la réalité du pouvoir appartenant au Premier ministre gouvernant avec l'aide des ministres[8].

227. Le Premier ministre. – Le Premier ministre est nécessairement un membre du Parlement, c'est-à-dire en pratique aujourd'hui de la Chambre des communes. En général, le Premier ministre est le leader du parti majoritaire. Il est lui-même désigné selon des modalités déterminées par les partis eux-mêmes. Chez les conservateurs, les députés sélectionnent deux candidats entre lesquels les adhérents du parti choisissent le leader. Chez les travaillistes, les candidats doivent obtenir le soutien de 15 % des députés du parti ; – il peut donc y en avoir plus de deux –, et ce sont, comme chez les conservateurs, les adhérents du parti qui élisent le leader.

C'est la situation politique qui conditionne le choix et le statut du Premier ministre. Bien que choisi théoriquement par la Reine, il est imposé par la conjoncture politique ; pratiquement, il est indirectement désigné par les électeurs, puisqu'il est le chef du parti qui a triomphé lors de la compétition électorale. Cependant, si au lendemain des élections, il n'y a pas de parti majoritaire, des négociations s'engagent pour former une coalition. En 2010, les travaillistes aussi bien que les conservateurs pouvaient envisager une telle coalition avec les libéraux-démocrates. C'est le leader du parti conservateur,

8. Ce terme désigne les ministres qui n'ont pas de pouvoirs propres et qui sont seulement chargés d'exercer les compétences qu'un autre ministre lui a déléguées. C'est l'équivalent de ce qu'on appelle en France un secrétaire d'État placé auprès d'un ministre de plein exercice.

David Cameron, qui fut désigné comme Premier ministre à la fois parce que son parti, sans être majoritaire, avait obtenu plus de sièges que les travaillistes, que ceux-ci avaient été désavoués par le corps électoral et parce qu'il avait réussi à attirer les libéraux démocrates en leur promettant de prendre en compte certains points de leur programme. Le leader des libéraux-démocrates devint alors Vice Premier ministre (*Deputy Prime Minister*). Il s'agissait d'une situation tout à fait nouvelle, car jusqu'à présent c'était seulement en temps de guerre que le Royaume-Uni était gouverné par une coalition.

Toutefois le leader de l'un des deux partis peut, même sans former une coalition, former un gouvernement minoritaire en s'assurant de l'appui d'un petit parti, qui s'engage à voter la confiance et à soutenir les principaux projets de loi par ses votes ou simplement en s'abstenant. C'est ce qu'a fait le Premier Ministre conservateur, Theresa May en 2017.

Il est théoriquement, au regard de ses collègues du ministère, *primus inter pares* ; en fait, son titre de leader du parti lui assure la maîtrise du cabinet, mais il peut arriver que certains ministres soient en mesure, en raison de l'importance de leur département ou de leur position au sein du parti d'exercer sur lui une pression efficace. C'est ainsi qu'en 1989 deux ministres purent forcer Margaret Thatcher à accepter un accord monétaire important au cours d'une réunion du conseil européen de Madrid. Il est juridiquement responsable devant la Chambre des communes, mais pratiquement il y a peu de chance pour qu'il soit renversé, aussi longtemps qu'il n'aura pas été désavoué par son propre parti. Ceci n'est d'ailleurs pas impossible, si les membres de son parti craignent que leur leader ne les conduise à une défaite électorale. C'est d'ailleurs ce qui s'est effectivement produit lorsque Margaret Thatcher fut contrainte à la démission en 1990 par le groupe parlementaire conservateur ou Tony Blair par le parti travailliste en 2007, Theresa May a été forcée de démissionner dans des conditions analogues d'abord de ses fonctions de leader du parti conservateur, puis de son poste de Premier ministre pour laisser la place au nouveau leader du parti, Boris Johnson.

Il se peut aussi, lorsqu'il est à la tête d'un cabinet de coalition, que celle-ci se divise. Cependant, même le fait de perdre momentanément le soutien de son parti n'entraîne pas automatiquement l'obligation de démissionner. Il est arrivé en effet, comme cela a été le cas pour Tony Blair pendant la guerre d'Irak, que le Premier ministre conserve la majorité à la Chambre, grâce au renfort de certains membres de l'opposition conservatrice, qui compensaient la défection d'une partie de la majorité travailliste. Il peut même être mis en minorité sur une question particulière sans être tenu de démissionner, si ce vote ne signifie pas qu'il a perdu la confiance de la majorité.

Toutefois, s'il ne risque presque rien sur le plan parlementaire, il a tout à redouter de la future consultation électorale. L'échec de son parti aux élections risque de lui valoir la perte de son titre de leader, comme ce fut le cas pour E. Heath à la suite de la défaite électorale des conservateurs en 1974 ou pour Cameron en 2017. Il est donc impératif pour le Premier ministre non seulement de gouverner, mais aussi de faire en sorte que son parti soit victorieux aux prochaines élections.

Cette tâche implique des pouvoirs si considérables que certains auteurs anglais n'hésitent pas à qualifier le Premier ministre de « monarque élu ». Cette thèse a été cependant contestée par d'autres. Faisant état de l'expérience du gouvernement Wilson, ils ont démenti la prééminence du Premier ministre et affirmé l'autorité collégiale du cabinet. Mais, au moins sous le règne de Margaret Thatcher et à nouveau sous celui de Tony Blair, on a assisté à nouveau à une très forte concentration des pouvoirs entre les mains du Premier ministre. Cela tient non seulement à la personnalité du chef de gouvernement, mais aussi à sa prééminence au sein du parti majoritaire et aux contraintes de l'exercice du pouvoir dans un État moderne, au point que l'on a parlé de pouvoir présidentiel.

On considère qu'il n'y a que très peu de limites au pouvoir du Premier ministre. Il n'en existe pas hors du cabinet, au moins tant que la majorité le soutient sans défaillance (ce qui n'est pas toujours le cas), tandis que l'opposition ne dispose d'aucun pouvoir réel. Au sein du cabinet, les choses sont plus complexes. Lorsqu'il existe une majorité homogène, le Premier ministre domine incontestablement. Les décisions les plus importantes sont préparées par des commissions *ad hoc* nommées par lui et composées de quelques ministres importants. Certains auteurs estiment que l'idée d'un gouvernement de cabinet n'est qu'une illusion et que les ministres, qui n'ont qu'un rôle très réduit dans la détermination de la politique du cabinet, agissent surtout dans leurs départements respectifs, où en revanche, ils paraissent jouir d'une autonomie importante, qui se manifeste par l'ampleur de leur pouvoir réglementaire (Weir et Beetham, 1998).

Dans un cabinet de coalition, les rapports de force peuvent évidemment être différents et varier selon les espoirs que chacune de ses composantes peut placer dans les futures élections.

Mais, aussi puissant soit-il, le Premier ministre reste soumis à la Constitution et ses actes peuvent être contrôlés par la Cour suprême. Au mois d'août 2019, Boris Johnson, qui ne disposait pas encore d'une majorité, a conseillé à la Reine de suspendre le Parlement pour une durée de cinq semaines. Comme la Reine ne pouvait éviter de suivre ce conseil, il s'agissait en réalité d'une décision et c'est cette décision qui fut déférée à la Cour suprême. Celle-ci, dans un arrêt d'une très grande importance, déclare que, malgré l'absence d'une constitution écrite, le Royaume-Uni a bien une constitution, formée par les principes constitutionnels mis en évidence par la « Common law », les lois, les conventions et la pratique ; que parmi les principes constitutionnels les plus importants figurent d'une part la souveraineté du Parlement, qui serait menacée si le pouvoir exécutif pouvait l'empêcher d'exercer son pouvoir législatif, notamment en le suspendant ; d'autre part le principe que l'exécutif est responsable, qui serait menacé lui aussi si le Parlement était suspendu trop longtemps. Par conséquent, le conseil donné à la Reine était illégal et il appartenait dès lors aux *Speakers* des deux chambres de les réunir[9].

9. Cf. Lageot C., et Costello C. (2021), « Cour suprême du Royaume-Uni, 24 septembre 2019. Miller v. Prime Minister », trad. in *Revue française de droit constitutionnel*, no 125, pp. 97-126.

§3. Le fonctionnement du système

A. Rapports juridiques entre organes : la façade parlementaire

228. Si l'on faisait abstraction du bipartisme, et si l'on se bornait à analyser les rapports entre organes à partir de leurs prérogatives et de leurs moyens d'action mutuels, il faudrait considérer que la Grande-Bretagne vit sous un régime parlementaire.

On trouve en effet en Angleterre tous les caractères que l'on attribue généralement au régime parlementaire. Il s'agit en premier lieu de la spécialisation des organes – certains disaient même de la séparation des pouvoirs – puisque les Chambres exercent la fonction législative et le cabinet la fonction exécutive. Il s'agit d'autre part de moyens d'action mutuels. D'un côté, le cabinet est politiquement responsable devant la Chambre des communes qui a la faculté de le renverser. De l'autre côté, le Roi peut – ou plutôt pouvait jusqu'à la réforme de 2011 (cf. *infra* n° 230) – dissoudre la Chambre à la demande du Premier ministre.

L'ensemble de ces prérogatives pouvait faire l'objet de deux analyses différentes.

On pouvait d'abord, comme le faisait la doctrine française traditionnelle, interpréter le régime parlementaire comme un système d'équilibre entre le pouvoir législatif et le pouvoir exécutif, qui disposent avec la responsabilité et la dissolution de moyens d'action symétriques. Ainsi, en cas de conflit, la Chambre renverse le cabinet qui riposte en faisant prononcer la dissolution par le Roi. Variante de cette interprétation : un conflit, qui se produit lorsque le cabinet est renversé, doit être soumis à l'arbitrage du corps électoral. Selon cette variante, la dissolution n'est pas comprise comme une arme entre les mains du Premier ministre, mais comme un mode de saisine de l'arbitre. Si, dans la première variante, le système parlementaire est un système d'équilibre, dans la seconde, c'est un système démocratique, puisque le peuple tranche en dernier ressort.

Selon une autre interprétation, le système parlementaire ne se caractérise pas par l'équilibre, mais tout simplement par la suprématie du Parlement. On peut alors considérer que, comme d'ailleurs en France sous la IIIe République, le Parlement, c'est-à-dire en fait la Chambre des communes, réunit entre ses mains la totalité du pouvoir. Elle dispose en effet seule du pouvoir législatif, puisque la Reine et la Chambre des Lords ne sont plus en mesure de participer réellement à son exercice. En outre, elle exerce le pouvoir exécutif à travers le cabinet qui n'est que l'émanation de la majorité. Toute tentative du cabinet pour faire une autre politique que celle de la Chambre, ne serait pas un conflit entre deux pouvoirs, mais une rébellion du subordonné contre le supérieur. Dans ce cas, la Chambre des communes renverse le cabinet, qui est remplacé par un autre. Telle était d'ailleurs la pratique au XIXe siècle. Dans cette perspective, le droit de dissolution n'apparaissait certainement pas comme une arme symétrique de la responsabilité, mais seulement comme un moyen pour le subordonné de se donner un nouveau maître. Naturellement, un tel système ne fonctionne que si les membres de la Chambre des communes restent indépendants des partis politiques. Qu'ils suivent avec discipline les directives de leur parti, qu'il existe un parti majoritaire, et tout change. Or, précisément, la réalité est aujourd'hui fort différente de ce qu'elle était au début du XIXe siècle, en raison d'un phénomène d'une importance capitale, le bipartisme.

B. Le rôle du système de partis : le bipartisme

229. Les origines du bipartisme. – Elles sont très anciennes. La première moitié du XVIIIe voit l'affrontement des *tories* et des *whigs*, partisans et adversaires des prérogatives de la Couronne. Il ne s'agit toutefois pas de partis au sens moderne, mais de groupes parlementaires sans structure ni discipline. Mais, au début du XIXe, des clubs se forment pour organiser la propagande en faveur d'une réforme électorale. Lorsque celle-ci aura lieu en 1832, ces clubs seront utilisés pour les campagnes électorales des députés et ils seront liés aux deux groupes de députés, conservateurs (les anciens *tories*) et libéraux (les anciens *whigs*). Conservateurs et libéraux, qui ont à leur tête de fortes personnalités, Disraeli et Gladstone, alterneront au pouvoir pendant la deuxième moitié du XIXe siècle.

Le développement de la classe ouvrière et l'élargissement du suffrage contribuent à produire un changement politique majeur. Les nouveaux électeurs ouvriers, commencèrent par voter pour les libéraux, mais comme ceux-ci ne pouvaient se résoudre à adopter une politique favorable aux travailleurs, les syndicats finirent par fonder un nouveau parti, le parti travailliste. Celui-ci présentait l'originalité d'être un parti indirect : puisqu'il était fondé par les syndicats, leurs adhérents devenaient indirectement adhérents du parti. Le nouveau parti devint donc d'emblée une organisation très puissante de 900 000 membres. Le caractère indirect était encore marqué par le fait que c'était le congrès des syndicats (le *Trade Union Congress*), qui était – et qui est d'ailleurs encore – l'organe dirigeant du parti et que le leader et les candidats au Parlement sont choisis par un collège électoral dans lequel les syndicats ont 40 % des voix.

Le développement rapide du nouveau parti travailliste, joint aux divisions du parti libéral et surtout au scrutin majoritaire à un seul tour, aboutira après 1922 au remplacement de l'affrontement Conservateurs-Libéraux par un nouvel affrontement Conservateurs-Travaillistes.

Au-delà de l'opposition idéologique, les deux partis ont quelques caractères communs importants, ils sont fortement centralisés, le pouvoir y est concentré dans quelques cercles assez restreints et le leader, soumis chaque année à réélection, y joue un rôle prépondérant.

230. Les conséquences du bipartisme. – Le bipartisme bouleverse les rapports entre organes. On a déjà signalé l'une de ses conséquences : les électeurs savent que l'un des partis sera majoritaire après les élections et que le leader de ce parti deviendra Premier ministre. Ils votent donc indirectement pour choisir le Premier ministre. Mais le bipartisme affecte en outre le fonctionnement du système parlementaire tout entier.

En premier lieu, puisque le Premier ministre est le leader de la majorité, il y a peu de chances pour qu'il soit renversé. Même s'il arrive qu'il soit mis en minorité sur une question particulière, par exemple par suite de désaccords au sein de la majorité, il n'est pas contraint de démissionner et il ne le fera que si le vote met en cause sa politique générale. C'est ainsi que, à la fin du mois d'août 2013, la chambre des Communes a rejeté une résolution déposée par le cabinet de David Cameron, en vue de l'autoriser à lancer des opérations militaires conjointes contre la Syrie. Le cabinet a alors modifié sa politique syrienne, mais n'a pas démissionné. Normalement, le Premier ministre reste donc en place jusqu'à la fin de la législature, sauf dans le cas, très rare, où des dissidents du parti majoritaire se joignent à l'opposition, comme cela s'est produit au mois de mars 1979.

En deuxième lieu, le cabinet, qui est formé des dirigeants du parti, dispose d'une autorité suffisante sur ses membres, pour obtenir que la majorité adopte les projets qu'il soumet aux Communes. Sans doute, la discipline ne s'impose-t-elle pas lorsque la loi porte sur une question qui relève de la conscience individuelle de chacun, mais près de 90 % des lois sont d'origine gouvernementale et la plupart engagent la politique de la majorité. Tout se passe donc comme si le cabinet disposait non seulement du pouvoir exécutif, mais aussi du pouvoir législatif. On est donc très loin du schéma du régime parlementaire : il n'y a ni prédominance du Parlement sur le cabinet, ni même équilibre entre les pouvoirs, mais bel et bien suprématie de fait du cabinet sur le Parlement. Il n'y a pas davantage de séparation fonctionnelle des pouvoirs, mais au contraire concentration d'un pouvoir énorme entre les mains du cabinet et spécialement entre celles du Premier ministre.

En troisième lieu, l'opposition n'est pas privée de toute participation au fonctionnement du système. Elle bénéficie d'un statut spécial. Le chef du principal parti d'opposition porte le titre de « leader de l'opposition de sa Majesté ». Il est rémunéré à ce titre et il forme un cabinet fantôme (*shadow cabinet*) formé de ministres fantômes dont les titres correspondent à ceux des membres du gouvernement en place.

En quatrième lieu, la dissolution ne peut remplir toutes les fonctions que lui attribue la théorie classique du régime parlementaire et notamment celle de provoquer l'arbitrage du corps électoral en cas de conflit entre les pouvoirs, puisque le bipartisme empêche normalement que de tels conflits se produisent. En revanche, il est arrivé que la menace de dissolution dissuade les députés de mettre en minorité le gouvernement.

Certains auteurs avaient cru découvrir une nouvelle fonction de la dissolution : elle serait un substitut au référendum. En effet, disait-on, puisque le référendum n'existe pas en Grande-Bretagne, la dissolution permet de consulter le peuple sur une question importante. En votant pour tel parti, il approuve la position que celui-ci a adoptée et rejette la position du parti opposé. Cette thèse, qui se heurtait à une série de critiques, paraît aujourd'hui abandonnée : la raison principale en est que le Parlement étant souverain, il peut parfaitement organiser un référendum consultatif, et il l'a d'ailleurs fait à plusieurs reprises : en 1975 à propos de la renégociation de l'adhésion de la Grande-Bretagne à la Communauté économique européenne, puis de nouveau en 1998 en Écosse et au pays de Galles sur la dévolution des pouvoirs et même un référendum décisionnel, comme en 2011, en 2014 (v. *supra* n° 219) et en 2017 sur la sortie du Royaume-Uni de l'Union européenne (*Brexit*). Cela étant, quand il organise un référendum, même décisionnel, le Parlement ne renonce pas à sa souveraineté et il pourrait théoriquement refuser de tenir compte du résultat, mais il lui serait bien entendu politiquement difficile de justifier une pareille conduite. À la suite de la victoire en 2016 des partisans du *Brexit*, le cabinet avait cru pouvoir prendre librement l'initiative d'ouvrir les négociations en vue de la sortie de l'Union européenne en application de l'article 50 du traité de Lisbonne. Il invoquait la prérogative royale, c'est-à-dire le pouvoir exécutif, puisqu'il s'agissait de mettre en œuvre le résultat du référendum, mais la Cour suprême a jugé que le Parlement étant demeuré souverain, c'était à lui qu'il appartenait d'autoriser le déclenchement de la procédure de sortie[10]. La Première ministre a donc dû faire adopter par le Parlement une loi l'autorisant à notifier l'intention du Royaume-Uni de se retirer de l'Union européenne.

Il s'agit d'un changement de grande importance. En effet, aux termes du *Fixed-term Parliament Act* de 2011, la Chambre des communes est élue pour cinq ans et ne peut être dissoute avant ce terme que dans deux cas : d'une part, elle l'est automatiquement si le gouvernement a fait l'objet d'un vote de défiance à la Chambre, mais celle-ci peut éviter la dissolution en votant dans les quatorze jours une motion de confiance au gouvernement - il peut s'agir du même gouvernement ou d'un autre - ; d'autre part, elle peut l'être à tout moment à la suite d'une résolution adoptée par les deux tiers des députés eux-mêmes. Il s'agit là en principe pour le Premier ministre d'une limitation importante de son pouvoir.

Cependant, il n'est pas très difficile de tourner la loi, car le Premier ministre peut lui-même demander à la chambre des Communes de voter cette résolution. C'est ce qu'a fait Tersesa May en 2017 parce qu'elle espérait, comme avec une dissolution classique, remporter une victoire électorale et renforcer la majorité conservatrice à la Chambre. On a vu que c'est le contraire qui s'est produit. On peut aussi concevoir, comme il est arrivé en Allemagne, que le Premier ministre demande à des membres de son propre parti de le renverser ou encore qu'il fasse voter une loi abrogeant ou modifiant le *Fixed-term Parliament Act* (Le Divellec, 2012). C'est ce qui s'est produit le 29 octobre 2019 : le Parlement a adopté en une seule journée, à la majorité simple et à la demande du Premier ministre Boris Johnson, une loi fixant la date des élections au 12 décembre (*Early Parliamentary General Election Act*). Cela étant, le *Fixed-term Parliament Act* n'a été ainsi modifié que de manière implicite et pour une élection seulement.

10. Cour suprême du Royaume-Uni, *Miller, Dos Santos et al. v. Secretary of State for Exiting the European Union*, 24 janvier 2017, 98, Hilary Term [2017] UKSC 5.

Depuis quelques années, on disait le bipartisme menacé par la montée de nouveaux partis, le parti libéral démocrate (lib-dem), les partis nationalistes écossais et gallois, ainsi que le « parti pour l'indépendance du Royaume-Uni » (UKIP) qui a obtenu un quart des voix lors des élections locales de mai 2013 et 27,5 % aux élections européennes de mai 2014. Cependant, si de nouveaux partis ont pu se former et espérer troubler le jeu politique, ils n'ont jamais pu se maintenir longtemps. On a pu dire d'eux qu'ils sont comme les abeilles : après avoir piqué, ils meurent. Les difficultés des conservateurs et des travaillistes sont donc principalement dues à des divisions internes, soit sur des questions importantes comme le *Brexit* ou les rivalités personnelles. D'ailleurs, quel que soit le nombre des grands partis, le régime fonctionne de la même manière, si l'un d'eux dispose de la majorité absolue à la Chambre des communes ou même s'il occupe simplement une position dominante qui lui permet de diriger une coalition ou de former un gouvernement minoritaire. C'est que le système électoral produit toujours les mêmes effets et qu'à une augmentation même importante du nombre des voix ne correspond pas toujours une augmentation proportionnelle du nombre des sièges. Les grands partis restent donc dominants et sont en mesure de gouverner seuls ou de s'allier avec un petit parti qui lui permettra de gouverner. C'est ainsi qu'en 2017, les conservateurs n'ayant pu obtenir la majorité absolue des sièges, la Première ministre conservatrice Theresa May, qui devait négocier avec la commission européenne la sortie de l'Union, a dû former une coalition avec le parti unioniste de l'Irlande du Nord, pourtant hostile à cette sortie. Il lui était alors d'autant plus difficile de faire approuver par la Chambre un accord avec l'Union européenne que les conservateurs étaient eux-mêmes profondément divisés. Elle fut donc contrainte de céder la place de Premier ministre à son ministre des Affaires étrangères, Boris Johnson, qui provoqua la dissolution de la chambre *et* les nouvelles élections donneront cette fois aux conservateurs, au mois de décembre 2019, la majorité relative en voix, mais la majorité absolue en sièges.

231. Concentration du pouvoir, démocratie et liberté. – Pour le constitutionnalisme classique, la concentration du pouvoir entre les mains d'un seul homme ou d'un seul groupe est la définition même du despotisme : celui qui peut faire la loi et l'exécuter peut en effet la modifier au gré de ses caprices au moment de l'exécution. Pourtant, bien que cette concentration soit incontestablement réalisée en Grande-Bretagne, il faut constater que le pouvoir n'y est pas despotique.

Cela s'explique assez bien. Que le pouvoir soit concentré ne signifie pas en effet que le groupe qui le détient soit homogène. Ce groupe, c'est la majorité parlementaire, qui comprend le Premier ministre, le cabinet, les députés de base. Si c'est incontestablement le Premier ministre et le cabinet qui exercent le pouvoir, ils sont contrôlés, non certes par l'opposition, mais par leur propre parti. L'intérêt du parti est de rester majoritaire. Qu'il sente que l'opinion penche vers l'opposition, que la politique menée par le Premier ministre le mène à la défaite électorale et il s'efforcera par tous les moyens de l'infléchir. S'il ne parvient pas à infléchir la politique du Premier ministre, il peut changer brutalement de leader, c'est-à-dire de Premier ministre, en le poussant à la démission comme ce fut le cas pour Margaret Thatcher en 1990, pour Tony Blair en 2007, pour David Cameron après le référendum sur le *Brexit* ou encore pour Theresa May après qu'elle eut échoué à faire approuver par le Parlement l'accord négocié avec Bruxelles sur la sortie de l'Union européenne.

232. Le référendum. – Au Royaume-Uni, c'est le Parlement, c'est-à-dire l'ensemble formé par les deux chambres et la reine (*the Queen in Parliament*), qui détient la souveraineté au sens plein du terme : il n'en a pas seulement l'exercice, comme dans les autres systèmes représentatifs, mais il en est également le titulaire. Dans le schéma constitutionnel classique, il n'y a donc aucune place pour la souveraineté populaire.

Ce schéma contraste pourtant avec la théorie politique dominante qui veut voir dans le système politique britannique une démocratie. On parvient à concilier les deux visions en soulignant que la reine et la Chambre des lords ne participent que formellement à l'exercice de la souveraineté, qui se trouve donc concentré dans la Chambre des communes, représentant le peuple.

Que le Parlement soit souverain signifie qu'il n'est lié par aucune règle interne ou internationale, qu'il peut tout faire (sauf dit-on changer un homme en femme) et qu'il ne peut se lier lui-même. C'est la raison pour laquelle il ne peut transférer son pouvoir au corps électoral. Un référendum n'est donc que consultatif ; il ne peut avoir lieu que sur autorisation expresse donnée par le Parlement en forme de loi, ce qui ne se produit que rarement et le Parlement pourrait très bien ne tenir aucun compte du résultat[11].

Les raisons de recourir au référendum sont multiples, mais la principale est qu'il s'agit de questions sur lesquelles les oppositions ne correspondent pas aux frontières des partis. Si la majorité est divisée, le Premier ministre peut estimer qu'un référendum victorieux lui permettrait d'évacuer la question et de maintenir son leadership. D'un autre côté, l'annonce d'un référendum peut être dans une négociation internationale un moyen de pression sur les partenaires étrangers, que le Premier ministre voudrait inciter à des concessions.

Plusieurs référendums ont été organisés sur les composantes du Royaume-Uni, l'Écosse, le Pays de Galles et l'Irlande du Nord, mais trois seulement ont concerné le Royaume-Uni tout entier : le premier en 1975 sur l'adhésion à la Communauté économique européenne (qui a précédé l'Union européenne), qui a vu la victoire du « oui », le second sur un projet de modification de la loi électorale, qui, lui, a échoué, le troisième enfin, en 2016, sur le *Brexit*. Les électeurs devaient répondre à la question : « le Royaume-Uni doit-il rester membre de l'Union européenne ou la quitter ? ».

Les deux référendums nationaux les plus importants, qui ont eu lieu à un peu plus de quarante ans d'intervalle, le 5 juin 1975 et le 23 juin 2016,

11. La loi de 2011, qui organisait le référendum sur la modification du mode de scrutin créait bien une obligation de la mettre en œuvre en cas de résultat positif, mais cette obligation ne pesait que sur le gouvernement et non sur le Parlement lui-même. En tout état de cause, le résultat fut négatif.

concernaient donc l'appartenance du Royaume-Uni à la Communauté économique européenne (CEE), devenue par la suite Communauté européenne (CE), puis Union européenne (UE). Cette question a toujours fait débat, car l'adhésion à l'entité européenne suscitait des craintes dans l'opinion britannique, non seulement dans certains milieux de droite, qui supportent mal les atteintes à la souveraineté des parlements nationaux, mais aussi dans les milieux de gauche, dont certains éléments, que l'on qualifie parfois d'extrémistes, voient dans les politiques de Bruxelles un « libéralisme sauvage » au service d'intérêts capitalistes. En 1975 comme en 2016, les citoyens britanniques pouvaient dire « non » à l'Europe, alors qu'ils n'avaient pas eu vraiment la possibilité de le faire lors des élections parlementaires, les principaux partis étant tous plus ou moins nettement pro-européens. Mais, entre 1975 et 2016, le contexte politique avait changé : à la suite de son élargissement à certains pays de l'est, l'Union européenne avait suscité une immigration importante, principalement d'origine polonaise, qui venait s'ajouter à celle en provenance des pays du Commonwealth et qui provoquait de fortes réactions de rejet surtout dans les milieux populaires. C'est sans doute ce qui explique la différence des résultats : en 2016, le « Brexit », c'est-à-dire la décision de se retirer de l'Union européenne, a recueilli une nette majorité des suffrages exprimés (environ 52 %), alors qu'en 1975 la solution favorable au maintien c'est-à-dire à la renégociation du traité de marché commun, avait été approuvée par les deux tiers des électeurs.

Cependant, le vote du 23 juin 2016 n'a pas modifié le cadre juridique des institutions britanniques : le Parlement de Westminster reste souverain. Juridiquement, il pouvait parfaitement ne tenir aucun compte des résultats du référendum. Le Premier ministre lui-même conservait un pouvoir d'une importance capitale : c'est à lui qu'il appartenait de notifier à l'Union européenne une décision de retrait, mais il n'avait pas l'obligation de le faire et restait maître du moment. Il n'a procédé à cette notification qu'à la fin du mois de mars 2017 ; ce qui marquait le début du processus des négociations prévues par l'article 50 du traité (v. *infra* n° 304 et s.). Mais les conséquences politiques de ce vote sont extrêmement graves : elles risquent de remettre en cause non seulement le système de gouvernement du Royaume-Uni, mais aussi l'existence même de celui-ci.

En premier lieu, le référendum du 23 juin a mis en évidence la distance qui sépare l'élite politique des classes populaires : d'une façon générale, l'élite était très majoritairement en faveur du maintien (dans l'Union), alors que plus d'un électeur sur deux a voté en faveur du *Brexit*. De ce fait le Premier ministre, David Cameron, qui avait fait campagne pour le maintien, a considéré qu'il devait démissionner, alors que juridiquement il n'était pas tenu de le faire, son parti étant toujours majoritaire à la Chambre des communes. Il a été remplacé le 13 juillet 2016 par Teresa May, également membre du parti conservateur et ancienne secrétaire d'État à l'intérieur, qui avait pris position contre le *Brexit*, mais qui s'était beaucoup moins impliquée dans la campagne que David Cameron.

En second lieu, ce référendum a accentué l'hétérogénéité politique du Royaume-Uni. Si l'Angleterre (à l'exception de Londres) et le pays de Galles se sont prononcés nettement en faveur du *Brexit*, les deux régions périphériques, l'Écosse et l'Irlande du Nord, ont manifesté leur volonté de rester dans l'Union européenne. Au moins dans le cas de l'Écosse, cette situation a conduit à une relance du mouvement en faveur de l'indépendance (v. *infra* n° 233). Elle pose également des problèmes juridiques d'une grande complexité. Sortant de l'Union européenne, le Royaume-Uni retrouve des compétences qu'il avait déléguées à l'Union et qui reviennent au Parlement du royaume, mais parmi ces compétences, certaines relèvent des pouvoirs propres de l'Écosse en vertu de la loi de dévolution. D'autre part, il n'y avait plus de contrôles frontaliers entre l'Irlande du Nord et la République d'Irlande. Or la République d'Irlande reste membre de l'Union européenne, tandis que le Royaume-Uni ne peut plus bénéficier de la libre circulation des personnes, des biens et des services. Pour éviter de rétablir une frontière entre les deux parties de l'île, deux territoires nationaux différents, ce qui pourrait provoquer des troubles graves, il a fallu établir une frontière interne entre l'Irlande du Nord et l'Angleterre, deux territoires britanniques.

§4. La dévolution

233. Les travaillistes, au pouvoir entre 1997 et 2010, ont réalisé une série de réformes constitutionnelles d'une très grande portée, les plus importantes depuis le début du siècle.

Les principales de ces réformes concernent l'Écosse et le pays de Galles et font de la Grande-Bretagne un État quasi fédéral. La procédure par laquelle elles ont été adoptées mérite d'être décrite. Le gouvernement a soumis un projet au référendum, mais seuls étaient admis à voter les électeurs écossais et gallois. Un Français pourrait s'étonner que l'ensemble des électeurs britanniques aient été privés du droit de consentir à cette restriction de leur souveraineté. Mais le Souverain en Grande-Bretagne n'est pas le corps électoral, ni même le peuple britannique ; c'est le Parlement. D'ailleurs, les électeurs écossais et gallois ne pouvaient pas non plus formellement adopter un texte par référendum et il a fallu une loi, votée par le Parlement en 1998, le *Scotland Act*.

On examinera ici seulement la loi sur l'Écosse, dite de dévolution. Elle institue un Parlement écossais, qui s'est réuni pour la première fois le 1er juillet 1999. La plupart des députés sont élus dans des circonscriptions de dimensions réduites, au scrutin uninominal à un seul tour, traditionnel en Grande-Bretagne, mais les autres sont désignés, dans des circonscriptions plus vastes, à la représentation proportionnelle. Comme en Allemagne pour l'élection du Bundestag, chaque électeur dispose de deux voix pour participer à l'élection des deux catégories de députés.

Le Parlement écossais vote des lois, auxquelles la Reine peut, en principe, opposer son veto, comme à celles adoptées par le Parlement britannique de Westminster. Ce pouvoir législatif peut s'exercer seulement dans des matières énumérées dans le *Scotland Act*. Il ne peut empiéter sur les compétences réservées au Parlement britannique et qui portent sur les matières d'importance nationale. Le Parlement britannique peut d'ailleurs toujours réviser le *Scotland Act* et étendre ou restreindre la liste des matières. Les lois écossaises doivent être conformes à la Convention européenne des droits de l'Homme et au droit communautaire et peuvent être déférées par le gouvernement britannique à la Cour suprême, qui sanctionne les empiétements sur le pouvoir législatif national.

Il y a un pouvoir exécutif écossais, avec à sa tête un Premier ministre (*First Minister* pour le distinguer du *Prime Minister* britannique), nommé par le Parlement écossais et responsable devant lui. Il est chargé d'exécuter les lois écossaises et aussi d'appliquer en Écosse les lois britanniques.

On peut penser que le pouvoir des institutions écossaises est limité, notamment en raison de l'insistance sur la souveraineté du Parlement de Westminster, qui, en principe, peut à tout moment reprendre certaines des matières déléguées à l'Écosse, voire toutes. Cependant, cette réforme est en réalité d'une très grande portée. D'une part, il est probable qu'en pratique, le Parlement de Londres s'abstiendra de légiférer pour les affaires d'Écosse et, comme il n'y a plus au sein du cabinet britannique de ministre chargé de ces affaires, il s'abstiendra également d'exercer en ces matières sa fonction de contrôle. Tout se passe donc comme si le pouvoir législatif était divisé, comme dans un système fédéral, entre deux Parlements, celui de Londres et celui d'Édimbourg. D'autre part, comme dans un système fédéral encore, les conflits de compétence sont tranchés par une juridiction, la Cour suprême, qui interprète le *Scotland Act*.

Cependant, malgré ces traits qui le rapprochent d'un système fédéral, le système de relations entre la Grande-Bretagne et l'Écosse s'en distingue encore par plusieurs traits. Tout d'abord, s'il y a un Parlement séparé pour l'Écosse, il n'y en a pas pour l'Angleterre. Le Parlement de Westminster joue donc un double rôle. Il légifère pour l'Angleterre et pour l'ensemble de la Grande-Bretagne, ce qui signifie que les députés élus en Écosse participent à la législation pour le reste du Royaume-Uni, tandis que ceux qui ont été élus dans le reste du Royaume-Uni – et notamment en Angleterre – ne participent pas a la législation pour l'Écosse. Par ailleurs, la Cour suprême contrôle les lois du Parlement écossais, mais non celles du Parlement britannique. On pourrait objecter qu'on connaît des formes de fédéralisme inégalitaire, mais il reste une différence essentielle : la répartition des compétences et l'existence de l'entité écossaise ne résultent pas d'une constitution, mais d'une loi, modifiable en principe à tout moment par le Parlement britannique. Cependant, il est peu probable que celui-ci fasse usage de ce pouvoir. Il existe en Écosse un fort mouvement nationaliste représenté par le Scottish National Party, qui a remporté la majorité et constitué un gouvernement. Celui-ci a organisé un nouveau référendum. Comme l'Écosse ne dispose ni du droit de sécession, ni de la compétence pour décider unilatéralement des modalités juridiques de la consultation, les modalités de ce référendum ont fait l'objet d'abord d'une loi du Parlement écossais, puis d'un accord négocié entre le gouvernement du Royaume-Uni et le gouvernement écossais. Cet accord a déterminé la date du référendum et les électeurs admis à participer (les citoyens britanniques – et les citoyens de l'Union européenne – résidant en Écosse). Cependant, l'accord s'est limité aux modalités de la consultation. Sur le fond, le gouvernement britannique a fait campagne pour le non : il a notamment laissé planer la menace, en cas de victoire du oui, de couper de nombreux liens avec l'Écosse, notamment la possibilité d'utiliser la livre sterling et de rendre difficile son adhésion à l'Union européenne. D'autre part, il promettait en cas d'échec du oui de revoir la dévolution et d'étendre le champ de compétences du Parlement écossais. Le référendum a eu lieu au mois de septembre 2014 et a vu la victoire du non avec plus de 55 % des votants.

Néanmoins, les élections législatives ont donné la victoire en Écosse au parti national écossais, d'où cette curiosité que l'Écosse est représentée à Westminster par des indépendantistes, qui ont perdu le référendum et légifèrent pourtant pour l'Angleterre.

Conformément à ses promesses, le gouvernement a fait adopter en 2016 une loi, le *Scotland Act*, qui transfère au Parlement écossais de nouvelles compétences. Cependant, la question de l'indépendance n'est nullement réglée et se pose en termes nouveaux en raison des résultats du référendum national du 23 juin 2016). Les électeurs écossais ont en effet voté à plus de 60 % contre le *Brexit*, alors que celui-ci était majoritaire dans l'ensemble du Royaume-Uni. Puisque le Royaume-Uni s'est retiré de l'Union européenne, l'Écosse en sort également. Mais si elle acquiert son indépendance, elle peut évidemment demander à y adhérer. Selon les indépendantistes, il y a là un fait nouveau, dont les électeurs n'ont pas pu tenir compte en septembre 2014, et qui justifient à leurs yeux un second référendum sur le même sujet, mais l'Écosse ne peut pas proclamer son indépendance de manière unilatérale ; c'est pourquoi, au printemps 2017, la Première ministre écossaise a obtenu de son Parlement l'autorisation de négocier avec le Royaume-Uni l'organisation d'un nouveau référendum. Lors des élections de mai 2021, les partis favorables à l'indépendance ont obtenu la majorité des sièges et la Première Ministre réclame à nouveau un référendum, mais il devrait être autorisé par le Parlement britannique.

§5. Le parlementarisme dans le Commonwealth britannique

234. On appelle « Commonwealth » un ensemble d'États, d'anciennes colonies britanniques pour la plupart, qui ont en commun la langue anglaise et une culture juridique et qui entendent garder des liens avec la Grande-Bretagne. La reine d'Angleterre est encore formellement la souveraine des États membres du Commonwealth qui n'ont pas adopté la forme républicaine, mais ce n'est là qu'une souveraineté symbolique.

Les anciennes colonies britanniques ont adopté, au moment de l'indépendance, des Constitutions inspirées du modèle anglais, mais se sont par la suite orientées vers des formules plus originales.

Le cas le plus typique est celui de *l'Inde*. Sa Constitution proclamée le 27 janvier 1950 est sans aucun doute, au point de vue formel, une constitution parlementaire. Elle institue un président de la République élu par le

Parlement fédéral et les assemblées des États, mais qui n'a qu'un rôle secondaire ; un gouvernement, qui détient la réalité du pouvoir exécutif et qui est collectivement responsable devant le Parlement ; enfin un Parlement qui, en raison du caractère fédéral de l'Inde, comporte deux chambres : la Chambre du peuple, élue selon le système anglais au scrutin majoritaire à un tour, et le Conseil des États dont les membres sont élus par les assemblées locales. Mais seule la Chambre du peuple peut renverser le gouvernement. À la différence de la Grande-Bretagne, l'Inde connaît le contrôle de constitutionnalité des lois avec une Cour suprême très active au point de contrôler la constitutionnalité des lois de révision constitutionnelle, qui ne peuvent porter atteinte « à la structure fondamentale de la Constitution » (Le Pillouer, 2012).

La vie politique se caractérise par la présence de deux partis dominants, le Congrès national indien, considéré comme étant de centre gauche et l'autre, nettement plus conservateur et nationaliste, le Bharatiya Janata Party (BJP). Depuis l'indépendance en 1947, le premier a exercé le pouvoir pendant 48 années, seul ou à la tête d'une coalition, avec quelques interruptions. Mais les élections de 2014 et 2019 ont donné une très nette victoire au BJP dont le chef, Narendra Modi, occupe le poste de Premier ministre. Sur le plan politique, ce changement de majorité a marqué une profonde rupture : alors que le parti du congrès militait en faveur de la tolérance pour permettre à différentes religions de cohabiter, le BJP, sous l'impulsion de Narendra Modi, poursuit le rêve d'une nation ethniquement homogène dont l'unité serait fondée sur la religion hindouiste et pratique une politique conservatrice, hostile à la minorité musulmane, peu respectueuse des droits fondamentaux et du fédéralisme. C'est ainsi qu'au mois d'août 2019, en application d'un article de la Constitution, qui l'autorisait à modifier par ordonnances les dispositions concernant le Cachemire, un État à majorité musulmane, il a purement et simplement abrogé son statut d'autonomie, que pourtant la Constitution garantissait.

Le *Canada* est un État fédéral. Le Parlement comprend donc deux Chambres : la Chambre des communes et le Sénat. Toutefois, l'égalité des États, les *Provinces*, n'est pas assurée dans ce Sénat : le Québec et l'Ontario, plus peuplés, ont droit à plus de sénateurs que les autres provinces. D'autre part, le Sénat n'est pas une Assemblée démocratique, car ses membres ne sont pas élus mais nommés par le Gouverneur général. Son influence est très inférieure à celle des Communes.

Jusqu'en 1982, la Constitution canadienne, qui datait de 1867, n'était qu'une loi du Parlement britannique et ne pouvait être modifiée que par lui. À cette date, le Parlement de Westminster a adopté le *Constitution Act*, qui accorde au Canada le pouvoir d'amender sa Constitution, ce qu'on a appelé le *rapatriement*. L'une des premières manifestations de cette souveraineté constitutionnelle a été l'adoption, le 17 avril 1982, d'une Charte des droits et libertés, dotée d'une valeur supérieure à celle des lois et qui permet, différence capitale avec le droit anglais, un contrôle de constitutionnalité. Le système canadien comporte toutefois un trait par lequel il se distingue des autres formes de contrôle de constitutionnalité et se rapproche du droit anglais : aux termes de l'article 33, connu sous le nom de « clause nonobstant » ou « clause dérogatoire », le Parlement reste souverain et peut, de même que la législature d'une province, déroger à certains articles de la Charte par une déclaration expresse. C'est, semble-t-il, le modèle canadien qui a inspiré la Grande-Bretagne lorsque celle-ci a adopté le Human Rights Act pour concilier son droit interne avec la Convention européenne des droits de l'Homme (v. *supra* n° 215). En effet, non seulement il préserve la souveraineté du Parlement, mais la charte présente de fortes similitudes avec la Convention dans son contenu.

La place du Canada dans la communauté britannique est symbolisée par la Reine d'Angleterre, qui est toujours formellement le chef de l'État. Elle est représentée par un Gouverneur général, nommé en fait par le Premier ministre du Canada. Le cabinet canadien est la réplique du cabinet anglais : il est responsable. Le Premier ministre est désigné par le gouverneur qui se borne à investir le chef du parti majoritaire : actuellement, le parti libéral. L'une des ressemblances du régime canadien avec le régime anglais, tenait à l'existence de deux grands partis : les conservateurs et les libéraux, qui alternent au pouvoir. Si aucun parti ne dispose de la majorité des sièges, il est possible de former un gouvernement de minorité. C'est celui qui dispose du plus grand nombre de sièges, qui forme le cabinet, même s'il n'a pas obtenu la majorité des suffrages populaires. C'est ce qui s'est produit en 2019 au bénéfice du Premier ministre, Justin Trudeau.

Le Canada a été depuis le milieu du xxe siècle, confronté à de graves problèmes constitutionnels concernant l'autonomie des provinces. C'est surtout le Québec, le seul pays francophone du continent, qui demande une modification de la Constitution et dont une partie de la population souhaiterait même obtenir l'indépendance pure et simple (Woehrling, 1994). La population québécoise, consultée par référendum à deux reprises en 1980 et 1995, a repoussé l'indépendance à une courte majorité. Les indépendantistes n'ont cependant pas renoncé et se sont engagés à organiser un nouveau référendum s'ils gagnaient les élections au Québec.

Mais la question s'est posée de savoir si, au cas où un tel référendum aurait lieu et où le résultat serait cette fois différent, le Québec pourrait décider unilatéralement de faire sécession. Il arrive en effet qu'une constitution fédérale accorde aux États membres le droit de se séparer. Tel était le cas de la Constitution soviétique. Mais la Constitution canadienne est muette sur ce point. Le gouvernement fédéral a donc soumis la question à la Cour suprême. Celle-ci a répondu par la négative[12] (Gély, 1999). Elle a estimé que, puisque la Constitution n'accordait pas le droit de sécession, le référendum ne pouvait avoir par lui-même aucun effet juridique. La sécession serait alors l'équivalent d'une modification unilatérale de la Constitution par le seul peuple québécois, alors que la révision ne peut être le fait que des représentants du peuple canadien tout entier. Néanmoins, au cas où le peuple québécois exprimerait clairement par référendum sa volonté de sécession, il en résulterait pour les autres provinces et pour le gouvernement fédéral une obligation d'engager des négociations. Ceci n'empêche évidemment pas, comme la cour l'a

12. *Renvoi relatif à la sécession du Québec* [1998] 2 RCS 217.

reconnu, une sécession *de facto*, c'est-à-dire une sécession purement unilatérale, contraire à la Constitution, mais qui bénéficierait de la reconnaissance de la plupart des autres États.

La procédure d'accès à l'indépendance formelle a été semblable en Australie : par une loi du Parlement britannique de 1986, le *Australia Act*, les liens ont été coupés entre les deux pays. Le Parlement de Westminster ne légifère plus pour l'Australie et les procès ne sont plus déférés en appel au Conseil privé, bien que, la reine d'Angleterre soit aussi reine d'Australie, comme elle est reine du Canada. Cependant, un fort mouvement pousse à l'établissement de la République, mais un projet de réforme constitutionnelle visant à instaurer la république fut soumis au référendum et repoussé à une faible majorité en 1999. Selon la plupart des commentateurs, le projet a d'ailleurs échoué non pas en raison d'un attachement à la monarchie, mais parce qu'il prévoyait l'élection du président de la République par le Parlement et non au suffrage universel direct, de sorte que la majorité des électeurs craignaient une concentration excessive des pouvoirs entre les mains du Parlement.

Dans le cadre général du parlementarisme, l'*Australie* se distingue à un triple point de vue. En premier lieu, le système est fédéral, ce qui a conduit à instituer un parlement bicaméral. Le Sénat, élu au suffrage universel par les États, a les mêmes prérogatives que la Chambre des représentants. Il en résulte qu'en cas de conflit avec elle, il peut être dissous comme elle.

En second lieu, les institutions australiennes font une assez large place au référendum, qui est obligatoire pour toute révision de la Constitution fédérale.

Enfin, les élections à la Chambre des représentants ont lieu selon un système original, celui du vote préférentiel. Il consiste en ceci que chaque circonscription n'élit qu'un député, et que les électeurs peuvent présenter plusieurs candidats en les rangeant sur leur bulletin de vote selon un ordre de préférence. Au dépouillement, le candidat qui a été « préféré » à la majorité absolue est élu ; s'il n'y a pas de majorité absolue, on élimine le candidat qui a eu le moins de voix et les suffrages qui le « préféraient » sont ajoutés à ceux des candidats qui restent en lice. On recommence l'opération jusqu'à ce qu'un candidat obtienne la majorité absolue. C'est ce système que les libéraux démocrates ont tenté d'introduire en Grande-Bretagne et que les électeurs ont repoussé lors du référendum de 2011. Pour les citoyens, le vote est obligatoire.

Le Gouverneur général, représentant de la Reine, préside un Conseil exécutif, dont les ministres sont membres, mais ceux-ci se réunissent effectivement hors de la présence du Gouverneur général, sous la présidence du Premier ministre ; cet organe prend le nom de cabinet. Il n'a aucune compétence officielle, mais détermine en réalité le contenu des décisions adoptées par le Conseil exécutif.

C'est l'Afrique du Sud qui s'est éloignée le plus du modèle britannique (Philippe X, 2012). Elle s'en écarte par plusieurs traits. Elle ne reconnaissait plus l'autorité de la Reine depuis que la politique d'apartheid avait été condamnée par les institutions du Commonwealth et elle était devenue une république.

Cette république est aujourd'hui fédérale, bien que le mot « fédéral » ne figure pas dans le texte de la nouvelle Constitution, adoptée en 1996 après la fin de l'Apartheid.

La Constitution a été élaborée selon une procédure originale en deux temps : en 1994 sur le fondement d'une constitution intérimaire était élu un Parlement bicaméral qui devait exercer non seulement le pouvoir législatif, mais aussi le pouvoir constituant. Dans la rédaction de la Constitution définitive, il devait se conformer à certains principes fondamentaux sous le contrôle de la Cour constitutionnelle. Le Parlement, agissant en qualité d'assemblée constituante acheva la rédaction de la nouvelle Constitution au mois de mai 1996, mais la Cour décida que cette Constitution n'était pas entièrement conforme aux principes fondamentaux. L'assemblée constituante adopta donc au mois d'octobre de la même année un nouveau texte profondément remanié (Lenoir, 1996).

Cette Constitution est extrêmement longue. Elle organise un système démocratique avec une protection très étendue des droits fondamentaux.

Le régime est du type parlementaire, mais il présente quelques caractéristiques particulières avec notamment un exécutif dualiste, composé d'un président élu par la chambre basse, l'Assemblée nationale, parmi ses membres, et d'un cabinet. Celui-ci, qui comprend un Premier ministre, le *Deputy President*, et des ministres, est choisi par le président parmi les membres de l'Assemblée. L'innovation est que le cabinet et le président sont tous deux responsables devant l'Assemblée nationale.

La puissante Cour constitutionnelle a une compétence très vaste et il existe une grande variété de voies de recours. Elle a produit une jurisprudence très audacieuse. Elle a notamment étendu la protection des droits fondamentaux aux relations entre personnes privées – les droits sont ainsi dits « horizontaux » – et s'est accordé le pouvoir de modifier le texte d'une loi dont elle était saisie, pour la rendre conforme à la Constitution (Ribes, 2000).

Section 2
Quelques variantes du régime parlementaire

235. Il n'est pas possible d'analyser, même sommairement, les différentes formes gouvernementales des États européens. Toutefois, étant donné que tous se réclament du régime parlementaire et en appliquent en effet, dans leurs très grandes lignes, les principes, nous voudrions rapidement attirer l'attention sur celui de quelques-uns parmi les principaux États.

§1. Le régime parlementaire en Allemagne

236. Après l'effondrement de l'Empire allemand en 1918, la nouvelle république allemande s'était donnée en 1919 à Weimar une Constitution complexe, préparée par les meilleurs juristes de l'époque. Cette Constitution n'avait pourtant pas suffi à organiser la vie politique. Le système se révéla rapidement impuissant à limiter les crises économiques et politiques et à empêcher les nazis de se saisir du pouvoir de manière parfaitement légale.

On ne saurait voir dans la Constitution de Weimar la cause du triomphe d'Hitler, mais les membres du comité chargé après l'effondrement du régime nazi de rédiger une constitution démocratique ont entendu certes revenir à certains de ses principes, mais également s'en distinguer sur certains points essentiels. Les principes essentiels avec lesquels ils entendaient renouer et que les nazis avaient bafoués étaient le pluralisme politique, la démocratie parlementaire et le fédéralisme. Mais d'autre part, ils se distinguaient de Weimar par de meilleures garanties des droits fondamentaux, notamment par la création d'une puissante Cour constitutionnelle et par un parlementarisme rationalisé, plus efficace. On conserverait les mêmes organes qu'en 1919 : un Parlement, un président de la République, un cabinet dirigé par un Chancelier, mais leur structure interne et leurs relations seraient conçues différemment, de manière à obtenir une meilleure stabilité gouvernementale et à limiter les effets des crises politiques.

Au lendemain de la Seconde Guerre mondiale, l'Allemagne avait été divisée en zones, occupée par les quatre puissances alliées contre les nazis : la Grande-Bretagne, la France, les États-Unis et l'Union soviétique. En raison de la guerre froide, commencée en 1948 entre l'Union soviétique et les trois puissances occidentales, la République fédérale d'Allemagne fut proclamée dans les trois zones occidentales, tandis qu'une République démocratique allemande était créée en zone soviétique. Comme la République fédérale avait vocation à s'étendre à l'ensemble de l'Allemagne, mais ne pouvait exercer son pouvoir que sur une partie du territoire, il fut décidé, en principe jusqu'à une future réunification de ne pas désigner la norme suprême du nom de constitution, mais de l'intituler « loi fondamentale ». Lorsque la réunification intervint, en 1990, la Constitution et son nom de loi fondamentale furent maintenus tels quels.

237. Le fédéralisme. – Il est conçu en Allemagne comme une forme de séparation des pouvoirs et donc une garantie pour les libertés. Après l'effondrement de la tyrannie nazie, qui avait réalisé un État unitaire centralisé à l'extrême, l'Allemagne d'après-guerre est revenue au fédéralisme, dont le principe est proclamé dans le nom même de l'État et auquel il est interdit de porter atteinte, même par un amendement constitutionnel. Chaque *Land* possède sa propre organisation constitutionnelle, avec un Parlement, généralement monocaméral, un exécutif élu par le Parlement et un contrôle de constitutionnalité interne au *Land*.

Conformément au principe de participation lié au fédéralisme, les *Länder* constituent une partie de l'État fédéral : les quinze *Länder* sont représentés au sein de la Deuxième Chambre, le Bundesrat. Le nombre de représentants varie selon l'importance de la population des *Länder*, mais pas de façon strictement proportionnelle. Ces représentants ne sont pas élus au suffrage universel, mais sont des membres des gouvernements des *Länder*.

La répartition des compétences entre la fédération (le *Bund*) et les *Länder* s'opère selon des règles complexes. La Constitution distingue trois groupes de matières ; celles qui relèvent de la compétence du *Bund* (Affaires étrangères, Défense, etc.) ; celles qui relèvent de compétences concurrentes, c'est-à-dire dans lesquelles le *Bund* comme les *Länder* peuvent intervenir ; enfin les matières qui ne figurent sur aucune des deux premières listes et qui relèvent de la compétence exclusive des *Länder*.

Ce système implique deux conséquences : d'une part, sur le plan institutionnel, une Cour constitutionnelle est indispensable pour régler les inévitables conflits de compétence entre le *Bund* et les *Länder* ; d'autre part, sur le plan politique, une coordination est nécessaire entre les deux niveaux, en particulier lorsqu'il s'agit de matières pour lesquelles les compétences sont concurrentes. Dans la mesure où il arrive fréquemment que des partis politiques différents soient au pouvoir aux deux niveaux, la répartition des matières doit inciter à la recherche du compromis. En fait, on a constaté pendant quelques années, comme dans d'autres systèmes fédéraux, une évolution dans le sens d'un accroissement des pouvoirs de la fédération. Mais, parallèlement, on assiste à une vive revendication par les *Länder* d'une plus grande autonomie. Il s'agit principalement d'une réaction contre l'extension des compétences de l'Union européenne dans des domaines qui relèvent, en vertu de la Constitution, de leur compétence propre. Or, l'État fédéral a contracté des obligations internationales et il ne peut les exécuter parce qu'elles relèvent des compétences des *Länder*. Ceux-ci ont donc obtenu une modification de la Constitution fédérale. Désormais, aux termes de l'article 23, lorsque le gouvernement fédéral participe à la formation d'actes législatifs communautaires qui peuvent affecter les intérêts des *Länder*, il doit tenir compte de la prise de position du Bundesrat qui les représente et il ne peut évidemment pas porter atteinte à leurs droits par un acte communautaire. C'est sur cette base que, dans un arrêt du 22 mars 1995 sur le projet « Télévision sans frontières », la Cour constitutionnelle a jugé que, en votant au Conseil européen en faveur de la directive, le gouvernement fédéral avait violé les droits des *Länder* (Marcou, 1995). D'ailleurs, si la législation communautaire porte sur une matière qui relève de la compétence exclusive des *Länder*, l'Allemagne n'est pas représentée au Conseil par le gouvernement fédéral, mais par un représentant des *Länder* nommé par le Bundesrat.

Au cours de l'année 2005 la Loi fondamentale a été modifiée dans le but de clarifier la répartition des compétences entre l'État fédéral et les *Länder*, mais cette réforme est jugée insuffisante et sera vraisemblablement poursuivie[13].

13. Fromont M. (2007), « La réforme du fédéralisme allemand de 2006 », *RFDC* n° 70, p. 227. Décision dite *So lange* (aussi longtemps que...) du 29 mai 1974.

238. Le Parlement (Le Divellec, 2021). – Il comporte les deux Chambres impliquées par le fédéralisme : le *Bundestag* (Diète) qui représente le peuple entier de la fédération et le *Bundesrat* qui représente les États.

Les élections au Bundestag ont lieu selon un mode de scrutin, qui, combine la représentation proportionnelle et le système majoritaire. Chaque électeur dispose en effet de deux voix, la première pour élire le député de la circonscription au scrutin majoritaire, la deuxième pour déterminer à la proportionnelle la composition du Bundestag. Le système vise à favoriser les grands partis. Il parvient en effet à marginaliser les petits partis, qui sont aussi souvent les plus radicaux, mais il est rare qu'un parti soit majoritaire et il faut constituer des coalitions, soit entre l'un des deux grands, les chrétiens-démocrates (CDU-CSU) ou les sociaux-démocrates (SPD) et un troisième parti plus petit, les libéraux ou les verts, soit entre les deux grands (système dit de « la grande coalition ») comme cela a été le cas après les élections de 2005, de 2009 et à nouveau depuis 2018. On note cependant en Allemagne, comme dans d'autres démocraties occidentales, un déclin des partis traditionnels, qui rend difficile la formation de ces coalitions et ouvre la tentation à des alliances entre les grands partis et des partis plus radicaux, notamment entre l'aile droite de la CDU et l'extrême droite. Après les élections de 2017, il a fallu près de cinq mois de négociation pour parvenir à renouveler l'accord entre la CDU et le SPD et permettre à Angela Merkel de rester à la Chancellerie pour un quatrième mandat, qui s'achèvera en septembre 2021.

Le Bundesrat est composé, comme on l'a vu, de ministres délégués par les gouvernements des *Länder*, qui peuvent les révoquer. Il a l'initiative des lois conjointement avec le Bundestag et le gouvernement fédéral, mais il ne dispose, en principe, que d'un veto suspensif contre les textes votés par l'autre Chambre. Ce veto ne revêt un caractère absolu que si l'existence des *Länder* est mise en cause, si la loi en question restreint les droits fondamentaux des citoyens, si elle concerne les partis ou le régime électoral et encore si elle vise à transférer à l'Union européenne des droits de souveraineté. Cette dernière prérogative se justifie par le souci d'éviter que le gouvernement fédéral avec l'appui de sa majorité au Bundestag puisse dépouiller les *Länder* de leurs compétences en les transférant à l'Union européenne.

Mais ce qui est plus important encore, c'est que le Conseil fédéral (Bundesrat) est le garant de l'ordre démocratique. En effet, dans les cas où le gouvernement est autorisé par la Constitution à se passer de l'assentiment de la Chambre populaire, il ne peut agir sans l'accord du Bundesrat. Il y a là un cas curieux d'utilisation du fédéralisme à l'effet de maintenir l'équilibre parlementaire entre l'exécutif et le Parlement.

Le Bundesrat présente l'originalité d'une Seconde Chambre qui, loin d'être affectée par le déclin général du bicaméralisme, a vu, au contraire, ses pouvoirs renforcés. Son rôle en tant que garant de l'ordre démocratique n'est pas étranger à cette évolution.

239. La Cour constitutionnelle (Fromont, 2004). – Le contrôle de la constitutionnalité est assuré par une Cour constitutionnelle fédérale, instituée par l'article 92 de la Constitution et organisée par une loi du 12 mars 1951. Ses membres, au nombre de seize sont choisis pour douze ans, parmi des personnalités qualifiées par leurs compétences juridiques, moitié par le Bundestag, moitié par le Bundesrat, à la majorité des 2/3. Ce système implique en fait que les désignations ne peuvent se faire que par accord entre les deux grands partis et que les juges sont liés à ces partis.

La Cour est divisée en deux Chambres ou « sénats », de huit membres chacune qui rendent des décisions au nom de la cour tout entière.

Les pouvoirs de la Cour sont considérables et elle est beaucoup plus qu'un juge de la constitutionnalité au sens strict : elle est un gardien du régime et un régulateur de l'équilibre politique entre les organes de l'État et les forces politiques du pays. Elle examine d'abord les litiges relatifs au fonctionnement des pouvoirs publics : elle tranche les conflits de compétences entre les *Länder* ou entre le *Bund* et les *Länder* ; elle peut être saisie de conflits entre des organes fédéraux (par exemple d'une décision de dissoudre le Bundestag).

En deuxième lieu, elle assure le contrôle de la constitutionnalité des lois et actes infralégislatifs. Le contrôle, qui est exercé *a posteriori*, a été conçu de façon très extensive. La Cour peut être saisie *in abstracto*, en dehors de tout litige, sur demande du gouvernement fédéral, d'un *Land* ou d'un tiers du Bundestag, mais aussi *in concreto* sur renvoi par un tribunal ou encore par un particulier, sur exception d'inconstitutionnalité, en cas de violation d'un droit fondamental, selon une procédure semblable à celle de l'*amparo* espagnol, le *Verfassungsbeschwerde* (v. *supra* n° 60 et *infra* n° 258, mais avec des effets plus puissants, puisqu'il peut être dans certains cas dirigé directement contre une loi). Elle assure le respect des droits fondamentaux non seulement à l'égard de l'État, mais aussi à l'égard des personnes privées. La cour a en effet décidé que la Constitution ne visait pas seulement les organes de l'État, mais qu'elle devait « rayonner » sur l'ensemble du système juridique et de la société, de telle sorte que les droits soient non seulement verticaux, mais aussi horizontaux.

En troisième lieu, la Cour assure une espèce de police de la moralité politique : elle peut prononcer à la demande du gouvernement la déchéance des droits fondamentaux des individus coupables d'activités contraires aux principes du régime et interdire un parti politique présentant un danger pour la démocratie (v. *infra* n° 243).

La Cour occupe dans la vie juridique et politique allemande une place considérable. Cela tient d'abord à l'étendue de ses compétences, qui lui permettent d'examiner toutes les lois importantes et d'intervenir dans tous les domaines et surtout à la manière dont elle les exerce. En pratique, elle ne se contente pas de décider qu'une loi est contraire ou conforme à la Constitution, mais elle indique les conditions auxquelles cette loi doit satisfaire pour être jugée conforme. Elle descend alors jusqu'aux détails, ce qui fait d'elle un quasi-législateur. C'est ainsi que, dans une décision du 28 mai 1993, à propos de l'interruption volontaire de grossesse, elle est allée jusqu'à préciser le nombre de jours qui doivent s'écouler après qu'une femme enceinte a consulté des experts médicaux jusqu'au jour de l'intervention et elle a exigé que les conversations échangées durant ces consultations fassent l'objet d'un compte rendu écrit (Fromont, 1995).

En Allemagne, comme ailleurs, une loi déclarée contraire à la Constitution pourrait être adoptée à nouveau par un amendement à la Constitution. Néanmoins, certaines dispositions de la Loi fondamentale, qui concernent les principes essentiels de l'État de droit, ne peuvent être modifiées, même aux termes de la procédure de révision. Ce sont les « clauses d'éternité ». La Cour peut par conséquent rattacher un grand nombre de règles jurisprudentielles à des dispositions intangibles, plutôt qu'à des dispositions modifiables pour éviter que ses décisions soient tournées par une révision constitutionnelle. Ainsi, à propos de l'avortement, elle rattache la protection du fœtus non plus à l'article 2, alinéa 1 (qui protège le droit à la vie et à l'intégrité physique), mais à l'article 1er qui proclame le principe de la dignité de la personne humaine et qui, lui, est intangible.

L'importance de la cour provient aussi de son rôle de gardien de la souveraineté allemande vis-à-vis des institutions communautaires et notamment vis-à-vis de la Cour du Luxembourg. Elle a notamment décidé dès 1974 que le droit communautaire dérivé ne pouvait s'appliquer en Allemagne que s'il n'était pas en contradiction avec les droits fondamentaux garantis par la Constitution allemande (Fromont, 1995)[14]. De même, en 2009, elle a estimé que le traité de Lisbonne n'était pas contraire à la Loi fondamentale. Cependant, comme l'Union européenne n'était pas un État fédéral (*Bundesstaat*), mais une association d'États souverains (*Staatenverbund*), il importait pour préserver la souveraineté de la République fédérale, ainsi que la démocratie, de garantir la participation du Parlement allemand au processus décisionnel européen. Aussi, la cour a-t-elle décidé que les instruments de ratification ne pourraient être déposés qu'après l'adoption par le Parlement fédéral d'un texte en ce sens[15]. De même, en 2020, dans une décision qui visait indirectement les compétences de la Banque Centrale Européenne (BCE), elle a décidé, malgré une interprétation contraire de la CJE, que le principe de la souveraineté populaire, qui est un élément essentiel de l'identité constitutionnelle de l'Allemagne, interdisait au Bundestag, de transférer à l'Union européenne des pouvoirs qui lui permettraient d'accroître ses compétences et à la Banque Centrale allemande de coopérer avec la BCE, si celle-ci ne faisait pas la démonstration que les mesures qu'elle envisageait de prendre pour lutter contre la crise financière qui menace l'Europe étaient proportionnées.aux objectifs que lui fixe le traité (*cf. infra* n° 316).

240. Le président de la République (Arnold, 1995). – Il est élu pour cinq ans par l'Assemblée fédérale qui se compose des députés du Bundestag et d'un nombre égal de membres élus au scrutin proportionnel par les Diètes des *Länder*. Ainsi la présidence est dépouillée du caractère plébiscitaire que lui attribuait la Constitution de Weimar en faisant du président du Reich l'élu du peuple. Il ne peut être révoqué ou renversé,

14. Décision dite *So lange* (aussi longtemps que...) du 29 mai 1974.

15. Décision 72/2009 du Tribunal constitutionnel fédéral, 30 juin 2009.

mais seulement accusé par le Bundestag ou le Bundesrat en cas de violation de la Constitution ou de la loi fédérale. Il est alors jugé par la Cour constitutionnelle. Cette procédure n'a jamais été mise en œuvre, mais le président peut naturellement être contraint à la démission, comme il est arrivé en 2012 dans le cas de Christian Wulff, soupçonné de corruption.

D'ailleurs la Charte de 1949 n'accorde au chef de l'État qu'un rôle effacé. Non seulement elle le prive des prérogatives dont disposait son prédécesseur, notamment du droit de soumettre au référendum des lois votées par le Parlement, mais encore elle réduit quasiment à rien les pouvoirs auxquels il pourrait prétendre dans le cadre du parlementarisme traditionnel. Il n'a pas l'initiative des lois, son rôle normal dans la formation du cabinet est effacé et il ne dispose du droit de dissolution que dans des conditions dont il appartient à la Diète de permettre la réalisation (v. *infra* n° 241).

Pourtant si, à première vue, les constituants de Bonn ne semblent pas avoir réédité l'imprudence de ceux du Weimar qui avaient cédé au souci d'établir une présidence forte, ils ont tenu à éviter la paralysie du pouvoir et lui permettent en cas de blocage des institutions de jouer un rôle actif avec « l'état de nécessité législative » (v. *infra* n° 242).

241. Le Chancelier. – La cadence rapide avec laquelle se sont succédé les ministères de la République de Weimar a incité celle de Bonn à mettre l'accent sur la stabilité gouvernementale.

Au début de chaque législature le Chancelier fédéral est élu par la Diète sur la proposition du président de la République. Si le candidat proposé n'est pas élu, la Diète peut en élire un autre à la majorité absolue ; si elle n'y parvient pas, le président peut, soit nommer le candidat qui a obtenu la majorité simple, soit prononcer la dissolution de la Diète. Celle-ci est donc pénalisée si elle n'arrive pas à dégager en son sein une majorité solide. Elle est pénalisée également si sa majorité n'est pas cohérente. Ici c'est l'hypothèse de la responsabilité ministérielle qu'il faut envisager.

Forts de l'expérience antérieure qui montrait que les gouvernements étaient renversés par une coalition des extrêmes, nationalistes et communistes, c'est-à-dire par une majorité négative, les constituants ont imaginé un système qui peut se résumer dans la formule : on ne peut renverser un gouvernement qu'en le remplaçant.

Si la Diète veut prendre l'initiative d'exprimer sa méfiance au Chancelier, elle ne peut le faire qu'en lui élisant un successeur à la majorité absolue (art. 67).

Ce mécanisme ingénieux dit « motion de censure constructive » a été imité en Espagne et dans plusieurs pays d'Europe centrale et orientale. Il ne faut cependant pas en exagérer les vertus. La stabilité politique allemande tient davantage à l'homogénéité de l'opinion et à la discipline du personnel politique qu'à un artifice de procédure.

De surcroît, le système n'est pas aussi efficace qu'on pourrait l'imaginer. Le mécanisme de la motion de censure constructive, n'a fonctionné qu'une seule fois, lorsque le Chancelier Helmut Schmidt a été remplacé par M. Helmut Kohl en 1982, alors que d'autres Chanceliers ont pu être renversés par des procédés informels. Et il est facile d'imaginer qu'un Chancelier peut être contraint de démissionner ou bien par une pression interne de son propre parti ou bien par rupture de la coalition qui le soutenait, comme il est arrivé à Ludwig Erhard en 1966. Il n'est pas non plus sans danger et on peut concevoir une situation où le Chancelier se maintiendrait au pouvoir sans être soutenu par une majorité, mais avec l'appui du président, simplement parce qu'il n'existe pas contre lui une majorité assez cohérente pour lui élire un successeur.

Si c'est le Chancelier qui propose une motion de confiance et si la Chambre la lui refuse à la majorité absolue, le président peut, sur sa proposition, dissoudre le Bundestag dans un délai de trois semaines (article 68). Mais si, entre-temps, le Bundestag se ressaisit et élit un successeur au Chancelier, la dissolution n'est plus possible.

Le chancelier ne dispose donc pas du droit de dissolution, à la différence du Premier ministre anglais ou du président de la République française, et il ne peut donc pas en principe se débarrasser d'une assemblée hostile ou ingouvernable, ni déterminer de façon volontaire et unilatérale la date des élections. Là encore le constituant de 1949 a voulu éviter le retour des pratiques de la République de Weimar, dont les dissolutions à répétition avaient largement contribué au climat d'instabilité politique, qui avaient favorisé l'arrivée des nazis au pouvoir.

Cependant, dans ce cas aussi, il est possible de jouer avec la Constitution. Le chancelier, désireux de dissoudre alors qu'il dispose encore d'une majorité à la Chambre, peut par exemple proposer une motion de confiance et demander à son propre parti de voter contre lui. Le président pourra alors dissoudre le Bundestag. C'est ce qu'a fait Kohl en 1982 et c'est ce qu'a fait en 2005 le chancelier Gerhard Schröder, qui, à la suite d'un désastre électoral dans les *Länder* souhaitait provoquer des élections anticipées.

La manœuvre a réussi sur le plan constitutionnel, mais politiquement n'a pas donné les résultats escomptés, puisque le SPD, le parti de Gerhard Schröder n'a pas gagné les élections. Cependant, son principal adversaire, la CDU n'a pas obtenu non plus la majorité des sièges et il a fallu constituer une « grande coalition ».

242. L'état de nécessité. – L'état de nécessité est une technique qui permet de maintenir en fonction un gouvernement, bien qu'il ait perdu la majorité. La situation visée est celle où, bien que la question de confiance posée par le Chancelier n'ait pas obtenu la majorité absolue, le président de la République n'a cependant pas prononcé la dissolution de la Diète. Si celle-ci rejette un projet de loi dont le gouvernement a déclaré l'urgence, le président peut, à la requête du Chancelier et avec l'assentiment du Conseil fédéral, proclamer l'état d'urgence législative. L'effet de cette déclaration sera de donner au texte litigieux valeur de loi, en dépit de son rejet par le Bundestag.

La déclaration de l'état de nécessité ne peut produire effet que pendant six mois, et ne peut pas être renouvelée ; d'autre part, elle n'autorise pas à abroger ou à suspendre l'application de la Constitution ; enfin, la Diète peut y mettre fin à tout moment en élisant un nouveau Chancelier. Certains ont pu craindre que l'article 81 ouvre la porte à un pouvoir autoritaire. Il suffirait en effet, dit-on, que les divisions de la Diète rendent impossible aussi bien le vote d'une motion de censure constructive permettant de remplacer le Chancelier que l'adoption d'un projet de loi déclaré urgent. Le président pourrait alors gouverner avec un gouvernement minoritaire. Cependant, ce qui rend cette hypothèse peu probable – elle ne s'est d'ailleurs jamais réalisée – c'est le mode de désignation du président, qui n'est pas un élu du suffrage universel, mais un homme du Parlement, et surtout le système des partis allemands.

243. Le système des partis. – (Le Divellec, 2021).

Comme partout, le fonctionnement du système dépend dans une très large mesure du système des partis. Celui-ci est lui-même déterminé par des facteurs sociopolitiques, mais aussi par les règles de la constitution matérielle. Au nombre de ces règles figurent évidemment celles qui sont relatives au mode de scrutin et l'on a vu qu'elles favorisent les grands partis.

La Loi fondamentale allemande a été l'une des premières Constitutions à contenir des dispositions relatives aux partis. La Constitution française de 1946 ne les mentionnait même pas, mais la Loi fondamentale établit les fondements de leur statut : elle énonce les principes de base et invite le législateur à adopter des mesures plus détaillées. La place faite aux partis s'explique évidemment par l'histoire particulière de l'Allemagne. Il s'agissait de garantir – après douze années de dictature du parti nazi – les conditions de fonctionnement d'une démocratie pluraliste, qui suppose la liberté de création des partis, mais aussi la possibilité de limiter ou d'interdire ceux qui, en raison de leur but ou du comportement de leurs adhérents, pourraient constituer une menace pour l'État de droit libéral et démocratique. C'est à la Cour constitutionnelle qu'il appartient de prononcer la dissolution d'un parti à la demande du Bundestag ou du gouvernement fédéral. C'est là un pouvoir énorme, dont la Cour a usé à deux reprises en prononçant successivement l'inconstitutionnalité d'un parti néonazi en 1952 et celle du parti communiste en 1956. Ces règles forment un véritable statut, qui a inspiré la législation de nombreux pays, notamment les pays de l'Europe centrale et orientale et la Turquie.

Comme dans de nombreux pays, les partis politiques sont traités d'abord comme des associations, dont les spécificités justifient certaines exceptions au régime général des associations.

Ils sont définis comme des associations « qui coopèrent à la formation de la volonté politique du peuple ». C'est la raison pour laquelle, si leur formation est libre, ils doivent respecter les principes démocratiques. Mais c'est aussi pourquoi la loi leur accorde un financement public, dont le montant dépend du nombre des membres, de celui des suffrages obtenus, et des contributions reçues. Il représente actuellement environ 30 % de leur budget.

En partie à cause du mode de scrutin (v. *supra* n° 179), mais aussi de la situation politique allemande depuis la guerre, il y a quatre partis principaux : à côté des deux grands, le parti social-démocrate (SPD) et le parti chrétien-démocrate (CDU-CSU) existent deux partis plus petits, les Libéraux et les

Verts, de sorte que le Chancelier appartenant à l'un des grands partis doit être fréquemment soutenu par une coalition. Deux grandes combinaisons sont possibles : ou bien une coalition des deux grands partis (la grande coalition) ou bien l'alliance de l'un des grands partis avec les Verts ou le parti libéral (petite coalition). Ce dernier, qui est susceptible de s'allier tantôt avec les sociaux-démocrates et tantôt le parti chrétien-démocrate, joue ainsi le rôle de parti charnière. Actuellement, la chancelière Angela Merkel s'appuie sur une grande coalition formée du parti chrétien-démocrate et du SPD. Cette alliance, qui dure depuis 2013, a été reconduite après les élections législatives de 2017, mais la négociation a été très difficile et très longue et n'a abouti qu'au mois de mars 2018. La raison en est que le Bundestag est désormais partagé entre plusieurs partis – le parti d'extrême droite AFD (*Alternativ für Deutschland*) y dispose de 92 sièges – et que les deux grands partis ont considérablement reculé. Ces deux grands partis ont d'ailleurs entre eux de très fortes divergences et ne sont eux-mêmes guère homogènes. La coalition ne dispose donc que d'une majorité faible et fragile et, en cas de nouvelles élections, si cette tendance se poursuit, une grande coalition ne serait plus possible et il serait très difficile d'en former une petite, tant les différences idéologiques sont profondes.

§2. Le régime parlementaire en Italie

244. Les institutions italiennes, telles que les a établies la Constitution du 27 décembre 1947, sont en la forme extrêmement fidèles au type parlementaire classique, susceptible, selon la configuration des partis politiques de fonctionner de manière soit moniste, soit dualiste dans les périodes de crise et d'impuissance des partis. La démocratie italienne n'est cependant pas exclusivement représentative : la Constitution institue en effet le référendum abrogatif d'initiative populaire (cf. *supra* n° 104 et Pizzorusso, 2001 ; De Vergottini, 2012 ; Ricci, 2000 ; Cassese, 2001 ; Bin, 2012).

Le système est très instable et l'on a même parlé de crise permanente. Les nombreuses tentatives de réforme entreprises depuis plusieurs dizaines d'années ont rarement abouti et se sont révélées insuffisantes.

245. Un bicaméralisme authentique. – Par rapport à la plupart des Constitutions postérieures à la Seconde Guerre mondiale, la Constitution italienne se caractérise par un bicaméralisme égalitaire dit « parfait » (v. *supra* n° 118). Ceci s'explique par la situation politique au moment de l'élaboration de la Constitution. Après la chute du régime fasciste, le pays était profondément divisé et un parti communiste puissant pouvait présenter un danger pour la démocratie. Les partis de la droite et du centre, dominés par la démocratie chrétienne, cherchaient à éviter qu'une majorité électorale confisque le pouvoir et ont conçu des institutions propres à limiter le risque. L'une de ces institutions était la Cour constitutionnelle, l'autre était le bicaméralisme qui permettrait d'affaiblir en les divisant les forces issues des élections. En outre, le Sénat, recruté sur une base régionale, pouvait contribuer à la satisfaction des aspirations à l'autonomie.

Jusqu'à la réforme électorale intervenue en 2017, les assemblées étaient toutes deux élues au suffrage universel direct et à la représentation proportionnelle, mais dans le cas de la Chambre, le nombre des députés à élire par circonscription dépend du nombre des électeurs qui y sont inscrits, tandis que le Sénat est élu sur une base régionale, ce qui explique que la composition des deux chambres pouvait être différente. Le scrutin proportionnel produisait ses effets habituels : émiettement des partis politiques, nécessité de former des coalitions parlementaires et instabilité gouvernementale. En 2017, a été adoptée une nouvelle loi électorale : désormais le mode de scrutin est mixte : une partie des parlementaires est élue au scrutin majoritaire à un seul tour et les autres, plus nombreux, à la représentation proportionnelle. Une différence toutefois : les électeurs doivent être âgés de 18 ans pour participer à l'élection des députés, mais de 25 ans pour celle des sénateurs.

À la suite du référendum constitutionnel de 2020, le nombre des sièges a été réduit à la Chambre des députés de 630 à 400 et au Sénat de 315 à 200.

Elles ont des pouvoirs identiques : les lois ne peuvent être adoptées qu'en termes identiques, ce qui allonge considérablement le processus législatif et rend les réformes difficiles ; d'autre part, l'une et l'autre peuvent mettre en cause la responsabilité du cabinet et l'obliger à démissionner. Mais elles courent aussi des risques analogues : toutes deux peuvent être dissoutes.

Le gouvernement est donc particulièrement fragile, puisqu'il ne peut se maintenir au pouvoir sans le consentement des deux chambres et qu'il lui est difficile de faire adopter ses projets de lois. C'est notamment le cas lorsque la composition des deux assemblées est différente, comme après les élections de 2013, qui ont donné une majorité de centre gauche à la Chambre des députés et une absence de majorité au Sénat. Le gouvernement doit alors constamment négocier des compromis avec les différents groupes politiques et aussi avec les différentes tendances internes aux groupes.

Les Chambres sont investies du pouvoir législatif. Cependant, l'exercice de ce pouvoir présente certaines particularités. En premier lieu, aux termes de l'article 71 de la Constitution, « *le peuple exerce l'initiative des lois, au moyen d'une proposition présentée par cinquante mille électeurs et constituant un projet rédigé en articles* », ce qui n'est en fait qu'un droit de pétition. En deuxième lieu, les régions, dont l'autonomie est très poussée, disposent dans certaines matières d'un pouvoir législatif concurrent de celui de l'État et même dans certaines autres d'une compétence exclusive ; en troisième lieu, une partie du pouvoir législatif peut être exercée par les commissions parlementaires ou encore par référendum ; enfin, le gouvernement peut, en cas de nécessité ou d'urgence, prendre des décrets-lois ayant force de loi. Ils doivent être soumis au Parlement, qui doit les ratifier dans les soixante jours, faute de quoi, ils deviennent caducs. En pratique, le gouvernement donne fréquemment une interprétation large de la notion de nécessité pour recourir à cette procédure.

Un projet de réforme constitutionnelle, qui visait notamment à réduire les inconvénients du bicaméralisme égalitaire et à diminuer les pouvoirs du Sénat, a été soumis au référendum en 2016 et a été repoussé.

246. Le pouvoir législatif des commissions parlementaires. – Instruits par l'expérience, de la lourdeur et de la lenteur de la procédure parlementaire traditionnelle, les constituants italiens ont conservé une institution du système fasciste, qui dépossède partiellement le Parlement de ses prérogatives législatives. En effet, l'article 72 de la Constitution dispose que les Chambres peuvent confier aux commissions non seulement l'examen d'un projet, mais encore l'adoption définitive d'un texte législatif.

Jusqu'à l'adoption définitive du texte par la commission, celle-ci peut être dessaisie à la demande d'un cinquième de ses membres, du gouvernement ou d'un dixième des députés. Le projet doit alors être discuté par la Chambre elle-même. Malgré cette possibilité de dessaisissement, le procédé de la commission légiférante a été abondamment utilisé. Comme il est exclu pour certaines matières importantes (questions constitutionnelles ou électorales, ratification des traités, budget, dispositions fiscales), il permet à la Chambre d'être soulagée de l'élaboration des règles techniques. Celles-ci sont adoptées après une discussion entre les spécialistes et le ministre intéressé qui participe aux travaux de la commission.

247. Le référendum abrogatif. – Les constituants italiens ont entendu créer une démocratie semi-directe en donnant un rôle très important au référendum, non seulement pour ratifier une loi de révision constitutionnelle, mais également en matière législative. L'article 75 prévoit que 500 000 électeurs ou 5 conseils régionaux peuvent demander l'organisation d'un référendum pour décider l'abrogation d'une loi, sauf dans certaines matières, notamment, pour des raisons bien compréhensibles, en matière fiscale. Lorsque les signatures ont été recueillies, l'organisation du référendum est obligatoire. Toutefois, l'article 75 prévoyait qu'une loi déterminerait la procédure applicable. Or les partis politiques ont été pendant de longues années hostiles à la démocratie semi-directe et la loi n'a vu le jour qu'en 1970, lorsque la Démocratie chrétienne a voulu permettre un référendum destiné à abroger la loi qui venait d'autoriser le divorce.

La procédure qu'organise la loi du 25 mai 1970 est assez complexe. Le texte de la pétition, ainsi que les signatures, sont soumis pour vérification à la Cour de cassation et par ailleurs la Cour constitutionnelle peut refuser d'autoriser le référendum, même si le nombre de signatures requis a été atteint, si elle estime que son contenu est contraire à la Constitution. C'est ainsi que, en janvier 2012, elle s'est opposée à l'organisation d'un référendum visant à abroger la loi électorale, au motif notamment qu'au cas où le oui l'emporterait et où la loi serait abrogée, il serait impossible d'organiser une élection jusqu'à l'adoption d'une nouvelle loi.

Elle peut déclarer irrecevables certaines demandes, mais n'a pas empêché l'organisation assez fréquente de consultations puisque depuis 1974, plus de cinquante référendums ont eu lieu. Si les neuf premiers n'ont pas abouti, en revanche, les partisans du « oui » à l'abrogation de la loi visée l'ont très nettement emporté à la plupart des référendums suivants, et notamment à ceux concernant la limitation du développement, de l'énergie nucléaire (1987), la suppression du financement public des partis et la réforme électorale (1993), la suspension de la politique de construction de centrales nucléaires. Pour que la loi visée par le référendum soit abrogée, il faut non seulement que la majorité des votants se soit prononcée en ce sens, mais aussi que le taux de participation ait été au moins égal à la majorité des électeurs inscrits. Sinon, le référendum est déclaré nul et non avenu par la Cour de cassation, ce qui s'est produit plusieurs fois et récemment encore, en 2005, à propos d'un référendum visant à abroger une loi limitant la procréation assistée, puis à nouveau en 2009 (référendum électoral) et en 2016 (sur les forages pétroliers).

Le référendum abrogatif est parfois critiqué, soit parce que de nombreux référendums ne peuvent franchir le barrage de la Cour constitutionnelle, soit parce que plusieurs questions diverses sont posées le même jour, soit parce que, en raison du grand nombre de référendums, beaucoup échouent faute de quorum, en raison de la technicité des questions posées ou du fait que les forces politiques opposées aux projets de réforme ont recommandé l'abstention, comme l'ont fait les plus hautes autorités de l'Église catholique à propos des lois de bioéthique.

Il reste que le référendum a eu en Italie des conséquences politiques très importantes. Il a permis aux citoyens de participer à de grands débats de société et a provoqué des réformes législatives sur des questions comme le divorce, l'avortement, l'échelle mobile des salaires, le nucléaire et a contribué au développement au moins avant l'an 2000 du parti radical, qui a été à l'origine de plusieurs propositions.

Elle a d'autre part contribué au renforcement des pouvoirs de la Cour constitutionnelle, compétente pour admettre ou rejeter les requêtes, au regard des dispositions de l'article 75 de la Constitution. Enfin, dans la mesure où l'initiative est prise en dehors des partis, il a permis à plusieurs reprises aux citoyens d'exprimer leur mécontentement à l'égard du système politique en général et du système des partis en particulier et, devant l'impossibilité pratique d'obtenir une révision de la Constitution, le référendum est apparu un moment comme le seul moyen de provoquer une réforme. Ainsi, l'un des dix référendums organisés au printemps 1993 a permis une modification partielle, mais importante, de la loi électorale relative au Sénat. Tantôt, le référendum est le moyen d'empêcher une forte majorité parlementaire d'imposer des réformes jugées illégitimes.

248. Le président de la République et le gouvernement. – Le statut du président de la République a été inspiré par la IIIe et la IVe Républiques françaises. Il est élu pour sept ans, par un collège qui comprend outre les membres des deux Chambres, trois délégués par région (un seulement pour le val d'Aoste), ce qui fait soixante délégués non parlementaires. L'élection a lieu au scrutin secret, à la majorité des deux tiers pour les trois premiers tours, à la majorité absolue ensuite. Ce mode de désignation vise à empêcher la majorité politique du moment d'accaparer la présidence de la République. En cas de division de la classe politique, l'élection peut être difficile – il a fallu en 1971 vingt-trois tours de scrutin pour élire Giovanni Leone –, mais, une fois élu, le président peut jouir de la confiance d'une grande partie du Parlement et jouer un rôle important dans les moments de crise.

Quant à ses compétences, ce sont celles d'un chef d'État parlementaire, mais elles ont été sensiblement renforcées par rapport à celles du président sous la IIIe et la IVe Républiques françaises. Il nomme le président du Conseil, c'est-à-dire le chef du gouvernement, mais celui-ci doit obtenir et conserver la confiance des Chambres. Le président de la République convoque les Chambres et dispose du pouvoir discrétionnaire de les dissoudre ensemble ou séparément. Il est autorisé à demander aux Chambres une seconde délibération sur les lois votées et à leur adresser des messages. Il dispose, avec le contreseing des ministres, du pouvoir réglementaire et de toutes les attributions traditionnelles d'un chef d'État parlementaire (nomination des fonctionnaires, prérogatives diplomatiques pour accréditer les ambassadeurs et ratifier les traités, grâce, etc.). Conformément à la tradition parlementaire, il est irresponsable.

Le président du Conseil a un rôle comparable à celui de son homologue de la IIIe et de la IVe Républiques françaises. Il contresigne les actes du président de la République et dirige l'action du gouvernement. S'il dispose d'une majorité parlementaire, c'est lui qui exerce le pouvoir, et le président de la République n'a qu'une magistrature morale. Sa responsabilité peut être mise en jeu par les mécanismes ordinaires du régime parlementaire, la motion de censure ou le rejet d'une question de confiance, mais aussi par des procédés informels : s'il est à la tête d'un gouvernement de coalition, il suffit que l'un des partis de la coalition se retire pour qu'il soit contraint de démissionner, comme il est arrivé pour le gouvernement de Monti en décembre 2012, auquel le parti de Berlusconi avait retiré son soutien. Or, presque tous les gouvernements s'appuient sur une coalition. La stabilité dépend donc de la composition des chambres et du système des partis, qui dépend lui-même pour une part du système électoral. D'où les efforts pour le réformer. Mais le président du Conseil peut encore être contraint de démissionner par son propre parti, si celui-ci lui préfère une autre personnalité. C'est ainsi que Matteo Renzi a remplacé Enrico Letta en février 2014.

Le président de la République retrouve un rôle important dans les périodes difficiles. Lorsqu'il n'existe pas une majorité claire, c'est à lui qu'il appartient de rechercher une coalition possible et un homme pour la diriger. Il est alors en mesure de peser sur le contenu de la politique déterminée par ce ministère. On parle alors de cabinet présidentiel. De même, lorsqu'il paraît impossible de réunir une coalition, soit après qu'un gouvernement a été renversé, soit après des élections législatives, le président peut dissoudre, mais il peut aussi refuser de le faire s'il estime que de nouvelles élections ne permettraient pas de dégager une majorité plus claire. Dans ce cas, il peut nommer pour une courte période un gouvernement de techniciens, c'est-à-dire de personnalités sans carrière parlementaire. C'est ce qu'a fait le président Napolitano en 2011, après qu'un autre gouvernement Berlusconi eut perdu la confiance des Chambres. Il décida de nommer à la présidence du Conseil

M. Monti, un économiste qui n'était pas parlementaire[16]. C'est encore ce qu'a fait le Président Mattarella à deux reprises, en 2018 en nommant Giuseppe Conte, un professeur de droit qui n'avait jamais exercé de mandat, puis en 2021 Mario Draghi, l'ancien gouverneur de la Banque Centrale européenne.

En dehors même de ces situations, le président de la République exerce une influence considérable, qui peut aller bien au-delà d'une simple influence morale. À plusieurs reprises, les interventions du président Napolitano ont contribué à freiner certaines initiatives du président du Conseil. C'est ainsi qu'il a refusé à plusieurs reprises de signer des décrets-lois qu'il estimait contraires à la Constitution. Berlusconi, soupçonné dans plusieurs affaires et menacé de poursuites pénales, avait fait voter des lois accordant une immunité juridictionnelle provisoire aux titulaires de plusieurs des plus hautes charges de l'État, parmi lesquelles naturellement celles de président de la République et de président du Conseil. La Cour constitutionnelle les ayant déclarées contraires à la Constitution, Berlusconi a tenté de faire adopter les mêmes règles en forme constitutionnelle, mais a dû y renoncer, notamment après que le président de la République eut fait savoir qu'il jugeait inutile la réforme de son propre statut.

249. La Cour constitutionnelle (Luciani 2010). – La Cour constitutionnelle était prévue par la Constitution, mais n'a été mise en place que huit ans plus tard, notamment parce qu'on ne parvenait pas à en désigner les membres en raison des incertitudes sur le rôle qu'allait jouer cette nouvelle institution. Les juges sont au nombre de quinze, nommés pour neuf ans selon une procédure assez complexe : un tiers est nommé par le Parlement en séance commune (à la majorité des deux tiers aux deux premiers tours de scrutin et des trois cinquièmes aux tours suivants), un tiers par le président de la République, un tiers par les magistratures suprêmes (Cour de cassation, Conseil d'État, Cour des comptes). Ils peuvent être choisis pour leurs compétences, parmi les membres des professions juridiques (magistrats, avocats et professeurs de droit des universités), mais il est clair qu'en pratique, compte tenu du mode de désignation, les critères du choix sont loin d'être indépendants de toute préoccupation politique. Son président est élu par la Cour parmi ses membres pour une durée de trois ans.

La Cour dispose d'attributions très importantes en matière de contrôle de constitutionnalité des lois. Elle exerce un contrôle de constitutionnalité *a posteriori* dans les soixante jours de leur publication, sur les lois de l'État et des régions sur recours de ceux-ci, ainsi que sur l'organisation des référendums (v. *supra* n° 119). La Cour est aussi saisie par voie d'exception directement par les tribunaux (et non pas comme en France à travers le filtre de la Cour de cassation ou du Conseil d'État). Elle est aussi chargée, comme dans un État fédéral, de trancher les conflits de compétences entre organes de l'État et entre l'État et les régions et elle peut statuer en matière pénale pour juger

16. Peu auparavant, le président Scalfaro avait nommé M. Monti sénateur à vie. Celui-ci n'avait jamais été parlementaire auparavant et cette nomination n'avait qu'une valeur symbolique, car il n'est pas nécessaire d'être parlementaire pour être président du Conseil.

les accusations portées contre le président de la République et les ministres. Ces compétences, qu'elle exerce d'une manière particulièrement active, ont donné à la Cour un rôle de tout premier plan, nettement politique. C'est ainsi qu'au mois de janvier 2017, elle a partiellement invalidé et réécrit la loi électorale dite « Italicum », contraignant ainsi le Parlement à adopter en novembre une nouvelle loi électorale, appelée « Rosatellum », appliquée pour la première fois lors des élections du printemps 2018, qui ont amené un bouleversement de la vie politique italienne (cf. *infra* n° 252).

250. Les régions. – Chaque région est gouvernée par un conseil régional, un exécutif et son président. Les régions jouissent d'une autonomie considérable. En premier lieu, elles déterminent librement leurs propres statuts, disposent de l'autonomie financière et du pouvoir législatif dans de nombreux domaines. C'est par ces traits qu'elles ressemblent aux États membres d'un État fédéral (Groppit, 2000, p. 481 ; Hamon, 2001, p. 28). Depuis la modification de 2001, la Constitution détermine trois catégories de matières. Les premières sont énumérées de manière limitative et relèvent de la compétence exclusive de l'État, c'est-à-dire de la loi nationale – le projet de révision constitutionnelle adopté en 2016 (v. *infra* n° 252) réduit d'ailleurs sensiblement ces pouvoirs. Les secondes, énumérées elles aussi, relèvent de la compétence commune de l'État et des régions. Dans ces matières, la compétence législative appartient aux régions, pourvu qu'elles se conforment aux principes fondamentaux déterminés par la loi nationale. Le projet de révision constitutionnelle en cours supprime complètement cette compétence (v. *infra* n° 252). Quant à la troisième catégorie, elle ne fait l'objet d'aucune liste, mais toutes les matières qui ne figurent pas sur la première ou la seconde liste relèvent de la compétence des régions, qui est ainsi une compétence de droit commun. Les lois régionales sont de véritables lois et non des actes administratifs en ce sens qu'elles ne peuvent être contestées, comme on l'a vu, même par l'État, que devant la Cour constitutionnelle.

Il serait cependant exagéré de parler de fédéralisme. Bien que les régions disposent de compétences très étendues, la Constitution continue de proclamer le principe d'unité et d'indivisibilité de la République, leurs statuts sont subordonnés à la Constitution et elles ne participent ni au gouvernement de l'État ni à la formation des lois, ni à la révision constitutionnelle, puisqu'il n'existe pas de seconde Chambre fédérale (Elie, 2002).

251. La crise du système politique italien. – L'Italie traverse depuis des années une crise profonde, qui affecte à la fois les institutions politiques et les partis. Les deux éléments sont d'ailleurs liés.

En raison notamment de la représentation proportionnelle, le système a longtemps été caractérisé par l'existence de partis multiples, dont aucun n'était majoritaire. Les deux plus importants étaient la démocratie chrétienne et le parti communiste. Comme celui-ci était laissé hors jeu, sauf pour une très brève période, dans les années 1970, connue sous le nom de « compromis historique », les gouvernements devaient nécessairement s'appuyer sur des coalitions mouvantes, dont la démocratie chrétienne constituait l'élément principal et permanent, mais qui associaient le parti socialiste et trois partis plus petits. Cette formule était connue sous le nom de « *pentapartitismo* ». Le système souffrait de très graves défauts, qui l'ont discrédité aux yeux d'une vaste majorité de l'opinion publique. Le premier était l'instabilité ministérielle. Certaines des composantes se retiraient parfois de la coalition pour tenter une autre combinaison. Aussi la durée de vie moyenne des gouvernements était-elle très courte. De la proclamation de la République à 2017, l'Italie a connu vingt-huit présidents du conseil et soixante-quatre gouvernements.

Trois facteurs principaux ont alors, depuis le début des années 1990, directement contribué à une transformation profonde du système politique, qui n'est pas achevée. Le premier est l'opération *mani pulite* (« mains propres »). Les procureurs de la République ont déclenché des poursuites judiciaires, pour des affaires de corruption ou de financement illégal des partis politiques contre un très grand nombre de dirigeants d'entreprises, de fonctionnaires et d'élus appartenant à tous les partis politiques. Plus de 10 % des parlementaires ont ainsi été poursuivis, dont deux anciens présidents du Conseil, Bettino Craxi et Arnaldo Forlani. Ces événements ont ainsi achevé de discréditer les élites politiques. Le second facteur est l'évolution du parti communiste, commencée avant même la fin de la guerre froide, puis sa disparition en 1994 et la fusion en 2007 de ce qui restait de ses membres avec une partie de la démocratie chrétienne dans une nouvelle formation le parti démocrate (PD), un parti de gauche semblable à tous les partis sociaux-démocrates d'Europe. Le PD a joué un rôle central jusqu'aux élections de 2018. Le troisième facteur a été une succession de réformes électorales, à commencer par celle qui fut adoptée à la suite du référendum du 18 avril 1993, qui avait abrogé la loi électorale relative au Sénat, jusqu'à la loi de 2017 déjà signalée.

La recomposition politique fut si profonde qu'on allait jusqu'à dire que l'Italie était passée à un nouveau régime désigné sous le nom de « IIe République ». Avec la fin de la domination de la Démocratie chrétienne les forces s'organisaient en deux groupes principaux, à droite le « peuple de la liberté », comprenant le mouvement Forza Italia de Silvio Berlusconi, allié au parti post-fasciste, Alliance Nationale, et la Ligue, un mouvement d'abord cantonné au nord avec une tendance séparatiste, mais qui s'est développé dans tout le pays ; à gauche, le parti démocrate (PD), qui regroupe l'ancien parti communiste et des forces provenant du parti socialiste ainsi que de la gauche de l'ancienne démocratie chrétienne. Les deux coalitions ont alterné au pouvoir (cf. *infra* n° 252). Après les élections de 2018, le Parlement était dominé par trois forces politiques, un parti d'extrême droite, la Ligue (ex-Ligue nord), un parti populiste le Mouvement 5 étoiles et un Parti démocrate très affaibli. Dans un premier temps la Ligue et le mouvement 5 étoiles ont formé une coalition hétéroclite. Ces deux partis n'avaient en effet en commun que l'euroscepticisme, tandis que le reste de leurs programmes étaient largement incompatibles de sorte qu'aucun des deux leaders n'a pu prendre la présidence du Conseil et qu'il a fallu recourir à un technicien, nouveau en politique, Giuseppe Conte. Cette coalition a éclaté pendant l'été 2019 et une nouvelle coalition, tout aussi hétéroclite d'ailleurs a été formée entre le

Mouvement 5 étoiles, le PD, et d'autres formations mineures. Cependant, cette coalition n'était pas destinée à durer et, comme on l'a vu, le Président Mattarella a dû faire appel en 2021 à un autre technicien, Mario Draghi.

Dans le passé, les élites politiques ont tenté à plusieurs reprises d'opérer des réformes institutionnelles dans l'espoir de surmonter cette crise permanente.

252. Le problème des réformes institutionnelles. – Plusieurs tentatives de réforme constitutionnelle de grande ampleur ont eu lieu. Elles visaient à limiter l'instabilité ministérielle et l'influence des petits partis, en adoptant ce qu'on appelait assez maladroitement le « présidentialisme » ou « système semi-présidentiel », un système vaguement inspiré de la Constitution française de la Ve République (v. *supra* n° 107 et *infra* n° 484). Elles tendaient à faire élire au suffrage universel soit le président de la République, soit le président du Conseil, celui-ci demeurant cependant politiquement responsable, ou encore à transposer certains mécanismes du parlementarisme rationalisé, en vue de rendre plus difficile la mise en cause de la responsabilité du gouvernement, en s'inspirant notamment du modèle allemand.

Toutes ont échoué les unes en raison des divergences au sein de l'élite politique entre les partisans de l'une ou de l'autre voie, les autres parce que les électeurs ont rejeté les projets soumis au référendum.

C'est ainsi qu'un projet de révision constitutionnelle profonde, préparé depuis 2013, fut finalement présenté aux chambres par le gouvernement de Matteo Renzi et adopté au printemps 2016, mais il devait encore être approuvé par référendum à l'automne. Il s'écartait de ces modèles et visait plutôt à améliorer le système parlementaire classique, notamment en mettant fin au bicaméralisme égalitaire, perçu comme un facteur de rigidité et comme une cause importante de l'instabilité ministérielle.

Le Sénat devait être réduit à une centaine de membres, élus pour la plupart au suffrage indirect ou même, pour certains, pas élus du tout, car 95 d'entre eux devaient être choisis en leur sein par les conseils régionaux à la représentation proportionnelle, chaque région disposant d'un nombre de sénateurs proportionnel à sa population. Surtout, le Sénat perdait l'essentiel de ses pouvoirs. Il ne pouvait plus voter la confiance et n'aurait joué en matière législative, qu'un rôle essentiellement consultatif analogue à celui du Conseil de la République en France sous la IVe République, sauf pour les projets de loi de révision constitutionnelle.

Ce projet fut très vivement critiqué à la fois parce qu'on considérait qu'il laissait trop de pouvoirs au président du Conseil et que la campagne avait été personnalisée au point que les électeurs se prononçaient autant sur Renzi que sur une question proprement constitutionnelle. Il fut donc rejeté par les électeurs en novembre 2016, ce qui entraîna dans un premier temps la démission de Renzi, puis de nouvelles élections.

L'échec du référendum s'expliquait en grande partie par la crainte que la loi électorale, combinée avec la réforme constitutionnelle et notamment l'affaiblissement considérable du Sénat et des régions, n'entraîne une concentration excessive des pouvoirs entre les mains de l'exécutif.

Le Parlement a alors adopté la nouvelle loi, dite « Rosatellum », qui prévoit un seul tour de scrutin, combinant scrutin majoritaire et scrutin proportionnel. Contrairement au système allemand, les électeurs ne disposent que d'un seul bulletin de vote. 37,5 % des sièges sont attribués au scrutin uninominal et 62,5 % à la représentation proportionnelle.

Les partis ne sont parvenus à s'entendre que sur une réforme d'une portée limitée, portant sur une réduction du nombre des sièges au Parlement. La réforme, voulue par le Mouvement 5 étoiles, a été adoptée par les Chambres au terme de négociations entre ce parti et le PD au cours de l'été 2019, puis par référendum en septembre 2020. Elle reprend, on l'a vu, un point du projet Renzi, qui avait été rejeté en 2016 et consiste essentiellement dans une réduction du nombre des députés de 630 à 400 et celui des Sénateurs de 315 à 200.

§3. Le régime parlementaire en Espagne

253. Parmi les grands États de l'Europe occidentale, l'Espagne est celui qui a accédé le plus récemment à la démocratie. C'est seulement en 1975 que la dictature franquiste, a pris fin après plus de trente-cinq ans, avec la disparition du général Franco, mort dans son lit après une longue agonie. Par son acceptation du pluralisme politique et de la souveraineté populaire, le roi Juan Carlos, que le général Franco avait désigné comme son successeur, a facilité la transition vers un régime démocratique. Cette transition s'est accomplie en moins de trois ans, par des voies entièrement légales. Élaborée par le gouvernement, mais ratifiée par l'Assemblée législative et approuvée par référendum, la Constitution du 29 décembre 1978 établit un régime parlementaire, dont les mécanismes s'inspirent sur certains points de modèles étrangers (notamment allemand, italien et français), mais qui n'en présente pas moins des traits originaux.

254. Forme de l'État. – Selon l'article premier de la Constitution « la forme politique de l'État espagnol est la monarchie parlementaire ». Le roi incarne la communauté nationale, mais il est nettement séparé du gouvernement, qui seul a qualité pour définir et conduire une politique, en accord avec le Parlement (*Cortes generales*). Il « *arbitre et tempère le fonctionnement régulier des institutions* » mais les pouvoirs que la Constitution lui attribue (promulgation des lois, dissolution du Parlement, convocation du référendum, nomination des ministres et des membres du tribunal constitutionnel, etc.) ne peuvent être exercés qu'avec le contreseing du Président du gouvernement, ou éventuellement avec celui du président du Congrès des députés (en ce qui concerne d'une part la proposition et la nomination du président du gouvernement et, d'autre part, la dissolution consécutive à une crise ministérielle prolongée). En fait, ces pouvoirs correspondent presque toujours à des *compétences liées* ou, en d'autres termes, à des compétences qu'il est obligé d'exercer et qui ne lui laissent aucune faculté d'appréciation. Il s'agit donc d'un régime parlementaire moniste, où la fonction de chef de l'État est héréditaire. Le roi peut cependant être amené dans des circonstances particulièrement graves à sortir d'un rôle purement protocolaire et à intervenir personnellement, comme Juan Carlos en 1981 pour faire avorter une tentative de coup d'État militaire et son successeur Felipe VI en 2017 dans la crise catalane.

L'ordre de succession est le même que celui qui était en vigueur au Royaume Uni avant 2013 : c'est l'ordre de primogéniture avec préférence pour les mâles. Les femmes peuvent succéder, mais seulement s'il n'y a pas d'héritier mâle. Ainsi, s'il y a une femme et un homme plus jeune, c'est l'homme qui succède. La question n'est pas d'une actualité brûlante, car l'héritier est de sexe masculin et qu'il a lui-même deux filles, mais elle se poserait s'il avait un fils. C'est donc surtout pour des raisons symboliques que, lorsqu'elle était au pouvoir, la gauche envisageait de réviser la Constitution sur ce point.

Le roi Juan Carlos avait joué un rôle essentiel dans le processus de transition, puis dans la consolidation de la démocratie, mais plusieurs scandales ont atteint la famille royale au point que certains ont commencé à poser la question de la forme monarchique du régime et à réclamer une révision de la Constitution. Pour tenter de couper court au débat, le 2 juin 2014, le roi, soupçonné de corruption, a décidé d'abdiquer et de s'exiler d'Espagne. Cette décision a sans doute été précipitée par la défaite des deux grands partis de gouvernement aux élections européennes, car, les conséquences de l'abdication devaient être réglées par une loi organique, qu'il était encore facile de faire adopter avant un changement possible dans la composition des Cortes. La loi a été adoptée le 17 juin et le fils de Juan Carlos est monté sur le trône le 19 juin sous le nom de Felipe VI. Il s'est aussitôt efforcé de moderniser l'institution et de limiter l'implication des membres de sa famille dans le monde des affaires, sans pour autant couper court au débat sur le rétablissement de la République. Au mois de mars 2020, il a renoncé à l'héritage de son père afin de préserver l'image de la Couronne.

255. Structures de l'État. – Quant aux structures de l'État, elles se caractérisent par la volonté de rompre avec la conception unitaire et centralisatrice du régime franquiste et de satisfaire, au moins en partie, les revendications des différents groupes linguistiques régionaux, notamment catalan et basque. Sans aller jusqu'à un véritable fédéralisme, la Constitution a créé une structure originale « l'État autonomique », qui vise à la reconnaissance des peuples au sein d'un même État. La Constitution repose « sur l'unité indissoluble de la nation espagnole », mais elle garantit le « droit à l'autonomie des nationalités et régions qui en font partie » (art. 2). Une communauté autonome est constituée de plusieurs provinces, généralement limitrophes, qui ont demandé à se regrouper en raison de leurs liens historiques, culturels, linguistiques ou économiques. Les principales matières relevant de la compétence autonomique sont énumérées par la Constitution mais le statut de chaque communauté peut en compléter la liste. Le très haut degré d'autonomie des communautés se mesure au fait qu'elles élaborent elles-mêmes leurs statuts. Elle est toutefois limitée car les statuts doivent être approuvés par une loi organique de l'État et sont soumis au contrôle du Tribunal constitutionnel, chargé de veiller à la conformité de ces statuts et de certains actes de la communauté avec la Constitution nationale. Par ailleurs, au cas où une communauté agit en violation de la Constitution et des lois, l'article 155 de la Constitution autorise le gouvernement national, avec l'accord du Sénat, à lui en imposer le respect, au besoin par la force, et de lui reprendre certaines de ses compétences, au moins pour un temps.

L'État autonomique présente cependant une différence essentielle avec un État fédéral, comme l'Allemagne ou les États-Unis, où la seconde chambre représente les États membres : si les Communautés sont représentées au Sénat, elles n'en sont qu'une des composantes, de sorte que leur consentement n'est pas nécessaire à l'adoption des lois nationales. Mais, d'un point de vue politique, dans la mesure où certains partis sont organisés sur la base des Communautés et où leurs voix peuvent être nécessaires pour former des coalitions, ils peuvent être tentés d'utiliser cette situation pour accroître encore une autonomie déjà considérable, au point qu'on a pu redouter qu'elle porte atteinte à l'unité même de l'Espagne (Roca, 2007).

Depuis l'entrée en vigueur de la Constitution, les statuts des Communautés ont d'ailleurs été modifiés, toujours dans le sens d'une plus grande autonomie. C'est ainsi que, la Catalogne a adopté un nouveau statut en 2006, qui fut approuvé par les deux chambres du Parlement espagnol, puis par référendum en Catalogne. Néanmoins, par une décision du 28 juin 2010, le Tribunal constitutionnel, saisi par le parti populaire espagnol, un parti conservateur, alors dans l'opposition, a annulé plusieurs articles du nouveau statut et a notamment considéré qu'étaient contraires à la Constitution l'inscription du concept de « nation catalane » ainsi que la préférence donnée à la langue catalane.

La tension entre la Catalogne, dont les autorités voudraient aller vers l'indépendance, et les autorités centrales s'est aggravée en 2014. Le Tribunal constitutionnel espagnol a annulé, le 25 mars, une résolution du Parlement régional de la Communauté de Catalogne, qui proclamait que le peuple catalan était « *un sujet politique et juridique souverain* ». Se référant à une décision de la cour suprême du Canada sur l'indépendance du Québec, le Tribunal constitutionnel a déclaré que la souveraineté nationale résidait seulement dans le peuple espagnol (v. *supra* n° 234). Pour la juridiction suprême, la Constitution espagnole ne saurait autoriser une déclaration unilatérale d'indépendance. L'indépendance ne pourrait donc résulter que d'une révision de la Constitution nationale, ce que le gouvernement et les Cortes refusent. En dépit de la décision du Tribunal constitutionnel, le gouvernement catalan a organisé dans un premier temps un référendum consultatif en 2014, qui a vu une large victoire du oui, mais avec une faible participation. Puis, le

1er octobre 2017, malgré l'opposition du gouvernement national et du Tribunal constitutionnel, il a soumis aux électeurs catalans une question unique :

« *Voulez-vous que la Catalogne soit un État indépendant sous forme de République ?* », en indiquant qu'en cas de victoire du oui, il proclamerait l'indépendance de façon unilatérale.

Il s'est ensuivi un violent conflit entre le gouvernement national et le gouvernement de Catalogne. Après que le parquet national eut ordonné aux forces de police d'empêcher le déroulement du référendum, le gouvernement national menaçait de poursuites judiciaires les élus catalans et les fonctionnaires qui apporteraient leur concours à cette consultation. Le référendum eut lieu néanmoins et, quoiqu'avec un taux d'abstention très élevé, vit le triomphe du oui à une majorité de 90 % des votants. Fort de ce résultat, le gouvernement catalan proclama unilatéralement l'indépendance, tout en en suspendant les effets. Le gouvernement national décida alors la mise en application de l'article 155, prononça la dissolution du parlement et du gouvernement, engagea des poursuites contre les dirigeants indépendantistes, qui aboutirent à des condamnations sevères et ordonna des nouvelles élections régionales, qui virent encore une fois la victoire des indépendantistes. Cependant, la destitution du gouvernement Rajoy et la formation, d'un nouveau gouvernement national dirigé par un socialiste, qui avait besoin de l'appui des élus catalans au parlement national, ont eu pour conséquence la levée de la tutelle de l'article 155. Mais le nouveau gouvernement a exclu toute possibilité d'indépendance et déclaré qu'il n'admettrait pas l'organisation d'un nouveau référendum d'autodétermination.

256. Régime représentatif et démocratie directe. – Le peuple espagnol, « dont émanent tous les pouvoirs de l'État » (art. 1), est représenté par les *Cortes generales* (Parlement), qui sont composées de deux Chambres :

- Le *Congrès des députés* représente directement la population.

L'élection a lieu au scrutin de liste avec représentation proportionnelle, dans le cadre de chaque province. Les sièges, dont le nombre peut varier entre un minimum de trois cents et un maximum de quatre cents, sont répartis proportionnellement à la population, après attribution à chaque province d'une représentation initiale minima.

- Le *Sénat* est la Chambre de représentation territoriale. Chaque province dispose du même nombre de sièges (quatre), quelle que soit l'importance de sa population. En outre, chaque communauté autonome désigne un sénateur, plus un pour chaque tranche d'un million d'habitants. Une révision de la Constitution est envisagée pour améliorer la représentation des communautés autonomes, mais la procédure de révision exige un large accord des partis politiques, difficile à obtenir (Perez-Calvo, 2006).

À l'exception des sénateurs représentant les communautés autonomes, qui sont désignés par les organes de ces communautés, tous les membres des *Cortes generales* sont élus au suffrage universel direct pour quatre ans. Mais le Congrès des députés, de même que le Sénat, peut être dissous avant le terme de ce mandat.

Le bicamérisme espagnol est *inégalitaire* : D'une part, c'est le Congrès des députés qui investit le gouvernement et qui peut seul mettre en jeu sa responsabilité. D'autre part, en cas de désaccord entre les deux Chambres sur le vote d'un texte, le Congrès des députés peut avoir le dernier mot, sauf en matière constitutionnelle, où l'accord du Sénat est indispensable.

Les *Cortes generales* exercent la « puissance législative de l'État » (art. 66) mais elles peuvent accorder une habilitation au gouvernement dans des matières déterminées (art. 82). En outre, de même qu'en Italie, chaque Chambre peut déléguer à ses Commissions législatives permanentes la faculté d'approuver des projets ou propositions de loi (art. 75).

Bien que la Constitution soit principalement fondée sur le principe représentatif, elle prévoit la possibilité d'un référendum dans deux cas :

a) Le *référendum consultatif*. Les électeurs sont convoqués par le Roi en vue d'un référendum consultatif sur proposition du président du gouvernement, préalablement autorisée par le Congrès des députés (art. 92). Son résultat ne constitue qu'une simple indication pour le Parlement, qui reste maître de la décision, juridiquement tout au moins. En 1986, Felipe Gonzales y a eu recours pour faire approuver le maintien de son pays dans l'OTAN.

b) Le *référendum constituant de ratification*. Toute révision de la Constitution doit être approuvée par les *Cortes generales*. Elle sera soumise à un référendum de ratification, si la demande en a été faite par un dixième des membres de l'une quelconque des deux Chambres (art. 167). Il suffit donc de l'opposition d'une faible minorité parlementaire pour que le peuple soit amené à se prononcer.

Enfin, l'article 72 de la Constitution prévoit non pas le référendum d'initiative populaire, mais l'initiative populaire des lois, qui est une sorte de droit de pétition amélioré. Le principe en a été posé par la Constitution, qui précise que 500 000 signatures au minimum devront être exigées et que certaines matières (impôts, droit de grâce, etc.) sont exclues du domaine de l'initiative.

257. Le gouvernement. – Le processus de formation du gouvernement présente une ressemblance avec celui qu'avait mis en place, dans sa version initiale, l'article 45 de la Constitution française de 1946. Le Roi propose un candidat à la présidence du gouvernement. Ce candidat se présente devant le Congrès des députés, et le Roi ne peut le nommer que s'il a obtenu l'investiture par un vote à la majorité absolue des membres du Congrès. Les autres membres du gouvernement sont nommés et révoqués par le Roi, sur proposition de son président.

Les relations du gouvernement et des Cortes sont aménagées selon les techniques du parlementarisme rationalisé. C'est ainsi que l'on retrouve, à l'article 112, le système allemand dit de la « défiance constructive » : Pour être recevable, une motion de censure doit en même temps présenter un candidat à la présidence du gouvernement. Si elle est adoptée, le candidat est réputé investi de la confiance de la Chambre, et le Roi le nomme président (art. 113-2 et 114), ce qui ne s'est produit qu'une fois, au mois de mai 2018.

Les *Cortes generales*, le Sénat ou le Congrès des députés peuvent être dissous par le Roi, sur la proposition du président du gouvernement. Aucune proposition de dissolution ne peut être présentée lorsqu'une motion de censure est en cours. Mais, en cas de crise ministérielle prolongée, si dans un délai de deux mois à compter du premier vote d'investiture, aucun candidat n'a obtenu la confiance du Congrès, la dissolution est automatique (art. 99-5).

Jusqu'en 2016, comme en Allemagne, les techniques du parlementarisme rationalisé n'ont que rarement eu l'occasion de jouer, car, le gouvernement a longtemps pu s'appuyer sur une majorité parlementaire. Il s'agissait dans un premier temps d'une majorité homogène et disciplinée, d'abord constituée par l'Union du Centre démocratique (UCD) puis par le parti socialiste espagnol (PSOE). Après les élections de 93, comme le PSOE ne disposait plus de la majorité absolue des sièges, son leader, Felipe Gonzales a dû former une coalition avec les partis nationalistes basques et catalans. Cette solution, qui tend évidemment à renforcer les Communautés autonomes, s'est reproduite après la nouvelle alternance qui a suivi les élections de 1996. Le leader du parti conservateur, José Maria Aznar, qui n'avait remporté qu'une victoire relative, a dû lui aussi rechercher l'alliance des nationalistes catalans et c'est aussi le cas du socialiste José Luis Zapatero, qui lui a succédé après les élections de 2004 et a été réélu en 2008. De même, après les élections de 2011, le chef du Parti populaire (conservateur), Mariano Rajoy, a constitué un gouvernement de centre droit avec le soutien de deux partis représentant des communautés autonomes.

Le système de partis a cependant été profondément transformé ces dernières années et cette transformation a eu des conséquences importantes. À côté du Parti Populaire et du PSOE, sont apparus deux nouveaux partis, « Podemos » (gauche radicale) et « Ciudadanos » (centre droit). Après les élections de décembre 2015, aucun d'eux ne détenait la majorité aux Cortes et aucune coalition n'a pu être formée, de sorte qu'il a été impossible de former un gouvernement. Conformément à l'article 99-5, le roi a donc prononcé la dissolution des deux Chambres et convoqué de nouvelles élections, qui ont eu lieu le 26 juin 2016. Un système à quatre partis dominants semble s'être durablement installé : si le Parti Populaire est sorti renforcé, il ne dispose toujours pas de la majorité, de sorte qu'il fallait soit former un gouvernement minoritaire, soit tenter à nouveau de trouver une majorité de coalition. À cet égard, il existait plusieurs combinaisons possibles : les deux partis conservateurs, Parti Populaire et Ciudadanos ; les deux partis de gauche, PSOE et Podemos, ou encore les deux partis traditonnels, Parti Populaire et PSOE. La solution qui s'imposa fut une coalition PP-Ciudadanos, mais elle était minoritaire et M. Rajoy ne put gouverner que grâce à l'abstention de Podemos.

Cependant, les coalitions peuvent être fragiles et une autre coalition avec à sa tête le PSOE et le soutien de Podemos et des partis représentant les communautés autonomes, notamment les Catalans et les Basques, a pu faire adopter, pour la première fois depuis l'entrée en vigueur de la Constitution, une motion de censure constructive contre le gouvernement de Rajoy, accusé de corruption, et porter au pouvoir le chef du PSOE, Pedro Sánchez. Celui-ci est devenu président du gouvernement, à la tête d'une coalition minoritaire entre le PSOE et le Parti des socialistes de Catalogne. Cette coalition, qui bénéficiait du soutien de Podemos, a mené une politique très marquée à gauche, mais elle était très fragile elle aussi, et en février 2019, elle a subi un échec lorsque les députés ont refusé le budget. Conformément à l'article 115, Pedro Sánchez a alors demandé au roi de prononcer la dissolution des Cortes. Les élections législatives d'avril 2019 ont donné la victoire au PSOE, qui ne dispose cependant pas d'une majorité, de sorte qu'il lui fallait former soit un nouveau gouvernement minoritaire, soit une coalition, mais l'hypothèse d'une coalition avec les Catalans était compliquée par l'hostilité à l'indépendance affichée par le président du gouvernement, et une tentative de négocier un accord avec Podemos échoua rapidement, si bien qu'il fallut provoquer des élections anticipées pour la quatrième fois en quatre ans. Elles eurent lieu et cette fois encore le PSOE arriva en tête, mais un compromis fut trouvé avec Podemos, notamment sur la Catalogne et sur une politique économique et sociale de gauche. D'autres accords furent conclus avec des partis catalans et basques et des petites formations de gauche. Pedro Sánchez redevint président du gouvernement et Pablo Iglesias, le leader de Podemos, vice-président. Cependant, ce dernier, après un échec aux élections régionales de 2021 a décidé de se retirer de la vie politique.

258. Le Tribunal constitutionnel. – (Pérez De Los Cobos Orihuel, 2015). Le contrôle de constitutionnalité est confié à un Tribunal constitutionnel, institué par l'article 192 de la Constitution, et qui comprend douze membres nommés par le Roi : quatre sur proposition du Congrès des députés à la majorité des 3/5e de ses membres ; quatre sur proposition du Sénat à la même majorité ; deux sur proposition du gouvernement ; deux sur proposition du Conseil général du Pouvoir judiciaire (dont les fonctions sont comparables à celles que remplit en France le Conseil supérieur de la magistrature).

Les conditions de qualification exigées sont, comme en Allemagne et en Italie, assez strictes : seuls peuvent être désignés les magistrats du siège et du parquet, les professeurs d'université, les fonctionnaires publics et avocats, tous étant des juristes de compétence reconnue et ayant au moins quinze ans d'exercice professionnel.

Le contrôle s'exerce toujours *a posteriori*, sauf pour les conventions internationales, mais il est très complet car la diversité des modes de saisine permet au tribunal constitutionnel de connaître potentiellement de tous les actes des pouvoirs publics, et non pas seulement des lois.

La saisine par les autorités politiques est largement ouverte. Les lois, qu'elles émanent de l'État ou d'une communauté autonome, peuvent être déférées au tribunal par le président du gouvernement, par 50 députés ou 50 sénateurs, par les organes exécutifs des communautés autonomes ou par le *défenseur du peuple*[17]. Ce recours, ne peut être exercé que dans les trois mois suivant la publication de la loi.

17. Malgré la similitude des noms, le Défenseur du peuple est sensiblement différent du Défenseur des droits institué en France par la révision de 2008. Il est haut commissaire des *Cortes generales*. Il est désigné

De même qu'en Allemagne et en Italie, le tribunal peut également être saisi par renvoi d'une juridiction ordinaire lorsque la question de la constitutionnalité d'une loi se pose incidemment au cours d'un procès. C'est la procédure dite de l'exception. Elle n'est enfermée dans aucune condition de délai et permet donc au tribunal d'examiner (ou de réexaminer) une loi promulguée depuis des années.

Enfin, le recours d'*amparo*, qui présente des analogies avec le recours constitutionnel allemand, permet à une personne physique ou morale de saisir directement le tribunal, à condition qu'elle invoque un intérêt légitime. Il peut être dirigé contre un acte administratif, ou même contre une décision juridictionnelle, mais il ne peut pas viser directement une loi. Cependant, dans le cadre de cette procédure, le tribunal peut soulever lui-même la question de l'inconstitutionnalité d'une loi s'il estime que le grief reproché à l'acte attaqué trouve son origine dans la loi (question d'*auto-constitutionnalité*).

Le tribunal constitutionnel siège normalement en formation plénière. Toutefois, pour examiner les recours d'*amparo*, qui sont extrêmement nombreux, il se divise en deux Chambres et seules les questions d'*autoconstitutionnalité*, où une loi est en cause, sont renvoyées à la formation plénière.

Il convient de noter que, à la différence des autres cours constitutionnelles européennes, le tribunal espagnol n'a pas à connaître du contentieux des élections législatives, car ce contentieux relève de la compétence des juridictions ordinaires.

§4. Le parlementarisme japonais

259. Bien qu'il fonctionne comme un régime parlementaire classique, le système constitutionnel japonais présente quelques traits tout à fait originaux.

En premier lieu, c'est l'un des très rares exemples d'une Constitution entièrement imposée par des forces extérieures, qui ait bien fonctionné.

La Constitution actuelle du Japon a été formellement adoptée le 3 mai 1947, au lendemain de la défaite du pays et de sa reddition inconditionnelle aux forces alliées, principalement américaines.

Auparavant, le Japon était régi par une Constitution, adoptée à la fin du XIXe siècle, à l'époque *Meiji,* lorsque le pays s'ouvrait à la modernité et au monde extérieur. Elle était inspirée par celle de l'Allemagne impériale : la souveraineté résidait dans la personne de l'empereur, qui exerçait les trois fonctions de l'État. Il ne pouvait cependant légiférer qu'avec le concours d'un Parlement bicaméral. Il conservait donc de très importants pouvoirs, qu'il exerçait effectivement et joue un rôle essentiel dans la politique, notamment extérieure, du pays.

C'est en raison du rôle qu'il avait joué dans le déclenchement et la conduite de la guerre que les alliés ont exigé par la déclaration de Potsdam

par celles-ci pour la défense des droits et chargé à cet effet de contrôler l'activité de l'administration et d'en rendre compte devant les *Cortes generales* (article 54 de la Constitution).

non seulement la reddition inconditionnelle du Japon, mais aussi un changement radical dans le système politique, qui soit propre à promouvoir la démocratie et les droits de l'homme. Devant la réticence des Japonais à modifier la Constitution *Meiji*, le général MacArthur, commandant les forces alliées, a tout simplement fait rédiger par des experts américains un projet de constitution, qu'il a ensuite imposé. Néanmoins, ce projet prenait en compte les idées des constitutionnalistes japonais libéraux. C'est ainsi que, plutôt que le modèle américain, c'est le régime parlementaire qu'on a cherché et réussi à introduire au Japon et que le texte a été – au moins formellement – adopté selon la procédure de révision de la Constitution *Meiji*, par un Parlement qui n'avait en réalité guère de choix, et qui n'a introduit que quelques modifications. La plus importante concernait le Parlement qui, de monocaméral dans le projet de MacArthur devenait bicaméral, mais les deux chambres étaient électives.

Il s'agissait donc d'une véritable révolution. Elle se traduisait d'abord par une proclamation qui déclarait que la souveraineté réside dans le peuple et non plus dans la personne de l'Empereur. Celui-ci n'est plus qu'un symbole de l'État et de l'unité du peuple, de qui il tient désormais son pouvoir. La succession au trône est *agnatique,* c'est-à-dire de mâle en mâle, par ordre de primogéniture, et toutes les propositions pour autoriser les femmes à monter sur le trône ont échoué. Ses fonctions sont celles d'un chef d'État parlementaire, analogues à celles de la reine d'Angleterre ou du roi de Suède.

Le système constitutionnel est un régime parlementaire moniste tout à fait classique. La Diète (le Parlement) est bicamérale, avec une prépondérance de la chambre basse, la chambre des représentants. Le Premier ministre est désigné par la Diète parmi ses membres et c'est lui qui nomme les ministres et peut les révoquer. La chambre des représentants peut voter la censure contre le cabinet, qui est alors tenu de démissionner, à moins que le Premier ministre ne prononce la dissolution.

En pratique, sauf pendant deux courtes périodes (entre 1993-1994 et de 2009 à 2012), le pouvoir a été exercé par un parti conservateur, le parti libéral-démocrate, qui n'est en réalité qu'une coalition de factions, dont les chefs occupent des fonctions ministérielles. Le Premier ministre, s'il dispose de pouvoirs constitutionnels considérables, n'a pas souvent sur eux d'autorité réelle et l'on considère que le pouvoir est en réalité entre les mains des hauts fonctionnaires (Yamamoto 2011).

Quant au système judiciaire, il est principalement inspiré des États-Unis, avec au sommet une cour suprême, et un contrôle de constitutionnalité des lois décentralisé. Cependant, la Cour suprême n'a exercé son contrôle qu'avec une modération extrême. Depuis sa création, elle n'a censuré que huit lois. Du reste, il est fréquent que ses décisions se heurtent à la résistance des pouvoirs législatif et exécutif.

La vie constitutionnelle au Japon offre un exemple particulièrement frappant de la puissance constructrice de l'interprétation, qui montre d'une part que, quel que soit le langage utilisé, il est toujours possible de lui trouver une signification très différente du sens littéral et d'autre part que l'interprétation constitutionnelle n'est pas exclusivement le fait des tribunaux, mais qu'elle peut être produite avec beaucoup d'efficacité par les autres pouvoirs publics constitutionnels, ici, par le Premier ministre et le Parlement.

Pour tenter d'éradiquer à jamais l'impérialisme et le militarisme japonais, les Américains ont imposé l'insertion dans le texte de 1947 d'un article 9 :

« Aspirant sincèrement à une paix internationale fondée sur la justice et l'ordre, le peuple japonais renonce à jamais à la guerre en tant que droit souverain de la nation, ou à la menace, ou à l'usage de la force comme moyen de règlement des conflits internationaux.

Pour atteindre le but fixé au paragraphe précédent, il ne sera jamais maintenu de forces terrestres, navales et aériennes, ou autre potentiel de guerre. Le droit de belligérance de l'État ne sera pas reconnu ».

Pourtant, très rapidement, la victoire des communistes en Chine a conduit à reconstituer une force militaire. On a donc considéré que, si le Japon avait pu renoncer à la guerre, il n'avait pu renoncer au droit de se défendre s'il était attaqué et que, s'il ne maintenait pas de forces militaires, il pouvait néanmoins organiser une « force de police », pourvu qu'elle ne soit pas offensive. On a donc créé, avec les encouragements des États-Unis, une Réserve nationale de police, rebaptisée plus tard « Forces japonaises d'autodéfense », qui possède aujourd'hui une puissance militaire considérable. La Cour suprême a été saisie, mais la requête a été déclarée irrecevable.

Ces forces ont participé à des actions militaires aux côtés des alliés du Japon sur plusieurs théâtres d'opérations extérieurs, par exemple en Irak. Pour justifier ces opérations, il a fallu considérer d'abord que la « défense » n'était pas seulement nécessaire contre des actes dirigés directement contre le Japon, mais qu'elle impliquait que le pays participe à des opérations collectives de maintien de la paix sous l'égide des Nations unies. Puis, en 2014, le Premier ministre a fait produire une interprétation officielle de l'article 9, selon laquelle le Japon peut exercer un droit à l'autodéfense collective et accomplir des actions militaires si l'un de ses alliés était attaqué.

Cette interprétation se heurte à de nombreuses critiques et le parti libéral-démocrate souhaiterait réviser l'article 9. Toutefois, une révision n'aurait pas pour objet la suppression de l'article 9, qui serait trop difficile à faire adopter mais une réécriture qui reprendrait l'interprétation extensive du Premier ministre et mentionnerait explicitement les « forces japonaises d'autodéfense ». Cependant, la Constitution est rigide. Aux termes de l'article 96, en effet, un projet doit être adopté d'abord à la majorité des deux tiers des membres de chacune des chambres, puis approuvé par référendum et il est extrêmement difficile d'atteindre cette majorité des deux tiers (Serverin 2014). Avant de pouvoir procéder à une révision constitutionnelle, le Premier ministre s'est donc efforcé d'atteindre le même résultat par la voie législative. Se fondant sur son interprétation de l'article 9, il a obtenu en 2015, l'adoption par le Parlement d'une loi autorisant l'intervention des forces militaires à l'étranger si l'un des alliés du Japon était attaqué et si la survie du Japon lui-même était menacée. Une révision est encore possible. Le Premier ministre a également tenté de modifier l'article 96 pour éliminer l'exigence d'une majorité des deux tiers, mais il faudrait pour cela utiliser la procédure de l'article 96, ce qui serait tout aussi difficile.

260. Bibliographie

Sur la Grande-Bretagne

AA. VV. (2011), "The changing landscape of British Constitutionalism", in *I. CON*, vol. 9, Number 1, p. 58 s.

Antoine A.

– (2018), *Droit constitutionnel britannique*, Paris, LGDJ, 2e éd.

– (2020), *Le Brexit. Une histoire anglaise*, Dalloz, Paris.

Avril P. (1997), *Les conventions de la Constitution*, Paris, PUF.

Bagehot W. (1867), *The English Constitution*, Cambridge University Press, rééd. 2001.

Baranger D.,

– (1999), « Le gouvernement par la législation. Responsabilité politique et transformation de la fonction législative dans le parlementarisme britannique des origines », *RDP*, p. 1625.

– (1999), *Parlementarisme des origines : essai sur les conditions de formation d'un exécutif responsable en Angleterre (des années 1740 au début de l'âge victorien)*, préf. de S. Rials, Paris, PUF.

– (2008), *Écrire la Constitution non écrite : une introduction au droit politique britannique*, Paris, PUF.

Barbé V. (2005), « Le *Human Rights Act 1998* et la souveraineté parlementaire », *RFDC*, p. 117 et s.

Barber N. W.

– (2000), "Sovereignty re-examined ; the courts, parliament, and Statutes", *Oxford Journal of Legal Studies*, vol. 20, n° 1, p. 131-154.

– (2011), "The afterlife of Parliamentary sovereignty", in *Int. J. Constitutional Law* 9 (1), p. 144-154.

Bell J. (2000), « La révolution constitutionnelle au Royaume-Uni », *RDP*, n° 1, p. 413.

Bogdanor V.,

– (1995), *The Monarchy and the Constitution*, Oxford, Clarendon Press.

– (2009), *The new British Constitution*, Oxford, Hart.

Colineau H. (2014), « Le référendum sur l'indépendance de l'Écosse », *RDP* n° 4, p. 1005.

Dicey A.-V.,

– (1902). *Introduction à l'étude du droit constitutionnel*, traduit par Gaston Jèze et André Batut, Paris, Giard et Brière.

– (1959), *Introduction to the Study of the Law of the Constitution*, Londres, Macmillan, 10e éd.

Dookhy P., Dookhy R. (1999), « Le développement du contentieux de la loi en Angleterre », *RFDA*, p. 159.

Dubourg-Lavroff S. (2000), « Le nouveau parlement écossais », *RFDC*, 43, p. 583.

Foley M. (2000), *The British Presidency*, Manchester, Manchester University Press, 2e éd.

Goldsworthy J. (2004), *The Sovereignty of Parliament ; History and Philosophy*, Oxford University Press, nouv. éd.

Gough J.-W. (1992), *L'idée de loi fondamentale dans l'histoire constitutionnelle anglaise*, Paris, PUF (1re éd. anglaise : 1955).

Hamon F. (2011), « Référendum et réforme électorale au Royaume-Uni : le rejet du vote alternatif », in *RFDC*, p. 759-780.

Jennings I. (1971), *The British Constitution*, Cambridge, Cambridge UP, 5e éd.

Journes Cl. (1994), *L'État britannique*, Paris, Publisud, 2e éd. mise à jour.

Jowell J. et Oliver D. (2000), *The changing Constitution*, Oxford, Oxford UP.

Judge D. (1993), *The Parliamentary State*, Londres, Sage.

Keir D. L. (1975), *The Constitutionnal History of Modern Britain since 1485*, Londres, Black, nouvelle édition.

Kinder-Gest P.,

– (1997), *Droit anglais*, 3e éd., vol. 1, *Institutions politiques et judiciaires*, Paris, LGDJ.

– (1999), *Les institutions britanniques*, 2e éd., Paris, PUF.

Le Divellec A. (2012), « Un tournant de la culture constitutionnelle britannique : le Fixed-Term Parliaments Act 2011 et l'amorce inédite de rationalisation du système parlementaire de gouvernement au Royaume-Uni », *Jus Politicum*, n° 7, p. 1.

Leroy-Forgeot F. (1998), « Culture britannique et culture européenne : éléments d'une évolution politico-juridique », *Droit et société* n° 40, p. 613.

Marshall G. (1987), *Constitutional Conventions*, Oxford, Clarendon Press, réédition.

Marx F.,

– (1969), « L'Angleterre vit-elle sous un régime présidentiel ? » *RDP*, p. 5 et s.

– (1991), *L'Angleterre de 1945 à nos jours*, Paris, A. Colin.

Pierré-Caps S. (2010), *Les institutions du Royaume-Uni*, Paris, La Documentation française.

RDP, mars-avril 2017, numéro spécial « Le Brexit ».

SAUNIER, C. (2021), « La redécouverte du consentement de la Reine – L'immixtion de la famille royale dans le processus législatif Par Claire Saunier », *JP blog*.

University of Cambridge (1998), *Center for public Law, Constitutional reform in the UK* Oxford, Hart publishing co.

Weir S., Beetham D. (1998), *Political Power and Democratic Control in Britain*, London Routledge.

Scoffoni G. et *al.* (2011), « Droit constitutionnel étranger », *RFDC* 2011/2, n° 86 p. 315 à 368

Turpin C., Tomkins A. (2007), *British Government and the Constitution ; Text and Materials*, Cambridge, Cambridge University Press, 6e éd.

Sur les pays du Commonwealth

Gardbaum S. (2013), *The New Commonwealth Model of Constitutionalism. Theory and Practice*, Cambridge University Press.

Sur l'Afrique du Sud

Bourgi A. (2002), « L'évolution du constitutionnalisme en Afrique : du formalisme à l'effectivité », *RFDC*, n° 52.

Dreyfus F. (1996), « Les droits économiques et sociaux dans quelques constitutions récentes », in *Mélanges Braibant*, Paris, Dalloz, p. 169 s.

Gervais-Lambony P. (1998), *La nouvelle Afrique du Sud*, Paris, La Documentation française.

Lenoir N. (1996), « Le nouvel ordre constitutionnel d'Afrique du Sud », *CCC*, n° 1, p. 37 s.

Lobban M. (1997), « Un accord négocié : le processus constitutionnel en Afrique du Sud depuis 1991 », *RDP*, p. 71.

Ribes D. (2000), « Le juge constitutionnel peut-il se faire législateur ? À propos de la décision de la Cour constitutionnelle d'Afrique du Sud du 2 décembre 1999 », *CCC*, n° 9, p. 84 s.

Sarkin J. (2000), « L'écriture de la Constitution sud-africaine de 1996 : approche formelle et matérielle », *RFDC*, p. 747 et s.

Philippe X. (2012), « La démocratie constitutionnelle sud-africaine : un modèle ? », *Pouvoirs*, revue française d'études constitutionnelles et politiques, n° 129, *La démocratie en Afrique*, p. 157-168.

Sur l'Australie

Flauss J.-F. (1988), « L'Australia Act », *RDP*, p. 119.

Hawker G. N. (1979), *Politics and Policy in Australia*, St. Lucia (Queensland, Australie), University of Queensland Press.

O'Brien P. K. (1980), *Constitutional Conflict in Australia*, Londres, Institute for the Study of Conflict.

Scoffoni G., Detmold M., Kirk L. (1999), « Droit constitutionnel étranger : Australie », *RFDC*, n° 36, p. 811.

Smith R. (1997) (éd.), *Politics in Australia*, Sydney, Allen & Morwin, 3e éd.

Sur l'Inde

Hidayatullah M. (1986), *Constitutional Law of India*, Liverpool, Lucas Publications.

Le Pillouer A. (2012), « Les contraintes d'un paradoxe : les lois constitutionnelles inconstitutionnelles ; Réflexions à partir du cas indien », *Droits* n° 55, 2012, p. 113-123.

Zins M. J. (1999), *Inde : un destin démocratique*, Paris, La Documentation française.

Sur le Canada

Brun H., Tremblay G. (1997), *Droit constitutionnel*, 3e éd., Cowansville (Québec), Les Éditions Yvon Blais.

Gely M.-L. (1999), « La Cour suprême du Canada, arbitre confirmé de l'évolution du fédéralisme : la décision du 20 août 1998 relative au droit de sécession unilatérale du Québec », *RDP*, n° 6, p. 1645.

Scoffoni G., Woehrling J. « Chronique de Droit constitutionnel étranger : Canada », *RFDC*.

Tremblay A. (1995), *La réforme de la Constitution au Canada*, Montréal (Québec).

Tremblay M., Pelletier R., Pelletier M. R. (dir.) (2000), *Le parlementarisme canadien*, 2e éd., Québec, Les Presses de l'Université Laval.

Woehrling J. (1992), « La Constitution canadienne, Le Québec et le Canada anglais », *RFDC*, p. 195.

Woehrling J. et Morin J. Y. (1994), *Les Constitutions du Canada et du Québec, du régime français à nos jours*, Montréal (Québec), Thémis.

Sur l'Allemagne

Arnold, R. (1995), « L'élection et les compétences du Président fédéral allemand ». *RDP*, n° 2, p. 303 et s.

Autexier C. (1997), *Introduction au droit public allemand*, Paris, PUF.

Badura P. (2012), *Staatsrecht : systematische Erläuterung des Grundgesetzes für die Bundesrepublik Deutschland*, Beck, 5e éd.

Fromont M.,

– (2004), « Présentation de la Cour constitutionnelle fédérale d'Allemagne », *CCC*, n° 15 (dossier : Allemagne).

– (2007), « La révision de la Constitution et les règles constitutionnelles intangibles en droit allemand », *RDP* n° 1, p. 89.

– (2007), « La réforme du fédéralisme allemand de 2006 », *RFDC* n° 70, p. 227.

Fromont M. (dir.) (2000), *Les cinquante ans de la République Fédérale d'Allemagne*, Paris, Publications de la Sorbonne.

Gaillet, A., Hochmann T., Marsch N., Vilain Y., et Wendel M. (2019), *Droits constitutionnels français et allemand : perspective comparée*, Paris, LGDJ.

Grimm D. (2009), "Defending Sovereign Statehood Against Transforming the Union Into a State", *European Constitutional Law Review*, 5, p. 353-373.

Guerard F. (1990), *L'unification de l'Allemagne*, Paris, La Documentation française.

Jouanjan O. (1992), *Le principe d'égalité devant la loi en droit allemand*, Paris, Economica.

Kimmel A.,

– (1990), « Aspects constitutionnels de la réunification allemande », *Pouvoirs*, n° 57, p. 143.

– (1999), « Les élections au Bundestag du 27 septembre 1998 : la fin d'une époque », *Pouvoirs*, n° 88, p. 1395.

Lauvaux P., Ziller J. (1985), « Trente-cinq ans de parlementarisme rationalisé en République fédérale d'Allemagne », *RDP*, p. 1023 et s.

Le Divellec A.,

– (2004), *Le gouvernement parlementaire en Allemagne. Contribution à une théorie générale*, Paris, LGDJ.

– (2021) « Allemagne : une année électorale à hauts risques ». *Le Club des Juristes* (blog).

Sur l'Italie

Baudrez M., Di Manno T., Elie M.-P. (2002), *La réforme constitutionnelle en Italie : commentaires sur le projet de la commission bicamérale pour les réformes constitutionnelles*, Centre de droit et de politique comparés Jean-Claude Escarras (La Garde, Var), Paris, Economica, PUAM.

Baudrez M. (2014), « La réforme constitutionnelle en Italie : entre convictions et appréhensions », *RFDC* n° 97, p. 215 à 227.

Bin R., Pitruzella G. (2012), *Diritto costituzionale*, Torino, Giappichelli, 13e éd.

Cassese S. (dir.) (2001), *Portrait de l'Italie actuelle*, Paris, La Documentation française.

De Vergottini G. (2012), *Diritto costituzionale*, Padova, CEDAM, 8e éd.

Elie M.-P. (2002), « L'Italie, un État fédéral ? À propos des lois constitutionnelles n° 1 du 22 novembre 1999 et n° 3 du 18 octobre 2001 » *RFDC*, n° 52, p. 749 s.

Groppit (2000), « Le régionalisme italien aujourd'hui : un État régional à tendance municipale ? », *RFDC*, 43, p. 481.

Hamon F. (2001), « Les formes d'État : essai de typologie », *Revue Politique et Parlementaire*, n° 1009-1010, p. 28.

Laffaille F. (2013), « Chronique constitutionnelle italienne », *RFDC*, 2013/4 n° 96, p. 1013-1017.

Lazar M.,

– (2006), *L'Italie à la dérive*, Paris, Perrin.

– (2009), *L'Italie sur le fil du rasoir. Changements et continuités de l'Italie contemporaine*, Paris, Perrin.

Luciani M. (2010), « Le contrôle de constitutionnalité des lois constitutionnelles en Italie », *Cahiers du Conseil constitutionnel* n° 27, janvier 2010

Pasquino P.,

– (1998), « L'Italie vers la démocratie majoritaire », *Pouvoirs* n° 85, avril 1998, p. 63-73.

– (1998), « L'origine du contrôle de constitutionnalité en Italie. Les débats de l'Assemblée constituante (1946-1947) », *CCC*, 6.

Pinelli C. (2009), « Happy birthday, Constitution ! Italy – 1948-2008 », in : *www.astridonline.eu*

Pizzorusso A.,

– (1984), *Lezioni di diritto costituzionale*, Roma.

– (2001), « Le référendum abrogatif en Italie » *in* Hamon F. et Passelecq O. (dir.), *Le référendum en Europe*, Paris, L'Harmattan.

– (2006), *Costituzione italiana : come uscire dalla crisi ?*, Aggiornamenti sociali, [A.2006, fasc. n.° 2, p. 103-114], *www.aggiornamentisociali.it*

Rayner, Hervé (2007), *L'Italie en mutation*, Paris, La Documentation française.

Ricci R. (2000), « Le référendum abrogatif d'initiative populaire en Italie. L'apport de la Cour constitutionnelle à la théorie du droit », *RDP*, n° 1, p. 437.

(1999), Le droit en douceur, Paris, Economica.

Le Centre de droit et de politique comparés Jean-Claude Escarras publie une revue en ligne « La lettre d'Italie » : *http://cdpc.univ-tln.fr/actualites.html*

Sur l'Espagne

Bon P. (1991), « La constitutionnalisation du droit espagnol », *RFDC*, n° 5, p. 35.

Bon P. (dir.) (2009), *Trente ans d'application de la Constitution espagnole*, Paris, Dalloz.

Bon P., Moderne F., Rodriguez Y. (1984), *La justice constitutionnelle en Espagne*, Paris, Economica.

Couffignal G. (1993), *Le régime politique de l'Espagne*, Paris, Montchrestien.

Hermet G. (1992), *L'Espagne au xxe siècle*, Paris, PUF.

Kourliandsky J. J. (1997), *Espagne, la deuxième alternance démocratique*, Paris, La Documentation française.

Pérez De Los Cobos Orihuel F., « Le Tribunal constitutionnel espagnol », Cahiers du Conseil Constitutionnel n° 49, octobre 2015 – p. 59 à 68.

Perez-Calvo A. (2006), « L'évaluation de la révision constitutionnelle en Espagne, in. Journée d'études de l'AFDC », *Réviser la Constitution*, www.afdc.fr, 2006.

Perez-Diaz V. (1996), *La démocratie espagnole, vingt ans après*, Paris, Complexe.

Roca D. (2007), « Vers la fin de l'État des autonomies en Espagne », *RFDC* 72, p. 861 à 892.

Ruiz Miguel C. (2001), « L'*amparo* constitutionnel en Espagne : droit et politique », *CCC*, n° 10.

Vilanova P.,

– (1995), « Espagne : la fin d'une étape », *Pouvoirs*, n° 75, 1995, p. 149 s.

– (1999), « Stabilité gouvernementale et complexité territoriale », *Pouvoirs*, n° 89, p. 161.

Sur les pays scandinaves

Elder, Thomas A. M., Anter D. (1982), *The Consensual Democraties : The Government and Politics of the Scandinavian States*, Oxford.

MER J. (1997), *La Norvège entre tradition et ouverture*, Paris, La Documentation française.

MODEEN T. (2004), *Droit du Nord. Notes sur le droit public finlandais et scandinave : origine, développement, état actuel*, préf. R. Drago, Paris, Société de législation comparée.

Sur la Belgique

DELPERÉE Fr.,

- (1994) (dir.), *La Belgique fédérale*, Bruxelles, Bruylant.
- (2001), *Le droit constitutionnel de la Belgique*, Paris, Bruxelles, LGDJ, Bruylant.
- (2001), « Belgique. La nouvelle vague fédéraliste », *RFDC*, n° 48, p. 675.

DELPERÉE Fr., RENDERS D. (2005), *Code constitutionnel*, Bruxelles, Bruylant.

Revue *Pouvoirs* (1990), « La Belgique », n° 54.

Sur le Japon

HALPERIN J.-L., KANAYAMA (2007), *Droit japonais et droit français au miroir de la modernité*, Paris, Dalloz.

HIGUCHI Y. (2001) (dir.), *Five Decades of Constitutionalism in Japanese Society*, Tokyo, University of Tokyo Press,

OFUGI N. (2004), « Tradition constitutionnelle et supra-constitutionnalité : Y a-t-il une limite à la révision constitutionnelle ? L'exemple de la Constitution japonaise », *RFDC*, 59, 2004, p. 619 s.

SEIZELET E. (1995), *Monarchie et démocratie dans le Japon d'après-guerre*, Paris, Maisonneuve Larose.

SERVERIN S. (2014), « La Constitution japonaise est-elle fondée sur une légitimité charismatique ? », *RDP* n° 5, p. 1311.

UENO M. (2010), *Justice, Constitution et droits fondamentaux au Japon*, Paris, LGDJ.

YAMAMOTO H.,

- (2011), « Démocratie et leadership politique du point de vue du droit constitutionnel japonais », *Jus Politicum* n° 6.
- (2015), "Foreign Precedents in Constitutional Litigation in Japan", *in Mélanges Katsutoshi Takami: Kenpo no kitei to Kenpo ron*, Shinzansha, p. 791.

CHAPITRE 2

Le système constitutionnel des États-Unis

261. L'importance et l'intérêt du système constitutionnel américain ne proviennent pas seulement de l'énorme puissance économique, militaire et politique des États-Unis, ni même du fait que la Constitution de 1787 est la plus ancienne Constitution écrite en vigueur dans le monde, mais aussi et surtout de la conception générale du constitutionnalisme qu'elle reflète.

Il faut souligner d'abord que la Constitution n'a pas été conçue comme une constitution démocratique, mais que ses auteurs, les *Founding Fathers*, se sont inspirés du modèle anglais, tel qu'on pouvait l'analyser au XVIIIe siècle. C'étaient de fervents lecteurs de Locke, Montesquieu et de Blackstone (voir *Le Fédéraliste* par Hamilton, Madison et Jay), qui se défiaient de la toute-puissance du législatif et qui ont donc cherché à organiser un système de balance des pouvoirs. Ils ont donc adapté le modèle anglais, dans lequel le pouvoir législatif était exercé conjointement par deux Chambres et un roi, à un État républicain, dans lequel il n'y aurait ni roi, ni aristocratie. En Grande-Bretagne, ce système s'est transformé en régime parlementaire et, d'ailleurs, bien qu'elle ne fût pas perceptible, cette évolution était largement entamée à l'époque où l'on rédigeait la Constitution américaine (Baranger, 1999). Une transformation semblable s'est produite dans la plupart des pays, qui ont cherché à reproduire la structure de la Constitution anglaise. C'est le cas de la France au cours de l'année 1792, puis à nouveau après 1815. C'est aussi celui de la Belgique et des pays scandinaves. Or, pour de nombreuses raisons, qui tiennent notamment, mais pas exclusivement, au fédéralisme et au mode d'élection du président, les États-Unis n'ont pas connu cette évolution, mais une transformation différente.

Le résultat est que, pour rendre compte du système constitutionnel américain, la doctrine a inventé une catégorie nouvelle, le régime présidentiel (v. *supra* n° 105). À vrai dire, le système américain est le seul membre de cette classe, de sorte que lorsqu'on veut analyser le système présidentiel, c'est le système constitutionnel des États-Unis que l'on décrit.

De ce point de vue, la doctrine européenne, notamment française, estime généralement que la Constitution américaine réalise une séparation rigide des pouvoirs, puisque le président ne peut dissoudre les Chambres et que les ministres ne sont pas politiquement responsables. Il est remarquable cependant que cette séparation ne signifie ni que les organes soient spécialisés, ni qu'ils soient dépourvus de moyens d'influence réciproques. Les auteurs américains considèrent donc quant à eux que la séparation des pouvoirs n'est nullement rigide et ils caractérisent leur Constitution comme un système de collaboration des pouvoirs et d'équilibres multiples (*checks and balances*).

C'est aux États-Unis aussi qu'est apparu dès le début du XIXe siècle le contrôle de constitutionnalité des lois et c'est là qu'il a connu son plus grand développement.

Enfin, contrairement à ce qui s'est produit dans la plupart des autres démocraties représentatives, la répartition des compétences et les rapports entre organes n'ont pas été profondément affectés par le système des partis. En effet, les partis américains diffèrent de ceux des pays d'Europe. Pendant longtemps, ils n'étaient pas les instruments d'une idéologie ou d'un programme cohérents et ils ne pratiquaient pas la discipline de vote ; l'exécutif n'était pas l'émanation d'un parti et n'avait sur lui qu'une autorité limitée. Entre démocrates et républicains les différences d'orientation politique ont été à certains moments minces et fluctuantes et le rôle des partis consistait principalement à sélectionner les candidats aux élections. Quant aux élus, dans la mesure où ils avaient une assise locale solide, ils pouvaient au sein d'un même parti présenter une assez grande diversité. Depuis quelques années, cependant, l'opposition idéologique est beaucoup plus marquée entre les républicains en majorité conservateurs (défenseurs des valeurs traditionnelles et hostiles à l'intervention de l'État) et les démocrates pour la plupart libéraux (ce qui signifie dans le contexte américain qu'ils sont plus soucieux de garantir les libertés publiques, mais aussi les droits sociaux) et l'on constate aujourd'hui qu'ils votent beaucoup plus fréquemment en bloc.

Section 1
Les organes

262. La structure originale de la Constitution et la répartition des compétences découlent de la volonté de mettre des limites aux pouvoirs de chaque organe.

§1. Le Congrès[1]

263. Le Congrès a été conçu à l'origine comme l'organe le plus important. Ce n'est que progressivement que le rôle du président s'est accru. Mais, même aujourd'hui, il doit encore compter avec le Congrès. Celui-ci comprend deux Chambres : la Chambre des représentants et le Sénat.

A. Organisation

264. Le Congrès est un parlement bicaméral. Le bicaméralisme s'explique d'une part par la volonté d'éviter la domination et la concentration du pouvoir qui se produirait dans une assemblée unique, d'autre part par le souci des États de conserver à la fois une autonomie importante et une influence dans les décisions fédérales.

La Chambre des représentants compte 435 membres. Les représentants sont élus au scrutin majoritaire à un seul tour dans le cadre des États, chaque État obtenant un nombre de représentants proportionnel à sa population. Conformément au principe adopté au XVIIIe siècle, par méfiance envers les assemblées représentatives, le mandat est très court, deux ans, de sorte que les représentants soient soumis à un contrôle fréquent. En réalité, le contrôle des électeurs sur les élus n'apparaît pas très sévère et 90 % des sortants qui se représentent sont réélus. Ce phénomène est dû en partie au fait qu'ils se comportent le plus souvent en défenseurs des intérêts de leurs circonscriptions, plus qu'en membres d'un parti qui entend réaliser un programme, et en partie à un savant découpage des circonscriptions. Il a aussi pour conséquence qu'ils disposent d'une très grande autonomie vis-à-vis de leurs partis contrairement aux élus des partis européens fortement structurés. Aussi, de nombreux auteurs estiment-ils que la courte durée du mandat présente plus d'inconvénients que d'avantages et notamment que, aussitôt élus, les représentants doivent constamment songer à leur réélection, ce qui les rend dépendants des groupes de pression susceptibles de financer leur campagne ou celle de leurs adversaires.

Le Sénat, lui, représente les États sur une base égalitaire. Chaque État élit donc deux sénateurs. Il en résulte évidemment une grande inégalité de représentation, puisque les États les moins peuplés – et quelquefois les plus conservateurs – ont un poids égal à ceux des États les plus peuplés. Ainsi, les deux sénateurs de Californie, qui représentent 40 millions d'habitants ne pèsent pas plus lourd que les deux sénateurs du Dakota du Nord qui en représentent 750 000. Le Sénat est donc composé de 100 sénateurs, élus pour six ans par le peuple des États (jusqu'en 1913, ils étaient désignés par la législature de leur État). Il est renouvelable par tiers tous les deux ans, de sorte que l'élection d'un tiers des sénateurs a lieu en même temps que celle des représentants.

La présidence du Sénat est assurée par le vice-président des États-Unis, actuellement Kamala Harris, première femme à accéder à ce poste. Il ne

1. Toinet, 1996.

vote pas sauf en cas de partage des voix. Son pouvoir est donc le plus souvent très limité, mais si, comme c'est le cas depuis les élections de novembre 2020, il y a 50 républicains et 50 démocrates et le partage des voix est fréquent, alors la vice-présidente retrouve un rôle déterminant.

Les élections pour les deux Chambres, mais cela vaut en réalité pour toutes les élections américaines, sont affectées dans une mesure considérable par plusieurs facteurs. Le premier est la technique du *gerrymandering*, qui consiste à découper le territoire de telle manière que les électeurs susceptibles de voter pour le parti qu'on souhaite défavoriser soient groupés dans une même circonscription, où ils auront une écrasante majorité, tandis que les électeurs du parti opposé seront légèrement majoritaires dans les autres circonscriptions. Une seconde technique susceptible de fausser les résultats consiste simplement à rendre plus difficile la participation des citoyens susceptibles de voter pour le parti adverse. Aux États-Unis, la législation électorale relève de la compétence des États. Aussi, certains États dominés par les Républicains exigent des électeurs une assez longue durée de résidence et la présentation d'un document officiel comportant une photo. Les étudiants, qui font leurs études dans un autre État que celui de leurs parents et les pauvres, qui se déplacent à la recherche d'un travail, et qui pourraient voter démocrate, ne remplissent pas toujours la première condition. Quant à la seconde, il n'existe pas aux États-Unis de carte nationale d'identité. Il faut donc présenter un passeport ou un permis de conduire émis dans l'État, documents que peu de pauvres possèdent.

Le troisième facteur est le coût de plus en plus élevé des campagnes électorales. Ce coût est souvent considéré comme une atteinte au caractère démocratique du système. Il arrive en effet que certains candidats doivent se retirer faute de moyens, tandis que d'autres sont avantagés parce qu'ils possèdent de grosses fortunes personnelles ou parce qu'ils bénéficient de soutiens financiers. L'inégalité des chances entre les candidats n'est pas seulement entre riches et pauvres, mais entre conservateurs et libéraux, car les entreprises et les particuliers qui sont en mesure d'apporter une aide financière aux candidats sortants qui se sont comportés et se comporteront conformément à leurs attentes.

C'est la raison pour laquelle, on a tenté aux États-Unis, comme dans d'autres pays, mais beaucoup plus lentement et de façon beaucoup plus modeste, de moraliser le financement des campagnes. Une loi de 1971, plusieurs fois amendée, limite le montant des contributions que les candidats peuvent recevoir des particuliers et des entreprises. Cette loi n'a eu cependant qu'une portée réduite. En premier lieu, la Cour suprême, sur le fondement de la liberté d'expression, a estimé que la loi ne pouvait limiter le montant des dépenses, de sorte qu'un candidat qui renonce à l'aide publique peut dépenser sans rencontrer aucun plafond. Contre toute attente, c'est ce qu'a fait Barack Obama en 2008. Il avait alors, pour compenser le fait de ne pas bénéficier de l'appui des grandes puissances financières, eu recours à une multitude de petits donateurs, une pratique que l'internet rend aujourd'hui relativement aisée. Cependant, le montant des dépenses est de plus en plus élevé et aucun candidat ne peut aujourd'hui négliger de rechercher des sources de financement auprès des riches donateurs (cf. *infra*). En second lieu, la loi ne limitait que les contributions directes aux candidats, mais non les dons aux organisations et aux partis – c'est le *soft money* – et n'interdisait pas à un particulier ou à un groupe de faire des dépenses pour s'exprimer en faveur d'une cause et désigner le candidat qui la défendra. Sans doute, le Congrès a-t-il tenté d'empêcher des sociétés commerciales de tourner les règles sur le financement des campagnes électorales en adoptant en mars 2002 une loi historique, qui interdisait notamment à ces entreprises de faire des campagnes de communication en leur propre nom lorsque ces campagnes mentionnent le nom d'un candidat, mais la Cour suprême, devenue beaucoup plus conservatrice à la suite des nominations effectuées par George W. Bush (v. *infra* n° 271), a rendu en 2010, à la majorité de 5 contre 4, une décision d'une très grande portée : elle a considéré que certaines dispositions de la loi de 2002 étaient contraires au 1er amendement de la Constitution relatif à la liberté d'expression, interprétée de manière très extensive[2]. Selon la Cour, les associations, les syndicats ou les sociétés commerciales bénéficient de la même liberté d'expression que les personnes physiques et la loi ne peut restreindre leur droit de participer aux campagnes électorales et ils doivent donc pouvoir dépenser sans limites.

Cette décision a ouvert la voie à un usage illimité des moyens financiers considérables des grandes sociétés et profite évidemment plus aux républicains qu'aux démocrates[3]. Les personnes morales ne peuvent certes pas financer directement les partis politiques ou les candidats, mais elles peuvent faire elles-mêmes de grandes campagnes de publicité en faveur de tel ou tel candidat ou contre lui et elles peuvent constituer des comités d'action politique (*super PACS*), auxquelles elles peuvent verser des fonds illimités. En principe, ces comités ne doivent pas coordonner directement leurs actions avec celles des candidats, mais en pratique chaque candidat à une élection importante reçoit le soutien d'un tel comité spécialement constitué à son bénéfice et ses dirigeants font parfois office de directeurs de campagne.

Les campagnes sont de plus en plus coûteuses, aussi bien pour les élections au Congrès qu'à la présidence. Entre 2016 et 2020, les dépenses ont doublé atteignant 14 milliards de dollars pour les élections présidentielles.

En 2014, la Cour suprême est allée encore plus loin[4]. La loi limitait non seulement le montant des dons qu'un citoyen peut faire au cours d'une même année à un candidat particulier, mais aussi le montant total de ceux qu'il peut faire à plusieurs candidats. C'est cette deuxième limite que la cour a annulée, toujours au nom de la liberté d'expression et toujours à une majorité de 5 contre 4. Désormais, il est donc possible de verser à un groupe de candidats des contributions d'un montant illimité.

Ce mode de financement des campagnes électorales a des conséquences très importantes : une fois élus, les membres du Congrès sont contraints de

2. *Citizens United v. Federal Election Commission*, 558 U. S. 08-205 (2010).

3. Dworkin R., "The 'Devastating' Decision", *The New York Review of Books* volume 57, n° 3, February 25, 2010 ; Zoller 2014.

4. *McCutcheon et* al. *v. Federal Election Commission*, 2 avril 2014.

composer avec les financeurs s'ils veulent obtenir des fonds pour la campagne électorale suivante et il leur faut alors présenter ou défendre les propositions de lois soutenues – et parfois rédigées – par les *lobbies*[5]. Le rôle de l'argent dans les campagnes électorales n'est d'ailleurs pas limité aux élections fédérales. Il se manifeste également dans les États, jusque dans les campagnes pour les élections des juges et des procureurs. Dans plusieurs États, en effet, ils sont élus et seulement pour une durée limitée, donc rééligibles.

Dans les deux Chambres, les commissions jouent un rôle particulièrement important. Il s'agit de commissions permanentes et spécialisées, mais les Chambres désignent fréquemment des commissions d'enquête pour une question particulière. Au sein de chacune d'elles, le parti majoritaire dispose de la majorité des sièges et de la présidence. Les commissions peuvent convoquer éventuellement *sub poena*, c'est-à-dire sous peine de sanctions pénales pour « mépris du Congrès », toute personne qu'elles désirent entendre, simple particulier ou membre de l'exécutif. De même, elles peuvent exiger la communication de tout document. Lorsqu'elles sont saisies d'un projet de loi, elles peuvent l'écarter purement et simplement. La Chambre entière ne peut alors s'en saisir que par un vote exprès et, en pratique, elle le fait rarement. De nombreux projets ne dépassent d'ailleurs pas le stade de l'examen en commission. Elles peuvent aussi amender le projet et leurs recommandations sont fréquemment suivies.

Une institution remarquable, mais qui n'existe qu'au Sénat, est celle du « *filibuster* ». Ce mot, qui vient du français « flibuste » désigne une pratique ancienne. Le règlement du Sénat ne prévoit pas de limite au débat, qui peut donc se poursuivre tant qu'il y a des orateurs, à moins que les sénateurs ne décident de passer au vote à la majorité des 3/5e des sièges, soit 60, très difficile à atteindre. Aussi, les membres de la minorité gardent-ils la parole très longtemps, le record est de plus de 24 heures, et parviennent-ils à retarder et quelquefois à bloquer l'adoption d'une décision. Le *filibuster* a été utilisé à plusieurs reprises par les sénateurs démocrates pour retarder la nomination de nouveaux juges fédéraux conservateurs ou par les républicains pour tenter d'empêcher la réforme du système de santé, voulue par le président démocrate Obama. Cependant, il est possible de voter à la majorité simple une réforme du règlement. C'est ce qu'on appelle « l'option nucléaire », mais la majorité hésite souvent à suivre cette voie, parce qu'elle sait qu'elle pourra un jour être la minorité et avoir besoin de cette arme. C'est pourtant ce qui s'est produit en 2017, à propos de la confirmation de la nomination du juge Gorsuch à la Cour suprême, lorsque les républicains, faute de pouvoir atteindre la majorité des 3/5 pour surmonter le filibuster des démocrates, ont modifié le règlement. Désormais, la majorité simple suffit pour confirmer la nomination d'un juge à la Cour suprême. Cependant la règle des 3/5 subsiste pour tous les autres votes. On voit par là qu'un simple règlement parlementaire peut avoir une incidence importante sur la répartition constitutionnelle des compétences,

5. Lessig L. (2011), *Republic, Lost. How Money Corrupts Congress – and a Plan to Stop It*, New York, Twelve.

puisqu'il permet à un seul sénateur de modifier la majorité requise pour l'adoption d'une loi.

B. Compétences

265. Bien que le Congrès soit désigné comme « le pouvoir législatif », il exerce des compétences qui relèvent en réalité de toutes les fonctions de l'État.

Dans l'ordre législatif, c'est au Congrès que la Constitution accorde l'essentiel du pouvoir. Tout d'abord, ses membres seuls ont l'initiative des lois. En principe, le président ne peut déposer de projet, mais en pratique, il lui est facile de faire proposer un texte par l'intermédiaire d'un représentant ou d'un sénateur. Les projets doivent être adoptés en termes identiques par les deux Chambres. En cas de désaccord, une commission mixte est convoquée, mais si cette commission échoue à élaborer un texte commun ou si ce texte commun n'est pas adopté par les deux Chambres, il est considéré comme rejeté. Il y a ainsi un équilibre des pouvoirs entre les deux chambres, pouvant conduire à des blocages durables si, les deux partis étant chacun relativement homogènes d'un point de vue idéologique, l'un d'eux est majoritaire à la chambre des représentants et l'autre au Sénat. Si le texte est adopté, il est transmis au président qui dispose d'un droit de veto partiel (v. *infra* n° 268).

En matière budgétaire, la procédure est différente : comme en Angleterre, l'initiative appartient seulement à la Chambre des représentants. Mais en pratique, le projet est préparé par la présidence.

Le Congrès a aussi des pouvoirs importants dans l'ordre exécutif. Outre les pouvoirs dont disposent en fait les commissions des deux Chambres, le Sénat est investi par la Constitution du droit de donner son consentement (*advice and consent*) à deux types de décisions du président. Il s'agit d'une part des nominations de certains hauts fonctionnaires fédéraux, notamment des ministres et des ambassadeurs, ainsi que des juges fédéraux. Ce pouvoir est bien réel et il est exercé dans le souci de s'assurer de la politique qui sera menée par les personnalités nommées. Elles sont publiquement auditionnées par une commission sénatoriale, souvent très longuement, et il arrive que le Sénat oppose un refus, auquel le président ne peut passer outre. Il existe de nombreux exemples de tels refus, depuis celui de 1795, lorsque le Sénat refusa la nomination par Washington du président de la Cour suprême. Il est fréquent aussi que, pressentant un refus, le président retire la nomination ou que l'intéressé lui-même retire sa candidature. Il est donc naturel que dans ses choix le président tienne compte de la composition du Sénat, évalue les chances de voir ses choix confirmés et négocie avec les membres les plus influents de la commission sénatoriale compétente. Mais il arrive aussi que les compromis soient très difficilement réalisables. C'est le cas, lorsqu'il existe une opposition idéologique forte, entre le président et le Sénat, ou même une minorité du Sénat lorsque celle-ci est en mesure de bloquer l'adoption de la mesure au moyen d'un *filibuster* et que la majorité ne dispose pas de 60 % des voix pour le surmonter. C'est pourquoi de nombreux sièges de fonctionnaires ou de juges fédéraux peuvent rester longtemps vacants, si le Sénat refuse de consentir aux nominations. En 2016, après le décès du juge conservateur Scalia, le Sénat a même refusé d'auditionner le juge nommé par le président Obama pour occuper le siège devenu vacant (v. *infra* nº 271). Le juge nommé par Obama n'était pas considéré comme assez conservateur et la majorité républicaine voulait attendre l'élection d'un successeur pour approuver la nomination d'une personne plus conforme à ses vues. C'est d'ailleurs ce qui s'est passé au printemps 2017, quand Donald Trump, ayant nommé le juge Gorsuch, le Sénat a pu modifier son règlement, de manière à éviter un *filibuster* et approuver cette nomination.

Il s'agit d'autre part des traités internationaux conclus par le président, qui doivent être approuvés à la majorité des deux tiers. Cette participation est justifiée par l'idée que les traités sont des lois et que le pouvoir législatif ou au moins une partie du pouvoir législatif doit être associé à leur formation. Là encore, c'est un pouvoir considérable, dont le Sénat use réellement. Il a ainsi rejeté en 1919 le traité de Versailles conclu par le président Wilson, de sorte que les États-Unis n'ont pu faire partie de la Société des Nations, et de même en 2000 le traité sur l'interdiction des essais nucléaires.

Cependant, les présidents ont tenté non sans succès de contourner l'obstacle du Sénat en concluant non pas des traités, mais des accords en forme simplifiée (*executive agreements*), par lesquels ils peuvent engager les États-Unis par leur seule signature. Au début, ces accords ne portaient que sur des matières secondaires, mais cette pratique a été reconnue en 1937 conforme à la Constitution par la Cour suprême et la proportion des traités et des *executive agreements* s'est inversée, si bien que les seconds sont aujourd'hui beaucoup plus fréquents et portent sur des questions de plus en plus importantes, malgré quelques tentatives du Sénat d'exercer un certain contrôle sur les *executive agreements*.

Pour éviter le reproche de négliger le Congrès, une autre technique est employée, les « congressional-executive agreements ». Au lieu de soumettre les traités au seul Sénat, le président fait approuver les accords par les deux Chambres à la majorité simple. Il n'y a alors aucune différence avec les traités. Ils ont la même force obligatoire, c'est-à-dire qu'ils prévalent sur les lois des États et, s'ils ont été incorporés au droit américain, sur les lois fédérales.

Pour les accords commerciaux, cette technique est employée sur le fondement de l'article 1, section 8 de la Constitution, qui réserve au Congrès le pouvoir de réglementer le commerce international. Depuis les années 1930, le Congrès s'est donné le droit de déléguer au président, pour une période limitée, le pouvoir de négocier avec les États étrangers l'établissement de règles internationales de manière à abaisser les barrières douanières. Cependant, une fois les accords signés, il faut encore adopter des lois nationales pour les appliquer. Or la procédure législative est longue et pourrait ne pas aboutir. D'où la technique dite « fast track » (procédure accélérée), mise en œuvre depuis 1974 : en accordant au président l'autorisation de négocier, le Congrès lui fixe des objectifs ; le président s'engage à consulter régulièrement le Congrès ; à l'issue des négociations, l'accord devra être approuvé par les deux chambres, mais le Congrès s'engage à utiliser ensuite une procédure accélérée pour approuver les lois nécessaires à sa mise en œuvre.

Ainsi, les traités créant l'ALENA et l'OMC ont été approuvés de cette manière et, au mois de juin 2015, le Congrès a adopté la loi d'autorisation pour le Partenariat Transpacifique.

Cette procédure est parfois justifiée par son caractère démocratique. On fait valoir que la procédure de l'autorisation de ratifier donnée par le Sénat seul donne trop de pouvoir à une minorité. Cependant la doctrine est divisée sur sa conformité à la Constitution. Certains la jugent inconstitutionnelle, tandis que pour d'autres, c'est la Constitution qui a changé, avec l'accord exprès ou implicite des tribunaux, sans que son texte ait été modifié (Ackerman, 1998 ; Hamon et Wiener, 2001).

La Constitution est muette sur le point de savoir quelle est l'autorité compétente pour dénoncer un traité et les présidents successifs ont affirmé détenir ce pouvoir. Le Congrès, à supposer qu'il le souhaite, ne dispose d'aucun moyen de s'y opposer et la Cour suprême s'est déclarée incompétente pour en juger. C'est en s'inscrivant dans cette tradition que le président Trump a affirmé vouloir se retirer de plusieurs traités et s'est effectivement retiré de l'accord de Paris sur le climat. Il va de soi qu'il est encore plus facile pour le président de décider un retrait de conventions internationales qui ne sont pas des traités mais des *executive agreements,* comme l'accord nucléaire avec l'Iran.

On constate les mêmes efforts du président pour élargir ses compétences aux dépens du Congrès pour ce qui concerne les interventions militaires. C'est au Congrès que la Constitution attribue le pouvoir constitutionnel de déclarer la guerre, mais le président s'efforce d'agir seul et y réussit souvent. C'est ainsi qu'il a envoyé des troupes ou pris des décisions politiques équivalant au déclenchement d'une guerre ou à un ultimatum, sans même consulter le Congrès. À vrai dire, s'il a utilisé les forces armées plus de 200 fois, il n'a demandé au Congrès une déclaration de guerre que cinq fois. C'est par exemple sans l'accord formel du Congrès qu'ont été déclenchées la guerre de Corée en 1950, celle d'Indochine en 1964, la guerre du Golfe en 1990 ou encore celle du Kosovo en 1999. Dans certains cas même, pour l'envoi de troupes au sol au Kosovo ou les frappes aériennes sur la Serbie en 1999, ces opérations, qu'on a pris grand soin de ne pas appeler des guerres, mais un « usage limité de la force », ont été lancées malgré un refus explicite de l'une ou l'autre des Chambres de les approuver. Ceci s'explique d'ailleurs non seulement par la volonté du président d'éviter l'obligation d'obtenir du Congrès une déclaration de guerre, mais également par les conditions de la guerre moderne : d'une part, sur le plan juridique, la guerre est interdite par la Charte des Nations unies ; d'autre part il arrive que les opérations militaires ne soient pas dirigées contre un État (c'était le cas au Vietnam) ; enfin il est souvent nécessaire de préserver jusqu'au dernier moment un secret que les délibérations sur la déclaration de guerre ne permettraient pas de garder. Une loi du 7 novembre 1973 relative aux pouvoirs de guerre du président (War Powers Act) oblige celui-ci à consulter si possible le Congrès quarante-huit heures à l'avance avant d'envoyer des forces armées à l'étranger et en tout cas à faire un rapport au Congrès, qui peut alors ordonner le retrait des forces par une résolution conjointe à laquelle le président ne peut opposer son veto. Si, dans un délai de soixante jours, le Congrès n'a pas adopté une résolution autorisant la poursuite des opérations, le président est en principe tenu d'y mettre fin (Hamon, 1977). Cette loi peut parfois constituer un frein efficace : si le président Reagan a pu ordonner une intervention militaire à la Grenade, il n'a pu envoyer de troupes au secours de la *Contra*, les ennemis du régime sandiniste du Nicaragua. Il peut cependant soutenir que les opérations militaires ne sont pas des « hostilités » et qu'il n'est donc pas tenu de solliciter l'autorisation du Congrès. C'est ce qu'a fait le président Obama en 2011 à propos des opérations en Libye, d'ailleurs contre l'avis de certains de ses conseillers juridiques. Cependant, comme ses décisions en ce domaine peuvent se présenter comme l'application de résolutions des Nations unies, qui n'échappent d'ailleurs pas à son influence, le président peut parfois se passer de l'assentiment du Congrès, comme dans le cas de la guerre du Golfe en 1991.

C'est sur le fondement de cette loi que le Congrès a, trois jours après l'attaque du 11 septembre 2001, autorisé le président à employer la force contre tous les États et toutes les organisations qui, selon son jugement, ont organisé ou aidé cette attaque et qu'ont été lancées les opérations militaires en Afghanistan et en Irak. Mais, il peut aussi utiliser à son profit cette compétence du Congrès. C'est ainsi que, pendant l'été 2013, dans l'affaire syrienne, le président Obama, pour se donner la liberté de ne pas donner suite à ses menaces d'intervention, a affirmé que la Constitution lui donnait le droit d'intervenir sans l'accord du Congrès, mais a cependant déclaré qu'il ne déclencherait pas d'opération sans solliciter cette autorisation.

Cependant, il a décidé plus tard de se passer de cette autorisation et d'agir seul. Pour déclencher des opérations contre « l'État islamique », il s'est fondé sur l'autorisation donnée par le Congrès au président Bush au lendemain de l'attentat du 11 septembre 2001. Certains juristes américains considèrent cette décision comme illicite dans la mesure où la résolution du Congrès de 2001 visait seulement les États ou les organisations qui avaient contribué à préparer ou à réaliser l'attentat, ce qui n'était pas le cas de « l'État islamique », qui n'existait pas en 2001[6]. Mais au mois de décembre 2016, le président Obama – c'est l'un de ses derniers actes – a publié un mémoire dans lequel il soutenait que la loi d'autorisation de 2001 constituait le fondement légitime de l'usage de la force contre Al-Quaeda ainsi que contre d'autres mouvements terroristes.

C'est pourquoi une nouvelle résolution visant spécifiquement l'État islamique et autorisant de façon limitée le président à lancer des opérations militaires doit être prochainement discutée au Congrès.

Le Congrès exerce encore en matière exécutive un pouvoir indirect considérable, qui lui vient de son pouvoir législatif et financier. C'est lui qui tient

6. Ackermann B., « Obama's Betrayal of the Constitution », *International New York Times*, 11 sept. 2014.

les cordons de la bourse et se trouve ainsi en mesure de bloquer les mesures politiques qu'il désapprouve. Ainsi, le président Reagan, en dehors même de toute perspective d'intervention militaire directe au Nicaragua, impossible comme on l'a vu en raison de la loi sur les pouvoirs de guerre, n'a pas pu non plus soutenir financièrement la *Contra* comme il le souhaitait, en raison du refus du Congrès de lui en donner les moyens.

Le Congrès a même tenté de s'arroger un droit de veto, dit « veto législatif » sur certains actes du président : il l'autorisait par une loi à prendre des mesures réglementaires, que l'une ou l'autre des Chambres pouvait paralyser. Cependant, dans une décision *Chadha* du 23 juin 1983, la Cour suprême a jugé cette pratique inconstitutionnelle (Rouban, 1984).

Enfin, le Congrès a des fonctions d'ordre juridictionnel, inspirées du modèle anglais. La Chambre des Représentants peut voter la mise en accusation de toute personne, y compris du président (*impeachment*) « pour trahison, corruption ou autres crimes et délits majeurs ». Ces termes sont très vagues et laissent un très large pouvoir d'appréciation à la Chambre qui n'est tenue par aucune définition légale de ces crimes. Les personnes ainsi accusées sont alors jugées par le Sénat qui, à la majorité des deux tiers, peut prononcer la destitution. Le Sénat n'est pas davantage tenu par une définition préalable quelconque des infractions reprochées aux accusés.

S'agissant des crimes et délits susceptibles d'être commis par le président, la procédure d'enquête présente quelques particularités. Comme les procureurs fédéraux sont placés dans la dépendance du ministre de la Justice, c'est-à-dire du pouvoir exécutif lui-même, et qu'il existe un risque évident que les poursuites soient freinées, le Congrès a adopté une loi instituant pour ce type d'affaires un procureur spécial, totalement indépendant et doté de très vastes pouvoirs.

C'est au ministre de la Justice qu'il appartient de le nommer, mais une fois nommé, il est totalement indépendant dans la mesure où il n'a pas à obéir à un supérieur hiérarchique et seul le ministre ou son adjoint peut le révoquer. Certes, le président peut ordonner au ministre de le révoquer, sous la menace de le destituer lui-même – c'est d'ailleurs ce qu'a fait Nixon et que Trump tentera également en 2019 –, et, en cas de refus du ministre, de mettre sa menace à exécution jusqu'à ce qu'il trouve un ministre complaisant. Cependant, si le ministre obéit, il risque à son tour des poursuites, ce qui peut l'inciter à résister au président.

Le pouvoir d'accuser et de juger le président a évidemment une très grande portée politique. En 1868, le président Andrew Johnson avait été ainsi accusé et n'avait échappé à la destitution que parce qu'il avait manqué une voix pour que la majorité des deux tiers fût atteinte au Sénat. Si la procédure avait abouti, le régime aurait pu se transformer en régime parlementaire (Michaut, 1977). En 1974, la Chambre des représentants était sur le point de voter l'accusation contre le président Nixon, compromis dans l'affaire du *Watergate*. Le président préféra prendre les devants et démissionner. En 1998, Bill Clinton fut lui aussi accusé, mais acquitté par le Sénat faute d'une majorité des deux tiers. Le crime qui lui était reproché était d'avoir menti sous serment, un acte qualifié d'entrave à la justice. C'est ce même crime qui pouvait être reproché à Donald Trump pour avoir tenté d'empêcher le directeur du FBI d'enquêter sur des collaborateurs de la Maison Blanche et pour l'avoir ensuite révoqué[7]. Toutefois, la chambre des représentants, même si sa majorité est hostile au président hésite toujours à voter l'accusation, parce que la probabilité qu'il se trouve au Sénat une majorité des 2/3 pour condamner le président est souvent très faible, et que l'échec de la procédure risquerait de renforcer le président.

C'est-bien ce qui s'est produit en 2019, lorsque la Chambre a fini par voter l'*impeachment* de Trump, – c'était donc le troisième président à être ainsi poursuivi – , soupçonné de nombreux délits, mais formellement accusé d'avoir commis un abus de pouvoir en faisant pression sur un gouvernement étranger, celui de l'Ukraine, pour qu'il l'aide dans sa campagne en vue de l'élection présidentielle de 2020 en discréditant son rival démocrate Joe Biden et d'autre part d'avoir fait obstruction au pouvoir du Congrès en interdisant, en violation de la Constitution, aux fonctionnaires placés sous son autorité, de se rendre aux convocations de la commission chargée d'instruire l'accusation et de témoigner devant elle. Comme on pouvait s'y attendre, la majorité républicaine au Sénat fit en sorte que les règles de la procédure pénale ordinaire ne soient pas appliquées, notamment celles qui permettent au tribunal d'ordonner la communication de documents ou l'audition de témoins. Comme on s'y attendait et faute d'une majorité des deux tiers, le procès se termina donc par un acquittement, mais ce qui est remarquable est que les sénateurs démocrates avaient voté en bloc en faveur d'une condamnation et les républicains en bloc en faveur de l'acquittement.

Cependant, Trump, qui avait tenté après sa défaite à l'élection présidentielle de novembre 2020, de faire modifier les résultats, a fait l'objet d'un deuxième *impeachment*, quelques jours avant la fin de son mandat, cette fois pour avoir incité ses partisans à l'assaut contre le Capitole le 6 janvier 2021. Là encore, il a été acquitté faute d'une majorité des deux tiers.

Les quatre cas révèlent le caractère ambigu de la responsabilité dite pénale. Sans doute, est-elle pénale par la procédure, mais par d'autres aspects, elle est éminemment politique. Elle l'est d'abord par la sanction encourue, qui ne peut être que la destitution. Elle l'est surtout par le but poursuivi et le contexte dans lequel elle est mise en jeu. Dans les deux cas, les poursuites n'ont été engagées et l'*impeachment* n'aurait pu être adopté que parce qu'il existait entre le président et la majorité du Congrès un désaccord politique d'une gravité extrême (cf. *supra* n° 147). Elle est encore politique par les motifs partisans qui déterminent les membres du Congrès.

Il faut ajouter que la procédure de l'*impeachment* n'est pas la seule qui puisse conduire à l'éviction d'un président. Le 25e amendement permet au vice-président, avec la majorité du cabinet, de déclarer, par une simple lettre adressée aux présidents des deux chambres du Congrès, que le président est incapable d'exercer ses fonctions. C'est alors le vice-président qui assume la

7. Tribe L.,« Trump Must Be Impeached. Here's Why », *The Washington Post*, 13 mai 2017.

charge. Là encore, le terme « incapable » est extrêmement vague. On pense, bien sûr, à une situation dans laquelle un président dans le coma serait dans l'incapacité non seulement d'exercer le pouvoir, mais même de le transmettre provisoirement à une autre personnalité ou de démissionner. Mais il pourrait s'agir aussi d'une incapacité mentale, voire morale, pour lesquelles il n'existe pas de diagnostic objectif et qui relèverait donc de l'appréciation politique du vice-président et du cabinet.

Enfin, le Congrès joue un rôle essentiel dans la procédure de révision constitutionnelle. L'initiative lui appartient concurremment avec les États : les « amendements », c'est-à-dire les lois de révision, peuvent être proposés soit par les deux tiers des membres de chacune des deux Chambres, soit par les deux tiers des États. Dans cette dernière hypothèse, qui ne s'est jamais produite, le Congrès doit convoquer une convention, qui proposera à son tour les amendements. Lorsque cette première étape a été franchie, les amendements proposés soit par le Congrès, soit par la convention, doivent être ratifiés par les trois quarts des États. Le Congrès peut d'ailleurs décider que les États ratifieront ou bien par leurs législatures, ou bien par des conventions spécialement réunies à cet effet dans le cadre des États. On voit qu'il s'agit d'une procédure lourde, qui donne en pratique au Congrès un rôle déterminant. Elle n'a donc été utilisée que rarement, puisqu'il n'y eut en tout que vingt-sept amendements depuis 1787.

Encore les dix premiers, qui forment le *Bill of Rights*, ont-ils été adoptés dès 1791. Il faut noter malgré tout que la Constitution ne fixe aucun délai entre le début et la fin de cette procédure. Le vingt-septième amendement, qui porte il est vrai sur une question mineure, avait été proposé par Madison en 1789, et n'a été adopté par le Michigan qu'en 1992. Le Michigan était le 38e État à voter ce texte, de sorte que la majorité des trois quarts était enfin atteinte après plus de deux siècles. Pour éviter une attente longue et incertaine, le Congrès indique désormais dans le texte même de l'amendement un délai au terme duquel les États doivent avoir ratifié. Un amendement relatif à l'égalité des sexes, adopté en 1970 a finalement échoué faute d'avoir été ratifié par les trois quarts des États dans le délai prescrit.

§2. Le président[8]

266. Le président est sans contexte l'autorité la plus visible et si ce n'est pas lui qui est investi des compétences les plus importantes, il exerce pourtant une influence déterminante.

267. L'élection du président. – Le président des États-Unis est élu au suffrage indirect au terme d'une procédure longue et complexe, que l'on peut décomposer en trois phases.

La première opération concerne la désignation des candidats. Elle se caractérise par le rôle considérable consenti aux partis, qui apparaissent ainsi comme de véritables organes de l'État. Dans chaque État, les partis

8. Toinet, 1996.

choisissent leurs délégués à la Convention nationale du parti, qui désignera son candidat officiel à la présidence et son candidat à la vice-présidence. Les candidats à la candidature doivent donc faire dès ce moment, une campagne intensive, qui commence dès le mois de janvier qui précède l'élection de novembre.

Tantôt ce choix est fait par les comités locaux du parti, tantôt il a lieu dans des *primaires* réunissant les électeurs du parti, tantôt au terme d'une procédure mixte combinant les deux méthodes. C'est la législature de chaque État qui détermine le mode de désignation des délégués aux conventions de parti. Le Minnesota a été le premier, en 1899, à organiser des primaires. Mais aujourd'hui la plupart des États le font. Il existe d'ailleurs plusieurs types de primaires. Les principaux sont d'une part les primaires fermées, auxquelles ne participent que les citoyens qui ont déclaré leur affiliation au parti qui les organise ; d'autre part, les primaires ouvertes, dans lesquelles les électeurs ne déclarent pas d'affiliation et ne choisissent que dans l'isoloir de désigner les délégués d'un parti plutôt que d'un autre. Les élections primaires ont une importance considérable parce que les délégués ont en général un mandat impératif pour se prononcer à la convention nationale en faveur de telle ou telle personnalité, mais les délégués de certains États ne sont pas liés par le résultat des primaires ou celui des comités locaux du parti et sont donc libres de leurs choix. La convention nationale du parti démocrate comprend aussi des « super délégués », qui ne représentent pas les électeurs d'un État particulier, mais sont des personnalités importantes du parti et sont eux aussi libres de leurs choix au point qu'on estime qu'ils pourraient le cas échéant faire pencher la balance en faveur de tel ou tel candidat à la candidature.

Contrairement à ce que l'on pensait, le système des primaires peut conduire à la désignation d'un candidat, qui *a priori* semblait avoir peu de chances de recevoir l'investiture, en raison des préjugés répandus au sein de l'électorat, comme l'a montré le choix de Barack Obama en 2008 par les démocrates et celui de Donald Trump par les républicains en 2016.

La convention nationale du parti n'est cependant pas toujours une simple formalité : ceux des délégués qui ont été désignés par les comités de parti, n'ont pas de mandat impératif et il se peut qu'aucune candidature ne se dégage clairement du résultat des primaires. Dans les négociations qui s'engagent alors, le choix du candidat à la vice-présidence peut représenter un enjeu important. Pour obtenir le soutien de certaines délégations d'États, le candidat à la présidence pourra accepter sur son « ticket » un candidat à la vice-présidence, dont les idées ou le style sont différents des siens.

La deuxième phase est celle de l'élection par le peuple américain, qui a lieu le mardi qui suit le premier lundi de novembre. En droit, il ne s'agit pas d'une élection au suffrage direct, car les citoyens n'élisent pas le président, mais des électeurs présidentiels, qui, à leur tour, éliront le président. Dans chaque État, ils désignent un nombre d'électeurs présidentiels égal au nombre total de sénateurs et de représentants de l'État. Les électeurs présidentiels sont munis d'une sorte de mandat impératif, de sorte que l'on connaît le plus souvent le nom du nouveau président au lendemain de l'élection de novembre. Il est arrivé cependant que des électeurs présidentiels ont voté pour un autre candidat que celui qui avait été choisi par les citoyens de leur État, sans que, jusqu'ici, ces changements aient été assez nombreux pour modifier le résultat de l'élection. Pour tenter de l'éviter, certains États ont adopté des lois, qui font obligation aux électeurs présidentiels de se conformer aux choix des citoyens de leur État et la Cour suprême a déclaré en juillet 2020 que ces lois n'étaient pas contraires à la constitution fédérale. Enfin, la troisième phase, qui se déroule au mois de décembre, n'a plus qu'un caractère formel : les électeurs présidentiels élisent le président. Celui-ci n'entrera donc en fonction qu'après, c'est-à-dire le deuxième lundi de janvier.

Il faut cependant noter le risque important de déformation qui résulte du système de désignation des électeurs présidentiels : il est possible qu'un candidat obtienne au total moins de voix que son adversaire, mais qu'il remporte la victoire, éventuellement de justesse, dans les grands États qui désignent la majorité des électeurs présidentiels. Le risque est d'autant plus grand que, dans presque tous les États, les grands électeurs sont élus au scrutin majoritaire de liste, de sorte qu'une seule voix de majorité suffit pour assurer à un candidat la totalité des grands électeurs de l'État. Le cas s'est produit, en 1876, 1888, 2000 et de nouveau en 2016 (voir Lauvaux, 1998).

Ce système s'explique par des raisons historiques. Les rédacteurs de la Constitution n'entendaient pas établir une démocratie et, dans leur esprit, le président ne devait pas être élu par le peuple, mais par un Collège électoral formé d'une élite de citoyens, aptes à faire des choix éclairés. La seule question était de déterminer le mode de désignation de ce Collège. Certains voulaient qu'il soit lui-même élu par le peuple, d'autres qu'il soit désigné par le Congrès ou par les législatures des États. On parvint finalement à un compromis. D'une part chaque État enverrait au Collège électoral un nombre d'électeurs égal au total de ses élus au Congrès, ce qui avantage les petits États, puisqu'ils disposent de deux sénateurs tout comme les grands, et ce qui avantageait les États du Sud car le nombre des membres envoyés par chaque État à la Chambre des représentants était calculé en fonction du nombre des habitants mais en prenant en compte les trois cinquièmes des esclaves. D'autre part la législature de chaque État déciderait elle-même du mode de désignation de ses représentants au Collège électoral. Elle pouvait ainsi décider de les désigner elle-même, de les faire élire par le peuple ou même de les tirer au sort. En pratique, dans tous les États, les législatures ont fini par choisir le système de l'élection populaire et, dans la plupart des cas, les membres du Collège électoral ont perdu leur liberté de choix et doivent voter pour le candidat envers qui ils s'étaient engagés au cours de la campagne électorale dans le cadre de l'État.

L'élection difficile de George W. Bush en 2000 a attiré l'attention sur les inconvénients nombreux du système, de plus en plus souvent accusé d'être peu démocratique. Le premier provient du caractère indirect de l'élection : comme on l'a vu, un candidat peut perdre les élections bien qu'il ait obtenu un plus grand nombre de suffrages populaires, parce que son adversaire a obtenu une majorité même faible dans un nombre d'États suffisant pour lui donner une majorité au sein du Collège électoral. C'est ce qui s'est produit en 2000 lorsqu'Al Gore a été battu bien qu'il ait obtenu plus de voix que George Bush. Le second inconvénient provient du pouvoir des législatures des États de déterminer le mode de désignation des membres du collège électoral. Elles le font souvent d'une manière qui n'est ni complète, ni uniforme, de sorte que les règles de comptage peuvent varier à l'intérieur d'un même État. Ainsi, au cours de l'élection de 2000, Bush l'avait emporté dans l'État de Floride par une marge très faible de moins de mille voix et dans des conditions qui pouvaient donner à penser que les suffrages avaient été mal comptabilisés.

C'est finalement la Cour suprême qui fut amenée à trancher et qui décida à une majorité de cinq contre quatre de laisser la victoire à Bush. Il a pu paraître étrange que, dans un pays démocratique, le vainqueur de l'élection soit désigné par une majorité de juges, d'autant que la majorité conservatrice de la Cour suprême semble avoir été déterminée par des considérations politiques. Elle avait en effet un intérêt à la victoire de Bush, car Gore aurait très vraisemblablement désigné des juges libéraux, ce qui à terme aurait pu remettre en cause son existence même en tant que majorité (Hamon et Wiener, 2001).

Cependant le problème demeure. Si la réélection de George W. Bush en 2004, l'élection de Barack Obama en 2008 ou celle de Biden en 2020 ont été obtenues à la majorité des voix au sein du Collège exprimant la volonté de la majorité des citoyens, Trump a été élu par le Collège alors que son adversaire Hillary Trump avait obtenu davantage de voix.

Un autre inconvénient, en partie lié à la complexité du système, a permis en 2020 à Trump de prétendre que l'élection a été entachée de fraudes, de soutenir que la victoire lui avait été volée, de multiplier les recours contentieux et d'inciter ses partisans à l'insurrection. Les recours ont tous été infructueux, mais les partisans de Trump ont bien pris d'assaut le siège du Congrès le 6 janvier 2021.

Aussi, certains juristes souhaitent-ils que la Constitution soit révisée de manière à permettre l'élection du président au suffrage universel direct, selon un système uniforme sur l'ensemble du territoire. Mais la Constitution américaine est d'une rigidité extrême et les chances d'une telle révision paraissent faibles (v. *supra* n° 265). À défaut de pouvoir réviser la constitution, certains juristes ont imaginé que les États pourraient s'engager à ordonner à leurs électeurs présidentiels de se prononcer non plus en faveur du candidat désigné par les citoyens de l'État, mais de celui qui aurait obtenu le plus grand nombre de votes populaires au plan national.

268. Les pouvoirs du président. – Les compétences du président relèvent des trois grandes fonctions juridiques. Nous avons déjà vu comment certaines d'entre elles sont exercées avec le Congrès dans son ensemble et d'autres avec le Sénat en particulier.

1° En premier lieu, dans l'ordre législatif, l'absence de droit d'initiative, on l'a vu, n'est guère gênante, puisque le président doit tout d'abord proposer périodiquement au Congrès, c'est-à-dire en annexe à son message annuel sur l'état de l'Union, « telles mesures qu'il estimera nécessaires et opportunes » et qu'il peut toujours préparer des projets, qui seront présentés par un membre du Congrès. En pratique, d'ailleurs, aux États-Unis, comme dans les autres pays, la très grande majorité des lois, ont en fait été adoptées à l'initiative de l'exécutif. Si le Président est soutenu par une majorité dans chacune des chambres, il peut faire voter les lois nécessaires à la réalisation de son programme. Roosevelt a ainsi fait voter 76 lois pendant les cent premiers jours de son premier mandat.

Mais le pouvoir le plus important est évidemment le droit de veto. Certes, ce veto peut être surmonté par un vote à la majorité des deux tiers dans chacune des deux Chambres, mais il peut être très difficile de réunir une telle majorité. Peu utilisé au début, ce pouvoir l'a été de plus en plus à partir de la seconde moitié du XIXe siècle. On peut mesurer son importance aujourd'hui à la fréquence de l'usage qui est en fait. Ainsi Truman, en deux mandats, l'a employé 180 fois et son veto n'a été renversé que 12 fois. Mais, en réalité, ce pouvoir est encore plus important qu'il n'y paraît, car la simple menace suffit au président pour exercer sur la législation une influence décisive et obtenir du Congrès des amendements substantiels aux textes en discussion. Le président George W. Bush ne s'est ainsi jamais opposé à une loi au cours de son premier mandat, mais à plus de quarante reprises, il a menacé de le faire.

Bien entendu, si le Congrès n'adopte pas de lois auxquelles le Président serait hostile, celui-ci n'a aucune raison d'utiliser son droit de veto. Comme les Républicains disposaient pendant toute la durée du mandat de Trump de la majorité des voix au Sénat, Trump n'a opposé son veto qu'à 10 lois et ce veto n'a été surmonté qu'une fois.

Une loi de 1996, adoptée par le Congrès en 1996, permettait même au président d'opposer son veto non plus à une loi en bloc, mais à l'une de ses dispositions seulement. C'était le *line item veto*. Il s'agissait, dans le but de limiter le déficit budgétaire, de donner au président les moyens de lutter contre des dispositions particulières insérées dans une loi plus générale sous la pression des *lobbies* et tendant notamment à accorder des subventions ou des allégements fiscaux. Comme pour le veto global, la majorité des 2/3 était nécessaire pour surmonter le *line item veto*. Les avantages de cette technique pour le président étaient évidents : si une loi contient des mesures nécessaires ou au moins attendues par l'opinion, il est en mesure de les accepter tout en rayant les dispositions, qui le gênent tout particulièrement.

Mais la Cour suprême, par une décision du 26 juin 1998, a considéré que cette loi était contraire à la Constitution. Elle avait en effet pour objet de modifier les modalités d'exercice du pouvoir législatif, et un tel pouvoir n'aurait pu par conséquent être accordé au président qu'au moyen d'un amendement à la Constitution.

Il existe toutefois une technique nouvelle qui lui procure des avantages semblables : le *signing statement*. Le président signe la loi, mais, en sa qualité de chef de l'exécutif, il annonce son intention de l'interpréter et de l'appliquer de telle ou telle manière en donnant des instructions à l'administration, voire de ne pas appliquer certaines dispositions qu'il estime contraires à la Constitution, notamment si elles tendent à restreindre ses pouvoirs. Cette pratique, qui a commencé sous la présidence de Ronald Reagan, a fait l'objet de la part de George W. Bush, d'un usage intensif. Il a publié plusieurs centaines de *signing statements*, ce qui contribue à expliquer la rareté du veto sous sa présidence (entre 2001 et 2006, pas un seul veto, mais 750 *signing statements*, soit en moyenne 11,5 par mois)[9]. Le président Obama, après avoir critiqué cette pratique pendant la campagne électorale, a lui aussi fait usage de ce pouvoir, quoique moins fréquemment (1,3 par mois). Quant à Trump, il y a recouru beaucoup plus que tous les autres (15 fois par mois en moyenne).

2° En deuxième lieu, le président exerce la fonction exécutive, mais la fonction exécutive est conçue très largement, et même de plus en plus largement. On range sous la rubrique « pouvoir exécutif » des compétences très importantes, bien que de toute évidence, il ne s'agisse pas à proprement parler d'exécution des lois. L'étendue de ces pouvoirs dépend d'ailleurs en partie de l'interprétation qu'en donne le président lui-même.

Premièrement, c'est en tant que pouvoir exécutif qu'il prépare et soumet au Congrès le budget fédéral, en application non pas de la Constitution mais d'une loi adoptée par le congrès en 1921.

Deuxièmement, les lois que le président doit exécuter lui laissent une marge considérable de pouvoir discrétionnaire et les commentateurs soulignent aujourd'hui que les contraintes juridiques auxquelles il est soumis sont très faibles (Ackerman 2010, Posner et Vermeule 2011). Il peut prendre des décisions (*executive orders*) ayant une portée générale dont le fondement réside soit dans l'article de la Constitution qui lui confère le pouvoir exécutif, soit dans un grand nombre de lois particulières qui lui laissent une grande marge discrétionnaire dans l'exécution (Benzina 2018). Elles s'imposent comme des lois aux différentes administrations fédérales et ne requièrent pas l'approbation du Congrès. Celui-ci peut certes prendre une résolution pour les annuler s'il les juge inopportunes, mais le président peut opposer son veto à une telle résolution, et ce veto ne peut être surmonté, comme on le sait, qu'à la majorité des 2/3. Naturellement, ces décisions peuvent être contestées devant les tribunaux fédéraux, qui peuvent les annuler si elles sont contraires à la Constitution ou à une loi, mais elles s'appliquent immédiatement et la procédure peut être fort longue. Cependant, certains de ces pouvoirs ayant leurs fondements dans une centaine de textes législatifs restent secrets[10]

C'est ainsi que Trump a pu décider d'autoriser unilatéralement la construction d'un pipeline, controversé en raison des dangers qu'il présentait pour l'environnement, et auquel s'opposaient plusieurs des États qu'il allait traverser. Mais c'est de la même manière que, aussitôt installé à la Maison Blanche, en janvier 2021, Joe Biden a pu abroger cette décision.

Troisièmement, en tant que chef de l'administration, il nomme, avec le consentement du Sénat (v. *supra* n° 265), les fonctionnaires fédéraux, qu'il peut aussi révoquer, et cela sans l'accord du Sénat.

9. Il s'agit du nombre non des lois mais des dispositions qui ont fait l'objet de ces statements.

10. Hart G., « Opinion | How Powerful Is the President? » *The New York Times*, 23 juillet 2020. Gary Hart est un ancient sénateur et ancient candidat à la présidence des États-Unis.

C'est aussi en tant que chef du pouvoir exécutif qu'il peut ordonner la fermeture des administrations pour exercer une pression sur le Congrès. Si celui-ci a adopté un budget qui ne comporte pas les crédits que le président estime nécessaires, il peut lui opposer son veto, de sorte que les fonctionnaires fédéraux ne peuvent être payés et sont mis au chômage, tandis que plusieurs services publics doivent être fermés. Sont néanmoins maintenus les services indispensables, comme les contrôleurs aériens ou la police, mais leurs agents ne sont pas payés non plus. En décembre 2018 et janvier 2019, le président Trump, toujours pour tenter d'obtenir le financement du mur à la frontière mexicaine, décida d'une telle fermeture. Près de 400 000 fonctionnaires furent ainsi mis au chômage pendant 35 jours, la fermeture la plus longue de l'histoire américaine, tandis que plus de 400 000 autres furent contraints de travailler sans recevoir aucun salaire. Pendant ce temps, le président et le Congrès négocièrent et parvinrent à un compromis.

Plusieurs lois autorisent le président à décréter l'état d'urgence dans des situations très diverses, depuis les crises internationales, le terrorisme, jusqu'aux catastrophes naturelles. Non seulement il interprète ces situations et apprécie l'opportunité de mettre en vigueur l'état d'urgence, mais il dispose pendant la période de crise de pouvoirs très étendus, qui lui permettent de restreindre les droits fondamentaux.

C'est ainsi qu'après les attentats du 11 septembre, il a obtenu du Congrès une loi dite « *Patriot Act* » qui permet une surveillance étroite, en dérogation aux règles habituelles, des personnes soupçonnées de participer à des activités terroristes. Ces pouvoirs devaient normalement expirer à la fin de l'année 2005, mais ils ont été renouvelés à plusieurs reprises.

De même, le président Bush a pris le 13 novembre 2001 une décision par laquelle il instituait un état d'urgence et se donnait le pouvoir d'arrêter et de garder en détention pendant une durée illimitée toute personne liée aux organisations terroristes, par dérogation aux règles habituelles de procédure, puis de les déférer non pas aux juridictions de droit commun, mais à des commissions militaires. Plusieurs centaines de prisonniers ont été ainsi internées à Cuba dans la base militaire de Guantanamo. De même, c'est sur ce fondement que le président Obama a décidé des attaques lancées au moyen de drones contre des terroristes sur des territoires situés à l'étranger[11].

Donald Trump a voulu donner du régime de l'état d'urgence l'interprétation la plus large possible. Faute d'obtenir du Congrès les crédits nécessaires à la construction d'un mur à la frontière avec le Mexique destiné à arrêter l'immigration, il a décrété l'état d'urgence en février 2019 pour, sur ce fondement, utiliser pour cette construction des crédits alloués à différentes administrations. Après que les deux chambres du Congrès ont adopté une résolution conjointe pour mettre fin à l'état d'urgence, le président lui a opposé son veto, que les chambres n'ont pas pu surmonter, faute de disposer de la majorité des deux tiers. Naturellement, ces décisions sont toujours

11. « Secret 'Kill List'Tests Obama's Principles », *The New York Times*, 12 mai 2012.

susceptibles d'être annulées ou suspendues par des juges fédéraux. C'est d'ailleurs ce qui s'est parfois produit, mais le contentieux peut durer des années.

Le président est le chef de l'armée ; il conduit les relations internationales. Or, la guerre civile à la fin du XIXe siècle, puis l'accroissement du rôle des États-Unis dans le monde ont contribué au développement considérable des pouvoirs du président. C'est à ce titre qu'il a pris la plupart des décisions qui ont engagé profondément les États-Unis, du lancement de la bombe atomique à la guerre en Irak.

Comme on l'a vu, il est en mesure, d'utiliser ses pouvoirs de guerre en dehors du cadre fixé par le Congrès et toute tentative de les limiter se heurterait à un veto. Pour échapper au contrôle du Congrès, le président peut parfois présenter des interventions militaires comme des opérations humanitaires. C'est ce qu'il a fait pour les opérations menées contre l'État islamique. Donald Trump va jusqu'à soutenir que le War Powers Act de 1973 est inconstitutionnel et qu'il peut agir seul en tant que commandant en chef, soit sur le fondement de ses pouvoirs de crise (notamment dans la lutte contre le terrorisme), soit encore pour appliquer une résolution des Nations unies, soit en interprétant l'autorisation accordée par le Congrès après les attentats du 11 septembre comme si elle avait été donnée sans limite temporelle. C'est sur ce fondement que Bush a décidé d'attaquer l'Afghanistan en 2001. Naturellement, ce qu'un Président a fait, un autre peut le défaire et Joseph Biden a ainsi décidé le retrait des troupes américaines d'Afghanistan.

Enfin, dès l'origine de la Constitution, le président a invoqué ce que l'on appelle le « privilège de l'exécutif » pour refuser de communiquer des documents au Congrès ou aux tribunaux, ou même pour interdire aux ministres ou aux fonctionnaires de se rendre aux convocations du Congrès. Mais, cette pratique est de plus en plus fréquente. Le texte de la Constitution n'en fait pas mention, pas plus d'ailleurs que d'un droit du Congrès d'exiger ces documents et de convoquer des personnes à témoigner (*cf. supra* n° 263). La Cour suprême l'a cependant déclaré conforme à la Constitution sur le fondement de la séparation des pouvoirs qui exige que le président, pour exercer pleinement sa fonction, puisse communiquer et délibérer librement avec ses collaborateurs et également pour protéger la sécurité nationale. Toutefois, il ne saurait s'agir d'un privilège absolu et il faut dans chaque cas le mettre en balance avec l'intérêt public, qui exige la recherche de la vérité dans les procédures pénales[12]. Cette recherche est évidemment délicate et ne peut que donner lieu à des rapports de force. Ainsi, Trump a, à plusieurs reprises, tenté, avec plus ou moins de succès, d'invoquer le privilège de l'exécutif pour freiner le déroulement et la publication des résultats d'une enquête menée par un procureur spécial sur les interventions russes dans l'élection présidentielle de 2016.

3° En troisième lieu, le président dispose de quelques prérogatives d'ordre juridictionnel. Comme la plupart des chefs d'État, il a le droit de grâce pour les crimes et délits fédéraux quels qu'ils soient. À plusieurs reprises, on a tenté,

12. *United States v. Nixon*, 418 U.S. 683 (1974).

mais en vain, d'amender la Constitution pour permettre au Congrès d'annuler une grâce, notamment après celle accordée par le président Ford à son prédécesseur Nixon, qui avait démissionné pour éviter l'*impeachment* (v. *supra* n° 265). Le débat sur le droit de grâce a été relancé lorsque Clinton en a usé dans les derniers moments de son mandat d'une manière telle qu'on a pu le soupçonner d'avoir voulu favoriser des criminels, qui avaient pu contribuer au financement de la campagne électorale de son épouse, le sénateur Hillary Rodham Clinton. Le président Trump est allé jusqu'à affirmer que son pouvoir exécutif s'étend à la conduite de toutes les enquêtes et de toutes les poursuites et que, dans le cadre de l'enquête menée par le procureur spécial sur l'immixtion de la Russie dans la campagne électorale de 2016, il pourrait se gracier lui-même.

Mais surtout, grâce à son pouvoir de nomination des juges fédéraux et notamment des juges à la Cour suprême, qu'il exerce une influence décisive sur l'évolution de la jurisprudence. L'usage qu'il fera de ce pouvoir est même devenu un enjeu décisif de l'élection présidentielle. Comme on l'a vu, la décision de la majorité conservatrice de la Cour suprême en décembre 2000 de donner la victoire à George W. Bush a ainsi pu être interprétée comme la volonté de ces juges de demeurer majoritaires. Ce pouvoir est d'autant plus important que les juges sont nommés à vie. Le président est ainsi en mesure d'exercer une influence considérable bien au-delà de son propre mandat.

269. Le Statut du président et l'organisation de la présidence. – Le président et le vice-président sont élus pour quatre ans. À origine, la Constitution ne limitait pas le nombre des mandats, mais depuis le premier président, Washington, l'habitude s'était établie que les présidents ne briguent pas un troisième mandat et certains estimaient même qu'une véritable coutume constitutionnelle s'était créée. Cependant, F. D. Roosevelt se présenta une troisième fois, puis une quatrième, et fut réélu. Pour établir une véritable norme juridique, il fallut donc réviser la Constitution. Ce fut l'objet du XXIIe amendement, adopté en 1951. Désormais, nul ne peut exercer plus de deux mandats.

On sait qu'en même temps que le président, les Américains élisent un vice-président, appelé à succéder au président, en cas de destitution, de mort ou de démission. En dehors de cette hypothèse, le vice-président n'a guère de pouvoirs. Sans doute préside-t-il le Sénat, mais il s'agit, on l'a vu, pour l'essentiel d'un rôle symbolique. Pour le reste, il n'exerce que les fonctions que le président veut bien lui confier. Il peut d'ailleurs s'agir d'un rôle politique important. Ainsi, le président George W. Bush déléguait de nombreuses tâches à son vice-président, Dick Cheney. Mais, si le président vient à mourir ou à démissionner, le vice-président devient président à part entière. Le XXIIe amendement limite le nombre des mandats qu'il peut lui-même exercer. On distingue deux cas : Si le vice-président a occupé pendant moins de deux ans les fonctions du président mort ou démissionnaire, il peut se présenter deux fois, comme s'il n'avait jamais été président. En revanche, s'il les a occupées pendant plus de deux ans, tout se passe comme s'il avait exercé entièrement le mandat de son prédécesseur et il ne peut se présenter qu'une fois.

En 1967, le XXVe amendement a réglé le cas de la vacance de la vice-présidence : c'est au président qu'il appartient de nommer un nouveau vice-président avec l'accord du Congrès. En 1973, le vice-président Agnew ayant démissionné à la suite d'un scandale, Richard Nixon a nommé Gerald Ford, qui a d'ailleurs succédé à Nixon lui-même, lorsque celui-ci démissionna au moment de l'affaire du *Watergate*.

270. Les instruments de l'action présidentielle. – La Constitution ne donnait au président que peu de pouvoirs propres et peu de moyens. Le président Jefferson, au début du XIXe siècle ne disposait que d'un assistant, qu'il devait payer de ses deniers. Un siècle plus tard, en 1900, ces assistants n'étaient encore que sept. Ce n'est qu'en 1939, sous la présidence de Roosevelt, que le Congrès a créé le bureau du président (Ackerman, 2010).

Les principales institutions rattachées au président sont aujourd'hui le cabinet, le bureau du président et les agences.

1° Le *cabinet* du président n'est pas mentionné dans la Constitution, mais son existence remonte aux premières années d'application de celle-ci. C'est en effet Washington qui institua un conseil de ses secrétaires. Ces secrétaires sont des ministres librement choisis par le président (car normalement le Sénat entérine les nominations) et révocables par lui. Le cabinet, qui comprend une quinzaine de personnes, n'est pas un organe collégial et n'a pas d'autorité propre. Le président peut le consulter ou non et n'est pas tenu de suivre son avis. Juridiquement, il n'y a qu'une autorité : le président. Les secrétaires d'État n'ont pas accès au Congrès, sauf s'ils y sont convoqués et ils ne peuvent être obligés par lui à démissionner.

2° Le *Bureau* du président a été institué en 1939 et s'est considérablement développé. Il compte aujourd'hui environ 1 800 personnes. Il comprend les personnalités qui constituent le *Brain Trust* du chef de l'État. Au sein de cet *Executive office*, la division des tâches a conduit à instituer différents organismes. Les principaux sont : l'*Office of Management and Budget*, qui est chargé de la préparation et de l'exécution du budget fédéral, et qui emploie plus de 600 personnes ; le *Council of Economic Advisers*, cerveau économique de la Maison-Blanche ; le *National Security Council*, créé en 1947, qui coordonne la politique intérieure, étrangère et militaire en vue de la sécurité de l'Union ; la *Central Intelligence Agency* (CIA), également créée en 1947, qui contrôle le dispositif de renseignement.

De façon plus informelle, le président est également assisté de diverses personnalités qui constituent en quelque sorte son cabinet particulier, son état-major personnel, avec les services afférents, employés et secrétaires. Cet ensemble forme le *White House Office*. Une dizaine de personnes, avec le titre de *counsels*, de *consultants* ou d'*assistants*, y jouent un rôle dont l'importance est à la mesure de la confiance que leur fait le président, mais qui peut être considérable. Kissinger a ainsi pu exercer en 1973 une influence déterminante sur les négociations de paix au Viet-Nam, alors qu'il n'était pas encore secrétaire d'État, mais simple conseiller du président.

3° Enfin, comme tous les services ne sont pas placés sous l'autorité d'un membre du cabinet, il existe une soixantaine d'organismes qui constituent en fait de véritables ministères portant les noms d'*Office*, d'Agence (comme la NASA : National Aeronautics and Space Administration ; la CIA : Central Intelligence Agency ; ou la NSA : National Security Agency), de *Board* (le Board of Education), de Bureau (le FBI) ou de *Committee* et qui régissent les domaines les plus divers. À la différence des institutions qu'on désigne en France comme des autorités administratives indépendantes, ils relèvent de l'autorité du président et quelquefois du Congrès. Ils ne sont donc pas indépendants, bien qu'ils jouissent parfois en pratique d'une autonomie considérable. Ainsi les membres du Congrès ne sont pas informés et ne peuvent prendre connaissance des opérations menées par la NSA, qui contrôle des millions de communications électroniques de sujets étrangers ou même de citoyens américains.

§3. La Cour suprême

A. Composition de la Cour suprême

271. Elle comprend neuf membres nommés par le président avec l'accord du Sénat, qui, on l'a vu, n'est pas automatique. C'est même sur la nomination des juges que le contrôle du Sénat s'exerce avec la plus grande vigilance, parce que, de toutes les personnalités nommées par le président, ce sont incontestablement celles qui exerceront le plus grand pouvoir. La procédure de confirmation par le Sénat d'un nouveau juge est souvent l'occasion d'un grand débat national sur le rôle de la Cour et sur le contenu de sa politique jurisprudentielle. C'est notamment le cas, lorsque le nouveau venu pourrait renverser la majorité et qu'une question importante doit être tranchée. Le droit à l'avortement a été ainsi l'occasion de discussions dont la vivacité s'est récemment accentuée au moment de la nomination de nouveaux juges.

Parmi les membres, le président désigne le président de la Cour, le *Chief Justice*, qui exerce une influence considérable sur cette institution, aussi bien en raison de ses prérogatives dans le cours de la procédure que du prestige attaché à la fonction. On désigne ainsi une période dans l'histoire de la Cour par le nom de son président : la *Marshall Court*, la *Warren Court*, aujourd'hui la *Roberts Court*.

Par ses choix, le président américain s'efforce bien entendu d'orienter la politique de la Cour conformément à ses propres options. C'est même l'un de ses pouvoirs les plus importants et donc l'un des enjeux de l'élection présidentielle. Mais il doit aussi tenir compte d'autres facteurs, sous peine de se heurter au refus du Sénat. Bien entendu, il doit s'assurer par des consultations nombreuses que les personnalités pressenties sont des juristes de premier plan, mais il doit aussi faire en sorte que la composition de la Cour reflète quelques traits essentiels de la société américaine. C'est ainsi que, depuis quelques décennies, il y a presque toujours un juge pour chacun des principaux groupes : les noirs, les juifs ou les femmes et depuis peu les hispaniques, comme le montre le choix de la première personnalité nommée par Barack Obama. Mais, le président peut, bien entendu, chercher une personnalité capable de représenter l'un de ces groupes, tout en partageant ses propres vues politiques. C'est ainsi qu'en 1991, pour remplacer un juge noir libéral, le président George Bush a choisi un autre juge noir et profondément conservateur, que le Sénat s'est résigné à accepter.

Le choix est d'autant plus important que les juges sont nommés à vie. Il n'y a en effet pas de retraite obligatoire et ils ne peuvent être révoqués qu'au moyen de la procédure d'*impeachment*, ce qui ne se produit guère. Ils sont ainsi totalement indépendants et il est arrivé qu'ils aient à la Cour un comportement différent de celui qu'on attendait. Ceci s'explique en partie par la collégialité, les règles de procédure et l'idéologie dont sont imprégnés les juges. Elles constituent pour eux des contraintes (Troper, Champeil-Desplats, Grzegorczyk, 2005) qui contribuent à déterminer le contenu de leurs décisions et peuvent même les amener à infléchir sensiblement leurs opinions. Mais il reste que les décisions les plus importantes traduisent des choix politiques et sont adoptées à la majorité. Au cours de la session 2006-2007, par exemple, un tiers des décisions ont été prises à la majorité de cinq contre quatre. Il existait depuis quelques années un groupe de quatre juges conservateurs et un groupe de quatre juges libéraux. C'est donc un neuvième juge, appelé « swing vote », qui faisait pencher la balance tantôt d'un côté, tantôt de l'autre.

La politique de nomination a donc une importance capitale. Bien que les électeurs n'en aient pas toujours une très claire conscience, elle est aujourd'hui l'un des principaux enjeux de l'élection présidentielle. Les présidents républicains ont désigné des juges conservateurs, mais le président Obama n'a pu nommer que deux juges libéraux sans pouvoir modifier l'équilibre au sein de la cour. Après la mort d'un juge conservateur, Scalia, il a procédé à une nomination que, comme on l'a vu, le Sénat à majorité républicaine a refusé d'examiner, dans l'espoir qu'un nouveau président nommerait un autre juge conservateur. C'est ce qui s'est effectivement produit avec la nomination par Donald Trump du juge Gorsuch, qui, lui, a été confirmé sans difficulté. Par la suite, Trump a pu encore nommer et faire confirmer deux autres juges profondément conservateurs et figer ainsi pour de longues années la jurisprudence de la Cour, voire de renverser la jurisprudence libérale. Dans ces conditions, on comprend que les juristes libéraux, qui avaient salué cette jurisprudence depuis les années 1950, par exemple en matière d'intégration raciale, de discrimination positive ou d'avortement, soient désormais plus réservés sur l'institution même (Kramer, 2005).

B. Compétences de la Cour suprême

272. Développement du contrôle. – L'institution de la Cour est liée au fédéralisme. Chacun des États a en effet son propre système judiciaire, mais il fallait encore des tribunaux pour trancher certains litiges, qui échappent à la compétence des juridictions d'États, par exemple les litiges entre États ou ceux auxquels les États-Unis, c'est-à-dire le gouvernement fédéral, sont partie. La Constitution de 1787 a donc institué une Cour suprême et des tribunaux fédéraux.

Elle ne leur confiait cependant pas explicitement le contrôle de constitutionnalité. C'est la Cour suprême elle-même, qui en 1803, dans une décision *Marbury v. Madison*, a donné de la Constitution une interprétation, d'où il résultait que ce contrôle pouvait être exercé non seulement par elle-même, mais par tout juge. L'argument du *Chief Justice* Marshall était simple : s'il n'était pas possible de contrôler la constitutionnalité des lois, celles-ci pourraient impunément violer et refaire la Constitution, qui serait ainsi privée de toute valeur supérieure à celle des lois (Zoller, 2003). Pendant quelques décennies après 1803, la Cour, pour éviter de heurter de front le Congrès, a fait un usage très modéré de son nouveau pouvoir vis-à-vis des lois fédérales et c'est surtout la conformité à la Constitution des lois des États qui a été contrôlée par la Cour. Mais, depuis le début du xxe siècle, elle joue un rôle de plus en plus actif. Le contrôle qu'elle exerce aussi bien sur le droit des États, dont elle vérifie la conformité à la Constitution fédérale, que sur les lois du Congrès, lui a permis d'exercer une influence déterminante sur la production du droit américain.

273. Forme et nature du contrôle. – Il s'agit d'un contrôle exercé principalement par voie d'exception et d'un contrôle décentralisé (v. *supra* n° 60). La Cour suprême n'est pas le seul tribunal compétent pour l'exercer. Chaque juge peut trancher une question de constitutionnalité soulevée par l'une des parties à l'occasion d'un procès quelconque. Si la loi applicable, soit une loi fédérale, soit une loi de l'État, apparaît contraire à la Constitution fédérale, elle doit en effet être écartée. La décision du juge sur cette question, dite « exception d'inconstitutionnalité » peut naturellement être déférée en appel à la juridiction supérieure. En dernier ressort, c'est la Cour suprême des États-Unis qui sera amenée à trancher.

En principe, la décision n'a qu'un effet relatif entre les parties. Autrement dit, la loi jugée inconstitutionnelle n'est pas annulée, mais seulement déclarée inapplicable. Cependant, les tribunaux américains, comme les anglais, sont liés par les précédents. Un autre juge, saisi d'une affaire semblable, serait donc tenu de trancher de la même manière. Tout se passe donc comme si la loi était annulée. Il existe aussi un pouvoir d'injonction, qui permet à la Cour d'ordonner à des fonctionnaires d'accomplir un acte en dépit d'une loi dès lors que celle-ci peut être considérée comme inconstitutionnelle. C'est par ce moyen que la Cour a, à partir de 1954, obligé les autorités à supprimer la ségrégation raciale dans les transports et l'enseignement publics.

Il est clair que le pouvoir de la Cour n'est pas un simple pouvoir juridictionnel, si l'on entend par là le pouvoir d'appliquer des règles générales préexistantes à des litiges particuliers. En effet, les décisions de la Cour sur des cas particuliers sont immédiatement généralisées, non seulement par la règle du précédent, mais aussi par suite de plusieurs autres facteurs très importants.

Le premier est évidemment la nécessité d'interpréter les dispositions de la Constitution avant de les appliquer et la grande latitude d'interprétation qui s'offre à la Cour (v. *supra* n° 56 s.). Les dispositions de la Constitution, notamment celles qui concernent le fond du droit et qui sont contenues dans les amendements, sont très générales, ce qui signifie qu'elles sont susceptibles de plusieurs interprétations et qu'il n'y a pas de matière à laquelle l'une ou l'autre ne soit susceptible d'être appliquée. Selon que ces dispositions seront interprétées de telle ou telle manière, les lois seront déclarées conformes ou contraires à la Constitution. La Cour peut donc intervenir et formuler les règles qui régiront la vie du pays dans les domaines les plus importants. Ainsi par exemple, le XIVe amendement de 1868, qui proclame que chacun a droit à l'égale protection des lois et qui avait auparavant été considéré comme compatible avec la ségrégation raciale, a permis à la Cour de supprimer celle-ci dans les années 1950. C'est sur le fondement du droit au respect de la vie privée (*privacy*), qui ne figure pas dans le texte de la Constitution, mais a été hérité du droit anglais, que la Cour a déclaré contraires à la Constitution les lois des États qui interdisaient la contraception, puis celles qui punissaient l'avortement. C'est donc elle qui a autorisé ces pratiques, jouant ainsi un rôle analogue à celui que jouent les parlements dans d'autres pays, comme la France ou l'Espagne, quand ils légifèrent sur ces questions.

Il existe d'ailleurs à ce sujet une très vive controverse dans la doctrine juridique américaine et même au sein de la Cour suprême. Certains font valoir qu'en interprétant très largement et dans un sens libéral la Constitution de 1787, la Cour lui donne un sens différent de celui qu'elle avait à l'origine et que voulaient lui donner ses rédacteurs. Il est certain, disent-ils, que les auteurs de cette Constitution n'avaient pas la même conception de l'égalité ou de la liberté. Ils ajoutent que, dans un système démocratique, les règles sur la déségrégation ou l'avortement devraient être prises par les élus du peuple et non par un petit nombre de juges nommés. À ces arguments, les partisans d'une interprétation plus libérale opposent que les opinions des constituants de 1787 importent peu, qu'ils n'avaient ni le pouvoir, ni d'ailleurs l'intention, de lier les générations futures et qu'ils ont produit une œuvre qui évolue. La Constitution est considérée comme vivante (Severino, 2003). Sa signification n'est pas figée, mais dépend du contexte social et politique dans lequel elle s'applique. Elle doit donc être interprétée compte tenu des nécessités de notre époque. Quant au principe démocratique, il est respecté, car la Cour ne fait qu'exprimer, grâce à une forme spécifique de délibération, la volonté latente du peuple américain, qui ne correspond pas toujours à l'opinion publique du moment, mais qui est la volonté générale. Cette controverse a une portée incontestablement politique. Le premier courant est conservateur, le second libéral. On comprend dans ces conditions toute la portée des nominations à la Cour.

Le pouvoir de la Cour est encore renforcé par l'effet de plusieurs règles de procédure. C'est ainsi que le style des décisions a une très grande importance. Les décisions des tribunaux américains et spécialement celles de la Cour suprême sont fort longues (plusieurs dizaines de pages) et très argumentées. De plus, elles sont prises à la majorité. Le texte même de la décision est écrit par l'un des juges qui ont contribué à la faire adopter. Mais un autre juge de la majorité peut avoir voté pour des raisons différentes de celles du rédacteur. Il pourra les faire connaître dans une opinion dite *concordante*. De leur côté, les juges de la minorité ont la faculté de justifier leur attitude dans une *opinion dissidente*. Toutes sont publiées en même temps que la décision elle-même et contribuent à nourrir un débat juridique et politique dans le milieu des juristes et dans le pays en général. Ainsi, la Cour contribue-t-elle à la formation de la culture juridique dominante. Mais on peut remarquer que, dans les premières années d'existence de la Cour, le *Chief Justice* Marshall a imposé pendant une vingtaine d'années un style de décision ne comportant ni opinion *concordante* ni opinion dissidente. Cette unanimité apparente visait à renforcer l'autorité de ses décisions (Mastor, 2005).

Par ailleurs, la Cour a le pouvoir de filtrer les requêtes et de décider quelles sont les questions sur lesquelles elle statuera. Elle est saisie chaque année de plusieurs milliers de demandes portant sur les matières les plus diverses, mais n'en examine qu'un petit nombre, de l'ordre de la centaine. Tout se passe donc comme si la Cour suprême pouvait se saisir elle-même des cas sur lesquels elle entend exercer un pouvoir normateur.

Enfin, si la Cour peut se contenter de déclarer que la loi est conforme ou contraire à la Constitution, elle peut aussi ordonner des mesures qu'elle estime nécessaires à la mise en œuvre des principes constitutionnels. Le « busing » constitue un bon exemple de telles pratiques. La Cour ayant décidé que la ségrégation raciale dans les écoles était contraire à la Constitution, les écoles publiques durent accepter l'inscription de tous les enfants, sans distinction de race.

Il s'en fallait de beaucoup cependant pour que la déségrégation fût réelle. Dans la réalité, en effet, les enfants étaient inscrits dans les écoles de leur quartier et il existait des quartiers dont la population était entièrement noire et d'autres dont la population était entièrement blanche. La Cour a donc décidé que les enfants devraient être transportés par autobus de telle manière que les écoles soient effectivement intégrées.

Le fédéralisme lui-même permet à la Cour d'exercer un pouvoir à la fois important et peu visible. Une grande partie de ses décisions porte sur les lois des États, de sorte que les questions posées se présentent comme relatives à la compétence des États, même s'il s'agit de questions de fond. Ainsi, lorsque la Cour affirme que la loi d'un État instituant la peine de mort est conforme à la Constitution, cette décision n'équivaut ni en droit, ni en fait, à établir la peine de mort. Elle signifie seulement qu'un État peut établir la peine de mort sans violer la Constitution, mais il n'y est évidemment pas tenu. En apparence, la Cour n'a pas légiféré, mais seulement défini la compétence des États. En réalité, bien entendu, le résultat est le même, puisqu'elle aurait pu aussi bien prendre une décision contraire et abolir ainsi la peine de mort. C'est d'ailleurs ce qu'elle fait lorsqu'elle décide que les États ne peuvent interdire l'usage des contraceptifs ou l'avortement.

On observe d'ailleurs que la Cour a été un instrument puissant de renforcement du pouvoir fédéral au détriment des États. Elle a pour cela employé deux techniques principales. La première est la théorie des pouvoirs implicites : la Cour a considéré que les pouvoirs de l'État fédéral comprenaient non seulement ceux qui étaient explicitement définis par la Constitution, mais aussi ceux qui étaient nécessaires pour les mettre en œuvre. La seconde est la clause du commerce : le Congrès est compétent pour réglementer le commerce entre États. Tout dépend évidemment de l'interprétation que l'on donne au mot « commerce ». Dans un premier temps, la Cour a estimé que le Congrès ne pouvait légiférer sur des questions comme la durée du travail des enfants ou le salaire minimum. Puis, à l'époque du New Deal, elle a changé sa jurisprudence et décidé que, dès lors qu'une activité pouvait affecter le commerce entre États, elle entrait dans les compétences du Congrès. Depuis quelques années, elle est redevenue plus conservatrice et reconnaît beaucoup plus souvent que par le passé la compétence des États pour régir des matières, considérées auparavant comme régies par la Constitution fédérale, et elle interprète la clause du commerce de façon plus restrictive que par le passé (v. Rosenfeld, 2001). Il est possible que cette évolution se poursuive, car dans une décision très importante en juin 2012 la Cour a considéré que le Congrès ne pouvait instituer une assurance médicale obligatoire sur le fondement de la clause du commerce, mais seulement sur celui de son pouvoir de lever un impôt[13]. Il est clair que si l'État fédéral ne peut plus aussi facilement se fonder sur la clause du commerce, ses compétences s'en trouveront considérablement réduites.

274. Le gouvernement des juges ? – On est tenté, devant de tels pouvoirs, de considérer que ces juges ne se bornent pas à exercer une compétence juridictionnelle, mais qu'ils gouvernent. L'expression de « gouvernement des juges » n'a pas été inventée par la doctrine américaine, mais par un auteur français (Lambert, 1921). Cependant, elle traduit bien le sentiment de nombreux auteurs et acteurs de la vie politique américaine en présence du nombre et de l'importance des matières régies aux États-Unis par la jurisprudence de la Cour. À vrai dire, le phénomène prend plus de relief, lorsque la politique jurisprudentielle de la Cour va à l'encontre soit de l'opinion publique, soit de la politique menée par l'une des autres autorités fédérales.

C'est ainsi que la formule est apparue particulièrement pertinente au moment du New Deal, lorsque la Cour a tenté de faire échec à la politique législative du président Roosevelt, en décidant que la législation sociale protectrice était contraire à la Constitution. La résistance de la Cour n'a pu être brisée que par la menace d'une révision de la Constitution ou d'une augmentation du nombre des juges, qui pourrait faire l'objet d'une loi ordinaire.

Il en va tout autrement lorsque la Cour ne mène pas une politique autonome, mais que ses décisions traduisent une politique, qui ne peut être menée par d'autres moyens, par exemple pour la lutte contre la ségrégation raciale ou la libéralisation de l'avortement, mais qui correspond aux tendances profondes de l'opinion ou qui les annonce (Friedman, 2009).

13. *National Federation of Independent Business v. Sebelius*, 567 USn (2012).

Il est certain que la cour dispose d'un pouvoir énorme, mais on ne l'accuse d'être un gouvernement des juges ou d'être une institution anti-démocratique que lorsqu'on est en désaccord profond avec sa jurisprudence. Il est frappant de retrouver des formules semblables dans les discours de Roosevelt et dans les opinions dissidentes rédigées par des juges conservateurs à propos du droit au mariage entre personnes de même sexe[14].

On a constaté ces dernières années un infléchissement de la politique de la Cour. Depuis les années 1950, elle était profondément engagée dans la protection et la garantie des libertés et des droits individuels. Ce libéralisme se manifestait dans de nombreux domaines : le droit pénal, la protection de la vie privée (droit à la contraception et à l'avortement), la liberté d'expression, la lutte contre les discriminations. Il se traduisait non seulement par l'interdiction de mesures attentatoires aux libertés, mais aussi, comme on l'a vu avec l'exemple du *busing*, par la prescription de mesures propres à garantir l'exercice effectif des droits (*affirmative action*). En même temps, comme cette politique jurisprudentielle reposait sur une interprétation de la Constitution fédérale, elle signifiait nécessairement un affaiblissement de l'autonomie des États.

Cependant, la tendance s'est inversée dès le milieu des années 1970, quand la Cour a renoncé à sa jurisprudence libérale sur la peine de mort. Le conservatisme s'est accentué à la suite des nominations opérées par Reagan et Bush et surtout Trump. Aujourd'hui, il existe au sein de la Cour une majorité conservatrice très nette de 6 contre 3. Il faut ajouter que ce ne sont pas seulement les juges de la Cour suprême mais tous les juges fédéraux qui sont nommés par le Président et confirmés par le Sénat.

Les libéraux craignent donc que la Cour suprême revienne sur sa jurisprudence libérale des années 1950-1960, sur les droits civils ou sur l'avortement et qu'elle s'oppose à la politique économique et sociale de Biden. Face à ce danger, il leur sera difficile de recourir comme Roosevelt à la menace de « bourrer la Cour ». Certes, la constitution se borne à instituer la Cour, mais sans déterminer le nombre des juges, qui résulte d'une loi ordinaire et l'on peut donc envisager de porter ce nombre de 9 à 11 ou davantage, de manière à permettre au Président de nommer des libéraux et de modifier ainsi la majorité. Mais, avec la composition du Sénat actuel, il n'est nullement certain qu'une telle loi puisse être adoptée.

Certains redoutent d'ailleurs de toucher aux délicats équilibres institutionnels et mettent leurs espoirs dans l'idée que les décisions ne reflètent pas seulement les préférences politiques des juges. Elles correspondent parfois aussi à ce qu'ils estiment être l'intérêt de l'institution elle-même, qui ne doit pas apparaître comme coupée de l'opinion ou concurrente du pouvoir politique ou encore aveugle à l'évolution profonde de la société. On a vu ainsi le

14. *Obergefell v. Hodges*, 26 juin 2015, 576 US. C'est ainsi que le très conservateur juge Scalia écrit qu'un système de gouvernement qui soumet le peuple à une commission de neuf juristes non élus ne mérite pas le nom de démocratie. Ce même juge Scalia n'avait pourtant rien trouvé à redire à des décisions qui elles aussi établissaient des règles générales obligatoires pour l'ensemble de la société, mais qui correspondaient davantage à ses préférences politiques.

président de la cour, John Roberts, pourtant profondément conservateur, faire à deux reprises, en 2012 et en 2015, pencher la balance dans un sens libéral à propos de la loi sur le système de santé.

Section 2
Les rapports politiques

§1. Le fédéralisme

275. Contrairement à ce que l'on constate dans certains autres pays, le fédéralisme américain est une réalité et, malgré une évolution incontestablement centralisatrice, une grande partie des décisions politiques importantes sont prises dans le cadre des États.

Cela s'explique par l'histoire : l'État fédéral américain a été construit par l'agrégation d'États, qui venaient de proclamer leur indépendance et n'entendaient pas y renoncer, mais au contraire cherchaient dans l'union le moyen de la préserver. C'est pourquoi, la Constitution n'a conféré aux organes fédéraux qu'une compétence d'attribution, et ne leur a donné que des pouvoirs qui ne pouvaient être exercés aussi efficacement dans le cadre plus restreint des États : les relations extérieures et la guerre, la monnaie, le commerce international ou interétatique. Le Xe amendement adopté en 1791 précisait même que tous les pouvoirs qui ne leur étaient pas expressément délégués étaient réservés aux États, qui conservaient ainsi une compétence de droit commun. C'est aussi pour cette raison que les sénateurs étaient désignés à l'origine, non par les citoyens, mais par les législatures des États, que chaque État disposait de deux sénateurs et que le Sénat était en mesure de s'opposer à n'importe quel aspect de la politique fédérale, qu'elle prenne la forme de lois ou de décisions du président.

Cependant, les pouvoirs fédéraux ont connu un accroissement spectaculaire. Le premier facteur de cet accroissement a été, à partir de la guerre de Sécession, la nécessité de donner aux organes fédéraux des moyens juridiques de faire face aux situations de crise, de plus en plus fréquentes à mesure que se développait l'influence des États-Unis dans le monde. En même temps, la nécessité d'équiper et d'entretenir une armée immense leur donnait des moyens d'intervention économique. De même, c'est l'État fédéral qui avait la responsabilité de la conquête et de l'administration des nouveaux territoires de l'Ouest. Par ailleurs, la Constitution elle-même recelait une possibilité d'interprétation extensive : elle conférait aux organes fédéraux certaines compétences, qui permettaient d'en exercer d'autres. Ainsi, le pouvoir de battre monnaie conduit à déterminer une politique économique et monétaire. De même, le pouvoir de réglementer le commerce entre les États, le « *commerce clause* », a pu être interprété, comme on l'a vu, de façon extensive.

Cependant, la Cour suprême apprécie en réalité l'étendue du pouvoir fédéral selon l'usage qu'en fait le Congrès, mais aussi selon les préférences de la majorité des juges. C'est ainsi qu'une loi fédérale, qui limitait le port d'armes à proximité des écoles, a été considérée comme excédant les limites de la clause du commerce et, par conséquent, contraire à la Constitution (*United States v. Lopez*, 1995). En revanche alors qu'une loi de l'État de Californie autorisait la possession et l'usage thérapeutique purement privé de la marijuana par des personnes atteintes de maladies graves, la Cour a décidé, sur le fondement de la clause du commerce, que le Congrès fédéral avait le pouvoir de l'interdire (*Gonzales v. Raich*, 2005). On a vu de même que, si la Cour a accepté de considérer comme constitutionnelle la loi sur l'assurance médicale obligatoire, c'est sur le fondement du pouvoir du Congrès d'imposer des taxes et non sur la clause du commerce, de manière à encadrer plus strictement à l'avenir les compétences fédérales et à préserver celles des États.

Enfin, le pouvoir du Congrès de collecter des impôts signifie qu'il dispose d'énormes ressources financières, qu'il peut en partie redistribuer sous forme de subventions, mais à condition que les États et les autres collectivités qui en bénéficieront se conforment à certains principes politiques.

276. Le droit constitutionnel des États. – Chacun des cinquante États a sa propre Constitution. Certaines sont très anciennes. Celle du Massachusetts par exemple, antérieure à la Constitution fédérale, est aujourd'hui la plus ancienne des constitutions écrites en vigueur dans le monde. Elle a d'ailleurs en partie inspiré les *Founding Fathers*. L'autonomie constitutionnelle des États n'a d'ailleurs pas conduit à une très grande diversité institutionnelle, parce que chaque Constitution d'État doit respecter la Constitution fédérale et aussi en raison de la très grande homogénéité politique et culturelle du peuple américain. On trouve ainsi dans tous les États un parlement bicaméral (sauf dans le Nebraska) et un gouverneur, disposant de pouvoirs semblables à ceux du président fédéral. Leurs rapports sont aussi du même type : le gouverneur ne peut dissoudre les Chambres et il ne peut être renversé par elles. La vie politique à l'échelon de l'État et à l'échelon local est ainsi extrêmement riche et animée. Cela tient d'abord au fait que, malgré le rôle croissant de l'État fédéral, les compétences laissées à l'autonomie des États sont considérables. Pourvu qu'ils ne portent pas atteinte aux principes fondamentaux proclamés par la Constitution fédérale, ils peuvent légiférer dans des matières très importantes, qui vont du droit pénal au droit de la famille, ce qui explique que les solutions peuvent varier considérablement d'un État à l'autre. C'est ainsi que certains États ont aboli la peine de mort, tandis que d'autres l'ont maintenue, que l'Oregon autorise le suicide médicalement assisté ou le Massachusetts le mariage des homosexuels, que dans certains États les juges sont élus, tandis que dans les autres ils sont nommés par les autorités politiques.

En raison de l'autonomie des États, la hiérarchie des normes est complexe. Les lois de l'État doivent être conformes à la Constitution de l'État, mais celle-ci doit elle-même se conformer à la Constitution fédérale. Les stratégies sont donc elles-mêmes complexes. On peut en trouver une bonne illustration dans la question des mariages homosexuels. En juin 2008, la Cour suprême de Californie a décidé que le refus de l'administration de célébrer des mariages entre personnes de même sexe était contraire à la Constitution de l'État, mais en septembre de la même année, les électeurs de Californie ont adopté par référendum d'initiative populaire un amendement à la Constitution visant à renverser la décision de la Cour suprême, ce qui revenait à interdire ces mariages. Toutefois, cet amendement a lui-même fait l'objet d'un recours devant les tribunaux fédéraux et en février 2012 une cour d'appel fédérale l'a déclaré contraire à la Constitution fédérale. L'affaire a été portée devant la Cour suprême des États-Unis, qui, au mois de juin 2013, a rejeté le recours formé contre la décision de la cour d'appel fédérale. Le mariage homosexuel a donc en définitive été autorisé en Californie en vertu de décisions juridictionnelles intervenues au niveau de l'État et au niveau national[15].

Un facteur important de l'intensité de la vie politique locale réside dans une caractéristique commune à de nombreux États qui pratiquent une démocratie semi-directe : mandat impératif, référendum, élection des juges, des procureurs, des autorités de police judiciaire et de très nombreux autres fonctionnaires. Le référendum, qui n'existe pas au niveau fédéral, joue un rôle important dans de nombreux États où les citoyens peuvent prendre l'initiative d'un référendum constitutionnel, qui peut avoir pour objet d'empêcher l'adoption de lois ou de renverser une décision juridictionnelle, comme on l'a vu avec l'exemple du mariage entre personnes de même sexe en Californie.

Une institution très originale est le *recall*. Elle permet, si un nombre déterminé de signatures a été obtenu, de forcer le pouvoir à organiser un référendum ayant pour objet de révoquer un homme politique ou un juge. C'est ainsi qu'en 2003 le gouverneur de Californie a pu être révoqué, de sorte que l'acteur Arnold Schwarzenegger a pu lui succéder.

§2. Les rapports entre organes

277. Il est clair que l'expression de « séparation des pouvoirs », que l'on emploie pour caractériser le système constitutionnel américain, est tout à fait inadéquate si l'on désigne par là un système dans lequel les autorités sont à la fois spécialisées et indépendantes (v. *supra* n° 84 et s.). Les autorités fédérales américaines ne sont en effet ni spécialisées, ni indépendantes. Elles ne sont pas spécialisées, puisqu'elles participent toutes aux trois grandes fonctions de l'État, le président à la fonction législative, le Congrès à la fonction exécutive et la Cour suprême à la fonction législative. Elles ne sont pas non plus indépendantes, car si la Constitution n'organise ni dissolution, ni responsabilité politique, il est clair que chacune dispose vis-à-vis des autres des moyens d'action puissants (Moulin, 1978). Ceux-ci résultent d'abord du fait qu'elles ne sont pas spécialisées : le président peut influencer le Congrès par le veto, le Sénat peut agir sur le président par son pouvoir de confirmation. Mais, en outre,

15. 26 juin 2013, *Hollingsworth et al. v. Perry et al.*

différents moyens peuvent être employés en cas de crise grave. Le Congrès peut faire pression sur la Cour suprême, parce que la Constitution ne détermine pas le nombre des juges, si bien qu'il peut menacer de l'accroître pour influer sur la jurisprudence. Il peut aussi, comme il l'a fait pour Richard Nixon, contraindre le président à démissionner en le menaçant d'*impeachment*. Sans doute, il y faut une crise majeure, mais qu'une telle crise survienne, et le Congrès trouve les moyens de l'emporter. Ce qui est remarquable n'est pas qu'une crise se produise, mais qu'elle soit aussi rare. Il y a donc bien un équilibre, mais il résulte non d'une séparation rigide des pouvoirs, mais, au contraire, de l'absence d'une telle séparation.

On a pu craindre que cette répartition des compétences et ces contrôles mutuels, les fameux *checks and balances,* ne provoque des blocages. S'ils se sont rarement produits par le passé, c'est avant tout en raison des caractéristiques du système de partis américains, qui étaient profondément différents des partis européens. Ils ne connaissaient ni structure forte, ni véritable programme, ni discipline. C'étaient surtout des machines électorales.

Jusqu'à une date relativement récente, ils n'avaient pas non plus d'idéologies cohérentes et structurées. Dans ces conditions, les membres du Congrès étaient et restent dans une large mesure des personnalités fortes, élues en raison de leur assise locale et des appuis dont ils disposent en dehors des partis, que ce soit dans des groupes religieux, dans les milieux économiques ou les groupes de pression. Ils sont donc indépendants des partis, même s'ils ne le sont pas totalement des autres groupes sociaux, et peuvent se déterminer au cas par cas en fonction de leurs convictions ou de leurs intérêts propres, de sorte que les majorités au Congrès sont restées fluides très longtemps. Un président républicain pouvait gouverner même si le Congrès était en majorité démocrate, parce qu'il pouvait obtenir que certains démocrates votent les lois et le budget dont il avait besoin et qu'il était peu probable qu'il se formât un groupe assez homogène et déterminé pour se heurter durablement au président au point de désirer le destituer (Tomasky 2019).

L'équilibre signifie qu'aucun organe ne saurait durablement dominer les autres, mais cet équlibre peut se réaliser de plusieurs manières. Il peut d'abord arriver que selon les époques, tel ou tel pouvoir paraisse prééminent. L'expression « *système présidentiel* » désigne alors le système tel qu'il fonctionne lorsque la conjoncture politique donne cette prééminence au président, tandis qu'à d'autres époques, ou à d'autres points de vue, on peut parler avec autant de pertinence de *gouvernement des juges* ou de *gouvernement congressionnel.*

Cependant, depuis les années 1990, les deux camps se sont figés, les démocrates sont plus libéraux (au sens américain du terme, c'est-à-dire non pas comme en Europe hostiles à l'intervention de l'État dans l'économie, mais simplement favorables aux droits civils et aux libertés), tandis que les républicains se sont orientés beaucoup plus nettement à droite, et cela dès Reagan et de plus en plus jusqu'à Trump. Ce clivage, grandement favorisé par les règles électorales et la jurisprudence sur le financement des campagnes, s'est manifesté en de nombreuses occasions, notamment sous la présidence d'Obama, quand celui-ci n'a pu faire adopter par un Congrès dominé par les républicains la réforme du système de santé (*Obamacare*) ou quand le Sénat a refusé de confirmer la nomination de nombreux juges fédéraux et qu'il a été jusqu'à refuser d'auditionner celui qu'Obama avait nommé à la Cour suprême et qui était jugé trop libéral. Il s'est accentué pendant la présidence de Trump.

Ce changement dans les partis ne pouvait manquer d'avoir des conséquences importantes sur le fonctionnement du système politique. Si le président trouve en face de lui un Congrès, et surtout un Sénat, dominé par le parti opposé, son pouvoir s'en trouve fortement diminué, comme cela a été le cas sous Obama, mais il est considérablement renforcé si la majorité du Sénat lui est favorable, comme sous Trump. Il se trouve dans une situation semblable à celle d'un chef de gouvernement dans un régime parlementaire lorsqu'il dispose d'une majorité. Non seulement il ne rencontrera aucune opposition pour les nominations de hauts fonctionnaires ou de juges, non seulement il est à l'abri d'une condamnation par le Sénat, mais il pourra étendre démesurément son pouvoir exécutif sans grand risque que le législateur l'en empêche, puisque les textes éventuellement adoptés par la Chambre des représentants pour surmonter ses décisions ne franchiraient pas le cap du Sénat et que d'ailleurs, même si par extraordinaire le Sénat les ratifiait, il pourrait encore leur opposer son veto[16].

Section 3
L'inexportabilité du système constitutionnel américain

278. Alors que le régime parlementaire est sans doute le système politique le plus répandu en Europe et même dans le monde, il paraît difficile de trouver ailleurs qu'aux États-Unis un exemple de « régime présidentiel » fonctionnant d'une manière comparable. Pourtant, presque tous les constituants latino-américains se sont inspirés ou ont cru s'inspirer, de ce modèle avec un président et un Parlement tous deux issus du suffrage universel direct, le premier étant à la fois chef de l'État et de gouvernement, le second étant censé exercer le pouvoir législatif ; l'exemple des États-Unis ne paraît donc pas isolé. D'après un recensement établi en 2012 par la Documentation française, sur vingt États d'Amérique latine tous, à l'exception de Cuba, ont un système politique de type dit présidentiel (Couffignal 2012).

16. Savage C., "Shift on Executive Power Lets Obama Bypass Rivals", in *New York Times*, 22 avril 2012 ; Balkin, Jack M., "The Last Days of Disco : Why the American Political System is Dysfunctional", *Boston University Law Review*, March 2, 2014, Vol. 94 ; Yale Law School, *Public Law Research Paper* n° 498. Available at SSRN : http://ssrn. com/abstract=2403508.

Mais le système constitutionnel américain est difficilement transposable et toutes les tentatives pour s'en inspirer ont conduit à des modes de fonctionnements entièrement différents, soit que le Congrès domine le président, comme dans le Chili du XIXe siècle, soit, solution plus fréquente, que le président use de pressions diverses, notamment militaires, pour obtenir des pouvoirs spéciaux.

Certains ont vu dans la prépondérance du président en Amérique latine une déformation de ce qu'ils considéraient comme un régime présidentiel pur au point qu'ils ont cru devoir créer une catégorie nouvelle : le système « présidentialiste » (cf. *supra* n° 104 et s. ; Moulin, 1978). En effet, dès le début du XIXe siècle les colons espagnols ou portugais qui constituaient la classe dirigeante de ces pays étaient imprégnés d'une culture politique autoritaire, où le monarque pouvait légiférer par ordonnances et où les interventions des chefs militaires dans le gouvernement civil étaient fréquentes. Grâce à cette culture, une conception très extensive de l'autorité présidentielle s'est imposée un peu partout en Amérique latine. Même si les pouvoirs du président étaient en théorie limités par la Constitution, on admettait facilement qu'il puisse déclarer un état d'exception lui permettant de faire lui-même la loi, de suspendre l'exercice des droits et libertés, et d'intervenir dans les affaires provinciales ou locales sans respecter le principe d'autonomie. Et l'état d'exception avait souvent tendance à se perpétuer. Pour ne prendre qu'un seul exemple, pendant plus de quinze ans, durant les années 1940 à 1967, le président Stroessner a gouverné le Paraguay de façon dictatoriale en se fondant sur un article de la Constitution qui l'habilitait à déclarer l'état de siège pour 90 jours. Il lui suffisait pour se mettre en règle de renouveler cette déclaration tous les 90 jours !

Il ne faudrait cependant pas en déduire que tous les pays d'Amérique latine vivent aujourd'hui encore sous un régime de dictature. Durant les années 1980 et 1990, plusieurs d'entre eux ont adopté d'importantes réformes constitutionnelles pour renforcer les pouvoirs de contrôle du Parlement. Mais la fragmentation de la représentation politique[17] et l'insuffisance des ressources budgétaires ne permettent généralement pas à celui-ci de tirer parti de ces réformes en jouant un rôle comparable à celui du congrès des États-Unis. Et la fréquence des crises, qu'elles soient dues à des causes politiques, économiques, ou à des phénomènes naturels (tremblements de terre, réchauffement climatique, etc.) fournit toujours des prétextes au président pour empiéter sur le rôle législatif du Parlement (Arceneaux, 2013). Au Venezuela, en 2016, le président Nicolas Maduro, de tendance marxiste comme son prédécesseur Hugo Chavez, a proclamé l'état d'urgence, parce qu'une coalition de partis d'opposition avait gagné les élections législatives, et qu'il soupçonnait cette coalition de préparer un coup d'État. Et lorsque le rapport des forces est plutôt favorable au Parlement, celui-ci tente souvent de déstabiliser l'exécutif en engageant contre le chef de l'État des procédures en principe pénales, mais qui ne sont pas toujours dépourvues de finalités

17. Dans les pays d'Amérique latine, les assemblées parlementaires sont généralement élues à la représentation proportionnelle.

proprement politiques. C'est ainsi qu'au Brésil, en mai 2016, la présidente Dlima Roussef a été mise en accusation pour avoir truqué des statistiques économiques et suspendue de ses fonctions pour six mois en attendant que le Sénat ait statué sur son cas. Les poursuites pour corruption, réelle ou imaginaire, sont d'ailleurs un instrument particulièrement efficace dans le contexte plus général de la vie politique, quand elles sont dirigées contre des opposants ou des rivaux dans une compétition électorale. Au Brésil, toujours, l'ancien président Lula, qui voulait se présenter à nouveau avec des chances de l'emporter, a été poursuivi et emprisonné pour l'empêcher d'être candidat et le nouveau président, Bolsonaro, mène une politique d'extrême droite, malgré un Congrès où ses partisans ne sont pas majoritaires.

Pour réagir contre les abus du pouvoir présidentiel, la plupart des pays d'Amérique latine ont inséré dans leur Constitution une clause interdisant la réélection immédiate au terme d'un mandat. Quelques-uns ont tenté de mettre en œuvre des remèdes plus spécifiques. Par exemple, au Venezuela, 20 % des électeurs inscrits sur les listes électorales peuvent provoquer un référendum tendant à démettre le président de ses fonctions. Au Pérou, bien que les membres du gouvernement soient nommés par le président, ils sont en même temps responsables devant le Parlement, comme dans un régime dit « semi-présidentiel ».

De façon plus générale, force est de constater qu'aucun des pays européens (France, Russie, Pologne, Roumanie, Finlande, Autriche) qui se sont dotés d'un chef de l'État élu directement par les citoyens, n'a imité les États-Unis. Au lieu de concentrer tous les pouvoirs exécutifs entre les mains du président, ils ont maintenu, à côté de lui, un gouvernement responsable devant le Parlement. De ce fait, leur système politique ne peut être rattaché ni au modèle parlementaire traditionnel, ni au modèle présidentiel américain (cf. *infra* n° 484).

279. Bibliographie

Ackerman B.,

– (1998), *Au nom du peuple*, Paris, Calmann-Lévy.

– (2010), *The Decline and Fall of the American Republic*, Harvard University Press.

Agresto J. (1984), *The Supreme Court and Constitutional Democracy*, Ithaca, Cornell University Press.

Amar A. R. (2005), *America's Constitution. A biography*, New York, Random House.

Benzina S. (2018), « Les executive orders du président des États-Unis comme outil alternatif de législation ». *Jus Politicum*, n° 21.

Black Ch. et Bobbitt Ph. (2018), *Impeachment: a Handbook*. New Haven ; London, Yale University Press.

Boudon J.,

– (2005), « La désignation du président des États-Unis », *RDP*, p. 1303 s.

– (2010), *Le frein et la balance. Études de droit constitutionnel américain*, Paris, Mare et Martin.

Cohen-Tanugi L. (1992), *Le droit sans l'État*, Paris, PUF, 4e éd.

Colloque de 1993, « Les droits de l'Homme : une expérience franco-américaine », *Revue Tocqueville*, vol. XIV, n° 1, 1993.

Coutant A. (2012), *Histoire constitutionnelle des États-Unis*, Paris, Mare & Martin.

Deysine A.,

– (1998), *La justice aux États-Unis*, Paris, PUF, coll. Que sais-je ?

– (2006), *Les États-Unis aujourd'hui, permanence et changements*, Paris, La Documentation française.

(2015), *La cour suprême des États-Unis*, Paris, Dalloz.

Fassassi I. :

– (2017), *La légitimité du contrôle juridictionnel de la constitutionnalité des lois aux États-Unis. Étude critique de l'argument contre-majoritaire*, Préface de Guy Scoffoni, Paris, Dalloz.

– (2020), « Donald Trump et la Constitution », *Pouvoirs* n° 172, 29-48.

Fatin-Rouge Stefanini et Mastor W. (2004), « La Cour suprême américaine et la réforme du financement des campagnes électorales aux États-Unis », *RFDC* n° 59, p. 473-502.

Friedman B. (2009), *The will of the People. How Public Opinion Has influenced the suprême court and shaped the meaning of the Constitution*, Farrar, Straus & Giroux.

Hamilton A., Jay J., Madison J. (1988), *Le fédéraliste*, Paris, Economica, nouvelle éd.

Hamon F. (1977), « La loi sur les pouvoirs de guerre du président des États-Unis et du Congrès », in *Mélanges Burdeau*, Paris, LGDJ, p. 561.

Hamon F. et Wiener C. (2006), *La justice constitutionnelle – France, États-Unis*, Paris, La Documentation française.

Kaspi A. (2002), *Les États-Unis de 1945 à nos jours*, Paris, Le Seuil.

Kramer L. (2005), « Au nom du peuple. Qui a le dernier mot en matière constitutionnelle ? », *RDP*, p. 1027-1046 s.

Lacorne D.,

– (1991), *L'invention de la République ; Le modèle américain*, Paris, Hachette.

– (2006), *Les États-Unis*, Paris, Fayard.

Lambert E. (1921), *Le gouvernement des juges et la lutte contre la législation sociale aux États-Unis*, Paris, M. Giard et Cie, rééd. Dalloz 2005, préf. F. Moderne.

Lessig L. (2011), *Republic, Lost. How Money Corrupts Congress – and a Plan to Stop It*, New York, Twelve.

Longuet C.-E. (1989), *Le Congrès des États-Unis*, Paris, PUF.

Manin B. (1994), « Frontières, Freins et contrepoids ; la séparation des pouvoirs dans le débat constitutionnel américain de 1787 », *RFSP*, vol. 44.

Mansfield H. (1987), « The Modern Doctrine of Executive Power », *Presidential Studies Quarterly*, vol. 17, p. 237.

Mastor W. (2005), *Les opinions séparées des juges constitutionnels*, Paris, Economica.

Michaut F.,

– (2002), *La procédure de destitution sur impeachment aux États-Unis*, Paris, L'Harmattan.

Moulin R. (1978), *Le présidentialisme et la classification des régimes politiques*, Paris, LGDJ.

Neuborne B. (2011), "Felix Frankfurter's Revenge : An Accidental Democracy Built by Judges", in *New York University Review of Law & Social Change*, Vol. 35, Number 3, p. 602, available at SSRN : http://ssrn.com/abstract=1999077.

Pennock R., Chapman J. (1959), *Constitutionalism*, New York, New York University Press.

Revue *Pouvoirs* 2020/1, (n° 172).

Rials S. (1984), « Régime congressionnel ou régime présidentiel ? Les leçons de l'histoire américaine », *Pouvoirs*, n° 29, p. 35.

Scoffoni G., « Chronique régulière : Droit constitutionnel étranger : États-Unis », *RFDC*.

Severino C. (2003), *La doctrine du droit vivant*, Paris, Economica, Aix-en-Provence, PUAM.

Toinet M.-F.,

– (1973), *Le système politique des États-Unis*, Paris, PUF, nouvelle éd. 1990.

– (1996), *La présidence américaine*, Paris, Montchrestien, 2e éd.

Tomasky M. (2019), *If we can keep it: how the republic collapsed and how it might be saved*, First Edition, New York, Liveright Publishing Corporation.

Tribe L. (1985), *God Save this Honorable Court. How the Choice of suprême Court Justices Shapes our History*, New York, Random House (puis Mentor books, 1986).

Troper M., Champeil-Desplats V., Grzegorczyk Ch. (2005), *Théorie des contraintes juridiques*, Bruxelles, Bruylant, Paris, LGDJ.

Tushnet M. (2009), *The Constitution of the United States of America: a contextual analysis*, Oxford ; Portland, Or., Hart.

Vermeule A. et Posner A. (2011), *The Executive Unbound*, New York, Oxford University Press.

Wood G. (1991), *La création de la République américaine*, trad. fr., Paris, Belin.

Zoller E.,

– (1999) *De Nixon à Clinton. Malentendus juridiques transatlantiques*, Paris, PUF.

– (2000), *Grands arrêts de la Cour suprême des États-Unis*, Paris, PUF.

– (2001), *Le droit des États-Unis*, Paris, PUF.

– (2003), *Marbury v. Madison : 1803-2003. Un dialogue franco-américain. A French-American Dialogue*, Paris, Dalloz.

– (2011), *Histoire du gouvernement présidentiel aux États-Unis*, Paris, Dalloz.

– (2014), « *Money is speech* : La Cour suprême persiste et signe. À propos de *Citizens United v. FEC* (2009) », *in Mélanges en l'honneur de Jean-Claude Colliard*, Paris, Dalloz, p. 473-483.

Sur l'inexportabilité du système constitutionnel américain

Arceneaux G. L. (2013), *Democratic Latin America*, Boston, Pearson.

Couffignal G. (dir) (2012), *Amérique latine – Une Amérique latine toujours étonnante*, Paris, La Documentation française.

Elgie R. (2011), *Semi-presidentialism : Subtypes and Democratic Performance*, Oxford, Oxford University Press, 2011.

Herrera, C.-M. (2015) (dir.), *Le constitutionnalisme Latino-Américain aujourd'hui*, Paris, Éditions Kimé.

Marquès-Pereira B. et Garibay D. (2011), *La politique en Amérique latine – Histoire, institutions et citoyennetés*, Paris, Armand Colin.

Moulin R. (1978), *Le présidentialisme et la classification des régimes politiques*, Paris, LGDJ.

Revue *pouvoirs*, 2001, *L'Amérique latine*, n° 98.

CHAPITRE 3

Les États de l'Europe centrale et orientale

280. Un régime inspiré des doctrines marxistes-léninistes a dominé l'Europe centrale et orientale jusqu'à la fin des années 1980. Il s'était établi en Russie par la Révolution d'octobre et a été étendu après la fin de la Seconde Guerre mondiale dans les pays proches de l'ancienne Russie tsariste, qui avait pris le nom d'Union des Républiques socialistes soviétiques. À bien des égards, le régime soviétique apparaissait comme l'antithèse des régimes pluralistes occidentaux, notamment en ce qu'il était une monocratie partisane. Dès 1917, le pouvoir avait été confisqué par un parti unique, le parti communiste, l'absence d'opposition légale excluant toute possibilité d'alternance. Il s'agissait, si l'on veut, d'une monocratie « populaire », le PCUS étant censé représenter les couches les plus laborieuses de la population, mais d'une monocratie tout de même (Burdeau, tome IX). Et le régime soviétique pouvait même être qualifié de totalitaire car le parti communiste ne se contentait pas de gérer la société, il se proposait de la remodeler entièrement selon les exigences d'une doctrine, le marxisme-léninisme.

Après la Seconde Guerre mondiale, des régimes fortement inspirés de ce modèle ont été installés dans un certain nombre de pays, tantôt sous la pression des forces armées soviétiques (Pologne, Tchécoslovaquie, Allemagne de l'Est, Hongrie, Roumanie, Bulgarie) et tantôt à la suite d'une révolution autochtone (Yougoslavie, Albanie, Chine, Corée du Nord, Vietnam, Cuba). En 1985, on comptait une quinzaine de régimes communistes, qui regroupaient environ 40 % de la population mondiale. Mais, en moins de cinq ans, de 1986 à 1990, le paysage politique a été profondément bouleversé.

Le régime socialiste s'est effondré dans toute l'Europe en 1989. Cet événement a constitué un véritable bouleversement révolutionnaire qui a affecté l'économie, le système de valeurs, les conceptions du monde, bref l'ensemble du système social. Pour ce qui concerne le strict plan du droit constitutionnel, il s'est agi d'un phénomène sans précédent. La nouveauté tenait à deux caractères : le premier est quantitatif : jamais auparavant dans l'histoire du monde un aussi grand nombre d'États n'avait entrepris en même temps de se doter d'une constitution. Le changement affecte en effet non seulement les États anciennement communistes, mais aussi de nouveaux États issus du démembrement de l'Union soviétique. Le second caractère tenait à la portée de cette entreprise : le processus constituant n'a pas eu seulement pour objet d'organiser le pouvoir politique conformément aux conceptions de la démocratie libérale, mais de réformer toute la société et notamment de permettre le passage d'une économie socialiste à l'économie de marché. Cette transformation a été si profonde que plusieurs de ces États ont déjà pu adhérer à l'Union européenne. Avant d'analyser la situation actuelle des États de l'Europe centrale et orientale, il importe d'examiner d'abord le régime socialiste, tel qu'il a fonctionné jusqu'en 1985 d'une part pour prendre la mesure de l'ampleur de ces mutations, d'autre part parce que certains des traits caractéristiques du fonctionnement des régimes actuels ne peuvent se comprendre que comme des produits de cette histoire.

Section 1
Le régime socialiste

281. Ce régime s'est implanté et a fonctionné avec des variantes d'abord en Russie, devenue Union des Républiques Socialistes Soviétiques (URSS), puis dans les États tombés sous l'influence de l'URSS après la Seconde Guerre mondiale.

§1. L'URSS

282. Les fondements idéologiques. – Selon la philosophie marxiste-léniniste, l'État est un appareil de contrainte au service de la classe dominante. Son existence est liée à la division de la société en classes. Il doit dépérir avec la disparition des classes consécutive à la révolution, mais ce dépérissement ne peut être immédiat et il faut prévoir une période de transition pendant laquelle le prolétariat victorieux doit se défendre contre ses ennemis en instaurant sa dictature révolutionnaire. En fait, la période de transition a été prolongée pour une durée indéterminée.

283. L'organisation constitutionnelle. – Des origines à 1977, on compte quatre Constitutions soviétiques. La première adoptée en 1918 ne concernait que la République de Russie. Les suivantes qui datent respectivement de 1924, 1936 et 1977 concernent l'ensemble des Républiques regroupées au sein de l'URSS, qui était, du moins en théorie, un État de type fédéral.

Ces changements de Constitution ne correspondaient pas, comme c'est généralement le cas en Occident, à des changements de régime politique.

On peut résumer en trois points les grandes lignes de l'organisation constitutionnelle :

1° La Constitution rappelle que le système économique est fondé sur la propriété socialiste des moyens de production et définit les formes de cette propriété : propriété d'État, propriété coopérative, propriété des syndicats et des autres organisations sociales. Il n'y a pas d'économie privée, ni de marché.

2° Les droits fondamentaux reconnus aux citoyens s'analysent surtout comme la possibilité d'obtenir de l'État et de la société certains avantages concrets : droit au travail, au repos, à la protection de la santé, à la pension vieillesse, etc. Ils sont présentés comme indissociables des obligations tendant à maintenir ou à renforcer le régime socialiste.

3° À chaque niveau (national, républicain, local) l'organe principal du pouvoir est le soviet, terme que l'on pourrait traduire par « Conseil » mais qui, à la suite des événements de 1905 et 1917, avait acquis une connotation révolutionnaire. Les membres des soviets sont élus au suffrage universel direct.

Le pouvoir est fondé sur la répudiation du principe de la séparation des pouvoirs, réputé refléter dans les sociétés capitalistes la division de la société en classes ou destiné à protéger des libertés purement formelles et sur le principe opposé de l'unité du pouvoir d'État. La structure des autorités n'est donc pas le reflet d'une spécialisation.

L'organe supérieur du pouvoir d'État de l'URSS est le Soviet suprême. Il comprend deux Chambres, le Soviet de l'Union et le Soviet des Nationalités qui sont composées d'un nombre égal de députés (750). Le Soviet de l'Union représente la population soviétique dans sa globalité. Le Soviet des Nationalités représente les républiques fédérées ainsi que les entités territoriales de niveau inférieur (républiques autonomes, régions autonomes, districts autonomes). Le Soviet de l'Union et le Soviet des Nationalités ont des pouvoirs égaux. Ils peuvent siéger en séance commune ou en séances séparées.

Le Soviet suprême peut connaître de toutes les questions relevant de la compétence de l'Union. En outre, il désigne les autres organes supérieurs du pouvoir d'État, qui sont responsables devant lui et qu'il peut donc, en principe, révoquer à tout moment. Ces organes sont les suivants :

- Le Praesidium du Soviet suprême, qui comprend une trentaine de membres et qui exerce collectivement les prérogatives d'un chef d'État.
- Le Conseil des ministres de l'URSS qui comprend plus d'une centaine de membres. C'est le gouvernement du pays. Il assure notamment la direction de l'économie nationale.

En théorie, les pouvoirs du Soviet suprême étaient plus importants que ne le sont les pouvoirs du parlement dans une démocratie bourgeoise, car ils n'étaient pas limités par la règle de la séparation des pouvoirs. En fait, son rôle était presque purement formel. Il ne siégeait que quelques jours par an et déléguait l'essentiel de ses attributions au Praesidium ou au Conseil des ministres. Et le véritable centre du pouvoir politique se situait dans le parti communiste de l'Union soviétique (PCUS), et non dans un organe électif.

284. La monocratie partisane. – Selon Lénine, le fondateur du régime soviétique, les ouvriers ne pouvaient avoir spontanément la conscience révolutionnaire. Celle-ci ne leur viendrait que s'ils étaient encadrés, orientés et contrôlés par un parti d'avant-garde, dirigé par des révolutionnaires professionnels et n'admettant dans ses rangs que l'élite du prolétariat. C'est donc le parti communiste, devenu parti unique, qui a exercé la totalité du pouvoir jusqu'en 1990.

Fort de 19 millions de membres et employant un grand nombre de permanents, ce parti régissait toute la société soviétique. Il sélectionnait tous les candidats aux élections organisées selon le principe des listes uniques. Il choisissait les personnes promues à tous les postes de responsabilité des administrations et des entreprises. Enfin, il contrôlait de l'intérieur toutes les organisations sociales depuis les mouvements de jeunesse (*Komsomols*) jusqu'aux syndicats professionnels. Ainsi même les citoyens non-membres du parti se trouvaient en leur qualité d'écolier, de travailleur ou de joueur d'échecs, encadrés et pris en charge par le parti.

L'organisation du parti était pyramidale. Le Congrès était théoriquement l'organe suprême et devait définir la politique du parti. Mais, comme le Soviet suprême, ce n'était pas un organe permanent. Aussi élisait-il en son sein un Comité central composé de 200 à 300 membres qui dirigeait le parti entre deux congrès. Le Comité central ne siégeait lui-même en formation plénière qu'une dizaine de jours par an et désignait à son tour des organes restreints chargés d'exécuter le travail courant et auxquels il déléguait une partie de ses attributions. Il s'agissait d'une part du bureau politique (*Politburo*), composé de 10 à 25 membres et, d'autre part, du secrétariat comprenant un secrétaire général et plusieurs adjoints. C'étaient en fait ces deux organes, qui dirigeaient le parti et l'État. Le Secrétaire général était donc le véritable chef du gouvernement soviétique, même s'il n'avait aucune fonction dans l'État. C'est ce poste qu'ont occupé Staline, Khrouchtchev, Brejnev ou Gorbatchev et qui conférait à son titulaire un pouvoir absolu.

Le secrétaire général pouvait être démis par le Comité central, mais comme c'est lui qui en contrôlait la composition, un tel événement ne pouvait se produire que par suite d'une révolution de palais, comme en 1964.

Le fonctionnement interne du parti était régi par le principe du « centralisme démocratique ». La démocratie était théoriquement garantie par l'élection de tous les organismes dirigeants du parti, de la base au sommet, et par l'obligation pour ces organismes de rendre compte périodiquement de leur activité devant les instances qui les avaient élus. Mais le centralisme impliquait une discipline rigoureuse, la subordination de la minorité à la majorité et l'obligation stricte pour les organismes inférieurs d'appliquer les décisions des organismes supérieurs. Ce système aboutissait en fait à vider de sa substance le fédéralisme, car les dirigeants des républiques étaient tenus de respecter la ligne du parti, même pour des questions qui, d'après la Constitution, eussent dû relever de la compétence propre de ces républiques. De plus, le centralisme interdisant aux militants de se regrouper par courants ou tendances, les élections à l'intérieur du parti ne donnaient jamais lieu à une compétition entre plusieurs équipes, de sorte que les candidats proposés ou soutenus par les instances supérieures étaient presque automatiquement élus ou réélus. La composition des organes dirigeants du parti (Comité central, *Politburo*, Secrétariat général) ne se renouvelait donc que très lentement. D'où une tendance à l'immobilisme et à la gérontocratie. De 1922 à 1982, le poste de Secrétaire général du PCUS n'avait été occupé que par quatre titulaires : Staline (1922-1953), Malenkov (1953), Khrouchtchev (1953-1964), Brejnev (1964-1982).

Pourtant en 1985, le Comité central choisit pour lui succéder le benjamin de l'équipe dirigeante, Mikhaïl Gorbatchev, âgé seulement de 54 ans, qui allait précipiter l'évolution et l'effondrement du régime.

§2. Les démocraties populaires

285. Deux traits principaux caractérisent les pays socialistes de l'Europe centrale et orientale appelés « démocraties populaires ». D'une part, partout, sauf en Yougoslavie, qui s'était libérée seule de l'oppression nazie, le passage au nouveau régime a été imposé par la présence de l'armée soviétique.

D'autre part, plusieurs d'entre eux avaient connu entre les deux guerres des régimes de type parlementaire et il subsistait des structures économiques capitalistes ainsi qu'une classe moyenne et une petite paysannerie. Dans certains cas, en Pologne notamment, les Églises conservaient une grande influence au sein de la population.

On a donc maintenu plus ou moins longtemps et à des degrés divers certaines formes des régimes bourgeois. Ainsi, le parti communiste n'est pas devenu partout parti unique, mais a souvent constitué des coalitions de partis qui étaient réputées détenir le pouvoir. Bien entendu, il dominait entièrement ces coalitions, mais trouvait là un moyen de neutraliser certaines forces sociales, bourgeoises ou paysannes, plutôt que d'avoir à les éliminer brutalement. Pour le reste, la structure générale du pouvoir était semblable à celle de l'URSS.

La politique menée par ces régimes était elle aussi semblable à celle du « grand frère », bien que la terreur policière ait été moins forte, qu'on ait laissé subsister certaines formes de propriété privée et que le niveau de développement économique ait été plus élevé qu'en URSS.

Pourtant, ces régimes étaient mal acceptés et n'ont pu être maintenus que par la force. Ce sont eux qui se sont effondrés les premiers entraînant la chute de l'ensemble du système soviétique, lui-même profondément miné de l'intérieur.

§3. Les signes de dysfonctionnement

286. Le totalitarisme. – Ce terme désigne un système politique dans lequel le pouvoir est non seulement concentré entre les mains d'un petit nombre d'hommes et exercé de manière autoritaire, mais dans lequel il agit dans tous les domaines de la vie. Le marxisme était en effet présenté non comme une idéologie, mais comme une science. L'opposition politique était donc nécessairement fondée sur l'erreur et ne pouvait être tolérée, mais seulement corrigée ou combattue. Si cette erreur avait pour effet de freiner le dépérissement de l'État et du droit et l'apparition de l'Homme nouveau, elle se révélait simplement criminelle et devait être traitée comme elle.

En pratique la suspicion permanente et la terreur n'ont pas empêché le développement des idées démocratiques. Celles-ci se sont exprimées de plusieurs manières. L'Union soviétique et plusieurs démocraties populaires avaient signé les accords d'Helsinki de 1975, qui consacraient un certain nombre de libertés *formelles*. C'est au nom de ces accords que les dissidents soviétiques ou tchèques ont revendiqué, quelquefois avec succès, l'exercice de ces libertés. Le droit se révélait non pas une simple superstructure, mais un levier efficace. En Pologne, c'est l'action d'un syndicat illégal, *Solidarnosc*, appuyé par une Église catholique très puissante, qui contribua à propager les idées démocratiques.

287. L'impérialisme russe. – Là encore, l'idéologie servait de masque. Après la Révolution, le nouveau pouvoir, pour résoudre les problèmes posés par la multiplicité des peuples soumis à l'empire du tsar, avait eu recours à une solution fédérale d'apparence très radicale. Chacune des républiques se voyait reconnaître le droit de se doter d'une constitution et des organes habituels d'un État. Elles se voyaient reconnaître la compétence internationale et même le droit à la sécession. En pratique, on l'a vu, le parti communiste était en mesure de contrôler l'ensemble des organes des républiques aussi bien que ceux de l'Union, de sorte que le système était en réalité centralisé et que les républiques n'étaient que des échelons d'exécution. Leurs compétences internationales étaient ainsi au service de la politique du PCUS et lorsque l'Ukraine et la Biélorussie se virent attribuer chacune un siège à l'ONU, cela signifiait seulement que l'URSS disposait de trois voix au lieu d'une.

Le fédéralisme, qui devait permettre le développement des cultures nationales, servait en fait le PCUS et en réalité les Russes qui dominaient le parti.

L'impérialisme russe se manifestait aussi en dehors même de l'Union soviétique, dans les démocraties populaires, où existaient des bases militaires importantes et où, conformément à la doctrine officielle, dite doctrine Brejnev, l'URSS se réservait le droit d'intervenir par la force, si elle estimait que le socialisme était menacé.

Ces pratiques n'ont cependant fait disparaître ni le sentiment religieux, ni le nationalisme. L'affaiblissement du pouvoir central sera pour tous les nationalismes l'occasion de s'exprimer avec une vigueur considérable.

288. Les difficultés économiques. – Mais ce sont surtout les terribles difficultés économiques qui ont entraîné la chute de ces régimes. En raison de l'étatisation du système de production et de distribution, comme du poids énorme des dépenses militaires, ces pays ne parvenaient pas à sortir d'une situation de pénurie, d'autant plus insupportable que le développement moderne des communications ne permettait plus de cacher à la population le niveau de vie auquel étaient parvenus les habitants des pays occidentaux.

Au milieu des années 1980, il y avait ainsi de multiples sources d'opposition ou de résistance, parfois ouverte mais plus souvent larvée de la part des libéraux, des nationalistes, des religieux et simplement de tous ceux qui aspiraient à une vie meilleure. Les principaux facteurs du changement semblent avoir été l'impossibilité de parvenir au développement économique, l'impossibilité économique et financière de poursuivre la course aux armements imposée par la guerre froide, dont le coût devenait trop élevé et l'enlisement de l'armée en Afghanistan. Les dirigeants ont donc entrepris une politique de détente à l'extérieur et de développement économique à l'intérieur, mais ces objectifs impliquaient au minimum une libéralisation politique et, au-delà, de profondes réformes de structure.

Section 2
Les transformations : de la perestroïka à l'éclatement de l'URSS (1985-1991)

§1. La perestroïka

289. Perestroïka (restructuration). – Tel est le terme qu'a choisi Mikhaïl Gorbatchev, élu Secrétaire général du PCUS le 17 mars 1985, pour résumer l'esprit général des grandes réformes qu'il souhaitait promouvoir. À l'origine, il ne s'agissait nullement de renoncer au socialisme, ni même de modifier profondément le système politique. L'objectif de la Perestroïka était d'améliorer le fonctionnement de l'économie soviétique en s'attaquant à toutes les rigidités bureaucratiques qui en avaient jusqu'alors freiné le développement. Ainsi, M. Gorbatchev préconisait-il une planification plus souple, la vérité des prix, la participation des travailleurs à la gestion des entreprises, la modulation des rémunérations en fonction des résultats obtenus et l'établissement de liens directs entre fabricants et consommateurs. Tirant la leçon de l'échec de ses prédécesseurs, M. Gorbatchev s'était convaincu que le succès de la restructuration était subordonné à deux conditions d'ordre plus général.

Primo, le respect de la loi (État de droit), qui garantirait aux agents économiques le minimum de stabilité et de sécurité juridique dont ils avaient besoin pour développer leurs initiatives.

Secundo, le règne de la *Glasnost* (transparence) qui permettrait à chacun de dénoncer publiquement les privilèges et les pratiques bureaucratiques dont la persistance pouvait être un facteur de blocage.

Bien qu'elle eût au départ un objectif essentiellement économique, la Perestroïka conduisait donc indirectement à poser le problème de la réforme gouvernementale et celui de la liberté d'expression.

§2. La disparition de l'URSS

290. À partir de 1988, plusieurs lois sont venues modifier en profondeur le système politique et constitutionnel soviétique et celui des républiques.

D'une part, une loi du 1er décembre 1988 ouvrait la possibilité d'une pluralité de candidatures pour l'élection des membres du Parlement. En pratique cependant, la majorité des élus aux élections qui ont suivi appartenaient encore au parti communiste.

D'autre part, la Constitution soviétique de 1977, la dernière en date, était profondément modifiée. Une loi du 1er décembre 1988 créait un Congrès des députés du peuple.

Une autre loi de 1990 instituait un président de l'Union soviétique, doté de pouvoirs très importants. Il devait être élu pour la première fois par le Congrès des députés du peuple, et par la suite au suffrage universel. Le 15 mars 1990, M. Gorbatchev fut ainsi élu par le Congrès. La source de son pouvoir se trouvait désormais dans le Parlement et donc indirectement dans le peuple, et non plus dans le parti, de sorte que ce changement dans le mode de désignation concrétisait la fin du rôle exclusif du Parti communiste.

Cependant, le pouvoir ne devait pas s'exercer sans de très graves difficultés et tensions. Tensions en raison d'une opposition très vive au sein du Soviet Suprême entre les réformateurs et les conservateurs (on désignait ainsi les communistes, hostiles aux réformes). Gorbatchev hésitant à s'appuyer sur l'un ou l'autre camp pour réaliser des réformes, cherchait à obtenir le vote de lois de pleins pouvoirs, qu'il ne parvenait pas à employer après les avoir obtenues, faute d'une maîtrise réelle de l'administration et de l'armée. Tensions d'autre part entre le pouvoir central et les républiques. Au cours de l'année 1991, elles proclament leur souveraineté et trois d'entre elles, les républiques baltes, sur le fondement de la Constitution soviétique, qui, on l'a vu, leur reconnaissait ce droit, font sécession et se proclament indépendantes.

Tensions aussi entre Gorbatchev et Boris Eltsine, le président de la plus importante des républiques, la Russie. Eltsine avait été effectivement élu au suffrage universel dans une élection ouverte et transparente et sa popularité était beaucoup plus forte que celle de Gorbatchev.

C'est dans ces conditions qu'intervint la tentative de coup d'État du 18 août 1991, qui visait à empêcher à la fois la désagrégation de l'Union soviétique et l'abandon du socialisme. L'échec du coup d'État eut pour effet d'accélérer le processus : Gorbatchev n'était plus président que d'un État fantôme et se trouva contraint de quitter le pouvoir le 25 décembre 1991.

Le 1er décembre, l'Ukraine, la plus grande des républiques soviétiques après la Russie, avait proclamé son indépendance, puis c'était le tour de la

Biélorussie. L'Union soviétique avait cessé d'exister. La chute de Gorbatchev signifiait non seulement un changement à la tête du gouvernement, mais bel et bien la fin de l'Union. Boris Eltsine prenait le pouvoir, mais en Russie seulement. Aussi, le jour de la démission de Gorbatchev, le drapeau rouge avec la faucille et le marteau était-il remplacé par le drapeau blanc bleu rouge, qui avait été celui de la Russie tsariste.

Section 3
La situation actuelle

291. La fin du communisme et l'apparition de nouveaux États ont conduit à des bouleversements constitutionnels. Toutes les Constitutions anciennes ont été modifiées ou remplacées par de nouvelles. Les textes actuels ne présentent pas toujours une très grande originalité par rapport aux Constitutions de l'Europe occidentale, mais proclament une adhésion plus ou moins sincère aux vertus de l'État de droit et forment un vaste catalogue des institutions les plus diverses (Sajo, 1999).

§1. La situation actuelle de la Russie

292. Après la fin de l'Union soviétique, la Russie a traversé une longue période de transition, dont on ne peut affirmer qu'elle est achevée. Cette période s'est caractérisée par une vive tension entre le président Eltsine et le Congrès des députés. Entre 1991 et 1993, la Russie n'était que l'une des Républiques de l'Union soviétique, mais c'était de loin la plus grande et la plus puissante. Elle vivait encore sous l'empire d'une Constitution, adoptée en 1978 et calquée, comme il était de règle sous l'ancien régime, sur la Constitution soviétique de 1977. Faute d'un accord entre les forces politiques pour adopter une nouvelle Constitution établissant un système politique libéral, la Constitution de 1978 avait été maintenue en vigueur, moyennant un très grand nombre d'amendements. Cependant, les députés élus au printemps 1991, selon l'ancien système destiné à préserver l'influence du parti communiste, étaient encore issus dans leur grande majorité des anciens cadres dirigeants.

L'affrontement avec le président, élu au suffrage universel était inévitable et prit parfois un tour dramatique.

Sur le plan constitutionnel, il se traduisit par la préparation de projets rivaux, dont l'objet principal était d'accroître les prérogatives de leur auteur. Finalement une nouvelle Constitution, fortement marquée par l'influence de Boris Eltsine, fut adoptée par référendum le 12 décembre 1993.

A. Le fédéralisme

293. La Russie reste un État fédéral. Comme en Allemagne, la Constitution donne la liste des compétences fédérales et celle des compétences conjointes des composantes de la fédération, les « sujets de la fédération », qui ont des statuts divers, républiques, régions ou districts. Les sujets, au nombre de 89, tous égaux entre eux, n'ont en propre qu'une compétence résiduelle assez réduite : seules les matières qui ne figurent pas dans les deux premières listes relèvent de leur compétence propre. Dans ces matières, leur autonomie n'est pas non plus très grande et tend à se réduire. Les chefs des exécutifs, qui étaient à l'origine élus au suffrage universel, sont depuis 2004 choisis par les organes législatifs locaux, mais sur proposition du président de la fédération. En outre, bien que la Russie soit un État multiethnique, le texte constitutionnel assure la prééminence de la langue et de la culture russe au sein de la Fédération.

B. Le président

294. Le pouvoir exécutif présente une structure dualiste caractéristique de la plupart des systèmes représentatifs européens. La figure centrale est celle du président, inspirée à la fois par celle du président de la Ve République française et par celle du président américain, ce qui lui permet de cumuler des pouvoirs gigantesques.

Le président de la Fédération était initialement élu pour 4 ans au suffrage universel direct à un seul tour et ne pouvait exercer que deux mandats consécutifs. L'adjectif est important car il implique que, après avoir accompli deux mandats, la même personne, peut, après une interruption, se présenter à nouveau. C'est ce qu'a fait Vladimir Poutine. Faute de pouvoir briguer un troisième mandat en 2008, il a présenté la candidature du Premier ministre, Dmitri Medvedev.

On a pu croire un moment que le système allait fonctionner autrement. Medvedev avait en effet pris certaines positions plus libérales que celles de Poutine et laissé penser qu'il se présenterait contre lui en 2012. Cependant, Poutine jouit d'une grande popularité. Il dispose des réseaux d'influence et c'est à lui que le parti majoritaire est fidèle. Medvedev n'était donc président que de nom. Il n'était pas un véritable rival et la prétendue compétition était seulement destinée à donner l'illusion d'une démocratie libérale.

D'ailleurs, aussitôt élu à la présidence, Medvedev s'est empressé de nommer Poutine au poste de Premier ministre, puis, au terme du mandat présidentiel de Medvedev, Poutine a pu se présenter aux élections de 2012 et, aussitôt après son entrée en fonction, il a à nouveau nommé Medvedev Premier ministre. Entretemps, la durée du mandat avait été portée à 6 ans et Poutine a pu se représenter et se faire réélire en 2018, donc jusqu'en 2024. À cette date, il aura accompli deux mandats de quatre ans et deux mandats de six ans, soit au total vingt ans. Pour lui permettre de se représenter à nouveau la Constitution sera révisée en 2020. La nouvelle loi constitutionnelle prévoit que les mandats accomplis jusqu'ici seront annulés, de sorte que Poutine et

Medvedev pourraient se présenter en 2024 et à nouveau en 2030. Poutine pourrait donc rester au pouvoir jusqu'en 2036 (cf. *infra* n° 298).

Le président est doté d'une administration très importante, comprenant près de 2 000 collaborateurs. Il n'est responsable qu'en cas de haute trahison ou de crime grave. Mais la procédure est longue et complexe : l'accusation est votée par la Douma à la majorité des deux tiers ; la qualification de l'infraction doit être confirmée par la Cour suprême ; la Cour constitutionnelle doit vérifier le respect de la procédure et ce n'est qu'alors que le Conseil de la Fédération peut prononcer la destitution, à la majorité des deux tiers également.

Ses pouvoirs sont considérables, beaucoup plus importants que ceux de n'importe lequel de ses homologues occidentaux. Il s'agit d'abord de pouvoirs de nomination : il nomme le président du gouvernement (équivalent du Premier ministre) et, sur proposition de celui-ci, les ministres et les plus hauts fonctionnaires. Il peut d'ailleurs mettre fin à tout moment aux fonctions du gouvernement. Il peut même décider de refuser provisoirement la décision par laquelle la Douma d'État a exprimé à la majorité sa défiance au gouvernement.

Il dirige et contrôle l'activité du gouvernement. Président et gouvernement préparent et adoptent les projets de lois qui seront soumis au Parlement, mais le président dispose d'un pouvoir réglementaire immense. Il peut prendre des décrets dans toutes les matières, même sans base législative. Ces décrets s'imposent comme des lois jusqu'à la mise en vigueur de lois parlementaires. C'est ainsi que le président Eltsine a pris en juin 1994 un décret « sur les mesures immédiates pour la protection de la population contre le banditisme ». Ce pouvoir est d'autant plus important qu'il dispose d'un droit de veto, qui ne peut être surmonté qu'à la majorité des deux tiers de chacune des Chambres. Il est donc en mesure de paralyser l'activité législative et de tirer argument de cette paralysie pour gouverner par décrets.

Il a également l'initiative des lois et peut encore soumettre un projet au référendum.

C. Le gouvernement

295. Aux termes de la Constitution, le gouvernement apparaît subordonné au président. Ce dernier, comme on l'a vu, nomme le « président du gouvernement » c'est-à-dire le Premier ministre, mais celui-ci doit obtenir la confiance des Chambres. Il peut aussi le révoquer. L'ensemble de ses activités, comme celles du gouvernement dans son ensemble, s'exerce sous l'autorité du président, qui apparaît comme un véritable supérieur hiérarchique. C'est ainsi que le président du gouvernement est chargé d'exécuter non seulement les lois mais aussi les décrets du président. Celui-ci peut d'ailleurs modifier ses décisions.

Le président du gouvernement est par ailleurs également responsable devant la Douma d'État. Cependant, là encore, la responsabilité devant le président prime : si la Douma a exprimé sa défiance à la majorité absolue, le président peut soit déclarer que « le gouvernement est démissionnaire », soit le maintenir au pouvoir. C'est seulement si la Douma exprime à nouveau sa défiance dans un délai de trois mois que le président doit exercer un nouveau choix : déclarer le gouvernement démissionnaire ou prononcer la dissolution.

En réalité, en Russie comme ailleurs, le pouvoir effectif appartient à celui qui est en mesure de diriger la majorité. On a donc pu constater une inversion des rôles. Quand le président de la République était Poutine, jusqu'en 2008, c'était lui qui exerçait le pouvoir et le Premier ministre Medvedev était un exécutant. Quand il était Premier ministre entre 2008 et 2012, c'était encore lui et le président de la République n'était qu'un exécutant. Lorsqu'il redevient président de la République en 2012, et Medvedev, redevenu Premier ministre retrouve son rôle d'exécutant.

D. Le Parlement

296. Le Parlement est beaucoup plus faible que la plupart des Parlements occidentaux. Il présente la structure habituelle d'un parlement fédéral et comporte deux Chambres, la Douma d'État (Chambre des députés) et le Conseil de la Fédération. Prises collectivement, les deux Chambres prennent le nom d'Assemblée fédérale.

La Douma comprend 450 députés élus pour quatre ans sur la base de la population. Le mode de scrutin a été modifié plusieurs fois. À l'origine le scrutin était mixte. La moitié des députés étaient élus à la représentation proportionnelle et l'autre moitié au scrutin uninominal. Depuis 2006, ils sont tous élus à la proportionnelle, mais avec un seuil minimal de 7 %. Dans le cas où aucune liste n'atteindrait ce chiffre, les élections seraient annulées et si une seule liste l'atteignait, pour éviter qu'elle occupe tous les sièges, on en attribuerait aussi à la liste arrivée en second. Alors que la représentation proportionnelle avec un seuil très bas a pour effet de fragmenter et de multiplier le nombre des partis, le système russe conduit au contraire à une grande concentration et à une distorsion considérable. On pourrait en effet concevoir qu'un parti obtienne 8 % des voix et un autre 6 % et qu'ils obtiennent ainsi tous les sièges. Pour atténuer cette conséquence, il a été décidé que l'ensemble des partis ayant dépassé les 7 % devait représenter au moins 60 % des voix, faute de quoi les listes suivantes obtiendraient également des sièges. Cela signifie néanmoins que deux partis, ayant obtenu l'un 30 % des voix plus une et l'autre 30 % des voix, se partageraient également tous les sièges et que le premier aurait la majorité absolue.

Ce mode de scrutin, associé à une campagne électorale au cours de laquelle les opposants ont été constamment intimidés, a produit les effets attendus et aux élections législatives de décembre 2007 seuls quatre partis ont obtenu des sièges à la Douma. Parmi eux, Russie Unie, le parti de Vladimir Poutine, en a obtenu 315 sur 450 avec 64 % des voix. Dès lors que dans un scrutin de liste, les chefs du parti décident des candidatures et sont maîtres de la réélection des députés, le système a permis à Poutine d'être le maître absolu de la Douma. En outre, la plupart des observateurs doutent de la sincérité du scrutin. On constate en effet des pressions sur les médias, des manœuvres d'intimidation des opposants et vraisemblablement des fraudes.

Bien que les élections de 2011 aient été moins favorables que les précédentes à Russie Unie, ce parti a néanmoins remporté la majorité absolue des sièges à la Douma.

Le mode de scrutin a été à nouveau modifié en 2016 et l'on est revenu à un système mixte, qui a donné à Russie Unie une majorité de 343 sièges sur 450, suffisante pour permettre la révision de la Constitution. Quant au Conseil de la Fédération, il est composé de deux représentants de chaque sujet de la Fédération.

Les deux Chambres n'ont pas rigoureusement le même rôle, ni le même pouvoir. Elles n'ont pas le même rôle, car certaines décisions du président doivent être approuvées par le Conseil et d'autres par la Douma et que le contrôle du gouvernement revient exclusivement à la Douma. Surtout, elles n'ont pas le même pouvoir législatif. Ce pouvoir est d'ailleurs très diminué.

Tout d'abord, le droit d'initiative est attribué très largement, puisqu'il peut être exercé non seulement par les parlementaires et le gouvernement, mais aussi par le président et même par la Cour constitutionnelle et la Cour suprême. Les lois doivent être adoptées par les deux Chambres à la majorité absolue, mais la Douma dispose d'une certaine prééminence puisqu'elle peut adopter à la majorité des deux tiers les lois rejetées par le Conseil (c'est-à-dire celles qui n'ont pas obtenu au Conseil la majorité absolue).

Il est clair que, s'il n'existait pas une majorité des deux tiers, le pouvoir législatif pourrait être fréquemment paralysé, non seulement par le veto du président, mais par les difficultés de la procédure : si, en raison de la multiplicité des partis et des divisions internes, on ne parvenait pas à réunir la majorité absolue au Conseil, il est naturellement peu probable qu'on parviendrait à rassembler à la Douma une majorité des deux tiers, ce qui signifie qu'il n'y aurait pas de loi du tout et que le président pourrait légiférer par décrets. Dans les faits, de telles situations sont improbables, au moins dans un avenir prévisible, car, s'il existe une majorité des deux tiers, elle est entre les mains du président.

E. La Cour constitutionnelle[1]

297. Une Cour constitutionnelle avait été créée en 1991. Elle s'était arrogé des pouvoirs considérables, bien plus importants que ceux des cours occidentales et prétendait arbitrer l'ensemble de la vie politique russe. La Constitution tout en lui maintenant une compétence étendue lui donne un statut qui vise à la limiter quelque peu.

La Cour constitutionnelle est composée de dix-neuf juges (au lieu de quinze antérieurement), élus pour douze ans (et non plus à vie) par le Conseil de la Fédération sur proposition du président. Ils ne sont pas rééligibles. Cette procédure a pour conséquence que, lorsque le Conseil est dans la

1. Baudoin, 2010.

main du président, celui-ci est en mesure de décider seul de la composition de la cour. Comme les juges sont nommés à temps et qu'ils peuvent être destitués par le Conseil de la Fédération sur proposition de la majorité des deux tiers des membres de la Cour, le président peut peser sur la jurisprudence, bien plus que le président américain, qui lui ne peut nommer un juge, titulaire à vie de son siège, que lorsque celui-ci se trouve vacant et qui n'a aucun moyen de provoquer une telle vacance. De plus, depuis 2009, le président de la cour n'est plus élu par ses collègues, mais désigné par le président (Baudouin 2010).

Ses compétences sont vastes : elle examine la conformité à la Constitution fédérale de tous les actes juridiques des organes fédéraux ou des organes des sujets de la Fédération et règle les conflits de compétence entre ces organes. Elle peut être saisie d'une part par les autorités fédérales suprêmes (président, Douma, Cour suprême, pouvoirs législatifs et pouvoirs exécutifs des sujets de la Fédération, un cinquième des députés ou des membres du Conseil de la Fédération) et d'autre part directement par les citoyens selon des modalités inspirées du système allemand. Comme un certain nombre d'autres cours parmi les plus récentes, elle peut donner des interprétations abstraites de la Constitution à la demande du président, du gouvernement et des autorités législatives de la Fédération ou des sujets de la Fédération.

Cependant, elle est en grande partie dépendante du président, qui en a nommé les membres et la réforme constitutionnelle en cours va d'ailleurs accroître cette dépendance. Le Conseil de la Fédération pourra proposer au président de révoquer les juges fédéraux et dans certains cas, le Conseil, sur proposition du président, pourra révoquer les membres de la Cour constitutionnelle et de la Cour suprême.

F. Le fonctionnement des institutions

298. La Russie offre l'exemple le plus éclatant d'institutions qui fonctionnent tout autrement que le laissait prévoir la lecture de la Constitution. Celle-ci semblait donner la prééminence au président. En réalité, s'il est vrai que l'exécutif domine, il ne s'agit pas nécessairement du président et les instruments de sa puissance ne résident pas dans les compétences que lui donne la Constitution, mais dans la domination qu'il exerce sur un parti largement majoritaire.

La vie politique a été affectée au commencement par l'extrême instabilité du système des partis en Russie. La dislocation des structures politiques, administratives et économiques avait laissé le pays dans un profond chaos. L'appareil économique soviétique était entièrement entre les mains de l'État. L'introduction de l'économie de marché s'est traduite par la privatisation des grandes entreprises, le plus souvent au profit des membres de l'ancien groupe dirigeant et l'abandon de toute direction de l'économie. Le capitalisme sauvage a permis la naissance de fortunes colossales, entraîné une corruption généralisée et provoqué l'extrême misère du plus grand nombre.

Dans un premier temps, le multipartisme a conduit, sous la présidence de Boris Eltsine, à une tension permanente entre le président et la Douma.

Même si celle-ci était divisée et ne disposait pas de compétences assez fortes pour exercer le pouvoir, elle était malgré tout en mesure de gêner considérablement l'action du président. Or, le gouvernement devait obtenir la confiance de la Douma après sa nomination par le président et plusieurs partis pouvaient se réunir pour refuser cette confiance ou encore rendre difficile l'adoption des lois. Une évolution vers un régime parlementaire aurait été possible s'il y avait eu une majorité cohérente hostile au président et certains partis, notamment les communistes et les libéraux, en ont certainement éprouvé la tentation, mais les coalitions ont toujours été éphémères. Elle ne s'est donc pas produite et elle est devenue de moins en moins probable.

Le changement s'est produit avec l'arrivée au pouvoir de Vladimir Poutine. Nommé Premier ministre en 1999 par le président Eltsine, alors qu'il était presque inconnu, Poutine a aussitôt utilisé les moyens que lui donnait sa fonction, ainsi que la tension créée par la guerre en Tchétchénie pour fonder un nouveau parti politique, l'Unité. Celui-ci obtint la seconde place aux élections législatives organisées en décembre de la même année, puis fit promptement alliance à la Douma avec le parti communiste. La voie était alors libre pour Poutine, qui pouvait persuader Eltsine d'annoncer sa démission, justifiée d'ailleurs par des raisons de santé très réelles, faisant ainsi de Poutine le président par intérim, une fonction qu'il cumulait avec celle de Premier ministre. L'un des premiers gestes du nouveau président fut de signer un décret qui accordait à Eltsine une immunité totale contre toutes poursuites.

Grâce à son poste et à son nouveau parti, Poutine était en mesure de faire campagne dans les meilleures conditions et il remporta effectivement une victoire confortable lors de l'élection présidentielle du mois de mars 2000, puis de nouveau en 2004 avec 71 % des voix. Le parti communiste avait amorcé son déclin. Grâce à son influence sur les médias, sur toute une série d'agences de l'État et à ses réseaux dans les administrations, les entreprises publiques, l'armée et les services secrets, Poutine a pu obtenir une majorité aux élections législatives de 2003, une majorité d'ailleurs renforcée en 2007, puisque son parti Russie Unie a remporté à lui seul 315 des 450 sièges de la Douma. Comme on l'a vu, il a été, depuis, réélu à plusieurs reprises et pourrait l'être encore jusqu'en 2036.

La conjonction des pouvoirs considérables que lui donnait la Constitution – les principales mesures sont prises par décrets présidentiels, les *oukases*, plutôt que dans la forme de lois parlementaires – et d'une majorité docile lui a permis de concentrer entre ses mains l'essentiel du pouvoir et d'en faire un usage autoritaire.

Symboliquement, il a fait voter une décision sur l'hymne national, qui, quoiqu'avec des paroles nouvelles, n'est autre que l'ancien hymne soviétique. Sur le plan juridique, il a d'abord cherché à rétablir l'autorité du pouvoir central sur les régions, le « système vertical de l'autorité ». Il a divisé la Russie en sept districts fédéraux, administrés par un représentant personnel du président. En outre, les gouverneurs des régions, qui se comportaient fréquemment en potentats peuvent désormais, sous certaines conditions, être démis par le président. Ils perdent une partie de leurs pouvoirs fiscaux. Le pouvoir central a d'ailleurs fortement pesé sur les élections pour le renouvellement de plusieurs d'entre eux. Plusieurs des nouveaux gouverneurs sont d'ailleurs des militaires. D'un autre côté, Poutine a cherché à briser le pouvoir des nouveaux oligarques, notamment en lançant des enquêtes pour corruption. Il a également tenté de mettre la main sur les médias et il y a réussi dans une très large mesure. Cette mainmise a une signification ambiguë et remplit une double fonction : elle est à la fois un moyen de lutte contre les oligarques qui possèdent certains de ces médias et une limitation pure et simple de la liberté de la presse. Certains de ces oligarques ont été poursuivis et emprisonnés. D'autres ont été contraints à l'exil. La nouvelle loi électorale et la législation sur les partis, les pratiques de l'administration, la domination des médias rendent les campagnes des partis de l'opposition très difficiles. D'une manière générale, avec des entraves considérables à la liberté d'expression, la répression des manifestations sur la voie publique, les poursuites et les manœuvres d'intimidation contre les opposants, le système prend un visage de plus en plus autoritaire et la Russie appartient incontestablement au camp des « démocraties illibérales » (v. *supra* n° 80). C'est ainsi qu'en vertu d'une loi de mai 2021, les membres de l'opposition peuvent être déclarés inéligibles dès lors que l'administration considère qu'ils ont apporté leur soutien à une organisation « extrémiste ».

Pendant ses deux mandats, le Premier ministre, qui n'est pas le chef d'une majorité à la Douma, était entièrement subordonné au président, comme l'avait été Poutine lui-même pendant le règne d'Eltsine. Le président peut en effet le démettre facilement, soit parce qu'il s'est heurté à l'hostilité de la Douma, soit parce qu'il constitue un fusible utile lorsqu'il est lui-même devenu impopulaire, soit encore parce que le Premier ministre devient populaire et peut apparaître comme un rival possible. Mais il peut aussi utiliser le poste du Premier ministre pour se créer un dauphin, comme l'a fait Boris Eltsine avec Vladimir Poutine en 1999, ou un substitut comme l'a fait Poutine avec Dmitri Medvedev.

Cette concentration du pouvoir incite les acteurs politiques et économiques à tenter d'exercer une influence en agissant par divers moyens sur l'entourage du président. En raison de ce mode de gouvernement, le président est souvent appelé « le tsar ».

Cette conjoncture a aussi affecté la Cour constitutionnelle. Dans les années Eltsine, elle avait été utilisée, non pas comme on s'y attendait par la minorité parlementaire, mais par la majorité parlementaire en lutte contre le président. Depuis 2000, la Cour constitutionnelle a tenté de retrouver un rôle de protection de la minorité parlementaire à la fois contre la majorité et contre le président, mais sans grand succès, car elle est à la merci d'une révision constitutionnelle toujours possible.

La Constitution utilise en effet une distinction inspirée de Carl Schmiltt entre d'une part la Constitution proprement dite, qui comprend les chapitres les plus importants, au moins symboliquement, ceux relatifs aux fondements de l'ordre constitutionnel et aux droits fondamentaux, et d'autre part les lois constitutionnelles fédérales. Pour la révision de la Constitution proprement dite, la procédure est lourde. Le droit de proposer une révision est limité à un petit nombre d'autorités, la proposition doit être soutenue par les 3/5 de chacune des chambres, puis soumise à une assemblée constituante, qui peut soit adopter elle-même une nouvelle constitution à la majorité des 2/3, soit la soumettre au référendum.

En revanche, pour les lois constitutionnelles fédérales, il suffit d'un vote à la majorité des trois quarts au Conseil de la Fédération et des deux tiers à la Douma. Poutine dispose de ces majorités et les amendements ont été rapidement adoptés. Il a d'ailleurs pris quelques libertés avec la procédure de révision, d'abord en faisant figurer parmi les amendements des dispositions qui relèveraient de la révision de la Constitution proprement dite, par exemple la foi en Dieu des Russes ou la prohibitiion du mariage entre personnes de même sexe et en décidant, sans que la Constitution l'y oblige, de les soumettre le 1er juillet à un référendum consultatif, qu'il devrait remporter d'autant plus facilement qu'il dispose des médias, que l'opposition est contrôlée et qu'il a inclus quelques dispositions relatives au salaire minimum et aux retraites.

§2. La situation dans les anciennes démocraties populaires et les Républiques de l'ex-URSS

299. Ces États se trouvaient et se trouvent encore dans des situations politiques et constitutionnelles très différentes.

On peut les classer en deux groupes. Certains étaient des États juridiquement indépendants de l'Union soviétique, comme la Pologne, la Hongrie ou la Tchécoslovaquie ou bien avaient été entre les deux guerres mondiales indépendants de l'Union soviétique et n'avaient été annexés qu'à l'occasion de la Seconde Guerre mondiale, comme les trois républiques baltes. Bien qu'ils aient été placés dans la sphère de domination soviétique et soumis à un régime socialiste autoritaire, ces pays avaient connu dans le passé le système parlementaire et la sortie du communisme s'y est faite beaucoup plus facilement, au point qu'elles ont pu adhérer à l'Union européenne.

D'autres États étaient jusqu'en 1991 des États membres de l'Union soviétique et étaient privés de traditions démocratiques. Tel était le cas par exemple de l'Ukraine, de la Biélorussie, de la Géorgie ou des républiques du Caucase ou d'Asie. Dans ces États la transition a été moins facile et plusieurs ont connu ou connaissent encore des formes diverses de régime autoritaire.

On ne traitera ici que des premiers, qui ont évolué depuis une dizaine d'années dans un sens beaucoup plus autoritaire à la fois parce qu'ils sont dominés par des partis dont l'anticommunisme s'allie au conservatisme et au nationalisme, voire à la xénophobie et que leur ralliement aux principes de l'État de droit a été en partie motivé par la perspective de rejoindre l'Union européenne et de profiter du marché unique et des aides financières et économiques.

Il faut souligner avant tout que, en dépit de son caractère révolutionnaire, au sens propre du mot, la transition s'est faite sans violence, au moins dans un premier temps, sauf en Roumanie. On a pu ainsi parler en Tchécoslovaquie de « révolution de velours ». Le caractère révolutionnaire de la transition provient de ce qu'elle affecte le système économique en même temps que le système politique, mais aussi de ce que, dans la conscience des acteurs, les deux processus sont étroitement interdépendants : le passage d'une économie socialiste à une économie de marché et le passage à la démocratie libérale et à l'État de droit. Cela dit, si cette interdépendance est constamment soulignée, la nature de la relation n'est pas toujours clairement perceptible.

Tantôt, on estime que le passage à l'économie de marché n'est possible que s'il existe un minimum de liberté et de sécurité juridique. L'État de droit est alors vu comme le moyen de parvenir à l'économie de marché et à la prospérité économique.

Tantôt au contraire, on souligne que la démocratie présuppose un système de valeurs, qui sont précisément celles qui fondent l'économie de marché, la liberté, notamment celle d'entreprendre, et la propriété. C'est alors l'économie de marché qui est un instrument de la démocratie. Mais, il est clair que la conception de la démocratie à laquelle on se réfère, dérive elle-même d'une théorie du marché. Ce n'est pas le système dans lequel le peuple gouverne, mais celui dans lequel la rencontre des intérêts produit une décision optimum.

Un deuxième trait caractéristique est l'importance que l'on attache aux Déclarations des droits de l'Homme. Cela s'explique en partie par le souci de réaliser l'État de droit, qui doit présenter des caractéristiques inverses de celles du régime totalitaire : séparation des pouvoirs, non-rétroactivité des lois, existence d'un pouvoir judiciaire indépendant et d'un contrôle de constitutionnalité des lois. Or, une Déclaration des droits proclame ces divers principes et forme la norme de référence, par rapport à laquelle les autorités juridictionnelles peuvent contrôler l'action des pouvoirs publics. Mais, l'écriture de ces Déclarations ne va pas sans difficultés. Les anciennes constitutions socialistes proclamaient elles aussi des droits et des libertés, dont on affirmait d'ailleurs, qu'il s'agissait de libertés réelles. Elles pouvaient être d'autant plus généreuses qu'elles n'instituaient aucun mécanisme pour garantir ces droits et libertés. Les rédacteurs des nouvelles constitutions se trouvent ainsi confrontés à un dilemme : s'ils consacrent les mêmes droits et libertés que les anciennes, il sera difficile de les garantir. Que peut signifier le droit au travail, à un logement, à un environnement sain, dans des économies ruinées ? Et s'ils ne les consacrent pas, ils risquent de paraître moins favorables aux libertés que les anciens régimes socialistes.

Le troisième trait était, dans les années qui ont suivi l'effondrement de l'URSS la désorganisation économique, la décomposition sociale, la dégradation profonde des conditions de vie. Il en est résulté au début une fragmentation extrême du système des partis. Il n'était pas rare qu'une centaine de formations s'affrontent dans les élections législatives. Dans ces conditions, les parlements profondément divisés n'étaient pas en mesure de légiférer normalement. Pourtant, la situation économique et politique de ces pays s'est améliorée peu à peu au point qu'ils ont pu adhérer à l'Union européenne. Le système des partis s'est lui aussi transformé et plusieurs de ces États connaissent des périodes où la vie politique est dominée par un parti majoritaire ou particulièrement puissant.

Un quatrième trait est l'importance des problèmes de nationalités. Les frontières nationales de ces pays n'englobent que rarement des populations homogènes. Elles sont le produit d'une histoire très complexe. En Europe centrale, le découpage de l'Autriche-Hongrie après la Première Guerre mondiale avait abouti à la création d'États, sur le territoire desquels subsistaient d'importantes minorités nationales, différentes par la langue, la religion ou simplement le sentiment d'appartenance. La politique menée avec persistance en Union soviétique consistait à déplacer et brasser les populations, de telle sorte qu'un groupe national soit toujours réparti sur le territoire de plusieurs républiques et que chacune comprenne une très importante minorité russe. La Seconde Guerre mondiale avait, une nouvelle fois, provoqué d'importants transferts de population. Il en est résulté plusieurs conséquences tragiques : l'éclatement de certains États fédéraux, comme l'URSS, la Yougoslavie, la Tchécoslovaquie, les guerres civiles et les affrontements entre nationalités différentes (en Russie même, en Estonie, en Géorgie ou en Ukraine) ou les tensions et les guerres entre nouveaux États (Bosnie-Serbie-Croatie, Azerbaïdjan-Arménie).

Il résulte de tout cela que le processus d'adoption de la Constitution a été lent et difficile et certains pays, comme la Pologne ont longtemps vécu sous une Constitution provisoire.

Les constitutions font appel à des techniques constitutionnelles variées et complexes, le plus souvent empruntées, non sans éclectisme, à diverses traditions occidentales. Quelques traits se retrouvent fréquemment. L'un des plus frappants est le dualisme de l'exécutif à la française, c'est-à-dire avec un président élu au suffrage universel et un Premier ministre responsable devant le Parlement. Comme en France, il peut arriver que le président doive cohabiter avec une majorité qu'il ne domine pas, mais les effets d'une pareille situation varient selon les pays. Dans certains cas, comme en Bulgarie, le président n'exerce plus alors que des pouvoirs limités et les partis ne présentent d'ailleurs pas à l'élection présidentielle la candidature de leurs leaders, qu'ils destinent plutôt à des fonctions de Premier ministre. Mais, dans d'autres cas, comme en Pologne, les prérogatives constitutionnelles du président, par exemple un droit de veto difficile à surmonter, lui permettent d'exercer une influence réelle. Si l'institution présidentielle est souvent inspirée par la Constitution de la Ve République, les mécanismes de mise en jeu de la responsabilité ministérielle empruntent souvent à l'Allemagne et comportent des techniques complexes destinées à limiter les risques d'instabilité gouvernementale, notamment la motion de censure constructive. Les pouvoirs des parlements ont souvent été limités grâce à des procédés classiques : limitation du domaine législatif, veto présidentiel, importance du pouvoir réglementaire.

Enfin, il faut souligner l'importance du contrôle de constitutionnalité, qui s'exerce sur une très grande variété d'actes et combine parfois les caractères de plusieurs systèmes : contrôle centralisé et décentralisé, *a priori* et *a posteriori*. Dans certains cas, le contrôle s'exerce même sur les lois constitutionnelles. Ce trait confère aux cours une importance capitale et s'explique aisément par l'adhésion enthousiaste à l'idéologie de l'État de droit. Il a parfois suscité une certaine crainte devant des pouvoirs d'autant plus importants qu'ils s'exercent par référence à des déclarations des droits extrêmement longues, et qui risquaient de devenir excessifs. D'où des mécanismes permettant de surmonter les décisions de la Cour, soit par le référendum, soit, comme en Roumanie, par une majorité qualifiée du Parlement (Lime, 1994), soit, de façon plus classique, par la révision constitutionnelle ou encore par des mesures d'ordre législatif visant à modifier le nombre des juges, la durée de leur mandat, l'âge de la retraite ou le budget de la Cour.

L'intérêt de ces mécanismes est qu'ils révèlent l'ambiguïté profonde du contrôle de constitutionnalité. D'un côté, on le présente comme le moyen d'assurer la suprématie du droit sur la politique, ce qui implique que la décision de la cour représente la vérité du droit et n'est pas elle-même empreinte de caractère politique, autrement dit que le juge constitutionnel n'est pas un contre-pouvoir. De l'autre, les mécanismes compensateurs sont analogues à ceux qui sont prévus pour empêcher l'exercice abusif de compétences, dont la nature de contre-pouvoir est clairement reconnue, comme c'est le cas par exemple pour le veto du président américain. Au total les anciennes démocraties populaires ont connu une évolution qui, dans un premier temps, les a rapprochées considérablement des démocraties occidentales, au point qu'elles ont pu adhérer à la Convention européenne des droits de l'homme et à l'Union européenne. Mais, depuis quelques années, les élections ont été remportées par des partis profondément conservateurs, qui ont mis en place des politiques « illibérales » – selon leurs propres termes –, de nature à porter atteinte à l'indépendance des juges et aux libertés fondamentales. Ils disposent de majorités parlementaires suffisantes et mettent en œuvre des mesures pour limiter la capacité des tribunaux, mais tout particulièrement des cours constitutionnelles, de protéger les droits fondamentaux. C'est notamment le cas de la Hongrie, de la Pologne ou de la Slovaquie (cf. *supra* n° 80).

La Pologne fournit un bon exemple de ces situations constitutionnelles. Elle vivait depuis l'effondrement du régime socialiste sous l'empire d'une Constitution provisoire, notamment parce que l'adoption d'un texte définitif était rendue difficile par l'opposition de la très puissante Église catholique à une constitution qui ne contiendrait pas une prohibition absolue de l'avortement. Finalement, la Constitution a été adoptée par référendum, malgré cette opposition, et promulguée le 2 avril 1997.

Le texte reprend d'ailleurs pour l'essentiel l'économie de la Constitution provisoire.

Le pouvoir exécutif est dualiste. Le président nomme le Premier ministre selon une procédure complexe inspirée du système allemand. Ce gouvernement doit obtenir une majorité à la Chambre. Si, par suite des divisions de la

Diète, il n'y parvient pas dans un certain délai et si la Diète de son côté ne peut élire un gouvernement, le président peut soit dissoudre la Diète, soit nommer un gouvernement qui n'a pas besoin de l'investiture de la Diète pendant six mois. À l'expiration de ce délai et sauf entente sur un nouveau gouvernement, la diète est automatiquement dissoute.

Le gouvernement est responsable selon deux systèmes : le système allemand de la motion de censure constructive et le système traditionnel de la motion de censure sans élection d'un successeur, qui ouvre au président le droit de dissoudre le Parlement.

Mais le constitutionnalisme libéral a été progressivement perçu comme un frein aux transformations, ce qui justifie aux yeux des dirigeants des mesures de contrôle des institutions juridictionnelles (Graber M., Levinson S. et Tushnet M. 2018). Dans un premier temps, certaines cours ont jugé inconstitutionnelles des lois anticommunistes attentatoires aux libertés : le Tribunal constitutionnel polonais a sanctionné en 2008 une loi dite de « lustration », qui obligeait quelque 700 000 Polonais à déclarer par écrit s'ils avaient collaboré avec les ex-services secrets communistes ; en Hongrie, après les élections législatives qui ont porté au pouvoir un parti très conservateur, la cour a invalidé une loi d'inspiration néolibérale, taxant à hauteur de 98 % les indemnités de départ d'un grand nombre d'employés. De même, en Hongrie où la Cour constitutionnelle disposait de prérogatives très importantes qui en faisaient l'une des plus puissantes du monde, des prérogatives qu'elle interprétait largement en affirmant appliquer « une constitution invisible » formée de la Constitution proprement dite des droits fondamentaux et de sa propre jurisprudence (Jakab A., et Sonnevend P. 2012 ; Halmai 2018).

Il en est résulté un affrontement très vif entre les cours constitutionnelles et les majorités conservatrices. Celles-ci ont pris des décisions très variées visant à restreindre la liberté des juges, et avant tout des juges constitutionnels, des décisions qui s'accompagnaient d'atteintes aux droits fondamentaux et de pressions sur l'opposition comme sur les médias. En Hongrie, une nouvelle Constitution a été adoptée au mois d'avril 2011 – les conservateurs disposent de la majorité des 2/3 au Parlement, suffisante pour la révision – qui, parmi plusieurs autres innovations, restreint considérablement les pouvoirs de la cour dans les matières économiques et sociales et abaisse l'âge de la retraite des juges à 62 ans, ce qui a permis d'en modifier sensiblement la composition. Cette nouvelle Constitution a fait l'objet de critiques très vives du Conseil de l'Europe et de la Commission européenne en raison des restrictions qu'elle apporte aux principes essentiels de la démocratie libérale. Elle a été elle-même amendée depuis son entrée en vigueur, toujours dans un sens très conservateur, pour limiter encore les pouvoirs de la Cour et pour mettre les mesures adoptées par la majorité actuelle à l'abri d'une éventuelle victoire de l'opposition aux élections futures, au moins tant que celle-ci ne remporterait pas les 2/3 des sièges.

En Pologne également, la majorité conservatrice au pouvoir est entrée en conflit avec le Tribunal constitutionnel, qui avait censuré des lois restrictives des libertés, et a adopté plusieurs lois pour entraver l'action de la haute juridiction. C'est ainsi que le Parlement a invalidé l'élection de cinq juges par la précédente majorité, mit fin aux fonctions du président et du vice-président du Tribunal, exigé pour certaines décisions une majorité des 2/3 des juges. Il a d'autre part prescrit un quorum de 13 juges sur 15, difficile à atteindre, pour les décisions sur les lois les plus importantes, ordonné que les recours soient examinés dans l'ordre de dépôt, ce qui pourrait paralyser le Tribunal, et habilité le président de la République et le ministre de la Justice à entamer des poursuites disciplinaires contre les juges. Le Tribunal a alors déclaré certaines de ces dispositions contraires à la Constitution, mais le premier Ministre a suspendu un temps la publication de la décision au *Journal Officiel*.

L'attitude de la majorité au pouvoir en Hongrie a fait l'objet de très vives critiques de la part du Conseil de l'Europe, qui considère que les atteintes aux libertés fondamentales, notamment à la liberté d'expression, sont « de nature à ébranler la démocratie et l'État de droit » et également de la part de l'Union européenne. Celle-ci a menacé d'appliquer pour la première fois la procédure de l'article 7 du Traité, qui permet en cas de violation grave de l'État de droit de suspendre les droits d'un État, y compris son droit de vote au Conseil. De même, après l'adoption de nouvelles lois portant atteinte à l'indépendance des juges, la Commission européenne a saisi la Cour de Justice de l'Union européenne qui a décidé au mois d'avril 2020 que la Pologne devait suspendre immédiatement l'application de certaines de ces lois.

§3. Les variantes du régime socialiste hors d'Europe

300. Les profondes transformations des États socialistes après 1789 n'ont guère eu d'effets sur les institutions des États situés hors d'Europe qui avaient été inspirées par l'Union soviétique : la Chine, le Viet-Nam, la Corée du Nord ou Cuba. On se limitera ici à quelques indications rapides sur deux d'entre eux, la Chine et Cuba.

A. La Chine

301. Bien que la majeure partie de son territoire ait été occupée par des troupes japonaises, la Chine a participé aux côtés des alliés à la Seconde Guerre mondiale, sous la direction du leader nationaliste Chiang Kai-shek. Dès 1945, lors de la création de l'Organisation des Nations unies (ONU), sa présence parmi les vainqueurs lui a valu d'être reconnue comme l'une des cinq grandes puissances mondiales titulaires d'un siège permanent au Conseil de sécurité de cette organisation. Mais quatre ans plus tard, en 1949, le leader communiste Mao Zedong a pris le contrôle de la totalité de la Chine continentale, obligeant Chiang Kai-shek à se replier avec son armée dans l'île de Taïwan, où il a fondé un État, qui est resté l'allié fidèle des Occidentaux jusqu'à la fin de la guerre froide, mais qui ne regroupe qu'une très petite fraction de la population chinoise.

La Chine continentale s'est dotée d'un système de gouvernement inspiré du modèle soviétique et fondé sur le même refus de toute séparation des pouvoirs à l'occidentale. Une première Constitution, adoptée en 1954, reprenait pour l'essentiel les dispositions de la Constitution soviétique de 1936 et comme celle-ci, elle n'organisait ni ne reflétait l'organisation réelle du pouvoir, qui était entièrement entre les mains du parti unique, c'est-à-dire de ses dirigeants. Toutefois à la différence de la Constitution de l'URSS, elle ne créait pas un système fédéral, mais un système unitaire.

Dans la réalité, si, selon, la Constitution de 1954, les pouvoirs du président de la République n'étaient pas négligeables bien qu'ils ne fussent pas démesurés, le pouvoir était exercé par le parti communiste, dont les membres occupaient tous les postes de l'État. Aussi, lorsque le président du parti était en même temps président de la République, comme ce fut le cas pour Mao Zedong à certains moments, il cumulait tous les pouvoirs, mais lorsqu'il n'était pas en même temps président de la République, comme dans le cas de Liu Shao Chi, le rôle du président de la République devenait secondaire.

Au terme d'une longue période de troubles très graves, marquée par des luttes internes au parti, une nouvelle Constitution a été adoptée en 1982, alors que le pays était dirigé depuis quatre ans déjà par le vainqueur de ces luttes, Deng Xiaoping. Elle est inspirée par la volonté de Deng Xiaoping de stabiliser et moderniser le pays, notamment sur le plan économique, sans pour autant toucher à la domination du parti communiste.

Elle est toujours en vigueur. Comme celle de 1954, elle est inspirée par la Constitution soviétique de 1936. Elle mentionne le rôle dirigeant du parti, sans lui attribuer explicitement aucune compétence. Mais en fait, c'est le parti, qui contrôle entièrement la vie politique. Cette Constitution reflète néanmoins une transformation certaine de la société et de la politique chinoises.

1° *La similitude des structures de l'État et de celles du parti* – Les structures de l'État et celles du parti sont de type « pyramidal », c'est-à-dire qu'elles reposent sur des délégations successives qui aboutissent à une forte concentration des pouvoirs entre les mains d'un petit nombre d'hommes situés au sommet. L'organe qui détient en principe tous les pouvoirs de l'État, y compris celui de modifier les lois ou même la Constitution comme de contrôler la conformité à la Constitution de nombreux actes juridiques, est un Parlement unicaméral, qui comprend près de 3 000 membres, et que l'on désigne sous le nom d'Assemblée nationale du peuple chinois. Elle nomme le président de la République populaire de Chine et le Conseil des affaires de l'État, qui est l'organe administratif suprême.

Cette assemblée se réunit tous les ans au mois de mars mais sa session ne dure qu'une dizaine de jours et il n'a donc pas matériellement le temps d'exercer lui-même ses compétences. Son rôle se borne à ratifier des décisions prises par d'autres. Il élit un comité permanent composé d'un petit nombre de membres auquel il délègue certains de ses pouvoirs et qui siège pendant tout le restant de l'année.

Le parti communiste chinois comprend un peu plus de 86 millions de membres, ce qui représente environ 6 % de la population chinoise. Par conviction ou par opportunisme, beaucoup de citoyens demandent chaque année à y être admis (un peu plus de 20 millions en 2011) mais ils sont soumis à une sélection très stricte : 15 % seulement environ des candidatures sont retenues. Chaque membre doit faire partie d'une cellule rattachée à une institution, à une organisation ou à une entreprise. Mais l'organe souverain du parti est un congrès comprenant environ 2 270 délégués, c'est-à-dire que son fonctionnement est presque aussi lourd que celui du Parlement mais il ne se réunit que tous les cinq ans. Il désigne en son sein un comité central de 205 membres qui se réunit tous les ans et qui lui-même désigne un Politburo de 25 membres. Au sommet de ces délégations en cascade, on trouve le comité permanent du Politburo, qui ne comprend que sept membres.

2° *Le contrôle du parti sur le système politique et sur la société chinoise* – Le parti communiste domine complètement le système politique. C'est lui qui désigne les candidats autorisés à se présenter dans chaque circonscription du Parlement. Le nombre de ces candidats est généralement un peu plus élevé que celui des sièges à pourvoir (entre 20 et 50 %) mais l'élection ne peut pas donner lieu à une confrontation entre des tendances différentes car les campagnes électorales sont interdites. Les membres du congrès du peuple chinois sont tous soit des membres du parti, soit des fonctionnaires hiérarchiquement soumis à un dirigeant membre du parti. Le comité permanent de l'Assemblée nationale est composé de membres du Politburo.

C'est le comité permanent du Politburo qui est le véritable gouvernement du pays. Ainsi que nous l'avons déjà noté, il comprend actuellement sept membres qui sont tous titulaires d'au moins un portefeuille ministériel. Parmi les sept, on trouve toujours un « premier » qui occupe une position hiérarchiquement supérieure et qui peut être comparé à un chef de gouvernement. Mais depuis la mort de Deng Xiaoping, survenue en 1997, on insiste sur la nécessité d'une direction collective, ce qui signifie que le « premier » ne peut pas en principe prendre de décisions politiques importantes sans l'accord des six autres membres du comité permanent.

En réalité, le pouvoir est aujourd'hui concentré entre les mains de Xi Jinping, qui, comme autrefois Mao Zedong, cumule les fonctions de secrétaire général du PCC, président de la Commission militaire centrale et président de la République populaire de Chine. « La pensée Xi Jinping » est devenue un élément de la Constitution et est tenue pour un prolongement du marxisme-léninisme, de la « pensée Mao Zedong » et de celle de Deng Xiaoping.

Il n'existe donc pas, au sein des institutions chinoises, d'équivalent du principe de séparation des pouvoirs dans les pays occidentaux, et les organes judiciaires ne jouissent pas d'une véritable indépendance. Ils sont contrôlés par le parti communiste par l'intermédiaire de l'assemblée nationale du peuple chinois qui peut démettre de leurs fonctions à n'importe quel moment le président de la Cour suprême ainsi que le procureur général. De plus, un membre du parti ne peut être mis en accusation et jugé que si les instances supérieures du parti ont donné l'autorisation de le faire.

Les conséquences de la monocratie partisane sont cependant tempérées par le principe de la direction collective du parti communiste chinois. Ce principe était déjà depuis longtemps en vigueur dans la plupart des régimes communistes mais il n'était pas respecté en pratique car un dirigeant prestigieux, qui concentrait entre ses mains tous les pouvoirs, pouvait se maintenir en place jusqu'à sa mort. En URSS, ce fut le cas de Staline et de Brejnev, en Chine de Mao Zedong, à Cuba de Fidel Castro.

Cette longévité du dirigeant suprême pouvait constituer une menace pour les régimes communistes qui, pendant de longues années, avaient à leur tête un homme affaibli par l'âge et généralement hostile à toutes les réformes. Après le décès de Mao Zedong, auquel on pouvait reprocher d'avoir, dans ses dernières années, provoqué le désastre de la Révolution culturelle, les dirigeants chinois ont essayé de donner plus de réalité au principe de la direction collective. Il s'agissait moins de limiter les pouvoirs du chef suprême que d'empêcher le titulaire de cette charge de se maintenir indéfiniment au pouvoir. Des limites d'âge ont été introduites : elles varient entre 55 et 72 ans selon la nature du poste occupé. Surtout, en ce qui concerne les postes les plus élevés de la hiérarchie du parti et de l'État, on a prévu que le titulaire devait impérativement céder la place après deux mandats successifs de 5 ans chacun. En raison de l'existence de factions rivales à l'intérieur du parti communiste chinois, cette rotation des postes devait permettre de réintroduire un certain pluralisme de fait, malgré la dictature du parti (Cheng LI, 2016).

Cependant, la révision de 2018, adoptée par le Congrès du parti communiste par près de 3 000 voix contre 3, a marqué une nouvelle concentration du pouvoir. Elle réaffirme le rôle dirigeant du parti et supprime la limitation du nombre des mandats du président. Cette réforme bénéficie avant tout à Xi Jimping, dont le deuxième mandat débute en 2018 et lui permet de se maintenir indéfiniment au pouvoir, alors qu'il était prévu qu'il devrait se retirer en 2023.

3° *Les transformations de la société et de la politique chinoise* – Sans renoncer en rien à son rôle dirigeant, le parti communiste a favorisé une transformation spectaculaire de la société chinoise. En dépit d'une phraséologie marxiste omniprésente, la Constitution de 1982 ouvre la voie au libéralisme économique. Il est dit que « *le secteur économique individuel, le secteur privé et les autres secteurs qui n'appartiennent pas à l'économie publique (...) constituent une composante majeure de l'économie socialiste de marché* » (art. 11). La propriété privée légalement acquise est déclarée « inviolable » et le droit à l'héritage des biens privés est reconnu (art. 13). Contrairement à ce qui était la règle dans les anciens régimes communistes, la propriété privée ne se limite pas aux biens de consommation mais concerne également les principaux moyens de production et d'échange : il existe de nombreuses entreprises privées qui sont d'ailleurs en moyenne plus productives que les entreprises publiques.

L'idéologie et le vocabulaire marxistes ne sont plus qu'une façade et le système économique est ouvertement capitaliste. L'économie de marché a d'ailleurs permis un développement considérable. En 2014, la Chine est devenue la première puissance économique du monde en termes de produit national brut[2]. Cependant, le système politique, malgré quelques réformes, est resté très autoritaire et le libéralisme est avant tout économique. On doit souligner que, à la différence de la Russie et des pays de l'Europe de l'Est, où les changements ont été opérés malgré le parti communiste ou contre lui, en Chine, c'est le parti lui-même, qui, sous l'impulsion de Deng Xiaoping, en a été l'initiateur.

Il existe donc une contradiction entre le système de pensée marxiste et le libéralisme économique. Cette contradiction se traduit d'abord par la recherche d'une nouvelle justification de la domination du parti, qui n'est plus la dictature du prolétariat et l'instauration d'une société communiste, mais plutôt l'idée qu'une compétition entre deux ou plusieurs partis pourrait créer une situation politique instable et, par voie de conséquence, entraver le développement économique. Le parti doit donc incarner l'unité du peuple. La propagande officielle s'inspire aujourd'hui davantage de la philosophie confucéenne, autrefois décriée, selon laquelle la légitimité du parti unique est fondée sur une conciliation de l'autoritarisme et de la bienveillance envers la population dont il améliore progressivement les conditions matérielles.

Mais il n'y a toujours pas de possibilité légale d'organiser une opposition, susceptible de se manifester librement. Au contraire, les manifestations publiques sont durement réprimées et les changements politiques se limitent à des révolutions de palais ou à des procès en corruption, qui ne remettent jamais en cause le principe même de la monocratie.

Certains en Occident avaient cru qu'une économie de marché s'accommode mal d'un régime autoritaire et que le libéralisme économique ferait évoluer le régime, sinon vers la démocratie, au moins vers un pluralisme à l'intérieur du parti. Les développements récents paraissent démentir cette théorie.

En effet, d'une part, bien que les technologies modernes de la communication soient assez développées en Chine, les échanges avec les pays étrangers sont sévèrement censurés. On dit à ce propos que, en Chine, l'Internet n'est en fait qu'un Intranet aux dimensions du pays. D'autre part, depuis l'accession au pouvoir de Xi Jinping, les dissidents sont plus que jamais poursuivis et risquent d'être condamnés à de lourdes peines d'emprisonnement.

Cet état de choses s'explique probablement par la contradiction entre le nationalisme des dirigeants, qui considèrent la Chine comme un tout indivisible, et les divisions ethniques au sein de la population. De l'aveu même des autorités, la population chinoise se compose de 56 groupes ethniques. Le plus important, celui des Hans, représente un peu plus de 90 % de la population totale (91,67 %). Mais les ethnies minoritaires occupent près de 60 % du territoire. Quelques-unes d'entre elles, comme les Ouïghours comptent plus de dix millions de membres et aspirent à l'indépendance. Et les Hans, qui constituent en principe l'ethnie majoritaire, ne forment pas même un bloc culturellement homogène, car ils parlent 8 langues différentes.

2. En revanche, le produit national par tête demeure très inférieur à celui de la plupart des pays occidentaux, en raison de l'importance de la population chinoise.

Les dirigeants chinois ont pris conscience de ce que, dans les États communistes multi-ethniques comme l'URSS ou la Yougoslavie, la liberté d'opinion et d'expression à l'occidentale a finalement provoqué le démembrement de l'État, et ils savent que la même chose se produirait vraisemblablement en Chine. Il y aurait alors, non plus une Chine, mais plusieurs Chines indépendantes les unes des autres. Afin d'éviter un tel résultat, ils jugent nécessaire de maintenir sur leur population une discipline de fer et de limiter les échanges intellectuels avec les pays occidentaux, ce qui n'empêche d'ailleurs pas le développement des échanges commerciaux.

B. Cuba

302. Bien que la conquête du pouvoir par Fidel Castro ait été réalisée en 1959, et que Cuba se soit proclamée « État socialiste » en 1961, il a fallu attendre 1974 pour qu'une constitution socialiste soit formellement adoptée. Comme les Constitutions des autres États socialistes, celle-ci s'inspire en grande partie des Constitutions soviétiques. Elle se réclame du marxisme-léninisme, déclare que « *le Parti communiste de Cuba, (...) avant-garde organisée de la nation cubaine, est la force dirigeante supérieure de la société et de l'État, qui organise et oriente les efforts communs vers les hautes fins de la construction du socialisme et la marche en avant vers la société communiste* » (art. 5). Cependant, elle n'accorde pas formellement de pouvoir au parti. Elle proclame qu'« *en République de Cuba, est en vigueur le système économique fondé sur la propriété socialiste du peuple tout entier sur les moyens fondamentaux de production, et sur la suppression de l'exploitation de l'homme par l'homme* » (art. 14).

Il en va de même pour l'organisation du pouvoir. La doctrine socialiste rejette toute idée d'équilibre des pouvoirs et institue plutôt une hiérarchie. Par conséquent, « l'assemblée *nationale du pouvoir populaire* [analogue au Soviet suprême dans la Constitution soviétique], *est* l'organe *suprême du pouvoir* d'État *et représente et exprime la volonté souveraine du peuple tout entier* ». Elle a tous les pouvoirs, y compris le pouvoir constituant, vote les lois, approuve les politiques intérieure et extérieure, élit en son sein les membres du Conseil d'État, qui est responsable devant elle.

Quant au Conseil d'État, il exerce les pouvoirs de l'Assemblée nationale quand celle-ci n'est pas en session, c'est-à-dire pendant la majeure partie de l'année.

Le contrôle de constitutionnalité des lois et des mesures adoptées par le Conseil d'État et les autres pouvoirs publics n'est pas confié à une juridiction, mais à l'Assemblée nationale, qui, par conséquent, interprète la Constitution. Quant au pouvoir d'interprétation des lois, il est réparti entre la Cour suprême et le Conseil d'État.

Le Conseil d'État « *donne des lois en vigueur, une interprétation générale et obligatoire, lorsque c'est nécessaire* », tandis que la Cour suprême, qui dispose également d'un droit d'initiative législative et de la fonction réglementaire, peut édicter des normes obligatoires pour tous les tribunaux et leur donner

« des instructions obligatoires pour établir une pratique judiciaire uniforme dans l'interprétation et l'application de la loi ».

Depuis 1992, la création d'autres partis que le parti communiste a été autorisée, mais c'est, bien entendu, ce dernier qui exerce le pouvoir et qui l'exerce de manière autoritaire. Lorsque Fidel Castro, atteint par la maladie, a dû quitter le pouvoir, il a été remplacé par son frère Raoul, puis par Miguel Diaz Camel, qui tous deux ont, comme lui, cumulé les fonctions de secrétaire général du parti, de président du Conseil d'État et de président du Conseil des ministres.

Cette succession semble devoir donner lieu à des changements majeurs, notamment en matière économique. Comme la Chine, mais beaucoup plus timidement, Cuba commence à s'ouvrir à l'économie de marché : il semble que le pouvoir actuel s'efforce d'assouplir à la fois ses relations avec les États-Unis et son système économique, en réalisant un certain nombre de réformes, notamment en autorisant l'entreprise privée. Cependant, le régime proclame son attachement au socialisme, de sorte qu'il est possible que, comme le régime chinois, il cherche à concilier le libéralisme économique avec l'autoritarisme politique.

303. Bibliographie

AA. VV. (2010), « La Cour constitutionnelle de la Fédération de Russie », *CCC* n° 28 (Dossier : Russie)

Barry F., Lesage M. (1991), *URSS, la dislocation du pouvoir*, Paris, La Documentation française.

Bartole S. (1993), *Riforme costituzionale nell'Europa Centro-Orientale*, Bologna, Il Mulino.

Baudoin M.-E. (2010), « La Cour constitutionnelle de la Fédération de Russie vue par un juriste français », *CCC* n° 28.

Benoit-Rohmer F.,

– (1999), *Les minorités, quels droits ?*, Strasbourg, éditions du Conseil de l'Europe.

– (1993), « La représentation des minorités dans les Parlements d'Europe centrale et orientale », *RFDC*, n° 15, p. 499.

Bidegaray C., Emeri C. (1994), « Du pouvoir d'empêcher : veto ou contre-pouvoir », *RDP*, p. 325.

Crosnier M.-A., *Russie 1992 : le saut dans l'inconnu*, Paris, La Documentation française, *East European Constitutional Review.*

Elster J., Offe C. et Preuss U. K. (1998), *Institutional Design in Post-communist Societies : Rebuilding the Ship at Sea*, Cambridge University Press.

Febbrajo A., Sadurski W. (eds) (2010), *Central and Eastern Europe After Transition : Towards a New Socio-Legal Semantics*, Ashgate : UK.

Fraisseix P. (1994), « La Constitution russe du 12 décembre 1993 : vers un nouvel état de droit ? », *RDP*, p. 1793.

Graber M., Levinson S. et Tushnet M. (2018)., éd. *Constitutional democracy in crisis?* New York: Oxford University Press, 2018.

Halmai G. (2018), "Perspectives of Global Constitutionalism" in Graber M., Mark A., Levinson S., et Mark V. Tushnet, éd. *Constitutional democracy in crisis?*, New York, Oxford University Press.

Jakab A., et Sonnevend P. (2012), « Une continuité imparfaite : la nouvelle Constitution hongroise », *Jus Politicum*, n° 8, 2012.

Lesage M. (1987), *Le système politique soviétique*, Paris, PUF.

Liebich A. (1997), *Les minorités nationales en Europe centrale et orientale*, Genève, éditions Georg.

Liebich A., Resler A. (1993), *L'Europe centrale et ses minorités : vers une solution européenne ?*, Paris, PUF.

Lirou R. (2010), *La Russie entre fédération et empire – Contribution à la définition constitutionnelle de l'État russe*, Paris, LGDJ.

Massias J.-P. (2008), *Droit constitutionnel des États d'Europe de l'Est*, Paris, PUF, 2e éd.

Mendras M. (2008), *Russie, l'envers du pouvoir*, Paris, Éd. Odile Jacob.

Milacic S. (dir.) (1998), *La démocratie constitutionnelle en Europe centrale et orientale. Bilans et perspectives.*, Colloque international Bordeaux 28-30 nov. 1996, Bruxelles, Bruylant.

Pierré-Caps S.,

– (1994), « Le principe de l'autonomie personnelle et de l'aménagement constitutionnel du pluralisme national », *RDP*, p. 401.

– (1995), *La multination. L'avenir des minorités en Europe centrale et orientale*, Paris, Odile Jacob.

– (1998), « Réflexions de droit constitutionnel démotique », *in* Milacic S. (dir.), *La démocratie constitutionnelle en Europe centrale et orientale.*

Pouvoirs 2019, *Les démocratures*, n° 169.

Racz A., Horvath E., Harmathy A. (1998), « Les fondements constitutionnels du nouveau droit hongrois », *Revue internationale de droit comparé*, n° 1.

Sadurski W. (2001), *Postcommunist Constitutional Courts in Search of Political Legitimacy*, EUI Working Papers, Law 2001/11, European University Institute.

Sajo A. (1999), *Limiting Government : An Introduction to Constitutionalism*, Budapest, Central European University Press.

Schreiber T., Lhomel E. (1999), *L'Europe centrale, orientale et balte*, Paris, La Documentation française.

Verdussen M. (éd.) (1997), *La justice constitutionnelle en Europe centrale*, Paris-Bruxelles, LGDJ-Bruylant.

Wojtyczek K. (1994), « Un régime parlementaire rationalisé : la Pologne », *RDP*, p. 379.

Yaroulovna Khabrieva T. (2010), « Le statut constitutionnel du président de la Fédération de Russie », *RFDC* n° 81, p. 105-122.

Sur la Chine

Bougon F. (2019), *La Chine sous contrôle*, Paris, Le Seuil.

Cabestan J.-P.,

– (2014), *Le système politique chinois – Un nouvel équilibre autoritaire*, Paris, Presses de Sciences Po.

– (2018), *Demain la Chine : démocratie ou dictature ?*, Paris, Gallimard.

Cheng L., (2016), *Chinese Politics in the Xi jinping Era : Reassessing Collective Leadership*, Brooking Institution Press.

Gaulard M. (2014), *Karl Marx à Pékin – Les racines de la crise en Chine capitaliste*, Paris, Démopolis.

Ginsburg T. et Kagan R. (2005), *Institutions & Public law : Comparative Approaches*, New York, P. Lang.

Kissinger H. (2012), *De la Chine*, Paris, Fayard.

Lawrence S.V., Martin M.F. (2013), *Understanding China's Political System*, Report for the american Congress, en ligne sur le site www.crs.gov.

Piquet H. (2005), *La Chine au carrefour des traditions juridiques*, Bruxelles, Bruylant.

Puel C. (2013), *Les trente glorieuses chinoises*, Paris, Perrin.

Studwell J. (2014), *How Asia Works- Success and Failure in the World's Most Dynamic Region*, New York, Profile books.

Zang X. (2015), *Ethnicity in China – A critical introduction*, Cambridge U.K., Polity Press.

Sur Cuba

D'Zurilla W. (1981), « Cuba's 1976 Socialist Constitution and the "Fidelista" Interpretation of Cuban Constitutional History », *Tulane Law Review*, vol. 55, 1223-1295.

CHAPITRE 4

L'Union européenne

304. Si on le définit par son objet, il ne faut pas considérer que le droit constitutionnel est seulement le droit de l'État. Selon une définition matérielle, le droit constitutionnel, c'est l'ensemble des normes relatives à l'organisation et au fonctionnement du pouvoir ou à la production d'autres normes. Il y a donc deux raisons de considérer que le droit de l'Union européenne relève de la science du droit constitutionnel. D'une part, dans la mesure où ses normes s'imposent dans les ordres juridiques nationaux, elle doit examiner les relations qu'elles ont avec les normes nationales, qu'elles soient constitutionnelles, législatives ou réglementaires (v. *infra* n° 724). D'ailleurs l'appartenance à l'Union européenne a aussi des effets sur le droit constitutionnel interne des États, parce que ces relations sont organisées non seulement par les traités, mais aussi par les constitutions nationales et parce que l'adhésion à l'Union est subordonnée au respect des garanties essentielles de l'État de droit et du gouvernement démocratique. D'autre part, cet ordre juridique contient des règles relatives à l'organisation et au fonctionnement du pouvoir, dont le contenu n'est pas sans ressembler à celles que l'on trouve dans n'importe quelle constitution étatique (Gaudin et Rousseau, 2008). À cet égard, l'Union européenne avait une constitution bien avant qu'on songeât à donner ce nom aux dispositions du traité signé à Rome le 29 octobre 2004 (« Traité établissant une Constitution pour l'Europe »), mais dont la ratification a été refusée en 2005 par les électeurs français et néerlandais, consultés par référendum.

En raison de ce refus, une nouvelle convention signée à Lisbonne en 2007 porte le titre classique de « traité » et a été expurgée de son vocabulaire « constitutionnel ». C'est le traité de Lisbonne qui depuis son entrée en vigueur, le 1er décembre 2009, détermine l'organisation et le fonctionnement de l'Union européenne.

305. Préparation du projet. – Dans la mesure, où le traité de Lisbonne reprend l'essentiel des dispositions du projet de traité constitutionnel, il est utile d'examiner les conditions dans lesquelles celui-ci a été élaboré.

La construction européenne est née de la volonté de mettre fin aux guerres qui ont ravagé l'Europe pendant des siècles, spécialement pendant la première moitié du xxe. Au lendemain de la Seconde Guerre mondiale l'idée est née – surtout chez les chrétiens-démocrates, qui étaient au pouvoir dans les années 1950 dans plusieurs pays de l'Europe occidentale – qu'on n'y parviendrait qu'en créant entre les États une solidarité objective par la formation de communautés économiques. Cette création a été réalisée au moyen d'une série de traités. Par le premier fut instituée en 1950, entre six États (l'Allemagne, la France, l'Italie et les trois pays du Benelux, la Belgique, les Pays-Bas et le Luxembourg), une Communauté Européenne du Charbon et de l'Acier (CECA). Puis, en 1957 furent créées la Communauté Européenne de l'Énergie Atomique (Euratom) et la Communauté Économique Européenne (CEE) qui avait un objet beaucoup plus général puisqu'elle concernait la circulation des marchandises, des services et des capitaux.

Ces traités furent modifiés au fil des années de manière à renforcer la coopération et à réaliser selon une formule plusieurs fois répétée « une union sans cesse plus étroite », c'est-à-dire le transfert à l'Union de compétences toujours plus nombreuses, y compris dans des matières non économiques, et la transformation des procédures pour permettre l'adoption dans plusieurs domaines de décisions non plus à l'unanimité des États mais à la majorité qualifiée. Les principaux de ces traités ont été :

- le traité de Paris, conclu en 1951 entre six États de l'Europe occidentale (la France, l'Allemagne, l'Italie, la Belgique et le Luxembourg) et instituant une communauté du charbon et de l'Acier ;
- le traité de Rome de 1957 créant une Communauté économique européenne (CEE) entre ces mêmes six États afin de réaliser un « Marché commun » permettant la libre circulation des personnes, des marchandises et des capitaux ;
- l'Acte unique européen signé à Luxembourg en 1986 qui élargit les compétences communautaires à de nouveaux domaines. Les États membres étaient désormais au nombre de 12 ;
- le traité de Maastricht de 1992, dont la ratification par la France a été autorisée par référendum, qui fusionne la Communauté économique européenne et la CECA, crée une citoyenneté européenne et une monnaie unique gérée par une Banque centrale européenne et étend les compétences de la Communauté à de nouveaux domaines : éducation, formation professionnelle, culture, santé publique, protection des consommateurs, réseaux transeuropéens de transport, politique industrielle, services (eau, énergie) et environnement ;
- le traité d'Amsterdam, signé en 1997, qui ébauche une réforme des Institutions européennes en vue de l'adhésion des pays d'Europe centrale et orientale (PECO) ;
- le traité de Nice de février 2001 poursuit la réforme des institutions rendue nécessaire par l'adhésion des PECO et la perspective d'une Union à 27, au sein de laquelle il serait difficile de prendre des décisions si l'unanimité était exigée et si chaque État disposait ainsi d'un droit de veto. Le traité étendait à de nouvelles matières la possibilité de décider

à la majorité qualifiée et modifiait le système de pondération des voix entre les États.

- la « Constitution européenne » qui a été rejetée par le référendum par les électeurs français et néerlandais, mais dont l'essentiel a été repris dans le traité de Lisbonne signé en 2007 et ratifié en France non plus à la suite d'un référendum mais par la voie parlementaire.

Néanmoins, le traité de Nice n'avait pas fait disparaître les difficultés. certaines étaient pratiques (vote à l'unanimité dans plusieurs domaines, poids et rôles respectifs des grands et des petits États, répartition des compétences entre l'Union et les États), mais d'autres tenaient aux principes : nature des rapports que l'Union peut entretenir avec les États, caractère peu démocratique du processus de décision, rapports entre les divers organes de l'Union.

C'est en grande partie en raison de ces ambiguïtés que le Conseil européen, représentant alors quinze États, décida lors de sa réunion de Laeken en Belgique au mois de décembre 2001, de convoquer une « Convention » chargée de réfléchir aux possibles réformes du fonctionnement de l'Union européenne.

L'emploi du terme même de « convention » montrait bien la volonté de produire une règle qui présenterait des analogies avec les constitutions étatiques. Il désignait en effet au XVIIIe siècle une autorité chargée de préparer une constitution, comme la convention de Philadelphie, qui élabora en 1787 la Constitution des États-Unis ou la Convention nationale, qui adopta en France la Constitution de 1793, puis celle de 1795.

La Convention était composée d'une centaine de personnes, la plupart représentant les chefs d'État ou de gouvernement et les parlements des États membres, ainsi que les chefs d'État ou de gouvernement et les parlements des pays candidats à l'adhésion, les autres représentant le Parlement européen et la Commission européenne. Elle était présidée et animée par l'ancien président de la République française Valéry Giscard d'Estaing.

La Convention a déposé son projet au mois de juin 2003. La rencontre d'aspirations profondément différentes avait conduit à des compromis et si certaines solutions pratiques ont été trouvées en vue d'une simplification dans l'organisation et le fonctionnement des institutions, elles n'ont pas permis de dissiper les difficultés et les ambiguïtés théoriques.

En réalité, le traité constitutionnel présentait un double caractère. D'une part, il réalisait effectivement une consolidation et une rationalisation de dispositions complexes et éparses dans plusieurs traités. C'est ainsi qu'il apportait une clarification des procédures et de la répartition des compétences. Mais d'autre part, il comportait des dispositions innovantes à la fois par rapport aux traités antérieurs et par rapport à celles que l'on trouve dans la plupart des Constitutions des démocraties libérales. L'une de ces innovations résidait dans l'insertion de la charte des droits fondamentaux, qui devenait la partie II du traité. Cette charte avait été adoptée antérieurement, mais son insertion dans le traité lui donnait une valeur obligatoire qu'elle n'avait pas jusque-là.

Par ailleurs, de nombreux commentateurs étaient frappés par la présence d'une troisième partie, intitulée « les politiques et le fonctionnement de l'Union », qui, sans doute, reprenait pour l'essentiel des dispositions des traités antérieurs, mais dont la présence, si elle se comprend dans un traité qui crée une organisation internationale, était étrange dans une « constitution », dans la mesure où une constitution est censée instituer des autorités qui adopteront des politiques et non pas déterminer ces politiques à l'avance.

Ce projet de traité a été soumis par le président de la convention à une conférence intergouvernementale, signé par les différents États, après quelques modifications mineures et il devait être ratifié conformément aux procédures prévues par les Constitutions nationales. Certains États ont soumis le projet à leur parlement, d'autres au référendum, soit parce que la Constitution le leur imposait, soit parce que les gouvernants ont estimé que cette procédure était justifiée par l'importance de la décision et le fait que le traité était difficilement amendable (un traité ne peut être révisé qu'à l'unanimité). Lorsque le référendum était prévu, il pouvait selon le cas être obligatoire ou simplement consultatif (comme en Grande-Bretagne), c'est-à-dire que le traité aurait pu en principe être ratifié même dans l'hypothèse d'un vote négatif.

La ratification fut autorisée dans plusieurs États (une douzaine), mais après le rejet du projet en France et aux Pays-Bas, d'autres États, notamment le Royaume-Uni, ont suspendu le processus.

Cependant, en raison de l'élargissement de l'Union européenne, qui comptait désormais vingt-sept États, il était devenu difficile de faire fonctionner les institutions et une réforme semblait s'imposer. On s'est donc orienté vers la négociation d'un traité dit « simplifié », mais qui n'est en réalité pas plus simple que l'ex traité constitutionnel. Ce traité fut signé à Lisbonne le 13 décembre 2007. Il reprenait l'essentiel des dispositions institutionnelles du traité constitutionnel, à l'exception bien entendu de quelques termes symboliques et notamment du mot « constitutionnel ».

306. La ratification. – Le traité de Lisbonne fut à son tour soumis à la ratification.

En France, conformément à l'article 54 de la Constitution, il fut soumis au Conseil constitutionnel, qui décida le 20 décembre 2007 que, comme plusieurs de ceux qui l'avaient précédé, il ne pouvait être ratifié qu'après révision de la Constitution. Le choix de la procédure de ratification ne laissait pas d'être embarrassant : d'un côté, il était difficile de refuser le recours au référendum pour un traité d'une telle importance politique et de paraître faire bon marché de la volonté exprimée par les électeurs en 2005 ; d'un autre côté, il était tout aussi difficile de soumettre à nouveau au référendum un texte qui ne présentait pas de différence fondamentale avec le traité constitutionnel. C'est la crainte d'un résultat identique qui l'a emporté et la procédure de ratification a été parlementaire de bout en bout.

Le projet de révision constitutionnelle a été soumis par le président de la République conformément à l'article 89 aux deux assemblées, puis au Congrès, qui l'a adopté, modifiant ainsi modifié le titre XV de la Constitution

« de l'Union européenne ». Puis, le Parlement a adopté le 13 février 2008 une loi autorisant la ratification du traité. Cette loi n'a pas été soumise au Conseil constitutionnel.

Le référendum a été également évité dans les autres États, qui ont approuvé la ratification par la voie parlementaire, sauf en Irlande, où la Constitution l'imposait et où le projet a été rejeté le 13 juin 2008. Le traité de Lisbonne ne pouvait entrer en vigueur qu'après avoir été ratifié par tous les États. Un nouveau référendum sur la ratification d'un traité légèrement modifié a donc été organisé en Irlande le 2 octobre 2009 et, cette fois, le oui l'a emporté. Le traité a donc pu entrer en vigueur le 1er décembre 2009.

Le processus de ratification fut également ralenti en Allemagne, où la Cour constitutionnelle ne l'a autorisé que sous réserve que soient préservées les compétences du Parlement allemand (cf. *supra* n° 239).

307. Le traité de Lisbonne. – Tous les autres États européens, à l'exception de l'Irlande, ont choisi eux aussi la voie parlementaire et ont effectivement soumis à leurs parlements le projet de loi autorisant la ratification du traité. Néanmoins, celui-ci ne put entrer immédiatement en vigueur en raison d'une part du refus irlandais et d'autre part du fait que, dans certains pays, notamment en Allemagne, les citoyens avaient saisi la Cour constitutionnelle de la compatibilité du traité avec la Loi fondamentale. Les chefs d'État de ces pays devaient donc attendre les décisions des cours pour procéder à la ratification. La Cour allemande s'est prononcée le 30 juin 2009. Elle a considéré que si le traité était compatible avec la Constitution, il importait, en raison du « déficit démocratique structurel de l'Union européenne » d'en suspendre la ratification jusqu'à l'adoption d'une loi renforçant les pouvoirs du Parlement allemand dans le processus d'adoption des lois européennes. Le traité a finalement été ratifié et est entré en vigueur le 1er décembre 2009.

À la différence du traité constitutionnel, le traité de Lisbonne ne se substitue pas aux traités antérieurs, qui restent en vigueur et se borne à les modifier sur certains points[1]. C'est ainsi qu'a été supprimée la troisième partie, qui définissait le contenu des politiques, ainsi que la disposition qui proclamait la suprématie du droit de l'Union européenne sur le droit national, y compris constitutionnel. Toutefois, plusieurs des principes, qui ne figureraient pas dans le traité simplifié, continueraient de s'imposer, soit parce qu'ils ont été énoncés par la Cour de Luxembourg, dont la jurisprudence n'est pas remise en cause, soit parce qu'ils feraient l'objet de protocoles additionnels au traité. Sans oublier les traités plus anciens qui demeureraient en vigueur. En dehors des dispositions institutionnelles, les modifications principales portent sur la garantie des droits fondamentaux. La charte des droits fondamentaux adoptée en 2007 acquiert désormais une valeur juridique contraignante et le traité prévoit en outre l'adhésion de l'Union européenne à la Convention européenne des droits de l'Homme.

1. On trouvera la version consolidée du traité sur l'Union européenne sur le site : *http://eurlex.europa.eu/LexUriServ/LexUriServ.do?uri=OJ:C:2008:115:0001:01:FR:HTML*. Les numéros d'articles sont cités selon la version consolidée.

Section 1
Les institutions

308. Pour ce qui concerne les institutions, le traité de Lisbonne ne diffère du traité constitutionnel que sur quelques détails. Elles sont présentées ici dans la version la plus récente.

§1. Le Parlement européen

309. Le Parlement européen est élu au suffrage universel direct et composé au maximum de 751 députés élus dans le cadre des États de façon « dégressivement proportionnelle » à leur population, c'est-à-dire que les grands États ont proportionnellement moins de députés que les petits. Il est à noter que le mode de scrutin est déterminé par les États et qu'il peut donc varier d'un État à l'autre (article 14 TUE). Par exemple, un député allemand ou français représente environ 800 000 personnes, un député estonien 200 000, un député maltais moins de 80 000. De tels écarts ont quelque chose de paradoxal si l'on songe que le Parlement européen est censé représenter les citoyens, et non les États. Ils seraient considérés comme excessifs s'il s'agissait de la Chambre basse d'un État national, qui a également vocation à représenter les citoyens.

Dans l'Union européenne à 28 membres, telle qu'elle existait encore à la date de l'élection du 26 mai 2019, la France avait droit à 74 sièges. Mais elle a droit à cinq sièges de plus depuis que le Brexit est devenu effectif, car les sièges dont disposait le Royaume-Uni ont été répartis entre les membres restants. C'est pourquoi, en 2019, on avait procédé en France à l'élection de 79 députés en sachant que cinq d'entre eux ne pourraient siéger qu'après la sortie du Royaume-Uni de l'Union européenne.

Les traités lui ont attribué des compétences qui voudraient évoquer celles des parlements nationaux, mais d'où découlent des pouvoirs, certes réels, mais beaucoup plus faibles. Comme les parlements nationaux, il a un pouvoir de production normative et une fonction de contrôle.

En premier lieu, il participe à l'exercice du pouvoir législatif, mais de façon très limitée. Il n'a en effet pas l'initiative qui n'appartient qu'à la Commission (article 294 TUE). Il peut seulement demander à la Commission de lui soumettre des projets.

Les projets doivent être adoptés par le Parlement et le Conseil, qui apparaissent ainsi comme les équivalents des deux chambres dans un Parlement étatique. Le traité organise d'ailleurs en cas de désaccord une procédure de conciliation analogue à celle qui existe entre les deux chambres d'un Parlement bicaméral, comme la commission mixte paritaire prévue par l'article 45 de la Constitution française.

Cependant, si le projet présenté par la commission est adopté par le Conseil, le Parlement ne peut le rejeter qu'à la majorité absolue. Il peut certes adopter des amendements, toujours à la majorité absolue, mais ceux-ci doivent être transmis à la Commission avant d'être examinés par le Conseil. En cas d'avis favorable de la Commission, ils peuvent être adoptés par le Conseil à la majorité qualifiée, mais en cas d'avis défavorable, il faut l'unanimité du Conseil. La commission dispose ainsi sur les amendements d'un véritable droit de veto difficilement surmontable.

L'organe du pouvoir législatif européen apparaît alors comme un organe complexe analogue à ceux des systèmes constitutionnels de la fin du XVIIIe et du début du XIXe siècles, qui organisaient une balance de trois pouvoirs législatifs, dont le consentement était nécessaire à l'adoption d'une loi (v. *infra* n° 323). Le Parlement européen, loin d'être l'organe du pouvoir législatif, n'en est qu'une composante, dont la puissance est comparable non à celle des parlements nationaux, mais à celle de la chambre des représentants de la charte de 1814, qui n'avait pas non plus l'initiative des lois »[2].

Le Parlement européen a d'autre part une fonction de contrôle de la Commission. C'est le Conseil européen qui propose à la majorité qualifiée un candidat au poste de président de la Commission. Cette proposition doit être précédée de consultations avec des représentants du Parlement et tenir compte du résultat des élections. La candidature doit alors être approuvée par le Parlement à la majorité absolue. Les autres membres de la commission, ainsi que le président de l'Union, sont nommés par le Conseil européen sur proposition des États, mais après un vote d'approbation du Parlement.

D'autre part, le Parlement peut adopter une motion de censure contre l'ensemble de la Commission, qui est alors tenue de démissionner, mais elle doit réunir la majorité des deux tiers des suffrages exprimés et la majorité absolue des membres. Depuis l'origine, aucune motion de censure n'a pu aboutir. Cependant, la menace d'une motion de censure peut suffire. C'est ainsi que, en 1999, la Commission Santer a préféré démissionner plutôt que de risquer la censure. Il est cependant prématuré de voir dans cette démission le début d'une évolution vers le régime parlementaire, car ce qui était reproché à la commission n'était pas une orientation politique différente de celle de la majorité du Parlement, mais des fraudes financières dont étaient soupçonnés certains commissaires que le président n'avait d'ailleurs pas le pouvoir de révoquer.

§2. Le Conseil européen

310. Le Conseil européen semble avoir été conçu comme l'équivalent du chef de l'État dans un régime parlementaire dualiste. Il n'a que très peu d'attributions propres et est chargé de donner les grandes orientations. Il est composé des chefs d'États ou de gouvernement (selon que les Constitutions nationales attribuent un rôle important à l'un ou à l'autre). Il élit, mais pas nécessairement en son sein un président du Conseil européen, qui n'a pas d'attributions propres, mais dont on pense qu'il

2. Ainsi, aux termes de l'article 15 de la Charte de 1814, « *art. 15. – La puissance législative s'exerce collectivement par le roi, la Chambre des pairs, et la Chambre des députés des départements ; art. 16 : le roi propose la loi* ».

jouerait le rôle du chef d'État d'un régime parlementaire, c'est-à-dire qu'il préside le conseil, organise et prépare son travail et représente l'Union sur le plan extérieur (article 15).

Dans le traité constitutionnel, le Conseil comprenait également un ministre des Affaires étrangères de l'Union. Le terme de « ministre » étant trop proche de celui qu'on emploie pour désigner les membres des gouvernements étatiques, il a été remplacé par celui de « haut représentant de l'Union pour les affaires étrangères et la politique de sécurité ».

Dans la plupart des cas, le Conseil européen, qui se réunit en principe une fois par trimestre, ne vote que sur certains types de questions, et prend la plupart de ses décisions par consensus.

Il ne faut pas confondre le Conseil européen avec le Conseil tout court, qui correspond à l'actuel « Conseil de l'Union européenne » et au « Conseil des ministres » du traité constitutionnel.

§3. Le Conseil

311. Si on ne lui a pas donné le nom de Conseil des ministres, c'est pour éviter de le confondre avec un organe d'exécution et parce qu'il partage avec le Parlement européen le pouvoir législatif et budgétaire.

Il est composé d'un représentant par État ayant rang de ministre, qui est désigné selon la matière à l'ordre du jour. À la différence de la plupart des conseils des ministres des États membres, le Conseil de l'Union européenne décide par vote et, dans les cas les plus nombreux, le vote doit intervenir à la majorité qualifiée selon le système dit de la « double majorité » (article 16 TUE) : une proposition ne peut être adoptée que si elle réunit au moins 55 % des membres du Conseil représentant au moins 65 % de la population de l'Union. Cette disposition interdit à la fois aux grands États de décider seuls et aux petits de se coaliser contre les grands. Elle est devenue applicable en 2014.

§4. La Commission européenne

312. La Commission européenne est le véritable équivalent dans l'Union européenne d'un gouvernement dans le cadre national. Comme les gouvernements nationaux, elle est chargée de l'application du droit européen. Mais ses pouvoirs sont par certains aspects plus et par d'autres moins importants. D'une part, en effet, elle dispose non seulement de l'initiative des lois, mais même dans la plupart des cas d'un monopole de l'initiative, ce qui signifie qu'elle doit être considérée comme coauteur de la loi, puisqu'une loi ne peut être adoptée si elle ne l'a pas proposée. De même, elle a l'initiative des négociations en vue de conclure des conventions internationales avec des États tiers ou des organisations internationales. Elle conduit ces négociations dans son domaine de compétences sous le contrôle du Conseil. Les conventions sont alors conclues par le conseil, l'approbation du Parlement étant requise pour les plus importantes. Ainsi, la Commission négocie-t-elle actuellement une convention commerciale d'une importance extrême, le TTIP (Transatlantic Trade and Investment Partnership). Une fois conclues, les conventions lient les États membres (article 216 TUE). Mais d'autre part, elle ne dispose pas comme les gouvernements nationaux d'une administration chargée d'exécuter les lois, de sorte que l'exécution incombe en réalité principalement aux États.

La grande difficulté qu'a dû affronter la Convention chargée de préparer la Constitution de l'Union européenne tenait à la structure et à la composition de la Commission avec le souci de préserver autant que possible l'égalité des États et donc d'assurer une représentation de chacun d'eux, mais sans pour autant mettre les grands à la merci d'une coalition des petits ni créer le risque de blocages. Dans l'Union à 15, chaque État pouvait désigner un commissaire, mais avec l'élargissement à 25 et plus, une commission trop nombreuse ne pourrait pas fonctionner efficacement. Aussi le nombre des commissaires a-t-il été ramené depuis 2014 aux deux tiers des États membres, choisis selon un système de rotation.

L'article 17 indique que les commissaires sont choisis selon un système dit de « rotation égalitaire », peut-être parce que celle-ci n'est pas parfaitement égalitaire. Il s'agissait d'éviter l'hypothèse d'une commission composée uniquement de commissaires provenant d'États petits ou moyens, qui forment les deux tiers et d'où les grands États comme le Royaume-Uni, l'Allemagne et la France seraient exclus. Il est donc précisé que les deux tiers doivent refléter l'éventail démographique et géographique de l'ensemble des États membres. Mais il en résulte que certains petits États pourront être à certains moments au moins exclus du processus de décision. Telle était d'ailleurs l'un des sujets d'inquiétude des partisans du non au référendum irlandais.

Le président de la Commission est élu par le Parlement sur proposition du Conseil européen et la Commission est collectivement responsable devant le Parlement.

Quant aux autres membres, ils sont choisis par le président en accord avec le Conseil européen sur la base de suggestions faites par les États.

Le rôle du président de la Commission et ses rapports avec le président du Conseil européen, comme d'ailleurs le principe même de la dualité, ont donné lieu à certains des débats les plus difficiles au sein de la convention et aux critiques les plus vives à l'extérieur.

§5. La Cour de justice (CJUE)

313. La Cour de justice des Communautés européennes, qui siège à Luxembourg, a joué un rôle considérable dans le développement du droit européen. Elle est composée de vingt-sept juges (un par État), nommés pour six ans – mais le mandat est renouvelable – par les gouvernements des États. C'est la Cour qui élit son président. En raison de l'accroissement considérable du nombre des affaires, il a fallu créer un tribunal de première instance, dont les décisions peuvent faire l'objet d'un pourvoi devant la Cour. Elle est saisie de tous les litiges nés de l'application du traité, soit par les institutions de l'Union, soit par les États. Les particuliers peuvent, dans certains cas, saisir le tribunal de première instance mais les recours les plus fréquents sont ceux dits « préjudiciels », c'est-à-dire formés par les tribunaux nationaux lorsqu'ils ont un doute sur une question d'interprétation des traités. Sa jurisprudence a tendu à renforcer considérablement le rôle de l'Union européenne. Elle a notamment affirmé la prééminence du droit communautaire sur les droits nationaux et utilisé une technique semblable à celle qui dérive de la théorie des compétences implicites de la Cour suprême américaine pour accroître les pouvoirs de l'Union.

Les autorités européennes produisent des normes en grande quantité, qui sont de plusieurs types. Les principales sont les règlements et les directives.

Les règlements sont des prescriptions générales, obligatoires pour tous : les États, les institutions européennes elles-mêmes, les particuliers. Elles sont directement applicables sur le territoire des États, sans que ceux-ci aient à les transposer dans leurs ordres juridiques respectifs.

Les directives déterminent des objectifs et laissent aux États une certaine marge d'appréciation dans le choix des moyens pour les réaliser, y compris dans le choix de la forme juridique utilisée. Il leur faudra notamment faire adopter par les autorités nationales des lois ou le cas échéant des règlements destinés à « transposer » les directives. L'application des directives est une obligation et les États doivent d'ailleurs communiquer à la commission les mesures adoptées. Cette obligation peut d'ailleurs trouver son fondement non seulement dans les traités, mais aussi dans la Constitution nationale, comme c'est le cas en France, où elle dérive des articles 88-1 et suivants. Une loi dont le contenu serait contraire à celui d'une directive constituerait donc un manquement à une obligation internationale, de nature à justifier une condamnation de la France par la CJUE, mais elle serait également inconstitutionnelle.

Ces normes générales s'apparentent donc à des lois.

Section 2
Les compétences

314. Il importe de distinguer les compétences de l'Union envisagées par rapport à celles des États et les compétences respectives des différentes autorités de l'Union européenne.

S'agissant des premières, on s'est efforcé de rationaliser la répartition des compétences à la manière des Constitutions fédérales au moyen de deux listes. La première liste contient les compétences dites exclusives, c'est-à-dire celles qui, dès lors qu'elles ont été attribuées à l'Union ne peuvent plus être exercées par les États.

La seconde liste concerne les compétences partagées avec les États. Dans ces domaines l'Union n'intervient que si et dans la mesure où, en vertu du principe de subsidiarité, elle est mieux à même que les États d'atteindre les objectifs d'une action donnée. Les États ne peuvent intervenir dans ces domaines que si l'Union n'a pas exercé sa compétence ou a cessé de l'exercer.

Quant aux compétences respectives des différentes autorités de l'Union européenne, elles concernent la production des normes européennes. Ces autorités produisent des normes de types et de forces divers, correspondant sur le plan national aux lois et aux règlements d'application.

Le projet de traité constitutionnel, sans apporter de bouleversement, simplifiait la présentation et la terminologie des normes posées par les autorités de l'Union. La convention s'efforçait en même temps, sur ce point, comme sur d'autres, de rapprocher cette terminologie de celle des Constitutions nationales.

Les actuels règlements devenaient des « lois » et les directives des « lois-cadres » mais cette terminologie a été abandonnée à Lisbonne.

Section 3 Quelques problèmes constitutionnels liés à la construction européenne

315. La plupart des problèmes constitutionnels et d'ailleurs les problèmes politiques rencontrés par la construction européenne remontent au début de l'Union, mais ils sont devenus plus aigus au fur et à mesure que s'accroissaient les compétences et le nombre des États membres et naissent souvent d'aspirations contradictoires.

Certains voudraient accroître l'efficacité, le degré d'intégration, les compétences ou le caractère démocratique des procédures de décisions au sein de l'Union, mais cette ambition se heurte à la volonté de préserver les intérêts nationaux essentiels et la souveraineté, donc la maîtrise des politiques par les instances démocratiques des États.

§1. Le fédéralisme

316. Aujourd'hui, l'Union européenne n'est pas un système fédéral et doit être considérée comme une confédération, quoiqu'elle présente évidemment un degré d'intégration et dispose d'une somme de compétences beaucoup plus importante que toutes les autres confédérations de l'Histoire (v. *supra* n° 72 et 74)[3].

3. Leben Ch., *Fédération d'États-Nations ou État fédéral ?*, in Joerges C., Mény Y., Weiler J. (éd.) 2000.

Certains souhaitent cependant renforcer cette intégration et faire évoluer l'Union vers un système fédéral. D'autres entendent au contraire préserver les souverainetés nationales.

À vrai dire, on peut considérer que certains caractères du fédéralisme sont d'ores et déjà présents : la répartition des compétences entre l'Union et les États, l'application directe du droit communautaire sur le territoire des États, l'existence d'organes propres qui ne sont pas l'émanation des États et ne les représentent pas, comme le Parlement européen, l'existence d'organes qui, comme le Conseil européen sont formés de représentants des États et leur permettent de participer à la formation des décisions collectives ou encore le monopole de l'interprétation des traités à l'Union plutôt qu'aux États grâce à la juridiction obligatoire de la Cour, alors que dans les autres organisations internationales le recours au juge est généralement facultatif. L'Union est même capable de négocier des conventions internationales comme le ferait un État.

Pourtant elle se distingue de l'État fédéral par deux traits que l'on peut en réalité ramener à un seul.

D'une part, les compétences de l'Union lui ont été attribuées par un traité et non par une constitution et ses compétences sont limitées à celles qui sont énumérées dans les traités. Sans doute, les compétences accordées à un État fédéral paraissent-elles limitées elles aussi à celles qui sont énumérées dans la Constitution, mais l'État fédéral est maître de modifier sa Constitution et d'accroître ses compétences. La procédure pour le faire peut être plus ou moins difficile à mettre en œuvre, mais un seul État membre ne pourrait s'opposer à la révision. C'est pour désigner cette capacité de déterminer ses propres compétences que les juristes allemands du XIXe siècle avaient créé le terme de « *Kompetenz-Kompetenz* », la compétence de la compétence, qui est l'une des marques de la souveraineté. Au contraire, les traités européens ne pourraient être modifiés que conformément aux règles de révision des traités, c'est-à-dire par la volonté unanime des parties.

D'autre part, dans un État fédéral, le droit fédéral l'emporte sur le droit des États. Dans l'Union européenne, il est impossible de répondre simplement à la question de savoir si le droit européen prévaut sur les droits nationaux. Il faut distinguer le point de vue du droit européen et celui du droit national. Du point de vue du droit européen, tel qu'il est exprimé par exemple par la Cour de justice, c'est le droit européen qui prévaut sur toutes les normes nationales. Au contraire, du point de vue des droits nationaux, au moins dans certains États comme la France, c'est le droit constitutionnel national qui l'emporte. Il ne faut cependant pas comprendre cette différence comme l'opposition de deux théories dont l'une serait vraie et l'autre fausse ou comme une simple rivalité de deux droits qui s'affrontent jusqu'à ce que l'un d'eux parvienne à triompher de l'autre. Il s'agit en réalité de deux logiques opposées, dont chacune est parfaitement cohérente et qui donnent d'ailleurs au terme de « prévalence » des sens différents.

Du point de vue de la Cour de justice, la prévalence signifie que les États sont soumis en raison des traités à des obligations auxquelles ils ne peuvent se soustraire en invoquant une norme nationale, même une norme constitutionnelle.

Du point de vue du droit national, la prévalence signifie d'abord que si les traités l'emportent sur des normes nationales, c'est parce qu'une norme nationale l'ordonne – en général cette norme est une norme constitutionnelle, comme les articles 55 et 88-1 de la Constitution française (v. *infra* n° 504). Dans la plupart des États, le droit constitutionnel national organise la primauté du droit européen sur les normes de niveau législatif, mais non sur le droit constitutionnel lui-même. Les juges nationaux peuvent donc affirmer la suprématie de la Constitution sur le droit européen. La Cour suprême du Danemark a ainsi décidé que toute décision d'une organisation internationale – elle visait naturellement l'Union européenne – qui serait contraire à la Constitution danoise serait inapplicable. Ils peuvent aussi considérer au terme d'une interprétation portant sur le statut des énoncés qu'une norme, initialement émise en forme législative, a en réalité une valeur constitutionnelle. Par ailleurs, comme l'État est libre de modifier sa Constitution à sa guise, il peut abroger la norme qui accorde la primauté au droit communautaire. Ainsi, la Constitution française organise dans son titre XV, tel qu'il est interprété par le Conseil constitutionnel, la primauté du droit de l'Union européenne sur ses propres dispositions et elle va ainsi, dans sa relation avec l'Europe, bien au-delà de l'article 55, qui fait seulement prévaloir les traités sur les lois, mais elle ne peut s'interdire de revenir un jour sur cette primauté. Le pouvoir constituant national peut donc toujours adopter un nouveau texte affirmant la primauté de la Constitution.

La dualité des points de vue implique qu'un même acte peut être considéré comme licite du point de vue du droit national et illicite du point de vue du droit européen. Un État peut ainsi être condamné par la Cour de justice pour manquement à une obligation au regard des traités, mais seuls les tribunaux nationaux peuvent annuler un acte juridique national irrégulier au regard du droit communautaire.

Le traité de Lisbonne ne résout pas les difficultés liées à la nature juridique de l'Union et à la tension entre fédéralistes et antifédéralistes. On note par exemple que, comme le traité constitutionnel, l'article 7 dispose que « la délimitation des compétences de l'Union est régie par le principe d'attribution ». C'est dire que l'Union européenne ne reçoit pas la capacité de déterminer sa propre compétence.

En outre, comme toutes les conventions internationales, le traité sur l'Union européenne ne peut être modifié par les organes de l'Union, mais seulement par les États membres, conformément aux règles de révision des traités, c'est-à-dire à l'unanimité des États.

Sans doute avait-on tenté d'aller plus loin dans la voie de l'intégration en s'inspirant de certains principes du fédéralisme et en proclamant par exemple à l'article I-6 du traité constitutionnel que : « La Constitution et le droit adopté par les institutions de l'Union, dans l'exercice des compétences qui sont attribuées à celles-ci, priment le droit des États membres ». Cette disposition qui ne faisait que reprendre une jurisprudence de la CJUE signifiait que le droit de l'Union prévalait non seulement sur les lois nationales, mais même sur les constitutions.

De même, on a pu croire un moment qu'un pas avait été franchi avec la signature au printemps 2012 du traité sur la stabilité, la coordination et la gouvernance, aussi appelé pacte budgétaire européen, par lequel les États acceptent une nouvelle limitation de leur autonomie, dite « règle d'or budgétaire ». Tous les États membres de l'Union l'ont signé, à l'exception du Royaume-Uni et de la République tchèque. La Croatie n'était pas à l'époque membre de l'Union, mais est désormais partie au traité. Il y a donc aujourd'hui 26 États parties. Ils s'engagent à transposer dans leurs ordres juridiques respectifs la règle d'équilibre budgétaire, dite aussi « règle d'or », au moyen de dispositions contraignantes « de préférences constitutionnelles », à limiter leur déficit budgétaire sous le contrôle de la Commission européenne et en cas de dépassement d'un certain seuil à se soumettre à des sanctions prononcées par la Cour de Justice. Le traité a été ratifié par les États signataires, mais sans pour autant adopter de dispositions de valeur constitutionnelle. Il est incontestable que ce pacte de stabilité renforce la suprématie de l'Union européenne sur les États membres (v. *infra* n° 774).

Néanmoins, il ne résout pas les tensions politiques avec la souveraineté des États et son application peut se révéler difficile, au moins à l'égard des États les plus importants. Joint au sentiment que l'Union européenne n'est pas démocratique et que les institutions nationales sont soumises à une politique néolibérale, il peut contribuer à susciter un refus de l'intégration européenne. Il comporte toutefois une « clause dérogatoire générale » ou « clause de suspension », qui, en cas de crise grave, permet au Conseil de l'Union européenne, à la demande de la Commission, d'autoriser les États à s'écarter des règles budgétaires ordinaires, ce qui a été fait le 23 mars pour faire face à la pandémie.

Mais le plus important est que principe de la suprématie du droit de l'Union européenne, se heurte à une forte résistance des cours constitutionnelles nationales qui l'interprètent en lui donnant pour fondement non pas les traités, mais les seules constitutions nationales, dans la mesure où ce sont elles qui ordonnent d'appliquer les traités. Ainsi, le Conseil constitutionnel français trouve le fondement de ce principe dans l'article 88-1 de la Constitution (v. *infra* n° 504), de sorte que le droit européen ne saurait porter atteinte à des principes touchant à l'identité constitutionnelle de la France et que le pouvoir constituant peut toujours modifier la Constitution pour soustraire de nouveaux principes à la primauté du droit européen (Fatin-Rouge Stefanini et *al.*, 2015).

On a vu un nouvel exemple de cette résistance dans une décision récente de la Cour constitutionnelle allemande, qui à nouveau, et malgré une décision contraire de la Cour de Justice de l'Union européenne, a affirmé que la légitimité démocratique ne peut venir que du peuple et que, par conséquent elle est hors de portée du processus d'intégration européenne. Il s'ensuit selon la Cour que la loi fondamentale allemande n'autorise pas les organes de l'État allemand à transférer à l'Union européenne des pouvoirs souverains, qui lui permettraient de se doter de nouvelles compétences, tout nouveau transfert devant satisfaire aux principes démocratiques, c'est-à-dire préserver les pouvoirs du Bundestag et notamment ses pouvoirs budgétaires (cf. *supra* n° 239).

Ainsi, la résistance du droit interne à la suprématie du droit de l'Union se fait au nom de la souveraineté, mais aussi de la démocratie révélant ainsi toute l'ambiguïté du rapport de l'Union européenne à la démocratie.

En définitive, une suprématie réelle ne pourrait être réalisée que si les États se pliaient à cette jurisprudence de la CJUE et admettaient que les normes du droit européen prévalent également sur leurs constitutions, si la CJUE pouvait priver de validité une norme constitutionnelle contraire au droit européen et si c'était l'Union qui déterminait les compétences des États – et non l'inverse – par une norme qu'elle serait en mesure de modifier à la majorité, sans qu'un État puisse s'y opposer, c'est-à-dire si l'Union européenne se transformait en un véritable État fédéral, ce qui semble relever d'un horizon éloigné.

§2. La démocratie

317. Dans le cadre européen, c'est le Parlement qu'on présente comme l'instance démocratique, puisqu'il est élu au suffrage universel direct. Cette présentation a toutefois été contestée par plusieurs arguments pratiques et théoriques.

On a fait valoir tout d'abord que les pouvoirs de ce Parlement sont limités, puisqu'il n'a pas l'initiative des lois mais seulement un droit de veto et que si ses membres sont élus, l'élection se déroule dans le cadre national et sur des enjeux qui sont principalement nationaux. Elle a surtout valeur de test pour mesurer l'état des forces politiques sur le plan strictement national.

On a pourtant voulu présenter la construction européenne comme un processus, comparable dans une certaine mesure à celui qui a vu la naissance du parlementarisme dans les États nations. En effet, dit-on, le Parlement est en mesure d'exercer une influence importante sur la composition de la Commission, donc indirectement sur la politique de l'Union. C'est lui en effet qui en élit le président, qui peut contraindre la Commission à démissionner et qui peut s'opposer à l'adoption des normes législatives et c'est bien la raison pour laquelle le Conseil, en proposant un candidat, doit tenir compte de la composition du Parlement telle qu'elle ressort des élections. Les partis politiques qui sont favorables à une telle évolution vers le parlementarisme, parce qu'elle leur paraît porteuse de plus de démocratie et d'une plus grande intégration européenne, ont donc présenté au cours de la campagne pour les élections européennes de 2014 une tête de liste, susceptible en cas de victoire d'être nommée président de la Commission, Martin Schulz, pour les socialistes, Jean-Claude Juncker pour les conservateurs, c'est-à-dire le Parti populaire européen (PPE). Ce dernier ayant remporté les élections, c'est sur lui que le choix du Conseil s'est porté malgré l'opposition du Premier ministre britannique.

Plusieurs traits distinguent pourtant la situation du Parlement européen de celle des Parlements nationaux à l'aune du parlementarisme. En premier lieu, le Conseil propose un candidat à la présidence de la commission et ce candidat doit être approuvé par le Parlement, mais cette procédure ne porte que sur la présidence et non sur les autres commissaires, qui sont nommés, comme on l'a vu, par le Conseil, sur des bases strictement nationales. La commission est donc fort différente d'un exécutif, composé par un chef pour réaliser un programme politique. D'autre part, si le traité prescrit au Conseil de tenir compte de la composition du Parlement, il ne précise pas qu'il doit se laisser dicter le choix par une majorité et ne prévoit aucune sanction s'il n'en tient pas compte. Or, certains gouvernements, sont très réticents à une telle évolution vers le parlementarisme et voudraient nommer une personnalité qui n'a pas été élue au Parlement européen. Celui-ci n'a que peu de moyens pour contraindre le Conseil à proposer la personnalité souhaitée par sa majorité. Contrairement aux parlements nationaux au XIXe siècle, il n'a pas le pouvoir de prélever des impôts car les ressources de l'Union lui viennent des États membres. Il pourrait sans doute refuser d'élire tout candidat présenté par le Conseil, voter la censure contre la commission ou encore repousser le projet de budget, mais il est peu probable qu'il se trouve une majorité assez cohérente et disciplinée pour aller jusque-là.

Du reste, un système parlementaire européen ne serait pas démocratique pour autant. Les campagnes pour les élections européennes se déroulent sur des thèmes qui sont avant tout nationaux et les résultats ne traduisent pas – et ne le prétendent d'ailleurs pas – une volonté générale européenne. Au demeurant, le Parlement européen ne serait pas en mesure de l'exprimer, puisque, bien qu'élu au suffrage universel direct, il n'est que l'un des éléments du pouvoir législatif.

Au contraire, selon la théorie de la démocratie représentative, la légitimité des Parlements nationaux ne leur vient pas seulement du suffrage universel, mais de ce que la Constitution en fait les organes uniques du pouvoir législatif et le lieu d'expression de la volonté générale et du fait que les électeurs ont conscience d'appartenir à un même peuple et de choisir par leur vote le contenu d'une politique.

On a donc pu soutenir que tout renforcement des pouvoirs de l'Union se fait au détriment des instances démocratiques nationales et cela de deux manières. D'une part, les parlements nationaux voient échapper de nombreux domaines à la compétence de la loi. D'autre part, les lois européennes sont principalement adoptées par le Conseil de l'Union européenne, c'est-à-dire par des personnalités qui représentent les exécutifs et non les pouvoirs législatifs nationaux. Elles échappent donc à ces Parlements ou bien parce qu'elles ont un effet direct ou bien parce que les Parlements sont ensuite tenus de les transposer. L'intégration européenne est donc un moyen pour les exécutifs des différents États de s'arroger une part de plus en plus importante du pouvoir législatif national.

Certains ont également affirmé que le jeu de la démocratie était menacé parce que les traités européens présentent plusieurs différences avec les

Constitutions nationales. En premier lieu, les Constitutions sont principalement des règles sur le mode de production des règles. Elles peuvent aussi prescrire de leur donner un certain contenu, mais il s'agit surtout du respect des droits fondamentaux et les pouvoirs publics sont libres d'adopter telle ou telle politique de leur choix. Au contraire, les traités contiennent des règles relatives à la politique économique et sociale et s'inspirent des principes du néo-libéralisme économique. Comme les règles européennes s'imposent aux autorités nationales, celles-ci ne disposent que d'une très faible marge de manœuvre et ne pourraient que très difficilement adopter une autre politique économique. Les gouvernants nationaux invoquent donc la réglementation européenne pour justifier leurs échecs et les citoyens ont parfois le sentiment que, quel que soit le résultat des élections nationales, ils seront les sujets de la même politique ou de la même absence de politique. D'où la tentation de voter pour des partis protestataires.

D'autre part, alors que les constitutions nationales sont modifiables, même si les procédures de révision sont parfois lourdes, les traités eux ne peuvent être modifiés qu'à l'unanimité des États membres de l'Union.

Il y a donc limitation de la démocratie au plan national et absence de démocratie à l'échelle de l'Europe. Du reste, on a pu souligner qu'il n'y a pas de démocratie sans un « *demos* », en d'autres termes que si la démocratie est définie comme le pouvoir du peuple, il ne peut y avoir de démocratie européenne tant qu'il n'y a pas de peuple européen, c'est-à-dire une communauté de citoyens ayant une identité et une conscience commune, ce qui n'est évidemment pas le cas. Mais d'autres objectent que le peuple ne préexiste pas à la Constitution. En France par exemple, c'est l'État qui historiquement a forgé l'unité du peuple. Il n'est pas nécessaire que le peuple présente une homogénéité ethnique, religieuse, linguistique ou même que ceux qui le composent aient conscience de former un peuple, car il se définit seulement juridiquement comme l'ensemble des individus soumis à un même ordre juridique. En ce sens, il y aurait donc d'ores et déjà un peuple européen.

À vrai dire, les deux définitions du peuple ne se situent pas sur le même plan, car la seconde est seulement juridique et n'a aucune conséquence quant à la possibilité pour une démocratie de fonctionner réellement.

Une autre limitation de la démocratie et de l'autonomie des États résulte du mode de gouvernement de la zone euro : en 1999, 19 des États membres de l'Union européenne ont adopté l'euro comme monnaie unique. Pour éviter que ces 19 États dépendent des autres pour la détermination et la conduite de la politique économique et financière liée à l'euro, il a fallu organiser des procédures spécifiques, distinctes de celles prévues pour la politique générale de l'Union. On a donc créé un eurosystème, qui regroupe la Banque Centrale Européenne (BCE) et les banques centrales des États ayant adopté l'euro. La BCE est chargée d'émettre la monnaie et de conduire la politique monétaire. Par le traité de Lisbonne, elle a été dotée de la personnalité juridique. Par ailleurs, le Conseil européen a créé en 1997 l'Eurogroupe, qui est une réunion informelle des 19 ministres des Finances des États de la zone euro, pour faciliter la concertation des politiques budgétaires. Il a été ensuite institutionnalisé par le traité de Lisbonne, qui continue cependant de qualifier les réunions d'informelles. Il n'a en effet pas de pouvoir de décision, mais constitue cependant un centre d'influence très important, comme on a pu le voir à l'occasion de la crise grecque de 2015. Il se réunit deux fois par mois. Il élit un président et le président de la Commission participe également aux réunions.

318. Le projet de traité constitutionnel proclamait le principe de la démocratie représentative, mais n'instituait pas de nouvelles procédures sauf un droit de pétition, dont la Commission décidait souverainement des suites législatives à lui donner et n'énonçait aucun principe nouveau susceptible de justifier les pouvoirs de l'Union au regard de la théorie démocratique.

Ni le traité constitutionnel, ni le traité de Lisbonne n'ont d'ailleurs résolu, ni même clairement posé, les problèmes résultant de l'incompatibilité de la construction européenne avec les grands principes du constitutionnalisme classique, souveraineté, séparation des pouvoirs, représentation. Ainsi, bien qu'on ait renoncé à donner aux règles établies par les autorités de l'Union le nom de lois, elles en ont la force et possèdent même une autorité supérieure à celle des lois nationales. Or, tandis que les lois nationales sont l'expression de la volonté générale, les règles européennes sont, elles aussi, l'expression d'une volonté, mais on n'indique pas quel est le sujet de cette volonté. Il ne peut évidemment pas s'agir de celle des individus, membres du Conseil ou du Parlement qui participent à son adoption, pas plus que les lois nationales ne peuvent être considérées comme l'expression des volontés personnelles et subjectives des parlementaires. Et l'on ne peut prétendre comme on le fait pour les membres des parlements nationaux que ces individus expriment la volonté d'un être qu'ils représentent, parce que les traités ne se réfèrent pas à un peuple ou une nation européennes (Grimm, 1995).

On a cependant pu soutenir que l'Union européenne était bien un instrument de la démocratie en raison non pas tant des principes qui régissent ses propres institutions que dans l'action qu'elle exerce sur le fonctionnement des institutions étatiques. D'une part, en effet, les États membres ont dû pour adhérer faire la preuve qu'ils faisaient leurs certaines valeurs proclamées à l'article 2, notamment la dignité humaine, la liberté, la démocratie, l'égalité, l'état de droit, le respect des droits de l'homme. Dans de nombreux cas, il leur a fallu modifier leur système juridique pour le mettre en accord avec ces valeurs.

D'autre part, il peut arriver qu'un État satisfasse aux conditions requises pour adhérer à l'Union européenne, mais qu'ensuite il cesse de les respecter et, dans ce cas, un contrôle est prévu à l'article 7. Ce contrôle, qui donne le rôle essentiel au Conseil, s'exerce en trois temps. D'abord, le Conseil, sur proposition d'un tiers des États ou de la Commission, peut constater à la majorité des 4/5, après approbation du Parlement européen, qu'il existe un risque grave de violation par un État des valeurs proclamées à l'article 2 et, dans ce cas, après avoir entendu l'État, il lui adresse des recommandations ; puis, toujours , sur proposition d'un tiers des États ou de la Commission, le Conseil constate l'existence non plus seulement du risque, mais de la violation des valeurs de l'article 2 ; toutefois cette constatation doit intervenir à l'unanimité et obtenir l'approbation du Parlement ; enfin, dans un troisième temps, une fois la consatation faite, le Conseil peut décider à la majorité qualifiée de suspendre certains droits de l'État, y compris le droit de vote de son représentant au Conseil.

On voit que cette procédure est très lourde et difficile à mettre en œuvre. Elle n'a jamais été appliquée, si l'on met à part les votes du Parlement européen et les menaces de la Commission à l'égard de la Pologne et de la Hongrie, mais jusqu'ici, on n'est jamais allé plus loin. Certes, l'article 7, qui a été qualifié d'« arme nucléaire » devrait jouer un rôle de dissusasion, mais on sait que la dissuasion n'est efficace que si la menace est crédible. Or, tout repose sur l'unanimité au Conseil et l'on peut penser que s'il s'agissait de constater une violation commise par la Hongrie, la Pologne pourrait s'y opposer et vice versa. Ces deux États se réclament d'ailleurs précisément des valeurs qu'on leur reproche de violer et prétendent respecter la démocratie, puisque la politique qu'ils mènent a été déterminée par des autorités élues.

319. L'Union européenne et la souveraineté des États. - Pour la première fois, en 2016, les citoyens d'un État membre ont décidé de quitter l'Union européenne. La rupture doit être envisagée non seulement du point de vue du droit interne britannique, mais aussi du point de vue du droit international.

Sur le plan international, les États souverains ne sont et ne restent engagés que par leur volonté. Il est donc toujours possible de résilier unilatéralement un traité, même si celui-ci ne prévoit pas les modalités de résiliation.

Cependant, dans le cas de l'Union européenne, les relations de toutes sortes entre les États sont si étroites et si complexes qu'une résiliation unilatérale aurait des conséquences d'une extrême gravité et qu'il importe de négocier la rupture. En effet, il existe une masse considérable de règles européennes qui s'imposent encore dans le système juridique de l'État qui veut se retirer, cet État contribue encore au budget de l'Union et en reçoit des financements, et les relations économiques et commerciales avec l'Union doivent continuer. Il faut donc prévoir d'autres formes de coopération. C'est pourquoi le traité comporte un article 50 qui prévoit les modalités du retrait.

Il énonce d'abord le principe d'un droit au retrait. Pourtant, cela ne signifie pas que ce droit serait accordé à l'État par l'Union européenne, mais seulement que le traité organise la procédure. Le droit de se retirer n'est, en effet, qu'un attribut de la souveraineté. C'est pourquoi, alors que, dans un État fédéral, un État membre ne pourrait pas faire sécession unilatéralement, sauf si la Constitution le prévoit expressément, comme c'était en théorie le cas en URSS, ce pouvoir est préservé dans l'Union européenne. Les modalités du retrait font l'objet d'une négociation, mais la décision, elle, est unilatérale. D'ailleurs, la compétence au sein de l'État pour décider de faire valoir ce droit résulte des règles constitutionnelles internes. Dans le cas du retrait du Royaume-Uni (le *Brexit*), c'est le Parlement de Westminster qui a décidé de l'organisation d'un référendum, qui a dû autoriser le Premier ministre à notifier à l'Union européenne la décision du Royaume-Uni de se retirer, et c'est encore le Parlement qui doit approuver l'accord de retrait si la négociation aboutit. Dans un autre État membre, le retrait pourrait être décidé par le Parlement seul, sans référendum.

Aux termes de l'article 50, c'est à l'État qui décide de se retirer de le notifier à l'Union européenne. Il n'impose aucun délai pour le faire à compter de cette décision et l'on pourrait concevoir que l'État attende plusieurs mois. Dans le cas du Royaume-Uni, le Premier ministre, David Cameron, aurait pu rester en fonction provisoirement, mais il a remis sa démission et c'est la nouvelle Première ministre, Theresa May, qui, après y avoir été autorisée, a entamé la procédure au printemps 2017.

À partir de la notification s'ouvre un délai de deux ans durant lequel l'État négocie avec le Conseil un accord sur ses relations futures avec l'Union. Au terme de ces négociations, l'accord doit être approuvé par l'État, conformément à ses règles constitutionnelles internes et par le Conseil à la majorité qualifiée, après approbation du Parlement européen.

Si, à l'expiration du délai de deux ans, un accord n'a pas été signé, le traité cesse d'être applicable à l'État concerné, sauf si le Conseil décide à l'unanimité de proroger le délai. Dans le cas du Royaume-Uni, un accord a bien été négocié par Theresa May, mais il n'a pas été approuvé par la chambre des Communes. La Première ministre a seulement pu obtenir que le délai soit prolongé jusqu'au 31 octobre 2019, mais elle a dû annoncer sa démission. À défaut d'un accord avec l'Europe avant le 31 octobre, le Royaume-Uni devait sortir sans accord sur les modalités et prendre unilatéralement les mesures qui s'imposent, ce que devront d'ailleurs faire aussi l'Union et les autres États membres. Boris Johnson, qui a succédé à Theresa May, a négocié un nouvel accord, qui fut repoussé lui aussi par le Parlement britannique, ce qui contraignit le Premier ministre à demander une nouvelle prolongation du délai au 31 janvier 2020. L'accord fut finalement adopté après les élections législatives anticipées de décembre 2019 et le 31 janvier 2020 s'est ouverte une période de transition, qui doit s'achever le 31 décembre 2020, au cours de laquelle doit être négocié un accord commercial avec l'Union. En tout état de cause, la Grande-Bretagne ne fait plus partie de l'Union européenne. Pendant cette période la Grande-Bretagne est toujours liée par les règles de l'Union, mais ne prend plus part aux décisions communautaires. C'est ainsi que les 73 députés britanniques ont quitté leurs sièges au Parlement européen. Cependant, la négociation particulièrement complexe qui doit être menée pendant la période de transition, est rendue plus difficile encore par l'épidémie de coronavirus et il n'est pas exclu que Boris Johnson soit contraint de demander une nouvelle prolongation au-delà du 31 décembre 2020.

320. Bibliographie

(2005), *Annuaire de droit européen*, Bruxelles, Bruylant.

Beaud O., Lechevalier A., Pernice I., Strudel S. (dir.) (2004), *L'Europe en voie de Constitution : pour un bilan critique des travaux de la Convention. Colloque interdisciplinaire franco-allemand*, Bruxelles, Bruylant.

Blumann C. et Dubouis L. (2004), *Droit institutionnel de l'Union européenne*, Paris, Litec.

Cahiers du Conseil constitutionnel n° 9, mars à septembre 2000.
Cahiers du Conseil constitutionnel n° 18, 2005.
Cités n° 13 (février 2003), *Les constitutions possibles de l'Europe*, Figures politiques de l'Europe unie.
CRAIG P. (June 2001), « Constitutions, Constitutionalism and the European Union », in *European Law Journal*, vol. 7, n° 2, p. 125.
DEROSIER J.-P. (2015), *Les limites constitutionnelles à l'intégration européenne étude comparée : Allemagne, France, Italie*, préf. d'Otto Pfersmann, Paris, LGDJ.
DEHOUSSE R. (dir.) (2002), *Une Constitution pour l'Europe ?*, Paris, Presses de Sciences Po.
DE SCHUTTER O., NIHOUL P. (coord.),
– (2004), *Une Constitution pour l'Europe.*
– *Réflexions sur les transformations du droit de l'Union européenne*, Bruxelles, Larcier.
DOUTRIAUX Y., LEQUESNE C. (2010), *Les institutions de l'Union européenne après le traité de Lisbonne*, 8e éd., Paris, La Documentation française.
FERRY J.-M., THIBAUD P. (1992), *Discussion sur l'Europe*, préf. de P. Rosanvallon, Paris, Calmann-Lévy.
FATIN-ROUGE STEFANINI M., LEVADE A., MICHEL V. MEHDI R. (dir.) (2015), *L'identité des États et de l'Europe. Quel sens ? Quelles fonctions ?* Bruxelles, Bruylant.
GAUDIN H. et ROUSSEAU D. (2008), « Questions à l'Europe, questions sur l'Europe ; Le droit constitutionnel européen en débat », *RDP* n° 3, p. 721.
GOHIN O. et PECHEUL A. (dir.) (2005), *La nouvelle Union européenne. Approches critiques de la Constitution européenne*, Paris, François-Xavier de Guibert.
GRIMM D.
– (1995), « Does Europe need a Constitution ? », *European Law Journal*, 1, p. 282.
– (2012), Article « souveraineté », TROPER M., CHAGNOLLAUD D. (dir.), *Traité international de droit constitutionnel*, Paris, Dalloz, 3 vol., tome 1, p. 547.
HAENEL H. (2000-2001), *Une Constitution pour l'Union européenne ?* Rapport d'information 363 – Délégation du Sénat pour l'Union européenne.
JAUME L. (2010), *Qu'est-ce que l'esprit européen ?*, Paris, Flammarion.
JOERGES C., MÉNY Y., WEILER J. (éd.) (2000), *What Kind of Constitution for What Kind of Polity ?* Responses to Joschka Fischer, Florence, European University Institute.
LAGELLE A. (2011), « Le rôle des parlements nationaux dans le processus législatif européen à l'aune du traité de Lisbonne », in *RFDC*, 2011/3, n° 87, p. 25-55.
MACCORMICK N. (1999), *Questioning Sovereignty* (Law, State, and Nation in the European Commonwealth) – Law, State, and Practical Reason, oxford, Oxford University Press.
MAGNETTE P. (éd.) (2002), *La Constitution de l'Europe*, 2e éd., Bruxelles, Éditions de l'Université de Bruxelles.
MANIN Ph. (2004), *Droit constitutionnel de l'Union européenne*, Paris, Pedone.
MOUTON J.-D. (dir.) (2013), Colloque de Nancy. *L'État dans la mondialisation*, Paris, Pedone.
PERNICE I. (2004), *Fondements du droit constitutionnel européen*, Paris, Pedone.
Revue *Pouvoirs* (2003), « Les nouveaux États de l'Union », n° 106.
QUERMONNE J.-L.,
– (2001), *L'Europe en quête de légitimité*, Paris, Presses de Sciences Po.
– (2015), *Le système politique de l'Union européenne*, Paris, LGDJ, 9e éd.
– (2010), « La "Fédération d'États Nations" : concept ou contradiction ? », *RFDC* n° 84, p. 677-692.
RDP (2003), « Forum sur la Constitution européenne », p. 1253 et s.
RIDEAU J. (2010), *Droit institutionnel de l'Union européenne*, Paris, LGDJ, 6e éd.
ROLAND S. (2008), *Le triangle décisionnel communautaire à l'aune de la théorie de la séparation des pouvoirs. Recherches sur la distribution des pouvoirs législatif et exécutif dans la Communauté*, Bruxelles, Bruylant.
STONE SWEET A. (2004), *The judicial Construction of Europe*, Oxford, Oxford University Press.
VERGES J. (2002), *Réflexions sur le constitutionnalisme de l'Union européenne*, in GRAF.
VITZTHUM W. et PENA M. (dir.), *L'identité de l'Europe*, Aix-en-Provence, PU d'Aix Marseille, p. 181.

Weiler J. (2011), "The political and legal culture of European integration : An exploratory essay", in *I. CON*, Vol. 9, n° 3-4, p. 678-694.

Weiler J. et Wind M. (eds) (2003), *European constitutionalism. Beyond the State*, Cambridge, Cambridge University Press.

Ziller J. (2008), *Les nouveaux traités européens : Lisbonne et après*, Paris, Montchrestien.

TROISIÈME PARTIE

APERÇU SOMMAIRE D'HISTOIRE CONSTITUTIONNELLE DE LA FRANCE

321. La connaissance de l'histoire constitutionnelle française est indispensable non seulement pour la compréhension du régime actuel, mais parce que la France a connu des Constitutions très diverses et offre ainsi un véritable laboratoire à la science du droit constitutionnel. On peut grâce à elle, élaborer des typologies, comprendre la formation des concepts essentiels du droit constitutionnel, analyser les relations entre les discours sur le droit positif et le droit positif lui-même, comprendre les contraintes qui s'exercent sur la production ou l'interprétation des normes constitutionnelles et les mécanismes de la transformation des systèmes. Assurément il n'est pas possible ici d'étudier dans le détail chacune des Constitutions qui se sont succédé en France, mais on peut du moins retracer les grandes lignes de cette évolution (Chevallier et Conac, 2001 ; Morabito, 2008).

322. Instabilité constitutionnelle et continuité de l'évolution politique. – De 1789 à 1958 la France a connu quinze Constitutions écrites, et même ce chiffre est-il inférieur au nombre réel des régimes qui se sont succédé car certaines périodes de l'histoire furent vécues en dehors de toute constitution (Comité de salut public en 1793, gouvernements provisoires de 1848 et de 1870, régime de Vichy) et en outre les Constitutions en vigueur furent parfois modifiées si profondément que cette transformation fut à l'origine d'un système politique différent de celui que prévoyait la Constitution initiale (par exemple transformation de la Constitution de 1852 à partir de 1860).

Malgré cette instabilité, cette histoire présente d'incontestables éléments de continuité. En effet, si les régimes ont changé, souvent les hommes sont restés en place ; ainsi on retrouve sous l'Empire des conventionnels qui ont survécu à la Terreur ; de même l'Assemblée nationale de 1871 comprenait des personnalités marquantes de la monarchie de Juillet. Ensuite certaines institutions sont demeurées en place malgré le renversement des régimes politiques. Tel fut le cas notamment du Conseil d'État et des grandes administrations. Enfin, on constate que, des Constitutions différentes ont adopté des règles semblables. Ces similitudes s'expliquent assez bien par le fait que ces règles étaient dérivées de principes généraux d'une grande stabilité. Il est remarquable que le grand ouvrage de Carré de Malberg, sa contribution à la Théorie générale de l'État, porte comme sous-titre « spécialement d'après les données fournies par le droit constitutionnel français ». Il décrit en effet des principes formés sous la Révolution française et qui, bien que les textes qui les énoncent, ne fussent plus en vigueur à l'époque où écrivait Carré de Malberg (sous la IIIe République) constituaient cependant le fondement de validité des normes positives. Ces principes faisaient donc encore partie du droit positif et en font toujours partie sous la Ve République. La Constitution actuelle s'y réfère ; elle emploie les termes dans lesquels ces principes ont été initialement formulés et ses interprètes se réfèrent couramment aux débats des Assemblées révolutionnaires.

Certains ont en outre cru déceler dans l'histoire constitutionnelle française deux cycles, qui feraient se succéder une monarchie, une république, un régime autoritaire. Le premier, commencé en 1789 avec la monarchie constitutionnelle, se serait poursuivi avec la Ire République en 1792 et clos avec le Consulat et l'Empire de 1799 à 1815. L'effondrement de l'Empire a fait place à la monarchie constitutionnelle, jusqu'à la seconde République en 1848, puis au Second Empire en 1852. On prétend alors que ces deux cycles étant achevés, la République a pu enfin s'installer solidement. La description de la succession chronologique n'est pas fausse, mais elle n'aurait d'intérêt que si l'on pouvait montrer qu'il existe dans chaque régime des causes internes qui provoqueraient nécessairement sa transformation dans le régime suivant. Or, les transformations ont été dues à des circonstances purement extérieures aux institutions, des guerres ou des révolutions. Il est en réalité parfaitement vain de chercher à dégager un « sens de l'histoire constitutionnelle ». À moins de partager une foi dans un mouvement qui conduirait nécessairement vers la démocratie ou vers toute autre forme de régime qui constituerait le terme d'une évolution programmée, il faut se borner à observer et à décrire le mouvement réel des systèmes constitutionnels.

CHAPITRE 1

Les Constitutions de la Révolution et de l'Empire

323. Cette période reproduit, en les enfermant dans un laps de temps très court, toutes les vicissitudes de l'idée démocratique. Elle s'installe d'abord sous une forme modérée, puis prétend s'appliquer intégralement, pour amener l'inévitable réaction que marque le césarisme (Rémond, 1986).

Section 1 L'œuvre de l'Assemblée nationale constituante

324. Pressé par les difficultés financières, Louis XVI convoqua les états généraux qui se réunirent à Versailles, le 5 mai 1789. Ils n'avaient plus siégé depuis 1614 ; leur réunion était donc une innovation, d'autant plus que le régime des élections arrêté par lettre royale du 24 janvier 1789 avait doublé le chiffre des représentants du tiers état.

Les électeurs arrivèrent chargés d'un mandat inclus dans les cahiers qu'avaient rédigés leurs commettants. Des cahiers se dégageaient quelques directives très nettes : d'une part, maintien de la monarchie, d'autre part, établissement de l'égalité entre les citoyens, enfin, rédaction d'une constitution susceptible de ramener, sur de nouvelles bases, l'ordre dans le Royaume. Ainsi, tandis que le roi croyait avoir convoqué une assemblée consultative, les électeurs entendaient qu'elle devînt une assemblée constituante. C'est à ce vœu que les États déférèrent le 17 juin, en se déclarant Assemblée nationale, titre qui devint une réalité lorsque, le 27 juin, la noblesse et le clergé décidèrent de rejoindre le tiers état.

C'est cette assemblée qui adopta la Constitution du 3 septembre 1791, Constitution qui comprend deux documents : la Déclaration des droits de l'Homme et du Citoyen, votée dès le 26 août 1789, et la Constitution proprement dite.

§1. La Déclaration des droits de l'Homme et du Citoyen de 1789-1791

325. C'est un préambule à la Constitution, dans lequel ses auteurs ont entendu exposer les principes de philosophie politique sur lesquels leur œuvre sera fondée. Mais, dans leur esprit, il ne s'agit pas d'établir seulement les droits des citoyens français, mais les droits de l'Homme en soi. Et c'est ce qui fait la portée universelle de la Déclaration.

326. Les sources. – La Déclaration des droits se rattache au mouvement philosophique du XVIIIe siècle. Mais ce mouvement lui-même n'est qu'un aboutissement dans lequel s'épanouit la doctrine individualiste dégagée du christianisme par les théologiens du Moyen Âge et qui, à travers les doctrines religieuses de la Réforme, puis par l'entremise des libertins du XVIIe siècle, est parvenue à se cristalliser, plus ou moins déformée et enrichie, dans un certain nombre de principes que les philosophes politiques du XVIIIe siècle reçurent comme des axiomes. À cet édifice doctrinal, il n'est pas un système qui n'ait apporté sa pierre et il serait vain de rechercher ce qui revient à chacun. Toutefois, on peut relever le rôle capital que joue l'idée que l'homme est titulaire de droits inhérents à sa personne et, par conséquent, antérieurs et supérieurs à l'État. Cette idée, c'est celle qu'illustrèrent les représentants de l'école du droit de la nature et des gens : Grotius, *De jure belli ac pacis* (1625), Puffendorf, *De jure naturae et gentium* (1670), Wolff, *Droit de la nature traité suivant la méthode scientifique* (1740), Vattel, *Droit des Gens ou principes de la loi naturelle* (1758). Cette croyance, Rousseau, après Locke, la rattache au contrat social qu'il fait admettre comme le point de départ de toute réflexion politique. À Rousseau également les auteurs de la Déclaration empruntent la définition de la loi, expression de la volonté générale, mais Rousseau lui-même procédait d'une philosophie plus ancienne, de même que Montesquieu, dont la Déclaration adopte la règle négative de la séparation des pouvoirs, ne faisait que systématiser les institutions anglaises et les vues de Locke.

On voit qu'en réalité la Déclaration est davantage l'expression d'un état d'esprit que la consécration d'une thèse particulière. C'est pourquoi, sans minimiser l'influence que purent avoir les déclarations placées quelques années plus tôt en tête des Constitutions des États particuliers de l'Union américaine, on doit comprendre que, ce précédent n'eût-il pas existé, notre Déclaration eût cependant été rédigée. Jamais on n'eut conscience d'une façon aussi claire de la naissance d'un monde nouveau ; la Déclaration en était le programme nécessaire.

Dans la mesure où ils ne prévoyaient pas d'instituer un contrôle de la constitutionnalité des lois, les auteurs de la Déclaration ne lui accordaient aucune valeur juridique particulière. Le texte avait principalement pour but, comme l'indique son Préambule, de servir de guide au législateur et de standard pour évaluer l'action des gouvernants. Mais, en raison de son contenu et de sa portée philosophique et politique, la Déclaration a acquis peu à peu une grande autorité et dans de nombreux pays – et en France même récemment – une force juridique supérieure à celle des lois. Au xxe siècle, la juridiction administrative en France a commencé de contrôler la conformité des actes administratifs non seulement aux lois elles-mêmes, mais aussi à des « principes généraux du droit », dont plusieurs étaient tirés de la Déclaration. Puis, elle a exercé ce contrôle par rapport à certaines dispositions de la Déclaration elle-même. Enfin, depuis 1971, le Conseil constitutionnel considère qu'une loi contraire au Préambule de la Constitution, qui renvoie à la Déclaration des droits de l'Homme de 1789, est contraire à la Constitution et ne peut être promulguée. La Déclaration fait donc désormais partie du « bloc de constitutionnalité » et possède la même valeur que la Constitution elle-même (v. *infra* n° 720 et 820).

327. Le contenu. – Son texte très bref (17 articles), mais d'une densité de pensée et d'une plénitude de style inégalées, se réfère à deux ordres d'idées :

1) Il énonce les règles que doivent respecter les institutions politiques : la souveraineté nationale (art. 3 et 6), la séparation des pouvoirs (art. 16), le consentement à l'impôt (art. 14) ;

2) Il affirme et définit les droits que l'homme tient de sa nature même et qui, comme tels, échappent à l'emprise du pouvoir politique. C'est la partie de la Déclaration qui a eu le plus d'influence, car c'est en elle que se trouve exposée la philosophie politique révolutionnaire.

Ces droits sont énumérés dans les articles 1 et 2 : « *Les hommes naissent libres et égaux en droit.* » ; « *Le but de toute association politique est la conservation des droits naturels et imprescriptibles de l'homme. Ces droits naturels sont la liberté, la propriété, la sûreté, la résistance à l'oppression.* ».

Des définitions que la Déclaration donne de ces divers droits, se dégage la conception individualiste de la société. Tout est prévu pour assurer la coexistence des hommes avec le maximum d'indépendance pour chacun et pour limiter les prérogatives de l'État. Mais rien n'annonce la collaboration nécessaire de tous les membres du groupe social en vue d'une fin qui les dépasse. On ne relève aucune disposition sociale dans l'exposé de cette philosophie politique. Elle établit seulement un statut négatif de l'individu.

§2. La Constitution du 3 septembre 1791

328. L'organisation politique imaginée par les constituants de 1791 est la mise en œuvre d'un certain nombre de principes qui, depuis cette époque, ont pu être considérés comme les principes traditionnels de notre droit public, alors même que la pratique leur infligeait de voyantes entorses.

Souveraineté nationale mise en œuvre par la représentation, séparation des pouvoirs, suprématie de la Constitution, telles sont les lignes directrices de la Constitution de 1791. Nous les connaissons déjà dans leur portée générale (v. *supra* n° 184) ; il s'agit ici de voir comment notre première Constitution écrite les a interprétées (Godechot, 1998 ; Duclos, 1932 ; Troper, 1980 ; Bacot, 1985).

A. Souveraineté nationale et gouvernement représentatif

329. La souveraineté appartient à la nation qui constitue une personne juridique distincte des individus qui la composent. Cela signifie que l'expression de la souveraineté ne pourra être obtenue par l'addition d'un certain nombre de volontés individuelles, mais par l'émission d'une volonté valant comme celle de la nation tout entière.

Cette souveraineté présente un triple caractère :

- elle est unique, c'est-à-dire qu'elle ne connaît aucun partage et s'exerce sur toutes les personnes qui se trouvent sur le territoire ;
- elle est indivisible, c'est-à-dire que personne ne peut prétendre l'exprimer en vertu d'un titre personnel. Elle ne peut être exercée que par délégation et alors chaque organe l'exprime dans sa totalité. C'est la condamnation du fédéralisme ;
- elle est inaliénable et imprescriptible, c'est-à-dire que le souverain ne peut se dépouiller de son titre et que, par conséquent, chaque fois qu'il délègue l'exercice de sa puissance, cette délégation est essentiellement précaire et révocable.

Mais, comme il est dit dans la Déclaration des droits de l'Homme, c'est seulement le *principe* ou l'*essence* de la souveraineté qui appartient à la nation, ce qui signifie qu'elle ne peut l'exercer et qu'elle doit nécessairement en déléguer l'exercice à des représentants. Exercer la souveraineté, c'est exercer la fonction suprême, c'est-à-dire la fonction législative. Conformément à cette conception, les organes détenteurs du pouvoir législatif, ceux qui expriment la volonté de la nation ou volonté générale, sont donc des représentants. Concrètement, ces organes seront au nombre de deux : un corps législatif élu et le roi, qui participe par son droit de veto suspensif à la fonction législative. La Constitution l'indique très clairement : « *les représentants sont le corps législatif et le roi* » (Titre III, article 3).

Il faut donc souligner deux points :

1° La qualité de représentants n'est pas liée à l'élection. Le corps législatif est élu, mais le roi ne l'est évidemment pas. Cette qualité est exclusivement attachée au pouvoir d'exprimer la volonté générale, c'est-à-dire à l'exercice, même partiel, du pouvoir législatif.

2° Corrélativement, le roi n'est pas représentant en tant que titulaire du pouvoir exécutif, car ce pouvoir, qui n'est conçu que comme un pouvoir de simple exécution, un pouvoir « commis », selon le vocabulaire de l'époque, ne peut être considéré comme l'exercice de la souveraineté. Il est représentant parce qu'il est colégislateur.

330. Le corps législatif. – C'est l'un des représentants de la volonté législative de la nation. Du principe de la souveraineté nationale qui présida à son organisation, il tient trois caractères.

a) Le corps législatif est d'abord composé d'une *Chambre unique* : l'Assemblée nationale législative.

Le monocamérisme s'explique avant tout par le refus, qui découle de l'abolition des privilèges au cours de la nuit du 4 août 1789, de conserver un statut de la noblesse en France. La deuxième Chambre nobiliaire, inspirée de la Chambre des Lords anglaise, que proposaient les monarchiens aurait en effet permis à la noblesse d'empêcher l'adoption des lois tendant à supprimer ses privilèges.

b) L'assemblée est permanente, comme la nation dont elle formule la volonté. Elle fixe elle-même la date et la durée de ses sessions. Le roi ne peut la dissoudre.

c) La durée de la législature est courte (deux ans) parce qu'on craint que les membres ne soient tentés d'employer la suprématie de la fonction législative pour s'emparer aussi de la fonction exécutive et devenir despotique.

Pour écarter les politiciens de profession, la Constitution décida que les députés ne pourraient être réélus qu'après l'intervalle d'une législature. Déjà l'Assemblée constituante avait refusé à ses membres l'accès à l'assemblée qui devait lui succéder ; ce décret, inspiré par un scrupule honorable, entrava la marche de la Révolution en écartant du pouvoir les plus expérimentés (Aulard, 1882, p. 310).

331. Le système électoral. – Il est commandé par l'idée qui forme la substance du principe de la souveraineté nationale : la souveraineté réside dans la nation entière et non dans chaque citoyen individuellement. L'individu n'a donc aucun titre personnel à participer à l'opération électorale. C'est pourquoi, bien qu'elle ait trouvé des défenseurs à l'assemblée, la théorie de *l'électorat-droit* fut écartée au profit de la conception de *l'électorat-fonction*. Celle-ci fut définie par Barnave, lorsqu'il déclarait : « *La qualité d'électeur n'est qu'une fonction publique à laquelle personne n'a droit et que la société dispense ainsi que le lui prescrit son intérêt. La fonction d'électeur n'est pas un droit.* ».

Cette idée a un intérêt pratique considérable puisqu'elle permet d'écarter le suffrage universel (auquel conduit nécessairement la conception de l'électorat-droit) et justifie la conformité d'un suffrage restreint avec le principe de la souveraineté nationale.

Appartenant en grande partie à la bourgeoisie moyenne, l'assemblée constituante avait toutes les raisons de se rallier à la thèse de Barnave qui écartait la masse populaire de la direction des affaires publiques. Elle imagina donc un système électoral qui refusait le droit de vote à une foule d'individus qui n'avaient ni l'éducation, ni la préparation politique nécessaires. Ce système repose sur la distinction entre les citoyens actifs et passifs et sur le suffrage à deux degrés.

1° Tous les nationaux français de naissance ou par naturalisation ont la qualité de citoyens. Mais il y a deux catégories de citoyens : *les citoyens passifs*, qui jouissent de tous les droits et libertés énumérées dans la Déclaration, mais ne participent pas à la vie politique, car ils n'ont pas le droit de vote, et les *citoyens actifs*, auxquels ce droit est réservé.

Les conditions requises pour être citoyen actif (Titre III, ch. I, sect. II, art. 2) portent essentiellement sur l'obligation de payer une contribution directe au moins égale à la valeur locale de trois journées de travail. Sur 24 000 000 d'habitants, cette disposition permettait à 4 300 000 d'entre eux d'être électeurs. Le chiffre minime de la contribution exigée ne créait pas un privilège au profit des riches, mais permettait seulement d'établir le suffrage des contribuables dans lequel on voyait une garantie de l'indépendance et de la capacité de l'électeur.

2° L'atteinte au principe démocratique résultait bien plutôt de l'établissement du *suffrage à deux degrés*.

Dans chaque canton, les citoyens actifs formaient l'assemblée primaire qui nommait les électeurs du second degré. Or pour pouvoir être choisi comme électeur du second degré, il fallait satisfaire à des conditions de fortune qui réduisaient considérablement le nombre de ceux qui pouvaient se porter candidats. Dans les villes, il fallait être propriétaire ou usufruitier d'un bien évalué, au rôle des contributions directes, à un revenu égal à la valeur de 150 à 200 journées de travail ou locataire d'une habitation évaluée à un revenu de 150 à 200 journées de travail. Dans les campagnes, pouvaient se porter candidats les propriétaires ou usufruitiers d'un bien évalué à un revenu de 150 journées de travail, et les fermiers d'un domaine évalué à un revenu égal à 400 journées de travail.

Or, comme le revenu fiscal était sensiblement inférieur au revenu réel, le nombre des électeurs du second degré était peu élevé (43 000). Toutefois, aucune condition pécuniaire n'était mise à l'éligibilité ; par conséquent, un citoyen pouvait être élu à l'assemblée, alors qu'il n'aurait pu être électeur.

B. Le fondement de la Constitution : la séparation des pouvoirs

1. La thèse traditionnelle

332. On affirme parfois que la Constitution de 1791 repose sur la séparation rigide des pouvoirs. Cette interprétation est erronée, comme on peut le constater en considérant aussi bien les compétences des organes, d'où il ressort qu'on n'a pas voulu les spécialiser, que leurs statuts, d'où il ressort qu'on n'a pas voulu les rendre indépendants.

La fonction législative est exercée par deux organes, le corps législatif et le roi, qui y participe par son droit de veto suspensif. On ne saurait soutenir que le droit de veto se rattache plutôt au pouvoir exécutif, car si le roi dispose du pouvoir exécutif, ce pouvoir, on l'a vu, est commis et ce n'est pas en cette qualité qu'il peut s'opposer aux textes de lois. Que le roi soit législateur, c'est ce qui ressort très clairement de la procédure : le texte adopté par le corps législatif porte le nom de *décret*. Il est transmis au roi, qui doit l'accepter en lui accordant sa *sanction* – le veto n'est pas autre chose que le refus de la sanction – ; ce n'est qu'après la sanction du roi, que le texte prend le nom de *loi*, ce qui signifie bien que la loi est produite par l'accord des deux représentants de la nation.

Plusieurs compétences qu'on rattache ordinairement à la fonction exécutive sont exercées en commun par le corps législatif et le roi, notamment la conclusion des traités internationaux. Quant à l'exécution des lois elle-même, elle est confiée au roi seul, mais il ne peut l'exercer qu'avec le concours de ministres qu'il nomme et révoque, mais qui ne sont cependant pas indépendants du corps législatif.

Pour ce qui concerne les statuts, il est certain que la Constitution n'accorde pas au roi le droit de dissoudre le corps législatif, ni au corps législatif celui de renverser les ministres, mais la procédure pénale de mise en jeu de la responsabilité des ministres, qui pouvait être déclenchée à la discrétion de l'assemblée, selon le modèle anglais de l'*impeachment*, mettait les ministres dans une dépendance complète, ce que démontrera amplement l'expérience de 1792 (v. *infra* n° 335).

2. Le principe de la séparation des pouvoirs en 1791

333. En réalité, la répartition des compétences et le statut des organes s'expliquent non par le principe de la séparation des pouvoirs tels que l'entendait la doctrine traditionnelle (v. *supra* n° 84 et s.), mais par deux principes différents et complémentaires :

a) un principe négatif : il ne faut pas que les compétences soient toutes attribuées à une même autorité, ce qui signifierait le despotisme. Il faut au contraire qu'elles soient réparties ou séparées entre plusieurs, peu importe de quelle manière, pourvu qu'elles le soient. Comme une constitution n'est pas autre chose qu'une répartition des compétences entre organes, on a ici avec la séparation des pouvoirs la définition même d'une constitution, comme l'indique clairement l'article 16 de la Déclaration des droits de l'Homme : « *Toute société dans laquelle la garantie des droits n'est pas assurée ni la séparation des pouvoirs déterminée n'a point de Constitution* ». Cet article est ordinairement interprété conformément à la théorie traditionnelle de la séparation des pouvoirs. Il semble indiquer alors que les constituants de 1789-1791 étaient des partisans si ardents de la spécialisation et de l'indépendance des organes, qu'ils considéraient que, faute de ces deux règles, un pays n'avait pas de constitution digne de ce nom. Cette interprétation – qui exige d'ailleurs qu'on complète l'énoncé de l'article 16 par l'expression, considérée comme implicite, « digne de ce nom » – est erronée : si « séparation des pouvoirs » signifie répartition des compétences, alors en effet l'article 16 doit être compris à la lettre ; il ne fait qu'énoncer une vérité d'évidence ou une définition de la constitution.

b) mais ce principe négatif est insuffisant ; il doit être complété par un autre, qui prescrive de quelle manière il faut répartir les compétences.

À cet égard deux conceptions s'opposent à la fin du XVIIIe siècle.

1° Selon la première, la plus simple, il suffit de spécialiser les organes, l'un dans la fonction législative, l'autre dans la fonction exécutive. Comme les fonctions sont hiérarchisées, il est clair que l'organe législatif sera prépondérant. Dans la mesure où la fonction législative est exercée par le peuple lui-même, cette conception a la faveur des démocrates. C'est notamment celle de Jean-Jacques Rousseau et ce sera celle des conventionnels en 1793 (v. *infra* n° 339).

Ses adversaires font valoir qu'un tel système présente des risques considérables. Il est à craindre que l'organe législatif, notamment s'il ne se confond pas avec le peuple lui-même et s'il est composé de représentants, n'emploie la suprématie de la fonction législative pour s'emparer aussi de la fonction exécutive. Il réunirait alors entre ses mains les deux fonctions et serait despotique. Autrement dit, le système de la spécialisation est autodestructeur.

2° Le second système, appelé « balance des pouvoirs » est présenté par ses partisans comme autorégulateur. Les compétences y sont réparties de telle sorte qu'aucune autorité ne soit jamais en mesure de cumuler l'exercice de toutes les fonctions. Pour cela, il importe d'éviter la spécialisation et de donner à l'organe exécutif une participation à la fonction législative, de manière à obtenir un équilibre entre les organes, une *balance des pouvoirs*. Ainsi, dans la Constitution anglaise qui sert de modèle à Montesquieu, Delolme, Blackstone et au début de la Révolution aux monarchiens, comme Mounier ou Lally-Tollendal, le pouvoir législatif est-il exercé par le Parlement. Le Parlement est un organe complexe formé de la Chambre des communes, de la Chambre des Lords et du roi. Aucune loi ne peut entrer en vigueur sans le consentement de chacun de ces organes partiels. Le pouvoir exécutif est par ailleurs exercé par le roi seul.

Il n'y a pas de spécialisation, puisque le roi est à la fois organe de la fonction exécutive et organe partiel de la fonction législative. Aucun organe n'est en mesure de cumuler la totalité des pouvoirs. Si, par exemple la Chambre des communes était tentée de s'emparer du pouvoir exécutif, elle se heurterait au veto du roi. Celui-ci de son côté n'aurait aucun moyen d'acquérir la totalité du pouvoir législatif. Un véritable équilibre des pouvoirs est ainsi réalisé, mais il ne s'agit pas bien évidemment d'un équilibre entre pouvoir législatif et pouvoir exécutif – ce serait impossible en raison de la hiérarchie des normes – mais *entre les divers pouvoirs législatifs*.

De cet équilibre, ses partisans attendent au moins deux avantages : d'une part la séparation des pouvoirs (entendue comme principe négatif) sera préservée et la Constitution sera littéralement inviolable ; d'autre part la législation sera modérée : comme le consentement de trois organes est nécessaire pour qu'une loi soit faite, il n'y aura que peu de lois – conformément à l'idéal des physiocrates – l'État n'interviendra donc que très peu dans la vie économique, chaque loi sera le résultat d'un compromis et si certains organes représentent des minorités, par exemple la noblesse, les intérêts de ces minorités seront protégés.

À la Constituante, les monarchiens ne parviendront pas à imposer le principe de la balance des pouvoirs dans sa forme anglaise. Un premier projet, qui prévoyait deux Chambres et un droit de veto absolu au profit du roi, fut repoussé. Mais le texte qui fut adopté conservait l'économie générale du système, car s'il y avait une Chambre unique, le roi était doté d'un droit de veto suspensif.

Les décrets votés par le corps législatif étaient présentés au roi. Si celui-ci les acceptait, ils devenaient lois. Mais dans les deux mois de leur présentation, le roi pouvait aussi refuser son consentement. Alors le texte ne pouvait pas lui être soumis à nouveau par la même législature. Mais si les deux législatures suivantes reprenaient le projet, le *veto* du roi cessait de produire effet. Il était donc valable au maximum pour six ans.

C. Le problème du pouvoir exécutif

1. Position du problème en 1790

334. Ce problème, que Rousseau comparait à celui de la quadrature du cercle, était pour les constituants spécialement difficile. Il leur fallait en effet poursuivre deux objectifs contradictoires.

1° Le roi, en raison de son pouvoir législatif, était un représentant. En tant qu'organe partiel de la législation, il devait être pleinement indépendant de l'autre organe partiel, le corps législatif. C'est cette nécessité de rendre les deux organes mutuellement indépendants qui expliquait que le roi n'avait pas le droit de dissoudre l'assemblée et que sa personne était inviolable et irresponsable et qui expliquait aussi bien d'autres éléments de son statut, qui devaient le rendre financièrement et même physiquement indépendant ; financièrement car le montant de ses crédits, la liste civile, était fixé pour toute la durée du règne, sans qu'il soit possible à l'Assemblée de le diminuer lors du vote du budget pour faire pression sur lui ; physiquement, car il disposait pour sa protection, comme d'ailleurs le corps législatif, d'une garde armée distincte.

2° Mais par ailleurs, en sa qualité de détenteur du pouvoir exécutif, le roi devait rester subordonné à la loi. On concevait à cette époque la fonction exécutive de la manière la plus étroite : l'exécution consistait seulement dans l'application matérielle des lois et dans la direction de l'administration pour assurer cette application. Elle excluait donc totalement le pouvoir réglementaire, car la production de règles était le monopole de la loi.

Il fallait donc assurer la conformité de l'exécution à la loi, ce qu'on appelait la *rectitude* de l'exécution, mais la difficulté était d'organiser le contrôle de cette conformité et l'on paraissait condamné à naviguer entre deux écueils :

a) ou bien le contrôle était confié au corps législatif et l'on rendait le roi responsable des refus d'exécution ou de la mauvaise exécution des lois, mais le risque était évidemment que la responsabilité s'étende à son pouvoir législatif, qu'on le poursuive par exemple sous prétexte de mauvaise exécution, mais en réalité pour l'intimider et l'empêcher d'exercer son droit de veto. Cela signifierait alors que le corps législatif exercerait seul le pouvoir législatif et cumulerait bientôt les deux fonctions.

b) ou bien on n'organisait aucun contrôle et le roi pourrait agir selon sa propre volonté, ce qui équivaudrait pour lui à cumuler les deux fonctions législative et exécutive, au mépris à nouveau du principe de la séparation des pouvoirs.

2. La solution de la Constituante

335. Pour échapper à ce dilemme, l'Assemblée constituante s'inspire du système anglais :

1° Le roi reste inviolable et irresponsable.

2° Il y aura des ministres, au nombre de six, nommés librement par le roi, sauf parmi les membres du corps législatif, et révocables par lui.

3° Tous les actes du roi devront être contresignés par un ministre.

4° Ces ministres seront responsables. Cette responsabilité s'exercera selon une procédure pénale inspirée de l'Angleterre : le Corps législatif peut les accuser, par le vote d'un simple décret, des « délits par eux commis contre la sûreté nationale et la Constitution... ». Ils seront alors jugés par une Haute Cour nationale. Les délits contre la Constitution ne font l'objet d'aucune définition, mais il est clair que constitue notamment un tel délit le fait d'avoir contresigné un acte illégal du roi.

L'Assemblée pense avoir ainsi réussi à conserver au roi l'indépendance à laquelle il a droit en tant qu'organe législatif partiel, tout en maintenant la subordination de la fonction exécutive. Le roi en effet ne pourra accomplir seul des actes d'exécution et les ministres refuseront de contresigner des actes illégaux pour éviter d'en supporter la responsabilité.

En réalité, peu de mois après la mise en application de la Constitution, cette procédure pénale sera employée, comme d'ailleurs en Angleterre, pour sanctionner les divergences politiques entre l'assemblée, dominée par les Girondins et les ministres feuillants. Au mois de mars 1792, le décret d'accusation fut voté contre le ministre des Affaires étrangères, Delessart, pour avoir « négligé l'intérêt national ». Delessart fut arrêté et les autres ministres résilièrent leurs fonctions. Ainsi, la responsabilité devenait politique et le régime évoluait vers le régime parlementaire.

D. La suprématie de la Constitution

336. L'Assemblée constituante adopte le système des constitutions rigides. La distinction formelle entre les lois ordinaires et les lois constitutionnelles s'exprime dans le fait que, pour les modifications à apporter à ces dernières, l'intervention d'un organe spécial est prévue. Il faut remarquer que la Constitution, bien qu'ayant déclaré que la nation a le droit imprescriptible de changer sa Constitution, n'en confie pas moins ce soin à une assemblée spéciale, dont la compétence a pour effet de paralyser la liberté de la nation. On sait du reste (v. *supra* n° 34) de quelles précautions la Constitution entourait la révision.

L'Assemblée nationale constituante se sépara le 30 septembre 1791 ; l'assemblée législative qui lui succéda ne vécut pas longtemps sous le régime de la Constitution de 1791. En effet, les conflits avec la royauté s'étant aggravés, elle décida de faire élire au suffrage universel – pour la première fois en France – une Convention nationale chargée de préparer une nouvelle constitution. De fait, la Constitution de 1791 avait vécu : le 10 août 1792, l'assemblée prononça la suspension du roi. Pratiquement, le régime de la dictature de l'assemblée commence.

Section 2
Les Constitutions de la Convention

337. La Constitution de 1791 établissait un régime où la prédominance était assurée aux classes bourgeoises. La Convention prétendra, elle, réaliser la démocratie. Cette prétention résulte de son origine même. C'est en effet la première assemblée française élue au suffrage universel. L'assemblée législative avait modifié le système électoral de 1791, en supprimant la distinction entre citoyens actifs et passifs. Le suffrage à deux degrés était maintenu, mais uniquement sur la base de l'âge : tous les citoyens de vingt et un ans vivant de leur travail ou de leur revenu et n'étant pas en état de domesticité faisaient partie des assemblées primaires. La seule condition pour pouvoir être électeur du second degré était d'être âgé de vingt-cinq ans. Le droit de suffrage reposant sur la fortune est donc supprimé ; mais le vote étant public, la liberté du suffrage n'est pas parfaitement assurée.

Le 21 septembre 1792, la Convention décrète que la royauté est abolie et, quatre jours plus tard, proclame la République. Une ère nouvelle commence, que marque l'ouverture du calendrier républicain (1er vendémiaire an I de la République, correspondant au 21 septembre 1792) ; en même temps, la Convention entreprend la confection d'une constitution qui, cette fois, devra être adoptée par le peuple. Un premier projet d'inspiration girondine ne survit pas à la défaite de ses auteurs. Jugé trop modéré, la Convention l'écarte et confie la préparation d'un nouveau projet au Comité de salut public. Le

10 juin, Hérault de Séchelles présente son rapport qui, adopté par la Convention, devient la Constitution montagnarde du 24 juin 1793.

338. La Déclaration des droits de l'Homme et du Citoyen de 1793. – Comme celle de 1791, la Constitution de 1793 est précédée d'une déclaration des droits qui se caractérise par l'accentuation de son esprit démocratique. Plus encore que la liberté, c'est l'égalité qui est mise en avant. D'où l'affirmation que « chaque citoyen a un droit égal à concourir à la formation de la loi et à la nomination de ses mandataires ».

La déclaration de 1793 sanctionne plus énergiquement que celle de 1791 les droits qu'elle proclame. En 1791, on admettait la résistance à l'oppression ; en 1793, on légitime le droit à l'insurrection (art. 35).

Enfin, tandis qu'en 1791 la déclaration avait une portée essentiellement négative, du fait que l'énumération des libertés constituait une limite à l'action de l'État, les hommes de la Convention entendent faire œuvre positive. Ils reconnaissent aux individus le droit d'exiger certaines prestations de la part de l'État : droit au travail, à l'assistance, à l'instruction (art. 21, 22). En ce sens, la Déclaration de 1793 présente un caractère social qui n'est pas dans celle, profondément individualiste, de 1791.

§1. La Constitution de 1793

339. En s'en tenant aux lignes générales, on peut dire qu'elle est une constitution selon Rousseau (Boudon, 2002). Elle procède, en effet, de l'idée que la souveraineté est fractionnée entre les individus, et en fait immédiatement application au système électoral par l'établissement du *suffrage universel* direct. En outre, le rôle des citoyens ne se borne pas à une très large participation électorale ; ils sont également appelés à prendre directement des décisions.

La Constitution organise, au moins en apparence, un gouvernement semi-direct. Mais la différence avec le système de 1791 réside avant tout dans le principe de répartition des compétences : alors que la Constitution précédente se fondait sur le principe de la balance des pouvoirs, celle-ci met en œuvre le principe de la spécialisation.

1° *Le pouvoir législatif* est exercé par une assemblée unique, élue au suffrage universel, pour un an, de manière que le peuple ne soit pas lié trop longtemps par son vote. Mais ce pouvoir, l'assemblée ne l'exerce pas en toute liberté. L'article 53 prévoit, en effet, que le Corps législatif *propose* les lois et *rend* les décrets. Les décrets, c'est-à-dire les textes portant sur les matières les moins importantes d'administration courante, sont définitifs dès leur vote par le Corps législatif. Au contraire, pour être définitives, les lois (actes tranchant des questions importantes) doivent être acceptées par le peuple. À cet effet, le projet voté par l'assemblée était envoyé aux assemblées primaires. Si dans les quarante jours suivants, dans la moitié des départements plus un, un dixième des assemblées primaires de chacun d'eux n'avait pas protesté, le projet devenait loi. Dans le cas contraire, toutes les assemblées primaires étaient convoquées et c'est aux citoyens qu'il appartenait de décider si le projet devait rester lettre morte ou devenir loi.

À vrai dire, il est permis de mettre en doute la réalité de la démocratie semi-directe instituée par la Constitution de 1793. Compte tenu de la lenteur des transports à l'époque et de l'impossibilité pour les assemblées primaires de communiquer entre elles, il n'aurait pas été facile de remplir dans le délai de quarante jours les conditions requises.

2° *Le pouvoir exécutif.* – L'intention des constituants de 1793 d'établir une démocratie véritable se traduit en second lieu par la dépendance dans laquelle ils tiennent l'exécutif. À vrai dire, ils ne le conçoivent pas comme un véritable pouvoir, c'est un agent de l'assemblée.

D'abord, il est collégial (24 membres), on le divise pour l'affaiblir. Ensuite, il est élu, non par le peuple, ce qui pourrait lui donner trop de prestige, mais par le Corps législatif sur une liste de 85 candidats désignés à raison d'un par l'assemblée électorale de chaque département. Enfin, il n'a aucun moyen d'action sur l'assemblée, puisqu'il n'a ni initiative des lois, ni *veto*, ni possibilité de dissoudre la représentation nationale.

Soumise à l'acceptation du peuple, la Constitution de 1793 fut acceptée par 1 800 000 voix contre 11 000, sur 6 000 000 d'électeurs. Elle n'entra cependant pas en vigueur, car, en présence du double péril intérieur (insurrection de la Vendée et des grandes villes) et extérieur (envahissement du territoire), la Convention en ajourna l'application et décida que le gouvernement serait révolutionnaire jusqu'à la paix.

Après la chute de Robespierre le 9 thermidor an II (27 juillet 1794), la question de la mise en vigueur de la Constitution de 1793 se posa. Mais les vainqueurs de Thermidor, qui disposaient désormais des instruments du gouvernement révolutionnaire, entendaient les utiliser pour éviter aussi bien un retour en force des robespierristes que les tentations monarchistes. On décida donc que la Constitution de 1793 ne serait applicable qu'après l'adoption de lois organiques. Leur préparation fut confiée à une commission, qui en réalité rédigea un nouveau projet. Ce projet fut discuté et adopté par la Convention, la même qui avait déjà voté la Constitution de 1793. Il repose sur des principes constitutionnels semblables, mais interprétés et appliqués dans un sens très profondément conservateur.

Ce fut la Constitution du 5 fructidor an III (22 août 1795).

§2. La Constitution du 5 fructidor an III[1]

340. Son inspiration réactionnaire se révèle dès l'abord dans la Déclaration qui la précède. Elle reprend en termes beaucoup moins agressifs l'énumération des droits qui avaient déjà été proclamés, en écartant toutefois l'égalité politique et la résistance à l'oppression. Mais surtout elle y joint une *Déclaration des devoirs* beaucoup moins intéressante par les préceptes assez vagues qu'elle contient que par l'intention dont elle

1. Troper, 2006.

témoigne d'affirmer la primauté de l'ordre. La démocratie entendue de façon absolue a permis, sinon provoqué, la terreur : on limitera donc la démocratie (Lefèbvre, 1971).

341. L'organisation des pouvoirs. – Elle se caractérise par une restriction sensible de la part accordée au peuple dans la direction des affaires publiques. Sans doute, on maintient le principe que chaque citoyen a le droit de concourir lui-même ou par représentant à la formation de la loi (art. 20), mais le titre de citoyen n'est accordé qu'à ceux qui paient une contribution. Donc, retour au *suffrage du contribuable*. En outre, la Constitution de l'an III rétablit le suffrage indirect à deux degrés et ne laisse subsister le référendum populaire qu'en matière constitutionnelle.

Enfin, pour ce qui concerne la répartition des compétences, la Constitution tente de réaliser un compromis entre le principe de la balance des pouvoirs, qui inspirait la Constitution de 1791 et celui de la spécialisation, sur lequel était fondée la Constitution de 1793 : Sieyès, dont l'influence était grande, avait résumé ainsi la nécessité d'un compromis : « *en fait de gouvernement, et plus généralement en fait de constitution politique, unité toute seule est despotisme, division toute seule est anarchie ; division avec unité donne la garantie sociale sans laquelle toute liberté n'est que précaire* ». L'unité, c'était la spécialisation et elle menait, selon Sieyès, au despotisme de l'autorité législative. La division, c'était la balance des pouvoirs, qui conduisait à l'anarchie, parce qu'elle faisait naître des conflits entre les autorités législatives.

Pour combiner les deux formules, il fallait donc spécialiser les autorités et notamment interdire à l'autorité exécutive de participer à la législation, mais en même temps organiser une division, une balance des pouvoirs au sein de l'organe législatif spécialisé.

1° *Le Pouvoir législatif.* – L'innovation capitale est donc l'établissement du bicaméralisme, institué comme un moyen d'assurer la modération de la représentation nationale. Il ne s'agit pas en effet de créer une seconde Chambre aristocratique, mais seulement de diviser l'organe législatif. Les deux assemblées : le Conseil des Cinq-Cents et le Conseil des Anciens, ont donc la même origine élective, elles sont élues également pour trois ans et renouvelables dans les mêmes conditions, par tiers tous les ans.

La seule différence entre elles tient aux conditions d'éligibilité : trente ans pour les Cinq-Cents, quarante ans pour les Anciens, avec, en outre, pour ceux-ci la nécessité d'être mariés ou veufs, condition tenue comme un gage de modération.

À l'assemblée jeune était réservée l'initiative des lois, tandis qu'aux Anciens il appartenait d'approuver ou de rejeter en bloc les résolutions du Conseil des Cinq-Cents. En matière constitutionnelle, les innovations étant à redouter, la règle était renversée : l'initiative devait émaner des Anciens, l'adoption des Cinq-Cents.

2° *Le Pouvoir exécutif.* – Il recouvre une autorité véritable. Il a encore la forme collégiale, mais, au lieu des 24 membres prévus par la Constitution de 1793, il n'en comporte que cinq. Ce *Directoire* est élu par les Anciens sur une liste préparée par les Cinq-Cents. Mais les Directeurs ne sont pas révocables par le Corps législatif. Il peut seulement les mettre en accusation devant la Haute Cour de justice, dans des cas énumérés par la Constitution et qui visent uniquement la responsabilité pénale.

Quant aux attributions de l'exécutif, elles sont telles qu'elles lui permettent de remplir effectivement sa fonction. En effet, pour la première fois en France, il reçoit le pouvoir réglementaire, c'est-à-dire la possibilité de poursuivre l'exécution des lois par des règlements (appelés proclamations) appropriés (Verpeaux, 1991). En outre, le Directoire pourvoit à la sûreté intérieure et extérieure de l'État, dispose de la force armée, entretient les relations diplomatiques, négocie les traités qui doivent être ratifiés par le Corps législatif. Dans l'accomplissement de sa tâche, il est assisté de ministres qui sont simplement ses agents d'exécution.

3° *Les rapports entre les pouvoirs.* – Selon la doctrine traditionnelle, la Constitution réaliserait une séparation rigide des pouvoirs, au point que les conflits entre le pouvoir exécutif et le pouvoir législatif ne trouvent pas de solution institutionnelle et que le système conduit aux coups d'État (Meynier, 1927-1928).

Cette thèse ne résiste pas à l'examen. Il est exact que les autorités sont spécialisées, exact aussi que les conseils ne peuvent révoquer les directeurs et les ministres et qu'ils ne peuvent être dissous, exact encore que la Constitution interdit tout contact direct entre les organes, mais il n'en résulte aucun équilibre entre les pouvoirs législatif et exécutif. Bien au contraire, la spécialisation entraîne naturellement la subordination du pouvoir exécutif et aucun véritable conflit institutionnel n'est possible entre eux.

Si le Directoire refuse d'exécuter les lois qui lui déplaisent ou tente d'imposer aux Conseils une politique législative, ce n'est pas en vertu de compétences que lui donnerait la Constitution. Il s'agit là simplement d'une rébellion du subordonné contre l'autorité supérieure et non pas d'un conflit entre deux pouvoirs égaux. La Constitution prévoit d'ailleurs dans ce cas la mise en jeu de la responsabilité pénale des directeurs pour « manœuvres pour renverser la Constitution » (articles 115 et 158). La procédure est alors inspirée de celle qu'avait organisée la Constitution de 1791 pour les ministres : l'accusation est votée par les conseils et les accusés sont jugés par la Haute Cour de justice.

Au cours des quatre années d'application de la Constitution de l'an III, à plusieurs reprises se sont produits des événements graves, que l'on appelle traditionnellement des coups d'État. Mais ces événements ne sont aucunement imputables à la prétendue séparation rigide des pouvoirs. Il s'agissait ou bien d'une manifestation de la suprématie des Conseils sur le Directoire, ou bien d'une rébellion du Directoire contre l'autorité supérieure des Conseils. Dans ce dernier cas, le Directoire devait nécessairement employer la force, c'est-à-dire faire appel à l'armée. Le dernier coup d'État, celui du 18 brumaire an VIII, qui amène Bonaparte au pouvoir, n'en est qu'une variété. La seule différence est que cette fois un général n'intervient pas pour prêter main-forte au Directoire, mais pour son propre compte.

Sous le régime du Consulat provisoire (11 novembre au 13 décembre 1799), une commission composée de membres des deux Conseils, mais où prévalait l'influence de Sieyès, prépara un projet de constitution qui, accepté par le peuple, devint la Constitution du 22 frimaire an VIII.

Section 3
Le Consulat et l'Empire

342. Le régime du Consulat et de l'Empire se caractérise par la dictature d'un militaire, qui se réclame d'une légitimité populaire. Son établissement est dû à la personnalité d'un chef, Napoléon Bonaparte, qui, par son prestige, a pu obtenir du peuple qu'il se dessaisisse en sa faveur d'une souveraineté qui lui était nominalement attribuée.

§1. La Constitution du 22 frimaire an VIII

343. Elle est une constitution faite par Bonaparte à la mesure de ses propres ambitions (Bourdon, 1942). À ce titre, il convient, avant d'examiner l'organisation des pouvoirs, de rappeler quels procédés permirent aux constituants de confisquer, au profit du César, la démocratie. Cette confiscation revêt deux formes : l'aménagement du suffrage et le plébiscite.

1° *L'organisation du suffrage.* – Bonaparte applique le principe énoncé par Sieyès : « *La confiance doit venir d'en bas et le pouvoir d'en haut.* ». Dans la Constitution de l'an VIII, le suffrage universel est rétabli et la condition de citoyen est accordée à tout homme âgé de 21 ans, établi depuis un an sur le territoire de la République. Seulement, si tout le monde est électeur, les électeurs n'élisent personne. En effet, le peuple ne nomme pas des députés, il présente seulement des listes de candidats.

Les citoyens de chaque arrondissement communal désignent un dixième d'entre eux pour former les listes de confiance communales, sur lesquelles sont pris les fonctionnaires de l'arrondissement, notamment les maires. À leur tour, les membres des listes communales choisissent un dixième d'entre eux, qui forment la liste départementale, pépinière des fonctionnaires du département. Enfin les listes départementales donnent naissance, selon la même procédure, à la liste nationale, sur laquelle seront désignés les titulaires de fonctions publiques nationales. C'est le système de la pyramide, né du cerveau dogmatique de Sieyès.

Or, comme les fonctionnaires nationaux sont nommés soit par le Premier consul (membres du Conseil d'État et fonctionnaires administratifs), soit par le Sénat (membres du Corps législatif, du Tribunat et du Tribunal de cassation) et qu'enfin le Sénat se recrute lui-même par cooptation, les citoyens électeurs ont voté... sans élire.

2° *Le plébiscite.* – Comme les Constitutions précédentes de 1793 et de l'an III, la Constitution de l'an VIII était soumise au référendum. Aux termes de l'article 95 « la présente Constitution sera offerte de suite à l'acceptation du peuple français ».

Cependant, il était clair que l'acceptation de la Constitution signifiait aussi et surtout approbation donnée à la personne de Bonaparte. Deux ans plus tard, on soumit à consultation populaire la question : « Napoléon sera-t-il Consul à vie ? ». Pour la première fois, la question ne portait pas sur un texte constitutionnel, mais sur un homme et la consultation prit le nom de plébiscite.

C'est depuis cette époque que le mot a pris une connotation péjorative. Comme Napoléon – et d'autres dictateurs à sa suite – en a fait un instrument de pouvoir personnel, on distingue le plébiscite du véritable référendum et l'on affirme parfois qu'un référendum n'est qu'un plébiscite déguisé.

344. Le pouvoir exécutif. – Il est confié à trois consuls nommés pour dix ans et indéfiniment rééligibles que la Constitution désigne elle-même : Bonaparte, Cambacérès et Lebrun. Seulement cette collégialité n'est qu'une apparence, car en réalité le rôle du Premier consul est prépondérant. Il y a une série d'attributions qu'il exerce seul, notamment la promulgation des lois, la nomination et la révocation des membres du Conseil d'État, des ministres et des fonctionnaires. En outre, en ce qui concerne les autres prérogatives de l'exécutif, les trois Consuls ne forment pas un collège statuant à la majorité, car le deuxième et le troisième Consuls n'ont qu'une voix consultative. En fait c'est donc la totalité de la compétence de l'exécutif qui appartient à Bonaparte, et elle est fort étendue.

Le gouvernement a le droit exclusif d'initiative législative ; il a le pouvoir réglementaire ; il veille à la sûreté intérieure et extérieure de l'État et dispose à cet effet de la force armée ; il conduit les relations diplomatiques et conclut les traités sans que la ratification des assemblées soit nécessaire, sauf pour les traités de paix, d'alliance et de commerce ; il peut même, en cas de conspiration contre la sûreté de l'État, retenir les individus pendant dix jours avant de les déférer aux tribunaux.

Pour assurer l'exécution de cette tâche énorme, le Premier consul est assisté de ministres et surtout d'un organe dont, sous l'impulsion de Bonaparte, la fécondité fut extrême : le *Conseil d'État* (art. 52) chargé de rédiger les projets de lois et les règlements d'administration publique.

345. Le pouvoir législatif. – Il est assuré par deux assemblées :

a) *Le Tribunat*, composé de cent membres renouvelables par cinquième tous les ans. C'est à peine si, à son propos, on peut parler d'un véritable organe législatif, car il ne peut exprimer, quant aux lois à faire, qu'un vœu qui n'oblige aucune autorité à le prendre en considération.

b) *Le Corps législatif*, trois cents membres renouvelables également par cinquième tous les ans. C'est à lui qu'il appartient d'adopter ou de rejeter les projets de lois du gouvernement. Ils sont discutés devant lui par trois commissaires du gouvernement, pris dans le Conseil d'État et trois membres du Tribunat. Mais le Corps législatif est un muet qui décide, tandis que le

Tribunat délibère et ne décide point. C'est qu'il est conçu, conformément à une idée de Sieyès, par analogie avec un juge, qui tranche après avoir entendu en silence les représentants des parties : ici, le peuple d'une part (les tribuns), le pouvoir exécutif d'autre part (le Conseil d'État).

346. Le Sénat. – La Constitution ne le mentionne pas sous le titre qu'elle consacre au pouvoir législatif. Et en effet il n'est pas une assemblée législative proprement dite. Il est, d'une part, le *grand électeur* du régime puisque c'est lui qui choisit les consuls (pour l'avenir seulement), les membres du Corps législatif, du Tribunat, les juges de cassation et ses propres membres par cooptation. Le Sénat est d'autre part le *conservateur* de la Constitution. Nous savons avec quelle docilité à l'égard de Bonaparte, il s'est acquitté de sa mission.

§2. Les modifications de la Constitution de l'an VIII

347. Ce Sénat, qui devait protéger l'intégrité de la Constitution, estima que le meilleur moyen de la conserver était de l'adapter à l'évolution des conditions politiques. La première adaptation fut acquise par le sénatus-consulte du 14 thermidor an X qui, entérinant l'acceptation du corps électoral auquel la question avait été posée, proclame Napoléon Bonaparte consul à vie.

348. Le sénatus-consulte du 16 thermidor an X. – Il a pour objet de mettre la Constitution de l'an VIII en accord avec la situation nouvelle. Les réformes qu'il apporte visent le système électoral, les pouvoirs du premier Consul et la situation des assemblées.

1° *Modification du système électoral.* – Prenant prétexte de ce que les citoyens s'étaient désintéressés des listes de confiance, on les supprime et on leur substitue un système d'assemblées électorales. D'abord l'assemblée de canton formée de tous les citoyens domiciliés dans le canton ; elle présente deux candidats pour le poste de juge de paix et pour chaque poste de conseiller municipal : c'est le Premier consul qui choisit le titulaire. Ensuite les collèges électoraux d'arrondissement élus par les assemblées de canton ; là encore, leurs prérogatives se bornent à un droit de présentation pour le recrutement du Tribunat et du Corps législatif. Enfin les collèges électoraux de département nommés par les assemblées de canton parmi les contribuables les plus imposés. Ils présentent le candidat pour former les listes où seront choisis les membres du Conseil général, du Corps législatif et du Sénat.

Il n'y a toujours pas d'élection (sauf en ce qui concerne les conseillers municipaux des communes de moins de 5 000 habitants) mais simplement présentation.

2° *Extension des pouvoirs du Premier consul.* – Le renforcement de l'autorité de Bonaparte se manifeste notamment par le fait qu'il présente – pratiquement impose – la nomination des deux autres Consuls au Sénat. Il désigne également son successeur. De plus ses attributions sont élargies, car il peut désormais ratifier les traités de paix et d'alliance.

3° *Situation des assemblées.* – Le Sénat reçoit la récompense de sa docilité. Ses pouvoirs s'accroissent dans la mesure où il est un instrument aux mains de Bonaparte. Il peut déclarer certains départements hors de la Constitution, suspendre le fonctionnement du jury criminel, dissoudre le Corps législatif et le Tribunat. En outre, il reçoit le pouvoir constituant en matière coloniale et pour tout ce qui n'a pas été prévu par la Constitution.

Investi d'aussi larges pouvoirs, le Sénat était placé dans la dépendance du gouvernement. Au lieu de coopter ses membres entre trois candidats présentés par le Premier consul, le Tribunat et le Corps législatif, comme le voulait la Constitution de l'an VIII, il les choisit désormais entre trois candidats, tous désignés par le Premier consul. Le Sénat n'est plus une assemblée indépendante, c'est l'auxiliaire du gouvernement.

Quant au Tribunat, on le punit de ses velléités d'opposition en réduisant ses membres à cinquante.

349. Le sénatus-consulte organique du 28 floréal an XII. – Rendu par le Sénat le 18 mai 1804, c'est celui par lequel le gouvernement de la République est confié à un Empereur. L'hérédité de la dignité impériale est instituée dans la descendance de Napoléon et de ses frères. Accepté par le plébiscite, le changement de régime est organisé par le sénatus-consulte de floréal qui a pour objet d'adapter la Constitution de l'an VIII à l'Empire.

En réalité, c'est d'une Constitution nouvelle qu'il s'agit : les apparences mêmes de la démocratie, sauvegardées en l'an VIII, disparaissent. Le Tribunat ne peut plus discuter qu'en sections et non en assemblée (il sera d'ailleurs supprimé en 1807), quant au Corps législatif on lui rend le droit de parole, mais on ne le réunit plus. Il n'y a que le Sénat dont la situation se renforce encore, ce qui ne fait qu'accentuer son caractère d'organe du gouvernement. C'est lui qui permet à toute la législation par décret de l'Empire d'être juridiquement valable puisqu'il ne l'annule pas.

350. L'Acte additionnel aux Constitutions de l'Empire (22 avril 1815). – Après l'échec de la première Restauration, Napoléon revenu de l'île d'Elbe se présenta comme le restaurateur des libertés révolutionnaires que les Bourbons prétendaient annihiler. Mais, comme en fait la Charte de 1814 (v. *infra* n° 352) était beaucoup plus libérale que les constitutions impériales, l'Empereur ne pouvait faire retour en arrière. C'est pourquoi, quoiqu'officiellement addendum aux Constitutions de l'Empire, l'Acte de 1815 établit un régime nouveau. Sans doute les organes de l'exécutif – Empereur, ministres et Conseil d'État – conservaient-ils leur situation antérieure, mais un pouvoir législatif véritable était institué sous forme de deux Chambres : la Chambre des pairs dont les membres sont nommés par l'Empereur, le titre est héréditaire ; une Chambre des représentants, élue cette fois par un véritable suffrage populaire et où, du fait que certains députés devaient appartenir à des professions déterminées, se forme un embryon de représentation des intérêts.

En outre, les rapports entre l'exécutif et le législatif sont aménagés de telle sorte que l'application de l'Acte additionnel eût pu donner naissance au régime parlementaire. En effet, les ministres peuvent être pris dans les Chambres, et sont responsables des actes du gouvernement qu'ils doivent contresigner.

Ainsi, l'Acte additionnel reproduisait-il la structure générale de la Charte, c'est-à-dire celle de la Constitution d'Angleterre et de la balance des pouvoirs (Rials, 1986).

Ratifié par le plébiscite, l'Acte additionnel entre en vigueur le 1er juin 1815, mais le 18 juin c'est Waterloo et le 22 juin, Napoléon abdique. Le césarisme disparaît avec l'homme qui en était l'âme (Radiguet, 1911).

351. Bibliographie

Alvazzi del Frate P., « Aux origines du référé législatif : interprétation et jurisprudence dans les cahiers de doléances de 1789 », *Revue Historique de droit français et étranger* 2008 n° 2, p. 253-262 s.

Association française des constitutionnalistes (1990), *La continuité constitutionnelle en France de 1789 à 1989. Journées d'études des 16-17 mars 1989*, Paris, Economica, Aix-en-Provence, PUAM.

Aulard A. (1926), *Histoire politique de la Révolution française : origines et développements*, Paris, A. Colin, 6e éd., réédition 1989.

Bacot G. (1985), *Carré de Malberg et l'origine de la distinction souveraineté du peuple-souveraineté nationale*, Thèse, Paris, CNRS.

Bart J., Clère J.-J., Courvoisier Cl., Verpeaux M. (éd.),

– (1993), 1791 *la première Constitution française*, Actes du colloque de Dijon, 26 et 27 sept. 1991, Paris, Economica.

– (1997), *La Constitution du 24 juin 1793, L'utopie dans le droit public français ?*, Actes du colloque de Dijon des 16 et 17 septembre 1993, Dijon, EUD.

– (1998), *La Constitution de l'an III ou l'ordre républicain, Actes* du colloque de Dijon des 3 et 4 octobre 1996, Dijon, EUD.

Bertaud J.-P. (1989), *Le Consulat et l'Empire, 1799-1815*, Paris, A. Colin.

Boudon J.,

– (2006), *Les Jacobins, une traduction idéologique et institutionnelle des principes de Jean-Jacques Rousseau*, Paris, LGDJ.

– (2010), *Le frein et la balance. Études de droit constitutionnel américain*, Paris, Mare & Martin.

Brunet P. (2004), *Vouloir pour la nation. Le concept de représentation dans la théorie de l'État*, Bruxelles, Bruylant, Paris, LGDJ.

Chevallier J.-J. (2009), *Histoire des institutions et des régimes politiques de la France de 1789 à 1958*, Paris, Dalloz, 9e éd.

Colombo P. (2000), « La question du pouvoir exécutif dans l'évolution institutionnelle et le débat politique révolutionnaire », in *AHRF*, janvier-mars 2000, pp. 1-26.

Conac G., Debene M., Teboul G. (dir.) (1993), *La Déclaration des droits de l'Homme et du Citoyen*, Paris, Economica.

Droits (1993), « La Révolution française et le droit ».

Duclos P. (1932), *La notion de Constitution dans l'œuvre de l'Assemblée constituante de 1789*, Thèse, Paris.

Dupuy R., Morabito M. (éd.) (1996), *1795 : Pour une République sans Révolution*, Rennes, Presses Universitaires de Rennes.

Furet F. (dir.) (1989), *L'héritage de la Révolution française*, Paris, Hachette.

Furet F., Halevy R. (1996), *La monarchie républicaine. La Constitution de 1791*, Paris, Fayard.

GAUCHET M.,

– (1989), *La Révolution des droits de l'Homme*, Paris, Gallimard.

– (1995), *La Révolution des pouvoirs. La Souveraineté, le peuple et la représentation, 1789-1799*, Paris, Gallimard.

GLENARD G. (2010), *L'exécutif et la Constitution de 1791*, Paris, PUF.

GODECHOT J. (1998), *Les institutions de la France sous la Révolution et l'Empire*, Paris, PUF, 5e éd.

KRYNEN J. (2009), *L'état de justice : France, XIIIe-XXe siècle. Tome 1, L'idéologie de la magistrature ancienne*, Paris, Gallimard.

LAHMER M. (2001), *La Constitution américaine dans le débat français : 1795-1848*, Paris, L'Harmattan.

LEFEBVRE G. (1971), *Le Directoire*, Paris, Armand Colin.

LE PILLOUER A.,

– (2004), « La notion de "régime d'assemblée" et les origines de la classification des régimes politiques », *RFDC*, p. 305 et s.

– (2005), *Les pouvoirs non constituants des assemblées constituantes. Essai sur le pouvoir instituant*, Paris, Dalloz.

MARTIN V. (2020), « Introduction : Pour une histoire du « gouvernement d'Assemblée ». Les comités à la charnière du Législatif et de l'Exécutif », *La Révolution française*, n° 17.

MARTUCCI R. (1995), *Constitution et Révolution aux États-Unis d'Amérique et en Europe (1776-1815)*, Macerata, Laboratorio di Storia Costituzionale.

MAZAURIC, Cl. (1992), « Le mythe de la Constitution de 1793 », in F. HAMON et D. ROUSSEAU (éd)., *Les institutions en question*, Paris, L'Harmattan, p. 19 s.

MEYNIER A. (1927-1928), *Les coups d'État du Directoire*, 3 vol., Paris, PUF.

MIRKINE-GUETZEVITCH B. (1936), *Le parlementarisme sous la Convention*.

MORABITO M. (2020), *Histoire constitutionnelle de la France (1787-1958)*, Paris, LGDJ, 16e éd.

PASSELECQ O. (1995), « Actualité de la Constitution de l'an III », *RFDC*, n° 23, p. 484/502.

PETOT J. (1970), *Les grandes étapes du régime républicain français*, Paris, Cujas.

PERI A. (2008), *Le pouvoir exécutif dans le processus de formation de la loi dans l'histoire constitutionnelle française, 1789-1958*, Paris, LGDJ.

Revue *Pouvoirs* (1989), n° 50, « 1789-1989. Histoire constitutionnelle ».

Revue Jus Politicum – Volume VII, Charte de 1814, Paris, 2015.

Publications de la Faculté de droit de Poitiers (1996), *Les déclarations de l'an I*, Colloque Poitiers, 2 et 3 décembre 1993, Paris, PUF.

RÉMOND R. (1986), *La vie politique en France, 1789-1879*, 2 vol., Paris, Armand Colin.

RIALS S.,

– (1986), « La question constitutionnelle en 1814-1815, Dispersion des légitimités et convergence des techniques », *Annales d'Histoire des Facultés de Droit*, n° 3, p. 167-198.

– (1989), *La Déclaration des droits de l'Homme et du Citoyen*, Paris, Hachette.

SERNA P., ALBERTONE M. (dir). (2009), *Républiques sœurs : le Directoire et la révolution atlantique* ; Colloque Républiques en miroirs, Paris, Institut d'Histoire de la Révolution française, 25 et 26 janvier 2008, Rennes, Presses Universitaires de Rennes.

SUEUR Ph. (1993), *Histoire du droit public français. XVe-XVIIIe siècle*, 2e éd., 2 t., Paris, PUF.

TACKETT T. (1997), *Par la volonté du peuple. Comment les députés de 1789 sont devenus révolutionnaires*, trad. fr., Paris, Albin Michel.

TROPER M.,

– (1980), *La séparation des pouvoirs et l'histoire constitutionnelle française*, Paris, LGDJ, 2e éd.

– (2006), *La Constitution de 1795 : Terminer la Révolution*, Paris, Fayard.

– (2011), « La notion de fonction exécutive dans les constitutions révolutionnaires », in *Revue française d'histoire des idées politiques* n° 34, p. 299-310.

TULARD J. (dir.) (1999), *Dictionnaire Napoléon*, nouv. éd., Paris, Fayard.

VELLEY S. (2019), « Une constitution trop "vivante" ? Heurs et malheurs de la constitution du 22 frimaire an VIII (13 décembre 1799) ». *Napoleonica, La Revue* 33, n° 1, pp. 51-66. https://doi.org/10.3917/napo.033.0051.

VERPEAUX M.,

– (1991), *La naissance du pouvoir réglementaire (1789-1799)*, Paris, PUF.

– (1998), *Textes constitutionnels révolutionnaires français*, Paris, PUF.

CHAPITRE 2

La monarchie parlementaire

352. La période de la démocratie bourgeoise va de 1814 à 1848. Elle comprend deux phases, d'abord la Restauration avec la monarchie légitime, puis le gouvernement de juillet avec l'avènement de la branche cadette d'Orléans. Politiquement, elle se caractérise par le règne de la classe riche puis simplement aisée de la population ; constitutionnellement, par l'introduction en France du régime parlementaire.

Section 1
La Charte du 4 juin 1814

§1. Caractères généraux

353. La Restauration eut à concilier le retour au principe de légitimité royale de l'Ancien Régime avec les réformes sociales acquises par la Révolution et sur lesquelles il eût été impolitique de revenir. Cette conciliation fut réalisée d'une part, par le mode d'établissement de la Charte, d'autre part, par les droits qu'elle reconnaissait au peuple (Bastid, 1954).

1° *La Charte de 1814 est une constitution octroyée.* – Lors de la première Restauration, après avoir prononcé la déchéance de Napoléon, le Sénat, par la Constitution du 6 avril 1814, déclarait que le peuple français appelait librement au trône, Louis-Stanislas-Xavier de France, qui serait proclamé roi lorsqu'il aurait accepté la Constitution. Mais Louis XVIII refusa de renoncer au principe de légitimité royale. Par la déclaration de Saint-Ouen (2 mai 1814) il manifestait la volonté de faire lui-même la Constitution, tout en exposant les principes sur lesquels elle reposerait, notamment la sauvegarde des libertés essentielles et l'irrévocabilité des ventes de biens nationaux.

La Charte – dont le nom même marque l'intention de rompre avec la tradition révolutionnaire – est donc concédée par le roi à ses sujets. Il limite, par elle, volontairement, un pouvoir qu'il tient de son appartenance à la dynastie royale et non de la souveraineté nationale (Bagge, 1952).

2° *Reconnaissance des droits individuels.* – C'est la contrepartie de l'octroi, la concession faite à l'esprit nouveau. Les articles 1 à 12 énumèrent les libertés (physique, de la presse, religieuse), consacrent l'égalité des Français, garantissent le droit de propriété. Mais ces droits ne sont plus des droits naturels ; ils sont, eux aussi, une concession du souverain. Il appartient donc à celui-ci de les réglementer, d'en étendre ou d'en limiter l'exercice.

Le gouvernement de la Restauration n'a pas manqué de profiter de cette faculté : il a rétabli la noblesse qui ne se concilie pas avec l'égalité sociale ; il a fait du catholicisme la religion d'État, ce qui restreint la liberté religieuse ; il a réglementé la presse de telle façon que la liberté d'opinion devint parfois illusoire.

3° *L'électorat.* – Il n'était pas question d'établir le suffrage universel considéré par les libéraux eux-mêmes comme un procédé grossier. Guizot déclarait, en 1821, que le droit de suffrage n'est pas inhérent à la qualité d'homme, mais dépend de la capacité des individus. On considérait donc l'électorat comme une fonction sociale. « La Charte, disait Royer-Collard, institue des fonctionnaires dont la fonction consiste à nommer les députés » ; il allait même jusqu'à soutenir que la Chambre ne représente pas des opinions, mais des intérêts. La fortune apparaissait alors comme le gage certain de l'aptitude intellectuelle et de la maturité d'esprit exigée des électeurs, d'autant qu'elle garantissait en même temps l'opinion conservatrice de ses détenteurs. On adopta donc le *suffrage censitaire.*

Le droit de suffrage dépend d'une condition d'âge (30 ans) et d'une condition de cens (payer 300 F de contributions directes), ce qui, compte tenu de la valeur de la monnaie à l'époque, représentait une fortune considérable. Le chiffre des électeurs n'a jamais atteint 100 000 pour toute la France, ce qui donne à peine un électeur pour 300 habitants.

Pour l'éligibilité, les conditions étaient encore renforcées : il fallait être âgé de 40 ans et payer 1 000 F de contributions. Cette condition réduisit à 20 000 le nombre des éligibles.

La prime à la fortune en matière électorale fut encore accrue par la loi du 29 juin 1820, dite loi du *double vote.* Dans chaque département, elle établissait deux collèges électoraux : des collèges d'arrondissement et un collège de département. Ce dernier comprenait le quart des électeurs les plus imposés du département, qui votaient deux fois : une fois dans les collèges d'arrondissement, qui élisaient les trois cinquièmes de la Chambre, une fois dans les collèges départementaux auxquels il appartenait de pourvoir les deux cinquièmes des sièges restants.

Enfin, un dernier trait caractérise la conception que l'on se fit du droit de suffrage à cette époque : afin de réduire le nombre des électeurs sans modifier la Charte, on se livra à des dégrèvements d'impôts directs, quitte d'ailleurs à compenser cette perte pour le Trésor par l'augmentation des impôts indirects. Si bien qu'on assista à ce spectacle unique : le parti libéral protestant contre l'allégement des impôts.

§2. Les pouvoirs publics

354. La Charte s'inspire des institutions anglaises qui avaient su combiner la monarchie avec le régime représentatif, associer le roi et le Parlement.

1° *Le roi.* – À lui seul, dit l'article 13, appartient le pouvoir exécutif. C'est donc l'organe prépondérant. Non seulement, il a toutes les prérogatives de l'exécutif : pouvoir réglementaire, droit de déclarer la guerre et de conclure les traités sans ratification, mais encore il participe dans une très large mesure à l'exercice du pouvoir législatif.

D'abord c'est à lui seul qu'appartient *l'initiative législative* ; les Chambres ne peuvent que le « supplier » de proposer un projet. Ensuite, il a la *sanction* de la loi, c'est-à-dire que celle-ci ne devient valable que par son acceptation, qu'il peut refuser indéfiniment.

2° *Le Parlement.* – Il se compose, à l'imitation du Parlement anglais, de deux assemblées :

a) La *Chambre des pairs*, dont les membres sont nommés par le roi, à vie ou à titre héréditaire, sans que d'ailleurs cette inamovibilité confère à l'assemblée une véritable indépendance car, le nombre des pairs étant illimité, le roi peut toujours changer la majorité.

Cette Chambre haute traduit le caractère aristocratique du régime. Ses attributions sont égales à celles de la Chambre des députés, sauf que cette dernière doit être d'abord saisie des lois d'impôts ;

b) La *Chambre des députés*, élue par les citoyens payant 300 F de contributions directes. Ce n'est donc pas une véritable assemblée démocratique, puisqu'elle est sans contact avec la masse populaire. Et cependant, procédant d'élections véritables, elle donne au régime une allure beaucoup plus libérale que celle qu'il avait sous l'Empire.

La Chambre n'est pas indépendante du roi ; elle n'est pas permanente et doit attendre de lui sa convocation. Il peut, en outre, la dissoudre, à condition d'en convoquer une nouvelle dans les trois mois.

Quant aux attributions de la Chambre des députés, elles se ramenaient essentiellement au vote des lois et de l'impôt.

§3. La pratique politique introduit le régime parlementaire

355. La Charte était muette quant aux relations entre l'exécutif et le Parlement. Or, sur ce point, la pratique politique suivie pendant la Restauration est d'un intérêt qui dépasse celui de la Charte elle-même. Par son fonctionnement, le régime introduisit, pour la première fois en France, le parlementarisme (Barthélemy, 1904).

La pièce maîtresse du régime parlementaire, c'est la responsabilité politique des ministres (v. *supra* n° 100) : elle permet de résoudre les divergences de vues qui s'élèvent entre l'exécutif et le Parlement, par le changement de ministère. Or, cette responsabilité dont la Charte ne parlait pas, c'est la pratique qui va la faire entrer dans les mœurs. L'influence des institutions anglaises que l'on avait connues pendant l'émigration, l'action de certains publicistes (Benjamin Constant, Chateaubriand, De Vitrolles) amenèrent les esprits à considérer que les règles du parlementarisme, si elles n'étaient pas incluses dans la Charte, étaient du moins indispensables à son application. Et ce qui facilitait l'évolution, c'est que le roi Louis XVIII n'était pas hostile au régime parlementaire.

Il s'agissait pour les Chambres, d'exercer un contrôle sur le gouvernement. Elles y parvinrent par différents moyens :

a) L'*Adresse* qui était votée par la Chambre, en réponse au discours du Trône, par lequel le roi ouvrait la session. Le Parlement l'utilisa pour suppléer au droit d'interpellation qu'il ne possédait pas. À partir de 1821, l'Adresse donna à la Chambre la possibilité de faire connaître au roi son sentiment sur la conduite du ministère.

b) Les *rapports sur les pétitions*. Des pétitions pouvaient être adressées par les citoyens à l'une ou l'autre assemblée. À leur occasion, la Chambre des députés discutait les faits qui les provoquaient. La discussion se terminait par un ordre du jour qui fournissait l'occasion de faire savoir au ministre visé si son attitude était approuvée ou critiquée.

c) La *discussion du budget* offrait un dernier moyen de passer au crible l'attitude du gouvernement, surtout à partir du moment où le principe de la spécialité budgétaire (1817) permit au Parlement de contrôler le fonctionnement de chaque département ministériel.

La Chambre disposait ainsi d'un moyen de pression irrésistible : elle pouvait refuser son concours au roi jusqu'à la démission des ministres ou leur révocation. En d'autres termes, elle pouvait refuser le vote du budget. En fait, devant la simple menace d'un refus de concours, le ministre qui n'avait pas l'approbation du Parlement ou bien se retirait spontanément ou bien était renvoyé par le roi.

Charles X tenta bien de couper court aux conséquences de cette officieuse responsabilité politique des ministres, mais la Révolution de 1830 ne lui laissa pas le temps d'effacer la tradition parlementaire qui commençait à s'établir. Elle devait être renforcée encore par la monarchie de Juillet.

Section 2
La Charte du 14 août 1830

356. Dans sa forme extérieure, elle n'est qu'une nouvelle édition corrigée de la Charte de 1814. Mais son esprit est profondément différent. Pour l'obtenir, le peuple a fait une révolution dont elle porte l'empreinte.

Et d'abord ce n'est pas une Charte octroyée. Elle a été votée par les Chambres et Louis-Philippe a dû l'accepter et lui jurer fidélité avant de recevoir le titre de roi. Par ailleurs, si elle maintient la monarchie, il ne s'agit plus d'une monarchie de droit divin, mais d'une monarchie contractuelle, c'est-à-dire fondée sur un *Pacte* entre le roi et les représentants de la nation. En s'instituant roi des Français, Louis-Philippe accepte de se considérer comme appelé au trône par eux, c'est-à-dire que l'idée de souveraineté nationale reparaît.

Mais elle reparaît avec un éclat bien atténué, car la bourgeoisie entend profiter de la révolution que le peuple a faite. Elle ne dégagera donc de l'idée de souveraineté nationale que les conséquences compatibles avec l'accession et le maintien au pouvoir d'une classe moyenne aisée.

Cette intention apparaît dans l'aménagement du *régime électoral*. La Charte se borne à abaisser l'âge de l'électorat à 25 ans, et celui de l'éligibilité à 30 ans. Mais la loi électorale du 19 avril 1831 réalisa une réforme beaucoup plus importante. Elle ramena le chiffre du cens électoral de 300 à 200 F, et celui de l'éligibilité de 1 000 à 500 F. De ce fait, le nombre des électeurs se trouva doublé, d'autant que le cens était abaissé à 10 F pour les membres et correspondants de l'Institut, ainsi que pour les officiers retraités. Enfin, en supprimant la dualité des collèges électoraux, la loi mettait fin à l'intolérable pratique du double vote.

Néanmoins, la réforme électorale, si elle permettait à la bourgeoisie moyenne d'accéder à la direction des affaires publiques, n'assurait guère son indépendance à l'égard du gouvernement. En effet, la Chambre était élue au scrutin d'arrondissement et l'étroitesse du collège électoral, offrait de grandes facilités aux pressions officielles.

Quant à l'*organisation des pouvoirs publics*, elle reste en gros ce qu'elle était sous la Charte de 1814. Toutefois diverses modifications de détail tendent à transformer le caractère des organes. C'est ainsi que le roi ne peut nommer que des pairs à vie et en les choisissant dans certaines catégories (députés, ambassadeurs, membres de l'Institut, hauts magistrats, industriels, banquiers, payant une contribution très élevée). Ainsi la Chambre des pairs n'était plus la représentation d'une aristocratie de naissance ou de fortune, mais une assemblée de notabilités nationales.

D'autre part, les attributions des assemblées s'accroissent. Elles reçoivent, en concurrence avec le roi, l'initiative législative. En matière financière, leur compétence s'étend du fait du développement du principe de la spécialité budgétaire qui, en exigeant le vote par chapitres, permet à la Chambre d'exercer un contrôle minutieux sur l'administration.

Inversement, les pouvoirs du roi diminuent. Comme la révolution de 1830 avait été provoquée par une interprétation extensive donnée par le roi à son pouvoir réglementaire, la Charte de 1830 précise que le roi fera des ordonnances, mais « sans jamais pouvoir suspendre les lois elles-mêmes, ni dispenser de leur exécution ». Quant à la sanction, si le roi la conserve, il s'abstient d'en user.

La pratique à laquelle donna lieu la Charte de 1830 est plus intéressante que le texte lui-même. Elle confirme et accentue le mouvement vers l'établissement du parlementarisme. La formule de Thiers, selon laquelle le roi règne et ne gouverne pas, traduit exactement l'atmosphère du régime. Les

Chambres exercent leur contrôle sur l'exécutif, par le moyen de l'interpellation ; la responsabilité politique des ministres devant les Chambres devient effective, car un gouvernement qui n'a plus la confiance de la Chambre des députés doit se retirer.

En bref, le parlementarisme a trouvé dans le cadre de la Charte de 1830 son véritable climat. Les institutions sont plus libérales que démocratiques. Le personnel politique, par son origine, est particulièrement qualifié pour les discussions d'assemblées ; les intérêts en cause, et notamment le prodigieux développement de l'industrie et du commerce, sont tels qu'ils ne peuvent être mieux servis que par la représentation d'une bourgeoisie moyenne qui donne aux assemblées politiques une allure de conseil d'administration. À ceux qui se plaignent du peu de place faite à l'action des classes populaires, Guizot pouvait répondre : « Enrichissez-vous ». L'accès à la vie politique était le couronnement de la fortune.

La réforme ne satisfit pas tout le monde. Pour vouloir continuer, comme le disait Lamartine au banquet de Mâcon, à s'entourer d'une aristocratie électorale, la royauté fut balayée en 1848.

357. Bibliographie

BAGGE D. (1952), *Les idées politiques en France sous la Restauration*, Paris, PUF.

BARTHÉLÉMY J. (1904), *Le régime parlementaire en France sous Louis XVIII et Charles X*, nouvelle édition 1977, Genève, Megariotis Reprints.

BASTID P. (1954), *Les institutions politiques de la monarchie parlementaire (1814-1848)*, Paris, Sirey.

LAQUIEZE A. (2002), *Les origines du régime parlementaire en France (1814-1848)*, Paris, PUF.

PONTEIL F. (1958), *La monarchie parlementaire : 1815-1848*, Paris, A. Colin, 2e éd.

RIALS S. (1987), « Essai sur le concept de monarchie limitée (autour de la Charte de 1814) », in *Révolution et contre-révolution au XIXe siècle*, Paris, DUC Albatros, p. 88 s.

ROSANVALLON P. (1994), *La monarchie impossible. Les chartes de 1814 et de 1830*, Paris, Fayard.

CHAPITRE 3

L'avènement du suffrage universel

358. Cette période de notre histoire constitutionnelle est apparemment très bigarrée. De 1848 à 1875, divers régimes se succèdent : un gouvernement conventionnel, une dictature, le césarisme, l'Empire libéral, puis, après la défaite de 1871, de nouveau le gouvernement d'assemblée. Pourtant derrière ces institutions, un fait maintient l'unité politique. C'est l'adoption du suffrage universel.

Section 1
La Constitution du 4 novembre 1848

359. Préparation. – Après la chute de la monarchie, sanctionnée par la proclamation de la République par le gouvernement provisoire, les électeurs furent convoqués pour l'élection d'une assemblée constituante (Ponteil, 1948). Le décret du 5 mars 1848 qui prescrivait cette convocation est d'une importance capitale dans notre histoire constitutionnelle. En effet, il adoptait le suffrage universel – qui n'avait fonctionné que pour l'élection de la Convention en 1792 (v. *supra* n° 336) – et dans des conditions particulièrement démocratiques, puisque l'âge électoral était abaissé à 21 ans et l'éligibilité à 25 ans.

Dès sa réunion, l'Assemblée nationale constituante confirma la proclamation de la République. Elle nomma une commission exécutive de cinq membres qui, après les troubles de juin, fut remplacée par Cavaignac. Quand l'élaboration de la Constitution fut achevée, on ne jugea pas utile de la soumettre à l'acceptation populaire, car elle était l'œuvre d'une assemblée spécialement élue.

360. Caractère démocratique de la Constitution de 1848. – La Constitution de 1848 ne comporte pas de déclaration des droits. Son préambule teinté de cette religiosité humanitaire qui caractérise « l'esprit de 48 » décrit de façon imprécise la tâche du régime « dans la voie du progrès et de la civilisation ». Puis les articles 2 et 4 définissent les bases de la république démocratique où l'on retrouve la liberté et l'égalité, et surtout la fraternité qui doit servir de moteur à la législation sociale qu'inaugure le nouveau régime. Cette tendance est confirmée par le chapitre II relatif aux droits des citoyens garantis par la Constitution. On y relève, en effet, à côté des libertés traditionnelles depuis 1789, l'affirmation d'un rôle actif de l'État en matière d'instruction, d'assistance, de répartition du travail entre les individus. Ainsi le caractère démocratique de la Constitution se pimente d'un socialisme encore bien atténué (Bastid, 1945).

361. L'organisation des pouvoirs. – Elle repose sur le principe de la spécialisation.

1° *Le pouvoir législatif.* – Il est exercé par une assemblée législative unique, nombreuse (750 membres), élue au scrutin départemental pour trois ans. Sont électeurs, sans condition de cens, tous les citoyens de 21 ans et jouissant de leurs droits civils et politiques. L'éligibilité ne comporte aucune condition plus sévère, sauf l'âge exigé de 25 ans.

C'est l'avènement des masses à la vie politique, mais leur rôle se borne à l'élection. La Constitution de 1848 établit un régime représentatif pur qui ne fait aucune part à l'initiative populaire ni au référendum (Deschamps, 1908).

2° *Le pouvoir exécutif.* – Rejetant l'amendement Grévy qui tendait à l'effacement de l'exécutif en lui donnant pour chef, non un chef de l'État, mais un président du Conseil des ministres à la merci de l'assemblée, les constituants instituèrent un exécutif fort, en la personne du président de la République.

Il est élu directement par le peuple pour quatre ans. C'est cette origine populaire, beaucoup plus que ses attributions – au demeurant fort larges –, qui donne au chef de l'État un rôle important. D'autre part, en faisant peser sur lui la responsabilité des actes du gouvernement, la Constitution, bien loin de l'affaiblir, renforçait son autorité politique.

C'est une expérience constante, en effet, que la responsabilité incite à l'action celui qui en est investi. Sous l'aiguillon de la responsabilité, Louis-Napoléon Bonaparte, qui avait été élu à ces fonctions, devait en appeler au jugement du peuple, et, par là, être tenté par le plébiscite.

Le président ne disposait ni du droit de sanctionner les lois, ni de celui de dissoudre l'assemblée. De son côté, celle-ci ne pouvait pas révoquer le président.

Sans doute les ministres pouvaient-ils être choisis dans la Chambre, mais la responsabilité du chef de l'État et la division de la majorité rendaient difficile la mise en jeu de la responsabilité ministérielle.

362. Le coup d'État du 2 décembre 1851. – Son origine directe fut l'interdiction de la réélection du président avant l'expiration d'un délai de quatre ans, et l'impossibilité où se trouvait Louis-Napoléon Bonaparte de réunir à l'Assemblée la majorité des trois quarts requise pour l'adoption d'un vœu de révision. Mais, indirectement, le coup d'État fut facilité par l'appui que le prince-président savait trouver dans le peuple irrité par la loi électorale du 31 mai 1850, qui restreignait dans des proportions considérables le nombre des électeurs en exigeant une condition de domicile (trois ans dans la même commune), à laquelle ne pouvait satisfaire la masse des ouvriers nomades.

Aussi, dans la proclamation du 2 décembre, le président affirmait-il que le suffrage universel était rétabli. Le césarisme renaissait.

« *Ces hommes que nous avons exclus, disait Thiers, sont-ce les pauvres ? Non, ce sont les vagabonds... Ces hommes qui méritent le titre, l'un des plus flétris de l'histoire, entendez-vous, le titre de multitude... Les amis de la vraie liberté redoutent la multitude, la vile multitude qui a perdu toutes les républiques* » (Guillemin, 1952).

Section 2
Du Prince-président au régime impérial 1852-1870

363. Cette période comprend deux phases. Avant le 2 décembre 1852, la République subsiste nominalement ; après cette date, c'est le Second Empire.

§1. La Constitution du 14 janvier 1852

364. Une majorité écrasante approuva le coup d'État. Fort des résultats du plébiscite qu'il avait provoqué, le prince Louis-Napoléon gouverna de manière dictatoriale jusqu'au 29 mars 1852, date d'entrée en vigueur de la nouvelle Constitution.

365. Caractères généraux. – La Constitution de 1852 s'inspire officiellement de celle de l'an VIII. Comme elle, elle associe la souveraineté populaire et le pouvoir personnel d'un homme.

Démocratique, le régime de 1852 l'est en ce sens qu'il « reconnaît, confirme et garantit les grands principes proclamés en 1789, et qui sont à la base du droit public de la France » (art. Ier) ; il l'est ensuite en ce qu'il maintient le suffrage universel ; il l'est enfin en ce qu'il reconnaît au peuple le pouvoir constituant : les modifications à la Constitution devront être acceptées par le peuple.

Mais c'est une *démocratie césarienne*, c'est-à-dire que le peuple ne peut se prononcer que dans la mesure où le chef de l'État l'interroge (Prélot, 1953). Le plébiscite asservit la souveraineté nationale aux volontés du chef. Sans doute, à la différence de ce qui se passait en l'an VIII, les citoyens élisent vraiment leurs représentants, mais, en réalité, l'organisation de l'élection minimisait considérablement la portée du suffrage universel.

a) par le *scrutin uninominal* qui, ayant pour base des circonscriptions étroites, favorise la pression administrative ;

b) par le *découpage des circonscriptions* qui appartenait à l'exécutif et lui permettait de noyer les centres d'opposition dans une circonscription favorable ;

c) par la *candidature officielle* qui permettait aux préfets de soutenir ouvertement le candidat du gouvernement ;

d) par la *police de l'opération électorale* (réunion, impression, affichage, colportage) qui multipliait les obstacles autour du candidat de l'opposition et favorisait les partisans du gouvernement ;

e) enfin, par le *serment* de fidélité à la Constitution exigé des candidats.

L'efficacité de ces moyens est prouvée par leurs résultats : en 1857, sur 257 députés sortants, le gouvernement en recommanda 250 qui furent tous élus.

366. L'organisation des pouvoirs publics. – Comme en l'an VIII, elle est marquée par la place éminente accordée à l'exécutif.

1° *Le président de la République.* – C'est Louis-Napoléon nommé, par la Constitution elle-même, pour dix ans. Ses successeurs devaient être élus par la nation. Il possède dans leur plénitude les attributions de l'exécutif dont il est le chef, et il les exerce dans une indépendance totale à l'égard du Corps législatif. En effet, en précisant que les ministres ne dépendent que du chef de l'État, qu'ils ne peuvent ni être pris dans le Corps législatif ni même y pénétrer, qu'ils ne peuvent être mis en accusation que par le Sénat, la Constitution exclut non seulement pour le présent le régime parlementaire, mais jusqu'à la possibilité de l'introduire par la pratique.

Quant à la responsabilité du président, elle n'est pour lui qu'un gage d'autorité, car les textes ne prévoient aucun moyen pratique de la mettre en œuvre.

2° *Le Corps législatif.* – C'est l'assemblée unique titulaire du pouvoir législatif, élue pour six ans au suffrage universel, direct et secret. Elle ne jouit pas de l'indépendance nécessaire à l'exercice de sa fonction :

a) elle n'a pas l'initiative des lois. Ses amendements aux projets gouvernementaux doivent être acceptés par l'exécutif pour pouvoir être discutés ;

b) les lois ne deviennent définitives qu'après avoir été sanctionnées par le président ;

c) c'est le président qui convoque, ajourne, proroge les sessions. Il peut dissoudre le Corps législatif. Et celui-ci est même dépourvu de ses prérogatives normales en ce qui concerne la tenue des séances, puisqu'il tient de l'exécutif son bureau et son règlement.

3° *Le Sénat.* – Sa création était annoncée par la proclamation du 2 décembre 1851 qui voyait en lui « une seconde assemblée formée de toutes les illustrations du pays, pouvoir pondérateur, gardien du pacte fondamental et des libertés publiques ».

Il est composé de 150 membres, les uns de droit (cardinaux, amiraux, maréchaux), les autres nommés à vie par le président de la République.

Son rôle s'apparente à celui du Sénat conservateur de l'an VIII (v. *supra* n° 346). Il est d'abord le gardien de la Constitution et, à cet effet, les lois doivent d'office lui être soumises. Il exerce ensuite le pouvoir constituant par des décisions qui seront soumises à l'acceptation du peuple. Enfin, en cas de dissolution du Corps législatif, il prend les mesures nécessaires à la marche du gouvernement, sur proposition de l'exécutif.

§2. L'Empire

367. En rétablissant la dignité impériale au profit du Prince président, le sénatus-consulte du 7 novembre 1852 ne fit que consacrer une situation qu'établissaient les institutions de 1852. Il n'y eut rien à retoucher au régime antérieur pour le mettre en accord avec le nouveau titre du chef de l'État. Quelques réformes seulement furent apportées, qui renforcèrent encore la situation de l'Empereur et aggravèrent l'effacement du Corps législatif.

À partir de 1857, cependant, l'opposition formée par le groupe des Cinq (dont Jules Favre et Émile Ollivier) commence à engager le régime dans une voie nouvelle et on a même pu dire qu'à l'*Empire autoritaire* s'était substitué un *Empire libéral*. Cette évolution se concrétise, dans la vie politique, à un double point de vue :

1° Accroissement des pouvoirs du Corps législatif. – Pour que le Corps législatif pût exercer un contrôle sur le gouvernement, il fallait qu'il puisse le saisir en la personne des ministres. On créa donc des ministres sans portefeuille (remplacés en 1863 par un seul ministre d'État) qui purent pénétrer dans la Chambre et y défendre la politique du gouvernement. Le Corps législatif privé du droit de renverser le gouvernement obtenait ainsi les moyens de critiquer et de faire connaître ses vues.

Et ces moyens allèrent en s'élargissant. Ce furent d'abord l'Adresse, en réponse au discours du trône (1860), puis le vote du budget par chapitres (1861), l'interpellation qui, en 1864, remplaça le vote de l'Adresse, enfin, en 1866, le droit d'amendement qui donnait lieu à délibération, même si l'amendement n'était pas accepté par l'exécutif.

2° *Transformation du rôle du Sénat.* – Pour contrebalancer l'extension des prérogatives du Corps législatif, le Sénat devint une véritable assemblée législative capable, le cas échéant, de retarder l'adoption d'une loi votée par le Corps législatif (sénatus-consulte du 14 mars 1867). En 1869, le Sénat reçut même la faculté de retourner à la Chambre un projet de loi et d'indiquer les modifications qui lui paraissaient désirables.

Si l'évolution libérale est incontestable, il s'agit avant tout de faire quelques concessions pour tenter d'éviter les révoltes populaires. Elles se traduisent principalement par quelques lois sociales, cependant il est excessif de parler de régime parlementaire, faute de responsabilité politique des ministres.

§3. Le sénatus-consulte du 21 mai 1870

368. Il ne s'agit pas d'une nouvelle Constitution, mais d'une loi de révision, adoptée à la suite d'un plébiscite. Il ne remplaçait donc pas la Constitution de 1852, ni les sénatus-consultes postérieurs et se bornait à en modifier certaines dispositions.

Mais il confirmait l'évolution libérale du régime, une évolution qui aurait pu aboutir au régime parlementaire. Les ministres étaient nommés et révoqués par l'Empereur, mais ils pouvaient entrer dans les assemblées et étaient responsables. Le texte ne précisait pas comment cette responsabilité pouvait s'exercer, ni quelle était la sanction, mais on pouvait aisément comprendre que les contraintes qui avaient conduit à la responsabilité politique sous les Chartes auraient ici la même évolution. Emile Olivier, le ministre qui avait joué un rôle considérable dans cette évolution, avait d'ailleurs déclaré devant le corps législatif, quelques semaines avant l'entrée en vigueur du sénatus-consulte : « Il est nécessaire que nous jouissions de la confiance du souverain [l'Empereur]. Il est nécessaire que votre confiance vienne s'ajouter à celle du souverain ».

Quoi qu'il en soit, la défaite de Sedan et la chute de l'Empire mirent fin à l'expérience et il faudra attendre la IIIe République pour que la France connaisse un véritable régime parlementaire.

369. Bibliographie

AGULHON M. (2002), *1848 ou l'apprentissage de la République (1848-1852)*, Paris, Le Seuil.

BASTID P.,

– (1945), *Doctrines et institutions politiques de la Seconde République*, Paris, Hachette.

– (1948), *L'avènement du suffrage universel*, Paris, PUF.

COUTANT A. (2009), *1848, Quand la République combattait la Démocratie. Recherche*, Paris, Mare & Martin.

GODECHOT J. (1971), *Les révolutions de 1848*, Paris, A. Colin.

GUILLEMIN H. (1951), *Le coup du 2 décembre*, Paris, Gallimard.

LAQUIEZE A. (2002), *Les origines du régime parlementaire en France (1814-1848)*, Paris, PUF.

LE PILLOUER (2010), « Le conflit entre la créature et son créateur. Louis-Napoléon et l'Assemblée constituante (20 décembre 1848 – 13 mai 1849) », in HUMMEL Jacky (dir.), *Les conflits constitutionnels. le droit constitutionnel à l'épreuve de l'histoire et du politique*, Rennes, Presses Universitaires de Rennes, p. 43-58 s.

LUCHAIRE F. (1998), *Naissance d'une Constitution*, Paris, Fayard.

NANDIN-PATRIAT F. (coord.) (2000), *Constitution du 4 novembre 1848 : l'ambition d'une république démocratique*, Colloque de Dijon, 10-11 décembre 1999, Dijon, EUD.

PLESSIS A. (1979), *De la fête impériale au mur des fédérés (1852-1871)*, Paris, Le Seuil.

PONTEIL F. (1966), *1848*, Paris, A. Colin, 4e éd.

PRELOT M. (1953), « La signification constitutionnelle du Second Empire », *RFSP*, p. 31.

ROSANVALLON P. (1992), *Le Sacre du citoyen. Histoire du suffrage universel en France*, Paris, Gallimard.

SÉGUIN P. (1992), *Louis-Napoléon le Grand*, Paris, Grasset.

TULARD J. (dir.) (1995), *Dictionnaire du Second Empire*, Paris, Fayard.

VIGIER P. (1996), *La Seconde République*, Paris, PUF, 7e éd.

CHAPITRE 4

La IIIe République

370. La votation populaire du 21 octobre 1945 a mis fin à la IIIe République. Mais son importance dans l'histoire constitutionnelle française reste considérable. D'une part, son influence a été grande dans les débats qui se déroulèrent aux assemblées constituantes de 1945 et 1946 (v. *infra* n° 420 et s., *infra* n° 428 et s.). Soit que l'on ait entendu s'en inspirer, soit qu'on les ait invoqués pour y voir un précédent indigne d'être imité, les textes des lois de 1875 et la pratique à laquelle elles donnèrent lieu n'ont pas cessé de dominer la discussion. Et c'est sans doute pour s'en être trop sensiblement écarté que le projet de constitution préparé par la Constituante a été rejeté par le peuple lors du référendum du 5 mai 1946.

D'autre part, c'est pendant l'application de la Constitution de 1875 que se sont créées des traditions parlementaires. Certaines ont donné lieu à des dysfonctionnements du régime, qui se sont prolongés sous la IVe République et auxquels la Constitution de 1958 a entendu remédier. Mais d'autres sont encore vivantes aujourd'hui.

Section 1
L'élaboration des lois de 1875

371. Le 4 septembre 1870, à la nouvelle de la capitulation de l'Empereur, la foule parisienne se rend aux Tuileries, au Corps législatif, à l'Hôtel de Ville. De ce mouvement de rue sort un gouvernement de fait : le gouvernement de la Défense nationale, dont les personnalités marquantes sont Gambetta et les trois Jules : Ferry, Simon, et Favre. Il n'a reçu aucun mandat régulier, aussi convoque-t-il les électeurs d'abord pour le 16 octobre, puis l'invasion ayant rendu les élections impossibles, pour le 8 février 1871. Les électeurs devaient se prononcer sur la question de savoir si la guerre pouvait être continuée ou à quelles conditions la paix devait être signée. Cette question était posée pour satisfaire aux conditions de la convention d'armistice franco-allemande, mais il est évident que l'Assemblée qui serait élue aurait également à se prononcer sur les institutions à donner à la France.

L'Assemblée nationale se réunit à Bordeaux le 12 février, puis se transporta à Versailles le 20 mars 1871. Avec elle commençait une nouvelle période de l'histoire constitutionnelle de la France, qui se caractérise par le gouvernement des assemblées. Gouvernement de l'Assemblée nationale elle-même jusqu'au vote des lois constitutionnelles de 1875 ; puis à dater de celles-ci, gouvernement effectif du Parlement, sous couvert d'un parlementarisme infléchi dans le sens de la prépondérance des assemblées (Hanotaux, 1925 ; Gouault, 1954).

§1. Le gouvernement de l'Assemblée nationale

372. L'Assemblée avait une double tâche : d'abord gouverner le pays en attendant qu'il ait une Constitution définitive, ensuite préparer celle-ci. La manière dont elle gouverna elle-même est instructive, car on peut y voir une préfiguration de ce que seraient les institutions définitives de la France.

373. Le climat de l'Assemblée nationale. – 1° La réaction du pays devant la défaite fut conservatrice. Or, les monarchistes étaient partisans de la paix, alors que les républicains poussaient à la résistance. L'assemblée fut donc monarchiste, parce que le peuple de la province voulait la paix. Le premier caractère de cette assemblée fut donc d'avoir été élue sur une question de politique étrangère et non sur un programme constituant.

2° Son second caractère est l'absence d'entente des monarchistes quant à la personne du roi éventuel. Le prétendant des légitimistes était le comte de Chambord, petit-fils de Charles X, alors que le candidat des orléanistes était le comte de Paris, petit-fils de Louis-Philippe. En face de cette droite divisée, la gauche ne l'était pas moins : *a*) gauche conservatrice (centre gauche : Thiers, Dufaure, Casimir-Perier...) républicaine sans conviction, ralliée à l'idée d'une constitution d'attente d'inspiration libérale ; *b*) gauche proprement dite (Simon, Grévy, Favre, Ferry) ; *c*) extrême gauche ou union républicaine (Gambetta, Challemel-Lacour, Brisson...) républicaine par conviction ; *d*) enfin, une montagne socialiste dont les membres se dispersèrent lors de la Commune.

Les fidèles de l'Empire ne constituaient qu'un groupe infime, celui de l'appel au peuple.

3° Ainsi divisée, l'Assemblée n'est pas pressée de faire une constitution, d'autant que les monarchistes, qui avaient la majorité, espéraient que leurs divergences s'effaceraient à la mort du comte de Chambord, qui n'avait pas d'enfant. Cet esprit « attentiste » se traduisit par le *Pacte de Bordeaux* (17 février 1871). L'Assemblée acceptait la trêve entre les partis. Un essai royal de gouvernement républicain serait tenté, étant entendu qu'il ne préjugeait aucunement de la forme définitive du régime. Le troisième caractère de l'Assemblée nationale est donc son peu d'empressement à faire une constitution.

A. Le principat de M. Thiers

374. L'Assemblée ne songea pas à imiter l'exemple de la Convention en exerçant elle-même le pouvoir exécutif. La tâche énorme devant laquelle elle se trouvait ne pouvait être accomplie que par un homme et non par une foule de 738 députés. Il s'agissait de négocier et de conclure la paix, de libérer le territoire, de ranimer la confiance du pays dans ses propres destinées et dans le gouvernement qui les prenait en charge. Un homme s'imposait pour accomplir cette œuvre : c'était M. Thiers.

1° *La résolution du 17 février 1871.* – « *M. Thiers est nommé chef du pouvoir exécutif de la République française. Il exercera ses fonctions sous l'autorité de l'Assemblée nationale, avec le concours des ministres qu'il aura choisis et qu'il présidera.* »

À l'entendre dans son acception constitutionnelle, cette formule pourrait laisser croire à l'établissement d'un gouvernement conventionnel. En effet, M. Thiers était placé « sous l'autorité » de l'Assemblée ; il bénéficiait d'une délégation de pouvoir à laquelle elle pourrait mettre fin quand il lui plairait.

En réalité, la personnalité de M. Thiers suffit à donner au régime une physionomie très différente. Son autorité personnelle, son attitude antérieure (il avait été hostile à la guerre de 1870), sa compétence (il avait été plusieurs fois ministre sous Louis-Philippe), son prestige dans le pays (il a été élu par 27 départements), son éloquence, enfin, qui le désignaient pour le poste où il vient d'être appelé font aussi de lui le maître de l'Assemblée ; si bien qu'il n'a qu'à jouer de sa responsabilité en menaçant de démissionner pour que les députés acceptent ses vues.

2° *La loi du 31 août 1871* (*Constitution Rivet*). – Elle a pour objet de diminuer l'influence de Thiers sur l'Assemblée. C'est qu'en effet, il n'est plus indispensable : la libération du territoire commence, la Commune est réprimée. On le récompense en lui décernant le titre de président de la République (sans que cette formule implique aucune décision définitive quant à la forme du régime), mais en même temps on s'efforce de limiter son ascendant.

À cet effet, la loi spécifie qu'il demeure « sous l'autorité » de l'Assemblée et ajoute qu'il est responsable devant elle. En outre, elle accentue l'importance des ministres, en les déclarant également responsables devant elle. En somme, l'intention de l'auteur de la loi était de conduire M. Thiers vers la fonction moins agissante de chef d'un État parlementaire. La personnalité de Thiers s'y opposait : on lui conservait sa qualité de député car on ne pouvait lui interdire de séduire l'Assemblée.

3° *La loi du 13 mars 1873* (*Constitution de Broglie*). – La Constitution Rivet n'ayant pas produit le résultat escompté, l'Assemblée tenta à nouveau de réduire au silence l'encombrante personnalité du chef qu'elle s'était donné.

Les dispositions essentielles de cette loi consistent à empêcher M. Thiers de peser sur les délibérations de l'Assemblée. Désormais, lorsqu'il voudra participer à un débat, il en informera l'Assemblée par un message. La séance est alors suspendue et renvoyée à une date ultérieure pour l'audition du président. Lorsque celui-ci pouvait enfin se faire entendre, il ne pouvait que prononcer un monologue, car la séance était immédiatement levée après son discours.

Ce cérémonial que Thiers qualifiait de chinois n'était pas fait pour lui plaire puisqu'il le privait d'une influence directe qu'il n'exerçait vraiment que dans les débats. Aussi ne fit-il rien pour se concilier les bonnes grâces de l'Assemblée. Le 19 mai, il la rappelle à l'ordre en l'invitant à faire une constitution républicaine, la seule possible. Interpellé le 24 mai, par le duc de Broglie, il est mis en minorité et démissionne.

B. Le gouvernement de Mac-Mahon

375. Dans la nuit du même jour, l'Assemblée élit le maréchal de Mac-Mahon à la présidence de la République. Extérieurement, rien n'était modifié dans les institutions, mais le changement d'homme est d'une importance considérable. En effet, Mac-Mahon n'est pas un homme politique : il n'est pas orateur et il n'y a pas à redouter qu'il tente d'influencer l'Assemblée ; il laisse plus de liberté à ses ministres, de telle sorte que leur responsabilité se dégage de celle du président de la République. L'aménagement du pouvoir exécutif conçu en considération de la personne de Thiers n'avait plus de raison d'être (notamment la responsabilité du président) avec Mac-Mahon.

376. La loi sur le Septennat (20 novembre 1873). – Les espérances royalistes ont été déçues par l'intransigeance du comte de Chambord qui refuse le drapeau tricolore (août 1873) ; il faut donc attendre que cet obstiné disparaisse pour avoir un roi. Jusque-là, on se résignera à une république provisoire. Son organisation est l'objet de la loi du 20 novembre 1873.

Elle confie le pouvoir exécutif au maréchal de Mac-Mahon pour une durée de sept ans. Tous les partis se donnaient ainsi un délai pour faire aboutir le régime de leur choix ; et cependant, sans qu'ils s'en doutent, l'avenir était déjà engagé. En effet l'Assemblée nationale ne s'était pas réservé la faculté de révoquer le président, donc il était irresponsable et gouvernait par l'intermédiaire de ministres responsables devant l'Assemblée. C'était introduire le régime parlementaire que les lois constitutionnelles de 1875 n'auraient qu'à conserver.

La loi du 20 novembre 1873 disposait en outre qu'une commission de trente membres serait nommée pour l'examen des lois constitutionnelles. On semblait donc vouloir aborder sérieusement l'œuvre constituante.

§2. Les lois constitutionnelles de 1875

377. Les débats de la Commission des Trente furent très académiques. Le gouvernement et la majorité de la commission elle-même pensaient qu'il s'agissait seulement d'organiser plus complètement le septennat du Maréchal et non d'arrêter une solution définitive. Aussi lorsque Perier déposa, le 15 juin 1874, une proposition aux termes de laquelle « le gouvernement de la République française se compose de deux Chambres et d'un président de la République, chef du pouvoir exécutif», l'Assemblée la repoussa comme prématurée.

Le vote des lois constitutionnelles put être acquis par la lassitude de l'Assemblée et grâce à un accord tacite sur le caractère provisoire des textes que l'on adoptait.

Le 21 janvier 1875, le projet de la commission vint en discussion. Son article 1er portait que «*le pouvoir législatif s'exerce par deux assemblées, la Chambre des députés et le Sénat*». Son rapporteur précisait d'ailleurs qu'il s'agissait seulement d'organiser des pouvoirs temporaires. Mais lorsque, le 30 janvier 1875, le projet vint en seconde lecture, A. Wallon proposa un amendement d'après lequel «*le président de la République est élu à la majorité absolue des suffrages, par le Sénat et la Chambre des députés réunis en Assemblée nationale. Il est nommé pour sept ans*».

Cet amendement fut voté une première fois, grâce à ce que l'on a appelé la «conjonction des centres»: le centre droit acceptant le principe de la République en échange de l'engagement pris par le centre gauche d'admettre la révision totale qui permettait, le cas échéant, le rétablissement de la monarchie par des procédés légaux.

En première lecture l'amendement Wallon fut adopté par 353 voix contre 352, une voix de majorité, et en seconde lecture, le 3 février, par 413 voix contre 248. Du fait même, le projet de la Commission des Trente disparaissait car le vote signifiait que l'Assemblée écartait l'idée d'aménager le septennat personnel du Maréchal, et instituait un régime durable. Finalement l'ensemble du projet, entièrement corrigé par une série d'amendements dont beaucoup eurent pour auteur Wallon, «père de la République», fut voté le 25 février.

La loi du 25 février 1875, relative à l'organisation des pouvoirs publics, est donc la première des lois constitutionnelles de 1875.

La loi du 24 février 1875, relative à l'organisation du Sénat, est la seconde. L'antériorité de la date s'explique par le fait que l'Assemblée avait décidé de subordonner son acceptation de la République à l'institution d'une seconde Chambre conservatrice. La loi sur le Sénat fut donc votée avant celle relative aux pouvoirs publics, mais ne fut promulguée qu'après elle.

Ces deux premières lois ne contenaient que l'essentiel quant à l'organisation de l'exécutif et du législatif. Pour que la Constitution fût complète, il fallait encore que fussent précisés les rapports existant entre les deux pouvoirs. Ce fut l'objet de la *loi du 16 juillet 1875* sur les rapports des pouvoirs publics.

Ces trois lois forment, à elles seules, la Constitution de 1875. Par la suite, l'Assemblée nationale vota la loi organique du 2 août 1875 sur l'élection des sénateurs et la loi organique du 30 novembre 1875 sur l'élection des députés. L'épithète organique ne vise en rien la nature de ces lois qui sont des lois ordinaires, elle fait seulement ressortir leur importance pour le fonctionnement de la Constitution (v. *supra* n° 40).

Une fois que les deux Chambres furent constituées, l'Assemblée nationale leur remit ses pouvoirs, marquant ainsi l'entrée en vigueur de la Constitution de 1875 (8 mars 1875).

378. Les caractères de la Constitution de 1875. – Ils résultent des conditions dans lesquelles elle a été faite. C'est « *l'œuvre de monarchistes résignés, acceptée avec tristesse par les républicains* » (Joseph Barthélemy).

1° Elle est *brève.* Elle contient trente-quatre articles dont vingt-sept seulement ont un caractère proprement constitutionnel. Elle se limite au strict indispensable, ce qui a pour effet de laisser une large place à la pratique constitutionnelle. C'est ainsi que la majeure partie des règles relatives au fonctionnement des institutions n'avait, dans le régime de 1875, qu'un fondement d'ordre coutumier : le parlementarisme lui-même s'est greffé sur la seule affirmation de la responsabilité des ministres devant les Chambres.

2° Elle n'est pas *dogmatique.* Compromis entre la république et la monarchie, la Constitution de 1875 ne contient aucun principe général de philosophie politique. On avait eu assez de mal à s'entendre sur l'essentiel pour ne pas compliquer la tâche en cherchant un impossible accord sur ce que l'on considérait comme la vérité politique.

a) Pas de déclarations des droits, ni même, dans le corps de la Constitution, de dispositions générales quant aux libertés, à la situation des citoyens, etc. Ce silence permettra d'affirmer que les principes de 1789 sont, par ces lois, implicitement maintenus.

b) Large esprit de transaction qui se manifeste par la coexistence, dans la même Constitution, d'institutions jugées jusque-là incompatibles les unes avec les autres. Par exemple, la combinaison du parlementarisme avec la République, la remise au président du droit de dissolution considéré comme une prérogative royale, l'adoption du bicaméralisme, alors que la Chambre unique est une tradition républicaine.

c) Absence d'esprit d'intolérance. Les institutions républicaines adoptées par les monarchistes sont ouvertes à tous : on n'exige des serviteurs du régime aucun serment de fidélité.

3° Tous ces caractères expliquent l'exceptionnelle durée de la Constitution de 1875. Elle a été l'armature constitutionnelle de la France pendant près de soixante-cinq ans. Elle a résisté aux crises internes les plus violentes (Panama, boulangisme, affaires Dreyfus et Stavisky), aux crises de politique étrangère les plus graves (Fachoda, guerre de 1914-1918). Cette résistance, elle la dut moins à la perfection de son contenu qu'à sa souplesse : le même régime constitutionnel put s'adapter à des programmes politiques les plus divers qui vont de l'ordre moral de Mac-Mahon aux expériences de Léon Blum.

379. Les modifications de la Constitution de 1875. – Elles ont été rares et peu importantes. À quoi bon réviser un texte si accommodant ?

1° Une première révision eut pour objet de modifier le siège des pouvoirs publics. La loi constitutionnelle du 21 juin 1879 abroge l'article 9 de la loi constitutionnelle du 25 février 1875 fixant à Versailles le siège des pouvoirs publics. La loi ordinaire du 22 juillet 1879 le fixa à Paris.

2° La loi constitutionnelle du 14 août 1884 comporte la plus sérieuse des modifications qui aient été apportées à la Constitution de 1875. Elle vise essentiellement :

a) l'affirmation de la forme républicaine du gouvernement. En affirmant que celle-ci ne peut faire l'objet d'une proposition de révision, les républicains entendent marquer le progrès réalisé depuis 1875.

b) la transformation du Sénat. Son caractère d'assemblée conservatrice est atteint par la suppression des sénateurs inamovibles et par la modification du collège électoral.

3° *La loi constitutionnelle du 6 août 1926* crée la Caisse autonome d'amortissement de la dette publique. Ce fut un geste destiné à symboliser la volonté du pays de remettre de l'ordre dans ses finances.

Section 2
L'organisation des pouvoirs publics

§1. Le Parlement

380. La loi constitutionnelle du 25 février, article 1er, dispose que « le pouvoir législatif s'exerce par deux assemblées, la Chambre des députés et le Sénat ». L'adoption du principe des deux Chambres avait été la condition impérative mise par les monarchistes au vote des lois constitutionnelles (v. *supra* n° 377). Il en est résulté un bicaméralisme effectif divisant le Parlement en deux assemblées ayant sensiblement, sinon toujours la même autorité, du moins les mêmes pouvoirs.

A. La Chambre des députés

381. Mode de recrutement. - La loi constitutionnelle du 25 février 1875, posait seulement le principe du suffrage universel. Quant aux conditions dans lesquelles étaient accordés la jouissance et l'exercice de l'électorat, ce sont celles qui sont encore en vigueur, avec cette double réserve que le droit de suffrage était réservé au sexe masculin et que les militaires en activité de service étaient privés de l'exercice du droit de vote. Ils étaient d'ailleurs inscrits sur les listes électorales car ils conservaient la jouissance du droit, mais ils ne pouvaient l'exercer qu'une fois redevenus civils.

Le vote était personnel, facultatif et égal.

Quant au *mode de scrutin*, après une alternance qui fit succéder le scrutin uninominal au scrutin de liste et réciproquement, la législation électorale s'était arrêtée au système du scrutin uninominal. Aux termes des lois des

21 juillet 1927 et 20 mai 1936, les députés étaient élus au scrutin uninominal dans des circonscriptions constituées par l'arrondissement ou une subdivision de celui-ci. D'après le tableau des circonscriptions annexé à la loi du 20 mai 1936, le nombre des circonscriptions et par conséquent des députés était, pour la dernière législature de la IIIe République, de 617.

La durée du mandat législatif pour les députés a été fixée à quatre ans par la loi organique du 30 novembre 1875 (art. 17). Ce chiffre constitue une solution moyenne entre la tendance démocratique qui est en faveur du mandat court qui laisse le député dans la dépendance de la volonté populaire et l'expérience politique qui prouve qu'un bon exercice des fonctions n'est possible qu'avec un mandat assez long.

La Constitution de 1875, en instituant la dissolution, avait prévu une abréviation exceptionnelle du mandat, mais la dissolution était pratiquement abolie comme incompatible avec l'évolution de nos institutions parlementaires.

Contrairement au Sénat, la Chambre se renouvelle intégralement (L. 30 novembre 1875, art. 15, 2°) mais ce principe n'exclut pas les élections partielles qui, en cas de vacance du siège par décès, démission ou autrement, doivent avoir lieu dans le délai de trois mois à partir du jour où la vacance s'est produite (L. 21 juillet 1927, art. 6). Toutefois il n'y a pas lieu à élection si la vacance survient dans les six mois qui précèdent le renouvellement de la Chambre.

B. Le Sénat

382. Le Sénat de la loi du 24 février 1875. – Nous avons vu que l'institution d'un Sénat était, pour les monarchistes de l'Assemblée nationale, une des conditions d'acceptation de la Constitution. Aussi n'y a-t-il pas lieu de s'étonner qu'ils aient entendu en faire une assemblée susceptible de freiner la Chambre issue directement du suffrage universel. Toute l'organisation du Sénat s'inspire de cette pensée.

D'abord le Sénat est une assemblée peu nombreuse (300 membres en 1875, 314 depuis la loi du 17 octobre 1919) de façon à échapper aux emportements qui menacent les assemblées plus peuplées ; c'était en outre, une assemblée âgée car l'éligibilité au Sénat est fixée à 40 ans, au lieu de 25 pour la Chambre. Or, l'âge est par lui-même un gage de pondération et bénéficie de l'apport de l'expérience généralement peu favorable aux emballements. Ensuite une partie des sénateurs échappait à l'emprise de l'élection car soixante-quinze sénateurs étaient *inamovibles*, nommés à vie. Les premiers inamovibles furent désignés par l'Assemblée nationale avant sa séparation. Leurs successeurs devaient être recrutés par le Sénat lui-même, par cooptation.

Quant aux sénateurs élus, la Constitution prenait toute précaution pour que leur origine ne vînt pas altérer le caractère qu'elle entendait donner à la haute assemblée. Ils étaient élus pour neuf ans, ce qui relâchait leur dépendance à l'égard du corps électoral ; le Sénat se renouvelait par tiers tous les trois ans, ce qui évitait les changements brusques de majorité et les décisions d'intérêt électoral qui accompagnent souvent les derniers temps des législatures ; enfin et surtout le Sénat était élu au suffrage à plusieurs degrés et par un corps électoral peu nombreux et savamment constitué.

C'est dans la composition de ce corps électoral qu'apparaît le mieux l'intention des constituants de 1875. Le collège électoral comprenait, dans chaque département qui formait circonscription électorale : les députés, les conseillers généraux, les conseillers d'arrondissement et les délégués sénatoriaux, élus par les conseils municipaux. L'élection avait donc lieu au *suffrage universel indirect* puisque les électeurs étaient eux-mêmes des élus.

Le caractère marquant de ce système résidait en ceci que toute commune, quel que fût le nombre de ses habitants, n'élisait qu'*un seul* délégué sénatorial. Tout le pouvoir électoral appartenait donc aux petites communes qui représentaient dans le pays l'élément le plus conservateur. Le Sénat méritait ainsi le titre de Grand Conseil des communes françaises que lui décerna Gambetta.

Encore que fortement atténué, ce caractère marquera le Conseil de la République de la Constitution de 1946 et le Sénat actuel (v. *infra* n° 432 et s., *infra* n° 646 et s.).

383. Le Sénat depuis la réforme de 1884. – Lorsque la République fut solidement implantée, il apparut que l'institution conservatrice de 1875 devait être, sinon supprimée (une proposition en ce sens n'aboutit pas), du moins transformée. L'opération fut réalisée en deux temps. D'abord la loi constitutionnelle du 14 août 1884, article 3, déconstitutionnalisa les articles 1 à 8 de la loi constitutionnelle du 24 février 1875 relatifs à l'organisation du Sénat. Puis ces articles n'ayant plus le caractère constitutionnel furent modifiés par la loi ordinaire du 9 décembre 1884. Cette loi transforma sensiblement le caractère du Sénat.

a) Les inamovibles sont supprimés pour satisfaire à l'exigence démocratique qui ne peut s'accommoder des représentants à vie, donc irresponsables. Toutefois les inamovibles restèrent en place jusqu'à leur mort, puis leurs sièges furent attribués aux départements les moins favorisés par leur représentation sénatoriale.

b) Le principe du *délégué unique est supprimé.* La loi de 1884 fait varier le nombre des délégués avec l'importance du conseil municipal qui varie elle-même avec l'importance de la commune. Seulement, s'il y a variation, il n'y a pas proportionnalité ni entre le nombre des délégués et le chiffre du conseil municipal, ni entre celui-ci et l'importance de la commune. En fait le législateur de 1875 a procédé de telle sorte que les communes rurales ont cessé d'être privilégiées et que, au lieu de rétablir une égalité absolue entre les communes, le privilège est passé aux gros bourgs, aux chefs-lieux de cantons qui, à l'époque de la réforme, formaient les fiefs électoraux de la majorité parlementaire.

En dépit de la réforme de 1884, le Sénat est resté une assemblée dont l'esprit est différent de celui de la Chambre, d'une part à raison des règles de 1875 qui sont demeurées en vigueur (âge, durée, mode de renouvellement), d'autre part à cause des singularités de son collège électoral.

384. L'égalité de principe entre la Chambre des députés et le Sénat. – Elle s'explique par les raisons mêmes qui avaient conduit à l'institution du Sénat. Elle se traduit notamment en ce que le Sénat a les mêmes pouvoirs que la Chambre en matière législative, aussi bien constitutionnelle qu'ordinaire (L. 24 février 1875, art. 8) ; il a le même droit d'initiative et d'amendement. L'égalité lui avait toutefois été contestée en ce qui concerne le contrôle gouvernemental ; ses adversaires prétendaient qu'il n'avait pas le droit de renverser le gouvernement. Cette thèse n'a pas prévalu et en fait le Sénat a plusieurs fois contraint des ministères à se retirer après les avoir mis en minorité.

La seule *exception* au principe de l'égalité des Chambres existe en matière financière. La loi du 24 février 1875 dit en effet que « *les lois de finances doivent être, en premier lieu, présentées à la Chambre des députés et votées par elle* ». Cette priorité de la Chambre vise toutes les lois ayant pour objet principal les finances (impôts, douanes, emprunts, lois monétaires, crédits supplémentaires, règlements d'exercice clos) ; elle consiste essentiellement dans une priorité chronologique d'après laquelle le Sénat ne pouvait connaître d'un projet qu'après que la Chambre en avait été saisie et l'avait adopté. Même ainsi l'inégalité était sensible entre les deux assemblées car le Sénat, saisi du projet de budget peu de temps avant l'ouverture de l'année financière, se trouvait dans l'obligation de l'examiner rapidement s'il ne voulait pas retarder l'entrée en vigueur du budget ce qui, impliquant recours aux douzièmes provisoires, était une mesure grave.

§2. Le pouvoir exécutif

385. La dualité des organes de l'exécutif. – Conformément au principe traditionnel du parlementarisme (v. *supra* n° 100 et 140), les lois de 1875 établissent la dualité des organes de l'exécutif : président de la République et cabinet ministériel. Cependant les considérations théoriques n'ont pas été toutes déterminantes. Si les constituants ont admis cette solution, c'est en raison des facilités que la fonction de chef de l'État offrait à une restauration monarchique. En outre, le système parlementaire des Chartes était un précédent dont l'influence fut certaine : on instituait une monarchie constitutionnelle sans monarque.

A. Le président de la République

386. Le président de la République est l'élément stable de l'exécutif ; sa fonction ne fut pas à proprement parler créée par la loi constitutionnelle, puisque celle-ci ne fit que consolider une situation déjà existante depuis la loi du 31 août 1871, dite Constitution Rivet (Dansette, 1981 ; v. *supra* n° 374).

387. L'organisation de la fonction présidentielle. – D'après l'article 2 de la loi constitutionnelle du 25 février 1875, le président de la République est élu à la majorité absolue par le Sénat et la Chambre des députés réunis en Assemblée nationale. Défavorablement impressionnés par le précédent de 1848 qui enseignait qu'un chef d'État élu par le peuple est presque fatalement conduit à détruire les institutions républicaines, les constituants de 1875 n'entendirent pas permettre le renouvellement de cette expérience. Ils préférèrent un mode de désignation, qui, s'il favorise un certain effacement du chef de l'État, a du moins, outre l'avantage de la rapidité, celui d'éviter que les suffrages populaires portent à la magistrature suprême un homme tenté d'abuser du prestige que lui valent et sa situation et son élection.

Il n'existe aucune condition d'éligibilité spéciale pour la présidence de la République ; il suffit d'être électeur. En fait, furent toujours élus des hommes exerçant de hautes fonctions politiques (président du Conseil, président du Sénat ou de la Chambre). Seuls les membres des familles ayant régné sur la France étaient inéligibles.

Quant au vote lui-même, il se caractérise par deux règles dont l'objet est d'affranchir le président de toute sujétion vis-à-vis des partis et même de l'Assemblée : d'une part, le vote a lieu au scrutin secret, la discipline des partis n'a pas à jouer ; d'autre part, l'élection a lieu à la majorité absolue, ce qui donne nécessairement un nombre respectable de voix à l'élu et assied son autorité.

Le président de la République est élu pour sept ans ; ce chiffre, qui est un des plus élevés que connaisse l'histoire constitutionnelle, correspond à l'espérance de vie que l'on prêtait au Comte de Chambord. Le président de la République est toujours rééligible, mais en fait deux présidents seulement ont bénéficié de cette faculté : Grévy et Lebrun.

388. Condition du président de la République. – Les constituants de 1875 ont doré le trône où, éventuellement, viendrait s'asseoir un monarque. Ils n'ont donc refusé au président aucun des prestiges auxquels est liée la dignité extérieure. Ils l'ont doté d'un traitement qui, pour ne pas atteindre le chiffre de certaines dotations royales, est cependant honorable ; ils ont protégé de façon spéciale sa personne contre le délit d'offense ; ils l'ont institué grand maître de l'Ordre de la Légion d'honneur. Mais ils n'ont pas oublié qu'ils faisaient de lui un chef d'État parlementaire : ils lui ont accordé l'*irresponsabilité*.

Il ne peut être poursuivi que pour crime de haute trahison, ce qui implique que tous ses actes doivent être contresignés par un ministre.

389. La fonction du président. – L'Assemblée nationale ne lui avait pas marchandé les attributions. La liste en est impressionnante (L. constit. 25 février 1875, art. 3 et 5, 16 juillet 1875, art. 2, 6, 7 et 8) : droit de convoquer et d'ajourner les Chambres, de leur adresser des messages, de dissoudre la Chambre des députés ; initiative des lois, pouvoir réglementaire, droit d'exiger une nouvelle délibération, commandement de la force armée ; représentation de la France à l'intérieur et à l'extérieur ; envoi et réception des ambassadeurs, négociation et ratification des traités, droit de grâce.

Pourquoi cette énumération prit-elle très vite l'aspect d'une curiosité historique ? Parce qu'il ne suffit pas de donner des pouvoirs à un organe, il faut encore qu'il soit en situation de les exercer. Or, au lieu de profiter de leur irresponsabilité pour tenter d'agir, les présidents de la IIIe République préférèrent jouer le jeu parlementaire en ne conservant que l'apparence du pouvoir pour en laisser la réalité au gouvernement. Ce n'est pas à dire que tous acceptèrent de gaieté de cœur l'éloignement où ils étaient tenus à l'égard de toute véritable activité politique. Mais les conditions mêmes dans lesquelles leurs prédécesseurs avaient tenté d'user des prérogatives que leur reconnaissait la Constitution en rendaient désormais l'emploi impossible. En usant inopportunément de la dissolution, Mac-Mahon affaiblit la Présidence, le scandale des décorations au temps de Grévy la discrédite et l'essai de résistance de Millerand en 1924 ne fait, par son échec, qu'illustrer la faiblesse profonde de l'institution.

Est-ce à dire que, vidée de tout contenu, la fonction présidentielle ne s'imposait plus ? Ce serait exagéré. Jusqu'à l'établissement du régime parlementaire, le chef de l'État était, dans l'acception totale du terme, le chef de l'exécutif, comme il était, dans tous les domaines de l'activité étatique, l'agent d'exercice de la puissance suprême. Lorsque s'introduisit le parlementarisme, la notion de pouvoir exécutif se détacha progressivement de celle de chef de l'État et cela parce qu'il était nécessaire de constituer un organe exécutif responsable devant le Parlement. Alors le chef de l'État demeure bien le titulaire des principaux droits de l'exécutif, mais il ne les exerce plus lui-même ; par l'intermédiaire du contreseing les ministres les mettent en œuvre. Cependant, le régime parlementaire implique l'existence d'une autorité stable, qui interviendra le cas échéant entre le cabinet et l'Assemblée pour atténuer un antagonisme où l'intérêt de l'État risque d'être perdu de vue. Il exige aussi que l'unité de direction soit assurée malgré la succession des ministères. Il impose enfin une figure permanente pour incarner l'État dans ses rapports avec l'étranger. Pour assurer cette coordination, cette continuité et cette permanence, l'existence d'un chef de l'État est indispensable.

Certes, en raison de l'impossibilité d'user du droit de dissolution, une impossibilité parfois abusivement appelée « désuétude » (v. *supra* n° 47), le président de la République n'était plus à même de jouer utilement le rôle d'agent régulateur des rapports entre les pouvoirs publics, mais du moins, il lui restait deux autres prérogatives essentielles par lesquelles il pouvait encore exercer une action considérable ; la nomination du chef du gouvernement et la présidence du Conseil des ministres.

Assurément dans le *choix du président du Conseil*, il n'est pas absolument libre puisqu'il ne saurait imposer au Parlement une personnalité qui ne partage pas l'opinion de la majorité. Mais s'il doit tenir compte de la composition des Chambres, la multiplicité des partis lui laisse la latitude de choisir, parmi les présidents du Conseil « possibles », l'homme qui lui paraît le plus qualifié.

Quant au droit de participer aux réunions du ministère en les présidant, c'est grâce à lui que le président de la République peut exercer l'action la plus féconde. La longue durée de son mandat lui assure la connaissance d'affaires dont les ministères successifs ont à s'occuper ; il peut ainsi assurer la continuité dans les délibérations gouvernementales. Sans doute il n'a que voix délibérative, mais son expérience et le prestige que lui valent ses fonctions antérieures sont de nature à donner du poids à ses avis. Il suffit de songer au rôle joué par un monarque parlementaire comme Édouard VII ou Louis-Philippe, par un président comme Poincaré pour concevoir tout ce que peut un chef d'État quand bien même la pratique ne lui accorde aucun pouvoir effectif de décision. Sa fonction se présente plus comme un rôle qu'il doit jouer que comme un ensemble de pouvoirs, au sens juridique du mot, exercés par lui. La seule véritable autorité qui appartienne en propre au président de la République, c'est une autorité morale, un pouvoir de persuasion et d'influence qui valent ce que valent la valeur personnelle et l'ascendant de celui qui est appelé à en user.

B. Les ministres

390. Les ministres dont la réunion constitue le cabinet assument le gouvernement. Ils forment l'élément mobile et agissant du pouvoir exécutif.

Les ministres sont nommés et révoqués par le président de la République, mais en fait celui-ci choisit seulement le président du Conseil qui soumet à sa signature les autres membres du cabinet. D'ailleurs la nomination des ministres n'échappe pas à la règle du contreseing, ce qui provoque cette situation paradoxale du président du Conseil sortant contresignant la nomination de son successeur qui a peut-être contribué à le renverser. Quant au pouvoir de révocation, il n'a pratiquement pas à être exercé puisque les ministres démissionnent lorsqu'ils sont mis en minorité devant les Chambres.

Le nombre des ministres n'avait pas été fixé par la Constitution qui entendait laisser l'exécutif libre d'organiser à son gré le ministère sous la seule condition d'obtenir des Chambres les crédits nécessaires.

Cependant, le ministère comprend obligatoirement un président du Conseil qui est son chef et des ministres dotés d'un portefeuille ; il comporte parfois des ministres sans portefeuille et des sous-secrétaires d'État.

Le président du Conseil est une création de la pratique constitutionnelle, car la Constitution ne le mentionne pas. Mais sa raison d'être n'est pas moins évidente : le collège ministériel a besoin d'un chef qui assure la coordination des services de chaque département de même qu'il a besoin d'une tête qui le représente devant l'opinion et le Parlement. Aussi bien l'existence d'un président du Conseil est traditionnelle dans le régime parlementaire où elle est le corollaire de l'irresponsabilité du chef de l'État.

En droit, le président du Conseil ne jouit d'aucune prééminence parmi les autres ministres ; on dit qu'il est *primus inter pares*, mais en réalité il est supérieur à ses collègues du seul fait de son rôle. D'abord il est leur chef en ce sens qu'une fois définie la politique gouvernementale, c'est à lui qu'il incombe d'en faire respecter la ligne par les divers services ministériels ; ensuite il est le chef de la majorité parlementaire, ou du moins de la coalition de partis qui donne naissance à la majorité. À ce titre, il lui appartient de diriger cette majorité, de décider jusqu'où il faut la suivre et, le cas échéant, d'agir sur elle pour l'amener à prendre conscience des difficultés gouvernementales.

En droit, tous les ministres sont égaux sauf une prééminence traditionnelle du garde des Sceaux qui est généralement vice-président du Conseil. Mais en fait, une hiérarchie s'établit entre eux, fondée sur l'inégale importance des divers portefeuilles.

391. Le Conseil des ministres. – Le régime parlementaire comporte traditionnellement une autorité collective : le Conseil des ministres. La Constitution de 1875 reconnaît l'existence de cette institution en lui accordant certaines attributions propres, par exemple la nomination des conseillers d'État.

Tous les ministres font partie du Conseil des ministres, mais en principe les sous-secrétaires d'État n'y sont pas admis. Lorsque les séances ont lieu sous la présidence du président de la République, il y a Conseil des ministres proprement dit, mais il y a aussi des délibérations hors de la présence du chef de l'État, ce sont les Conseils de cabinet. Les délibérations sont toujours secrètes et il n'est pas tenu de procès-verbal. Cette règle est sans doute utile pour sauvegarder l'homogénéité ministérielle puisque les décisions seront censées avoir été prises d'un commun accord entre tous les ministres, mais elle présente l'inconvénient de ne laisser aux gouvernements successifs aucun motif des décisions prises. La Constitution de 1946 l'a abrogée.

Le rôle du Conseil des ministres est essentiellement politique. C'est lui qui détermine avec le président du Conseil le programme politique du gouvernement, examine et résout les problèmes de politique générale et coordonne l'activité des ministres.

Section 3
Le fonctionnement des pouvoirs publics

392. La collaboration des pouvoirs. – Selon la conception classique du régime parlementaire, les grandes fonctions étatiques sont assumées conjointement par le Parlement et le gouvernement. Aussi, la Constitution de 1875 associe-t-elle les deux organes à l'exercice de toutes les fonctions essentielles :

- en matière législative le gouvernement et le Parlement ont l'un et l'autre l'initiative, le Parlement vote et l'exécutif promulgue et fait exécuter la loi (pouvoir réglementaire) ;
- il en va de même en matière financière car le budget obéit sensiblement aux mêmes règles que les lois ordinaires ;
- dans le domaine de la politique générale, le Parlement contrôle le gouvernement, mais celui-ci participe aux débats et les dirige ;

- en matière diplomatique l'exécutif négocie les traités, mais il ne peut ratifier les plus importants d'entre eux sans l'autorisation du Parlement ;
- il n'est pas jusqu'aux mesures de clémence qui ne soient, quant à leur exercice, partagées entre les deux organes : le président de la République confère la grâce et le Parlement accorde l'amnistie.

Comme nous ne saurions entrer dans l'examen de chacune des fonctions énumérées ci-dessus, nous retiendrons seulement la législation puis nous envisagerons les rapports entre les pouvoirs publics, c'est-à-dire le jeu du régime parlementaire dans le cadre de la Constitution de 1875.

§1. La législation

393. La Constitution de 1875 ne fait aucune distinction quant au contenu des lois. La définition de la loi est *formelle* : est loi tout acte voté par le Parlement, quel que soit son objet.

L'initiative des lois appartient concurremment au président de la République et aux membres du Parlement. En fait, ce sont les ministres – qui juridiquement n'ont pas l'initiative – qui exercent la prérogative du président en soumettant à sa signature un décret qui les charge de déposer *le projet*. Quant aux initiatives parlementaires, elles portent le nom de *propositions*. Sauf en matière financière où la Chambre des députés jouit d'un droit de priorité, les projets peuvent saisir indifféremment l'une ou l'autre Chambre. Les sénateurs ont le même droit d'initiative que les députés. L'amendement qui est une sorte d'initiative partielle puisqu'il tend à introduire des additions ou des modifications au projet primitif, suit les mêmes règles que l'initiative.

Le projet ou la proposition sont nécessairement examinés par la commission compétente et c'est sur le rapport de celle-ci que s'engage le débat.

394. Le vote. – Comme chaque Chambre doit voter le texte pour que celui-ci devienne loi, une transmission est nécessaire. Pour les projets elle est faite par le gouvernement : pour les propositions c'est le président de la Chambre qui a voté la première qui l'assure.

395. La promulgation. – Toute loi doit être promulguée et le président de la République doit se soumettre à cette règle dans le délai d'un mois à dater de l'adoption définitive du texte par le Parlement. Les Chambres peuvent même réduire ce délai à trois jours en décidant l'urgence de la promulgation (L. constit. 16 juillet 1875, art. 7). Toutefois le même texte prévoit que, dans le délai prévu pour la promulgation, le président de la République peut demander par un message aux Chambres de procéder à une nouvelle délibération de la loi. Les Chambres doivent déférer au désir du président.

La promulgation rend la loi parfaite et lui donne sa date, mais pour que le texte soit obligatoire, il faut qu'il soit connu. La publication est l'acte matériel par lequel la loi est portée à la connaissance des citoyens : elle consiste dans l'insertion au *Journal officiel*. Cependant il est rare que la loi puisse être exécutée telle qu'elle a été publiée ; généralement elle a besoin d'être précisée par des mesures qui fixent le détail de son exécution. C'est précisément l'objet des règlements.

396. Les règlements. – Le président de la République a le pouvoir de faire des règlements pour l'application des lois. Ce pouvoir trouve sa source soit dans la Constitution elle-même (L. constit. 25 février 1875, art. 3), soit dans la loi qui invite le chef de l'État à réglementer les conditions de son application. Au fond, le règlement a la même nature que la loi puisque, comme elle, il porte une règle générale, mais, étant donné la définition formelle de la loi qui s'impose d'après la Constitution, il n'y a donc pas à proprement parler un domaine réglementaire : le président de la République peut prendre des règlements sur toutes matières dès lors qu'il s'en tient à la position subordonnée d'une mise à exécution d'une loi préexistante.

En réalité ce n'est pas le président de la République qui exerce le pouvoir réglementaire ; il se borne à signer les actes qui lui sont présentés par les ministres. Ces règlements s'appellent les décrets réglementaires.

397. Les décrets-lois. – Les décrets-lois forment une catégorie particulière de règlements, qui se caractérisent par une extension tout à fait remarquable du pouvoir dont dispose le gouvernement. Cette pratique est née et s'est développée lorsqu'il est apparu que la procédure parlementaire normale était trop lourde pour permettre de prendre en forme législative les mesures qui s'avéraient nécessaires.

Tel était notamment le cas lorsque ces mesures étaient urgentes ou qu'elles risquaient de rendre leur auteur impopulaire. Elle est apparue pendant la Première Guerre mondiale et a été employée à maintes reprises ensuite, spécialement en matière économique à partir de 1926 et de plus en plus fréquemment dans les dernières années de la IIIe République. La procédure comportait trois phases :

1° Le Parlement votait une loi d'habilitation, par laquelle il autorisait le gouvernement à prendre pendant une certaine période des décrets-lois dans une matière donnée. Ces règlements pouvaient modifier des lois. À l'expiration de la période fixée, le gouvernement devait soumettre les décrets-lois à la ratification du Parlement. La loi d'habilitation était nécessaire pour deux raisons tenant au caractère initial et à la suprématie de la loi. En premier lieu, le gouvernement ne disposait que du pouvoir exécutif, c'est-à-dire qu'il n'existait aucun domaine relevant par nature de la compétence du pouvoir réglementaire. Toute mesure nouvelle ne pouvait être adoptée qu'en forme de loi ; le gouvernement ne pouvait prendre un règlement que pour l'exécution d'une loi et seulement à l'invitation du législateur lui-même ou, parfois, en cas de carence du législateur. En second lieu, le règlement se situait dans la hiérarchie des normes à un degré inférieur à celui de la loi et il ne pouvait jamais abroger ou modifier une loi. Un règlement contraire à une loi aurait été annulé par le Conseil d'État, saisi d'un recours pour excès de pouvoir. Ainsi, en 1926, la loi d'habilitation autorisait le gouvernement à prendre des mesures pour réaliser des économies budgétaires, notamment en procédant à des suppressions d'emplois ou de services, ce qui ne pouvait évidemment pas être réalisé par décret.

2° Le gouvernement adoptait les décrets-lois. Ces décrets-lois, conformément à la définition formelle et organique des actes juridiques, bien qu'ils modifient des lois antérieures, n'étaient pas des lois. Ils n'avaient pas valeur législative, mais seulement réglementaire et étaient soumis au régime juridique des règlements, qui sont des actes administratifs. Ils étaient donc susceptibles d'être attaqués par la voie du recours pour excès de pouvoir et pouvaient être modifiés par d'autres règlements. Ils avaient cependant un domaine et une portée très vastes. En 1926, le gouvernement avait été jusqu'à réorganiser les tribunaux et supprimer les secrétaires-généraux de préfecture.

3° À l'expiration du délai, le gouvernement devait déposer un projet de loi de ratification. Mais plusieurs cas pouvaient se produire (Barthélemy et Duez, 1933, p. 780) :

a) Le gouvernement déposait effectivement ce projet, qui était adopté par le Parlement. Dans ce cas, conformément au critère formel et organique, les décrets-lois devenaient des lois et étaient soumis au régime juridique de la loi : ils ne pouvaient plus être modifiés que par des lois, et ne pouvaient plus être contestés devant une juridiction.

b) Le gouvernement déposait effectivement le projet, mais le Parlement refusait de l'adopter. Les décrets-lois étaient alors abrogés. C'est d'ailleurs ce qui s'est produit en 1926. Les tribunaux créés par décrets-lois furent supprimés et les secrétaires-généraux de préfecture rétablis.

c) Le Parlement ne délibérait pas sur le projet de loi de ratification, qui n'était donc ni adopté, ni repoussé. Dans ce cas, les décrets-lois restaient en vigueur, mais conservaient la nature et le régime juridique des règlements. Ils pouvaient être modifiés par d'autres règlements et leur validité pouvait être contestée devant une juridiction.

Cette technique a été très vivement contestée. On en a d'abord critiqué la régularité constitutionnelle. On y a notamment vu une atteinte à la séparation des pouvoirs, puisque, disait-on, le pouvoir législatif était exercé par le gouvernement. On a également affirmé qu'était violé le principe selon lequel les compétences ne peuvent être déléguées, mais doivent être exercées par l'organe auquel elles ont été attribuées.

Ces arguments ne sont cependant pas fondés. Il faut observer avant tout que les lois constitutionnelles de 1875 ne contiennent aucune disposition interdisant les délégations de compétence et qu'un tel principe existait certes dans le droit administratif, mais nullement dans le droit constitutionnel français de cette époque. Mais il faut souligner surtout que les lois d'habilitation ne transféraient nullement au gouvernement le pouvoir législatif. Ce qui caractérise en effet le pouvoir législatif, c'est la capacité d'édicter des actes qui auront la nature de loi et seront soumis au régime juridique de la loi, ce qui n'est nullement le cas des décrets-lois, qui sont des décrets réglementaires et sont soumis au régime juridique des règlements, tant qu'ils n'ont pas été formellement ratifiés. C'est seulement la ratification, c'est-à-dire l'intervention du Parlement, qui les transforme en loi. Ce que réalise la loi d'habilitation, c'est une extension du domaine dans lequel peut intervenir le pouvoir réglementaire.

Le gouvernement reste donc bien dans son rôle de pouvoir exécutif. Il ne fait qu'exécuter la loi d'habilitation. Il est vrai que cette subordination n'est que formelle et que si le domaine délégué est large, l'exécutif est libre, pendant le délai prévu et en se conformant aux conditions fixées par le législateur, de prendre les mesures de son choix. Mais la hiérarchie des normes n'est jamais qu'une hiérarchie formelle. La différence de degrés entre les actes ne tient pas à leur importance politique, mais uniquement à leur force juridique.

On a également soutenu que le mécanisme des décrets-lois était contraire aux principes politiques de la démocratie représentative et que, bien qu'il puisse être formellement correct, il ne reflète pas moins l'impuissance du Parlement à exercer réellement son pouvoir. Il faut cependant souligner que le recours à un procédé de ce genre est inévitable dans les États modernes, quels qu'ils soient. L'Angleterre et les États-Unis y avaient déjà recours à la même époque. La IVe République prétendra y renoncer, mais sera contrainte d'y revenir et le général de Gaulle qui n'avait pas de mots assez durs pour la IIIe, s'est inspiré de la même technique, institutionnalisée par l'article 38 de la Constitution de 1958.

§2. Le jeu du régime parlementaire dans le cadre de la Constitution de 1875

398. Régime d'équilibre entre les pouvoirs sous le contrôle de l'opinion, le parlementarisme implique que le gouvernement et le Parlement peuvent agir réciproquement l'un sur l'autre. Sans doute les lois de 1875 ne parlaient-elles pas expressément du régime parlementaire, mais en instituant entre les organes cette interdépendance qu'il suppose, elles facilitaient son introduction. Celle-ci fut, en outre, favorisée, par les préférences et l'éducation du personnel politique des premières années de la IIIe République.

A. L'action de l'exécutif sur le Parlement

399. Issu de la majorité parlementaire, le cabinet doit conserver avec elle des rapports qui lui permettent d'obtenir son appui en l'éclairant sur ses intentions et en l'associant aux difficultés de la tâche gouvernementale. Le Parlement contrôle, mais, pour le faire à bon escient, il est nécessaire que le gouvernement l'ait tenu au courant de ses buts et de ses intentions. À cet effet, les ministres ont le droit d'entrer dans les Chambres, et ils ont le droit d'y prendre la parole.

Normalement, les ministres sont soit députés, soit sénateurs, ils ont accès indifféremment à l'une et l'autre assemblée ; mais même s'ils n'appartiennent pas au personnel parlementaire, ils peuvent entrer dans les Chambres. C'est là une différence capitale avec ce qui se passe dans le régime présidentiel, aux États-Unis, où les membres du cabinet, ministres du président, ne peuvent ni être pris dans le Congrès, ni y entrer.

Quant au droit pour les ministres d'être entendus par les Chambres, il est capital, car c'est lui qui leur permet de diriger les débats, c'est-à-dire d'appeler la discussion sur un point, de l'orienter, de défendre une thèse, d'en critiquer une autre et d'indiquer la solution qui leur semble s'imposer. C'est par leur présence à l'assemblée que les ministres tout à la fois écoutent et conduisent l'opinion publique telle qu'elle se dégage de l'attitude de la représentation nationale. Ce droit est si important qu'il est prévu par la Constitution que les ministres « doivent être entendus quand ils le demandent » (L. constit. 16 juillet 1875, art. 6) et qu'il n'y a pas de débat lorsqu'ils ne sont pas au banc du gouvernement.

L'action du gouvernement se fait également sentir par son droit *d'initiative* qui l'associe étroitement au travail législatif. Nous savons aussi que la Constitution avait même prévu, au profit de l'exécutif, un droit de veto relatif qui n'a jamais été utilisé. Enfin la Constitution donne à l'exécutif un pouvoir direct sur le Parlement lui-même en l'autorisant à convoquer les sessions extraordinaires, à prononcer la clôture de la session ordinaire, à la suspendre et surtout à prononcer la dissolution.

La *dissolution* est une pièce essentielle du mécanisme parlementaire, puisqu'elle arrache le ministère à la tutelle absolue des Chambres. Elle est la contrepartie de la responsabilité ministérielle. Telle est, disait-on, la signification qu'elle revêt dans la pratique constitutionnelle anglaise qui passait pour traduire un parlementarisme authentique, et telle elle fut inscrite dans l'article 5 de la loi constitutionnelle du 25 février 1875 : « *Le président de la République peut, sur l'avis conforme du Sénat, dissoudre la Chambre des députés avant l'expiration légale de son mandat. En ce cas, les collèges électoraux sont convoqués pour de nouvelles élections dans le délai de trois mois* ».

Cette exigence de l'avis conforme du Sénat était contraire à l'avis de la commission qui fit valoir contre elle des arguments qui demeurent encore valables : d'une part, les débats au Sénat sur l'attitude politique de la Chambre ne sont ni convenables ni dignes des institutions représentatives ; d'autre part, la position du Sénat serait impossible au cas où la majorité de la Chambre serait réélue car, forte de ce succès, elle pourrait se présenter comme incarnant seule la volonté nationale. Pourtant c'est à la demande du maréchal de Mac-Mahon que fut introduite la condition de l'avis conforme du Sénat, car il craignait que le Chef de l'État n'osât point prendre seul la responsabilité d'un acte aussi grave (Albertini, 1978 ; Lauvaux, 1983).

Le droit de dissolution ne fut utilisé qu'une fois par Mac-Mahon, au cours de la crise du 16 mai 1877 ; mais il aboutit à un échec : sur les 363 députés de la majorité, 327 furent réélus. Le chef de l'État avait usé de la dissolution pour imposer à la Chambre un ministère dont elle ne voulait point. Cette manœuvre réactionnaire aggravée d'une défaite a contribué à discréditer l'institution pour toute la durée de la IIIe République.

B. L'action du Parlement sur l'exécutif

400. À côté de l'élaboration des lois, le rôle essentiel du Parlement dans le régime parlementaire est de surveiller l'activité du gouvernement, de lui faire connaître les vœux de l'opinion et éventuellement de le contraindre à les respecter. À cet effet, les assemblées disposent d'une série de moyens de contrôle, l'enquête, l'interpellation, et d'une sanction : la mise en cause de la responsabilité ministérielle. Aucune de ces procédures, toutefois, n'est réglée par la Constitution, elles font l'objet soit de dispositions du règlement de l'assemblée, soit de lois spéciales.

401. Les moyens du contrôle parlementaire. – Le Parlement peut d'abord utiliser son pouvoir d'*enquête*. À cette fin, il défère une activité ou un fait à une commission parlementaire qui prend le nom de commission d'enquête.

La *question* est un procédé de contrôle par lequel un parlementaire demande au gouvernement ou à un ministre déterminé une explication ou un éclaircissement sur un point particulier relevant de la compétence de l'exécutif. La question peut être orale ou écrite ; elle ne donne lieu ni à un débat ni à un vote.

L'*interpellation* est l'instrument essentiel du contrôle parlementaire. Elle est apparue en France sous la monarchie de juillet (v. *supra* n° 356) où elle servit d'abord au gouvernement à s'assurer de sa majorité. Au fond, elle n'est pas différente de la question car, comme elle, c'est une procédure par laquelle un parlementaire demande au gouvernement d'expliquer sa conduite. Seulement, dans sa forme et dans ses résultats, elle est beaucoup plus importante que la question.

D'abord, le gouvernement est obligé de répondre. C'est la Chambre qui fixe la date de l'interpellation ; elle dispose ainsi du moyen d'éviter les interpellations oiseuses. Ensuite, l'interpellation donne lieu à un débat auquel tous les parlementaires peuvent participer, l'interpellateur lui-même ne bénéficie que du droit de parler plus longtemps que les députés qui interviennent seulement dans les discussions. Enfin, l'interpellation se termine par un vote par lequel l'assemblée précise son attitude à l'égard du gouvernement.

La résolution par laquelle la Chambre prend position à propos du débat qui s'est déroulé devant elle s'appelle *l'ordre du jour*, ce qui est une formule elliptique pour dire qu'elle passe à l'ordre du jour, c'est-à-dire aux autres questions inscrites à son programme de travail. L'ordre du jour peut être pur et simple, la Chambre n'approuve ni ne blâme, elle n'exprime aucune opinion. Il peut être aussi motivé, soit qu'il exprime la confiance, soit qu'il affirme la méfiance de l'Assemblée à l'égard du gouvernement. Naturellement celui-ci prend position à l'égard de la motion de l'ordre du jour et, si la Chambre repousse l'ordre du jour qu'il accepte ou vote celui qu'il rejette, il doit démissionner. Les ministres, membres des Chambres, conservent cette qualité et, à ce titre, votent sur l'ordre du jour dans la Chambre à laquelle ils appartiennent, c'est-à-dire qu'ils statuent sur leur propre sort.

Le débat sur l'ordre du jour se complique très fréquemment d'un incident : il y a généralement plusieurs ordres du jour, la discussion s'engage alors sur le point de savoir lequel sera voté le premier. C'est la *question de la priorité*. Le gouvernement peut poser la question de confiance à propos de la priorité et être renversé sans que le débat se soit engagé au fond.

402. La responsabilité ministérielle. – L'obligation de se retirer à la suite d'un vote de méfiance est, pour le ministère, la sanction du contrôle parlementaire. Elle constitue l'expression de la responsabilité politique des ministres.

Les ministres sont tenus par trois sortes de responsabilité : la responsabilité *pénale* qui atteint les ministres dans leur personne ou leurs biens pour infraction à la loi pénale ; la responsabilité *civile* qui les oblige à réparer les dommages qu'ils ont causés soit à des particuliers, soit à l'État ; enfin la responsabilité *politique*, ainsi nommée parce qu'elle joue, abstraction faite de toute faute du gouvernement, pour simple désaccord avec le Parlement.

« *Les ministres sont solidairement responsables devant les Chambres de la politique générale du gouvernement, et individuellement de leurs actes personnels* » (L. constit. 25 février 1875, art. 6). Ce texte pose le principe de la *solidarité ministérielle*. Cette solidarité se justifie par le fait que tous les ministres sont censés être unis par un programme politique commun ; elle suppose donc l'*homogénéité ministérielle* et parfois même elle la crée, car le sentiment d'une responsabilité solidaire rapproche les ministres, que leur diversité d'origine politique pourrait séparer.

La responsabilité peut être mise en jeu selon deux techniques différentes :

1° La première, la *motion de censure* est à l'initiative de la Chambre : il s'agit d'un texte par lequel, sur proposition de certains de ses membres, la Chambre déclare qu'elle « *censure* » le gouvernement. Si ce texte est adopté par la majorité de la Chambre, le gouvernement a l'obligation de présenter sa démission.

2° La seconde, la *question de confiance*, est à l'initiative du gouvernement lui-même. Celui-ci peut estimer qu'un projet de loi est d'une importance capitale et qu'il lui serait impossible de réaliser son programme si ce projet n'était pas adopté. S'il n'est pas certain de disposer d'une majorité à la Chambre pour voter le texte, il peut tenter de faire pression sur elle en assortissant le dépôt du projet d'une menace de démission en cas de rejet. Le gouvernement exprime cette menace en indiquant que la Chambre doit lui manifester sa confiance en adoptant le texte ou que le rejet du texte serait interprété comme une marque de défiance, dont il devrait tirer les conséquences. Sous la IIIe République, la question de confiance ne requiert aucune forme particulière. Si le gouvernement – en pratique, il s'agit du président du Conseil – menace ainsi de démissionner, c'est dans l'espoir que certains parlementaires reculeront devant la perspective d'une crise ministérielle, par exemple parce que leur parti est représenté au sein du gouvernement et qu'une crise signifierait peut-être la perte du pouvoir. On dit qu'il « engage sa responsabilité sur le texte » ou qu'il « pose la question de confiance ». Le vote ne porte pas directement sur la question de confiance, mais seulement sur le texte. Mais, bien entendu, si le projet n'est pas adopté, cela signifie que la confiance a été refusée et que le gouvernement est tenu de démissionner, comme il s'y était d'ailleurs engagé. Il ne pourrait d'ailleurs demeurer en fonction, puisqu'un texte qu'il estimait indispensable à la poursuite de son action lui a été refusé.

§3. Les déformations du régime parlementaire par la pratique politique

403. Déformation des institutions. - On a beaucoup vanté la souplesse de la Constitution de 1875 et, en effet, elle a su s'adapter aux graves crises intérieures qui ont agité le régime et elle lui a permis de surmonter de redoutables périls extérieurs. Mais, en matière constitutionnelle comme en toutes choses, l'élasticité a ses limites : ce point critique fut atteint lorsque les institutions de 1875 durent se prêter à l'action d'une classe pour laquelle elles n'avaient pas été faites. Les lois de 1875 ont été imaginées par une élite qui pensait s'en réserver l'usage. Or, le suffrage universel, en provoquant l'avènement au pouvoir des couches populaires, a créé une classe dirigeante qui n'était pas faite pour le maniement de ce mécanisme délicat et quasiment aristocratique qu'étaient les institutions de 1875. Dès 1880 on put constater une rupture d'équilibre entre la mentalité politique de la majorité nationale et les institutions.

1° *Les déviations par rapport au modèle classique du régime parlementaire.* – Selon le modèle classique, le régime parlementaire se caractérise par un équilibre et une collaboration des pouvoirs. Si l'une ou l'autre des assemblées renverse le cabinet, le chef de l'État demande, grâce à son droit de dissolution, au corps électoral d'arbitrer le conflit. Mais en réalité, la IIIe République s'orientait d'une manière de plus en plus accentuée vers une domination des assemblées. L'égalité des pouvoirs n'existait pas, une prépondérance absolue appartenait au Parlement. Alors que celui-ci était pourvu de toutes les armes capables de lui assurer la subordination du gouvernement, l'exécutif au contraire, était dépourvu de moyens d'action sur les Chambres.

Du fait de *l'infériorité de la situation du chef de l'État*, le cabinet ne trouvait aucun appui dans la résistance qu'il eût été tenté d'opposer au Parlement. Nommé par les Chambres, le président de la République ne pouvait les égaler en prestige, il lui était impossible de soutenir efficacement le ministère.

À cause de *l'impossibilité de la dissolution*, l'exécutif, n'avait aucun moyen à opposer à la mise en jeu de la responsabilité ministérielle. En cas de conflit avec les assemblées, le gouvernement devait ou s'en aller ou se soumettre ; il lui était impossible de faire prévaloir ses vues. L'habitude s'établit ainsi de considérer le cabinet comme un agent du Parlement nommé en fait et révocable par lui.

Si, comme en Angleterre à la même époque, ces chambres avaient été dominées par une majorité cohérente et disciplinée, son chef aurait exercé le pouvoir exécutif et aurait bénéficié d'une grande force et d'une grande stabilité. Mais le système français des partis politiques était profondément différent.

Les partis étaient nombreux et le cabinet devait nécessairement s'appuyer sur une coalition et les coalitions étaient hétérogènes. On parvenait à les constituer sur un petit nombre de questions spécifiques, mais comme l'entente n'était pas réalisée sur tous les plans, elles se disloquaient rapidement, pour laisser la place au cours de la même législature à une autre, qui soutenait un nouveau gouvernement menant une autre politique. D'ailleurs, le gouvernement, même soutenu par une majorité à la Chambre, pouvait aussi, en raison du bicaméralisme égalitaire, être renversé par le Sénat, comme ce fut le cas du premier gouvernement de Front Populaire dirigé par Léon Blum.

Ce phénomène était particulièrement apparent dans les dernières années de la IIIe République, lorsque les ministres furent officiellement considérés comme les représentants de leur parti au sein du gouvernement. En 1936, Léon Blum se déclarait, devant la Fédération socialiste de la Seine, le « délégué » de son parti au gouvernement.

2° *L'absence d'autorité.* – Une assemblée peut bien empêcher un ministère de gouverner, elle ne peut gouverner elle-même. Si bien que l'autorité gouvernementale ne se trouvait nulle part, sauf peut-être dans les puissances de fait extérieures aux mécanismes constitutionnels.

a) Le gouvernement était dans l'incapacité d'assurer un rôle d'impulsion et de direction. La majorité dictait un programme. Perdant l'initiative, le gouvernement perdait l'autorité.

b) Dépourvu d'autorité, le gouvernement ne pouvait s'imposer à un Parlement soucieux de conduire au pouvoir de nouvelles équipes riches de nouvelles promesses. D'où l'instabilité ministérielle qui rendait impossible toute continuité politique.

c) Le régime était un mangeur d'hommes car, dans sa crainte des personnalités, il ne leur laissait pas le temps de faire leurs preuves. Si bien que sans cesse revenaient au pouvoir les mêmes personnalités de plus en plus habiles aux manœuvres de couloirs, mais de plus en plus sceptiques quant à l'efficacité de leur action (Tardieu, 1936 ; Soulier, 1938).

À la suite de toute une série de crises (crise financière en 1926, politique en 1934, sociale en 1936, internationale à partir de 1938), la nécessité d'un changement dans les mœurs politiques était admise par tout le monde. À partir de 1934, notamment, il n'était question que de la réforme de l'État (Gicquel et Sfez, 1965). Rien de sérieux cependant ne fut essayé, parce que l'entente n'existait pas plus sur l'esprit de la réforme ou les moyens d'aboutir que sur les questions de fond.

On ne pouvait pas espérer que les divisions très profondes qui traversaient la classe politique et la société dans son ensemble puissent être surmontées par des techniques constitutionnelles, même perfectionnées.

404. Bibliographie

ALBERTINI P. (1978), *Le droit de dissolution et les systèmes constitutionnels français*, Paris, PUF.

AZÉMA J.-P., WINOCK M. (1991), *La IIIe République : 1870-1940*, Paris, Hachette.

BARTHÉLEMY J., DUEZ P. (1933), *Traité de droit constitutionnel*, préf. de F. GOGUEL, Paris, Economica, 2e éd., 1985, rééd. Paris, Éditions Panthéon-Assas, 2004.

BONNEFOUS E. (1986), *Histoire politique de la IIIe République*, 6 vol., Paris, PUF.

BURDEAU F. (1996), *La Troisième République*, Paris, Montchrestien.

CARRÉ DE MALBERG R.,

– (1933), *Confrontation de la théorie de la formation du droit par degrés avec les idées et les institutions consacrées par le droit positif français relativement à sa formation*, Paris, Sirey.

– (1931), *La loi, expression de la volonté générale*, Paris, Sirey, rééd. Paris, Economica, 1984.

– (1985), *Contribution à la théorie générale de l'État*, 2 vol., Paris, CNRS, 1921 ; nouv. éd. 1962 ; nouv. éd. 2003, Paris, Dalloz.

CHASTENET J. (1964-1974), *Histoire de la IIIe République*, 7 vol., Paris, Hachette.

DANSETTE A. (1981), *Histoire des présidents de la République*, Nouvelle édition augmentée de deux chapitres par Edmond Pognon, Paris, Plon.

DUBIEF H. (1985), *Le déclin de la IIIe République*, 1929-1939, Paris, Le Seuil.

GICQUEL J., SFEZ L. (1965), *Problèmes de la réforme de l'État en France depuis 1934*, Paris, PUF.

GOGUEL F. (1987), *La politique des partis sous la IIIe République*, Paris, Le Seuil, 5e éd.

GOUAULT J. (1954), *Comment la France est devenue républicaine*, Paris, Armand Colin.

HANOTAUX G. (1925-1926), *Histoire de la fondation de la IIIe République*, Paris, Plon.

DE LACHARRIÈRE (1939), « Le système des décrets-lois et le régime parlementaire », *Revue d'histoire politique et constitutionnelle*, p. 122.

LAUVAUX P. (1983), *La dissolution des assemblées parlementaires*, Paris, Economica.

LE DIVELLEC A. (2020), *La notion de constitution dans la doctrine constitutionnelle de la Troisième République*, Panthéon-Assas, Paris.

LEVEQUE P. (1994), *Histoire des forces politiques en France*, t. 2 1880-1940, Paris, A. Colin.

MACHELON J.-P. (2008), « Le Seize Mai : un coup d'État ? », in. BOUTIN C. et ROUVILLOIS F. (dir.), *Le coup d'État, recours à la force ou dernier mot du politique ?*, François-Xavier de Guibert, Paris, p. 113-134.

MAYEUR J.-M. (1997), *La vie politique sous la IIIe République*, Paris, Le Seuil.

MIGNON M. (1938), *La pratique des décrets-lois devant la doctrine et la jurisprudence*, Paris, Dalloz.

NICOLET Cl. (1982), *L'idée républicaine en France (1789-1924). Essai d'histoire critique*, Paris, Gallimard.

PETOT J. (1970), *Les grandes étapes du régime républicain français (1870-1969)*, Paris, Cujas.

PINON S. (2003), *Les réformistes constitutionnels des années trente aux origines de la Ve République*, Paris, LGDJ.

RÉMOND R. (2002), *La République souveraine : la vie politique en France : 1878-1939*, Paris, Fayard.

ROUSSELLIER N. (2015), *La force de gouverner : le pouvoir exécutif en France, XIXe-XXIe siècles*, Paris, Gallimard.

RUDELLE O. (1986), *La République absolue, 1880-1899, aux origines de l'instabilité constitutionnelle de la France Républicaine*, Paris, Publications de la Sorbonne.

SOULIER A. (1939), *L'instabilité ministérielle sous la IIIe République*, Paris, Sirey.

TARDIEU A. (1937), *La Révolution à refaire*, 2 vol., Paris, Flammarion.

CHAPITRE 5

Les institutions politiques françaises de 1940 à 1946

405. La France partagée. – Pendant quatre années, qui furent parmi les plus sombres de son histoire, la France ne vécut pas sous un gouvernement constitutionnel. On oppose souvent à ce propos gouvernement *légal* et gouvernement *légitime*, pour affirmer que le gouvernement de Vichy était légal, mais non légitime parce qu'il ne bénéficiait pas de l'adhésion de l'opinion, tandis que le gouvernement de la France Libre aurait été quant à lui, légitime, mais non légal, parce que s'il ne tirait pas sa compétence d'une norme juridique positive, il était soutenu par l'opinion. Cette opposition, parfaitement valide du point de vue de la théorie ou de la morale politiques, est cependant peu pertinente au regard de la théorie constitutionnelle. Si la légitimité dépend du soutien de l'opinion, ce soutien est à la fois fort difficile à mesurer et sujet à fluctuations constantes. Les tenants de la distinction entendent en réalité par *légitimité* la qualité d'un gouvernement dont l'action leur paraît conforme à l'intérêt du pays, au sens de l'Histoire ou à la justice.

Aussi, du point de vue du droit constitutionnel, est-il préférable de considérer seulement les problèmes juridiques relatifs à la forme du pouvoir au cours de cette période troublée.

Section 1
Le gouvernement de « l'État français »

406. Si l'on s'en tient à la seule considération des textes, les institutions de la République, telles qu'elles étaient fixées par les lois de 1875, ne cessèrent d'être en vigueur qu'au 11 juillet 1940, date des premiers actes constitutionnels édictés par le maréchal Pétain. Mais, en réalité, le changement de régime remonte à la nuit du 16 au 17 juin 1940, c'est-à-dire au moment où, prenant acte de la défaite des armées françaises, le maréchal Pétain constitua un gouvernement dans le cadre de la légalité existante sans doute, mais avec l'intention d'en faire l'instrument d'une « révolution nationale » qui abrogerait la Constitution en vigueur. C'est dans cet esprit que fut convoquée l'Assemblée nationale dont on attendait une délégation du pouvoir constituant qui permettrait l'édification du nouveau régime (Berl, 1968).

§1. L'acte dit « loi constitutionnelle » du 10 juillet 1940

407. Telle qu'elle était définie par l'article 8 de la loi constitutionnelle du 25 février 1875, la procédure de révision de la Constitution comportait d'abord deux résolutions concordantes prises dans chacune des Chambres à la majorité absolue des voix, soit spontanément, soit sur la demande du président de la République, et déclarant qu'il y a lieu de réviser les lois constitutionnelles. Une fois ces résolutions prises, les Chambres se réunissaient en Assemblée nationale et procédaient à la révision. Les décisions devaient être prises à la majorité absolue des membres composant l'Assemblée.

408. La réunion de l'Assemblée nationale. – En application de ces règles, une résolution relative à la convocation de l'Assemblée nationale fut votée le 9 juillet 1940, au Sénat par 229 voix contre 1 sur 230 votants, à la Chambre des députés par 395 voix contre 3 sur 398 votants : la condition de majorité absolue était donc satisfaite. L'Assemblée nationale se réunit le lendemain à Vichy.

Le projet gouvernemental disposait que l'Assemblée nationale donnait tous pouvoirs au gouvernement, sous la signature et l'autorité du maréchal Pétain, président du Conseil, à l'effet de promulguer la nouvelle Constitution de l'État français. Cette Constitution devait être ratifiée par les assemblées qu'elle aurait créées.

La mise aux voix du projet donna les résultats suivants : votants : 649 ; majorité absolue : 325 ; pour : 569 voix ; contre : 80. Il y eut 18 abstentions.

409. Portée de la loi constitutionnelle du 10 juillet 1940. – L'article unique de la loi est ainsi conçu : « *L'Assemblée nationale donne tous pouvoirs au gouvernement de la République, sous l'autorité et la signature du maréchal Pétain, à l'effet de promulguer par un ou plusieurs actes, une nouvelle Constitution de l'État français. Cette Constitution devra garantir les droits du travail, de la famille et de la patrie. Elle sera ratifiée par la nation et appliquée par les assemblées qu'elle aura créées* ».

En adoptant ce texte, l'Assemblée n'a pas fait une constitution, elle a transféré au gouvernement le pouvoir constituant. Pouvait-elle juridiquement agir ainsi ?

On l'a contesté en faisant valoir la règle selon laquelle une autorité constituée ne saurait déléguer à une autre la compétence qu'elle tient de la

Constitution (v. *supra* n° 51). Ce principe est une des conséquences nécessaires de la suprématie des lois constitutionnelles, mais il n'est pas certain qu'il s'applique à l'autorité constituante elle-même. Celle-ci est en effet maîtresse de la Constitution, elle peut parfaitement la modifier en ce qui touche la procédure de révision. Or, le fait de remettre le pouvoir constituant au gouvernement, revenait, de la part de l'Assemblée, à modifier les règles valables quant aux modifications constitutionnelles. De même qu'elle aurait pu régulièrement changer les règles en vigueur quant à l'exercice du pouvoir législatif, de même l'Assemblée nationale pouvait réformer celles relatives à l'exercice du pouvoir constituant. Admettre le contraire, c'est adopter une distinction très répandue à l'époque révolutionnaire, entre le pouvoir de révision, pouvoir limité que peut exercer un organe constitué, et le pouvoir constituant qui n'appartient qu'au peuple statuant souverainement dans les formes qu'il juge opportunes. Or, cette distinction aboutit pratiquement à ne voir la manifestation du pouvoir constituant que dans l'établissement révolutionnaire, c'est-à-dire en dehors de toute forme préétablie, des constitutions. C'est précisément ce que l'on voulait éviter en juillet 1940.

L'attitude adoptée en 1940 n'est d'ailleurs pas restée unique dans notre histoire constitutionnelle. C'est elle qui fut reprise en juin 1958 lorsque le Parlement a modifié la procédure de révision prévue par l'article 90 de la Constitution de 1946 pour transférer le pouvoir constituant au général de Gaulle (v. *infra* n° 471). Certes la situation politique était différente, mais juridiquement l'opération réalisée est identique à celle qui fut accomplie en 1940.

Il n'y a donc pas eu à proprement parler une délégation du pouvoir constituant, mais institution d'un organe constituant nouveau : le maréchal Pétain, auquel a été attribué un pouvoir qui jusqu'alors appartenait à l'Assemblée nationale et dont elle s'est définitivement dépouillée aussi bien en jouissance qu'en exercice. Juridiquement, la loi constitutionnelle du 10 juillet 1940 est donc correcte. Mais c'est parce qu'on a considéré par la suite qu'elle était malgré tout illégitime, notamment parce qu'elle avait été adoptée sous la pression des circonstances, que l'article 89 alinéa 4 de la Constitution de 1958 interdit d'engager ou de poursuivre une procédure de révision constitutionnelle lorsqu'il est porté atteinte à l'intégrité du territoire (v. *infra* n° 510).

§2. L'organisation constitutionnelle du gouvernement de Vichy

410. Le gouvernement de Vichy n'eut qu'une assise constitutionnelle rudimentaire ; il reposait sur une série d'actes constitutionnels très brefs édictés par le maréchal Pétain, et dont les principaux sont les actes n°s 1 et 2 du 11 juillet 1940 relatifs à la personnalité et aux fonctions du chef de l'État, l'acte n° 7, du 27 janvier 1941, posant le principe de la responsabilité des secrétaires d'État et hauts fonctionnaires devant le chef de l'État, les actes 11 (18 avril 1942), 12 et 12 *bis* qui instituent un chef de gouvernement et déterminent ses fonctions.

Au point de vue de l'évolution constitutionnelle, deux périodes doivent être distinguées : la première qui va jusqu'au 18 avril 1942 se caractérise par l'exercice de tous les pouvoirs étatiques par le seul chef de l'État, le maréchal Pétain ; l'autre qui prend naissance par le retour au pouvoir de Laval dans les fonctions de chef du gouvernement (acte constitutionnel n° 11, 18 avril 1942) repose apparemment sur un dualisme gouvernemental avec répartition des compétences entre le chef de l'État et le chef du gouvernement, mais est marquée en fait par la dictature de ce dernier.

L'acte constitutionnel n° 2 disposait que le chef de l'État français a la plénitude du pouvoir gouvernemental. Il faut entendre par là qu'il exerçait seul et effectivement la totalité des fonctions étatiques, à la différence du président de la République de 1875 qui, s'il disposait également d'attributions très larges, ne pouvait les exercer lui-même. Cette plénitude du pouvoir gouvernemental était concrétisée par la liste des pouvoirs accordés au chef de l'État. D'une part, il disposait des prérogatives habituellement considérées comme propres à l'exécutif (nomination des ministres et des fonctionnaires, pouvoir réglementaire, promulgation, négociation des traités) ; d'autre part, il exerçait le pouvoir législatif. Enfin, à cette liste de compétences qui lui appartenait en tant que chef de l'État, il faut ajouter le pouvoir constituant dont le Maréchal était personnellement titulaire.

Ainsi aucune séparation des pouvoirs n'atténuait la puissance du chef de l'État ; le gouvernement dont il nommait et révoquait librement les membres n'était qu'un agent d'exécution de ses volontés. Responsables devant lui, les ministres devaient être considérés davantage comme de hauts fonctionnaires administratifs que comme des personnalités politiques (Bonnard, 1942).

À partir du moment où fut institué un chef du gouvernement, le 18 avril 1942, la situation du chef de l'État fut considérablement diminuée. En effet, l'acte constitutionnel n° 11 décidait que le chef du gouvernement assure la direction effective de la politique du pays, ce qui impliquait qu'il lui appartenait d'exercer toutes les attributions du chef de l'État inhérentes à la fonction gouvernementale. En outre l'acte n° 12 lui accordait, concurremment avec le chef de l'État, le pouvoir législatif. De ce fait, la fonction du chef de l'État était ramenée à un rôle de patronage du chef du gouvernement qu'il nommait et dont, à ce titre, il devait être considéré comme partageant les vues politiques.

Cette concentration du pouvoir en la personne d'un homme par où se traduisait nettement un retour au pouvoir individualisé n'était qu'apparemment et très légèrement atténuée par le rôle imparti à quelques organes secondaires chargés de préparer les décisions gouvernementales. Il faut d'abord mentionner le *Conseil national* institué par l'acte dit loi du 22 janvier 1941, modifiée par celle du 19 février 1943. Officiellement créé pour établir un contact entre l'opinion et le gouvernement, il n'était en réalité qu'un instrument de celui-ci car il ne jouissait d'aucune autonomie : ses membres étaient nommés par décret, l'ouverture et la durée de la session étaient fixées par le gouvernement qui était également maître de la composition de son bureau. Aussi bien le Conseil national n'avait aucun pouvoir propre de décision, il ne pouvait que donner les avis qui lui étaient demandés par le gouvernement sans que celui-ci soit tenu de les suivre. Le Conseil national n'a fonctionné qu'en commission : il ne fut jamais réuni en séance plénière.

À cette organisation constitutionnelle rudimentaire et où aucune place n'était faite à une représentation quelconque de la volonté nationale, il faut joindre toutefois les visées plus ambitieuses mais très partiellement atteintes, vers le corporatisme.

À ses débuts, lorsqu'il semblait que le régime avait une philosophie sociale et politique propre, il apparut que celle-ci devait être d'inspiration corporative. À cet effet on tenta d'organiser les professions, de les doter d'ordres et de conseils de discipline. L'acte dit Charte du Travail du 4 octobre 1941 et la loi du 2 décembre 1940 sur l'organisation de l'agriculture jetèrent la vie industrielle et paysanne dans une expérience corporative qui n'eut pas de suite. La résistance de l'opinion à des mesures trop manifestement imposées et bientôt détournées de leur but strictement national n'autorisa que l'établissement d'un corporatisme de façade qui ne parvint pas à voiler la structure intégralement autoritaire du régime (Aron, 1954).

Section 2 L'organisation de la continuité républicaine dans la France libre

411. Le 18 juin 1940, au lendemain du jour où le maréchal Pétain avait demandé l'armistice, le général de Gaulle, dans un appel radiodiffusé de Londres, invitait les Français à le rejoindre pour continuer la lutte. Dès ce premier message, il refusait de reconnaître toute légitimité au gouvernement de Vichy : « *Des gouvernants de rencontre ont pu capituler, cédant à la panique, oubliant l'honneur, livrant le pays à la servitude.* ». Pour mener ce combat, il sera très vite nécessaire, surtout quand les ralliements se multiplieront, de doter la France Libre d'institutions représentatives. L'évolution de ces institutions ne sera pas sans incidences pour l'avenir.

Le Conseil de défense de l'Empire, créé le 27 octobre 1940, est un organisme consultatif. Les décisions sont prises par le général de Gaulle sous le nom d'*ordonnances*, ayant tantôt valeur de loi, tantôt valeur de décret.

412. Le Comité national français. – L'importance croissante des territoires de l'Empire ainsi que des forces armées françaises qui se rangeaient autour du mouvement de la France libre, incitèrent le général de Gaulle à étoffer son gouvernement. Ce fut l'objet d'une ordonnance du 24 septembre 1941 qui pose les principes suivants :

Institution d'un Comité national français sous la présidence du général de Gaulle et composé de Commissaires nommés par lui.

Exercice du *pouvoir législatif* par le Comité. Les ordonnances délibérées en Comité national sont signées et promulguées par le général de Gaulle et contresignées par un ou plusieurs des Commissaires. Il est prévu qu'elles seront, dès que possible, soumises à la ratification de la représentation nationale.

Quant au *pouvoir réglementaire*, il est exercé par décrets rendus par le chef des Français libres, sur la proposition de l'un ou de plusieurs des Commissaires et contresignés par eux.

Les traités et conventions internationales qui, aux termes de l'article 8 de la loi constitutionnelle du 16 juillet 1875, devaient être soumis à l'approbation des Chambres, entrent en vigueur dès leur ratification par ordonnances.

413. Le Comité Français de Libération Nationale. – Après le débarquement allié en Afrique du Nord, des pourparlers entre de Gaulle et son rival le général Giraud, donnèrent naissance le 3 juin 1943 au Comité Français de Libération Nationale (CFLN).

Les deux généraux constataient qu'en raison de l'occupation du territoire par l'ennemi, l'exercice de la souveraineté du peuple français était suspendu. Le CFLN devait exercer provisoirement cette souveraineté au fur et à mesure que des portions du territoire français seraient libérées et y rétablir les libertés fondamentales, puis la remettre au gouvernement Provisoire, dès que celui-ci pourrait être constitué.

Le CFLN avait au début deux présidents, les généraux de Gaulle et Giraud, puis un seul après le retrait du général Giraud. Il exerçait, avec le concours d'une Assemblée consultative provisoire, le pouvoir législatif et le pouvoir réglementaire.

Cette organisation fut maintenue dans ses grandes lignes jusqu'au 2 novembre 1945, avec seulement un changement de dénomination du CFLN, qui devint gouvernement Provisoire de la République Française quelques jours avant le débarquement de Normandie, le 3 juin 1944.

Section 3
Les gouvernements provisoires et la préparation de la Constitution de 1946

414. Les étapes du provisoire. – À la Libération, il eût été possible de remettre purement et simplement en vigueur les lois constitutionnelles de 1875. Le gouvernement ne l'a pas jugé opportun et les citoyens lui ont donné raison lors du référendum du 21 octobre 1945 (v. *infra* n° 418). De ce fait, le pays se trouvait voué au régime du provisoire jusqu'à l'adoption des institutions définitives.

Mais, dans le provisoire lui-même, il y a des degrés et des natures différentes. Il faut donc distinguer car, en une très courte période, la France a connu deux sortes de gouvernements provisoires :

1° Le premier, dont le règne va du 3 juin 1944 au 2 novembre 1945, est un gouvernement de fait, qui n'est que la transposition du gouvernement d'Alger sur le plan d'une souveraineté s'appliquant à l'ensemble des territoires français ;

2° Le second est un gouvernement légal, dont le fondement juridique est la loi constitutionnelle du 2 novembre 1945, adoptée par le peuple français le 21 octobre 1945.

Ce gouvernement a été institué pour durer jusqu'à ce que la Constitution définitive ait été acceptée par votation populaire. Aussi fut-il automatiquement reconduit lorsque, le projet de la première Assemblée constituante ayant été repoussé par le référendum du 5 mai 1946, une nouvelle Assemblée fut élue le 2 juin 1946. Trois gouvernements provisoires ont assumé successivement la charge du pouvoir selon les règles prévues par la loi constitutionnelle du 2 novembre 1945 : le gouvernement de Gaulle (jusqu'au 23 janvier 1946), le gouvernement Gouin (jusqu'au 26 juin 1946), le gouvernement Bidault (jusqu'au 28 novembre 1946) (Chapsal, 1979).

§1. Le premier gouvernement provisoire

415. L'article 1er de l'ordonnance du 21 avril 1944 portant organisation des pouvoirs publics après la Libération disposait que : « *Le peuple français décidera souverainement de ses futures institutions. À cet effet, une Assemblée nationale constituante sera convoquée dès que les circonstances permettront de procéder à des élections régulières...* ».

Le gouvernement d'Alger restait donc, après s'être transporté en France, un gouvernement provisoire. Ce gouvernement avait deux tâches essentielles : permettre à la France de prendre sa part à la victoire sur l'Allemagne nazie et le Japon ; rétablir la légalité républicaine. À cet égard, il fallait affirmer que, quelle que soit la forme du régime qui serait adopté, il s'agirait en tout cas d'une république, et proclamer la nullité de toutes les lois prises par Vichy au mépris des droits de l'Homme et des libertés fondamentales.

Le premier gouvernement provisoire de la République française n'était, sous ce titre que lui a donné l'ordonnance du 3 juin 1944, pas autre chose que l'ancien Comité Français de la Libération Nationale.

Cette origine du gouvernement dans un organisme qui fut primitivement révolutionnaire explique les particularités de sa composition et de ses pouvoirs ainsi que le caractère provisoire qu'il n'a cessé de se reconnaître.

Le Comité Français de Libération Nationale était animé beaucoup plus par la volonté de concentrer toutes les forces françaises libres sur l'organisation de la résistance à l'envahisseur que par le souci de s'aligner sur les formes constitutionnelles traditionnelles. D'autre part, l'impossibilité d'organiser des élections empêchait de répartir les compétences entre le comité et une assemblée comme on l'aurait fait dans un régime parlementaire.

Tous ces facteurs militaient en faveur d'un gouvernement investi de la plénitude de la puissance étatique et fortement hiérarchisé par la subordination de ses membres au chef autour duquel ils s'étaient groupés. Malgré cette concentration réelle du pouvoir, les institutions provisoires présentaient une structure dualiste, comprenant un gouvernement et une assemblée consultative, ce qui permit un fonctionnement susceptible de préfigurer celui d'un système parlementaire.

416. Le gouvernement. – Le gouvernement comprend un chef, le général de Gaulle, président du gouvernement provisoire de la République, et des ministres qu'il nomme et révoque librement. Le gouvernement provisoire dispose à la fois du pouvoir législatif, qu'il exerce par ordonnances, et du pouvoir exécutif.

417. L'Assemblée consultative provisoire. – Elle était organisée, en vertu d'une ordonnance du 11 octobre 1944. Elle était composée des représentants de la Résistance. Bien que les compétences de cette assemblée fussent très faibles – elle pouvait seulement émettre des avis, qui ne liaient pas le gouvernement – elle se comporta très vite comme une assemblée parlementaire, d'où des tensions avec le gouvernement provisoire, qui expliquent en partie la méfiance du général de Gaulle envers les assemblées.

§2. Le régime provisoire de la loi constitutionnelle du 2 novembre 1945

418. Conformément aux déclarations qu'il avait maintes fois répétées, le général de Gaulle s'employa, dès la libération du territoire, à assurer au peuple français la possibilité de statuer sur le régime et les institutions du pays. Toutefois, comme il apparut que l'on ne pouvait remettre purement et simplement en fonction l'organe constituant prévu par les lois de 1875, le peuple fut d'abord appelé à dire par qui il entendait que fût faite la future constitution. En même temps, il eut à décider de l'organisation des pouvoirs publics pendant la période durant laquelle serait élaborée la Constitution.

C'est à ce double objet que correspondaient les deux questions soumises à la votation populaire par le référendum du 21 octobre 1945 :

1° Voulez-vous que l'Assemblée élue à ce jour soit constituante ?

2° Approuvez-vous que les pouvoirs publics soient, jusqu'à la mise en vigueur de la nouvelle constituante, organisés conformément aux dispositions du projet de loi ci-joint ?

419. Portée du référendum du 21 octobre 1945. – La première des deux questions avait pour objet de décider s'il y avait lieu de faire immédiatement une constitution. Le non signifiait que l'assemblée élue serait la chambre des députés de la IIIe République, le oui que les institutions de 1875 étaient caduques. Le « non » à la première question n'était préconisé que par de rares nostalgiques de la IIIe République, le « oui » l'était par le général de Gaulle et par tous les partis de la Résistance, SFIO, MRP, UDSR, PC. Le oui obtint 96 % des suffrages. En répondant « oui » à cette première question, les électeurs mettaient donc fin à la IIIe République.

Quant à la seconde, elle portait sur l'étendue des pouvoirs de l'assemblée constituante. La simple formulation de la question rompait avec la tradition française, comme avec la théorie du pouvoir constituant. Selon cette tradition, le pouvoir constituant est illimité, ce qui signifie non seulement qu'il peut donner à la Constitution n'importe quel contenu, mais aussi qu'il peut librement déterminer la procédure d'adoption de la loi fondamentale et aussi décider du mode de gouvernement jusqu'à son entrée en vigueur, c'est-à-dire ou bien exercer tous les pouvoirs ou bien n'exercer que le pouvoir législatif et laisser à un gouvernement provisoire le pouvoir exécutif et la conduite des relations extérieures. Dans le passé, toutes les assemblées constituantes (l'Assemblée nationale constituante de 1789 à 1791, la Convention nationale de 1792 à 1795, l'Assemblée nationale de 1948, celle de 1871) avaient agi conformément à ces principes.

On comprend que sur cette deuxième question, les attitudes aient été partagées : alors que le PC, invoquant la tradition révolutionnaire française, souhaitait que les pouvoirs de l'assemblée constituante soient illimités, comme l'avaient été ceux de la Convention nationale (v. *supra* n° 97), et préconisait par conséquent le « non » à la seconde question, de Gaulle, la SFIO et le MRP, qui craignaient l'influence du PC au sein de cette assemblée, étaient partisans du « oui ». Même si ce fut de manière moins éclatante qu'à la première question, le « oui » l'emporta nettement avec les 2/3 des suffrages.

En répondant oui, le corps électoral apportait trois limitations au pouvoir de l'Assemblée :

a) D'une part, une limitation dans le temps, car l'article 6 de la loi dispose que les pouvoirs de l'Assemblée expireront le jour de la mise en application de la nouvelle Constitution, et, au plus tard, sept mois après la première réunion de l'Assemblée.

Au-delà de ce délai, elle devait être remplacée par une nouvelle Assemblée constituante élue dans les mêmes formes que la précédente et jouissant des mêmes pouvoirs (art. 7). Ce qui fut fait le 2 juin 1946, après que le peuple eut, par le référendum du 5 mai, repoussé le premier projet de Constitution préparé par l'Assemblée constituante (v. *infra* n° 424).

b) D'autre part, aux termes de l'article 3 de la loi constitutionnelle, la Constitution adoptée par l'Assemblée devrait être soumise à l'approbation du corps électoral des citoyens français, par voie de référendum, dans le mois qui suivrait son adoption par l'Assemblée.

Dans le passé, les assemblées constituantes étaient pleinement compétentes non seulement pour élaborer, mais aussi pour adopter la Constitution. Elles pouvaient évidemment soumettre au référendum le texte constitutionnel et certaines l'avaient fait, non pas l'assemblée constituante de 1791, mais la Convention nationale en 1793 et en l'an III. Cependant, il ne s'agissait pas d'une obligation et l'on pouvait décider que la Constitution était parfaite dès son adoption.

Au contraire, et pour la première fois dans l'histoire constitutionnelle française, une assemblée constituante n'était pas investie de la totalité du pouvoir constituant. Elle pouvait seulement préparer un projet, qui ne pourrait être adopté que par référendum, de sorte qu'en droit elle ne soit considérée que comme le coauteur de la Constitution.

c) Pendant la période constituante, des institutions provisoires étaient organisées par une loi, dont le projet était joint à la question et que les électeurs devaient approuver. Il s'agissait d'une mini-constitution parlementaire, mais inspirée du parlementarisme dit rationalisé. L'Assemblée élisait un gouvernement responsable, mais qu'elle ne pouvait renverser qu'en adoptant une motion de censure à la majorité absolue ; elle ne pouvait exercer que le pouvoir législatif, mais même ce pouvoir était limité, car, si elle votait le budget, elle ne pouvait prendre l'initiative des dépenses.

La volonté de limiter le pouvoir non constituant de l'assemblée constituante était inspirée aux partisans du oui à la deuxième question non seulement par le souvenir de la Convention et de la Terreur, mais encore par la force du Parti communiste et la crainte qu'il se serve de l'assemblée pour s'emparer définitivement du pouvoir.

Ainsi, même en matière constitutionnelle, l'Assemblée constituante n'était pas souveraine. Son rôle se bornait à préparer une constitution qui ne pourrait entrer en vigueur que si elle était ratifiée par une votation populaire. Il y avait là une innovation considérable.

En même temps qu'ils répondaient aux deux questions soumises au référendum, le peuple élisait l'assemblée. Elle comprenait 588 députés, élus pour la première fois au suffrage véritablement universel, puisqu'une ordonnance du 21 avril 1944 avait accordé le droit de vote aux femmes, à la représentation proportionnelle. Le choix de la représentation proportionnelle s'explique notamment par la crainte du général de Gaulle que le scrutin majoritaire n'amène 250 députés communistes à l'assemblée.

De fait, les trois principaux partis de la Résistance, le PC, la SFIO et le MRP obtiennent tous trois des chiffres voisins de 25 % des voix et entre 135 et 148 sièges chacun. Tant qu'ils resteront unis, ils domineront les assemblées successives jusqu'au début de la guerre froide en 1947.

Les pouvoirs de cette assemblée étaient non seulement plus étroits que ceux des assemblées constituantes traditionnelles, ils étaient même plus limités que ceux du Parlement de la IIIe République. En effet, si elle exerçait le pouvoir législatif, le gouvernement disposait d'un droit de veto partiel, qui ne pouvait être surmonté que par un nouveau vote à la majorité absolue des membres de l'assemblée. De même, elle élisait le président du gouvernement provisoire, et pouvait contrôler l'activité gouvernementale, mais seulement conformément à certaines règles de procédure visant à assurer la stabilité gouvernementale. Ce régime provisoire apparaît ainsi comme la première forme de rationalisation du régime parlementaire en France. Il préfigure les règles énoncées dans la Constitution de 1946.

C'est ainsi que le gouvernement n'est tenu de démissionner que dans un seul cas : lorsqu'une motion de censure est adoptée, deux jours après son dépôt, à la majorité absolue des membres de l'assemblée. En pratique cependant, le régime fonctionna comme un régime parlementaire classique et le général de Gaulle engagea sa responsabilité en dehors des formes prévues.

§3. Le projet de Constitution du 19 avril 1946

420. La première Assemblée constituante, élue le 21 octobre 1945, élabora un projet de Constitution qu'elle adopta, dans sa séance du 19 avril 1946, par 309 voix contre 249. Le peuple français rejeta ce projet par le référendum du 5 mai 1946. Quoique n'ayant jamais été appliquée, la Constitution du 19 avril 1946 mérite cependant davantage qu'une simple mention historique. En effet, son texte a servi de point de départ aux travaux de la seconde constituante et il était légitime qu'il en soit ainsi étant donné l'importance de la minorité (47 % des suffrages) qui s'était prononcée en sa faveur. Par ailleurs, bien qu'il se fût agi d'une nouvelle assemblée constituante, les députés qui préparèrent la Constitution de 1946 furent en grande partie les mêmes que ceux qui avaient élaboré le projet du 19 avril 1946 ; leurs conceptions n'avaient pas changé, ils en atténuèrent seulement l'intransigeance pour les accorder au vote populaire du 5 mai, si bien qu'on peut dire que la Constitution du 27 octobre 1946 n'est qu'une édition revue et corrigée – améliorée, disaient ses partisans – de celle du 19 avril. Encore qu'il ne faille pas exagérer cette filiation jusqu'à dénier toute originalité à la Constitution du 27 octobre, les observations précédentes montrent l'intérêt qui s'attache à l'examen du projet du 19 avril.

421. La Déclaration des droits. – Renouant avec la tradition révolutionnaire, le projet du 19 avril comporte une Déclaration des droits de l'Homme et du Citoyen. Pour convaincre l'Assemblée de l'opportunité d'une Déclaration nouvelle, deux arguments furent décisifs : d'une part, la nécessité, après l'asservissement dont la personne humaine venait d'être si dangereusement menacée, de proclamer la fidélité du peuple français aux principes qui ont fait sa grandeur, d'autre part l'obligation de tenir compte de l'évolution sociale qui s'est produite depuis 1789 et qui exige une adaptation des thèmes traditionnels à la réalité nouvelle.

Cette double préoccupation explique toute l'économie de la Déclaration. Elle affirme expressément son adhésion à la doctrine de la Révolution, mais, instruite à la fois par les périls que l'idéologie totalitaire peut faire courir à la liberté humaine et par les transformations économiques et sociales qui ont marqué l'avènement de l'ère industrielle, elle tend à préciser, développer et assouplir l'esprit de 1789 pour le mettre à la mesure du monde moderne. La conciliation des principes libéraux et individualistes de 1789 avec l'interventionnisme et le socialisme, qui sont les courants dominants de l'époque contemporaine, devait nécessairement aboutir – en raison de sa difficulté même – à une synthèse imparfaite. L'équivoque qui en résulta fut sans doute une des causes du rejet de la Constitution par le peuple.

Outre les droits et garanties fondamentales, parfois exprimées sous une forme plus radicale que celle de 1789, la Déclaration énonçait pour la première fois en France les exigences d'une démocratie sociale. Elle proclamait un certain nombre de droits et de principes nouveaux, qu'on appellera plus tard « droits de la deuxième génération ».

422. La démocratie sociale. – Ses exigences étaient, pour la première fois en France, introduites parmi les principes constitutionnels. Outre l'affirmation que tout être humain possède à l'égard de la société des droits qui garantissent son plein développement physique, intellectuel et moral (art. 22), outre les principes protecteurs de la santé physique (art. 24, 27) du repos et des loisirs (art. 29), outre la reconnaissance du droit à l'assistance au cas où l'individu se trouve dans l'incapacité de travailler (art. 33), les dispositions essentielles du projet avaient trait aux conditions économiques du travail et au droit de propriété.

a) « *Tout homme a le devoir de travailler et le droit d'obtenir un emploi* » (art. 26). Les modalités d'application d'un tel principe impliquaient une réorganisation totale de la société et avaient, pour le législateur à venir, une valeur de programme qui justifiait les réformes les plus audacieuses. La durée et les conditions de travail devaient être compatibles avec la santé, la dignité et la vie familiale du travailleur (art. 27, art. 28). Enfin il était spécifié que tout travailleur avait le droit de participer par l'intermédiaire de ses délégués à la détermination collective des conditions de travail ainsi qu'à la gestion des entreprises (art. 31). Là encore, la signification du principe énoncé était fonction des applications qu'en ferait le législateur, mais il reste que celui-ci était constitutionnellement habilité à aller très loin dans le sens d'une socialisation des entreprises.

b) Quant au droit de propriété, sa définition a donné lieu à des débats acharnés. La Déclaration le considérait comme « *le droit inviolable d'user, de jouir et de disposer des biens garantis à chacun par la loi* » (art. 35). C'est la dernière partie de la définition qui a motivé les oppositions et, de fait, quelque parti qu'on prît sur la valeur du droit de propriété, il était clair que le texte du projet du 19 avril revenait à laisser la consistance de ce droit à la discrétion du législateur. D'autre part, après avoir rappelé le principe classique que nul ne saurait être privé de sa propriété si ce n'est pour cause d'utilité publique et sous condition d'une juste indemnité, la Déclaration prévoyait une double réserve : l'une visait les abus du droit de propriété exercé contrairement à l'utilité sociale, l'autre les nationalisations. L'article 36 disposait en effet que « *tout bien, toute entreprise dont l'exploitation a ou acquiert les caractères d'un service public national ou d'un monopole de fait doit devenir la propriété de la collectivité* ».

§4. Le régime politique

423 L'organisation des pouvoirs publics. – Dans la forme, le projet de Constitution du 19 avril 1946 respecte la division des pouvoirs.

Le *pouvoir législatif* appartient à une assemblée unique, l'*Assemblée nationale* élue pour cinq ans au suffrage universel de tous les nationaux et ressortissants français des deux sexes et jouissant de leurs droits civils et politiques. L'âge de l'électorat est fixé à vingt ans (art. 47, 49). La représentation des territoires d'outre-mer est assurée (art. 48). L'éligibilité est abaissée à vingt-trois ans.

La Constitution insiste sur le fait que l'Assemblée seule exerce la souveraineté nationale et que, seule, elle a le droit de légiférer (art. 66).

Le *pouvoir exécutif* comprend deux organes : le Conseil des ministres et le président de la République.

La Constitution consacre l'institution, qui ne résultait jusque-là que de la pratique, du *président du Conseil*. Il est élu au début de chaque législature par l'Assemblée nationale, au scrutin public et à la majorité absolue des députés (art. 76). Ce n'est qu'après cette élection que le président du Conseil et les ministres qu'il a choisis sont nommés par décret du président de la République (art. 77). Le rôle de celui-ci n'est donc que de pure forme. Dès sa constitution, le cabinet soumet sa structure, sa composition et son programme à l'Assemblée qui lui accorde ou lui refuse sa confiance (art. 79).

Le *président de la République* est élu pour sept ans par l'Assemblée nationale au scrutin public à la majorité des deux tiers des députés composant l'Assemblée.

Il est irresponsable (sauf en cas de haute trahison) et par conséquent irrévocable. À l'exception du droit de grâce, du droit de demander une seconde délibération des lois et du droit de dissolution, ses attributions sont sensiblement les mêmes que celles qui lui appartenaient nominalement sous le régime de la Constitution de 1875. En réalité, la nécessité du contreseing en fait une des prérogatives du Conseil des ministres.

424. Les rapports des pouvoirs publics (Berlia, 1946). – On a considéré quelquefois que cette Constitution aurait conduit, si elle avait été appliquée, à l'instauration d'un régime conventionnel. Cette opinion répandue à l'époque par les partisans d'un exécutif fort, au premier rang desquels figurait le général de Gaulle, contribua fortement au rejet du projet. Elle ne résiste pas cependant à l'analyse du texte.

En réalité, le projet instituait un régime dont le fonctionnement aurait été très semblable à celui de la IIIe ou de la IVe République, le bicaméralisme en moins. À certains égards, certaines dispositions du texte préfigurent les dispositions correspondantes de la Constitution du 27 octobre. Le régime que l'on avait cherché à établir était en réalité un régime parlementaire moniste : s'il accordait incontestablement une place prééminente à l'Assemblée, il maintenait pourtant une claire distinction des organes et des fonctions.

Le projet reprenait notamment les mécanismes de rationalisation du régime parlementaire visant à assurer une plus grande stabilité du gouvernement. C'est ainsi que les articles 1 et 82, relatifs à la responsabilité, visaient d'abord à en empêcher une mise en jeu trop fréquente : seul le président du Conseil pouvait poser la question de confiance, et il ne pouvait le faire qu'après délibération du Conseil des ministres. Le vote ne pouvait intervenir qu'après un délai d'un jour franc. De même, une motion de censure ne pouvait être votée que deux jours francs après avoir été déposée. D'autre part, dans les deux cas, le vote avait lieu au scrutin public. Enfin, le gouvernement n'était tenu de démissionner que si la confiance était rejetée ou la motion de censure adoptée à la majorité absolue des députés.

La volonté de construire un régime parlementaire moniste et de limiter cependant le risque d'instabilité ministérielle a également inspiré le choix des mécanismes de la dissolution. Dans un régime dualiste, elle est présentée tantôt comme une arme symétrique de la responsabilité, tantôt comme un moyen de provoquer, en cas de conflit entre le pouvoir législatif et le gouvernement, l'arbitrage du corps électoral. Dans un régime parlementaire moniste, il ne peut évidemment être question d'une telle fonction de la dissolution, parce que rien ne saurait justifier que le chef de l'État ou le gouvernement s'oppose à la représentation nationale.

Si la dissolution est malgré tout utile dans un régime parlementaire moniste, c'est seulement pour limiter l'instabilité ministérielle. Lorsqu'il apparaît qu'une assemblée est ingouvernable parce que, en raison de sa composition à un moment donné, aucune majorité stable ne peut s'y former et soutenir un gouvernement, il devient nécessaire de procéder à de nouvelles élections. C'est pourquoi l'assemblée elle-même peut décider de se dissoudre, par un vote à la majorité des deux tiers (article 83). Néanmoins, si, pour des raisons faciles à imaginer, les députés hésitent ou échouent à tirer les conséquences de leurs divisions, la dissolution peut être décidée par le conseil des ministres. Mais, comme il s'agit seulement de remédier à l'instabilité ministérielle, cette décision ne peut être prise que lorsque la preuve est faite que l'assemblée est réellement ingouvernable : aucune dissolution ne peut donc intervenir dans la première moitié de la législature, car on n'a pas encore pu expérimenter toutes les combinaisons politiques possibles ; d'autre part, elle ne peut être prononcée que si deux crises ministérielles se sont produites au cours de la session. Selon la Constitution de 1946, qui reprendra l'esprit de ce mécanisme, les conditions seront plus restrictives encore.

Quoi qu'il en soit, la campagne menée par les adversaires de ce projet, notamment le général de Gaulle, qui avait quitté le gouvernement au mois de janvier 1946, la crainte suscitée par le parti communiste, conduisit, pour la première fois dans l'histoire constitutionnelle française, au rejet du projet par le référendum du 5 mai 1946. Le « non » l'emportait avec 53 % des voix. En chiffres absolus, le « non » obtenait 10 584 359 voix contre 9 454 034 « oui ». La Constitution de 1946, qui sera approuvée par le référendum d'octobre, ralliera en fait, en raison d'un taux d'abstention élevé, moins de votes favorables que le premier projet.

425. Bibliographie

AGULHON M. (1999), *La République*, Tome II, Nouveaux drames et nouveaux espoirs, 1932 à nos jours, Paris, Le Grand livre du mois.

ARON R. (1954), *Histoire de Vichy*, éd. Monaco, A. Sauret, rééd. 1974.

AZÉMA J.-P. (1979), *De Munich à la Libération, 1938-1944*, Paris, Le Seuil.

AZÉMA J.-P., WIEVIORKA O. (2000), *Vichy, 1940-1944*, Paris, Perrin.

BARUCH M.-O. (1996), *Le régime de Vichy*, Paris, La Découverte.

BERL E. (1968), *La fin de la IIIe République*, Paris, Gallimard.

BONNARD R. (1942), *Les actes constitutionnels de 1940*, Paris, LGDJ.

BOUGRAB J. (2002), *Aux origines de la Constitution de la IVe République*, Paris, Dalloz.

CARTIER E. (2006), *La transition constitutionnelle en France (1940-1945). La reconstruction révolutionnaire d'un ordre juridique républicain*, Paris, LGDJ.

CHAPSAL J. (1979), *La vie politique en France depuis 1940*, Paris, PUF, 5e éd.

CREMIEUX-BRILHAC J.-L. (1996), *La France libre : de l'appel du 18 juin à la Libération*, Paris, Gallimard.

DREYFUS F.-G. (1990), *Histoire de Vichy*, Paris, le Grand livre du mois.

LAMBERT P.-P., LE MAREC G. (2002), *Organisations, mouvements et unités de l'État français* : Vichy, 1940-1944, Paris, le Grand livre du mois.

MAYEUR J.-M., BEDARIDA F., PROST A. (1999), *De la IIIe à la IVe République : 1875-1947*, Paris, Nouvelle Librairie de France (2e éd.).

MICHEL H.,

- (1972), *Histoire de la France libre*, Paris, PUF, 3e éd.
- (1986), *Pétain et le régime de Vichy*, Paris, PUF, 3e éd. corr.
- (1987), *Histoire de la Résistance en France, 1940-1944*, Paris PUF, 10e éd.

MURACCIOLE J.-F. (1996), *Histoire de la France libre*, Paris, PUF.

PAXTON R.-O. (1999), *La France de Vichy : 1940-1944*, Paris, Le Seuil.

CHAPITRE 6

La IVe République

426. Adoption. – La Constitution du 27 octobre 1946 a été adoptée par l'Assemblée nationale constituante le 29 septembre 1946 par 440 voix contre 106 sur 546. Le 13 octobre 1946, cette Constitution était adoptée par le référendum, mais sans enthousiasme : il y eut 3 millions d'abstentionnistes de plus que lors de la votation du 5 mai : 9 263 416 « oui », 8 143 931 « non », 6 147 537 abstentions. Ce qui veut dire que 35 % des inscrits ont accepté la Constitution, 34 % l'ont repoussée et 31 % se sont abstenus. Si l'on calcule d'après le nombre des votants 53 % étaient pour, 47 % contre. André Siegfried pouvait donc prévoir que, les communistes étant douteux et les partisans du général de Gaulle ayant voté contre la Constitution, « le nouveau régime allait connaître la même impossibilité que l'ancien de s'appuyer soit sur toute la gauche, soit sur toute la droite » (Siegfried, 1956, p. 149).

Parmi les opposants, cinq députés seront présidents du Conseil (Bourgès-Maunoury, J. Laniel, A. Marie, R. Mayer, A. Pinay) et l'un d'eux, R. Coty, sera même président de la République.

Ultérieurement, une loi du 6 janvier 1950 (*JO*, 7 janvier) est venue codifier certains textes relatifs aux pouvoirs publics. Quoique dépourvue de toute valeur constitutionnelle, elle présente par son objet un intérêt particulier quant à l'aménagement des institutions.

427. La révision de 1954. – Durant presque tout le temps où elle fut en vigueur, la Constitution de 1946 fut sous le coup d'une procédure de révision. Une seule a abouti : celle qui donna naissance à la loi constitutionnelle du 7 décembre 1954. Cette révision a modifié le texte de 1946 sur plusieurs points :

- en ce qui concerne la formation du gouvernement, la révision provoque, en fait, un retour au système qui était en vigueur sous la IIIe République ;
- la situation du Conseil de la République est renforcée et, par là, on revient à un bicaméralisme plus authentique ;
- la dissolution n'est plus subordonnée à des conditions qui rendaient son exercice improbable ;
- le régime des sessions est rétabli.

Ces réformes furent sans doute heureuses. Elles n'étaient pas assez profondes, et c'est pour n'avoir pas trouvé dans l'organe constituant, c'est-à-dire le Parlement, l'autorité capable de les imposer que la Constitution fut emportée lors des événements de mai 1958 (Fauvet, 1971 ; Elgey, 1993 b ; Vignes, 1958).

Section 1
Notions générales

§1. Caractères de la Constitution de 1946

428. La Constitution du 27 octobre se présente sous la forme d'un texte comprenant deux parties : la première, le Préambule, expose la philosophie politique et sociale du régime ; la seconde, comprenant 106 articles, divisés en douze titres, est consacrée aux institutions de la République.

Quant au fond, la Constitution offre un certain nombre de caractères, dont la réunion accuse son originalité au regard des nombreuses Constitutions qui l'ont précédée :

a) C'est d'abord une œuvre de *compromis*. La Constitution du 19 avril 1946 ayant été repoussée par la votation populaire, la Constituante tenta de mettre sur pied un projet susceptible de rallier une majorité à la fois à l'Assemblée et dans le pays. L'entreprise était difficile car les groupes ayant voté le projet du 19 avril repoussé par le référendum, comptaient à l'Assemblée élue le 2 juin 1946, 282 députés, tandis que ceux qui étaient en accord avec le résultat du référendum en comptaient 286.

b) Elle institue un régime politique dont le caractère *démocratique* est le plus accentué que nous ayons connu, tout en demeurant fidèle au principe représentatif et en excluant la démocratie directe.

c) Elle semble procéder d'une grande foi dans les affirmations de principes et les techniques constitutionnelles. Les constituants paraissaient croire qu'il suffisait, pour obtenir le changement dans les comportements des acteurs, de formuler des prescriptions qui n'étaient pas susceptibles de modifier les rapports de force, c'est-à-dire les rapports entre les partis (v. *infra* n° 460).

§2. La philosophie politique et sociale du régime

429. Elle est exposée de façon concise dans le Préambule et dans le titre I de la Constitution qui a trait à la souveraineté.

430. Le Préambule. – Contrairement au projet du 19 avril 1946, la Constitution du 27 octobre ne comporte pas de Déclaration des droits, mais seulement un *Préambule* (Rivero et Vedel, 1947 ; Pelloux, 1947). Ses auteurs ont estimé, en effet, que nul texte ne saurait égaler en intensité et en prestige celui de la déclaration des droits par excellence : celle de 1789-1791.

Cette différence de forme a conduit certains auteurs à soutenir que le Préambule n'avait qu'une valeur morale et philosophique, tandis que la Déclaration des droits de l'Homme possédait une valeur juridique. Ce débat était de toute manière purement académique sous la IVe République, puisqu'il n'existait aucun contrôle de la constitutionnalité des lois ni par rapport à la Déclaration, ni par rapport au Préambule. Il a pu être repris – et tranché – sous la Ve République, puisque le Préambule de la Constitution de 1958, qui fait partie depuis la décision du Conseil constitutionnel de 1971 du bloc de constitutionnalité, se réfère aussi bien à la Déclaration des droits de 1789 qu'au Préambule de 1946. Celui-ci possède donc aujourd'hui incontestablement une valeur juridique (v. *infra* n° 820).

Le Préambule fixe l'attitude du régime à l'égard des grands problèmes sociaux, politiques et internationaux. Cette attitude peut être sommairement définie ainsi :

1° *Confirmation des droits et libertés* de l'homme et du citoyen, tels que les a consacrés la Déclaration de 1789. Tout être humain possède des droits inaliénables et sacrés. Le patrimoine de la Révolution dans l'ordre philosophique demeure donc intact.

2° *Adjonction* aux thèses révolutionnaires de certains principes dont la reconnaissance est rendue nécessaire par l'évolution sociale et économique :

a) La *démocratie sociale* est sensiblement renforcée par l'affirmation de l'égalité des sexes, la suspension de toute distinction entre les individus fondée sur la race ou la religion, ce qui implique l'accession à la vie politique des peuples des territoires d'outre-mer ; par la reconnaissance du droit au travail ou, en cas d'incapacité de travailler, à des moyens convenables d'existence ; par la prise en charge par la nation du soin d'assurer à l'individu et à sa famille les conditions nécessaires à leur développement ; par la garantie donnée aux faibles, enfants, mères de famille, vieux travailleurs, que leur santé, leur sécurité matérielle, leur repos et leurs loisirs seront protégés.

Toutes ces affirmations ont une valeur de programme qui oblige moralement le législateur à les sanctionner par des mesures concrètes. Mais cette obligation ne lie pas juridiquement le Parlement puisque le Préambule de la Constitution est expressément exclu de la compétence du Comité constitutionnel (v. *infra* n° 444).

Le Préambule met encore à la charge de l'État l'instruction, la formation professionnelle et la culture de l'enfant et de l'adulte.

b) La *démocratie économique* obtient pour la première fois sa consécration constitutionnelle. Elle consiste à aménager dans la direction de la vie économique et la gestion des entreprises une participation et un contrôle du personnel. Le Préambule déclare expressément que « *tout travailleur participe par l'intermédiaire de ses délégués, à la détermination collective des conditions de travail, ainsi qu'à la gestion des entreprises* ». Le droit syndical et le droit de grève sont consacrés.

Le droit de propriété n'est plus mentionné qu'implicitement par référence à la Déclaration de 1789 qui le garantit, mais il est expressément limité par l'affirmation de la légitimité des nationalisations : « Tout bien, toute entreprise dont l'exploitation a ou acquiert les caractères d'un service public national ou d'un monopole de fait, doit devenir la propriété de la collectivité ».

3° Sur le plan de la philosophie politique, la Constitution affirme son attachement au *principe démocratique* : « *La France est une République indivisible, laïque, démocratique et sociale, son principe est : gouvernement du peuple, pour le peuple et par le peuple, la souveraineté nationale appartient au peuple français* » (art. 1er, 2, 3). Toutefois, malgré la vigueur de cet esprit démocratique, les institutions restent dans la tradition de la démocratie représentative et ne font aucune place à la démocratie directe, sauf accessoirement en matière constitutionnelle.

4° Le Préambule fixe la position de la République à l'égard des *peuples d'outre-mer* qui vivent sous son drapeau. Elle répudie les méthodes d'un colonialisme périmé pour s'orienter vers la coopération librement consentie : « *Fidèle à sa mission traditionnelle, la France entend conduire les peuples dont elle a pris la charge à la liberté de s'administrer eux-mêmes et de gérer démocratiquement leurs propres affaires..., elle garantit à tous l'égal accès aux fonctions publiques et l'exercice individuel ou collectif des droits et libertés proclamés ou confirmés* » par le Préambule. Ces déclarations de principe n'ont cependant pas empêché la IVe République de s'enliser dans les guerres coloniales.

5° Enfin, l'attitude de la France en présence des *problèmes internationaux* est fixée conformément aux trois règles inséparables de l'existence d'une communauté internationale : soumission aux normes du droit public international, acceptation, sous réserve de réciprocité, des limitations de souveraineté nécessaires à l'organisation et à la défense de la paix, enfin engagement de n'entreprendre aucune guerre de conquête ou d'agression contre la liberté d'aucun peuple. Cette dernière formule consacre la valeur positive du Pacte de renonciation à la guerre du 27 août 1928, qui a servi au tribunal de Nuremberg pour affirmer le caractère criminel de la guerre d'agression.

La Constitution elle-même confirme cette position en posant le principe de la supériorité du traité par rapport à la loi (art. 28) (Niboyet, 1946 ; Donnedieu de Vabres, 1948).

Section 2
L'organisation des pouvoirs publics

431. La Constitution de 1946 instituait, dans leur forme parlementaire, les deux pouvoirs traditionnels : le législatif appartenant à un Parlement bicaméral, et l'exécutif avec sa dualité d'organes : le président de la République et le cabinet ministériel.

§1. Le Parlement

432. Aux termes de l'article 5 de la Constitution du 27 octobre 1946, « *le Parlement se compose de l'Assemblée nationale et du Conseil de la République* ». Avant d'examiner séparément la structure de chacune de ces deux assemblées, il convient d'envisager le principe même de leur dualité.

A. Les deux Chambres

433. S'il était nécessaire de prouver la continuité de certaines données constitutionnelles dans la vie française, on en trouverait une illustration éclatante dans l'intérêt qu'a toujours suscité la question de savoir si l'on doit établir une ou deux assemblées (v. *supra* Chapitre 1). En 1875, l'institution d'un Sénat a été une condition du vote des lois constitutionnelles (v. *supra* n° 377) ; en 1946 l'absence de seconde chambre a été un des motifs de rejet du projet de Constitution du 19 avril (v. *supra* n° 423), son établissement une des bases du compromis qui a permis à l'Assemblée constituante de mettre sur pied la Constitution que le peuple a adoptée.

434. Inégalité initiale des deux assemblées. – Comme l'une des causes de l'échec du premier projet au référendum du 19 avril 1946 était le monocamérisme, le principe de la dualité des Chambres fut admis d'emblée à la seconde Constituante. Mais les adversaires de ce système s'employèrent à en diminuer la portée en exigeant une réduction du rôle du Conseil de la République qui devait être la seconde assemblée. Les arguments traditionnels furent invoqués de part et d'autre : le meilleur moyen d'éviter le gouvernement d'assemblée, disaient les uns, c'est d'abord de contrebalancer la puissance du Parlement en le divisant ; à quoi les autres répondaient en invoquant le péril dont serait menacée la démocratie si les adversaires de la République pouvaient s'y introduire sous le couvert d'une assemblée nommée par un collège restreint et égale à l'assemblée élue au suffrage universel. L'ombre du Sénat de 1875 ne cessa de dominer le débat soit qu'on voulût le faire revivre sous un autre nom, soit qu'on entendit abolir à jamais l'obstacle que, selon certains, il offrirait au progrès démocratique.

Finalement une transaction fut acceptée sur la base suivante : la deuxième assemblée, le Conseil de la République, serait constituée pour être une « Chambre de réflexion » destinée à coopérer avec l'Assemblée nationale en s'attachant à améliorer l'œuvre de celle-ci, mais elle ne pourrait pas devenir une Chambre d'opposition, un instrument de lutte éventuel contre l'Assemblée issue du suffrage universel.

Pratiquement le compromis s'analyse en ce que, d'une part le Conseil de la République, ayant une origine (élection au suffrage indirect par les collectivités locales) différente de l'Assemblée nationale, ne serait pas une simple doublure de celle-ci, d'autre part ses pouvoirs seraient bien moindres que ceux de l'Assemblée, notamment en ce qu'il ne voterait pas les lois, mais des avis et ne pourrait renverser un ministère.

435. L'évolution du Conseil de la République. – Étant donné le statut donné par la Constitution de 1946 au Conseil de la République, on pouvait se demander si le bicaméralisme qu'elle établissait n'était pas superficiel. Puisque l'article 3 réservait à l'Assemblée nationale le monopole de l'expression de la souveraineté nationale, n'était-il pas à prévoir que la volonté de l'Assemblée serait seule décisive et que le Conseil ne serait toléré que dans le rôle effacé d'organe consultatif ?

Ce n'est pourtant pas en ce sens que l'évolution s'est produite et Conseil de la République est parvenu à reconquérir une place qui lui avait été contestée et que la réforme constitutionnelle de 1954 est venue consacrer.

Parmi les causes de cette évolution, on peut retenir d'abord l'attitude de l'Assemblée nationale elle-même à l'égard de l'autre Chambre. À partir du moment (juillet 1947) où le parti communiste passa à l'opposition, la nouvelle majorité fut beaucoup moins hostile au Conseil. Il y a lieu aussi de tenir compte du sérieux des travaux du Conseil.

Son rôle fut donc revalorisé par la révision constitutionnelle de 1954 (v. *infra* n° 443).

B. L'Assemblée nationale

436. Composition. – L'Assemblée nationale était élue pour cinq ans et comprenait 627 sièges.

437. Le régime électoral. – Le mode d'élection introduit en 1945 fut, dans les dernières années de la législature, fortement critiqué par les partis du centre qui lui reprochaient de faire le jeu des partis extrêmes. Aussi, après des débats assez confus mais très âpres, la loi du 5 octobre 1946 fut-elle modifiée de manière à mettre en place un système mixte. Le mode de scrutin n'était d'ailleurs pas uniforme sur l'ensemble du territoire.

a) À Paris et dans sa banlieue, les élections avaient lieu à la représentation proportionnelle avec possibilité de panacher les listes et vote préférentiel. Il s'agissait d'éviter la domination des partis extrêmes (le parti gaulliste RPF et le parti communiste) qui y étaient très puissants et auraient triomphé au scrutin majoritaire.

b) Dans le reste de la France métropolitaine, les députés étaient élus au scrutin de liste départemental selon un système complexe qui combinait le principe majoritaire et la représentation proportionnelle.

438. L'apparentement. – L'originalité la plus marquante – et la plus discutée aussi – du système électoral introduit par la loi du 9 mai 1951 était l'apparentement des listes. L'apparentement est l'acte par lequel les candidats de plusieurs listes déclarent accepter d'être considérés comme formant une seule et même liste pour l'attribution des sièges qui n'auraient pas été pourvus par le jeu de la majorité absolue.

L'apparentement n'était possible qu'entre des listes de partis ou de groupements *nationaux* ou bien entre des listes composées de candidats qui, eux-mêmes, sont patronnés par des partis ou groupements nationaux, c'est-à-dire qui présentaient un ou plusieurs candidats dans trente départements au moins, et sous la même étiquette (L. 5 octobre 1946, art. 6, mod. L. 9 mai 1951, art. 1).

439. L'attribution des sièges. – En dehors des circonscriptions où joue la RP, le mode d'attribution des sièges varie selon le nombre des suffrages obtenus par les listes.

a) Si une liste obtenait la majorité absolue, elle était élue tout entière. C'était l'application intégrale du principe majoritaire.

b) Dans l'hypothèse où aucune liste isolée n'obtenait la majorité absolue, si un groupement de listes apparentées totalisait plus de 50 % des suffrages exprimés, tous les sièges lui étaient attribués. La répartition de ceux-ci entre les listes apparentées s'effectuait suivant la règle de la plus forte moyenne.

c) Enfin, dans le cas où aucune liste isolée ni aucun groupement de listes n'obtenaient la majorité absolue, les listes apparentées étaient considérées comme une seule et même liste et les sièges étaient répartis entre elle et les autres suivant la règle de la plus forte moyenne.

440. Attributions de l'Assemblée nationale. – *a)* Elles sont d'abord d'ordre *législatif*. L'Assemblée nationale a l'initiative des lois, elle les vote et ne peut déléguer ce droit (art. 13). Le constituant de 1946 espérait ainsi éviter la pratique des décrets-lois. Sans succès, comme on le verra.

b) En *matière financière*, elle examine et vote le budget, ses membres ont l'initiative des dépenses mais ne peuvent en user lors de la discussion du budget (art. 16, 17).

c) L'Assemblée nationale *contrôle l'activité gouvernementale* d'une part en participant à l'élection du président de la République, d'autre part en donnant ou refusant sa confiance au président du Conseil désigné par le président de la République, enfin en mettant en œuvre la responsabilité ministérielle.

d) En matière diplomatique les *traités* ne peuvent être ratifiés que lorsque la ratification a été autorisée par l'Assemblée nationale en forme de loi (art. 27).

e) Enfin en *matière judiciaire* l'Assemblée nationale accorde l'amnistie (art. 19) et élit, au début de chaque législature, les membres de la Haute Cour de justice (art. 58).

C. Le Conseil de la République

441. Composition. – Selon la Constitution de 1946 le Conseil de la République ne peut comprendre moins de 250 ni plus de 320 membres. Tel que son recrutement était aménagé par la loi du 23 septembre 1948, il atteignait son effectif maximum.

La Constitution prévoit que le Conseil de la République est élu au suffrage universel indirect par les collectivités communales et départementales. Cette règle limitait les possibilités du législateur ordinaire dans l'aménagement du régime électoral applicable au Conseil de la République.

442. Le mode d'élection du Conseil de la République. – Le régime électoral organisé pour l'élection du premier Conseil de la République atteignait à un degré de complication inédit. Aussi bien la loi du 27 octobre 1946 reconnaissait-elle son imperfection en précisant, dans son article terminal, qu'elle ne jouerait que pour l'élection du premier Conseil de la République. Une nouvelle loi électorale était donc nécessaire. Ce fut celle du 23 septembre 1948.

Son caractère essentiel est de rapprocher, par son origine, le Conseil de la République de ce qu'était le Sénat de la IIIe République : un représentant des collectivités locales.

Le mode de scrutin adopté variait selon les catégories de sénateurs. Dans tous les cas, ils étaient élus par un collège départemental composé des députés, des conseillers généraux et des délégués des conseils municipaux. Toutes ces personnalités étant elles-mêmes élues, l'élection des sénateurs avait donc bien lieu au suffrage universel, encore qu'il soit à deux degrés.

Le nombre et le mode d'élection des délégués des conseils municipaux variaient avec l'importance de la commune. L'*élection des sénateurs* avait lieu à la proportionnelle ou au scrutin majoritaire selon le nombre de sièges à pourvoir.

443. Attributions. – La modestie primitive du rôle imparti au conseil de la République se traduisait par l'étroitesse de ses attributions. Ses membres participaient à l'élection du président de la République, dans les mêmes conditions que le Sénat de la IIIe République, mais son rôle se définissait surtout de manière négative : il ne votait pas la loi, mais se bornait à examiner pour avis les projets ou propositions votés en première lecture par l'Assemblée nationale ; il ne contrôlait pas l'activité gouvernementale et ne pouvait renverser un ministère.

La révision constitutionnelle du 7 décembre 1954 a renforcé, mais dans une faible mesure seulement, le pouvoir et le prestige du Conseil. Elle lui a d'abord restitué la plénitude de l'initiative législative et retiré à l'Assemblée nationale la priorité dans l'examen des projets de loi gouvernementaux. À l'exception de ceux qui portaient autorisation de ratifier les traités et des projets budgétaires, le gouvernement pouvait désormais les déposer indifférement sur le bureau de l'Assemblée ou sur celui du Conseil.

En outre, la *navette* était rétablie entre les deux Chambres. Ce qui signifiait que, du moins pendant un certain délai, un texte pouvait devenir loi sans le consentement du Conseil.

D. Le Comité constitutionnel

444. La Constitution organisait un semblant de contrôle de constitutionnalité par l'intermédiaire d'un Comité constitutionnel. Pour éviter de présenter ce contrôle comme un obstacle à l'expression de la volonté générale, le Comité ne devait pas examiner si les lois étaient contraires à la Constitution, mais si elles « supposent une révision de la Constitution ». Par cette formule, dont la substance sera reprise à l'article 54 de la Constitution de 1958, le constituant se rattachait à la justification procédurale du contrôle (v. *supra* n° 55).

Saisi par une demande émanant conjointement du président de la République et du président du Conseil de la République, le Comité devait s'efforcer de provoquer un accord entre l'Assemblée nationale et le Conseil de la République. S'il n'y parvenait pas et que la loi en litige lui paraissait impliquer une révision de la Constitution, il devait la renvoyer à l'Assemblée nationale pour nouvelle délibération. Si alors le Parlement maintenait son premier vote, la loi ne pouvait être promulguée avant que la Constitution ait été révisée. Il était en outre expressément précisé que la confrontation de la loi avec le Préambule était exclue de la compétence du Comité, ce qui était évidemment une restriction considérable. Le Comité constitutionnel pouvait donc, au mieux, garantir le respect des procédures constitutionnelles, mais non pas les droits fondamentaux (sur le fonctionnement du comité constitutionnel, voir Soulier, 1949). En pratique, il ne s'est prononcé qu'une fois, sur une question d'ailleurs relativement secondaire.

§2. Le pouvoir exécutif

445. Il est composé de deux organes : le président de la République et le Conseil des ministres.

A. Le président de la République

446. Mode d'élection. – Le président de la République est élu par le Parlement se prononçant au scrutin secret, pour sept ans (art. 29). L'élection a lieu à Versailles, dans les locaux du Congrès. Le président devant obtenir la majorité absolue des suffrages exprimés, on procède à autant de tours qu'il est nécessaire pour aboutir à ce résultat.

447. Condition du président de la République. – Il existe deux conceptions du rôle du président de la République, déclarait P. Cot à l'Assemblée constituante (séance du 12 septembre 1946, *JO*, p. 3696). « *Pour les uns, le président de la République est le chef de l'État ; c'est un homme qui peut et doit jouer un rôle personnel dans la marche des affaires publiques et qui peut s'opposer, le cas échéant tout au moins, à la volonté de l'Assemblée nationale ; pour les autres, au contraire, le président de la République – c'est la tradition républicaine – est simplement le premier magistrat de la République. Dans ce cas il doit être au-dessus des partis, son élection doit provenir de la souveraineté nationale et il ne doit pas pouvoir entrer en conflit avec cette représentation nationale* ».

Le président de la République est, comme celui de la IIIe politiquement irresponsable (il n'est responsable que pour haute trahison et dans ce cas il est mis en accusation par l'Assemblée nationale et renvoyé devant la Haute Cour de justice, art. 42).

Dans la réalité, le président a eu l'occasion de jouer effectivement son rôle d'arbitre et de gardien de la Constitution. C'est ainsi que, dans son message du 29 mai 1958, le président menaça de se retirer si l'Assemblée nationale ne permettait pas de faire jouer la procédure d'investiture au profit du général de Gaulle (v. *infra* n° 469).

448. Attributions du président. – Sous réserve d'obtenir le contreseing du président du Conseil et d'un ministre, les attributions du président restent nombreuses quoique de second plan. Il nomme en Conseil des ministres un certain nombre de hauts fonctionnaires, notamment les conseillers d'État, les préfets, les officiers généraux et les ambassadeurs (art. 30) ; il est tenu informé des négociations internationales et signe et ratifie les traités (art. 31) ; il préside le Conseil des ministres et conserve les procès-verbaux de ses séances (art. 32) ; il préside le Conseil supérieur et le Comité de la Défense nationale et prend le titre de chef des armées (art. 33) ; la disposition de la force armée que lui attribuait la Constitution de 1875 a été remise au président du Conseil qui est responsable de la sécurité et de la défense de l'Union française. Le président de la République préside le Conseil de la magistrature (art. 34), promulgue les lois (art. 36) et peut communiquer avec le Parlement par des messages qu'il adresse à l'Assemblée nationale. Enfin, dans le délai de dix jours fixé pour la promulgation, il peut, par un message motivé, demander aux deux Chambres une nouvelle délibération de la loi et la Constitution précise qu'il doit être fait droit à sa demande.

B. Le Conseil des ministres

449. Le président du Conseil. – La procédure initiale de nomination (Arné, 1962). – La Constitution avait imaginé pour sa nomination une procédure assez compliquée qui ne s'explique qu'à titre de compromis entre les partisans de la nomination par le président de la République et ceux qui voulaient maintenir le système du projet du 19 avril 1946, c'est-à-dire l'élection par l'Assemblée nationale.

Aux termes de l'article 45, c'est le président de la République qui, au début de chaque législature et après les consultations d'usage, désigne le président du Conseil. Mais celui-ci ne peut être nommé que lorsqu'il a été investi de la confiance de l'Assemblée à laquelle il a préalablement soumis le programme et la politique du cabinet qu'il se propose de constituer. L'Assemblée donne son investiture au scrutin public et à la majorité absolue de ses membres.

a) Le pouvoir de désignation du président de la République qui, sous les lois de 1875, n'était limité qu'en fait par l'obligation de tenir compte des vœux de la majorité parlementaire, se trouvait limité en droit. Le président pourra toujours désigner qui il entend, mais il ne pourra *nommer* que la personnalité qui a obtenu l'investiture de l'Assemblée. Son rôle se borne en quelque sorte à l'exercice d'un droit de présentation. En pratique, compte tenu du multipartisme et des divisions de l'assemblée, un président habile pouvait, comme autrefois sans la IIIe République ou plus tard en Italie, rechercher l'homme le plus à même de former une coalition. Il pouvait aussi parfois gêner ou retarder les tentatives de certaines personnalités pour constituer un gouvernement.

b) La formation du cabinet est une procédure à trois temps : il y a d'abord désignation d'un président du Conseil par le président de la République, puis investiture du chef du gouvernement par l'Assemblée, à la suite des négociations menées entre les groupes, sur le programme qu'il aura présenté ; enfin formation du gouvernement.

c) Ce système met en vedette la situation du président du Conseil en ce qu'il le place nettement au-dessus du gouvernement. Sur ce point l'intention des constituants n'est pas équivoque. Après avoir reproché à la Constitution de 1875 d'avoir ignoré le président du Conseil, le président de la commission de constitution déclarait : « *Nous essayons, nous, d'organiser, parce que cela est apparu absolument nécessaire pour le bon fonctionnement de la démocratie, une présidence du Conseil et, en dehors du gouvernement même, nous voulons d'abord un président du Conseil désigné et choisi par l'Assemblée et responsable devant elle* ».

450. La procédure de 1954. – Le système d'investiture imaginé par les constituants n'a pas produit en fait tous les résultats heureux qu'ils en attendaient (Fabre, 1951). Il n'a pas diminué le nombre des crises ministérielles. Une révision de la Constitution, intervenue en 1954, fut donc inspirée par le désir de donner à l'exécutif une plus grande stabilité.

La procédure de désignation du président du Conseil demeurait inchangée. Il était, d'abord « pressenti » par le président de la République, puis « désigné » lorsqu'il avait donné à celui-ci son acceptation de constituer un cabinet.

Ce qui était nouveau c'était, d'une part, la procédure d'investiture par l'Assemblée, d'autre part les conditions de majorité.

a) Désormais, le président du Conseil désigné choisissait les membres de son cabinet, en faisait connaître la liste à l'Assemblée nationale et se présentait devant elle pour lui demander d'investir le gouvernement par un vote de confiance.

C'était donc un retour à la pratique de la IIIe République, avec cette différence toutefois que le président et les membres du ministère n'étaient pas *nommés* par le président de la République avant, mais après le vote de l'Assemblée.

b) La majorité requise pour que le nouveau ministère soit considéré comme ayant obtenu la confiance de l'Assemblée était la *majorité simple*.

Toutefois l'exigence de la majorité absolue des députés pour renverser un cabinet en fonction était maintenue par le nouvel article 49.

On pensait obtenir la stabilité du fait qu'il serait plus facile de former un nouveau gouvernement et toujours aussi difficile de le renverser. Cependant, comme la constitution du gouvernement et son maintien en fonction dépendait non des techniques constitutionnelles, mais avant tout des possibilités politiques de rassembler et de maintenir une coalition, la révision de 1954 n'eut guère d'effets.

451. Attributions. – Différentes dispositions de la Constitution confirment la supériorité initiale du président du Conseil : d'abord lui seul peut poser la *question de confiance* après délibération en Conseil des ministres (art. 49). Ensuite il reçoit des attributions qui, naguère, appartenaient nominalement au président de la République : il a l'initiative des lois, il nomme à tous les emplois civils et militaires, sauf ceux dont la Constitution réserve la nomination au président de la République ; il assure la direction des forces armées et surtout il est chargé de pourvoir à l'exécution des lois (art. 47).

Cette attribution du pouvoir réglementaire au président du Conseil, bien qu'elle ne fasse que régulariser en droit ce qui se passait en fait, accroît l'autorité du chef du gouvernement en ce que son pouvoir de coordination de l'activité ministérielle se trouve consolidé par son droit de viser les règlements préparés par les divers ministères.

Cette coordination s'exerce tant sur le plan civil que dans le domaine de la défense nationale. À cette fin, les services de la Présidence du Conseil ont été considérablement accrus par rapport à ce qu'ils étaient sous la IIIe République. Étant donné l'énormité de la tâche du président du Conseil, il peut déléguer ses pouvoirs à un ministre (art. 54).

452. Les ministres. – Choisis par le président du Conseil, ils sont nommés par le président de la République, après que l'équipe ministérielle a obtenu la confiance de l'Assemblée nationale.

Les ministres, qui ne sont pas obligatoirement des parlementaires, ont accès aux deux Chambres et à leurs commissions. Ils doivent être entendus quand ils le demandent. Ils peuvent se faire assister dans les discussions devant les Chambres par des commissaires désignés par décret (art. 53).

453. Unité et responsabilité du cabinet. – Le cabinet comprend des membres qualifiés de titres différents : ministres, ministres sans portefeuille ou ministres d'État, secrétaires et sous-secrétaires d'État. La situation de ces derniers est assez flottante ; en principe, elle se caractérise par le fait que les secrétaires ou sous-secrétaires d'État n'assistent pas au Conseil des ministres, mais seulement aux conseils de cabinet et uniquement pour les affaires de leur ressort. Il ne s'agit d'ailleurs pas là d'une règle absolue.

En dépit de cette variété de membres, le cabinet constitue un organisme doué de l'unité tant juridique que politique. La solidarité ministérielle est l'illustration de cette unité. Elle se traduit par une présomption de concordance de vues au sein du gouvernement en vertu de laquelle les ministres sont tenus d'adopter une attitude commune dans leur vote aux Assemblées.

Dans les gouvernements de coalition, l'unité de vues est évidemment plus difficile à réaliser. Elle dépend en grande partie de l'habileté et de l'autorité du président du Conseil. De ce fait, la solidarité ministérielle est pour celui-ci un instrument de prépondérance. Mais en un autre sens elle affaiblit sa situation, car si des dissentiments persistants se manifestent au sein du cabinet, le président est entraîné dans la démission collective.

Les ministres sont en effet collectivement responsables devant l'Assemblée nationale de la politique générale du cabinet, et individuellement de leurs actes personnels (art. 48). En outre, ils sont pénalement responsables des crimes et délits commis dans l'exercice de leurs fonctions (art. 56). À ce titre, ils peuvent être mis en accusation par l'Assemblée nationale et renvoyés devant la Haute Cour de justice.

Le président de la République préside le Conseil des ministres (art. 32), mais, quoique la Constitution ne mentionne pas cette hypothèse, il peut y avoir hors de sa présence des réunions de cabinet.

Section 3
Le fonctionnement des pouvoirs publics

454. Mesure du parlementarisme dans la Constitution de 1946. – Si l'on s'en tient, pour caractériser la forme parlementaire d'un système gouvernemental, à sa structure externe en négligeant les conditions de fond historiques, psychologiques et sociales, on peut dire que le régime établi par la Constitution de 1946 appartenait à la catégorie du parlementarisme. Au double point de vue de la participation des différents organes à l'exercice des fonctions étatiques et de l'importance de cette participation, les formules constitutionnelles respectaient les règles du régime parlementaire, mais il serait excessif d'assurer qu'elles en adoptaient également l'esprit.

Elles paraissaient conformes à la représentation traditionnelle du régime parlementaire comme système de collaboration des pouvoirs. Gouvernement et Parlement étaient associés en matière législative, puisque l'un et l'autre avaient l'initiative et que le Parlement votait les lois, tandis que l'exécutif les promulguait et les faisait exécuter grâce à son pouvoir réglementaire. Ils étaient associés également en matière financière : le gouvernement prépare et présente le budget, l'Assemblée nationale le vote. Ils étaient associés enfin en matière gouvernementale, puisque le cabinet investi de la confiance de l'Assemblée nationale gouvernait sous le contrôle de celle-ci.

La Constitution prévoyait également les deux mécanismes qui, théoriquement doivent permettre de maintenir l'influence mutuelle des pouvoirs : la responsabilité ministérielle et la dissolution. En fait cependant le régime ne fonctionnait pas bien (Priouret, 1959 ; Fauvet, 1971).

§1. La législation

455. L'impuissance parlementaire et la délégation du pouvoir législatif (Barale, 1964). – L'initiative des lois appartenait communément au président du Conseil des ministres, aux membres du Parlement (l'initiative pleine avait été rendue aux sénateurs par la loi constitutionnelle du 7 décembre 1954).

Dans l'espoir d'empêcher le retour à la pratique des décrets-lois, courante dans les dernières années de la IIIe République (v. *supra* n° 397), les constituants avaient établi, dans l'article 13, que *seule l'Assemblée nationale vote la loi et qu'elle ne peut déléguer ce droit*. Or, loin d'avoir disparu, les raisons de fait qui militaient en faveur de la législation par décret étaient devenues plus impératives. D'une part l'absence de majorité parlementaire cohérente rendait impossible l'adoption d'une législation constructive ; d'autre part les parlementaires répugnaient toujours à voter des lois impopulaires (en matière fiscale notamment) ; enfin, la complexité et la minutie des réglementations exigées par les tendances politico-sociales contemporaines faisaient ressortir l'inadaptation des Parlements à une pareille tâche.

a) La loi du 17 août 1948 met en œuvre une technique différente de celle qui était suivie sous la IIIe République. Au lieu de permettre l'entrée en vigueur immédiate des décrets pris en vertu de la loi d'habilitation, elle dispose qu'ils sont déposés sur le bureau de l'Assemblée et n'entrent en vigueur qu'à l'expiration d'un délai accordé à celle-ci pour les examiner. Peu importe d'ailleurs qu'elle ait ou non utilisé ce droit de contrôle. C'est ce que l'on a appelé le procédé de la *loi-cadre*. Le qualificatif est d'ailleurs usurpé car une loi-cadre est celle qui indique à l'autorité réglementaire les principes généraux qu'elle devra observer, ce qui ne fut nullement le cas de la loi de 1948.

Il restait cependant que le jeu du délai ne changeait rien au fait essentiel : la possibilité pour le gouvernement de modifier la législation en vigueur. Aussi, pour légaliser cette faculté, la loi a-t-elle imaginé que le Parlement est compétent pour opérer une délimitation des domaines de la loi et du règlement. Si, a-t-on dit, le Parlement autorise le gouvernement à intervenir en certaines matières, ces matières sont par le fait même *délégalisées*, les lois qui les réglementaient n'ont plus que la valeur de décret et sont par conséquent modifiables par décret. Bien plus, cette délégalisation n'a plus une durée temporaire, limitée au délai durant lequel le gouvernement est autorisé à rendre ses décrets ; elle dure aussi longtemps que le Parlement en prenant une loi à son sujet n'a pas « relégalisé » la matière en question.

b) Peu rassuré par cette argumentation et cependant pressé par la nécessité de légiférer, le gouvernement demanda l'avis du Conseil d'État. De cet avis, rendu le 6 février 1953 (*RDP* 1953, p. 171 et s.), il résulte : *a*) que les décrets-lois du type IIIe République sont interdits ; *b*) que cela n'empêche pas le Parlement d'étendre la compétence réglementaire en y incluant certaines matières antérieurement législatives ; *c*) que certaines questions ne peuvent faire l'objet de ce transfert de compétence ; *d*) enfin qu'en tout état de cause l'autorisation donnée au gouvernement doit être précise et délimitée.

L'effet de cette absolution préventive fut le retour par la loi du 11 juillet 1953 et du 14 août 1954 à une procédure qui n'est, au fond, pas différente de celle des décrets-lois : autorisation de modifier la loi, délai limité imposé au gouvernement, entrée en vigueur immédiate des décrets, ratification ultérieure par le Parlement. Deux différences cependant doivent être signalées parce qu'elles innovaient par rapport à la pratique suivie sous la IIIᵉ République : d'une part la loi d'habilitation ne vaut que pour le gouvernement qui l'a sollicitée, tandis que, sous la IIIᵉ, la loi d'habilitation spécifiait ou non le nom du ministère habilité ; d'autre part les décrets-lois ne peuvent entrer en vigueur sans avoir recueilli l'avis conforme de certains organismes (de la commission des finances de l'Assemblée nationale, pour la loi de 1954).

456. Intérêt actuel de la pratique suivie sous la IVᵉ République. – Les développements qui précèdent n'ont pas qu'un intérêt rétrospectif. Il est indispensable de connaître les difficultés auxquelles s'est heurtée la IVᵉ République et son incapacité à les surmonter pour comprendre la solution qui a été adoptée par la Constitution actuelle. L'impasse où s'était finalement trouvé le régime antérieur explique le contenu de l'article 38 de la Constitution de 1958 (v. *infra* nº 779 et s.).

457. Le Conseil économique (Loi 27 octobre 1946, 20 août 1947 et 20 mars 1951). – À une époque, entre les deux guerres, où les idées de représentation professionnelle et de Parlement économique étaient en faveur, les conseils économiques avaient connu une certaine fortune. Le modèle en fut celui institué en Allemagne par la Constitution de Weimar. En France, il en fut également créé un par le décret du 16 janvier 1925 ; élargi en 1936, il fut rendu permanent pendant la durée des hostilités.

La Constitution de 1946 a repris l'idée dans son article 25 avec l'intention de faire de ce Conseil, dont les pouvoirs demeurent d'ailleurs consultatifs, l'organe des fonctions économiques et des grandes catégories sociales : travail, capital, artisanat, familles... De là l'extrême complexité de sa composition.

En général, les membres sont élus ou désignés pour trois ans par les syndicats, groupements ou associations qu'ils représentent.

§2. Les rapports entre les pouvoirs publics

458. Multiplicité des contacts entre le gouvernement et le Parlement. – Selon la conception classique, le régime parlementaire assure l'équilibre des pouvoirs en leur donnant la possibilité d'agir réciproquement l'un sur l'autre. Prisonniers de cette conception, les constituants de 1946 avaient cherché à assurer la collaboration par un certain nombre de procédés traditionnels :

Les ministres ont droit d'accès aux Chambres et à leurs commissions ; ils doivent être entendus quand ils le demandent (art. 53). Le président de la République peut communiquer avec le Parlement par des messages adressés à l'Assemblée nationale (art. 37). Inversement, le Parlement peut demander aux ministres de venir lui fournir des explications ; les députés et les membres du Conseil de la République peuvent, selon la procédure traditionnelle, leur poser des questions.

Nous ne retiendrons ici que les deux principales institutions qui permettaient à chacun des deux organes de peser sur l'attitude de l'autre : la responsabilité ministérielle et la dissolution.

459. La responsabilité ministérielle. - Elle pouvait être mise en œuvre soit par la question de confiance, soit par la motion de censure.

1° *La question de confiance* ne pouvait être posée que par le président du Conseil et après délibération du cabinet (art. 49). La procédure était la suivante : le président du Conseil déposait un texte, par exemple un projet de loi, sur le bureau de l'Assemblée et engageait la responsabilité du gouvernement sur ce texte. En d'autres termes, il s'engageait à démissionner au cas où le texte serait rejeté.

Le vote ne pouvait intervenir qu'un jour franc après qu'elle ait été posée devant l'Assemblée...

Cette procédure avait incontestablement pour effet de retarder la marche des débats et on n'a pas manqué de lui reprocher la lenteur qu'elle introduit dans les délibérations, lenteur telle qu'elle était de nature à paralyser le gouvernement dans l'exercice de son droit de poser la question de confiance (voir séance du 5 septembre 1946, *JO*, p. 3555). Or, tel était bien le but visé par la Constitution.

On espérait que le gouvernement gagnerait en stabilité, puisque les possibilités de crise ministérielle seraient moins fréquentes et que, d'autre part, le même article 49 précisait que la confiance ne peut être refusée au cabinet qu'à la *majorité absolue* des députés de l'Assemblée.

2° Avec la *motion de censure*, l'Assemblée prenait l'initiative de mettre en cause la responsabilité gouvernementale. Toujours dans l'intention de ne pas compromettre la stabilité du cabinet, des précautions étaient prises pour éviter les votes intempestifs (art. 50) :

a) le vote ne peut intervenir qu'un jour franc après le dépôt de la motion de censure :

b) il a lieu au scrutin public ;

c) la motion de censure ne peut être adoptée qu'à la majorité absolue des députés à l'Assemblée.

Le vote d'une motion de censure entraîne la démission collective du cabinet. Mais la question capitale était de savoir ce qui pourrait se produire dans les cas où la motion de censure était approuvée ou la confiance rejetée non pas à la majorité absolue, mais à la *majorité simple*. La réponse était simple : juridiquement, le gouvernement n'était pas tenu de démissionner. En pratique, cependant il était clair qu'il ne pouvait se maintenir, ne serait-ce que parce qu'il ne disposait pas des moyens législatifs et financiers de gouverner et d'exécuter son programme. En effet, le texte sur lequel il avait engagé sa responsabilité était rejeté. Il était donc contraint de présenter malgré tout sa démission.

460. La fréquence des crises ministérielles. – Les précautions prises par la Constitution de 1946 pour empêcher que la mise en cause de la responsabilité du gouvernement ne provoque trop aisément son renversement n'ont pas produit le résultat que l'on en escomptait. Les crises ministérielles se sont multipliées à une cadence qui a fini par indisposer l'opinion.

Seulement, ce n'est pas la procédure des articles 49 et 50 qui doit être incriminée. Rares ont été les ministères ouvertement renversés par un vote hostile. Dans la plupart des cas c'est leur désagrégation interne qui provoquait la crise. Faute de pouvoir gouverner, le gouvernement démissionnait. L'origine du mal était ainsi, non dans une règle de procédure, mais dans l'absence d'une majorité cohérente au Parlement. Et c'est pourquoi on pouvait être sceptique sur l'efficacité des réformes constitutionnelles qui furent proposées dans les derniers mois du régime[1]. Il ne suffit pas de rendre un gouvernement plus ou moins inamovible – et c'est à quoi tendaient les procédures imaginées pour paralyser le vote de méfiance – encore faut-il qu'il puisse gouverner. Si le Parlement n'y consent pas, aucun subterfuge procédural ne pourra suppléer l'absence d'adhésion profonde à son programme. Aussi bien la multiplicité des crises ministérielles sous la IVe République ne signifiait pas que le contrôle parlementaire avait été efficace.

Avec de telles mœurs, le renversement d'un cabinet ne signifiait nullement que le contrôle parlementaire avait été exercé. En réalité, la Chambre ne discutait pas réellement des problèmes de fond. Lors du scrutin sur la question de confiance ou sur une motion de censure, ce qui était en cause ce n'était pas la mesure qui en faisait officiellement l'objet, c'est de savoir si la majorité maintiendrait ou non la délégation consentie au gouvernement au moment de son investiture.

Dans la théorie classique du régime parlementaire, la responsabilité ministérielle était destinée à sanctionner une divergence politique entre l'assemblée et le pouvoir exécutif. Sous la IVe République, l'essentiel n'était pas dans les rapports entre les organes, mais dans les rapports entre partis. La mise en jeu de la responsabilité ne traduisait donc pas une opposition entre organes, mais l'instabilité d'une coalition.

461. La dissolution. – On estime parfois qu'une utilisation fréquente du droit de dissolution aurait pu remédier à l'instabilité ministérielle, mais d'une part, depuis la crise du 16 mai, la dissolution était frappée de discrédit et considérée comme contraire à la tradition républicaine, d'autre part ces crises ne traduisaient pas de véritables conflits entre pouvoir exécutif et pouvoir législatif, mais des ruptures au sein d'une coalition ; enfin les règles constitutionnelles en rendaient l'usage difficile. La procédure était en effet la suivante : si, au cours d'une même période de dix-huit mois, deux crises ministérielles survenaient *dans les conditions prévues aux articles 49 et 50*, la dissolution de l'Assemblée nationale pouvait être décidée en Conseil des ministres, après avis du président de

1. Voir le projet de loi constit. déposé par le gouvernement Gaillard, le 16 janvier 1958.

l'Assemblée. Le président de la République prononçait, par décret, la dissolution, conformément à la décision du Conseil des ministres, mais ne décidait rien et ne jouait donc pas le rôle d'arbitre, que lui assigne la théorie classique du régime parlementaire.

Mais il n'y avait pas seulement transfert du droit de dissolution du président de la République au Conseil des ministres. Il y avait aussi limitation de ses conditions d'exercice. Ces limitations étaient au nombre de trois :

a) afin de laisser aux rapports entre l'exécutif et le Parlement le temps d'un « rodage » indispensable, la Constitution interdisait l'usage du droit de dissolution pendant les dix-huit premiers mois de la législature ;

b) pour que la dissolution fût possible, il fallait, en second lieu, que deux crises ministérielles fussent intervenues dans une même période de dix-huit mois. On estime qu'alors le rapprochement des crises justifiait la dissolution ;

c) enfin, le gouvernement ne pouvait décider la dissolution que si les crises ministérielles s'étaient produites dans les conditions prévues par les articles 49 et 50, c'est-à-dire à la suite d'un vote de défiance ou d'une motion de censure et à la majorité absolue.

C'était là la limitation la plus grave à l'exercice du droit de dissolution, car si la dissolution ne pouvait intervenir que dans le cas d'une crise ministérielle ouverte par le jeu des articles 49 et 50, il dépendait de l'Assemblée de la rendre possible ou non. Il lui suffisait de ne pas voter expressément une motion de censure ou de prendre garde à se prononcer contre le gouvernement à la majorité relative, pour contraindre en fait le gouvernement à démissionner, tout en rendant la dissolution impossible. Les parlementaires devinrent très habiles à pratiquer cette technique, appelée « le calibrage des votes » et la plupart des crises ministérielles se produisaient en dehors des conditions prévues aux articles 49 et 50.

La dissolution de l'Assemblée nationale ne fut prononcée qu'une seule fois, en décembre 1955, à l'initiative du président du Conseil Edgar Faure, qui put profiter du fait que les conditions étaient remplies, mais non pas dans le but de faire arbitrer par les électeurs un conflit entre le gouvernement et l'Assemblée – il n'y en avait d'ailleurs pas –, mais de provoquer des élections selon le système électoral de 1951 avant que la majorité parlementaire ait pu modifier le mode de scrutin (Blamont, 1956 ; Berlia, 1956).

462. Bibliographie

AA. VV. (1997), *Le Discours d'Épinal.* « Rebâtir la République », colloque Épinal 27-28 sept. 1996, Paris, PUAM-Economica.

ARNÉ S. (1962), *Le président du Conseil des ministres sous la IVe République*, Paris, LGDJ.

AVRIL P., VINCENT G. (1988), *La IVe République*, Paris, Fayard.

BARALE J. (1964), *La Constitution de la IVe République à l'épreuve de la guerre*, Paris, LGDJ.

BERLIA G.,

– (1946), « Le projet de Constitution française du 19 avril 1946 », *RDP*, p. 209.

– (1948), « La présidence de la République, magistrature morale du régime », *RDP*, p. 50.

– (1956), « La dissolution et le régime des pouvoirs publics », *RDP*, p. 130.

BLAMONT E. (1956), « La dissolution de l'Assemblée nationale de décembre 1955 », *RDP*, p. 105.

Bougrab J. (2002), *Aux origines de la Constitution de la IVe République*, Paris, Dalloz.
Cauchy P. (2004), *La IVe République*, Paris, PUF.
Chapsal J. (1979), *La vie politique en France depuis 1940*, Paris, PUF, 5e éd.
Colliard C.-A. (1948), « La pratique de la question de confiance sous la IVe République », *RDP*, p. 220 et s.
Donnedieu de Vabres (1948), « La Constitution de 1946 et le droit international », *RDP*, p. 220 et s.
Duhamel O., Ardant P. (1996), *La quatrième République*, Paris, Le Seuil.
Dujardin P. (1979), *Mille neuf cent quarante-six, le droit mis en scène : propositions pour une analyse matérialiste du droit*, Grenoble, PU de Grenoble.
Elgey G.,
- (1992-1997), *La République des tourmentes : 1954-1959*, 2 t., Paris, Fayard.
- (1993a), *La République des contradictions : 1951-1954*, éd. revue et augmentée, Paris, Fayard.
- (1993b), *La République des illusions* : 1945-1951, Paris, Fayard.
Fabre H. (1951), « Un échec constitutionnel : l'investiture du président du Conseil », *RDP*.
Fauvet J. (1971), *La IVe République*, Paris, Livre de poche.
Genevois B. (1998), « Les limites d'ordre juridique à l'intervention du pouvoir constituant », *RFDA*, p. 909.
Julliard J. (1981), *La IVe République : 1947-1958*, Paris, Livre de poche.
Merle M. (1951), « L'instabilité ministérielle », *RDP*, p. 390 et s.
Priouret R. (1959), *La République des députés*, Paris, Grasset.
Revue *Pouvoirs* (1999), « La quatrième République », n° 76.
Rioux J.-P. (1998), *La France de la IVe République. 1. L'ardeur et la nécessité*, Paris, Le Seuil.
- (1998), *La France de la IVe République. 2. L'expansion et l'impuissance*, Paris, Le Seuil.
Rivero J., Vedel G. (1947), « Les problèmes économiques et sociaux et la Constitution du 27 octobre 1946 », *Droit social* (mai).
Siegfried A.,
- (1956), *De la IIIe à la IVe République*, Paris, Grasset.
- (1958), *De la IVe à la Ve République*, Paris, Grasset.
Soulier A. (1951), « L'élaboration de la loi du 9 mai 1951 », *RTD*, p. 841.
Vignes D. (1958), « La révision constitutionnelle française de 1954 », *Jahrbuch des Offentlichen Rechts*, vol. 7.
Williams Ph. (1971), *La vie politique sous la IVe République*, Paris, Armand Colin.

QUATRIÈME PARTIE

LES INSTITUTIONS DE LA Ve RÉPUBLIQUE

CHAPITRE 1

Le cadre

Section 1
Origines et évolution de la Ve République

Sous-section 1
Le problème de la réforme constitutionnelle en 1958

463. La Constitution de la Ve République a été adoptée en 1958. – Cette nouvelle Constitution n'est évidemment pas tombée du ciel. Elle a constitué une réponse à certains problèmes que se posaient les citoyens et la classe politique à la fin du régime précédent. Quels étaient ces problèmes ? Quelles étaient les solutions envisagées ?

§1. Les maux

464. Dans les derniers temps de la IVe République, chacun a conscience que les institutions fonctionnent mal. Le signe le plus apparent de ce mauvais fonctionnement, c'est évidemment l'instabilité gouvernementale : en moins de douze ans, d'octobre 1946 à mai 1958, vingt et un gouvernements se sont succédé ; compte tenu du délai nécessaire à la résolution de chaque crise ministérielle, la durée moyenne d'un gouvernement était en fait inférieure à six mois.

Les causes de cette instabilité ayant déjà été étudiées au chapitre précédent, on se bornera ici à rappeler très brièvement les principales, l'absence d'une majorité parlementaire véritable et l'insuffisance des moyens juridiques de l'exécutif, c'est-à-dire les conditions auxquelles était subordonnée la dissolution de l'Assemblée nationale et le fait qu'un gouvernement pouvait se voir à la fois accorder la confiance de l'Assemblée nationale et refuser le texte sur lequel il avait engagé sa responsabilité.

§2. Les remèdes

465. Vers la fin de la IVe République, presque tout le monde pensait que le régime avait besoin d'être assez sérieusement réformé, mais l'on avait du mal à s'entendre sur la nature du remède à appliquer. On pouvait envisager trois types de solutions : une réforme électorale permettant d'agir sur le système de partis (A) ; la rationalisation du parlementarisme destinée à renforcer la position du gouvernement vis-à-vis du Parlement (B) ; le changement du mode de désignation du président de la République de façon à transformer la signification politique de l'exécutif (C).

A. La réforme électorale

466. Sous la IVe République, même après la réforme de 1951, l'Assemblée nationale était élue principalement à la représentation proportionnelle. Or, l'on sait qu'un tel mode de scrutin a généralement pour effet de rendre plus difficile la Constitution d'une majorité parlementaire. C'est pourquoi, certains hommes politiques (notamment le gaulliste Michel Debré) préconisaient l'adoption du scrutin majoritaire en espérant que cette réforme entraînerait une réduction du nombre des partis et qu'elle aboutirait même peut-être un jour à la formation d'un système bipartisan, comme en Grande-Bretagne.

Le mode d'élection des députés étant fixé par une loi ordinaire, une telle réforme n'impliquait aucune révision de la Constitution. Mais elle était politiquement difficile à réaliser, en raison des incidences qu'elle pouvait avoir sur la situation de nombreux parlementaires. De plus, rien ne garantissait qu'elle produirait les effets escomptés : en effet, le scrutin majoritaire à deux tours, qui était demeuré en vigueur durant la majeure partie de la IIIe République, n'avait pas suffi à empêcher l'instabilité gouvernementale.

B. La rationalisation du parlementarisme

467. Rationaliser le parlementarisme, c'est introduire dans la Constitution des dispositifs qui renforcent la position du gouvernement vis-à-vis du Parlement, et qui peuvent pallier l'absence d'une véritable majorité parlementaire. En 1946, lors de l'élaboration de la Constitution de la IVe République, il avait déjà été beaucoup question de parlementarisme rationalisé mais les constituants ne s'étaient que très timidement engagés dans cette voie, la plupart d'entre eux demeurant attachés à l'idée de souveraineté parlementaire.

Toutefois, quelques années plus tard, les constituants de certains pays étrangers s'étaient montrés à cet égard beaucoup plus audacieux. Ainsi la Loi fondamentale allemande (1949) n'autorise-t-elle le Bundestag à renverser le Chancelier fédéral qu'à la condition qu'il lui désigne en même temps un successeur (système de la motion de censure « constructive », v. *supra* n° 241).

Sans aller tout à fait aussi loin, les projets de révision déposés par les derniers gouvernements de la IVe République tendaient à limiter les facteurs d'instabilité en rendant la dissolution plus facile, et en perfectionnant le mécanisme de la question de confiance sur le vote d'un texte : celui-ci serait considéré comme automatiquement adopté, à moins que l'Assemblée nationale décide de renverser le gouvernement par un vote à la majorité absolue de ses membres.

C. Le changement du mode de désignation du président de la République

468. Sous la IVe République, l'exécutif n'avait aucune assise indépendante du Parlement. Le président de la République était élu par les deux Chambres réunies en congrès. Quant au président du Conseil, il était désigné par le président de la République mais il devait ensuite être investi par l'Assemblée nationale.

Dans un discours célèbre, prononcé à Bayeux en 1946, au moment où la Constitution de la IVe République était en voie d'élaboration, le général de Gaulle avait condamné un tel système. Pour lui, le président de la République était le garant de l'intérêt national. Il devait donc se situer au-dessus des luttes partisanes. Or, en raison de son mode d'élection, le Parlement se trouve toujours sous l'emprise des partis politiques. Selon le général de Gaulle, il fallait que le chef de l'État fût élu « *par un collège électoral qui englobe le Parlement, mais beaucoup plus large et composé de manière à faire de lui le président de l'Union française en même temps que celui de la République...* ». Il choisirait les membres du gouvernement qui, tout en étant responsables devant le Parlement, n'auraient plus besoin d'être investis par celui-ci, car c'est du chef de l'État « *que doit procéder le pouvoir exécutif* ». Il disposerait librement du droit de dissolution, ce qui lui permettrait « *de servir d'arbitre au-dessus des contingences politiques, soit normalement par le conseil, soit, dans les moments de grave confusion, en invitant le pays à faire connaître, par des élections, sa décision souveraine* ».

Cette idée de donner à l'exécutif une assise indépendante du Parlement et de confier au chef de l'État des pouvoirs importants était alors tout à fait étrangère à la tradition républicaine française. On aurait pu à la rigueur réformer la loi électorale et rationaliser le parlementarisme sans vraiment sortir du cadre de la IVe République. Mais lorsque l'on envisageait de retirer au Parlement la désignation du chef de l'État pour la confier au peuple (ou même simplement à un collège électoral élargi), on réveillait de vieilles craintes. Il y avait bien eu un précédent sous la IIe République entre 1848 et 1851 mais, précisément, cette expérience avait mal tourné : le premier président de la République élu au suffrage universel direct, Louis-Napoléon Bonaparte, avait tiré parti de l'autorité et du prestige que lui conférait son mode de désignation, pour faire un coup d'État, renverser la République et restaurer l'Empire ! Seuls les gaullistes demandaient donc une réforme du mode de désignation du président de la République et ils n'étaient d'ailleurs même pas unanimes sur ce point. Quant aux autres partis, ils y étaient franchement hostiles.

Dans des circonstances normales, la réforme constitutionnelle n'aurait eu sans doute qu'un objet limité : on se serait probablement contenté d'introduire quelques nouvelles techniques de rationalisation du parlementarisme, comme les gouvernements de F. Gaillard et P. Pflimlin ont d'ailleurs tenté de le faire *in extremis*. Mais, en raison de la guerre d'Algérie, la IVe République traversait une crise extrêmement grave et les événements de l'année 1958 allaient permettre au général de Gaulle de réaliser par des voies constitutionnelles un changement complet de régime, qui combinait les trois grands thèmes de réforme ci-dessus évoqués.

Sous-section 2
Préparation et adoption de la Constitution

§1. Le retour au pouvoir du général de Gaulle

469. Le général de Gaulle, qui avait quitté le pouvoir en janvier 1946, y est revenu douze ans plus tard, en mai 1958, dans des circonstances politiques très agitées, mais dans des conditions formellement régulières.

Au printemps 1958, la situation politique en France était extrêmement tendue. La IVe République se débattait avec les problèmes de la décolonisation : la guerre d'Algérie, qui avait éclaté en 1954 quelques mois seulement après la fin de la guerre d'Indochine durait déjà depuis plus de trois ans et aucune solution n'était en vue. Le 15 avril 1958, le gouvernement de Félix Gaillard fut renversé par l'Assemblée nationale. L'extrême gauche et la droite lui avaient toutes deux refusé la confiance, pour des raisons d'ailleurs différentes, voire contradictoires : l'extrême gauche lui reprochait de ne pas négocier avec la rébellion algérienne alors que la droite le soupçonnait de vouloir négocier avec cette même rébellion.

La crise ministérielle se prolongea plusieurs semaines. Diverses personnalités, pressenties par le président de la République pour occuper la fonction de président du Conseil, se récusèrent, car elles ne pensaient pas pouvoir obtenir l'investiture de l'Assemblée nationale. Enfin, le 8 mai, Pierre Pflimlin, l'un des dirigeants du Mouvement républicain populaire (MRP), parti de centre-droit et de sensibilité démocrate-chrétienne, accepta d'entamer le processus de formation d'un nouveau gouvernement.

Mais les Français d'Algérie et l'armée se méfiaient de P. Pflimlin : on savait qu'il n'était pas un partisan convaincu de l'Algérie française, et on lui prêtait, à tort ou à raison, des velléités de négociation avec les indépendantistes algériens. Le 13 mai, c'est-à-dire le jour même où P. Pflimlin devait se présenter devant l'Assemblée nationale avec son gouvernement, un soulèvement éclata à Alger ; les bâtiments officiels furent investis, les militaires fraternisèrent avec les civils. À la fin de la journée, un comité de salut public composé de personnalités civiles et militaires était constitué à Alger. Le président de ce comité, le général Massu, adressa au président de la République un télégramme comminatoire exigeant « *la création à Paris d'un gouvernement de salut public seul capable de conserver l'Algérie partie intégrante de la métropole* ». Ce télégramme suscita de graves inquiétudes dans la métropole : une partie de l'armée s'étant dressée contre le pouvoir civil, on pouvait redouter un coup d'État militaire. Dans un réflexe de défense républicaine, l'Assemblée nationale surmonta ses divisions et vota assez largement l'investiture au gouvernement de P. Pflimlin.

Mais il apparut très vite que l'on se trouvait dans une impasse : d'une part, le gouvernement Pflimlin ne parvenait pas à rétablir son autorité sur l'Algérie et des menaces pesaient sur la métropole ; d'autre part, le comité de salut public qui siégeait à Alger hésitait à organiser une expédition militaire sur Paris et à déclencher une guerre civile.

Le retour au pouvoir du général de Gaulle apparut alors aux yeux de la grande majorité de la classe politique et de l'opinion, comme la seule solution. Le Général jouissait encore d'un grand prestige : il avait incarné la France libre pendant la guerre ; il avait rétabli la légalité républicaine en 1944. Les gaullistes de conviction n'étaient cependant pas très nombreux, ni à l'Assemblée nationale, ni au sein du comité de salut public d'Alger ; mais la solution gaulliste apparaissait aux deux camps comme un moindre mal dans la mesure où elle permettait au moins d'éviter la guerre civile et de rétablir l'ordre. Et comme le général de Gaulle avait pris soin de ne jamais annoncer publiquement ses intentions sur l'Algérie, les uns pouvaient croire qu'il poursuivrait la politique de l'Algérie française, les autres qu'il parviendrait à lui donner une forme d'autonomie au sein de la République. Une partie de la classe politique éprouvait cependant une très grande méfiance envers de Gaulle en raison des circonstances de son retour au pouvoir et de la pression des généraux d'Algérie, au point que certains redoutaient une dictature.

Le président du Conseil, P. Pflimlin, accepta néanmoins de s'effacer et démissionna le 28 mai. Aussitôt, le président de la République René Coty chargea le général de Gaulle de former un gouvernement et adressa au Parlement un message pour tenter de convaincre les députés encore réticents. Ce message présentait un caractère très inhabituel : les usages de la IVe République interdisaient normalement au chef de l'État de faire pression sur l'Assemblée nationale pour obtenir un vote d'investiture. Mais Coty avait estimé que les circonstances étaient elles-mêmes très inhabituelles et que, pour éviter des troubles graves, il lui fallait sortir de sa réserve.

Le général de Gaulle constitua alors une équipe gouvernementale comprenant à la fois des gaullistes de longue date, comme Michel Debré et des personnalités représentant les principaux partis de gouvernement de la IVe République, comme Pierre Pflimlin (MRP) ou Guy Mollet (SFIO). Le 1er juin, il se présenta devant l'Assemblée nationale et obtint l'investiture à une forte majorité (329 voix contre 224). La droite avait voté pour, le MRP également, les socialistes et les radicaux s'étaient partagés ; seul le groupe communiste avait voté massivement contre.

Cependant, si le général de Gaulle avait accepté de revenir au pouvoir, ce n'était pas pour gouverner dans le cadre des institutions de la IVe République, mais pour les changer et il entendait bien avoir les mains libres pour le faire.

C'est pourquoi, aussitôt après avoir obtenu l'investiture, entre le 1er et le 3 juin 1958, il fit adopter trois textes par le Parlement :

1° Une résolution par laquelle les assemblées se mettaient en congé et renonçaient à siéger jusqu'à la fin de la session ordinaire.

2° Une loi de pleins pouvoirs qui devait permettre au gouvernement de prendre des mesures par ordonnances pendant toute la période où le Parlement ne siégerait plus.

3° Une loi constitutionnelle qui modifiait la procédure de révision de la Constitution de 1946.

C'est sur le fondement de cette loi qu'allait être adoptée la nouvelle Constitution.

§2. La loi constitutionnelle du 3 juin 1958

470. Bien que le général de Gaulle fût revenu au pouvoir avec la volonté de changer les institutions, la Constitution de 1946 demeurait en vigueur. Le changement aurait donc dû s'accomplir selon les formes prévues par l'article 90 de la Constitution de 1946. Selon cette disposition, le projet de révision devait obligatoirement être adopté par le Parlement. Cela ne faisait évidemment pas l'affaire des gaullistes, qui souhaitaient rééquilibrer les institutions au profit de l'exécutif et qui savaient que le Parlement accepterait difficilement de renoncer aux prérogatives dont il avait joui sous le régime précédent.

Pour réaliser ses projets tout en restant dans la légalité constitutionnelle, le général de Gaulle n'avait qu'une solution : commencer par réviser la procédure de révision afin de permettre au gouvernement de préparer lui-même un projet et de le faire adopter directement par le peuple sans le soumettre préalablement au Parlement. Une telle démarche pouvait néanmoins faire problème tant d'un point de vue technique que d'un point de vue politique.

471. Un problème de technique constitutionnelle. – D'après la procédure de l'article 90, la révision de la Constitution nécessitait un temps relativement long. Dans une première étape, il fallait adopter une résolution précisant l'objet de la révision, c'est-à-dire les articles qui étaient visés ; puis on devait laisser s'écouler un délai minimum de trois mois ; ensuite la résolution précisant l'objet de la révision était soumise à une deuxième lecture et c'est seulement après cette deuxième lecture que le Parlement pouvait enfin discuter et adopter la loi de révision.

Fort heureusement, une résolution visant l'article 90 avait déjà été adoptée en 1955, trois ans auparavant ; cette résolution n'avait pas abouti ; elle n'avait jamais été soumise à une seconde lecture ; on l'avait complètement oubliée, mais elle était toujours valable ; la révision demandée par le général de Gaulle pouvait donc être greffée sur cette résolution ancienne, qui était demeurée en suspens. C'est pourquoi elle put être adoptée en trois jours, entre le 1er et le 3 juin 1958, au lieu des trois mois qui eussent été nécessaires.

472. Un problème de légitimité politique. – Une modification aussi précipitée de la procédure de révision pouvait évoquer un précédent fâcheux. En juillet 1940, tout de suite après la défaite des armées françaises devant les armées allemandes, le Parlement réuni à Bordeaux avait donné tous pouvoirs au gouvernement dirigé par le Maréchal Pétain « *à l'effet de promulguer par un ou plusieurs actes une nouvelle Constitution* ». Cette délégation par l'Assemblée nationale de son pouvoir constituant avait été vivement critiquée, notamment par le général de Gaulle lui-même. On avait soutenu qu'un Parlement n'avait pas le droit de disposer ainsi des compétences que lui conférait la Constitution, qu'il devait les exercer lui-même et que le principe démocratique interdisait de s'en remettre à un homme providentiel.

Cependant, en dépit de certaines analogies, la démarche adoptée par le général de Gaulle en 1958 ne justifie pas les mêmes critiques. Entre la loi constitutionnelle du 10 juillet 1940 et celle du 3 juin 1958, il existe en effet une différence importante : la première constituait presque un blanc-seing ; elle ne comportait que des conditions très vagues et en pratique le Maréchal Pétain pouvait disposer du pouvoir constituant comme il l'entendait. Au contraire, la seconde subordonne la délégation du pouvoir constituant à des conditions très précises garantissant le respect d'un minimum de légitimité démocratique.

Il s'agit, d'une part, de conditions de forme et, d'autre part, de conditions de fond.

473. Les conditions de forme. – La loi du 3 juin 1958 précise que « *la Constitution sera révisée par le gouvernement investi le 1er juin 1958* ». C'est donc d'une délégation *intuitu personae* qu'il s'agit : si pour une raison quelconque le gouvernement de Gaulle avait été amené à se retirer, son successeur n'aurait pas automatiquement bénéficié de la même compétence. L'avant-projet élaboré par le gouvernement devait d'abord être soumis pour avis à un organe spécial, le Comité consultatif constitutionnel. C'est par l'entremise de ce Comité que les assemblées expirantes espéraient faire entendre leur voix. Aussi ont-elles pris soin d'assurer à leurs représentants une place prépondérante : les deux tiers au moins des membres du Comité consultatif devaient être désignés par les commissions compétentes de l'Assemblée nationale et du Conseil de la République. Quant au dernier tiers, il devait être constitué de personnalités qualifiées choisies par le gouvernement.

Une fois préparé dans les conditions qui viennent d'être dites, le projet devait être présenté pour avis au Conseil d'État, puis arrêté en Conseil des ministres et enfin soumis à un référendum de décision.

474. Les conditions de fond. – Le projet devait respecter cinq principes :

a) Seul le suffrage universel est la source du pouvoir. C'est du suffrage universel ou des instances élues par lui que dérivent le pouvoir législatif et le pouvoir exécutif.

Il ne s'agissait pas uniquement d'un hommage rendu au principe de la légitimité démocratique. En précisant que le pouvoir législatif « *dérive du suffrage universel ou des instances élues par lui* », le Parlement avait sans doute voulu écarter l'idée d'une seconde Chambre où siégeraient des représentants (non élus) des organisations économiques, sociales et culturelles. Une telle idée avait été en effet présentée par le général de Gaulle dès 1946, dans le discours de Bayeux. Elle allait être évoquée brièvement en 1958 au cours des travaux préparatoires (Pflimlin, 1991, p. 148), pour resurgir onze ans plus tard en 1969, à l'occasion du dernier référendum lancé par le général de Gaulle (V. *infra* n° 646).

b) Le pouvoir exécutif et le pouvoir législatif doivent être effectivement séparés de façon que le gouvernement et le Parlement assument chacun pour sa part et sous sa responsabilité la plénitude de ses attributions.

Pour le général de Gaulle, la notion de séparation des pouvoirs devait être comprise dans un sens organique : le gouvernement ne doit pas procéder du Parlement mais du chef de l'État ; il doit y avoir incompatibilité entre les fonctions parlementaires et ministérielles.

c) Le gouvernement doit être responsable devant le Parlement.

Cette condition excluait évidemment l'adoption d'un régime présidentiel à l'américaine.

d) L'autorité judiciaire doit demeurer indépendante pour être à même d'assurer le respect des libertés essentielles telles qu'elles sont définies par le Préambule de la Constitution de 1946 et par la Déclaration des droits de l'Homme à laquelle elle se réfère.

Cette condition manifestait la volonté de garantir le maintien des libertés essentielles.

e) La Constitution doit permettre d'organiser les rapports de la République avec les peuples qui lui sont associés.

Il s'agissait des peuples d'outre-mer, notamment ceux d'Afrique noire et de Madagascar qui, en 1958, étaient déjà en voie de décolonisation mais n'avaient pas encore acquis leur indépendance.

Telles étaient les conditions posées par la loi du 3 juin 1958. L'élaboration du projet a commencé immédiatement après son adoption.

§3. L'élaboration du projet

475. Le texte définitif du projet de Constitution fut arrêté en Conseil des ministres le 3 septembre 1958, c'est-à-dire exactement trois mois après le vote de la loi constitutionnelle du 3 juin 1958. On peut distinguer trois étapes principales dans son élaboration : 1) la préparation d'un avant-projet ; 2) l'examen de cet avant-projet par le Comité consultatif ; 3) la mise au point du projet définitif.

A. La préparation de l'avant-projet (début juin-29 juillet)

476. Deux organes participèrent à l'élaboration de l'avant-projet, un organe technique, le comité d'experts, et un organe politique, le comité interministériel.

Le comité d'experts travaillait sous la direction du garde des Sceaux, Michel Debré, qui était depuis la Libération l'un des principaux conseillers du général de Gaulle pour les questions constitutionnelles. Ce comité comprenait en outre des juristes professionnels, appartenant pour la plupart au Conseil d'État. Il n'avait aucun pouvoir propre de décision et les textes élaborés par lui, qui comportaient souvent d'ailleurs des versions alternatives, étaient ensuite soumis à l'appréciation de l'organe politique, le comité interministériel.

Ce comité interministériel comprenait : le général de Gaulle, président du Conseil ; M. Debré, garde des Sceaux et président du comité des experts ; plusieurs ministres d'État issus du personnel politique de la IVe République, notamment Guy Mollet (SFIO) et Pierre Pflimlin (MRP), qui avaient été tous deux présidents du Conseil, et qui représentaient des forces politiques encore très influentes avec lesquelles le général de Gaulle était obligé de compter. Chacun des membres du comité interministériel avait un représentant au sein du comité d'experts. La composition du comité interministériel n'était donc pas politiquement tout à fait homogène et si l'on en juge par les travaux préparatoires aujourd'hui publiés, la mise au point de l'avant-projet a donné lieu à des négociations assez serrées. Guy Mollet et Pierre Pflimlin avaient fini par accepter comme un moindre mal le retour au pouvoir du général de Gaulle, mais ils demeuraient attachés à certaines traditions du régime parlementaire tel qu'on l'avait pratiqué sous la IIIe et la IVe Républiques. C'est pourquoi leurs idées sur la réforme constitutionnelle ne s'accordaient pas toujours avec celles des gaullistes.

Les principaux points litigieux étaient, semble-t-il, les suivants : le rôle du président de la République ; l'usage du référendum ; le statut des membres du gouvernement.

1. Le rôle du président de la République

477. D'après les premières versions élaborées par le comité d'experts, il était prévu que le président de la République « *définit l'orientation de la politique intérieure et extérieure du pays...* ». Le président de la République devait donc être non seulement le chef de l'État mais aussi un chef de l'exécutif au sens plein du terme, un leader politique de la Nation comme le président des États-Unis, et le gouvernement n'aurait pour rôle que de l'assister.

Pour G. Mollet et P. Pflimlin, ce n'était pas le président de la République qui devait être le leader politique de la Nation, mais le Premier ministre, responsable devant le Parlement. Il leur a été donné satisfaction sur ce point, en apparence tout au moins : d'après le texte finalement adopté par le Comité interministériel, c'est en effet le gouvernement « *qui détermine et conduit la politique de la Nation* ». Quant au président de la République, son rôle est défini en termes plus vagues (voir art. 5 C).

2. Le référendum

478. Dans les premières versions élaborées par le comité d'experts, il était prévu que le président de la République pouvait soumettre au référendum « *tout projet de loi que le Parlement aurait refusé d'adopter ou toute question fondamentale pour la vie de la Nation* ».

Le président de la République aurait donc toujours eu la possibilité de court-circuiter le Parlement en s'adressant directement au peuple. L'influence et le prestige du Parlement risquaient évidemment d'en souffrir. Là encore, les ministres issus du personnel politique de la IVe République protestèrent et obtinrent des concessions importantes. Dans le texte finalement adopté par le Comité interministériel, le recours du président de la République au référendum demeure possible mais il est subordonné à des conditions beaucoup plus restrictives (voir le texte originel de l'art. 11 C).

3. Le statut des membres du gouvernement

479. Les gaullistes souhaitaient une séparation très stricte entre les fonctions gouvernementales et les fonctions parlementaires, de manière à renforcer la solidarité ministérielle et la stabilité du gouvernement. Aussi les premières propositions du comité d'experts prévoyaient-elles non seulement qu'il y aurait incompatibilité entre les fonctions ministérielles et parlementaires mais aussi qu'un ministre ne pourrait même pas exercer un mandat local, et qu'il serait inéligible au Parlement pendant un certain délai lorsqu'il cesserait de faire partie du gouvernement. C'était tout à fait contraire à la tradition parlementaire française qui, comme la tradition britannique, favorisait l'interpénétration du personnel gouvernemental et du personnel parlementaire. Sur ce denier point, G. Mollet et P. Pflimlin n'obtinrent que des concessions limitées. Le Comité interministériel atténua la rigueur des incompatibilités, mais conserva le principe.

Les deux anciens présidents du Conseil de la IVe République contribuèrent également aux aspects novateurs de l'avant-projet et présentèrent notamment des propositions tendant à rationaliser les rapports du Parlement et du gouvernement. C'est ainsi que la procédure de la question de confiance sur le vote d'un texte, telle qu'elle est aménagée par l'article 49 alinéa 3 de la Constitution, trouve son origine dans une proposition de P. Pflimlin.

L'avant-projet préparé par le comité d'experts et le comité interministériel fut adopté en Conseil de cabinet le 29 juillet 1958 et transmis dès le lendemain au Comité consultatif.

B. L'intervention du Comité consultatif constitutionnel (1er-14 août)

480. Le Comité consultatif (organisé par un décret du 11 juillet 1958) comprenait 39 membres dont les deux tiers avaient été désignés par les commissions compétentes de l'Assemblée nationale et du Conseil de la République. C'était donc une sorte de Parlement en réduction. Toutes les grandes formations politiques y étaient représentées, à l'exception du Parti communiste, qui avait refusé d'y participer. Sa présidence était assurée par Paul Reynaud[1], qui avait été, en 1940, l'avant-dernier président du Conseil de la IIIe République.

Des représentants du gouvernement, et parfois le président du Conseil lui-même, assistaient à la plupart des réunions du Comité consultatif pour répondre aux questions concernant l'avant-projet. Ainsi le général de Gaulle fut-il amené à préciser, en réponse à une question posée par Paul Reynaud que le Premier ministre, nommé par le président de la République, ne pourrait pas être révoqué par celui-ci (*Documents pour servir à l'histoire de l'élaboration de la Constitution* [1988], Vol. II, p. 300, compte rendu de la séance du 8 août 1958).

Le Comité consultatif constitutionnel se sépara le 14 août 1958 après avoir adopté, par 30 voix contre 7, un avis adressé au président du Conseil, le général de Gaulle. Les principaux points de cet avis étaient les suivants :

1° Le Comité exprimait son accord sur les grandes lignes de l'avant-projet.

2° Il prenait acte de certaines assurances qui lui avaient été données, notamment en ce qui concerne l'absence de responsabilité du gouvernement devant le président de la République et l'esprit dans lequel serait utilisé le référendum (qui ne doit pas devenir un moyen d'opposer le Peuple au Parlement).

3° Il proposait de définir plus strictement les conditions de mise en œuvre des pouvoirs que le président de la République pourrait exercer dans certaines circonstances exceptionnelles (art. 16).

4° Il se prononçait contre l'incompatibilité entre les fonctions parlementaires et ministérielles, également contestée par certains membres du comité interministériel.

5° Enfin, en ce qui concerne non plus les institutions françaises elles-mêmes mais l'organisation qui devait regrouper la France et ses anciennes colonies, il proposait d'utiliser le mot Communauté de préférence au mot Fédération qui figurait dans l'avant-projet, afin de ne pas trancher immédiatement le problème de la nature de cette organisation.

Les travaux du comité consultatif constitutionnel sont aujourd'hui publics. On peut ainsi constater combien la pratique et l'interprétation de la Constitution se sont écartées des intentions affichées des rédacteurs de 1958. Pour ne citer qu'un exemple, il fut expressément souligné que le Conseil constitutionnel ne pourrait pas exercer son contrôle par rapport au préambule de la

1. Avant la guerre, Paul Reynaud avait manifesté de l'intérêt pour les conceptions militaires du général de Gaulle et l'avait fait entrer dans le gouvernement qu'il avait constitué en 1940.

Constitution ou à la Déclaration des droits de l'Homme. En 1971, au moyen d'une interprétation audacieuse, il a décidé qu'il avait néanmoins ce pouvoir (cf. *infra* n° 820) et depuis il s'y réfère fréquemment.

C. La mise au point du texte définitif (15 août-3 septembre)

481. D'après la loi du 3 juin 1958, le gouvernement n'était aucunement lié par l'avis du Comité consultatif. Néanmoins, presque tous les amendements proposés par celui-ci furent retenus, sauf lorsqu'ils allaient à l'encontre d'un principe que le général de Gaulle tenait pour essentiel. C'est ainsi que l'incompatibilité entre les fonctions parlementaires et ministérielles fut maintenue.

Avant de fixer définitivement le texte du projet, il fallait encore recueillir l'avis du Conseil d'État. Le garde des Sceaux, Michel Debré, présenta lui-même le projet dans un discours prononcé le 27 août 1958 devant l'Assemblée générale du Conseil d'État.

Le Conseil d'État, qui n'est pas une assemblée politique mais un grand corps composé de juristes professionnels, a surtout tenté d'améliorer certains aspects techniques du projet, notamment ceux qui concernent la répartition des compétences entre le pouvoir législatif et le pouvoir réglementaire. Il ne disposa cependant que d'un délai très court et le texte définitif de la Constitution fut adopté en Conseil des ministres le 3 septembre 1958. Quant au référendum constituant, la date en avait été fixée au 28 septembre.

§4. Le référendum constituant du 28 septembre 1958

482. Le référendum du 28 septembre. – Le référendum devait avoir lieu le même jour dans tous les territoires qui se trouvaient encore, à cette époque, sous la souveraineté française (départements métropolitains, départements d'outre-mer ou territoires d'outre-mer).

Formellement, la question posée était partout la même. Dans les territoires d'outre-mer, cependant, la réponse allait revêtir une signification particulière : il s'agissait moins de voter pour ou contre la nouvelle Constitution que de choisir entre l'adhésion à la Communauté créée par le titre XIII de la Constitution[2] et l'accession immédiate à l'indépendance. Cette alternative n'était pas expressément formulée dans le texte de la Constitution, mais, dans son discours du 4 septembre 1958, le général de Gaulle avait clairement indiqué qu'en répondant « non » un territoire d'outre-mer pourrait rompre tout lien avec la France.

2. Cette communauté, qui regroupait la France et la plupart de ses anciennes Colonies, a cessé de fonctionner dès 1961, tous les États membres ayant accédé à l'indépendance. Mais le titre XIII de la Constitution ne fut formellement abrogé qu'en 1995.

Dans la métropole, l'issue du scrutin ne faisait guère de doute car le front des « oui » était extrêmement large : il s'étendait de l'extrême droite (partisans de l'Algérie française) au centre gauche (radicaux, SFIO). Ce consensus était déjà un succès pour le général de Gaulle qui avait cherché à rassembler les Français au-delà des clivages partisans. Parmi les grandes formations politiques, seul le Parti communiste faisait campagne pour le non. Toutefois, plusieurs personnalités de la gauche non communiste (dont Pierre Mendès France et François Mitterrand) s'étaient également prononcées contre le projet.

Mais les résultats du référendum furent encore plus favorables au projet que le rapport des forces politiques ne le laissait prévoir. En métropole, les « non » ne représentent que 20,8 % des suffrages exprimés, alors qu'aux élections législatives de 1956, le Parti communiste avait obtenu à lui seul un chiffre nettement plus élevé (25,7 %). Ces résultats s'expliquent sans doute moins par un jugement positif sur le contenu du projet - que bien peu d'électeurs s'étaient donné la peine de lire ! - que par une désaffection générale envers le régime ancien et par le sentiment que le général de Gaulle était seul en mesure de résoudre les problèmes liés à la guerre d'Algérie.

Quant aux populations d'outre-mer, elles ont voté « oui » de façon encore plus massive, sauf en Guinée où les partisans de l'indépendance immédiate l'ont emporté.

483. La mise en place des institutions. - La Constitution fut promulguée le 4 octobre 1958. D'après l'article 91, les nouvelles institutions devaient être mises en place dans un délai de 4 mois. Jusqu'à l'expiration de ce délai, le gouvernement était autorisé par l'article 92 à prendre, par ordonnances ayant force de loi, diverses mesures de nature législative, et notamment celles qui étaient nécessaires à la mise en place des institutions.

La nouvelle Assemblée nationale fut élue au scrutin majoritaire uninominal à 2 tours les 23 et 30 novembre. Quant au Sénat, il fut provisoirement formé par les membres de l'ancien Conseil de la République, et sa Constitution définitive fut reportée au printemps suivant.

Élu à la présidence de la République dès le premier tour, le 21 décembre 1958, le général de Gaulle désigna Michel Debré comme Premier ministre.

Sous-section 3
La Constitution et son application

§1. La nature des institutions

484. La toute première analyse des institutions de la Ve République a été faite par l'un des pères fondateurs du nouveau régime, Michel Debré, dans son discours au Conseil d'État, le 27 août 1958. Pour lui, la nature du nouveau régime ne faisait aucun doute : il s'agissait d'un régime parlementaire. « *Le gouvernement a voulu rénover le régime parlementaire. Je* *serais même tenté de dire qu'il veut l'établir car pour de nombreuses raisons la République n'a jamais réussi à l'instaurer* » affirmait-il.

Les critères auxquels on reconnaît habituellement un régime parlementaire étaient en effet bien réunis : exécutif bicéphale, responsabilité du gouvernement devant le Parlement, droit de dissolution, règle du contreseing (v. *supra* n° 99).

Toutefois, comme le relevait d'ailleurs Debré lui-même dans son discours du 27 août 1958, il s'agit d'un régime parlementaire de type nouveau par rapport à la tradition française car, pour éviter le retour de l'instabilité gouvernementale, on a retiré au Parlement une partie importante des prérogatives dont il disposait sous les IIIe et IVe Républiques : il n'élit plus le président de la République ; il est soumis au contrôle du Conseil constitutionnel ; il peut encore renverser le gouvernement mais il ne peut le faire qu'en suivant certaines procédures conçues de manière à ne pas rendre la chose trop facile. Il s'agit donc en fait de ce qu'il est convenu d'appeler un régime parlementaire rationalisé, rééquilibré au profit de l'exécutif. Mais c'est tout de même encore un régime parlementaire.

Depuis la révision d'octobre 1962, la Constitution française s'écarte davantage encore du schéma classique, car il y a désormais deux pouvoirs issus du suffrage universel direct : l'Assemblée nationale (comme c'était déjà le cas auparavant), et le président de la République.

Il y a désormais deux majorités qui comptent politiquement, parce qu'elles sont toutes deux l'expression d'une légitimité démocratique : la majorité parlementaire et la majorité présidentielle. Le fonctionnement du régime dépend de l'interaction de ces deux majorités. C'est pourquoi, bien que la Constitution française puisse toujours être considérée comme « parlementaire » selon certains critères juridiques (le gouvernement étant toujours responsable devant l'Assemblée nationale), la dynamique politique du système est différente.

À la suite de la réforme de 1962, on s'est même demandé si la logique de cette réforme n'allait pas conduire la France à rompre totalement avec le modèle parlementaire britannique pour adopter le modèle présidentiel américain, qui repose également sur la confrontation de deux pouvoirs issus du suffrage universel, le président et le Congrès. Un tel changement aurait notamment impliqué la suppression de la responsabilité politique du gouvernement devant le Parlement, du droit de dissolution, et du poste de Premier ministre, l'institution d'un poste de vice-président de la République, et la transformation du Conseil constitutionnel en une Cour suprême (Vedel, 1964).

Cependant, la majorité des hommes politiques et des constitutionnalistes français a estimé que le modèle américain ne pouvait fonctionner qu'à la condition qu'il n'existe pas de partis rigides et disciplinés, de sorte qu'un tel système ne pouvait convenir à la France, où les clivages politiques sont beaucoup plus profonds. Par exemple, en période de cohabitation, il n'est pas certain qu'un président de gauche parviendrait à travailler avec une majorité parlementaire de droite (ou l'inverse), s'il n'y avait pas entre eux le tampon du gouvernement.

Il convient toutefois de noter que la réforme du quinquennat, adoptée par référendum le 24 septembre 2000, a fait rebondir le débat sur l'évolution du régime français. Certains commentateurs estiment que, du fait du raccourcissement de la durée de son mandat, le président ne pourra plus situer son action dans le long terme et qu'il deviendra de plus en plus difficile de distinguer sa fonction de celle d'un Premier ministre. D'où l'idée qu'un jour peut-être il paraîtra plus logique et plus simple de réunir les deux fonctions sur une même tête, comme dans le régime présidentiel américain. Mais les objections auxquelles se heurte la transposition en France du régime présidentiel américain n'ont pas pour autant disparu. Bien qu'elle soit devenue moins probable depuis l'instauration du quinquennat, la cohabitation demeure possible et, avec le système de partis que connaît la France, le face-à-face d'un président et d'une Assemblée nationale de couleurs différentes, sans l'intermédiaire d'un Premier ministre responsable et sans droit de dissolution, n'irait pas sans difficultés graves.

Il convient d'ailleurs de noter que la Constitution française n'est pas unique en son genre. On trouve en effet en Europe d'autres pays dont les institutions ne peuvent être rattachées ni au modèle parlementaire classique ni au modèle présidentiel américain car, comme la Constitution française, elles juxtaposent un président de la République élu au suffrage universel direct et un gouvernement responsable devant le Parlement. C'est le cas de l'Autriche, de l'Islande, de la Finlande, de l'Irlande, du Portugal, et de certains des pays européens qui sont sortis du communisme au cours des années 1990.

Si l'on voulait absolument coller une étiquette sur les institutions françaises, on pourrait les qualifier de « semi-présidentielles », selon une terminologie de Maurice Duverger. Toutefois, une telle étiquette ne nous renseignerait guère sur la manière dont fonctionnent nos institutions. On constate en effet que, parmi les régimes relevant de cette catégorie, la répartition des rôles n'est pas partout ni toujours identique : tantôt, comme au Portugal, le président de la République, bien qu'élu au suffrage universel direct, ne joue qu'un rôle relativement effacé, la réalité du pouvoir est entre les mains du Premier ministre, et le fonctionnement du régime est proche de celui d'un régime parlementaire de type classique. Tantôt au contraire, comme en Allemagne sous la République de Weimar, ou comme en Russie de 1993 à 2008, c'est le président de la République qui détient l'essentiel du pouvoir. Le cas de ce pays montre d'ailleurs que les rôles sont parfois interchangeables. En effet, en 2008, Vladimir Poutine, qui avait déjà accompli deux mandats présidentiels et qui, selon la Constitution, ne pouvait en briguer un troisième, a soutenu la candidature de son Premier ministre sortant, Dmitri Medvedev. Et ce dernier, une fois élu à la tête de l'État, a désigné comme Premier ministre Vladimir Poutine, qui a été réélu président de la République de Russie en 2012.

En France même, où les attributions respectives du chef de l'État et du Premier ministre sont assez mal définies par les textes, le rôle effectif du président dépend de sa personnalité et surtout de la conjoncture politique. C'est du moins ce qui ressort des pratiques suivies depuis 1958.

§2. Les institutions et la conjoncture politique

485. Pour la commodité de l'étude, nous distinguerons, dans l'histoire politique de la Ve République, quatre grandes périodes :

A. La période fondatrice (1959-1969).

B. La période de la continuité relative (1969-1981).

C. La période des alternances et des cohabitations (1981-2002).

D. La restauration de l'autorité présidentielle (depuis 2002).

A. La période fondatrice

486. C'est la période durant laquelle le principal fondateur de la Ve République, le général de Gaulle, a exercé les fonctions de président de la République. Pendant ces dix années, le général de Gaulle a évidemment marqué les institutions de son empreinte, et c'est en ce sens que l'on peut parler de « période fondatrice ».

Sa pratique constitutionnelle se caractérise par trois traits principaux : l'effacement politique du Parlement, l'affirmation de la prépondérance présidentielle et l'établissement d'une relation directe entre le président et le peuple.

1. L'effacement politique du Parlement

487. Cet effacement n'était pas une fatalité inscrite dans la Constitution. Si celle-ci avait rogné les prérogatives du Parlement, elle lui avait néanmoins laissé des pouvoirs importants. Il a tenu d'abord au fait que les députés gaullistes élus en novembre 1958 sous le sigle de l'Union pour la nouvelle République (UNR) ne s'étaient pas dotés d'un programme propre. L'essentiel de leur programme consistait dans le soutien apporté au général de Gaulle[3]. Sous la première législature (novembre 1958-novembre 1962) l'UNR ne détenait pas encore la majorité absolue à l'Assemblée nationale, mais elle constituait déjà le groupe le plus important. Dans un premier temps, d'ailleurs, la plupart des autres formations politiques se montrèrent également très dociles, non pas nécessairement parce qu'elles approuvaient la politique du général de Gaulle, mais parce qu'elles attendaient le règlement de l'affaire algérienne.

Celui-ci eut enfin lieu au printemps de 1962 avec les accords d'Évian qui reconnaissaient l'indépendance de l'Algérie. Quelques mois plus tard, le général de Gaulle annonça un référendum sur l'élection du président de la

3. C'est pourquoi le journal satirique *Le Canard enchaîné* les désignait généralement à l'époque sous le nom de « godillots ». Ce terme est encore parfois utilisé pour caractériser des parlementaires jugés trop dociles vis-à-vis de l'exécutif.

République au suffrage universel direct. Il s'agissait d'une réforme qui, pour des raisons à la fois politiques et juridiques, déplaisait profondément aux partis traditionnels. C'est pourquoi l'Assemblée nationale, pour cette fois, se rebella et, en signe de protestation, adopta le 2 octobre 1962, une motion de censure dirigée contre le gouvernement de G. Pompidou.

Le général de Gaulle décida alors de dissoudre l'Assemblée nationale. Les élections consécutives à cette dissolution furent encore plus favorables à ses partisans que ne l'avaient été les précédentes. L'UNR et ses alliés, les Républicains indépendants de Valéry Giscard d'Estaing, remportèrent la majorité absolue des sièges. L'effacement politique du Parlement était donc confirmé par l'élection d'une majorité parlementaire dévouée au président.

2. L'affirmation de la prépondérance présidentielle

488. Cette prépondérance se manifesta en premier lieu par la subordination du gouvernement envers le président de la République. D'après le texte de la Constitution, le président de la République nomme le Premier ministre et les autres membres du gouvernement mais il ne peut pas de sa propre initiative mettre fin à leurs fonctions. En août 1958, devant le *Comité consultatif*, le général de Gaulle avait même donné des assurances sur ce point (v. *supra* n° 480). Mais en pratique, comme la majorité parlementaire, ainsi qu'on vient de le voir, n'avait pas d'existence politique propre, le Premier ministre ne pouvait évidemment pas s'appuyer sur elle pour résister au président. Il suffisait donc que le général de Gaulle manifestât la volonté de changer de gouvernement pour que le Premier ministre se considérât comme tenu de lui remettre sa démission. C'est ce qui se produisit en avril 1962, lorsque le gouvernement Pompidou succéda au gouvernement Debré.

L'ascendant présidentiel se manifestait en second lieu par le fait que le chef de l'État s'octroyait un « domaine réservé » qui comprenait les affaires étrangères, la défense nationale et la politique algérienne. L'expression « domaine réservé » (qui n'avait d'ailleurs aucune base constitutionnelle), a été utilisée par J. Chaban-Delmas, président de l'Assemblée nationale, en vue de fixer les limites du contrôle parlementaire. Au cours d'une conférence de presse tenue le 31 janvier 1964, le général de Gaulle est allé jusqu'à affirmer que le président était seul « *à détenir et à déléguer l'autorité de l'État* ».

Tout en affirmant sa prépondérance au sein des institutions, le général de Gaulle cherchait à maintenir une relation directe entre le président et le peuple.

3. La relation directe entre le président et le peuple

489. La réforme d'octobre 1962 établissait déjà une relation directe entre le président et le peuple puisque le premier était désormais élu par le second. Mais cette relation était entretenue et développée de plusieurs manières.

En premier lieu, le général de Gaulle a fait un grand usage des médias audiovisuels, et spécialement de la télévision, qui s'est popularisée au cours des années 1960 : les initiatives spectaculaires de politique intérieure ou de politique étrangère n'étaient plus annoncées par le Premier ministre à la tribune de l'Assemblée nationale, comme il était d'usage sous les régimes précédents, mais par le président de la République lui-même, dans des allocutions ou des conférences de presse.

En second lieu, le général de Gaulle utilisa largement la faculté que lui offrait l'article 11 de la Constitution d'organiser des consultations populaires directes. Sous sa présidence, de 1959 à 1969, il y eut quatre référendums, c'est-à-dire un tous les deux ans et demi en moyenne, et autant que d'élections législatives. Mais le référendum, tel qu'il était pratiqué par le général de Gaulle, ne constituait pas seulement un moyen de régler une question particulière. C'était une sorte de question de confiance populaire.

Formellement, le référendum portait toujours sur un objet déterminé mais le général de Gaulle annonçait à chaque fois que les résultats revêtiraient pour lui une signification politique globale : si les oui l'emportaient, il se considérerait comme confirmé dans son mandat ; dans le cas contraire, il estimerait qu'il avait été désavoué et il en tirerait les conséquences.

Cet usage du référendum a suscité de vives protestations dans les milieux de l'opposition parlementaire. On a dit qu'il ne s'agissait pas véritablement de référendums mais de « plébiscites » comme il y en avait eu sous le Premier et le Second Empire.

Mais, comme le soutenait René Capitant, aux yeux du général de Gaulle, « *de même qu'il y a un régime parlementaire où le gouvernement est responsable devant le Parlement, on pourrait dire qu'il y a un régime populaire où le président de la République est responsable devant le peuple* », bien que cela ne fût pas formellement prévu par la Constitution[4]. Dès lors que sa politique avait été nettement désavouée par les résultats d'un scrutin national, il se considérait comme tenu de démissionner même si son mandat n'était pas juridiquement en jeu. C'est pourquoi, le 27 avril 1969, dès qu'il apprit que les résultats de son quatrième référendum étaient négatifs, il annonça qu'il cesserait ses fonctions le lendemain même. Ainsi s'achevait la période « fondatrice ».

B. La période de la continuité relative (1969-1981)

490. À la suite de la démission du général de Gaulle, des élections présidentielles furent organisées ; elles aboutirent à la victoire de Georges Pompidou, qui avait été Premier ministre de 1962 à 1968. Les Français, après avoir voté « non » au dernier référendum du général de Gaulle, choisirent tout de même pour le remplacer un candidat qui incarnait la continuité du gaullisme, parce qu'il avait été Premier ministre. On a d'ailleurs pu considérer que le résultat négatif du référendum s'expliquait en partie par le fait que le départ annoncé du général de Gaulle ne marquerait pas une rupture.

4. Capitant R., *Démocratie et participation politique*, Paris, Bordas, 1972, p. 161 et s.

Georges Pompidou ne termina pas son mandat ; il mourut en 1974, un peu moins de cinq ans après être entré à l'Élysée ; son successeur fut Valéry Giscard d'Estaing qui n'avait jamais été Premier ministre, mais qui avait été plusieurs fois ministre des Finances depuis les débuts de la Ve République.

À la différence de Georges Pompidou, Valéry Giscard d'Estaing n'était pas un gaulliste. Il appartenait au parti des Républicains indépendants (RI), qui bien qu'associé au parti gaulliste au sein de la majorité présidentielle, se définissait comme plus libéral, moins nationaliste et plus favorable à la construction européenne. D'ailleurs Valéry Giscard d'Estaing avait parfois pris nettement ses distances vis-à-vis du gaullisme, notamment lors du référendum de 1969, dont l'échec avait provoqué le départ du général de Gaulle. Mais il incarnait tout de même l'une des principales composantes de la majorité de droite qui avait soutenu de Gaulle, puis Pompidou. On ne peut donc pas parler d'alternance durant cette période.

En ce qui concerne la pratique constitutionnelle, il y a une continuité certaine par rapport à la période fondatrice, mais l'on relève aussi quelques changements. La continuité se manifestait surtout dans les rapports entre le président de la République et le gouvernement. En juillet 1972, le Premier ministre, Jacques Chaban-Delmas, démissionna à la demande de Pompidou, alors même qu'il avait obtenu quelques semaines auparavant un vote de confiance massif de l'Assemblée nationale. En août 1976, Jacques Chirac, Premier ministre de V. Giscard d'Estaing, prit lui-même l'initiative de se retirer, à la suite d'un désaccord avec le président de la République.

Mais cette continuité n'était que relative. Les changements peuvent être regroupés autour de trois idées : l'abandon de la pratique plébiscitaire ; le développement de contre-pouvoirs qui tendent à limiter la prépondérance présidentielle ; le changement d'attitude de la majorité parlementaire.

1. L'abandon de la pratique référendaire

491. Durant cette seconde période, il n'y eut qu'un seul référendum : celui qu'organisa en 1972 G. Pompidou, à propos de la ratification du traité prévoyant l'adhésion de la Grande-Bretagne, de l'Irlande et du Danemark à la Communauté européenne. Encore ne s'agissait-il pas d'un référendum-question de confiance comme ceux de la période précédente : G. Pompidou évita en effet de personnaliser la consultation ; il ne demandait pas aux électeurs d'approuver sa politique globale en votant « oui » au référendum et il ne mettait pas son mandat en jeu. Le résultat fut un demi-échec : si les « oui » l'emportèrent largement sur les non, la participation fut relativement faible.

À la suite de cette consultation, il apparut que le référendum était d'un usage difficile : ou bien on lui donne une connotation plébiscitaire, ce qui heurte certaines sensibilités politiques et risque de provoquer finalement une réaction de rejet, comme le général de Gaulle en avait fait l'expérience en 1969 ; ou bien, l'on s'abstient de personnaliser le référendum ; mais alors la consultation ne fait pas recette parce qu'on ne parvient généralement pas à trouver un sujet qui intéresse suffisamment la grande masse des électeurs.

C'est pourquoi, après cette consultation de 1972, le référendum va disparaître pour longtemps de la vie politique française : il faudra attendre 1988 pour qu'il soit à nouveau utilisé. Et comme la durée du mandat présidentiel était longue (sept ans), à partir du moment où le président ne soumettait plus sa popularité à l'épreuve du référendum, son autorité s'usait plus vite. La désuétude du référendum constituait donc un changement important par rapport à la période précédente.

2. Le développement de certains contre-pouvoirs

492. Il s'agit en premier lieu d'un contre-pouvoir politique : l'opposition qui était faible et divisée durant la période précédente, commença à se regrouper et à s'organiser ; en 1972, les trois principaux partis de gauche (v. *infra* n° 539) signèrent un programme commun de gouvernement ; aux présidentielles de 1974, le candidat de la gauche, François Mitterrand, fit presque jeu égal avec le candidat de la droite ; l'alternance apparaissait donc possible. À ce contre-pouvoir politique vint s'ajouter un contre-pouvoir institutionnel : en 1974, la Constitution fut révisée pour permettre à soixante députés ou soixante sénateurs de saisir le Conseil constitutionnel ; l'opposition, même lorsqu'elle était très minoritaire, pouvait donc désormais contester devant un juge les lois que le président de la République et le gouvernement avaient fait voter par le Parlement.

3. Le changement d'attitude de la majorité parlementaire

493. La majorité parlementaire continuait de soutenir le président de la République mais prenait plus de distance par rapport à lui qu'elle n'avait pu le faire durant la période gaulliste. Ce fut particulièrement net entre 1974 et 1981, durant le septennat de Valéry Giscard d'Estaing. Celui-ci appartenait en effet à l'une des composantes minoritaires de la majorité parlementaire, et n'avait donc pas sur le principal parti de la majorité l'autorité d'un leader. C'est pourquoi, tout en respectant une certaine discipline de vote, la majorité parlementaire ne s'interdisait pas la critique.

Ce changement d'attitude fut d'ailleurs l'une des raisons de l'échec de V. Giscard d'Estaing face à François Mitterrand, au deuxième tour des élections présidentielles de 1981. Le parti gaulliste, dirigé par J. Chirac, espérait conserver la majorité parlementaire en cas de victoire du candidat de l'opposition. Il refusa donc de se mobiliser pour assurer la réélection du président sortant, auquel il n'accordait son soutien que du bout des lèvres.

C. La période des alternances et des cohabitations (1981-2002)

494. Durant les vingt-deux premières années de la Ve République, malgré certains renouvellements du personnel politique, il n'y avait jamais eu à proprement parler d'alternance. C'était toujours, en effet, la même majorité qui contrôlait les trois grands centres du pouvoir : l'Élysée (siège de la présidence de la République), l'Hôtel Matignon (siège du chef du gouvernement) et le Palais Bourbon (siège de l'Assemblée nationale).

De 1981 à 2002, au contraire, les alternances politiques vont se succéder à un rythme assez rapide.

Première alternance en 1981, de la droite vers la gauche : en effet, les deux majorités, la majorité présidentielle et la majorité parlementaire, basculent vers la gauche en l'espace de quelques semaines. F. Mitterrand est élu président de la République le 10 mai ; il dissout immédiatement l'Assemblée nationale et les élections qui suivent donnent au Parti socialiste, qui le soutient, la majorité absolue des sièges.

Deuxième alternance en 1986 : la gauche est devenue impopulaire et malgré une percée importante de l'extrême droite (rendue possible par l'adoption de la représentation proportionnelle), la droite parlementaire remporte d'une courte tête les élections législatives. F. Mitterrand reste en fonction mais doit désigner un Premier ministre de droite, Jacques Chirac, et c'est ainsi que s'ouvre la première période dite de « cohabitation ».

Troisième alternance en mars 1988 : François Mitterrand arrive au terme normal de son premier mandat. De 1986 à 1988, il a su mettre à profit le recul que lui offrait la cohabitation pour regagner une popularité ; il se représente, il est élu face à J. Chirac et dissout encore une fois l'Assemblée nationale. De même qu'en 1981, le Parti socialiste remporte les élections législatives dans la foulée de la victoire présidentielle, mais il ne dispose à l'Assemblée nationale que d'une majorité relative. Dans le contexte politique de l'époque, celle-ci est toutefois suffisante pour assurer la stabilité du gouvernement.

Quatrième alternance en 1993 : l'Union pour la France (UPF), qui regroupe les formations de la droite parlementaire, gagne largement les élections de mars 1993 ; François Mitterrand reste à l'Élysée comme en 1986 ; il nomme comme Premier ministre É. Balladur. S'ouvre alors une seconde période de cohabitation qui s'est achevée en mai 1995 avec l'élection de J. Chirac à la présidence de la République.

Cinquième alternance en juin 1997 : le président de la République a dissous l'Assemblée nationale en avril 1997, un peu moins d'un an avant le terme normal de la législature, en espérant, à l'anglaise, renforcer et prolonger sa majorité (cf. *supra* n° 102), mais l'impopularité du Premier ministre, Alain Juppé, et le maintien des candidats du Front national au second tour dans un grand nombre de circonscriptions, provoquent la défaite de la majorité. La « gauche plurielle », qui regroupe le Parti socialiste, le Parti communiste, les Verts, le Mouvement des citoyens et les radicaux de gauche, remporte les législatives. Lionel Jospin est nommé Premier ministre. S'ouvre ainsi une troisième cohabitation qui ne s'achèvera qu'en 2002, au terme de la législature.

Sixième alternance en juin 2002 : dans la foulée de la réélection de J. Chirac à la présidence de la République, l'Union pour la Majorité présidentielle (UMP), qui regroupe la presque totalité des forces de la droite parlementaire, remporte la majorité absolue des sièges à l'Assemblée nationale.

Durant cette période, les alternances ont été non seulement fréquentes mais presque systématiques, car les élections législatives ont toujours entraîné un renversement de majorité.

De 1981 à 2002, deux présidents seulement se sont succédé à l'Élysée (François Mitterrand de 1981 à 1995 ; Jacques Chirac de 1995 à 2002), mais la majorité parlementaire a changé sept fois. Il y a donc eu des périodes durant lesquelles les majorités parlementaire et présidentielle ne correspondaient plus. Cette dissociation des deux majorités a mis en lumière la capacité qu'a la Constitution de 1958 de s'adapter à des situations politiques très différentes. On dit parfois qu'il s'agit d'une constitution à géométrie variable.

Pendant les cinq premières années où ces deux majorités concordaient, de 1981 à 1986, la pratique constitutionnelle de François Mitterrand s'inscrivit dans le droit fil de celle de ses prédécesseurs ; la prépondérance présidentielle s'affirmait plus nettement que jamais. Le candidat François Mitterrand s'était fait élire sur un programme long et détaillé, qui ne comportait pas moins de 110 propositions. Pour tenir les engagements contenus dans ce programme, il fallait évidemment qu'il se montrât assez directif envers le gouvernement et le Parlement ; et c'est bien dans l'ensemble ce qu'il fit. Tout comme ses prédécesseurs, François Mitterrand mit en application le principe de la responsabilité du gouvernement devant le chef de l'État. En 1984, estimant qu'il était temps de changer de politique économique, il renvoya le gouvernement de Pierre Mauroy et chargea l'un de ses proches, Laurent Fabius, de former un nouveau gouvernement, moins à gauche que le précédent.

À la suite des élections de mars 1986, il se trouva confronté à une situation entièrement nouvelle : non seulement la majorité parlementaire ne concordait plus avec la majorité présidentielle, mais surtout, la première trouvait son origine dans une votation plus récente et traduisait donc mieux l'état du sentiment populaire.

En présence de cette situation, François Mitterrand aurait pu démissionner (c'est probablement ce qu'aurait fait le général de Gaulle). Il décida au contraire de demeurer à son poste mais, de la situation nouvelle, il tira deux conséquences :

- la première, c'était que la composition du gouvernement devait être conforme à l'orientation de la nouvelle majorité parlementaire. Il désigna donc comme Premier ministre le principal leader de la majorité parlementaire, Jacques Chirac. Tout autre aurait, en effet, été probablement renversé ;
- la seconde, c'était que la cohabitation des deux majorités nécessitait une certaine redistribution des rôles entre le président de la République et le Premier ministre. Dans le message qu'il adressa au Parlement le 8 avril 1986, François Mitterrand annonçait clairement cette redistribution :

« *Les circonstances qui ont accompagné la naissance de la V*[e] *République, la réforme de 1962 sur l'élection du chef de l'État au suffrage universel et une durable identité de vues entre la majorité parlementaire et le président de la République ont créé et développé des usages qui, au-delà des textes, ont accru le rôle de ce dernier dans les affaires publiques. La novation qui vient de se produire requiert de part et d'autre une pratique nouvelle* ».

Dans ce même message du 8 avril 1986, à la question de savoir comment allaient fonctionner les pouvoirs dans le cadre de la cohabitation, François Mitterrand apportait la réponse suivante : « *la Constitution, rien que la Constitution, toute la Constitution* ». Cette formule était ambiguë, car elle visait non seulement le texte de la Constitution, mais aussi et surtout les pratiques de ses prédécesseurs, notamment tout ce que l'on a appelé le domaine réservé.

Mais, sauf dans des circonstances tout à fait exceptionnelles (v. *infra* n° 605 et s.), ce sont le Parlement et le gouvernement qui détiennent l'essentiel des compétences normatives (initiative et vote de la loi, pouvoir réglementaire). Le président, quant à lui, ne dispose même pas d'un droit de veto en matière législative, à la différence de son homologue américain (v. *supra* n° 268). Ainsi que l'avait d'ailleurs rappelé Valéry Giscard d'Estaing dans son discours de Verdun-sur-le-Doubs (27 janvier 1978), la Constitution ne lui donne donc pas les moyens juridiques d'empêcher le gouvernement et la majorité parlementaire de mettre en œuvre leur programme.

En période de cohabitation, le fonctionnement des pouvoirs publics se rapproche donc de ce qu'il serait dans un régime parlementaire de type classique, c'est-à-dire d'un régime parlementaire moniste, comme le régime britannique, italien ou allemand. On en trouve, en effet, les éléments essentiels : un Premier ministre qui s'appuie sur la majorité parlementaire et qui est le véritable leader politique du pays (Jacques Chirac, de mars 1986 à mai 1988 ; Édouard Balladur de mars 1993 à mai 1995 ; Lionel Jospin, de juin 1997 à mai 2002) ; un Parlement qui légifère dans le cadre du programme arrêté par ce Premier ministre ; enfin un président de la République qui incarne la continuité de l'État, mais ne détermine plus les principales orientations de la politique nationale.

Toutefois, même en période de cohabitation, le président de la République n'est pas réduit à un rôle de figurant et dispose encore de certains atouts qui lui permettent de conserver un poids politique non négligeable.

En premier lieu, la Constitution donne au président des attributions qui le mettent en mesure de faire pression sur le gouvernement et le Parlement, au moins dans certaines circonstances. Il préside le Conseil des ministres. Les décrets et les ordonnances délibérés en Conseil des ministres requièrent sa signature. Il est seul à pouvoir convoquer une session extraordinaire du Parlement. Il est seul à pouvoir faire en sorte qu'une révision constitutionnelle soit adoptée par la voie du congrès. Le Premier ministre est donc obligé de négocier avec le président pour toutes sortes de choses : pour la nomination des très hauts fonctionnaires, pour le recours aux ordonnances qui permettent de légiférer plus rapidement, ou pour l'adoption d'une réforme constitutionnelle sans référendum.

En deuxième lieu, même en période de cohabitation, tout le monde admettait que, en matière de défense nationale et de relations extérieures, le président de la République, avait une responsabilité spéciale et que les décisions importantes devaient être prises avec son accord ou même parfois sur son initiative, quand bien même elles ne nécessiteraient pas formellement sa signature.

En troisième lieu, en période de cohabitation, le président dispose toujours d'une arme redoutable : celle de la parole. Il peut à tout moment s'adresser au pays en prononçant une allocution à la télévision ou en organisant une conférence de presse. Et comme il reste tout de même un élu du suffrage universel, il peut s'exprimer franchement et librement ; ni la Constitution ni les usages ne l'obligent à respecter la réserve que s'imposaient ses prédécesseurs de la IIIe ou de la IVe République, et que s'impose aujourd'hui encore la Reine d'Angleterre ou le président de la République allemand. Il peut donc critiquer, exploiter les erreurs du gouvernement ou les difficultés de l'heure, en essayant de retourner l'opinion publique à son profit. D'une cohabitation à l'autre, les thèmes se renouvellent mais la tactique présidentielle est toujours la même : il s'agit de braquer un projecteur sur les aspects de la politique gouvernementale qui suscitent le plus de mécontentements. F. Mitterrand critiquait surtout la politique sociale de la droite, alors que J. Chirac attaquait de préférence la gauche plurielle sur le terrain de la politique économique ou de la politique de sécurité. Mais, dans un cas comme dans l'autre, l'objectif poursuivi était de compenser une perte de pouvoir politique par un gain de popularité.

Enfin, *last but not least*, le président peut toujours, dans les conditions fixées par l'article 8 C, dissoudre l'Assemblée nationale s'il estime que les forces qui le soutiennent sont suffisamment homogènes et qu'elles ont une chance sérieuse de remporter les élections.

Durant ces dernières années, on a beaucoup débattu des avantages et des inconvénients de la cohabitation. Au moins jusqu'en 2000, les sondages la faisaient apparaître comme plutôt populaire, sans doute parce que l'opinion y voyait à tort ou à raison un moyen d'assurer un partage du pouvoir entre la droite et la gauche[5]. Mais, aux yeux d'une grande partie de la classe politique, elle présente aussi de graves inconvénients.

En premier lieu, certains assurent qu'elle ne serait pas vraiment conforme à l'esprit des institutions de la Ve République tel qu'ils l'interprètent, car si le président de la République est élu au suffrage universel direct, ce n'est pas pour qu'il inaugure les chrysanthèmes mais pour qu'il soit le leader de la Nation. Or, en période de cohabitation, il ne l'est plus, au moins pour ce qui concerne la politique intérieure[6].

En deuxième lieu, dans les conférences internationales au sommet, le pays est représenté par deux personnes qui pourraient défendre des positions différentes. Il y aurait donc un risque de fragilisation de la position internationale de la France.

En troisième lieu, lorsque la cohabitation dure longtemps, le Premier ministre et le président de la République risqueraient tous deux d'en souffrir car, comme ils ont été associés au sein de l'exécutif, ni l'un ni l'autre ne

5. Voir par exemple le sondage de la SOFRES publié dans le *Figaro Magazine* du 30 avril 1999.

6. D'autres objectent que dans plusieurs autres pays européens, l'Autriche, le Portugal, la Finlande, le président de la République est aussi élu au suffrage universel, mais n'exerce pas la réalité du pouvoir.

pourrait plus apparaître comme le candidat du changement. Cette désaffection s'étend aux tendances politiques qu'ils incarnent, c'est-à-dire en général celles du centre gauche et du centre droit. La cohabitation aboutirait ainsi à fausser le jeu de l'alternance en offrant aux extrêmes « des bains de jouvence artificiels par lesquels se propage, avec une apparence de vraisemblance, la critique indifférenciée des pouvoirs politiques en place » (Schrameck, 2002, p. 126[7]).

Or, force a été de constater qu'avec la Constitution telle qu'elle était durant cette période, la cohabitation n'était pas un phénomène épisodique. Entre 1981 et 2002, il y a eu neuf années de cohabitation, ce qui représente plus d'un tiers de la durée totale de la période. C'est pourquoi les trois principales forces politiques qui avaient vocation à exercer le pouvoir (les socialistes, les gaullistes et les giscardiens) ont été d'accord pour restaurer l'autorité présidentielle, même s'il fallait pour cela modifier assez profondément la Constitution léguée par de Gaulle.

D. La restauration de l'autorité présidentielle

La réforme du quinquennat, qui a été adoptée en septembre 2000 avec l'appui de la plupart des forces politiques, a été présentée par ses promoteurs comme une tentative pour sauver l'esprit des institutions en évitant le renouvellement trop fréquent des cohabitations. Toutes les cohabitations que l'on avait connues jusqu'alors étaient liées à un décalage de plus d'une année entre la date de l'élection législative et celle de l'élection présidentielle. On a pensé que si ces deux élections avaient lieu à quelques semaines seulement d'intervalle, et si les deux mandats avaient la même durée, cinq ans, il n'y aurait plus à l'avenir de décalage, et donc moins de risque de divergence des majorités.

À elle seule, la réforme du quinquennat ne permettait toutefois pas d'écarter toute éventualité de cohabitation.

D'une part, même si les deux élections ont lieu simultanément, rien ne permet d'affirmer que la majorité parlementaire et la majorité présidentielle seront toujours concordantes. Aux États-Unis, par exemple, en novembre 2012, les électeurs ont renouvelé un président démocrate, Barack Obama, tout en envoyant au Sénat une majorité républicaine. Il n'est pas impossible que l'on assiste un jour en France à un phénomène analogue surtout si, comme il en est depuis longtemps question, le système électoral est modifié par l'injection d'une certaine dose de représentation proportionnelle.

D'autre part, un décalage peut toujours se reproduire si l'un des deux mandats prend fin avant l'échéance normale, c'est-à-dire en cas de dissolution de l'Assemblée nationale ou en cas de vacance de la présidence de la République pour cause de décès, de démission, d'empêchement ou de destitution.

7. Quelques mois après la publication du livre d'Olivier Schrameck, les résultats du premier tour de l'élection présidentielle ont confirmé sur ce point son diagnostic : les deux cohabitants, Jacques Chirac et Lionel Jospin, n'ont rassemblé à eux deux que 36 % des suffrages exprimés, alors que les extrémistes de droite et de gauche en ont recueilli plus de 30 %.

Pour avoir le maximum de chances de restaurer l'autorité présidentielle, on a procédé à une manipulation du calendrier électoral de façon que les élections législatives aient lieu au moment le plus favorable du point de vue du chef de l'État, c'est-à-dire durant les semaines qui suivent sa propre élection. On pensait que les électeurs auraient alors le réflexe de confirmer le choix de la personne à laquelle ils avaient confié la direction du pays en lui assurant une majorité parlementaire confortable. Et c'est bien ce qui s'est produit en 2002, 2007, 2012 et 2017, c'est-à-dire lors des quatre élections présidentielles qui ont eu lieu depuis la réforme.

L'impact de cette réforme a été différemment apprécié.

Selon Guy Carcassonne elle n'a rien changé de substantiel : « La Ve République est née comme un régime parlementaire à forte domination présidentielle. Elle a vécu et vit encore ainsi. Nihil nove sub sole »[8].

Nous estimons au contraire que les réformes du début des années 2000 ont changé la nature même de la Ve République parce que la domination présidentielle dont parle Guy Carcassonne est beaucoup plus forte que par le passé. La personne titulaire de cette domination sait qu'elle n'est plus soumise à aucun aléa de nature électorale. Il y a là une différence importante avec la situation du président des États-Unis qui, à la suite des mid-term elections, risque de perdre son soutien à la chambre des représentants, au Sénat, ou même les deux à la fois. Et comme son mandat lui a été directement conféré par le peuple, le président français ne peut pas non plus être contraint à la démission par son propre parti comme l'a été le premier ministre britannique, Margaret Thatcher en 1991.

Le renforcement du présidentialisme a modifié le comportement des citoyens. Ils ont le sentiment que le choix du chef de l'État est la seule chose qui importe vraiment. Aussi participent-ils de moins en moins aux scrutins, sauf à ceux qui concernent l'élection présidentielle. Ils ont même tendance à se désintéresser du choix de leur député : en 2017, pour la première fois dans l'histoire politique de la France, la participation aux élections législatives est tombée en dessous du seuil de 50 %.

Le comportement des partis a également changé. L'élection présidentielle n'est plus seulement pour eux une élection parmi d'autres. C'est la seule qui compte vraiment. Les préoccupations relatives au choix d'un candidat sont donc devenues moins idéalistes et plus utilitaires. Le bon candidat n'est pas nécessairement celui qui incarne le mieux les idées et les valeurs défendues par le parti mais celui que l'on pourra le plus facilement « vendre » aux électeurs. C'est sans doute ce qui explique que, pour la préparation de l'élection présidentielle de 2017, chacun des deux principaux partis, le parti socialiste et le parti gaulliste, ait organisé, pour désigner son candidat, une élection primaire ouverte à tous les électeurs qui se définiraient comme sympathisants. Mais cette méthode importée des États-Unis (où elle a abouti en 2016 à l'élection de Donald Trump) n'a pas fonctionné comme on l'espérait. Les candidats désignés (François Fillon pour le parti gaulliste et Benoit Hamon pour le parti

8. Carcassonne G., « Immuable Ve République », *Pouvoirs*, n° 126, p. 27-35.

socialiste) ont été éliminés dès le premier tour, ce qui ne s'était encore jamais produit et les élections législatives qui ont suivi ont entraîné la marginalisation de ces deux partis.

En définitive, le renforcement du présidentialisme a eu pour conséquences l'apathie des citoyens et la disparition des repères traditionnels concernant les grandes divisions de l'opinion.

E. L'implosion du système des partis

La bipolarité était un facteur essentiel de l'alternance. Elle a pratiquement disparu en 2017, quand les candidats soutenus par chacune des coalitions ont été tous deux éliminés dès le premier tour des élections présidentielles. Le vainqueur du second tour, Emmanuel Macron, se présentait comme centriste et, aussitôt investi, il a créé un nouveau parti politique, La République en marche (LREM), qui a été rejoint par certains des membres des deux grandes coalitions traditionnelles et qui a présenté des candidats aux élections législatives dans la plupart des circonscriptions, pour finir par remporter la majorité absolue des sièges. À la suite de leur défaite aux élections législatives, Les Républicains et le Parti Socialiste ont été considérablement affaiblis et chacun s'est divisé entre les partisans d'une opposition radicale et ceux d'une opposition dite « constructive », c'est-à-dire qu'ils étaient disposés à voter au moins certains des projets déposés par le gouvernement.

Le mode d'exercice du pouvoir pouvait donc paraître le même que durant la période précédente : le président était l'élu du peuple tout entier et l'organisation des élections législatives dans la foulée de l'élection présidentielle lui permettait de disposer d'une majorité parlementaire.

En mai 2018, le président avait saisi l'Assemblée nationale d'un projet de révision institutionnelle, mais avait été contraint de le suspendre en raison du mouvement de protestation connu sous le nom de fronde des « gilets jaunes ». Mais ce projet fut repris dans ces grandes lignes au mois de juin 2019 : réforme de la composition du Parlement tendant à réduire le nombre des députés et des sénateurs, réforme des modes de scrutin tendant à combiner le scrutin majoritaire avec la représentation proportionnelle, réforme des règles de cumul des mandats dans le temps. Ses dispositions relèvent non seulement des domaines de la loi ordinaire et de la loi organique, mais aussi de celui de la loi constitutionnelle. Pour modifier celle-ci, conformément à l'article 89 C, le gouvernement devrait soit négocier avec le Sénat, qui est actuellement dans l'opposition, soit organiser un référendum de l'article 11. Mais ce dernier paraît très aléatoire, car il permettrait à toutes les oppositions de se regrouper en faisant campagne pour une réponse négative.

En outre, depuis les événements de mars-juin 2020, avec la crise du coronavirus et les graves problèmes économiques et sociaux qui en ont résulté, la perspective d'une grande réforme institutionnelle s'est estompée, car il y a manifestement des choses plus urgentes. Quoi qu'il advienne de la réforme institutionnelle, les principes de l'indivisibilité de la République et de la souveraineté nationale, constitutifs de l'identité constitutionnelle de la France, demeureront.

Sous-section 4
Les principes d'indivisibilité de la République et de la souveraineté nationale

495. D'après l'article 1er de la Constitution, la France est une République « indivisible » qui « *assure l'égalité de tous les citoyens devant la loi sans distinction d'origine, de race ou de religion* ». Selon le Conseil constitutionnel, cette indivisibilité emporte plusieurs conséquences : en premier lieu, le peuple est lui-même indivisible ; la simple mention dans une loi du « *peuple corse, composante du peuple français* », est donc contraire à la Constitution car celle-ci ne connaît que le peuple français, composé de tous les citoyens français, sans distinction d'origine, de race ou de religion ; en second lieu, la Constitution interdit la reconnaissance de « *droits collectifs à quelque groupe que ce soit, défini par une communauté d'origine, de culture, de langue ou de croyance* », et c'est pour cette raison que la ratification par la France de la Charte européenne des langues régionales ou minoritaires fait problème.

Enfin, l'indivisibilité de la République impliquait l'unité du pouvoir législatif, à la différence de ce qui se produit dans les États fédéraux où chacune des collectivités composantes à son propre Parlement, compétent dans certaines matières. Elle interdit donc en principe tout transfert de compétences législatives vers le bas, c'est-à-dire au profit des collectivités composantes de la République. En revanche, elle est parfaitement compatible avec le principe de l'autonomie de ces collectivités sur le plan administratif.

Par ailleurs d'après l'article 3 de la Constitution : « *La souveraineté nationale appartient au peuple qui l'exerce par ses représentants ou par la voie du référendum* ». Cette disposition est généralement interprétée – notamment par le Conseil constitutionnel – comme interdisant toute aliénation ou transfert de la souveraineté vers le haut, c'est-à-dire au profit d'organisations internationales.

Toutefois, ces deux principes, qui figurent toujours dans la Constitution, sont aujourd'hui interprétés de façon plus souple de manière à permettre à la fois une extension des compétences locales et le transfert de compétences à l'Union européenne.

§1. La République et ses collectivités composantes

496. Les relations entre la République et ses collectivités composantes sont régies par les titres XII et XIII de la Constitution.

Par ordre d'autonomie croissante, on distingue :

A) Les collectivités situées dans la Métropole qui comprend l'Hexagone et la Corse. Elles sont régies par les articles 72 à 72-2 du Titre XII.

B) Les collectivités ultramarines régies par les articles 72-3 à 74-1 du titre XII.

C) La Nouvelle-Calédonie régie par le titre XIII de la Constitution.

A. Les collectivités territoriales métropolitaines

497. Il s'agit principalement des communes, des départements et des régions. Mais la loi peut créer d'autres types de collectivités territoriales, comme elle l'a fait pour la Corse. Avant la réforme du 28 mars 2003 relative à l'organisation décentralisée de la République, l'article 72 C se bornait à indiquer que ces collectivités « *s'administrent librement par des conseils élus et dans les conditions prévues par la loi* ». Il ajoutait que « *le délégué du gouvernement dans ces collectivités (c'est-à-dire généralement le préfet) a la charge des intérêts nationaux, du contrôle administratif et du respect des lois* ».

De cette rédaction, on pouvait déduire que l'autonomie des collectivités territoriales était strictement limitée au domaine administratif et qu'elles ne pouvaient donc bénéficier d'aucun transfert de pouvoir législatif. Le Conseil constitutionnel l'avait d'ailleurs rappelé dans une importante décision du 17 janvier 2002 dans laquelle il s'était opposé à tout transfert d'une compétence législative à l'Assemblée de Corse, fût-ce même à titre provisoire et expérimental[9].

La réforme de 2003 avait un double objet. En premier lieu, elle complétait la notion de « *libre administration* » en précisant que les collectivités territoriales « *disposent d'un pouvoir réglementaire pour l'exercice de leurs compétences* ». Cependant, il ne s'agit pas là d'une véritable innovation car en réalité ce pouvoir a toujours existé. Le meilleur exemple en est le pouvoir de police du maire qui s'exerce dans l'intérêt de la tranquillité, de la sécurité et de la salubrité publique.

En second lieu, cette réforme élargissait les compétences des collectivités territoriales en les étendant à certaines matières du domaine législatif.

Pour définir ces compétences, le nouvel article 72 alinéa 2 se réfère au principe de « subsidiarité » qui est en usage dans l'Union européenne et dans certains États fédéraux comme l'Allemagne : « *Les collectivités territoriales ont vocation à prendre les décisions pour l'ensemble des compétences qui peuvent le mieux être mises en œuvre à leur échelon* ».

À première vue, cette formulation peut sembler un peu vague : le « mieux ou le moins bien » est une notion plus politique que juridique car elle comporte nécessairement une part importante d'appréciation subjective. Cela signifie que c'est au législateur qu'il appartiendra d'apprécier, notamment en tenant compte des résultats des expérimentations et sous le contrôle du Conseil constitutionnel les compétences qui peuvent le mieux être mises en œuvre à l'échelon des collectivités territoriales.

9. La loi soumise au Conseil prévoyait que le Parlement pouvait autoriser l'Assemblée de Corse à procéder à des expérimentations comportant, le cas échéant, des dérogations aux règles législatives en vigueur, en vue de l'adoption ultérieure par le Parlement de dispositions législatives appropriées.

D'après le 4e alinéa de l'article 72 C, dans les conditions prévues par une loi organique (LO no 2003-704 du 1er août 2003), les collectivités territoriales ou leurs groupements peuvent, lorsque, selon le cas, la loi ou le règlement l'a prévu, déroger, à titre expérimental aux dispositions législatives et réglementaires qui régissent l'exercice de leurs compétences. Ce pouvoir d'expérimentation est cependant assez strictement encadré. La dérogation ne peut être autorisée que pour un objet et une durée limitée. Elle ne doit jamais aboutir à remettre en cause les conditions essentielles d'exercice d'une liberté publique ou d'un droit constitutionnellement garanti.

La reconnaissance explicite d'un pouvoir d'expérimentation en matière législative entraîne la caducité de la jurisprudence du Conseil constitutionnel citée plus haut. On pourra désormais faire pour n'importe quelle collectivité territoriale ce que l'on n'a pas pu faire pour la Corse en 2002. Par l'effet combiné de la subsidiarité et de l'expérimentation, le système de répartition des compétences entre l'État et les collectivités territoriales devient évolutif et l'on pourrait s'acheminer progressivement vers un régionalisme, où certaines collectivités territoriales disposeraient d'un véritable pouvoir législatif, comme c'est déjà le cas dans la plupart des États voisins de la France.

L'expérimentation au plan national et l'expérimentation au plan local poursuivent donc en fait le même objectif : il s'agit d'interpréter le principe d'indivisibilité de la République de manière qu'il ne fasse pas obstacle à une meilleure adaptation des normes législatives ou réglementaires aux circonstances locales.

Le projet de loi constitutionnelle pour une démocratie plus représentative, responsable et efficace, déposé en mai 2018 au nom d'E. Macron, prévoit de modifier légèrement les possibilités offertes aux collectivités territoriales par l'article 72 de la Constitution. D'après l'article 15 de ce projet, les collectivités territoriales pourraient non seulement procéder à des expérimentations mais aussi s'octroyer de nouvelles compétences à titre permanent. Mais l'encadrement prévu par l'article 72 subsisterait, c'est-à-dire que l'augmentation de compétences ne devrait jamais aboutir à remettre en cause les conditions essentielles d'exercice d'une liberté publique ou d'un droit constitutionnellement garanti.

La réforme relative à l'organisation décentralisée de la République ne se borne pas à élargir les compétences des collectivités territoriales. Elle traite également du mode d'exercice de ces compétences et des moyens financiers permettant de les mettre en œuvre.

Avant la réforme, le mode d'exercice des compétences ne pouvait être que représentatif, au moins à l'échelon des départements et des régions. L'article 72-1 C rompt avec cette tradition en introduisant, dans le fonctionnement des institutions territoriales, quelques éléments de démocratie directe (droit de pétition, possibilité d'un référendum décisionnel à l'initiative de la collectivité sur une question relevant de sa compétence, possibilité d'un référendum sur le statut ou les limites de la collectivité à l'initiative du législateur)[10].

10. La loi du 10 juin 2003 organisant une consultation des électeurs de Corse sur la modification de l'organisation institutionnelle de l'île a constitué la première application de cette dernière réforme.

Depuis longtemps, les collectivités territoriales se plaignaient de ne pas disposer de ressources propres suffisantes pour remplir leurs missions. L'article 72-2 C leur accorde quelques garanties à cet égard. Il est précisé que les recettes fiscales et les autres ressources propres représentent, pour chaque catégorie de collectivités « une part déterminante de l'ensemble de leurs ressources ». Tout transfert de compétences entre l'État et les collectivités territoriales doit s'accompagner de l'attribution de ressources équivalentes à celles qui étaient consacrées à leur exercice. Toute création ou extension de compétences ayant pour conséquence d'augmenter les dépenses des collectivités territoriales doit être accompagnée de ressources déterminées par la loi.

Les collectivités territoriales ne disposent cependant pas d'une pleine autonomie financière car le législateur conserve la maîtrise du système fiscal. Lui seul peut créer de nouveaux impôts. Toutefois, la loi peut autoriser les collectivités territoriales à fixer elles-mêmes l'assiette et le taux de certains des impôts destinés à alimenter leurs ressources. Il existe en outre des revendications en vue d'une autonomie plus grande pour toutes les collectivités ou pour accorder à certaines, comme la Corse, un statut dérogatoire.

B. Les collectivités territoriales d'outre-mer

498. Elles ont des statuts très divers, mais l'on peut distinguer deux grandes catégories[11].

1. Les départements ou régions d'outre-mer (DROM) régis par l'article 73 C[12]

499. Entrent depuis longtemps dans cette catégorie la Guyane, la Martinique, la Guadeloupe et la Réunion. Chacun constitue à la fois un département et une région. Mayotte se trouve dans la même situation depuis le 31 mars 2011[13]. Ces collectivités relèvent en principe du droit commun applicable aux départements ou régions métropolitains, mais sous réserve de deux particularités.

La première est traditionnelle : les lois et règlements nationaux, qui sont applicables de plein droit peuvent néanmoins faire l'objet « d'adaptations tenant aux caractéristiques et contraintes particulières de ces collectivités » (art. 73 al. 1er C).

La seconde particularité consiste, depuis la révision du 28 mars 2003, en une sorte de pouvoir normatif autonome. Par dérogation au principe selon lequel les lois et règlements nationaux sont applicables de plein droit, pour tenir compte de leur spécificité, ces collectivités[14] peuvent être habilitées,

11. En plus de ces deux catégories, il existe des territoires sans peuplement permanent, dont la loi détermine le régime législatif et l'organisation particulière. Ce sont, d'une part, les Terres australes et antarctiques françaises et, d'autre part, l'îlot de Clipperton (voir l'article 72-3 C dernier alinéa).

12. Blériot, 2005.

13. Mayotte constitue donc le 101e département français et le 5e département d'outre-mer (DOM).

14. À l'exception de La Réunion qui, à la demande d'un sénateur réunionnais, a été expressément exclue de ce dispositif (art. 73 al. 5 C).

selon le cas par la loi ou le règlement à fixer elles-mêmes les règles applicables sur leur territoire, dans un nombre limité de matières pouvant relever du domaine de la loi (art. 73 al. 3 C).

2. Les autres collectivités d'outre-mer régies par l'article 74 C[15]

500. Entrent dans cette catégorie la Polynésie française, les Îles Wallis-et-Futuna, Saint-Pierre-et-Miquelon, Saint-Martin et Saint-Barthélemy. Ces collectivités ont chacune un statut propre, fixé par une loi organique, qui tient compte de leurs « intérêts propres » au sein de la République. Ce statut peut donc être très différent de celui des collectivités territoriales métropolitaines.

Les compétences normatives de ces collectivités sont plus ou moins étendues selon le cas mais, dans l'ensemble, beaucoup plus larges que celles des DROM. Elles peuvent en user pour prendre des mesures de discrimination positive[16] en faveur de leur population, en matière d'accès à l'emploi, de droit d'établissement et de protection du patrimoine foncier, à condition que ces mesures soient « justifiées par les nécessités locales ». Aucune autre collectivité territoriale française ne dispose d'un tel pouvoir, à l'exception de la Nouvelle-Calédonie (v. *infra* n° 501).

Le principe de l'indivisibilité de la République n'exclut pas la possibilité pour une collectivité territoriale d'outre-mer de faire sécession et d'accéder ainsi à la pleine souveraineté[17]. Mais tant qu'il demeure au sein de la République, l'autonomie dont il dispose est nécessairement limitée.

D'une part, même s'il dispose d'un pouvoir normatif étendu, ce pouvoir est toujours à la merci du législateur national, ordinaire ou organique, qui peut retirer ou restreindre les habilitations qu'il a accordées.

D'autre part, même lorsqu'ils portent sur des matières législatives, les actes adoptés par l'assemblée de ce territoire sont assimilés à de simples actes administratifs, relevant de la juridiction du Conseil d'État et non de celle du Conseil constitutionnel.

Le recours à une solution souple de type fédéraliste n'est possible que moyennant une révision de la Constitution, comme le montre l'exemple de la Nouvelle-Calédonie.

---

15. Clinchamps, 2005.

16. Sur la notion de discrimination positive, v. *infra* n° 531.

17. Aux termes du dernier alinéa de l'article 53 C : « *Nulle cession, nul échange, nulle adjonction de territoire n'est valable sans le consentement des populations intéressées* ». Prises à la lettre, ces dispositions n'envisagent, semble-t-il, que l'hypothèse d'une cession ou d'un échange de territoire entre deux États préexistants. Mais en vertu d'une interprétation large, connue sous le nom de « doctrine Capitant » (du nom du juriste qui l'a présentée pour la première fois en 1966 devant l'Assemblée nationale), on admet qu'elles sont également applicables dans l'hypothèse où un territoire ferait sécession pour devenir indépendant. La sécession doit d'abord être approuvée par les populations locales (référendum d'autodétermination). Elle doit ensuite être autorisée par une loi votée par le Parlement de la République. C'est cette procédure qui a permis l'accession à l'indépendance : des départements de l'Algérie et du Sahara en 1962, des départements d'outre-mer de la Côte française des Somalis en 1967, d'une partie de l'archipel des Comores en 1974 et du territoire des Afars et des Issas en 1977.

C. Le cas particulier de la Nouvelle-Calédonie

501. Après l'adoption de la Constitution de 1958, la Nouvelle-Calédonie a conservé le statut de territoire d'outre-mer dont elle bénéficiait depuis 1946. Mais à partir du début des années quatre-vingt, un conflit marqué par des incidents souvent meurtriers a opposé les indépendantistes principalement d'origine autochtone, regroupés autour du FLNKS (Front de libération nationale Kanak et socialiste) aux anti-indépendantistes, en majorité d'origine européenne, regroupés autour du RPCR (Rassemblement pour la Calédonie dans la République). En 1988, les deux partis et le gouvernement français concluent les accords de Matignon qui firent l'objet d'un référendum national organisé dans le cadre de l'article 11 de la Constitution (loi référendaire du 9 novembre 1988). L'article 2 de cette loi prévoyait un scrutin d'autodétermination qui devait intervenir dix ans plus tard, entre le 1er mars et le 31 décembre 1998. Mais, par l'accord de Nouméa du 5 mai 1998, les partenaires locaux ont voulu retarder l'échéance du scrutin d'autodétermination, qui n'aurait laissé le choix qu'entre le *statu quo* et l'indépendance immédiate, en demandant que, durant une assez longue période transitoire, le territoire soit doté d'une autonomie beaucoup plus large que celle dont il avait bénéficié jusqu'alors. Il était prévu que plusieurs scrutins d'autodétermination seraient organisés à des dates successives pour tenir compte d'une possible évolution de l'opinion. Les deux premiers, qui ont eu lieu le 4 novembre 2018 et le 4 octobre 2020, se sont soldés par une majorité de non, c'est-à-dire par un vote contraire à l'indépendance du territoire. Le troisième scrutin devrait avoir lieu le 12 décembre 2021.

Cette autonomie ne pouvait pas être réalisée dans le cadre des articles 72 à 74 de la Constitution. C'est pourquoi les dispositions transitoires relatives à la Nouvelle-Calédonie ont fait l'objet d'un titre spécial, inséré dans la Constitution par la loi de révision du 20 juillet 1998[18]. Le statut de la Nouvelle-Calédonie a été fixé par une loi organique du 19 mars 1999, prise en application de ce titre.

La Nouvelle-Calédonie a désormais son propre Parlement, le Congrès, qui peut adopter des « lois du pays » dans un certain nombre de matières qui relèvent normalement de la compétence du Parlement national. La différence avec le statut des autres collectivités d'outre-mer réside moins dans l'étendue des compétences législatives transférées que dans le fait qu'elles le sont à titre définitif, c'est-à-dire que le Parlement national ne peut plus retirer ou restreindre l'habilitation, la répartition étant déterminée non plus par la loi ordinaire ou organique, comme c'est le cas pour les autres collectivités territoriales, mais par la Constitution elle-même.

18. Ce titre spécial, qui porte le numéro XIII et comporte deux articles (76 et 77), a pris la place de celui qui était consacré à la Communauté franco-africaine de 1958 et qui avait été formellement abrogé par la loi constitutionnelle du 4 août 1995.

Dans ses rapports avec la Nouvelle-Calédonie, la République française apparaît donc désormais à certains égards[19] comme un État de type fédéral, alors qu'elle était traditionnellement unitaire et qu'elle le demeure en principe, sous réserve de cette exception.

Les transferts de compétence au profit des collectivités composantes de la République demeurent dans l'ensemble limités. Il en va différemment de ceux qui ont été consentis au profit d'organisations de type supranational.

§2. La République et l'Union européenne

502. En tant qu'entité politique, l'Union européenne a déjà été présentée (v. *supra* n° 304 et s.).

On l'abordera ici sous un angle purement national : dans quelle mesure les transferts de compétences qu'elle implique sont-ils compatibles avec la Constitution française ? Et de quelle manière les citoyens français sont-ils représentés en son sein ?

A. La construction européenne face à la Constitution française

503. Une attitude ambivalente. – Dans la vie politique française, peu de sujets ont suscité autant de passions contradictoires que la construction européenne.

D'un côté, l'union politique des principales nations de l'Europe correspond à une profonde aspiration humaniste et pacifiste, dont Victor Hugo, parmi beaucoup d'autres, s'est fait l'écho[20].

D'un autre côté, depuis la Révolution, de façon implicite ou explicite, les institutions françaises ont toujours été fondées sur le principe de la souveraineté nationale qui paraît difficilement compatible avec l'idée d'une autorité supranationale, fût-elle européenne.

Les conséquences de cette situation sont paradoxales. Les initiatives les plus ambitieuses, en matière de construction européenne, sont souvent d'origine française, mais les résistances que suscitent ces initiatives au sein même de l'opinion française sont tellement fortes qu'elles peuvent aboutir à en provoquer l'échec[21].

L'antinomie entre l'internationalisme pacifiste et le nationalisme souverainiste est inscrite au cœur même du bloc de constitutionnalité. Aux termes de

19. À certains égards seulement, car si la Nouvelle-Calédonie jouit pour ses affaires internes d'une autonomie du même ordre que celle d'un État membre d'une fédération, rien de spécifique n'est prévu quant à la participation de ce territoire au gouvernement central.

20. « Nous aurons ces grands États-Unis d'Europe, qui couronneront le vieux monde comme les États-Unis d'Amérique couronnent le nouveau », in *Lettre aux membres du congrès de la paix*, 29 septembre 1872.

21. Tel a été par exemple le cas du traité connu sous le nom de Communauté européenne de défense (CED) : bien que voulu en principe par la France, et rédigé par ses diplomates, ce traité fut finalement abandonné à la suite d'un vote de l'Assemblée nationale française, le 30 août 1954. Voir Zorgbibe (2005), p. 28 et s. Cinquante ans plus tard, le traité instituant une Constitution pour l'Europe a connu un sort analogue.

l'alinéa 15 du Préambule de 1946 : « *Sous réserve de réciprocité, la France consent aux limitations de souveraineté nécessaires à l'organisation et à la défense de la paix* ». Mais, d'après l'article 3 de la Constitution de la IVe République, repris presque mot pour mot par l'actuelle Constitution, « *La souveraineté nationale appartient au peuple français* », ce qui semble indiquer que cette souveraineté est juridiquement « indisponible », c'est-à-dire insusceptible d'être substantiellement réduite par voie d'accords internationaux.

Le traité du Marché commun, ou traité sur la Communauté économique européenne (CEE), qui fut présenté au Parlement français en 1957, avait déjà une forte composante supranationale car il prévoyait la mise en place de nouvelles institutions, chargées d'élaborer les normes nécessaires à l'organisation du marché commun. Il se heurta à une vive opposition, notamment de la part des groupes communiste et gaulliste, qui contestaient sa conformité à la Constitution. Mais à l'époque, du fait de l'absence de juge constitutionnel, la solution d'un problème de ce genre ne pouvait résulter que du rapport des forces politiques. Le traité CEE fut ratifié grâce à l'appui des socialistes, des démocrates chrétiens et du centre droit, qui étaient déjà à l'époque les principaux soutiens de l'intégration européenne.

Revenu au pouvoir en 1958, le général de Gaulle ne remit pas en cause le Marché commun, dont il savait que la France tirerait profit pour son développement économique. Mais en 1965, il tenta de s'opposer à la mise en application de la règle de la majorité qualifiée pour la prise des décisions au sein du Conseil des ministres de la Communauté. Bien que prévue par le traité, cette règle lui paraissait en effet dangereuse pour la souveraineté nationale, seule l'exigence de l'unanimité pouvant garantir qu'un État ne serait jamais mis en minorité sur une question touchant à ses intérêts essentiels.

Par la suite, cependant, non seulement la France a accepté la règle de la majorité qualifiée mais elle a contribué à en étendre le champ d'application en participant à la négociation des grands traités qui allaient marquer les étapes suivantes de la construction européenne, ceux de Maastricht et d'Amsterdam notamment. Les réticences au sein de l'opinion française demeuraient cependant très fortes, comme l'ont montré les résultats du référendum de septembre 1992 sur la ratification du traité de Maastricht, où le « oui » ne l'a emporté qu'à une faible majorité (environ 51 %), et le référendum de 2005 par lequel fut rejeté le traité dit « constitutionnel » européen. Pour surmonter ces réticences, le traité de Lisbonne de 2007, qui reprenait pour l'essentiel le traité de 2005 fut ratifié par la voie parlementaire, et ne fut donc pas soumis au référendum.

Depuis le début des années 1970 la question des rapports entre la souveraineté nationale et la construction européenne se pose principalement en termes constitutionnels.

504. La jurisprudence du Conseil constitutionnel. – Les rédacteurs de la Constitution de 1958 voulaient éviter qu'une majorité parlementaire puisse facilement ratifier un traité susceptible de porter atteinte à la souveraineté nationale, comme cela s'était produit en 1957 à propos de la Communauté économique européenne. Aussi ont-ils prévu que lorsque le Conseil constitutionnel a déclaré qu'un engagement international comporte une clause contraire à la Constitution, l'autorisation de ratifier ou d'approuver cet engagement ne peut intervenir qu'après révision de la Constitution (art. 54 C). La saisine du Conseil, qui est facultative, était à l'origine réservée au président de la République, au Premier ministre, ainsi qu'aux présidents des assemblées parlementaires[22]. Cette faculté a été étendue par la révision constitutionnelle de 1992 à soixante députés ou soixante sénateurs. Cependant, lorsqu'un engagement international important est controversé, il serait politiquement difficile au chef de l'État de ne pas le soumettre au Conseil constitutionnel. À l'exception de l'acte unique européen (1986) et du traité de Nice (2004), le Conseil a donc été amené à se prononcer sur tous les engagements marquant les grandes étapes de la construction européenne.

Dans une décision de 1976, le Conseil établit une première distinction entre, d'une part, les *limitations de souveraineté*, qu'il considère comme conformes à la Constitution sous réserve de réciprocité, et dans la mesure où elles sont nécessaires à l'organisation et à la défense de la paix et, d'autre part, *les transferts de souveraineté* à une organisation internationale qui, en toute hypothèse, seraient contraires à la Constitution[23]. Mais cette distinction ne répondait pas à la question de savoir si tout transfert de compétence à une organisation internationale devait être considéré comme un « transfert de souveraineté ». Aussi allait-elle être abandonnée par la suite.

Dans sa décision du 9 avril 1992, relative au traité de Maastricht, pour la première fois le Conseil constitutionnel a constaté qu'un engagement international comportait des clauses contraires à la Constitution, en explicitant les critères jurisprudentiels qu'il utilise aujourd'hui encore.

D'une part, il admet que les transferts de compétence à une organisation internationale ne sont pas en eux-mêmes contraires à la Constitution car « *le respect de la souveraineté nationale ne fait pas obstacle à ce que* (...) *la France puisse conclure, sous réserve de réciprocité, des engagements internationaux en vue de participer à la création ou au développement d'une organisation internationale permanente* (...) *investie de pouvoirs de décision par l'effet de transferts de compétences consentis par les États membres* ».

Mais, d'autre part, il fixe des limites à ces transferts car « au cas où des engagements internationaux souscrits à cette fin contiennent une clause contraire à la Constitution ou portent atteinte aux conditions essentielles d'exercice de la souveraineté nationale, l'autorisation de les ratifier appelle une révision constitutionnelle ».

Ce ne sont donc pas seulement les stipulations formellement contraires à un article de la Constitution qui peuvent appeler une révision mais également celles qui touchent à un domaine où, selon le Conseil, sont en cause les conditions essentielles d'exercice de la souveraineté nationale : font

22. Depuis la révision constitutionnelle du 25 juin 1992, elle est également ouverte aux parlementaires. Sur cette procédure, v. *infra* n° 805.

23. Déc. n° 76-61 DC du 30 décembre 1976, rendue à propos de l'élection de l'Assemblée des communautés (aujourd'hui Parlement européen) au suffrage universel direct.

notamment partie de ces domaines la politique monétaire, la politique de change, ainsi que la politique des visas (mesures relatives à l'entrée et à la circulation des personnes).

Mais pour que l'on puisse parler d'atteinte aux conditions essentielles d'exercice de la souveraineté nationale, il faut encore qu'en raison des modalités d'exercice des compétences transférées, la France s'expose au risque de se voir imposer une décision par ses partenaires. Aussi longtemps que les décisions ne peuvent être prises par le Conseil des ministres européen qu'à l'unanimité, et à l'initiative de ses membres, ce risque n'existe pas car le représentant de la France peut toujours s'opposer à l'adoption d'une décision. Il n'y a donc pas d'atteinte aux conditions essentielles d'exercice de la souveraineté nationale[24]. L'atteinte est constituée à partir du moment où le Conseil des ministres prend ses décisions à la majorité, et à l'initiative de la Commission[25].

Mais à mesure que la construction européenne progresse, le domaine des décisions prises à la majorité ne cesse de s'étendre. Face à cette situation, les États membres n'ont pas tous adopté la même attitude. Certains ont choisi de modifier une fois pour toutes leur Constitution en acceptant en bloc et par avance tous les transferts de compétence rendus nécessaires par la construction européenne[26]. La France, au contraire, préfère procéder par petits pas, c'est-à-dire en n'autorisant des limitations à l'exercice de la souveraineté nationale que dans la mesure strictement nécessaire pour franchir une étape déterminée. Par exemple, aux termes du second alinéa de l'article 88-1 C : « *Elle (la République) peut participer à l'Union européenne dans les conditions prévues par le traité de Lisbonne (...) signé le 30 décembre 2007.* ». Cette méthode des petits pas ménage la susceptibilité des milieux les plus réticents envers la supranationalité, mais elle oblige à réviser une nouvelle fois la Constitution à chaque étape importante de la construction européenne, relançant ainsi les polémiques[27].

Selon les termes de l'article 54 C, le Conseil constitutionnel ne se prononce que sur les conditions de la ratification des traités opérant des transferts de compétences. À la différence de la Cour constitutionnelle allemande[28], il ne lui a jamais été demandé d'envisager les conséquences de ces transferts et notamment le « déficit démocratique » qui peut en résulter.

Ce déficit est néanmoins préoccupant.

24. Sur ce point, la jurisprudence du Conseil constitutionnel peut prêter à contestation car, même lorsque les décisions sont prises à l'unanimité, le Parlement français est dessaisi de sa compétence et il y a donc bien atteinte à la souveraineté nationale telle qu'elle est définie à l'article 3 C.

25. Décision du 31 décembre 1997 relative au traité d'Amsterdam (considérant 24).

26. Par exemple, l'article 23 de la Constitution allemande autorise la Fédération à transférer à l'Union européenne des droits de souveraineté, en précisant toutefois que la loi opérant de tels transferts doit être approuvée par le Bundesrat.

27. Sur cette méthode et sur la structure du titre XV de la Constitution, v. *infra* n° 725.

28. À la veille de la ratification du traité de Maastricht, la Cour allemande a été saisie d'un recours contre ce traité par un citoyen qui s'estimait lésé dans son droit à la démocratie, dans la mesure où les transferts de compétence envisagés aboutissaient à restreindre considérablement la compétence du parlement national et, par voie de conséquence, la capacité d'influence des électeurs allemands.

Telle qu'on la conçoit en France depuis la Révolution, la démocratie peut se définir comme un régime où les citoyens participent à l'exercice de la souveraineté par l'intermédiaire de leurs représentants élus, c'est-à-dire du Parlement et accessoirement par voie de référendum. Or les transferts de compétence liés à la construction européenne réduisent inévitablement l'espace de décision des parlements nationaux. En 1992, déjà, on considérait que la moitié environ des règles nouvelles introduites chaque année dans le corpus juridique français l'étaient à la suite d'une initiative prise au niveau communautaire (Conseil d'État, 1993, p. 16). Il subsiste tout de même encore aujourd'hui un noyau dur de compétences nationales qui comprend notamment la majeure partie du droit civil et du droit pénal, l'éducation, les rapports entre l'État et les églises, ainsi que l'organisation des services publics (sous réserve de l'obligation de respecter les principes de libre circulation des marchandises et des services). Mais ce noyau n'est pas nécessairement intangible car les transferts de compétence appellent sans cesse de nouveau transferts : par exemple la monnaie commune appelle une harmonisation des politiques économiques et budgétaires, la suppression des contrôles aux frontières appelle une coordination des politiques de sécurité.

À s'en tenir aux institutions nationales, force est donc de constater que la démocratie risque de régresser. De quels moyens dispose-t-on pour lutter contre cette régression ? La réponse dépend au moins en partie de la manière dont les citoyens français sont représentés au sein de l'Union.

B. La représentation des citoyens français au sein de l'Union

505. En tant qu'État membre, la République française est représentée au sein de l'Union par ses autorités exécutives, président de la République et gouvernement.

Le président de la République (éventuellement accompagné du Premier ministre, surtout en période de cohabitation) siège au Conseil européen.

Au Conseil des ministres, souvent désigné sous le nom de Conseil, qui exerce le pouvoir législatif conjointement avec la Commission et le Parlement européen, le gouvernement délègue l'un de ses membres, choisi en fonction des questions figurant à l'ordre du jour.

Enfin, comme ses homologues étrangers, l'exécutif français participe à la désignation des membres de la Commission et de la Cour de justice.

Les règles concernant cette représentation des États membres résultent directement des traités. On se bornera donc à renvoyer sur ce point à la présentation de l'Union européenne (v. *supra* n° 304).

Mais à côté de la représentation des États, il y a place pour une représentation des citoyens[29], dont les modalités sont variables car elles dépendent en

29. On soutient parfois que les citoyens sont également représentés par le Conseil des ministres ou le Conseil européen, les membres de ces deux organes étant soit élus, comme le président de la République française, soit responsables devant leur Parlement national. Cette thèse paraît difficilement défendable car

partie de décisions prises au niveau national. C'est grâce à cette représentation que l'on peut espérer réduire le déficit démocratique. Elle se réalise à la fois par l'intermédiaire du Parlement national et par l'élection de députés au Parlement européen.

506. La représentation des citoyens par leur Parlement national. - Depuis que le Parlement européen est élu au suffrage direct (1979), les parlements nationaux ne sont plus représentés au sein des organes de l'Union[30]. Mais dans la plupart des États membres, ils participent d'une manière indirecte, et selon des modalités variables, à l'élaboration de la législation européenne.

En Allemagne, pour les questions relevant, d'après la Constitution allemande, de la compétence des Länder, le gouvernement fédéral ne peut pas défendre en Conseil des ministres européen une position qui n'aurait pas été approuvée par le Bundesrat. Parfois même, il doit céder la place à des représentants désignés par le Bundesrat.

Au Danemark, les positions à défendre sont arrêtées d'un commun accord entre le gouvernement et le Folketing (Parlement).

En France, d'après l'article 88-4 C, chacune des deux assemblées est tenue informée des projets d'actes communautaires et peut adopter des résolutions exprimant un avis à leur sujet (v. *infra* n° 692 et s.). Mais ces résolutions ne lient pas le gouvernement.

Mais plus encore que d'être associé à l'élaboration de la législation communautaire, certains parlements nationaux souhaiteraient être en mesure d'en contrôler l'expansion. On sait que, d'après le principe dit de subsidiarité, dans les domaines qui ne relèvent pas de sa compétence exclusive, l'Union ne doit intervenir que si et dans la mesure où les objectifs de l'action envisagée ne peuvent pas être réalisés de manière suffisante par les États membres. Il a été proposé de créer une instance de recours, composée de représentants des parlements nationaux, qui exercerait une sorte contrôle *a priori* en examinant les exceptions de subsidiarité soulevées contre des projets d'acte communautaire[31].

Sans aller aussi loin, le traité de Lisbonne, qui est en vigueur depuis le 1er décembre 2009 prévoit des procédures permettant aux parlements nationaux de s'élever contre une atteinte au principe de subsidiarité (v. *infra* n° 595). Par exemple, si un projet d'acte européen était jugé contraire au principe de subsidiarité par un tiers au moins des parlements nationaux, ce projet devait être réexaminé par l'organe qui en est l'auteur (la commission dans le cas le plus fréquent). Mais ce réexamen n'impliquerait nullement l'abandon

les constitutions nationales elles-mêmes ne donnent pas à ces autorités la qualité de représentant (voir la théorie de la représentation, *supra* n° 185 et s.).

30. Cependant, le protocole 1 du traité établissant une Constitution pour l'Europe prévoit qu'une conférence des organes parlementaires spécialisés dans les affaires de l'Union peut soumettre des « contributions » à l'attention du Parlement européen, du Conseil ou de la Commission.

31. Voir les propositions faites par la délégation pour l'Union européenne de l'Assemblée nationale, in *Quelles réformes pour l'Europe de demain ?*, rapport d'information n° 1939, 1995, p. 197 et s.

du projet, le dernier mot, en matière de subsidiarité, étant toujours réservé à la Cour de justice[32].

507. La représentation des citoyens par le Parlement européen. – Depuis 1979, le Parlement européen est élu par les citoyens au suffrage universel direct. Le traité fixe le nombre de sièges attribués à chaque pays mais les modalités de l'élection varient selon les législations nationales.

Depuis 2003, les représentants de la France sont élus dans le cadre d'une circonscription nationale unique.

L'élection a lieu au scrutin de liste à la représentation proportionnelle selon la règle de la plus forte moyenne. Il ne peut y avoir ni panachage ni vote préférentiel, de sorte que les chances pour un candidat d'être élu dépendent entièrement de la place qui lui a été attribuée par le parti sur la liste duquel il figure. Afin d'éviter une trop grande dispersion des voix, une liste ne peut se voir attribuer des sièges que si elle a obtenu au moins 5 % des suffrages exprimés. Les ressortissants d'un autre État de l'Union européenne ayant en France leur domicile réel ou une résidence continue sont électeurs et éligibles (pour plus de détails, cf. *supra* n° 309).

Habituellement, les élections européennes sont celles où le taux d'abstention est le plus élevé, car le Parlement européen suscite relativement peu d'intérêt. Pourtant, en 2019, on a constaté en France, comme dans les autres pays de l'Union, un rebond de la participation qui a augmenté de huit points par rapport aux élections de 2014 (50,5 % contre 42,61 %), ce qui s'explique en partie par des raisons de politique intérieure et en partie aussi par une plus grande attention aux problèmes européens, car il a été également constaté dans la plupart des autres pays.

Sous-section 5
La rigidité constitutionnelle

508. Une constitution rigide est une constitution qui ne peut être modifiée qu'au terme d'une procédure spéciale et non par la loi ordinaire. Cette procédure spéciale est plus ou moins lourde. On rattache parfois à la rigidité de la Constitution l'existence d'un contrôle de la constitutionnalité des lois. En effet, dit-on, si une loi pouvait être contraire à la Constitution, il s'ensuivrait que celle-ci ne pourrait pas être considérée comme véritablement rigide. Néanmoins, il ne s'agit pas d'une véritable implication et un très grand nombre de Constitutions sont justement appelées « rigides » parce qu'elles ne sont pas modifiables par la loi ordinaire, bien qu'elles n'instituent aucun contrôle de la constitutionnalité des lois. C'est pourquoi on n'étudiera dans cette section que les mécanismes de la révision. Le contrôle de la constitutionnalité des lois fera l'objet d'un développement important dans le dernier chapitre.

32. Voir sur ce point le protocole 2 sur l'application des principes de subsidiarité et de proportionnalité.

Le titre XVI de la Constitution s'intitule : « De la révision »[33].

Il comprend un article unique, l'article 89, qui détermine la procédure normalement applicable en matière de révision constitutionnelle.

Néanmoins, l'expérience prouve que la révision peut aussi se dérouler en dehors du cadre de l'article 89.

§1. La révision dans le cadre de l'article 89

A. L'initiative

509. L'initiative de la révision appartient concurremment au président de la République sur proposition du Premier ministre et aux membres du Parlement. Mais, dans un cas comme dans l'autre, des limitations sont prévues.

B. Les limitations du pouvoir de révision

510. Certaines limitations ont trait aux circonstances. Aux termes de l'article 89 alinéa 4 : « *Aucune procédure ne peut être engagée ni poursuivie lorsqu'il est porté atteinte à l'intégrité du territoire* ». Il s'agit d'éviter que les institutions puissent être modifiées sous la pression d'une armée d'occupation, comme en juillet 1940. Par ailleurs, il ne peut être fait application de l'article 89 durant la vacance de la présidence de la République ou durant la période qui s'écoule entre la déclaration du caractère définitif de l'empêchement du président de la République et l'élection de son successeur (art. 7, dernier al. C).

Il semble donc qu'une loi de révision permet pratiquement de tout faire pourvu qu'elle soit adoptée dans les formes prévues par l'article 89, mais sous réserve des dispositions de l'alinéa 5 : « *La forme républicaine du gouvernement ne peut faire l'objet d'aucune révision* ».

La possibilité de réviser la Constitution n'est que la conséquence de la souveraineté. Le peuple n'a-t-il pas le droit inaltérable « de revoir, de réformer et de changer sa Constitution », comme l'affirmait déjà l'article 28 de la Déclaration des droits de l'Homme et du Citoyen du 24 juin 1793 ?

Le problème de la souveraineté ou de la limitation du pouvoir constituant est cependant moins simple qu'il ne paraît (v. *supra* n° 34). D'une part, lorsque la procédure de l'article 89 se termine par un vote du congrès et non par un référendum (v. *infra* n° 511), la Constitution est en fait révisée par les assemblées représentatives sans l'intervention directe des citoyens. Dans ce cas au moins, une limitation quant au fond du pouvoir de révision pourrait donc être considérée comme démocratiquement légitime : elle se justifierait par l'idée que le congrès est un pouvoir constituant de moindre valeur, les révisions les plus importantes devant être laissées à la décision

33. Il s'agissait à l'origine du titre XIV. Mais la numérotation a été modifiée à deux reprises car les lois constitutionnelles du 25 juin 1992 et du 27 juillet 1993 ont chacune inséré un nouveau titre dans la Constitution.

du souverain lui-même, c'est-à-dire du peuple statuant par voie de référendum. C'est d'ailleurs ce qu'affirme le Conseil constitutionnel quand il refuse d'examiner les lois référendaires, constitutionnelles ou pas, au motif qu'elles sont l'expression directe de la souveraineté nationale. On peut observer que le Conseil présuppose ici une identité entre le peuple et le corps électoral, ce qui est une interprétation étrange de l'article 3 de la Constitution, qui dispose que le peuple exerce sa souveraineté soit par ses représentants, soit par la voie du référendum. D'autre part, l'alinéa 5 de l'article 89 présente un caractère ambigu. Que doit-on entendre par « forme républicaine du gouvernement » ? On peut l'interpréter au moins de deux manières différentes. Dans un sens étroit, elle signifierait l'absence d'une monarchie héréditaire. Dans un sens large, il pourrait s'agir de l'ensemble des principes susceptibles d'être considérés comme formant le noyeau dur de la Constitution, y compris des principes implicites comme l'État de droit ou le caractère démocratique du régime (Troper, 1994).

C. La procédure

511. La révision constitutionnelle se déroule en deux étapes. Elle doit d'abord être votée en termes identiques par les deux assemblées. Cela signifie que, en cas de désaccord entre les deux assemblées, il n'est pas possible, comme pour les lois ordinaires, de donner le dernier mot à l'Assemblée nationale dont les membres sont pourtant élus au suffrage direct (art. 45 C). La procédure a donc été critiquée pour son caractère peu démocratique, puisqu'elle donne au Sénat qui est une assemblée élue au suffrage indirect et en général conservatrice un droit de veto en matière constitutionnelle, c'est-à-dire sur les décisions les plus importantes dans tout système politique.

Mais l'étape finale de la procédure dépend, d'une part, de l'autorité qui a pris l'initiative de la révision et, d'autre part, d'une option ouverte au président de la République.

Si l'initiative de la révision a été prise par le Parlement (*proposition*), une fois que chacune des deux Chambres a adopté le texte dans les mêmes termes, il doit obligatoirement être soumis au référendum. S'il s'agit d'un *projet*, donc une initiative de l'exécutif, le président de la République peut décider de ne pas faire intervenir directement le peuple et soumettre le projet de révision au Parlement convoqué en Congrès, c'est-à-dire statuant les deux Chambres réunies. Dans ce cas, une majorité spéciale est requise, car le projet ne deviendra loi constitutionnelle que s'il a réuni en sa faveur la majorité des trois cinquièmes des suffrages exprimés (art. 89 al. 3).

Certains projets, qui avaient passé la première étape, n'ont cependant été soumis ni au référendum ni au congrès. Tel est notamment le cas du projet de G. Pompidou réduisant à cinq ans la durée du mandat présidentiel (projet du 6 septembre 1973) et de celui de V. Giscard d'Estaing modifiant le régime de l'incompatibilité entre les fonctions parlementaires et ministérielles (projet du 27 septembre 1974). Ils avaient été adoptés par l'Assemblée nationale et le Sénat, mais à des majorités trop faibles pour que l'on pût espérer aboutir par la voie du Congrès. Dans les deux cas, le président, estimant qu'un référendum sur la réforme envisagée n'aurait pas été opportun, a donc préféré arrêter la procédure.

D. L'usage de l'article 89

512. Vingt-deux révisions constitutionnelles ont déjà été menées à bien dans le cadre de l'article 89 (v. *infra* n° 514).

Il convient de noter que, en ce qui concerne la seconde étape de la procédure, le président de la République a toujours choisi la voie du congrès, sauf pour la réforme du quinquennat. Le référendum du 24 septembre 2000 est jusqu'à présent le seul qui ait été organisé dans le cadre de l'article 89. Pourtant, certains auteurs ont soutenu, notamment en 1992 (à propos du traité de Maastricht), en 1998 (à propos du traité d'Amsterdam) et en 2005 à propos du traité constitutionnel européen, que, s'agissant d'une révision qui n'était pas une simple modification, mais une véritable transformation touchant à l'essence même de la Constitution, l'intervention du peuple était obligatoire politiquement et même juridiquement (Beaud, 1993). Mais à cet argument tiré de l'esprit de la Constitution, il est facile d'opposer le texte même de l'article 89, qui ne prévoit aucune restriction en ce qui concerne les modifications susceptibles d'être apportées à la Loi fondamentale par la voie du congrès, plus rapide et surtout politiquement moins périlleuse que celle du référendum. En définitive, quel que soit l'objet de la révision, le choix entre les deux voies relève donc de l'appréciation totalement discrétionnaire du président de la République.

Il arrive d'ailleurs que le président n'ait pas à faire ce choix car, en cas de désaccord entre les deux assemblées, le projet de révision est bloqué dès la première étape. C'est ce qui s'est produit par exemple en 1984, à propos de l'élargissement du domaine du référendum et en 1991, à propos de l'exception d'inconstitutionnalité. Ainsi qu'on l'a noté, l'article 89 en effet ne permet pas au gouvernement de donner le dernier mot à l'Assemblée nationale, comme il peut le faire dans la procédure législative ordinaire. En matière de révision constitutionnelle, le Sénat dispose donc d'un pouvoir de veto qui serait incontournable si la procédure de l'article 89 était réellement exclusive. Peut-être l'est-elle en théorie, mais en réalité il est possible de contourner l'obstacle, comme le montrent les précédents de 1962 et 1969.

§2. La révision en dehors du cadre de l'article 89

513. Du fait qu'il constitue l'intégralité du titre XVI, l'article 89 a été souvent considéré comme la seule procédure de révision juridiquement correcte, sous réserve des exceptions éventuellement prévues par la Constitution. Or, la Constitution n'avait prévu de dérogation à l'article 89 que dans un seul cas : lorsqu'il s'agissait de modifier les dispositions concernant le fonctionnement des institutions de la Communauté franco-africaine établie par l'ancien titre XII de la Constitution abrogé en 1995. C'était alors une procédure spéciale définie par l'ancien article 85 qui s'appliquait. Cette procédure n'a été utilisée qu'une seule fois, pour l'adoption de la loi constitutionnelle du 4 juin 1960, qui a permis aux États membres de la Communauté de devenir indépendants « sans cesser de ce fait d'appartenir à la Communauté ». Mais elle n'a plus aujourd'hui qu'un intérêt historique, les institutions de la Communauté ayant depuis longtemps cessé de fonctionner et même d'exister.

Une dérogation beaucoup plus importante a été introduite par la pratique en 1962, lorsque le général de Gaulle a voulu modifier les articles 6 et 7 de la Constitution pour instituer l'élection du président de la République au suffrage universel direct. Le Sénat étant hostile à cette réforme, celle-ci n'avait aucune chance d'aboutir dans le cadre de l'article 89. Pour contourner cet obstacle, le général de Gaulle a soumis directement le projet de révision au référendum en invoquant non pas l'article 89 mais l'article 11, ce qui permettait de court-circuiter le Parlement. Cette initiative a déclenché une controverse constitutionnelle dont les échos n'ont pas cessé de se faire entendre, et dont on résumera les principaux arguments.

1° Selon le général de Gaulle et son Premier ministre de l'époque, G. Pompidou, l'article 11 de la Constitution, qui autorise le président de la République sur proposition du gouvernement ou des assemblées « *à soumettre au référendum tout projet de loi portant sur l'organisation des pouvoirs publics* », serait applicable à un projet de révision constitutionnelle.

Leurs adversaires objectaient que cet argument reviendrait à soutenir l'existence de deux procédures parallèles de révision : celle de l'article 89 et celle de l'article 11. S'il en était ainsi, les constituants, disait-on, auraient fait preuve d'un grand désordre, car l'article 89 est inclus dans un titre spécial intitulé « De la révision ». Or, ou bien ce titre n'a pas de sens, ou bien toutes les règles relatives à la révision s'y trouvent réunies.

À cette objection, on pouvait répondre en s'appuyant sur les mots « organisation des pouvoirs publics », utilisés par l'article 11 que la loi constitutionnelle du 25 février 1875, qui fondait la IIIe République, s'intitulait précisément « loi relative à l'organisation des pouvoirs publics ».

Mais on pouvait faire valoir en sens inverse que les textes sur les pouvoirs publics ne doivent pas obligatoirement être adoptés en forme constitutionnelle et qu'ils peuvent l'être également, au gré du constituant, en forme législative. Le constituant de 1875 avait pu adopter la forme constitutionnelle et le constituant de 1958 la forme législative. Un projet de loi sur l'organisation des pouvoirs publics signifiait donc sous la Ve République, à la différence de la IIIe République, un projet de loi ordinaire.

2° Les partisans du référendum soutenaient encore, en reprenant une idée de Sieyès, que, le peuple étant souverain, il ne peut être lié par aucune procédure préétablie. Leurs adversaires répondaient que le peuple n'est pleinement souverain que lorsqu'il exerce le pouvoir constituant originaire, mais que, ayant adopté la Constitution de 1958, il acceptait d'exercer sa souveraineté seulement dans les formes prévues par le texte.

Le général de Gaulle ayant néanmoins soumis son projet au référendum, la loi constitutionnelle fut adoptée par les électeurs. Le Conseil constitutionnel saisi par le président du Sénat de la loi référendaire, parut se rallier à la thèse de la souveraineté illimitée. Il se déclara incompétent au motif que cette loi constituait « l'expression directe de la souveraineté nationale » (CC, déc. n° 62-20 du 6 novembre 1962, *Rec.* p. 27).

La loi constitutionnelle du 6 novembre 1962 relative à l'élection du président de la République au suffrage universel direct a donc été adoptée en application de l'article 11, et non de l'article 89.

C'est en se fondant de nouveau sur l'article 11 qu'en 1969, le général de Gaulle soumit au référendum un projet de révision constitutionnelle visant l'organisation régionale et la transformation du Sénat. Ce projet fut rejeté par le peuple. Mais du fait qu'il existait un précédent, la question de la constitutionnalité se présentait désormais autrement.

Selon certains auteurs, le succès du référendum de 1962 avait donné naissance à une coutume constitutionnelle validant pour l'avenir le recours à l'article 11, à supposer que ce recours ait été initialement incorrect (voir l'opinion de Georges Vedel, *Le Monde*, 22 décembre 1968). Cet argument n'a pas convaincu l'ensemble de la doctrine. On a fait observer d'une part, que la coutume ne peut aller *contra legem* et, d'autre part, que l'initiative prise par le général de Gaulle en 1962 n'avait pas bénéficié de l'adhésion générale sans laquelle une coutume ne saurait s'établir (voir l'opinion de Marcel Prelot, *Le Monde*, 15 mars 1969).

Ainsi, la controverse paraît donc indécidable pour ce qui concerne les référendums de 1962 et 1969. Cependant, le président Mitterrand a repris à son compte l'argument de la coutume et considéré qu'il existe désormais deux voies[34].

La révision de la Constitution par la voie de l'article 11 est donc toujours possible. L'essor qu'a pris le contrôle de constitutionnalité depuis vingt ans n'y ferait pas obstacle, car, à en juger par sa décision Maastricht III du 20 septembre 1992, le Conseil constitutionnel se refuse toujours à censurer les lois d'origine référendaire[35]. Certains auteurs estiment cependant qu'une évolution jurisprudentielle serait aujourd'hui possible, car, en 2005, le Conseil n'a pas écarté la possibilité d'examiner non pas la loi référendaire elle-même, mais le décret soumettant la loi au référendum (v. *infra* n° 582).

Mais il ne faut pas exagérer les avantages que présente le recours à l'article 11 pour le président de la République : Cette procédure lui permettrait sans doute de passer outre à une éventuelle opposition du Sénat, mais elle

34. « *L'usage établi et approuvé par le peuple peut désormais être considéré comme l'une des voies de la révision, concurremment avec l'article 89. Mais l'article 11 doit être utilisé avec précaution, à propos de textes peu nombreux et simples dans leur rédaction. Sinon, il serait préférable que la consultation des Français fut éclairée par un large débat parlementaire* » a-t-il déclaré (déclaration à O. Duhamel, voir *Pouvoirs*, n° 45, 1988, p. 131 et s.).

35. Certaines décisions rendues par le Conseil constitutionnel en 2005, dans le cadre de la campagne du référendum sur le traité établissant une Constitution pour l'Europe, laissent néanmoins supposer que cette position est susceptible d'évolution. Un contrôle préalable au scrutin pourrait éventuellement être exercé dans le cadre de l'article 60 C aux termes duquel le conseil constitutionnel « veille à la régularité des opérations de référendum » (v. *infra* n° 582).

l'exposerait au risque d'être personnellement désavoué par le peuple, comme ce fut le cas pour le général de Gaulle en 1969.

C'est sans doute la raison pour laquelle jusqu'à présent ses successeurs ont toujours préféré présenter leurs projets de révision dans le cadre de l'article 89, même si cela leur a parfois valu des déboires parlementaires.

§3. L'état actuel du problème de la révision

514. La question des formes de la révision constitutionnelle ne suscite plus aujourd'hui les passions, comme c'était le cas du temps du général de Gaulle. En revanche, certains des problèmes de fond demeurent d'actualité.

Comparativement à d'autres périodes de l'histoire française, les révisions sont assez fréquentes sous la Ve République : on en compte déjà vingt-quatre depuis 1958, en incluant celles qui n'ont pas été adoptées selon la procédure de l'article 89. Et le rythme s'est nettement accéléré au cours de la période la plus récente depuis 1998.

Ainsi qu'on l'a déjà noté, cette accélération s'explique en partie par les transferts de compétences liés à la construction européenne ou à d'autres engagements internationaux, comme le traité sur la Cour pénale internationale. Il est vrai que les traités européens initiaux prévoyaient déjà d'importants transferts de compétences et que cependant leur ratification n'avait nécessité aucune révision constitutionnelle. Mais à l'époque (c'est-à-dire sous la IVe République), il n'y avait pas de juge constitutionnel, et le législateur pouvait donc interpréter la Constitution à sa guise. La situation est aujourd'hui différente, en raison de l'existence du Conseil constitutionnel et du rôle qu'on lui reconnaît : bien qu'en théorie son intervention soit facultative, les responsables de l'exécutif (président de la République et Premier ministre) sont pratiquement obligés de lui soumettre, dans le cadre de l'article 54 C, tous les traités susceptibles d'avoir des incidences sur les institutions. Au demeurant, s'ils ne le faisaient pas, le traité lui-même (art. 54 C), ou à défaut la loi autorisant sa ratification (art. 61 C) pourrait être déférée au Conseil constitutionnel par des parlementaires de l'opposition.

La construction européenne n'étant pas achevée, d'autres révisions sont sans doute à prévoir, dans le prolongement de celles qui ont été réalisées en 1992 (traité de Maastricht), 1999 (traité d'Amsterdam) 2005 (traité établissant une Constitution pour l'Europe) et 2008 (traité de Lisbonne). Néanmoins, en 2012, le Conseil constitutionnel a décidé que la ratification du traité sur la stabilité, la coordination et la gouvernance à l'intérieur de la zone euro (TSCG) ne nécessitait pas une révision de la Constitution[36].

On peut aussi souhaiter réviser la Constitution pour surmonter une décision d'inconstitutionnalité concernant une loi ordinaire, comme l'ont fait la loi constitutionnelle du 25 novembre 1993 à propos du droit d'asile et celle du 8 juillet 1999 à propos des quotas par sexe sur les listes de candidats aux

36. Déc. n° 2012-654 DC du 9 août 2012. Sur cette question, v. *infra* n° 774.

élections. Bien que, dans ce cas, la décision du Conseil constitutionnel soit neutralisée, on a pu paradoxalement en tirer un argument en faveur du contrôle et soutenir que la légitimité du Conseil s'en trouvait renforcée, parce que lorsqu'il s'oppose à une loi, il ne se dresse pas contre la volonté générale, mais se borne à indiquer selon quelle procédure elle doit s'exprimer, de sorte qu'il ne ferait que s'en remettre au véritable souverain qui est le pouvoir constituant (v. *supra* n° 55).

La technique adoptée pour la rédaction de quelques-unes des lois de révision récentes contribue à expliquer leur fréquence : plutôt que de modifier des principes fondamentaux, on se contente le plus souvent de leur apporter des exceptions ponctuelles. Cette technique présente un triple avantage : d'une part la révision est effectuée *a minima* sans que l'atteinte aux principes soit clairement visible ; d'autre part la rédaction du projet est simple ; enfin, elle permet de surmonter facilement la jurisprudence du Conseil constitutionnel.

L'accélération du rythme des révisions peut également s'expliquer par la longévité de la Constitution de la Ve République, dont on a célébré en 2008 le cinquantième anniversaire alors que, exception faite de la IIIe République, aucun des régimes qui se sont succédé en France depuis la Révolution de 1789 n'avait franchi le cap des vingt ans. À l'expérience, certaines dispositions du texte originel se sont révélées mal adaptées, d'autant plus que le contexte politique est aujourd'hui très différent de ce qu'il était en 1958. Mais alors que les révisions liées à la construction européenne ne présentent guère de difficultés, car elles bénéficient d'un large consensus (sur la scène parlementaire tout au moins), celles qui visent à moderniser les institutions posent souvent des problèmes délicats. Certaines réformes figurant au programme des partis de gauche, comme le droit de vote des étrangers ou la démocratisation du mode de recrutement du Sénat, se heurtent à la méfiance, ou même à l'hostilité, de la droite et du centre. Et même dans la mesure où il y a accord sur le principe d'une réforme, comme c'était le cas en 2008 pour la revalorisation du rôle du Parlement, l'opposition rechigne souvent à les voter, de crainte que la majorité, ou le président de la République en exercice, ne s'en attribue tout le bénéfice. Or, ainsi qu'on l'a déjà noté, l'adoption d'une réforme selon la procédure de l'article 89 C, nécessite, dans une première étape, l'accord des deux chambres et, dans une seconde, à défaut d'un référendum, un vote favorable du Congrès du Parlement à la majorité des trois cinquièmes. Il y a donc intérêt à ce qu'un projet de modernisation des institutions paraisse émaner d'une source politiquement neutre, ou politiquement équilibrée. C'est sans doute pourquoi François Mitterrand en 1992, Nicolas Sarkozy en 2007, et François Hollande en 2012, au lieu de saisir directement le Parlement d'un texte préparé avec l'aide de leurs conseillers, ont commencé par créer une commission de réflexion chargée de préparer un projet à partir d'un certain nombre d'orientations. L'intervention d'une telle commission, qui siégeait sous la présidence de Georges Vedel en 1992, d'Édouard Balladur en 2007 et de Lionel Jospin en 2012, permettait de donner au projet une caution à la fois pluraliste (en raison de la diversité des sensibilités politiques représentées en son sein) et scientifique (parce que ses membres étaient pour partie des universitaires ou des magistrats).

Contrairement à ses prédécesseurs, Emmanuel Macron n'a pas réuni une commission de réflexion pour donner une caution scientifique et pluraliste à ses projets de révision. Mais, dès sa campagne présidentielle, il a annoncé les principales réformes institutionnelles qu'il comptait mener à bien s'il était élu. Ces réformes relèvent à la fois de la loi constitutionnelle, de la loi organique et de la loi ordinaire. Mais les plus importantes d'entre elles ne sont probablement pas celles qui sont formellement constitutionnelles. En effet, la Constitution ne fixe ni le nombre des membres de chaque assemblée, ni leur mode d'élection. On peut donc modifier profondément la physionomie du Parlement sans toucher à aucun article de la Constitution.

Les réformes figurant au programme d'Emmanuel Macron seront signalées à l'occasion de l'étude des institutions qu'il envisage de supprimer (comme la Cour de justice de la République) ou de réformer (comme le Parlement).

Ainsi qu'on l'a déjà noté, lorsque le président de la République veut modifier la Constitution, il a le choix entre deux voies :

- Celle de l'article 11, qui lui permet de soumettre au référendum « tout projet de loi portant sur l'organisation des pouvoirs publics » sans autorisation préalable de l'une ou l'autre assemblée.
- Celle de l'article 89, qui suppose dans une première phase l'accord de l'Assemblée nationale et du Sénat sur un texte identique.

La voie de l'article 11 a été utilisée avec succès par le général De Gaulle en 1962 pour instaurer l'élection du président de la République au suffrage universel direct. Mais sa régularité a toujours été contestée par la majorité des juristes, qui estiment que seul l'article 89 permet de réviser la Constitution. Et le Conseil constitutionnel, qui s'était déclaré incompétent en 1962, pourrait aujourd'hui bloquer la procédure en utilisant certains pouvoirs qu'il s'est reconnus durant la phase préparatoire au référendum (v. *infra* n° 531). Enfin, même si cet obstacle juridique était surmonté, le succès du référendum, au fond, ne serait nullement garanti.

515. Bibliographie

AA. VV. (1991), *Le Discours de Bayeux hier et aujourd'hui*. Colloque de Bayeux, 15 juin 1990, Paris, Economica, Aix-en-Provence, PUAM.

AA. VV. (2012), « La Constitution et l'outre-mer », *NCCC*, n° 35.

Avril P.,

– (1994), *La Ve République, Histoire politique et constitutionnelle*, Paris, PUF, 2e éd.

– (1998), « Violations et conventions de la Constitution », in *France Forum*, n° 322, p. 217.

Beaud O. (1993), « La souveraineté de l'État, le pouvoir constituant et le traité de Maastricht », *RFDA*, p. 1045 et s.

Berlia G. (1962), « Le problème de la constitutionnalité du référendum du 28 octobre 1962 », *RDP*, p. 936.

Blériot L. (2005), « Les départements et régions d'outre-mer : un statut à la carte », in *Pouvoirs*, n° 113, p. 57-69.

Bredin J.-D. (1974), *La République de M. Pompidou*, Paris, Fayard.

Camby J.-P. (2003), « Supra-constitutionnalité : la fin d'un mythe », *RDP*, p. 671-688.

CAMBY J.-P., FRAISSEIX P. et GICQUEL J. (2011) (dir.), *La révision de 2008 : une nouvelle Constitution ?*, LGDJ.

CHAGNOLLAUD D. et QUERMONNE J.-L. (1996), *Le gouvernement de la France sous la Ve République*, Paris, Fayard.

CHALTIEL F. (2000), *La souveraineté de l'État et l'Union européenne, l'exemple français : recherches sur la souveraineté de l'État membre*, Paris, LGDJ.

CHANTEBOUT B. (1992), *La Constitution française, propos pour un débat*, Paris, Dalloz.

CHEVALLIER J.-J., CARCASSONNE G., DUHAMEL O. (2004), *La Ve République (1958-2004). Histoire des institutions et des régimes politiques de la France*, Paris, A. Colin.

CHABON P., LE POURHIET A.-M. et COLE A. (2016), « Débat sur l'avenir institutionnel de la Corse », *Constitutions*, p. 27-37.

CLINCHAMPS N. (2005), « Les collectivités d'outre-mer et la Nouvelle-Calédonie : le fédéralisme en question », *Pouvoirs*, n° 113, p. 73-94.

COMITÉ CONSULTATIF POUR LA RÉVISION DE LA CONSTITUTION, présidé par le doyen G. VEDEL (1993), *Propositions pour une révision de la Constitution*, Paris, La Documentation française.

CONSEIL D'ÉTAT (1993), *Rapport public*, Paris, La Documentation française.

DE LACHARRIÈRE R. (1983), *La Ve, quelle République ?* Paris, PUF.

DE LA GORCE P.-M., MOSCHETTO B. (2004), *La Ve République*, Paris, PUF.

DEBBASCH Ch. (dir.) (2004), *Ve République. Textes, jurisprudence, pratique*, 4e éd., Paris, Dalloz.

DEBRÉ J.-L.,

– (1974), *Les idées constitutionnelles du général de Gaulle*, Paris, LGDJ.

– (1975), *La Constitution de 1958*, Paris, PUF.

DEBRÉ M. (1958), *Refaire une Démocratie, un Pouvoir, un État*, Paris, Plon.

DENQUIN J.-M. (1988), *La genèse de la Ve République*, Paris, PUF.

Documents pour servir à l'histoire de l'élaboration de la Constitution de 1958, Paris, La Documentation française, vol. 1 (1987), vol. 2 (1988) et vol. 3 (1991).

DONEGANI J. M., SADOUN M. (1999), *La cinquième République, naissance et mort*, Paris, Gallimard.

DUHAMEL O.,

– (1993), *La gauche et la Ve République*, Paris, PUF.

– (1987), « Remarques sur la notion de régime semi-présidentiel », *Mélanges Duverger*, Paris, PUF, p. 581 et s.

– (1988), « Sur les institutions, entretien avec F. Mitterrand », *Pouvoirs*, n° 45, p. 131 et s.

– (2003), *Le pouvoir politique en France, la Ve République*, Paris, Le Seuil, 5e éd.

DUHAMEL O., PARODI J.-L. (éd.) (1988), *La Constitution de la Ve République*, Paris, Presses de la FNSP, 2e éd.

DUVERGER M.,

– (1978), *Échec au Roi*, Paris, Albin Michel.

– (1986), *Les régimes semi-présidentiels*, Paris, PUF.

– (1996), *Le système politique français*, Paris, PUF, 21e éd.

ELGEY G., COLOMBANI J.-M. (1999), *La Cinquième ou la République des phratries*, Paris, Fayard.

FABERON J.-Y. (1999), « Nouvelle-Calédonie et Constitution : la révision constitutionnelle du 20 juillet 1998 », *RDP*, p. 113.

FAVOREU L., MAUS D. et PARODI J.-L. (éd.) (1992), *L'écriture de la Constitution de 1958*, Paris, Economica.

FAVOREU L., VEDEL G. (1993), « Souveraineté et supra-constitutionnalité », *Pouvoirs* n° 67, p. 71-99.

FONDATION JEAN JAURÈS (2012), *Peut-on revaloriser le Parlement français ?*, éditions de la Fondation.

FRANÇOIS B. (1996), *Naissance d'une Constitution : la cinquième République, 1958-1962*, Paris, Presses de la Fondation nationale des sciences politiques.

GAUDEMET Y., GOHIN O. (2004), *La République décentralisée*, Paris, Panthéon-Assas.

GENEVOIS B. (1998), « Les limites juridiques à l'intervention du pouvoir constituant », *RFDA* n° 5, p. 909.

GEORGITSI E. (2010), « La spécificité de la Ve République et les classifications : une opposition fausse », *RFDC*, n° 83, p. 543.

GESLOT Ch. (2003), « La loi constitutionnelle relative à l'organisation décentralisée de la République devant le Conseil constitutionnel », *RDP*, p. 795 et s.

GOGUEL F. (1987), « De la conformité du référendum du 28 octobre 1962 à la Constitution », *Mélanges Duverger*, Paris, PUF, p. 115.

GOHIN O. (2007), « Quand la République marche sur la tête. Le gel de l'électorat restreint en Nouvelle-Calédonie », *AJDA*, p. 800 s.

GONDOUIN G. (2001), « Le Conseil constitutionnel et la révision de la Constitution », *RDP*, p. 489 et s.

HAMON F.,

– (1975), « Regards nouveaux sur les origines de la Ve République », *RDP*, p. 415 et s.

– (2008a), « Du comité Vedel au comité Balladur : permanence et évolution des grands thèmes du réformisme constitutionnel », *RSA*, n° 339.

– (2008b), « La loi constitutionnelle du 23 juillet 2008 : quelle modernisation pour les institutions ? », *RSA*, n° 344.

HAMON F. et ROUSSEAU D. (1992), *Les Institutions en question*, Paris, L'Harmattan.

L'HÔTE V. (2004), « La "forme républicaine du gouvernement" à l'épreuve de la révision constitutionnelle de mars 2003 », *RDP*, p. 111 et s.

LAMPUÉ P. (1962), « Le mode d'élection du président de la République et la procédure de l'article 11 », *RDP*, p. 931.

LAQUIÈZE A. (2006), « Le modèle du régime présidentiel sous le Ve République », *Droits*, n° 43, p. 45 et s.

LAVROFF D.-G. (1999), *Le droit constitutionnel de la Ve République*, Paris, Dalloz, 3e éd.

LEVADE A.,

– (2005), « Le Conseil constitutionnel aux prises avec la Constitution européenne », *RDP*, p. 20 et s.

– (2009), « La révision du 23 juillet 2008, temps et contretemps », *RFDC*, p. 299/316.

LE POURHIET A.-M. (dir.) (1999), *Droit constitutionnel local : égalité et liberté locale dans la Constitution. Actes du colloque international de Fort-de-France*, 18, 19 et 20 décembre 1997, Faculté de droit et d'économie de Martinique, Paris, Economica, Aix-en-Provence, PUAM.

LE POURHIET A.-M. (2009), « Indispensable, superflue ou aventureuse ? Premiers regards sur la révision constitutionnelle du 23 juillet 2008 », *Polit.*, n° 15.

LUCHAIRE F.,

– (1998), « Le Traité d'Amsterdam et la Constitution », *RDP*, p. 331.

– (2000a), « La souveraineté », *RFDC*, n° 43, p. 451.

– (2000b), *Le statut constitutionnel de la Nouvelle-Calédonie*, Paris, Economica.

– (2004), « Le Conseil constitutionnel et l'alternance politique », *RFDC*, p. 9 et s.

– (2005), « La Constitution pour l'Europe devant le Conseil constitutionnel », *RDP*, p. 51 et s.

LUCHAIRE F., CONAC G., PRETOT X. (2008), *La Constitution de la République française*, Paris, Economica, 3e éd.

LUCHAIRE F., LUCHAIRE Y. (2003), *Décentralisation et Constitution*. Commentaire de la loi constitutionnelle relative à l'organisation décentralisée de la République, Paris, Economica.

MAGNON X. (2004), « Quelques maux à propos des lois de révision constitutionnelle : limites, contrôle, efficacité, caractère opératoire et existence », *RFDC*, p. 595 et s.

MAILLARD DESGRÉES DU LO D. (2003), « Le pouvoir constituant dérivé reste souverain », *RDP*, p. 725 et s.

MASSOT J. (1997), *Alternance et cohabitation sous la cinquième République*, Préf. G. VEDEL, Paris, La Documentation française.

MATHIEU B., VERPEAUX M. (2003), « 1962-1992-2002 : pour une périodicisation institutionnelle », *RFDC*, p. 33 et s.

MAUS D. (1998), *Les grands textes de la pratique institutionnelle de la Ve République*, Paris, La Documentation française.

MAUS D., PASSELECQ O. (dir.) (1997), « Témoignages sur l'écriture de la Constitution de 1958 », Les Cahiers constitutionnels de Paris I, Paris, La Documentation française (1998),

« Le traité d'Amsterdam face aux Constitutions nationales », Les Cahiers constitutionnels de Paris I, Paris, La Documentation française.

MEINDL Th. (2003), « Le Conseil constitutionnel aurait pu se reconnaître compétent », *RDP*, p. 741 et s.

MÉNY Y. (2008), *Le système politique français*, Paris, Montchrestien, 6e éd.

PACTET P. (2000), *Les institutions françaises*, Paris, PUF, Que sais-je ?, 9e éd.

PARODI J.-L. (1972), *Les rapports entre le législatif et l'exécutif sous la Ve République (1958-1962)*, Paris, Presses de la Fondation nationale des sciences politiques.

PHILIP C (2013), « L'échec de l'élection du Parlement européen au suffrage universel direct », in *La Constitution, l'Europe et le Droit, Mélanges en l'honneur de Jean-Claude Masclet*, p. 857-866, Publications de l'Université Paris-Sorbonne.

PFLIMLIN P. (1991), *Mémoires d'un Européen, de la IVe à la Ve République*, Paris, Fayard.

PIERRÉ-CAPS S. (1998), « Les révisions de la Constitution de la cinquième République : temps, conflits et stratégies », *RDP*, p. 409.

PINON S. (2003), *Les réformistes constitutionnels des années trente aux origines de la Ve République*, Paris, LGDJ.

POMPIDOU G. (1984), *Le nœud gordien*, Paris, Flammarion.

QUERMONNE J.-L.,

- (2003), *L'alternance au pouvoir*, Paris, Montchrestien.
- (2005), « La distinction entre régime présidentiel et régime parlementaire commande-t-elle encore l'avenir de la Ve République ? », *RDP*, p. 1505 et s.

Revue *Pouvoirs*

- (1989), « La Ve République. 30 ans », n° 49.
- (2001), « La nouvelle Ve République », n° 99.

Revue du droit public

- (1998) « Les 40 ans de la Ve République », numéro spécial, LGDJ.
- (2002), « La VIe République », numéro spécial, LGDJ.
- (2003), Forum : « La France est une République indivisible... son organisation est décentralisée ! », p. 111 et s.

Revue française de droit administratif

- (2003), n° 4 (2004), n° 1, et 6, Dossier : L'organisation décentralisée de la République.
- (2002), n° 3 et 4, Dossier : Le nouveau statut de la Corse.

Revue française de science politique (1959), « Naissance de la Cinquième République : analyse de la Constitution », préf. M. DEBRÉ, intro. N. WAHL, Paris, Presses de la Fondation nationale des sciences politiques, 1990.

ROUX J. (2005), « Le traité établissant une Constitution pour l'Europe à l'épreuve de la Constitution française », *RDP*, p. 59 et s.

SARKOZY N. (2006), *Témoignages*, Éditions XO.

SEILER D.-L. (2000), *Les partis politiques*, Paris, A. Colin.

SCHRAMECK O. (2002), *Matignon, Rive gauche : 1997-2001*, Le Seuil.

TROPER M.,

- (2000), « La théorie constitutionnelle et le droit constitutionnel positif », *CCC*, n° 9, mars-septembre, p. 93 et s.
- (dir.) (2000), « Souveraineté de l'État et hiérarchie des normes dans la jurisprudence constitutionnelle », *CCC*, n° 9, mars-septembre.

VEDEL G. (1964), « Vers le régime présidentiel », *RFSP*.

WAHL N. (1959), « Aux origines de la nouvelle Constitution », *RFSP*, p. 167.

ZORGBIBE C. (2005), *Histoire de l'Union européenne*, Paris, Albin Michel.

Section 2
Le suffrage et l'encadrement de la vie politique

Sous-section 1
Le corps électoral

516. Le corps électoral peut se définir comme l'ensemble des personnes qui bénéficient juridiquement du droit de vote, c'est-à-dire du droit de participer aux élections à la fois au plan national et au plan local. Dans une démocratie, le corps électoral peut être considéré comme le premier des pouvoirs car tous les autres dérivent de lui soit directement, soit indirectement.

§1. La composition du corps électoral

517. Jusqu'en 1848, le corps électoral a été défini d'une manière assez restrictive. Pour en faire partie, il fallait remplir non seulement des conditions de nationalité, d'âge et de sexe mais aussi de fortune ou de revenus. C'était le système du *suffrage censitaire* : le droit de vote était réservé aux personnes qui payaient le cens, c'est-à-dire un impôt d'un montant minimum (v. *supra* n° 331).

À la suite de la révolution de février 1848, l'un des premiers gestes du gouvernement provisoire fut de poser le principe du *suffrage universel* masculin. Le droit de vote était toujours subordonné à des conditions de nationalité, d'âge et même de sexe. Mais nul ne pouvait plus être exclu du corps électoral pour des raisons tenant à sa situation de fortune ou même à son niveau d'instruction, car de tels critères aboutissent inévitablement à des discriminations au détriment des couches sociales les moins favorisées.

Mais il fallut attendre l'ordonnance du 21 avril 1944 « portant organisation des pouvoirs publics en France après la Libération » pour que les femmes deviennent enfin électrices et éligibles.

Aujourd'hui, les conditions exigées pour faire partie du corps électoral sont limitativement énumérées par l'article 3 alinéa 4, de la Constitution : « *Sont électeurs, dans les conditions déterminées par la loi, tous les nationaux français majeurs des deux sexes jouissant de leurs droits civils et politiques* ».

Il ne subsiste donc plus que trois conditions : nationalité, âge, jouissance des droits civils et politiques.

A. La nationalité

518. Dans sa décision du 9 avril 1992, relative au traité de l'Union européenne, le Conseil constitutionnel a donné à cette condition un sens fort et une portée large.

519. Un sens fort. – La condition de nationalité est strictement obligatoire et comme elle a valeur constitutionnelle, une loi ordinaire ou même une loi organique ne pourrait pas, sauf dérogation prévue par la Constitution elle-même, accorder le droit de vote à des étrangers.

520. Une portée large. – La condition de nationalité vaut non seulement pour les votations politiques nationales (élections législatives ou présidentielles, référendums) mais aussi pour les élections locales (municipales, cantonales ou régionales). Cela n'était pas *a priori* évident car l'article 3 de la Constitution traite des conditions d'exercice de la souveraineté nationale : on pouvait donc penser que les conditions posées par cet article ne concernaient que l'élection des organes dépositaires d'une fraction de la souveraineté nationale, c'est-à-dire le Parlement et le président de la République, mais non les assemblées locales. Mais le Parlement comprend le Sénat, qui représente les collectivités territoriales de la République, et dont le collège électoral est essentiellement composé d'élus locaux. Par conséquent, à partir du moment où des étrangers pourraient voter aux élections locales, ils participeraient indirectement à l'élection des sénateurs et comme les sénateurs, en tant que membres du Parlement, sont eux-mêmes dépositaires d'une fraction de la souveraineté nationale, le Conseil constitutionnel en déduit que l'article 3 serait violé.

On sait que l'un des objectifs du traité de l'Union européenne, connu sous le nom de traité de Maastricht, était de créer une citoyenneté européenne. En vertu de cette citoyenneté, il est prévu que « *tout citoyen de l'Union résidant dans un État membre dont il n'est pas le ressortissant a le droit de vote et d'éligibilité aux élections municipales dans l'État membre où il réside, dans les mêmes conditions que les ressortissants de cet État* ». C'était donc l'un des points à propos desquels la ratification du traité supposait une révision préalable de la Constitution.

La question a été réglée par la loi de révision du 25 juin 1992 qui a inséré un nouveau titre dans la Constitution (art. 88-1 à 88-4). L'article 88-3 écarte l'exigence de nationalité pour les étrangers résidant en France, à condition qu'ils soient ressortissants de l'un des pays membres de l'Union européenne. Cette dérogation ne vaut que pour les élections municipales et les référendums organisés par une commune en application de l'article 72-1 C. Les citoyens de l'Union résidant en France pourront être non seulement électeurs mais aussi éligibles. Néanmoins s'ils sont membres d'un conseil municipal, leur capacité est doublement limitée : d'une part, ils ne peuvent pas exercer les fonctions de maire ou d'adjoint ; d'autre part, ils ne peuvent pas participer à la désignation des grands électeurs sénatoriaux ni bien entendu remplir eux-mêmes cette fonction. Ainsi qu'il était prévu, les conditions d'application des principes posés par l'article 88-3 ont été déterminées par une loi organique votée dans les mêmes termes par les deux assemblées[37].

Le traité de l'Union européenne prévoit également que tout citoyen de l'Union résidant dans l'un quelconque des États membres bénéficie dans cet État du droit de vote et d'éligibilité en ce qui concerne les élections au Parlement européen. Dans sa décision précitée du 9 avril 1992, le Conseil constitutionnel a estimé que, sur ce point, le traité n'était pas contraire à la Constitution : en effet, le Parlement européen « *n'appartient pas à l'ordre institutionnel de la République française* » et son élection ne met donc pas en jeu l'exercice de la souveraineté nationale.

B. L'âge

521. La seconde condition exigée pour faire partie du corps électoral est d'avoir atteint l'âge de la majorité. Celui-ci est fixé non par la Constitution mais par la loi.

Traditionnellement en France, il était de vingt et un ans. Mais depuis la loi du 5 juillet 1974, il est fixé à dix-huit ans, comme d'ailleurs dans la plupart des pays étrangers.

C. La jouissance des droits civils et politiques

522. Les deux conditions ci-dessus énumérées sont en règle générale suffisantes pour faire partie du corps électoral : les nationaux français de plus de dix-huit ans ont la capacité électorale. Toutefois, dans certains cas, une personne peut être privée du droit de vote parce qu'elle a perdu momentanément ou définitivement la jouissance de ses droits civils ou politiques. On dit alors que cette personne est frappée d'incapacité électorale.

Les cas d'incapacité électorale sont énumérés par les articles L. 5 à L. 7 du Code électoral. L'incapacité ne peut résulter que d'une décision rendue par un tribunal judiciaire, c'est-à-dire par une autorité qui présente des garanties d'impartialité politique. Il s'agit tantôt d'une incapacité intellectuelle, tantôt d'une incapacité morale.

523. L'incapacité intellectuelle. – D'après l'article L. 5 du Code électoral, les majeurs sous tutelle ne peuvent pas être inscrits sur les listes électorales. La mise sous tutelle, qui ne peut être prononcée que par le tribunal civil, est destinée à protéger contre leur propre imprudence les biens des aliénés ou des faibles d'esprit.

Mais en pratique cette mesure n'est usitée que dans les classes aisées, de sorte que la plupart des faibles d'esprit échappent à l'incapacité électorale.

Selon la jurisprudence du Conseil constitutionnel, la mise sous tutelle d'un élu entraîne de plein droit la déchéance de son mandat (CC, *D'Attilio*, 23 décembre 2004).

37. Loi n° 98-404 du 25 mai 1998 (*JO* 26-5-1998, p. 7975).

524. L'incapacité morale. – L'incapacité morale est la situation d'une personne qui, à la suite d'une condamnation pénale, a été privée de ses droits civiques, civils et de famille. Cette peine est prévue par l'article 131-26 du Code pénal qui précise qu'elle porte notamment sur le droit de vote et l'éligibilité. C'est généralement une peine complémentaire, c'est-à-dire qu'elle vient s'ajouter à une peine de prison ou d'amende prononcée à titre principal. Selon la jurisprudence du Conseil constitutionnel, le principe de la nécessité des peines, posé par l'article 8 de la DDHC, implique que toute peine, fût-elle complémentaire, doit être expressément prononcée par le juge pour qu'il vérifie qu'elle correspond bien, dans ce cas particulier, à l'exigence de nécessité. À la suite de l'une des premières QPC, le Conseil a donc abrogé l'article L. 7 du Code électoral qui prévoyait que toute personne condamnée pour certains délits de corruption devait être rayée de la liste électorale pendant une durée de cinq ans à compter de la date à laquelle cette décision était devenue définitive[38]. Cette exigence, que le Conseil constitutionnel rattache à l'article 8 de la DDHC de 1789, est généralement désignée sous le nom de « principe d'individualisation des peines ».

D'après l'article 8 de la DDHC de 1789, il ne suffit pas qu'une peine soit individualisée. Il faut encore qu'elle soit « nécessaire », c'est-à-dire justifiée par les besoins de la société. Sur l'appréciation de la nécessité, le Conseil constitutionnel n'exerce en général qu'un contrôle restreint, car cette question touche de près à l'opportunité et l'opportunité dépend essentiellement des options politiques du législateur (v. *infra* n° 826). Mais il en va différemment lorsque la liberté d'expression est en cause car, comme le rappelle le Conseil constitutionnel, la liberté d'expression « est d'autant plus précieuse que son exercice est une condition de la démocratie et l'une des garanties du respect des autres droits et libertés ». Le Conseil vérifie donc si les atteintes portées à la liberté d'expression sont nécessaires, adaptées et proportionnées à l'objectif poursuivi (point 12). Or, en l'espèce, parmi les infractions pouvant entraîner l'inéligibilité figuraient certains délits de presse consistant en l'expression d'une opinion sur la réalité d'un génocide ou en un jugement susceptible d'inciter à la discrimination ou à la haine envers une minorité. Compte tenu du fait que « la liberté d'expression revêt une importance particulière dans le débat politique et dans les campagnes électorales », le Conseil constitutionnel a jugé que des condamnations prononcées pour de tels délits, même si elles étaient parfaitement justifiées quant au fond, ne pouvaient pas entraîner une mesure d'inéligibilité (décision n° 2017-752 DC du 8 septembre 2017).

§2. Les conditions d'exercice du droit de vote

525. Pour pouvoir voter, il faut être inscrit sur une liste électorale. Il existe en principe une liste électorale par commune. Les électeurs y sont recensés par ordre alphabétique. L'inscription sur une liste électorale est

38. Déc. n° 2010-67 QPC du 11 juin 2010.

en principe obligatoire mais elle ne se réalise pas de façon totalement automatique : il faut la demander quand on n'y figure pas encore et cela implique évidemment le choix d'une commune de rattachement. La commune de rattachement ne peut pas être choisie de manière totalement arbitraire. L'électeur doit avoir un lien avec la commune sur le territoire de laquelle il demande son inscription (voir art. L. 11-C. élect. : commune du domicile ; commune où l'on a sa résidence depuis six mois au moins ; commune sur la liste électorale de laquelle le conjoint est inscrit, etc.).

La liste électorale présente trois caractères :

a) Elle est unique. La même liste sert à la fois pour les consultations nationales (législatives, présidentielles, référendums), pour les consultations locales (municipales, départementales et régionales) et pour les consultations européennes (élection des représentants français au Parlement européen).

On dit que l'unicité de la liste correspond à l'unité du corps électoral. Mais ce n'est plus tout à fait exact puisque, en vertu de certaines stipulations du traité de l'Union européenne, les étrangers ayant la citoyenneté de l'Union peuvent voter aux élections municipales ainsi qu'aux référendums organisés par une Commune en application de l'article 72-1 C.

b) Elle est permanente. Il doit toujours y avoir dans chaque commune une liste prête à l'utilisation même lorsqu'aucune élection ne se profile à l'horizon. En effet, une élection peut parfaitement survenir à l'improviste (par exemple en cas de dissolution de l'Assemblée nationale ou de décès du président de la République).

c) Elle fait l'objet d'une révision annuelle, qui a généralement lieu entre le 1er septembre et le dernier jour de février, afin d'actualiser la liste en procédant à des radiations et à des inscriptions nouvelles.

Depuis la révision constitutionnelle de juillet 2008, les Français établis hors de France sont représentés en tant que tels à l'Assemblée nationale. Pour pouvoir voter, ils doivent être inscrits non sur une liste communale, mais sur une liste consulaire établie par circonscription, chaque circonscription correspondant à une grande région du monde (v. *infra* n° 547).

§3. Les modalités de l'exercice du droit de vote

526. Ces modalités peuvent être résumées en quatre points : le vote est égal, secret, personnel et facultatif.

A. Le vote est égal

527. La voix de chaque électeur doit avoir théoriquement le même poids, quelle que soit sa situation personnelle et quelle que soit la commune sur la liste de laquelle il s'est fait inscrire.

En pratique, il arrive que le découpage des circonscriptions porte indirectement atteinte à l'égalité du vote, dans la mesure où le nombre des sièges à pourvoir ne serait pas proportionnel à celui des électeurs (v. *infra* n° 547).

Mais, ainsi qu'on le verra, le Conseil constitutionnel a posé en 1986 des principes destinés à limiter la portée de ces atteintes.

B. Le vote est secret

528. Les opérations de vote sont organisées de telle manière qu'il est impossible de savoir comment a voté un électeur déterminé. Ainsi chaque électeur est-il tenu de passer par un isoloir avant de déposer son bulletin dans l'urne.

La règle du secret du vote n'a pas toujours existé. À l'époque de la Révolution, le vote était généralement public. Mais aujourd'hui on considère que le secret est indispensable pour garantir la liberté de l'électeur.

C. Le vote est personnel

529. En principe, nul ne peut céder ou déléguer son droit de vote.

Le vote par procuration est cependant autorisé dans certains cas, limitativement énumérés par le Code électoral, où l'électeur est empêché de participer lui-même au scrutin (art. L. 71). Ces cas concernent notamment les personnes qui « en raison d'obligations professionnelles, en raison d'un handicap, pour raison de santé ou en raison de l'assistance apportée à une personne malade ou infirme » ne peuvent pas être présentes dans leur commune de rattachement le jour du scrutin ou ne peuvent pas participer à celui-ci en dépit de leur présence dans la commune. Mais, depuis quelque temps, afin de combattre l'abstentionnisme, la notion d'empêchement est interprétée de façon large : c'est ainsi qu'en 1993, « *les électeurs qui ont quitté leur résidence habituelle pour prendre des vacances* » ont été ajoutés à la liste. L'existence de l'empêchement doit être attestée par une déclaration sur l'honneur.

Les personnes placées en détention provisoire et les détenus purgeant une peine n'entraînant pas une incapacité électorale peuvent également voter par procuration.

Le mandataire (c'est-à-dire le bénéficiaire de la procuration) doit jouir de ses droits électoraux et être inscrit dans la même commune que le mandant. Aucun mandataire ne peut recevoir plus de deux procurations pour le même scrutin (art. L. 72 et L. 73).

D. Le vote est facultatif

530. La participation électorale est conçue comme un devoir civique, mais non comme une obligation juridique ; en France, à la différence de certains pays étrangers comme la Belgique, le Danemark, l'Italie ou l'Australie, les abstentionnistes ne s'exposent à aucune sanction.

Comme les abstentions ont tendance à augmenter depuis quelques années, on envisage parfois d'instituer en France le vote obligatoire. Cela pourrait avoir un certain effet si des sanctions sévères étaient prévues en cas d'abstention et si elles étaient appliquées. Mais, rien ne garantit qu'une telle mesure aurait un effet réellement bénéfique sur la participation civique :

les électeurs contraints de se rendre aux urnes pour éviter une sanction pénale ne se sentiraient pas nécessairement plus concernés par les affaires publiques.

On envisage aussi parfois d'autoriser le vote par internet ce qui, pense-t-on, relancerait la participation à la fois pour des raisons matérielles (les électeurs ne seraient plus obligés de se déplacer pour aller voter ou de donner procuration) et pour des raisons psychologiques (le vote électronique est associé, surtout chez les jeunes, à l'idée de la modernité). Chaque électeur disposerait d'un code secret lui permettant de voter à partir de n'importe quel terminal informatique. Mais le point faible d'un tel système est qu'il ne garantit pas le secret du vote aussi efficacement que le système actuel qui oblige l'électeur à passer par un isoloir pour sélectionner le bulletin qu'il déposera dans l'urne. Les électeurs, surtout s'ils sont âgés et peu versés dans l'informatique, deviendraient aisément manipulables par des militants qui leur proposeraient leurs services gratuitement mais pas toujours de façon politiquement désintéressée.

Certains électeurs peuvent être tentés de s'abstenir parce qu'aucun des candidats (s'il s'agit d'une élection) ou aucune des réponses possibles (s'il s'agit d'un référendum) ne leur convient. Un tel refus de l'offre politique peut aussi s'exprimer par un « vote blanc » consistant à déposer dans l'urne une enveloppe vide ou ne contenant qu'une feuille de papier vierge. D'un point de vue civique, le vote blanc est considéré comme préférable à l'abstention parce qu'il ne traduit pas nécessairement une indifférence envers la politique. Mais jusqu'à une date récente, les électeurs susceptibles de voter blanc préféraient souvent s'abstenir parce qu'ils savaient que, dans le décompte des résultats, les votes blancs ne seraient pas recensés séparément des votes nuls, alors qu'ils n'ont généralement pas la même signification politique. La loi du 21 février 2014 a mis fin à cette situation en prévoyant que désormais les votes blancs seraient décomptés séparément des votes nuls et qu'il serait fait expressément mention de leur nombre dans l'annonce officielle des résultats. Ils ne seront cependant pas considérés comme des « suffrages exprimés » car le législateur a voulu éviter que les pourcentages de suffrages exprimés auxquels la loi attache certains effets (par exemple le remboursement des frais de campagne) deviennent plus difficiles à atteindre par les candidats.

§4. Le problème des « discriminations positives » en matière électorale

531. Le principe de l'égalité de tous les citoyens devant la loi interdit en principe au législateur d'établir des discriminations fondées sur le sexe, les opinions ou l'origine ethnique. Mais ce principe ne suffit pas toujours à garantir l'égalité réelle : on sait par exemple que, au moins jusqu'à une date récente, dans l'ensemble, les hommes détenaient beaucoup plus de mandats électifs que les femmes et que, du fait de leur origine ethnique, certaines personnes se heurtent à des difficultés particulières pour accéder à l'emploi. Le législateur peut-il lutter contre ces inégalités de fait en accordant des avantages spéciaux aux catégories considérées comme défavorisées, comme on le fait aux États-Unis en faveur de certaines minorités ethniques dans le cadre de la politique appelée « action positive » (« *affirmative action* ») ? Ou bien la Constitution française interdit-elle toute forme de discrimination, quel qu'en soit le but et même s'il s'agit de créer des inégalités pour remédier à d'autres inégalités ?

Néanmoins, le pouvoir constituant peut restreindre la portée du principe d'égalité. Il l'a fait à deux reprises, à propos du statut de certains territoires d'outre-mer, d'une part, à propos de l'accès des hommes et des femmes aux mandats et fonctions électives, d'autre part.

Sur le premier point, l'article 2 de la loi référendaire du 9 novembre 1988, qui a entériné les accords de Matignon (v. *supra* n° 501), dérogeait déjà aux principes constitutionnels en fixant des conditions restrictives pour la participation au scrutin d'autodétermination initialement prévu pour 1998[39]. Tout en reportant la date du scrutin, l'accord de Nouméa a maintenu ces conditions ; il a par ailleurs, élargi le champ des dérogations en prévoyant que, durant la période transitoire, les personnes « durablement établies en Nouvelle-Calédonie » pourraient seules participer à l'élection du Congrès et des assemblées de province, et que les « lois du pays » pourraient leur accorder une priorité pour l'accès à l'emploi. Or, le nouveau titre XIII de la Constitution, introduit par la loi de révision du 20 juillet 1998, se réfère expressément aux « orientations définies par l'accord de Nouméa » ; lorsqu'il a examiné la loi organique relative à la Nouvelle-Calédonie, le Conseil constitutionnel en a déduit que les dérogations au principe d'égalité avaient acquis valeur constitutionnelle « *dans la mesure strictement nécessaire à la mise en œuvre de l'accord* » ; et il a jugé que, compte tenu de ces dérogations, les discriminations positives prévues par cette loi en faveur des personnes « durablement installées » sur le territoire n'étaient pas contraires à la Constitution[40].

Sur le second point, il convient de rappeler que des mesures législatives tendant à favoriser la participation des femmes à la vie publique ont été envisagées dès le début des années 1980. Mais elles se sont heurtées à la jurisprudence du Conseil constitutionnel qui, dans une décision du 18 novembre 1982 (*Rec.* p. 66), a censuré d'office une disposition prévoyant que les listes de candidats aux élections municipales dans les villes ayant une population supérieure à 3 500 habitants ne pourraient compter plus de 75 % de personnes du même sexe : le Conseil estimait en effet que les principes posés par l'article 3 C (égalité et universalité du suffrage) s'opposaient « *à toute division par*

39. Cette loi n'avait pas valeur constitutionnelle ; mais, en raison de son mode d'adoption, elle échappait au contrôle du Conseil constitutionnel.

40. Déc. n° 99-410 DC du 15 mars 1999. Dans cette décision, le Conseil constitutionnel s'est cependant efforcé de minimiser les atteintes portées au principe d'égalité : il a considéré que toutes les personnes ayant fixé leur domicile en Nouvelle-Calédonie depuis au moins dix ans seraient considérées comme y étant « durablement établies », quelle que soit la date de leur installation, et par conséquent même si celle-ci était postérieure à 1988. Or, il semble que les auteurs de l'accord de Nouméa entendaient figer la composition du corps électoral, en n'y incluant que les seules personnes établies sur le territoire à la date du référendum du 8 novembre 1988 ainsi que leurs descendants. Une seconde révision constitutionnelle a donc été nécessaire pour imposer cette interprétation (loi n° 2007-237 du 23 février 2007).

catégories des électeurs ou des éligibles » et donc à la méthode des « quotas par sexes » que le législateur avait voulu mettre en œuvre.

La révision constitutionnelle du 8 juillet 1999 a levé l'obstacle juridique qui s'opposait à la réforme en inscrivant à l'article 3 C le principe selon lequel « la loi favorise l'égal accès des femmes et des hommes aux mandats électoraux et fonctions électives ». La loi de modernisation des institutions du 23 juillet 2008 a changé la place de cette disposition qui figure désormais à l'article 1 C. Elle l'a en outre complétée en ajoutant que la loi pouvait également favoriser l'égal accès des femmes et des hommes « aux responsabilités professionnelles et sociales »[41].

L'adoption de la loi constitutionnelle du 8 juillet 1999 a été précédée au Parlement et dans l'opinion d'un vaste débat. Les adversaires de la réforme faisaient valoir qu'elle allait porter atteinte à plusieurs principes fondamentaux de la République, notamment l'universalité, c'est-à-dire à l'idée que le citoyen est appréhendé en tant que membre de la société, indépendamment de toute autre caractéristique, de sorte qu'aucune catégorie ne peut être représentée : ni les électeurs des diverses circonscriptions, ni les professions, ni le sexe, etc. D'un point de vue pratique, ils craignaient qu'elle n'incite d'autres catégories que les femmes à revendiquer une représentation séparée ou un quota ou encore que les mandats électoraux détenus par des femmes ne soient dévalorisés, dans la mesure où ils apparaîtraient moins comme le résultat d'une libre compétition que comme l'effet d'une contrainte légale.

Les partisans de la réforme se plaçaient eux aussi à un double point de vue pratique et théorique. D'un point de vue pratique, ils soutenaient que, en raison de la culture dominante, les femmes avaient des chances réduites de voir leurs candidatures aux élections politiques présentées et soutenues dans de bonnes conditions ; d'un point de vue théorique, qu'il n'y avait pas réellement atteinte aux principes, parce que le sexe n'était pas à leurs yeux une catégorie, mais une « dimension essentielle de l'humanité ». Selon cet argument, ce ne sont donc pas les femmes qui devraient être représentées par des femmes, mais tous les citoyens qui devraient être représentés dans leur universalité par des femmes aussi bien que par des hommes.

La loi n° 2000-493 du 6 juin 2000, prise en application des nouvelles dispositions constitutionnelles, vise toutes les élections politiques, locales ou nationales, qui ont lieu au scrutin de liste. Elle s'applique également à l'élection des députés à l'Assemblée nationale, qui a lieu au scrutin majoritaire uninominal.

Dans tous les cas où l'élection a lieu au scrutin de liste, la composition de chaque liste doit obéir à deux règles :

- en premier lieu, l'écart entre le nombre de candidats de chaque sexe ne peut être supérieur à un. C'est donc seulement lorsque le nombre

41. Dans sa décision n° 2001-445 DC du 19 juin 2001, le Conseil constitutionnel avait précisé la portée des dispositions adoptées en 1999 en déclarant qu'elles ne s'appliquaient qu'aux élections à des mandats ou fonctions politiques et non aux élections à des mandats de représentation professionnelle, comme ceux des magistrats siégeant au Conseil supérieur de la magistrature. C'est pour neutraliser cette jurisprudence que l'on a élargi la portée du principe d'égal accès en 2008.

total des candidats sur la liste est impair qu'il peut y avoir un écart. Ainsi, une liste de 33 noms ne doit pas comporter plus de 17 hommes (ou plus de 17 femmes) ;

- en second lieu, chaque liste doit être composée alternativement d'un candidat de chaque sexe afin d'éviter que les femmes soient reléguées en queue de liste ce qui, lorsque le scrutin a lieu à la représentation proportionnelle, leur ôterait pratiquement toute chance d'être élues.

Sous-section 2
L'encadrement partisan

§1. Le statut des partis politiques

532. En Europe et en Amérique du Nord, les partis politiques ont fait leur apparition lorsqu'on a commencé à organiser des élections concurrentielles, c'est-à-dire dès le début du XIXe siècle ou même parfois plus tôt. Leur rôle est devenu particulièrement important à partir du moment où a été institué le suffrage universel.

Pourtant, jusqu'à une époque relativement récente, même dans les régimes démocratiques et pluralistes, les partis politiques n'avaient guère qu'une existence de fait. Ils n'étaient pas illégaux. Mais ils ne bénéficiaient en tant que tels d'aucun statut particulier. Ni la Constitution, ni même la loi ne mentionnaient leur existence. En France, par exemple, d'un point de vue juridique, les partis politiques étaient considérés comme des associations ordinaires, au même titre qu'un groupement de parents d'élèves, de philatélistes ou de joueurs de boules. Et certaines de ces associations n'étaient d'ailleurs même pas déclarées.

Après la Seconde Guerre mondiale, dans certains pays, les constituants ont commencé à se préoccuper des partis politiques : l'expérience avait montré que si les partis sont indispensables dans une démocratie, ils peuvent également devenir dangereux, notamment lorsqu'ils poursuivent des buts antidémocratiques ou lorsqu'ils se mettent au service d'une puissance étrangère. C'est ainsi que l'article 21 de la Constitution allemande, adoptée en 1949, a fixé les grandes lignes d'un statut des partis politiques. La fondation des partis est libre mais, une fois qu'ils existent, on leur impose un certain nombre d'obligations : leur organisation interne doit répondre aux principes démocratiques ; ils doivent rendre compte publiquement de l'origine et de l'affectation de leurs ressources ; il leur est interdit de poursuivre des objectifs contraires au maintien de l'ordre libéral et démocratique ; en cas de violation de cette dernière prescription, ils peuvent être dissous à la demande du gouvernement par jugement du Tribunal constitutionnel fédéral.

En France, il faudra attendre la Constitution de 1958 pour que mention soit faite des partis politiques. L'article 4 de cette Constitution leur est en effet consacré : « *Les partis et groupements politiques concourent à l'expression du suffrage. Ils se forment et exercent leur activité librement. Ils doivent respecter les principes de la souveraineté nationale et de la démocratie* ».

Il s'agit donc d'une simple reconnaissance de principe. L'article 4 ne fixe pas les grandes lignes d'un statut des partis politiques, comme l'article 21 de la Constitution allemande, et il ne charge même pas le législateur d'en établir un, tout au moins de façon expresse. D'après les travaux préparatoires de la Constitution, il semble que l'on avait un moment envisagé de mettre sur pied un système de contrôle inspiré du système allemand, avec l'idée que cela permettrait peut-être de mettre en difficulté ou même éventuellement de dissoudre le Parti communiste. Mais on y a finalement renoncé.

Tel qu'il était rédigé, l'article 4 ne changeait pratiquement rien à la situation antérieure. En trente ans, de 1958 à 1988, c'est à peine si le Conseil constitutionnel s'y est référé deux ou trois fois[42], et il n'en a d'ailleurs tiré aucune conséquence importante.

Ce sont les problèmes posés par le financement de la vie politique qui ont finalement conduit le législateur français à adopter un statut des partis politiques.

Sous la Ve République, les dépenses liées au financement de la vie politique ont considérablement augmenté pour plusieurs raisons.

En premier lieu, les grands scrutins nationaux sont devenus plus fréquents qu'ils ne l'étaient sous les régimes précédents. Avant 1958, la vie politique était rythmée par les élections législatives qui avaient lieu à intervalles réguliers (en principe tous les cinq ans), mais il n'y avait pas d'autres échéances importantes. Aujourd'hui non seulement les élections législatives sont devenues en moyenne plus fréquentes (la dissolution pouvant être plus facilement prononcée) mais d'autres types de consultations sont venus s'y ajouter : élections présidentielles ; élections des représentants de la France au Parlement européen ; élections régionales ; référendums, etc. Or, plus il y a d'échéances électorales, plus il y a de campagnes à financer.

En second lieu, le style de la vie politique a été profondément modifié par les techniques modernes de la communication. Les sondages d'opinion, les études de marketing électoral, les campagnes de publicité, les services des conseillers en communication, etc., ont pris de plus en plus d'importance. Autant de dépenses nouvelles qui pèsent lourdement sur les budgets des candidats et sur ceux des partis qui les soutiennent.

Pour faire face à ces dépenses, les ressources normales des partis, qui étaient essentiellement constituées par les cotisations de leurs militants, étaient presque toujours insuffisantes. Ils ont donc cherché à exploiter financièrement les positions de pouvoir local qu'ils détenaient, et notamment les municipalités. Quand un parti politique contrôlait une municipalité importante, il pouvait en utilisant des moyens plus ou moins légaux, renflouer sa caisse électorale ; il s'agissait par exemple : de subventions accordées par la municipalité à une association contrôlée par le parti ; de fausses factures établies par un entrepreneur complaisant, qui se faisait payer le montant de ces

42. Voir notamment : déc. n° 59-2 DC, *Rec.* 1958-1959, p. 58 ; déc. n° 71-44 DC, *Rec.* p. 291.

factures par la municipalité et reversait ensuite une fraction de la somme entre les mains d'un responsable du parti ; ou encore d'un « bureau d'études » servant d'intermédiaire entre la municipalité et ses fournisseurs, qui prélevait une dîme sur ces derniers et alimentait ainsi la caisse noire du parti, etc.

Au cours des années 1980, certaines de ces pratiques ont été étalées au grand jour à la suite d'enquêtes journalistiques ou judiciaires. Il en est résulté des scandales qui faisaient apparaître l'ensemble de la classe politique sous un jour défavorable et qui risquaient de ruiner la confiance en la démocratie.

C'est à la suite de ces scandales qu'un premier statut des partis politiques a été mis en place par une loi du 11 mars 1988. Ce statut a été profondément remanié par les lois du 15 janvier 1990, 29 janvier 1993 et 19 janvier 1995.

Il ne s'agit pas d'une législation dirigée contre les partis extrémistes, comme l'article 21 précité de la Constitution allemande, mais d'un statut essentiellement financier. Le législateur s'est donné pour objectif d'éliminer la corruption (qu'elle soit pratiquée dans l'intérêt du parti ou dans un but d'enrichissement personnel), de réaliser une plus grande égalité entre les partis, de régulariser le financement de la vie politique et d'en assurer la transparence. Il ne s'est pas seulement préoccupé du financement de partis politiques. Il a également réglementé le financement des campagnes électorales et mis sur pied un système de surveillance du patrimoine personnel des titulaires de certains mandats électifs. On aura l'occasion de revenir sur ces différents aspects mais, dans le cadre du présent paragraphe, il ne sera question que de ce qui concerne directement les partis politiques.

Le contenu actuel du statut des partis politiques peut être résumé en quatre points : la liberté de création ; le droit à un financement public ; la réglementation stricte du financement d'origine privée ; l'obligation de rendre des comptes.

A. La liberté de création des partis politiques

533. Les partis politiques sont des associations de droit privé, qui bénéficient cependant d'un statut un peu plus avantageux que le droit commun des associations fixé par la loi de 1901. Non seulement ils se créent librement, ce qui est aussi le cas des autres associations, mais ils ne sont assujettis à aucune formalité. La personnalité morale et le droit d'ester en justice leur sont reconnus même en l'absence de toute déclaration préalable et ils relèvent des juridictions de droit commun.

Ils peuvent acquérir des biens à titre gratuit alors que, sous le régime de la loi de 1901, cette faculté est réservée aux seules associations reconnues d'utilité publique. La loi ne définit même pas ce qu'est un parti politique car on a pensé qu'une telle définition aurait pu être interprétée comme une restriction à la liberté de création. Mais, à l'expérience, on s'est rendu compte que l'absence de définition faisait également problème car elle facilite le détournement des subventions publiques au bénéfice de groupements qui ne constituent pas vraiment des partis politiques, des sectes religieuses par exemple, et complique la tâche des autorités chargées de veiller au respect du statut. Et c'est aussi ce qui permet à un parti politique de s'entourer d'organisations satellites qui rendent plus difficile le suivi et le contrôle des flux financiers[43].

Bien que la création des partis soit entièrement libre, il leur faut néanmoins accomplir certaines formalités pour participer réellement à la vie politique. Ils ne peuvent en effet recueillir des fonds que par l'intermédiaire d'un mandataire nommément désigné par eux. Il peut s'agir soit d'une association de financement, soit d'une personne physique. Dans le premier cas, l'association de financement doit être agréée par la Commission nationale des comptes de campagne et des financements politiques (CNCCFP). Dans le second, aucun agrément n'est nécessaire, il suffit que le nom du mandataire ait été déclaré à la préfecture.

534. Le problème des seuils. – À l'occasion d'une élection, le législateur peut fixer un seuil, c'est-à-dire un pourcentage minimum de suffrages et prévoir que les partis qui n'atteindraient pas ce seuil ne seront pas considérés comme parties prenantes. Par exemple, si le mode de scrutin applicable en l'espèce est la représentation proportionnelle à la plus forte moyenne, peut-on prévoir que les partis qui n'obtiendront pas au moins 5 % des suffrages exprimés n'obtiendront aucun siège, même si la mécanique du mode de scrutin aurait normalement dû conduire à leur en attribuer un ?

La question est délicate car il y a conflit entre deux principes de valeur constitutionnelle.

D'un côté, aux termes de l'article 4 al. 3 C : « La loi garantit les expressions pluralistes des opinions ». Or, il est évident que si le législateur prive de toute représentation les partis qui ont obtenu moins de 5 % des suffrages exprimés, non seulement il ne garantit pas l'expression pluraliste des opinions mais il la pénalise car les électeurs qui seraient tentés de voter pour ces partis éviteront probablement de le faire de crainte que leur voix soit perdue.

Mais d'un autre côté, une élection, qu'elle soit nationale ou locale, sert normalement à désigner les membres d'une assemblée délibérante qui devra définir des orientations politiques et qui ne parviendra à le faire d'une manière satisfaisante que si une majorité stable et cohérente se dégage en son sein. Il paraît donc souhaitable que les modalités de l'élection incitent les partis idéologiquement proches à se regrouper et, à cet égard, un seuil de représentation peut s'avérer utile.

Le Conseil constitutionnel s'est montré particulièrement sensible à cette argumentation et, en ce qui concerne les assemblées délibérantes françaises, il n'a pas hésité à valider les seuils de représentation tendant à l'élimination des partis ayant obtenu moins de 5 % des suffrages exprimés.

Toutefois, en 2019, le Conseil d'État, a été saisi d'une QPC portant sur le seuil de 5 % des suffrages exprimés exigé pour être admis à la répartition des

43. « Compte tenu du principe de liberté d'organisation des partis, la création, voire l'empilement des structures, sans aucune forme juridique définie permet aux formations politiques de disposer de démembrements multiples (clubs, comités de soutien, cercles, mouvements) non exempts de transferts financiers », rapport 2010 de la CNCCFP, p. 89.

sièges au Parlement européen. Jugeant que, « eu égard à la nature des élections en cause », la question était sérieuse, il l'a transmise au Conseil constitutionnel.

En matière d'élection des membres du Parlement européen, la jurisprudence traditionnelle du Conseil constitutionnel, favorable à des seuils de représentation au niveau de 5 % des suffrages exprimés, paraissait en effet pouvoir être remise en question : les électeurs français ne désignent qu'une petite fraction des députés européens (à peine un dixième) et l'imposition d'un seuil pour leur élection ne suffirait donc certainement pas à constituer une majorité cohérente et stable au sein du Parlement européen. Mais le Conseil constitutionnel a jugé que, même si la réalisation d'un tel objectif (une majorité cohérente et stable) ne pouvait dépendre d'un seul État membre, le législateur français était fondé à prendre des mesures tendant à la favoriser. Il a donc jugé que les dispositions fixant le seuil de représentation n'étaient pas contraires à la Constitution (décision n° 2019-811 QPC).

Cependant, en 1990, le Conseil constitutionnel avait censuré une disposition prévoyant que, pour la répartition des crédits entre les partis politiques (voir *infra* n° 535) seuls seraient pris en considération les résultats égaux ou supérieurs à 5 % des suffrages exprimés. Il estimait que ce seuil avait été fixé trop haut et qu'il risquait « d'entraver l'expression de nouveaux courants d'idées et d'opinion »[44].

Cette décision est susceptible de deux interprétations différentes. Selon la première, elle serait en contradiction avec la jurisprudence évoquée ci-dessus par laquelle le Conseil a refusé de censurer les seuils de représentation empêchant les partis qui ont obtenu moins de 5 % des suffrages exprimés d'obtenir des sièges. En effet, d'un côté, le Conseil constitutionnel garantirait le financement public des petits partis et, de l'autre côté, il admettrait que l'on puisse les priver de toute représentation.

Mais, selon une autre interprétation, plus charitable, il n'y aurait aucune incohérence, car il s'agirait de deux questions différentes, relatives à deux moments différents. Dans un cas, on considèrerait en effet les résultats obtenus et l'on ne voudrait pas que les partis ayant obtenu moins de 5 % des suffrages bénéficient de sièges ; dans l'autre, on envisagerait les chances qu'aurait un parti de progresser. En lui refusant les crédits, faute d'avoir obtenu 5 % des suffrages au cours de l'élection précédente, on lui ôterait toutes ses chances. Or, s'il s'agissait d'un nouveau parti, il faudrait justement lui en donner. Le seuil ne devrait donc certes pas être nul, mais on ne devrait pas exiger qu'il soit supérieur à 5 %.

B. Le droit à un financement public

535. Désormais, de manière tout à fait officielle, les partis politiques ont droit à une aide financière de l'État. En fonction de quels critères cette aide est-elle répartie ?

44. Déc. n° 89-271 DC du 11 janvier 1990.

Selon le système originel mis en place par la loi de 1988, l'aide était exclusivement réservée aux partis ou formations politiques représentés au Parlement. C'était un critère assez sélectif car, en raison notamment des contraintes du scrutin majoritaire, il peut exister des partis qui, bien qu'étant représentatifs d'une fraction relativement importante de l'opinion, ne parviennent à décrocher aucun siège au Parlement.

C'est pourquoi la loi de 1990 a fixé un nouveau critère qui est entré en application à partir de 1993. Désormais, la dotation de l'État est divisée en deux fractions égales[45].

La première est destinée aux partis et groupements ayant présenté des candidats aux élections à l'Assemblée nationale, qu'ils y soient ou non représentés. Pour pouvoir en bénéficier, il suffit qu'une formation politique ait présenté des candidats dans au moins cinquante circonscriptions lors du plus récent renouvellement de l'Assemblée nationale. S'il s'agit d'une formation dont les candidats se présentaient exclusivement outre-mer, il n'est même pas nécessaire d'avoir atteint le chiffre de cinquante circonscriptions. La répartition de cette première moitié de la dotation est effectuée proportionnellement au nombre de suffrages obtenus au premier tour des dernières élections à l'Assemblée nationale par chacun des partis ou groupements en cause.

D'après le projet adopté par le Parlement en 1990, seuls devaient être pris en considération pour la répartition des crédits de cette première fraction, dans chaque circonscription, « *les résultats égaux ou supérieurs à 5 % des suffrages exprimés* ». Mais le Conseil constitutionnel a estimé que le seuil avait été fixé trop haut, et qu'il risquait « *d'entraver l'expression de nouveaux courants d'idées et d'opinions* »[46]. Ce seuil minimum a donc été purement et simplement supprimé avant d'être rétabli en 2003, car cette suppression avait entraîné une inflation des candidatures[47].

Le nouveau seuil, fixé à 1 %, a provoqué indirectement une diminution du nombre des candidatures car certaines formations politiques présentaient des candidats à seule fin de recueillir une subvention[48]. En dix ans, de 2002 à 2012, le nombre des candidats est tombé de 7 639 à 6 611. La loi du 6 juin 2000 tendant à favoriser l'égal accès des hommes et des femmes aux mandats électoraux et fonctions électives prévoit que la dotation accordée au titre de cette première fraction sera automatiquement réduite pour les partis qui auraient attribué leurs investitures sans respecter la parité entre les deux sexes. En vue de rendre cette réglementation plus efficace, le taux de la réduction a été augmenté de moitié par la loi du 31 janvier 2007. Si l'écart entre le nombre de candidats de chaque sexe dépasse 2 % du nombre total

45. En pratique, cependant, la première partie est parfois inférieure à la seconde car elle peut être réduite en raison des pénalités encourues par les partis qui n'ont pas présenté suffisamment de femmes aux dernières élections législatives.

46. Déc. n° 89-271 DC du 11 janvier 1990 (*Rec.* p. 21).

47. C'est ainsi qu'un parti dénommé « Metz pour tous » qui avait présenté un candidat outre-mer en 1997 et qui n'avait obtenu en tout et pour tout que deux voix a reçu, pour 1999, une subvention de 21,80 francs ! (*JO* éd. Lois et décrets, 20 avril 1999, p. 5817).

48. Du fait de cette réforme, le nombre des partis éligibles en métropole est tombé de 32 à 14.

des candidatures, la dotation est réduite « d'un pourcentage égal aux trois quarts de cet écart rapporté au nombre total de ces candidats »[49] : en supposant par exemple qu'un parti ait investi 58 candidats du sexe masculin et 42 candidats du sexe féminin, sa dotation sera réduite de 12 % ; dans le cas limite où un parti ne présenterait que des candidats du même sexe, il perdrait 75 % de cette dotation.

Entrées en application pour la première fois lors des élections législatives de juin 2002, ces dispositions avaient abouti à un résultat très décevant, la proportion de femmes à l'Assemblée nationale n'ayant pas augmenté de manière significative (de 10 à 12,5 % seulement). Mais les élections suivantes ont marqué des avancées plus importantes : à la suite des législatives de juin 2017, on compte aujourd'hui à l'Assemblée nationale 224 femmes, c'est-à-dire une proportion de 38,82 %, alors que, sous la législature précédente, cette proportion était voisine du quart. On se rapproche donc progressivement de la parité. La difficulté d'atteindre celle-ci tient à deux raisons :

- d'une part, la loi étant seulement incitative, les partis peuvent se dispenser d'appliquer la parité des candidatures en renonçant à une partie de la première fraction de leur dotation. Pour les grands partis, cette renonciation ne représente pas vraiment un gros sacrifice, car, étant pratiquement assurés d'avoir des élus, ils savent pouvoir compter sur la seconde fraction. Il y a donc toujours un certain déséquilibre en faveur des candidatures masculines, non par antiféminisme systématique, mais parce que les sortants ou les militants les plus présents sur le terrain sont généralement des hommes qui ne souhaitent pas se laisser écarter ;
- d'autre part, la loi ne tient compte que des candidats et non des élus. En réservant à des hommes ses circonscriptions les plus sûres, un parti ne s'expose donc à aucune sanction financière.

La seconde fraction, dont le montant est en principe égal à celui de la première est réservée aux partis ou groupements politiques représentés au Parlement. Elle est répartie entre ces partis ou groupements, proportionnellement au nombre de députés et de sénateurs inscrits ou rattachés à chacun d'eux. Ce mode de répartition présente l'inconvénient de favoriser l'émiettement des groupements parlementaires qui ne sont pas fortement organisés et structurés. En effet, un parlementaire d'esprit individualiste peut constituer un groupement dont il est le seul membre et comme le Parlement, députés et sénateurs confondus, compte 925 membres, il aura droit à 1/925e de la dotation réservée aux formations représentées aux Parlements, c'est-à-dire, en 2016 37 443 €. Pour l'année 1993 par exemple, le nombre total des formations bénéficiaires d'une aide publique était de 81 et sur ces 81, on en comptait 27 qui n'avaient qu'un seul parlementaire rattaché !

Pour éviter un tel émiettement, la loi du 23 janvier 1993 a prévu que, à l'avenir, la seconde fraction de l'aide publique serait réservée aux partis ou groupements qui ont déjà bénéficié de la première, c'est-à-dire à ceux qui ont présenté des candidats dans au moins cinquante circonscriptions lors du

49. Art. 9-1 de la loi du 11 mars 1988 modifié par la loi du 6 juin 2000.

plus récent renouvellement de l'Assemblée nationale ou qui ont présenté une ou plusieurs candidatures outre-mer. Les parlementaires élus dans la métropole parvenaient cependant à tourner la règle des 50 circonscriptions en se rattachant à un groupe ultramarin qui leur reversait ensuite une partie de la subvention, mais cette pratique a été interdite par la loi du 11 octobre 2013. En 2016, on ne comptait plus que 30 partis éligibles à la seconde fraction de la dotation.

Quant au montant global de l'aide publique, il est fixé chaque année par la loi de finances. Il est resté sensiblement le même depuis plusieurs années et les subventions représentent toujours une proportion importante des recettes des principaux partis (67 % pour l'UMP et 42 % pour le parti socialiste sous la précédente législature). Mais les élections de juin 2017, qui ont été marquées par la déroute des partis traditionnels, ont complètement changé la donne. Le PS et Les Républicains (nouveau nom de l'UMP) ont perdu plus de la moitié de leur dotation. C'est le parti présidentiel, LREM, qui, jusqu'en 2022, bénéficiera de la dotation la plus importante.

C. La limitation stricte du financement privé

536. En ce qui concerne le financement d'origine privée, il faut distinguer entre les personnes physiques et les personnes morales.

Le financement des partis politiques par des personnes physiques est autorisé ; il est même encouragé dans la mesure où les dons consentis à un parti politique peuvent donner lieu, dans certaines limites, à des déductions fiscales ; une personne physique peut donc contribuer au financement d'un parti, même si elle n'en est pas membre. Mais elle ne doit le faire que dans le respect d'un plafond établi par la loi : le total annuel des dons consentis par une personne physique à un même parti politique ne peut pas dépasser 7 500 euros. Depuis la loi du 11 octobre 2013, ce plafond s'applique à l'ensemble des dons consentis par une même personne physique à un ou plusieurs partis politiques.

En pratique, toutefois, un riche donateur pourrait ignorer ce plafond avec la complicité de personnes de son entourage. Il lui suffirait pour cela de remettre 7 500 euros à chacune de ces personnes sous condition qu'elle fasse don de cette somme au parti. Ces donateurs subsidiaires y trouveront leur bénéfice : ils pourront en effet déduire de leurs impôts 66 % de la somme, alors qu'ils n'ont rien payé de leur poche[50].

Par contre, depuis la loi du 19 janvier 1995, il est interdit aux personnes morales, et notamment aux sociétés commerciales, de contribuer, directement ou indirectement, au financement des partis ou groupements politiques. Cette interdiction, qui a privé certains partis de ressources importantes[51], a été justifiée d'une part, par la nécessité de distendre les liens existants entre le monde des affaires et celui de la politique, afin de

50. Pour une illustration romanesque de ce procédé, voir Bronnec T., 2017.

51. En 1993, les dons des personnes morales représentaient en moyenne 20 % du total des recettes des partis politiques (Source : CNCCFP, 1996, p. 9).

réduire les risques de corruption et, d'autre part, par la volonté de rendre les financements plus égalitaires, les partis de droite étant supposés bénéficier davantage des largesses des personnes morales que les partis de gauche[52]. Elle ne comporte qu'une seule exception : un parti politique peut en financer un autre. Mais cette faculté n'est ouverte qu'aux partis français, toute contribution ou aide matérielle d'un État étranger ou d'une personne morale étrangère étant formellement interdite.

L'interdiction des dons des personnes morales a été au moins en partie compensée par une augmentation des subventions de l'État (v. *supra* n° 535). Cette dépendance à l'égard des financements publics n'est pas sans dangers car moins les partis ont besoin de recruter des militants et de rechercher des soutiens privés, plus ils risquent de se couper de la société civile. Ils deviendraient donc très vulnérables si les aides publiques qui les font vivre étaient un jour supprimées ou brutalement réduites. Un parti doté de moyens financiers importants pourrait, s'il était majoritaire, être tenté de les réduire pour paralyser ses rivaux trop dépendants d'un financement public. Il est intéressant de noter qu'en Allemagne, depuis 1992, la Cour constitutionnelle a jugé nécessaire de plafonner le financement public afin de garantir un minimum d'indépendance des partis politiques à l'égard de l'État : le plafond est relatif, c'est-à-dire que, pour chaque parti, les aides publiques qu'il reçoit ne doivent pas dépasser le montant de ses ressources propres (Tolini, 2007).

D. L'obligation de rendre des comptes

537. Pour assurer la transparence de leur financement, les partis qui bénéficient de l'aide publique ou qui acceptent des dons de personnes privées, doivent produire chaque année des comptes certifiés par deux experts-comptables, qui retracent l'ensemble de leurs recettes et de leurs dépenses. Ces comptes sont transmis à la « *Commission nationale des comptes de campagne et des financements politiques* »[53] (CNCCFP) qui, après les avoir examinés, en assure la publication au *Journal officiel* sous une forme condensée. Si les comptes n'ont pas été produits en temps voulu, ou si leur examen a fait apparaître des irrégularités, le parti concerné risque de perdre son droit à l'aide publique pour l'année suivante, à la fois sous la forme des subventions directes de l'État et sous celle des exonérations fiscales dont bénéficient les donateurs. On voit

52. Cette supposition n'est que partiellement exacte : les statistiques antérieures à 1995 montrent que la proportion des ressources provenant des dons de personnes morales était au moins aussi importante dans le budget du parti socialiste que dans celui du parti gaulliste. En fait, il semble que les contributions des personnes morales dépendaient moins de l'idéologie du parti que de son influence politique tant au niveau national qu'au niveau local.

53. Cette commission comprend neuf membres qui sont nommés, pour cinq ans, par décret :
– trois membres ou membres honoraires du Conseil d'État, désignés sur proposition du vice-président du Conseil d'État, après avis du bureau ;
– trois membres ou membres honoraires de la Cour de cassation, désignés sur proposition du Premier président de la Cour de cassation après avis du bureau ;
– trois membres ou membres honoraires de la Cour des comptes, désignés selon la même procédure.
Comme son nom l'indique, cette commission est également chargée de surveiller le financement de certaines campagnes électorales.

que, dans l'esprit du législateur, la transparence financière est la contrepartie nécessaire de l'aide publique[54].

On peut néanmoins se demander si cette transparence financière suffira à mettre fin aux abus qui ont été si souvent dénoncés. Certes, les partis sont désormais obligés de rendre des comptes lorsqu'ils sont subventionnés par l'État ou même lorsqu'ils sollicitent ouvertement des dons. Mais on ne saurait affirmer pour autant que toute forme de financement occulte a disparu. Il existe en effet de nombreuses échappatoires. Peut-on empêcher, par exemple, un « bureau d'études » travaillant pour une municipalité dominée par un parti de financer indirectement ce parti sans que cela apparaisse dans les comptes, par exemple en payant directement certaines factures ou en exécutant lui-même certaines prestations ? De même, le plafonnement des dons effectués par des personnes physiques peut assez facilement être contourné par le biais de cotisations très élevées versées par certains adhérents en tant que membres « bienfaiteurs » ou par celui d'un microparti créé spécialement pour collecter des fonds.

538. Les difficultés financières des partis politiques. – Même s'il leur est parfois possible de tourner à leur avantage les règles qui leur sont applicables, les partis politiques se trouvent souvent dans une situation financière difficile. Les dotations de l'État constituent leur ressource principale. Mais ces dotations ne sont importantes que si le parti dispose de sièges au sein des assemblées parlementaires ou si, même sans parvenir à décrocher aucun siège, ses candidats ont recueilli un nombre relativement élevé de suffrages au premier tour des élections législatives (v. *supra* n° 535). Pour exister financièrement, un parti est donc pratiquement obligé de présenter des candidats aux élections législatives, c'est-à-dire celles qui servent à désigner les membres de l'Assemblée nationale, ainsi qu'aux élections sénatoriales. Mais pour avoir des chances réelles aux sénatoriales, il faut qu'il ait des représentants au sein des conseils municipaux, etc. Il y a là quelque chose qui, pour certains partis, ressemble à un cercle vicieux : pas d'argent si l'on ne participe pas à de nombreuses élections mais, pour participer utilement à ces élections, il faut déjà disposer d'un trésor de guerre qui permettra d'attirer l'attention des électeurs sur ses candidats. Pour un nouveau parti, de même que pour un ancien parti qui a fait de mauvaises affaires (politiquement parlant), une échéance électorale peut survenir à un moment où les caisses sont presque vides. Fort heureusement, rien n'interdit à un parti (ou à un candidat) de solliciter un emprunt. Mais encore faut-il qu'il trouve un prêteur. On sait que prêter de l'argent, moyennant un taux d'intérêt plus ou moins élevé, est l'une des principales fonctions des banques. Mais celles-ci hésitent souvent à prêter une grosse somme d'argent à un parti ou à un candidat, soit parce qu'elles craignent qu'on leur attribue une coloration politique, soit parce que les perspectives de remboursement leur paraissent trop aléatoires.

54. En 2011, onze formations politiques se sont vues refuser l'aide publique au motif qu'elles n'avaient pas satisfait à leurs obligations comptables.

À la suite de l'élection présidentielle de 1995, le Conseil constitutionnel a dû, pour la première fois, examiner les comptes de campagne de chacun des candidats pour les rejeter ou les approuver. Bien que de graves irrégularités aient été décelées sur les comptes de deux des principaux candidats (Édouard Balladur et Jacques Chirac), le seul compte rejeté a été celui de Jacques Cheminade, qui n'avait même pas franchi le cap du premier tour. Il lui était reproché d'avoir bénéficié de prêts de la part de personnes physiques pour un montant de 1 711 450 F (environ 250 000 €) sans que l'on puisse savoir s'il y avait une intention réelle de remboursement ou si ces prêts n'étaient en réalité que des dons dépassant de beaucoup le montant maximum autorisé pour ce type de ressources[55]. On en avait déduit que, d'après la jurisprudence du Conseil constitutionnel, seules les banques pouvaient consentir un prêt à un candidat parce que leurs règles internes de fonctionnement garantissaient que tout prêt devait être remboursé.

Tout en alourdissant les sanctions applicables en cas de financement illégal, la loi du 15 septembre 2017 a voulu, pour préserver le pluralisme de la vie politique, faciliter l'obtention d'un prêt pour les partis ou les candidats qui se trouveraient en difficulté.

En premier lieu, la loi prend le contre-pied de la jurisprudence *Cheminade*, qui avait été interprétée comme interdisant les prêts accordés par des personnes physiques.

Aux termes de l'article 25 : « Les personnes physiques peuvent consentir des prêts aux partis ou groupements politiques dès lors que ces prêts ne sont pas effectués à titre habituel ». Il est précisé que la durée de ces prêts ne peut excéder cinq ans et qu'un décret en Conseil d'État fixera le plafond et les conditions d'encadrement du prêt pour garantir qu'il ne constitue pas un don déguisé. Et l'article 26 prévoit des dispositions identiques en ce qui concerne les prêts accordés directement par une personne physique non plus à un parti ou à un groupement politique mais à un candidat.

Les personnes physiques susceptibles d'accorder de tels prêts ne sont pas nécessairement richissimes. En effet, rien n'empêche un parti ou un candidat de demander à un grand nombre de sympathisants de lui prêter chacun une petite somme. Mais il y aura vraisemblablement des problèmes d'interprétation qui se poseront dans la pratique : par exemple, dans quels cas peut-on dire que des prêts sont effectués à titre habituel ? Ces problèmes seront sans doute résolus au coup par coup par la jurisprudence mais les prêteurs personnes physiques devront accepter de prendre des risques non négligeables car, d'après l'article 11-5 de la loi, les personnes qui ont consenti un prêt sans respecter les conditions prescrites peuvent être punies... de trois ans d'emprisonnement et de 45 000 € d'amende.

En deuxième lieu, la loi du 15 septembre 2017 institue un « médiateur du crédit aux candidats et aux partis politiques ». Ce médiateur est nommé par décret du président de la République pour une durée de six ans non renouvelable après avis de la commission de chacune des deux assemblées

55. Déc. n° 95-88 PDR du 11 octobre 1995.

compétentes en matière de lois électorales (v. *infra* n° 608). Tout candidat, parti ou groupement politique peut saisir ce médiateur afin qu'il exerce une mission de conciliation auprès des établissements de crédit et des sociétés de financement ayant rejeté ses demandes de prêt. Le médiateur n'a pas de pouvoir de décision. Mais il est prévu qu'il « favorise ou suscite toute solution de conciliation propre à remédier dans un délai raisonnable aux difficultés rencontrées » par le parti ou le candidat qui l'a saisi.

Enfin il est prévu que, en cas de défaillance avérée du marché, le gouvernement pourrait, par ordonnance prise dans le cadre de l'article 38, mettre en place une structure spécifique dédiée au financement des partis politiques et des campagnes électorales.

§2. L'évolution du système des partis

539. Vers la fin de la IVe République, l'utilisation de la représentation proportionnelle pour les élections législatives avait abouti à un système de partis multiples, relativement indépendants les uns des autres. On ne comptait pas moins d'une douzaine de groupes parlementaires à l'Assemblée nationale. Ceux qui correspondaient à des partis extrémistes ne pouvaient participer à aucune coalition, de sorte qu'il était très difficile de dégager une majorité stable pour soutenir un gouvernement. La Ve République a imposé une nouvelle logique institutionnelle, qui a profondément transformé le système de partis.

En ce qui concerne les élections législatives, dès 1958, la représentation proportionnelle a été remplacée par le scrutin majoritaire à deux tours (v. *infra* n° 546 et s.).

Cependant, l'adoption de ce mode de scrutin n'aurait pas suffi à elle seule à entraîner la réduction du nombre des partis. Il avait déjà été en vigueur pendant presque toute la durée de la IIIe République et cela n'avait pas empêché la multiplication des partis. Cette réduction a été en réalité facilitée par le rôle joué par le général de Gaulle dans les premières années de la Ve République et la nécessité dans laquelle se trouvaient les membres de la classe politique de se définir pour ou contre lui. La concentration des partis, qu'on a appelée « bipolarisation », a été évidemment accentuée par le mécanisme de l'élection présidentielle, qui ne laisse en présence que deux candidats au second tour. Presque tous les partis se prononcent en faveur de l'un ou de l'autre et les alliances qui se nouent en vue de cette élection se prolongent à l'occasion des campagnes pour les élections législatives.

Toutefois, l'évolution n'est pas linéaire et des tendances à la fragmentation des partis se manifestent encore par moments.

Durant les toutes premières années de la Ve République, de 1959 à 1962, les partis ont été relégués au second plan, car la personnalité du général de Gaulle dominait presque entièrement la scène politique. La plupart des partis traditionnels, qu'ils fussent de droite ou de gauche, s'étaient ralliés à lui en attendant la fin de la guerre d'Algérie. Le Parti communiste, quant à lui, se plaçait déjà nettement dans l'opposition, mais il y était tout à fait isolé.

C'est à la suite du référendum d'octobre 1962 sur l'élection du président de la République au suffrage universel direct que le système de partis a commencé à se restructurer. Tout d'abord, le Parti socialiste, hostile à la révision, a rejoint l'opposition ; des regroupements se sont effectués aussi bien à gauche qu'à droite et le système de partis a pris la forme d'un « quadrille bipolaire » selon l'expression de Maurice Duverger. Puis, durant les années 1990 et 2000, la bi-polarisation s'est accentuée : à gauche le Parti communiste s'était tellement affaibli qu'il n'avait plus qu'une existence quasiment symbolique ; à droite, en 2002, le président de la République, J. Chirac, a fondé l'UMP (Union pour une majorité populaire) qui regroupait la presque totalité des forces de droite. Mais cette bi-polarisation, qui prenait des allures de bipartisme, était en partie illusoire, car elle ne reflétait pas l'état de l'opinion, beaucoup plus diversifiée et lassée de la politique partisane, d'où la tentation de recourir à des élections primaires auxquelles pouvaient participer non seulement les militants, mais aussi les sympathisants (v. *infra* n° 566). Ce sont ces mêmes élections primaires qui ont contribué à la mutation du système de partis.

Aujourd'hui, pour la première fois sous la Ve République, le président de la République, n'est issu ni de la coalition gaulliste, ni du parti socialiste. Et le nouveau parti dominant fondé par lui, La République en marche (LREM), qui dispose d'une très forte majorité de sièges à l'Assemblée nationale depuis les élections de juin 2017, n'existait pas encore en 2016 !

L'effet du scrutin majoritaire a été renforcé par un très fort taux d'abstention, de sorte que ces 314 sièges correspondent à 43 % des suffrages, mais seulement à 16,5 % des inscrits.

Si l'on considère que, à cette majorité, s'ajoutent les 42 sièges obtenus par son alliée, le Modem et, vraisemblablement, une partie de la droite classique des Républicains, qui se désignent comme « constructifs », les rapports entre les pouvoirs publics ne devraient pas être bouleversés dans un avenir immédiat.

Sous-section 3
Les principales votations politiques

540. D'après l'article 3 alinéa 3 C, le suffrage peut être direct ou indirect. Dans le cadre du présent chapitre, on ne retiendra que les votations au suffrage direct[56], qui sont de plusieurs sortes. Il faut distinguer :

- celles qui ont trait aux institutions politiques nationales : élection du président de la République ; élection des députés à l'Assemblée nationale (élections législatives) ; référendums en application de l'article 11 ou de l'article 89 ;
- celles qui ont trait aux assemblées délibératives des collectivités territoriales : élection des conseillers municipaux au niveau communal, des conseillers départementaux au niveau départemental et des conseillers

56. La principale élection au suffrage indirect est celle des sénateurs, qui est étudiée v. *infra* n° 647.

régionaux. au niveau régional. Il y a donc actuellement trois sortes d'élections locales qui correspondent aux trois échelons de l'organisation administrative de droit commun[57] ;

- celles qui ont trait aux institutions communautaires : il s'agit de l'élection des représentants de la France au Parlement européen (v. *supra* n° 505).

Du point de vue du droit constitutionnel, ce sont évidemment les votations de la première catégorie qui nous intéressent, bien que les autres aient aussi parfois un enjeu politique important.

§1. Les élections législatives

541. Il s'agit de l'élection des députés à l'Assemblée nationale : l'expression « élections législatives », qui est couramment utilisée, se justifie par le fait que cette assemblée fait partie du Parlement et que, en cas de désaccord avec le Sénat à propos du vote d'une loi, c'est elle qui a normalement le dernier mot (v. *infra* n° 758).

D'après l'ordre des chapitres de la Constitution, l'Assemblée nationale vient après le président de la République, qui est également élu au suffrage direct. On traitera néanmoins en premier lieu de l'élection des députés, parce que c'est la forme de consultation populaire la plus ancienne et la plus répandue dans le monde ; de plus, aujourd'hui encore, pour qu'un président de la République puisse réaliser son programme, il faut qu'il dispose d'une majorité à l'Assemblée nationale. Ce sont donc les élections législatives qui décident en dernier ressort de l'attribution du pouvoir politique.

A. La périodicité

542. Il faut distinguer entre les élections générales et les élections partielles.

1. Les élections générales

543. On parle d'élections générales lorsque l'Assemblée nationale est renouvelée dans son intégralité.

D'après l'article 25 de la Constitution, c'est au législateur organique qu'il appartient de fixer « *la durée des pouvoirs de chaque assemblée* » et donc la périodicité des élections générales. Selon la jurisprudence du Conseil constitutionnel, le législateur organique peut modifier la durée des pouvoirs d'une assemblée (même pour le mandat en cours) mais à condition que ces

57. Comme la plupart des communes françaises sont de très petite taille, elles sont obligées de se regrouper pour organiser certains services publics comme le transport scolaire ou l'adduction d'eau. Les regroupements qu'elles forment sont désignés sous le nom de communautés de communes. Jusqu'en 2014, les administrateurs de ces communautés étaient élus au suffrage indirect, c'est-à-dire qu'ils étaient choisis par les conseillers municipaux. Pour rendre le procédé plus démocratique, la loi du 7 mai 2013 a prévu qu'ils seraient désignés à l'avance par les électeurs : désormais les conseillers intercommunaux seront obligatoirement ceux des conseillers municipaux qui ont été placés en tête de liste ou ceux qui ont été spécialement fléchés à cette fin par les électeurs.

modifications n'empêchent pas les électeurs d'exercer leur droit de suffrage selon une « périodicité raisonnable ».

Dans son texte antérieur à la loi organique du 15 mai 2001, l'article LO 121 du Code électoral précisait que : « *Les pouvoirs de l'Assemblée nationale expirent le premier mardi d'avril de la cinquième année qui suit son élection* ». D'après l'article LO 122 du même code, les élections générales doivent avoir lieu dans les soixante jours qui précèdent l'expiration des pouvoirs de l'Assemblée nationale. En 2002, les élections législatives auraient donc dû précéder de quelques semaines l'élection présidentielle dont les dates, en vertu de l'article 7 de la Constitution, ne pouvaient être fixées qu'en avril ou mai.

Mais cet ordre a été modifié par la LO du 15 mai 2001. En effet, la réduction à cinq ans du mandat présidentiel, avait été principalement justifiée par le souci de limiter les risques de cohabitation. Or, ce risque persistait si l'élection présidentielle avait lieu après l'élection législative, car les Français allaient se trouver devant l'alternative de choisir un président en fonction d'une majorité parlementaire qu'ils auraient désignée quelques semaines auparavant ou de créer une nouvelle situation de cohabitation en envoyant à l'Élysée un candidat du camp opposé, soit pour qu'il serve de contrepoids, soit pour que, sans exercer un pouvoir réel important, il assure une fonction de représentation. Au contraire, si l'élection présidentielle avait lieu avant les législatives, on pouvait penser que, comme en 1981 et 1988, les citoyens se prononceraient d'abord pour un président, avec son programme et qu'ils voteraient ensuite pour lui assurer les moyens de le réaliser grâce à une majorité parlementaire de la même couleur. C'est d'ailleurs effectivement ce qui s'est passé en 2002, 2007, 2012 et 2017.

L'inversion du calendrier électoral n'a cependant pas été adoptée dans un consensus général. Elle s'est heurtée à une double opposition :

- celle des communistes et des verts qui ont une lecture parlementariste de la Constitution et qui, pour cette raison, étaient déjà plutôt hostiles au quinquennat ;
- celle du RPR et d'une partie de l'UDF, qui sont favorables à la prépondérance présidentielle tout en estimant qu'elle ne saurait dépendre de l'ordre dans lequel se déroulent les élections, car l'on aboutirait ainsi à un système trop rigide où les élections ne pourraient avoir lieu qu'à des dates fixes et où l'existence même du droit de dissolution finirait donc par être remise en cause. Ils craignaient en outre que l'inversion du calendrier dissimulât une manœuvre dirigée contre la candidature de J. Chirac.

Le nouvel article LO 121 dispose que les pouvoirs de l'Assemblée nationale expirent la cinquième année qui suit son élection mais le troisième mardi de juin et non plus le premier mardi d'avril. Il précise que cette modification s'applique à l'Assemblée nationale élue en 1997. Les élections législatives de 2002, de même que celles de 2007 et 2012, ont donc eu lieu en juin, après l'élection présidentielle.

Cette modification n'a pas changé la durée normale des législatures qui est toujours fixée à cinq ans. Mais cette durée est évidemment abrégée lorsque le président de la République fait usage de son droit de dissolution. Dans ce cas, les élections doivent avoir lieu, vingt jours au moins et quarante jours au plus après la dissolution (art. 12 C).

La dissolution a déjà été prononcée cinq fois depuis les débuts de la Ve République ; la législature qui a commencé en 2017 est la quinzième depuis 1958. La durée moyenne d'une législature est donc approximativement de quatre ans (v. *infra* n° 715).

2. Les élections partielles

544. Elles sont organisées en cours de législature afin de pourvoir un ou plusieurs sièges devenus vacants. L'enjeu politique d'une élection partielle est généralement faible car, sauf cas exceptionnel, la perte d'un ou deux sièges n'est pas susceptible de faire basculer la majorité parlementaire. Ces élections n'en constituent pas moins une épreuve pour les gouvernants, car elles permettent de mesurer l'érosion de leur popularité. Afin d'en limiter la fréquence, les constituants de 1958 ont prévu un système de remplacement automatique par un suppléant, lorsqu'un parlementaire décède en cours de mandat ou lorsqu'il est nommé à des fonctions incompatibles avec ce mandat (v. *infra* n° 658, Chapitre 2). Le suppléant ayant été élu en même temps que le parlementaire lui-même, le remplacement s'effectue sans qu'il soit nécessaire de procéder à une élection partielle[58].

Avant la réforme de 2008, le suppléant terminait le mandat de son prédécesseur, c'est-à-dire qu'il devait normalement siéger jusqu'au prochain renouvellement général de l'Assemblée nationale. Désormais, si le titulaire du siège quitte le gouvernement, il retrouve son siège automatiquement (v. *infra* n° 630 et s.). Il en va évidemment de même dans le cas où un membre du gouvernement siégeait au Sénat.

Il subsiste cependant quelques cas où une législative partielle doit être organisée : annulation de l'élection par le Conseil constitutionnel (cette annulation vaut aussi bien pour le suppléant que pour la personne élue à titre principal) ; démission (le remplacement par le suppléant ne joue pas dans cette hypothèse, ce qui laisse au parlementaire la possibilité de se représenter immédiatement) ; absence de suppléant (pour cause de décès ou pour une autre raison) ; enfin, démission du suppléant en vue justement de provoquer une élection partielle à laquelle pourra se présenter un personnage plus important (il arrivait fréquemment, avant la réforme de 2008 que des ministres qui avaient perdu leur portefeuille sollicitent la démission de leur suppléant en poste pour tenter de retrouver leur siège). Dans un tel cas, le suppléant ne peut se présenter contre la personne qu'il secondait.

Dans ces différents cas, il doit être procédé à une élection partielle dans un délai de trois mois à compter de la date de la vacance du siège. Toutefois, il n'est procédé à aucune élection partielle dans les douze mois qui précèdent l'expiration des pouvoirs de l'Assemblée nationale (art. LO 178).

58. On ne peut pas être remplaçant de plus d'un parlementaire et le remplaçant ne peut pas renoncer par avance à exercer son mandat au cas où le siège deviendrait vacant. Il s'ensuit que le fait de choisir comme suppléant une personne qui est déjà remplaçante d'un autre parlementaire est une cause d'annulation de l'élection. (CC, *Devedjian*, déc. n° 2012/4563 du 18 octobre 2012).

Qu'il s'agisse d'élections générales ou d'une élection partielle, quelles conditions faut-il remplir pour pouvoir s'y présenter ?

B. Le régime des candidatures

545. D'après l'article LO 127 du Code électoral toute personne de nationalité française ayant atteint l'âge de la majorité légale (18 ans) est en principe éligible à l'Assemblée nationale.

Mais si ces conditions sont nécessaires, elles ne sont pas toujours suffisantes. Il faut également ne pas se trouver dans l'un des cas d'inéligibilité prévus par la loi. On peut distinguer plusieurs sortes d'inéligibilités :

a) les cas d'incapacité intellectuelle ou d'incapacité morale (v. *supra* n° 522).

b) les cas d'inéligibilité sanctionnant la violation de certaines dispositions relatives au financement des campagnes électorales ou à la transparence financière : par exemple, si, à l'issue d'une campagne électorale, un candidat n'a pas déposé son compte de campagne dans le délai prescrit par la loi ou si ce compte a été rejeté, il peut être déclaré inéligible pour une durée d'un an (v. *infra* n° 559). Cette inéligibilité n'entraîne d'ailleurs pas la perte du droit de vote, car il s'agit de sanctionner une négligence, plutôt qu'un acte contraire à la probité ou à l'honneur.

Dans ces deux premières catégories de cas, l'inéligibilité est dite « absolue » car elle vaut pour toutes les circonscriptions électorales.

c) les cas d'inéligibilités destinés à prévenir le risque d'un abus d'autorité. Certains fonctionnaires d'autorité sont inéligibles dans toute circonscription comprise dans le ressort territorial où ils ont exercé leurs fonctions depuis moins de six mois. La liste de ces fonctionnaires est fixée par l'article LO 133 du Code électoral ; elle comprend notamment les préfets, les magistrats des tribunaux, les recteurs d'académie, les commissaires de police, etc. Il s'agit d'éviter que ces fonctionnaires puissent être tentés d'utiliser leurs prérogatives d'autorité en vue de se constituer une clientèle électorale.

À la différence des précédentes, ces inéligibilités sont seulement « relatives », c'est-à-dire qu'elles n'empêchent pas l'agent concerné de faire acte de candidature dans une circonscription qui se trouve en dehors du ressort territorial où il a exercé ses fonctions[59].

Si une personne est inéligible, l'administration ne doit pas accepter d'enregistrer sa candidature. Lorsqu'il y a doute sur ce point, le représentant de l'État, c'est-à-dire le préfet, doit surseoir à l'enregistrement de la candidature et saisir dans les vingt-quatre heures le tribunal administratif ; le tribunal administratif doit statuer dans un délai de trois jours. Le jugement rendu par le tribunal administratif ne peut pas être attaqué selon les voies de recours habituelles. Mais il pourra éventuellement être contesté devant le

59. Il y a cependant une exception sur ce point en ce qui concerne le défenseur des droits : comme celui-ci exerce ses fonctions sur l'ensemble du territoire national, il est inéligible dans toutes les circonscriptions. Il s'agit donc dans ce cas d'une inéligibilité absolue. Le remplacement du médiateur par le « défenseur des droits » ne devrait rien changer à cette règle.

Conseil constitutionnel, à l'appui d'un recours dirigé contre les résultats de l'élection.

La règle du jeu électoral qui va permettre de départager les candidats est le mode de scrutin.

C. Le mode de scrutin

546. Le mode de scrutin pour l'élection des députés est fixé non par la Constitution ni même par une LO mais par une simple loi ordinaire. Techniquement, il est donc relativement facile de le modifier. Mais depuis les débuts de la Vᵉ République, deux modes de scrutin seulement ont été utilisés.

Par principe, les gaullistes étaient hostiles à la représentation proportionnelle à laquelle ils reprochaient d'empêcher la formation d'une majorité stable et de favoriser le « régime des partis ». Il n'était donc pas question de conserver, fût-ce même en le réformant, le mode de scrutin hérité de la IVᵉ République. Quelques jours après l'entrée en vigueur de la nouvelle Constitution, le gouvernement, usant des pouvoirs que lui conférait l'article 92 alinéa 2 de ladite Constitution, rétablit par voie d'ordonnance le scrutin majoritaire uninominal à deux tours, qui avait été en vigueur durant la majeure partie de la IIIᵉ République. Ce mode de scrutin demeura en application pendant plus de vingt ans (jusqu'aux élections de juin 1981 incluses), bien qu'il ait été légèrement modifié en 1966 (v. *infra* n° 548).

À la veille des élections législatives de mars 1986, la majorité socialiste qui était alors au pouvoir, décida de le remplacer par le scrutin de liste départemental à la représentation proportionnelle, sans panachage ni vote préférentiel (loi du 10 juillet 1985). Cette décision s'expliquait à la fois par une raison de principe (l'institution de la représentation proportionnelle était l'une des réformes prévues par le *programme commun* de l'Union de la gauche) et par une raison de circonstance : dans la conjoncture politique de l'époque, caractérisée par la percée de l'extrême droite (Front national), on pouvait penser qu'une telle réforme empêcherait la droite parlementaire d'obtenir la majorité absolue des sièges.

Mais lors des élections législatives de mars 1986, l'impact du changement de mode de scrutin fut finalement moins important qu'on avait pu l'espérer (ou le craindre). Bien que le Front national ait enlevé 35 sièges, la droite parlementaire obtint d'une courte tête la majorité absolue. Dès lors, la représentation proportionnelle était virtuellement condamnée car le nouveau gouvernement, dirigé par J. Chirac, la considérait comme contraire à l'esprit des institutions de la Vᵉ République. Un an presque jour pour jour après la promulgation de la loi instituant la représentation proportionnelle, le système antérieur fut donc rétabli (loi du 11 juillet 1986). Revenus au pouvoir en 1988, les socialistes, après maintes hésitations, renoncèrent finalement à changer de nouveau le mode de scrutin, malgré les pressions exercées sur eux par leurs alliés écologistes.

Il est souvent question d'introduire, dans le mode de composition de l'Assemblée nationale, une dose limitée de représentation proportionnelle portant sur une cinquantaine ou une centaine de sièges, afin que les partis « protestataires » (c'est-à-dire ceux qui refusent de s'allier un parti dominant) ne soient plus totalement exclus de la scène parlementaire. Comme l'avaient fait ses prédécesseurs, Emmanuel Macron s'est déclaré par principe favorable à cette réforme. Mais elle est difficile à mettre en œuvre car il faudrait soit augmenter les effectifs de l'Assemblée nationale (alors qu'Emmanuel Macron a annoncé qu'il voulait les réduire), soit redistribuer les sièges existants, ce qui compromettrait la réélection d'un certain nombre de parlementaires.

Le mode de scrutin actuellement en vigueur est donc à la fois uninominal et majoritaire.

1. Un scrutin uninominal : le problème du découpage

547. Un seul siège est à pourvoir dans chaque circonscription. Les bulletins de vote comportent cependant toujours deux noms car, ainsi qu'il a déjà été signalé, l'article 25 C exige que chaque parlementaire ait un suppléant élu en même temps que lui, qui le remplacera en cas de vacance du siège[60].

Le troisième alinéa de l'article 24 C, modifié en 2008, précise que le nombre total des députés à l'Assemblée nationale ne peut excéder 577. La grande majorité de ces députés représentent les Français résidant en France. Ils sont donc élus dans de petites circonscriptions dont chacune correspond à une subdivision soit d'un département métropolitain, soit d'un département ou territoire d'outre-mer. Les autres qui sont au nombre de 11 représentent les Français établis hors de France et ils sont élus dans le cadre de grandes circonscriptions dont chacune correspond à une région du monde. Mais c'est évidemment le découpage du territoire national en circonscriptions qui est la tâche la plus difficile, surtout avec un scrutin uninominal qui suppose des circonscriptions nombreuses dont la délimitation pose presque toujours des problèmes délicats. D'un point de vue sociologique, l'exiguïté des circonscriptions présente un avantage : elle facilite l'établissement et le maintien de contacts personnels entre l'élu et son électorat. Mais d'après l'article 3 C, le suffrage doit être « égal », ce qui signifie que la voix de chaque électeur doit avoir sensiblement le même poids, quelle que soit la circonscription de rattachement. C'est pourquoi la loi relative à l'élection des députés précise que les opérations de découpage sont « mises en œuvre sur des bases essentiellement démographiques » ce qui signifie que toutes les circonscriptions doivent avoir à peu de chose près la même population[61]. Des disparités peuvent cependant

60. Pour favoriser la mixité, certains parlementaires ont proposé que chaque candidat soit obligé de choisir comme suppléant une personne de sexe opposé au sien.

61. Il arrive que la proportion des personnes inscrites sur les listes électorales varie selon les circonscriptions, de sorte que l'égalité des populations n'implique pas nécessairement l'égalité même approximative du nombre des électeurs. Mais, selon le Conseil constitutionnel, seules doivent être prises en compte pour la délimitation les populations actuelles, sans chercher à anticiper les évolutions démographiques et les répercussions possibles sur la proportion des personnes inscrites sur les listes électorales (déc. n° 2008-573 DC du 8 janvier 2009, cons. 22).

être admises si elles sont justifiées par des impératifs d'intérêt général, et à condition que l'ampleur de l'écart de population en plus ou en moins ne dépasse jamais 20 % de la population moyenne des circonscriptions du département ou du territoire d'outre-mer. Mais le Conseil constitutionnel se montre de plus en plus exigeant pour apprécier l'existence d'un « motif d'intérêt général » susceptible de justifier une atteinte au principe d'égalité. Par exemple, dans sa décision n° 2008-573 DC du 8 janvier 2009, il a estimé que la règle traditionnelle selon laquelle le nombre de députés ne pouvait pas être inférieur à deux pour chaque département avait cessé d'être conforme à la Constitution, en raison d'un changement de circonstances caractérisé, d'une part, par la réduction du nombre des élus des départements (en raison des quelques sièges attribués depuis 2008 aux représentants des Français de l'étranger) et, d'autre part, par l'augmentation de la population de ces mêmes départements.

Indépendamment des disparités démographiques, un découpage risque d'être faussé par ce que l'on appelle aux États-Unis le « *gerrymandering* », c'est-à-dire le regroupement artificiel au sein d'une même circonscription de territoires qui n'ont pas vraiment de lien entre eux, à seule fin de faciliter l'élection de tel ou tel candidat. C'est pour cette raison que le Code électoral a posé un certain nombre de règles prévoyant notamment que les circonscriptions doivent toujours être constituées par un territoire continu, et que toute commune dont la population est inférieure à 5 000 habitants doit être entièrement comprise dans une même circonscription. Mais ces règles, qui permettent de sanctionner les abus les plus flagrants, ne sont pas nécessairement suffisantes pour éviter le « *gerrymandering* ». Encore faut-il en effet que les choix opérés par les autorités chargées du découpage ne soient pas inspirés par des arrière-pensées politiques. Or, en France, c'est presque toujours le gouvernement qui arrête le découpage en utilisant la procédure des ordonnances de l'article 38 C, et l'opposition le soupçonne facilement d'avoir eu de telles arrière-pensées.

Pour garantir la neutralité politique du découpage, certains pays, comme le Royaume-Uni, confient l'élaboration du projet à des commissions techniques spécialisées, dont le Parlement ratifie généralement sans débats les propositions (Colliard, 2008).

Sans aller aussi loin, conformément à une recommandation de la commission Balladur, le troisième alinéa nouveau de l'article 25 C prévoit l'intervention d'une commission indépendante qui se prononce, par un avis public, sur les projets de texte et propositions de loi délimitant les circonscriptions pour l'élection des députés et des sénateurs. En droit, cette commission, qui a été mise en place par une loi du 13 janvier 2009[62], ne joue qu'un rôle consultatif mais, du fait de la publicité donnée à ses avis, il sera politiquement difficile pour le gouvernement de ne tenir aucun compte de ses observations.

62. Cette commission comprend, d'une part, un membre de chacune des trois juridictions suprêmes (Conseil d'État, Cour de cassation et Cour des comptes) désignés chacun par leurs collègues et, d'autre part, trois personnalités qualifiées respectivement désignées par le président de la République, le président de l'Assemblée nationale et celui du Sénat.

Selon le Conseil constitutionnel, l'indépendance de cette commission est suffisamment garantie, par la qualité de certains de ses membres, qui sont de hauts magistrats, par leur statut (ils sont nommés pour une durée de six ans non renouvelable et ne peuvent être révoqués que par une délibération prise à l'unanimité par la commission elle-même), ainsi que par des règles d'incompatibilité (ils ne peuvent être titulaires d'aucun mandat électif)[63]. À l'époque l'opposition de gauche a néanmoins regretté que le mode de composition de cette Commission ne fournisse aucune garantie de pluralisme politique.

Il arrive assez souvent qu'un découpage parfaitement correct à l'origine devienne gravement inégalitaire quelques années plus tard par suite des mouvements de population qui se sont produits dans l'intervalle. C'est ainsi que lors des élections législatives de 2007, bien que les recensements de 1990 et 1999 aient mis en lumière d'importantes évolutions démographiques, le découpage de 1986, fondé sur le recensement de 1982, n'avait encore jamais été réactualisé et l'on comptait environ 70 circonscriptions qui ne répondaient plus aux critères fixés par le Conseil constitutionnel. Il eût donc fallu modifier les limites de plus de cent circonscriptions, car ce que l'on ajoute à l'une doit nécessairement être retiré à une autre, et réciproquement. Mais en pratique, seul un projet de loi déposé par le gouvernement aurait eu des chances sérieuses d'aboutir et celui-ci tarde souvent à prendre une initiative dans ce domaine, surtout lorsque, dans l'ensemble, les inégalités résultant des mouvements de population jouent en faveur des partis qui le soutiennent. Le Conseil constitutionnel a plusieurs fois dénoncé ces retards dans des communiqués, mais jusqu'à une date récente il ne disposait d'aucun moyen juridique pour y mettre fin. En effet : d'une part, il n'existe pas de recours direct car l'on ne peut déférer au Conseil constitutionnel qu'une loi adoptée par le Parlement, et non une carence ; d'autre part la question ne pouvait pas lui être soumise par la voie de l'exception car, dans le cadre du contentieux électoral, avant la réforme constitutionnelle de 2008 il s'était toujours refusé à contrôler la conformité d'une loi à la Constitution, et donc éventuellement la conformité de la loi électorale au principe d'égalité. Mais fort heureusement, à la suite de l'introduction de la QPC, il a modifié sa jurisprudence sur ce point (v. *infra* n° 810).

Consciente de ces lacunes, la commission Balladur a proposé d'inscrire à l'article 25 C le principe selon lequel la carte des circonscriptions électorales devait être actualisée au moins une fois tous les dix ans. Mais cette recommandation n'a pas été retenue. Il est vrai que les parlementaires de l'opposition pourront désormais, en déposant une proposition de loi d'actualisation de la carte électorale, amener la commission de l'article 25 à rendre un avis, dont la publication sera susceptible d'alerter l'opinion sur l'urgence de ce problème. Mais rien ne garantit que de tels avis seront suivis d'effets.

Dans ses observations sur les élections législatives de 2007, publiées le 29 mai 2008, le Conseil constitutionnel a rappelé que le remodelage aurait dû être fait avant ces élections, et qu'il présentait un caractère d'urgence.

63. Voir la décision n° 2008-573 du 8 janvier 2009.

À la suite de cette déclaration, le gouvernement a préparé un projet de redécoupage auquel il a apporté quelques modifications pour tenir compte des observations présentées par la commission indépendante instituée en application de l'article 25 C. Selon la procédure habituelle en cette matière, le projet a d'abord été adopté par une ordonnance, et celle-ci a été ratifiée un peu plus tard (loi du 23 février 2010). Saisi à l'occasion de cette ratification par des parlementaires de l'opposition, le Conseil constitutionnel a pris soin de rappeler qu'il ne lui appartenait pas de vérifier si les circonscriptions avaient fait l'objet de la délimitation la plus juste possible. Tout en reconnaissant que certains des motifs invoqués pour justifier le découpage avaient un caractère « discutable », il a rejeté le recours en déclarant qu'il n'apparaissait pas que le principe de l'égalité devant le suffrage avait été « manifestement » méconnu[64]. Le Conseil n'exerce donc en cette matière qu'un contrôle restreint qui garantit un minimum de respect du principe d'égalité d'un point de vue démographique mais qui ne permet pas toujours de sanctionner la pratique du *gerrymandering*.

2. Un scrutin majoritaire : le problème des désistements

548. Pour être élu au premier tour, un candidat doit, à la fois, obtenir la majorité absolue des suffrages exprimés et réunir sur son nom un nombre de suffrages égal au quart du nombre des électeurs inscrits.

Le second tour de scrutin a lieu le dimanche qui suit le premier tour. La majorité relative suffit alors pour être élu. Mais dans le cadre d'une politique qui visait à instaurer progressivement en France un régime bipartisan, en obligeant les grandes formations à se regrouper et les petites à disparaître, une réforme électorale est intervenue le 29 décembre 1966 : pour pouvoir être candidat au second tour, il fallait avoir recueilli au premier tour 10 % des voix des électeurs *inscrits*. Cette proportion a été élevée à 12,5 % par la loi du 9 juillet 1976.

Des exceptions ont néanmoins été prévues pour le cas où, à l'issue du premier tour, il ne se trouverait pas au moins deux candidats remplissant cette condition (art. L. 162 C. élect.).

Dans le cas où aucun candidat n'a atteint le seuil des 12,5 %, il est prévu que les deux candidats arrivés en tête au premier tour pourront se maintenir au second.

Dans le cas où le seuil de 12,5 % n'a été atteint que par un seul candidat, le candidat ayant obtenu après lui le plus grand nombre de suffrages au premier tour peut se maintenir au second.

Ces aménagements ne suffisent pas à garantir que les électeurs auront toujours le choix entre au moins deux candidats au second tour. Il peut en effet se produire que les deux candidats arrivés en tête au premier tour appartiennent à la même coalition, et que l'un d'eux se retire pour honorer un accord de désistement, alors que les autres candidats ont tous été éliminés parce qu'ils n'avaient pas atteint au premier tour le seuil des 12,5 %. Dans

64. Déc. n° 2010-602 DC du 18 février 2010, cons. 20 et 23.

un tel cas de figure, d'ailleurs assez rare, il n'y a plus qu'un candidat au second tour et l'élection devient une simple formalité[65].

Lorsque le seuil est atteint par plus de deux candidats, le second tour prend la forme d'une compétition triangulaire, voire quadrangulaire. Cependant, cette situation est de plus en plus rare en raison de plusieurs facteurs. D'une part, comme le seuil de 12,5 % est calculé par rapport aux électeurs inscrits, le fort taux d'abstention, rend très difficile le dépassement de seuil. D'autre part, les partis peuvent conclure des accords de désistement, soit pour éviter l'éparpillement des voix au sein d'une même famille politique, soit pour tenter d'empêcher l'élection d'un extrémiste. On a compté seulement une quarantaine de triangulaires en 2012 et une seule en 2017, la participation au premier tour étant tombée au-dessous de 50 %.

D. L'organisation et le financement de la campagne

549. La campagne des élections législatives est ouverte vingt jours avant la date du premier tour de scrutin. Elle se déroule à la fois au niveau national et au niveau local (c'est-à-dire dans le cadre de chaque circonscription).

Sur le plan national, ce sont les partis politiques qui sont les acteurs de la campagne et ils y investissent souvent des moyens importants, en organisant de grandes manifestations[66]. La publicité politique à la télévision leur est interdite mais l'État met à leur disposition des moyens de propagande, notamment un temps d'antenne sur les ondes des chaînes publiques de radio et de télévision.

D'après l'article L. 167 I du Code électoral, la durée totale de ce temps d'antenne est en principe de trois heures pour les émissions précédant le premier tour de scrutin, et d'une heure et demie pour les émissions réalisées durant la campagne du second tour. Cette durée est partagée à égalité entre les formations politiques représentées à l'Assemblée nationale appartenant à la majorité et celles appartenant à l'opposition.

Quant aux partis politiques non représentés au sein de l'Assemblée nationale sortante, le texte en vigueur en 2017 ne leur accorde qu'un temps d'antenne de sept minutes pour le premier tour et de cinq minutes pour le second, à condition qu'ils présentent au moins soixante-quinze candidats.

65. En 1988, une élection obtenue dans de telles conditions avait été contestée par des électeurs qui soutenaient que l'absence de toute possibilité de choix au second tour constituait une violation des stipulations de l'article 3 du protocole additionnel n° 1 à la CEDH. Ce texte prévoit en effet l'organisation d'élections « dans des conditions qui assurent la libre expression de l'opinion du peuple sur le choix du corps législatif ». Le Conseil constitutionnel a rejeté ce moyen en affirmant que, « prises dans leur ensemble », les dispositions de la loi électorale n'étaient pas incompatibles avec les stipulations de l'article 3. En d'autres termes, pour qu'il y ait liberté de choix, il suffit que les électeurs aient pu choisir entre plusieurs candidats au premier tour (CC, déc. n° 88-1082, 21 octobre 1988, *Rec.* p. 183).

66. Comme pour toutes les élections, les articles L. 50-1 et s. du Code électoral interdisent le recours à certains moyens de propagande particulièrement coûteux, qui pourraient créer de graves inégalités entre les candidats : numéro d'appel téléphonique ou télématique gratuit, publicité commerciale par voie de presse ou par tout moyen de communication audiovisuelle, affichage en dehors des panneaux officiels. Ces interdictions sont en vigueur pendant les trois mois précédant le premier jour d'une élection et jusqu'à la date du tour de scrutin où l'élection est acquise.

Jusqu'en 2017, ces dispositions ne lésaient personne car, d'une législature à la suivante, les principaux partis étaient toujours les mêmes. Ils appartenaient tantôt à la majorité, tantôt à l'opposition mais cela ne faisait aucune différence puisque le temps d'antenne disponible était partagé par moitiés entre les deux. Mais à la suite des élections présidentielles de 2017, la situation a changé, les candidats des partis traditionnels ayant été éliminés dès le premier tour. Le nouveau président de la République, Emmanuel Macron, a lancé son propre parti, La République en marche (LREM) qui devait prendre part à la campagne des élections législatives mais qui ne disposait d'aucune représentation au sein de l'assemblée sortante puisqu'il n'existait pas encore à la date à laquelle celle-ci avait été élue. À s'en tenir à la lettre de la réglementation, LREM n'aurait eu droit qu'à un temps d'antenne ridiculement faible alors que, d'après les résultats des élections présidentielles, elle était au moins aussi représentative que le parti socialiste ou le parti gaulliste.

Le 29 mai 2017, l'association LREM a saisi le Conseil d'État d'une QPC contestant la conformité à la Constitution de l'article L 167 du Code électoral.

Grâce à la procédure d'urgence, le Conseil constitutionnel a rendu sa décision le surlendemain (31 mai 2017), c'est-à-dire suffisamment tôt pour qu'elle puisse produire effet dès la campagne du premier tour des élections législatives des 11 et 18 juin 2017 (déc. nº 2017-651 QPC du 31 mai 2017).

Le Conseil a déclaré les dispositions de l'article L 167-1 contraires à la Constitution au motif qu'elles ne permettaient pas de prendre en considération, pour la détermination du temps d'antenne, la représentativité des partis non représentés au Parlement. En l'espèce, il a indiqué que le temps d'antenne accordé au LREM pourrait être majoré en multipliant par cinq le temps d'antenne minimum prévu par l'article L. 167-1. Mais, pour laisser au gouvernement et au Parlement le temps nécessaire pour préparer de nouvelles dispositions, il a reporté au 30 juin 2018 la date à laquelle cette abrogation prendrait effet. Le nouveau texte adopté le 25 juin 2018 prévoit que la représentativité des partis ou groupements politique peut aussi être appréciée en fonction des résultats obtenus à des élections plus récentes que celles qui ont eu lieu pour le dernier renouvellement de l'Assemblée nationale, notamment à celle de l'élection présidentielle qui vient de se dérouler.

En outre, lorsqu'ils traitent de l'actualité liée aux élections, les services de radio et de télévision doivent veiller à ce que les partis et groupements présentant des candidats bénéficient d'une présentation et d'un accès à l'antenne « équitables ». Cette notion d'équité signifie, d'une part, que les spots consacrés à chaque parti ou groupement doivent être sensiblement proportionnels à son poids politique, que l'on apprécie principalement en fonction du nombre des parlementaires qui le soutiennent et des résultats qu'il a obtenus lors des précédentes élections.

E. Le plafonnement des dépenses

550. Les dépenses électorales, autres que les dépenses de propagande directement prises en charge par l'État, sont plafonnées pour chaque candidat. Le plafond a été initialement fixé à 38 000 euros, cette somme étant majorée de 0,15 euro par habitant de la circonscription (art. L. 52-11, C. élect. modifié par l'article 10 de la loi du 29 janvier 1993). Périodiquement pour tenir compte de l'inflation, les plafonds sont actualisés par un décret qui fixe un coefficient multiplicateur[67].

La notion de dépenses électorales retenue pour la vérification du respect de ce plafond est très large. Elle comprend toutes les dépenses exposées directement au profit du candidat et avec l'accord[68] de celui-ci, par les personnes physiques qui lui apportent leur soutien, ainsi que par les partis et groupements politiques qui ont été créés en vue de lui apporter leur soutien ou qui lui apportent leur soutien (art. L. 52-12, C. élect.). Si le candidat a bénéficié de services ou dons en nature, il doit en estimer la valeur pécuniaire et l'inclure dans ses dépenses.

1. La réglementation des moyens de financement

551. En ce qui concerne les recettes, il faut distinguer le financement privé et le financement public.

a Le financement privé (article L. 52-8, C. élect.)

552. Depuis la loi du 19 janvier 1995, les personnes morales n'ont plus le droit de participer, directement ou indirectement, au financement de la campagne électorale d'un candidat[69]. Une exception est toutefois prévue pour les partis politiques : un parti politique peut prendre en charge le financement de la campagne de l'un de ses candidats[70].

Quant aux personnes physiques, elles peuvent contribuer au financement de la campagne électorale d'un candidat, mais seulement dans la limite de 4 600 euros, pour l'ensemble des candidats à une même élection. Les dons ne peuvent être faits en espèces que si leur montant est inférieur à 150 euros.

Cette limite peut évidemment être tournée par le même procédé que celui exposé au n° 535. De plus, comme elle ne concerne que les dons directs, on peut également s'en affranchir en créant un micro-parti...

67. La dernière actualisation remonte au décret n° 2008-1300 du 10 décembre 2008 qui a fixé un coefficient de 1,26 pour les départements métropolitains. On a renoncé à procéder à une nouvelle actualisation en 2012 afin de montrer que les activités politiques n'étaient pas épargnées par les mesures d'économie.

68. D'après le texte original, il pouvait s'agir d'un accord tacite. Mais les mots « même tacite » ont été supprimés par la loi du 19 janvier 1995.

69. Pour les élections législatives de 1993, les dons des personnes morales représentaient en moyenne 2? % du total des recettes des candidats (Source : CNCCFP [1996], p. 9).

70. Cette exception risque de nuire à la transparence financière des campagnes électorales, car un parti politique peut être créé à seule fin d'aider un ou plusieurs candidats, ce qui permet de tourner la réglementation des recettes d'origine privée. Ces formations, qui n'ont pas besoin d'avoir de nombreux adhérents ni même un programme, sont généralement désignées sous le nom de « microparti ». C'est l'une des raisons pour lesquelles, dans son rapport de 2016, la CCFP a souhaité que la création des partis politiques soit entourée d'un minimum de formalisme. Mais tout reste à faire dans ce domaine. D'après une enquête réalisée par le magazine *Capital*, en 2010, les micropartis créés par des candidats de droite auraient réussi à engranger plus de 7 millions d'euros contre environ 1,6 million d'euros pour les partis créés par des candidats de gauche (cf. *Capital*, n° 249, juin 2012).

b. Le financement public (art. L. 167, C. élect.)

553. Avant l'adoption de la loi de 1988 sur le financement de la vie politique et des campagnes électorales, l'État remboursait déjà aux candidats certaines dépenses limitativement énumérées (coût du papier, impression des bulletins de vote et des affiches, frais d'affichage, etc.).

Depuis la réforme de 1988, l'État se montre un peu plus généreux et, outre le remboursement des dépenses déjà mentionnées, il accorde à chaque candidat pour les autres dépenses un remboursement forfaitaire égal à 50 % du plafond (v. *supra* n° 550), mais qui ne peut excéder le montant réel des dépenses engagées par le candidat et financées sur ses deniers personnels. En outre, pour avoir droit à ces remboursements, il faut avoir obtenu au moins 5 % des suffrages exprimés au premier tour de scrutin, car on considère que le financement public doit être réservé aux candidats qui ont un minimum de représentativité politique.

2. L'obligation de tenir un compte de campagne

554. Chaque candidat ayant obtenu au moins 1 % des suffrages exprimés est tenu d'établir un compte de campagne retraçant, selon leur origine, l'ensemble des recettes perçues et, selon leur nature, l'ensemble des dépenses effectuées en vue de son élection par lui-même ou pour son compte pendant l'année précédant le premier jour du mois de l'élection et jusqu'à la date du tour de scrutin où cette élection a été acquise.

Que le candidat ait été élu ou qu'il ait été battu, le compte de campagne, visé par un expert-comptable, devra être transmis à la CNCCFP dans les deux mois suivant la date à laquelle l'élection a été acquise. Le candidat qui n'exécute pas cette obligation peut être déclaré inéligible pendant un an.

La CNCCFP, qui n'est pas une juridiction mais une autorité administrative indépendante, doit d'abord vérifier l'exactitude des indications portées sur le compte pour, éventuellement, les rectifier : par exemple, si certaines dépenses ont été manifestement surévaluées, afin d'augmenter le montant du remboursement forfaitaire auquel pourra prétendre le candidat, elle peut d'office les réduire. Dans ce cas, sa décision ne met en jeu ni la validité de l'élection, ni l'éligibilité du candidat, auquel aucune faute grave n'est reprochée. Cette décision est donc considérée comme une décision administrative ordinaire. Elle pourra faire l'objet d'un recours devant le Conseil d'État. Mais si la CNCCFP découvre de véritables infractions à la réglementation financière des campagnes électorales, par exemple des recettes irrégulières ou un dépassement du plafond des dépenses, le candidat risque d'être déclaré inéligible et son élection, le cas échéant, peut-être annulée. Ne pouvant prendre elle-même des décisions aussi graves, la CNCCFP ne joue alors qu'un rôle d'instruction. Elle transmet ensuite le dossier au Conseil constitutionnel, qui est juge de l'élection.

F. Le contentieux électoral

555. Dans la tradition française antérieure à 58, les élections des députés et des sénateurs ne pouvaient être contestées que devant les assemblées parlementaires elles-mêmes. Comme elles faisaient souvent de ce pouvoir un usage politique, la Constitution de 1958 a mis fin à ce système. D'après l'article 59 C, c'est le Conseil constitutionnel qui statue, en cas de contestation, sur la régularité de l'élection des députés et des sénateurs.

556. Les compétences du Conseil en matière de contentieux électoral. – La loi organique relative au Conseil constitutionnel lui attribue en cette matière une large compétence puisque selon l'article 50, il « *examine et tranche définitivement toutes les réclamations* ». Mais l'interprétation donnée par le Conseil de cette disposition est plutôt restrictive.

Il considère en effet que sa compétence se limite au seul examen des élections contestées, ce qui implique qu'il n'est valablement saisi que s'il y a contestation et que celle-ci ne peut en principe être dirigée que contre les résultats ayant abouti à proclamer élu un candidat. Il se refuse donc à examiner les requêtes de candidats auxquels le remboursement de leur cautionnement ou de leurs frais électoraux a été refusé, motif pris de ce qu'ils n'avaient pas obtenu 5 % des suffrages exprimés. Ces candidats contestent le calcul des voix qui leur ont été attribuées. Le Conseil rejette leur requête comme irrecevable, car elle ne concerne pas directement l'élection d'un parlementaire (CC n° 88-1044, 21 octobre 1988, *Rec.* p. 159).

Cependant, depuis 1981, il accepte de statuer, *à titre préventif* sur les recours dirigés contre certains actes de portée générale comme le décret de convocation des collèges électoraux, parce que ces recours mettent en cause la validité de l'ensemble des opérations électorales, et qu'il vaut mieux, pour des raisons évidentes, que la question soit tranchée avant le scrutin (CC, 11 juin 1981, *Delmas, Rec.* p. 97 ; *RDP* 1981, p. 1347, comm. Favoreu). Mais cette jurisprudence n'a qu'une portée limitée. Elle ne concerne que les actes préparatoires *stricto sensu*, c'est-à-dire ceux qui ont été pris pour organiser le déroulement des élections. Elle ne permet pas par exemple au Conseil constitutionnel de statuer sur la régularité d'un décret de dissolution de l'Assemblée nationale, car ce décret ne peut pas être considéré comme un acte préparatoire bien qu'il ait, avec les élections, un rapport d'antériorité et même de causalité (CC, 4 juin 1988, *Minvielle de Guilhem de Lataillade, Rec.* p. 79 ; Genevois 1988a).

Quant au contentieux des opérations préliminaires, propres à une circonscription déterminée, par exemple le rejet d'une déclaration de candidature, il relève des juridictions administratives (CC, 11 octobre 1973, *AJDA* 1974, p. 100). Mais la question peut venir en appel devant le Conseil constitutionnel si le résultat de l'élection est contesté.

557. La procédure. – Elle est réglée par l'ordonnance du 7 novembre 1958 portant loi organique sur le Conseil constitutionnel.

L'élection d'un député ou d'un sénateur peut être contestée devant le Conseil constitutionnel durant les dix jours qui suivent la proclamation des résultats du scrutin. Le recours est ouvert à toutes les personnes inscrites sur la liste électorale de la circonscription concernée, ainsi qu'aux personnes qui ont fait acte de candidature (art. 33).

La *requête ne peut être dirigée que contre le résultat d'une élection*. Toute requête tendant à un objet autre sera rejetée comme irrecevable sans être examinée au fond (sous la seule réserve de la jurisprudence *Delmas* ci-dessus indiquée).

La requête n'a pas d'effet suspensif. La personne dont l'élection est contestée peut donc siéger normalement jusqu'à ce que le Conseil constitutionnel ait statué sur son cas. Et c'est seulement si son élection est validée et à compter de la date de cette validation qu'elle devra se mettre en règle avec la législation relative aux cumuls et aux incompatibilités (v. *infra* n° 658). En raison du nombre élevé des requêtes, l'instruction de chacun des recours jugés recevables est confiée à une section composée de trois membres.

Dans ses observations générales sur les élections législatives de juin 2017, le Conseil constitutionnel constate que, malgré la stabilité du nombre de circonscriptions, le volume du contentieux a nettement augmenté entre 2012 et 2017. Selon lui, cette augmentation s'expliquerait par le fait qu'il y a eu davantage de candidats. Toujours est-il qu'à la suite des élections de 2017, le Conseil constitutionnel a été saisi de 298 requêtes formées par des candidats ou des électeurs, contre seulement 108 à la suite de celles de 2012. Il est évident que cette augmentation se traduit par un allongement du délai nécessaire au règlement des contestations.

Le caractère contradictoire de la procédure est plus accentué que dans les autres contentieux relevant de la compétence du Conseil constitutionnel à l'exception de la QPC (v. *infra* n° 818), car il s'agit incontestablement d'un litige opposant deux parties : un demandeur (le requérant) et un défendeur (la personne dont l'élection est contestée). Jusqu'à une date récente, la procédure était exclusivement écrite et les parties n'avaient donc aucune chance de pouvoir s'expliquer oralement devant la section chargée de l'instruction de l'affaire. Cette règle avait fait l'objet de vives critiques et l'on avait même prétendu qu'elle serait contraire à l'article 6 de la Convention européenne des droits de l'Homme (CEDH). Bien qu'il ait estimé que les stipulations de l'article 6 n'étaient pas applicables au contentieux électoral, et que la Cour européenne des droits de l'Homme lui ait finalement donné raison sur ce point[71],

71. D'après l'article 6 de la CEDH, toute personne a droit à ce que « *sa cause soit entendue publiquement* » mais seulement lorsqu'il s'agit d'un contentieux portant soit sur « *des droits et obligations de caractère civil* », soit sur « *le bien-fondé d'une accusation en matière pénale* ». En 1988, le Conseil constitutionnel a jugé que le contentieux électoral n'entrait dans aucune de ces deux catégories (CC, 8 novembre 1988, *Rec.* p. 196). La question a rebondi quelques années plus tard à propos du contentieux relatif à la réglementation financière des campagnes électorales. En raison des sanctions qui s'y attachent (inéligibilité, obligation de reversement), on pouvait en effet se demander si ce contentieux ne devait pas être assimilé à un contentieux de nature pénale. Mais, dans un arrêt du 21 octobre 1997 (affaire *Pierre-Bloch c/ France*), la Cour européenne des droits de l'Homme a jugé que ni la nature ni le degré de gravité de ces sanctions ne permettaient de les considérer comme de nature pénale. Le contentieux électoral reste donc en dehors du champ d'application de l'article 6 de la CEDH.

le Conseil constitutionnel ne semble pas avoir été tout à fait insensible à ces critiques : par une décision en date du 28 juin 1998, il a en effet modifié son règlement de procédure pour permettre aux parties de demander à être entendues (*Rec.* 1995, p. 283). Mais ces demandes ne sont accordées que dans la mesure où le Conseil estime qu'elles peuvent être utiles à la manifestation de la vérité. En ce qui concerne les élections de 2017, il ne l'a fait que dans une quinzaine de cas.

558. Les décisions. – La décision est prise par le Conseil en formation plénière après que l'affaire a été rapportée devant lui. Elle doit être motivée et notifiée aussitôt à l'assemblée intéressée (art. 40 LO).

Aucun délai n'étant prévu par les textes, et l'instruction des affaires étant souvent assez longue, les décisions sont parfois rendues plusieurs mois après la proclamation de l'élection contestée. Par exemple, c'est seulement le 30 janvier 2003 qu'ont été rendues les dernières décisions relatives à la validité des élections législatives de juin 2002.

Lorsqu'il fait droit à la requête, le Conseil peut, selon les cas, soit *annuler* l'élection contestée, auquel cas il devra être procédé à un nouveau scrutin, soit *réformer* la proclamation faite par la Commission de recensement et proclamer le candidat qui a été régulièrement élu (art. 41). On remarquera que le Conseil ne fait presque jamais usage de ce pouvoir de réformation : il l'a fait cependant une fois à propos d'une élection sénatoriale parce que, au cours du dépouillement, un bulletin de vote avait été à tort considéré comme nul, alors que le résultat proclamé ne tenait qu'à une seule voix (CC 2014-4902 SEN du 12 février 2015). Le Conseil statue sur la régularité de l'élection tant du titulaire que du remplaçant. Il possède la plénitude de juridiction, c'est-à-dire qu'il peut trancher lui-même n'importe quelle question de droit public ou même de droit privé lorsque la validité d'une élection en dépend. Par la voie de l'exception, il peut même contrôler la conformité de la loi électorale à une Convention internationale ou même depuis l'institution de la QPC à la Constitution (*infra*, n° 810).

Dans l'ensemble, le Conseil constitutionnel n'a pas fait preuve, en matière de contentieux électoral, d'une très grande sévérité. Pour qu'il annule une élection, il ne suffit pas de prouver que la campagne du candidat proclamé élu a été entachée d'irrégularités. Encore faut-il que ces irrégularités aient été susceptibles de fausser le résultat ce qui, selon la jurisprudence du Conseil constitutionnel doit s'apprécier en tenant compte essentiellement de l'écart des voix et du comportement des autres candidats. Une élection largement acquise a donc de fortes chances d'être validée, quelles qu'aient été les méthodes employées par certains candidats. C'est ce qui explique que la proportion des annulations par rapport au nombre des élections contestées soit généralement très faible. De 1958 à 2012, le Conseil n'avait prononcé que 59 annulations pour 13 élections générales : la moyenne est donc inférieure à 5 annulations, alors que les contestations intéressent souvent les résultats de plus de 100 circonscriptions.

559. Contentieux électoral et transparence financière. – Depuis quelques années, le Conseil constitutionnel a eu à traiter des contestations d'un type nouveau : celles qui ont trait à l'application de la législation sur la transparence financière et sur le financement des campagnes électorales. Lorsqu'un candidat n'a pas déposé son compte de campagne dans le délai prévu, ou lorsque l'examen de ce compte a révélé des irrégularités, son dossier est transmis au Conseil par la CNCCFP[72]. Dans ce cas, le Conseil constitutionnel peut donc être saisi d'office, même si l'élection n'a pas été contestée par un électeur de la circonscription ou par un autre candidat.

La principale sanction encourue pour violation de la réglementation financière est une inéligibilité dont la durée peut atteindre trois ans[73]. Si le candidat a été proclamé élu, non seulement il sera déclaré démissionnaire d'office mais encore, comme il est temporairement inéligible, il ne pourra pas se représenter à l'élection partielle organisée pour pourvoir le siège devenu vacant. Toutefois, l'inéligibilité ne remet pas en cause les mandats acquis antérieurement à la décision. Mais si, au contraire, il a été battu, la sanction d'inéligibilité prononcée contre lui ne remet évidemment pas en cause l'élection de son concurrent plus heureux. Par ailleurs, le candidat qui n'a pas déposé son compte de campagne bien qu'il ait obtenu au moins 1 % des voix, ou celui dont le compte a été rejeté, perd le droit à l'aide de l'État. Il se voit donc obligé de restituer ce qu'il a déjà perçu au titre de cette aide et perd son droit au remboursement forfaitaire.

Le Conseil constitutionnel, juge de l'élection, n'est pas lié par les conclusions de la CNCCFP. Il doit donc soumettre à un nouvel examen chacun des dossiers qui lui a été transmis par celle-ci.

Au moins jusqu'à une date récente, les infractions à la législation concernant le financement des campagnes électorales étaient sanctionnées plus sévèrement, et surtout plus systématiquement, que les autres. Le Conseil constitutionnel ne recherchait pas si, dans les circonstances de l'espèce, ces infractions avaient été susceptibles de fausser le résultat de l'élection. Il suffisait que leur existence fût établie et qu'elles eussent un minimum de gravité objective pour que le candidat fût déclaré inéligible et son élection, le cas échéant, annulée. Cette rigueur est attestée par les chiffres relatifs au contentieux des élections de 2007 : 495 candidats ont été déclarés inéligibles, alors que deux élections seulement ont été annulées. Encore ces annulations n'étaient-elles que la conséquence du fait que le compte financier du candidat proclamé élu avait été rejeté !

Mais dans ses observations sur les suites contentieuses des élections législatives de 2007, le Conseil constitutionnel a proposé des assouplissements de la législation financière applicable aux campagnes législatives. Ils ont été adoptés par la loi organique du 14 avril 2011 :

- D'une part, les candidats ayant obtenu moins de 1 % des suffrages exprimés, sont désormais dispensés de l'obligation de déposer leur

72. La violation de certaines dispositions relatives au financement des campagnes électorales étant pénalement sanctionnée, la CNCCFP peut également saisir le parquet lorsqu'elle constate de graves irrégularités (art. L. 52-15, C. élect.), mais en pratique cette possibilité est rarement utilisée.

73. Depuis la loi du 19 janvier 1995, la période d'inéligibilité commence à courir à compter de la date de la décision du Conseil constitutionnel et non plus, comme auparavant, à la date de l'élection elle-même.

compte financier, sauf s'ils ont reçu des dons de personnes physiques (CC n° 2012-4685, AN du 8 février 2013), ce qui réduit sensiblement la charge de travail pesant sur la CNCCFP et sur le Conseil constitutionnel lui-même. Cette dispense est justifiée par le fait que leur candidature n'a eu aucune incidence sur les finances publiques puisque leurs frais de campagne ne peuvent pas être remboursés et que les suffrages qu'ils ont obtenus ne sont pas pris en compte pour le calcul des subventions aux partis politiques.

- D'autre part, l'article LO 136 du Code électoral distingue désormais trois hypothèses dans lesquelles le Conseil peut prononcer une inéligibilité dans la limite d'une durée maximum de trois ans : dépassement du plafond des dépenses (al. 1°) ; non-dépôt du compte de campagne dans le délai prévu (al. 2°) ; rejet du compte à bon droit (al. 3°). Malgré les différences des rédactions entre les trois articles, l'inéligibilité est toujours facultative, c'est-à-dire que le Conseil ne la prononce que s'il estime que l'irrégularité constatée présente un degré de gravité suffisant.

À la suite des élections législatives de 2017, le Conseil constitutionnel a été saisi 351 fois pour confirmer ou infirmer une décision de la CNCCFP relative au financement de la campagne électorale. Cela représentait une lourde charge de travail puisque, dans le cadre de cette procédure, le Conseil doit soumettre chaque dossier à un nouvel examen et qu'il n'est aucunement lié par les conclusions de la CNCCFP.C'est pourquoi, dans ses observations générales, il a formulé le vœu que la dispense de déposer un compte de campagne soit accordée à tous les candidats qui ont obtenu moins de 2 % des suffrages exprimés, au lieu de 1 % comme le prévoit la législation actuelle.

§2. L'élection présidentielle

560. Du suffrage indirect au suffrage direct. – D'après le texte original de la Constitution (art. 6), le président de la République était élu pour sept ans au suffrage indirect. Le collège électoral comprenait les membres du Parlement et des conseils généraux ainsi que des représentants des conseils municipaux. En outre, l'article 81 disposait que les États membres de la Communauté franco-africaine participaient à l'élection du président.

Il n'est pas douteux que ce mode d'élection établi en 1958 répondait à l'intention de soustraire la désignation du président de la République à l'emprise des partis (v. *supra* n° 468). En 1962, compte tenu d'une part de la disparition de la Communauté franco-africaine et, d'autre part, de l'évolution du régime dont la pratique politique avait accentué le caractère plébiscitaire, il devenait possible d'envisager l'élection du chef de l'État au suffrage universel direct. Préparé par le gouvernement, un texte modifiant en ce sens l'article 6 de la Constitution fut soumis à la votation populaire et adopté par le référendum du 28 octobre 1962. Les modalités de l'élection sont réglées par la loi organique du 6 novembre 1962 et par un décret du 14 mars 1964.

A. La périodicité

561. L'élection présidentielle a lieu normalement tous les cinq ans. Sa périodicité est fixée par la Constitution elle-même et non par une simple loi organique comme celle des élections législatives. D'après l'article 7 C, le nouveau président doit être élu vingt jours au moins et trente-cinq jours au plus avant l'expiration des pouvoirs du président en exercice.

Mais l'élection peut aussi avoir lieu à l'improviste en cas de décès, de démission, de destitution ou d'empêchement définitif du président en exercice. Aux États-Unis, lorsque l'une de ces éventualités se produit, il n'y a pas vacance de la présidence car le titulaire est automatiquement remplacé par son vice-président, élu en même temps que lui. En France au contraire, comme la Constitution n'a pas prévu de poste de vice-président, le remplacement du président en exercice nécessite une nouvelle élection. Celle-ci doit avoir lieu vingt jours au moins et trente-cinq jours au plus après l'ouverture de la vacance, sauf cas de force majeure constaté par le Conseil constitutionnel. Durant ce délai, les fonctions du président de la République sont exercées à titre intérimaire par le président du Sénat ou, en cas d'empêchement de celui-ci, par le gouvernement.

B. Le régime des candidatures

562. Les conditions minimums requises pour être éligible à la Présidence de la République sont celles que le Code électoral (art. L. 44 et s.) a fixées pour tous les mandats électifs, qu'ils soient locaux ou nationaux[74]. Mais, à la différence des élections législatives, on ne peut pas se porter soi-même candidat.

563. Le système des parrainages. – Une candidature ne peut être présentée que par au moins 500 citoyens qui doivent eux-mêmes être titulaires de l'un des mandats électifs énumérés par la loi organique relative à l'élection présidentielle. Celle-ci énumère vingt types de mandats que l'on peut regrouper en trois grandes catégories : 1) chef d'un exécutif de niveau communal ou intercommunal (maire, président de l'organe délibérant d'une communauté urbaine, d'une communauté d'agglomération ou d'une communauté de communes) ; 2) membre d'une assemblée délibérante de niveau départemental ou régional (membre d'un conseil départemental, d'un conseil régional, du Conseil de Paris, de l'Assemblée de Corse, de l'assemblée délibérante d'un territoire d'outre-mer, etc.) ; 3) titulaires d'un mandat électif de niveau national (députés, sénateurs, membres du Conseil supérieur des Français de l'étranger, représentants de la France au Parlement européen à condition, dans ce dernier cas, qu'ils aient la nationalité française).

74. Ces conditions ont déjà été étudiées (v. *supra* n° 545) à propos des élections législatives : être de nationalité française ; avoir dix-huit ans accomplis ; se trouver dans une situation régulière au regard du Code du service national, etc.

Compte tenu du fait qu'il existe en France plus de 36 000 communes (et donc autant de maires élus) le collège des citoyens qui peuvent parrainer une candidature est relativement nombreux. Mais chacun des membres de ce collège ne peut faire de présentation que pour un seul candidat même s'il est titulaire de plusieurs mandats. Au total, il y a un peu plus de 47 000 mandats permettant de parrainer. En 2012, on estimait que, compte tenu des cumuls de mandats, le nombre de parrains possibles était d'environ 42 000 (Colliard *in* AA. VV., « dossier sur l'élection présidentielle », 2012). En 2021, les cumuls de mandats sont un peu moins nombreux qu'ils ne l'étaient en 2012 car l'incompatibilité entre le mandat parlementaire et la fonction de chef d'un exécutif local est entrée en vigueur et, à la suite de cette réforme, de nombreux parlementaires ont renoncé à leur mandat de député ou de sénateur pour pouvoir conserver leur position locale. De ce fait, le nombre des parrains possibles a probablement augmenté de quelques centaines.

Selon le système originel, la présentation d'une candidature ne nécessitait que 100 signatures. L'expérience des trois premières élections au suffrage direct (celles de 1965, 1969 et 1974) a fait craindre une multiplication des candidatures au premier tour, qui aurait posé de sérieux problèmes pour l'organisation de la campagne (v. *infra* n° 568 et suivants). Aussi, dans sa déclaration du 24 mai 1974, jointe à la proclamation des résultats de l'élection, le Conseil constitutionnel a-t-il proposé d'instituer un filtrage plus sévère. Cette réforme a été réalisée par la loi organique du 18 juin 1976. Non seulement il faut désormais au moins 500 signatures mais une candidature ne peut être retenue que si, parmi les 500 parrains, figurent des élus d'au moins trente départements ou territoires d'outre-mer, sans que plus d'un dixième d'entre eux puissent être les élus d'un même département ou territoire d'outre-mer. Depuis la réforme d'avril 2006, les présentations doivent parvenir au Conseil constitutionnel au plus tard le 6e vendredi précédant le 1er tour de scrutin, et non plus seulement 18 jours avant ce 1er tour, comme il était auparavant prévu. C'est le Conseil constitutionnel lui-même qui, dans ses observations du 7 juillet 2005, avait préconisé cette anticipation du recueil des parrainages, afin de disposer de plus de temps pour l'établissement de la liste des candidats et l'organisation de la campagne.

Les chances pour un candidat à la candidature de figurer sur la liste définitive dépendent non seulement du nombre minimum de parrainages exigé, mais aussi de la manière dont ceux-ci sont recueillis et des mesures de publicité dont ils font l'objet :

1. Le recueil des parrainages

564. Jusqu'en 2016, chaque candidat à la candidature pouvait lui-même recueillir les parrainages et le plus souvent, il les transmettait tous en bloc au Conseil constitutionnel lorsqu'il estimait en avoir obtenu suffisamment. L'inconvénient d'un tel système était que les parrains potentiels risquaient d'être harcelés et de subir toutes sortes de pressions durant la période préliminaire. Pour les aider à résister à ces pressions, la loi organique du 25 avril 2016 relative à la modernisation de l'élection présidentielle a décidé que, dorénavant, c'est-à-dire à partir de la campagne pour l'élection de 2017, les parrainages devraient être adressés directement par leurs auteurs au Conseil constitutionnel, par voie postale ou par voie électronique[75]. Les candidats à la candidature continueront de solliciter des parrainages. Ils devront se contenter d'engagements plus ou moins fermes que la personne sollicitée sera totalement libre de tenir ou de ne pas tenir le moment venu. De ce fait, leur tâche deviendra plus difficile.

2. La publicité des parrainages

565. En raison des modes d'élection des instances locales, le collège des parrains est constitué pour l'essentiel, d'une part de représentants des grands partis nationaux de gouvernement et, d'autre part, de centristes sans étiquette partisane. Or, les uns et les autres hésitent généralement à parrainer des candidats extrémistes ou même des isolés, de crainte de se voir retirer l'investiture de leur parti ou de mécontenter certains de leurs électeurs. C'est pourquoi la question de la publicité des parrainages revêt une grande importance. Plus il y a de chances que les noms des parrains soient rendus publics, plus les personnes sollicitées hésiteront à parrainer une candidature extrémiste ou isolée. La question est controversée.

D'un côté, on affirme que la publication des noms des parrains est contraire au secret du vote et qu'elle empêche le pluralisme des opinions et des partis de se manifester. Mais le Conseil constitutionnel a estimé que cet argument n'était pas juridiquement valable[76].

D'un autre côté, on soutient que le parrainage d'un candidat à l'élection présidentielle implique une certaine responsabilité morale et que le public a le droit de savoir qui parraine qui.

En 1976, la loi organique relative à l'élection présidentielle a posé le principe de la publication du nom des parrains, mais selon des modalités qui la rendaient aléatoire et partielle, comme si l'on avait cherché à concilier les deux argumentations : pour chacun des candidats, le Conseil constitutionnel devait rendre publics les noms des parrains, mais seulement dans la limite de 500 (nombre minimum de parrainages exigés) et si le candidat en avait obtenu davantage, il était procédé à un tirage au sort. Cette solution contestable et boiteuse est demeurée en vigueur jusqu'en 2016, mais, à l'approche de l'échéance du mandant de François Hollande, les parlementaires de gauche, qui craignaient un éparpillement des voix de leur famille politique au premier tour, ont pris l'initiative d'une réforme et désormais, aux termes de

75. À des fins de modernisation, la loi organique du 25 avril 2016 avait prévu l'envoi des parrainages au Conseil constitutionnel par voie électronique. Mais le législateur organique de 2021 a estimé que le dispositif d'identité numérique n'était pas encore suffisamment sécurisé pour que cette réforme puisse s'appliquer à l'élection présidentielle de 2022. Elle devrait normalement s'appliquer à l'élection présidentielle de 2027.

76. Déc. n° 2012-233 QPC du 21 février 2012 (Marine Le Pen) : « cette publicité ne saurait en elle-même méconnaître le principe du pluralisme des courants d'idées et d'opinions ».

la loi organique du 25 avril 2016, la publication du nom des parrains devra être intégrale.

Pour chaque candidat ayant fait l'objet de présentations, le Conseil constitutionnel vérifie si toutes les conditions dont dépend la validité de la candidature sont remplies. Il doit en outre s'assurer du consentement de la personne présentée. À peine de nullité de sa candidature, celle-ci doit remettre au Conseil constitutionnel (sous pli scellé) une déclaration de situation patrimoniale. Toutefois, seule la déclaration du candidat finalement élu était publiée. Mais en application des nouvelles dispositions, les déclarations sont désormais publiées par l'Autorité pour la transparence de la vie publique sur son site internet dès avant le premier tour. Le Conseil constitutionnel établit la liste des candidats, qui doit être publiée au plus tard le seizième jour précédant le premier tour de scrutin.

Par ailleurs, d'après la loi organique du 8 septembre 2017 sur la moralisation de la vie politique, le président sortant doit établir une nouvelle déclaration de situation patrimoniale, six mois au plus tôt et cinq mois au plus tard avant l'expiration de son mandat. Cette nouvelle déclaration est remise à la HATVP qui la rend publique trente jours après son dépôt. Le point important est que la Haute Autorité assortit cette publication d'un avis par lequel elle apprécie la modification éventuelle de la situation patrimoniale du président entre le début et la fin de son mandat : de cette manière, si le patrimoine du président a augmenté sans qu'il puisse indiquer à quoi est due cette augmentation, les électeurs en seront avertis et soupçonneront probablement que le chef de l'État était corrompu, ce qui devrait normalement les dissuader de le réélire au cas où il serait candidat au renouvellement de son mandat. François Hollande avait déjà tenté de réaliser cette réforme en 2013 mais le Conseil constitutionnel l'avait jugée non conforme à la Constitution parce que l'avis de la Haute Autorité devait être publié beaucoup plus tard, à un moment où la campagne était déjà officiellement ouverte. Le système mis en place par la loi de moralisation évite cet inconvénient puisque la publication de l'avis de la Haute Autorité doit normalement avoir lieu plusieurs mois avant la fin du mandat. Il convient toutefois de noter que ce système ne peut être efficace que dans la mesure où la déclaration de patrimoine établie en fin de mandat est complète. Or, il peut arriver qu'elle ne le soit pas, surtout si le président a placé certains de ses avoirs dans des pays étrangers réticents à la transparence financière.

Pendant longtemps, on a pensé que la réforme de 1976 et notamment l'augmentation du nombre de parrainages exigé suffirait à stabiliser le nombre des candidats. Lors des trois premières élections organisées postérieurement à cette réforme, ce nombre n'avait jamais dépassé dix[77]. Mais en 2002, seize candidats ont pu obtenir les 500 signatures. Cette augmentation brutale du nombre des candidats a eu des conséquences importantes sur le déroulement de l'élection. Elle a provoqué un éparpillement des voix au premier tour, surtout dans l'électorat de gauche, entraînant ainsi, au soir du 21 avril, l'élimination de tous les candidats qui pouvaient se réclamer de cette famille

77. 12 candidatures en 1974 ; 10 en 1981 ; 9 en 1988 et 1995.

politique. Seuls restaient donc en présence Jacques Chirac, le candidat de la droite modérée, et Jean-Marie Le Pen, le candidat de l'extrême droite. Les électeurs de gauche ont donc été contraints de s'abstenir ou de reporter leurs voix sur Jacques Chirac, qui fut élu avec plus de 80 % des suffrages.

Certains préconisent donc une nouvelle augmentation du nombre de parrainages, mais on a pu objecter que la multiplication des candidatures s'expliquait aussi par des considérations de tactique politique, par exemple les encouragements prodigués par les grands partis aux petits, parce qu'ils souhaitaient soit diviser le camp adverse, soit favoriser la candidature au premier tour d'une personnalité susceptible de se rallier au second.

Bien que la réglementation n'ait pas été modifiée, le nombre des candidats est retombé : de 16 en 2002 à 12 en 2007, 10 en 2012 et 11 en 2017. Cette diminution s'explique essentiellement par la crainte de voir se renouveler ce qui s'était produit en 2002 : le parti socialiste, de même que l'UMP, a donné pour consigne à ses élus de n'accorder leur parrainage qu'au candidat officiel du parti et il a dissuadé certains de ses alliés de présenter leur propre candidat.

566. Le problème des élections primaires. – À la différence des États-Unis où fonctionnent depuis longtemps des systèmes d'élections primaires, à l'origine de la Ve République, les citoyens n'intervenaient pas directement dans la désignation des candidats à l'élection présidentielle. On disait parfois que des primaires à l'américaine seraient inutiles en France, car ce sont les résultats du premier tour qui permettent de départager les candidats appartenant à une même famille politique.

Mais ce n'est que partiellement exact : tout d'abord, il est très rare que deux candidats d'un même parti s'affrontent au premier tour et, si c'est le cas, l'un d'eux peut toujours se présenter au titre d'une formation nouvelle ; d'autre part, une coalition comprenant plusieurs partis peut avoir intérêt à sélectionner son candidat avant l'ouverture de la campagne, car la division des voix pourrait entraîner l'élimination de tous ses candidats dès le premier tour, comme cela s'est produit pour la gauche le 21 avril 2002. De plus un combat fratricide au premier tour rend plus aléatoire un bon report des voix sur le candidat le mieux placé au second tour, qui a lieu seulement deux semaines plus tard, comme Jacques Chirac en a fait l'expérience en 1988, son échec final face à François Mitterrand s'expliquant en partie par la rivalité qui l'avait opposé à Raymond Barre durant la campagne du premier tour.

C'est pourquoi, par étapes successives, les deux principaux partis de gouvernement (c'est-à-dire le parti socialiste à gauche et le parti gaulliste à droite) ont décidé d'associer leurs militants et leurs sympathisants, à la désignation de leur candidat à l'élection présidentielle.

Ce système a fonctionné pour la première fois avant l'élection présidentielle de 2012, mais au sein du parti socialiste seulement, puis, en 2017 au sein de la coalition des socialistes et des verts, et au sein de la coalition de la droite et du centre. Rien n'avait été modifié dans les textes officiels relatifs à l'organisation de l'élection présidentielle, mais chacun des deux partis avait aménagé ses propres statuts en prévoyant que son candidat serait désigné par voie d'élection primaire *ouverte*, c'est-à-dire que pourraient y participer non seulement les militants régulièrement inscrits mais aussi tous les électeurs qui accepteraient de payer un ou deux euros et de signer une déclaration d'adhésion aux valeurs défendues par le parti. Les modalités de l'élection primaire, qui étaient à peu près les mêmes dans les deux camps, s'inspiraient du dispositif prévu par l'article 7 alinéa 1er de la Constitution pour l'élection présidentielle elle-même : un premier tour servait à départager les candidats ayant obtenu un certain nombre de parrainages ; dans l'hypothèse où l'un de ces candidats obtiendrait la majorité absolue des voix, il serait déclaré vainqueur de la primaire ; dans l'hypothèse contraire, qui était évidemment la plus probable, un second tour serait organisé pour départager les deux candidats arrivés en tête au premier tour.

Bien que les procédures aient été scrupuleusement respectées, les résultats ne furent pas ceux auxquels s'attendaient, d'un côté comme de l'autre, les états-majors des partis. Loin d'aboutir à la désignation d'une personnalité déjà bien connue du public et d'opinion plutôt modérée par rapport aux membres de son parti, comme cela se produit souvent, mais pas toujours aux États-Unis (cf *supra* n° 267), la primaire aboutit à la désignation d'une personnalité au programme radical.

Il en est résulté des conséquences triplement dommageables pour les familles politiques qui étaient à l'origine de ces primaires : d'une part, les candidats sélectionnés pour les représenter suscitaient la méfiance d'une partie de leur électorat ; d'autre part, les candidats battus aux primaires s'étaient engagés à ne pas se présenter et à soutenir le vainqueur, mais ce n'était là qu'un engagement moral et en pratique ce soutien ne se manifesta guère ; enfin les électeurs déçus par les résultats, se sont reportés sur des candidats indépendants de ces deux partis, qui n'avaient participé à aucune des deux primaires.

Et c'est ainsi que, pour la première fois dans l'histoire de la Ve République, les représentants des deux partis dominants ont été éliminés dès le premier tour et que le deuxième tour opposa la candidate du Front National et celui du mouvement En Marche, que venait de créer Emmanuel Macron.

Quels que soient les défauts du système des primaires aux États-Unis (*cf. supra* n° 267), ils sont atténués par la longueur du processus qui s'étend sur plusieurs mois, tandis qu'en France, l'élection primaire est organisée d'emblée à l'échelle de l'ensemble du pays.

C. Le mode de scrutin

567. Il s'agit d'un scrutin à deux tours. Au premier tour, l'élection ne peut être acquise qu'à la majorité absolue des suffrages exprimés. Si celle-ci n'a pu être obtenue, il est procédé à un second tour le deuxième dimanche suivant. Seuls peuvent s'y présenter les deux candidats qui, le cas échéant après retrait de candidats plus favorisés, se trouvent avoir recueilli le plus grand nombre de suffrages au premier tour. Cette disposition a pour objet d'éviter l'éparpillement des voix au second tour et de conférer à l'élu l'autorité que lui vaudra l'obtention d'un nombre respectable de suffrages. L'allusion au retrait de « candidats plus favorisés » correspond à l'hypothèse où le candidat arrivé en tête au premier tour estimerait qu'il a déjà fait le plein de ses voix et qu'il vaut mieux céder la place à un autre candidat ayant davantage de chances de rassembler un grand nombre de suffrages. Mais une telle éventualité ne s'est encore jamais présentée

À l'origine, on n'avait pas envisagé le cas où un candidat disparaîtrait durant la campagne du premier ou du second tour.

Dans une déclaration du 24 mai 1974, le Conseil constitutionnel a attiré l'attention des pouvoirs publics sur ce point en précisant que le silence du texte risquait « de poser éventuellement un problème d'appréciation particulièrement délicat » ; aussi l'article 7 modifié par la révision du 18 juin 1976 distingue-t-il plusieurs hypothèses :

1° Si, dans les sept jours précédant la date limite de dépôt des présentations de candidatures, une des personnes ayant, moins de trente jours avant cette date, annoncé publiquement sa décision d'être candidate décède ou se trouve empêchée, le Conseil constitutionnel dispose d'une faculté d'appréciation. Il peut décider le report de l'élection, mais il n'est pas tenu de le faire.

2° Si, avant le premier tour, un des candidats décède ou se trouve empêché, le Conseil constitutionnel doit prononcer le report de l'élection.

3° En cas de décès ou d'empêchement de l'un des deux candidats les plus favorisés au premier tour avant les retraits éventuels, ou de l'un des deux candidats restés en présence à la suite de ces retraits, le Conseil constitutionnel doit déclarer qu'il sera procédé de nouveau à l'ensemble des opérations électorales.

Mais, quelle que soit l'hypothèse envisagée, le Conseil constitutionnel ne peut prononcer le report de l'élection qu'à la condition qu'il ait été saisi d'une demande. Il peut être saisi soit dans les conditions prévues par l'article 61 alinéa 2 pour le contrôle de la constitutionnalité des lois (c'est-à-dire par le président de la République, le Premier ministre, le président de l'une ou l'autre assemblée, soixante députés ou soixante sénateurs) soit dans celles fixées par la loi organique pour le parrainage des candidats (c'est-à-dire par 500 notabilités – v. *supra* n° 563).

Le mode de scrutin en vigueur n'échappe pas à la critique. Le principal reproche qui lui est fait est que, les résultats du premier tour étant difficilement prévisibles, les électeurs ne peuvent pas vraiment choisir les deux candidats qui vont s'affronter au second tour. Si l'on voulait leur en donner la possibilité, il faudrait remplacer la réglementation actuelle du premier tour par un système de vote alternatif, comme il existe en Irlande et en Australie ou de jugement majoritaire (cf. *supra* n° 171 et 172)[78].

78. Pour une réflexion sur ce sujet concernant les élections présidentielles françaises, v. Chantebout B. (1992), *La Constitution française, Propos pour un débat*, Paris, Dalloz ; Desrameaux G.-D., (2016), *Refondons nos institutions*, Paris, Lanore.

D. L'organisation et le déroulement de la campagne

568. La campagne en vue de l'élection du président de la République est ouverte à partir de la publication de la liste des candidatsle deuxième lundi précédant le premier tour de scrutin qui doit avoir lieu au plus tard le quatrième vendredi précédant le premier tour de scrutin. Elle prend fin le vendredi précédant le premier tour à minuit.

Quant à la campagne du second tour, elle est ouverte à compter du vendredi suivant le premier tour, car c'est à cette date que sont publiés au *Journal officiel* les noms des deux candidats restant en piste. Elle ne dure donc officiellement qu'une semaine. Toutefois, en pratique, les noms des deux candidats les mieux placés sont connus dès le soir du premier tour et l'on peut dire que, d'un point de vue politique, la campagne du second tour s'étend sur une douzaine de jours.

Les acteurs principaux de la campagne présidentielle ne sont pas les partis, comme pour les élections législatives, mais les candidats eux-mêmes.

Le principe de l'égalité de traitement des candidats domine toute l'organisation de cette campagne.

Ce principe signifie d'abord que tous les candidats doivent bénéficier de la part de l'État des mêmes facilités en vue de leur propagande électorale : ces facilités comprennent l'impression de deux affiches, la mise à disposition de panneaux d'affichage, l'impression et l'expédition d'une profession de foi adressée à tous les électeurs. Mais il a aussi des implications particulièrement importantes dans deux domaines : l'accès des candidats aux médias audiovisuels et le financement de leur campagne.

569. L'accès aux médias audiovisuels. – Les modalités d'accès aux médias audiovisuels sont fixées par des recommandations du CSA pour la période antérieure à la publication de la liste des candidats, et par la loi organique relative à l'élection présidentielle pour la période qui va de cette publication à la date à laquelle l'élection est définitivement acquise.

D'un point de vue politique, la campagne en vue de l'élection présidentielle commence bien avant son ouverture officielle. Il y a d'abord une période qualifiée de « préliminaire » qui s'ouvre un peu plus de trois mois avant la publication de la liste des candidats par le Conseil constitutionnel.

C'est durant cette période que les candidats à la candidature multiplient leurs démarches pour obtenir des parrainages. La manière dont ils sont présentés (ou ignorés) par les grands médias audiovisuels est susceptible d'exercer une influence sur le résultat de ces démarches, et donc sur la possibilité pour eux d'être effectivement candidat. C'est pourquoi le CSA a demandé aux éditeurs des services de communication audiovisuels délégués ou concédés (c'est-à-dire aux rédacteurs-en-chef de tous les journaux télévisés) de respecter un principe d'équité dans le traitement de tous les candidats « déclarés » ou même « présumés » : les candidats ne doivent pas être traités également, mais doivent bénéficier d'un traitement proportionnel à leur représentativité. Il concerne aussi bien « le temps de parole » (c'est-à-dire la transmission ou la rediffusion des interventions du candidat ou de ses soutiens) que « le temps d'antenne » (c'est-à-dire l'ensemble des éléments éditoriaux consacrés au candidat ou à ses soutiens). Ces temps doivent être sensiblement proportionnels à la représentativité du candidat et à l'importance de sa « participation à l'animation de la campagne ». La représentativité est appréciée en fonction d'un ensemble de critères objectifs énumérés par la recommandation (en particulier les résultats obtenus par le candidat ou la formation politique qui le soutient aux plus récentes élections).

D'après les recommandations du CSA, entre la publication de la liste des candidats et l'ouverture officielle de la campagne, il y avait une période dite « intermédiaire » au cours de laquelle s'appliquait une réglementation un peu différente, le « temps de parole » devait être strictement égal pour tous les candidats, alors que le « temps d'antenne » restait soumis au principe d'équité, comme durant la période précédente. Cette réglementation était gênante pour les programmateurs des services de communication audiovisuels, car, comme ils ne pouvaient pas accorder à chaque candidat un temps de parole proportionnel à sa représentativité et à l'intérêt qu'il suscitait dans le public, les émissions étaient peu suivies. Conformément aux recommandations du Conseil constitutionnel, la loi organique du 24 avril 2016 a fixé de nouvelles règles concernant cette période. Désormais, les éditeurs des services de communication audiovisuelle devront respecter le principe d'équité en ce qui concerne aussi bien le temps de parole que le temps d'antenne. Ces nouvelles règles sont évidemment favorables aux intérêts des candidats les plus importants, c'est-à-dire ceux qui sont soutenus par l'un des grands partis. Les représentants de certains petits partis ont soutenu qu'elles étaient contraires au principe du pluralisme des courants d'idées et d'opinion. Mais le Conseil constitutionnel a rejeté ce moyen en déclarant que la différence de traitement entre les candidats était justifiée par un motif d'intérêt général : la clarté du débat électoral (déc. n° 2016-729 DC du 21 avril 2016, cons. 14).

Mais, dès le début de la campagne « officielle », qui s'ouvre deux semaines avant le premier tour, le principe d'équité est remplacé par un régime d'égalité stricte : tous les candidats ont droit au même temps de parole et au même temps d'antenne, quelle que soit leur représentativité.

Durant la campagne du premier tour, comme les candidats sont relativement nombreux et qu'ils n'ont pas tous le même poids politique, le principe d'égalité appliqué aux programmes des médias audiovisuels a quelque chose d'un peu artificiel et contraignant. Il favorise évidemment les « petits candidats », qui ont droit au même temps de parole et au même temps d'antenne que les « grands », alors que leur campagne a suscité moins d'intérêt dans le public et qu'elle est généralement moins riche en événements. En même temps, ce principe d'égalité peut s'avérer gênant pour le candidat sortant car il est seul à défendre son bilan qui est critiqué avec plus ou moins de vigueur par tous ses concurrents.

Durant la campagne du second tour, comme il n'y a plus que deux candidats en présence et qu'ils ont un poids politique sensiblement équivalent, le respect du principe d'égalité pose beaucoup moins de problèmes. Depuis 1974, il est de tradition d'organiser un face-à-face entre ces deux candidats.

Ce débat, qui est retransmis en direct sur les ondes, constitue le point d'orgue de la campagne : l'expérience montre qu'il bénéficie toujours d'une audience considérable, alors que les autres émissions de propagande électorale sont dans l'ensemble assez peu suivies. On en retient généralement quelques « petites phrases » grâce auxquelles l'un ou l'autre des candidats a réussi à marquer un point. Mais, selon les spécialistes, ce débat sert davantage à consolider les opinions qu'à les faire évoluer, et son impact sur les intentions de vote est relativement faible. Cet impact peut néanmoins se révéler décisif lorsque l'écart dans les intentions de vote en faveur des deux candidats est très petit, comme c'était le cas en 1974. Ou lorsque l'un des deux candidats donne l'impression d'être techniquement dominé par l'autre, comme ce fut le cas de Marine Le Pen face à Emmanuel Macron en 2017.

Du fait des résultats du premier tour, il peut arriver que la campagne du second tour se déroule dans des conditions atypiques.

En 2002, il y avait une disproportion manifeste entre les forces politiques qui soutenaient les deux candidats. Les grands partis et les principaux journaux soutenaient tous J. Chirac. Sur les ondes de la radio et de la télévision, l'égalité de traitement a été respectée dans sa lettre, car les deux candidats ont disposé du même temps de parole et du même temps d'antenne, mais pas toujours dans son esprit, car le ton des commentaires n'était généralement pas neutre. De plus, le face-à-face entre les deux candidats n'a pas eu lieu, J. Chirac ayant refusé de débattre avec J.-M. Le Pen et l'audience a donc été moindre que lors des campagnes précédentes.

570. Financement de la campagne. – Pour l'élection présidentielle comme pour les autres, le législateur s'est efforcé d'assurer une plus grande transparence et d'atténuer l'inégalité entre les candidats résultant de la disparité des moyens financiers dont ils disposent.

Dès l'origine, l'État a pris directement en charge certaines dépenses limitativement énumérées par l'article 17 du décret du 14 mars 1964, et qui concernent la fourniture des bulletins de vote, l'affichage sur les panneaux officiels, l'expédition d'une profession de foi à chaque électeur, ainsi que la diffusion d'émissions de propagande sur les ondes nationales. Mais jusqu'en 1988, il ne contribuait aux autres dépenses de la campagne que d'une manière presque symbolique. Une somme de 250 000 francs était remboursée, à titre forfaitaire, à chaque candidat ayant obtenu au premier tour au moins 5 % des suffrages exprimés. Cette contribution était dérisoire par rapport au montant des dépenses auquel se chiffre habituellement le budget d'une campagne présidentielle. Aucun plafond n'avait d'ailleurs été fixé pour ces dépenses.

Les nouvelles dispositions concernant le financement de la campagne fixées en 1988, puis révisées en janvier 1995, février 2001 et avril 2006[79] figurent dans la loi organique relative à l'élection présidentielle. Sur de nombreux

79. La loi du 5 février 2001 a converti en euros les montants qui avaient été fixés par celle du 19 janvier 1995 en les arrondissant légèrement. Sur le fond, elle a apporté de légères modifications dont certaines avaient été proposées par le Conseil constitutionnel dans des observations adoptées le 2 juin 2000 (v. *Cahiers du Conseil constitutionnel*, n° 9, p. 23).

points, celle-ci renvoie à des règles fixées par le Code électoral, qui ont déjà été exposées à propos du financement des campagnes législatives (v. *supra* n° 549). Ces règles concernent notamment : l'obligation de tenir un compte de campagne retraçant l'ensemble des recettes perçues et des dépenses effectuées en vue de l'élection ; l'interdiction des dons ou contributions consentis par une personne morale autre qu'un parti politique ; la limitation du montant des dons ou contributions susceptibles d'être consentis par une personne physique en vue d'une élection ; la limitation des dons en espèces ; le plafonnement des dépenses électorales effectuées au cours de l'année précédant le scrutin ; le principe d'une aide forfaitaire de l'État.

Compte tenu des spécificités de la campagne présidentielle, cet encadrement financier présente néanmoins quelques particularités :

1° En raison du caractère national de la campagne, le plafond des dépenses est évidemment beaucoup plus élevé que pour l'élection d'un député : il est actuellement de 16 666 000 euros. Ce chiffre est porté à 21 594 000 euros pour chacun des deux candidats présents au second tour[80].

2° Tous les candidats, quelle que soit la proportion des suffrages qu'ils ont obtenus au premier tour, ont droit à un remboursement forfaitaire égal au vingtième du montant du plafond (808 300 euros selon le barème actuel).

Pour les candidats ayant obtenu au premier tour plus de 5 % des suffrages exprimés, le remboursement peut atteindre la moitié du plafond c'est-à-dire 8 083 300 euros pour les candidats éliminés à l'issue du premier tour et 10 797 000 euros pour les candidats présents au second tour.

Mais, de même que pour les élections législatives, le remboursement forfaitaire ne doit pas excéder le montant des dépenses réelles du candidat telles qu'elles sont retracées dans son compte de campagne[81].

3° Une partie du remboursement forfaitaire est payée sous forme d'avance, dès la publication de la liste des candidats au premier tour. Le montant de cette avance est de 200 000 euros. Si les dépenses effectuées par le candidat sont inférieures à cette somme, l'excédent devra faire l'objet d'un remboursement.

4° Les personnes physiques peuvent participer au financement de la campagne dans les conditions prévues par l'article L. 52-8 du Code électoral (c'est-à-dire dans la limite de 4 600 euros versés à un ou plusieurs candidats pour une même élection).

5° À l'origine, les comptes de campagne des candidats à l'élection présidentielle devaient être adressés au Conseil constitutionnel au plus tard le neuvième vendredi suivant le tour de scrutin où l'élection a été acquise. Depuis la loi organique du 6 avril 2006, c'est désormais la Commission nationale des

80. Ces chiffres résultent du décret n° 2007-140 du 1er février 2007 qui a retenu un cœfficient de 1,18 pour actualiser les montants antérieurement prévus. De même que pour les élections législatives, l'actualisation des plafonds de dépenses a été reportée jusqu'à l'année au titre de laquelle le déficit des administrations serait nulle.

81. Afin de contourner cette règle, les petits candidats ont souvent tendance à gonfler le montant de leurs dépenses de campagne en surfacturant certains services rendus par des personnes morales liées au parti qui les soutient (location de bureaux par exemple).

comptes de campagne et des financements politiques (CNCCFP) qui est compétente pour recevoir et examiner ces comptes, comme c'est la règle pour les autres élections (art. L. 52-12, C. élect.). Mais les décisions de la CNCCFP peuvent être contestées par les candidats devant le Conseil constitutionnel, qui est juge de « plein contentieux », c'est-à-dire qu'il peut reprendre entièrement l'examen des comptes et substituer sa décision à celle de la CNCCFP.

La CNCCFP approuve, rejette ou réforme, après examen contradictoire les comptes de chaque candidat et arrête le montant du remboursement forfaitaire auquel celui-ci peut prétendre. La faculté de réformer signifie qu'elle peut apporter des rectifications au cas où, par exemple, certaines prestations en nature dont a bénéficié le candidat auraient été sous-évaluées.

Dans ses rapports sur les élections précédentes, ainsi que dans sa délibération du 7 juillet 2005 sur les échéances électorales de 2007, le Conseil constitutionnel s'était plaint de la rigidité du système qui obligeait le contrôleur du compte de campagne à choisir entre l'acceptation pure et simple (avec reconnaissance du droit au remboursement forfaitaire) et le rejet (avec privation totale du droit à ce même remboursement).

Pour tenir compte de cette critique, la loi organique du 6 avril 2006 a élargi l'éventail des solutions possibles.

Si la CNCCFP constate des irrégularités très graves, elle peut rejeter le compte, ce qui entraîne la perte du droit au remboursement forfaitaire. La même sanction est applicable aux candidats qui n'ont pas déposé leur compte avant l'expiration du délai.

Mais si les irrégularités constatées ne sont pas suffisamment graves pour justifier le rejet du compte, la CNCCFP peut « *réduire le montant du remboursement forfaitaire en fonction du nombre et de la gravité de ces irrégularités* ».

Le Conseil constitutionnel, lorsqu'il est saisi d'un recours, dispose bien entendu des mêmes pouvoirs.

Dans un cas particulier, la loi organique a prévu une sanction automatique. Si un dépassement du plafond des dépenses électorales est constaté, le candidat est tenu de régler au trésor public une somme égale au montant de ce dépassement. Cette sanction est totalement indépendante de la décision concernant l'acceptation du compte et le montant du remboursement forfaitaire.

Le 19 décembre 2012, la CNCCFP a rejeté le compte de campagne du candidat sortant, Nicolas Sarkozy. Ce dernier a formé un recours contre cette décision devant le Conseil constitutionnel. Celui-ci a confirmé pour l'essentiel la décision de la CNCCFP : l'ancien président a été privé du remboursement forfaitaire, a dû rembourser l'avance forfaitaire et été condamné à verser au Trésor public une somme égale au montant du dépassement soit 466 000 euros[82]. Cette pénalité a en fait été réglée par l'UMP. Mais comme il

82. Sur cette décision rendue le 4 juillet 2013, voir Hamon F. « Le contrôle juridictionnel du compte de campagne des candidats à la présidentielle : entre rigueur financière et prudence politique », *Petites affiches*, n° 210, 21 octobre 2013. Au moment où a été rendue cette décision, la justice ne disposait d'aucune information concernant la manière dont les dépassements présumés avaient pu être financés. Mais, en 2014, il est apparu qu'une société de communication travaillant pour l'UMP, Bygmalion, avait accepté d'établir de

s'agissait d'une pénalité infligée au candidat personne physique, et non au parti personne morale qui le soutenait, on pouvait estimer qu'il y avait là un abus de bien social. Nicolas Sarkozy a donc dû finalement rembourser à son parti le montant de cette pénalité.

Contrairement aux décisions rendues après les élections législatives, celles qui sont rendues sur les comptes de campagne des candidats à l'élection présidentielle ne sont jamais assorties d'une sanction d'inéligibilité. Elles ne peuvent donc pas entraîner la démission d'office du candidat, si celui-ci a été élu.

On ne saurait affirmer que cette réglementation garantit une transparence totale du financement de l'élection présidentielle. D'une part, certaines recettes passent facilement inaperçues, surtout lorsqu'il s'agit de dons versés en espèces ou de prestations en nature. D'autre part, comme l'a constaté le Conseil constitutionnel dans ces rapports, la multiplicité d'initiatives auxquelles donnent lieu les campagnes rend pratiquement impossible un contrôle exhaustif des dépenses de propagande directes ou indirectes. Enfin, l'on sait aujourd'hui qu'en 1995 le Conseil constitutionnel a validé pour des raisons d'opportunité politique les comptes de campagne d'Édouard Balladur et de Jacques Chirac contrairement à l'avis de ses rapporteurs qui avaient relevé sur ces comptes des recettes non justifiées et alors même que, de l'aveu de Roland Dumas, qui en était alors président, ces comptes étaient manifestement irréguliers[83].

La pratique des élections primaires a posé de nouveaux problèmes en ce qui concerne le contrôle du financement des comptes des candidats qui ont été désignés par cette voie. Dans la mesure où elles sont ouvertes non seulement aux adhérents mais aussi aux sympathisants du parti, ces primaires, qui ont lieu cinq ou six mois avant l'élection présidentielle, ne peuvent plus être considérées comme une opération purement interne, car elles s'adressent à une moitié environ du corps électoral et contribuent à faire connaître les candidats. Les dépenses effectuées dans le cadre de ces élections primaires doivent-elles être incluses dans le compte des candidats qui se présentent à l'élection elle-même ? Selon les instructions qui ont été données par la CNCCFP en vue de l'élection présidentielle de 2017, la réponse à cette question dépend de l'objet de la dépense : seules doivent être réintégrées dans le compte de campagne du candidat désigné à l'issue d'une primaire « les dépenses visant à sa promotion personnelle et à celle de ses idées auprès de personnes autres que les seuls adhérents du ou des partis organisateurs ». Si le critère est logique, on peut craindre que son application ne soit pas toujours facile, compte tenu de l'extrême diversité des circonstances dans lesquelles des dépenses peuvent être engagées au cours d'une élection primaire.

fausses factures pour dissimuler une partie des sommes qui étaient en réalité destinées à financer la campagne du candidat.

83. L'organisation *Transparency international* propose de remplacer le contrôle a posteriori des comptes de campagne par un contrôle en temps réel, ce qui permettrait de stopper les dérives en cours de campagne alors que, avec le système actuel, on se borne à les réprimer en infligeant au candidat des sanctions financières (v. « Financement politique : ⊠l'affaire Bygmalion aurait dû créer un choc, il n'en a rien été" », *Le Monde*, 16 mars 2021).

E. Proclamation des résultats et contentieux

571. Aux termes de l'article 58 C : « *Le Conseil constitutionnel veille à la régularité de l'élection du président de la République* ».

« *Il examine les réclamations et proclame les résultats du scrutin* ».

Les bulletins sont d'abord dépouillés dans chaque bureau de vote, comme pour les élections législatives ; une première totalisation est faite au niveau de chaque département ou collectivité d'outre-mer ; les procès-verbaux ainsi établis sont ensuite envoyés au Conseil constitutionnel qui effectue le recensement général des votes.

Trois sortes de réclamations sont prévues (art. 28 du décret du 14 mars 1964).

En premier lieu, tout électeur peut contester la régularité des opérations du bureau de vote où il est inscrit, en faisant porter mention de sa réclamation au procès-verbal.

En deuxième lieu, le préfet (ou le chef de territoire) peut, dans le délai de quarante-huit heures suivant la clôture du scrutin, déférer au Conseil constitutionnel les opérations d'une circonscription située dans son ressort territorial.

En troisième lieu, dans ce même délai de quarante-huit heures, tout candidat peut déférer au Conseil constitutionnel l'ensemble des opérations électorales.

Avant de proclamer les résultats, le Conseil constitutionnel examine toutes les réclamations qui lui sont parvenues dans le délai, ainsi que les rapports des délégués qu'il a lui-même désignés pour surveiller les opérations de vote. Il annule les opérations qui lui paraissent avoir été entachées d'une irrégularité suffisamment grave pour porter atteinte à la liberté ou à la sincérité du scrutin. Mais jusqu'à présent, ces annulations n'ont jamais concerné qu'un nombre de bulletins beaucoup trop faible pour remettre en cause le résultat d'ensemble.

Il convient d'ailleurs de noter que les délais d'instruction dont dispose le Conseil constitutionnel sont extrêmement brefs car, comme l'indique l'article 58 C, les réclamations doivent être définitivement tranchées avant la proclamation des résultats. Or celle-ci doit intervenir dans les dix jours qui suivent le scrutin lorsqu'il s'agit du tour « décisif », c'est-à-dire celui où l'un des candidats a obtenu la majorité absolue des suffrages exprimés. Et si au premier tour, comme c'est généralement le cas, aucun des candidats n'a obtenu cette majorité, le Conseil constitutionnel doit faire connaître le résultat obtenu par chacun d'eux au plus tard le mercredi suivant à 20 heures, ce qui signifie qu'il ne dispose même pas de trois jours pleins pour examiner les réclamations (art. 27 du décret du 14 mars 1964).

Le Conseil constitutionnel ne se borne pas toujours à proclamer les résultats. À la suite du second tour de 1974, il a joint à cette proclamation une déclaration pour attirer l'attention sur certaines imperfections des mécanismes du scrutin. Ainsi qu'on l'a déjà signalé, cette déclaration est à l'origine des réformes opérées par les lois constitutionnelle et organique du 18 juin

1976. Il peut également, de sa propre initiative et indépendamment de la proclamation des résultats, présenter des observations sur les échéances électorales à venir, comme il l'a fait le 7 juillet 2005. La loi organique du 5 avril 2006 a d'ailleurs repris quelques-unes des mesures qu'il avait préconisées dans ces observations : l'anticipation du recueil des parrainages, l'allongement de la période allant de l'établissement de la liste des candidats jusqu'à la date du premier tour, et la possibilité de moduler le remboursement des dépenses de campagne en fonction de la gravité des manquements constatés.

§3. Le référendum

572. Au niveau national, il existe plusieurs procédures référendaires, qui diffèrent par leur objet et par les conditions de leur mise en œuvre. Mais les principaux problèmes posés par l'organisation d'un référendum sont à peu près les mêmes, quelle que soit la procédure utilisée.

A. Les différentes procédures

573. Chacun des articles 11 C, 89 C, et 88-5 C prévoit la possibilité d'organiser un référendum national.

1. La procédure de l'article 11

574. L'article 11 est le plus important des trois, tant d'un point de vue théorique que d'un point de vue pratique. D'un point de vue théorique, il faut noter qu'il permet de faire adopter directement par le peuple un projet de loi qui n'a pas été voté par le Parlement, ce qui est révolutionnaire par rapport à la tradition républicaine française, ou du moins paraissait tel en 1958. D'un point de vue pratique, on constate que tous les référendums organisés depuis les débuts de la cinquième République, à une exception près, l'ont été sur la base de l'article 11.

Depuis la révision constitutionnelle de juillet 2008, il existe en fait deux procédures de l'article 11, l'une traditionnelle, dont le mécanisme est centré sur l'initiative du chef de l'État, et l'autre nouvelle, dont le mécanisme repose sur un mélange hybride d'initiative parlementaire et d'initiative citoyenne. Mais le champ des deux procédures est identique.

575. Le champ de l'article 11. – Au cours des travaux préparatoires de la Constitution, il avait d'abord été envisagé que tout projet relevant du domaine de la loi puisse être soumis au référendum par le président de la République (v. *supra* n° 478). Mais, en raison probablement des réticences manifestées par certains ministres du général de Gaulle, qui demeuraient attachés au parlementarisme traditionnel et redoutaient que le référendum tournât au plébiscite bonapartiste, le champ de cette procédure fut en définitive étroitement limité : d'après le texte originel de l'article 11, il comprenait seulement « *tout projet de loi portant sur l'organisation des* *pouvoirs publics, comportant approbation d'un accord de Communauté*[84] *ou tendant à autoriser la ratification d'un traité qui, sans être contraire à la Constitution, aurait des incidences sur le fonctionnement des institutions* ».

Durant la période fondatrice du régime, l'actualité était encore dominée par des grands problèmes concernant l'organisation des pouvoirs publics (autodétermination de l'Algérie, mode d'élection du président de la République etc.)[85]. Aussi le général de Gaulle a-t-il abondamment utilisé l'article 11 (v. *infra* n° 489). Mais, par la suite, les préoccupations politiques majeures ont porté, sauf peut-être en matière européenne, sur des problèmes dits de société (chômage, liberté de l'enseignement, statut des médias audiovisuels, peine de mort, etc.), qui ne concernaient pas l'organisation des pouvoirs publics et qui excédaient donc les limites de l'article 11. Un élargissement du champ du référendum apparaissait donc nécessaire pour en éviter le dépérissement.

En 1984[86], puis de nouveau en 1993[87], F. Mitterrand avait proposé d'y inclure les « garanties fondamentales des libertés publiques ». Mais, d'après la jurisprudence du Conseil constitutionnel, nombre de ces garanties ont valeur constitutionnelle et non pas seulement législative. Une telle extension pouvait donc être difficilement envisagée sans l'institution d'un contrôle préalable du Conseil constitutionnel, ce que tout le monde n'était pas disposé à accepter. C'est pourquoi le projet déposé en juin 1995 par J. Chirac, qui est à l'origine de la loi constitutionnelle du 4 août 1995, évitait soigneusement toute allusion aux libertés.

Depuis l'adoption de cette loi constitutionnelle, le champ du référendum comprend également « *les réformes relatives à la politique économique ou sociale de la Nation et aux services publics qui y concourent* ».

Du fait de l'imprécision des termes utilisés, il paraît difficile de mesurer la portée exacte de cette extension, mais on peut affirmer qu'elle est considérable. La plupart des interventions de l'État (qu'il s'agisse de santé publique, de fiscalité, d'éducation, de lutte contre l'exclusion, etc.) poursuivent des objectifs de caractère social ou économique, et même généralement les deux à la fois. Quant aux libertés publiques, bien qu'elles ne soient pas directement visées, elles pourraient être affectées par certaines lois référendaires : par exemple, une loi portant sur l'organisation ou le fonctionnement d'un service public pourrait modifier les modalités de l'exercice du droit de grève par les agents de ce service.

576. La procédure traditionnelle. – Le système d'initiative combine l'intervention de deux autorités. La proposition d'organiser un référendum peut être faite soit par le gouvernement pendant la durée d'une

84. Il s'agissait non de la Communauté européenne, mais de la Communauté franco-africaine prévue par le titre XIII de la Constitution, qui a cessé de fonctionner dès 1960. La loi constitutionnelle du 4 août 1995, qui a abrogé le titre XIII, a également supprimé la référence aux accords de Communauté dans l'article 11.

85. On n'envisagera pas ici la question de savoir si l'article 11 est applicable en matière constitutionnelle. Cette question est traitée à propos des procédures de révision constitutionnelle (v. *supra* n° 513).

86. Projet de loi constitutionnelle du 20 juillet 1984.

87. Projet de loi constitutionnelle du 10 mars 1993, inspiré des travaux du comité Vedel.

session parlementaire, soit par les deux assemblées ; mais c'est le président de la République, et lui seul, qui peut donner suite à la proposition en décidant de soumettre au référendum le texte qui lui a été présenté. Et cette décision fait partie des pouvoirs propres du chef de l'État, c'est-à-dire ceux qui sont dispensés de l'obligation du contreseing (art. 19 C, v. *infra* n° 607).

Cette procédure appelle quelques remarques :

a) En principe, la proposition initiale peut émaner aussi bien du Parlement que du gouvernement. Mais l'expérience montre que, en France tout au moins, les assemblées parlementaires ne prennent pratiquement jamais l'initiative d'une consultation populaire. Force est en tout cas de constater que tous les référendums organisés jusqu'à présent dans le cadre de l'article 11 avaient pour origine une proposition gouvernementale.

b) Théoriquement, le président de la République n'est jamais lui-même l'auteur du texte soumis au référendum : il ne peut que donner suite à une proposition émanant du Parlement ou du gouvernement. Mais en pratique, lorsque la majorité présidentielle et la majorité parlementaire sont de la même couleur politique, il peut « inspirer » le gouvernement et obtenir de celui-ci la proposition qui lui convient. Du temps du général de Gaulle, le référendum était parfois annoncé par le chef de l'État dans une déclaration publique avant même que la proposition gouvernementale lui ait été officiellement transmise.

c) Si la proposition émane du gouvernement, elle ne peut être faite que lorsque le Parlement est en session[88]. Cette disposition avait été introduite en 1958 dans l'article 11 à la demande du Comité consultatif constitutionnel, qui redoutait que le référendum serve à dresser le peuple contre le Parlement. Celui-ci pouvait donc toujours débattre de la proposition référendaire. Mais il ne s'agissait que d'une simple faculté.

C'est désormais une obligation : « *Lorsque le référendum est organisé sur proposition du gouvernement, celui-ci fait, devant chaque assemblée, une déclaration qui est suivie d'un débat* » précise le nouvel alinéa 2 de l'article 11 modifié par la loi constitutionnelle du 4 août 1995.

À quel stade de la procédure référendaire ce débat doit-il avoir lieu ? Le texte de l'article 11 ne le précise pas mais, selon le Conseil constitutionnel, « *ce n'est qu'après que le président de la République a décidé, par décret, de soumettre au référendum un projet de loi à la demande du gouvernement que celui-ci doit faire devant chaque assemblée une déclaration suivie d'un débat* »[89].

Au moins jusqu'à l'entrée en vigueur de la réforme de 2008, les débats consécutifs à la déclaration du gouvernement sur le référendum ne devaient normalement déboucher sur aucun vote. Ceci résultait du silence même de l'article 11 sur ce point car, selon la jurisprudence du Conseil constitutionnel, les assemblées ne pouvaient émettre un vote que dans les cas expressément

88. Si le gouvernement veut proposer un référendum en dehors de la période de la session ordinaire du Parlement, il peut demander au président de la République de convoquer une session extraordinaire à cet effet, dans les conditions prévues à l'article 29 C., v. *infra* n° 665.

89. Déc. du 24 mars 2005, *Hauchemaille et Meyet*, cons. 6.

prévus par la Constitution (CC, déc. n° 59-2 DC, *Rec.* p. 58). Toutefois, à l'Assemblée nationale, les députés hostiles au référendum avaient toujours la ressource de déposer une motion de censure contre le gouvernement, qui (juridiquement tout au moins) était l'auteur de la proposition.

On sait que cette arme a été utilisée en octobre 1962 par l'Assemblée nationale pour tenter de s'opposer à la réforme du mode d'élection du président de la République mais qu'elle s'est révélée peu efficace, la chute du gouvernement de G. Pompidou n'ayant pas fait obstacle au déroulement du référendum.

Depuis l'entrée en vigueur de la réforme de 2008, les assemblées parlementaires peuvent à nouveau voter des résolutions « *dans les conditions prévues par une loi organique* » (art. 34-1 nouveau) Mais il est douteux qu'elles puissent le faire à l'issue de l'un des débats prévus par l'article 11 car, toujours selon l'article 34-1, « sont irrecevables et ne peuvent être inscrites à l'ordre du jour les propositions de résolution dont le gouvernement estime que leur adoption ou leur rejet serait de nature à mettre en cause sa responsabilité ou qu'elles contiennent des injonctions à son égard ». Or, il paraît probable que le gouvernement, dans ce cas, n'hésiterait pas à opposer l'irrecevabilité, sauf peut-être si la proposition de résolution était favorable à l'initiative référendaire sans équivoque possible.

Cela étant, on peut se demander si le débat parlementaire prévu par l'article 11 sert vraiment à quelque chose. On peut répondre qu'il est censé éclairer les électeurs sur les enjeux du référendum et constituer le point de départ d'une délibération dans le pays. Mais il ne faut pas en exagérer l'importance car, n'étant même pas conclu par un vote, ce débat risque de passer relativement inaperçu, comme ce fut le cas en 2005 pour le référendum sur le traité constitutionnel européen.

577. La procédure nouvelle. – L'idée d'introduire en France un référendum d'initiative populaire, comme il en existe en Suisse, en Italie, et en Californie, séduit bon nombre de responsables politiques toutes opinions confondues (depuis l'UMP jusqu'au parti communiste) parce qu'ils y voient un moyen de démontrer leur attachement à la démocratie. Mais en même temps cette idée leur fait peur car ils savent qu'une telle institution pourrait dans certains cas leur faire perdre la maîtrise de l'agenda politique au profit de mouvements populistes qui ne sont même pas toujours représentés au Parlement. La procédure introduite en 2008 à l'alinéa 3 nouveau de l'article 11 résulte d'une tentative pour concilier ces deux sentiments contradictoires.

Selon cette procédure, un référendum sur un objet compris dans le champ de l'article 11 peut être organisé « *à l'initiative d'un cinquième des membres du Parlement soutenue par un dixième des électeurs inscrits sur les listes électorales* » à condition que cette initiative « *n'ait pas pour objet l'abrogation d'une loi promulguée depuis moins d'un an* ». Si toutes ces conditions sont remplies, l'organisation du référendum reste subordonnée à une condition suspensive : il n'aura lieu que si la proposition de loi déposée par les parlementaires « n'a pas été examinée par les deux assemblées » dans un délai fixé par une loi organique.

Ce dispositif évoque vaguement le référendum d'initiative populaire dans la mesure où les électeurs inscrits sur les listes électorales ont un rôle à jouer dans son déclenchement. Mais tout au plus peut-on parler d'une initiative partagée car, d'une part, la procédure ne peut être mise en mouvement que par une minorité parlementaire relativement importante (183 députés ou sénateurs) et, d'autre part, elle ne peut aboutir qu'avec le consentement, ou du moins grâce à la passivité, du gouvernement et de la majorité parlementaire. Si ceux-ci veulent empêcher l'organisation du référendum, ils n'ont qu'à demander l'inscription de la proposition de loi à l'ordre du jour de chacune des deux assemblées puisqu'il suffit d'un simple « examen » pour qu'on ne puisse plus y procéder.

On peut néanmoins se demander ce qu'il faut entendre au juste par « examiner » une proposition de loi. Est-il suffisant que l'assemblée en ait débattu, fût-ce pour ne rien décider ? Ou bien est-il nécessaire qu'elle se soit prononcée sur le fond, c'est-à-dire qu'elle ait émis un vote favorable ou défavorable à la proposition ? Dans sa décision 2014-705 DC du 11 décembre 2014, le Conseil constitutionnel a donné des éléments de réponse qui vont dans ce deuxième sens[90].

La loi organique nécessaire à la mise en œuvre de cette procédure n'a été définitivement adoptée que le 6 décembre 2013, plus de cinq ans après la révision de la Constitution. Ce projet donne un rôle important au Conseil constitutionnel qui intervient à plusieurs reprises dans la procédure.

- Une première fois pour contrôler si la proposition de loi d'origine parlementaire remplit les conditions de fond et de forme prévues par l'article 11, c'est-à-dire si elle n'est pas contraire à la Constitution, si elle correspond bien à l'objet de l'article 11, si ses signataires représentent au moins un cinquième des membres du Parlement et si elle respecte les conditions posées par l'article 40 C en ce qui concerne les propositions de loi, c'est-à-dire que son adoption ne doit avoir pour conséquence ni une diminution des ressources publiques ni la création ou l'aggravation d'une charge publique. Cette première décision fixe la date du début de la période de neuf mois durant laquelle les soutiens pourront être recueillis. Ces soutiens ne peuvent être accordés que sous la forme d'un vote électronique, et non sous la forme d'une simple signature comme en Suisse, en Italie ou en Californie.
- Durant cette période, il contrôle la régularité des opérations de recueil des soutiens.

90. Cette décision portait sur un projet de modification du règlement de l'Assemblée nationale prévoyant que lorsqu'une proposition de loi susceptible d'être soumise au référendum au titre du second alinéa de l'article 11 venait en discussion, aucune motion de renvoi en commission n'était recevable. En effet, le renvoi en commission permet à une assemblée d'éviter de se prononcer sur le fond d'une proposition. Si, au contraire, elle ne renvoie pas, elle doit se prononcer pour ou contre et le processus de référendum est alors bloqué. Le Conseil a censuré cette disposition en estimant qu'elle était contraire « *au droit reconnu à chaque assemblée (...) d'obtenir l'organisation d'un référendum en s'abstenant d'examiner une proposition de loi* » (cons. 52). Il en résulte *a contrario* que si l'assemblée adopte une motion de renvoi en commission, elle n'est pas censée « *avoir examiné la proposition* » parce que le vote qu'elle a émis était neutre par rapport au contenu de celle-ci.

- À l'issue de cette période le Conseil intervient pour vérifier si l'initiative a recueilli le soutien d'un dixième des électeurs inscrits sur les listes électorales. Cette seconde décision marque le point de départ du délai de six mois dont disposent les assemblées parlementaires pour examiner la proposition de loi. Enfin, si le référendum a finalement lieu, il veille à la régularité des opérations et proclame les résultats, comme il est prévu à l'article 60 C.
- Force est de constater que tout a été prévu pour que le référendum d'initiative partagée soit extrêmement difficile à mettre en œuvre. Il faut recueillir les soutiens d'environ 4 700 000 électeurs alors qu'en Italie pays dont la population est du même ordre de grandeur que celle de la France, il suffit de 500 000 signatures (presque dix fois moins) pour lancer un référendum abrogatif. De plus, pour obtenir ces soutiens, il faut convaincre les citoyens d'accomplir une démarche informatique, ce qui est plus compliqué et plus aléatoire que de leur demander une simple signature.

Pourtant, une procédure de référendum d'initiative partagée a été effectivement engagée pour la première fois en avril 2019 et l'on a constaté à cette occasion que, malgré toutes les précautions prises par les auteurs du troisième alinéa de l'article 11 et de la loi organique, ce dispositif était susceptible de retarder, ou même éventuellement d'empêcher la réalisation de certains desseins du gouvernement. Une loi en cours de discussion à l'Assemblée nationale, la loi PACTE, prévoyait la privatisation de l'aéroport de Paris. Pour s'y opposer, des parlementaires de différentes tendances (communistes, socialistes et républicains) décidèrent d'unir leurs efforts pour déposer, dans le cadre de la procédure du RIP, une proposition de loi déclarant que l'aéroport de Paris gérait un service public national insusceptible de privatisation en raison du préambule de 1946, qui prescrit la nationalisation de tout bien, toute entreprise ayant le caractère d'un monopole ou d'un service public national. Ils parvinrent à réunir les 185 signatures nécessaires. La proposition de loi devait encore être validée par le Conseil constitutionnel, et le gouvernement tenta de convaincre ce dernier qu'elle n'était pas valable au motif qu'elle s'opposait à une loi qui venait d'être définitivement adoptée. Mais le Conseil s'en tint à la lettre des textes : après avoir constaté que la loi, bien qu'adoptée, n'avait pas été promulguée depuis moins d'un an, il la déclara recevable dans sa décision du 9 mai 2019.

Une semaine plus tard, le Conseil constitutionnel eut à se prononcer sur la conformité à la Constitution de la loi PACTE. Dans ses observations, le gouvernement insista pour que, au cas où les articles 135 à 136 de cette loi seraient validés, le Conseil en tire expressément la conclusion que la procédure du référendum d'initiative partagée était désormais sans objet ; mais ce fut en vain. Sans le dire expressément, le Conseil, s'appuyant une fois encore sur la lettre des textes, estima que la validité de la proposition de loi devait être appréciée à la date à laquelle elle lui avait été présentée et qu'un texte de loi promulgué postérieurement à cette date ne changeait rien à l'affaire (décision du 16 mai 2019). Dans une seconde phase, dont la durée est de 9 mois, la proposition de loi doit recevoir le soutien d'un dixième du nombre des électeurs inscrits, c'est-à-dire environ 4 700 000. À l'expiration de cette période, au mois de mars 2020, force a été de constater que la proposition de loi tendant à faire échec à la privatisation de l'aéroport de Paris n'avait recu que 1 160 000 soutiens, soit moins d'un quart du minimum requis. Sous l'angle juridique, c'était évidemment un échec : l'hypothèse d'un référendum était définitivement écartée[91]. En revanche, sous l'angle politique, on peut soutenir que ce résultat constituait un demi-succès pour les partisans de cette procédure, car tout le monde admettait que le seuil d'un dixième des électeurs inscrits était une exigence totalement irréaliste, et qu'il fallait le diminuer sensiblement si l'on voulait que ce dispositif puisse fonctionner. Emmanuel Macron lui-même, bien qu'il fût hostile à ce référendum particulier, avait expressément indiqué qu'un seuil d'un million de soutiens lui paraissait beaucoup plus raisonnable.

Si la proposition de loi avait recueilli le nombre de soutiens exigé, le gouvernement aurait pu encore éviter le référendum en inscrivant le projet à l'ordre du jour de chacune des deux assemblées. Mais encore eût-il fallu que chacune de ces assemblées émît un vote favorable ou défavorable sur le fond de la proposition. Or, le Sénat pouvait éviter de le faire en décidant de renvoyer le texte en Commission. Le référendum serait alors devenu inévitable et son résultat aurait pu contrarier les desseins du gouvernement.

2. L'article 89

578. L'article 89 a déjà été étudié : il a trait à la révision constitutionnelle. Dans le cadre de cette procédure, le référendum n'a qu'un rôle confirmatif, c'est-à-dire qu'il ne peut porter que sur un texte déjà approuvé en termes identiques par les deux assemblées parlementaires. Ce n'est d'ailleurs qu'une possibilité car le président de la République peut à ce stade soumettre le projet de révision au Parlement réuni en Congrès ou l'abandonner purement et simplement, ce qui, de loin, est la démarche la plus courante (v. *supra* n° 512). Sur les dix-sept réformes constitutionnelles effectuées depuis 1958 dans le cadre de l'article 89, une seule, celle du quinquennat, a été approuvée directement par le peuple (référendum du 24 septembre 2000).

La préférence pour la voie parlementaire s'explique d'abord par le contenu de certains projets, qui ont un caractère plus technique que politique, et qui ne paraissent donc pas susceptibles d'intéresser l'opinion publique. Mais elle s'explique surtout par des raisons de commodité. Si les conditions de majorité (trois cinquièmes des suffrages exprimés) sont réunies, elle ne comporte aucun risque politique, alors que celle du référendum est aléatoire à un double titre puisque l'on ne peut prévoir en général avec certitude ni l'importance de la participation, ni le sens de la réponse.

Le choix de la voie référendaire en 2000 s'explique probablement par le fait que la révision portait sur la durée du mandat présidentiel, c'est-à-dire

91. Bien qu'il n'y eût plus d'obstacle juridique, la privatisation de l'aéroport de Paris a été reportée *sine die*, car en mars 2020 la propagation du corona virus avait provoqué un effondrement des valeurs boursières.

sur une question qui concerne directement la légitimité populaire du chef de l'État. De plus, comme l'opposition ne pouvait pas se déclarer hostile, la voie référendaire était pour une fois sans risque, au moins en ce qui concerne le sens de la réponse.

Mais la majorité de la doctrine estime que, dans le cas d'une proposition de révision constitutionnelle, le référendum est la seule voie susceptible d'être suivie. Il existe en effet une différence de rédaction significative entre les alinéas deux et trois de l'article 89. L'alinéa deux, qui a trait à la procédure normalement applicable, parle de projet ou de proposition alors que l'alinéa trois, qui concerne la variante du Congrès, n'envisage que les projets. C'est sans doute l'une des raisons qui expliquent pourquoi le rôle joué par l'initiative parlementaire est moins important encore dans le domaine constitutionnel que dans celui des lois ordinaires. Bien que beaucoup de propositions de révision constitutionnelle aient été déposées depuis 1958, jamais aucune d'elles n'a franchi le cap de la première étape de la procédure.

579. L'hypothèse d'un référendum sur l'article premier de la Constitution. – En 2019, une Convention citoyenne sur le climat a été instituée par le CESE sur demande du Premier ministre. Elle était composée de 150 citoyens tirés au sort et avait pour mission de proposer des mesures tendant à réduire l'émission des gaz à effet de serre. L'une des propositions de cette commission consistait à modifier l'article premier de la Constitution en y ajoutant un alinéa ainsi rédigé : « La République garantit la préservation de la biodiversité et de l'environnement et lutte contre le dérèglement climatique ».

Le président Macron a déposé un projet de révision de l'article premier de la Constitution rédigé dans les termes voulus par la Convention et s'est engagé à soumettre ce projet au référendum, conformément à l'article 89 C si les deux assemblées parvenaient à l'adopter en termes identiques.

Mais ce projet a suscité de nombreuses critiques de la part notamment du Conseil d'État : on s'est demandé d'une part, si la modification proposée de l'article premier C ne risquait pas de faire double emploi avec certaines dispositions de la Charte de l'environnement qui a valeur constitutionnelle et qui prévoit déjà l'obligation de lutter contre le dérèglement climatique ; et d'autre part, si les termes impératifs proposés par la Convention (« La République garantit... ») ne risquaient pas de créer des difficultés.

Le 10 mai 2021, le Sénat a adopté le projet de révision de l'article premier mais en a modifié la formulation. La nouvelle version proposée de l'article premier n'a pas été adoptée dans les mêmes termes par les deux assemblées comme l'exige l'article 89 C. Il a donc fallu renoncer au référendum qui avait été envisagé par le président Macron.

3. La procédure de l'article 88-5

580. Aux termes de cet article, ajouté à la Constitution par la loi de révision du 1er mars 2005 : « *Tout projet de loi autorisant la ratification d'un* *traité relatif à l'adhésion d'un État à l'Union européenne et aux Communautés européennes est soumis au référendum par le président de la République* ».

Il convient de noter qu'un projet de loi autorisant la ratification d'un tel traité pouvait déjà être soumis au référendum avant 2005 dans le cadre de l'article 11. On admet en effet généralement qu'un traité relatif à l'adhésion d'un État à l'Union européenne ou aux Communautés européennes entre *ipso facto* dans la catégorie de ceux qui sont susceptibles « *d'avoir une incidence sur le fonctionnement des institutions* ». Mais la voie référendaire est alors facultative, comme dans les autres cas prévus à l'article 11. Elle a été utilisée en 1972 pour le traité relatif à l'adhésion du Royaume-Uni, du Danemark et de l'Irlande. Mais pour les dix-neuf autres États qui ont adhéré par la suite, la loi de ratification a toujours été adoptée par la voie parlementaire.

L'objet de l'article 88-5 était de rendre le référendum obligatoire pour toute adhésion à venir, comme le montre l'emploi de l'indicatif à la forme affirmative (« tout projet *est* soumis ») et non à la forme simplement potestative comme dans l'article 11 (« le président de la République *peut* soumettre »). On pouvait néanmoins se demander pourquoi le référendum était obligatoire dans ce cas particulier alors qu'il ne l'était pas lorsqu'il s'agissait de questions au moins aussi importantes, comme les réformes constitutionnelles touchant à des principes essentiels. L'explication de ce paradoxe réside dans les circonstances particulières qui sont à l'origine de l'adoption de l'article 88-5. Durant le second semestre de 2004, l'annonce de l'ouverture de négociations entre l'Union européenne et la Turquie en vue d'une éventuelle adhésion d'ici une quinzaine d'années avait jeté un grand trouble dans l'opinion française, qui était en majorité hostile à cette adhésion. Bien que les deux choses n'eussent pas de rapport direct, il existait un risque que beaucoup d'électeurs français saisissent l'occasion du référendum sur la ratification du traité établissant une Constitution pour l'Europe pour exprimer par un vote négatif les craintes qu'ils éprouvaient au sujet de la Turquie. Le président de la République, J. Chirac, espérait les en dissuader en leur donnant l'assurance qu'ils seraient appelés, le moment venu, à se prononcer directement sur l'adhésion de la Turquie : une disposition prévoyant le référendum obligatoire pour toute adhésion à venir fut donc ajoutée au projet de révision constitutionnelle destiné à permettre la ratification du traité établissant une Constitution pour l'Europe.

Cette disposition avait été adoptée pour des raisons essentiellement conjoncturelles. Elle avait d'ailleurs manqué son objectif puisqu'elle n'avait pas permis d'éviter le rejet du traité constitutionnel européen. Mais, par sa portée générale et sa permanence, elle paraissait mal adaptée aux développements futurs de la construction européenne. L'adhésion de la Suisse, de la Norvège, de la Macédoine ou de la Bosnie, sans parler d'Andorre ou de Monaco, laisserait probablement assez indifférente l'opinion française et l'organisation systématique de référendums sur de tels sujets pourrait bien accentuer la tendance à l'abstention. Un autre inconvénient de l'article 88-5 était qu'il ne permettait l'organisation d'un référendum qu'au stade de la ratification du traité d'adhésion, c'est-à-dire après des années de négociations qui ont pu faire naître des espoirs dans le pays concerné, et donc à un moment où une réponse négative risque de provoquer des complications diplomatiques graves. Il y avait donc un accord de la majorité parlementaire pour supprimer ce cas de référendum obligatoire, unique en droit français, mais à condition que cela n'apparaisse pas manifestement comme un recul d'un point de vue démocratique. C'est pourquoi l'on a profité de la révision de juillet 2003 pour ajouter à l'article 88-5 un second alinéa qui, sans abroger le principe posé à l'alinéa premier, fournit une échappatoire pour les cas où la voie du référendum paraîtrait trop aléatoire : « *Toutefois, par le vote d'une motion adoptée en termes identiques par chaque assemblée à la majorité des trois cinquièmes, le Parlement peut autoriser l'adoption du projet de loi selon la procédure prévue au troisième alinéa de l'article 89* » (c'est-à-dire par un vote du Congrès du Parlement à la majorité des trois cinquièmes également). Les traités prévoyant une extension de l'Union européenne et des communautés européennes peuvent donc être ratifiés par la voie parlementaire comme tout autre traité, mais selon des modalités un peu particulières puisque la majorité des trois cinquièmes est exigée non seulement au sein du Congrès, mais également au sein de chaque assemblée.

B. L'organisation du référendum

581. Aussi surprenant que cela puisse paraître, il n'existe pas en France actuellement de dispositions permanentes concernant l'organisation du référendum, et notamment celle de la campagne précédant le scrutin. Selon la jurisprudence du Conseil d'État, en l'absence de dispositions législatives, c'est au pouvoir réglementaire qu'il appartient de fixer les modalités nécessaires à l'organisation du référendum (CE, 10 septembre 1992, *Meyet*, *RDP* 1992, p. 1620). Conformément à cette jurisprudence, à l'occasion de chaque référendum, des dispositions particulières sont prises par décret après consultation du Conseil constitutionnel[92].

En septembre 2000, dans des observations jointes à la proclamation des résultats du référendum sur le quinquennat, le Conseil constitutionnel a déploré ce vide législatif en rappelant que le droit de suffrage constitue un droit civique dont, en vertu de l'article 34 de la Constitution, la loi fixe les règles. Il estime en outre qu'une législation permanente permettrait de simplifier la préparation du scrutin et de limiter le développement du contentieux[93].

Une campagne référendaire ne met pas aux prises des candidats. La plupart des règles applicables aux campagnes électorales (obligation de tenir un compte de campagne, plafonnement des dons, etc.) ne sont donc pas transposables en la matière. Mais il existe au moins un problème commun aux campagnes électorales et aux campagnes référendaires : comment répartir les moyens de propagandes fournis par l'État (panneaux d'affichage, temps

92. Cette consultation est imposée par la loi organique du 7 novembre 1958 relative au Conseil constitutionnel qui précise, d'une part, qu'il doit être « *avisé sans délai* » de toute mesure prise par le gouvernement en ce qui concerne l'organisation du référendum (art. 46) et, d'autre part, qu'il « *peut présenter des observations concernant la liste des organisations habilitées à user des moyens officiels de propagande* » (art. 47).

93. Voir ces observations in *CCC*, n° 9-2000, p. 32/33.

d'antenne sur les ondes, subventions, etc.) entre les diverses forces politiques qui souhaitent participer à la campagne ?

Dans certains pays, comme la Grande-Bretagne, le Danemark ou le Québec, ces moyens sont répartis de façon égalitaire entre les partisans du oui et ceux du non. Pendant la durée de la campagne, ils sont regroupés sous l'égide de deux « comités parapluies », qui bénéficient des mêmes crédits et du même temps d'antenne.

En France, ces moyens sont répartis entre les familles politiques en fonction de leur représentativité, qui est appréciée selon un critère alternatif : peuvent participer à la campagne officielle d'une part, les partis ou groupements auxquels au moins cinq députés ou cinq sénateurs ont déclaré se rattacher et, d'autre part, ceux qui ont obtenu, au plan national, au moins 5 % des suffrages exprimés lors de l'élection la plus récente (en 2005, il s'agissait de l'élection des représentants au Parlement européen, qui avait eu lieu l'année précédente).

Chaque organisation habilitée dispose d'un temps d'antenne minimum de dix minutes sur les ondes de la radio et de la télévision. La durée restante après attribution de cette première dotation est répartie pour moitié proportionnellement aux effectifs ou de députés et de sénateurs rattachés, et pour moitié proportionnellement aux suffrages obtenus lors de l'élection la plus récente. En 2005, pour la première fois, les organisations habilitées ont également reçu chacune une subvention de l'État.

En pratique ce mode de répartition aboutit à développer davantage les arguments en faveur du « oui » au cours de la campagne officielle, dans la mesure où les partisans du « non » sont généralement soit des personnalités minoritaires au sein d'un grand parti, comme Laurent Fabius en 2005, soit des dirigeants de petits partis peu ou pas représentés au Parlement, et qui souvent n'ont même pas obtenu 5 % des suffrages exprimés lors de l'élection la plus récente. C'est ainsi qu'en 2000 (référendum sur le quinquennat) et en 2005 (référendum sur le traité constitutionnel européen) la campagne officielle était tellement déséquilibrée qu'on a pu parler de « matraquage » en faveur du « oui ». Mais l'expérience montre que ce déséquilibre ne produit pas nécessairement l'effet souhaité par les organisateurs du référendum. En 2000, l'omniprésence des partisans du quinquennat a donné le sentiment que tout était joué d'avance, ce qui explique le taux d'abstention anormalement élevé (près de 70 %). En 2005, le soutien apporté au traité établissant une Constitution pour l'Europe par la plupart des dirigeants politiques de la majorité et de l'opposition a favorisé la cristallisation autour du « non » d'un vote protestataire, exprimant un mécontentement diffus.

C. Contentieux et proclamation des résultats

582. D'après l'article 60 C, le Conseil constitutionnel « *veille à la régularité des opérations de référendum prévues aux articles 11 et 89 et au* *titre XV* »[94]. Et l'article 50 de la loi organique du 7 novembre 1958 précise qu'il « *examine et tranche définitivement toutes les réclamations* ». On verra que Conseil constitutionnel a interprété de façon évolutive les compétences que ces textes lui attribuent.

Les réclamations peuvent être dirigées contre les actes préparatoires au référendum, contre les opérations de vote, ou enfin contre le projet de loi adopté par voie de référendum.

En ce qui concerne les premiers, jusqu'à une date récente, le Conseil constitutionnel se déclarait incompétent pour examiner les réclamations dont ils pouvaient faire l'objet[95], au motif que son intervention à titre consultatif dans l'élaboration de ces décrets lui interdisait d'exercer sur eux un contrôle contentieux (CC, 25 octobre 1988, *Diémert et Bannel, Rec.* p. 191). Ces réclamations relevaient donc de la compétence du Conseil d'État qui les examinait selon une procédure d'urgence (CE, 28 octobre 1988, *Centre national des indépendants et paysans, Rec.* p. 385). Mais, en 2000, à l'occasion de la campagne sur le quinquennat, le Conseil constitutionnel a opéré un revirement de jurisprudence : désormais, comme pour les élections législatives, il accepte d'examiner avant le scrutin les requêtes dirigées contre des actes préparatoires au référendum « *dans le cas où l'irrecevabilité opposée à ces requêtes risquerait de compromettre gravement l'efficacité de son contrôle des opérations référendaires, vicierait le déroulement général du vote ou porterait atteinte au fonctionnement normal des pouvoirs publics* »[96].

En 2005, une question extrêmement importante a été soulevée dans le cadre de ce contentieux : les requérants soutenaient que le traité établissant une Constitution pour l'Europe, et donc le projet de loi autorisant sa ratification, étaient contraires à la Charte de l'environnement introduite dans la Constitution par la révision du 1er mars 2005. Ils demandaient pour cette raison l'annulation du décret de convocation des électeurs. Il s'agissait en fait de savoir si, par le biais d'un recours dirigé contre un acte préparatoire, le Conseil constitutionnel pouvait apprécier la conformité à la Constitution du projet de loi soumis au référendum.

Le Conseil aurait pu aisément décliner sa compétence soit en invoquant l'exception de recours parallèle (la conformité d'un traité à la Constitution peut en effet être vérifiée selon une procédure spéciale, prévue par l'article 54 C) soit en affirmant que l'équilibre des pouvoirs établi par la Constitution ne lui permettait pas d'exercer un contrôle sur un projet de loi destiné à être soumis au référendum. Au lieu de cela, il a rejeté la requête en déclarant « *qu'en tout état de cause le traité établissant une Constitution pour l'Europe n'est*

94. Les référendums prévus au titre XV sont ceux qui concernent l'adhésion d'un État à l'Union européenne (v. *supra* n° 580). De cette énumération limitative, il ressort que le Conseil constitutionnel n'est compétent que pour les référendums nationaux et que les référendums locaux ou régionaux relèvent de la compétence de la juridiction administrative.

95. Ces réclamations émanent le plus souvent d'organisations politiques qui contestent la répartition des moyens de propagande.

96. En ce qui concerne les requêtes ne correspondant pas à ce critère (c'est-à-dire celles dirigées contre les actes préparatoires les moins importants), le Conseil d'État se déclare toujours compétent pour en connaître.

pas contraire à la Charte de l'environnement »[97]. Cette motivation est surprenante car la démarche habituelle d'un juge consiste à régler la question de sa compétence avant de s'interroger sur la pertinence des moyens soulevés. Or il semble que le Conseil fasse ici l'inverse : il affirme de manière péremptoire que le moyen est manifestement infondé pour éluder la question de sa compétence.

On peut penser qu'il ne s'agit pas là d'une maladresse de rédaction mais plutôt d'une ambiguïté volontaire. Le Conseil ne se déclare pas compétent tout en laissant entendre qu'il n'exclut pas un jour de le faire. Peut-être faut-il voir dans cette motivation d'un genre inhabituel une sorte d'avertissement adressé au pouvoir exécutif : si les observations formulées par le Conseil constitutionnel dans le cadre de ses attributions consultatives étaient systématiquement ignorées, il pourrait se résoudre à exercer sur la loi soumise au référendum un contrôle de constitutionnalité par le biais du contentieux des actes préparatoires.

S'agissant du contrôle des opérations de vote, le Conseil constitutionnel dispose de pouvoirs importants. De même que pour les élections présidentielles, il peut désigner des délégués chargés de suivre sur place les opérations. Lorsque ces opérations sont terminées, le Conseil constitutionnel surveille le recensement général, et c'est à lui qu'il appartient de proclamer les résultats définitifs. Mais, avant de proclamer les résultats, il doit vérifier si certaines opérations n'ont pas été entachées d'irrégularités et il peut, le cas échéant, les annuler.

Par une décision en date du 5 octobre 1988, qui s'inspire des règles applicables à l'élection présidentielle, le Conseil constitutionnel a fixé la procédure de réclamation concernant les opérations référendaires (*Rec.* 1988, p. 278). Tout électeur a le droit de contester la régularité du scrutin en faisant porter au procès-verbal des opérations de vote mention de sa réclamation. Dans ce cas, le procès-verbal est transmis au Conseil constitutionnel par la Commission de recensement. De son côté, le représentant de l'État (Préfet) peut déférer au Conseil constitutionnel les opérations d'une circonscription de vote dans laquelle les conditions et formes légales et réglementaires n'ont pas été observées.

Le Conseil statue sur ces réclamations dans la forme juridictionnelle. Si les irrégularités constatées étaient suffisamment importantes, il pourrait prononcer l'annulation de l'ensemble des opérations.

En ce qui concerne les lois adoptées par la voie référendaire, on a déjà indiqué qu'en 1962, le Conseil constitutionnel avait été saisi par le président du Sénat dans le cadre de la procédure de l'article 61 alinéa 2, et qu'il s'était déclaré incompétent pour en connaître (v. *supra* n° 513).

Trente ans après la décision de principe du 6 novembre 1962, à l'occasion du référendum sur le traité de Maastricht, le Conseil constitutionnel a maintenu sa jurisprudence, bien qu'avec une motivation légèrement différente : pour justifier son incompétence, il n'invoquait plus « *l'esprit de la Constitution*

97. Déc. du 24 mars 2005, *Hauchemaille et Meyet*, considérant 7.

qui a fait du Conseil constitutionnel un organe régulateur de l'activité des pouvoirs publics », mais plus simplement « *l'équilibre des pouvoirs établis par la Constitution* ». Cette nouvelle formulation était sans doute destinée à tenir compte du fait que, depuis la réforme de 1974, le rôle du Conseil constitutionnel s'est élargi il n'apparaît plus seulement comme « un organe régulateur de l'activité des pouvoirs publics », mais aussi comme un défenseur des droits et libertés (CC, 23 septembre 1992, déc. n° 92-313 DC, *RDP* 1992, p. 1618 avec note Luchaire, et v. *infra* n° 818 et s.).

D'un point de vue politique, on peut comprendre que le Conseil constitutionnel ait jugé préférable de décliner sa compétence. Il lui eut été certainement difficile de censurer une loi qui venait d'être approuvée par le peuple, même s'il l'avait fait pour des motifs parfaitement valables en droit. À l'époque, la légitimité du contrôle juridictionnel ne paraissait pas suffisamment forte pour résister à une telle épreuve, et peut-être en serait-il de même aujourd'hui. C'est pourquoi, dans certains pays, les projets sur lesquels le peuple pourrait être appelé à se prononcer sont soumis à un contrôle juridictionnel *préalable*. Tel est le cas, par exemple, en Italie, où la Cour constitutionnelle statue sur la *recevabilité* des demandes de référendum. Si elle conclut à l'irrecevabilité de la demande, le référendum ne peut avoir lieu.

En France, dans les projets de réforme de la Constitution, l'extension du domaine de l'article 11 est parfois liée à l'institution d'un contrôle juridictionnel préventif. Par exemple, dans sa « lettre à tous les Français » (voir la presse du 7 avril 1988), F. Mitterrand déclarait qu'il souhaitait que le peuple puisse « *trancher par référendum les problèmes majeurs qui naissent de l'évolution de notre société* », mais « *sous la garantie que le Conseil constitutionnel émette un avis public sur la conformité de la question référendaire à la Constitution et aux lois fondamentales de la République* ».

Au cours des travaux préparatoires de la loi de révision du 4 août 1995, des parlementaires de l'opposition, qui pensaient que l'élargissement du champ de l'article 11 risquait d'entraîner des atteintes à certaines libertés publiques, ont proposé qu'un projet de loi ne puisse être soumis au référendum « *qu'après constatation par le Conseil constitutionnel de sa conformité à la Constitution* ». Mais leurs amendements ont été repoussés à la demande du gouvernement, qui estimait qu'un tel contrôle « *reviendrait à modifier substantiellement l'équilibre des institutions et des pouvoirs* », car il aboutirait « *à transférer au Conseil constitutionnel la compétence, reconnue au président de la République et à lui seul, d'être le garant fondamental de la Constitution* »[98].

En réalité, l'une des fins auxquelles a servi en pratique l'article 11 a été de permettre de lever le veto opposé par le Sénat à une révision de la Constitution réalisée par la voie de l'article 89. Dans ces conditions, le contrôle préalable du Conseil constitutionnel, dans la mesure où il s'opposerait à l'utilisation de l'article 11 en matière constitutionnelle, empêcherait le référendum de remplir cette fonction. C'est pourquoi, dans son rapport de 1993, le comité Vedel, tout en proposant ce contrôle préalable, recommandait de modifier

98. *JO*, AN, 12 juillet 1995, p. 917.

l'article 89 pour permettre au président de la République de soumettre au référendum un projet de révision, qui n'aurait été adopté que par l'une ou l'autre des deux assemblées à la majorité des 3/5e. Une telle réforme aurait mis le président de la République en mesure de faire adopter une révision de la Constitution malgré l'opposition du Sénat.

Néanmoins un contrôle préalable du Conseil constitutionnel est d'ores et déjà possible lorsqu'il s'agit d'un projet de loi portant « *sur la ratification d'un traité qui, sans être contraire à la Constitution, aurait des incidences sur le fonctionnement des institutions* ».

La décision précitée du 24 mars 2005 laisse supposer que le contrôle pourrait peut-être également s'exercer dans le cadre de l'article 60 C, pour toutes les lois susceptibles d'être adoptées par la voie du référendum et non plus seulement pour celles qui ont trait à la ratification d'un traité. Une telle évolution n'impliquerait pas nécessairement la remise en cause de la jurisprudence de 1962, confirmée en 1992, car le contrôle du Conseil s'exercerait sur un projet de loi non encore approuvé par le peuple et qui ne saurait donc être considéré comme une expression directe de la souveraineté nationale.

D. Bilan politique du référendum

583. Depuis l'entrée en vigueur de la Constitution, huit référendums ont été organisés dans le cadre de l'article 11 et un seul dans le cadre de l'article 89[99]. Mais force est de constater que la pratique est très irrégulière puisque près de la moitié de ces votations a eu lieu entre 1960 et 1969, sous la présidence du général de Gaulle. Pour celui-ci, le référendum présentait une double utilité : d'une part, il permettait de réaliser de grandes réformes auxquelles la classe politique était plutôt défavorable, comme l'élection présidentielle au suffrage universel direct ; d'autre part, c'était un moyen de s'assurer que le peuple maintenait sa confiance au chef de l'État et de confirmer la légitimité démocratique du pouvoir.

Mais après le départ du général de Gaulle, qui fut d'ailleurs provoqué par l'échec du référendum du 27 avril 1969, ses successeurs n'ont pas pu (ou pas voulu) faire un usage identique de l'article 11. Le retour des référendums de responsabilité de type gaullien paraît d'autant moins probable que le président, élu désormais pour cinq ans, ne devrait plus avoir besoin, pour confirmer sa légitimité, d'organiser un plébiscite avant le terme normal de son mandat.

99. Quant à leur objet, les référendums de l'article 11 peuvent être répartis en trois catégories :
- statut d'un territoire : autodétermination de l'Algérie (8 janvier 1961) ; indépendance de l'Algérie (8 avril 1962) ; statut de la Nouvelle-Calédonie ; (6 novembre 1988) ;
- réforme des institutions politiques : élection du président de la République au suffrage universel direct (28 octobre 1962) ; régionalisation et rénovation du Sénat (27 avril 1969) ;
- ratification d'un traité lié à la construction européenne : élargissement des Communautés européennes (23 avril 1972) ; traité de Maastricht (20 septembre 1992) ; traité établissant une Constitution pour l'Europe (29 mai 2005).

Malgré la réforme du 4 août 1995, qui a élargi le domaine du référendum en l'appliquant à des sujets économiques ou sociaux, force est de constater que les référendums se font de plus en plus rares.

Comme l'a bien montré J.-L. Parodi (2001), cette rareté, s'explique d'ailleurs moins par la difficulté de trouver un sujet approprié que par des raisons de stratégie politique : depuis le début des années 1970, le président en exercice ne jouit, la plupart du temps, que d'une cote de popularité assez médiocre et s'il prend l'initiative d'un référendum, la simple addition des mécontentements risque d'entraîner une réponse négative. Pour minimiser ce risque, il a donc intérêt à ne soumettre au référendum que des projets qui bénéficient également du soutien des principaux partis de l'opposition. C'est probablement ce qui explique que trois sur cinq des référendums organisés depuis 1970 avaient trait à la construction européenne, qui est devenue une sorte de terrain d'entente entre la droite et la gauche parlementaires. Mais les résultats du référendum du 29 mai 2005 ont montré que, même lorsque le projet paraît populaire au départ et qu'il bénéficie du soutien de toutes les grandes formations politiques, un échec demeure possible.

Dans le contexte politique actuel, le référendum est donc pour le chef de l'État une opération tellement risquée qu'il n'y a pas lieu de s'étonner que son usage soit devenu très exceptionnel. C'est sans doute l'une des raisons pour lesquelles les constituants de 2008 ont voulu introduire, dans l'article 11, une nouvelle procédure référendaire d'initiative partagée, mi-populaire mi-parlementaire. Bien que cette procédure ait été aménagée avec beaucoup de frilosité, on a constaté en mai 2019 qu'elle pouvait tout de même, dans une certaine mesure, fonctionner.

584. Les projets d'Emmanuel Macron – De même que Jacques Chirac en 1995 et Nicolas Sarkozy en 2008, Emmanuel Macron semble vouloir élargir le domaine du référendum mais sans remettre en cause le principe selon lequel le chef de l'État peut seul décider d'y recourir. Le nouveau projet de révision constitutionnelle qui était en préparation en juin 2019 précise que le référendum de l'article 11 peut porter, outre sur l'organisation des pouvoirs publics nationaux ou territoriaux, sur des réformes relatives aux questions de société. C'est là une notion potentiellement très large, car tous les sujets possibles et imaginables concernent d'une certaine manière la vie en société et le domaine du référendum deviendrait ainsi pratiquement illimité. Le référendum d'initiative partagée, qui est la seule procédure de démocratie directe échappant à l'initiative présidentielle, subsisterait et il serait même, à certains égards, facilité car il suffirait, dans la deuxième phase, d'un million de soutien citoyen pour valider la proposition de loi déposée par les parlementaires alors qu'il en faut aujourd'hui plus de quatre millions. Mais il serait encore plus strictement encadré qu'il ne l'est actuellement. Il ne pourrait avoir pour objet l'abrogation d'une disposition promulguée depuis moins de trois ans (au lieu d'un an actuellement) ni d'une disposition en cours de discussion au Parlement. La manœuvre entreprise en avril 2019 par des parlementaires de l'opposition pour tenter de contrer le projet de privatisation de l'aéroport de Paris deviendrait donc contraire à la Constitution.

En attendant de pouvoir réviser la Constitution ; le président Macron a tenté de développer la démocratie participative par d'autres moyens. En 2019, il a décidé de réunir une « convention citoyenne » composée de 150 personnes, toutes désignées par tirage au sort, chargées de formuler des propositions pour lutter contre le réchauffement climatique. Bien entendu, ces propositions seraient dépourvues de toute valeur juridique, mais le président de la République s'est engagé à soumettre celles qui relèveraient de la loi soit au Parlement, soit au référendum.

585. Bibliographie

AA. VV. (2012), « Dossier sur l'élection présidentielle », *NCCC*, n° 34.

AA. VV. (1997), « Le cumul des mandats », *RDP*, n° spécial, 6, p. 1545 et s.

AA VV. (2019), Dossier « loi PACTE », Aspects de droit public, *AJDA*, n° 22.

Avril P. (1995), *Essai sur les partis politiques*, Paris, Payot.

– (2014), « Retour sur l'élection présidentielle », *in L'État, le droit, le politique, Mélanges en l'honneur de Jean-Claude Colliard*, Dalloz, p. 101-109.

Beaud O. (2019), « remarques sur le référendum d'initiative parlementaire et sur les arguments de ceux qui ont voulu en bloquer la procédure », *JP blog*.

Benelbaz C. (2010), « Le redécoupage électoral sous la Ve République », *RDP*, p. 1661.

Benessiano W. (2005), « Le vote obligatoire », *RFDC*, p. 73 et s.

Blacher P.-H. (2007), « La réforme des parrainages : une bonne mauvaise idée ou une mauvaise bonne idée ? », *Politéa*, n° 11.

Bon P. (1993), « Le contrôle des campagnes électorales en France », *RFDC*, n° 13, p. 59 et s.

Bréchon P.,

– (1998), *La France aux urnes*, Paris, La Documentation française, 3e éd.

– (2001), *Les partis politiques français*, Paris, La Documentation française.

Bréhier É. (2014), « Les primaires en France : de l'incongruité à la réalité » *in L'État, le droit et le politique – Mélanges en l'honneur de Jean-Claude Colliard*, Dalloz, p. 425-434.

Bronnec T. (2017), *En pays conquis*, Gallimard, série noire.

Camby J.-P.,

– (1998), « Le contentieux des élections des députés : éléments pour un bilan », *CCC*, n° 5.

– (2002), « Le Conseil et les cinq cents : les "parrainages" des candidats à l'élection présidentielle », *RDP*, p. 595 et s.

– (2004), *Le Conseil constitutionnel, juge électoral*, 3e éd., Paris, Dalloz.

(2007), « 2007 : le financement des campagnes électorales », *RDP*, p. 21 et s.

– (2014), « Mandat parlementaire et financement des partis politiques », *PA* n° 179, p. 5-12.

Cauchois H. (2003), *Guide du contentieux électoral*, Paris, Berger-Levrault.

Colliard J.-C. (2008), « Le découpage électoral et la commission prévue à l'article 25 de la Constitution », *PA*, n° 254, p. 43-47.

Commission nationale des comptes de campagne et des financements politiques (CNCCFP). *Rapport annuel d'activité*.

Cottin S. (2002), « La réception et le contrôle des présentations de candidature à l'élection du président de la République », *RDP*, p. 1263 et s.

Delperee F. (1998), *Le contentieux électoral*, Paris, PUF.

Denquin J.-M.

– (2012), « L'esprit des référendums sous la Ve République », in Société de législation comparée, *Théorie et pratiques du référendum*, p. 79-88.

– (2019), « Le référendum d'initiative citoyenne » in *Commentaire*, p. 323-327.

Desrameaux G.-D. (2013), *Droit électoral*, Studyrama.

Duhamel O. (2003), *Le pouvoir politique en France*, Paris, Le Seuil.

Duhamel O. et Molfessis N. (2019), « Avec le RIP, le Conseil constitutionnel joue avec le feu », *Le Monde*, 14 mai 2019.

Duval J.-M. (2001), « La sanction des comportements irréguliers relevés au cours des opérations électorales », *RFDC*, p. 825 et s.

Esplugas P.,

– (1999), « L'interdiction des partis politiques », *RFDC*, n° 36, p. 675.

Fatin-Rouge Stefanini M. (2004), *Le contrôle du référendum par la justice constitutionnelle*, Paris, Economica-PUAM.

Gabrrit P. (2014), « Les primaires à la française » *in L'État, le droit, le politique – Mélanges en l'honneur de Jean-Claude Colliard*, Dalloz, p. 411-423.

Genevois B.,

– (1988a), « L'étendue de la compétence du juge de l'élection », *RFDA*, p. 702 et s.

– (1988b), « Le contrôle du référendum », *RFDA*, p. 887 et s.

– (1988c), « Le juge de l'élection, le traité et la loi », *RFDA*, p. 908 et s.

– (1991), « Le juge de l'élection et le contrôle des comptes de campagne », *RFDC*, p. 887 et s.

Gesbot C. (1999), *L'article 88-3 de la Constitution du 4 octobre 1958*, thèse Besançon.

Ghevontian R. (dir.) (1er mars-30 septembre 2002), « La sincérité du scrutin », *CCC*, n° 13.

Gounin Y. (2005), « Le contentieux des actes préparatoires du référendum du 29 mai 2005 », *AJDA*, p. 1211.

Grossieux P. (2004), « Le parrainage des prétendants à l'élection présidentielle : simple formalité juridique ? », *RFDC*, p. 533 et s.

Grunberg G. et Haegel F. (2007), *La France vers le bipartisme – La présidentialisation du PS et de l'UMP*, Presses de la FNSP.

Guenaire M. (2000), *Le cadre juridique des campagnes électorales : communication, financement, contentieux*, Paris, Le Moniteur.

Hamon F.,

– (2001), « À propos du référendum sur le quinquennat », in F. Hamon et O. Passelecq (dir.), *Le référendum en Europe. Bilan et perspectives*, Paris, L'Harmattan.

– (2007), *Le référendum*, Paris, La Documentation française.

– (2007), « La crise du système référendaire », *Droits*, n° 43, p. 91 et s.

– (2008), « La nouvelle procédure de l'article 11 : un vrai faux référendum d'initiative populaire », *PA*, n° 254, p. 15-21.

– (2012), « L'inachèvement du statut juridique du référendum sous la Ve République », *in* Société de législation comparée, *Théorie et pratiques du référendum*, p. 89-104.

– (2012), *Le référendum, étude comparative*, Paris, LGDJ, 2e éd.

– (2014) « Le référendum d'initiative partagée sera bientôt opérationnel mais l'on s'interroge encore sur son utilité », *RFDC*, n° 98, juin 2014, p. 253-268.

Jeanneney J.-N. (2014), « Ve République : de quelques bifurcations du hasard » *in L'État, le droit, le politique – Mélanges en l'honneur de Jean-Claude Colliard*, Dalloz, p. 291-304.

Lancelot A. (1998), *Les élections nationales sous la Ve République*, Paris, PUF, Que sais-je ?, 3e éd.

Levade A et Le Pourhiet A.M. (2018), « Le référendum d'initiative citoyenne », *Const.*, p. 493-501

Masclet J.-C. (1992), *Le droit des élections politiques*, Paris, PUF, Que sais-je ?

Malignier B (2014), « La loi visant à reconnaître le vote blanc », *AJDA*, p. 680-682.

Meny Y.,

– (1992), *La corruption de la République*, Paris, Fayard.

– (1997), *La corruption dans la vie publique*, Paris, La Documentation française.

Parodi J.-L. (2001), « Le référendum en France : analyse stratégique », in F. Hamon et O. Passelecq (dir.), *Le référendum en Europe, Bilan et perspectives*, Paris, L'Harmattan.

Pflimlin P. (1991), *Mémoires d'un Européen de la IVe à la Ve République*, Fayard.

Pfunier G. (2004), « Le statut des partis politiques en Europe », *RDP*, p. 681 et s.

Rambaud R. (2017), « Juge judiciaire et partis politiques : les nouvelles frontières de la séparation des pouvoirs », *AJDA*, p. 1059-1063.

Rambaud R. (2016), *Le droit des campagnes électorales*, LGDJ, coll. « Systèmes ».

Revue Française de Finances Publiques (1997), « Finances publiques et vie politique », numéro spécial, n° 58.

Revue *Pouvoirs*,

- (1992), « Campagne électorale », n° 63.
- (1994), « L'argent des élections », n° 70.
- (1996), « Le référendum », n° 77.
- (2011), « La candidature à l'élection présidentielle », n° 138.

Savoie H. et Ghevontian R. (2000) « Le contentieux des actes préparatoires au référendum », *RFDA*, p. 989-1013.

Schoettl J.-E. (2005), « Contentieux des décrets relatifs au référendum du 29 mai 2005 », *PA*, n° 81, 25 avril 2005.

Séguéla J. et Saussez T. (2007), *La prise de l'Élysée – Les campagnes présidentielles sous la Ve République*, Plon.

Seiler D.-L. (2007), « Primaires ? Vous avez dit primaires ? », *RDP*, n° 2, p. 567 et s.

Susani N. (2007), « Une aporie de la justice constitutionnelle française : l'impuissance du Conseil constitutionnel face à l'inconstitutionnalité de l'actuel découpage électoral pour les élections législatives de 2007 », *RFDC*, p. 144 et s.

Taillon P. (2012), *Le référendum expression directe de la souveraineté du peuple, essai critique sur la rationalisation de l'expression référendaire en droit comparé*, Dalloz.

Tolini N. (2007), *Le financement des partis politiques*, Dalloz.

Torcol S. (2004), « Le contentieux des élections législatives : réflexions autour d'un contentieux à risques », *RDP*, p. 1211 et s.

Touvet L. et Doublet Y.-M. (2007), *Droit des élections*, Economica.

Vedel T. (2007), *Comment devient-on président de la République – Les stratégies des candidats*, Robert Laffont.

Sous-section 4
La moralisation de la vie politique

586. À la suite de nombreux scandales qui ont éclaté depuis le début des années 1970, le Parlement a adopté plusieurs lois pour tenter de moraliser la vie politique.

Les premières n'avaient qu'un objet relativement ponctuel, par exemple le financement des partis politiques, alors que les plus récentes touchent à des aspects très divers de la vie politique. La différence tient au fait que la corruption du système politique est devenue beaucoup plus visible qu'elle ne l'était il y a seulement quelques années. Aux débuts de la Ve République, les rapports de l'argent et de la politique n'étaient pas réglementés et les magistrats du ministère public étaient généralement trop timides pour lancer des investigations susceptibles de gêner une personne proche du pouvoir. Les condamnations étaient donc très rares et, même si les citoyens n'étaient pas convaincus de l'honnêteté de leurs dirigeants, leur méfiance était trop diffuse, pas suffisamment appuyée sur des faits pour provoquer des réactions d'indignation. Mais à partir de la fin des années 1990 beaucoup de choses ont changé. D'une part, les rapports de l'argent et de la politique ont été précisés par des lois qui, même si elles ne sont pas toujours respectées, fournissent au moins des points de repère. S'agissant par exemple du financement d'une campagne électorale, il est facile aujourd'hui de distinguer les ressources qui sont légalement acceptables de celles qui ne le sont pas. D'autre part, l'état d'esprit de la magistrature a été transformé par l'apparition d'un syndicalisme contestataire et parfois même franchement politisé. Les procureurs n'hésitent plus à déclencher des investigations durant les périodes électorales et à mettre en examen des candidats à des fonctions politiques importantes.

La loi du 9 septembre 2016, connue sous le nom de « loi Sapin II », a édicté une série de mesures importantes : création d'une agence « anti-corruption » ayant pour mission d'aider les autorités compétentes à prévenir et détecter les faits de corruption ; protection spéciale des « lanceurs d'alerte », c'est-à-dire des personnes qui révèlent ou signalent, de manière désintéressée, certains faits de corruption ; obligation pour les groupes d'intérêt (que l'on désigne souvent sous le nom de « lobbies ») de se déclarer auprès de la Haute Autorité pour la transparence de la vie politique qui rend publiques ces informations.

L'un des objectifs poursuivis par E. Macron était d'éviter que les principaux acteurs de la vie politique puissent facilement être soupçonnés de corruption. C'est pourquoi il a fait adopter en septembre 2017 une réforme consistant en une loi organique et une loi ordinaire dites « de confiance dans la vie politique ».

Ces lois concernent principalement (mais pas exclusivement) les parlementaires. Son objet est triple : le choix des collaborateurs des responsables politiques, leur influence en matière de dépenses publiques et la résolution des éventuels conflits d'intérêts.

§1. Le choix des collaborateurs

587. Au cours de la campagne présidentielle de 2017, on a découvert à la suite d'une campagne de presse que de nombreux parlementaires choisissaient les deux assistants parlementaires auxquels ils avaient droit parmi les membres de leur famille proche (généralement leur conjoint ou leurs enfants) sans exiger d'eux le travail qui correspondait normalement à ce poste. Les crédits correspondant à la rémunération des assistants qui étaient officiellement destinés à améliorer la qualité du travail parlementaire, ne servaient donc qu'à arrondir les revenus familiaux. Pour rompre spectaculairement avec cette pratique, la réforme de 2017 interdit aux députés et aux sénateurs d'employer en tant que collaborateur parlementaire toute personne avec laquelle ils ont un lien familial direct ou indirect : conjoint, concubin, partenaire lié par un PACS, les propres enfants de l'intéressé, les enfants de son conjoint ou de son concubin, etc. Des dispositions pratiquement identiques s'appliquent pour les membres du gouvernement et pour les autorités territoriales en ce qui concerne la composition de leur cabinet.

Pour spectaculaires qu'elles soient, il n'est pas certain que ces dispositions seront efficaces. Il peut fort bien exister entre parlementaires, entre ministres ou entre responsables de différentes autorités territoriales des accords aux termes desquels les parents de l'un sont employés par l'autre et réciproquement. De plus, ce n'est pas l'existence d'un lien de famille entre le responsable politique et son subordonné qui constitue l'acte de corruption, mais l'absence de contrepartie sous forme de travail.

§2. Le pouvoir des parlementaires en matière de dépenses

588. Le pouvoir des parlementaires en matière de dépenses est restreint de deux manières :

a) En matière de frais professionnels : le système d'indemnisation de ces frais était jusqu'alors organisé de façon très laxiste. Chaque parlementaire disposait d'un crédit d'environ 5 000 € par mois dans lequel il pouvait puiser sans avoir à fournir aucun justificatif. Désormais, en principe, les avances ou remboursements ne pourront être accordés que sur présentation de justificatifs.

b) En matière budgétaire : en cette matière les parlementaires individuellement considérés n'ont que peu d'initiative car, d'une part, le projet de budget est préparé par le gouvernement et, d'autre part, aux termes de l'article 40 de la Constitution, les amendements formulés par les membres du Parlement ne sont pas recevables lorsque leur adoption aurait pour conséquence soit une diminution des ressources publiques, soit la création ou l'aggravation d'une charge publique. La pratique dite « de la réserve parlementaire » permettait cependant d'atténuer la sévérité de ce régime : sans avoir à déposer aucun amendement, dans la limite de quelques dizaines de milliers d'euros, chaque parlementaire pouvait demander au gouvernement de prendre en charge une dépense profitant spécialement à sa circonscription, par exemple la réalisation d'un équipement collectif ou une subvention à une association locale. Cette pratique, qui n'avait d'ailleurs aucun fondement textuel, est désormais formellement interdite.

Toutefois, il existe également une réserve dite « ministérielle », qui est à la disposition du ministre de l'Intérieur et qui permet de financer le même type de dépenses. Par le biais de cette « réserve ministérielle », un parlementaire peut donc tenter de compenser la perte de sa « réserve parlementaire » mais cela suppose qu'il soit en relativement bons termes avec la majorité au pouvoir.

§3. La prévention des conflits d'intérêts

589. Les conflits d'intérêts peuvent être définis comme un ensemble de circonstances créant un risque que le jugement ou les actions concernant un intérêt principal (l'intérêt général) soient indûment influencés par un intérêt secondaire qui peut être soit l'intérêt personnel d'un individu, soit celui d'un groupe restreint. La vie politique offre d'innombrables exemples de conflits d'intérêts. C'est ainsi que beaucoup d'amendements déposés par des parlementaires au cours d'un débat sur un projet de loi sont inspirés par le souci de défendre l'intérêt particulier d'une région, d'une catégorie de personnels ou d'une branche d'industrie et cet intérêt particulier peut se révéler contraire à l'intérêt général. Déjà, en

2013, sous la présidence de François Hollande, la réforme sur la transparence de la vie politique a obligé les parlementaires et les membres du gouvernement à déposer, en plus de leur déclaration de patrimoine, une déclaration d'intérêts qui est rendue publique par les soins de la Haute Autorité pour la transparence de la vie publique.

L'objet de la réforme de septembre 2017 est un peu différent. Il s'agit d'interdire aux parlementaires certaines activités qui risquent de multiplier les cas de conflits d'intérêts. Au cours de la campagne présidentielle de 2017, il est apparu que certaines personnalités politiques, et notamment François Fillon, complétaient leurs revenus en exerçant, par le biais d'une société, une activité de conseil. Cette activité est évidemment de nature à multiplier les conflits d'intérêts. L'article LO 146-1 modifié par la réforme de septembre 2017 interdit à tout député de commencer à exercer une fonction de conseil qui n'était pas la sienne avant le début de son mandat ou de poursuivre une telle activité lorsque celle-ci a débuté dans les douze mois précédant le premier jour du mois de son entrée en fonction.

On notera que cette disposition a surtout une valeur symbolique. Elle n'empêche pas un député d'exercer une activité de conseil soit dans le cadre d'une profession qu'il exerce depuis longtemps (par exemple celle d'avocat) soit d'une manière tout à fait informelle sans passer par l'intermédiaire d'une société ayant pignon sur rue.

590. De façon plus générale, force est de constater que les lois de confiance dans la vie politique adoptées en septembre 2017 n'ont fait que renforcer des tendances plus anciennes de la pratique politique sous la Ve République : la prépondérance de l'exécutif dans ses rapports avec le Parlement ; la prépondérance du chef de l'État dans les prises de décision à l'intérieur de l'exécutif.

La première est attestée par le fait qu'il est de plus en plus difficile au Parlement de modifier, même de façon marginale, les prévisions de dépenses contenues dans le projet de loi de finances.

La seconde résulte par défaut des obligations imposées par la loi de moralisation. Ces obligations pèsent sur les parlementaires et les membres du gouvernement mais non sur le chef de l'État. Ce dernier reste entièrement libre de constituer son cabinet comme il l'entend, de recruter comme conseillers des membres de sa famille et, sauf en période de cohabitation, le pouvoir d'arbitrage qu'il exerce sur l'élaboration des projets de loi est sans limites.

591. Bibliographie

Szulman M. (2017), « La loi organique pour la confiance dans la vie politique », *CS* n° 4, p. 603-610.

Rambaud R. (2017), « Confiance dans la vie politique : la révolution attendra », *AJDA* 2237.

Zarka J.-C. (2017), « La réforme visant à rétablir la confiance dans la vie politique », *LPA* n° 249, p. 7.

CHAPITRE 2

Les organes

592. Le titre II de la Constitution, consacré au président de la République, vient avant ceux qui traitent des autres organes (gouvernement, Parlement et Conseil constitutionnel). C'est aussi l'un des plus longs (15 articles).

Dans son discours prononcé le 27 août 1958 devant le Conseil d'État, M. Debré qualifiait le président de la République de « clef de voûte du système ». Le chef de l'État occupe en effet une place centrale dans les institutions de la Ve République, même si l'étendue de l'influence qu'il exerce sur la conduite des affaires du pays dépend en partie du contexte politique (v. *supra* n° 494).

Nous savons déjà que, depuis 1962, le président de la République est élu directement par les citoyens et que cette élection détermine dans une large mesure la stratégie des partis politiques et de leurs dirigeants.

Il nous reste maintenant à étudier le statut du chef de l'État ainsi que ses pouvoirs.

Section 1 Le statut du président de la République

§1. Durée et renouvellement des fonctions

593. **Durée et renouvellement des fonctions présidentielles. –** La durée du mandat présidentiel avait été initialement fixée à sept ans, conformément à une tradition dont l'origine en 1873 s'expliquait par l'espérance de vie prêtée au prétendant au trône (v. *supra* n° 376). Le président était indéfiniment rééligible.

Les régimes précédents pouvaient s'accommoder de la durée de sept ans, dans la mesure où le chef de l'État, élu par le Parlement réuni en Congrès, avait surtout un rôle de représentation. Il n'avait pas (officiellement tout au moins) de programme politique et il lui était donc relativement facile de s'adapter en cours de mandat à des majorités parlementaires successives et différentes.

Sous la Vᵉ République, au moins depuis 1962, le président apparaît au contraire comme l'homme d'une politique : celle qu'il a exposée devant les électeurs durant sa campagne. Et la Constitution, comme on le verra dans la suite du présent chapitre, lui donne des pouvoirs plus importants que ceux de ses prédécesseurs. Compte tenu de ce contexte nouveau, on pouvait évidemment se demander si le septennat n'était pas devenu obsolète car, dans la mesure où le président participe davantage aux décisions, son autorité s'use plus rapidement. C'était d'ailleurs au moins en partie pour se prémunir contre une telle usure que le général de Gaulle organisait systématiquement, en cours de mandat, des référendums de responsabilité, où il mettait sa démission dans la balance. Mais l'on sait que ses successeurs n'ont pas repris cette pratique.

Les cohabitations qui se sont succédé au cours des années 1980 et 1990 ont suscité un d'intérêt pour le quinquennat, car on pensait que son adoption contribuerait à rétablir une concordance durable entre les majorités présidentielle et parlementaire.

La réforme fut adoptée en 2000 par référendum conformément à la procédure prévue à l'article 89.

On admet généralement que, d'un point de vue politique, la réduction de la durée du mandat a eu des conséquences quant au rôle du président. Il faut cependant noter que les attributions du chef de l'État n'ont absolument pas été modifiées. Et l'on ne peut même pas dire que l'horizon de son action politique est nécessairement plus limité avec le quinquennat qu'avec le septennat car, plus le mandat est bref, plus son renouvellement apparaît comme une hypothèse raisonnable et presque naturelle. Aux États-Unis, plus de la moitié des présidents ont accompli deux mandats consécutifs alors que, sous le régime du septennat, un seul président français, F. Mitterrand, avait réussi à le faire. Mais comme le notait N. Sarkozy peu de temps avant son élection à la présidence de la République, cette réforme ne peut qu'accentuer le phénomène qu'on appelle la « présidentialisation » du régime, c'est-à-dire la concentration des pouvoirs entre les mains du chef de l'État. « *Le quinquennat a aggravé l'ascendant du président de la République sur le Premier ministre. D'une part, parce qu'avec un mandat plus court, le président est obligé de se rapprocher des problèmes concrets et quotidiens des Français. D'autre part, parce que la quasi-simultanéité entre les élections présidentielles et législatives fait que le sort du président est irrémédiablement lié à celui du gouvernement. Le président ne peut donc renoncer à impulser toute l'action gouvernementale* » (Sarkozy, 2006, p. 157).

Depuis la révision du 23 juillet 2008, l'article 6 C précise que nul ne peut exercer plus de deux mandats présidentiels consécutifs. Cette limitation a suscité des controverses jusque dans les rangs de la majorité de l'époque.

D'un côté, on faisait observer que pour garantir la respiration d'un système démocratique, les citoyens doivent être protégés contre une pérennisation excessive du personnel politique, qui risquerait de bloquer le renouvellement et le rajeunissement de l'élite gouvernante. On rappelait que le

XXe amendement à la Constitution des États-Unis, adopté en 1951, prévoit que « *nul ne peut être élu plus de deux fois à la présidence* ». Cet amendement avait été voulu par le Congrès qui estimait qu'en se faisant réélire trois fois (en 1936, 1940 et 1944) le président Franklin Roosevelt avait rompu avec une coutume destinée à préserver l'équilibre des pouvoirs en empêchant une dérive monarchique de l'institution présidentielle.

De l'autre côté, on faisait valoir que, dans une démocratie, les électeurs sont toujours libres de ne pas renouveler le président en exercice, et que les empêcher de réélire, après deux mandats consécutifs, un homme ou une femme considérés comme de valeur exceptionnelle, ne peut s'analyser que comme une atteinte à la souveraineté populaire.

Il est intéressant de noter que, en France, la limitation des possibilités de renouvellement a été imposée au Parlement par le président lui-même, malgré les réticences du comité Balladur et de certains membres de sa propre majorité[1]. Dans l'esprit de Nicolas Sarkozy, il ne s'agissait pas tant d'éviter une dérive monarchique du pouvoir que de permettre au président d'exercer pleinement ses compétences en le libérant de tout souci de réélection durant les cinq années de son second mandat. C'est ce qui explique que la limitation soit moins sévère qu'elle ne l'est outre-Atlantique : rien n'empêche un président français d'être élu plus de deux fois, s'il ne s'agit pas de trois mandats consécutifs.

594. L'interruption éventuelle du mandat. – Le quinquennat présidentiel ne va pas toujours à son terme normal. Il peut être interrompu en cas de décès ou de démission du président, cela va de soi, mais aussi en cas d'empêchement ou de manquement à ses devoirs manifestement incompatible avec l'exercice de son mandat (v. *infra*, n° 599). La Constitution ne définit pas l'empêchement présidentiel mais elle fixe la procédure par laquelle il peut être constaté. Si le président ne paraît plus en mesure d'exercer ses fonctions, en raison par exemple de son état physique ou mental, le gouvernement doit saisir le Conseil constitutionnel. Le Conseil constitutionnel, statuant à la majorité absolue de ses membres[2], pourra alors déclarer que le président est « empêché », soit temporairement, soit définitivement. S'il s'agit d'un empêchement seulement temporaire, les fonctions du président de la République seront temporairement exercées par le président du Sénat, mais cet intérim prendra fin dès que le président de la République se trouvera en état de reprendre ses fonctions. Si le Conseil constitutionnel déclare que l'empêchement est définitif, il y aura également un intérim assuré par le président du Sénat, mais cet intérim prendra fin rapidement car une élection présidentielle devra avoir lieu vingt jours au moins et trente-cinq jours au plus après la constatation du

1. Sur les raisons de l'hostilité à cette mesure, voir Roussillon H., « La limitation à deux du nombre des mandats présidentiels », *PA*, n° 254, 19 décembre 2008, p. 12 à 15.

2. Il semble donc que, en cas de partage des voix sur cette question, la voix prépondérante du président du Conseil constitutionnel ne jouerait pas.
Par ailleurs, il est clair que l'absence de définition constitutionnelle de l'empêchement laisse ouverte la possibilité d'un usage politique, par exemple en période de cohabitation, à condition évidemment qu'une collusion entre le gouvernement et le Conseil constitutionnel soit possible.

caractère définitif de l'empêchement[3]. Le président intérimaire exerce les mêmes attributions que le président élu, à l'exception de celles prévues aux articles 11 (référendum) et 12 (dissolution). Mais il ne peut prendre aucune initiative concernant la révision de la Constitution car il ne peut pas être fait application de l'article 89 durant la vacance de la présidence de la République ou durant la période qui s'écoule entre la déclaration du caractère définitif de l'empêchement du président de la République et l'élection de son successeur (art. 7 C).

595. La suppléance. – Il peut également se faire que pour raison de santé ne motivant pas empêchement ou parce qu'il est en voyage à l'étranger, le président soit provisoirement dans l'impossibilité d'exercer ses fonctions. La Constitution, qui n'a pas institué de vice-présidence, n'envisage cette hypothèse qu'en ce qui a trait à des fonctions très limitées. Elle décide (art. 21) que le Premier ministre peut suppléer le président de la République dans la présidence des conseils et comités de la défense nationale. Quant à la suppléance pour la présidence du Conseil des ministres, elle est éventuellement assurée par le Premier ministre mais seulement en vertu d'une délégation expresse, valable pour un conseil et pour un ordre du jour déterminé.

En aucun cas, les autres pouvoirs du président de la République ne peuvent faire l'objet d'une délégation.

596. Les obligations liées au mandat. – Les fonctions présidentielles sont incompatibles avec toute autre fonction publique, même élective. Par conséquent, dès son entrée en charge, le président doit se démettre des mandats dont il est éventuellement investi. Lui sont également interdites les activités professionnelles privées dont on ne concevrait pas qu'elles puissent être exercées parallèlement à la première magistrature de l'État.

De plus, de même d'ailleurs que les membres du Parlement ou du gouvernement, le président de la République est directement concerné par la législation relative à la transparence financière de la vie politique. Ainsi qu'on l'a déjà signalé, lorsqu'il confirme sa candidature, sa déclaration de patrimoine est publiée en même temps que celles des autres candidats. À l'expiration de son mandat, le président doit produire une nouvelle déclaration de patrimoine qui est également publiée. Le rapprochement de ces deux déclarations doit en principe permettre à chacun de vérifier que le président n'a pas profité de ses fonctions pour s'enrichir[4].

597. Les services de la présidence. – Au moins jusqu'à une date récente, le fonctionnement de ces services était relativement opaque car les crédits budgétaires officiellement alloués à la présidence de la

3. Si le président du Sénat est à son tour empêché, l'intérim est assuré par le gouvernement.

4. Il n'existe cependant aucune certitude quant à l'absence d'enrichissement des membres de sa famille, ou quant à la sincérité de ces déclarations. Le système américain paraît à cet égard préférable. Au début de son mandat, le président confie tous ses biens à un *« blind trust »*, une fondation qui les gère sans recevoir de lui aucune instruction et sans lui communiquer aucune information.

République ne reflétaient qu'une partie des moyens dont elle disposait (Schrameck, 2006, p. 133). Des centaines de collaborateurs étaient mis à la disposition du président par différentes administrations, qui prenaient en charge leur rémunération. Cette situation était vivement critiquée par certains parlementaires de gauche qui dénonçaient la dérive dépensière de la présidence et réclamaient davantage de transparence dans ce domaine (Dosière, 2008).

En 2007, réagissant à ces critiques, le président Sarkozy, a pris un certain nombre de mesures : la plupart des emplois qui étaient auparavant mis à disposition de la présidence par des administrations ont été officiellement rattachés à celle-ci et la Cour des comptes a été invitée à présenter un rapport sur le budget de l'Élysée. Afin d'inscrire ce contrôle dans la continuité et la durée, la Cour a choisi de l'exercer chaque année, alors qu'elle ne l'exerce en moyenne que tous les cinq ans pour les autres services administratifs relevant de sa compétence. L'effectif total des personnels employés par la présidence se situe aux environs de mille, mais une centaine seulement sont des conseillers politiques.

§2. Responsabilité politique ou pénale du président

598. La question de la responsabilité politique ou pénale du président. – Dans un système parlementaire, le chef de l'État est politiquement irresponsable, mais dans les républiques parlementaires, comme dans tous les régimes républicains, il reste pénalement responsable. Néanmoins, comme on l'a vu, la frontière entre responsabilité pénale et responsabilité politique n'est pas parfaitement étanche (cf. *supra* n° 103).

Malgré l'étendue des pouvoirs qu'elle attribue au chef de l'État, la Constitution, dans son article 68, a initialement défini de façon plutôt restrictive le champ de sa responsabilité.

Selon le texte originel de cet article : « *Le président de la République n'est responsable des actes accomplis dans l'exercice de ses fonctions qu'en cas de haute trahison. Il ne peut être mis accusation que par les deux assemblées statuant par un vote identique au scrutin public et à la majorité absolue des membres les composant ; il est jugé par la Haute Cour de justice* »[5].

Le principe était donc *l'irresponsabilité* du président pour les actes accomplis dans l'exercice de ses fonctions, à la fois sur le plan politique et sur le plan pénal. Mais ce principe comportait une exception de taille : la haute trahison. Dans ce cas, le président bénéficiait d'un *privilège de juridiction* car il ne pouvait être mis en accusation que devant une juridiction spéciale, la Haute Cour de justice, dont la composition était réglée par l'article 67 C.

5. Cette Haute Cour de justice ne comprenait alors que 24 juges élus, en nombre égal, par l'Assemblée nationale et le Sénat après chaque renouvellement. Au contraire, la Haute Cour qui lui a succédé depuis la réforme de 2007 est composée de tous les membres du Parlement (v. *infra* n° 599).

Ce texte appelait deux remarques :

En premier lieu, la notion de haute trahison (qui ne se confondait pas avec la trahison tout court, c'est-à-dire l'intelligence avec une puissance étrangère), n'était pas définie, et les peines susceptibles d'être infligées au président au cas où il serait reconnu coupable de ce crime par la Haute Cour de justice, ne l'étaient pas davantage. N'importe quel acte aurait donc théoriquement pu être considéré comme constitutif du crime de haute trahison et la Haute Cour aurait pu prononcer n'importe quelle peine. Ceci contrevenait sans doute au principe général de légalité des délits et des peines, mais donnait en cas de crise grave une très grande latitude aux assemblées parlementaires pour prononcer l'accusation et faisait de la responsabilité du président une véritable responsabilité politique. Cependant, la lourdeur de la procédure en rendait l'usage difficilement praticable et de fait elle n'a jamais été mise en œuvre.

En second lieu, la rédaction de l'article 68 laissait planer un doute sur le régime de responsabilité des actes accomplis par le président en dehors de l'exercice de ses fonctions : il s'agit, d'une part, des actes antérieurs à la prise de fonction et, d'autre part, des actes accomplis durant le mandat mais à titre privé. Par définition, ces actes ne sont pas couverts par le principe de l'irresponsabilité. Mais la Haute Cour de justice était-elle compétente uniquement lorsque le président était accusé de haute trahison, ou pour toutes les poursuites engagées contre lui durant son mandat, quel qu'en fût le motif ? L'article 68 n'était pas parfaitement clair sur ce point, et cependant l'enjeu était d'importance : dans le premier cas, le président devait être traité comme un justiciable ordinaire pour les actes étrangers à l'exercice de ses fonctions, et l'autorité judiciaire pouvait éventuellement le citer comme témoin ou le mettre en examen. Dans le second, le président bénéficiait, pendant toute la durée de son mandat, d'un privilège de juridiction qui lui assurait une protection très efficace, compte tenu de la difficulté d'engager des poursuites devant la Haute Cour de justice.

Jusqu'à une date relativement récente, ces questions n'avaient suscité qu'un intérêt limité car il paraissait extrêmement peu probable que le chef de l'État pût jamais être impliqué dans une affaire pénale réellement sérieuse[6].

C'est avant tout pour des raisons liées à la conjoncture, lorsque, au cours des années 1990, des magistrats judiciaires, soutenus par les médias et l'opinion publique, ont commencé de s'attaquer à des dossiers politiquement délicats, que les choses ont changé et qu'a été engagé le mouvement qui a conduit en 2007 à la révision de l'article 68. Peu après son élection à la présidence de la République, en 1995, J. Chirac avait été menacé d'une mise en

6. Le seul précédent judiciaire remontait à 1974. Cette année-là, le Tribunal correctionnel de Paris avait statué sur une plainte contre V. Giscard d'Estaing, qui venait d'être élu président de la République et qui était poursuivi par un autre candidat, René Dumont, qui lui reprochait d'avoir fait procéder durant la campagne à des affichages illégaux. Le Tribunal avait accepté implicitement de se déclarer compétent, puis avait rejeté la plainte sur le fond (*Dumont c/ Giscard d'Estaing*, 3 décembre 1974, *GP* 1975, I, p. 315). Cette jurisprudence, qui allait dans le sens d'une interprétation étroite de la compétence de la Haute Cour de Justice, avait été confirmée par la Cour d'appel de Paris.

examen pour des affaires touchant à sa gestion alors qu'il était maire de Paris. Ces affaires étaient manifestement sans lien avec les fonctions présidentielles puisqu'elles remontaient à une époque antérieure à l'accession du président à la magistrature suprême. Leurs suites judiciaires dépendaient donc de l'interprétation donnée à l'article 68 C.

C'est dans ce contexte que le Conseil constitutionnel a rendu, le 22 janvier 1999, une importante décision dans laquelle il déclarait que, pendant la durée de son mandat, la responsabilité pénale du président de la République ne pouvait être mise en cause que devant la Haute Cour de justice, même à raison des actes accomplis en dehors de l'exercice de ses fonctions. La question qui était à l'origine de cette décision ne portait pas directement sur l'article 68 C. Le Conseil avait été saisi dans le cadre de l'article 54 C et on lui demandait seulement de dire si le traité sur la Cour pénale internationale, que la France avait signé mais non encore ratifié, contenait des clauses contraires à la Constitution. Or ce traité prévoit la possibilité de poursuivre les responsables de certains crimes devant la Cour pénale internationale en précisant que la qualité de chef d'État ou de chef de gouvernement n'y fait pas obstacle. Avant de le ratifier, il fallait donc savoir si de telles poursuites seraient compatibles avec le statut constitutionnel du président français, et c'est ce qui a conduit le Conseil constitutionnel à préciser l'étendue de la compétence de la Haute Cour de justice[7].

Mais dans les circonstances de l'époque, l'intérêt de la décision rendue par le Conseil constitutionnel ne se limitait pas à la question de la ratification du traité sur la Cour pénale internationale. En statuant comme il l'a fait, le Conseil incitait indirectement les magistrats judiciaires à se déclarer incompétents pour mettre en examen le président de la République ou pour le convoquer comme témoin assisté.

Cependant, les tribunaux judiciaires n'étaient pas juridiquement liés par la jurisprudence du Conseil constitutionnel, car la décision du 22 janvier 1999 ne possédait l'autorité de la chose jugée que par rapport au traité sur la Cour pénale internationale (v. *infra* n° 828). Or, un contribuable parisien avait tenté de porter plainte contre l'ancien maire de Paris devenu président de la République. Par le jeu des recours successifs, la question de la responsabilité du président à raison des actes non liés à l'exercice de ses fonctions, est finalement remontée jusqu'à la Cour de cassation[8].

Dans son arrêt du 10 octobre 2001, la Cour de cassation a confirmé la doctrine du Conseil constitutionnel sur le point le plus important, c'est-à-dire l'impossibilité pour les magistrats judiciaires, de mettre en examen ou de

7. La décision a cependant suscité de vives polémiques. Certains articles de presse ont laissé entendre que le président du Conseil constitutionnel de l'époque, Roland Dumas, et le président de la République, Jacques Chirac, tous deux menacés d'être mis en examen, se seraient prêté mutuellement assistance (Voir l'article de Courtois ,G., « Échanges de mauvais procédés », *Le Monde* du 26 janvier 1999 et *contra* Troper M., « Comment décident les juges constitutionnels », *Le Monde* du 13 février 1999).

8. Cass. ass. plén., 10 octobre 2001, *Breisacher*.

citer comme témoin le président de la République pendant toute la durée de son mandat[9].

Elle s'est cependant démarquée de la position prise par le Conseil constitutionnel sur deux points : d'une part en estimant que la Haute Cour de justice n'était compétente que pour les affaires de haute trahison et non pour les autres affaires pénales auxquelles le président pourrait se trouver mêlé ; d'autre part en précisant que les délais de prescription de l'action publique, qui sont de dix ans pour un crime et de trois ans pour un délit, cessaient de courir pendant la durée du mandat présidentiel. C'est pourquoi le président Chirac a pu être traduit devant le tribunal correctionnel de Paris en 2007, après l'expiration de son second mandat, alors que les faits pour lesquels il était poursuivi remontaient au début des années 1990. Il a finalement été condamné à deux ans de prison avec sursis le 15 décembre 2011 et a renoncé à faire appel de ce jugement dont il contestait cependant le bien-fondé.

Après sa réélection, en juillet 2002, le président Chirac a constitué une commission de réflexion sur le statut pénal du chef de l'État, dont la présidence était confiée au professeur Pierre Avril. Le rapport de la « Commission Avril » servit de base à un projet de révision du Titre IX, qui fut déposé au Parlement en juillet 2003, mais qui ne vint en discussion qu'en février 2007. Ce projet fut adopté à une assez large majorité, après avoir été modifié par quelques amendements de l'Assemblée nationale (loi constitutionnelle no 2007-238 du 23 février 2007). Mais la loi organique qui devait fixer les conditions d'application de ce nouveau texte ne fut adoptée que beaucoup plus tard, le 24 novembre 2014.

D'une part, le nouveau Titre IX maintient le principe de l'irresponsabilité présidentielle tout en y apportant une exception dont le caractère politique est plus marqué qu'il ne l'était dans le système précédent. D'autre part, il étend le champ des immunités dont le président bénéficiait déjà dans le système précédent.

A. L'irresponsabilité présidentielle et ses limites

599. Aux termes de l'article 67 nouveau : « *Le président de la République n'est pas responsable des actes accomplis en cette qualité, sous réserve des dispositions des articles 53-2 et 68* ».

L'article 53-2 concerne les poursuites devant la Cour pénale internationale, dont l'étude relève du droit international public.

Selon l'article 68, le président de la République « *ne peut être destitué qu'en cas de manquement à ses devoirs manifestement incompatible avec l'exercice de son mandat. La destitution du président est prononcée par le Parlement constitué en Haute Cour* ». Ces nouvelles dispositions marquent un glissement vers une conception moins pénale et plus politique de la responsabilité présidentielle.

9. Selon elle, cette impossibilité résultait moins du texte même de l'article 68, comme semblait le penser le Conseil constitutionnel, que de l'esprit général des institutions : le président est investi d'une mission trop importante pour qu'on prenne le risque de l'exposer à des tracas judiciaires pendant l'exercice de son mandat.

Ce glissement apparaît d'abord dans la terminologie utilisée. Bien qu'étant extrêmement vague, la notion de Haute trahison avait une connotation pénale infamante. La nouvelle rédaction est plus neutre. Dans le même sens, on notera que, alors que, selon le texte ancien, le président devait d'abord être « mis en accusation », puis être « jugé » par une « Haute Cour de justice », le texte nouveau évite soigneusement toutes les expressions pouvant évoquer une démarche juridictionnelle. Il est dit simplement que la destitution relève de la compétence du Parlement constitué en Haute Cour.

Il apparaît également dans la procédure de la destitution. De même que dans le système ancien, cette procédure est mise en mouvement par une résolution adoptée dans les mêmes termes par les deux assemblées. Mais entre la mise en accusation et le jugement, le système ancien prévoyait l'intervention d'une commission d'instruction composée de magistrats de la Cour de cassation, qui était chargée de vérifier si les charges retenues contre le président reposaient sur des faits bien établis. Cette étape intermédiaire a disparu et seuls des organes politiques interviennent désormais dans la procédure, qui est enfermée dans des délais extrêmement brefs.

La procédure est déclenchée par une proposition de résolution motivée qui doit être signée par au moins un dixième des membres de l'assemblée devant laquelle elle est déposée. Cette proposition est immédiatement communiquée au président de la République et au Premier ministre. Elle est envoyée pour examen à la Commission permanente compétente en matière de lois constitutionnelles et ne peut venir en discussion devant l'assemblée plénière que si cette commission estime qu'elle « *n'est pas dénuée de tout caractère sérieux* ».

Dès qu'elle a été adoptée par l'une des assemblées, la proposition de réunion de la Haute Cour est transmise à l'autre assemblée qui se prononce dans les quinze jours ; si elle confirme la proposition, le Parlement constitué en Haute Cour, qui est présidée par le président de l'Assemblée nationale, statue dans le délai d'un mois et sa décision est d'effet immédiat. D'un bout à l'autre, la procédure est donc entre les mains d'acteurs politiques et le rythme selon lequel elle se déroule a quelque chose d'expéditif qui contraste avec la lenteur habituelle des procédures juridictionnelles.

La loi organique du 24 novembre 2014 a introduit des délais de réflexion en permettant à certaines commissions des assemblées parlementaires d'interrompre la procédure. Mais elle n'en a pas atténué le caractère politique car, à aucun moment, elle ne prévoit l'intervention de magistrats professionnels (Savonnito, 2014).

De plus, alors que le système ancien, sans mentionner expressément des sanctions pénales, n'en excluait pas la possibilité (v. *supra* n° 598), la nouvelle procédure ne peut déboucher que sur une sanction purement politique : la destitution. L'une des conséquences de ce changement est que, si, après la fin du mandat, on découvre que le président a commis un acte qui aurait pu autrefois le conduire devant la Haute Cour, aucune poursuite n'est plus possible, puisque la seule sanction prévue par l'article 68, la destitution, est devenue sans objet. Cependant, s'il a commis un acte étranger à l'exercice de ses devoirs de président, les poursuites sont suspendues, mais pourront être reprises après la fin du mandat (article 67 C).

Cette « politisation » de la responsabilité présidentielle a suscité des inquiétudes, surtout dans les rangs de la gauche. Compte tenu du fait que, jusqu'en 2011, la majorité sénatoriale avait toujours été orientée à droite, la destitution d'un président de gauche était en effet plus facile à imaginer que celle d'un président de droite. On pouvait donc craindre que, en cas de cohabitation, le premier soit contraint de se retirer, alors que le second pourrait demeurer en place. Pour apaiser ces inquiétudes, le gouvernement a accepté plusieurs amendements tendant à renforcer les garanties accordées à un président menacé de destitution.

En premier lieu, les décisions concernant la convocation de la Haute Cour ou la destitution du président ne peuvent être prises qu'à la majorité des deux tiers des membres de l'assemblée concernée ou de la Haute Cour. Toute délégation de vote dans les assemblées est interdite. De même que pour les motions de censure contre le gouvernement (v. *infra* n° 704), seuls sont recensés les votes favorables à la proposition de réunion de la Haute Cour ou à la destitution. En cas d'échec de la procédure de destitution, il est donc impossible de savoir si le maintien en place du président est dû à des soutiens actifs ou à des abstentions.

En second lieu, contrairement à ce qui était prévu dans le projet du gouvernement, la décision de réunir la Haute Cour n'emporte pas empêchement du président de la République. Ce dernier conserve donc l'intégralité de ses pouvoirs, au moins jusqu'au verdict final de la Haute Cour. Il peut notamment dissoudre l'Assemblée nationale, ce qui a nécessairement pour effet d'interrompre la procédure. S'il est destitué, il peut également se représenter à l'élection organisée pour son remplacement. Tout a donc été prévu pour que le suffrage universel puisse avoir le dernier mot alors que, dans le système ancien, un président condamné pour Haute trahison aurait pu être frappé d'inéligibilité.

Au total, la responsabilité du président paraît encore plus difficile à mettre en œuvre que dans le système ancien, où ni la mise en accusation, ni la condamnation pour Haute trahison n'exigeaient des conditions spéciales de majorité[10]. Et les immunités dont il bénéficie pour les actes étrangers à l'exercice de ses fonctions sont également renforcées.

B. L'extension des immunités présidentielles

600. Aux termes du nouvel article 67 C, le président « *ne peut, durant son mandat et devant aucune juridiction ou autorité administrative française, être requis de témoigner non plus que faire l'objet d'une action, d'un acte d'information, d'instruction ou de poursuite. Tout délai de prescription ou de forclusion est suspendu.*

10. Le projet de loi organique relatif à l'application du nouvel article 68 C n'a été adopté par l'Assemblée nationale qu'en décembre 2012. À la fin de la treizième législature (juin 2012), il n'avait toujours par été examiné par le Sénat.

Les instances et procédures auxquelles il est ainsi fait obstacle peuvent être reprises ou engagées contre lui à l'expiration d'un délai d'un mois suivant la cessation de ses fonctions ».

Selon la jurisprudence précitée du Conseil constitutionnel et de la Cour de cassation, les immunités dont bénéficiait le président durant son mandat ne faisaient obstacle qu'à la mise en œuvre de sa responsabilité pénale. Le champ des nouvelles dispositions de l'article 67 C est beaucoup plus étendu. Le président ne peut plus être assigné en justice, même s'il s'agit d'une affaire purement civile. On ne peut pas l'obliger à témoigner, même dans les affaires où sa responsabilité personnelle n'est pas en jeu. Il ne peut pas faire l'objet d'un contrôle fiscal. En d'autres termes, les rigueurs de la loi ne lui sont applicables que dans la mesure où il le veut bien.

Une telle extension paraît extrêmement discutable. Par définition, les immunités présidentielles dérogent au principe de l'égalité devant la loi : il est donc raisonnable de les limiter à ce qui risque vraiment d'empêcher le président de remplir la mission que le peuple lui a confiée. C'est le cas des poursuites pénales qui sont généralement déstabilisantes car, d'une part, elles peuvent s'accompagner de mesures contraignantes à l'égard de l'accusé et, d'autre part, elles jettent inévitablement le doute sur sa probité. En revanche, on voit mal comment une demande en divorce ou une action en responsabilité civile pourrait gêner le président au point qu'il ne serait plus en mesure d'assurer le fonctionnement régulier des pouvoirs publics et la continuité de l'État. L'impossibilité de l'assigner en justice risque même de se retourner contre lui car les médias se feront volontiers l'écho des doléances des plaideurs qui auront été ainsi déboutés.

Il faut ajouter que, en pratique, les immunités accordées au chef de l'État ont été interprétées de manière extensive : le parquet – c'est-à-dire les magistrats qui ont la charge d'exercer des poursuites pénales (v. *infra* n° 832) – considère que les collaborateurs du président en bénéficient également pour les actes qu'ils accomplissent en son nom. Les plaintes dirigées contre un conseiller de la présidence à raison d'un acte qu'il a accompli sur délégation de signature sont donc automatiquement classées sans suite par le parquet[11]. Si les collaborateurs des membres du gouvernement bénéficiaient d'une semblable protection – ce qui n'est heureusement pas le cas – les hauts fonctionnaires responsables du scandale du sang contaminé (v. *infra* n° 632) n'auraient probablement pas pu être poursuivis devant les tribunaux judiciaires.

Selon un projet de révision constitutionnelle déposé en mars 2013 par le président Hollande, c'est seulement en matière répressive que le chef de l'État continuerait de bénéficier d'une immunité totale durant l'exercice de son mandat. En matière civile des actions dirigées contre lui seraient recevables à condition d'avoir été autorisées par une commission des requêtes qui devrait s'assurer qu'elles ne sont pas de nature « à compromettre l'accomplissement de sa charge ou à porter atteinte à la dignité de sa fonction ». Mais,

11. Voir sur ce sujet l'article du professeur O. Beaud, « L'inique immunité des conseillers du président », in *Le Monde* du 12 novembre 2010.

faute de pouvoir compter sur une majorité des trois cinquièmes au Congrès du Parlement, ce projet semble avoir été abandonné, au moins provisoirement.

Il est vrai que ces immunités sont seulement temporaires et que, les délais de prescription ou de forclusion étant suspendus, les actions pénales ou civiles dirigées contre le président pourront toujours être reprises ou engagées un mois après la cessation de ses fonctions.

Il est également vrai que le Parlement a toujours la possibilité de destituer le président pour un acte manifestement incompatible avec l'exercice de son mandat. Mais pour que le Parlement puisse constater cette incompatibilité, encore faut-il que l'on puisse réunir des éléments de preuve. Or la pratique a conduit à refuser à des magistrats l'entrée au Palais de l'Élysée pour y effectuer une perquisition, alors même que celle-ci n'était pas dirigée contre le président lui-même.

On pouvait se demander si, durant l'exercice de son mandat, en contrepartie des immunités dont il jouissait, le président n'était pas lui-même limité dans son droit d'agir en justice. Par exemple, en supposant qu'il estime avoir subi un préjudice à la suite d'un délit commis par un tiers, pourrait-il se porter partie civile comme aurait pu le faire un justiciable ordinaire ? On faisait valoir deux arguments en faveur d'une réponse négative. D'une part, dès lors que le président ne peut pas lui-même être cité en justice, il devrait attendre la fin de son mandat pour pouvoir exercer les droits de la partie civile, car sinon il y aurait rupture de l'égalité des armes. D'autre part, dans la mesure où l'avenir professionnel des magistrats dépend en partie de lui (*infra*, n° 836), l'impartialité du tribunal pourrait être mise en doute. Mais dans un arrêt rendu en assemblée plénière le 15 juin 2012, la Cour de cassation a rejeté ces arguments[12]. Sur ce point, le statut du président est à sens unique : il le met provisoirement à l'abri de toutes les poursuites, qu'elles soient civiles ou pénales, mais ne limite en rien son droit d'agir.

Force est donc de constater que, depuis la réforme de 2007, le président français bénéficie, sur le plan juridictionnel, d'une protection plus étendue que la plupart de ses homologues étrangers. Aux États-Unis, par exemple, si la responsabilité pénale d'un président en cours de mandat ne peut être mise en œuvre que selon la procédure très lourde de l'impeachment (v. *supra* n° 265), sa responsabilité civile reste soumise aux règles du droit commun (Hamon, 2002, p. 65).

En pratique, toutefois, l'irresponsabilité du président est plus limitée qu'on ne le dit généralement.

Sur le plan politique, il peut arriver que le président prenne l'initiative de menacer de démissionner au cas où un projet soumis au référendum serait rejeté par le corps électoral. De Gaulle a procédé ainsi à plusieurs reprises et s'est d'ailleurs effectivement retiré en avril 1969 après l'échec de son dernier référendum.

12. Cass., ass. plén., décision n° 605 du 15 juin 2012.

Certains ont voulu voir dans cette pratique, un substitut à la responsabilité politique du président de la République, parce qu'elle présente quelques ressemblances avec la question de confiance de la IVe République. Cependant, elle diffère d'une véritable responsabilité par un trait important : elle ne joue que si le président le veut bien et d'ailleurs les successeurs du général de Gaulle se sont bien gardés d'y recourir.

Il pourrait également arriver que le Parlement cherche à provoquer la démission du président de la République par des voies détournées, sans suivre la procédure de l'article 68.

Par exemple, sous la IIIe République, lorsque le Parlement voulait écarter un président de la République, il refusait systématiquement la confiance à tous les présidents du Conseil désignés par lui. Au bout de quelque temps, se trouvant dans l'impossibilité de constituer un gouvernement, le président de la République était contraint à la démission, comme ce fut le cas de Jules Grévy en 1887 et d'Alexandre Millerand en 1920. Il ne paraît pas *a priori* exclu que, sous la Ve République, l'Assemblée nationale adopte un jour la même attitude. Toutefois, dans le cadre de l'actuelle Constitution, le président est mieux armé pour faire face à une telle situation que ne l'étaient ses prédécesseurs. Il pourrait faire jouer l'arbitrage populaire en prononçant la dissolution de l'Assemblée nationale ou en démissionnant pour se représenter immédiatement. Mais si cet arbitrage lui était défavorable, le président se retrouverait constitutionnellement désarmé, et il serait sans doute contraint de démissionner.

Une telle éventualité ne s'est encore jamais produite. Jusqu'à présent, même lorsque la majorité parlementaire n'était pas de la même couleur politique que le président, elle a respecté son statut constitutionnel en s'abstenant d'exercer sur lui des pressions qui auraient pu le conduire à abréger son mandat. Mais rien ne permet d'affirmer qu'elle ne franchirait pas le pas si l'autorité du président était ébranlée par une affaire particulièrement grave. Sur le plan juridique, rappelons que la protection dont bénéficie le chef de l'État est seulement temporaire et que, dès que cesse son mandat, il peut être mis en examen dans les mêmes conditions qu'un citoyen ordinaire pour les actes accomplis en dehors de l'exercice de ses fonctions. À quatre ans d'intervalle, J. Chirac et N. Sarkozy en ont fait l'expérience. Le premier a été condamné en 2010 à raison d'actes qu'il avait accomplis en sa qualité de maire de Paris, avant son élection à la présidence de la République. Le second a été mis en examen en 2014 pour des actes qu'il aurait commis après la fin de son mandat : corruption active, trafic d'influence et recel de violation du secret professionnel. Avant que lui soit signifiée cette mise en examen, il a été soumis à une « garde à vue » relativement longue, ce qui n'était encore jamais arrivé à un ancien président de la République.

§3. Les pouvoirs du président

A. Les pouvoirs du président en période normale

601. L'article 5 définit les missions du président de la République (1), alors que les articles 8 à 19 fixent le détail de ses attributions (2). Mais, depuis 1962, l'élection du chef de l'État au suffrage universel direct confère à celui-ci une légitimité tellement forte que l'on a pu parler d'une « présidentialisation » du régime (3).

1. Les missions du président

602. Aux termes de l'article 5 C, qui figure en tête du titre II, « *Le président de la République veille au respect de la Constitution. Il assure, par son arbitrage, le fonctionnement régulier des pouvoirs publics, ainsi que la continuité de l'État.*

Il est garant de l'indépendance nationale, de l'intégrité du territoire, et du respect des traités ».

603. Le président gardien de la Constitution. – Cette première mission a sans doute aujourd'hui moins d'importance qu'on ne l'avait initialement prévu, en raison du développement du rôle joué par le Conseil constitutionnel (v. *infra* n° 818 et s.). Mais bien que le président de la République ne soit pas lui-même juge constitutionnel, il participe à l'organisation et au fonctionnement de la justice constitutionnelle (nomination du président du Conseil constitutionnel et de trois membres de cet organisme ; saisine du Conseil constitutionnel dans le cadre de l'article 61 al. 2 ou de l'article 54). De plus, pour les questions ne relevant pas de la compétence du Conseil constitutionnel, le président peut être amené à interpréter lui-même la Constitution (v. *infra* n° 610). Ces interprétations s'imposent en fait aux autres pouvoirs publics et elles constituent des précédents. À cette mission se rattachent aussi au moins pour une part les pouvoirs de crise.

C'est seulement le 25 juin 2015, près de 60 ans après l'entrée en vigueur de la Constitution que, pour la première fois, un président de la République a saisi le Conseil constitutionnel en application de l'article 61-2 C, en lui demandant de contrôler la constitutionnalité d'une loi. Il s'agissait en l'espèce de la loi relative au renseignement. Le président François Hollande a saisi le Conseil sans prétendre que la loi était contraire à la Constitution, mais en lui demandant de vérifier sa conformité à certains droits fondamentaux. Si aucun de ses prédécesseurs n'avait encore accompli cette démarche, c'est que, sauf peut-être en période de cohabitation, les projets de lois présentés au Parlement le sont toujours avec l'accord du président de la République et parfois même sur son initiative. Le recours à cette procédure pouvait donc sembler paradoxal.

Quelques années plus tard, en mai 2020, son successeur à la présidence de la République, Emmanuel Macron, a déféré au Conseil constitutionnel une loi prorogeant l'état d'urgence sanitaire, qui avait été préparée et votée par le Parlement à sa propre demande les saisines présidentielles, ont été parfois qualifiées à tort de « saisines blanches », parce qu'elles ne contenaient aucun argument contre la loi déférée au Conseil constitutionnel et l'on a pu s'interroger sur leur utilité ou considérer qu'elles n'avaient qu'une portée symbolique parce que, même en l'absence d'une saisine présidentielle, le Conseil constitutionnel aurait été très probablement saisi par 60 députés ou 60 sénateurs. Cependant, ces deux saisines visaient expressément certaines dispositions spécifiques, que le Conseil a examinées, de sorte que celles qu'il a déclarées conformes à la constitution, sont désormais protégées contre d'éventuelles QPC (*cf. infra* n° 802).

On peut aussi rattacher à ce rôle de gardien de la Constitution la saisine du Conseil constitutionnel par le président de la République à propos d'un traité en application de l'article 54 C (v. *infra* n° 805).

604. Le président arbitre. – Il s'agit d'une notion assez ambiguë car le mot arbitre peut être pris dans un sens faible ou dans un sens fort. Au sens faible, arbitrer, c'est veiller à la régularité d'une compétition sans y participer soi-même, comme le fait par exemple un arbitre sportif. Au sens fort, c'est user de son autorité pour concilier des intérêts opposés ou même décider souverainement de quelque chose. L'idée d'arbitrage peut donc servir à justifier des conceptions différentes et même opposées du rôle du président de la République ; si l'on choisit le sens faible, le chef de l'État doit s'abstenir de participer lui-même à la décision politique, de même que l'arbitre sportif se tient en dehors de la compétition ; il doit seulement veiller à ce que le Parlement et le gouvernement respectent bien la lettre et l'esprit de la Constitution ; si l'on privilégie au contraire le sens fort, le président ne se borne pas à faire respecter la règle du jeu, il fixe lui-même les grandes orientations de la politique nationale et tranche en dernier ressort les affaires importantes.

605. Le président garant des grands intérêts nationaux. – Cette mission souligne la spécificité du rôle du président. Il a des responsabilités particulières en matière de défense nationale et de politique étrangère parce que, dans ces deux domaines, les intérêts supérieurs de la Nation sont en jeu. Il ne s'efface donc jamais complètement derrière le Premier ministre, même en période de cohabitation.

Au total, l'article 5 ne donne qu'une idée très générale et un peu vague du rôle du président de la République. Mais d'autres dispositions de la Constitution définissent d'une manière beaucoup plus précise ses attributions.

2. Les différentes attributions du président de la République

606. Parmi les actes juridiques que peut édicter le président de la République dans l'exercice de ses fonctions, on distingue deux grandes catégories : ceux qui doivent à peine de nullité être contresignés par le Premier ministre, et ceux qui échappent à cette obligation.

Sous la IIIe et la IVe Républiques, tous les actes accomplis par le président dans l'exercice de ses fonctions devaient être contresignés par un ministre *sans aucune exception*, afin que le Parlement puisse exercer sur ces actes un contrôle sans mettre en cause la personne du chef de l'État.

Sous la Ve République, la règle subsiste mais elle a perdu son caractère absolu. L'article 19 précise bien que les actes du président de la République sont contresignés par le Premier ministre et, le cas échéant, par les ministres responsables, mais sous réserve d'exceptions limitativement énumérées.

Ces exceptions traduisent un changement dans la fonction du contreseing. À l'origine, c'est-à-dire dans la Constitution de l'Angleterre du XVIIIe siècle et dans les autres monarchies parlementaires, il était nécessaire en raison de l'irresponsabilité du chef de l'État pour permettre de faire peser la responsabilité sur les ministres qui avaient donné ce contreseing. Aujourd'hui, il s'agit plutôt d'un partage du pouvoir entre le président de la République et le gouvernement. Les actes soumis au contreseing requièrent le consentement des deux organes du pouvoir exécutif. En période de concordance des majorités, ce contreseing n'est qu'une simple formalité. En période de cohabitation, il permet au gouvernement d'exercer la réalité du pouvoir, parce qu'il n'accordera son contreseing qu'aux actes qu'il approuve.

Les actes dispensés du contreseing sont de deux sortes. Tout d'abord, la décision par laquelle le président de la République soumet un projet de loi au référendum au titre de l'article 11 ne peut être prise que sur proposition du Premier ministre ou des deux assemblées. Elle requiert donc le consentement d'une autre autorité. Quant aux autres actes, ils sont la manifestation d'un pouvoir dit d'arbitrage, dont on a estimé que le président devait l'exercer seul ou bien pour faire face rapidement à des circonstances exceptionnelles (cas de l'article 16), ou bien parce qu'il consistait à saisir le peuple français ou le Conseil constitutionnel.

607. Les actes dispensés du contreseing ou « pouvoirs propres ». – La liste de ces pouvoirs est assez courte. Elle comprend :

- La nomination du Premier ministre (art. 8 al. 1er).
- La dissolution de l'Assemblée nationale (art. 12).
- Les actes par lesquels le président de la République communique avec le Parlement (art. 18)[13]. D'après le texte originel de l'article 18, un seul mode de communication était prévu : des messages, que le président faisait lire devant chaque assemblée, et qui ne donnaient lieu à aucun débat. Les contraintes inhérentes à un tel mode de communication (lecture du message par quelqu'un d'autre que son auteur, station debout pour les auditeurs, pas de débat en perspective, etc.) obligeaient le président à se limiter à des interventions ponctuelles et ne lui

13. La Constitution ne précise ni l'objet ni la périodicité de ces messages. Mais il est de tradition qu'un président de la République nouvellement élu adresse un message au Parlement à la fois par courtoisie et pour exposer les grandes lignes de sa politique. Le droit de message peut également être utilisé pour commémorer un événement (message du 25 juin 1986 sur le 100e anniversaire de Robert Schuman), pour attirer l'attention sur un problème grave (message du 27 août 1990 sur la situation au Moyen-Orient) ou pour préciser certaines règles du jeu politique (message du 8 avril 1986 dans lequel F. Mitterrand a exposé sa conception des rapports entre les pouvoirs en période de cohabitation).

permettaient pas de faire concurrence, sur le terrain des relations avec le Parlement, au Premier ministre qui, seul, est habilité par la Constitution à faire des déclarations de politique générale devant les chambres (art. 49 al. 1 et 4). Dans sa lettre de mission au comité Balladur, Nicolas Sarkozy avait clairement indiqué qu'il souhaitait pouvoir s'affranchir de ces contraintes en s'adressant directement aux assemblées parlementaires. Il est possible qu'il ait songé à transposer en France l'institution américaine du « message sur l'état de l'union » (v. *supra* n° 268). Mais l'idée d'un droit d'intervention présidentielle directe suscitait la crainte d'une trop forte concentration des pouvoirs entre les mains du chef de l'État, à laquelle non seulement les groupes politiques de l'opposition, mais aussi certains membres de la majorité parlementaire, se sont montrés sensibles.

Le dispositif finalement adopté, qui vient s'ajouter aux messages traditionnels, tient compte, dans une certaine mesure, de ces réticences. D'après l'alinéa 2 nouveau de l'article 18, c'est seulement devant le Parlement réuni en Congrès que le chef de l'État peut prendre la parole. Il semble que l'on ait voulu ainsi indiquer que cette prise de parole devrait normalement être réservée à des occasions rares et solennelles, et qu'elle ne pourra jamais remplacer les déclarations de politique générale du Premier ministre, qui ne peuvent avoir lieu que devant l'une ou l'autre des deux assemblées. Il est précisé que la déclaration pourra donner lieu, hors la présence du président, à un débat qui ne sera suivi d'aucun vote.

Cette procédure a été employée une fois par le président Sarkozy, le 22 juin 2009 pour annoncer le programme de la seconde partie de son quinquennat, et une fois par le président Hollande, le 19 novembre 2015 pour proclamer sa volonté de lutter énergiquement contre le terrorisme, notamment par la mise en œuvre et la constitutionnalisation de l'état d'urgence (v. *infra* n° 616). Emmanuel Macron est le premier président à avoir utilisé cette procédure en tout début de mandat, le 3 juillet 2017 : il a exposé les principaux objectifs qu'il poursuivrait durant son quinquennat en matière de réforme institutionnelle, de politique économique et sociale et de construction européenne. Il a annoncé qu'il renouvellerait cet exercice tous les ans pour rendre compte au Parlement du bilan de l'année écoulée. Le discours devant le Parlement réuni en congrès devrait donc devenir l'équivalent du discours sur l'état de l'Union que le président des États-Unis prononce chaque année devant le Congrès américain. Il a été remarqué que cette intervention avait eu lieu la veille de la déclaration de politique générale que le Premier ministre, Édouard Philippe, a faite, le 4 juillet 2017, devant l'Assemblée nationale, en sollicitant un vote de confiance dans le cadre de l'article 49 C, alinéa 1er. De fait, cette chronologie a permis de caractériser les rôles respectifs du président de la République et du Premier ministre car ce dernier n'a jamais remis en cause les lignes directrices fixées par le président pour la durée du quinquennat. Il s'est borné à indiquer avec beaucoup de détails concrets les mesures économiques, sociales et budgétaires qui devaient être prises à brève échéance pour rester dans le cadre fixé par ces lignes directrices. En juillet 2018, E. Macron a fait inscrire dans le projet de révision constitutionnelle en cours d'examen devant l'Assemblée nationale une disposition autorisant le président à prendre part au débat qui suit sa déclaration. Certains commentateurs estiment que, si elle était adoptée, cette disposition permettrait au président d'empiéter sur le rôle du Premier ministre, qui traditionnellement, était seul à pouvoir débattre avec les parlementaires de la politique générale du gouvernement.

- La décision de soumettre un projet de loi au référendum dans le cadre de l'article 11 C[14]. Dans ce cas particulier, il y a bien dispense du contreseing, mais c'est seulement la décision finale qui constitue un pouvoir propre. Le président ne peut décider seul d'organiser un référendum et la proposition, ainsi qu'il a été dit au chapitre précédent, doit d'abord être faite au président de la République soit par le gouvernement, soit par les deux assemblées.
- Les actes par lesquels le président de la République participe à l'organisation ou au fonctionnement de la justice constitutionnelle : nomination de trois membres du Conseil constitutionnel, désignation du président du Conseil constitutionnel (art. 56) ; saisine du Conseil constitutionnel en vue de contrôler la conformité à la Constitution d'une loi (art. 61) ou d'un traité (art. 54).
- Les actes pris par le président de la République en application de l'article 16 de la Constitution (v. *infra* n° 613).

608. Les actes soumis au contreseing ou « pouvoirs partagés ». – Ce sont tous ceux qui s'exercent par des actes pour lesquels l'article 19 ne prévoit pas la dispense du contreseing. Ils comprennent notamment :

- La nomination des ministres (art. 8 al. 2) ainsi que la nomination aux emplois civils et militaires de l'État (art. 13 al. 2).

Les plus hauts fonctionnaires sont nommés en Conseil des ministres. L'une des idées-forces des projets de réforme de Nicolas Sarkozy en 2008 était de permettre au Parlement d'exercer un certain contrôle sur les principales nominations faites par le chef de l'État, un peu à l'image de celui qu'exerce le sénat américain sur les nominations aux divers postes de l'administration des États-Unis. L'article 13 a donc été complété par la loi constitutionnelle du 23 juillet 2008. Désormais, pour certains emplois, une commission permanente dans chacune des assemblées est consultée.

Cette réforme accroît dans une certaine mesure le rôle du Parlement, mais elle est surtout le signe d'un renforcement du rôle du président, qui apparaît non plus comme l'autorité qui signe une décision adoptée en Conseil des ministres, mais, à l'image du président américain, comme le chef suprême, dont le pouvoir ne peut être freiné que par le pouvoir législatif, faute de pouvoir l'être au sein même d'un pouvoir exécutif, qui n'est plus réellement collégial.

Le système français présente d'ailleurs trois traits par lesquels il se distingue assez nettement du modèle américain. En premier lieu, sa portée est

14. En revanche, les référendums organisés dans le cadre de l'article 89 ou de l'article 88-5 ne sont pas dispensés du contreseing.

beaucoup moins large : il ne concerne pas tous les emplois de l'administration de l'État mais seulement ceux qui présentent une importance particulière « *pour la garantie des droits et libertés ou la vie économique et sociale de la nation* »[15]. Certains de ces emplois sont désignés par la Constitution elle-même (voir par exemple l'article 56 relatif à la composition du Conseil constitutionnel) mais la liste complète en a été dressée par une loi organique du 23 juillet 2010. Cette liste comprend les présidents ou directeurs généraux d'un certain nombre d'établissements publics, d'autorités administratives indépendantes, et de grandes entreprises nationales comme Électricité de France ou La Poste. La liste comprenait à l'origine 52 emplois ou fonctions, mais en 2014 elle n'en comprenait plus que 45, la nomination des présidents des sociétés audiovisuelles publiques ayant été transférées au Conseil supérieur de l'audiovisuel. Le Conseil constitutionnel exerce sur elle un double contrôle : d'une part, il vérifie qu'il s'agit bien d'un emploi présentant une importance particulière pour la garantie des libertés ou la vie économique et sociale de la nation ; d'autre part, il admet qu'un emploi correspondant à cette définition puisse être retiré de la liste, mais à condition que les modalités de nomination qui vont se substituer à celles de l'article 13 C présentent des garanties d'une valeur à peu près équivalente[16].

En second lieu, l'Assemblée nationale et le Sénat participent à ce contrôle sur un pied d'égalité. C'est en effet la commission compétente[17] de chacune des deux chambres qui doit rendre un avis sur le candidat ou la candidate que le chef de l'État envisage de nommer. En pratique, l'avis est toujours précédé d'une audition de la personne pressentie.

Enfin, le président n'est pas lié par des avis défavorables rendus à la majorité simple ; c'est seulement dans l'hypothèse où l'addition des votes négatifs dans chaque commission représente au moins trois cinquièmes des suffrages exprimés au sein des deux commissions qu'il doit renoncer à nommer la personne pressentie. Selon certains auteurs, cette hypothèse est peu vraisemblable car, sauf durant les périodes de cohabitation, le président dispose toujours à l'Assemblée nationale d'une majorité de soutien, et cette majorité exclurait la possibilité d'un avis négatif de la commission chargée d'examiner les propositions de nomination. Mais il arrive qu'un président veuille manifester son ouverture d'esprit en nommant à un poste élevé un ancien adversaire politique et une telle initiative peut être mal accueillie par certains députés de son propre parti, comme on l'a vu en 2014 lorsque François Hollande a annoncé son intention de nommer Jacques Toubon au poste de défenseur des droits. De plus, le président hésitera probablement à passer outre à un avis négatif, même rendu à la majorité simple, bien qu'il puisse juridiquement le faire. Et comme cela se voit parfois aux États-Unis, il peut arriver qu'un candidat se désiste, de crainte d'être mis en difficulté par

15. Telle qu'elle a été interprétée, cette notion n'inclut ni les emplois militaires, ni les emplois à caractère purement administratif, comme ceux de préfet ou de recteurs d'académie, ni ceux à caractère principalement culturel, comme celui de directeur de la Bibliothèque nationale de France (Benetti, 2014).

16. Sur ces deux aspects du contrôle juridictionnel, voir la décision n° 2013-677 DC du 14 novembre 2013 concernant la loi organique relative à l'audiovisuel public.

17. Les commissions compétentes doivent être désignées par la loi pour chaque catégorie d'emplois.

certaines questions susceptibles de lui être posées au cours d'une audience tenue par une commission parlementaire[18].

- Les actes présidentiels qui interviennent dans le cadre de la procédure législative ordinaire (art. 10) : promulgation d'une loi ou renvoi de cette loi au Parlement assorti d'une demande de nouvelle délibération.
- Les actes présidentiels qui interviennent dans le cadre d'une procédure de révision constitutionnelle (art. 89) : dépôt d'un projet de révision constitutionnelle ; éventuellement décision de soumettre la loi de révision soit au référendum, soit au Parlement convoqué en Congrès.
- Les actes adoptés dans le cadre du Conseil des ministres : d'après l'article 13 alinéa 1 de la Constitution, le président de la République « *signe les décrets et les ordonnances délibérés en Conseil des ministres* ». Mais comme ces actes ne sont pas dispensés du contreseing, ils doivent être également signés par le Premier ministre. Les décrets adoptés en Conseil des ministres portent généralement sur la nomination des très hauts fonctionnaires (conseillers d'État, préfets, recteurs, etc.). Quant aux ordonnances délibérées en Conseil des ministres, c'est un peu l'équivalent de ce que l'on appelait autrefois les « décrets-lois » : ce sont des actes pris en vertu d'une loi d'habilitation parlementaire qui autorise le gouvernement à prendre, pendant un délai limité, des mesures qui sont normalement du domaine de la loi.

La question s'est posée pendant les périodes de cohabitation de savoir si le président de la République était tenu de signer les actes délibérés en Conseil des ministres ou s'il avait le pouvoir de refuser (sur cette question, v. *infra* n° 610).

- La convocation et la clôture des sessions extraordinaires du Parlement (art. 30).
- Les actes accomplis par le président dans la conduite des relations avec les puissances étrangères : accréditation des ambassadeurs et des envoyés extraordinaires (art. 14) ; négociation et ratification des traités (art. 52)[19].
- Les actes accomplis par le président en tant que chef des armées (art. 15). Les décisions les plus importantes concernant la défense nationale sont arrêtées en Conseil de défense. Ce Conseil, dont l'article 15 confie la présidence au chef de l'État, comprend en outre le

18. Le 14 janvier 2015, la commission des lois de l'Assemblée nationale s'est opposée par 16 voix contre 9 à la nomination au CSM du constitutionnaliste Fabrice Hourquebie auquel on reprochait probablement d'avoir parlé de « pouvoir judiciaire » et non d'« autorité judiciaire » selon la terminologie employée par le titre VIII de la Constitution et de vouloir en faire un contre-pouvoir au pouvoir législatif et au pouvoir exécutif. Mais il s'agissait d'une nomination proposée par le président de l'Assemblée nationale, Claude Bartolone, et non par le président de la République.
De son côté, à propos de ces mêmes nominations au CSM, la commission des lois du Sénat a rejeté par 22 voix contre 13 une proposition présentée par François Hollande. Mais cette même proposition ayant été acceptée à une très forte majorité par la commission de l'Assemblée nationale, les conditions du veto ne se sont pas trouvées réunies.

19. Le fait que ces actes ne soient pas dispensés du contreseing suffirait à démontrer que, d'un point de vue constitutionnel, contrairement à ce qui est parfois soutenu, la politique extérieure ne peut pas être considérée comme le domaine réservé du président. Il convient aussi de noter que, d'après l'article 53 de la Constitution, les traités portant sur des matières de nature législative ne peuvent être ratifiés qu'en vertu d'une loi.

Premier ministre, les ministres de la Défense et des Affaires étrangères, les autres ministres concernés par l'ordre du jour, le secrétaire général de la Défense nationale, les chefs d'État-major et le délégué général pour l'armement.

Toutefois, dans des circonstances graves, les décisions les plus lourdes de conséquences peuvent être prises par le chef de l'État sans consultation préalable d'aucun organisme et sans même le contreseing du Premier ministre : d'après le décret du 12 juin 1996 portant détermination des responsabilités concernant les forces nucléaires, l'engagement desdites forces relève de la compétence exclusive du président de la République. Sur ce point, le décret de 1996 se borne d'ailleurs à confirmer, en la généralisant, une règle qu'un précédent décret du 14 janvier 1964 avait déjà posée en ce qui concerne l'engagement des « forces aériennes stratégiques », qui étaient les seules forces nucléaires existant à l'époque (Chantebout, 1986 ; Camby, 1996)[20].

- Les actes accomplis dans l'exercice du droit de grâce (art. 17)[21].
- Les actes accomplis en tant que garant de l'indépendance de l'autorité judiciaire (art. 64 C) (v. *infra* n° 833).

609. La notion de domaine réservé – Dès son élection à la présidence de la République, en décembre 1958, le général de Gaulle a joué un rôle beaucoup plus important que ce que laissait prévoir le texte de la Constitution. En pratique, on lui reconnaissait, en effet, la possibilité de s'attribuer une compétence exclusive dans certaines matières qu'il choisissait lui-même et qui constituaient ce que l'on appelait alors son « domaine réservé ». Cette expression a été inventée par J. Chaban-Delmas, gaulliste fidèle, qui était président de l'Assemblée nationale durant la première législature de la Ve République. D'après lui, ce secteur comprenait les affaires étrangères, la défense nationale, ainsi que la politique algérienne[22]. Dans ces domaines, et en dépit de la lettre de la Constitution, c'était au président de la République et non au Premier ministre de déterminer la politique de la nation.

On aurait pu croire que la notion de domaine réservé, qui n'avait manifestement aucune base constitutionnelle, serait oubliée après le départ du

20. L'article 19 n'ayant pas prévu d'exception à la règle du contreseing en matière de défense nationale, on peut évidemment se demander si l'engagement des forces nucléaires par le président de la République sous sa seule responsabilité n'est pas contraire à la lettre même de la Constitution. On justifie généralement cette solution par des raisons d'ordre pratique : pour que la dissuasion nucléaire soit crédible, il faut que les forces sur lesquelles elle s'appuie puissent être mises en œuvre de façon presque instantanée, ce qui implique l'existence d'un décideur unique. Sur le plan juridique, on peut observer que des circonstances suffisamment graves pour justifier l'engagement des forces nucléaires autoriseraient probablement aussi la mise en application de l'article 16, qui a notamment pour effet de suspendre l'obligation de contreseing (v. *infra* n° 613).

21. La loi constitutionnelle du 23 juillet 2008 a modifié l'article 17 en précisant que le président de la République a le droit de faire grâce « à titre individuel » seulement. Il s'agissait de désavouer les pratiques suivies par certains prédécesseurs de Nicolas Sarkozy, qui avaient pris l'habitude de gracier des catégories entières de condamnés moins pour faire preuve d'indulgence envers les condamnés que pour atténuer l'encombrement des prisons. Mais il n'est pas sûr que la modification de l'article 17 suffira à empêcher le renouvellement de ces pratiques.

22. D'après un discours prononcé le 19 novembre 1959 à l'occasion d'un congrès de l'Union pour la nouvelle République (UNR) qui regroupait les partisans du général de Gaulle.

général de Gaulle. Rien n'eut été plus faux. En effet, bien qu'aucun de ses successeurs n'ait plus jamais utilisé l'expression, ils ont tous retenu l'idée qu'ils pouvaient s'attribuer une compétence exclusive pour le traitement de certaines affaires.

Ils n'ont pu l'exercer effectivement que dans les périodes de concordance des majorités, mais dans les périodes de cohabitation, ils ont pu invoquer la tradition pour partager avec le Premier ministre la direction de la politique étrangère et de la défense.

Il faut aussi noter que, si le général de Gaulle s'occupait surtout des grandes affaires politiques, comme l'avenir de l'Algérie ou la participation de la France à l'organisation du traité de l'Atlantique nord (OTAN), certains de ses successeurs se sont investis dans des questions qui ne présentaient qu'un faible intérêt politique mais dont ils espéraient qu'elles leur permettraient d'imprimer leur marque, et de laisser si possible leur trace dans l'histoire, dans toutes les dimensions de la politique et cela jusque dans le paysage urbain. C'est ainsi que Mitterrand a choisi non seulement l'architecte de la Bibliothèque nationale de France, qui porte désormais son nom, mais aussi son emplacement, son dessin architectural et même les matériaux avec lesquels elle serait construite, sans se soucier des objections présentées par les spécialistes de la conservation des livres.

Depuis 2002, grâce à ce que nous avons appelé la restauration de l'autorité présidentielle (voir *supra* n° 493), le domaine réservé a été remplacé par une sorte de programme de gouvernement : chaque candidat à la présidence annonce les principales réformes qu'il compte réaliser durant son quinquennat. Mais il ne s'agit pas d'un programme de gouvernement au sens où l'entend l'article 49 de la Constitution, car c'est le président, politiquement irresponsable, qui s'en porte garant et non pas le Premier ministre responsable devant l'Assemblée nationale. Il y a là une atteinte à la logique parlementaire de la Constitution et elle est d'autant plus grave que les programmes exposés par les candidats à la présidence sont souvent pléthoriques. Par exemple, celui d'Emmanuel Macron englobait des questions aussi diverses que la réduction du nombre de parlementaires, l'accélération de la procédure législative, l'adoption d'un nouveau système des retraites, la réforme de la taxe d'habitation, un régime de scolarisation obligatoire à partir de l'âge de trois ans etc.

3. La « présidentialisation » du régime et ses limites

610. À l'exception d'un petit nombre d'articles modifiés en 1962, 1995 ou 2008, l'ensemble du titre II a été rédigé en 1958, c'est-à-dire à une époque où le chef de l'État devait être l'élu des notables et où l'on pouvait penser que, au moins après le départ du général de Gaulle, le principal dépositaire de la confiance populaire serait le Premier ministre, chef de la majorité parlementaire. L'année 1962 a marqué un tournant capital dans l'évolution du régime, non seulement à cause de la réforme du mode d'élection du chef de l'État, mais aussi parce que les élections législatives qui ont suivi cette réforme ont abouti à l'installation d'une majorité parlementaire qui avait fait campagne en s'engageant à soutenir inconditionnellement le président. Ce phénomène a été considérablement renforcé lorsque les élections législatives se sont déroulées immédiatement après l'élection présidentielle, soit parce que le président nouvellement élu procédait à la dissolution, comme Mitterrand en 1981 et 1988, soit parce que depuis la révision constitutionnelle de 2002, la date résulte des textes. Politiquement, le chef de l'État pèse donc beaucoup plus lourd que le Premier ministre et c'est pourquoi, dès les années 1960, on a parlé de « présidentialisation du régime ».

Bien que la distinction des pouvoirs propres et des pouvoirs partagés conserve en droit sa validité, la « présidentialisation » du régime en a considérablement réduit la portée car, en pratique, le gouvernement est chargé de mettre en œuvre les orientations décidées par le chef de l'État. Aussi longtemps qu'il y a concordance entre la majorité présidentielle et la majorité parlementaire, il est donc pratiquement impossible pour un Premier ministre de refuser sa signature au président, à moins qu'il ne lui présente en même temps sa démission, comme l'avait fait Jacques Chirac en 1976. Le contreseing tend alors à devenir une simple formalité et l'influence réelle du président de la République est sans commune mesure avec l'étendue de ses pouvoirs propres. Le président peut même s'immiscer dans des attributions qui, selon la Constitution, appartiennent en propre au gouvernement : par exemple, les arbitrages entre les demandes budgétaires émanant de différents ministères.

La « présidentialisation » n'a cependant jamais été totale.

En premier lieu, le président peut souhaiter éviter d'apparaître comme l'auteur ou même l'inspirateur de tous les actes du gouvernement. Tout en affirmant que le président est seul « à détenir et à déléguer l'autorité de l'État », le général de Gaulle s'efforçait en même temps de restreindre l'exercice direct de cette autorité : « *la nature, l'étendue, la durée de sa tâche impliquent qu'il [le président] ne soit pas absorbé, sans relâche et sans limite, par la conjoncture, politique, parlementaire, économique et administrative. Au contraire, c'est là le lot, aussi complexe et méritoire qu'essentiel, du Premier ministre français* » (conférence de presse du 31 janvier 1964).

Bien que les frontières entre les deux domaines (celui que le président se réserve et celui qu'il délègue au Premier ministre) soient très fluctuantes, il est souvent commode pour le chef de l'État de rester en retrait lorsqu'une réforme qui risque d'être impopulaire vient à l'ordre du jour. En cas d'échec, il peut « *sacrifier les ministres et les gouvernements sur l'autel de l'opinion publique, ce nouveau Moloch, dont on ne cesse de scruter les désirs et dont chaque poussée de fièvre a raison des réformes les plus vitales pour l'avenir* » (Fillon, 2006, p. 155)[23]. Le Premier ministre peut ainsi servir de « fusible », ce qui implique qu'on lui reconnaisse une responsabilité propre. Et c'est sans doute ce qui explique la persistance, sous la Ve République, d'une instabilité

23. François Fillon cite à ce sujet le refus du président Chirac d'assumer la responsabilité de la réforme des retraites en arbitrant les différends entre ses ministres et en expliquant aux Français les raisons de cette réforme.

gouvernementale plus forte que dans la plupart des pays voisins : de 1978 à 2006, la France a connu vingt-six gouvernements, l'Allemagne neuf, l'Espagne huit et le Royaume-Uni sept.

En second lieu, l'expérience des trois cohabitations a montré que les rôles respectifs du président et du Premier ministre dépendent, dans une large mesure, de la conjoncture politique. En période de cohabitation, les attributions dispensées du contreseing, l'article 11 mis à part, sont les seules que le président de la République peut exercer de façon totalement discrétionnaire, sans tenir compte de l'avis du Premier ministre et du gouvernement. En matière de diplomatie ou de défense nationale, par exemple, il ne peut plus prendre une initiative sans s'assurer de l'accord du Premier ministre[24].

C'est d'ailleurs le Premier ministre qui, dans ces périodes, a l'initiative de la plupart des décisions politiques et il est donc souvent conduit à solliciter la signature du président de la République pour exercer l'un des « pouvoirs partagés ». La question s'est posée de savoir si le président était libre de la lui refuser. Est-il tenu par exemple de signer tous les projets d'ordonnances ou de décrets qui lui sont présentés en Conseil des ministres, ou encore de convoquer une session extraordinaire du Parlement chaque fois que le Premier ministre lui en fait la demande ? Le texte même de la Constitution n'est pas très explicite sur ces points. De plus, comme les différends entre le président de la République et le Premier ministre ne peuvent pas être soumis au Conseil constitutionnel, il n'est pas possible de se référer à une jurisprudence. En 1986, le président Mitterrand a considéré que l'article 13 le laissait libre de refuser sa signature à trois ordonnances préparées par le gouvernement Chirac, mais n'interdisait pas à celui-ci de faire adopter les mêmes textes par le Parlement en forme législative. Faute de recours possible contre la décision de Mitterrand, cette interprétation l'a emporté (Troper, 1987).

L'usage est donc que le président de la République peut refuser sa signature sauf si cela conduit à empêcher le Parlement de légiférer mais ne peut pas s'opposer à l'inscription d'un projet de loi à l'ordre du jour du Conseil des ministres, car cela bloquerait le mécanisme de l'initiative législative[25]. De même, il ne peut refuser la promulgation d'une loi définitivement adoptée par le Parlement si cette loi n'a pas été invalidée par le Conseil constitutionnel. L'inscription des projets de loi à l'ordre du jour du Conseil des ministres et la promulgation des lois définitivement adoptées correspondent donc à une sorte de « service minimum » que le président doit assurer même en période de cohabitation.

En ce qui concerne les autres pouvoirs partagés, qui ne mettent pas en cause directement l'exercice du pouvoir législatif, ni François Mitterrand ni Jacques Chirac n'ont pratiqué une obstruction systématique mais ils se sont

24. C'est ainsi que, le 25 décembre 1999 le président Chirac a dû renoncer à envoyer un commando militaire à Abidjan, comme le lui demandait son ami Henri Konan Bédié, président de la Côte d'Ivoire, parce que le Premier ministre français, Lionel Jospin, s'est opposé au départ de ce commando.

25. Ainsi Jacques Chirac a-t-il finalement accepté en 2001 d'inscrire le projet du statut de la Corse à l'ordre du jour d'un Conseil des ministres, bien qu'il considérât ce projet comme politiquement inopportun et même probablement inconstitutionnel. Un projet de loi non délibéré en Conseil des ministres ne pourrait pas être examiné par le Parlement (voir l'article 40 C).

l'un et l'autre reconnus un certain pouvoir d'appréciation. Il est arrivé par exemple au président de refuser de signer un projet d'ordonnance que le gouvernement voulait faire adopter en Conseil des ministres, ou de discuter l'ordre du jour d'une session extraordinaire du Parlement que le Premier ministre lui demandait de convoquer. Il a pu, parfois, ne pas accepter certaines nominations auxquelles voulait procéder le gouvernement. Grâce aux pouvoirs partagés, le président de la République peut donc, en période de cohabitation, gêner ou ralentir l'action du gouvernement et négocier avec son Premier ministre une nomination contre une autre.

Les risques d'affrontement entre les deux têtes de l'exécutif sont d'ailleurs limités si, comme cela s'est le plus souvent vérifié jusqu'à présent, le Premier ministre envisage d'être candidat à la présidence de la République. Le désir d'affirmer ses prérogatives face au chef de l'État est alors balancé par le souci de préserver une fonction qu'il espère lui-même exercer.

611. Depuis 2002, c'est-à-dire depuis que la réduction du mandat présidentiel et l'inversion du calendrier électoral sont entrées en vigueur, il n'y a plus eu de cohabitation. Avec des styles légèrement différents, les présidents qui se sont succédé : Jacques Chirac (2002-2007), Nicolas Sarkozy (2007-2012), François Hollande (2012-2017) ont affirmé leur prépondérance sur le Premier ministre et sur les membres du gouvernement, et ont imposé à la majorité parlementaire élue pour les soutenir les réformes qui leur paraissaient opportunes.

Toutefois, vers le fin du mandat de François Hollande, une quarantaine de membres de cette majorité parlementaire s'est rebellée, allant jusqu'à tenter de déposer une motion de censure le 11 mai 2016 pour protester contre des projets de loi qui leur paraissaient trop favorables aux intérêts du patronat[26]. Cette rébellion était trop minoritaire pour menacer sérieusement la stabilité du gouvernement mais il semble qu'elle ait impressionné le ministre des Finances, Emmanuel Macron, qui militait en faveur du libéralisme économique. Des résistances qu'ont suscitées au sein du groupe parlementaire socialiste, les projets de loi qu'il avait inspirés, Emmanuel Macron semble avoir tiré deux conséquences.

La première, c'était qu'une véritable libéralisation de l'économie ne pourrait pas être réalisée en s'appuyant sur des forces politiques qui se voulaient socialistes. C'est pourquoi Emmanuel Macron a démissionné du gouvernement le 30 août 2016, ce qui lui a permis de se consacrer au mouvement politique qu'il avait créé, En marche, et de préparer sa propre candidature à l'élection présidentielle sans se porter candidat à l'élection primaire organisée par le Parti socialiste.

La seconde conséquence, c'était que les candidats à la députation sélectionnés pour constituer la majorité présidentielle devaient être choisis avec beaucoup de soin par le président lui-même. On pensait en effet que la rébellion d'une partie du groupe socialiste contre François Hollande s'expliquait

26. Cette situation n'a pas pu finalement être déposée car il aurait fallu réunit cinquante-huit signatures, alors que les députés frondeurs n'avaient pu en réunir que cinquante-six.

par le fait que, en 2012, les candidats bénéficiaires de l'investiture socialiste avaient été sélectionnés non par le président mais par la secrétaire générale du parti, Martine Aubry, qui était par principe plutôt défavorable au libéralisme économique.

Force est aujourd'hui de constater qu'Emmanuel Macron a réussi son pari : non seulement il a été élu président de la République le 7 mai 2017 mais, à la suite des élections législatives des 11 et 18 juin 2017, il dispose à l'Assemblée nationale d'une majorité qui ne paraît guère susceptible de se rebeller contre certains de ses projets. On pourrait objecter qu'il s'agit d'une majorité composite puisqu'elle comprend, d'une part, un groupe LREM de plus de 300 membres dont chacun a été personnellement choisi par Emmanuel Macron et, d'autre part, un groupe Modem d'une quarantaine de membres choisis par François Bayrou.

Mais, du seul fait qu'il comprend plus de 289 membres, le premier de ces deux groupes constitue à lui seul une majorité absolue ; ces membres ayant été choisis au sein de la société civile, c'est-à-dire en dehors des milieux politiques, signifie que leur légitimité tient essentiellement à la confiance accordée par Emmanuel Macron. Dans ces conditions, il paraît probable que le régime va fonctionner non comme une monarchie parlementaire, où les pouvoirs de l'exécutif sont équilibrés par ceux des assemblées, mais plutôt comme une monarchie présidentielle, où, tous les cinq ans, le président est investi des principaux pouvoirs de l'État par le peuple qui l'a élu.

Non seulement l'élection du président Macron ne semble pas devoir remettre en cause l'équilibre général de la Ve République, mais il en accentue les caractères : lorsque le président de la République dispose d'une majorité disciplinée, il concentre entre ses mains l'essentiel des pouvoirs et ses collaborateurs proches exercent un contrôle quasi quotidien sur les activités des ministres, dont les cabinets ont été fortement réduits (v. *infra* n° 639).

Durant l'été 2018, les rapports entre les pouvoirs exécutif et législatif ont cependant été troublés par l'affaire Benalla.

Alexandre Benalla, un homme de 26 ans sans emploi fixe, avait été recruté durant la campagne présidentielle de 2017 pour veiller à la sécurité du candidat E. Macron. Après l'élection de celui-ci, il devint chargé de mission au sein du cabinet présidentiel. Le 1er mai 2018, il fut filmé par une caméra de surveillance alors que, déguisé en représentant des forces de l'ordre, il frappait un homme à terre. À la suite de cet incident, le directeur du cabinet présidentiel lui infligea une suspension temporaire de fonctions. Mais l'opposition parlementaire se saisit de l'affaire en dénonçant la disproportion entre la gravité des faits et la légèreté de cette sanction. Elle déposa deux motions de censure, qui furent rejetées, comme l'arithmétique parlementaire le laissait prévoir. Mais les députés du groupe LREM furent suffisamment troublés par cette affaire pour accepter de modifier le programme de leurs travaux en abandonnant l'examen du projet de réforme institutionnelle. Finalement, bien qu'il n'y ait eu ni crise ministérielle ni même un remaniement de l'équipe gouvernementale, l'autorité morale d'E. Macron et celle de son Premier ministre, É. Philippe, semblent avoir été sérieusement ébranlées.

B. L'extension des pouvoirs présidentiels en cas de circonstances exceptionnelles

612. Dans la plupart des systèmes politiques, il existe des dispositifs de pouvoirs spéciaux permettant aux gouvernants de faire face à des circonstances exceptionnelles. D'une façon générale, ces dispositifs habilitent l'exécutif à exercer des compétences qui ne sont pas normalement de son ressort tout en restreignant le rôle des autres pouvoirs publics, Parlement et organes judiciaires (v. *supra* n° 159). La Ve République ne fait pas exception à la règle. L'article 16 de la Constitution de 1958 prévoit un dispositif d'exception qui n'a été mis en application qu'une fois, mais qui est devenu emblématique de l'esprit du régime parce qu'il symbolise la tendance à la concentration des pouvoirs entre les mains du chef de l'État (1). Mais, en raison des mesures extrêmes qu'il implique, ce dispositif ne peut pas être d'application courante. Lorsqu'ils sont confrontés à des troubles graves, mais qui ne mettent pas immédiatement en péril l'existence du régime (grève générale, manifestations violentes, actes de terrorisme, etc.), les présidents de la Ve République ont généralement recours à des dispositifs de pouvoir spéciaux plus anciens que l'article 16, et dont les effets sont moins spectaculaires. Il s'agit pour l'essentiel de l'état d'urgence (2). En raison de l'épidemie du Covid-19, une loi du 23 mars 2020 a créé un « état d'urgence sanitaire » qui déroge beaucoup plus profondément au droit commun que l'état d'urgence ordinaire (3).

1. Le dispositif de l'article 16

613. L'origine de l'article 16 est liée aux événements de la Seconde Guerre mondiale, et plus particulièrement à ceux de juin 1940. Le territoire français métropolitain était alors envahi dans sa majeure partie par les armées allemandes. Il semble que le président de la République de l'époque, Albert Lebrun, et le président du Conseil, Paul Reynaud, aient eu un moment des velléités de poursuivre la lutte en se repliant à Londres ou à Alger avec les ministres et les parlementaires qui auraient bien voulu les suivre. Mais ils ne l'ont pas fait et ils ont expliqué par la suite que, s'ils y avaient finalement renoncé, c'était parce que la Constitution de la IIIe République ne leur donnait pas les pouvoirs qui eussent été nécessaires[27].

Le général de Gaulle a créé à Londres un gouvernement de la France Libre mais il n'avait alors aucun titre constitutionnel pour le faire et c'est pourquoi il lui a été difficile de faire admettre la légitimité de la France Libre par les gouvernements étrangers et par l'opinion française elle-même. L'idée qui a inspiré l'article 16 c'est que si la France se retrouvait un jour, comme en juin 1940, dans des circonstances dramatiques (invasion étrangère, guerre civile, attaque nucléaire, etc.), il fallait que le président de la République – garant de l'indépendance nationale, de l'intégrité du territoire et des traités

27. Voir sur ce point les déclarations qu'a faites le général de Gaulle devant le Comité consultatif constitutionnel le 8 août 1958 in *Documents pour servir...*, Vol. II, p. 300.

(art. 5) – dispose de pouvoirs suffisamment étendus pour faire face à toute éventualité sans qu'on puisse lui reprocher de sortir de la légalité constitutionnelle.

Dans le cadre de l'article 16, le président de la République exerce la fonction d'un dictateur non pas au sens vulgaire et péjoratif du terme, mais plutôt au sens de l'Antiquité romaine. Dans l'Antiquité romaine, le dictateur était un magistrat auquel on accordait pendant quelques mois des pouvoirs pratiquement illimités, non pas pour détruire les institutions mais au contraire pour tenter de les sauver.

Comme l'article 16 a été conçu pour faire face à des circonstances exceptionnelles, et que, par définition, ce qui est exceptionnel défie toute tentative de prévision, il est rédigé en des termes très larges qui sont susceptibles de s'adapter à des circonstances extrêmement variées. Il soulève donc de nombreux problèmes d'interprétation et ces problèmes ne pourraient être résolus qu'à l'aide de précédents. Mais il y a encore peu de précédents. Depuis l'entrée en vigueur de la Constitution de 1958, l'article 16 n'a été mis en application qu'une seule fois : en avril 1961, lorsque les généraux qui commandaient le corps expéditionnaire d'Algérie ont cessé d'obéir aux ordres de Paris et ont créé à Alger un gouvernement insurrectionnel pour protester contre les négociations engagées avec les chefs du mouvement nationaliste algérien. Bien que ce putsch se fût effondré au bout de quelques jours, l'article 16 a été maintenu en application pendant plusieurs mois, jusqu'au 29 septembre 1961.

À quelles conditions l'application de l'article 16 est-elle subordonnée ? Quelles sont les conséquences de sa mise en application ?

614. Les conditions d'application de l'article 16. – Deux conditions sont nécessaires : il faut, d'une part, que les institutions de la République, l'indépendance de la Nation, l'intégrité de son territoire ou l'exécution de ses engagements internationaux soient menacées d'une manière grave et immédiate ; il faut, d'autre part, que le fonctionnement régulier des pouvoirs publics constitutionnels soit interrompu.

Ces deux conditions ne sont pas alternatives mais cumulatives. Elles doivent donc être simultanément vérifiées. Elles ne sont d'ailleurs pas de même nature. La première suppose seulement l'existence d'un trouble potentiel : il faut qu'il y ait une menace grave et immédiate... mais on n'exige pas que cette menace soit en cours de réalisation. Au contraire, la seconde condition suppose l'existence d'un trouble actuel et non pas seulement potentiel : il faut que le fonctionnement régulier des pouvoirs publics constitutionnels ait déjà été affecté, il ne suffit pas qu'une menace pèse sur ce fonctionnement.

En avril 1961, le général de Gaulle, conformément à l'avis du Conseil constitutionnel, a estimé que ces deux conditions étaient réunies. En ce qui concerne la première condition, il n'y avait guère de contestation possible : un pouvoir insurrectionnel s'était établi à Alger, et ce pouvoir se proposait ouvertement de renverser les autorités constitutionnelles ; il y avait donc indiscutablement une menace grave et immédiate sur les institutions de la République. En ce qui concerne la seconde condition, les choses étaient un peu moins nettes : Paris n'avait pas été atteint par la rébellion, et les principaux organes (président, gouvernement, Parlement, Conseil constitutionnel) étaient toujours en place. Le général de Gaulle et le Conseil constitutionnel ont néanmoins estimé qu'il y avait bien interruption du fonctionnement régulier des pouvoirs publics parce que, même si ces pouvoirs n'étaient pas matériellement empêchés de prendre des décisions, les départements algériens, qui constituaient encore à cette époque une fraction relativement importante du territoire national, échappaient totalement à leur autorité. De plus, l'un des membres du gouvernement était retenu prisonnier par les rebelles à Alger.

Pour que le fonctionnement régulier des pouvoirs publics constitutionnels soit considéré comme interrompu (au sens de l'article 16), il n'est donc pas nécessaire que les centres de décision soient paralysés, il suffit qu'une partie relativement importante du territoire ne puisse plus être contrôlée par les autorités légales.

Une chose est de définir, comme nous venons de le faire, les conditions d'application de l'article 16. Autre chose est de déterminer l'autorité compétente pour décider si, dans telles ou telles circonstances, ces conditions sont effectivement réunies. Cette autorité, c'est le président de la République lui-même. Il peut seul décider la mise en application de l'article 16 et il s'agit là d'un pouvoir propre, qui n'est pas soumis à l'obligation du contreseing[28].

Avant de mettre en application l'article 16, le président de la République doit néanmoins accomplir certaines formalités.

Il doit d'abord consulter le Premier ministre, les présidents des deux assemblées parlementaires ainsi que le Conseil constitutionnel. Ce ne sont que de simples avis et juridiquement, le président de la République reste entièrement maître de sa décision. Mais ces avis ont évidemment un certain poids politique, d'autant plus que celui du Conseil constitutionnel est publié.

On s'est parfois demandé si l'obligation faite au président de la République de recueillir ces différents avis n'était pas en contradiction avec l'une des conditions de fond de la mise en application de l'article 16 : l'interruption du fonctionnement régulier des pouvoirs publics constitutionnels. En effet, pour que les avis puissent être recueillis, il faut que les autorités concernées, Premier ministre, présidents des assemblées, Conseil constitutionnel soient encore saisissables. Mais il n'y a pas vraiment contradiction sur ce point puisque, ainsi que nous l'avons vu, l'interruption du fonctionnement régulier des pouvoirs publics ne suppose pas nécessairement la paralysie des centres de décision. S'il était matériellement impossible de procéder à ces consultations, le président de la République pourrait d'ailleurs considérer que la force majeure le dispense d'accomplir les formalités prévues par l'article 16.

28. C'est pourquoi, certains ont pu dire que le président de la République est souverain au sens de Carl Schmitt, car il décide « sur les circonstances exceptionnelles ». Il décide en effet que les circonstances sont exceptionnelles et qu'il lui faut se saisir des pouvoirs de crise ; d'autre part, il décide seul de ce qu'il convient de faire pour faire face à ces circonstances (cf. Schmitt, 1993). Mais, en réalité, surtout depuis 2008. Il ne décide pas seul parce que le Parlement se réunit de plein droit et qu'il ne peut maintenir indéfiniment l'état de crise. Il doit donc s'assurer du concours ou au moins de l'accord tacite du Parlement et du Conseil constitutionnel.

Après avoir recueilli tous ces avis, le président de la République, s'il persiste dans son intention de mettre en application l'article 16, doit en informer la Nation par un message.

615. Conséquences de la mise en application de l'article 16. – Elle entraîne un véritable bouleversement des compétences.

Aux termes de l'article 16, le président de la République peut prendre toutes « *les mesures exigées par ces circonstances* », c'est-à-dire par les événements qui justifient d'y recourir. L'expression est impressionnante par sa généralité. Elle autorise le président de la République à prendre des mesures qui, en temps normal, ne relèvent absolument pas de sa compétence. Elle lui permet de se substituer au gouvernement, au Parlement ou même à l'autorité judiciaire. Il pourrait fort bien, par exemple, s'il l'estimait nécessaire, limiter la liberté d'expression en instituant pour la presse un régime de censure ; limiter la liberté individuelle en prévoyant des mesures d'internement administratif ou d'assignation à résidence ; suspendre les garanties des fonctionnaires afin de révoquer ou de mettre en disponibilité d'office ceux dont la loyauté ne lui paraîtrait pas suffisamment garantie.

Toutes ces mesures sont prises dans le cadre des pouvoirs propres du président de la République. Elles ne nécessitent donc pas le contreseing du Premier ministre. Une seule formalité est prévue par l'article 16 : le Conseil constitutionnel doit être consulté au sujet de chacune des décisions du président. Mais il ne s'agit que d'un simple avis et le président de la République n'est pas obligé d'en tenir compte. De plus, alors que l'avis donné par le Conseil constitutionnel sur la décision initiale de mettre en application l'article 16 est publié, ce qui lui confère tout de même un certain poids, les avis recueillis sur les mesures que le président prendra par la suite peuvent fort bien rester secrets, leur publication n'étant prescrite ni par la Constitution ni par la loi organique relative au Conseil constitutionnel. L'opinion publique ne sera donc pas même informée des réserves éventuellement formulées par le Conseil constitutionnel dans ses avis, et il sera relativement facile au président de passer outre.

Les pouvoirs dont dispose le président de la République dans le cadre de l'article 16 sont cependant doublement limités quant à leur objet.

En premier lieu, tant que l'article 16 est en application, le président de la République ne peut plus faire usage de son droit de dissolution. Il est en effet précisé, au dernier alinéa de l'article 16, que « *l'Assemblée nationale ne peut être dissoute pendant l'exercice des pouvoirs exceptionnels* ». Sur ce point particulier, les pouvoirs du président de la République sont donc restreints par rapport à ce qu'ils sont en période normale.

En second lieu, aux termes de l'article 16 alinéa 3, toutes les mesures prises par le président de la République « *doivent être inspirées par la volonté d'assurer aux pouvoirs publics constitutionnels, dans les moindres délais, les moyens d'accomplir leur mission* ». En principe, les pouvoirs exceptionnels sont donc assujettis à une stricte finalité : ils doivent être utilisés en vue de rétablir le plus rapidement possible l'état de choses antérieur, comme c'était le cas de la dictature romaine. Si cette finalité laisse au président de la République une marge d'appréciation importante, car il reste libre quant au choix des moyens à utiliser pour revenir à la normale, elle lui interdit, semble-t-il, de modifier la Constitution, tout au moins à titre permanent[29]. Une telle modification rendrait en effet impossible le retour à l'ordre constitutionnel préexistant.

La mise en application de l'article 16 soulève différents problèmes qui, malgré le précédent de 1961, n'ont pas encore pu être résolus d'une manière tout à fait satisfaisante :

1° Quelles sont les relations entre le Parlement, le gouvernement et le président de la République durant l'exercice des pouvoirs exceptionnels ? L'article 16 précise que : « *Le Parlement se réunit de plein droit* ». S'il n'est pas en session normale, le Parlement peut donc se réunir immédiatement, dès l'annonce de la mise en application de l'article 16, sans avoir besoin d'être convoqué par décret du président de la République. C'est une garantie importante, car si le président de la République faisait un usage manifestement abusif de l'article 16, le Parlement pourrait se constituer en Haute Cour pour le destituer (v. *supra* n° 593).

Mais, en laissant de côté cette hypothèse, la question se pose de savoir si le Parlement continue d'exercer la totalité des attributions dont il dispose en période normale : peut-il légiférer ? (v. *infra* n° 788). Peut-il renverser le gouvernement ? (v. *infra* n° 712).

2° De quels recours les citoyens disposent-ils s'ils sont lésés dans leurs intérêts par une décision prise en application de l'article 16 ? Ces décisions doivent-elles être considérées comme caduques dès qu'il a été mis fin à l'application de l'article 16 ? (v. *infra* n° 788).

3° Le texte originel de la Constitution indiquait de façon relativement précise dans quelles circonstances l'article 16 pouvait être mis en application, mais il ne prescrivait pas comment cette application devait prendre fin. Selon une partie de la doctrine, il devrait être mis fin à l'application de l'article 16 dès que les circonstances qui justifiaient d'y recourir n'étaient plus réunies. Mais ce n'est pas ce qui a été fait en 1961 : l'article 16 a été maintenu en application pendant cinq mois, jusqu'au 29 septembre 1961, alors que la rébellion militaire avait été matée dès le 25 avril. De plus, certaines mesures prises en application de l'article 16 antérieurement au 29 septembre 1961 ont été maintenues en vigueur par le président de la République jusqu'en juillet 1962.

Une telle prolongation pouvait peut-être se justifier par des motifs d'opportunité, car la rébellion militaire paraissait encore susceptible de rebondir[30]. Mais le fait que la durée de l'application de l'article 16 soit laissée à l'entière discrétion du président de la République est évidemment dangereux.

29. Mais il n'est pas exclu qu'il puisse la modifier à titre temporaire, en déclarant que certaines garanties constitutionnelles sont momentanément suspendues. Ainsi le général de Gaulle a-t-il décidé en 1961 de suspendre l'inamovibilité des magistrats du siège, qui est prévue par l'article 64 de la Constitution.

30. Comme l'a écrit à l'époque un commentateur : « *... on ne peut retirer les pompiers dès que le feu semble éteint : il faut les maintenir quelque temps en place pour vérifier que le feu ne risque pas de reprendre et pour anéantir les foyers qui couvent encore sous la cendre, mais pas plus longtemps* » (Duverger M., *Le Monde* du 5 mai 1961).

C'est pourquoi, conformément aux recommandations du comité Balladur, la loi constitutionnelle du 23 juillet 2008 a institué une procédure permettant l'intervention du Conseil constitutionnel en cas d'application prolongée de l'article 16.

« *Après trente jours d'exercice des pouvoirs exceptionnels, le Conseil constitutionnel peut être saisi par le président de l'Assemblée nationale, le président du Sénat, soixante députés ou soixante sénateurs, aux fins d'examiner si les conditions énoncées au premier alinéa demeurent réunies. Il se prononce dans les délais les plus brefs par un avis public. Il procède de plein droit à cet examen et se prononce dans les mêmes conditions au terme de soixante jours d'exercice des pouvoirs exceptionnels et à tout moment au-delà de cette durée* » (art. 16 al. 6 nouveau).

Ce texte appelle trois remarques :

1° Lorsqu'il est saisi dans le cadre de cette nouvelle procédure, le Conseil constitutionnel doit examiner si « les conditions énoncées au premier alinéa demeurent réunies ». Cette précision milite en faveur d'une interprétation très stricte de l'article 16 : son maintien en application n'est justifié qu'aussi longtemps que dure l'interruption du fonctionnement régulier des pouvoirs publics constitutionnels et que la menace pesant sur les institutions de la République, l'intégrité de son territoire, l'indépendance de la nation ou l'exécution de ses engagements internationaux demeure grave et immédiate. Une prolongation qui ne se justifierait que par le souci d'éviter le retour de telles circonstances, comme en 1961, serait manifestement contraire à l'esprit du texte.

2° Le constituant n'a pas voulu que l'intervention du Conseil constitutionnel soit laissée à la discrétion d'une majorité politique. Avec un minimum de soixante députés ou soixante sénateurs, le recours est aussi largement ouvert à l'opposition qu'en ce qui concerne le contrôle des lois (art. 61). Et au-delà d'un délai de soixante jours, le Conseil peut intervenir de sa propre initiative.

3° Pas plus qu'avant la réforme, le Conseil constitutionnel ne peut, de sa propre autorité, mettre fin à l'application de l'article 16. Il se borne à émettre un avis qui ne lie pas juridiquement le président de la République, mais du fait que cet avis du Conseil constitutionnel est publié, il lui serait politiquement difficile d'y passer outre.

Le président de la République est donc la seule autorité capable d'interpréter les termes de l'article 16 pour décider non seulement que les circonstances méritent d'être qualifiées d'exceptionnelles et qu'il peut se saisir des pouvoirs de crise, mais aussi quelles sont les mesures qui permettront de rétablir le fonctionnement régulier des pouvoirs publics. Il reste souverain au sens de Carl Schmitt (v. *supra* n° 614 en note).

2. L'État d'urgence de droit commun[31]

616. Depuis 1961, l'article 16 n'a jamais été mis en application bien que le problème de sa réforme ait été souvent posé et que son texte ait été finalement modifié par la loi de révision de juillet 2008 (v. *supra* nº 615). Mais les présidents qui se sont succédé depuis cette date n'étaient pas pour autant démunis lorsqu'il fallait faire face à des circonstances exceptionnelles. Il existait en effet en droit français dès avant 1958 au moins deux dispositifs de pouvoirs spéciaux qui n'ont pas été abrogés par l'entrée en vigueur de la nouvelle Constitution : l'état de siège et l'état d'urgence.

Le premier remonte à l'époque de la Seconde République (loi du 9 août 1848 modifié par loi du 3 avril 1878). Il a été expressément maintenu en vigueur par l'article 36 C qui précise qu'il est « décrété en Conseil des ministres » et que sa « prorogation au-delà de douze jours ne peut être autorisée que par le Parlement ». Il entraîne le transfert à l'autorité militaire des pouvoirs de maintien de l'ordre normalement dévolus à l'autorité civile. Sa mise en œuvre pourrait susciter de graves inquiétudes – du moins si l'on pense, comme Georges Clemenceau, que la justice militaire est à la justice civile dans le même rapport que la musique militaire à la musique – et un président qui déciderait d'y avoir recours se verrait certainement reprocher de mettre en péril les libertés garanties par la Constitution.

L'état d'urgence a été créé par une loi du 3 avril 1955 pendant la guerre d'Algérie pour éviter de confier trop de pouvoir à l'autorité militaire. Aux termes de cette loi, l'état d'urgence peut être déclaré par décret en Conseil des ministres sur tout ou partie du territoire, soit en cas de péril imminent résultant d'atteintes graves à l'ordre public, soit en cas d'événements présentant, par leur nature et leur gravité, le caractère de calamité publique. Mais sa prorogation au-delà de douze jours ne peut être autorisée que par la loi, et c'est celle-ci qui en fixe la durée définitive. Il permet aux autorités administratives (préfets, ministre de l'Intérieur) d'interdire la circulation des personnes et des véhicules dans certains lieux, de procéder à des perquisitions chez des particuliers à n'importe quelle heure du jour ou de la nuit, de prononcer des assignations à résidence, d'interdire les réunions qui leur paraissent de nature à provoquer ou entretenir le désordre, etc. (Beaud et Bargues 2016).

Plusieurs présidents de la Vᵉ République y ont eu recours, notamment Jacques Chirac en 2005 pour réprimer les émeutes qui avaient éclaté dans certaines banlieues, et François Hollande en 2015 pour lutter contre le terrorisme. Ce dernier a même tenté d'instrumentaliser l'état d'urgence pour souligner l'importance de son propre rôle dans la « guerre contre le terrorisme » que la France allait devoir livrer.

31. L'expression « de droit commun » ne figure pas dans la loi. On l'utilise pour distinguer cet État d'urgence de l'État d'urgence sanitaire qui est de création beaucoup plus récente et dont il sera question plus loin.

Le soir même des attentats du 13 novembre 2015, qui avaient coûté la vie à plus de cent personnes, l'état d'urgence fut proclamé par décret en Conseil des ministres. Il a été prolongé plusieurs fois jusqu'au 1er novembre 2017.

Néanmoins, comme il s'agit d'un régime juridique destiné à faire face à une situation exceptionnelle, il ne saurait se prolonger indéfiniment, mais, comme la menace terroriste demeure grave, les gouvernants cherchent à conserver les moyens dont ils peuvent user en situation exceptionnelle en les inscrivant dans la législation ordinaire. C'est ainsi que la loi antiterroriste du 30 octobre 2017 accorde au préfet de nouveaux pouvoirs, qui ne pouvaient jusque-là être exercés que pendant l'état d'urgence. Il peut notamment délimiter par arrêté un périmètre au sein duquel l'accès et la circulation des personnes sont réglementés, ou encore fermer des lieux de culte.

617. L'état d'urgence sanitaire. – Par deux fois, le 16 mars et le 17 octobre 2020, le président Macron a décrété un ensemble de mesures qui étaient destinées à ralentir la propagation du virus Covid-19 et que l'on a désignées globalement sous l'appellation de « confinement ».

Ces mesures portaient principalement atteinte, d'une part, à la liberté de circulation des personnes (chacun était tenu de rester chez soi sous réserve d'exceptions limitativement énumérées) et, d'autre part, à la liberté du commerce et de l'industrie (afin d'éviter des rassemblements, la plupart des entreprises offrant des services sur la voie publique, qu'il s'agisse des restaurants, des cafés, des boutiques de mode, des théâtres ou des cinémas devaient cesser leur activité pour une durée indéterminée).

Par voie de conséquence, la plupart des libertés qui n'étaient pas directement visées, comme la liberté d'association ou la liberté de la presse, étaient indirectement restreintes.

Ces mesures n'auraient pas pu être prises dans le cadre de l'article 16 car les conditions de mise en application de celui-ci (interruption du fonctionnement régulier des pouvoirs publics, etc.) n'étaient pas réunies. Elles ne pouvaient pas non plus être facilement rattachées à l'état d'urgence de droit commun. C'est pourquoi la loi du 23 mars 2020 leur a donné une base légale en créant un nouveau régime d'exception : l'état d'urgence sanitaire.

Le déclenchement de l'état d'urgence sanitaire dépend entièrement du gouvernement. Il peut être déclaré, sur tout ou partie du territoire, par décret en Conseil des ministres. Mais, de même que pour l'état d'urgence de droit commun, sa prorogation au-delà d'un mois ne peut être autorisée que par la loi.

En cas de déclaration de l'état d'urgence sanitaire, il est créé un comité scientifique mais, d'une part, son président et la plupart de ses membres sont désignés par le président de la République ou le gouvernement et, d'autre part, son rôle est seulement consultatif. Il se borne à émettre des avis qui sont rendus publics sans délai.

Le premier confinement a duré huit semaines, du 17 mars au 11 mai 2020. Mais la loi n° 2020-546 du 11 mai 2020 a prorogé l'état d'urgence sanitaire jusqu'au 10 juillet de la même année, ce qui a permis de maintenir en vigueur certaines mesures destinées à empêcher la propagation du virus Covid-19.

En dépit de ces mesures, au début de l'automne 2020, force fut de constater qu'il y avait eu un rebond de l'épidémie et le gouvernement estima que, pour y faire face, un second état d'urgence sanitaire était nécessaire. Celui-ci a duré plus longtemps que le précédent. Il est entré en vigueur le 17 octobre 2020 et ne s'est achevé que le 1er juin 2021.

La loi n° 2020-1379 du 14 novembre 2020, que le gouvernement a fait voter pour proroger l'état d'urgence sanitaire a été déférée au conseil constitutionnel par des parlementaires avant même sa promulgation en application de l'article 61 C. Cette saisine a permis au Conseil constitutionnel de préciser l'objet et les limites du contrôle qu'il exerce sur les lois de ce type.

Dans sa décision (2020-808 DC du 13 novembre 2020) le Conseil commence par rappeler qu'il ne dispose pas d'un pouvoir d'appréciation et de décision de même nature que celui du Parlement. Il en déduit qu'il ne lui appartient pas de remettre en cause l'appréciation par le législateur de l'existence d'une catastrophe sanitaire sauf si cette appréciation est, en l'état des connaissances, manifestement inadéquate au regard de la situation d'ensemble.

Le Conseil peut donc contrôler l'exactitude des faits invoqués pour justifier la décision du législateur – car leur inexactitude pourrait éventuellement le mettre sur la piste d'une erreur manifeste d'appréciation-mais non la qualification de ces mêmes faits par le législateur.

Les mesures prises par le Premier ministre en application de l'état d'urgence sanitaire peuvent faire l'objet de recours devant le juge administratif. Ces recours sont instruits et jugés selon la procédure du référé qui permet au président d'une juridiction administrative d'ordonner toutes mesures nécessaires à la sauvegarde d'une liberté fondamentale. C'est là une garantie très importante. Si l'auteur du recours invoque la violation d'une règle de valeur constitutionnelle, la procédure de la QPC pourra être utilisée.

Par ailleurs, la loi du 23 mars 2020 qui a créé l'état d'urgence sanitaire demeure en vigueur. Cette loi a fait l'objet de critiques car, en cas de nouvelle crise sanitaire, elle permettrait au gouvernement d'exercer des pouvoirs aussi étendus que ceux qu'il a exercés en 2020 et 2021, même dans le cas où la gravité de la nouvelle crise ne le justifierait pas. Il convient de noter que ce n'est pas le cas dans la plupart des pays étrangers. En Espagne, par exemple, d'après l'article 116 de la Constitution espagnole, l'état d'urgence (que ce soit en matière sanitaire ou dans un autre domaine) peut être déclaré par décret approuvé en Conseil des ministres après autorisation du Congrès des députés. Mais l'autorisation et la proclamation de l'état d'urgence déterminent expressément les effets de celui-ci. En France, au contraire, tout se passe comme si l'état d'urgence en vigueur durant la crise de 2020 et 2021 avait été mis en mémoire et pouvait être réactivé comme un diable à ressort jaillissant d'une boîte.

618. Bibliographie

Albertini P. et Sicart I. (2001), *Histoire du septennat, 1873-2000*, Paris, Economica.

Baverez N. (2020), « Les libertés au temps du coronavirus », *Commentaires*, n° 170, 265-70.

Beaud O., Bargues C. (2018), *L'état d'urgence : étude constitutionnelle, historique et critique*, LGDJ.

Beaud O., (2019), *La république injuriée, Histoire des offenses au chef de l'État de la IIIe à la Ve République*, Paris, PUF,

Bedei J.-P. (2015), *Sur proposition du Premier ministre... dans les coulisses des remaniements,* Paris, L'Archipel.

Benetti J. (2014), « L'avis du Parlement, le choix du Prince » *in L'État, le droit, le politique – Mélanges en l'honneur de Jean-Claude Colliard*, Dalloz, p. 351-362.

Bourdon W. (2017), *Les dérives de l'État d'urgence*, Plon.

Caille P.-O. (2010), *L'inviolabilité présidentielle, contribution à l'étude des immunités en droit constitutionnel,* LGDJ.

Camby J.-P. (1996), « Un nouveau décret sur l'engagement des forces nucléaires », *RDP*, p. 1237-1243.

Capitant R. (1972), *Démocratie et participation politique*, Paris, Bordas.

Chantebout B., (2003) « Le président de la République Chef des armées », in *L'esprit des institutions, l'équilibre des pouvoirs, Mélanges en l'honneur de Pierre Pactet*, Dalloz p. 569 et s.

Cohendet M.-A.,

– (1993), *La cohabitation, leçons d'une expérience*, Paris, PUF.

– (2012), *Le président de la République*, Paris, Dalloz, 2e éd.

Colliard J.-C. (2012), « Les parrainages à l'élection présidentielle », in « L'élection présidentielle », dossier spécial, *NCCC*, n° 34, p. 13.

Commission Avril (2003), *Le statut pénal du président de la République*, Paris, La Documentation française.

Conac G., Luchaire Fr. (1999), *Le droit constitutionnel de la cohabitation. Bilan juridique d'une expérience politique, 23 mars 1986-8 mai 1988*, Paris, Economica.

Daugeron B. (2004), « La cohabitation et ses faux-semblants : réflexions sur le présidentialisme minoritaire », *RDP*, p. 67 et s.

Dosière R. (2007), *L'argent de l'Élysée*, Le Seuil, Paris.

François B. (2000), *Quinquennat. Conséquences politiques*, Paris, Economica.

Ghévontian R. (2009), « La révision de la Constitution et le président de la République », *RFDC*, n° 77, p. 119/132.

Gicquel J. (2014), « Variations sur la présidence normale de François Hollande » *in L'État, le droit, le politique. Mélanges offerts à Jean-Claude Colliard*, Dalloz, p. 305-318.

Giscard d'Estaing V.,

– (1988), *Le pouvoir et la vie*, Paris, Compagnie douze.

– (1991), *L'affrontement*, Paris, Compagnie douze.

Guettier Ch., Le Divellec A. (2003), *La responsabilité pénale du président de la République*, Paris, L'Harmattan.

Hennette-Vauchez S. et Slama S. (2017), « Le droit administratif de l'état d'urgence dans la durée », *AJDA*, n° 3, p 137.

Jan P. (2011), *Le président de la République au centre du pouvoir*, Paris, La Documentation française.

Lacroix B. et Lagroye J. (1992), *Le président de la République : Usages et genèses d'une institution*, Paris, Presses de la FNSP.

Levade A. (2010), « Les nouveaux équilibres de la Ve République », *RFDC*, p. 227.

Long M. (2003), « Le statut pénal du président de la République », *RFDC*, p. 871.

Luchaire F. et Conac G. (1987), *La Constitution de la République française*, Paris, Economica.

Massot J. (2007), *Alternance et cohabitation*, Paris, La Documentation française.

Milacic S. (2013), « Les ambiguïtés du rapport français au président de la République », in *Constitutions*, n° 1, p. 7-21.

Millard E., Halperin J.-L., Hennette S. (dir.), (2017), *L'état d'urgence*, Paris, Presses Paris-Nanterre.

Revue *Pouvoirs*

– (1979), « Les pouvoirs de crise », n° 10.

– (1987), « Le président », n° 41.

Prétot X. (2001), « Quand la Cour de cassation donne une leçon de droit au Conseil constitutionnel. À propos de la responsabilité pénale du président de la République », *RDP*, p. 1625 et s.

Raynaud P. (2017), *L'esprit de la Ve République. L'histoire, le régime, le système*, Paris, Perrin.

Richir I.,

– (1998), *Le président de la République et le Conseil constitutionnel*, Paris, PUF.

– (1999), « Le chef de l'État et le juge constitutionnel, gardiens de la Constitution », *RDP*, p. 1047-1066.

– (2008) « Le pouvoir de faire grâce : un réaménagement *a minima* », *PA*, n° 254, p. 27/31.

Rosseto J. (2008), « Un nouveau droit de message : l'article 18 de la Constitution », *PA*, n° 254, p. 32/34.

Saint-Bonnet F.,

– (2001), *L'état d'exception*, Paris, PUF.

– (2008) « Le bien, le mieux et l'ennemi du bien (considérations sur le nouvel article 16 de la Constitution) », *PA*, n° 254, p. 24/26.

Salas D. (2016), « La banalisation dangereuse de l'état d'urgence » *Études*, p. 29-40.

Sarkozy N. (2006), *Témoignage*, Éditions XO.

Savonitto F. (2014), « Un président enfin responsable politiquement », *Constitutions*, p. 450-457.

Schmitt C. (1993), *Théorie de la Constitution*, Paris, PUF.

Schrameck O. (2006), *Les cabinets ministériels*, Dalloz.

Sponchiado L. (2017), *La compétence de nomination du président de la Cinquième République*, Paris, Dalloz.

Yolka Ph. (1999), « Le pouvoir de nomination du chef de l'État sous la Cinquième République », *RDP*, n° 3, p. 719.

Zoller E. (1992), *Droit des relations extérieures*, Paris, PUF.

Section 2
Le gouvernement

619. La Constitution est brève sur le gouvernement, dont elle traite dans les quatre articles de son titre III. Ils suffisent cependant pour marquer un changement par rapport à ce qu'était la situation sous la IVe République.

§1. L'organisation du gouvernement

A. Nomination et révocation des membres du gouvernement

620. Les règles relatives à la nomination et à la révocation des membres du gouvernement sont fixées par l'article 8 C :

« *Le président de la République nomme le Premier ministre. Il met fin à ses fonctions sur la présentation par celui-ci de la démission du gouvernement* ».

« *Sur la proposition du Premier ministre, il nomme les autres membres du gouvernement et met fin à leurs fonctions* ».

621. L'institution du Premier ministre. – Elle s'inscrit dans une tradition qui remonte aux débuts de la IIIe République et que la Constitution de 1946 avait sanctionnée : le Premier ministre a une existence constitutionnelle et son autorité au sein du cabinet est expressément reconnue. Sans doute, il cesse d'être qualifié de président du Conseil puisque cette fonction appartient au président de la République, mais du moins, il n'est pas vis-à-vis des autres ministres, simplement *primus inter pares* : il a des compétences propres.

622. Nomination des membres du gouvernement. – Dans la plupart des régimes parlementaires, la composition du gouvernement est dictée par la majorité parlementaire. Il en va autrement sous la Ve République en dehors des périodes de cohabitation. En effet, c'est le président de la République qui *nomme* le Premier ministre et, sur la proposition de celui-ci, les autres membres du gouvernement. Sans doute le président de la République tient-il compte dans son choix de la situation parlementaire, mais c'est là une question d'opportunité à laquelle il répond librement. Il dispose toujours d'un choix réel car en France, contrairement à ce qui se passe par exemple en Grande-Bretagne, on ne trouve généralement pas, à la tête de la majorité parlementaire, un leader unique et incontesté. On peut d'ailleurs considérer que c'est le président qui est le véritable chef de la majorité. D'après l'esprit du régime, c'est donc essentiellement du chef de l'État que procède le gouvernement et le président n'est donc même pas obligé de choisir son Premier ministre parmi les membres importants de la majorité parlementaire. C'est ainsi que G. Pompidou en avril 1962, R. Barre en août 1976, J.-P. Raffarin en avril 2002, et Dominique de Villepin en juin 2005 ont été nommés à Matignon alors qu'ils n'étaient pas à la tête d'un parti, et que (à l'exception de J.-P. Raffarin) ils n'avaient même jamais été titulaires d'un mandat parlementaire. En Grande-Bretagne, seul le leader du parti majoritaire a vocation à devenir Premier ministre. En France, cette relation est parfois inversée. C'est parce qu'une personnalité a été désignée comme Premier ministre qu'elle fait ensuite figure de leader. Tel a été notamment le cas de G. Pompidou et de R. Barre. En 2017, E. Macron a choisi comme Premier ministre Édouard Philippe, membre relativement peu connu du parti Les Républicains, qui n'était pas le chef d'un groupe important au sein de l'Assemblée nationale nouvellement élue. Le choix de ce Premier ministre n'était donc nullement dicté par l'arithmétique parlementaire. Le choix de son deuxièmen Premier ministre, Jean Castex, en 2020, ne l'était pas davantage.

En période de cohabitation, la situation est évidemment différente. Sous peine de provoquer une crise grave, le président peut être obligé de choisir comme Premier ministre une personnalité qui l'a combattu dans le passé, et qui le combattra sans doute encore dans l'avenir. Mais on ne saurait affirmer pour autant que son rôle dans la formation du gouvernement est purement formel. En effet, la nomination de chaque membre du gouvernement nécessite l'accord du Premier ministre et du président. Il y a donc place pour des négociations, surtout lorsqu'il s'agit de pourvoir les postes ministériels concernant les secteurs d'activité sur lesquels le chef de l'État estime avoir un droit de regard particulier : Affaires étrangères, Défense nationale, etc.

623. Rôle du Parlement. La querelle de l'article 49 alinéa 1. – Le gouvernement existe juridiquement dès sa nomination sans avoir besoin d'avoir reçu une investiture de l'Assemblée nationale ou d'avoir fait l'objet d'un vote de confiance de sa part.

Cependant comme le gouvernement a besoin, pour agir, de la confiance de l'Assemblée, il pourrait sembler souhaitable que, dès sa formation, il demande un vote de celle-ci conformément à l'article 49 alinéa 1er qui dispose que « *le Premier ministre, après délibération du Conseil des ministres engage devant l'Assemblée nationale la responsabilité du gouvernement sur son programme ou sur une déclaration de politique générale* ». Une partie de la doctrine a même soutenu qu'une telle démarche serait juridiquement obligatoire. On peut évidemment invoquer en ce sens la tradition parlementaire française antérieure à 1958 car, sous la IIIe et la IVe Républiques, la formation d'un nouveau gouvernement devait toujours être sanctionnée par un vote de confiance. Mais l'argument n'est pas convaincant dans la mesure où précisément, sur bien des points, la Constitution de 1958 marquait une volonté de rupture par rapport à la tradition antérieure. Il est vrai que les termes utilisés dans l'article 49 alinéa 1 pourraient donner le sentiment d'une obligation puisqu'il est dit que le Premier ministre « engage » la responsabilité du gouvernement et non pas simplement qu'il « peut l'engager ». Mais le texte ne précise pas à quel moment doit se situer cet engagement. De plus, l'article 49 alinéa 1 subordonne l'engagement de responsabilité à une délibération du Conseil des ministres. Or, s'il y a lieu de délibérer, c'est que le déclenchement de la procédure n'est jamais complètement automatique.

En sens inverse, on peut invoquer l'esprit du parlementarisme rationalisé, auquel se rattache la Constitution de 1958 : étant présumé avoir la confiance du Parlement, le gouvernement n'est pas tenu d'en faire la démonstration. La procédure de la question de confiance est donc, à son égard, facultative.

C'est effectivement dans cet esprit que la Constitution a été appliquée. Le recours à l'article 49 alinéa 1 a toujours été considéré comme une question d'opportunité politique que le Premier ministre apprécie librement. Aussi la pratique est-elle extrêmement fluctuante. Parmi les gouvernements qui se sont succédé depuis les débuts de la Ve République, certains, comme le gouvernement Valls formé en avril 2014, ont sollicité quelques jours plus tard un vote de confiance de l'Assemblée nationale, d'autres, comme le gouvernement Rocard formé le 10 mai 1988, ont attendu[32] un ou deux ans avant de le faire ; d'autres enfin, comme le gouvernement Édith Cresson formé le 15 mai 1991, n'ont jamais eu recours à l'article 49 alinéa 1.

Il convient de noter que, selon la procédure de l'article 49 alinéa 1, la confiance peut être refusée au gouvernement à la majorité simple, alors

32. Le gouvernement Rocard a engagé sa responsabilité devant l'Assemblée nationale le 16 janvier 1991, à propos de la crise du Golfe consécutive à l'invasion du Koweit par l'armée irakienne.

qu'une motion de censure (art. 49 al. 2 et 3) ne peut être adoptée qu'à la majorité absolue des députés composant l'Assemblée nationale (v. *infra* n° 698). Un gouvernement qui n'est pas très sûr de son soutien parlementaire n'a donc pas intérêt à déclencher l'application de cette procédure. En réalité, comme aucune sanction n'est possible, à part la motion de censure, contre un Premier ministre qui refuse d'engager sa responsabilité, celui-ci ne le fait que s'il y trouve un avantage politique (donner le sentiment qu'il tient compte de l'Assemblée nationale, compter sa majorité, etc).

624. La révocation des ministres. – C'est le président de la République qui met fin aux fonctions du Premier ministre et des autres membres du gouvernement (art. 8). Mais juridiquement tout au moins il ne peut pas le faire de sa propre initiative.

En ce qui concerne le Premier ministre, la liberté du président de la République est en principe très réduite. En effet, l'article 8 dit qu'il met fin aux fonctions du Premier ministre « *sur la présentation par celui-ci de la démission du gouvernement* ». Il en résulte que, juridiquement tout au moins, ne peut être remercié qu'un Premier ministre qui a demandé à être relevé de ses fonctions. Par conséquent, le président de la République ne pourrait révoquer un Premier ministre qui, fort de la confiance de l'Assemblée nationale, entendrait demeurer à la tête du gouvernement. Devant le Comité constitutionnel, lors de l'élaboration de la Constitution, le général de Gaulle lui-même avait déclaré que le président de la République ne pouvait pas révoquer le Premier ministre.

Cette interprétation qui résulte des termes non équivoques de l'article 8 pourrait toutefois susciter des difficultés au cas où le président de la République, exerçant son pouvoir d'arbitrage, se heurterait aux vues du Premier ministre exerçant son pouvoir gouvernemental. Sous la IVe République, le président du Conseil n'avait à se soucier que de l'éventualité d'un conflit avec le Parlement ; sous la Ve, le Premier ministre doit également envisager celle d'une divergence de vues avec le président de la République.

Il est vrai que, depuis l'entrée en vigueur de la Constitution et jusqu'en mars 1986, l'évolution politique avait donné au Premier ministre une situation telle que cette divergence paraissait inconcevable. Instrument de la politique présidentielle, il était entièrement subordonné au président. Pour bien marquer cette subordination, le général de Gaulle, dans sa conférence de presse du 31 janvier 1964, a déclaré qu'il lui appartenait de révoquer le Premier ministre : « *le président de la République*, a-t-il dit, *qui choisit le Premier ministre, qui le nomme ainsi que les autres membres du gouvernement, qui a la faculté de le changer, soit parce que se trouve accomplie la tâche qu'il lui destinait et qu'il veuille s'en faire une réserve en vue d'une phase ultérieure, soit parce qu'il ne l'approuverait plus...* ».

C'était là, évidemment, la description d'un pouvoir présidentiel qui correspondait à une situation de fait, mais dont on trouverait difficilement l'origine dans l'article 8, d'où il ressort que le président de la République ne peut mettre fin aux fonctions du Premier ministre que si celui-ci lui remet la démission du gouvernement. La lettre de la Constitution était d'ailleurs respectée car le président de la République a toujours obtenu la démission du Premier ministre dont il entendait se séparer. Mais cette démission peut être forcée. Ce fut le cas, en 1972, de celle de J. Chaban-Delmas qui n'aurait vraisemblablement pas sollicité un vote de confiance de l'Assemblée nationale s'il avait eu l'intention d'abandonner quelques jours après la direction du gouvernement. Que cette confiance lui ait été accordée et que, cependant, G. Pompidou l'ait remplacé par P. Messmer montre bien que le président entendait rester seul maître du choix du chef du gouvernement. En 1976 J. Chirac a également donné sa démission, mais il a été expressément signifié que cette attitude lui était dictée par sa divergence de vues avec le président.

Cette faculté de révocation indirecte n'avait été rendue possible que par la coïncidence entre la majorité parlementaire et la majorité présidentielle, et par l'idée, non inscrite dans la Constitution mais très généralement admise, que la tâche du gouvernement était d'appliquer une politique déterminée par le président de la République. Elle cesse donc d'exister durant les périodes de cohabitation.

Il est également d'usage que le Premier ministre remette la démission du gouvernement au président de la République après chaque renouvellement de l'Assemblée nationale, même si la politique gouvernementale se trouve confirmée par le résultat de l'élection. Il peut évidemment être immédiatement renommé.

Quant aux membres du gouvernement, le président de la République les révoque à la demande du Premier ministre. Celui-ci tient donc de la Constitution le pouvoir de mettre fin aux fonctions des membres de son équipe. Cette procédure peut être utilisée pour sanctionner une atteinte à la solidarité gouvernementale. Ainsi, en juillet 2013, Delphine Batho, ministre de l'Écologie, a-t-elle été révoquée pour avoir publiquement qualifié de « mauvais » le projet de budget 2014 qui venait d'être adopté par le gouvernement.

B. Composition du gouvernement

625. La composition du gouvernement n'est régie par aucune disposition législative ou constitutionnelle. Le nombre et la nature des portefeuilles ministériels, ainsi que les titres conférés aux membres du gouvernement, sont variables. La pratique permet néanmoins de dégager certains usages ou certaines tendances.

626. Le nombre des portefeuilles. – Si l'on observe l'évolution de la composition des gouvernements sur une période relativement longue (de la fin du XIXe siècle à nos jours par exemple), on constate une tendance assez nette à l'augmentation du nombre des portefeuilles ministériels. Cette augmentation s'explique en partie par le fait que l'État intervient de plus en plus dans la vie économique et sociale. Des ministères tels que la Défense nationale, les Affaires étrangères, l'Intérieur, la Justice ou même l'Éducation – qu'on appelait autrefois l'Instruction publique – existent depuis très longtemps parce qu'ils correspondent à des fonctions traditionnelles de l'État. Mais à côté de ces grands ministères, on en trouve aujourd'hui bien d'autres qui servent à concevoir et à mettre en œuvre une politique d'intervention dans un secteur économique ou social particulier (par exemple ministre du Développement durable et de l'Énergie, ou encore ministre chargé de la Dépendance et des personnes âgées). Parfois même, l'intitulé d'un ministère semble s'inspirer d'une promesse électorale : c'est ainsi que, dans le gouvernement Ayrault tel qu'il était constitué en juin 2012, on trouvait un ministre chargé du « redressement productif ». Cette tendance s'explique également par des facteurs proprement politiques. Par exemple le caractère composite de certaines majorités parlementaires pousse à l'inflation, car chaque parti, ou chaque courant à l'intérieur d'un parti, insiste pour être représenté au sein du gouvernement. Et pour manifester leur volonté de lutter contre toutes les discriminations, le président de la République et le Premier ministre ne doivent pas oublier de nommer un nombre important de femmes (autant que d'hommes si possible) et de recruter quelques personnalités issues de l'immigration récente. Il arrive cependant que le président de la République, ou le Premier ministre, envisage de constituer une équipe plus resserrée, afin de renforcer la cohésion gouvernementale et de montrer à l'opinion publique que l'on entend pratiquer une gestion à la fois efficace et économe. Mais ils n'y parviennent pas toujours (Bédéi, 2015).

Depuis les débuts de la Ve République, le nombre des membres du gouvernement a varié entre un minimum de 25 (gouvernement Pompidou de décembre 1962) et un maximum de 48 (gouvernement Rocard de juin 1988). Les gouvernements formés sous la présidence d'Emmanuel Macron se situent dans la moyenne.

En dehors de l'influence qu'ils peuvent exercer au sein du Conseil des ministres ou du Conseil de cabinet[33], les ministres individuellement considérés ont des compétences administratives. Ils dirigent l'ensemble des services administratifs rattachés à leurs ministères. Ils sont les chefs de leur département ministériel et doivent veiller, à ce titre, à ce que les directives gouvernementales soient appliquées par leurs services. Leurs attributions sont fixées par décret délibéré en Conseil des ministres (*Pouvoirs*, « Le ministre », n° 36, 1986).

Mais surtout ce sont eux qui préparent les projets de loi relatifs au domaine de compétence de leur ministère et auxquels ils cherchent à attacher leurs noms, ainsi que les textes d'application. Selon les attributions du ministère, il peut en résulter pour certains d'entre eux au moins un pouvoir politique important.

627. La hiérarchie interne. – On distingue traditionnellement les ministres d'État, les ministres ordinaires, les ministres délégués et les secrétaires d'État.

Ministre d'État : c'est un titre simplement honorifique conféré à des personnalités qui incarnent une composante importante de la majorité

33. Un Conseil de cabinet est une réunion des ministres sous la présidence du Premier ministre et non sous celle du président de la République, à la différence du Conseil des ministres.

parlementaire. Ils figurent en tête de la liste des membres du gouvernement et c'est généralement à l'un d'eux que l'on confie l'intérim du Premier ministre lorsque celui-ci est absent.

Ministre ordinaire (ou de plein exercice) : c'est un membre du gouvernement placé à la tête d'un département ministériel autonome.

Ministre délégué (ou ministre auprès de) : c'est un ministre délégué auprès d'un autre membre du gouvernement, parfois auprès du Premier ministre lui-même, et son rôle consiste à mettre en œuvre dans un secteur particulier la politique décidée par ce membre du gouvernement.

Secrétaires d'État : ils sont généralement dans la même situation que les ministres délégués, c'est-à-dire qu'ils sont rattachés à un autre membre du gouvernement, mais leur position dans la hiérarchie gouvernementale est moins élevée que celle des ministres délégués. Ils figurent tout à fait à la fin de la liste des membres du gouvernement et pendant très longtemps, ils ne participaient pas au Conseil des ministres, sauf lorsque l'une des affaires inscrites à l'ordre du jour touchait à leurs attributions. Mais depuis quelques années, tous les membres du gouvernement participent au Conseil des ministres.

Dans les gouvernements formés sous la présidence d'Emmanuel Macron, la hiérarchie interne est relativement peu marquée, toutes les décisions importantes étant prises à l'Élysée. Elle n'est que formelle et consiste principalement dans l'ordre d'énumération des membres du gouvernement et les titres qui leur sont donnés : ministres d'État, ministres, ministres délégués et secrétaires d'État.

628. Les ministres et leurs collaborateurs. – Traditionnellement, en France, chaque ministre dispose d'un ensemble de collaborateurs qu'il choisit de façon discrétionnaire et que l'on désigne collectivement sous le nom de « cabinet ministériel ». Les membres de ces cabinets possèdent des connaissances techniques qui leur permettent de conseiller utilement le ministre. Ils sont habituellement choisis soit au sein de l'un des grands corps de l'État (Conseil d'État, inspection des finances, Cour des comptes, corps des mines, etc.) soit parmi les agents de l'administration dont les idées sont proches de celles du ministre. Une circulaire prise par Édouard Philippe a limité les effectifs de ces cabinets : pas plus de 10 pour un ministre, pas plus de 8 pour un ministre délégué, pas plus de 5 pour un secrétaire d'État. Cette limitation permet de réaliser des économies mais ce n'est peut-être pas là sa justification principale. Il s'agit probablement aussi de limiter l'influence des ministres et d'augmenter celle des directeurs d'administration centrale, qui sont directement choisis par le président de la République, d'autant plus que celui-ci est intervenu dans le choix des membres de certains cabinets ministériels (v. *infra* n° 639).

§2. Le statut des membres du gouvernement

629. L'incompatibilité de la fonction de ministre avec d'autres activités. – L'article 23 C dispose que « *les fonctions de membre du gouvernement sont incompatibles avec l'exercice de tout mandat parlementaire, de toute fonction de représentation professionnelle à caractère national et de tout emploi public ou de toute activité professionnelle* ». Bien que sa portée soit très large, l'article 23 C laissait aux membres du gouvernement la possibilité d'exercer un mandat représentatif local, et notamment un mandat de chef d'un exécutif local (maire, président d'un Conseil général, président d'un Conseil régional ou encore président d'un syndicat de communes). Mais cette possibilité a été sévèrement restreinte car une loi organique adoptée en 2014 prévoit qu'à compter de 2017 les fonctions ministérielles seront également incompatibles « avec l'exercice de fonctions exécutives au sein des collectivités territoriales et des établissements de coopération constitués entre elles ». Conformément aux recommandations du rapport de la Commission Jospin, le président de la République et son gouvernement entendent ainsi limiter le cumul des mandats aussi bien d'ailleurs pour les parlementaires que pour les membres du gouvernement (v. *infra* n° 659). Mais en ce qui concerne ces derniers, cette incompatibilité a déjà été rendue effective, par décision du président de la République, alors qu'elle n'était pas encore inscrite dans la loi.

Étant donné la généralité des termes de l'article 23 dans sa rédaction actuelle, les ministres se voient pratiquement interdire toute activité professionnelle autre que celle exigée par leur fonction gouvernementale, mais on n'examinera ici que l'aspect le plus controversé de ces incompatibilités, c'est-à-dire l'incompatibilité avec le mandat parlementaire.

630. Signification de l'incompatibilité. – En faveur de l'incompatibilité, on a invoqué des arguments pratiques et des arguments théoriques.

Le principal argument pratique que l'on faisait valoir en 1958 est que l'incompatibilité renforcerait la solidarité ministérielle et la stabilité gouvernementale, parce qu'un parlementaire devenu ministre saurait qu'il ne retrouverait pas automatiquement son siège s'il quittait le gouvernement. Mais la discipline du ou des parti(s) majoritaire(s), telle qu'elle s'exerce sous la Ve République, suffit en fait à garantir cette stabilité, au moins dans la plupart des cas. De plus, depuis la réforme constitutionnelle de 2008, un ancien ministre peut retrouver son siège s'il le souhaite (v. *infra* n° 631) et l'incompatibilité ne peut donc plus être justifiée en invoquant son caractère soi-disant dissuasif.

Les arguments théoriques, d'ailleurs contradictoires, étaient tirés d'interprétations classiques de la séparation des pouvoirs. Ils pouvaient consister dans l'idée que sous la IIIe République, le Parlement exerçait non seulement le pouvoir législatif, mais aussi, à travers ses membres devenus ministres, le pouvoir exécutif. La séparation des pouvoirs exigeait donc que les ministres ne soient pas des parlementaires. C'est donc l'exécutif que l'incompatibilité visait, selon cette doctrine, à protéger. Mais, à l'inverse, on soutenait aussi –

l'argument avait déjà été utilisé en 1791 – que les ministres parlementaires pourraient exercer sur leurs collègues au Parlement une influence telle que c'est entre leurs mains que seraient concentrés les pouvoirs.

Aucun de ces arguments n'est vraiment convaincant. Les arguments tirés de la séparation des pouvoirs ne tiennent aucun compte du phénomène majoritaire, qui conduit toujours à concentrer les pouvoirs entre les mains de la majorité du moment, qui exerce le pouvoir à la fois à l'Assemblée et au gouvernement. L'incompatibilité n'y change rien et il n'existe aucune différence à cet égard entre la situation du Royaume-Uni, où l'incompatibilité n'existe pas, et celle de la France.

Dans la pratique, la plupart des parlementaires devenus membres du gouvernement ne se détachent nullement de la circonscription dans laquelle ils ont été élus. Souvent, ils conservent un mandat d'administration locale, autre que la direction d'un exécutif territorial, ce qui leur permet de rester en contact avec leurs électeurs. Ils se représentent lors du renouvellement de l'assemblée, car si l'incompatibilité interdit à un membre du gouvernement d'exercer un mandat parlementaire, elle ne l'empêche nullement d'être candidat (v. *infra* n° 594). Les liens qui unissent le personnel gouvernemental et le personnel parlementaire demeurent donc assez étroits.

En vertu d'une règle coutumière, un ministre qui s'est présenté aux élections et qui a été battu doit démissionner du gouvernement, car on considère qu'il a été désavoué par ses électeurs. Mais il n'y a là aucune automaticité. Le Premier ministre, ou le président de la République, peut décider qu'un membre du gouvernement sera maintenu en fonction en dépit de l'échec électoral qu'il a subi, en raison du prix qu'il attache à sa collaboration. C'est ainsi qu'en 1967, Couve de Murville a conservé le portefeuille des affaires étrangères bien qu'il ait été battu aux élections législatives auxquelles le général de Gaulle l'avait poussé à se présenter.

Les ministres choisis en dehors du Parlement sont cependant plus nombreux qu'ils ne l'étaient avant 1958. Mais ce phénomène est en partie lié au rôle que joue le chef de l'État dans la formation du gouvernement (v. *supra* n° 620). Des départements ministériels importants, comme les Relations extérieures ou la Justice, et même le poste de Premier ministre, ont été parfois confiés à des personnalités qui n'avaient pas de représentativité politique, mais qui possédaient des compétences techniques, et auxquelles le chef de l'État accordait sa confiance. Mais si ces personnalités entendent poursuivre une carrière politique, elles finissent généralement, tôt ou tard, par briguer un mandat parlementaire. Tel fut notamment le cas de G. Pompidou et de R. Barre.

La seule véritable conséquence de l'incompatibilité était de provoquer des élections législatives partielles à la suite des remaniements ministériels : le ministre sortant tentait, parfois avec succès, de persuader son suppléant de démissionner pour pouvoir se présenter à l'élection qui devait nécessairement avoir lieu. Il est d'ailleurs expressément interdit à ce suppléant de se présenter aux élections législatives suivantes contre la personne qu'il secondait.

Mais une élection partielle est toujours coûteuse et son résultat ne peut jamais être garanti, surtout si elle a lieu à un moment où la politique de la majorité est impopulaire. C'est pourquoi, sans revenir sur le principe même de l'incompatibilité, parce qu'elle a acquis une valeur symbolique dans la tradition gaulliste, on s'est finalement résolu à en assouplir les modalités, afin d'éviter des élections partielles trop fréquentes. D'après le nouvel alinéa 2 de l'article 25 C, modifié par la loi constitutionnelle du 23 juillet 2008, le député ou le sénateur nommé à des fonctions gouvernementales est remplacé à titre temporaire, jusqu'à la cessation desdites fonctions, et non plus, comme auparavant, jusqu'au renouvellement total ou partiel de l'assemblée dont il faisait partie.

631. Modalités d'application de l'article 23. - Les conditions d'application pratique du principe posé par l'article 23 sont énoncées par l'ordonnance portant loi organique du 17 novembre 1958 modifiée par la loi organique du 13 janvier 2009. Ce texte décide notamment que l'incompatibilité ne prend effet qu'un mois après la nomination du parlementaire au gouvernement. Pendant ce délai, le siège qu'il occupait au Parlement demeure vacant[34]. À l'expiration d'un délai d'un mois suivant la cessation de ses fonctions gouvernementales, l'ancien ministre peut reprendre l'exercice de son mandat parlementaire. Toutefois, s'il y renonce avant l'écoulement de ce délai, son remplacement devient définitif jusqu'au renouvellement de l'assemblée dont il faisait partie.

L'ordonnance prévoit aussi (art. 2, 3, 4) les modalités de remplacement du parlementaire dans les fonctions qu'il occupait antérieurement à son entrée au ministère. Enfin, pour amortir les incidences pécuniaires de l'incompatibilité, la personne qui a dû abandonner une fonction ministérielle perçoit pendant six mois, à dater de la cessation de ses fonctions gouvernementales, une indemnité égale au traitement qui lui était alloué en sa qualité de membre du gouvernement. Cette disposition cesse de s'appliquer lorsque l'intéressé a retrouvé son siège ou lorsqu'il a repris une activité rémunérée (art. 5).

En outre, *le fait d'avoir été membre du gouvernement interdit, pendant un certain temps, l'exercice de certaines activités*. En effet, l'article 6 de l'ordonnance du 17 novembre 1958 dispose qu'« *aucune personne ayant eu la qualité de membre du gouvernement ne peut occuper des fonctions incompatibles avec un poste ministériel si elle n'a cessé de faire partie du gouvernement depuis au moins six mois, à moins qu'il ne s'agisse de fonctions déjà exercées par elle antérieurement à sa nomination en qualité de membre du gouvernement* ».

Il faut observer enfin que l'article 23 établit une incompatibilité ; il ne crée pas une inéligibilité. Par conséquent, il ne s'oppose pas à ce qu'un ministre en exercice soit élu député ou sénateur. Il doit seulement dans ce cas opter pour le mandat parlementaire ou pour la fonction ministérielle.

34. Ceci peut d'ailleurs poser un problème lorsque l'assise parlementaire du gouvernement est relativement faible. En juin 1988, par exemple, les membres du gouvernement Rocard II n'ont pu être nommés qu'après que le président de l'Assemblée nationale ait été élu ; s'il en avait été autrement, des voix sans doute décisives auraient manqué au candidat du parti socialiste, L. Fabius.

632. La responsabilité pénale des membres du gouvernement. – Le champ de la responsabilité pénale des membres du gouvernement est défini de façon large : aux termes de l'article 68 C, ils sont pénalement responsables des actes « *accomplis dans l'exercice de leurs fonctions et qualifiés crimes ou délits au moment où ils ont été commis* ».

Mais, avant la réforme constitutionnelle de juillet 1993, cette responsabilité pénale ne pouvait être mise en œuvre que selon la procédure applicable au président de la République en cas de haute trahison : mise en accusation par les deux Chambres et jugement éventuel par la Haute Cour (v. *supra* n° 598).

Plusieurs affaires, et spécialement l'affaire dite « du sang contaminé », ont montré que ce système fonctionnait plutôt mal. Les victimes, c'est-à-dire les personnes qui, au début des années 1980 avaient été contaminées par le virus du sida à la suite d'une transfusion sanguine, ou les familles de ces victimes, auraient voulu poursuivre non seulement les dirigeants du Centre national de transfusion sanguine mais aussi certains membres du gouvernement de l'époque, auxquels on reprochait de ne pas avoir donné d'instructions pour empêcher l'utilisation des stocks contaminés. Mais, d'une part, ces victimes et leurs familles ne pouvaient pas déclencher elles-mêmes les poursuites puisque la mise en accusation était exclusivement réservée aux assemblées parlementaires et, d'autre part, au sein de chaque assemblée, les débats sur la mise en accusation reproduisaient souvent les vieux clivages politiques : en d'autres termes, la mise en accusation était d'autant plus facilement votée que la personne visée n'appartenait pas (ou n'appartenait plus) à la tendance majoritaire au sein de l'Assemblée.

La réforme du 21 juillet 1993 a mis fin à ce système : un titre nouveau (titre X), intitulé « De la responsabilité pénale des membres du gouvernement », a été inséré dans la Constitution. Il s'agit en réalité d'une responsabilité mi-pénale, mi-politique, qui déroge encore assez profondément au droit commun de la responsabilité pénale, mais dont la mise en œuvre est tout de même moins difficile que dans le système antérieur. Il y a deux différences importantes par rapport à ce système :

a) Le déclenchement des poursuites ne dépend plus des assemblées parlementaires. Toute personne qui se prétend lésée par un crime ou un délit commis par un membre du gouvernement dans l'exercice de ses fonctions peut porter plainte auprès d'une commission des requêtes composée de magistrats membres de la Cour de cassation, du Conseil d'État et de la Cour des comptes. La commission des requêtes peut être saisie non seulement par une personne privée mais aussi par le procureur général près la Cour de cassation, qui est le plus haut magistrat du parquet.

La commission des requêtes décide soit de classer la plainte, soit d'y donner suite.

b) Si la commission des requêtes décide de donner suite, le dossier est transmis à une commission d'instruction qui, après un nouvel examen, peut ordonner le renvoi de l'affaire devant la juridiction de jugement c'est-à-dire devant la Cour de justice de la République qui comprend douze parlementaires (élus en leur sein et en nombre égal, par l'Assemblée nationale et par le

Sénat après chaque renouvellement général ou partiel de ces assemblées) et trois magistrats du siège à la Cour de cassation. La présidence de la Cour de justice de la République est assurée par l'un de ces trois magistrats.

La Cour de justice de la République a rendu son premier arrêt le 9 mars 1999 à l'issue du procès des trois anciens ministres qui avaient été mis en examen dans le cadre de l'affaire du sang contaminé : Laurent Fabius, Georgina Dufoix et Edmond Hervé ; les deux premiers ont été relaxés, le troisième a été reconnu coupable tout en étant dispensé de peine.

Vingt-deux ans plus tard, la Cour de justice de la République qui, dans l'intervalle, n'avait eu à connaitre que de quelques affaires moins médiatisées que celle du sang contaminé, risque de se retrouver au coeur de l'actualité car elle va probablement devoir juger des membres du gouvernement qui étaient en fonction durant la crise du coronavirus entre début mars et fin mai 2020. Il s'agit notamment d'Agnès Buzyn, ex-ministre de la Santé et du Premier ministre lui-même, Édouard Philippe, auxquels certains reprochent d'avoir commis des fautes d'imprudence ou de négligence ayant entraîné la mort de nombreuses personnes. Mais, ce faisant, la Cour va probablement se heurter aux difficultés qu'elle avait déjà rencontrées au moment de l'affaire du sang contaminé et qui l'avaient alors empêchée de rendre une décision de nature à apaiser les passions.

En premier lieu, la Cour n'est compétente que pour juger les ministres eux-mêmes ; la responsabilité des complices ou coauteurs des actes qui leur sont reprochés ne peut être mise en œuvre que devant les juridictions répressives de droit commun, même s'ils sont fonctionnaires. Afin de respecter les droits de ces complices ou coauteurs, la Cour devra probablement renoncer à les entendre sous serment et elle ne pourra donc pas disposer de tous les témoignages qui seraient utiles à la manifestation de la vérité.

En second lieu, bien que les victimes puissent être à l'origine des poursuites, il leur est interdit de se porter partie civile devant la Cour ; elles sont donc totalement absentes de la procédure et ne peuvent soulever aucun argument tendant à établir la culpabilité des accusés ; tout au plus peuvent-elles être entendues comme témoins ; et le procureur peut requérir l'acquitement des ministres mis en accusation, soit parce qu'il est convaincu de leur innocence, soit parce qu'il cherche à s'attirer les faveurs du gouvernement pour la suite de sa carrière. Le procès risque donc de paraître scandaleusement déséquilibré. On a dit que les victimes étaient en quelque sorte « bâillonnées » et que, de ce fait, la procédure n'était pas vraiment contradictoire, comme elle devrait normalement l'être.

En 2021, de nombreuses plaintes dirigées contre des membres du gouvernement ont été déclarées recevables par la commission d'instruction de la Cour de justice de la République. En particulier, le ministre de la Justice, Éric Dupont-Moretti, doit être traduit devant cette juridiction pour prise illégale d'intérêts. À l'occasion de ces procès, la Cour devra prendre position sur des affaires qui ont de nombreuses implications politiques et juridiques. Une lourde responsabilité pèse sur elle.

En 2017, le président Macron avait fait déposer un projet de révision de la Constitution prévoyant la suppression de la Cour de justice de la République. La responsabilité des ministres subsisterait mais ils ne bénéficieraient plus d'un privilège de juridiction. Ils seraient jugés par des magistrats de la cour d'appel de Paris. Mais ce projet n'a pas été adopté et il n'a aucune chance de l'être dans un avenir proche en raison des tensions existant entre le Sénat et la majorité présidentielle.

On pourrait cependant éviter de réunir la Cour de justice de la République si les ministres mis en accusation acceptaient d'être jugés par les tribunaux de droit commun, comme leurs complices non-membres du gouvernement, et renonçaient à soulever leur privilège de juridiction. Cela s'est déjà produit en 2007 quand Dominique de Villepin, poursuivi pour dénonciation calomnieuse, s'est abstenu de soulever l'incompétence du tribunal correctionnel.

Dans la pratique, la question se pose parfois de savoir si un ministre ou un secrétaire d'État mis en cause dans une affaire judiciaire peut rester membre du gouvernement. Juridiquement rien ne le lui interdit car, tout comme les simples particuliers, il doit bénéficier de la présomption d'innocence aussi longtemps qu'il n'a pas été définitivement condamné. Il y avait autrefois un usage, connu sous le nom de jurisprudence Balladur, selon lequel un ministre mis en examen donnait sa démission pour préparer sa défense et parce que son maintien en fonction risquait de gêner le gouvernement. Mais cet usage n'a jamais eu un caractère obligatoire. En pratique, c'est le président de la République qui apprécie si l'imputation est suffisamment grave pour justifier la mise à l'écart du ministre concerné. C'est ainsi que, en 2021 le président Macron a renouvelé sa confiance à son ministre de la Justice, Éric Dupont-Moretti, alors que celui-ci venait d'être mis en examen pour prise illégale d'intérêts (v. *supra*).

633. La situation patrimoniale des membres du gouvernement. – La lutte contre la corruption implique une certaine surveillance exercée sur les biens personnels des membres du gouvernement.

De même que les parlementaires, les élus locaux et les personnes chargées d'un service public, les membres du gouvernement « *doivent veiller à prévenir ou à faire cesser immédiatement tout conflit d'intérêts* » (art. 1er de la loi n° 2013-907 du 11 octobre 2013). Aux termes de cette même loi « constitue un conflit d'intérêts toute situation d'interférence entre un intérêt public et des intérêts publics ou privés, de nature à influencer ou paraître influencer l'exercice indépendant, impartial et objectif d'une fonction ». Ils sont tenus d'adresser à la Haute Autorité pour la transparence de la vie publique une déclaration de situation patrimoniale ainsi qu'une déclaration d'intérêts, et de lui notifier toute modification substantielle pouvant intervenir dans l'un ou l'autre domaine durant l'exercice de leurs fonctions (v. *supra* n° 583).

Mais, en ce qui concerne les membres du gouvernement, cette obligation, qui porte atteinte au droit au respect de la vie privée, emporte des conséquences encore plus rigoureuses que pour les députés et les sénateurs (v. *infra* n° 657).

D'une part, la Haute Autorité assure la publication des deux documents, ce qui signifie qu'ils peuvent non seulement être consultés mais aussi reproduits, notamment dans la presse.

D'autre part, lorsqu'un membre du gouvernement s'est abstenu de déclarer sa situation patrimoniale ou de mettre fin à un conflit d'intérêts, la Haute Autorité pour la transparence de la vie politique lui enjoint de le faire.

Après avoir mis à même l'intéressé de faire valoir ses observations dans un délai d'un mois, elle peut décider de rendre publique cette injonction. Mais elle ne doit user de ce pouvoir qu'avec prudence, car si, par exemple, elle adressait à un ministre une injonction qu'il ne pourrait satisfaire qu'en démissionnant, il y aurait empiétement sur les attributions du président de la République, qui, aux termes de l'article 8 C, est seul compétent pour « mettre fin » aux fonctions d'un membre du gouvernement. Selon une réserve d'interprétation formulée par le Conseil constitutionnel, à l'égard des membres du gouvernement, le pouvoir d'injonction de la Haute Autorité n'existe donc que dans la mesure où l'intéressé peut s'y soumettre sans être obligé de démissionner (déc. n° 2013-676 DC du 9 octobre 2013, cons. 62).

§3. Les attributions du gouvernement

634. La Constitution de 1958 parle tantôt des attributions du Premier ministre, tantôt de celles du Conseil des ministres. Cette distinction n'a juridiquement pas d'importance étant donné que, de toute façon, la plupart des décisions prises par le Premier ministre doivent avoir été délibérées en Conseil des ministres. Elles sont d'ailleurs toutes soumises à l'obligation du contreseing d'un ministre (art. 22 C). Sans doute ce texte dit « le cas échéant ». C'est une expression qui réserve le cas où aucun ministre ne serait compétent pour l'exécution de la décision. L'hypothèse est hautement improbable.

635. La direction de la politique française. – Dans un régime parlementaire, la question de savoir qui assure la direction de la politique ne soulève normalement pas de difficulté : c'est naturellement le gouvernement (v. *supra* n° 100). Mais, si la Ve République est bien un régime parlementaire, le président de la République y joue, au moins en dehors des périodes de cohabitation, un rôle capital et il n'est plus possible de répondre de la même manière.

Les textes semblent préserver les caractères essentiels des régimes parlementaires, puisque, aux termes de l'article 20 : « *Le gouvernement détermine et conduit la politique de la nation* », ce qui paraît exclure la participation *normale* du président de la République à la politique du pays. Le chef de l'État ne devrait intervenir que dans les cas où l'article 5 de la Constitution l'invite à le faire, c'est-à-dire lorsque l'indépendance de la nation, l'intégrité du territoire ou l'exécution d'un engagement international est en jeu.

Cependant, la distinction purement intellectuelle établie par la Constitution entre la conduite des affaires de la nation qui appartiendrait au gouvernement et la sauvegarde des intérêts permanents de l'État qui serait du ressort du président de la République, n'est guère praticable et l'expérience montre qu'elle n'a jamais été réellement appliquée. Lorsque le président de la République dispose du soutien de la majorité parlementaire, il peut en fait évoquer tous les dossiers. C'est d'ailleurs ce qu'ont fait à divers degrés tous les présidents de la Ve République, de sorte que le Premier ministre peut alors apparaître comme une espèce de chef d'état-major, voire, selon un mot attribué à Nicolas Sarkozy, un « collaborateur » du président. Mais les relations entre les deux branches de l'Exécutif sont très variables et il est fréquemment arrivé que le Premier ministre dispose en fait d'une large autonomie. Cela peut tenir au poids politique dont il disposait avant sa nomination et qui d'ailleurs la justifiait précisément, comme ce fut par exemple le cas de Michel Rocard, nommé par Mitterrand ou de Chirac, nommé par Giscard d'Estaing. Mais il est arrivé, aussi comme dans le cas de Pompidou qu'un Premier ministre, nommé sans jamais avoir eu de mandat électif, acquière dans l'exercice de sa fonction une stature politique importante, susceptible de faire de l'ombre au président de la République. Celui-ci peut alors être tenté de le remplacer par une personnalité qui lui paraîtra plus propre à rester dans un rôle d'exécutant, comme on l'a vu avec la nomination de Jean Castex en juillet 2020.

Quant aux situations de cohabitation, elles sont moins probables depuis l'instauration du quinquennat et l'inversion du calendrier électoral. De plus, si elles réduisent incontestablement la capacité d'influence du chef de l'État, elles ne l'empêchent cependant pas d'intervenir même dans le règlement d'affaires relativement mineures. En effet, certaines décisions gouvernementales importantes, mais qui ne sont pas tout de même essentielles pour l'avenir du pays, doivent être prises en Conseil des ministres, et pourraient se heurter à un refus de signature de la part du président : on l'a bien vu entre mars 1986 et mai 1988, lorsque F. Mitterrand a refusé d'entériner certains projets de décret ou d'ordonnance (v. *supra* n° 610). En revanche les projets de loi, s'ils doivent être délibérés en Conseil des ministres, ne sont pas soumis à la signature du président. Dans ce domaine, le gouvernement dispose donc d'une grande liberté à condition, bien entendu qu'il puisse compter sur le soutien de la majorité parlementaire. En définitive, d'un strict point de vue juridique, le président est mieux armé pour négocier avec le gouvernement des nominations dans les postes de direction des entreprises publiques, que pour s'opposer à de grandes réformes dont l'initiative appartient au Premier ministre, et dont l'adoption ne relève que de la compétence du Parlement. Telle est la conclusion paradoxale que l'on peut tirer de l'expérience de la cohabitation.

636. Les moyens. – Pour donner au gouvernement les moyens de remplir sa fonction, l'article 20 déclare qu'il dispose de « *l'administration et de la force armée* ».

637. Les compétences du Conseil des ministres. – Le Conseil des ministres n'est pas seulement la réunion des membres du gouvernement. C'est l'autorité collégiale à laquelle la Constitution attribue des compétences déterminées.

1° Il y a d'abord les compétences *normales*. Elles concernent : *a*) l'autorisation donnée au Premier ministre d'engager la responsabilité du gouvernement devant l'Assemblée nationale ; *b*) la nomination de certains hauts fonctionnaires ; *c*) la délibération sur les projets de loi dont le Premier ministre a pris l'initiative ; *d*) la décision d'engager la procédure accélérée pour obtenir le vote d'une loi dans les conditions prévues par l'alinéa 2 de l'article 45 C ; *e*) la décision d'appeler l'Assemblée nationale à voter seule un texte en cas de désaccord avec le Sénat et d'échec des procédures de conciliation prévues par l'art. 45 C ; *f*) la faculté de proposer au président de la République d'user du référendum ; *g*) le droit d'opposer l'irrecevabilité à une proposition de loi excédant le domaine législatif ou empiétant sur une délégation de pouvoir ; *h*) le droit de décider l'envoi à une commission *ad hoc* d'un projet de loi.

2° Les compétences *exceptionnelles* visent : *a*) le pouvoir de proclamer l'état de siège et la mise en garde (v. *infra* n° 714) ; *b*) la décision de mobilisation générale (ordon. 7 janvier 1959) ; *c*) le pouvoir, après autorisation du Parlement, de prendre des ordonnances dans des matières législatives (v. *infra* n° 781).

Quant aux *réunions* du Conseil des ministres, la Constitution en accorde officiellement la présidence au président de la République. Ce n'est qu'à titre exceptionnel que le Premier ministre peut le suppléer et cela, en vertu d'une délégation expresse et pour un ordre du jour déterminé (art. 21 al. 4). Les conditions très strictes que la Constitution met à la suppléance du chef de l'État prouvent que, dans l'esprit de ses auteurs, il ne s'agissait pas d'une présidence de pure forme, comme ce fut souvent le cas avant 1958. Les réunions du Conseil des ministres sont hebdomadaires. Il se tient en principe chaque mercredi matin au palais de l'Élysée.

Mais, dans la plupart des cas, le Conseil des ministres se borne le plus souvent à entériner des décisions qui avaient été préparées par des formations moins solennelles. Parmi ces formations, il faut mentionner :

Les Conseils de cabinet qui réunissent l'ensemble des membres du gouvernement sous la présidence du Premier ministre, hors de la présence du chef de l'État. Ils sont rares en période normale, mais relativement fréquents en période de cohabitation.

Les comités interministériels qui réunissent, sous la présidence du Premier ministre, des ministres et des hauts fonctionnaires, et qui ont un caractère permanent.

Les comités restreints qui sont composés selon le même principe, mais dont la mission est limitée à l'étude d'un dossier particulier et qui n'ont donc pas de caractère permanent.

Au surplus, tous les projets de loi ou de décret intéressant plusieurs départements sont préparés dans des réunions interministérielles réunissant des membres des cabinets et des hauts fonctionnaires.

Il est de tradition qu'un conseiller de l'Élysée assiste à ces réunions de travail.

638. La prépondérance du Premier ministre. – La prééminence du Premier ministre se manifeste nettement à l'égard des autres membres du gouvernement. Elle est inscrite dans la Constitution puisque, selon l'article 20, c'est le Premier ministre qui *dirige* l'action du gouvernement. Cette compétence implique un pouvoir de coordination que le Premier ministre exerce en donnant des instructions aux ministres. Il va de soi que l'étendue de ce pouvoir est fonction tant de la personnalité du Premier ministre que de celle des membres du gouvernement. Il arrive que certains de ceux-ci montrent quelque réticence à accepter le contrôle de Matignon. Néanmoins la supériorité du Premier ministre est attestée par les moyens techniques que les textes mettent à sa disposition. C'est à lui qu'appartient le pouvoir réglementaire (art. 21 C) ; c'est lui qui dispose de l'Administration et de la force armée (art. 20 al. 2) ; c'est de son autorité que relèvent les administrateurs civils (décret du 26 novembre 1964) ; en matière budgétaire, il intervient pour arbitrer les demandes des différents départements ministériels et préparer le projet de loi de finances (ordonnance du 2 janvier 1959, puis loi organique du 1er août 2001)[35].

Aussi bien les membres du gouvernement sont tenus de communiquer au secrétariat général du gouvernement copie de tous les projets d'arrêtés, instructions ou circulaires émanant de leur département. Cette règle permet au Premier ministre de veiller à l'harmonisation des décisions et, éventuellement, d'obtenir le retrait de celles qui lui paraîtraient inopportunes. Comme, d'autre part, la liste des services rattachés au Premier ministre est considérable (Direction de la documentation, Direction de la fonction publique, Commissariat général du plan de modernisation et de l'équipement, Commissariat à l'énergie atomique, secrétariat de la Défense nationale, Délégation à l'aménagement du territoire, Centre national d'études spatiales, Institut de recherche d'informatique, etc.), il apparaît que le Premier ministre est, en droit comme en fait, la cheville ouvrière du gouvernement. Enfin la Constitution attribue au Premier ministre un véritable pouvoir disciplinaire sur les autres membres du gouvernement. L'article 8 dispose en effet qu'il peut demander au chef de l'État de mettre fin aux fonctions des ministres. Il peut ainsi veiller au respect de la règle de la solidarité, qui interdit à tout membre du gouvernement de prendre publiquement une position non conforme[36] à la politique de celui-ci.

639. Les rapports du gouvernement et de l'administration. – Aux termes de l'article 21 C, le gouvernement « dispose de l'administration et de la force armée ». L'emploi du verbe « disposer » pourrait laisser croire qu'il s'agit d'une compétence totalement discrétionnaire. Tel n'est

35. Dans la lettre ouverte adressée à ses ministres en mai 1988, quelques jours après la formation de son premier gouvernement, M. Rocard avait bien souligné cette prééminence : *« Dans l'exercice de mes fonctions constitutionnelles, je serai amené non pas, comme le donne à penser une expression usitée mais impropre, à rendre des arbitrages mais bien à prendre des décisions »*, écrivait-il.

36. Ainsi, le ministre des Finances Alain Madelin a-t-il été contraint de démissionner en août 1995 après avoir fait des déclarations que le Premier ministre Alain Juppé avait jugé contraires aux orientations de la politique économique et sociale du gouvernement.

évidemment pas le cas, car il est sous-entendu que le gouvernement doit respecter les lois en vigueur qui garantissent les droits des fonctionnaires et qui fixent les grands principes de l'organisation administrative. L'article 20 C signifie simplement que, sous réserve de respecter les lois en vigueur, il appartient au gouvernement de fixer les programmes d'action de l'administration.

Mais par une circulaire en date du 24 mai 2017[37], le Premier ministre, É. Philippe, a imposé une nouvelle répartition des tâches qui restreint le rôle du ministre et de son cabinet (Vadillo F., 2018).

D'une part, les cabinets doivent être centrés sur des fonctions politiques et veiller à l'explication de l'action (gouvernementale) et de la communication relative à celle-ci. Il s'ensuit que le rôle du ministre assisté par son cabinet est surtout d'ordre pédagogique. Ce n'est pas nécessairement lui qui détermine le sens de l'action gouvernementale dans le secteur d'activité correspondant à son portefeuille. Mais il doit l'expliquer, la justifier et au besoin la défendre, notamment dans les interventions qu'il fait au Parlement.

« *D'autre part, poursuit la circulaire, les directeurs d'administration centrale ont en charge de mener à bien les politiques publiques dans le cadre de l'action gouvernementale. C'est à eux de venir personnellement en réunion interministérielle d'arbitrage présenter vos positions, puis d'aller au Conseil d'État défendre le texte que j'aurais arbitré, de vous seconder dans le travail parlementaire puis de défendre avec le secrétariat général du Gouvernement le texte au Conseil constitutionnel* ».

En d'autres termes, c'est le directeur d'administration centrale qui hérite de toutes les compétences politico-juridiques qui autrefois pouvaient être exercées par le ministre lui-même ou par un membre de son cabinet. Pour comprendre l'importance de cette répartition des tâches, il faut savoir quel est le statut du directeur d'administration centrale. Ce dernier n'est pas choisi par le ministre et n'est pas révocable par lui. Le poste qu'il occupe fait partie des emplois dits « à la discrétion du gouvernement ». Il ne peut être nommé ou révoqué que par décision du Conseil des ministres, c'est-à-dire avec l'accord du chef de l'État, qui préside cette instance. Or E. Macron attache une grande importance au choix des directeurs d'administration centrale : chaque fois qu'un tel poste se trouve vacant, il reçoit tous les postulants et impose le nom de celui qui lui paraît le plus proche de ses propres idées sur la gestion du secteur concerné. Selon cette conception, le ministre ne doit pas être le véritable chef du ministère parce qu'il est trop susceptible de se laisser influencer par le Parlement. En donnant au directeur d'administration centrale les pouvoirs effectifs de gestion du ministère, on soustrait en fait ce ministère au contrôle parlementaire et l'on s'assure qu'il sera toujours l'instrument docile de la politique voulue par le chef de l'État. Les ministres ayant peu de pouvoir réel, ils sont moins bien connus du public que ce n'était le cas sous les quinquennats précédents.

37. Circulaire du 24 mai 2017 relative à une méthode de travail gouvernemental exemplaire, collégiale et efficace.

640. Les autorités administratives indépendantes. – Cependant, depuis la fin des années 1970, il existe des organes administratifs qui échappent aussi bien à l'autorité des ministres qu'à celle du chef de l'État. On les désigne sous le nom d'autorités administratives indépendantes (AAI). Elles régissent un secteur d'activité étroitement défini (par exemple la création de fichiers informatiques ou le transport et la distribution de l'électricité). Elles échappent à l'autorité hiérarchique du gouvernement, en ce sens que leurs membres ne doivent pas recevoir d'instructions et qu'ils ne peuvent pas être révoqués avant le terme de leur mandat[38]. De telles institutions ont été créées dans divers cas : par exemple pour mieux garantir l'exercice d'une liberté publique, dans un domaine où le gouvernement pourrait être suspecté de partialité politique ; pour réguler la concurrence dans un secteur d'activité économique ouvert à la concurrence internationale et que l'on soustrait à l'autorité directe du gouvernement pour éviter que celui-ci soit tenté de favoriser les entreprises nationales ; ou encore pour associer à la production et à l'application de la régulation d'un certain secteur des personnalités compétentes et des membres des professions concernées.

Le procédé s'est banalisé et leur nombre s'est accru. Mais cette banalisation ne doit pas masquer le fait que le principe même des AAI s'accorde mal avec l'idée que le Parlement contrôle l'administration par l'intermédiaire du gouvernement responsable devant lui. En effet, si les AAI ne sont pas soumises à l'autorité du gouvernement, on voit difficilement comment ce dernier pourrait être considéré comme responsable de ce qu'elles font ou de ce qu'elles ne font pas.

Depuis longtemps, les AAI sont soumises à un encadrement résultant pour l'essentiel de la jurisprudence du Conseil constitutionnel. Chaque fois qu'il a été amené à se prononcer, ce dernier a rappelé que c'est au Premier ministre qu'appartient le pouvoir réglementaire au plan national, et il en a déduit que si le législateur pouvait déléguer à une AAI le soin de fixer des normes pour l'application d'une loi, c'était à condition que cette habilitation ne concerne « que des mesures de portée limitée tant par leur champ d'application que par leur contenu »[39]. De même, il s'oppose à ce que le pouvoir réglementaire du Premier ministre puisse être subordonné à l'avis favorable d'une AAI[40].

Cet encadrement a été complété par une loi ordinaire et une loi organique promulguées le 17 janvier 2017, qui ont modifié leurs statuts et réduit leur nombre. Ces textes distinguent deux sortes d'autorités : les autorités administratives indépendantes (AAI), au nombre de 26, qui n'ont pas la personnalité morale, et les autorités publiques indépendantes (API), au nombre de 7, qui disposent de cette personnalité.

38. Lorsque ces commissions sont dotées de la personnalité morale, ce qui est rarement le cas, on les désigne sous le nom d'autorité publique indépendante (API).

39. Voir par exemple la décision 89-260 DC du 28 juillet 1989 concernant la commission des opérations de bourse (cons. 30).

40. Déc. n° 2006-544 DC du 14 déc. 2006, cons. 35 et suiv.

- Les AAI et les API ne peuvent être créées ou supprimées que par une loi.
- Les mandats de leurs membres, dont la durée varie entre trois et six ans, ne peuvent pas être révoqués sauf en cas d'incompatibilité ou de mauvaise conduite constatée par un vote majoritaire du collège de l'autorité.
- Le contrôle parlementaire sur les AAI et les API est renforcé : les commissions parlementaires compétentes de l'Assemblée nationale ou du Sénat peuvent les contraindre au moins une fois par an à rendre compte de leur activité devant elles.
- La nomination du président de certaines autorités nommément désignées est soumise aux formalités prévues par l'article 13 de la Constitution, c'est-à-dire qu'elle doit faire l'objet d'un avis donné par des commissions parlementaires de l'Assemblée nationale et du Sénat.

641. Bibliographie

AA. VV. (1999). Dossier spécial « sang contaminé », *RDP*, n° 2, p. 313.

Baumel L. (2015), *Quand le Parlement s'éveillera...*, Lormont, Le bord de l'eau.

Bédéi J.-P. (2015), *Sur proposition du Premier ministre... dans les coulisses des remaniements*, Paris, L'Archipel.

Beaud O.,

– (1999), *Le sang contaminé. Essai politique sur la responsabilité des Gouvernants*, Paris, PUF.

– (2001), « Pour une autre interprétation de l'article 68 de la Constitution », *RFDA*, p. 1187 et s.

Beaud O., Blanquer J.-M. (dir.) (1999), *La responsabilité des gouvernants*, Paris, Descartes & Cie.

Bonduelle A. (1999), *Le pouvoir d'arbitrage du Premier ministre sous la Ve République*, Paris, LGDJ.

Branchet B. (1996), *Contribution à l'étude de la Constitution de 1958. Le contreseing et le régime politique de la Ve République*, Paris, LGDJ.

Bruère M.-H. et Gaxie D. (2014), « Le recrutement extra-parlementaire des ministres sous la Ve République » *in L'État, le droit, le Politique, Mélanges en l'honneur de Jean-Claude Colliard*, Dalloz, p. 339-349.

Cabannes J.,

– (1990), *Le personnel gouvernemental sous la Cinquième République (1959-1986)*, Paris, LGDJ.

– (2003), « Les ministres de la Ve République avant et après 1986, changement ou continuité », in *L'esprit des pouvoirs, l'équilibre des institutions, Mélanges Pactet*, Dalloz.

Camby J.-P.,

– (1996), « La formation du gouvernement Juppé II », *RDP*, p. 5 et s.

– (1997), « Le gouvernement est-il tenu d'organiser une élection législative partielle dès lors que le calendrier le permet ? », *RDP*, p. 1209.

Cohen S. (1986), « Monarchie nucléaire, dyarchie conventionnelle », *Pouvoirs*, n° 38, p. 13.

Cohendet M.-A. (1993), *La Cohabitation, Leçons d'une expérience*, Paris, PUF.

Dolez B. (1999), « La composition du gouvernement sous la cinquième République », *RDP*, p. 131.

École nationale d'administration (1996), *Le travail gouvernemental (rapports de séminaires)*, 2 vol., Paris, La Documentation française.

Fournier J. (1987), *Le travail gouvernemental*, Paris, PFNSP.

Le Gall J. (2000), « La troisième cohabitation : quelle pratique des institutions de la cinquième République ? », *RDP*, p. 101.

Jan P. (2002), *Le gouvernement de la cinquième République*, Paris, La Documentation française.

JOUANJAN O., WACHSMANN P. (2001), « La Cour de cassation, le Conseil constitutionnel et le statut pénal du chef de l'État », *RFDA*, p. 1169 et s.

MASSOT J. (1993), *Chef de l'État et Chef du gouvernement : dyarchie et hiérarchie*, Paris, La Documentation française.

MAUS D. *et alii* (2000), « La Cour de justice de la République et après ? », La Documentation française, *Les cahiers constitutionnels de Paris I*.

MATHIEU B. (1993), « La responsabilité pénale des ministres devant la Cour de justice de la République », *RFDC*, 1993, n° 15, p. 601.

MATHIEU B., RENOUX T. et ROUX A. (1995), *La Cour de justice de la République*, Paris, *PUF*, Que sais-je ?

QUERMONNE J.-L., CHAGNOLLAUD D. (1996), *Le gouvernement de la France sous la Ve République*, Paris, Fayard.

Revue *Pouvoirs*

- (1986), « Le ministre », n° 36.
- (1994), « Qui gouverne la France ? », n° 68.
- (1997), « Le Premier ministre », n° 83.

ROUX A (2008), « Le retour au Parlement des anciens membres du gouvernement », *PA*, n° 254 42-46.

SARKOZY N. (2006), *Témoignages*, Éditions XO.

TOULEMONDE G., DESCLODURES H. (2004), « Les décrets relatifs à la composition du gouvernement. Recherche d'une cohérence », *RDP*, p. 33 et s.

TROPER M. (1987), « La signature des ordonnances ; Fonctions d'une controverse », *Pouvoirs*, 1987, p. 725, reproduit in TROPER M. (1994), *Pour une théorie juridique de l'État*, Paris, PUF.

TURPIN D. (1987), « La présidence du Conseil des ministres », *RDP*, p. 873.

Section 3
Le Parlement

642. Alors que, dans la Constitution de 1946, le Parlement était le premier organe dont le texte s'occupait, la Constitution de 1958 ne pose les règles qui le régissent que dans le titre IV, après celles relatives au président de la République et au gouvernement. Ce plan n'est pas fortuit, il traduit la hiérarchie que les auteurs de la Constitution ont entendu établir entre les pouvoirs publics et qui n'assigne au Parlement que la troisième place.

En France, comme dans la plupart des démocraties occidentales, le rôle du Parlement s'est considérablement amoindri. On assiste périodiquement à des tentatives pour le revaloriser. La dernière en date de ces tentatives est celle qui est intervenue avec la réforme de 2008.

643. Les attributions du Parlement. – On indique ici les attributions communes aux deux chambres : le vote de la loi, le contrôle de l'action du gouvernement et l'évaluation des politiques publiques. Le bicaméralisme français n'est pas égalitaire et pour certaines de ces attributions, la Constitution accorde à l'Assemblée nationale des pouvoirs supérieurs à ceux du Sénat. C'est notamment le cas pour le vote de la loi et pour la mise en jeu de la responsabilité du gouvernement (v. *infra* n° 709 et 758).

Sous-section 1
Composition du Parlement

644. Aux termes de l'article 24 C : « *Le Parlement comprend l'Assemblée nationale et le Sénat* ».

§1. L'Assemblée nationale[41]

645. Composition et durée des pouvoirs. – Les députés sont « élus au suffrage direct » (art. 24 C). Leur nombre est fixé par une loi organique prise en application de l'article 25 C. Malgré la perte des trois départements algériens en 1962, son évolution depuis les débuts de la Vᵉ République a été caractérisée par une tendance à l'inflation. De 460 en 1958, il était déjà passé à 491 en 1981, au moment où s'est produite la première alternance politique. Il a été porté à 577 par la réforme électorale de juillet 1985 qui a institué la représentation proportionnelle, et qui est entrée en application à l'occasion des élections législatives de mars 1986. Ce chiffre n'a pas été modifié depuis, malgré le rétablissement du scrutin majoritaire quelques mois après lesdites élections (v. *supra* n° 546). Compte tenu du mode de scrutin en vigueur (majoritaire, uninominal, à un seul tour), il existe donc 577 circonscriptions. Mais comme depuis la réforme de juillet 2008, les Français de l'étranger doivent être représentés à l'Assemblée nationale (et non plus seulement au Sénat) le territoire national ne comprend plus que 566 circonscriptions.

Sans abroger le principe selon lequel le nombre des membres de chaque assemblée est fixé par une loi organique, la loi de révision de juillet 2008 a fixé des plafonds. D'après l'article 24 C, « *le nombre des députés ne peut excéder 577* ». Comme ce plafond coïncide avec le nombre actuel, le législateur organique peut l'abaisser (ce qu'envisage de faire E. Macron) mais non l'augmenter. La raison d'être de ces plafonds est double : en premier lieu, il paraissait souhaitable de stopper l'inflation du nombre des parlementaires, qui rendait les assemblées plus difficiles à gérer et qui risquait d'accentuer le discrédit de la classe politique aux yeux des citoyens. En second lieu, la fixation de ces plafonds permet de stabiliser la proportion respective des députés et des sénateurs au sein du Congrès du Parlement.

L'Assemblée nationale se renouvelle intégralement. Ses pouvoirs expirent le troisième mardi de juin de la cinquième année qui suit son élection (ord. 7 novembre 1958, art. 2 et 3 modifiée par la loi organique du 15 mai 2001). Sauf en cas de dissolution où le délai est abrégé, les élections générales ont lieu dans les soixante jours qui précèdent l'expiration des pouvoirs de l'Assemblée nationale (art. 4 ord.).

Le mode d'élection des députés à l'Assemblée nationale a déjà été étudié (v. *supra* n° 546).

41. AMELLER et BERGOUGNOUS, 2000.

§2. Le Sénat

646. Aux termes du quatrième alinéa de l'article 24 C : « *Le Sénat* (...) *assure la représentation des collectivités territoriales de la République* ». L'alinéa suivant du même article nous apprend que les « Français établis hors de France » y sont représentés. Mais les sénateurs représentant les Français établis hors de France n'ont jamais été qu'un élément marginal. Depuis la réforme de juillet 2008, ainsi qu'on l'a déjà noté, ces Français sont d'ailleurs également représentés à l'Assemblée nationale. L'origine du Sénat en tant que représentant des collectivités territoriales de la République remonte à 1875 mais, depuis, son existence a été menacée à deux reprises.

La première assemblée constituante élue après la libération du territoire avait adopté un projet de Constitution monocamérale. Mais ce projet, soumis au référendum le 5 mai 1946, a été rejeté par les citoyens et il est probable que l'absence d'une seconde Chambre a contribué à son échec. C'est pourquoi le bicamérisme a été rétabli dans le projet d'octobre 1946 qui devint la Constitution de la IVe République ; la seconde chambre, officiellement désignée sous le nom de Conseil de la République, était en fait l'héritière du Sénat de la IIIe République, dont elle tenta d'ailleurs de se réapproprier le titre (v. *supra* n° 441 et s.).

La Constitution de 1958 a restitué à la seconde Chambre son titre de Sénat. Mais en 1969, le général de Gaulle, qui s'était vivement opposé au Sénat en 1962 à propos de l'élection du chef de l'État au suffrage universel direct, a soumis au référendum un projet transformant profondément la seconde Chambre qui, selon un dessein présenté dès 1946 dans le discours de Bayeux, devait représenter non plus seulement les collectivités territoriales mais aussi les activités économiques, sociales et culturelles. Il s'agissait en fait de fusionner le Sénat et le Conseil économique et social. Mais ce projet a été également rejeté par les citoyens le 27 avril 1969.

Le Sénat est donc sorti vainqueur de ces deux référendums. Bien que ces résultats aient des causes multiples, on en tire argument pour soutenir que la majorité des Français est attachée à cette institution.

Mais cet attachement n'exclut pas de vives controverses concernant son mode d'élection.

647. Composition et durée des pouvoirs. – De même que celui des députés, le nombre des sénateurs est fixé par une loi organique (art. 25 C)[42]. En 2003, il n'était encore que de 331. Mais la répartition des sièges n'avait jamais été révisée depuis 1976 et ne tenait donc aucun compte des mouvements de population intervenus depuis lors.

Or, à plusieurs reprises, le Conseil constitutionnel avait rappelé que la Constitution imposait au législateur de modifier la répartition des sièges de sénateurs pour tenir compte des évolutions de la population des collectivités

42. Mais la répartition des sièges entre les départements et territoires est fixée par la loi relative à l'élection des sénateurs, qui est une loi ordinaire et non une loi organique.

territoriales dont le Sénat assure la représentation (déc. n° 2000-431 DC du 6 juillet 2000). Il fallait donc soit modifier la répartition des sièges existants, soit augmenter le nombre des sénateurs en attribuant les sièges supplémentaires aux collectivités les plus mal représentées. Le Sénat, qui a pris l'initiative de la réforme, a préféré cette seconde méthode, peut-être parce qu'une nouvelle répartition des sièges existants aurait rendu problématique la réélection de certains de ses membres. Vingt-cinq sièges nouveaux ont donc été créés pour être répartis entre les départements métropolitains sous-représentés. De plus, en 2007, deux sièges supplémentaires ont été attribués aux Îles de Saint-Martin et Saint-Barthélemy qui, après s'être séparées de la Guadeloupe, étaient devenues des collectivités d'outre-mer à part entière. Le nombre des sénateurs est aujourd'hui de 348, dont 326 pour les départements métropolitains, 10 pour les territoires d'outre-mer, et 12 pour les Français de l'étranger. Ce chiffre a été atteint lors du renouvellement de septembre 2011.

De même qu'en ce qui concerne les députés, et pour les mêmes raisons, le nombre des sénateurs est désormais plafonné par l'article 24 C. Il ne peut pas dépasser le chiffre de 348.

L'augmentation du nombre des sièges de 331 à 348 a réduit les disparités démographiques entre les départements, mais sans les supprimer totalement. En effet, d'une part, le Sénat s'est refusé à réduire la représentation des départements dont la population avait diminué depuis 1976. D'autre part, la clé de répartition des sièges n'assure pas une stricte proportionnalité entre le nombre des sénateurs et l'importance de la population du département[43]. Mais le Conseil constitutionnel a jugé que les disparités qui subsistent n'étaient pas suffisamment graves pour entacher la réforme d'inconstitutionnalité (déc. n° 2003-475 DC du 24 juillet 2003).

Traditionnellement, les sénateurs étaient élus pour neuf ans, et leur renouvellement s'effectuait par tiers tous les trois ans. Mais, à la suite du remplacement du septennat présidentiel par le quinquennat (v. *supra* n° 593), le novennat des sénateurs paraissait excessivement long, aucune autre assemblée parlementaire en Europe n'ayant un mandat supérieur à six ans. C'est pourquoi, rompant avec une tradition qui remontait à 1875, la loi organique de 2003 a fixé à six ans le mandat des sénateurs.

Le rythme des renouvellements demeure triennal mais, désormais, le Sénat se renouvelle par moitié, et non plus par tiers.

648. Éligibilité et inéligibilités. – Les règles sont les mêmes que pour l'élection à l'Assemblée nationale (v. *supra* n° 545), à une réserve près. Nul ne peut être élu au Sénat s'il n'est âgé au moins de 24 ans révolus (art. LO 296 C. élect.). Avant les réformes de 2003 et 2011, l'âge minimum d'éligibilité était de 35 ans. L'abaissement ne devrait pas se traduire par des changements importants car, en pratique, seules des personnes ayant exercé des mandats locaux, ou ayant acquis une notoriété politique,

43. Un sénateur par département jusqu'à 150 000 habitants ; un sénateur supplémentaire par tranche de 250 000 habitants ; au-dessus de la dernière tranche entière un sénateur supplémentaire.

peuvent espérer être élues au Sénat. Moins de 1 % des sénateurs sont âgés de moins de 40 ans.

649. Le collège électoral. – Les sénateurs sont élus au suffrage universel indirect, c'est-à-dire par un collège électoral lui-même composé d'élus.

Les douze sénateurs représentant les Français de l'étranger sont élus par l'Assemblée des Français de l'étranger, dont les membres sont eux-mêmes élus au suffrage direct par les Français immatriculés dans les consulats.

Tous les autres sont élus dans le cadre d'un département (ou d'un territoire d'outre-mer). Le collège électoral comprend : les députés élus dans le département ; les conseillers généraux du département ; un certain nombre de conseillers régionaux désignés par le Conseil régional de la région dans le ressort de laquelle est situé le département ; et enfin les délégués des conseils municipaux qui sont de loin l'élément principal de ce collège puisqu'ils représentent plus de 95 % de l'effectif total. Mais comme sous la IIIe République, le nombre de délégués désignés par chaque conseil municipal n'est pas proportionnel à la population des communes.

Le Code électoral (art. L. 284 et s.) établit en effet un tableau qui avantage les petites communes.

a) Jusqu'à 9 000 habitants, le nombre des délégués va de 1 à 15 suivant le nombre des conseillers municipaux.

b) Dans les communes de 9 000 habitants et plus ainsi que dans les communes de la Seine, tous les conseillers municipaux sont délégués de droit.

c) Enfin dans les communes de plus de 30 000 habitants, les conseils municipaux élisent des délégués supplémentaires à raison de 1 pour 800 habitants en sus de 30 000. L'un des objectifs de la réforme présentée en 2000 par le gouvernement Jospin était d'imposer une proportionnalité stricte entre la population des communes et le nombre des délégués sénatoriaux : selon le projet de loi déposé par ce gouvernement en 1999, chaque conseil municipal aurait désigné un délégué par tranche de 300 habitants ou fraction de tranche de 300 habitants. Cette réforme s'est heurtée à l'opposition du Sénat, ce qui n'a pas empêché son adoption par le Parlement, le gouvernement ayant demandé à l'Assemblée nationale de statuer définitivement, conformément à l'article 45 C (v. *infra* n° 758). Mais des sénateurs ont saisi le Conseil constitutionnel, qui a invalidé les dispositions modifiant la composition du collège électoral au motif que, pour les appliquer, les conseils municipaux des communes importantes eussent été obligés de choisir un grand nombre de délégués en dehors de leur sein et que ces délégués supplémentaires eussent alors constitué « *une part substantielle, voire dans certains départements une part majoritaire du collège des électeurs sénatoriaux* ». Or, selon le Conseil constitutionnel, pour que le Sénat puisse représenter véritablement les collectivités territoriales, comme le prévoit l'article 24 de la Constitution, il faut que ses électeurs soient eux-mêmes pour l'essentiel des membres des assemblées délibérantes de ces collectivités. Le recours à des délégués choisis en dehors de ces assemblées n'est donc admissible qu'à doses homéopathiques, comme dans le système actuel, et à titre de simple correctif pour atténuer les inégalités démographiques mais sans aller jusqu'à les supprimer (déc. n° 2000-431 DC du 5 juillet 2000).

Des suppléants sont également élus à raison de trois quand le nombre des titulaires est égal ou inférieur à cinq. Ce chiffre est augmenté de un par cinq titulaires ou fraction de cinq.

Dans les communes de moins de 3 500 habitants, les délégués et les suppléants sont élus individuellement au scrutin majoritaire à deux tours. Dans celles de 3 500 habitants ou plus, ils sont élus au scrutin de liste suivant le système de la représentation proportionnelle avec application de la règle de la plus forte moyenne sans panachage ni vote préférentiel.

Le rôle des suppléants est de remplacer les délégués en cas de refus ou d'empêchement de leur part. S'ils ont été élus individuellement, leur ordre est déterminé par le nombre de voix qu'ils ont obtenues. S'ils sont élus au scrutin de liste, il résulte de leur place sur la liste.

Dans les quatre jours qui suivent les élections, le tableau des électeurs sénatoriaux est rendu public. Un *recours* est ouvert à tous les membres du collège électoral. Il est porté devant le tribunal administratif dont la décision ne peut être contestée que devant le Conseil constitutionnel à l'occasion d'un recours dirigé contre l'élection d'un sénateur.

650. L'organisation de l'élection. – Les élections sénatoriales ont lieu tous les trois ans à la fin du mois de septembre. Quant à l'élection des électeurs sénatoriaux, elle doit avoir lieu trois semaines au moins auparavant.

Les candidats sont tenus de faire une *déclaration de candidature* contenant des mentions analogues à celles de la déclaration exigée des candidats à l'Assemblée nationale (v. *supra* n° 545). Dans les départements où l'élection a lieu à la représentation proportionnelle, la liste doit comporter autant de noms qu'il y a de sièges à pourvoir.

Les règles relatives au remplaçant, à l'interdiction des candidatures multiples, à l'enregistrement des candidatures et à son contentieux sont les mêmes que celles qui régissent l'élection des députés.

La propagande électorale est prise en charge par l'État en ce qui concerne le prix du papier, de l'impression et de l'envoi des circulaires et bulletins de vote à condition que les candidats aient obtenu 5 % des suffrages en cas de scrutin proportionnel ou 10 % en cas de scrutin majoritaire. La loi prévoit des réunions électorales auxquelles ne peuvent participer que les membres du collège électoral et les candidats.

Jusqu'en 2000, les élections sénatoriales échappaient totalement à l'application des dispositions concernant l'encadrement financier des campagnes électorales car on pensait que le suffrage indirect suffisait à limiter le recours à la propagande et rendait donc inutile l'institution d'un plafond de dépenses. Elles continueront d'y échapper pour l'essentiel. Toutefois, la loi du 10 juillet 2000 précise que l'interdiction des contributions versées par une personne morale autre qu'un parti politique, ou par un État étranger, vaut pour les élections sénatoriales comme pour les autres élections.

Le vote des électeurs sénatoriaux est obligatoire.

La circonscription de base pour l'élection des sénateurs autres que ceux représentant les Français de l'étranger est le département (ou le territoire d'outre-mer).

651. Selon le nombre de sénateurs à élire, le scrutin est majoritaire dans les petits départements et proportionnel dans les grands. Le seuil qui sépare les deux catégories a été plusieurs fois modifié. La gauche est traditionnellement favorable à une application étendue de la proportionnelle, car, comme au moins jusqu'à une date récente le corps électoral était dans son ensemble plutôt conservateur, le scrutin majoritaire lui était défavorable.

Depuis la loi du 2 août 2013, la proportionnelle s'applique dans tous les départements élisant au moins trois sénateurs. Au total, 70 % environ des sénateurs sont élus à la proportionnelle. Toutefois, compte tenu de l'exiguïté du cadre départemental, le nombre de sièges à répartir dans chaque circonscription est relativement faible, de sorte que ce mode de scrutin permet seulement la représentation des principales tendances politiques.

Mais les succès remportés par la gauche aux élections locales depuis le début des années 2000 ont renforcé la position de celle-ci même au sein des collèges électoraux des départements ruraux. C'est ce qui a permis au groupe socialiste de gagner d'un seul coup 25 sièges lors du renouvellement de septembre 2011. À la suite de ce renouvellement, la gauche, qui totalisait 177 sièges, est devenue majoritaire au sein de la seconde chambre, ce qui ne s'était encore jamais vu depuis les débuts de la Ve République. Mais elle a perdu cette majorité lors du renouvellement suivant en septembre 2014 car, entretemps, les élections municipales de mars 2014 avaient renforcé les positions de la droite dans un grand nombre de municipalités.

Lorsque l'élection a lieu à la représentation proportionnelle, la législation sur la parité s'applique selon les modalités habituelles, c'est-à-dire que chaque liste doit être composée alternativement d'un candidat de chaque sexe.

Lorsque l'élection a lieu au scrutin majoritaire, aucun dispositif n'est prévu pour favoriser la parité.

Au total, le Sénat ne comprend encore que 71 femmes sur un effectif total de 348, c'est-à-dire environ 22 %.

652. Contentieux électoral. – Le contentieux des élections sénatoriales est jugé par le Conseil constitutionnel dans les mêmes conditions que celui des élections à l'Assemblée nationale (v. *supra* n° 556).

653. Le particularisme du recrutement sénatorial. – Le mode actuel de recrutement des sénateurs se traduit comme on l'a vu par un phénomène de surreprésentation des régions faiblement urbanisées.

Les défenseurs du Sénat sous sa forme actuelle ne contestent pas l'existence de ces inégalités, mais ils estiment qu'elles se justifient par le caractère particulier de la représentation sénatoriale qui s'appuie sur le nombre des communes et non sur celui des habitants (Cluzel, 1999a, 1999b). Ils ajoutent que le bicamérisme perdrait une partie de son sens si, comme en Italie, le mode de composition de la seconde Chambre était presque identique à celui de la première. Selon eux, la spécificité du recrutement sénatorial remplit une fonction stabilisatrice et le bicamérisme perdrait sa justification si le Sénat était un « clone » de l'Assemblée nationale.

À l'Assemblée nationale, d'une part, les groupes politiques sont assez nettement polarisés, c'est-à-dire qu'on peut presque toujours les rattacher soit à la droite, soit à la gauche ; d'autre part, les effectifs de ces groupes, lors des renouvellements, sont sujets à des variations brutales. Au Sénat, d'une part, cette polarisation est moins nette, beaucoup de sénateurs préférant se situer au centre et, d'autre part, les effectifs des groupes sont beaucoup plus stables. Les renouvellements trisannuels ne se traduisent en effet que par de légers rééquilibrages.

Le particularisme de la composition politique du Sénat s'explique par une série de facteurs, qui n'opèrent d'ailleurs pas tous dans le même sens : les effets amortisseurs de tout scrutin indirect, la prédominance des petites communes et des départements ruraux, généralement plus conservateurs, la relative stabilité des résultats des élections locales et le décalage entre les élections locales et les élections sénatoriales : une victoire à gauche aux élections locales peut se traduire par des élections sénatoriales favorables à la gauche quelques années plus tard. De fait, c'est seulement en 2011 que l'alternance s'est produite au Sénat alors que la gauche était déjà majoritaire dans la plupart des assemblées locales depuis le début des années 2000. Mais ce décalage ne se produit pas toujours. En 2014, quelques mois seulement se sont écoulés entre la victoire de la droite aux élections municipales et le renouvellement qui a permis à celle-ci de reconquérir la majorité au Sénat.

654. Le problème de la réforme. – Pour importante qu'elle soit, la réforme de 2003 n'a résolu qu'une partie des problèmes. Elle a réduit les disparités de représentation entre départements, mais non celles entre communes à l'intérieur de chaque département.

Le mode d'élection des sénateurs est toujours considéré comme archaïque par une fraction importante de l'opinion (surtout à gauche). Certains politologues, à la suite de Maurice Duverger, estiment que le suffrage indirect, sur lequel repose ce mode d'élection, est l'équivalent de ce qu'était autrefois le suffrage censitaire, car il aboutirait à la surreprésentation des tendances conservatrices et à la sous-représentation des tendances révolutionnaires ou réformatrices.

Comparé aux secondes chambres des autres pays, le Sénat français présente une particularité : son mode de composition est fondé sur l'assise d'un grand nombre de petites collectivités territoriales alors que, dans la plupart des pays étrangers, la seconde chambre représente un petit nombre de grandes collectivités territoriales : par exemple, en Allemagne, en Suisse, en Italie, en Espagne, la seconde Chambre ne représente pas les collectivités de base, c'est-à-dire les communes, mais seulement les collectivités de niveau intermédiaire (*Länder*, cantons, provinces ou régions). Au contraire, le Sénat français représente principalement les collectivités de base puisque 95 % des membres de son collège électoral sont des délégués des conseils municipaux.

Or il existe en France un très grand nombre de petites communes et la place qu'elles occupent au sein du collège électoral sénatorial est disproportionnée par rapport à leur poids démographique. Les inégalités de représentation au Sénat sont donc liées à une conception traditionnelle du bicamérisme, qui remonte aux origines de la IIIe République, et selon laquelle la seconde chambre doit être « le grand conseil des communes de France ». Cette conception est liée à la défiance, traditionnelle en France depuis la Révolution, envers tous les corps intermédiaires et toutes les collectivités susceptibles de remettre en cause le principe de l'unité nationale. À cet égard, les communes apparaissent moins dangereuses que des collectivités plus vastes.

Par ailleurs, une idée a longtemps dominé, selon laquelle ce ne sont pas tant les hommes que les territoires qui sont représentés au Sénat, ce qui justifierait une surreprésentation des communes les moins peuplées. Cette idée est néanmoins aujourd'hui remise en cause par la conception selon laquelle l'égalité des suffrages est la règle fondamentale de la démocratie. Il y a d'ailleurs une contradiction entre l'idée que le Sénat « *représente les collectivités territoriales* » et sa qualité de représentant du peuple français, telle qu'elle résulte de l'article 3 de la Constitution. Il ne peut pas en effet représenter le peuple français dans son unité et représenter les collectivités territoriales. Le fait que les sénateurs soient élus sur une base territoriale au suffrage indirect n'en fait pas des représentants de ces collectivités, pas plus que les députés ne représentent leurs circonscriptions ; la Constitution de 1946 était plus cohérente : « *les deux Chambres sont élues sur une base territoriale, l'Assemblée nationale au suffrage universel direct, le Conseil de la République par les collectivités communales et départementales, au suffrage universel indirect* » (article 6).

Lors des élections sénatoriales de septembre 2017, le parti présidentiel, « La République en marche », n'a obtenu que 21 sièges. Ce parti est donc très minoritaire au Sénat, alors qu'il dispose d'une majorité écrasante à l'Assemblée nationale. Cette différence tient au mécanisme du suffrage indirect : ainsi qu'on l'a vu, les sénateurs sont élus principalement par les conseillers municipaux et les délégués de ces conseils. Or le mouvement macroniste n'existait pas encore en 2014 lorsqu'ont eu lieu les dernières élections municipales. Il en résulte que le Sénat constitue aujourd'hui le principal foyer d'opposition et que son rôle dans l'adoption des lois constitutionnelles et de certaines lois organiques rend problématique la réalisation de certaines des réformes voulues par E. Macron.

Sous-section 2
La protection de l'exercice du mandat parlementaire

655. Le mandat. – Le parlementaire est investi d'un mandat représentatif (v. *supra* n° 185 et s.). En droit, il ne représente pas ses électeurs ou sa circonscription, mais il est une composante du Parlement, qui lui-même représente la nation tout entière. Son indépendance à l'égard des électeurs est garantie par l'absence de toute procédure de révocation, soit par les électeurs, soit par le parti, ainsi que par la nullité de tout mandat impératif expressément édictée par l'article 27 de la Constitution. Il ne s'agit cependant que d'une indépendance juridique. Dans les faits, bien entendu, les parlementaires qui entendent être réélus ne sont indépendants ni de leurs électeurs, ni de ceux qui présenteront et soutiendront leur candidature, c'est-à-dire avant tout les partis.

Le mandat est acquis par l'élection, sous réserve de l'annulation par le Conseil constitutionnel. Il prend fin soit à l'expiration des pouvoirs de l'assemblée à laquelle ils appartiennent (terme légal ou dissolution), soit pour une raison personnelle : décès ou démission, soit encore déchéance prononcée par le Conseil constitutionnel en cas d'incompatibilité ou d'inéligibilité révélée postérieurement à l'élection.

La situation du parlementaire se caractérise au point de vue juridique par un certain nombre d'avantages et de charges dont l'objet est de garantir la liberté de l'exercice du mandat en protégeant celui qui en est investi contre les pressions qui pourraient compromettre son indépendance.

§1. Les moyens matériels des parlementaires

656. Le principe d'une indemnité parlementaire a été admis par l'article 17 de la loi du 30 novembre 1875 ; sa justification réside dans l'exigence démocratique qui veut que chacun, quelle que soit sa situation de fortune, puisse accéder au Parlement.

Le chiffre de l'indemnité a été fixé par l'ordonnance du 13 décembre 1958 portant loi organique par référence au traitement des hauts fonctionnaires. En 2017, elle se montait à 7 209,75 € mensuels en brut, 5 772 en net. En outre les parlementaires perçoivent une indemnité représentative de frais de mandat (IRFM) qui a un caractère forfaitaire. Son montant était de 5 372 € en 2017. Elle n'est pas imposable et ses bénéficiaires doivent désormais justifier leurs frais.

L'indemnité parlementaire est, en principe, exclusive de toute autre rémunération publique. Des exceptions sont toutefois prévues, notamment en ce qui concerne les parlementaires titulaires d'un autre mandat électoral (maire, conseiller général, député européen, etc.) : le cumul d'indemnités est alors autorisé, mais seulement dans la limite d'une fois et demie l'indemnité parlementaire de base.

L'ordonnance prévoit que le bénéfice de l'indemnité de fonction dépend de la participation du parlementaire aux travaux de l'assemblée à laquelle il appartient. Les conditions d'allocation de cette « prime d'assiduité » sont fixées par le règlement de chaque assemblée. Elles sont effectivement appliquées depuis 2010, à l'Assemblée nationale tout au moins (Camby et Servent, 2011, p. 54). Cependant, l'indemnité de fonction (IRFM), dont le montant mensuel est d'environ 6 000 euros, est versée sans que soit exigée une justification des dépenses professionnelles engagées, ce qui donne lieu à des critiques. Elle est en outre défiscalisée.

Les parlementaires bénéficient en outre d'un crédit global d'environ 9 600 € qui leur permet de rémunérer plusieurs collaborateurs (en principe trois) dont ils sont les employeurs directs et que l'on désigne généralement sous le nom d'assistants parlementaires : jusqu'à une date récente, ils les recrutaient tout à fait librement, fixaient leurs conditions de travail, y compris leur rémunération, et pouvaient les licencier à tout moment. Au cours de la campagne présidentielle de 2017, il est apparu que ces assistants parlementaires étaient souvent choisis parmi les membres de la famille de leur employeur et que certains d'entre eux n'avaient en fait aucune activité en relation avec le mandat de celui-ci. Le parquet financier a considéré que cette pratique constituait un détournement d'argent public et que, à ce titre, elle pouvait faire l'objet de poursuites pénales. On a vu que la loi sur la confiance dans la vie politique votée au cours de l'été 2017 interdit désormais le recrutement sur ces emplois de personnes proches du parlementaire (v. *supra* n° 583).

§2. Les incompatibilités et la limitation des cumuls

657. Sont dites « incompatibles » avec l'exercice du mandat parlementaire les occupations qui, aux termes de la loi, ne peuvent se cumuler avec lui. L'incompatibilité n'empêche pas le candidat d'être élu – en cela, elle se distingue de l'inéligibilité – elle l'oblige seulement à opter entre l'occupation incompatible et le mandat parlementaire.

La raison d'être des incompatibilités est d'empêcher que l'occupation, situation publique ou privée, des parlementaires vienne fausser leur rôle en tant que représentants de la nation.

Le régime des incompatibilités est fixé par les articles LO 137 et suivants du Code électoral.

1 – Les mandats de député et de sénateur sont incompatibles entre eux. Les parlementaires ne peuvent faire partie du Conseil économique, social et environnemental.

2 – Depuis la loi du 5 avril 2000, le mandat de membre du Parlement français est incompatible avec celui de représentant au Parlement européen (art. LO 137-1).

3. – Les fonctions de *membres du Conseil constitutionnel* sont incompatibles avec celles de parlementaire (art. 57 C).

4. – *Toutes les fonctions publiques non électives sont incompatibles* avec le mandat législatif (art. LO 142, C. élect.). Cette règle, traditionnelle en France depuis la Révolution de 1848, s'explique par une réaction contre la présence de nombreux fonctionnaires à la Chambre des députés de la monarchie de Juillet. Ces députés subissaient des pressions de la part du gouvernement, qui était maître de leurs carrières.

Cependant, à la différence des *civil servants* britanniques, les fonctionnaires français ne sont pas obligés de démissionner pour exercer un mandat parlementaire. Ils sont placés dans une position dite de « détachement » qui leur permet de retrouver plus tard leur emploi au cas où ils ne seraient pas réélus.

En pratique, une grande partie des députés (de 30 à 50 % selon les législatures) sont des fonctionnaires détachés, ce qui s'explique aisément. La fonction publique leur a donné le goût de la chose publique, assuré une formation, laissé des facilités pour préparer leurs campagnes électorales et surtout elle fournit au fonctionnaire devenu parlementaire la garantie de retrouver au terme de son mandat un emploi de niveau au moins égal au cas où il ne serait pas réélu.

Par *exception*, sont compatibles avec le mandat législatif : *a*) les fonctions de ministre des cultes dans les départements du Haut-Rhin, du Bas-Rhin et de la Moselle (rétribuées par l'État en vertu du Concordat toujours en vigueur) ; *b*) les fonctions de professeur de l'enseignement supérieur ou de chargé de direction de recherches, dont l'avancement ne dépend pas du gouvernement[44] ; *c*) les missions temporaires données par le gouvernement, à condition que leur durée n'excède pas six mois. Il y a là une exception très ancienne puisqu'elle remonte à 1848. Néanmoins elle est susceptible de donner lieu à des abus si la mission du parlementaire est systématiquement renouvelée de six mois en six mois.

L'exception traditionnelle qui permettait la compatibilité entre la fonction de ministre et celle de parlementaire a disparu depuis 1958. Mais, ainsi qu'on l'a déjà signalé, depuis la réforme de 2008, le remplacement d'un parlementaire devenu ministre n'est que temporaire. Lorsqu'il cesse d'être membre du gouvernement, il retrouve son siège dans le délai d'un mois.

L'exercice des fonctions conférées par un *État étranger* ou par une *organisation internationale* et rémunérées sur leurs fonds est également incompatible avec le mandat de député ou de sénateur (art. LO 143, C. élect.).

5. – *Les fonctions privées sont, au contraire, compatibles* en principe avec le mandat. Les incompatibilités ne sont en effet traditionnellement justifiées que par le souci de mettre les parlementaires à l'abri des pressions du gouvernement, qui ne sont pas à redouter s'agissant de fonctions privées. On estime également que la compatibilité favorise la représentation de toutes les activités professionnelles au Parlement. Cependant certains scandales ayant fait apparaître ce que l'on a appelé la collusion de la politique et de la finance ont provoqué une atténuation du principe. Les lois du 30 octobre 1928 et 6 janvier 1950 avaient établi certaines incompatibilités. Leur nombre a été très sensiblement accru par l'ordonnance du 24 octobre 1958 et la loi de 1972 (art. LO 146 du Code électoral).

Elle décide que *sont incompatibles avec le mandat parlementaire les fonctions de :*

a) président, membre de conseil d'administration, directeur général et directeur général adjoint, exercées dans les entreprises nationales et

44. Ces deux premières exceptions s'expliquent par l'idée que ces fonctionnaires ne sont hiérarchiquement subordonnés au gouvernement et que celui-ci n'est donc pas en mesure de faire pression sur eux.

établissements publics nationaux. Il en est de même de toute fonction exercée de façon permanente en qualité de conseil auprès de ces entreprises ou établissements.

b) Chef d'entreprise, président de conseil d'administration, administrateur délégué, directeur général, directeur général adjoint ou gérant exercées dans :

- Les sociétés, entreprises ou établissements jouissant, sous forme de garantie d'intérêts, de subventions ou sous une forme équivalente, d'avantages assurés par l'État ou par une collectivité publique, sauf dans le cas où ces avantages découlent de l'application automatique d'une réglementation générale.
- Les sociétés ayant exclusivement un objet financier et faisant publiquement appel à l'épargne et au crédit ; il a été jugé par le Conseil constitutionnel, à propos de la société « Bernard Tapie Finance » que cette incompatibilité est d'interprétation stricte. Elle ne s'applique donc pas lorsque l'objet social, tel que défini par les statuts, comprend aussi des activités non financières (déc. n° 89-91 du 6 mars 1990, *JO* 9 mars 1990, p. 2910).
- Les sociétés ou entreprises dont l'activité consiste principalement dans l'exécution de travaux, la prestation de fournitures ou de services pour le compte ou sous le contrôle de l'État, d'une collectivité ou d'un établissement public ou d'une entreprise nationale, ou dont plus de la moitié du capital social est constitué par des participations de sociétés ou entreprises ayant ces mêmes activités. Selon la jurisprudence du Conseil constitutionnel, cette incompatibilité subsiste même lorsqu'il s'agit d'une société ou entreprise sans but lucratif et lorsque les fonctions sont exercées à titre bénévole (déc. n° 89-81 du 7 novembre 1989, *Rec.* p. 94).
- Les sociétés à but lucratif dont l'objet est l'achat ou la vente de terrains destinés à la construction ou qui exercent une activité de promotion immobilière.

Comme les incompatibilités de l'article LO 146 du Code électoral ont pour effet de restreindre les possibilités d'exercice d'un mandat électif, elles ne doivent pas être interprétées de manière extensive. Or l'article 146 vise les titulaires de certaines fonctions, mais non les actionnaires. Statuant sur le cas de Marcel Dassault, qui était actionnaire majoritaire de plusieurs sociétés de construction aéronautique travaillant pour le compte de l'État, le Conseil constitutionnel en a déduit que l'incompatibilité ne peut être étendue aux personnes qui, « détenant la propriété d'une partie, quelle qu'en soit l'importance, du capital d'une société », exercent les droits qui sont attachés à cette propriété. Mais l'incompatibilité réapparaîtrait s'il était prouvé que l'actionnaire majoritaire exerce *en fait*, directement ou par personne interposée, la direction de la société (déc. n° 77-51 du 18 octobre 1977, *Rec.* p. 81).

Des exceptions sont prévues à ces incompatibilités pour permettre aux membres des conseils généraux ou municipaux de représenter le département ou la commune dans des organismes d'intérêt régional ou local ou dans des sociétés d'économie mixte. Encore faut-il que les fonctions occupées dans ces conditions par les parlementaires ne soient pas rémunérées (art. LO 148).

c) Il est interdit à tout parlementaire d'accepter, en cours de mandat, une fonction de membre de conseil d'administration ou de membre de conseil de surveillance, ou toute fonction exercée de façon permanente en qualité de conseil dans l'un des établissements, sociétés ou entreprises visés ci-dessus.

d) Quant aux parlementaires exerçant la profession d'*avocat*, il leur est interdit d'accomplir, sauf devant la Haute Cour, aucun acte de leur profession à l'occasion de poursuites exercées devant les juridictions répressives, de plaider ou de consulter pour le compte de l'une des sociétés, entreprises ou établissements visés ci-dessus ou contre l'État, les collectivités et établissements publics.

e) Enfin, il est interdit à tout parlementaire de faire ou de laisser figurer son nom suivi de l'indication de sa qualité dans toute publicité relative à une entreprise financière, industrielle ou commerciale.

Traditionnellement, les professions libérales, et notamment la profession d'avocat, sont compatibles avec le mandat parlementaire. Mais certains parlementaires, qui exercent cette profession, ont été soupçonnés de toucher des honoraires parfois très élevés moins pour plaider devant les tribunaux que pour effectuer des interventions auprès d'un ministre ou d'une haute administration. Pour lutter contre cette pratique, qui s'apparente à un trafic d'influence, la loi organique relative à la transparence de la vie publique, sans aller jusqu'à rendre la profession d'avocat incompatible avec le mandat parlementaire, a prévu d'interdire aux députés et aux sénateurs d'exercer une fonction de conseil s'ils ne l'exerçaient pas déjà depuis au moins douze mois avant le début de leur mandat. Un avocat qui est élu député ou sénateur a donc pratiquement la possibilité de conserver une activité de conseil.

658. La sanction des incompatibilités : la démission d'office. – À la différence de l'inéligibilité, l'incompatibilité n'affecte pas la validité de l'élection. Elle ne produit ses effets qu'une fois l'élection acquise.

Si lors de son élection, un parlementaire se trouve dans un cas d'incompatibilité, il doit dans les trente jours[45] qui suivent son entrée en fonction régulariser sa situation, c'est-à-dire renoncer à son mandat parlementaire ou se démettre de la fonction incompatible avec celui-ci. Toutefois, si l'élection est contestée, le délai de trente jours ne commencera à courir qu'à compter de la décision du Conseil constitutionnel constatant la validité de celle-ci.

Pour veiller au respect des incompatibilités, l'article LO 151 du Code électoral, modifié par la loi organique du 19 janvier 1995, a prévu une procédure spéciale.

En premier lieu, dans le délai de trente jours, le parlementaire est tenu de déposer sur le bureau de l'assemblée à laquelle il appartient une déclaration certifiée sur l'honneur exacte et sincère comportant la liste des activités professionnelles ou d'intérêt général, même non rémunérées, qu'il envisage de conserver ou attestant qu'il n'en exerce aucune. En cours de mandat, il doit

45. Ce délai a été porté de 15 à 30 jours par la loi organique du 5 avril 2000.

déclarer, dans les mêmes formes tout élément de nature à modifier sa situation initiale. S'il ne procède pas à cette déclaration (ou s'il remet une déclaration incomplète), il peut être déclaré démissionnaire, sans délai, par le Conseil constitutionnel à la demande du garde des Sceaux ou du bureau de l'assemblée.

En second lieu, s'il y a doute sur la compatibilité des fonctions ou activités exercées ou en cas de contestation à ce sujet, le bureau de l'assemblée, le garde des Sceaux ou l'intéressé lui-même saisit le Conseil constitutionnel qui apprécie souverainement. Si le Conseil constitutionnel décide qu'il y a incompatibilité, le parlementaire doit régulariser sa situation dans le délai de trente jours. À défaut, le Conseil constitutionnel le déclare démissionnaire d'office.

Il convient de noter que la sanction de la démission d'office n'est pas tout à fait automatique, le Conseil constitutionnel ne pouvant être saisi que par le bureau de l'assemblée, le garde des Sceaux ou l'intéressé lui-même. En pratique, certains cas litigieux peuvent donc échapper au contrôle du Conseil constitutionnel[46].

La démission d'office prononcée pour cause d'incompatibilité n'entraîne pas l'inéligibilité.

659. Le cumul des mandats. – À la différence des fonctions publiques non électives, traditionnellement, les mandats électifs d'administration locale n'étaient pas incompatibles avec le mandat parlementaire. Et les parlementaires français ont toujours recherché ces mandats[47], non seulement parce qu'ils leur procuraient certains avantages matériels, mais surtout parce qu'ils les aidaient à s'implanter durablement dans une circonscription. Avant la réforme de 1985, il n'était pas rare qu'un homme politique exerçât, parallèlement à son mandat de député ou de sénateur, plusieurs mandats locaux, et parfois même un mandat de représentant au Parlement européen.

Du point de vue de l'intérêt général, le cumul présente un avantage : grâce à lui, les parlementaires sont plus proches de leurs électeurs, ils connaissent mieux le terrain, les réalités de la vie locale que si toutes leurs activités se situaient au Palais Bourbon ou à celui du Luxembourg[48]. Mais il n'en présente pas moins des inconvénients sérieux. D'une part, il est considéré comme l'un des facteurs permettant à une classe politique peu nombreuse (et jusqu'à

46. Ainsi B. Tapie, député des Bouches-du-Rhône, avait diffusé auprès des épargnants, à l'occasion de l'introduction en bourse de l'une de ses sociétés, des documents faisant état de sa qualité de parlementaire, ce qui est formellement interdit par l'article L. 150 C. élect. (v. *supra*, n° 658). Eut-il été saisi par l'une des deux autorités compétentes, le Conseil constitutionnel n'aurait sans doute pas pu éviter de le déclarer démissionnaire d'office. Mais le bureau de l'Assemblée nationale et le garde des Sceaux, estimant que B. Tapie avait peu d'expérience en tant que parlementaire et que sa faute n'était pas intentionnelle, n'ont pas cru devoir saisir le Conseil. La requête déposée directement par un électeur a été jugée irrecevable (déc. n° 89-101 du 1er février 1990, *JO* 2 février 1990, p. 1418).

47. Selon René Dosière (2014, p. 51) la pratique du cumul des mandats est une tradition française qui remonte à l'Ancien Régime.

48. Mais cet avantage n'en est peut-être pas un au regard de la théorie française de la représentation. En effet, le Parlement représente la nation tout entière et les membres du Parlement doivent contribuer à l'expression de la volonté générale, qui n'est pas tributaire d'une connaissance des réalités locales.

l'intervention de la législation sur la parité presque exclusivement masculine) de monopoliser tous les mandats électifs, aussi bien au niveau local qu'au niveau national : les bénéficiaires de ce cumul peuvent en effet jouer d'une position locale pour se faire réélire dans une position nationale (ou l'inverse), ce qui ne favorise évidemment pas la rotation des mandats ; d'autre part, ces fonctions peuvent être très absorbantes surtout lorsqu'il s'agit de la direction d'un exécutif territorial (maire, président d'un conseil général ou d'un conseil régional ou encore président d'un établissement public intercommunal). C'est pourquoi le cumul des mandats est généralement considéré comme l'une des causes, voire la cause principale, de l'absentéisme parlementaire qui a sévi en France pendant longtemps. Ces critiques ont été d'ailleurs reprises dans les rapports Balladur et Jospin précités. En sens inverse, on a fait valoir que « l'exception française du cumul des mandats est un contrepoids à l'exception française du cumul des pouvoirs, de la concentration extrême de ces pouvoirs entre les mains du président de la République »[49] et qu'elle assure aux parlementaires une autonomie relative par rapport aux états-majors des partis.

Dès 1985, le législateur organique a tenté de limiter le cumul des mandats (LO n° 85-1405 du 30 décembre 1985). Mais il s'est heurté à de fortes résistances, surtout de la part du Sénat qui estimait que, en raison de sa qualité de représentant des collectivités locales de la République (art. 24 C), on ne pouvait pas interdire à ses membres d'occuper des positions de pouvoir au niveau territorial. Il a fallu près de 30 ans aux adversaires du cumul pour parvenir à leurs fins. C'est la LO du 14 février 2014 qui a institué une incompatibilité entre le mandat parlementaire et les fonctions de chef d'un exécutif territorial, sans distinction entre les députés et les sénateurs.

Cette incompatibilité n'est entrée en vigueur qu'au début de la législature suivant celle au cours de laquelle la loi organique a été votée, c'est-à-dire en 2017. Elle a indirectement contribué au renouvellement de la composition de l'Assemblée nationale. Cependant, il n'est pas certain qu'un parlementaire influant ne puisse continuer d'exercer de facto un pouvoir local à travers un homme de paille.

Par extension, on parle aussi parfois de cumul pour désigner une pratique consistant à exercer plusieurs mandats non pas simultanément, mais successivement (Cassia 2014). Certains proposent de limiter le nombre de mandats parlementaires qu'une même personne pourrait exercer successivement, comme c'est déjà le cas par exemple pour la Présidence de la République. Ils espèrent ainsi éviter la formation d'une classe de professionnels de la politique. C'est l'objet de l'un des projets de révision constitutionnelle annoncés par Emmanuel Macron. Quoi qu'on puisse penser de la pertinence de cette proposition, on devine qu'elle ne suscite guère d'enthousiasme chez les parlementaires qui devraient la voter.

49. Avril P., Beaud O. et Weil P., « Non-cumul des mandats : la mise en garde de quatre universitaires », *Le Monde*, 25 mars 2013.

§3. La situation patrimoniale et les intérêts des parlementaires

660. Depuis 1995, les parlementaires sont tenus de déposer une première déclaration de leur situation patrimoniale en début de mandat (dans les quinze jours suivant leur entrée en fonction) et une seconde en fin de mandat. Le manquement à cette obligation était sanctionné par une inéligibilité dont la durée était fixée à un an et qui entraînait évidemment la démission d'office. Mais jusqu'à une date récente, il n'était pas question que ces déclarations fussent rendues publiques. Elles étaient seulement communiquées à la Commission pour la transparence financière de la vie politique chargée de vérifier si la variation des actifs en cours de mandat pouvait laisser soupçonner un enrichissement frauduleux. Et si cette commission devait publier un rapport tous les trois ans, les parlementaires n'avaient pas grand-chose à en redouter car il ne pouvait contenir aucune indication nominative.

En 2013, à la suite d'un scandale (v. *supra* n° 633), le président Hollande a fait adopter une loi organique et une loi ordinaire (11 octobre 2013) imposant aux parlementaires des obligations semblables à celles qui pèsent sur les membres du gouvernement, mais sensiblement moins strictes.

En ce qui concerne les déclarations de situation patrimoniale, il n'y a pas de publication mais chaque électeur inscrit sur les listes électorales peut les consulter et adresser des observations à la Haute Autorité. L'avantage ou l'inconvénient de ce système (selon que l'on se place du point de vue des parlementaires ou de celui du public) tient au fait que la presse ne peut exploiter les informations contenues dans la déclaration. En effet, la reproduction de ces informations est considérée comme une infraction pénale, passible d'une peine d'amende d'un montant maximum de 45 000 €.

Au contraire, les déclarations d'intérêts sont publiées par les soins de la Haute Autorité.

De leur côté, l'Assemblée nationale et le Sénat se sont dotés d'institutions qui contribuent au respect de la déontologie parlementaire et à la prévention des conflits d'intérêts.

À l'Assemblée nationale, a été créé un poste de « déontologue » sur lequel, une personnalité extérieure, généralement un avocat ou un professeur de droit, est nommée au début de chaque législature par le bureau de l'Assemblée sur proposition du président. Il est chargé de recevoir les déclarations des députés, de les conseiller lorsqu'ils se trouvent dans une situation délicate et de signaler au bureau de l'Assemblée tout manquement à une règle de déontologie, mais il ne dispose d'aucun pouvoir de sanction et ne peut même pas saisir le parquet.

Au Sénat, l'organe chargé de veiller au respect de la déontologie n'est pas une personnalité extérieure mais un comité d'une dizaine de sénateurs représentant tous les groupes politiques.

D'après la jurisprudence de la Cour de cassation (Cass. crim., 27 juin 2018, *AJDA* 2018 2203) l'article 432-15 du Code pénal, qui punit de peines très lourdes les agents publics qui détournent des sommes mises à leur disposition pour un usage déterminé, est applicable aux parlementaires. C'est ainsi qu'un député qui aurait détourné au profit de sa famille des crédits destinés à rémunérer des assistants parlementaires pourra désormais être traité comme un délinquant de droit commun et lourdement condamné.

§4. Les immunités parlementaires

661. Ce sont des privilèges qui, à travers le parlementaire, garantissent le libre exercice du mandat en le protégeant contre les poursuites judiciaires intentées soit par le gouvernement, soit par les particuliers. Ces immunités sont de deux sortes : l'irresponsabilité et l'inviolabilité.

662. *L'irresponsabilité parlementaire.* – « *Aucun membre du Parlement ne peut être poursuivi, recherché, arrêté, détenu ou jugé à l'occasion des opinions ou votes émis par lui dans l'exercice de ses fonctions* » (art. 26 C). « *Les reproductions de discours et les comptes rendus exacts et de bonne foi ne peuvent pas faire l'objet de poursuite contre les journaux ou contre les auteurs des comptes rendus* » (L. 29 juillet 1881, L. 6 janvier 1950, art. 21). Le fondement de cette irresponsabilité est ainsi d'empêcher que le parlementaire ne soit paralysé par la crainte des responsabilités que pourrait lui faire encourir l'exercice de son mandat.

Ce fondement explique *l'étendue de l'irresponsabilité.*

a) d'abord, elle est perpétuelle et survit à l'expiration du mandat ;

b) ensuite, elle couvre tous les actes de la fonction parlementaire (votes, discours, rapports, enquêtes), mais elle ne couvre qu'eux. Le parlementaire retombe sous l'application du droit commun dès que l'acte n'est plus motivé par l'exercice direct de la fonction (par exemple s'il publie des articles calomnieux dans un journal). Le Conseil constitutionnel a jugé que l'irresponsabilité ne pouvait pas non plus être étendue aux actes accomplis par un parlementaire dans le cadre d'une mission temporaire qui lui a été confiée par le gouvernement. En effet, une telle mission pourrait aussi bien être confiée à une personne non-membre du Parlement, et elle est donc dépourvue de tout lien juridique avec la fonction parlementaire (déc. n° 89-262 DC du 7 novembre 1989, *Rec.* p. 90) ;

c) enfin, elle protège le parlementaire aussi bien contre les poursuites civiles que contre les poursuites pénales.

663. L'inviolabilité parlementaire. – L'inviolabilité est une protection de la liberté physique et intellectuelle des parlementaires. À défaut de cette protection, ils pourraient soit être physiquement empêchés de délibérer et de voter, par exemple par une arrestation, soit intimidés par la menace de poursuites pénales. Les poursuites contre lesquelles il s'agit de protéger les parlementaires sont celles qui visent les actes étrangers à la fonction, puisque ceux qui s'y rattachent sont couverts par l'irresponsabilité. En outre, ce sont seulement les poursuites répressives pour crime ou délit, mais non les poursuites civiles ou pour contravention, qui ne sont pas jugées suffisamment graves pour gêner le parlementaire dans l'exercice de son mandat.

Si la protection est nécessaire, c'est que les poursuites ou les arrestations pourraient être inspirées par des mobiles politiques. Elle ne doit toutefois pas conduire à mettre les parlementaires à l'abri des poursuites et des arrestations justifiées, ni à leur conférer un privilège exorbitant. Le régime de l'inviolabilité est toujours un compromis entre ces deux objectifs. Il a été sensiblement modifié par la loi constitutionnelle du 4 août 1995, qui a donné à l'article 26 de la Constitution une nouvelle rédaction.

Le système antérieur à 1995 était inspiré de la Constitution de 1875 (v. *supra* n° 380 et s.). Il reposait sur les principes suivants. Tout d'abord la Constitution faisait deux distinctions, dont une seule subsiste. La première, qui a disparu, opposait les périodes de sessions, pendant lesquelles la liberté d'exercer le mandat était strictement garantie, et les périodes hors session. La seconde, celle qui subsiste, concernait uniquement la période hors session, et elle opposait les poursuites, moins menaçantes et contre lesquelles la protection était par conséquent moins nécessaire, et les arrestations. Par ailleurs, la protection était organisée selon un système d'autorisation préalable.

Il en découlait le régime suivant : pendant la durée des sessions, les parlementaires ne pouvaient être arrêtés ou poursuivis qu'avec l'autorisation de l'assemblée dont ils faisaient partie, sauf cas de flagrant délit, parce qu'alors l'arbitraire n'était pas à redouter. Hors session, ils n'étaient pas protégés contre les poursuites, mais seulement contre les arrestations. Les poursuites pouvaient s'exercer sans contrôle et les arrestations nécessitaient l'autorisation du bureau. Enfin, dans tous les cas, l'assemblée pouvait ordonner la suspension des poursuites ou de la détention.

Aux yeux des auteurs de la réforme, ce système présentait trois défauts principaux : alors que l'inviolabilité doit protéger non la personne des parlementaires, mais l'exercice de leur mandat, ce dispositif paraissait les favoriser et leur permettre de se soustraire à l'application normale de la loi pénale ; en deuxième lieu, le débat sur l'autorisation des poursuites portait nécessairement sur les faits reprochés aux parlementaires[50] poursuivis, de sorte qu'il apparaissait comme un préjugement sur la culpabilité ; en troisième lieu, du fait de l'allongement de la session ordinaire, les parlementaires restaient presque toute l'année à l'abri des poursuites, sauf autorisation donnée par l'assemblée.

La loi constitutionnelle de 1995 a donc modifié l'article 26 et supprimé toute autorisation préalable pour les poursuites, qui peuvent désormais être engagées contre les parlementaires comme contre n'importe quelle personne, pourvu qu'elles ne visent pas des actes liés à la fonction, couverts par l'irresponsabilité.

50. En 2014, il a fallu trois votes successifs pour que soit levée l'immunité du sénateur Serge Dassault, accusé de corruption.

Pour ce qui concerne les arrestations et d'une manière générale, pour toutes les mesures privatives de liberté, comme le contrôle judiciaire, le nouvel article 26 de la Constitution supprime l'autorisation préalable de l'assemblée. Désormais, il suffit d'une autorisation préalable du bureau, qui n'est évidemment pas nécessaire en cas de flagrant délit ou de condamnation définitive.

Il maintient la possibilité pour l'assemblée d'ordonner la suspension de la détention, des mesures privatives de liberté ou des poursuites, mais seulement pour la durée de la session.

Enfin, point important, si le Parlement n'est pas en session, l'assemblée intéressée est réunie de plein droit, c'est-à-dire sans qu'il soit nécessaire de la convoquer, pour requérir le cas échéant la suspension des poursuites.

Ainsi, le nouvel article 26 renverse-t-il en quelque sorte la présomption que les poursuites ou l'arrestation ont été ordonnées avec des intentions malignes, présomption qui justifiait l'exigence de l'autorisation préalable. Désormais, la présomption est que les poursuites ou l'arrestation interviennent dans le cadre d'une action pénale ordinaire, si bien qu'une autorisation préalable n'est pas du tout nécessaire pour les poursuites et que l'autorisation donnée par le bureau pour les arrestations est suffisante. L'assemblée tout entière ne doit se prononcer que s'il y a lieu de renverser cette présomption.

Sous-section 3 Organisation et fonctionnement des Chambres

664. Jusqu'en 1958, les assemblées parlementaires françaises jouissaient à cet égard d'une grande liberté. La Constitution étant presque muette sur ce sujet, chaque assemblée fixait elle-même par son règlement les règles essentielles de son organisation et de son fonctionnement. Et comme ces règlements ne faisaient l'objet d'aucun contrôle externe, une assemblée pouvait même parfois, par ce biais, tenter de remettre en cause un principe posé la Constitution.

Il en va différemment sous la Ve République car les constituants poursuivaient un objectif de rationalisation du parlementarisme.

En premier lieu, toute une série de matières, qui étaient autrefois régies par les seuls règlements des assemblées, le sont aujourd'hui par la Constitution elle-même ou par une loi organique : il en est ainsi notamment de la durée du mandat du président de chaque assemblée parlementaire (art. 32 C), du nombre des commissions (art. 43 C), des modalités de vote (art. 27 C), de l'établissement de l'ordre du jour (art. 48 C), du déroulement des débats (art. 42 et 44 C).

En second lieu, avant leur mise en application, les règlements des assemblées sont obligatoirement soumis au Conseil constitutionnel qui contrôle leur conformité à la Constitution (art. 61 al. 1 C). Il ne leur est donc plus possible de se soustraire par ce biais aux contraintes imposées par la Constitution ou une loi organique.

Mais quelques-unes des contraintes du parlementarisme rationalisé ont été assouplies par la révision constitutionnelle du 4 août 1995 et davantage encore par celle du 23 juillet 2008. Certaines matières, comme les conditions de création des commissions d'enquête, relèvent de nouveau du règlement de chaque assemblée. D'autres, comme le nombre maximum de commissions permanentes, ou la fixation de l'ordre du jour, sont toujours régies par la Constitution elle-même, mais selon des modalités qui laissent davantage de liberté aux assemblées.

Il serait donc faux de croire que les assemblées parlementaires sont enfermées dans un carcan rigide. Elles bénéficient toujours, à certains égards, d'une assez large autonomie : elles administrent elles-mêmes leurs services ; elles disposent d'un personnel qui leur est propre ; elles fixent elles-mêmes le montant des crédits qui leur sont alloués chaque année (principe de l'autonomie budgétaire). En définitive, les contraintes les plus lourdes pesant sur les parlementaires proviennent moins de la Constitution ou des lois organiques que de la discipline des partis.

§1. Les sessions

665. Les sessions sont les périodes de l'année pendant lesquelles le Parlement peut se réunir et exercer la plénitude de ses attributions.

Dans un but de rationalisation du parlementarisme, afin d'empêcher les assemblées de harceler continuellement le gouvernement, l'article 28 de la Constitution de 1958 avait prévu à l'origine un régime de sessions courtes.

Il y avait chaque année deux sessions ordinaires de plein droit : la première, qui était principalement consacrée à l'examen et au vote du budget, s'ouvrait le 2 octobre et sa durée était de 80 jours. Elle se terminait donc normalement juste avant les fêtes de Noël. La seconde s'ouvrait le 2 avril et sa durée ne pouvait excéder 90 jours ; elle se terminait donc fin juin ou début juillet[51].

Les deux sessions ordinaires ne représentaient au total qu'une durée maximum de 170 jours, c'est-à-dire un peu moins de la moitié de l'année.

À l'expérience, on a constaté que, compte tenu de la lourdeur du travail législatif, cette durée était presque toujours insuffisante. On était donc obligé de convoquer chaque année au moins une session extraordinaire, ce qui nécessitait l'intervention du président de la République (v. *supra* n° 608). De plus, pendant la durée des sessions ordinaires, les séances étaient programmées sur la plupart des jours ouvrables, afin d'utiliser au maximum le temps disponible. Mais les parlementaires tenant à être présents dans leur circonscription, où la plupart d'entre eux détiennent par ailleurs un mandat d'administration locale (v. *supra* n° 659), l'assiduité était généralement fort

51. Si le 2 octobre ou le 2 avril tombait un jour férié, l'ouverture de la session était reportée au premier jour ouvrable qui suivait.

médiocre. Au même titre que le cumul des mandats, le régime des sessions courtes était généralement considéré comme l'une des causes de l'absentéisme parlementaire.

Pour remédier à ces inconvénients, plusieurs propositions qui tendaient, afin de renforcer dans une certaine mesure le Parlement, à instaurer une session parlementaire unique d'une durée relativement longue, avaient été présentées, notamment en 1990 par Laurent Fabius, en sa qualité de président de l'Assemblée nationale, ou encore en 1993 par le Comité consultatif pour la révision de la Constitution. Après les élections législatives de mars 1993, le nouveau président de l'Assemblée nationale, Philippe Séguin, s'y était déclaré favorable.

Ces idées ont inspiré la révision constitutionnelle du 4 août 1995 qui a modifié l'article 28 C. Désormais, « *Le Parlement se réunit de plein droit [c'est-à-dire sans qu'il soit besoin de le convoquer] en une session ordinaire qui commence le premier jour ouvrable d'octobre et prend fin le dernier jour ouvrable de juin* ».

La durée totale de la session ordinaire unique est donc approximativement de 270 jours, ce qui représente un gain de 100 jours environ par rapport au système précédent. Toutefois, d'après l'alinéa 2 du nouvel article 28 C : « *Le nombre de jours de séance que chaque assemblée peut tenir au cours de la session ordinaire ne peut excéder 120* ». Cette limitation a été prévue pour répondre aux vœux des députés et des sénateurs, qui souhaitaient pouvoir consacrer à leur circonscription les débuts et les fins de semaine. Il s'agit d'ailleurs d'une limitation indicative et non pas véritablement impérative car, en cas de besoin, la tenue de jours supplémentaires de séance peut toujours être décidée soit par le Premier ministre après consultation du président de l'assemblée concernée, soit par la majorité des membres de chaque assemblée (art. 28 al. 3 C).

Durant les années qui ont suivi la réforme de 1995, la limitation du nombre de jours de séances a été respectée dans chacune des deux assemblées : de 1995 à 2008, l'Assemblée nationale siégeait en moyenne 100 jours par session ordinaire et le Sénat 99 jours. Mais la réforme constitutionnelle de juillet 2008, qui tendait globalement à revaloriser le rôle du Parlement, a provoqué indirectement certaines années un dépassement de ce plafond (v. *infra* n° 750 à 754 et De Montis (2016) p. 357 et s.).

Pendant la durée de la session unique, chaque assemblée dispose désormais d'une large autonomie pour organiser son propre travail. Les semaines de séances sont fixées par chaque assemblée (art. 28 al. 2). Quant aux jours et aux horaires des séances, ils sont déterminés par le règlement de chaque assemblée (art. 28 al. 4). Les nouveaux règlements adoptés à la suite de la réforme ont regroupé les jours de séance en milieu de semaine (c'est-à-dire sur les mardis, mercredis et jeudis), sous réserve des jours supplémentaires dont la tenue peut être décidée dans les conditions ci-dessus indiquées (Luchaire, 1996).

L'expérience des premières années d'application de la réforme montre que la session continue a favorisé un certain développement du contrôle parlementaire, le temps consacré par chaque assemblée aux questions orales étant un peu plus long qu'auparavant. L'entrée en vigueur, à compter du

1er mars 2009, des nouvelles dispositions de la loi constitutionnelle de juillet 2008 concernant le partage de l'ordre du jour (une semaine de séances sur quatre est réservée au contrôle de l'action du gouvernement et à l'évaluation des politiques publiques) a parachevé cette évolution (v. *infra* n° 676). Parmi les effets bénéfiques de la session continue, il faut aussi noter un allongement du délai moyen entre le dépôt d'un projet de loi et son adoption définitive, ce qui permet un meilleur examen des textes et ce qui explique que le gouvernement ait moins souvent recours à la procédure d'urgence, qui a été rebaptisée en 2008 « procédure accélérée ». Sur ce point également on peut dire que la réforme de 2008 se situe dans le prolongement de la session continue puisque l'alinéa 3 nouveau de l'article 42 C oblige le gouvernement à déposer ses projets de loi six semaines au moins avant la date prévue pour l'ouverture du débat devant la première assemblée saisie (v. *infra* n° 754).

En revanche, contrairement à certaines espérances, et bien que les jours de séance aient été regroupés en milieu de semaine, comme le souhaitaient la plupart des parlementaires, il ne semble pas que l'assiduité ait beaucoup augmenté.

Par ailleurs, comme l'a fait observer le président du Conseil constitutionnel, Pierre Mazeaud, dans ses vœux au président de la République le 3 janvier 2005, « *le fait que les assemblées se réunissent tout au long de l'année pousse à légiférer* ». On peut donc se demander si la réforme de 1995 n'a pas contribué au phénomène de l'inflation législative (v. *infra* n° 777). Et la réforme de juillet 2008 a encore accentué cette tendance en permettant aux assemblées de participer davantage à la fixation de l'ordre du jour. De plus en plus de lois sont votées chaque année, de plus en plus d'amendements sont déposés et adoptés (Camby et Servent, 2011, p. 13-14). C'est ce qui explique qu'en dépit de sa durée, la session unique s'avère généralement trop courte pour l'accomplissement du travail parlementaire.

En dehors de la période couverte par la session ordinaire, c'est-à-dire pendant les mois de juillet, août et septembre, une session extraordinaire peut être demandée soit par le Premier ministre, soit par la majorité des membres composant l'Assemblée nationale. Qu'elle émane du Premier ministre ou de la majorité des membres composant l'Assemblée nationale, la demande doit préciser l'ordre du jour de la session extraordinaire projetée, c'est-à-dire les questions dont le Parlement aura à débattre. Mais, d'après l'article 30 de la Constitution, la session extraordinaire doit être ouverte par décret du président de la République. Or, du général de Gaulle à F. Mitterrand, le président de la République s'est toujours reconnu un pouvoir d'appréciation quant à l'opportunité de la session extraordinaire, compte tenu de l'ordre du jour envisagé[52].

52 En mars 1960, le général de Gaulle, président de la République, a refusé de convoquer une session extraordinaire demandée par 287 députés qui auraient souhaité pouvoir débattre des problèmes agricoles. Il estimait que cette session, qui avait été demandée sous la pression des organisations professionnelles, n'était compatible ni avec l'esprit des institutions, ni avec le fonctionnement régulier des pouvoirs publics auquel doit veiller le chef de l'État (art. 5 C). À l'époque, cette position avait été vivement critiquée par l'opposition au motif, d'une part, qu'elle paraissait contraire à la lettre des articles 29 et 30 et, d'autre part, qu'elle s'inspirait d'une conception très restrictive des droits du Parlement. Mais elle semble aujourd'hui

Si la session extraordinaire a eu lieu à la demande des membres de l'Assemblée nationale, elle est close par décret du président de la république dès que le Parlement a épuisé l'ordre du jour pour lequel il a été convoqué, et au plus tard douze jours après la date de son ouverture. Seul le Premier ministre peut demander une nouvelle session avant l'expiration du mois qui suit le décret de clôture.

Les dispositions concernant la convocation des sessions extraordinaires n'ont pas été modifiées par la révision constitutionnelle du 4 août 1995 ni par celle du 23 juillet 2008. Ainsi qu'on l'a déjà noté, en période de cohabitation, elles constituent l'un des moyens permettant au président de la République de faire pression sur le gouvernement[53].

En pratique on constate que, depuis la réforme de 1995, une session extraordinaire au moins est organisée chaque année, à la demande du Premier ministre, et qu'une bonne dizaine de projets figurent généralement à son ordre du jour.

Lorsque l'article 16 est mis en application ou lorsque l'Assemblée nationale est dissoute, une session extraordinaire a lieu de plein droit, c'est-à-dire sans qu'il soit nécessaire de le demander et sans que le président de la République ait à signer un décret de convocation. Elle s'ouvre immédiatement dans le premier cas, le deuxième jeudi qui suit le jour de l'élection dans le second.

§2. Les organes du travail parlementaire

666. Les Chambres sont des assemblées nombreuses : elles ne peuvent faire œuvre utile qu'à condition de se soumettre à une discipline et d'aborder méthodiquement leur tâche. Discipline et méthode impliquent l'existence d'organes chargés de différentes fonctions.

On distinguera trois catégories d'organes : ceux qui ont un rôle de direction ou de coordination ; ceux qui regroupent les parlementaires par affinités politiques ; ceux qui préparent le travail parlementaire.

A. Les organes de direction et de coordination

1. La présidence des assemblées

667. Malgré l'effacement relatif du Parlement depuis 1958, la présidence des assemblées est toujours demeurée une institution importante.

Sous les régimes précédents, les présidents des deux assemblées étaient soumis chaque année à réélection alors que l'article 32 de l'actuelle Constitution leur assure une certaine permanence : le président de l'Assemblée

admise par les principales familles politiques, F. Mitterrand lui-même s'étant référé au précédent de 1960 durant la première cohabitation. Sur ce point comme sur beaucoup d'autres, la réforme de 1962 instaurant l'élection présidentielle au suffrage direct a facilité l'acceptation d'une conception active de l'arbitrage présidentiel.

53. En période de cohabitation, le président Mitterrand n'acceptait de convoquer une session extraordinaire demandée par le Premier ministre que moyennant une négociation concernant l'ordre du jour de cette session (v. *supra* n° 610).

nationale est élu pour la durée de la législature (c'est-à-dire pour cinq ans sauf en cas de dissolution) ; celui du Sénat est élu après chaque renouvellement partiel (c'est-à-dire pour trois ans). L'élection a lieu au scrutin secret. Aux deux premiers tours, un candidat ne peut être élu que s'il obtient la majorité absolue des suffrages exprimés. Au troisième tour, la majorité relative suffit.

En pratique, la présidence du Sénat change moins souvent de titulaire que celle de l'assemblée. En effet, la composition politique de la seconde Chambre étant relativement stable, c'est souvent le même président qui est réélu à la suite d'un renouvellement. De 1958 à 2015, on compte quinze présidents de l'Assemblée nationale et seulement sept présidents du Sénat.

Paradoxalement, la rationalisation du parlementarisme a mis en valeur le rôle des présidents en les associant à certaines des procédures qui tendent à imposer aux assemblées le respect de la Constitution.

Par exemple lorsque, au cours de la procédure législative, le gouvernement oppose l'irrecevabilité à une proposition ou un amendement au motif qu'il ne serait pas du domaine de la loi ou qu'il serait contraire à une délégation accordée en vertu de l'article 38, le Conseil constitutionnel peut être saisi mais seulement en cas de désaccord entre le gouvernement et le président de l'assemblée intéressée (art. 41 C). Il suffit donc de l'accord de celui-ci pour que l'irrecevabilité prenne automatiquement effet. Et depuis la réforme de juillet 2008, le président de l'assemblée intéressée peut prendre lui-même l'initiative d'opposer l'irrecevabilité à une proposition de loi ou à un amendement.

De même, les présidents des assemblées peuvent saisir le Conseil constitutionnel dans le cadre de l'article 61 alinéa 2 (contrôle des lois) ou de l'article 54 (contrôle des engagements internationaux). C'est ainsi sur la saisine du président du Sénat que le Conseil constitutionnel a rendu le 16 juillet 1971 la décision fondatrice de sa jurisprudence relative aux libertés publiques, décision par laquelle il s'est reconnu compétent pour sanctionner les atteintes aux principes posés la Déclaration de 1789 ou le Préambule de 1946. Mais, sur le plan politique, cette prérogative a perdu une partie de son importance depuis que le Conseil constitutionnel peut également être saisi par soixante députés ou soixante sénateurs (v. *infra* n° 819).

Les présidents des assemblées exercent une influence importante sur cette institution puisque chacun d'eux nomme à chaque renouvellement un membre sur trois (art. 56 al. 1 C). Et comme le mode de composition du Conseil constitutionnel a servi de modèle pour d'autres institutions, les présidents des assemblées désignent également une partie des membres du Conseil supérieur de la magistrature et de certaines autorités administratives indépendantes, comme le Conseil supérieur de l'audiovisuel.

Par ailleurs, le président de la République doit obligatoirement recueillir l'avis des présidents des assemblées parlementaires avant de prendre la décision de dissoudre l'Assemblée nationale (art. 12 C) ou de mettre en application l'article 16. Toutefois, dans un cas comme dans l'autre, leur accord n'est pas nécessaire.

Sous la IVe République, le président de l'Assemblée nationale était chargé d'assurer l'intérim des fonctions du président de la République en cas d'empêchement, de décès ou de démission (art. 41) et celle du président du Conseil en cas de dissolution précédée d'une motion de censure (art. 52). La Constitution de 1958 n'a rien prévu quant à l'intérim du Premier ministre, sans doute parce que sa nomination relève des pouvoirs propres du président de la République, qui pourrait donc facilement le remplacer si besoin était. Quant à l'intérim du président de la République, il est confié au président du Sénat et non plus à celui de l'Assemblée nationale, ce qui traduit la méfiance des constituants envers la Chambre basse, soupçonnée de vouloir porter atteinte à l'indépendance de l'exécutif.

Mais la fonction principale du président d'une assemblée parlementaire est évidemment de veiller au bon fonctionnement de celle-ci. Il joue notamment un rôle important dans la direction des débats. D'après le règlement de l'Assemblée nationale, c'est au président qu'il appartient : de fixer l'ordre dans lequel les députés inscrits prendront la parole ; de rappeler à l'ordre un orateur qui s'écarte de la question ou qui abuse de son temps de parole ; d'ordonner la clôture d'une phase de la discussion lorsqu'au moins deux orateurs d'avis contraires sont déjà intervenus, etc. Ces quelques exemples montrent que l'exercice du droit de parole des parlementaires peut dépendre, dans une certaine mesure, de l'appréciation du président. Par souci d'impartialité, les présidents s'abstiennent généralement de participer aux débats et aux scrutins. Ils ne font partie d'aucune commission parlementaire.

Ce souci d'impartialité n'implique cependant pas une neutralisation politique. À la différence du *speaker* de la Chambre des communes britannique, les présidents des assemblées françaises sont (surtout en ce qui concerne l'Assemblée nationale) des personnalités très engagées dans le combat politique, qui ont rempli ou qui ont vocation à remplir des fonctions gouvernementales, voire les plus hautes fonctions de l'exécutif.

2. Le bureau

668. Le bureau est une autorité collective, élue par l'assemblée et chargée de la direction des travaux parlementaires et de l'organisation matérielle des services de la Chambre. Les fonctions et l'organisation du bureau sont sensiblement les mêmes au Sénat et à l'Assemblée nationale.

Tandis que la Constitution de 1946 lui attribuait un rôle constitutionnel en le chargeant notamment de contrôler l'action du cabinet lorsque la Chambre était en vacances, les constituants de 1958 n'ont pas voulu étendre ses compétences au-delà de ses fonctions techniques. Dans ces conditions, la Constitution pouvait se désintéresser de son mode de désignation qu'elle laisse le soin de fixer au règlement de l'assemblée. En plus du président de l'Assemblée (v. *supra* n° 667), le bureau comprend : à l'Assemblée nationale, six vice-présidents, trois questeurs et douze secrétaires qui sont élus au début de la législature et renouvelés chaque année à la séance d'ouverture de la session ordinaire ; au Sénat, quatre vice-présidents, huit secrétaires et trois questeurs, qui sont élus après chaque renouvellement partiel, c'est-à-dire tous les trois ans. L'élection a lieu au scrutin plurinominal majoritaire en s'efforçant de reproduire au sein du bureau la configuration politique de l'assemblée. Pratiquement, les sièges sont répartis conformément à un accord conclu entre les groupes politiques.

Les vice-présidents partagent avec le président la tâche de diriger les débats. Les questeurs dirigent l'administration de l'assemblée (personnel, locaux, matériel). Les secrétaires contrôlent la rédaction des procès-verbaux des séances qui sont établis par les sténographes.

Le bureau est une autorité collégiale qui, outre ses attributions administratives relatives au fonctionnement matériel de la Chambre, exerce certaines compétences politiques : c'est lui notamment qui décide de la recevabilité des propositions de résolution portant mise en accusation du chef de l'État devant la Haute Cour ; c'est lui également qui apprécie la recevabilité financière des propositions de loi et des amendements (v. *infra* n° 743).

3. La conférence des présidents

669. Elle est composée du président et des vice-présidents de l'assemblée, des présidents des groupes politiques, des présidents des commissions permanentes, du rapporteur général de la commission des finances, ainsi que des présidents des commissions spéciales intéressées. Le gouvernement peut y déléguer un représentant. Dans les votes émis au sein de la conférence, les présidents de groupe ont un nombre de voix égal au nombre des membres de leur groupe, défalcation faite de ceux qui participent à la conférence (règl. Ass. nat. art. 48 al. 4).

Ses principales attributions concernent la fixation de l'ordre du jour des séances. En pratique, depuis 1958, son rôle était relativement mineur, dans la mesure où, l'ordre du jour des séances était, dans sa presque totalité, fixé de manière unilatérale par le gouvernement. Mais la situation a changé avec la loi de modernisation des institutions de juillet 2008 : désormais, depuis le 1er mars 2009, la priorité gouvernementale est en principe limitée à deux semaines de séances sur quatre, et la conférence des présidents dispose donc de la maîtrise d'une moitié de l'ordre du jour des assemblées.

De plus, la loi de modernisation des institutions adoptée en 2008 a conféré aux conférences des présidents un rôle de défenseur de la qualité du travail parlementaire. Elles peuvent, par exemple, s'opposer à la mise en œuvre de la procédure dite « accélérée » (art. 45 C) ou refuser l'inscription à l'ordre du jour prioritaire d'un projet de loi parce qu'il n'est pas accompagné des études nécessaires (art. 39 C).

B. Les organes politiques

670. Interdiction des groupes d'intérêts. – À la Chambre des députés de la IIIe République, il existait de nombreux organismes qui, sous le nom de « groupe de défense », réunissaient les députés pour la défense d'intérêts particuliers locaux ou professionnels. Résultat de pressions extérieures, ces groupes compromettaient le libre exercice du mandat parlementaire. Interdits par le règlement de l'Assemblée nationale de la IVe République, ils se reconstituèrent sous le couvert de groupes d'études. Le règlement actuel renouvelle la prohibition en l'étendant à tous les groupes, quel que soit leur nom, qui impliquent l'aliénation de l'indépendance de leurs membres par l'acceptation d'un mandat impératif.

Échappent à cette condamnation, d'une part, les groupes constitués pour l'étude d'un problème déterminé, entre parlementaires d'opinions différentes et, d'autre part, les groupes politiques.

671. Les groupes politiques. – Ils sont formés par la réunion de parlementaires professant les mêmes opinions politiques, de telle sorte qu'ils constituent approximativement la représentation des partis sur le plan parlementaire. L'appartenance à un groupe conditionne l'exercice de certaines prérogatives. Mais la formation des groupes politiques n'est pas tout à fait libre. Pour éviter leur pullulement (il y en avait quinze à l'Assemblée nationale sous la IVe République) et surtout pour gêner le parti communiste, le règlement de l'Assemblée nationale adopté en 1959 exigeait qu'ils comptassent au moins trente membres, apparentés non compris. Mais ce nombre a été progressivement ramené à quinze. Les apparentés sont des parlementaires qui, n'étant pas membres du parti que représente le groupe, s'associent à lui sur le plan administratif. Les non-inscrits peuvent se rassembler dans une formation administrative pour bénéficier des prérogatives accordées aux groupes, notamment la désignation des membres des commissions.

Dans l'Assemblée nationale élue en 2017 (quinzième législature), on comptait sept groupes politiques, dont trois se situaient dans la mouvance d'Emmanuel Macron, notamment le groupe LREM, qui disposait à lui seul de la majorité absolue. Au cours des trois premières années de la législature, ce groupe a subi quelques défections. Au mois de mai 2020, dix-sept députés l'ont quitté pour former un nouveau groupe. Il ne dispose donc plus de la majorité absolue, mais le gouvernement peut compter sur d'autres soutiens au sein de l'Assemblée nationale, notamment celui du groupe MODEM, qui dispose d'une quarantaine de sièges.

Quatre groupes se situent dans l'opposition mais celle-ci est faible et divisée.

Au Sénat, un groupe politique doit comprendre au moins 10 membres[54]. Il en existe actuellement 7, mais la majorité appartient aux Républicains, qui sont dans l'opposition.

Les membres de chaque groupe sont rassemblés dans l'hémicycle de manière à siéger au coude à coude. La place des groupes est fixée par le président de l'Assemblée en accord avec leurs représentants.

54. L'effectif minimum nécessaire pour constituer un groupe politique est fixé par le règlement de chaque assemblée. Mais le Conseil constitutionnel, qui contrôle d'office les règlements des assemblées, veille à ce que ce minimum ne soit pas trop faible car la multiplication des groupes politiques au sein d'une assemblée finirait par poser de sérieux problèmes d'organisation.

Depuis la réforme de juillet 2008, on distingue trois catégories de groupes politiques : ceux qui soutiennent le gouvernement ; ceux qui se situent dans l'opposition à la majorité gouvernementale ; ceux qui sont « minoritaires ».

L'intérêt de cette distinction provient de ce que, aux termes de l'article 51-1 C, le règlement de chaque assemblée doit reconnaître des « droits spécifiques » aux groupes d'opposition ainsi qu'aux groupes minoritaires, ces groupes étant supposés politiquement plus contestataires que ceux de la majorité, et donc plus susceptibles de contribuer au développement du contrôle parlementaire.

À l'Assemblée nationale, de même qu'au Sénat, les groupes dits « d'opposition » sont ceux qui se sont déclarés comme tels à la présidence de l'assemblée, cette déclaration pouvant être reprise ou modifiée à tout moment. En revanche, la notion de « groupe minoritaire » n'est pas définie tout à fait de la même manière par les règlements des deux assemblées. À l'Assemblée nationale est considéré comme « minoritaire » tout groupe qui ne s'est pas déclaré d'opposition, à l'exception de celui qui comporte l'effectif le plus élevé. La notion de groupe « minoritaire » est donc définie principalement de manière arithmétique et il ne peut pas y avoir plus d'un seul groupe majoritaire. Au Sénat, seuls sont considérés comme « minoritaires » les groupes qui se sont déclarés comme tels à la présidence de leur assemblée. La notion est donc plus politique car elle suppose que le groupe dont il s'agit entend se distinguer à la fois de l'opposition et de la majorité.

Mais, même avec la définition du Sénat, certains groupes dont l'effectif est relativement faible pourront avoir intérêt à se déclarer « minoritaires », bien qu'ils soient politiquement proches de la majorité gouvernementale, afin de bénéficier des avantages que le règlement de leur assemblée leur réserve ainsi qu'aux groupes d'opposition.

C. Les organes de travail

1. Les commissions permanentes

672. Ce sont les organes essentiels du travail parlementaire car les assemblées ne peuvent en principe délibérer que sur les projets ou propositions de loi qui ont déjà été étudiés par une commission. Or, tout projet ou toute proposition de loi est envoyé pour étude à l'une des commissions permanentes de l'assemblée, sauf si le gouvernement ou l'assemblée elle-même demande la création d'une commission spéciale, ce qui est relativement rare.

Sous la IVe République, on comptait une vingtaine de commissions permanentes au sein de chaque assemblée, comme c'est encore souvent le cas aujourd'hui à l'étranger. Mais les auteurs de la Constitution de 1958 ont voulu limiter leur nombre pour les empêcher de se spécialiser à l'excès, ce qui leur aurait permis d'exercer un contrôle trop étroit sur le secteur d'activité correspondant à leur spécialisation. C'est pourquoi à l'origine le nombre des commissions permanentes dans chaque assemblée ne pouvait pas dépasser six (art. 43 al. 2 C). À l'expérience, cependant, ce nombre s'est révélé insuffisant, à l'Assemblée nationale tout au moins, car il obligeait les assemblées à créer des commissions pléthoriques et dotées de compétences trop larges. Il a été fixé à un maximum de huit par la loi de modernisation des institutions du 20 juillet 2008. L'augmentation est somme toute modérée, mais ni l'Assemblée nationale ni le Sénat n'avait demandé davantage. L'Assemblée nationale a tiré parti de cette augmentation pour se doter de deux commissions supplémentaires. L'article 18 de son nouveau règlement énumère huit commissions dont les compétences sont délimitées de la manière suivante : Affaires culturelles et éducation ; Affaires économiques ; Affaires sociales ; Affaires étrangères ; Défense nationale et forces armées ; Développement durable et aménagement du territoire ; Finances, économie générale et plan ; Lois constitutionnelles, législation et administration générale de la République. Au Sénat il existe sept commissions permanentes qui sont spécialisées dans les domaines suivants : affaires économiques ; affaires étrangères et défense nationale ; affaires sociales ; culture, éducation et communication ; finances ; développement durable, équipement et aménagement du territoire ; droit constitutionnel et législation.

Les membres des commissions permanentes sont nommés par chaque assemblée au début de la législature et ensuite, chaque année, à la deuxième séance de la session unique qui commence en octobre. Leur *mode de désignation* est laissé à la discrétion de chaque assemblée qui le fixe par une disposition de son règlement mais, en pratique, on utilise toujours la proportionnelle des groupes de façon que la composition de chaque commission, ainsi que celle de son bureau, reproduisent la configuration politique de l'assemblée tout entière. Des dispositions sont prises pour faire une place aux députés n'appartenant à aucun groupe. Les présidences des commissions sont généralement attribuées à des représentants de la majorité. Toutefois, le nouveau règlement de l'Assemblée nationale, adopté à la suite de la révision constitutionnelle de 2008, précise que « *ne peut être élu à la présidence de la Commission des finances qu'un député appartenant à un groupe s'étant déclaré minoritaire ou d'opposition* ». En application de cette règle, c'est un député républicain, Éric Woerth, qui a été élu président de la commission des finances de l'Assemblée nationale en juin 2017. Au Sénat, une telle règle ne figure pas dans le règlement de l'Assemblée mais il semble que la pratique s'inspire de ce qui se fait à l'Assemblée nationale : bien que la majorité ait basculé à droite à la suite du renouvellement de septembre 2014, c'est toujours un socialiste qui préside la commission des finances.

Cette entorse à l'usage se justifie par l'idée que, comme la Commission des finances a un rôle particulièrement important à jouer en matière de contrôle parlementaire, son président ne doit pas pouvoir être suspecté de complaisance envers le gouvernement ou le chef de l'État. Elle traduit la volonté affichée de développer le contrôle parlementaire et de donner un statut à l'opposition.

Tout parlementaire a le droit d'être membre d'une Commission permanente et d'une seule.

Instruments importants du travail parlementaire, les commissions ont une organisation et des règles de fonctionnement fixées par le règlement de l'assemblée. Elles ont un bureau élu permanent, mais sauf à la commission des finances, le rapporteur est désigné pour chaque affaire. Elles se réunissent dans des locaux qui leur sont propres ; elles peuvent siéger hors session ou durant la session.

Les commissions ont la faculté d'entendre des personnalités extérieures au Parlement. Cette procédure est inspirée de la technique américaine des *hearings*. Cependant les pouvoirs des commissions françaises sont loin d'être aussi importants que ceux des commissions du Congrès des États-Unis. Si, elles peuvent en principe convoquer toute personne, elles ne disposent pas, à la différence des commissions américaines, du pouvoir d'infliger elles-mêmes des sanctions pénales à ceux qui refusent de s'y rendre et la question de savoir si les ministres peuvent interdire de déposer aux fonctionnaires de leurs départements n'a jamais été résolue.

En principe, les réunions des commissions permanentes sont placées sous le signe de la confidentialité. Mais cette règle comporte des exceptions. D'une part, les réunions de commission donnent souvent lieu à la diffusion d'un communiqué de presse. D'autre part, depuis les années 1990, le règlement de l'Assemblée nationale a été modifié pour permettre aux commissions de tenir dans certains cas, des audiences publiques. Cette possibilité nouvelle est réservée aux seules auditions, à l'exclusion de toute délibération à caractère proprement législatif ; elle est décidée, avec l'accord des personnes entendues, par la commission elle-même et organisée par son bureau, lequel peut prévoir par exemple l'accès à la salle de réunion de la presse écrite et audiovisuelle.

Non seulement la loi de modernisation des institutions a augmenté le nombre de commissions permanentes susceptibles d'être créées dans chaque assemblée mais elle a cherché à revaloriser le travail qu'elles accomplissent en prévoyant que, devant la première assemblée saisie d'un projet de loi, le débat s'engagera désormais sur le texte de la commission et non plus, comme auparavant, sur celui du gouvernement. Cette règle comporte néanmoins d'assez nombreuses exceptions (V. *infra* n° 754).

2. Les commissions législatives spéciales

673. Ce sont des commissions spécialement désignées, soit lorsque deux commissions permanentes sont en concurrence pour l'examen d'un texte, soit à la demande du gouvernement, auquel cas leur formation est de droit, ou de l'assemblée intéressée, pour l'étude d'un projet ou d'une proposition (art. 43 al. 1). Ainsi les commissions permanentes peuvent être dépossédées de leur compétence au profit d'un organe *ad hoc*. On aurait pu penser que le gouvernement ne manquerait pas d'utiliser la faculté qui lui est ainsi offerte de faire élire une commission spéciale s'il sait que la commission permanente qui normalement en eût été saisie, est hostile à son projet. En fait, cette faculté n'a été que rarement utilisée[55] et ce sont donc les commissions permanentes qui rapportent la plupart des projets ou propositions de loi.

3. Les commissions d'enquête

V. *infra* n° 689.

4. Les offices et délégations

674. Compte tenu du fait que la Constitution limite leur nombre à huit dans chaque assemblée, les commissions permanentes ne sont pas suffisamment spécialisées pour permettre aux parlementaires de suivre certains problèmes. Pour tenter d'y remédier, le législateur a créé, à mesure que le besoin s'en faisait sentir et souvent à l'initiative des parlementaires eux-mêmes, des organes baptisés « délégations » ou « offices », dont la mission évoque celle d'une commission permanente bien qu'ils n'aient pas tout à fait les mêmes attributions.

Certains de ces organes sont communs aux deux assemblées. Tel est notamment le cas : de l'office parlementaire des choix scientifiques et technologiques (loi du 8 juillet 1983) ; de l'Office parlementaire d'évaluation de la législation (loi du 14 juin 1996) ; de l'office parlementaire d'évaluation des politiques publiques (loi du 14 juin 1996). En plus de quelques membres de droit, qui sont généralement des présidents de commissions permanentes, ces offices comprennent des députés et des sénateurs désignés par les groupes politiques de manière à assurer leur représentation proportionnelle.

D'autres sont créés indépendamment dans chaque assemblée. L'alinéa 3 nouveau de l'article 88-4 C, modifié en juillet 2008, dispose qu'« au sein de chaque assemblée parlementaire est instituée une commission[56] des affaires européennes ». Malgré l'emploi du terme « commission », il ne s'agit pas de l'une des commissions permanentes auxquelles peuvent être renvoyés les projets ou propositions de loi, et dont, en vertu de l'article 43 C, le nombre est limité à huit dans chaque assemblée. Sa tâche principale est d'instruire les projets d'actes communautaires qui sont communiqués aux assemblées et de préparer, le cas échéant, à leur sujet, des propositions de résolutions qui sont susceptibles d'être reprises par la commission permanente compétente dans le cadre du contrôle préventif prévu à l'article 88-4 (v. *infra* n° 692 et s.).

Il est intéressant de noter que, à l'exception de la « commission des affaires européennes » dont il vient d'être question, les délégations ou offices sont toujours créés par une loi ordinaire, non par la loi organique ou le règlement des assemblées. Cette manière de procéder présente un double avantage : d'une part, l'office ou la délégation est doté d'un statut légal qui lui confère une légitimité incontestable d'un point de vue administratif et budgétaire ; d'autre

55. De 1958 à 2011, il y a eu environ 70 commissions spéciales à l'Assemblée nationale et 60 au Sénat (Camby et Servent, 2011, p. 69).

56. Avant la révision de 2008, cette formation existait déjà mais elle était connue sous le nom de « délégation aux affaires européennes ».

part, sa création échappe généralement au contrôle du Conseil constitutionnel, ce contrôle ne s'exerçant sur les lois ordinaires qu'à titre facultatif et l'opposition n'ayant pas intérêt, dans ce cas particulier, à le déclencher puisqu'il s'agit de renforcer les moyens de travail dont dispose le Parlement. Il arrive cependant que le Conseil constitutionnel ait à se prononcer lorsque la délégation ou l'office ne constitue qu'un élément d'un dispositif législatif plus vaste concernant, par exemple, la communication audiovisuelle ou la réforme de la planification. D'après sa jurisprudence, rien n'interdit au législateur de créer des organes tels que les offices ou délégations, dont le rôle consiste à fournir au Parlement et au gouvernement des informations et des suggestions, mais à condition que les avis émis par ces organes n'aient jamais force obligatoire (voir par ex. CC 82-142 DC du 27 juillet 1982, *Rec.* p. 52).

Les offices et les délégations ne peuvent pas se substituer aux commissions pour les tâches que la Constitution ou une loi organique réserve à celles-ci, par exemple pour l'examen d'un projet ou d'une proposition de loi. Mais ils contribuent à l'étude de l'ensemble des dossiers ainsi qu'à l'information générale des assemblées et même du public. Leur mission est donc plus technique que politique.

Malgré le relèvement du nombre maximum des commissions permanentes qui passe de six à huit dans chacune des deux assemblées, le rôle des offices et délégations devrait demeurer important. En effet, d'une part, l'augmentation est trop faible pour permettre aux commissions permanentes de se substituer à eux ; d'autre part, à la mission traditionnelle de contrôle du Parlement, s'ajoute désormais une mission « d'évaluation des politiques publiques » (cf. art. 24 al. 1 C) qui nécessite des études techniques très poussées. Les offices et délégations sont probablement mieux placés pour réaliser celles-ci que les commissions permanentes, trop absorbées par le travail législatif.

§3. La séance

675. Périodicité et publicité. – Conformément à la tradition parlementaire française, chaque assemblée fixe elle-même les jours et heures de ses séances dans le cadre des règles fixées par la Constitution.

Ainsi qu'on l'a déjà signalé, le nombre maximum de jours de séances prévu au règlement est de 120 au cours de la session unique. Toutefois, si ce nombre s'avère insuffisant, des jours supplémentaires peuvent être programmés. La décision est prise soit par le Premier ministre après consultation du président de l'Assemblée nationale, soit par la majorité des membres de celle-ci.

La séance est publique (art. 33 C), encore que le nombre de places de la tribune réservée aux assistants rende cette publicité très restreinte. D'autres tribunes reçoivent les personnes munies d'une carte qui leur est remise par un parlementaire. La véritable publicité est assurée par les comptes rendus de presse et par la retransmission en direct de certaines séances sur une chaîne généraliste (France 3) et sur une chaîne parlementaire spécialisée.

Un de ces comptes rendus est officiel : c'est la sténographie de la séance publiée au *Journal officiel*. Les autres émanent des rédacteurs des journaux qui suivent les séances. Il existe enfin un compte rendu analytique qui présente, sur la sténographie de l'*Officiel*, l'avantage de n'être pas retouché. Son service est réservé aux parlementaires et à certains privilégiés.

Par exception au principe de la publicité, les assemblées peuvent, à la demande du gouvernement, de la conférence des présidents ou de vingt-cinq de leurs membres, se constituer en *comité secret*. La décision est prise à la suite d'un vote sans débat (art. 33 al. 2 C).

676. L'ordre du jour (Lascombe, 2008 ; Pesant, 2008). – L'ordre du jour est le programme selon lequel se déroulent les débats. Il est important en ce sens qu'il fixe l'ordre selon lequel les questions sont traitées et la possibilité d'intervention ouverte aux parlementaires. À la différence de ce qui se passait sous la IIIe et la IVe République, où le gouvernement ne jouissait d'aucune prérogative particulière dans la fixation de l'ordre du jour qui était ainsi à la discrétion des assemblées, les constituants de 1958 ont voulu assurer la prépondérance de l'exécutif.

En effet, d'après le texte originel de l'article 48 C : « *l'ordre du jour des assemblées comporte, par priorité et dans l'ordre que le gouvernement a fixé, la discussion des projets de loi déposés par le gouvernement et des propositions de loi acceptées par lui* ». Les propositions de loi non acceptées par le gouvernement pouvaient théoriquement être inscrites à l'une des séances de l'ordre du jour *complémentaire*. Mais encore fallait-il qu'il restât suffisamment de temps pour en débattre après épuisement de l'ordre du jour *prioritaire*, et ce n'était pas toujours le cas. Il en résultait deux conséquences importantes : d'une part, en abondant l'ordre du jour prioritaire, le gouvernement avait la possibilité de s'octroyer un véritable monopole de l'initiative, analogue à celui que la Charte de 1814 accordait au Roi ; d'autre part, il ne restait guère de temps disponible pour le travail parlementaire non législatif, c'est-à-dire le contrôle de l'action du gouvernement. Ce contrôle ne pouvait guère s'exercer que sous deux formes : les questions auxquelles une séance chaque semaine était réservée dans chacune des deux assemblées (art. 48 C al. 2), et les débats sur une motion de censure (à l'Assemblée nationale uniquement).

La révision du 4 août 1995 avait déjà relâché un peu ces contraintes gouvernementales en ajoutant à l'article 48 C un alinéa disposant qu'« *une séance par mois est réservée par priorité à l'ordre du jour fixé par chaque assemblée* ». Mais c'était encore trop peu pour remettre véritablement en cause l'emprise du gouvernement sur l'ordre du jour des assemblées. La révision du 23 juillet 2008 est allée beaucoup plus loin, en apparence tout au moins.

En premier lieu, on revient au principe en vigueur avant 1958 selon lequel chaque assemblée fixe elle-même son ordre du jour (art. 48 al. 1). Toutefois ce principe n'est pas absolu. Aux termes de l'alinéa deux : « *Deux semaines de séance sur quatre sont réservées par priorité, et dans l'ordre que le gouvernement a fixé, à l'examen des textes et aux débats dont il demande l'inscription à l'ordre du jour* ». L'ordre du jour prioritaire ne disparaît donc pas mais le fait nouveau est qu'il est désormais limité dans le temps (en principe seulement deux semaines de séances sur quatre, alors qu'il pouvait auparavant s'étendre à la presque totalité des séances).

En deuxième lieu, pour la première fois, il existe un ordre du jour prioritaire qui n'a pas été institué dans l'intérêt du gouvernement, et qui ne peut être utilisé qu'à l'initiative de l'assemblée elle-même : « *Une semaine de séances sur quatre est réservée par priorité et dans l'ordre fixé par chaque assemblée au contrôle de l'action du gouvernement et à l'évaluation des politiques publiques* » (art. 28 C al. 4). Cette innovation a eu des conséquences à la fois quantitatives et qualitatives. Non seulement il y a davantage de séances consacrées à un ordre du jour non législatif mais, pour meubler ces séances, les assemblées conçoivent ou développent des formes de contrôle ou d'évaluation autres que la motion de censure ou les questions orales. Par exemple, les débats sur les conclusions des commissions d'enquête, qui auparavant étaient relativement rares sont devenus presque systématiques.

Enfin, il subsiste une semaine de séances sur quatre dont l'ordre du jour n'est pas expressément déterminé par l'article 28 C. On pourrait souhaiter que la conférence des présidents, qui prépare les projets d'ordre du jour, la mette à profit pour débattre des propositions de loi. Mais il n'est pas sûr qu'elle puisse le faire car, en plus de la priorité prévue à l'alinéa 2, dont le champ est déterminé de façon temporelle (deux semaines sur quatre), le gouvernement dispose également d'une priorité qui s'attache à certains textes en raison de leur nature (lois de finances, lois de financement de la sécurité sociale), de l'urgence qu'ils présentent (projets relatifs aux états de crises) ou simplement du retard qu'ils ont pris (textes transmis par l'autre assemblée depuis six semaines au moins). Pour peu que les deux premières semaines ne suffisent pas à faire adopter tous les textes constituant le programme gouvernemental, ce qui paraît possible et même probable, c'est sur la quatrième semaine que le gouvernement essayera de se rattraper, réduisant d'autant le nombre des séances dont les assemblées peuvent fixer librement l'ordre du jour. Comme l'a dit le Conseil constitutionnel : « *si chaque assemblée est tenue de réserver une semaine sur quatre par priorité au contrôle de l'action du gouvernement et à l'évaluation des politiques publiques, la Constitution n'exige pas pour autant que ladite semaine leur fût entièrement consacrée* » (décision 2013-677 DC cons. 4).

En définitive, bien que la réforme du mode de fixation de l'ordre du jour soit spectaculaire, elle n'a pas renforcé le rôle du Parlement autant qu'on aurait pu le croire, car l'opposition n'en a pas beaucoup profité. En matière législative, la proportion des textes d'initiative parlementaire par rapport au total des lois définitivement adoptées a sensiblement augmenté (De Montis, 2016, p. 323), mais comme aucun ordre du jour prioritaire n'est prévu pour les propositions de loi non acceptées par le gouvernement, ce sont surtout les propositions de loi déposées par des membres de la majorité qui expliquent cette augmentation. En matière de contrôle et d'évaluation, un plus grand nombre de séances est sans doute consacré à ces activités, mais le choix des questions traitées dépend le plus souvent de la majorité qui, à l'Assemblée nationale tout au moins, cherche généralement à éviter ce qui pourrait embarrasser le gouvernement.

Il faut cependant noter que le gouvernement et la majorité ne disposent pas d'une maîtrise totale de l'ordre du jour car l'article 48 alinéa 5 oblige les assemblées à réserver un jour de séance par mois à un ordre du jour « *arrêté à l'initiative des groupes d'opposition de l'Assemblée intéressée ainsi qu'à celle des groupes minoritaires* ». Il y a donc chaque mois, à l'Assemblée nationale et au Sénat, un « jour de l'opposition », familièrement appelé « niche parlementaire » ou « fenêtre parlementaire », qui ne débouche pas nécessairement sur des décisions importantes mais qui met un peu d'animation dans les travaux parlementaires.

677. Le débat. – Il consiste dans la discussion des questions inscrites à l'ordre du jour ; il est animé par les discours à la tribune ou les interventions que les parlementaires effectuent de leur place. En principe, nul ne peut prendre la parole sans avoir été inscrit ou, s'il s'agit d'une brève interruption ou d'une explication de vote, sans l'autorisation du président et, éventuellement, de l'orateur interrompu. Pourtant les ministres et les présidents de commissions peuvent toujours prendre la parole. Par ailleurs, jusqu'à la réforme de la procédure législative intervenue en 2008, les parlementaires avaient toujours la faculté de s'inscrire en déposant des amendements au texte en débat[57].

Au Sénat, c'est l'ordre d'inscription qui détermine le tour de parole ; à l'Assemblée nationale, le président jouit d'une plus grande liberté pour déterminer l'ordre des interventions. Pour éviter qu'elles soient trop longues, il peut inviter l'orateur à conclure et interdire la lecture d'un discours. Mirabeau, Jaurès ou Poincaré eussent pu ainsi se voir « coupés ».

678. Le vote. – Les décisions de l'Assemblée sont prises par un vote qui ne peut avoir lieu que si la majorité absolue du nombre des députés, calculée sur le nombre de sièges effectivement pourvus, est présente dans l'enceinte du Palais, mais pas nécessairement dans la salle des séances. Toutefois, la vérification de ce *quorum* n'est faite que si la demande en est formulée par un président de groupe, ce qui se produit rarement. Si le *quorum* n'est pas réuni, la séance est suspendue pendant au moins une heure et lorsqu'elle reprend, le vote est valable quel que soit le nombre des présents.

Le vote s'accomplit selon des formes diverses.

a) *Vote à main levée*, ou, modalité de celui-ci, par assis et levés ; rapide, ce mode de votation a l'inconvénient de ne pas laisser de trace.

b) *Vote public ordinaire.* Il a pour objet de faire connaître l'attitude adoptée par chacun des votants. Autrefois, les bulletins étaient recueillis par des huissiers. Selon une pratique traditionnelle, les absents pouvaient voter par l'intermédiaire d'un collègue, le « boîtier », auquel ils avaient confié la disposition de leurs boîtes à bulletins. Toutefois, depuis une résolution du 26 juillet 1955,

57. Depuis cette réforme, ce n'est plus tout à fait le cas, car, lorsque le temps de parole est limité, un amendement déposé par un député appartenant à un groupe dont le temps de parole est épuisé est mis aux voix sans débat (art. 55-4 du règlement de l'AN).

l'Assemblée nationale avait décidé que dans les scrutins importants, seuls pourraient voter les députés présents.

La Constitution de 1958 a érigé l'exception en principe : l'article 27 décide que *le droit de vote des membres du Parlement est personnel.*

La délégation n'est autorisée qu'à titre exceptionnel, dans les cas prévus par une loi organique (maladie ou événement familial grave, mission temporaire confiée par le gouvernement, service militaire, cas de force majeure appréciés par décision des bureaux des assemblées, etc.). Et nul ne peut recevoir délégation de plus d'un mandat. En édictant de telles dispositions, on espérait éviter le renouvellement des pratiques anciennes qui favorisaient l'absentéisme parlementaire.

Mais sur ce point, la pratique n'a pas toujours été conforme à la théorie. À l'Assemblée nationale, le scrutin public ordinaire a lieu par procédé électronique : chaque parlementaire dispose d'une clé qui lui permet, à partir de son pupitre, de faire enregistrer électroniquement la position qu'il adopte sur la question mise aux voix. Pendant longtemps, il était d'usage qu'avant de s'absenter, un député confie sa clé à un collègue appartenant au même groupe politique afin que ce dernier puisse voter à sa place sans avoir besoin d'une délégation en bonne et due forme. Et c'est ainsi que tous les membres d'un groupe étaient parfois réputés avoir pris part à un scrutin public, alors qu'un seul d'entre eux était physiquement présent dans l'hémicycle au moment du vote.

Au Sénat, les modalités du scrutin public ordinaire sont un peu différentes, mais elles ne garantissent pas non plus le respect du principe du vote personnel : chaque président de groupe parlementaire remet aux scrutateurs un paquet de bulletins correspondant aux voix des membres de son groupe, dont la présence dans l'hémicycle n'est pas systématiquement vérifiée.

Les entorses au principe du vote personnel ont été longtemps tolérées par la majeure partie de la classe politique et, ce qui est plus surprenant, par le Conseil constitutionnel lui-même. En décembre 1986, des députés et des sénateurs avaient déféré une loi au Conseil constitutionnel. L'un des principaux moyens développés dans les mémoires de saisine était que, dans certains groupes parlementaires, les présents avaient voté non seulement pour eux-mêmes mais aussi pour leurs collègues absents. Les faits étant établis, le Conseil constitutionnel a néanmoins estimé que, en dépit de cette irrégularité, la loi avait été valablement adoptée (déc. n° 86-225 DC du 23 janvier 1987, *Rec.* p. 13).

D'après cette décision, le procédé consistant à faire voter les absents ne peut entacher la procédure de nullité que lorsque deux conditions sont réunies : il faut, en premier lieu, que les parlementaires absents au moment du scrutin aient déclaré que le vote qu'on leur avait prêté ne correspondait pas à leurs opinions ; il faut, en second lieu que ces rectifications soient suffisamment nombreuses pour remettre en cause le résultat qui avait été acquis en vertu de la règle de majorité applicable au scrutin considéré.

En pratique, ces conditions ne sont pour ainsi dire jamais réunies car il faudrait qu'un nombre relativement élevé de députés ou de sénateurs se révolte contre la discipline de leur propre groupe parlementaire, ce qui est une hypothèse peu vraisemblable. On peut donc dire que cette jurisprudence du Conseil constitutionnel constituait presque un encouragement à l'absentéisme parlementaire.

Les atteintes au principe du vote personnel ont cependant cessé depuis quelques années, à l'Assemblée nationale tout au moins. En octobre 1993, le président de cette assemblée, Philippe Séguin a donné instruction aux services informatiques de n'enregistrer les votes au scrutin public que pendant un délai extrêmement bref, afin que les députés n'aient plus le temps de voter à la fois pour eux-mêmes et pour des collègues absents. Il en résulte que la majorité parlementaire n'est plus à l'abri d'un vote surprise, comme on a pu s'en apercevoir le 9 octobre 1998, lorsque les députés de l'opposition ont profité du fait qu'ils étaient plus nombreux en séance pour faire adopter une exception d'irrecevabilité contre le pacte civil de solidarité (PACS) et plus récemment lorsque la gauche a fait repousser l'adoption définitive du projet de loi HADOPI.

Mais contrairement à ce qu'une certaine démagogie antiparlementaire pourrait laisser croire, l'activité d'un député ou d'un sénateur ne peut pas se mesurer uniquement à son temps de présence dans l'hémicycle. En effet, c'est dans les réunions des commissions, et non en séance plénière, que s'accomplit l'essentiel du travail législatif. De plus, compte tenu de la discipline des groupes politiques, les résultats de la presque totalité des scrutins sont prévisibles et le respect formel de la règle du vote personnel ne peut pas y changer grand-chose (Thuriot, 2000).

Le vote au scrutin public ordinaire est obligatoire : 1° si les résultats du vote à mains levées ou par assis et levés sont douteux ; 2° à la demande du gouvernement, du président de l'Assemblée ou de celui de la commission saisie ; 3° à la demande d'un président de groupe.

c) Le *scrutin public à la tribune* est ainsi appelé parce que, naguère, à l'appel de leur nom, les députés allaient déposer leur bulletin dans l'urne placée sur la tribune. Le vote électronique qui permet de gagner beaucoup de temps, l'a remplacé pour les scrutins publics ordinaires. Mais le scrutin à la tribune demeure obligatoire lorsque la Constitution exige la majorité absolue ou lorsque le gouvernement engage sa responsabilité. Il présente l'avantage (ou l'inconvénient) de ne pas permettre de faire voter les absents.

d) Le *scrutin secret* est généralement requis pour la désignation des personnes (président de l'Assemblée, membres de la Haute Cour, membres de la Cour de justice de la République).

679. Majorité. – En général, la *majorité* requise est la majorité ordinaire obtenue par une seule voix de différence entre les suffrages exprimés. Toutefois, pour les votes particulièrement importants, la Constitution exige une *majorité absolue*. Tel est le cas pour le vote d'une loi organique par l'Assemblée nationale lorsqu'elle est en désaccord avec le Sénat (art. 46 al. 3 C). La majorité absolue est également requise pour l'adoption d'une motion de censure (art. 49 al. 2 C).

Cette majorité est celle « des membres composant l'Assemblée ». Il résulte de la pratique que cette majorité, appelée parfois majorité constitutionnelle, doit être calculée d'après le nombre des députés en fonction, députés en congé ou incarcérés compris, mais les sièges vacants étant exclus.

L'article 68 alinéa 4 du Règlement de l'Assemblée nationale a supprimé la rectification de vote qui, naguère, permettait à un député de contester le vote qui lui avait été imputé. Procédé utilisé généralement à des fins démagogiques, la rectification, qui n'avait d'ailleurs aucun effet sur les résultats du scrutin, ne méritait pas de survivre à une rationalisation du travail parlementaire. Toutefois, d'après la décision précitée du Conseil constitutionnel, il semble que le droit de rectification subsiste pour les parlementaires qui ont été portés comme ayant émis un vote contraire à leur opinion, alors qu'ils n'avaient pas donné régulièrement délégation.

680. La discipline. – L'indépendance des assemblées se traduit, entre autres, par le pouvoir disciplinaire qu'elles sont seules habilitées à exercer sur leurs membres. La manifestation de ce pouvoir réside dans les sanctions dont peuvent être frappés les parlementaires pour violation du règlement.

Ces sanctions sont prononcées soit par le président seul : rappel à l'ordre pur et simple ou avec inscription au procès-verbal, soit par l'Assemblée elle-même sur proposition de son président : censure simple, censure avec exclusion temporaire. Selon l'importance de la censure prononcée, le député est privé d'une partie plus ou moins grande de son indemnité.

Sous-section 4
Le Conseil économique, social et environnemental (CESE)

681. Comme la Constitution de 1946, celle de 1958 avait institué un Conseil économique et social appelé, dans certains cas, à intervenir dans la procédure d'élaboration de la loi (art. 69 et 70 C). La loi de révision du 23 juillet 2008 a modifié sa dénomination pour souligner sa vocation à donner des avis sur les questions intéressant l'environnement. Bien qu'il ne fasse pas partie du Parlement, on peut le considérer comme un organe auxiliaire de celui-ci.

La Constitution consacre son titre XI au CESE mais ce titre est très bref. Il n'entre pas dans le détail de son fonctionnement ni de sa composition et précise seulement que le nombre de ses membres ne peut excéder 233. Il est indiqué que le rôle du CESE est purement consultatif. Il peut être saisi pour avis par le gouvernement sur un projet (de loi, d'ordonnance ou de décret). Tout problème de caractère économique, social ou environnemental peut lui être soumis par le gouvernement ou le Parlement.

Le CESE joue également un rôle d'intermédiaire entre la société civile et les pouvoirs publics. Depuis la révision constitutionnelle du 23 juillet 2008, il peut être également saisi par voie de pétition. L'article 69 C fait obligation au CESE de les examiner et de « *faire connaître au gouvernement et au Parlement les suites qu'il propose d'y donner* », mais il s'agit d'une obligation sans sanction. Au demeurant, il est peu probable que ces pétitions soient très nombreuses. En effet, la loi organique du 28 juin 2010 précise que la pétition doit être présentée dans les mêmes termes par au moins 500 000 personnes majeures, de nationalité française ou résidant régulièrement en France. Le déclenchement de la procédure est donc beaucoup plus facile qu'en ce qui concerne le référendum d'initiative mi-parlementaire mi-populaire prévue par le troisième alinéa de l'article 11 C. Mais, à la différence d'un référendum, la pétition ne peut pas aboutir directement à l'adoption d'une loi. Si le Conseil la considère comme recevable, il s'engage seulement à se prononcer par un avis, dans le délai d'un an, sur les questions qu'elle soulève.

Ces indications très sommaires concernant la composition et le rôle du CESE devaient être complétées et précisées par une loi organique. Une telle loi organique n'avait même pas besoin d'être votée dans les mêmes termes par les deux assemblées puisqu'elle n'était pas relative au Sénat.

C'est ainsi que la loi organique du 15 janvier 2021 a été adoptée en dernière lecture par l'Assemblée nationale après l'échec d'une commission mixte paritaire qui avait tenté de surmonter les désaccords entre les deux assemblées.

1° Cette loi permet au gouvernement d'éviter certaines consultations auxquelles il aurait dû normalement procéder. L'article 6 prévoit en effet que lorsqu'il consulte le CESE sur un projet de loi à caractère économique ou social, le gouvernement est dispensé des consultations prévues par des lois ou des règlements.

2° Par ailleurs, le CESE peut s'adjoindre un groupe de citoyens tirés au sort sur des questions de sa compétence, à l'image de ce qui a été fait en 2019 pour la Convention citoyenne sur le climat.

Sous-section 5
Les projets d'Emmanuel Macron

682. L'essentiel des projets de réforme institutionnelle, présentés au nom d'Emmanuel Macron par le Premier ministre, Édouard Philippe, fin mai 2018, portait sur le Parlement. Ces projets, qui relevaient à la fois de la loi constitutionnelle, de la loi organique et de la loi ordinaire, comportaient quatre mesures principales : la diminution du nombre des parlementaires dans chacune des deux assemblées ; l'accélération de la procédure législative, notamment par la réduction du nombre des amendements susceptibles d'être discutés en séance plénière ; l'introduction d'une dose de représentation proportionnelle pour l'élection des députés à l'Assemblée nationale ; la limitation du cumul des mandats dans le temps. Dans le projet de réforme institutionnelle déposé en juin 2019, les dispositions concernant la procédure législative ont été retirées au motif qu'il appartient aux assemblées elles-mêmes de réformer leur fonctionnement en modifiant leurs règlements. En revanche, les trois autres projets de réforme ont été maintenus mais avec de légères modifications destinées à les rendre plus facilement acceptables par les parlementaires de l'opposition.

En fait, ces réformes semblent avoir été abandonnées ou renvoyées à un hypothétique second mandat du Président de la République. Pour que la réforme entre en vigueur avant les prochaines élections législatives, il aurait fallu que le texte soit adopté au moins un an avant ces élections, c'est-à-dire en juin 2021. Mais ce ne fut pas le cas.

68[illegible]. Bibliographie

AMELLER M. et BERGOUGNOUS G. (2000), *L'Assemblée nationale*, Paris, PUF, Que sais-je ?, 2e éd.

ASSOCIATION FRANÇAISE DES CONSTITUTIONNALISTES (1997), *Le bicamérisme (journée d'études du 17 mars 1995)*, Paris, Economica.

AVRIL P. (2008), « Le statut de l'opposition : un feuilleton inachevé », *PA*, n° 254, p. 9/12.

AVRIL P., GICQUEL J. et GICQUEL J.-E. (2014), *Droit parlementaire*, Paris, LGDJ, 5e éd.

BAGUENARD J. (1997), *Le Sénat*, Paris, PUF, Que sais-je ?, 2e éd.

BALME R. (1998), « Le parlementarisme rationalisé de la cinquième République à la lumière du choix rationnel », *Revue Française de Science Politique*, n° 1, p. 147.

BARTOLONE C. (2013), « Quel nouveau rôle pour le Parlement », *Cs*, n° 2, 2013, p. 14[illegible]-150.

BENETTI J. (2014), « Les lois du 11 octobre 2013 relatives à la transparence de la vie publique », *AJDA*, p. 157-163.

BERNARD S. (2001), « La commission mixte paritaire », *RFDC*, p. 451 et s.

BINCZAK P. (2001), « Le Conseil constitutionnel et le droit d'amendement : entre errements... et malentendus », *RFDC*, p. 479 et s.

BLACHER Ph. (2012), *Le Parlement en France*, Paris, LGDJ.

BOUDON J. (2010), « Sur le cumul des mandats : quelle originalité française », *RDP*, p. 1[illegible]91.

CAILLE P.-O. (2000), « Le cumul des mandats au regard des expériences étrangères », *RDP*, p. 1702 et s.

CASSIA P. (2014), *Conflits d'intérêts, les liaisons dangereuses de la politique*, Odile Jacob, coll. Corpus.

CAMBY J.-P.,

– (1996), « La session parlementaire continue : un an d'application à l'Assemblée nationale », *RDP*, p. 1535 et s.

– (1997), « La limitation du cumul des mandats : lutte contre l'ubiquité ou contre l'hydre de Lerne ? », *RDP*, p. 1545.

CAMBY J.-P. et SERVENT P. (2010), *Le travail parlementaire sous la Ve République*, Paris, Montchrestien, Clefs, 5e éd.

CHEVALIER F. (1998), *Le sénateur français, 1875-1995. Essai sur le recrutement et la représentativité des membres de la seconde Chambre*, Paris, LGDJ.

CLUZEL J.,

– (1998), *L'indispensable Sénat*, Paris, Economica.

– (1999a), *À propos du Sénat et de ceux qui voudraient en finir avec lui*, Paris, Archipel.

– (1999b), *Un train de sénateurs peut en cacher un autre : le sénat « bâillonné » c'est la France en danger*, Paris, Lafon.

COPÉ J.-F. (2009), *Un député, ça compte énormément !*, Paris, Albin Michel.

COSTA C. et KERROUCHE E. (2007), *Qui sont les députés français ?*, Paris, Presses de Sciences Po.

DE CAZALS M. (2010), « La saisine du conseil économique par voie de pétition citoyenne : une République plus démocratique ? », *RFDC*, n° 82, p. 288.

DELCAMP A. (2004), « Le Conseil constitutionnel et le Parlement », *RFDC*, p. 37 et s.

De Montis A. (2016), *La rénovation de la séance publique du Parlement français : étude sur l'efficacité politique de la réforme constitutionnelle du 23 juillet 2008*, Dalloz, Bibliothèque parlementaire et constitutionnelle.

Dolez B. (2013), « Le crépuscule du cumul des mandats ? », in *La Constitution, l'Europe et le Droit, Mélanges en l'honneur de Jean-Claude Masclet*, Publications de la Sorbonne, p. 199-209.

Duprat J.-P. (2008), « Le Parlement entre modernisation et attentisme (l'article 24 de la Constitution) », *PA*, n° 254, p. 39-41.

Fondraz L. (2000), *Les groupes parlementaires au Sénat sous la Ve République*, Paris, Economica.

Fraisseix P.,

– (1998), « Le Parlement et la Sécurité Sociale, la consolidation de ce couple par la révision constitutionnelle du 22 février 1996 », *RDP*, p. 745.

– (1999), « Les parlementaires et la justice : la procédure de suspension de la détention, des mesures privatives ou restrictives de liberté, et de la poursuite », *RFDC*, p. 497.

Fuchs-Cessot A. (2004), *Le Parlement à l'épreuve de l'Europe et de la Ve République*, Paris, LGDJ.

Gicquel J. (2013), « Sur la déontologie de la vie parlementaire : le nouveau cours de la moralisation de la vie politique », in *La Constitution, l'Europe et le Droit, Mélanges en l'honneur de Jean-Claude Masclet*, Publications de la Sorbonne, p. 221-228.

Hourquebie F. (2014), « le cumul des mandats : clap de fin ! », *AJDA*, 7 avril 2014, p. 73.

Huber J.-D. (1996), *Rationalizing Parliament. Legislature institutions and party politics in France*, Cambrige, Cambridge University Press.

Jozefowicz H. (2010), « La réforme des règlements des assemblées parlementaires », *RFDC*, p. 329.

Krolic C. (2014), « Le renouveau des commissions parlementaires permanentes ? », *RFDC*, n° 98, p. 345-368.

Lafaille Fr. (2003), *Le président du Sénat depuis 1875*, Paris, L'Harmattan.

Lamouroux S. (2009), « La révision de l'article 25 ou la mise en place d'une incompatibilité à coquille vide », *RFDC*, n° 77, p. 135/145.

Luchaire F. (1996), « Les conséquences de la réforme constitutionnelle du 4 août 1995 », *RDP*, p. 329 et s.

Martin A. (1996), *Le président des assemblées parlementaires sous la Ve République*, Paris, LGDJ.

Masclet J.-C.,

– (1982), *Un député pour quoi faire ?*, Paris, PUF.

– (1986), « La loi sur les cumuls des mandats et fonctions électifs », *AJDA*, p. 214 et s.

Mastias J. (1980), *Le Sénat de la Ve République : réforme et renouveau*, Paris, Economica.

Maus D.,

– (1996), *Le Parlement sous la Ve République*, Paris, PUF, Que sais-je ?, 3e éd.

– (1999), « Le Parlement et la cohabitation », *Pouvoirs*, 91, p. 71 et s.

Nuttens J.-D. (2001), *Le Parlement français et l'Europe : l'article 88-4 de la Constitution*, Paris, LGDJ.

Oliva E. (1997), *L'article 41 de la Constitution du 4 octobre 1958. Initiative législative et Constitution*, Paris, Economica, Aix-en-Provence, PUAM.

Ponthoreau M.-C. (2002), « L'opposition comme garantie constitutionnelle », *RDP*, p. 1127 et s.

Revue Française de Droit Constitutionnel (1998), « Le Parlement de la Cinquième République », n° 33.

Revue *Pouvoirs*

– (1985), « L'Assemblée », n° 34.

– (1988), « Le Sénat », n° 44.

– (1993), « Le Parlement », n° 64.

– (2004), « L'opposition », n° 108.

Robbe F.,

– (2001), *La Représentation des collectivités territoriales par le Sénat : Étude sur l'article 24 alinéa 3 de la Constitution française du 4 octobre 1958*, Paris, LGDJ.

– (2003), « Le Sénat à l'heure des demi-réformes », *RFDC*, p. 725 et s.

ROUVILLOIS F. (1998), « Heurs et malheurs d'un principe : le vote personnel des députés », RDP, p. 781.

SEGUIN P. (1995), *240 dans un fauteuil, la saga des présidents de l'Assemblée*, Paris, Le Seuil.

SOMMACCO V. (2002), *Le droit d'amendement et le juge constitutionnel en France et en Italie*, Paris, LGDJ.

TAILLEFAIT A. (2001), « La déchéance des parlementaires », *RDP*, p. 157 et s.

THURIOT F. (2000), « Vote personnel : efficacité collective contre légitimité individuelle », *RPP*, p. 41 et s.

TOUZEAU L. (2011), « Le Conseil économique, social et environnemental après la loi organique du 28 juin 2010 : une assemblée constitutionnelle mal identifiée », *RDP*, p. 637.

URVOAS J.-J. et MAGALI A. (2012), *Manuel de survie à l'Assemblée nationale, L'art de la guérilla parlementaire*, Odile Jacob.

VIDAL-NAQUET A. (2009), « L'institutionnalisation de l'opposition : quel statut pour quelle opposition ? », *RFDC*, n° 77, p. 153-172.

Section 4
Les rapports entre les pouvoirs

684. Les rapports entre pouvoirs résultent d'une part de l'exercice de leurs compétences respectives (par exemple celle de déposer des projets de loi, de négocier des traités pour le gouvernement ou de voter la loi pour le Parlement), mais d'autre part des compétences spécifiques dont ils disposent les uns à l'égard des autres. Les compétences respectives sont examinées sous d'autres rubriques. Cette section porte seulement sur les secondes, c'est-à-dire sur les compétences mutuelles.

Selon une ancienne tradition des constitutionnalistes (v. *supra* n° 100), on estime que le régime parlementaire organise les rapports entre pouvoirs publics de manière à produire un équilibre entre le Parlement et le gouvernement. Cet équilibre résulterait de la symétrie entre des moyens d'action dont ils seraient dotés l'un vis-à-vis de l'autre. Ainsi, le Parlement disposerait de moyens pour contrôler et le cas échéant sanctionner le gouvernement, tandis que celui-ci disposerait du droit de dissoudre au moins l'une des chambres du Parlement.

La réalité est beaucoup plus complexe : d'une part, la présence du président de la République fait qu'il s'agit d'un jeu à trois et non plus à deux ; d'autre part, les éléments en présence ne sont pas deux autorités considérées en bloc, mais un pouvoir exécutif relativement homogène (en dehors des périodes de cohabitation) et de l'autre un Parlement composé de deux assemblées, chacune d'elles étant en général dominée par une majorité, qui loin de chercher à faire contrepoids au gouvernement, s'efforce de le soutenir ; plusieurs des compétences qui sont généralement classées comme moyen d'action aux mains du Parlement, comme la responsabilité gouvernementale, peuvent dans certaines circonstances être instrumentalisées par le gouvernement, notamment pour maintenir la discipline au sein de la majorité ou obtenir le vote d'une loi ; enfin la notion de contrôle recouvre plusieurs types de moyens entre les mains du Parlement.

C'est pourquoi on exposera successivement trois types de contrôle, puis les moyens dont dispose seul le pouvoir exécutif, c'est-à-dire le droit de dissolution.

- Sous-section 1. Le contrôle informatif
- Sous-section 2. La responsabilité ministérielle
- Sous-section 3. Le contrôle parlementaire en période de crise
- Sous-section 4. Le droit de dissolution

Sous-section 1
Le contrôle informatif

685. On peut entendre par « contrôle informatif » l'ensemble des procédures de contrôle qui n'entraînent par elles-mêmes aucune sanction à l'égard du gouvernement ou d'un ministre. Il peut s'exercer actuellement selon trois procédures principales : les questions, les commissions d'enquête et de contrôle, les résolutions. L'évaluation des politiques publiques ne désigne pas une procédure particulière mais plutôt une finalité commune à un ensemble d'activités parlementaires.

§1. Les questions

686. Une question peut se définir comme une demande d'information adressée par un parlementaire soit au Premier ministre, soit à un autre membre du gouvernement. Il faut distinguer deux procédures : celle des questions écrites et celle des questions orales.

A. Les questions écrites

687. La faculté de poser des questions écrites est illimitée : tout parlementaire peut poser autant de questions écrites qu'il le souhaite. Ces questions sont publiées dans une édition spéciale du *Journal officiel* et le gouvernement doit en principe répondre à chaque question dans le délai d'un mois, également par la voie du *Journal officiel*. Mais il est prévu que, avant l'expiration de ce délai, le ministre interrogé peut demander un délai supplémentaire pour préparer la réponse, ou qu'il peut éventuellement indiquer que l'intérêt public lui interdit de répondre (s'il s'agit par exemple d'une question intéressant la défense nationale).

Comme cette procédure est à l'entière discrétion des parlementaires, en pratique ceux-ci l'utilisent surtout pour répondre aux demandes d'information des électeurs. Il n'y a donc pas lieu de s'étonner que les questions écrites soient très nombreuses : on en recense environ 24 000 chaque année à l'Assemblée nationale, et 4 000 au Sénat. Elles ne doivent contenir aucune indication nominative mais il est toujours possible de les formuler d'une manière tellement pointue qu'elles correspondent exactement à la situation d'une personne déterminée. C'est pourquoi l'on dit parfois que les questions écrites constituent un moyen d'obtenir de l'administration des consultations juridiques gratuites.

En raison même du succès de cette procédure, les services chargés de préparer les réponses sont souvent débordés, de sorte que le délai d'un mois n'est pas systématiquement respecté. Si la réponse tarde à venir, l'auteur de la question peut faire publier un rappel au *Journal officiel*, il peut également demander que sa question écrite soit transformée en question orale. Mais cette dernière solution ne peut être envisagée qu'à titre exceptionnel. En règle générale, les questions écrites ne présentent guère d'intérêt politique. Mais elles constituent une précieuse source d'information pour les juristes spécialisés dans certaines matières, notamment en droit fiscal, dans la mesure où elles obligent l'administration à préciser sa doctrine sur tel ou tel point particulier[58].

Il arrive cependant qu'un parlementaire multiplie les questions écrites autour d'un même sujet, non pour renseigner ses électeurs mais pour harceler le gouvernement qui hésite à divulguer des informations politiquement délicates. Par exemple, c'est par ce moyen que le député socialiste René Dosière est parvenu à obtenir quelques éclaircissements sur le budget de la présidence de la République qui, jusqu'en 2007, était totalement opaque et ne faisait l'objet d'aucun contrôle (v. *supra* n° 597).

B. Les questions orales

688. De même que la question écrite, la question orale est une demande d'information adressée par un parlementaire à un membre du gouvernement, mais, au lieu d'être simplement publiée au *Journal officiel*, la réponse doit être donnée par le représentant du gouvernement à la tribune de l'assemblée au cours d'une séance publique, ce qui lui donne évidemment un plus grand retentissement. Le droit de poser des questions orales constitue également une prérogative individuelle des parlementaires, mais, comme le temps disponible pour le traitement de ces questions est limité, un filtrage s'avère indispensable : ce filtrage est opéré par les instances de l'assemblée, et plus spécialement pas la conférence des présidents.

Par dérogation à la priorité gouvernementale de l'ordre du jour, les Constituants de 1958 avaient prévu qu'une séance par semaine serait réservée par priorité « *aux questions des membres du Parlement et aux réponses du gouvernement* ». Mais depuis les années 1970, en vertu d'un accord amiable entre le gouvernement et les bureaux des assemblées parlementaires, ces séances de questions étaient devenues plus fréquentes. Aussi le nouvel article 48 alinéa 2, résultant de la loi constitutionnelle du 4 août 1995, précise-t-il qu'une séance par semaine « au moins » est réservée aux questions, ce qui signifie qu'il peut y en avoir davantage. La révision de juillet 2008 a précisé que

58. Si cette doctrine porte sur l'interprétation de la loi, les justiciables peuvent parfois l'invoquer, mais elle ne lie évidemment pas les tribunaux qui, en vertu du principe de la séparation des pouvoirs, n'ont pas d'instructions à recevoir de l'administration.

cette règle s'applique également aux sessions extraordinaires du Parlement. Le Conseil constitutionnel considère qu'elle constitue une garantie importante pour l'opposition car elle lui donne l'assurance de pouvoir interpeller le gouvernement durant la semaine au cours de laquelle une loi doit être adoptée. Aussi a-t-il jugé que serait contraire à la Constitution une loi adoptée au cours d'une semaine où aucune séance de questions n'aurait figuré à l'ordre du jour (déc. n° 2012-654 DC du 9 août 2012, cons. 3). Quelle que soit sa hâte à réaliser son programme législatif, le gouvernement est donc obligé de respecter scrupuleusement les termes de l'article 48 C alinéa 2.

Aujourd'hui il y a en moyenne au moins quatre séances de questions par semaine, tant au Sénat qu'à l'Assemblée nationale. Les modalités de la procédure sont fixées par le règlement de chaque assemblée.

Les séances les plus vivantes sont celles organisées selon la procédure dite des « questions au gouvernement »[59], qui se déroulent en présence du Premier ministre entouré des principaux membres de son gouvernement. Les ministres concernés par l'ordre du jour sont prévenus une heure avant le début de la séance qu'ils vont être interrogés mais la question qui leur sera posée ne leur est pas communiquée à l'avance, officiellement tout au moins. Il en résulte, d'une part, que les sujets les plus actuels peuvent être abordés et, d'autre part, que les échanges sont relativement spontanés. L'auteur de la question et le ministre qui lui répond ne disposent que d'un temps de parole très bref (deux ou trois minutes chacun) et personne d'autre ne peut intervenir. Cet encadrement très strict permet à l'assemblée de traiter en une heure une dizaine de questions.

Le temps disponible pour les questions orales est réparti entre les groupes politiques par la conférence des présidents de façon plus ou moins proportionnelle à leurs effectifs, mais en veillant à ce qu'il y ait égalité entre la majorité et l'opposition. Dans les limites du temps qui lui est imparti, chaque groupe sélectionne lui-même les questions de ses membres. L'assiduité des parlementaires à ces séances est relativement élevée. Le fait qu'elles sont retransmises en direct à la télévision n'y est évidemment pas étranger.

On distingue traditionnellement les questions orales sans débat et les questions orales avec débat. En ce qui concerne les premières, seuls l'auteur de la question et le ministre qui lui répond peuvent prendre la parole. En ce qui concerne les secondes, l'auteur de la question dispose d'un temps de parole relativement long et d'autres orateurs peuvent intervenir après la réponse du ministre. Mais la procédure des questions orales avec débats est plus ou moins tombée en désuétude. Le règlement de l'Assemblée nationale ne la prévoit plus. Mais elle figure encore dans celui du Sénat, qui y a recours une quinzaine de fois au cours d'une année parlementaire.

Qu'elles soient écrites ou orales, les questions ne permettent d'obtenir que des informations ponctuelles et généralement superficielles. Si les parlementaires

59. À l'Assemblée nationale, depuis l'instauration de la session unique, une heure est consacrée aux « questions au gouvernement » au début des séances des mardis et mercredis après-midi. Au cours de la session ordinaire 2005-2006, l'Assemblée nationale a consacré 55 séances aux questions au gouvernement : au total 674 questions ont été traitées.

veulent s'informer d'une manière plus approfondie, ils doivent recourir à une autre procédure : celle des commissions d'enquête.

§2. Les commissions d'enquête et les missions d'information

689. Avant l'adoption de la loi de modernisation des institutions du 23 juillet 2008, les commissions d'enquête n'étaient pas prévues par la Constitution elle-même mais par une simple disposition de la loi organique relative au fonctionnement des assemblées parlementaires. Une commission d'enquête pouvait être créée par l'Assemblée nationale ou le Sénat « *en vue de recueillir des éléments d'information soit sur des faits déterminés, soit sur la gestion des services publics ou des entreprises nationales* » (LO du 17 novembre 1958).

À la différence des commissions permanentes, les commissions d'enquête n'interviennent pas dans le processus législatif (v. *supra* n° 672). Elles n'ont qu'un rôle d'information au sens large du terme, c'est-à-dire qu'elles permettent d'approfondir une question en faisant apparaître des voies de réforme. Elles sont automatiquement dissoutes dès qu'elles ont fini de remplir leur mission. Mais elles disposent de pouvoirs importants (possibilité d'enquêter sur pièces et sur place, citation de témoins qui sont tenus de comparaître, de prêter serment et de répondre aux questions) et peuvent présenter des recommandations qui seront éventuellement reprises dans des projets ou des propositions de loi.

Durant les cinquante premières années de la Ve République (1958-2008), une soixantaine de commissions d'enquête ont été créées par l'Assemblée nationale, et quarante-cinq par le Sénat. Leur création répondait généralement soit à l'émotion suscitée par le dysfonctionnement spectaculaire d'un service public, comme l'affaire d'Outreau, soit à un sentiment d'inquiétude diffuse (par exemple les risques que comporte l'influence des mouvements à caractère sectaire pour la santé physique et mentale des jeunes). Mais bien que certaines de ces enquêtes aient abouti à la publication de rapports intéressants et bien documentés, l'efficacité de la procédure en tant qu'instrument du contrôle parlementaire était souvent contestée, les critiques portant à la fois sur les conditions de leur création, sur leur fonctionnement, et sur les suites données à leur travail.

En premier lieu, les conditions de création sont assez restrictives : d'une part, si les faits visés ont également donné lieu à des poursuites judiciaires, il faut en principe attendre pour créer une commission d'enquête que ces poursuites soient définitivement closes et si une commission a déjà été créée, sa mission prend fin dès l'ouverture d'une information judiciaire relative aux faits sur lesquels elle est chargée d'enquêter ; d'autre part, au moins jusqu'à la réforme de 2008, la résolution décidant de cette création ne pouvait être adoptée que par un vote majoritaire au sein de l'assemblée concernée, et rien n'empêchait donc le gouvernement de jouer de son influence sur la majorité pour éviter que l'on abordât des sujets susceptibles de le gêner.

En second lieu, les commissions d'enquête ne disposent pas toujours du temps nécessaire pour remplir leur mission car la durée de leurs travaux est limitée à six mois et aucune autre commission ne peut être créée avec le même objet avant l'expiration d'un délai d'un an[60]. En outre, au moins jusqu'à la réforme de 2008, il leur était souvent reproché de faire preuve de trop de complaisance envers le pouvoir, car l'opposition, toujours minoritaire en leur sein, n'avait que peu d'influence sur la conduite des travaux et sur la rédaction du rapport final..

Enfin, le plus souvent, les conclusions des rapports ne faisaient même pas l'objet d'un débat en assemblée et il était rare que les recommandations des commissions fussent reprises dans des travaux législatifs.

La révision de juillet 2008 a tenté de donner un nouveau souffle aux commissions d'enquête.

Pour la première fois en France, leur existence est inscrite dans la Constitution elle-même (art. 51-2 C nouveau) de façon à souligner l'importance qui leur est reconnue en tant qu'instrument du contrôle parlementaire. Et il existe manifestement un lien entre l'article 51-2 et l'article 51-1, qui dispose que le règlement de chaque assemblée « reconnaît des droits spécifiques aux groupes d'opposition de l'assemblée intéressée ainsi qu'aux groupes minoritaires ». Or, aux termes de l'article 51-2 les conditions de création des commissions d'enquête sont fixées par le règlement de chaque assemblée. S'inspirant des recommandations du rapport Balladur, les nouveaux règlements de l'Assemblée nationale et du Sénat ont créé deux droits « spécifiques » au sens de l'article 51-1 :

1°) Chaque groupe d'opposition ou minoritaire peut obtenir au moins une fois dans le cours d'une année parlementaire, qui va du 1er octobre au 30 septembre, la création d'une commission d'enquête sur un sujet choisi par lui ;

2°) Au sein de chaque commission d'enquête, la fonction de président ou celle de rapporteur doit être confiée à un membre d'un groupe d'opposition ou minoritaire.

La création d'une commission d'enquête sur un sujet délicat pour l'exécutif est donc plus fréquente qu'elle ne l'était avant la réforme. Celles qui sont créées à l'initiative d'un groupe politique d'opposition portent généralement sur des questions que la majorité n'aurait sans doute pas abordées de son propre chef, ou qu'elle aurait traitées sous un angle différent[61]. Mais encore faut-il que cette proposition ne soit pas soit pas jugée irrecevable par la majorité de l'assemblée concernée ou par son président[62].

60. Voir l'article 6 de l'ordonnance du 17 novembre 1958 relative au fonctionnement des assemblées parlementaires.

61. Très caractéristique à cet égard est la commission d'enquête sur le rôle des firmes pharmaceutiques dans la gestion par le gouvernement de la grippe A (H1N1), qui a été créée par le Sénat sur la demande du groupe communiste, républicain et citoyen (document n° 685, session extraordinaire de 2009-2010).

62. En novembre 2009, une proposition de résolution émanant des groupes de l'opposition et tendant à la création d'une commission d'enquête sur les études commandées et financées par la présidence de la République a été déclarée irrecevable par le président de l'Assemblée nationale au motif qu'elle conduisait à la mise en cause de la responsabilité du chef de l'État, ce qui n'est pas possible dans un tel cadre.

À en juger par l'expérience de ses premières années d'application, la réforme de juillet 2008 n'a cependant pas entraîné une augmentation sensible du nombre des commissions d'enquête, ce qui s'explique peut-être par le fait que les dispositions organiques relatives à leur durée maximum et à l'obligation d'attendre la fin des poursuites judiciaires sont demeurées en vigueur. Il semble que, pour leurs investigations, les parlementaires préfèrent souvent recourir à des procédures un peu moins spectaculaires mais plus souples.

En premier lieu, pour approfondir une question, une ou plusieurs commissions permanentes peuvent confier à un certain nombre de leurs membres une « mission d'information ». Une « mission d'information » peut également être créée à l'initiative de la conférence des présidents de l'assemblée.

La « mission d'information » fonctionne à peu près de la même manière qu'une commission d'enquête mais de façon un peu moins formaliste. C'est ainsi que les personnes entendues par une « mission d'information » ne sont pas tenues de prêter serment, à la différence de celles qui sont convoquées par une commission d'enquête. Du fait qu'elle est moins solennelle et moins intimidante, la procédure de la mission d'information permet de creuser une question sans trop dramatiser les choses, et c'est pourquoi les assemblées parlementaires préfèrent parfois y recourir, plutôt que de créer une commission d'enquête, lorsqu'il s'agit d'un sujet qui paraît propre à enflammer les passions, comme le port de la Burqua[63].

En second lieu, les assemblées parlementaires peuvent désormais demander chaque année à la Cour des comptes de réaliser un certain nombre d'enquêtes sur des sujets choisis par elles, ce qui leur permet de réaliser une économie de temps tout en bénéficiant d'une garantie d'expertise (v. *infra* n° 697).

§3. Les propositions de résolution

690. Une résolution est un texte adopté par une assemblée parlementaire en dehors de la procédure législative. Il ne peut donc exprimer que le point de vue de cette assemblée. On distingue deux grandes sortes de résolutions parlementaires.

Certaines ont trait à l'organisation ou au fonctionnement de l'assemblée intéressée : par exemple, lorsqu'une assemblée adopte ou modifie son règlement intérieur, ou lorsqu'elle crée une commission d'enquête, cette décision prend la forme d'une résolution. De telles résolutions ne soulèvent pas de problèmes particuliers car elles ont un objet technique.

Mais une assemblée parlementaire peut également être tentée d'adopter des résolutions comportant une finalité politique, par exemple pour influencer la conduite du gouvernement. Dans un régime de parlementarisme rationalisé, comme celui qui a été mis en place en 1958, de telles résolutions suscitent une certaine méfiance.

63. En juillet 2009, à la suite de la déclaration du président Sarkozy devant le Congrès du Parlement, la conférence des présidents de l'Assemblée nationale a décidé de créer une mission d'information sur le port de la burqa.

C'est pourquoi elles avaient été interdites en 1959 par une décision du Conseil constitutionnel (A). Les articles 88-4 et 88-6 C dérogent à cette interdiction mais leur portée se limite aux affaires européennes (B). La loi de modernisation des institutions de juillet 2008 a rétabli la possibilité de voter des résolutions en tous domaines mais en les soumettant à un encadrement strict (C).

A. L'interdiction des propositions de résolution en 1959

691. Sous les IIIe et IVe Républiques, à l'issue d'un débat sur une question orale, une assemblée parlementaire pouvait toujours adopter une résolution exprimant sa position, sa réaction aux explications fournies par le gouvernement, ou son vœu quant aux mesures à prendre.

La Constitution de 1958 est muette sur ce point.

Quand en 1959 le Sénat et l'Assemblée nationale ont élaboré chacun leur règlement intérieur, partant du principe que tout ce qui n'est pas défendu est permis, ils ont prévu la possibilité d'adopter de telles propositions de résolution. Mais, d'après l'article 61 alinéa 1 de la Constitution, avant leur mise en application, les règlements des assemblées doivent être soumis au Conseil constitutionnel qui contrôle leur conformité à la Constitution.

À cette époque, le Conseil constitutionnel exerçait un contrôle très strict sur les règlements des assemblées parce qu'il pensait que celles-ci auraient du mal à se plier à la discipline imposée par les nouvelles institutions, et qu'elles tenteraient donc d'y échapper par des biais. Aussi exigeait-il que les règlements des assemblées soient strictement conformes à la Constitution, et non pas seulement compatibles avec elle. En d'autres termes, tout ce que la Constitution n'avait pas expressément permis aux assemblées parlementaires était présumé leur être défendu.

En vertu de ce principe, le Conseil constitutionnel a censuré les dispositions relatives aux propositions de résolution en déclarant que de telles propositions pourraient permettre d'orienter ou de contrôler l'action gouvernementale sans suivre les procédures prévues par la Constitution. Celle-ci a réglementé, dans ses articles 49 et 50, la mise en jeu de la responsabilité gouvernementale, et le Conseil constitutionnel interdit donc aux assemblées parlementaires de chercher à faire pression sur le gouvernement, ou à le renverser, par d'autres voies (déc. n° 59-2 DC, *Rec.* 58).

Trente-trois ans après cette décision historique du Conseil constitutionnel, les propositions de résolution ont fait leur réapparition mais, comme nous allons le voir, elles étaient cantonnées dans un domaine bien particulier.

B. La résurgence des propositions de résolution depuis 1992 dans le domaine des affaires européennes

692. Les actes communautaires dérivés (v. *infra* n° 725) jouent un rôle de plus en plus important dans notre système juridique, aussi bien dans les matières législatives que dans les matières réglementaires. Comme le constatait déjà il y a une vingtaine années le Conseil d'État, la moitié environ des règles nouvelles introduites chaque année dans le corpus juridique français sont d'origine Communautaire (Conseil d'État, 1992).

Comme ces actes ne sont pas soumis à ratification, ils ont, dès leur publication au *Journal officiel des Communautés*, devenu le *Journal officiel de l'Union européenne*, une autorité supérieure à celle des lois internes françaises. À ce stade, le Parlement français n'a plus aucun pouvoir de s'y opposer. Pour pallier cette perte importante de pouvoir législatif, l'article 88-4, introduit dans la Constitution par la loi de révision du 25 juin 1992 et dont le domaine a été étendu par la suite, permet aux assemblées parlementaires d'intervenir en amont, c'est-à-dire avant l'adoption des actes communautaires. Certaines propositions d'actes communautaires doivent en effet être communiquées aux assemblées qui, après les avoir examinées, peuvent adopter à leur sujet des résolutions.

Dans la plupart des cas, ces résolutions s'adressent au gouvernement français, comme le prévoit l'article 88-4, l'objectif poursuivi étant d'obtenir qu'il défende telle ou telle position au cours des négociations avec ses partenaires de l'Union.

Mais depuis l'entrée en vigueur du traité de Lisbonne (1er décembre 2009), les assemblées parlementaires peuvent également, dans certains cas, s'adresser directement aux autorités européennes pour prévenir ou corriger une atteinte au principe de subsidiarité (art. 88-6).

1. La communication des projets et propositions d'actes communautaires

693. Aux termes de l'article 88-4 C : « Le gouvernement soumet à l'Assemblée nationale et au Sénat, dès leur transmission au Conseil de l'Union européenne, *les projets d'actes législatifs européens et les autres projets ou propositions d'actes de l'Union européenne* ». Lorsque l'article 88-4 a été introduit dans la Constitution, en 1992, seules les propositions comportant des dispositions de nature législative (au sens de la Constitution française) devaient être communiquées aux assemblées. Mais le texte actuellement en vigueur, qui est issu de la révision de juillet 2008, vise en fait tous les projets ou propositions d'actes de l'Union. Il en résulte un afflux considérable : plusieurs dizaines de projets ou de propositions sont soumises chaque mois aux assemblées. Ils peuvent porter sur des questions d'importance très inégale, comme le budget de l'Union européenne, la réglementation de la pêche dans une zone maritime, les négociations commerciales avec une puissance extérieure, ou encore l'enregistrement d'une appellation d'origine protégée pour tel ou tel produit alimentaire.

Ce n'est pas seulement sur les projets ou propositions qui leur ont été communiquées par le gouvernement mais sur « tout document émanant de l'Union européenne » que les assemblées parlementaires peuvent adopter des résolutions.

Bien entendu, cette procédure n'est pas suspensive. Tout au plus, le gouvernement peut-il prendre l'engagement moral de tenter de retarder l'adoption par les autorités de l'Union européenne des mesures contestées jusqu'à ce que l'assemblée parlementaire française intéressée ait pu voter une résolution.

2. Les résolutions adoptées dans le cadre de l'article 88-4

694. Les modalités d'adoption de ces résolutions sont fixées par le règlement de chaque assemblée. Mais la procédure est identique dans ses grandes lignes. Elle comporte trois étapes.

Dans la première, le projet ou la proposition d'acte communautaire est examiné par la commission des affaires européennes qui procède à l'instruction du dossier et peut adopter un projet de résolution. Celui-ci est alors transmis à la commission permanente compétente sur le fond, c'est-à-dire celle dont la spécialité correspond à l'objet de l'acte communautaire projeté.

S'ouvre alors la seconde étape : le projet de résolution est considéré comme adopté par la commission compétente sur le fond soit de manière implicite (si elle n'a pas déposé son rapport avant l'expiration d'un délai d'un mois), soit de manière explicite (si elle a déposé un rapport favorable).

Dans la dernière étape, le projet de résolution est considéré comme implicitement adopté par l'assemblée concernée si ni le gouvernement, ni le président d'une commission permanente, ni celui d'un groupe politique n'a demandé son inscription à l'ordre du jour dans le délai d'un mois. Dans le cas contraire, son adoption ne peut résulter que d'un vote explicite de l'assemblée plénière.

En dépit de la souplesse de la procédure, qui a été aménagée de manière à éviter une surcharge de l'ordre du jour des assemblées, les résolutions adoptées en application de l'article 88-4 sont peu nombreuses par rapport au nombre des projets ou propositions d'actes communautaires transmis par le gouvernement (pas plus d'une dizaine par an en moyenne pour chaque assemblée).

Les résolutions prévues par l'article 88-4 relèvent de la compétence de chaque assemblée parlementaire, et non de celle du Parlement. Elles sont donc adoptées indépendamment par l'Assemblée nationale ou le Sénat, qui peuvent fort bien prendre des positions différentes à propos d'une même proposition d'acte communautaire.

En droit, ces résolutions n'ont évidemment qu'une valeur consultative : les recommandations qu'elles contiennent ne s'imposent ni au gouvernement français ni bien entendu aux organes des Communautés européennes. La perte de pouvoir législatif qu'entraîne l'extension des compétences communautaires n'est donc pas entièrement compensée par l'article 88-4. Il n'en est pas moins vrai que les résolutions adoptées dans le cadre de cet article ont un poids politique non négligeable, et qu'elles peuvent parfois influer sur le résultat de certaines négociations communautaires. C'est ainsi que l'Assemblée nationale a adopté le 15 juin 2013 une résolution sur le mandat de négociation de l'accord de libre-échange entre les États-Unis et l'Union européenne.

Dans les débats auxquels donnent lieu ces résolutions, des questions de politique interne se mêlent parfois aux questions européennes. C'est ainsi qu'à l'Assemblée nationale, le 22 avril 1998, les membres de l'opposition refusèrent de s'associer à un vote en faveur du passage à l'euro, craignant qu'une telle résolution puisse être interprétée comme un vote de confiance envers le gouvernement.

3. Les résolutions adoptées dans le cadre de l'article 88-6

695. Le principe de subsidiarité, qui est inscrit dans les traités européens, protège en principe les compétences des parlements nationaux, puisqu'il interdit à l'Union et aux Communautés de s'occuper des affaires qui pourraient être mieux résolues au niveau des États[64]. Mais l'on sait que l'application de ce principe peut donner lieu à controverses et c'est pourquoi tout traité qui confère à l'Union de nouvelles attributions, ou qui facilite l'exercice de celles qui lui ont été antérieurement dévolues, suscite des inquiétudes. Afin de rassurer les parlements nationaux, le traité de Lisbonne leur a offert la possibilité de veiller au respect du principe de subsidiarité d'une part en déclenchant un dispositif d'alerte (si l'acte susceptible de porter atteinte à ce principe est encore à l'état de projet) et, d'autre part, en saisissant la Cour de justice (si cet acte est définitivement adopté).

Le dispositif d'alerte est prévu par l'alinéa premier de l'article 88-6 qui précise que l'Assemblée nationale ou le Sénat peuvent émettre un avis motivé sur la conformité d'un acte législatif européen au principe de subsidiarité. Mais à la différence des résolutions de l'article 88-4, cet avis est adressé directement à des autorités supranationales : présidents du Parlement européen, du Conseil et de la Commission européenne. Le gouvernement français en est seulement « informé ».

Ces avis ne peuvent pas être adoptés de manière implicite comme les résolutions de l'article 88-4. Ils doivent être inscrits à l'ordre du jour de l'assemblée plénière.

Le deuxième alinéa du même article 86 dispose que chaque assemblée peut former un recours devant la Cour de justice de l'Union européenne contre un acte législatif européen pour violation du principe de subsidiarité. Dans ce cas, la résolution adoptée par l'assemblée est d'abord adressée au gouvernement français, qui la transmet à la Cour de justice et qui ne dispose à cet égard, semble-t-il, que d'une compétence liée. Paradoxalement, le recours en justice paraît plus facile à déclencher que le dispositif d'alerte, qui nécessite un vote majoritaire de l'assemblée. En effet, l'article 66 C *in fine* précise que « *le recours est de droit à la demande de soixante députés ou soixante sénateurs* ». De même que le Conseil constitutionnel en droit interne, la Cour de justice de l'Union peut donc être saisie à l'initiative d'une minorité

64. Cf. chapitre 3, *infra* n° 727.

politique. Il aurait en effet été difficilement compréhensible que la minorité soit moins bien protégée contre les atteintes provenant de l'Union européenne que contre celles provenant de la majorité du Parlement national.

C. Le rétablissement des résolutions en 2008 et leur encadrement constitutionnel

696. En dehors des exceptions signalées ci-dessus, les propositions de résolution étaient interdites jusqu'en 2008. On craignait en effet qu'elles permettent au Parlement d'empiéter sur le pouvoir exécutif. Pourtant cette interdiction empêchait le Parlement d'exercer la fonction de contrôle qui est la sienne, sauf à voter une motion de censure dont l'adoption entraînerait automatiquement la chute de celui-ci. Mais une solution aussi extrême était évidemment disproportionnée dans la très grande majorité des cas, et seule d'ailleurs l'Assemblée nationale aurait eu la possibilité d'y recourir. De plus cette interdiction paraissait archaïque car, en 2008, l'autorité du président de la République, le parlementarisme majoritaire, et la discipline de vote des principaux groupes parlementaires suffisaient à dissiper les menaces pesant sur la stabilité du gouvernement. C'est pourquoi le comité Balladur a estimé qu'il était possible et même souhaitable de rendre aux assemblées parlementaires la possibilité d'adopter des résolutions « *dans les conditions fixées par leur règlement* » (proposition n° 48) et le gouvernement avait retenu cette recommandation dans son projet de loi de modernisation des institutions.

Mais curieusement, sur ce point, la majorité siégeant à l'Assemblée nationale s'est montrée « plus royaliste que le roi », c'est-à-dire plus inquiète pour la stabilité gouvernementale que le gouvernement lui-même. Elle n'a accepté le retour des résolutions qu'à la condition qu'elles fussent soumises à un encadrement qui empêcherait toute dérive ou, en d'autres termes, toute tentative de mettre en jeu la responsabilité du gouvernement par des voies détournées.

D'après l'article 34-1 C, « *les assemblées parlementaires peuvent voter des résolutions dans les conditions fixées par la loi organique* », mais « *sont irrecevables et ne peuvent être inscrites à l'ordre du jour les propositions dont le gouvernement estime que leur adoption ou leur rejet serait de nature à mettre en cause sa responsabilité ou qu'elles contiennent des injonctions à son égard* ». Il convient de noter que l'opinion du gouvernement sur ce point s'impose d'elle-même et qu'aucun recours n'est possible contre sa décision. C'est un peu comme si les contrôleurs du fisc ne pouvaient dénoncer que les irrégularités dont l'existence est admise par le contribuable lui-même et dont il ne refuse pas la divulgation. C'est évidemment de tout confort pour celui qui fait l'objet du contrôle mais ce n'est peut-être pas la méthode la plus efficace pour pointer les erreurs commises par le gouvernement ou l'administration !

En pratique, de nombreuses propositions de résolution sont déposées par des députés ou des sénateurs mais il est rare qu'elles soient retenues pour être inscrites à l'ordre du jour de l'assemblée concernée. Celles qui parviennent à ce stade sont parfois adoptées à la quasi-unanimité mais c'est généralement parce qu'elles ont été formulées en termes suffisamment vagues pour ne pas gêner le gouvernement et pour ne blesser aucune sensibilité politique.

Par ailleurs, d'après l'article 50-1 nouveau : « *Devant l'une ou l'autre des assemblées, le gouvernement peut, de sa propre initiative ou à la demande d'un groupe parlementaire (...) faire, sur un sujet déterminé, une déclaration qui donne lieu à débat et peut, s'il le décide, faire l'objet d'un vote sans engager sa responsabilité* ». Cette disposition appelle les mêmes observations que l'article 34-1 C. Elle réintroduit la possibilité pour les assemblées de voter des résolutions mais selon des modalités qui ne risquent guère d'embarrasser le gouvernement puisque le vote ne peut avoir lieu que si lui-même le décide.

§4. La notion d'évaluation des politiques publiques

697. D'après l'article 24 C, le Parlement « évalue les politiques publiques ». Cette notion d'évaluation est à la mode depuis quelque temps car les méthodes de gestion des entreprises privées sont devenues une source d'inspiration pour la gestion des services publics de l'État, comme on a pu le voir dès l'adoption de la loi organique relative aux lois de finances en 2000 (LOLF) (v. *infra* n° 772). Elle est aussi liée à une évolution dans la conception que l'on se fait sous la Ve République du rôle du Parlement, qui serait aujourd'hui non pas seulement de légiférer ou de débattre des grandes orientations de la politique de la nation, mais de contrôler les choix faits par le président et le gouvernement. Il s'agit d'une philosophie non avouée du Parlement, différente de ce qu'elle pouvait être dans le passé et même très différente de celle qu'on trouve en Angleterre ou aux États-Unis.

L'évaluation des politiques publiques consiste à rechercher, à l'aide d'indicateurs de performance, si les moyens juridiques, administratifs et surtout financiers mis en œuvre ont produit les effets attendus de cette politique, et ont permis d'atteindre les objectifs qui lui étaient assignés. Ainsi définie, l'évaluation des politiques publiques n'est pas une forme de contrôle parlementaire parmi d'autres, mais plutôt une démarche préliminaire qui est, ou devrait être, commune à la plupart des formes de ce contrôle : comment en effet pourrait-on juger une politique sans connaître avec un minimum de précision les résultats auxquels elle a abouti ?

Mais le Parlement peut soit utiliser des évaluations réalisées par des organismes extérieurs spécialisés, comme la Cour des comptes, soit se fonder sur celles réalisées par ses propres services à la demande d'une commission, d'un office ou d'une délégation. Dans sa rédaction issue de la loi du 23 juillet 2008, l'article 24 C l'encourage à choisir le plus possible cette seconde méthode, c'est-à-dire à devenir lui-même un acteur de l'évaluation des politiques publiques. Ce choix n'était pas *a priori* évident. Notre système de gouvernement étant fondé sur l'alternance au moins jusqu'à l'élection d'Emmanuel Macron (cf. *supra* n° 494), pour l'observateur extérieur le Parlement ressemble un peu à une scène de théâtre sur laquelle se font face deux grandes coalitions dont l'une, la majorité au pouvoir, est par principe favorable aux politiques mises en œuvre par le gouvernement, tandis que l'autre, l'opposition du moment, critique systématiquement ces mêmes politiques. Cet affrontement a quelque chose de manichéen et de simplificateur qui s'accorde mal avec l'attitude plus neutre et l'effort d'objectivité que l'on associe généralement à l'idée d'évaluation. Mais les parlementaires sont conscients de ce problème et force est de constater que, de plus en plus, ils tentent de surmonter leurs divisions en confiant des tâches d'évaluation à des équipes associant des membres de la majorité et de l'opposition : office parlementaire d'évaluation de la législation ; office parlementaire d'évaluation des choix scientifiques et technologiques ; office parlementaire d'évaluation des politiques de santé ; mission d'information sur la mesure des grandes données économiques et sociales, etc. Souvent adoptés à l'unanimité, les rapports établis par ces organismes constituent une précieuse source de documentation dans laquelle chacun peut puiser en cliquant sur l'internet. Mais ils retiennent rarement l'attention des médias parce qu'ils n'ont pas l'aspect spectaculaire qui caractérise les grands débats législatifs.

Contrairement à ce que pourrait laisser supposer l'article 24 C, le Parlement n'est évidemment pas le seul ni même le principal acteur de l'évaluation des politiques publiques. Y contribuent aussi notamment la Cour des comptes, l'Inspection des finances, le Commissariat général du plan, le Conseil national de l'évaluation, la Délégation interministérielle à la réforme de l'État, sans oublier le Conseil économique, social et environnemental. Certains de ces organismes peuvent sans doute mobiliser des compétences techniques qui font défaut au Parlement. Mais, de même que, selon la formule de Clemenceau, la guerre est une chose trop sérieuse pour être laissée aux généraux, de même l'évaluation des politiques publiques est une affaire trop importante pour qu'on la considère comme la chasse gardée des économistes, des statisticiens et des groupements professionnels. Et c'est précisément parce que les parlementaires sont avant tout des politiques qu'il est souhaitable qu'ils supervisent l'évaluation. S'ils n'ont pas toujours les moyens de réaliser eux-mêmes les études nécessaires, au moins peuvent-ils en prendre l'initiative. À cet égard, il est intéressant de noter que l'article 47-2 nouveau a redéfini la mission de la Cour des comptes en mettant l'accent sur son obligation de travailler en liaison avec les acteurs politiques que sont le Parlement et le gouvernement : Elle « *assiste le Parlement dans le contrôle de l'action du gouvernement. Elle assiste le Parlement et le gouvernement dans le contrôle de l'exécution des lois de finances et de l'application des lois de financement de la sécurité sociale ainsi que dans l'évaluation des politiques publiques.* ». La loi précise qu'elle procède aux enquêtes qui lui sont demandées par les commissions des finances et par les commissions d'enquête du Parlement sur la gestion des services, organismes et entreprises soumis à son contrôle[65].

65. Voir l'article L. 132-4 du Code des juridictions financières.

Sous-section 2
La responsabilité ministérielle

698. L'article 20 de la Constitution, qui pose le principe de la responsabilité du gouvernement devant le Parlement, ne distingue pas de façon expresse entre les deux assemblées qui composent celui-ci. Mais il précise que cette responsabilité est mise en œuvre « *dans les conditions et suivant les procédures prévues aux articles 49 et 50* ». Or ces deux articles prévoient bien une responsabilité du gouvernement devant l'Assemblée nationale mais non devant le Sénat.

§1. La responsabilité du gouvernement devant l'Assemblée nationale

699. L'article 49 prévoit trois procédures qui correspondent à des hypothèses différentes : le gouvernement engage sa responsabilité ; les députés prennent l'initiative de censurer le gouvernement (motion de censure ordinaire) ; le gouvernement engage sa responsabilité sur le vote d'un texte (motion de censure dite « législative »). Si le gouvernement est battu, les conséquences qui en résultent sont les mêmes, quelle qu'ait été la procédure utilisée.

A. La mise en jeu de la responsabilité à l'initiative du gouvernement sur des orientations de politique générale

700. D'après l'article 49 alinéa premier : « *Le Premier ministre, après délibération du Conseil des ministres, engage la responsabilité du gouvernement sur son programme ou sur une déclaration de politique générale* ». Cette procédure a déjà été étudiée à propos de la formation du gouvernement (v. *supra* n° 623). On se bornera à rappeler ici que, bien qu'il y ait eu de vives controverses à ce sujet, il paraît aujourd'hui acquis qu'elle est toujours facultative pour le Premier ministre. Celui-ci peut en faire application soit tout de suite après la formation du gouvernement (engagement de responsabilité sur un programme) soit plus tard (engagement de responsabilité sur une déclaration de politique générale). Mais il peut également s'en abstenir. En pratique, ses choix sont évidemment influencés par la composition politique de l'Assemblée : si son gouvernement ne dispose pas du soutien de la majorité absolue des députés, il vaut mieux éviter cette procédure qui l'exposerait au risque d'être renversé par un vote à la majorité relative.

Il peut également, en application de l'article 50-1 C, faire devant l'une ou l'autre assemblée une déclaration qui donne lieu à débat et éventuellement s'il le souhaite, à un vote sans engager sa responsabilité[66].

B. La motion de censure ordinaire

701. D'après l'article 49 alinéa 2 : « *L'Assemblée nationale met en cause la responsabilité du gouvernement par le vote d'une motion de censure. Une telle motion n'est recevable que si elle est signée par un dixième au moins des membres de l'Assemblée nationale. Le vote ne peut avoir lieu que quarante-huit heures après son dépôt. Seuls sont recensés les votes favorables à la motion de censure qui ne peut être adoptée qu'à la majorité des membres composant l'Assemblée. Sauf dans le cas prévu à l'alinéa ci-dessous, un député ne peut être signataire de plus de trois motions de censure au cours d'une même session ordinaire et de plus d'une au cours d'une même session extraordinaire* ».

À la différence de la précédente, cette procédure permet aux députés de prendre eux-mêmes l'initiative de mettre en jeu la responsabilité du gouvernement. Mais elle est encadrée par un ensemble de conditions restrictives, inspirées par un souci de rationalisation du parlementarisme et tendant à limiter les risques qu'elle pourrait présenter pour un gouvernement qui ne serait pas appuyé par une large majorité. Ces conditions concernent la recevabilité de la motion de censure, le déroulement de la procédure et les modalités du scrutin.

1. La recevabilité des motions de censure

702. Elle est subordonnée à une double condition.

D'une part, la motion doit être signée par un dixième au moins des membres composant l'Assemblée. Comme celle-ci se compose actuellement de 577 députés, le minimum requis est donc de 58 signatures. Or, l'effectif de certains groupes politiques (ceux des communistes ou des écologistes par exemple) est pratiquement toujours inférieur à ce minimum.

D'autre part, le nombre de motions qu'un député peut signer au cours d'une même session est limité : trois s'il s'agit d'une session ordinaire, un s'il s'agit d'une session extraordinaire. La portée de cette limitation doit être appréciée en tenant compte de la réforme du régime des sessions parlementaires qui a eu lieu en 1995.

Avant la réforme du 4 août 1995, un député ne pouvait pas signer plus d'une motion de censure au cours d'une même session. Mais à cette époque, il y avait chaque année deux sessions ordinaires de plein droit et, en pratique, au moins une session extraordinaire : concrètement chaque député avait donc la possibilité de signer trois motions de censure durant l'année parlementaire. Depuis la réforme du 4 août 1995, il n'y a plus qu'une session ordinaire mais comme sa durée est relativement longue (du 1er octobre au 30 juin) on pensait que, sauf circonstances exceptionnelles, il ne serait plus

66. C'est cette procédure qui a été utilisée en juillet 2015 à propos du rôle joué par la France dans les négociations relatives à la Grèce.

nécessaire de convoquer des sessions extraordinaires[67] et c'est pourquoi il a été prévu que chaque député pourrait signer trois motions de censure au cours d'une même session ordinaire[68].

En pratique ces conditions de recevabilité ne constituent pas une gêne pour l'opposition car, dans la plupart des configurations politiques que connaît la Ve République, les motions de censure n'ont que peu de chance d'être adoptées et ne servent qu'à provoquer un débat pour organiser une protestation symbolique contre la politique du gouvernement. Il n'est donc pas nécessaire d'en déposer plus de deux ou trois chaque année.

2. Le déroulement de la procédure

703. Un délai minimum de 48 heures[69] est prévu entre le dépôt de la motion de censure et le vote de l'Assemblée. Ce délai est nécessaire pour donner aux députés le temps de réfléchir et pour éviter que le gouvernement risque d'être renversé par un vote surprise.

3. Les modalités du scrutin

704. La motion de censure ne peut être adoptée qu'à la majorité absolue des députés composant l'Assemblée nationale, comme c'était déjà le cas sous la IVe République. Mais la Constitution de 1958 a introduit une modification, qui en apparence n'est que procédurale, mais qui a en réalité une importance décisive : « *seuls les votes favorables à la motion de censure sont recensés* ». Les députés absents, et ceux qui ne prennent pas part au vote, ne sont pas décomptés séparément de ceux qui apportent leur soutien actif au gouvernement. Ils sont donc présumés favorables au gouvernement. S'il existe une majorité relative hostile au gouvernement, elle n'apparaîtra pas.

Depuis les débuts de la Ve République, des dizaines de motions de censure « ordinaires » ont été déposées, mais une seule a été adoptée : celle du 2 octobre 1962, dirigée contre le premier gouvernement de Georges Pompidou, auquel l'Assemblée nationale reprochait d'avoir proposé au président de la République un référendum tendant à modifier directement la Constitution (v. *supra* n° 487). Ce taux de succès extrêmement faible s'explique surtout par des raisons politiques. Depuis les élections législatives de novembre 1962, le gouvernement, quelle que fût son orientation politique, a généralement bénéficié du soutien d'un parti ou d'une coalition regroupant plus de la moitié des députés composant l'Assemblée nationale. Mais quand il n'en disposait pas, comme ce fut le cas sous la IXe législature (1988-1993), les procédures de l'article 49 se sont révélées efficaces pour garantir sa stabilité, spécialement celle prévue au dernier alinéa, qui va maintenant être étudiée.

67. En pratique, contrairement à ce qu'espéraient les auteurs de la réforme, le nombre des sessions extraordinaires n'a pas diminué (v. *supra* n° 637).

68. Il ne faut évidemment pas confondre la signature et le vote. Un député est toujours libre de voter une motion de censure, même s'il n'en a pas pris l'initiative. Aucune limitation n'est prévue à cet égard.

69. Un tel délai était déjà prévu sous la IVe République mais il n'était que de 24 heures (art. 49 de la Constitution de 1946).

Néanmoins, même si les chances de voir adopter une motion de censure sont très faibles, l'opposition peut trouver un intérêt politique à en déposer malgré tout.

C. La mise en jeu par le gouvernement de sa responsabilité sur le vote d'un texte

705. D'après l'article 49 alinéa 3 : « *Le Premier ministre peut, après délibération du Conseil des ministres, engager la responsabilité du gouvernement devant l'Assemblée nationale sur le vote d'un projet de loi de finances ou de financement de la sécurité sociale. Dans ce cas, ce projet est considéré comme adopté sauf si une motion de censure, déposée dans les vingt-quatre heures qui suivent, est votée dans les conditions prévues à l'alinéa précédent. Le Premier ministre peut, en outre, recourir à cette procédure pour un autre projet ou une autre proposition de loi par session* ».

Cette procédure est la plus originale. L'initiative appartient au gouvernement et il s'agit donc d'une procédure analogue à ce qu'était la question de confiance sous la IVe République, car l'objectif poursuivi est l'adoption d'un « texte » (c'est-à-dire d'un projet de loi) et non l'approbation de simples intentions (programme ou déclaration de politique générale). L'annonce de l'engagement de responsabilité déclenche un engrenage qui ne laisse que peu de liberté à l'Assemblée nationale.

Si aucune motion de censure n'est déposée dans les vingt-quatre heures qui suivent, le texte est considéré comme adopté sans vote ni débat. Mais cette hypothèse est exceptionnelle car en pratique il existe toujours au sein de l'Assemblée nationale une opposition suffisamment importante pour réunir le nombre nécessaire de signatures. Il convient de noter que même si certains députés ont déjà épuisé le contingent de motions de censure qu'ils pouvaient signer dans le cadre de la procédure prévue à l'alinéa précédent, cette limitation ne s'applique plus lorsque c'est le gouvernement qui engage sa responsabilité.

Si une motion de censure est déposée, deux hypothèses se présentent : ou bien la motion de censure est adoptée et dans ce cas, le gouvernement est renversé et son projet passe à la trappe ou elle est rejetée et dans ce cas non seulement le gouvernement se maintient mais son projet est considéré comme adopté alors qu'il n'a pas été voté, ni même discuté.

Le champ d'application de cette procédure (que l'on désigne couramment sous le nom de « quarante-neuf-trois ») a été considérablement restreint par la révision du 23 juillet 2008. Le texte originel de l'article 49 alinéa trois disait simplement que le Premier ministre pouvait engager la responsabilité du gouvernement « sur le vote d'un texte ».

L'emploi de l'article indéfini signifiait que le Premier ministre pouvait y recourir pour obtenir l'adoption de n'importe quel projet ou proposition de loi, et aussi souvent qu'il le voulait au cours d'une même année ou d'une même session. Après avoir évoqué les controverses auxquelles a donné lieu le quarante-neuf-trois, nous nous demanderons quels peuvent être les effets de la restriction de son champ d'application.

1. Les controverses concernant le quarante-neuf-trois

706. L'existence de cette procédure est liée à la volonté de lutter contre l'instabilité gouvernementale qui sévissait avant 1958.

Il arrivait fréquemment sous la IVe République que, sans mettre le gouvernement en minorité, l'Assemblée refusait d'adopter les textes qu'il estimait nécessaires à sa politique ; sans doute, il n'était pas constitutionnellement renversé mais, ne pouvant obtenir les moyens (la loi) de sa politique, il se retirait spontanément. Avec la règle du quarante-neuf-trois, la situation est différente : ou bien l'Assemblée prendra ouvertement l'initiative de contraindre le gouvernement à démissionner et ce sera le vote de censure, ou bien cette offensive n'aura pu réunir la majorité requise pour être efficace et alors, non seulement le gouvernement restera en place, mais encore le texte qu'il estimait nécessaire sera *présumé adopté*, alors même qu'une majorité relative de députés y serait hostile.

Mais si elle est incontestablement favorable à la stabilité gouvernementale, cette procédure est en même temps très réductrice des droits du Parlement puisqu'elle permet au gouvernement de faire adopter des lois sans qu'elles aient été votées, ni même débattues par l'Assemblée nationale, laquelle est ainsi privée de son droit d'amendement. C'est pourquoi beaucoup de responsables politiques, à gauche surtout, y voyaient l'une des principales causes de l'affaiblissement du Parlement et le symbole de son déclin.

On pouvait répondre que le quarante-neuf-trois n'avait pas été conçu par des adversaires du parlementarisme. Il faut en effet rappeler que c'est sur la proposition de deux anciens présidents du Conseil de la IVe République, Guy Mollet et Pierre Pflimlin, que cette procédure a été inscrite dans le texte approuvé par le peuple français en 1958. Il s'agissait dans leur esprit de concilier parlementarisme et stabilité gouvernementale en obligeant l'Assemblée nationale à prendre ses responsabilités. Mais le fait que cette procédure était à l'entière discrétion du gouvernement ouvrait la voie à des abus. Force est en effet de constater que le quarante-neuf-trois a été souvent utilisé dans des situations où l'ampleur de la majorité suffisait à écarter tout risque que le gouvernement soit renversé. Il servait alors soit à brider les membres de la majorité, en leur ôtant la possibilité de s'abstenir ou de proposer des amendements, soit à gagner du temps, en coupant court aux tentatives d'obstruction parlementaire que les membres de l'opposition auraient pu pratiquer si le projet avait été discuté article par article (v. *infra* n° 756). Le quarante-neuf-trois a été tellement critiqué[70] que, au cours de la campagne présidentielle de 2007, les deux candidats finalistes, Nicolas Sarkozy et Ségolène Royal, ont annoncé, chacun de son côté qu'ils envisageaient sa suppression

70. Pourtant, de façon globale, il ne semble pas que ce dispositif ait véritablement empêché le Parlement de jouer son rôle dans l'élaboration de la législation : au cours des 12 premières législatures, de 1958 à 2007, il en a été fait application 82 fois, c'est-à-dire moins de deux fois par an en moyenne alors qu'une cinquantaine de lois ont été adoptées chaque année.

pure et simple. Toutefois, après son élection, le président Sarkozy, s'est montré un peu moins net sur ce point. Dans sa lettre de mission à Édouard Balladur, président du comité de réflexion sur la réforme des institutions, il a simplement souhaité que le comité lui fasse des propositions sur « *l'encadrement des pouvoirs du gouvernement en matière d'adoption des lois* ».

2. Le nouvel encadrement du quarante-neuf-trois

707. Depuis longtemps on avait constaté qu'un usage fréquent du quarante-neuf-trois pouvait empêcher l'Assemblée nationale de jouer pleinement son rôle dans la législation et l'on cherchait le moyen d'y remédier. C'est ainsi que le comité Balladur avait proposé de limiter le quarante-neuf-trois « *aux seules lois de finances et lois de financement de la sécurité sociale* » parce qu'il s'agissait, selon lui, « *des textes les plus essentiels à l'action du gouvernement* ». C'est à la suite d'un amendement proposé par l'Assemblée nationale que cet encadrement a été un peu assoupli pour permettre au Premier ministre de recourir en outre à cette procédure « *pour un autre projet ou proposition de loi par session* ». À première vue, si l'on se fonde sur des données statistiques, cet encadrement ne paraît pas très sévère puisqu'il laisse au Premier ministre la possibilité d'engager la responsabilité de son gouvernement sur le vote de cinq textes différents au cours de la session unique ordinaire qui va d'octobre à juin : la loi de finances initiale, la loi de financement de la sécurité sociale, la loi de finances rectificative (car il y en a pratiquement toujours une), la loi de règlement du budget de l'année précédente (également considérée comme une loi de finances), et enfin un autre projet ou proposition de loi, cet engagement pouvant être renouvelé à chaque lecture du texte concerné. En comptant trois lectures successives par texte, on arrive à un maximum de quinze engagements possibles au cours de la session ordinaire, chiffre qui n'a encore jamais été atteint. À cela peuvent s'ajouter un ou deux autres projets ou propositions de loi selon qu'il y a une ou deux sessions extraordinaires entre la fin juin et le début octobre.

Il n'en est pas moins vrai que le Premier ministre a perdu une prérogative importante : celle de pouvoir engager la responsabilité du gouvernement sur n'importe quel projet de loi à n'importe quel moment. Cela pourrait être gênant si le gouvernement ne disposait pas du soutien d'une majorité absolue de députés, comme ce fut le cas sous la neuvième législature (1988-1993). Durant cette période, il est arrivé que, entre octobre et juin, le Premier ministre mette en œuvre le *quarante-neuf-trois* à propos de trois ou même quatre textes différents, qui n'étaient ni des projets de loi de finances, ni des projets de loi de financement de la sécurité sociale.

Au début de l'année 2015, on aurait pu croire que le « quarante-neuf trois » était tombé en désuétude car il n'avait plus été utilisé depuis 2006. Mais au cours du mois de février, le gouvernement Valls a dû faire face à une situation politiquement difficile. La loi sur la croissance, l'activité et l'égalité des chances économiques, dite « loi Macron » d'après le nom du ministre des Finances de l'époque qui en avait conçu le projet, venait d'être votée article par article en première lecture par l'Assemblée nationale. Le 17 février, juste avant de faire procéder à un vote sur l'ensemble du texte, le gouvernement se rendit compte que les voix d'une cinquantaine de députés socialistes, mécontents de la tendance générale de cette loi qui leur paraissait trop favorable aux intérêts des milieux d'affaires, risquaient de lui faire défaut et de le mettre en minorité. Un conseil des ministres fut organisé précipitamment le jour même afin d'autoriser le Premier ministre à faire application du « quarante-neuf trois ». Les députés socialistes rebelles n'ayant pas osé voter la motion de censure déposée par l'opposition, le vote sur l'ensemble du texte de la loi « Macron » fut considéré comme acquis. À cette occasion, force a été de constater que le « quarante-neuf trois » était toujours d'actualité car il constitue une arme irremplaçable pour un Premier ministre qui veut empêcher l'effritement de la majorité sur laquelle il s'appuie.

Il faut ajouter que le gouvernement, même s'il dispose d'une majorité cohérente et disciplinée, risque de se heurter, comme on l'a vu en 2020 à propos de la réforme des retraites, à une opposition, certes impuissante à empêcher le vote d'un projet de loi, qu'elle juge particulièrement néfaste, mais dont elle peut au moins espérer, retarder l'adoption en multipliant les amendements et attirer ainsi l'attention de l'opinion publique sur les dangers du texte. Le recours à l'article 49-3 est alors pour le gouvernement le moyen de surmonter l'obstruction parlementaire et d'obtenir non seulement un vote rapide sur un texte non modifié – mais il pourrait y parvenir aussi bien par le vote bloqué, conformément à l'article 44 – mais encore de montrer l'importance qu'il attache à ce projet. Mais l'opposition elle-même peut aussi tirer quelques bénéfices de ce dispositif, car la multiplication des amendements peut provoquer le gouvernement à faire usage du 49-3, ce qui permettra de dénoncer son autoritarisme.

D La situation d'un gouvernement renversé

708. Aux termes de l'article 50 de la Constitution, « *lorsque l'Assemblée nationale adopte une motion de censure, le Premier ministre doit remettre au président de la République la démission du gouvernement* ». Quant au président de la République, il ne dispose pas d'une faculté de choix : il doit accepter la démission, car l'article 8 ne dit pas qu'il *peut* mettre fin aux fonctions du Premier ministre mais qu'il y *met* fin. Cependant, lorsque le 6 octobre 1962, renversé par un vote de l'Assemblée nationale, G. Pompidou remit la démission du cabinet au général de Gaulle, celui-ci se borna à en prendre acte : il ne l'accepta qu'après le référendum du 28 octobre en demandant d'ailleurs à G. Pompidou de constituer le nouveau gouvernement.

La question s'est posée de savoir quels étaient, en pareille occurrence, les pouvoirs d'un gouvernement renversé par l'Assemblée nationale mais dont la démission n'avait pas encore été acceptée par le chef de l'État. Sous les IIIe et IVe Républiques, la notion d'affaires courantes permettait de résoudre le problème. On admettait que le gouvernement démissionnaire, maintenu provisoirement en place jusqu'à la nomination de son successeur, ne disposait pas de la totalité des compétences gouvernementales mais seulement de celles qui étaient nécessaires à l'expédition des affaires courantes, c'est-à-dire n'impliquaient pas de choix politiques essentiels. Le Conseil d'État se reconnaissait compétent pour apprécier si telle mesure gouvernementale rentrait ou non dans la catégorie des affaires courantes (CE, 4 avril 1952, *Synd. régional des quotidiens d'Algérie, Rec.* 210).

En octobre 1962 on aurait pu penser que les données du problème étaient différentes puisque, si le gouvernement avait bien donné sa démission, celle-ci n'avait pas encore été acceptée. Saisi de la question, le Conseil d'État n'a pas tenu compte de cette nuance. Et c'est à juste titre car cela l'eût conduit à admettre que le président de la République pouvait maintenir au pouvoir un gouvernement renversé par l'Assemblée nationale, ce qui eût été contraire aux dispositions expresses de la Constitution. La Haute juridiction a assimilé la situation du gouvernement démissionnaire en 1962 à celle des gouvernements de la IIIe ou de la IVe République dont la démission avait été acceptée, mais auquel le chef de l'État demandait d'assurer « l'interrègne » jusqu'à la désignation de leur successeur. Par conséquent, dès le moment où il a été l'objet d'un vote de censure, le cabinet ne dispose plus que de celles des compétences gouvernementales nécessaires pour assurer l'expédition des affaires courantes, et cela, quand bien même sa démission n'aurait pas encore été acceptée par le président de la République (CE, 19 octobre 1962, *Brocas*, *AJDA*, 1962, p. 626). Sur le fond, le Conseil d'État a d'ailleurs admis que l'activité gouvernementale mise en cause par le recours, à savoir les mesures d'organisation du référendum, rentrait dans la notion d'affaires courantes.

§2. L'absence de responsabilité du gouvernement devant le Sénat

709. Sous la IVe République, l'infériorité du Conseil de la République se traduisait notamment par son incapacité juridique à censurer le gouvernement. Avec le nouveau régime, le Sénat regagne quelque autorité en matière de contrôle gouvernemental. Sans doute ne peut-il pas prendre l'initiative d'une motion de censure, et pas davantage ne pourrait-il obliger le gouvernement à démissionner. Mais en précisant que « *le Premier ministre a la faculté de demander au Sénat l'approbation d'une déclaration de politique générale* », l'article 49 alinéa 4 ouvrait peut-être à la seconde Chambre des perspectives que lui interdisait la Constitution de 1946. Il était concevable, en effet, que, désapprouvé par les sénateurs, le Premier ministre décide de démissionner. Il n'y aurait pas été tenu, mais s'il l'avait fait, un précédent aurait été créé. Mais force est aujourd'hui de constater que la pratique ne s'est pas orientée dans cette direction. En juin 2019, le gouvernement a le même jour engagé sa responsabilité devant l'Assemblée nationale et demandé au Sénat l'approbation d'une déclaration de politique générale. Il a obtenu sans difficulté la confiance de l'Assemblée nationale, au sein de laquelle il disposait d'une large majorité, mais sa déclaration de politique générale a été désapprouvée par le

Sénat sans qu'il ait même envisagé de démissionner. La simultanéité de l'engagement des deux procédures était évidemment destinée à souligner le fait que le gouvernement n'a besoin, pour se maintenir, que de la seule confiance de l'Assemblée nationale.

710. Conclusion sur la responsabilité du gouvernement. - Bien que les procédures de l'article 49 soient utilisées assez fréquemment, elles n'ont pas abouti, depuis cinquante ans, à provoquer la chute du gouvernement[71].

En raison du système des partis, le risque que la responsabilité soit réellement mise en jeu est très faible, alors que la responsabilité devant le chef de l'État joue assez fréquemment, sauf en période de cohabitation, bien qu'elle ne soit pas prévue par les textes. D'ailleurs, en Grande-Bretagne, en Allemagne, ou en Espagne, il est également très rare qu'un vote parlementaire puisse remettre en cause l'existence du gouvernement.

Il ne faudrait cependant pas en conclure que les procédures de mise en jeu de la responsabilité du gouvernement ne sont qu'un trompe-l'œil et qu'elles n'exercent aucune influence sur le fonctionnement des institutions.

En premier lieu, l'existence même de ces procédures oblige le président de la République à nommer un gouvernement conforme à l'orientation de la majorité parlementaire. À cet égard, la « cohabitation à la française » se distingue de la « cohabitation à l'américaine », le président des États-Unis n'étant jamais obligé de choisir ses ministres au sein du parti qui contrôle le Congrès.

En second lieu, la procédure de l'article 49 alinéa 3, qui permet au gouvernement d'engager sa responsabilité devant l'Assemblée nationale sur le vote d'un texte, est pour le Premier ministre une arme précieuse pour maintenir la discipline de sa propre majorité parlementaire même si, depuis l'entrée en vigueur de la loi de révision du 23 juillet 2008, ce pouvoir est assez strictement encadré. Elle empêche en effet cette majorité de rejeter un projet de loi (ou même de l'amender) sans provoquer une crise grave. Quant au président des États-Unis, il peut parfois s'opposer à l'adoption d'une loi par le Congrès (veto suspensif), mais il ne dispose d'aucune arme procédurale décisive pour surmonter les réticences du Congrès vis-à-vis de ses propres projets. Sa maîtrise du processus législatif est donc en pratique moins complète que celle du Premier ministre français.

Sous-section 3
Le contrôle parlementaire en période de crise

711. Lorsque la vie du pays est profondément troublée par un événement d'une gravité exceptionnelle (invasion étrangère, insurrection armée, calamités naturelles, etc.), les pouvoirs publics sont souvent

71. La motion de censure n'a été adoptée qu'une fois, en 1962 (v. *supra* n° 487).

obligés de prendre des mesures d'urgence pour faire face à la situation. Comme l'urgence n'est généralement pas compatible avec les délais qu'implique la procédure parlementaire, la plupart de ces mesures doivent être prises par l'exécutif qui bénéficie ainsi, en droit ou en fait, d'une extension importante de ses compétences. Cependant, durant ces périodes de crise, le contrôle du Parlement paraît plus nécessaire que jamais : en effet, d'une part, en raison même de la gravité de la situation, il serait anormal que l'organe dépositaire de la souveraineté nationale ne soit pas au moins associé aux grandes décisions à prendre ; d'autre part, l'extension du rôle de l'exécutif comporte des risques particuliers d'atteintes aux libertés publiques.

Malheureusement, la Constitution ne traite de cette question que d'une manière ponctuelle et incomplète. Les seules dispositions qui s'y rapportent concernent l'article 16, la déclaration de guerre et l'état de siège.

712. L'article 16. – L'article 16 précise, d'une part, que le Parlement se réunit de plein droit et, d'autre part, que l'Assemblée nationale ne peut pas être dissoute pendant l'exercice des pouvoirs exceptionnels (v. *supra* n° 613 et s., « *l'extension des pouvoirs présidentiels en cas de circonstances exceptionnelles* »). Mais il ne donne aucune indication sur le rôle du Parlement durant cette période. On peut notamment se demander si les procédures de contrôle utilisables sont les mêmes qu'en temps normal.

En septembre 1961, alors que l'article 16 était en application depuis cinq mois déjà (bien que la rébellion militaire qui avait justifié sa mise en application se fût effondrée au bout de quelques jours) une motion de censure fut déposée à l'Assemblée nationale. Était-elle recevable ? Après avoir tenté de soumettre la question au Conseil constitutionnel, qui se déclara incompétent[72], le président de l'Assemblée nationale, J. Chaban-Delmas, fut contraint de la trancher lui-même (déc. du 19 septembre 1961). Constatant l'absence de dispositions expresses sur cette question, il s'est référé aux interprétations données par le président de la République qui, d'après l'article 5 C, « *veille au respect de la Constitution* ».

Or, dans un premier temps, dans un message adressé au Parlement le 25 avril 1961, c'est-à-dire avant le terme de la session parlementaire normale, le général de Gaulle avait déclaré que la mise en application de l'article 16 « *ne saurait modifier les activités du Parlement : exercice du pouvoir législatif et contrôle* ». Mais dans un second temps, les assemblées ayant décidé de se réunir de plein droit hors session normale, comme l'article 16 les autorisait à le faire, il s'était montré beaucoup plus restrictif en déclarant qu'il tiendrait « *pour contraire à la Constitution que la réunion annoncée du Parlement ait un aboutissement législatif* »[73].

Du rapprochement de ces deux textes, le président de l'Assemblée nationale a déduit que « *les rapports du gouvernement et du Parlement sont régis par des règles différentes suivant que... [l'] on se trouve dans ou en dehors des sessions*

72. Déc. du 14 septembre 1961.

73. Lettre au Premier ministre en date du 31 août 1961.

normales du Parlement ». La motion de censure est recevable dans le premier cas, mais non dans le second car, à partir du moment où les travaux du Parlement ne peuvent avoir d'aboutissement législatif, le gouvernement se trouve privé du droit prévu par l'alinéa 3 de l'article 49 de la Constitution, d'engager sa responsabilité sur le vote d'un texte ; il en résulte, selon J. Chaban-Delmas, que, pour assurer l'équilibre fondamental des pouvoirs, l'Assemblée nationale doit être privée du droit de mettre en jeu la responsabilité du gouvernement dans les conditions prévues par l'alinéa 2 de l'article 49. En d'autres termes, elle ne peut pas prendre l'initiative d'une motion de censure.

L'argument invoqué paraît très discutable. On aurait pu soutenir à la rigueur que l'équilibre des pouvoirs implique un certain parallélisme entre la motion de censure et le droit de dissolution, qui constitue pour l'exécutif un moyen de dissuasion. Mais un tel raisonnement aurait conduit à déclarer la motion de censure irrecevable pendant toute la durée de l'application de l'article 16, c'est-à-dire même en période de session normale, ce que le message présidentiel du 25 avril 1961 ne permettait pas de faire. En revanche, on voit mal pourquoi l'impossibilité pour le gouvernement d'engager sa responsabilité sur le vote d'un texte justifierait qu'on le mette à l'abri d'une motion de censure. D'autant plus que si le gouvernement veut engager lui-même sa responsabilité, il peut encore le faire dans les conditions prévues par l'alinéa premier de l'article 49, c'est-à-dire « sur son programme ou sur une déclaration de politique générale ».

Les règles que l'on peut dégager de ce précédent unique d'avril 1961 reflètent la conception très restrictive des pouvoirs du Parlement qui était à l'époque dominante. On ne saurait donc affirmer qu'elles seraient maintenues si le même problème se posait à nouveau dans un contexte différent.

713. La guerre. – D'après l'article 35 C : « *La déclaration de guerre est autorisée par le Parlement* ». C'est le seul article de la Constitution qui traite explicitement de la guerre et l'on remarquera qu'il laisse plusieurs questions dans l'ombre : selon quelles procédures le Parlement devrait-il autoriser la déclaration[74] ? Et quelle serait l'autorité compétente pour faire cette déclaration, une fois l'autorisation accordée[75] ?

Mais ces questions ne retiennent plus guère l'attention car, depuis 1945, le droit international (et spécialement la charte des Nations unies) interdit le recours à la guerre. Au demeurant, la stratégie moderne implique des formes variées de recours à la force, très différentes de la guerre classique. Les guerres ne sont donc plus formellement déclarées et, par voie de conséquence, l'article 35 de la Constitution française est frappé d'obsolescence, tout

74. D'après le règlement de l'Assemblée nationale, l'autorisation ne peut résulter que d'un vote sur un texte exprès d'initiative gouvernementale ; d'après le règlement du Sénat, elle devrait résulter de l'approbation d'une déclaration de politique générale dans les conditions prévues par le quatrième alinéa de l'article 49.

75. Du fait que l'article 35 est compris dans le titre consacré aux rapports entre le Parlement et le gouvernement, on déduit généralement que c'est ce dernier qui peut déclarer la guerre. Mais, compte tenu des articles 5 et 15 de la Constitution, le président de la République devrait au moins être associé à cette décision.

comme les dispositions analogues de nombreuses Constitutions étrangères. Cela n'a pas empêché un certain nombre d'États d'entreprendre des actions militaires d'une ampleur parfois considérable mais en les présentant toujours comme de simples opérations de police internationale, destinées à maintenir la paix ou à venir en aide à des populations menacées ; le fondement juridique invoqué pour ces actions est tantôt l'exécution d'une résolution adoptée par le Conseil de sécurité des Nations unies, tantôt une stipulation d'un traité d'alliance, tantôt encore le droit de légitime défense ; parfois aussi aucun fondement n'est indiqué.

Avant la révision constitutionnelle du 23 juillet 2008, lorsque la France s'engageait dans une action militaire, soit seule (comme elle l'a fait en Afrique à plusieurs reprises), soit en s'associant avec d'autres États (comme elle l'a fait en 1990 pour la première guerre du golfe, en 1999 pour la guerre du Kosovo, en 2001 pour celle d'Afghanistan et en 2011 pour l'intervention en Libye), l'article 35 était donc considéré comme inapplicable ; la décision d'intervenir était prise conjointement par le président de la République, en tant que chef des armées (art. 15 C) et par le Premier ministre, en tant que responsable de la défense nationale (art. 21 C). Le gouvernement pouvait soumettre à l'Assemblée nationale ou au Sénat une déclaration de politique générale justifiant les opérations engagées, cette déclaration étant ou non assortie d'une demande d'approbation. Mais s'il ne le faisait pas, les membres des deux assemblées ne pouvaient lui demander des comptes qu'en utilisant les moyens de contrôle habituels dans un régime parlementaire : questions écrites ou orales, éventuellement dépôt d'une motion de censure à l'Assemblée nationale. Mais l'on sait que, dans les conditions du parlementarisme majoritaire tel qu'il a fonctionné jusqu'à présent sous la Ve République, le vote de la censure est politiquement très difficile, voire impossible.

Dans certains pays, comme l'Allemagne, l'Espagne ou l'Italie, en vertu de la loi, de la jurisprudence ou de la coutume, une autorisation parlementaire préalable est requise pour tout engagement des forces armées à l'étranger. Dans d'autres cas, comme aux États-Unis, la décision d'engagement ne dépend que de l'exécutif mais il doit tenir le Parlement informé et, au-delà d'un certain délai, les opérations ne peuvent se poursuivre qu'avec l'approbation au moins tacite de celui-ci (cf. *supra* n° 268).

C'est une solution plus ou moins inspirée du modèle américain que la loi de révision du 23 juillet 2008 a retenue, conformément aux recommandations du comité Balladur. En premier lieu, d'après l'alinéa 2 nouveau de l'article 35 C : « *Le gouvernement informe le Parlement de sa décision de faire intervenir les forces armées à l'étranger, au plus tard trois jours après le début de l'intervention. Il précise les objectifs poursuivis. Cette information peut donner lieu à un débat qui n'est suivi d'aucun vote* ». En second lieu, aux termes de l'alinéa suivant : « *Lorsque la durée de l'intervention excède quatre mois, le gouvernement soumet sa prolongation à l'autorisation du Parlement* ».

Une question importante est de savoir ce qui doit se passer si le Parlement n'est pas en session soit à la date du début de l'engagement, soit à l'expiration du délai de quatre mois. L'article 35 C nouveau précise que, dans ce second cas, c'est seulement à l'ouverture de la session suivante que le Parlement se prononcera sur la demande de prolongation de l'intervention. En revanche, il semble que, dans le premier cas, c'est-à-dire si le Parlement n'est pas en session au moment où la décision d'intervenir est prise, une session spéciale doit être convoquée pour permettre au gouvernement de l'en informer. Ceci résulte à la fois des termes impératifs figurant à l'alinéa 2 de l'article 35 C – « au plus tard trois jours après le début de l'intervention » – et d'un argument *a contrario* – c'est seulement pour l'autorisation de prolongation des opérations que ce même article envisage la possibilité d'attendre jusqu'au début de la session suivante.

Pour l'autorisation de la prolongation de l'intervention, un débat suivi d'un vote doit être organisé dans chacune des deux assemblées[76]. En cas de désaccord, l'article 35 C précise que le gouvernement peut demander à l'Assemblée nationale de statuer en dernier ressort. Dans ce cas, le gouvernement devra-t-il respecter la procédure prévue par l'article 45 C (lectures successives, réunion d'une commission mixte paritaire, etc.) ? Il semble que non car le Parlement intervient alors en tant que contrôleur de l'action du gouvernement, ce qui justifie le recours à des procédures plus rapides et plus souples que celles applicables en matière législative.

Les nouvelles dispositions de l'article 35 C ont reçu application en 2011, lorsque les forces aériennes françaises, conjointement avec celles d'un certain nombre d'autres pays de l'OTAN, sont intervenues à l'appui des rebelles libyens qui tentaient de renverser le gouvernement du colonel Kadhafi. L'intervention ayant été engagée le 19 mars, il y eut dès le 22 mars une déclaration du Premier ministre devant chacune des deux assemblées. Comme prévu, cette déclaration donna lieu à un débat qui ne fut suivi d'aucun vote. Mais en raison de la durée de ce conflit, en juillet 2011, le gouvernement dut demander aux assemblées l'autorisation de prolonger l'intervention au-delà de quatre mois. Cette autorisation lui fut accordée sans difficultés par chacune des deux assemblées. Il en fut de même en avril 2013 lorsque le gouvernement demanda au parlement l'autorisation de prolonger une intervention militaire entreprise à la demande du gouvernement malien pour l'aider à repousser l'incursion sur son territoire de milices liées à des mouvements extrémistes musulmans.

Certains ont pu regretter que la réforme n'ait pas davantage renforcé sur ce point les droits du Parlement, par exemple en donnant aux assemblées la possibilité d'émettre un vote dès le début de l'intervention. Mais cette réforme a tout de même eu le mérite de rendre une utilité à l'article 35 C qui, du fait de la désuétude des guerres traditionnelles, avait perdu tout intérêt pratique.

76. Au début de l'année 2009, le gouvernement a fait devant chaque assemblée une déclaration tendant à justifier la prolongation de l'intervention de forces armées françaises dans cinq pays différents : Côte d'Ivoire, Kosovo, Liban, Tchad et République centrafricaine. Mais chacun de ces pays a fait l'objet d'un vote distinct.

714. L'état de siège et l'état d'urgence. – Ils doivent être décrétés en Conseil des ministres et leur prolongation au-delà de douze jours doit être autorisée par le Parlement (v. *supra* n° 616).

Sous-section 4
Le droit de dissolution

715. Un pouvoir présidentiel : la dissolution. – De 1875 à 1958, la dissolution n'était pas parvenue à s'implanter dans nos institutions. Quand bien même elle était prévue par les textes, elle n'était guère utilisée : sous la IIIe République parce que l'on en contestait le principe, et sous la IVe République parce que son exercice était entouré de conditions telles qu'il était très difficile de la prononcer.

Rompant avec l'attitude pleine de réticence des constituants de 1946 qui avaient admis le droit de dissolution tout en le rendant impraticable (v. *supra* n° 461), la Constitution pose une règle simple et brutale : le droit de dissolution appartient au président de la République seul (art. 12) et il l'exerce *sans être soumis à l'obligation du contreseing* (art. 19).

Depuis les débuts de la Ve République, le droit de dissolution a été utilisé cinq fois : deux fois par le général de Gaulle, en octobre 1962 et mai 1968 ; deux fois par F. Mitterrand, en mai 1981 et mai 1988 ; une fois par J. Chirac en avril 1997.

D'un point de vue politique, on peut distinguer plusieurs usages de la dissolution : la dissolution *défensive*, la dissolution *offensive*, la dissolution *stratégique*, la dissolution *exutoire* et enfin la dissolution *rupture*.

La première constitue une riposte à la mise en jeu par l'Assemblée nationale de la responsabilité du gouvernement. La dissolution prononcée en octobre 1962 par le général de Gaulle appartenait à ce premier type. L'Assemblée nationale venait de voter la censure contre le gouvernement de G. Pompidou et c'était en fait la politique du président de la République qui était visée : on reprochait au gouvernement d'avoir proposé un référendum au chef de l'État dans le cadre de l'article 11, mais chacun savait que cette proposition avait été en fait « sollicitée » par le général de Gaulle. La dissolution défensive permet donc de faire arbitrer par le corps électoral un conflit qui oppose l'exécutif au Parlement, ou plus exactement à l'Assemblée nationale. Mais ce cas de figure se présente rarement car, depuis 1962, le gouvernement a toujours pu s'appuyer sur une majorité parlementaire relativement docile.

La dissolution *offensive* correspond au cas où un président de la République qui vient d'être élu ou réélu, et qui ne veut pas cohabiter avec une majorité parlementaire hostile, prend les devants et décide de renvoyer les députés devant leurs électeurs avant même qu'ils aient pu mettre en jeu la responsabilité d'un gouvernement nommé par lui. C'est ce qu'a fait François Mitterrand en mai 1981 et mai 1988. Ce type de dissolution s'accorde bien avec la logique des institutions car un président nouvellement élu a besoin d'une majorité parlementaire pour mettre en œuvre son programme. De plus il a évidemment intérêt à ce que les élections législatives aient lieu dans la foulée de sa propre élection, car à ce moment sa popularité n'a pas encore été érodée par l'exercice du pouvoir et comme l'opinion attend quelque chose de lui, elle est généralement disposée à lui donner une majorité parlementaire. Cette éventualité est évidemment moins probable depuis la réduction à cinq ans du mandat présidentiel. Elle peut néanmoins se réaliser en cas d'élection présidentielle anticipée (décès, démission, empêchement ou destitution du président en exercice).

Quant à la dissolution *stratégique*, à la différence des deux types précédents, elle n'est pas liée à un conflit ouvert ou latent entre l'exécutif et le Parlement. Le président dissout, alors que son gouvernement dispose d'une majorité au Parlement, et parfois même d'une majorité très confortable. Il le fait parce qu'il cherche à profiter de la conjoncture, c'est-à-dire d'un moment où l'opinion incline en faveur des partis qui le soutiennent. Mais la dissolution *stratégique* ressemble toujours à un pari car même si les sondages sont favorables au départ, on ne peut jamais prévoir avec certitude comment évoluera l'opinion au cours de la campagne. C'est ainsi qu'en mai-juin 1997 la victoire de la majorité présidentielle, que les sondages avaient d'abord laissé prévoir, ne s'est finalement pas produite.

En Grande-Bretagne, jusqu'à une date récente, la dissolution *stratégique* était de pratique courante. Il était fréquent que la Chambre des communes soit dissoute un ou deux ans avant la date limite d'expiration de ses pouvoirs et, sauf cas exceptionnel, ces dissolutions n'étaient pas liées à un conflit opposant le Premier ministre au Parlement. Mais, depuis l'adoption en 2011 du *Fixed term Parliaments Act*, la dissolution a cessé d'être une prérogative discrétionnaire du Premier ministre. Elle ne peut plus être prononcée que si la Chambre des communes a voté une motion de censure contre le gouvernement ou si elle a adopté, à une majorité des deux tiers, une motion favorable à une élection anticipée (cf. *supra* n° 230). En France, sous la Ve République, la dissolution *stratégique* est toujours juridiquement possible mais il y en a peu d'exemples et elle ne semble pas correspondre aux usages du monde politique.

Avant 1997, il n'y avait qu'un seul précédent : la dissolution prononcée par le général de Gaulle en 1968, et encore était-ce un précédent douteux car le mois de mai 1968 avait été marqué par une crise sociale tellement aiguë qu'il eut été probablement impossible d'en sortir sans forcer les partis à se couler dans le moule des institutions et à faire une campagne électorale. Dans ce cas, plutôt que d'une dissolution stratégique, il vaudrait donc mieux parler d'une dissolution *exutoire* permettant de ramener dans l'espace institutionnel un conflit qui s'était développé dans la rue et que l'on ne parvenait pas à maîtriser sur ce terrain. Les élections anticipées ont eu pour effet de concentrer les feux de l'actualité sur les dirigeants des grands partis politiques, reléguant ainsi au second plan les protagonistes des luttes étudiantes et syndicales.

La dissolution prononcée par J. Chirac en avril 1997 constituait donc une novation. Il n'y avait pas de crise sociale aiguë comme en mai 1968. Il n'y avait pas non plus d'opposition entre la majorité parlementaire et la majorité présidentielle comme en 1962, 1981 et 1988. Et le président avait d'ailleurs déclaré plusieurs fois depuis 1995 qu'il n'avait pas l'intention de bousculer le calendrier des échéances électorales. Il s'agit donc d'une dissolution « surprise », qui ne peut s'expliquer que par un calcul stratégique, qui n'a d'ailleurs pas donné le résultat escompté.

Sous la Ve République, on peut encore imaginer un cinquième type de dissolution : la dissolution *rupture*, qui mettrait fin à une période de cohabitation. Le président dissoudrait non pour défendre son gouvernement mais au contraire pour pouvoir le renvoyer après avoir changé la majorité parlementaire. Ce serait juridiquement possible puisque le droit de dissolution est un pouvoir propre du président. Sous les deux premières cohabitations, l'échéance de l'élection présidentielle étant très proche, les circonstances ne se prêtaient pas à une dissolution rupture. La cohabitation longue qui s'est ouverte en 1997 aurait pu en fournir l'occasion. Mais en raison peut-être du choc provoqué par sa défaite électorale de 1997, le président a préféré attendre la fin de la législature.

De plus, l'adoption du quinquennat et sa mise en œuvre dès 2002 (v. *supra* n° 593) doivent permettre d'éviter un décalage entre les élections à la présidence de la République et celles à l'Assemblée nationale, rendant ainsi moins probable l'éventualité d'une opposition entre les deux majorités (parlementaire et présidentielle).

716. L'exercice de la dissolution. – Le président de la République décide librement de la dissolution, mais :
- il ne peut le faire qu'après consultation du Premier ministre et des présidents des assemblées ;
- il ne peut pas être fait application de l'article 12 durant la vacance de la présidence de la République, ce qui revient à dire que le président intérimaire n'a pas l'usage de la dissolution ;
- les élections générales doivent avoir lieu vingt jours au moins et quarante jours au plus après la dissolution ;
- la nouvelle Assemblée nationale n'a pas à attendre une convocation : elle se réunit de plein droit le deuxième jeudi qui suit son élection. Si cette réunion a lieu en dehors des périodes prévues pour les sessions ordinaires, une session est ouverte de droit pour une durée de quinze jours ;
- enfin la nouvelle Assemblée ne peut pas être dissoute dans l'année qui suit son élection. Cette règle est extrêmement importante car elle signifie que, si le président de la République perd les élections consécutives à une dissolution, pendant un an la nouvelle majorité parlementaire est inexpugnable. L'équilibre des pouvoirs est donc temporairement modifié aux dépens du chef de l'État.

717. Bibliographie

ACCOYER B. et AVRIL P. (2010), « Le Parlement et la Ve République », *Commentaire*, n° 131, p. 605 et s.

ALBERTINI P. (1978), *Le droit de dissolution et les systèmes constitutionnels français*, Paris, PUF.

AMELLER M.,

- (1964), *Les questions instrument du contrôle parlementaire*, Paris, LGDJ.
- (1977), « L'heure des questions au Palais-Bourbon », *Mélanges G. Burdeau*, p. 355 et s.

AVRIL P. (1999), « À propos de la jurisprudence Bérégovoy-Balladur », *RDP*, p. 1596 et s.

BEAUD O. (1999), « À propos de la démission de M. Strauss-Kahn et d'une prétendue "jurisprudence Bérégovoy-Balladur" », *RDP*, p. 1585 et s.

BLACHER Ph. (2012), *Le Parlement en France*, Paris, LGDJ.

CABANIS A. et MARTIN M.-L. (2001), *La dissolution parlementaire à la française*, Paris, Presses de Science Po.

CAMBY J.-P. et SERVENT P. (2010), *Le travail parlementaire sous la Ve République*, Paris, Montchrestien, 5e éd.

CHEVILLEY-HIVER C. (2000), « La mission d'évaluation et de contrôle à l'Assemblée nationale », *RDP*, p. 1679.

CONSEIL D'ÉTAT,

- (1992), *Rapport public*, Paris, La Documentation française.
- (1996), « Les avis sur les propositions d'actes communautaires », in *Rapport public* « 1996 », La Documentation française.

DERMAGNE J. (2006), *Qu'est-ce que le Conseil économique et social ?*, Paris, l'Archipel.

DEROSIER J.-P. (2011), « Réflexions sur les possibilités de création d'une commission d'enquête parlementaire : l'exemple de la commission d'enquête sur les sondages de l'Élysée », *RFDC*, p. 175 et s.

DETRAGIACHE-DORLENCOURT D. (1974), « Responsabilité devant l'Assemblée ou devant le président », *RDP*, p. 790 et s.

DORD O. (2009), « Vers un rééquilibrage des pouvoirs publics en faveur du Parlement », *RFDC*, n° 77, p. 99/118.

DUBOURG-LAVROFF (1992), « Le droit de pétition en France », *RDP*, p. 1733 et s.

GAILLARD M. (1993), « L'application de l'article 88-4 de la Constitution », *RFDC*, p. 706-740.

GICQUEL J. (2008), « Sauvegarder l'article 49, alinéa 3 ! », *PA*, n° 254, p. 90/92.

GICQUEL J.-E. (2009), « La restauration des droits du Parlement dans la procédure législative : entre espoirs et illusions », *Polit.*, n° 15.

GOHIN O. (2008), « Le contrôle parlementaire des interventions à l'étranger », *PA*, n° 254, p. 56/58.

HAMONIAUX T. (1994), « L'article 88-4 de la Constitution : Vers le renouveau du Parlement ? », *PA*, n° 134, p. 7-17.

Institut Villey (2012), « Le parlement français et le nouveau droit parlementaire », Hors-série *Jus politicum*, Dalloz.

LAUVAUX P.,

- (1983), *La dissolution des assemblées parlementaires*, Publication du Centre Belge de Droit Comparé, Economica.
- (2006), « Le Sénat et les institutions libérales », *Droits* n° 44.

NUTTENS J.-D. (2001), *Le Parlement français et l'Europe. L'article 88-4 de la Constitution*, Paris, LGDJ.

SÉGUR Ph. (2001), *Gouvernants : quelle responsabilité ?*, Paris, L'Harmattan.

TÜRK P. (2011), *Le contrôle parlementaire en France*, Paris, LGDJ, coll. « Systèmes ».

VALLET E. (2003), « Les commissions d'enquête parlementaire sous la Ve République », *RFDC*, p. 249 et s.

CHAPITRE 3

Types de normes et compétences normatives

718. Tout ordre juridique présente une structure hiérarchisée. Les normes, c'est-à-dire les prescriptions, les prohibitions, les habilitations ou les permissions sont ordonnées selon leurs valeurs relatives. C'est la Constitution qui établit cette hiérarchie en déterminant les conditions d'édiction et de validité des différents actes créateurs de normes. La hiérarchie des normes a des conséquences très importantes : une norme quelconque n'est valide que si elle est conforme à une norme supérieure et en cas de conflit entre deux normes, le juge doit donner la préférence à celle qui occupe le rang le plus élevé. Par ailleurs, les normes ne peuvent être modifiées que par une norme de niveau égal ou supérieur selon une procédure spécifique.

Au sommet de cette hiérarchie, on trouve les normes dotées d'une autorité supérieure à celle des lois (Section 1).

En ce qui concerne les normes de niveau inférieur, la Constitution distingue un domaine législatif, en principe réservé au Parlement, et un domaine réglementaire, réservé au gouvernement (Section 2).

La loi est donc normalement élaborée dans le cadre parlementaire (Section 3). Il existe néanmoins des procédures législatives qui se situent en dehors de ce cadre (Section 4).

Section 1
Les normes dotées d'une autorité supérieure à celle des lois

719. Avant 1958, la hiérarchie des normes paraissait relativement simple. La loi, réputée être l'expression de la volonté générale, occupait le sommet de cette hiérarchie. En théorie cependant, les choses étaient un peu plus compliquées car la Constitution et les traités internationaux étaient déjà dotés d'une valeur supralégislative. Mais les tribunaux français s'étaient toujours refusés à sanctionner la supériorité de la Constitution ou des traités par rapport à la loi. En pratique, le législateur parlementaire était donc souverain.

La situation est aujourd'hui différente. Les normes dotées d'une autorité supérieure à celle des lois sont les mêmes qu'auparavant ; mais désormais leur supériorité par rapport à la loi est effectivement sanctionnée. Par ailleurs, ces normes se sont considérablement développées. Et ceci vaut aussi bien pour les normes constitutionnelles que pour les normes internationales.

§1. Les normes constitutionnelles

720. Depuis 1958, il existe un Conseil constitutionnel qui contrôle la conformité des lois à la Constitution. Le contrôle n'est, il est vrai, que facultatif, du moins pour les lois ordinaires mais, depuis que la saisine du Conseil a été ouverte aux simples parlementaires (1974), il s'exerce d'une manière relativement fréquente. Plus récemment, la révision du 23 juillet 2008 a institué une procédure permettant de vérifier, par voie de question préjudicielle, si une loi dont dépend l'issue d'un procès n'est pas contraire aux droits et libertés garantis par la Constitution. En dépit de ces contrôles, la loi est toujours censée exprimer la volonté générale, mais seulement dans la mesure où elle respecte la Constitution. Pour appliquer celle-ci, le Conseil constitutionnel doit d'abord s'en faire l'interprète et ce rôle lui a permis de développer considérablement les normes constitutionnelles.

La Constitution elle-même se place au sommet de la hiérarchie des normes. Il en résulte que le Conseil constitutionnel ne peut contrôler la conformité de la Constitution à une norme encore supérieure. Ce refus ne s'explique donc pas seulement par le fait que certaines lois de révision ont été adoptées par voie de référendum et constituent ainsi l'exercice direct de la souveraineté nationale par le peuple français (car c'est aussi le cas des lois ordinaires adoptées par référendum). Ce sont toutes les lois de révision, même adoptées par la voie parlementaire, qui échappent au contrôle.

Pourtant, certains souhaitent que le juge constitutionnel français imite les cours constitutionnelles étrangères qui acceptent de contrôler et d'invalider les lois de révision, les amendements à la Constitution et qui se fondent pour cela sur l'idée qu'il existe parmi les normes constitutionnelles un noyau dur de normes intangibles. Ces normes sont parfois explicitement énoncées dans le texte de la Constitution, comme en Allemagne, mais parfois implicites, comme en Inde. En France, il n'est théoriquement pas impossible que le Conseil constitutionnel se fonde sur l'interdiction de toucher à la forme républicaine du gouvernement pour donner à cette expression une signification très large et exercer un contrôle par rapport à un ensemble de principes qu'il pourrait lui rattacher (v. *supra* n° 510).

L'ensemble des normes constitutionnelles est généralement désigné sous le nom de « bloc de constitutionnalité ». Ce bloc comprend non seulement les articles numérotés du texte constitutionnel mais aussi son préambule et les différentes normes auxquelles il renvoie : la Déclaration des droits de l'Homme et du Citoyen de 1789, le Préambule de la Constitution de 1946 qui lui-même renvoie aux « principes fondamentaux reconnus par les lois de la République », et depuis 2005 la Charte de l'environnement (v. *infra* n° 820).

§2. Les normes internationales

721. On doit souligner que la métaphore de l'échelle qui représenterait la hiérarchie des normes est trompeuse. On la présente en général de la manière suivante : le barreau le plus élevé est la Constitution ; au-dessous il y aurait la loi et il y aurait un échelon intermédiaire, le droit international. Or, la proposition qu'une norme est supérieure à une autre peut signifier plusieurs choses : que la norme inférieure a été crée par l'autorité habilitée par la norme supérieure selon les procédures prescrites ; que la norme inférieure n'est valide que parce qu'elle est conforme à la norme supérieure et que si elle ne l'est pas, elle peut être annulée par un tribunal ; que la norme supérieure peut modifier la norme inférieure, mais que la norme inférieure ne peut pas modifier la norme supérieure ; ou seulement qu'en cas de conflit la norme supérieure prévaut. Seule la Constitution est supralégislative dans les trois premiers sens, le droit international seulement dans le quatrième, mais pas dans les trois premiers : le droit international n'habilite pas le pouvoir législatif français, une loi contraire au droit international n'est pas annulable pour autant, une norme internationale ne peut pas modifier une loi française.

722. On distingue deux grandes sortes de normes internationales : celles du droit international général et celles du droit international conventionnel.

A. Le droit international général

723. Il s'agit des normes du droit international qui ne résultent pas d'un traité. Ce sont elles qui sont visées par l'alinéa 14 du Préambule de la Constitution de 1946 : « *La République française, fidèle à ses traditions, se conforme aux règles du droit public international* ».

Elles comprennent essentiellement les coutumes internationales et notamment la règle *pacta sunt servanda*. Par ailleurs, la convention de Vienne sur les traités mentionne également un ensemble de règles non conventionnelles impératives, dites de *jus cogens*, auxquelles les États ne sauraient déroger par traité. On cite par exemple l'interdiction de la torture ou de l'esclavage.

L'existence et la portée de ce *jus cogens* font l'objet de débats au sein de la doctrine du droit international. Mais du point de vue du droit constitutionnel, la question n'est pas de savoir si ces règles sont ou non impératives dans l'ordre international, mais seulement si elles s'imposent en droit interne et, dans l'affirmative, à quel niveau de la hiérarchie elles se situent.

On pourrait penser qu'en raison de la référence du Préambule, les normes du droit international général font partie du bloc de constitutionnalité. Ce serait le cas si le Conseil constitutionnel pouvait déclarer qu'une loi ou un nouvel engagement international contraire à l'une de ces normes, à l'exclusion du droit conventionnel, était de ce fait non conforme à la Constitution, mais il n'a jamais statué sur ce point. Dans le seul cas où il s'est référé à une règle de droit international public général, il s'agissait de la règle *pacta sunt servanda* et il s'est borné à déclarer que son rôle était d'examiner la conformité des traités soumis à son examen par référence aux conventions déjà incorporées dans le droit français (déc. n° 308 DC du 9 avril 1992 dite « Maastricht I »).

La formule du préambule a donc seulement, en l'état actuel de la jurisprudence, la fonction de justifier l'interprétation par le Conseil constitutionnel des traités soumis à son examen et la valeur supralégislative que l'article 55 accorde au droit international conventionnel (v. *infra* n° 724).

B. Le droit international conventionnel

724. C'est l'ensemble des normes créées par des conventions internationales (traités ou accords internationaux[1]). On les désigne aussi sous le nom d'engagements internationaux. À la différence des normes du droit international général, ces engagements n'ont pas une valeur universelle : ils ne lient que les seuls États qui ont ratifié ou approuvé le traité ou l'accord concerné. Mais ces règles sont beaucoup plus nombreuses que les précédentes car le développement des rapports internationaux engendre une multitude de traités et d'accords. En 2005, d'après une statistique publiée par le Conseil d'État, la France était partie à 1 700 engagements multilatéraux et 5 700 engagements bilatéraux. Et environ 200 nouveaux accords bilatéraux sont signés et ratifiés chaque année, alors que la moyenne n'était que de 14 entre 1914 et 1939 (Conseil d'État, 2006, p. 246). Les règlements et directives de la Communauté européenne ne sont pas compris dans cette statistique. La procédure de conclusion d'un engagement international comporte plusieurs étapes :

En premier lieu, la négociation, durant laquelle les représentants des parties (c'est-à-dire des États qui envisagent de se lier) discutent des termes de l'engagement.

En second lieu, la signature, c'est-à-dire l'acte par lequel les parties fixent définitivement les termes du projet d'engagement. Pour certains accords internationaux, que l'on désigne généralement sous le nom d'accords en forme simplifiée, la procédure se termine là, les parties étant convenues de

1. Selon les règles internes françaises (voir l'article 53 C), les traités sont négociés et *ratifiés* par le président de la République, alors que les accords sont négociés et *approuvés* par le gouvernement, le président de la République étant seulement tenu informé. Les engagements internationaux les plus importants sont généralement conclus sous forme de traité.

se lier dès la signature. Mais cette procédure courte n'est généralement utilisée que pour le règlement de questions techniques d'une importance mineure. Dans les autres cas, la signature ne sert qu'à authentifier le projet d'engagement, une troisième étape étant nécessaire pour donner à cet engagement force obligatoire.

Enfin, la ratification (ou approbation) est l'acte par lequel un État confirme sa volonté de conclure l'engagement et accepte les obligations internationales qui en découlent. Cet acte intervient généralement quelques mois après la signature mais le délai est parfois beaucoup plus long : ainsi la Convention européenne des droits de l'Homme (Conv. EDH), signée en 1950, n'a-t-elle été ratifiée par la France qu'en 1974. D'après la Constitution française, la ratification ou l'approbation relève de la compétence de l'exécutif mais, dans tous les cas énumérés par l'article 53 C, elle doit être préalablement autorisée par le législateur[2].

Cette autorisation est donnée sous la forme d'une loi parlementaire (ou éventuellement référendaire s'il s'agit d'un traité qui, comme le traité établissant une Constitution pour l'Europe, est susceptible « d'avoir des incidences sur le fonctionnement des institutions »).

D'après l'article 55 de la Constitution : « *Les traités ou accords régulièrement ratifiés ou approuvés ont, dès leur publication, une autorité supérieure à celle des lois, sous réserve, pour chaque traité ou accord, de son application par l'autre partie* ». Mais la suprématie ainsi conférée aux engagements internationaux doit s'entendre uniquement par rapport aux lois ordinaires ou organiques et non par rapport aux dispositions de nature constitutionnelle. L'article 54 de la Constitution précise en effet que si le Conseil constitutionnel a déclaré qu'un engagement international comporte une clause contraire à la Constitution, l'autorisation de ratifier ou d'approuver cet engagement ne peut intervenir qu'après révision de la Constitution. On pourrait objecter que le Conseil constitutionnel n'est pas automatiquement saisi chaque fois que la ratification ou l'approbation d'un engagement international est envisagée : il n'est donc pas *a priori* exclu qu'un traité ou accord régulièrement ratifié ou approuvé comporte une clause contraire à la Constitution. Mais, d'après la jurisprudence du Conseil d'État, en cas de conflit entre un engagement international régulièrement ratifié ou approuvé et une disposition de nature constitutionnelle, c'est cette dernière qui doit prévaloir (CE, *Sarran et autres*, 30 octobre 1998, *AJDA*, 1998, p. 1039). Et la Cour de cassation a adopté une position identique (C. Cass., *Fraisse*, 2 juin 2000, *RDP*, 2000, p. 1037). Dans l'ordre interne, la Constitution demeure donc la norme suprême, sous réserve de ce qui a été dit concernant le droit international général[3] (Troper, 2000).

2. La liste de l'article 53 C comprend sept catégories d'engagements internationaux : les traités de paix, les traités de commerce, les traités ou accords relatifs à l'organisation internationale, ceux qui engagent les finances de l'État, ceux qui modifient des dispositions de nature législative, ceux qui sont relatifs à l'état des personnes, ceux qui comportent cession, échange ou adjonction de territoire. À l'exception peut-être des traités d'alliance, tous les engagements internationaux importants correspondent à l'une au moins de ces rubriques et ne peuvent donc être ratifiés ou approuvés qu'en vertu d'une loi.

3. Cependant, le Conseil constitutionnel paraît avoir adopté une position un peu plus nuancée que le Conseil d'État et la Cour de cassation. Dans une décision n° 98-399 DC du 5 mai 1998, dite décision *Reseda*,

Par ailleurs, même en laissant de côté le cas des dispositions de nature constitutionnelle, l'article 55 subordonne la suprématie d'un engagement international sur la loi interne à la condition que cet engagement soit effectivement appliqué par l'autre partie[4]. Toutefois, malgré les termes très généraux de l'article 55, cette réserve de l'application par l'autre partie ne concerne pas tous les engagements internationaux. Outre qu'il est très difficile, dans le cas d'un traité multilatéral ratifié par de nombreux États, de déterminer qui est « l'autre partie », échappent à cette exigence : d'une part, les traités relatifs au respect des droits de l'Homme (il serait en effet choquant qu'un État s'autorise à violer un droit reconnu par une convention internationale pour la simple raison que l'autre partie en a fait autant) ; d'autre part, les traités qui ont institué des procédures spéciales pour contraindre toutes les parties à respecter leurs engagements, comme l'on fait les traités fondateurs des Communautés européennes et de l'Union européenne (dans ce cas, si un État constate qu'un engagement n'est pas appliqué par l'autre partie, il lui appartient de déclencher lesdites procédures).

La suprématie du traité par rapport à la loi ordinaire étant un principe constitutionnel posé par l'article 55, on aurait pu penser que le Conseil constitutionnel se chargerait lui-même de la faire respecter dans le cadre de son contrôle de constitutionnalité *a priori*, c'est-à-dire lorsqu'une loi lui est déférée dans les conditions prévues par l'article 61 C. Tel n'est pas le cas. Le Conseil s'est en effet toujours refusé à inclure les engagements internationaux dans le « bloc de constitutionnalité »[5]. Il a considéré que les rapports entre la Constitution et la loi ne sont pas de même nature que ceux entre le traité et la loi. La supériorité de la Constitution est générale et absolue, elle ne souffre aucune exception, alors que celle du traité n'est que temporaire et relative puisqu'elle est en principe subordonnée à la condition de l'application par l'autre partie, la réalisation de cette condition étant elle-même susceptible de varier dans le temps en fonction du comportement adopté par la partie concernée. Les conflits entre la loi et le traité doivent donc être résolus au cas par cas. Or, dans le cadre du contrôle de constitutionnalité *a prori* prévu par l'article 61 al. 1°, ce ne serait pas possible, car le Conseil constitutionnel doit statuer une fois pour toutes, avant même la promulgation de la loi (CC, 15 janvier 1975, 75-54 DC, *Rec.* p. 19). Il faut souligner qu'il aurait été tout à fait illogique d'inclure le traité dans le bloc de constitutionnalité, parce que

---

il a jugé qu'il était possible de déroger à un principe de valeur constitutionnelle « *dans la mesure nécessaire à la mise en œuvre d'un engagement international et sous réserve qu'il ne soit pas porté atteinte aux conditions essentielles d'exercice de la souveraineté nationale* ». Cette formule suggère l'idée d'une hiérarchie à l'intérieur du bloc de constitutionnalité : seules les dispositions constitutionnelles ayant trait aux conditions essentielles d'exercice de la souveraineté nationale seraient dotées d'une valeur juridique supérieure à celle des engagements internationaux.

4. Cette condition est souvent désignée sous le nom de condition de réciprocité mais cette terminologie risque d'induire en erreur car la notion de réciprocité est parfois employée dans un sens différent, notamment aux articles 88-2 et 88-3 de la Constitution (v. *infra* n° 731).

5. Il n'y a exception à cette règle que lorsqu'un article de la Constitution renvoie à des règles internationales déterminées, comme c'est le cas de l'article 88-3 qui prévoit l'attribution à certains étrangers du droit de vote et d'éligibilité aux élections municipales « *selon les modalités prévues par le traité sur l'Union européenne signé le 7 février 1992* ». Du fait de ce renvoi, les règles visées s'incorporent au bloc de constitutionnalité (CC, 20 mai 1998, 98-400 DC). En ce qui concerne les directives communautaires, v. *infra* n° 732.

cela permettrait de modifier le bloc et donc de lier le législateur sans utiliser les procédures de révision de la Constitution ou de modification des lois organiques.

Après s'être longtemps refusé à le faire, les juridictions judiciaires et administratives acceptent depuis plus de trente ans de contrôler la conformité des lois aux engagements internationaux. Ce contrôle ne s'exerce pas par voie d'action, comme le contrôle de constitutionnalité a *priori*, mais par voie d'exception et généralement à propos d'un cas d'espèces. Lorsqu'au cours d'un procès un plaideur se voit opposer une loi française qui lui paraît contraire à un engagement international, il peut opposer l'exception *d'inconventionnalité* en demandant au tribunal d'écarter ladite loi (Cass. ch. mixte, 24 mai 1975, *Société des cafés Jacques Vabre, D.* 1975, 497 ; CE Ass., 20 octobre 1989, *Nicolo, Rec.* 190).

Quant au Conseil constitutionnel, il exerce parfois aussi le contrôle de conventionnalité, mais seulement dans le cadre du contentieux électoral qui l'amène à trancher des cas d'espèces, comme les juridictions judiciaires ou administratives (CC, 21 octobre 1988, *Rec.* p. 183).

Cependant, ainsi qu'on l'a déjà signalé, le Conseil d'État et la Cour de cassation estiment que si l'article 55 impose la prééminence des traités sur la loi ordinaire, les normes constitutionnelles continuent de prévaloir sur le droit international. Il est donc possible d'éviter l'invalidation d'une loi contraire à un traité soit en l'adoptant à nouveau en forme constitutionnelle, soit en déclarant qu'elle énonce en réalité un principe de valeur constitutionnelle.

Il convient de noter que la supériorité du traité par rapport à la loi vaut également pour le droit conventionnel dérivé, c'est-à-dire pour les normes produites par une organisation internationale créée en vertu d'un traité, conformément aux stipulations de ce traité. Dans le cas des Communautés européennes et de l'Union européenne, cette catégorie de normes revêt une importance particulière.

C. Le cas particulier des normes d'origine communautaire

1. La notion de droit communautaire dérivé

725. On sait que les traités fondateurs des Communautés européennes et de l'Union européenne ont institué, dans les domaines correspondant à l'objet de ces traités, une sorte de pouvoir normatif supranational. D'après l'article 288 TFUE, ce pouvoir s'exerce notamment sous forme de règlements et de directives que l'on désigne globalement sous le nom de « droit communautaire dérivé ». Le règlement est obligatoire dans tous ses éléments et il est directement applicable, sans aucune intervention des instances nationales. La directive lie les États membres quant au résultat à atteindre, tout en laissant aux instances nationales le choix quant à la forme et aux moyens. Toutefois, lorsque la directive a été rédigée avec suffisamment de précision – ce qui est souvent le cas – elle peut, tout comme le règlement, produire un effet direct et immédiat, sans attendre que les instances nationales aient pris les mesures d'application[6].

L'initiative des projets de règlement ou de directive appartient à la Commission européenne qui n'a pas d'instructions à recevoir de la part des gouvernements des États membres mais qui est théoriquement responsable devant le Parlement européen. Ces projets doivent ensuite être adoptés par le Conseil de l'Union, composé d'un représentant de chacun des gouvernements des États membres et par le Parlement européen, élu au suffrage universel direct par les citoyens des États membres, selon des procédures assez complexes dont l'étude relève du droit communautaire institutionnel. Il convient de noter que, de plus en plus, les décisions au sein du Conseil de l'Union sont prises à la majorité qualifiée (et non plus à l'unanimité comme c'était autrefois le cas), de sorte qu'aucun État ne dispose plus à lui seul d'un pouvoir de blocage. Depuis plusieurs années déjà, le droit communautaire dérivé est devenu l'une des principales sources du droit français : le nombre des règlements et directives encore en vigueur s'élevait en 2006 à 1 700 environ et chaque année, les autorités communautaires en adoptent de nouveaux qui modifient les précédents ou qui s'y ajoutent (Conseil d'État, 2006, p. 239)[7].

Comme l'article 55 de la Constitution reconnaît à ces actes de droit dérivé une autorité supérieure à celle des lois, il en résulte de profondes modifications dans la répartition des compétences. En premier lieu, alors que l'article 3 C proclame que la souveraineté nationale appartient au peuple, qui l'exerce par ses représentants et par la voie du référendum, des compétences qualifiées par le Conseil constitutionnel d'essentielles à l'exercice de cette souveraineté sont exercées, non par les représentants du peuple, ni par le peuple lui-même, mais par une autorité supranationale[8]. En second lieu, ce sont les gouvernements et non les Parlements nationaux, qui sont représentés au sein du Conseil de l'Union et qui par conséquent exercent en commun le pouvoir législatif. Les traités européens organisent donc un double transfert d'une partie des compétences législatives, du Parlement vers le Conseil de l'Union, du Parlement vers le gouvernement. Le dessaisissement du Parlement est d'autant plus important que, souvent, la transposition d'une directive en droit français est réalisée par une ordonnance et non par une loi (v. *infra* n° 786).

6. Selon la jurisprudence de la CJUE, « *dans tous les cas où les dispositions d'une directive apparaissent, du point de vue de leur contenu, inconditionnelles et suffisamment précises, les particuliers sont fondés à les invoquer devant les juridictions nationales à l'encontre de l'État, soit lorsque celui-ci s'est abstenu de la transposer dans les délais (...) soit lorsqu'il en a fait une transposition incorrecte. Ils peuvent également s'en prévaloir à l'égard d'un organisme qui, quelle que soit sa forme juridique, a été chargé en vertu d'un acte de l'autorité publique d'accomplir sous le contrôle de cette dernière un service d'intérêt public. L'État lui-même peut l'invoquer, non pas à l'encontre d'un particulier, mais à l'encontre d'une entreprise publique* » (CJUE, 12 décembre 2013, *Portgàs*, *AJDA* 2014, p. 599).

7. Toutefois, le stock s'accroît plus lentement que ces chiffres pourraient le faire penser car beaucoup de ces nouveaux règlements ou directive se bornent à abroger ou à modifier des actes antérieurs.

8. Voir les décisions du Conseil constitutionnel *Maastricht I*, 12 avril 1992, *Traité d'Amsterdam*, 31 décembre 1997 et *Traité établissant une Constitution pour l'Europe*, 19 novembre 2004.

2. Rappel de quelques étapes de la construction européenne

723. Depuis 1992, quatre traités transférant de nouvelles compétences, ou modifiant le mode d'exercice de compétences déjà transférées, ont été soumis à la ratification des États membres : le traité de Maastricht, signé le 7 février 1992, entré en vigueur en novembre 1993 ; le traité d'Amsterdam, signé le 2 octobre 1997, entré en vigueur le 1er mai 1999 ; le traité établissant une Constitution pour l'Europe, signé le 29 octobre 2004, mais dont le processus de ratification a été abandonné à la suite de l'échec des référendums français et néerlandais organisés en 2005 ; le traité de Lisbonne, signé le 13 décembre 2007, qui est entré en vigueur le 1er décembre 2009 ; et enfin le traité sur la stabilité, la coordination et la gouvernance à l'intérieur de la zone euro (TSCG) signé à Bruxelles le 2 mars 2012.

Saisi dans le cadre de l'article 54 C, le Conseil constitutionnel a déclaré que la ratification de chacun des quatre premiers supposait une révision préalable de la Constitution[9].

Si quatre révisions successives ont été nécessaires, c'est à cause de la méthode employée par le constituant français qui, à la différence de certains constituants étrangers, s'est toujours refusé à adopter une disposition générale couvrant par avance l'ensemble des transferts susceptibles d'être réalisés en relation avec la construction européenne. Il faut donc à chaque fois insérer dans la Constitution des dispositions nouvelles spécifiques au traité dont la ratification est envisagée. Ces dispositions sont regroupées dans un Titre XV, créé en 1992, et qui s'intitule « Des communautés européennes et de l'Union européenne » (v. *supra* n° 504).

À l'instar du traité instituant une Constitution pour l'Europe, le traité de Lisbonne ne se limite pas à organiser des transferts de compétences des États membres vers l'Union. Il accorde également aux Parlements nationaux, dans l'ordre communautaire, des droits nouveaux, comme celui d'émettre un avis sur la conformité d'un projet d'acte législatif européen au principe de subsidiarité. Mais pour que le Parlement français puisse exercer ces droits, une modification des règles constitutionnelles internes encadrant son activité était nécessaire. La révision constitutionnelle préparatoire à l'entrée en vigueur du traité de Lisbonne avait donc à la fois un objet immédiat (lever les obstacles à la ratification de ce traité) et un objet différé (permettre au Parlement français d'exercer les nouveaux pouvoirs dont il serait doté à compter de l'entrée en vigueur de ce même traité). Elle a donc prévu une version nouvelle du titre XV, qui est entrée en vigueur le 1er décembre 2009, en même temps que le traité de Lisbonne.

9. En revanche, pour le TSCG, le Conseil constitutionnel a estimé que, sous certaines conditions, une loi ordinaire était suffisante (v. *infra*, n° 774).

3. Le titre XV de la Constitution depuis l'entrée en vigueur du traité de Lisbonne

727. Ce titre compte sept articles, numérotés de 88-1 à 88-7.

L'article 88-1 rappelle que la République française participe « à l'Union européenne ». Mais il s'efforce en même temps d'exclure une interprétation trop fédéraliste de celle-ci en précisant qu'elle est composée d'États (c'est-à-dire d'entités qui conservent leur souveraineté, bien qu'elles aient choisi librement d'exercer en commun certaines compétences essentielles). Il se réfère expressément au traité signé à Lisbonne le 13 décembre 2007.

L'article 88-2 confirme les transferts de compétences déjà réalisés par les traités de Maastricht et d'Amsterdam (*supra* n° 726). En outre, il donne compétence au législateur pour fixer les règles relatives au mandat d'arrêt européen en application des actes de l'Union européenne.

L'article 88-3 est destiné à régler un problème particulier lié à la création d'une citoyenneté européenne : toujours sous réserve de réciprocité, il permet d'accorder aux ressortissants de l'Union résidant en France, selon les modalités prévues par le traité de Maastricht, le droit de vote et d'éligibilité aux élections municipales. Il est précisé que ces ressortissants « *ne peuvent exercer les fonctions de maire ou d'adjoint ni participer à la désignation des électeurs sénatoriaux et à l'élection des sénateurs* ». Les modalités d'application de cette disposition doivent être déterminées par une loi organique votée dans les mêmes termes par les deux assemblées[10].

L'origine de l'article 88-4 remonte à la révision constitutionnelle de 1992. À cette époque on savait déjà que le traité de Maastricht prévoyait le transfert aux autorités européennes d'importants pouvoirs de nature législative. C'est pourquoi le Parlement français, comme d'ailleurs ceux de plusieurs autres États membres, a souhaité être au moins informé des travaux législatifs européens et pouvoir organiser à leur propos une discussion. À cet effet un article 88-4 a été inséré dans la Constitution à l'initiative des sénateurs. Il oblige le gouvernement à soumettre à l'Assemblée nationale et au Sénat, dès leur transmission au Conseil de l'Union européenne, les projets ou propositions d'actes des Communautés européennes et de l'Union européenne. L'Assemblée nationale ou le Sénat peut faire connaître son sentiment sur ces projets ou propositions en adoptant des résolutions. Il s'agit donc d'un contrôle préventif, les résolutions devant normalement être adoptées avant que le Conseil de l'Union européenne se soit prononcé sur le projet ou la proposition concernée. Mais ce contrôle ne confère aux assemblées parlementaires françaises aucun pouvoir véritablement décisionnel : juridiquement, les résolutions adoptées ne sont en effet que de simples avis. Lors de la révision de juillet 2008, le texte de cet article a été légèrement modifié pour permettre aux assemblées d'adopter des résolutions sur tout document émanant d'une institution de l'Union européenne et pour instituer, au sein de chacune d'elles, une commission des affaires européennes (v. *supra* n° 692).

10. V. *supra* n° 520 la composition du corps électoral.

L'article 88-5 est destiné à apaiser les inquiétudes que suscitent, dans l'opinion, depuis quelques années les perspectives d'élargissement de l'Union européenne, notamment à la Turquie. La procédure est assez complexe et encore plus difficile à mettre en œuvre que pour la révision de la Constitution. La ratification d'un traité relatif à l'adhésion d'un nouvel État à cette Union doit être autorisée par une loi, que le président de la République soumet en principe au référendum. Toutefois, il peut éviter le recours au référendum en demandant aux deux assemblées l'autorisation de soumettre le projet au Congrès du Parlement. Le choix du recours au Congrès ne lui appartient donc pas entièrement. Les deux assemblées ne peuvent donner leur approbation qu'en adoptant une motion en termes identiques et à la majorité des trois cinquièmes au sein de chacune d'elles. Ensuite, le Congrès statue dans les conditions prévues à l'alinéa 3 de l'article 89, c'est-à-dire également à la majorité des trois cinquièmes.

Cette procédure est à la fois plus facile et plus difficile que celle de l'article 89. Plus facile parce que le président de la République peut soumettre le projet de loi de ratification au référendum, sans passer par l'étape parlementaire. Plus difficile parce qu'elle exige une majorité des trois cinquièmes au sein de chaque assemblée et non pas seulement par rapport à l'ensemble des parlementaires au sein du Congrès.

L'article 88-6 habilite les assemblées parlementaires à adopter des résolutions pour faire respecter le principe de subsidiarité par les institutions de l'Union européenne. Il a déjà été étudié dans les développements consacrés au contrôle parlementaire (v. *supra* n° 695).

728. L'article 88-7 a trait à la révision dite « simplifiée ». – Ce qui distingue un traité international de la Constitution d'un État, c'est qu'il ne peut être modifié qu'à l'unanimité des États parties. Si le traité a créé une organisation internationale, celle-ci ne peut réviser le traité unilatéralement et modifier ainsi les compétences des États membres. C'est que les États ne tiennent leurs compétences que d'eux-mêmes, tandis qu'une organisation internationale la tient du traité qui l'a instituée. Si les organes de l'Union européenne avaient le pouvoir de réviser le traité et de modifier les compétences des États membres, comme cela avait été un moment envisagé à la convention chargée de préparer le « traité constitutionnel européen » en 2004, l'Union aurait été transformée en État fédéral.

En définitive, d'après le traité de Lisbonne, certaines règles relatives aux prises de décision au sein du Conseil peuvent être révisées selon une procédure simplifiée, qui ne nécessite pas la ratification par chacun des États membres. Ces révisions simplifiées peuvent favoriser l'essor de la législation européenne en remplaçant, par exemple, dans certains domaines, l'exigence de l'unanimité par celle de la majorité qualifiée ou en substituant la procédure législative ordinaire à une procédure législative spéciale un peu plus contraignante. Elles peuvent donc aboutir à restreindre la compétence des Parlements nationaux. C'est pourquoi il est prévu que toute initiative de révision simplifiée prise par le Conseil européen est transmise aux Parlements nationaux, l'opposition d'un seul de ceux-ci étant suffisante pour bloquer la procédure.

L'article 88-7 transpose, dans la Constitution française, cette faculté d'opposition. Mais c'est le Parlement considéré dans son ensemble, et non chaque assemblée parlementaire agissant isolément, qui peut l'exercer. L'article 88-7 précise donc que l'opposition à une révision simplifiée ne peut résulter que d'une motion adoptée en termes identiques par les deux assemblées. L'article 88-7 reconnaît ainsi au Parlement français un véritable pouvoir de décision, mais qui ne peut s'exercer que d'une manière négative.

L'articulation du droit européen et du droit national ne dépend pas seulement du contrôle exercé par les assemblées parlementaires mais aussi des décisions rendues par les juges nationaux.

4. L'encadrement du droit communautaire par les juges nationaux

729. Ainsi qu'on l'a déjà noté, la primauté du droit international conventionnel par rapport au droit interne est, en règle générale, limitée de plusieurs manières : par la règle de réciprocité posée par l'article 55 C ; par la règle jurisprudentielle selon laquelle les normes de valeur constitutionnelle n'y sont pas soumises ; et enfin par le refus du Conseil constitutionnel d'inclure le droit international dans le bloc de constitutionnalité. Mais, selon le Conseil constitutionnel, en raison des termes du premier alinéa de l'article 88-1 C (« *La République participe aux Communautés européennes et à l'Union européenne, constituées d'États qui ont choisi librement, en vertu des traités qui les ont instituées, d'exercer en commun certaines de leurs compétences.* »), il existe désormais « un ordre juridique communautaire intégré à l'ordre juridique interne et distinct de l'ordre juridique international » (déc. n° 2004-505 DC du 19 novembre 2004, cons. 11).

Et c'est pourquoi, en ce qui concerne le droit communautaire, les limites ci-dessus rappelées ont tendance à s'estomper. Et le droit communautaire est même partiellement intégré dans les normes de référence utilisées par le Conseil.

a. La non-application de la condition de réciprocité

730. La réserve de réciprocité était autrefois mentionnée à l'article 88-2 et elle figure toujours à l'article 88-3 mais il ne faut pas se faire d'illusion sur sa portée. Contrairement à ce qui est prévu par l'article 55 de la Constitution en ce qui concerne les engagements internationaux ordinaires, les actes communautaires dérivés prévalent sur les lois nationales indépendamment de la question de savoir s'ils sont effectivement appliqués par les autres États membres : c'est une conséquence du fait que les traités fondateurs des Communautés et de l'Union européenne sont des traités-institutions, qui prévoient des remèdes spéciaux pour contraindre un État membre à respecter ses engagements. La réserve de réciprocité sert seulement à justifier que les citoyens de l'Union se voient accorder le droit de vote en France par le fait que les Français doivent se voir reconnaître le même droit dans les autres États. Elle signifie que la France n'a pas transféré des compétences ou accordé des droits de façon unilatérale, et que ses partenaires de l'Union sont liés par les mêmes engagements (Luchaire, 1999). Mais si la règle communautaire est violée dans un autre État membre, la France n'est pas dispensée pour autant de l'appliquer. Elle peut seulement se plaindre à la Commission ou former contre cet autre État, devant la Cour de Justice de l'Union européenne, un recours appelé recours en manquement.

b. Le problème de la primauté de la Constitution française

731. Jusqu'à une date relativement récente, les juridictions françaises affirmaient la primauté des normes constitutionnelles par rapport aux conventions internationales, sans faire aucune distinction entre le droit communautaire, originaire ou dérivé, et les autres engagements internationaux[11]. Mais une décision rendue par le Conseil constitutionnel en 2004 a marqué, à cet égard, un tournant important : saisi par des parlementaires d'un recours contre une loi transposant en droit français certaines dispositions d'une directive du Parlement européen et du Conseil, il a déclaré que « *la transposition en droit interne d'une directive communautaire résulte d'une exigence constitutionnelle*[12] *à laquelle il ne pourrait être fait obstacle qu'en raison d'une disposition expresse contraire de la Constitution ; qu'en l'absence d'une telle disposition, il n'appartient qu'au juge communautaire, saisi le cas échéant à titre préjudiciel, de contrôler le respect par une directive communautaire tant des compétences définies par les traités que des droits fondamentaux garantis par l'article 6 du traité de l'Union européenne* »[13].

Complétée et précisée par quelques décisions ultérieures, cette jurisprudence maintient le principe de la primauté de la Constitution française, puisqu'il affirme que la primauté du droit communautaire sur cette Constitution a son fondement dans la Constitution française elle-même, notamment dans son article 88-1. La justification réside dans l'idée que la Constitution n'aurait pas pu sans contradiction à la fois ordonner certaines conduites et affirmer sa soumission à des normes communautaires qui ordonneraient des conduites contraires. Ce raisonnement complexe et habile permet de prévoir deux hypothèses : d'une part, le pouvoir constituant pourrait toujours modifier l'article 88-1 et faire tomber la primauté du droit communautaire ; d'autre part, le pouvoir constituant peut évidemment autoriser une entorse à un principe constitutionnel quelconque. Le Conseil constitutionnel parvient ainsi à préserver à la fois le principe de la primauté du droit européen sur le droit national et la souveraineté de la France.

11. C'est d'ailleurs à propos de règles d'origine communautaire qu'ont été rendus les arrêts *Sarran* et *Fraisse*, déjà cités, qui ont posé le principe de la primauté des règles à valeur constitutionnelle.

12. Selon le Conseil constitutionnel, cette exigence ne découle pas de l'article 55, qui concerne tous les engagements internationaux, mais de l'article 88-1, qui fait spécialement état des engagements correspondant aux traités européens.

13. Déc. n° 2004-496 DC du 10 juin 2004, *Loi pour la confiance dans l'économie numérique*, cons. 7.

Il a ainsi proclamé que « *la transposition d'une directive ne saurait aller à l'encontre d'une règle ou d'un principe inhérent à l'identité constitutionnelle de la France, sauf à ce que le constituant y ait consenti* »[14]. La formule est volontairement ambiguë. Elle peut signifier d'abord, selon une interprétation restrictive, que la règle ou le principe est spécifique à la France, c'est-à-dire que les autres États membres n'y adhèrent pas nécessairement. On songe évidemment au principe de laïcité, mais on éprouve quelque difficulté à citer d'autres principes spécifiques. Selon une interprétation plus large, le Conseil constitutionnel aurait visé, comme l'a fait avant lui la Cour constitutionnelle allemande, tous les principes qui seraient jugés essentiels, même si on les retrouve dans d'autres pays, par exemple le principe de souveraineté nationale ou la garantie des droits fondamentaux.

Le Conseil constitutionnel se réserve donc le droit de censurer une loi transposant une directive allant à l'encontre d'un principe inhérent à l'identité constitutionnelle de la France. Il s'agit évidemment d'une hypothèse exceptionnelle et le contrôle n'aura donc plus que rarement l'occasion de s'exercer. Il en ira de même des juridictions administratives et judiciaires dont la jurisprudence paraît également évoluer dans ce sens (voir par exemple : CE Ass., 8 février 2007, *Société Arcelor*, *AJDA*, 2007, 281).

c. L'inclusion partielle du droit communautaire dans les normes de référence du Conseil

732. En 2006, le Conseil constitutionnel a franchi une étape supplémentaire dans la reconnaissance de la spécificité du droit communautaire : pour la première fois, il a censuré partiellement une loi, non parce qu'elle était directement contraire à la Constitution française mais parce qu'elle ne respectait pas certaines dispositions d'une directive communautaire qu'elle avait pour objet de transposer (déc. n° 2006-543 DC du 30 novembre 2006 – loi relative au secteur de l'énergie – cons. 3 et suivants)[15]. Par dérogation à sa jurisprudence de 1975, par laquelle il s'interdisait d'utiliser les traités internationaux comme normes de référence pour son contrôle des lois, le Conseil accepte donc désormais, au moins dans certains cas, de veiller au respect du droit communautaire par le législateur français. Cette innovation est d'autant plus significative qu'il s'agissait d'un moyen soulevé d'office, c'est-à-dire sans qu'il ait été invoqué par l'une des parties. Le Conseil constitutionnel justifie cette attitude par le fait que, en raison des articles 88-1 C et suivants, la participation à l'Union européenne et aux Communautés européennes n'est plus seulement pour la France une obligation internationale mais aussi une obligation constitutionnelle. Il s'ensuit que lorsque le législateur, dans la transposition d'une directive ou d'une décision-cadre, ne respecte pas les

14. Déc. n° 2006-540 DC du 27 juillet 2006, Loi relative au droit d'auteur et aux droits voisins dans la société de l'information.

15. Il s'agissait des directives sur les marchés intérieurs de l'électricité et du gaz naturel. La loi de transposition prévoyait la possibilité de tarifs réglementés pour la vente de ces produits ce qui, selon le Conseil, était contraire à l'objectif de réalisation d'un « marché concurrentiel » fixé par les deux directives.

règles fixées par celle-ci, la Constitution française est violée d'une manière indirecte et il appartient alors au Conseil de sanctionner cette violation. Le Conseil constitutionnel est ainsi parvenu à préserver la souveraineté nationale, puisque l'obligation de transposition ne résulte pas des traités mais seulement de la Constitution et que les principes constitutionnels qui touchent à l'identité constitutionnelle de la France restent hors de portée du droit européen, tandis que le pouvoir constituant, lui peut toujours les modifier.

On ne doit cependant pas en conclure que le droit communautaire est pleinement intégré au bloc de constitutionnalité car le Conseil subordonne ce type de contrôle à des conditions très précises.

En premier lieu, il rappelle que la transposition d'une directive ne saurait aller à l'encontre d'une règle ou d'un principe inhérent à l'identité constitutionnelle de la France (cons. 6 de la décision du 27 juillet 2006).

En deuxième lieu, jusqu'à une date récente, il ne se reconnaissait le droit de censurer une disposition législative que si elle était *manifestement* incompatible avec les dispositions de la directive qu'elle avait pour objet de transposer (cons. 7). Si la compatibilité avait été seulement douteuse, il y aurait eu lieu de saisir à titre préjudiciel le juge communautaire (CJUE) mais les délais impartis au Conseil constitutionnel pour rendre ses décisions dans le cadre du contrôle *a priori* (un mois) étaient trop brefs pour qu'il pût lui-même procéder à cette saisine. Les juridictions judiciaires ou administratives pourraient éventuellement le faire après la promulgation de la loi de transposition, à l'occasion des litiges dont elles seraient saisies.

Cependant, dans le cadre de la question prioritaire de constitutionnalité (QPC) instituée par la loi de révision du 23 juillet 2008, le Conseil dispose d'un délai trois fois plus long pour rendre sa décision (v. *infra* n° 812). Il en a déduit qu'il lui était désormais possible de renvoyer une question préjudicielle à la CJUE en demandant à celle-ci de statuer selon la procédure d'urgence (déc. n° 2013-314P QPC du 4 avril 2013). Mais cette jurisprudence ne semble pas devoir être étendue au contrôle *a priori* dans le cadre duquel le Conseil ne dispose toujours que d'un délai d'un mois[16]. Le renvoi de cette question à la CJUE se justifiait par le fait que la constitutionnalité de la loi attaquée dépendait du sens d'une directive que cette loi avait transposée. C'est pourquoi le Conseil constitutionnel demandait à la CJUE une interprétation de la directive[17].

En troisième lieu, les normes de référence utilisées par le Conseil dans le cadre de ce contrôle ne se confondent pas avec l'ensemble du droit de l'Union : ce sont seulement celles qui résultent directement de la directive ou de la décision-cadre qu'il s'agit de transposer.

16. La notion de « question préjudicielle » est définie *infra* n° 808.

17. La CJUE a tranché la question par un arrêt du 30 mai 2013 et le Conseil constitutionnel, qui avait été saisi de la QPC le 27 février 2013 n'a rendu sa décision définitive que le 14 juin 2013, c'est-à-dire avec un léger retard par rapport au délai de trois mois. Mais il serait difficile d'étendre cette jurisprudence au contrôle *a priori* dans le cadre duquel le Conseil ne dispose que d'un délai d'un mois.

Enfin, en l'état actuel de sa jurisprudence, le Conseil constitutionnel n'examine la compatibilité d'une loi avec les dispositions d'une directive que dans le cas où cette loi a précisément pour objet de transposer la directive en droit interne (déc. n° 2006-535 DC du 30 mars 2006 – loi pour l'égalité des chances, cons. 28). Cette troisième condition peut sembler illogique car si la transposition des directives en droit interne est une obligation constitutionnelle, comme l'affirme le Conseil, le respect de ces directives par les lois autres que la loi de transposition devrait l'être également. Mais elle se justifie probablement par des raisons de commodité. Le Conseil tient à rester principalement une juridiction constitutionnelle et ne souhaite donc pas avoir à se prononcer trop souvent sur des moyens tirés de la violation du droit communautaire.

Par ailleurs, dans une décision du 12 mai 2010, le Conseil a déclaré que le respect de l'exigence constitutionnelle de transposition des directives ne relevait pas « *des droits et libertés que la Constitution garantit et qu'elle ne saurait par suite être invoquée dans le cadre d'une question prioritaire de constitutionnalité* »[18]. Mais cette réserve ne s'applique évidemment pas lorsque, en raison de son objet, la loi de transposition touche aux droits et libertés que la Constitution garantit. Par exemple, dans l'affaire qui a donné lieu à la décision n° 2013-314P QPC du 4 avril 2013 citée plus haut, le respect de la liberté individuelle était en cause car il s'agissait des recours dont pouvaient disposer les personnes faisant l'objet d'un mandat d'arrêt européen.

Le droit communautaire apparaît donc de plus en plus comme un ordre juridique entièrement autonome, dont le développement ne peut être efficacement contrôlé que par les juridictions qu'il a lui-même instituées. Cependant, dans l'ordre juridique interne, le principe de la suprématie de la Constitution française est maintenu, ne serait-ce que parce que, selon le Conseil constitutionnel, l'obligation de transposer les directives communautaires ne résulte que de l'article 88-1 de la Constitution, ce qui signifie que le constituant français, en abrogeant ou en dérogeant à cet article, pourrait supprimer ou atténuer cette obligation.

Du fait qu'il constitue un ordre juridique autonome, le droit communautaire possède ses propres organes juridictionnels qui sont coiffés par la Cour de justice de l'Union européenne, la CJUE (voir *supra* n° 304 et s.). Les compétences respectives de la CJUE et des juridictions internes françaises ont donné lieu à une sorte de dialogue des juges.

733. Le dialogue entre les juridictions françaises et la CJUE. – En principe, seule la CJUE est compétente pour trancher les questions concernant l'interprétation des traités ou des actes pris en application des traités. Il est prévu (art. 234 CE) que lorsqu'une telle question est soulevée devant une juridiction nationale statuant en dernier ressort, celle-ci est tenue de saisir la CJUE à titre préjudiciel. Mais cette obligation risquait de retarder considérablement le règlement des litiges et c'est

18. Cette déclaration était en partie destinée à rassurer la Cour de cassation qui craignait que la QPC empêche les juridictions administratives et judiciaires d'exercer les compétences prévues par l'article 267 TUE (v. *infra* n° 814).

pourquoi, dans la pratique, il a été admis que lorsque l'application du droit communautaire ne laissait place à aucun doute raisonnable, la juridiction nationale pouvait trancher elle-même la question d'interprétation au lieu de la renvoyer à la CJUE. Cette exception est connue sous le nom de « théorie de l'acte clair » : si l'interprétation d'un acte de droit communautaire ne présente aucune difficulté, il peut paraître complètement inutile de perdre du temps en saisissant la CJUE dont le rôle est déjà passablement encombré. Mais le risque existe que certaines juridictions nationales abusent de la théorie de l'acte clair et s'abstiennent de saisir la CJUE même lorsque l'interprétation d'un acte communautaire présente des difficultés, parce qu'elles veulent se réserver le pouvoir d'interprétation. Ce risque a été mis en évidence à l'occasion d'un recours en manquement exercé par la Commission européenne contre la France à laquelle il était reproché de ne pas avoir appliqué correctement une directive. Dans son arrêt du 4 octobre 2018, non seulement la CJUE a donné raison à la Commission mais elle a précisé, dans les motifs de sa décision, que le Conseil d'État français avait eu tort d'interpréter lui-même cette directive en invoquant la théorie de l'acte clair, alors que l'interprétation de cet acte présentait en réalité des difficultés et qu'il y avait donc lieu de saisir le juge communautaire.

Cette affaire a révélé l'existence d'un conflit latent. Ni la CJUE, ni le Conseil d'État ne semblent disposés à infléchir sa position. Si le Conseil d'État tient à conserver la faculté d'interpréter lui-même un acte communautaire en invoquant la théorie de l'acte clair, ce n'est pas seulement pour une raison pratique (le renvoi à titre préjudiciel retarde considérablement le règlement du litige) mais surtout pour une raison de principe : pour pouvoir maintenir le principe de la suprématie de la Constitution française, il faut que les juridictions suprêmes nationales puissent refuser d'appliquer un acte communautaire qui porterait atteinte à cette constitution. Et pour savoir s'il y porte atteinte, il faut qu'elles puissent elles-mêmes l'interpréter.

Section 2
Les normes législatives et réglementaires

734. La loi reste la source principale du droit français. Comme l'indique l'article 6 de la DDHC de 1789, elle exprime la volonté générale[19]. La volonté qu'exprime le Parlement n'est pas celle de ses membres, mais est présumée être celle du peuple souverain, dont ils sont les représentants. C'est ce qui justifie la prééminence de la loi dans l'ordonnancement juridique. Sa fonction est donc essentiellement normative et elle ne doit

19. Toutefois, le Conseil constitutionnel rappelle de temps à autre que, aujourd'hui, si la loi exprime la volonté générale, c'est seulement « *dans le cadre tracé par la Constitution* ». Cette précision lui permet d'écarter les arguments de ceux qui lui font le reproche de s'opposer à la volonté générale lorsqu'il censure la loi.

pas s'en écarter (§ 1). Mais elle n'a pas vocation à déterminer toutes les normes car, à côté du domaine réservé à la loi, la Constitution a créé un domaine réglementaire, réservé au gouvernement (§ 2).

§1. La fonction normative de la loi

735. Ainsi qu'on l'a exposé dans le chapitre préliminaire, un système juridique est un ensemble de normes. Affirmer que la loi est la principale source du droit français revient à dire qu'il appartient au législateur de fixer les plus importantes de ces normes. L'analyse sémantique des textes de valeur constitutionnelle confirme que la loi est presque toujours le sujet d'un verbe ayant un contenu impératif. Elle détermine, fixe, ordonne, régit, réglemente, autorise, défend, exclut, etc.[20].

En pratique, cependant, les textes à vocation normative (constitutions, lois, traités, etc.) sont souvent mêlés de dispositions déclaratives qui expriment non des commandements, mais des professions de foi, des intentions, des vœux. Le but de ces dispositions n'est pas de fixer des règles de conduite mais de rassurer, de séduire ou de convaincre. Par exemple, la Charte des droits fondamentaux de l'Union européenne déclare solennellement que celle-ci « *place la personne au cœur de son action* » et qu'elle « *contribue à la préservation et au développement des valeurs communes dans le respect des cultures et des traditions des peuples d'Europe* ».

De telles proclamations se rencontrent dans les textes constitutionnels qui entendent non seulement fixer un cadre juridique mais aussi esquisser un projet commun, une représentation de l'ordre social désirable.

Selon le Conseil constitutionnel, les lois ordinaires, qui ont un objet moins ambitieux, devraient normalement être rédigées dans un style plus sobre, plus strictement normatif. Mais ce n'est pas toujours le cas. Par exemple, peut-être pour faire oublier l'insuffisance des moyens mis à la disposition de certains services publics, le législateur a souvent tendance à se lancer dans un bavardage sur les missions de ces services, en rappelant des évidences, en multipliant les fausses promesses et les vœux pieux (ex. : « *L'objectif de l'école est la réussite de tous les élèves* (...) *La formation scolaire, sous l'autorité des enseignants et avec l'appui des parents, permet à chaque élève de réaliser le travail et les efforts nécessaires à la mise en valeur et au développement de ses aptitudes...* »[21]).

Non seulement de telles dispositions sont superflues, mais elles risquent de dénaturer la loi qui devient prolixe, confuse et pratiquement illisible, alors qu'elle devrait être précise, claire, et concise.

20. En apparence, l'article 3 C, issu de la révision du 8 juillet 1999, fait exception : il y est dit que la loi *favorise* l'égal accès des hommes et des femmes aux mandats électoraux et fonctions électives. Mais pour favoriser cet égal accès, la loi édicte en fait des règles obligatoires concernant la composition des listes électorales ou les aides aux partis politiques.

21. Article 7 de la loi d'orientation et de programme sur l'avenir de l'école adopté par le Parlement en 2005.

Comme l'a rappelé Pierre Mazeaud, alors président du Conseil constitutionnel, dans ses vœux au président de la République, le 3 janvier 2005 :

« *La loi n'est pas faite pour affirmer des évidences, émettre des vœux ou dessiner l'état idéal du monde (en espérant sans doute le transformer par la seule grâce du verbe législatif ?)* ».

« *Elle est faite pour fixer des obligations et ouvrir des droits* ».

Toutefois, jusqu'en 2005, le Conseil constitutionnel s'était abstenu de censurer les dispositions non normatives, que l'on qualifie parfois de « neutrons législatifs ». Il estimait en effet qu'étant dépourvues d'effets juridiques, ces dispositions ne pouvaient être contraires à aucun article de la Constitution. Mais sa jurisprudence a commencé à évoluer lorsqu'il a érigé la clarté de la loi en principe constitutionnel en précisant que son intelligibilité et son accessibilité étaient des objectifs de valeur constitutionnelle[22]. Dès lors, dans la mesure où les « neutrons législatifs » compromettent la réalisation de ces objectifs, on pouvait se demander s'ils ne devaient pas eux-mêmes être considérés comme inconstitutionnels.

Parachevant cette évolution, le Conseil constitutionnel a invalidé les dispositions précitées de la loi relative à l'avenir de l'école au motif que, n'ayant pas pour objet d'énoncer de véritables commandements et de créer des obligations claires, ces dispositions étaient *« dépourvues de portée normative »*[23].

On peut penser que ce dont s'inquiétait la haute juridiction était en réalité moins l'absence de portée normative que le risque d'une interprétation abusive. La portée normative d'un énoncé n'est en effet pas liée à sa forme linguistique et les constitutions ou les codes comprennent bien des dispositions qui paraissent purement descriptives ou très vagues, et qui sont malgré tout interprétées comme ayant la signification d'une norme[24]. La question est seulement de savoir à qui reviendra le soin de procéder à cette interprétation. Le Conseil semble craindre que ce soient les tribunaux ordinaires, ce qui exposerait « *les sujets de droit [à] une interprétation contraire à la Constitution ou [au] risque d'arbitraire* » et pourrait « *reporter sur des autorités administratives ou juridictionnelles le soin de fixer des règles dont la détermination n'a été confiée par la Constitution qu'à la loi*[25] ».

En réalité, même si le texte de la loi est plus précis, il pourra toujours faire l'objet d'une interprétation, mais le Conseil constitutionnel peut espérer en garder le contrôle grâce à la technique de la réserve d'interprétation (v. *infra* n° 821).

22. Voir notamment la déc. n° 2001-455 DC du 12 janvier 2002 (cons. 9).

23. Déc. n° 2005-512 DC du 21 avril 2005.

24. Par exemple, des dispositions très générales du premier alinéa du Préambule de la Constitution de 1946, le Conseil constitutionnel a tiré le principe du droit à la sauvegarde de la dignité, qui a des conséquences normatives (déc. n° 343-344 DC du 27 juillet 1994, cons. 2).

25. Déc. du 21 avril 2005 précitée.

Au demeurant, dans certains cas, prévus par l'article 34 de la Constitution, la loi peut fixer des orientations ou des objectifs qui ont une valeur plus indicative que normative :

- Les lois de finances fixent des objectifs qui serviront d'étalon de référence pour mesurer la performance des services publics et, indirectement, l'efficacité de la dépense publique (v. *infra* n° 770).
- Les lois de financement de la sécurité sociale fixent des objectifs de dépense qui ne sont pas strictement obligatoires mais qui serviront d'indicatifs pour veiller à l'équilibre financier du système (v. *infra* n° 775).
- Les lois de programmation, qui définissent les orientations pluriannuelles des finances publiques, fixent les objectifs de l'action de l'État.

Bien que ces objectifs soient dénués d'effets juridiques, le Conseil constitutionnel les considère comme valides, mais à condition que le texte auquel ils sont rattachés ait bien été adopté selon les formes prévues par la Constitution. Par exemple, le rapport annexé à la loi sur l'école de 2005, qui fixait des objectifs quantitatifs et qualitatifs à l'action de l'État en matière éducative, aurait pu être inclus dans une loi de programme mais, d'après les dispositions de l'article 70 C en vigueur à l'époque, une telle loi ne pouvait être adoptée qu'après consultation du Conseil économique et social. Cette consultation n'ayant pas eu lieu, le rapport a été invalidé pour « *omission d'une formalité substantielle* »[26].

Par ailleurs, le législateur ne doit pas non plus se perdre dans les détails en empiétant sur le domaine que la Constitution réserve en principe au pouvoir réglementaire.

§2. La séparation du domaine législatif et du domaine réglementaire

736. Au niveau national, la production de normes générales est depuis longtemps partagée entre le Parlement et le gouvernement. On distingue donc traditionnellement deux grandes sortes d'actes normatifs généraux : la loi, qui est votée par le Parlement ; le règlement, ou décret réglementaire, qui est l'œuvre du gouvernement.

Avant l'entrée en vigueur de la Constitution de 1958, la loi bénéficiait d'une suprématie quasiment absolue.

Cette suprématie se manifestait d'abord par le fait que son domaine était illimité. Certaines matières étaient réservées à la loi en vertu de la tradition républicaine ; mais aucune matière ne lui était interdite. Pour peu qu'il en ait la volonté et le loisir, le législateur pouvait donc, sur n'importe quel objet, adopter un texte tellement complet qu'il n'y avait pratiquement rien à y ajouter. Le règlement, quant à lui, n'avait qu'un domaine résiduel ; aucune matière ne lui était réservée ; le pouvoir réglementaire ne pouvait intervenir que pour compléter une loi, pour en préciser les modalités d'application. En

26. Déc. précitée, point 14.

d'autres termes, il était seulement chargé d'assurer l'exécution des lois. Le règlement ne pouvait donc jamais aller *contra legem*, sauf si le législateur l'avait expressément habilité à le faire en l'invitant à prendre ce que l'on appelait alors des « décrets-lois ».

La suprématie de la loi se manifestait non seulement par le fait que son domaine était illimité mais aussi par la force juridique qu'on lui attribuait. Depuis 1789, elle est présumée être « *l'expression de la volonté générale* ». Elle se trouvait donc placée au-dessus de toute contestation. Les tribunaux devaient l'appliquer sans même pouvoir contrôler si elle était conforme aux normes théoriquement supérieures. Ils se bornaient à contrôler qu'il s'agissait bien d'un texte adopté selon les formes législatives (adoption par le Parlement, promulgation, publication au *JO*).

Quant au règlement, il était doté d'une force juridique bien moindre. Il devait respecter la Constitution, la loi et même les *principes généraux du droit*, qui sont des principes élaborés par le juge administratif en s'inspirant de l'esprit général de la législation ou des exigences de la conscience collective. Il pouvait être contesté soit directement, par la voie du recours pour excès de pouvoir, soit à l'occasion d'un procès, par la voie de l'exception d'illégalité. Le jugement de ces contestations relevait de la compétence des juridictions administratives (Conseil d'État et tribunaux administratifs).

Parfois, cependant, le règlement échappait à ces contestations en s'abritant derrière la loi : si par exemple la violation d'un principe constitutionnel ou d'un principe général du droit apparaissait comme la conséquence directe de l'application d'une disposition législative, le juge administratif se refusait à sanctionner cette violation parce qu'il n'aurait pas pu le faire sans s'opposer en même temps au législateur.

Par conséquent, non seulement la loi échappait elle-même à toute contestation mais elle pouvait également « faire écran » entre le règlement et ses juges.

La Constitution de 1958 n'a pas bouleversé totalement ce système mais elle y a apporté plusieurs modifications importantes : la limitation du domaine de la loi (A) ; la création d'un domaine réglementaire propre (B) ; l'institution de procédures destinées à régler les conflits de compétences (C). En pratique, néanmoins, la séparation des deux domaines s'est révélée plutôt poreuse (D).

A. La limitation du domaine de la loi

737. Jusqu'en 1958, le domaine de la loi était illimité et le pouvoir législatif pouvait intervenir dans n'importe quelle matière et descendre aussi loin dans le détail qu'il le souhaitait. Désormais, la compétence du législateur parlementaire est devenue une compétence d'attribution, c'est-à-dire qu'elle ne peut en principe s'exercer que dans des matières limitativement énumérées par la Constitution.

La définition de la loi reste « formelle ». En effet, les tribunaux reconnaissent qu'un acte est une loi lorsqu'il a été adopté par le Parlement selon la procédure législative. Toutefois son objet est limité à certaines matières dont la liste a été fixée principalement à l'article 34. Cette liste comprend notamment les droits civiques, les libertés publiques, la nationalité, l'état et la capacité des personnes, les régimes matrimoniaux, les crimes et les délits, la procédure pénale, les obligations civiles et commerciales, etc.

À lire l'énumération de l'article 34, il semblerait que les matières législatives se répartissent en deux catégories : tantôt, la loi fixe les règles, c'est-à-dire qu'elle régit la matière dans sa totalité (nationalité, état et capacité des personnes, détermination des crimes et des délits) ; tantôt, au contraire, la loi se borne à déterminer les garanties ou principes qualifiés de fondamentaux en laissant au pouvoir réglementaire le soin de fixer les règles moins importantes (libertés publiques, enseignement, organisation générale de la défense nationale, etc.). Mais en pratique, la distinction entre ces deux catégories de matières est beaucoup moins tranchée qu'on ne pourrait le croire à la lecture de l'article 34 (v. *infra* n° 739).

D'après le dernier alinéa de l'article 34, la liste des matières législatives peut être précisée ou complétée par une loi organique[27].

La liste de l'article 34 ne peut d'ailleurs pas être considérée comme exhaustive : d'autres dispositions de la Constitution prévoient tantôt l'intervention d'une loi organique (v. *infra* n° 770), tantôt celle d'une loi ordinaire.

Par exemple, l'article 53 énumère les traités ou accords internationaux qui ne peuvent être ratifiés ou approuvés qu'en vertu d'une loi.

De même les articles 72 à 74-1, donnent compétence au législateur ordinaire ou organique pour fixer certains principes relatifs à l'organisation ou au fonctionnement des collectivités territoriales.

Le domaine de la loi n'est donc plus tout à fait ce qu'il était. Et l'on peut se demander si la loi elle-même a conservé la suprématie juridique qu'elle possédait sous les régimes précédents. Peut-elle toujours être considérée comme « l'expression de la volonté générale » ? Échappe-t-elle encore à ce titre à toute contestation ?

La réponse doit être nuancée.

D'une part, même à l'intérieur du domaine qui est désormais le sien, la loi peut être aujourd'hui soumise à des contrôles qui n'existaient pas sous les régimes précédents et qui eussent même paru sacrilèges : avant promulgation, contrôle de conformité à la Constitution exercé par le Conseil constitutionnel ; après promulgation, contrôle de *conventionnalité* exercé par les juridictions ordinaires et, depuis mars 2010, contrôle de constitutionnalité exercé par le Conseil constitutionnel sur renvoi du Conseil d'État ou de la Cour de cassation (v. *infra* n° 808).

27. Bien entendu, cette liste peut également être modifiée par une révision constitutionnelle. C'est ainsi que la loi constitutionnelle du 23 juillet 2008 y a ajouté quelques éléments, notamment les règles concernant « *la liberté, le pluralisme et l'indépendance des médias* ». Mais ces ajouts n'ont pas sensiblement modifié la répartition des compétences car il s'agissait presque toujours de matières que le Conseil constitutionnel avait déjà rangé dans le domaine de la loi par interprétation extensive de certains autres chefs de compétence.

Mais, d'autre part, plusieurs dispositions constitutionnelles maintiennent la présomption que la loi est l'expression de la volonté générale, notamment l'article 6 de la Déclaration des droits de l'Homme et du Citoyen et l'article 3 de la Constitution, qui proclame que le peuple exerce sa souveraineté « *par ses représentants et par la voie du référendum* ». La présomption n'est plus absolue mais elle subsiste pourvu que la loi ait été adoptée dans le respect de la Constitution. L'introduction par la révision de 2008 d'une possibilité de renvoi au Conseil constitutionnel par une question préjudicielle ne modifie pas cette présomption. L'une des raisons pour lesquelles cette procédure a été introduite est que l'exception d'inconventionnalité peut avoir pour effet qu'une loi conforme à la Constitution, qui est donc réputée exprimer la volonté générale, soit cependant privée de validité parce qu'elle est contraire à une norme internationale, tandis qu'une loi en vigueur et soupçonnée d'être contraire à la Constitution ne pouvait pas être écartée pourvu qu'elle ne contrevienne à aucune norme internationale. Il paraissait illogique que la Constitution fût moins bien protégée qu'une convention internationale alors qu'elle est la norme suprême réputée émaner du souverain lui-même (v. *supra* n° 724).

B. La création d'un domaine réservé au pouvoir réglementaire

738. L'étendue du domaine réglementaire. – Aux termes de l'article 37 alinéa 1er C : « *Les matières autres que celles qui font partie du domaine de la loi ont un caractère réglementaire* ».

Les matières du domaine réglementaire ne sont donc énumérées nulle part. On peut les déterminer *a contrario* à partir de la liste de celles qui constituent le domaine de la loi. On dit quelquefois que le pouvoir réglementaire dispose de la compétence normative de droit commun, alors que le pouvoir législatif n'aurait plus qu'une compétence d'attribution. Mais, bien que cette formule ne soit pas juridiquement inexacte, elle risque d'induire en erreur quant à l'étendue réelle du domaine réglementaire. D'une part, bien que le domaine de la loi soit défini par voie d'énumération limitative, il est tout de même très vaste et comprend en fait les matières les plus importantes. D'autre part, la jurisprudence (celle du Conseil constitutionnel comme celle du Conseil d'État) a adopté une conception plutôt extensive du domaine de la loi.

Les premiers commentateurs de la Constitution de 1958 avaient été tentés de distinguer plusieurs sortes de pouvoirs réglementaires, correspondant aux distinctions opérées par l'article 34 entre différentes catégories de matières :

1° Le pouvoir réglementaire dit « autonome » : c'est celui qui s'exerce dans les matières étrangères au domaine législatif. Ex. : les contraventions ne comportant pas de peines d'emprisonnement ou la procédure civile.

2° Le pouvoir réglementaire semi-autonome : c'est celui qui s'exerce dans les matières comme l'organisation de l'enseignement, le droit du travail, le droit de la sécurité sociale, où la compétence du législateur se limite théoriquement à la détermination des principes fondamentaux.

3° Le pouvoir réglementaire subordonné : c'est celui qui s'exerce dans les matières comme la fiscalité, les régimes matrimoniaux, l'état et la capacité des personnes, où la compétence du législateur s'étend à toutes les règles : dans ces matières, le pouvoir réglementaire peut encore intervenir mais seulement pour assurer l'exécution des lois, comme c'était le cas avant l'entrée en vigueur de la Constitution de 1958.

Mais cette distinction est aujourd'hui considérée comme obsolète par la majorité de la doctrine car, dans l'ensemble, la jurisprudence a interprété l'article 34 de manière unitaire. Quelle que soit la matière considérée, la répartition des compétences entre le législateur et le pouvoir réglementaire s'opère presque toujours de la même manière : la *mise en cause* des règles essentielles, c'est-à-dire leur modification même partielle, nécessite l'intervention du premier ; mais la *mise en œuvre* de ces règles, c'est-à-dire la détermination de leurs modalités d'application, est réservée au second (Le Mire, 1996).

739. L'exercice du pouvoir réglementaire. – C'est le Premier ministre qui est titulaire du pouvoir réglementaire (art. 21 C). Il l'exerce sous forme de décrets qui doivent être contresignés, le cas échéant, par les ministres chargés de leur exécution.

D'autres autorités peuvent néanmoins participer, dans d'étroites limites, à l'exercice de ce pouvoir :

1° *Les collectivités territoriales* : aux termes de l'article 72 alinéa 4 C, modifié par la loi de révision du 28 mars 2003, les collectivités territoriales de la République (communes, départements, régions, collectivités d'outre-mer) « *s'administrent librement par des conseils élus et disposent d'un pouvoir réglementaire pour l'exercice de leurs compétences* ».

Le législateur peut donc confier aux collectivités territoriales certaines compétences réglementaires concernant des matières d'intérêt local. Mais le Conseil constitutionnel estime que lorsqu'un principe important, comme la liberté de l'enseignement, est en cause, les conditions essentielles de son application ne doivent pas dépendre de décisions locales. Ainsi a-t-il annulé une disposition législative qui permettait aux collectivités territoriales de prendre en charge, dans des limites qu'elles auraient elles-mêmes fixées, les dépenses d'investissement des établissements d'enseignement privé (déc. n° 93-329 DC du 13 janvier 1994, *Rec.* p. 9).

Toutefois, dorénavant, aux termes de l'alinéa 4 de l'article 72 C modifié en 2003, les compétences normatives des collectivités territoriales peuvent être temporairement étendues, à titre expérimental, sur des points précis : « *Dans les conditions prévues par la loi organique, et sauf lorsque sont en cause les conditions essentielles d'exercice d'une liberté publique ou d'un droit constitutionnellement garanti, les collectivités territoriales ou leurs groupements peuvent, lorsque, selon le cas, la loi ou le règlement l'a prévu, déroger à titre expérimental et pour un objet et une durée limités, aux dispositions législatives ou réglementaires qui régissent l'exercice de leur compétence* ».

À ce titre, les collectivités territoriales pourront donc déroger non seulement à des dispositions réglementaires à caractère national mais aussi parfois à des dispositions législatives qui s'imposent au gouvernement lui-même.

Toutefois, on notera que cette extension est doublement limitée.

D'une part, quant à son objet, l'expérimentation n'étant possible que lorsque les conditions essentielles d'exercice d'une liberté publique ou d'un droit constitutionnellement garanti ne sont pas en cause. La jurisprudence précitée du Conseil constitutionnel semble donc avoir conservé toute sa valeur car, dans l'affaire de 1994 ci-dessus évoquée, la loi avait été censurée dans la mesure où elle permettait aux collectivités territoriales de porter atteinte aux conditions essentielles d'une liberté publique, la liberté de l'enseignement.

D'autre part, quant à ses conditions de mise en œuvre, l'expérimentation ne pouvant être autorisée qu'au terme d'un processus assez long défini par la loi organique prévue au 4e alinéa de l'article 72 C (LO n° 2003-704 du 1er août 2003) : dans un premier temps, l'autorité normalement compétente (c'est-à-dire le législateur ou le pouvoir réglementaire selon le cas) détermine un cadre général qui précise notamment l'objet de l'expérimentation, sa durée, les catégories de collectivités territoriales concernées, etc. ; dans un second temps, les collectivités territoriales qui en ont fait la demande peuvent être autorisées par décret à entreprendre une expérimentation, après que le gouvernement a vérifié qu'elles remplissaient bien toutes les conditions exigées (voir la loi organique relative à l'expérimentation par les collectivités territoriales).

2° *Les autorités administratives indépendantes.* Le législateur confie parfois à une autorité administrative indépendante comme le Conseil supérieur de l'audiovisuel, le soin de fixer des normes ayant un objet déterminé (par exemple la déontologie de la publicité télévisée ou l'utilisation des ondes durant une campagne électorale). De telles habilitations pourraient être jugées contraires à la Constitution car, d'après l'article 21 de celle-ci, c'est au Premier ministre qu'appartient le pouvoir réglementaire à l'échelon national, sous réserve des pouvoirs reconnus au président de la République. Mais, s'agissant d'une liberté telle que la communication audiovisuelle, le recours à une autorité administrative indépendante peut s'avérer utile car, d'une part, la loi ne peut pas descendre dans le détail des règles qui doivent être fréquemment actualisées et, d'autre part, toute réglementation d'origine gouvernementale ferait naître un soupçon de partialité politique. Aussi le Conseil constitutionnel ne condamne-t-il pas ce procédé, mais il veille à ce que le législateur n'en fasse pas un usage abusif. Il a donc jugé que l'habilitation ne doit concerner que « des mesures à portée limitée tant par leur champ d'application que par leur contenu » (déc. n° 88-248 DC du 17 janvier 1989, *Rec.* p. 18) et qu'elle ne peut avoir pour effet de réduire le pouvoir que le Premier ministre tient de l'article 21 de la Constitution, en soumettant un décret à la condition d'un avis conforme de la Commission *informatique et libertés* (déc. n° 2006-544 DC du 14 décembre 2006, cons. 35 et s.).

740. La nature des actes du pouvoir réglementaire. – Bien que le pouvoir réglementaire dispose désormais d'un domaine réservé, la nature juridique de ses actes n'a pas changé. Ce sont toujours de simples actes administratifs, qui sont dotés d'une force juridique inférieure à celle de la loi, et qui peuvent être attaqués par la voie du recours pour excès de pouvoir. De même que sous les régimes précédents, le règlement peut donc être annulé par le juge administratif pour violation de la Constitution (et notamment de l'article 34 C), pour violation de la loi, d'un principe général du droit, ou d'un principe de droit international.

C. Le règlement des conflits de compétence

741. La protection du domaine réglementaire. – La protection du domaine réglementaire contre d'éventuels empiétements du législateur a été aménagée avec soin par la Constitution. Trois procédures peuvent être utilisées à cette fin : celles des articles 41, 61 alinéa 2, et 37 alinéa 2. Elles peuvent être mises en œuvre à trois moments différents et ne sont pas exclusives les unes des autres. En d'autres termes, si l'une a été employée sans succès, il n'est pas interdit d'en utiliser une autre.

1. La procédure d'irrecevabilité de l'article 41 C[28]

742. Selon ce texte : « *S'il apparaît au cours de la procédure législative qu'une proposition ou un amendement n'est pas du domaine de la loi ou est contraire à une délégation accordée en vertu de l'article 38, le gouvernement ou le président de l'assemblée saisie peut opposer l'irrecevabilité* ».

« *En cas de désaccord entre le gouvernement et le président de l'assemblée intéressée, le Conseil constitutionnel, à la demande de l'un ou de l'autre, statue dans un délai de huit jours.* »

Il arrive en effet que le gouvernement oppose l'irrecevabilité à un amendement d'origine parlementaire ou (plus rarement) à une proposition de loi. Dans plus de 90 % des cas, l'irrecevabilité est confirmée par le président de l'assemblée intéressée et il n'y a donc pas lieu de saisir le Conseil constitutionnel comme prévu au second alinéa de l'article 41. De plus, lorsqu'il y a désaccord, le gouvernement se laisse souvent convaincre de retirer l'exception qu'il avait soulevée[29].

C'est pourquoi les décisions rendues par le Conseil constitutionnel en application de l'article 41 sont peu nombreuses et relativement anciennes (la plus récente remonte à 1979). L'absence ou la rareté du contentieux ne signifie donc pas, comme on le dit parfois, que l'exception d'irrecevabilité est devenue obsolète mais qu'elle ne donne presque jamais lieu à désaccord entre le gouvernement et le président de l'assemblée intéressée. En 2005, le président de l'Assemblée nationale et celui du Conseil constitutionnel se sont d'ailleurs tous deux déclarés favorables à une application plus rigoureuse de l'irrecevabilité. Et cette même année, à propos de la loi relative à la régulation des activités postales, l'irrecevabilité opposée par le gouvernement a fait tomber d'un seul coup 14 765 amendements parlementaires, en accord avec

28. Oliva, 1997.

29. D'après Oliva (1997, p. 167-168), de 1959 à 1997, l'exception d'irrecevabilité a été soulevée 217 fois par le gouvernement, alors que le Conseil constitutionnel n'a rendu que 11 décisions dans le cadre de cette procédure.

le président de l'Assemblée nationale et sans qu'il ait été nécessaire de saisir le Conseil constitutionnel.

Mais il peut arriver que la proposition de loi ou l'amendement susceptible d'empiéter sur le domaine réglementaire ait été en fait inspiré(e) par le gouvernement. Dans ce cas, selon le texte originel de l'article 41, il n'y avait pratiquement aucune chance que l'irrecevabilité fût opposée, car seul le gouvernement pouvait prendre l'initiative de déclencher cette procédure. Conformément à la proposition n° 30 du comité Balladur, l'article 41 nouveau, modifié par la loi constitutionnelle du 23 juillet 2008, permet également au président de l'assemblée saisie d'opposer l'irrecevabilité. Cette modification traduit une volonté de revaloriser la séparation de la loi et du règlement en montrant que, contrairement à une opinion que le Conseil constitutionnel lui-même avait contribué à répandre par sa décision du 30 juillet 1982 (v. *infra* n° 744), il ne s'agit pas seulement d'une prérogative gouvernementale mais aussi d'un principe général tendant à clarifier et à rationaliser la hiérarchie des normes. Toutefois, compte tenu des liens politiques unissant la majorité parlementaire et le gouvernement, il paraît assez peu probable que les présidents des assemblées prendront souvent l'initiative d'opposer l'irrecevabilité lorsque celui-ci ne le souhaite pas.

Bien que la procédure de l'article 41 ait été spécialement conçue pour faire respecter la séparation des matières législatives et des matières réglementaires, elle peut être également utilisée pour empêcher le législateur d'empiéter sur d'autres prérogatives gouvernementales. Par exemple, il arrive que le gouvernement oppose l'exception d'irrecevabilité à un amendement ou une proposition de loi qui voudrait lui dicter la manière dont il doit exercer son droit d'initiative législative, ou qui tend à modifier le contenu d'un engagement international.

2. La procédure de contrôle de conformité de l'article 61 alinéa 2 C

743. À la différence des deux autres, cette procédure n'a pas été uniquement conçue pour faire respecter la séparation des domaines législatif et réglementaire. Mais elle peut éventuellement être utilisée à cette fin.

En pratique, depuis la réforme de 1974, ce sont presque uniquement des parlementaires de l'opposition qui saisissent le Conseil constitutionnel dans le cadre de cette procédure. Mais dans une importante décision de principe en date du 30 juillet 1982, le Conseil avait déclaré que les parlementaires n'étaient pas recevables à soulever le moyen tiré de l'empiétement de la loi sur le domaine réglementaire. Il justifiait cette irrecevabilité par l'idée que « *Par les articles 34 et 37 (...) la Constitution n'a pas entendu frapper d'inconstitutionnalité une disposition de nature réglementaire contenue dans une loi, mais a voulu, à côté du domaine réservé à la loi, reconnaître à l'autorité réglementaire un domaine propre et conférer au gouvernement par la mise en œuvre des pouvoirs spécifiques (...) le pouvoir d'en assurer la protection* ».

En d'autres termes, le Conseil constitutionnel estimait que la séparation des deux domaines ne devait pas être appliquée d'une manière trop rigide.

Dans certains cas, il pouvait y avoir intérêt à laisser le législateur empiéter sur le domaine réglementaire pour rendre le droit plus intelligible (en évitant à l'utilisateur la difficulté d'avoir à consulter deux textes de nature différente pour trouver la solution d'un problème) ou pour permettre au Parlement de trancher lui-même une question qui, bien que de nature réglementaire, aurait des implications particulièrement importantes. La limitation du domaine de la loi n'avait donc plus qu'une valeur relative. Elle ne s'appliquait que dans la mesure où le gouvernement entendait faire respecter son propre domaine.

Vingt-trois ans plus tard, le Conseil constitutionnel a constaté que cet assouplissement avait abouti à vider le domaine réglementaire d'une bonne partie de sa substance. La multiplication des empiétements de la loi sur ce domaine, qui peut d'ailleurs résulter d'une initiative gouvernementale, présente le double inconvénient de surcharger l'ordre du jour des assemblées et de noyer l'essentiel dans le détail, ce qui va à l'encontre des objectifs d'intelligibilité et d'accessibilité de la loi. Dans sa décision du 21 avril 2005 sur la loi relative à l'école, le Conseil a donc modifié, sans l'abandonner complètement, sa jurisprudence de 1982. Il n'est pas allé jusqu'à censurer les empiétements de la loi sur le domaine réglementaire, comme il l'a fait pour les « neutrons législatifs ». Mais il a admis que les parlementaires étaient de nouveau recevables à soulever ce moyen. Si le Conseil constate que les dispositions critiquées ont effectivement une nature réglementaire, il prononce leur déclassement. Ces dispositions figureront tout de même dans la loi, mais elles n'auront plus qu'une force juridique réduite : le gouvernement pourra les modifier par décret sans être obligé de recourir à la procédure spéciale de déclassement de l'article 37 alinéa 2 (v. *infra* n° 745).

Mais, avec le recul, la décision du 21 avril 2005 apparaît comme une décision d'espèce, rendue dans le contexte particulier d'un débat sur la qualité de la loi. Aujourd'hui, le Conseil constitutionnel est revenu à sa jurisprudence du 30 juillet 1982, c'est-à-dire qu'il rejette les saisines parlementaires tendant à faire déclarer contraires à la Constitution les dispositions législatives empiétant sur le domaine réglementaire ou à faire prononcer leur déclassement (déc. n° 2012-649 DC du 15 mars 2012, cons. 10).

3. La procédure de déclassement prévue par l'article 37 alinéa 2 C

744. Lorsqu'une proposition de loi ou un amendement empiète sur le domaine réglementaire, rien n'oblige le gouvernement à réagir immédiatement. Même s'il s'abstient de soulever l'exception d'irrecevabilité et laisse promulguer la loi telle que le Parlement l'a votée, il lui sera possible par la suite de regagner le terrain perdu en délégalisant les dispositions qui empiètent sur le domaine réglementaire. La Constitution a prévu à cet effet une procédure spéciale qui peut être déclenchée à tout moment : celle de l'article 37 alinéa 2.

D'après ce texte, il faut distinguer les lois adoptées avant l'entrée en vigueur de la Constitution de 1958 et celles qui ont été adoptées après cette entrée en vigueur[30].

En ce qui concerne les premières, comme la séparation du domaine législatif et du domaine réglementaire n'existait pas encore à l'époque où elles furent adoptées, il n'y a pas lieu de présumer que cette séparation a été respectée. Le gouvernement peut donc modifier la loi par décret après simple avis du Conseil d'État.

En ce qui concerne les secondes, le gouvernement doit d'abord saisir le Conseil constitutionnel en lui demandant de « délégaliser » les dispositions qu'il entend modifier, c'est-à-dire de constater qu'elles empiètent sur le domaine réglementaire. Si le Conseil constitutionnel déclare que ces dispositions n'empiètent pas sur le domaine réglementaire, elles ne pourront être modifiées que par la loi[31].

À la différence des précédentes, cette troisième procédure est couramment utilisée. Elle présente l'avantage de susciter moins de tensions entre le gouvernement et le Parlement, car la saisine du Conseil constitutionnel, qui intervient généralement longtemps après le vote de la loi, passe relativement inaperçue. Il peut même arriver qu'elle soit utilisée pour éviter à la majorité parlementaire de perdre la face[32].

745. La protection du domaine législatif. – Cette protection n'a pas été spécialement aménagée par la Constitution.

Mais, en vertu des principes généraux du contentieux administratif, un décret empiétant sur le domaine de la loi peut être attaqué par la voie du recours pour excès de pouvoir. Et s'il est invoqué au cours d'un procès, on peut lui opposer l'exception d'inconstitutionnalité. Dans les deux cas, ce n'est plus le Conseil constitutionnel qui statuera en dernier ressort, mais le Conseil d'État, juridiction administrative suprême.

De plus, les juridictions pénales sont compétentes pour apprécier la légalité d'un acte administratif « *lorsque, de cet examen, dépend la solution du procès pénal qui leur est soumis* »[33]. Elles peuvent donc à ce titre vérifier si un règlement administratif n'empiète pas sur le domaine réservé à la loi par l'article 34 C. Et comme ces juridictions font partie de l'ordre judiciaire, c'est

30. Il existe en droit allemand une distinction un peu analogue : les lois antérieures à l'entrée en vigueur de la Constitution, dites « lois ante-constitutionnelles », peuvent être contrôlées par n'importe quel tribunal ; les lois postérieures à l'entrée en vigueur de la Constitution, dites « lois post-constitutionnelles », ne peuvent être contrôlées que par la Cour constitutionnelle.

31. Toutefois, selon la jurisprudence du Conseil constitutionnel, lorsque le gouvernement a été habilité à légiférer par voie d'ordonnances en vertu de l'article 38 C, il peut abroger des dispositions législatives de nature réglementaire sans recourir à la procédure de l'article 37 C, comme aurait pu le faire le législateur lui-même (déc. n° 99-421 DC du 16 décembre 1999).

32. En 2005, une disposition législative prévoyant que les programmes scolaires devaient reconnaître « *le rôle positif de la présence française outre-mer* » avait suscité de vives protestations et le groupe socialiste demandait son abrogation. Mais le groupe UMP ne voulait pas paraître se désavouer. Pour calmer le jeu, sur la suggestion du président de la République, le gouvernement saisit le Conseil constitutionnel qui prononça le déclassement du texte en question (déc. n° 2006-203 L du 23 février 2006). Celui-ci put ensuite être abrogé discrètement par décret.

33. Art. 111-5 du Code pénal.

à la Chambre criminelle de la Cour de cassation que reviendra le dernier mot.

Mais il arrive parfois que la loi elle-même invite le pouvoir réglementaire à empiéter sur le domaine législatif en prévoyant la possibilité pour le gouvernement de déroger à certaines règles qu'elle a fixées ou bien en laissant une marge de manœuvre trop large au pouvoir exécutif. On dit alors que la loi est entachée d'incompétence négative. Le législateur n'a pas épuisé sa compétence, mais s'est en quelque sorte défaussé sur d'autres autorités. Dans ce cas, rien n'empêche 60 députés ou 60 sénateurs de saisir le Conseil constitutionnel dans le cadre de l'article 61 alinéa 2 en lui demandant de constater que la loi est contraire à l'article 34 de la Constitution. Le Conseil constitutionnel ne refusera pas d'exercer un tel contrôle, car comme il s'agit cette fois de la protection du domaine législatif, et non de celle du domaine réglementaire, les parlementaires sont parfaitement recevables à en prendre l'initiative. (CC, 28 juillet 1993, *Rec.* p. 204). Cette jurisprudence s'applique notamment en matière de droit fiscal et de droit pénal.

746. Le risque de contrariété de jurisprudence. – Comme la délimitation des domaines respectifs du Parlement et du gouvernement ressortit à trois organes, le Conseil constitutionnel dans certains cas, le Conseil d'État ou la Cour de cassation dans d'autres, il n'est pas sûr que leurs décisions s'accordent pour tracer une frontière unique. Or, comme chacun de ces organes est souverain dans son domaine, on pourrait arriver à ce résultat fâcheux que l'étendue du domaine législatif serait différente selon qu'elle serait appréciée par le Conseil constitutionnel, par le Conseil d'État ou la Cour de cassation. Sans doute, l'article 62 de la Constitution dispose-t-il que les décisions du Conseil constitutionnel s'imposent « à toutes les autorités administratives et juridictionnelles ». Mais le Conseil d'État et la Cour de cassation interprètent restrictivement ce texte en considérant que, s'il oblige les juridictions en ce qui concerne la solution apportée au cas d'espèce par le Conseil constitutionnel, elles ne sont pas liées par la doctrine qui se dégage de sa décision (v. *infra* n° 828).

L'hypothèse de conflits n'est donc pas gratuite. En effet, un même texte peut être soumis à l'appréciation du Conseil constitutionnel (saisi en application de l'article 41 ou de l'article 37 al. 2), du Conseil d'État (saisi par la voie du recours pour excès de pouvoir) et de la Chambre criminelle de la Cour de cassation (devant laquelle est soulevée une exception d'illégalité). Si le Conseil constitutionnel statue avant les autres juridictions, celles-ci devront s'incliner en application de l'article 62 alinéa 2 de la Constitution qui dispose que les décisions du Conseil s'imposent à toutes les autorités administratives et juridictionnelles. Mais si le Conseil d'État ou la Cour de cassation statuent les premiers, il peut arriver que leurs arrêts soient contredits par la décision du Conseil constitutionnel (voir CC, 27 novembre 1959, *RDP*, 1960, p. 1011, avec la note Waline).

La même contradiction peut apparaître lorsqu'il s'agit de déterminer la nature et le contenu des règles et des principes fondamentaux réservés à la loi par l'article 34. Sans doute, dans cette hypothèse, les trois juridictions ne connaissent pas du même acte. Seulement, en fait, la délimitation du domaine de la loi revient implicitement à dire ce qui est interdit au règlement et inversement. Cependant comme il s'agit d'actes différents, la décision du Conseil constitutionnel n'a pas l'autorité de chose jugée à l'égard des autres juridictions. Ainsi sur la question, extrêmement importante quant à l'étendue des libertés publiques, de savoir si les contraventions punies d'emprisonnement ont un caractère législatif ou réglementaire, les jurisprudences de la Cour de cassation (26 février 1974, *D.* 1974-273, note Vouin) et du Conseil constitutionnel (28 novembre 1973, *AJDA* 1974-229, note Rivero) ont longtemps divergé[34].

Aujourd'hui encore, la règle selon laquelle le silence gardé par l'administration pendant une certaine durée sur une requête qui lui a été adressée vaut décision de rejet, est considérée par le Conseil constitutionnel comme un principe général du droit relevant de la compétence législative (déc. n° 94-352 du 18 janvier 1995, cons. 9), alors que le Conseil d'État attribue à cette même règle une nature réglementaire en admettant qu'elle puisse être écartée par un décret (CE, 27 janvier 1970, *Commune de Bozas*, *Rec.* 139).

Dans l'ensemble, cependant, les divergences sont rares et la proximité[35] entre le Conseil constitutionnel et le Conseil d'État permet généralement de les atténuer, sinon de les résorber complètement[36].

D. Une séparation plutôt poreuse

747. En définitive, la séparation du domaine législatif et du domaine réglementaire n'a pas vraiment bouleversé la hiérarchie des normes, comme on avait pu le croire en 1958.

D'une part, la compétence du législateur est toujours extrêmement vaste et le recours à la loi demeure nécessaire chaque fois que l'on veut entreprendre une grande réforme.

D'autre part, malgré l'existence de procédures destinées à garantir le respect de la séparation (v. *supra* n° 742), celle-ci s'est révélée plutôt poreuse. Elle n'a pas empêché le Parlement et le gouvernement d'introduire, dans la loi, des dispositions de nature réglementaire lorsqu'ils l'estimaient opportun.

Il est vrai que le Conseil constitutionnel, qui a longtemps toléré ces empiétements, s'est efforcé de les limiter par sa décision du 21 avril 2005. Mais, ainsi qu'on l'a déjà signalé, cette décision est restée isolée (*supra*, n° 743) et le Conseil a réaffirmé en 2012 la jurisprudence qu'il avait adoptée dans sa décision du 30 juillet 1982.

34. Depuis l'entrée en vigueur du Code pénal (1994), cette divergence est devenue sans objet car les contraventions ne peuvent plus être sanctionnées par des peines privatives de liberté.

35. Cette proximité est à la fois géographique et fonctionnelle : d'une part, les locaux occupés par les deux juridictions, sont situés dans les dépendances d'un même bâtiment (le Palais-Royal) ; d'autre part, les postes de secrétaire général et de rapporteurs adjoints du Conseil constitutionnel sont souvent occupés par des magistrats détachés du Conseil d'État.

36. Pour un exemple de ralliement du Conseil constitutionnel à la position du Conseil d'État, voir les conclusions du commissaire du gouvernement Baudouin sous CE, 12 décembre 1969, *Conseil national de l'ordre des médecins* (*AJDA* 1970, p. 102).

Par ailleurs, les expérimentations autorisées par la réforme de mars 2003 n'ont pas remis en cause le partage des compétences normatives entre le Parlement et le gouvernement.

Quand l'expérimentation a lieu au niveau national, comme prévu à l'article 37-1, elle ne peut être conduite que par le titulaire normal du pouvoir concerné c'est-à-dire, selon le cas, par le Parlement ou le gouvernement.

Quand l'expérimentation a lieu au niveau des collectivités territoriales, comme prévu à l'article 72, c'est également le titulaire normal du pouvoir concerné qui est seul compétent pour donner l'autorisation.

Il n'en est pas moins vrai que ces expérimentations risquent de multiplier les conflits entre des normes relevant de différentes catégories : normes à caractère permanent et normes à caractère temporaire ; normes émanant d'une autorité centrale et normes émanant d'une autorité locale.

La clarté et l'intelligibilité de la loi, que le Conseil constitutionnel considère comme des principes ou des objectifs de valeur constitutionnelle[37], n'en seront probablement pas renforcés.

Section 3
L'élaboration de la loi dans le cadre parlementaire

§1. Les lois ordinaires

A. L'initiative

748. Aux termes de l'article 39 alinéa 1 C : « *L'initiative des lois appartient au Premier ministre et aux membres du Parlement* ».

Selon une terminologie bien établie, lorsqu'un texte est dû à l'initiative du Premier ministre, on parle de « projet de loi » ; lorsqu'il est dû à l'initiative d'un parlementaire, on parle de « proposition de loi ».

749. L'initiative gouvernementale. – Le droit d'initiative du Premier ministre[38] s'exerce selon une procédure fixée par l'article 39 alinéa 2[39] : le projet est préparé par un ministère ou par les services du

37. Voir la décision précitée du 12 janvier 2002 (cons. 9).

38. En vertu du principe de la séparation des pouvoirs, l'exercice de ce droit d'initiative relève de la seule appréciation du Premier ministre. Un amendement parlementaire enjoignant au Premier ministre de déposer un projet de loi doit donc être considéré comme irrecevable (Oliva, 1997, p. 418 et s.).

39. Le gouvernement n'est pas obligé d'amender son projet dans le sens recommandé par le Conseil d'État. Mais le Premier ministre ne peut pas faire entériner par le Conseil des ministres un texte comportant des dispositions substantielles qui n'auraient pas été soumises au Conseil d'État car la délibération du Conseil des ministres ne serait plus alors éclairée par l'avis du Conseil d'État, comme le veut l'article 39 C (CC, déc. n° 2000-468 DC du 3 avril 2003).

Premier ministre ; il est ensuite soumis pour avis au Conseil d'État ; puis le projet, éventuellement amendé pour tenir compte de cet avis, fait l'objet d'une délibération en Conseil des ministres ; après cette délibération, le Premier ministre peut déposer le projet soit sur le bureau de l'Assemblée nationale, soit sur celui du Sénat : il dispose à cet égard d'une faculté de choix, sous réserve de trois exceptions. La première et la deuxième concernent respectivement les projets de loi de finances et les projets de loi de financement de la sécurité sociale, qui doivent obligatoirement être soumis en premier lieu à l'Assemblée nationale, la troisième, les projets de loi ayant pour principal objet l'organisation des collectivités territoriales, qui sont soumis en premier lieu au Sénat.

En vue de lutter contre l'inflation législative (v. *infra* n° 777), la loi constitutionnelle du 23 juillet 2008 a prévu que la présentation des projets de loi déposés devant l'une ou l'autre des assemblées doit répondre aux conditions fixées par une loi organique (art. 39 al. 3 nouveau). L'article 7 de la loi organique relative à la procédure législative précise que tout projet de loi doit être accompagné « *d'un ou plusieurs documents qui rendent compte des travaux d'évaluation préalable réalisés* ». On espère que l'obligation de réaliser ces travaux et d'en rendre compte incitera le gouvernement à améliorer la qualité de la législation. Dans un délai de dix jours suivant le dépôt du projet de loi, la conférence des présidents de l'assemblée saisie peut déclarer que les documents d'accompagnement de celui-ci sont insuffisants, ce qui fait obstacle à son inscription à l'ordre du jour. En cas de désaccord sur ce point entre le gouvernement et la conférence des présidents, le Premier ministre ou le président de l'assemblée intéressée peut saisir le Conseil constitutionnel, qui doit statuer dans un délai de huit jours[40].

Du fait qu'il comporte une sanction, ce dispositif devrait normalement se révéler efficace dans la lutte contre l'inflation législative. Il faut toutefois noter d'une part, que la conférence des présidents est généralement dominée par la majorité gouvernementale (surtout à l'Assemblée nationale) ce qui risque d'influencer son jugement sur le sérieux des travaux d'évaluation préalable et, d'autre part, que l'obligation d'évaluation préalable comporte de nombreuses exceptions, dont certaines concernent des catégories de lois fort importantes (projets de révision constitutionnelle, projets de loi de finances ou de loi de financement de la sécurité sociale, projets de loi habilitant le gouvernement à prendre des ordonnances, projets de ratification d'une ordonnance, projets autorisant la ratification d'un traité ou d'un accord international, etc.). Par ailleurs, il semble que le Conseil constitutionnel interprète d'une façon plutôt restrictive les conditions auxquelles doit satisfaire une étude d'impact. Elle doit se limiter aux domaines concernant les objectifs annoncés par le Gouvernement. Par exemple, il ne saurait être fait grief à une étude d'impact de ne pas comporter de développements sur l'évolution

40. Parmi les documents prévus par la loi organique relative à la procédure législative figure une « étude d'impact » qui s'attache à fournir une évaluation préalable de la réforme envisagée en analysant toutes les conséquences qu'elle peut entraîner en matière d'environnement, de dépenses, d'emploi, etc. Mais le Conseil constitutionnel interprète de façon restrictive les conditions auxquelles doit satisfaire cette étude d'impact (CC n° 2014-12 FNR du 1er juillet 2014).

du nombre des emplois publics dès lors que le Gouvernement ne mentionne pas la réduction de ce nombre dans les objectifs prévus par le projet de loi (CC n° 2014 12 FNR du 1er juillet 2014).

750. L'initiative parlementaire. – L'initiative des membres du Parlement n'est pas subordonnée à des formalités particulières : tout député ou tout sénateur peut déposer une proposition de loi sur le bureau de son assemblée. Une proposition de loi peut être signée par un ou plusieurs parlementaires.

Toutefois, en pratique, l'initiative législative des membres du Parlement ne joue qu'un rôle secondaire, presque marginal. La majeure partie des lois promulguées est issue de projets et non de propositions. La prépondérance de l'initiative gouvernementale tient à plusieurs raisons.

En premier lieu, le gouvernement est beaucoup mieux outillé que les parlementaires pour préparer des textes de loi, car il peut utiliser toutes les compétences et toutes les ressources documentaires des administrations. Il dispose, en droit ou en fait, d'un véritable monopole en ce qui concerne l'initiative de certaines catégories de lois : les lois de finances ; les lois de plan ou de programme ; les lois autorisant la ratification ou l'approbation d'un traité ou d'un accord international. Pour atténuer cette disproportion des moyens, le cinquième alinéa nouveau de l'article 39 C modifié par la loi constitutionnelle du 23 juillet 2008 autorise le président de chaque assemblée à soumettre pour avis au Conseil d'État, avant son examen en commission, une proposition de loi déposée par l'un des membres de cette assemblée, sauf si ce dernier s'y oppose. Cette mesure devrait permettre d'améliorer au moins la présentation et la qualité rédactionnelle de beaucoup de propositions de loi. Mais un avis du Conseil d'État ne saurait évidemment remplacer le travail de fond qu'accomplissent généralement tous les services ministériels qui collaborent à la mise au point d'un projet de loi.

En second lieu, en vertu de l'article 40 de la Constitution, le droit d'initiative des parlementaires est soumis à une restriction extrêmement importante : leurs propositions ne sont pas recevables « *lorsque leur adoption aurait pour conséquence soit une diminution des ressources publiques, soit la création ou l'aggravation d'une charge publique* ».

Cette restriction est évidemment inspirée par la crainte que les parlementaires ne cèdent aux tentations de la démagogie électorale. Mais l'article 40 est rédigé en des termes tellement larges qu'il peut aboutir à faire déclarer irrecevables des propositions qui n'ont rien à voir avec la démagogie électorale, et qui n'ont même pas à proprement parler un objet financier. Par exemple, une proposition tendant à faciliter l'adoption des enfants naturels a été déclarée irrecevable au motif que son adoption pourrait entraîner une diminution de ressources publiques au titre de l'impôt sur les successions ; de même, avant que la peine de mort ait été abolie, on avait pu se demander si une proposition de loi tendant à son abolition n'aurait pas pu être déclarée irrecevable au titre de l'article 40 ; en effet, comme il revient plus cher de garder en prison des criminels que de les exécuter, l'abolition de la peine de mort risquait d'avoir pour conséquence indirecte l'aggravation d'une charge publique.

En réalité, l'article 40 ne crée qu'une simple faculté de contester la recevabilité d'une proposition ou d'un amendement d'origine parlementaire et le gouvernement ne l'invoque que s'il est hostile à la mesure proposée. Au printemps 2016, il a ainsi opposé l'irrecevabilité à un amendement tendant à limiter les contrôles d'identité au faciès et à obliger les policiers à délivrer à chaque fois un récépissé, ce qui aurait donné la mesure du phénomène et permis aux personnes ayant fait l'objet de contrôles répétés injustifiés d'obtenir réparation.

Dans la pratique, on a mis au point quelques procédés qui permettent de limiter la portée de cette irrecevabilité financière. Par exemple, comme le mot « ressources » figure au pluriel dans le texte de l'article 40, on en déduit que ce qui doit être pris en considération, c'est seulement l'impact global de la proposition sur les ressources publiques : un parlementaire peut donc formuler une proposition dans laquelle la diminution d'une ressource publique est compensée par l'augmentation d'une autre ressource publique ; une telle proposition ne se heurtera pas en principe à l'irrecevabilité financière de l'article 40. En revanche, le mot « charge » figure au singulier dans le texte de l'article 40, de sorte que, à cet égard, les compensations ne jouent pas : même si l'on tente de compenser la création ou l'aggravation d'une charge publique par la suppression ou l'atténuation d'une autre charge publique, l'irrecevabilité doit en principe s'appliquer car c'est l'impact de la proposition sur une charge déterminée qui est pris en considération, et non pas son impact global.

Le contrôle de la recevabilité financière des propositions de loi est organisé par le règlement des assemblées. D'après les règlements de l'Assemblée nationale et du Sénat, elle peut être opposée à tout moment de la procédure législative soit par le gouvernement, soit même par un simple parlementaire. En cas de contestation, c'est le bureau de la Commission des Finances qui statue. Les décisions du bureau de la Commission des Finances sur la recevabilité financière ne peuvent pas être contestées aussi longtemps que la loi n'a pas été définitivement adoptée. Mais une fois que la loi a été définitivement adoptée, si elle est soumise au Conseil constitutionnel dans le cadre de l'article 61 alinéa 2, l'article 40 pourra être invoqué, à condition toutefois que l'exception d'irrecevabilité financière ait été d'abord soulevée devant le Parlement (voir par exemple déc. n° 2003-476 DC du 24 juillet 2003). Le Conseil constitutionnel se considère donc comme simple juge d'appel des contestations relatives à la recevabilité financière des propositions de loi. Il n'accepte pas de les examiner si la question n'a pas d'abord été soulevée au stade de l'examen parlementaire.

Durant les premières années de la Ve République, beaucoup de propositions de loi ont été écartées en vertu de l'irrecevabilité financière, surtout à l'Assemblée nationale. Aujourd'hui, c'est beaucoup plus rare sans doute parce que les règles de l'article 40 sont maintenant bien connues et que les parlementaires ont appris à en tenir compte lorsqu'ils formulent une proposition de loi.

La troisième raison qui explique la faiblesse de l'initiative parlementaire en matière législative tient à la manière dont est fixé l'ordre du jour des assemblées : avant les réformes de 1995 et 2008, l'article 48 C donnait au gouvernement la maîtrise presque totale de cet ordre du jour en spécifiant qu'il comportait « *par priorité et dans l'ordre que le gouvernement a fixé* » la discussion des projets de loi déposés par lui et des propositions de loi qu'il a acceptées. Beaucoup de propositions de loi, qui étaient cependant parfaitement recevables, ne venaient donc jamais en discussion, parce que le gouvernement les considérait comme inopportunes ou parce que l'examen de ses propres projets ne laissait pas suffisamment de temps disponible.

Cette maîtrise gouvernementale avait déjà été entamée par la révision constitutionnelle du 4 août 1995 qui réservait par priorité une séance par mois à l'ordre du jour fixé par chaque assemblée. Mais la loi de révision du 23 juillet 2008 est allée beaucoup plus loin : à compter du 1er mars 2009, date de l'entrée en application de cette réforme, deux semaines de séances sur quatre seulement sont réservées à un ordre du jour fixé par le gouvernement (art. 48 C alinéa 2). Par ailleurs, d'après l'alinéa 4 de l'article 48, une semaine de séance sur quatre est réservée par priorité et dans l'ordre fixé par chaque assemblée au contrôle de l'action du gouvernement et à l'évaluation des politiques publiques, c'est-à-dire à des activités extra-législatives. Chaque assemblée dispose donc en principe d'une semaine de séances sur quatre pour discuter des propositions de loi déposées par ses membres ou de celles qui lui ont été transmises par l'autre assemblée. Mais ce nouveau partage de l'ordre du jour n'a pas revalorisé l'initiative parlementaire autant qu'on aurait pu le penser.

D'une part, ainsi qu'on l'a vu, les assemblées disposent en fait de moins de temps qu'il ne paraît car la priorité gouvernementale peut déborder sur les deux semaines qui leur sont en principe réservées, lorsque cela est nécessaire pour examiner certains projets qui, en raison de leur nature, sont considérés comme particulièrement urgents (v. *supra* n° 677).

D'autre part, même lorsqu'elles sont inscrites à l'ordre du jour, les propositions déposées par des membres de groupes d'opposition ou de groupes minoritaires n'ont pratiquement aucune chance d'être adoptées, car elles visent généralement un aspect symbolique essentiel de la politique du gouvernement (la suppression du bouclier fiscal par exemple du temps de la présidence de Nicolas Sarkozy, ou celle du « mariage pour tous » durant le quinquennat de François Hollande), ce qui les rend inacceptables pour la majorité. L'opposition ne se fait d'ailleurs aucune illusion à ce sujet mais elle persiste à mettre en avant de telles propositions pour contraindre le gouvernement à s'expliquer sur les aspects les plus impopulaires de sa politique. Dans ce cas, la discussion d'une proposition de loi ne constitue pas un véritable travail législatif mais une sorte de prolongement du contrôle parlementaire. Le cinquième alinéa de l'article 48 C prévoit qu'un jour de séance par mois est réservé à un ordre du jour arrêté par chaque assemblée à l'initiative des groupes d'opposition ainsi qu'à celle des groupes minoritaires. Chaque mois, quelques propositions de loi émanant de l'opposition sont donc effectivement inscrites à l'ordre du jour. Elles sont généralement discutées le jeudi (jour de faible affluence) mais, à la demande du gouvernement, le vote sur l'ensemble de la proposition n'intervient que le mardi suivant (jour de forte affluence) où l'on peut compter sur la présence de la plupart des députés de la majorité. La proposition est donc généralement rejetée par des députés de la majorité qui n'avaient même pas assisté à la discussion.

Restent évidemment les propositions de loi déposées par les membres de la majorité mais elles sont généralement inspirées par un ministre[41]. Dans ce cas, « on est souvent en réalité confronté à une initiative gouvernementale, relayée par un groupe majoritaire » (Camby et Servent, 2011, p. 67).

Si l'on compare le nombre des projets et des propositions de loi simplement déposés, on peut avoir le sentiment que l'initiative parlementaire est plus importante que l'initiative gouvernementale. Mais si l'on considère les lois finalement adoptées, on s'aperçoit que l'initiative utile, c'est-à-dire celle qui aboutit, est généralement l'initiative gouvernementale. D'après les statistiques officielles, moins de 15 % des lois définitivement adoptées sont d'origine parlementaire. En fait, d'ailleurs, ces statistiques donnent une idée exagérée de l'importance des propositions de loi car, ainsi qu'on vient de le voir, certaines d'entre elles ont été déposées à la demande du gouvernement qui, bien que favorable à l'adoption du texte, ne souhaitait pas en prendre l'initiative. La prépondérance de l'initiative gouvernementale n'est d'ailleurs pas propre au système français. Dans les autres démocraties parlementaires, la situation est à peu près identique.

B. Le droit d'amendement

751. Les observations précédentes doivent cependant être nuancées car l'initiative législative peut se manifester non seulement sous la forme d'un projet ou d'une proposition de loi, c'est-à-dire d'un texte principal qui forme un tout, mais aussi sous forme d'amendements qui tendent à modifier sur certains points le texte principal. De même que le droit d'initiative à titre principal, le droit d'amendement est reconnu aux membres du Parlement et au gouvernement (art. 44 al. 1er). Mais d'un point de vue financier, les amendements d'origine parlementaire sont soumis aux mêmes restrictions que les propositions de loi, c'est-à-dire qu'ils ne sont pas recevables lorsque leur adoption aurait pour conséquence soit une diminution des ressources publiques, soit la création ou l'aggravation d'une charge publique.

De même que pour les propositions de loi, le contrôle de la recevabilité financière d'un amendement d'origine parlementaire doit d'abord être effectué par l'assemblée dont émane cet amendement et le Conseil constitutionnel ne peut en principe intervenir que comme juge d'appel, après l'adoption

41. Les raisons pour lesquelles le gouvernement décide de ne pas déposer lui-même un projet de loi sont très variées : désir d'éviter certaines formalités, par exemple l'avis du Conseil d'État, ou de permettre au parlementaire qui va faire la proposition de se mettre en valeur, de donner le sentiment que le gouvernement est à l'écoute de sa majorité, ou encore d'amadouer l'opposition qui éprouve une méfiance instinctive envers les projets gouvernementaux. Mais il s'agit généralement de mesures d'une importance relativement secondaire auxquelles aucun ministre ne souhaite attacher son nom.

de la loi, à l'occasion de la saisine prévue par l'article 61 alinéa 2. Mais encore faut-il qu'une procédure d'examen effective et systématique ait été instaurée par le règlement de l'assemblée intéressée. Si ce n'est pas le cas, le Conseil constitutionnel se reconnaît le droit de censurer d'office les amendements contrevenant à l'article 40 (déc. n° 2006-544 DC du 14 décembre 2006, cons. 12 à 14).

En pratique, le droit d'amendement est beaucoup plus utilisé par les parlementaires que par le gouvernement. Le gouvernement exerce généralement son droit d'initiative à titre principal, c'est-à-dire sous forme de projets de loi. Au cours des péripéties de la procédure législative, il peut arriver que le gouvernement propose un amendement à l'un de ses propres projets, mais c'est relativement rare. Quant aux parlementaires, comme leurs propositions de loi n'ont que peu de chances d'aboutir, c'est surtout par le biais d'amendements aux projets gouvernementaux qu'ils peuvent participer à l'initiative de la loi, et les statistiques montrent que de tels amendements sont effectivement très nombreux, mais il faut signaler qu'un grand nombre de ceux qui aboutissent ont été déposés à l'instigation du gouvernement (ou du moins avec son accord).

En dehors de l'irrecevabilité financière prévue par l'article 40 (qui est propre aux amendements d'origine parlementaire), et de l'irrecevabilité de l'article 41, qui tend à protéger le domaine réglementaire, le texte originel de la Constitution ne fixait aucune règle quant au contenu des amendements. De façon très prétorienne, dans sa décision n° 86-225 DC du 23 janvier 1987, le Conseil constitutionnel avait subordonné la recevabilité des amendements à des conditions assez strictes. Mais ces conditions avaient suscité de vives protestations et leur sévérité s'était beaucoup atténuée au fil de la jurisprudence du Conseil. Cette évolution a été confirmée et même accentuée par la révision de juillet 2008 : il est en effet précisé, à l'alinéa premier nouveau de l'article 45, que « *tout amendement est recevable en première lecture dès lors qu'il présente un lien, même indirect, avec le texte déposé ou transmis* ». L'irrecevabilité ne pourra donc plus être opposée pour des raisons tenant à l'importance ou à l'ampleur de l'amendement et le lien de celui-ci avec le texte principal devra être apprécié de manière souple puisque l'article 45 précise qu'il peut être « indirect ».

Aux termes de l'article 44 C, le droit d'amendement peut s'exercer soit en séance, soit en commission. Ce même article précise que, après l'ouverture du débat, le gouvernement peut s'opposer à l'examen de tout amendement qui n'a pas été antérieurement soumis à la commission. Mais il a rarement l'occasion de le faire, car, dans chacune des deux assemblées, le règlement précise que la commission à laquelle le texte a été renvoyé se réunit dans les trois jours précédant l'ouverture de la discussion pour examiner les amendements déposés au dernier moment[42]. Cependant, les auteurs de la loi de modernisation des institutions de juillet 2008 pensaient que, à partir du

42. Au cours de cette ultime réunion, la commission ne se prononce pas pour ou contre ces amendements, mais elle les « examine », ce qui empêche le gouvernement de faire jouer les dispositions précitées de l'article 44.

moment où la discussion en séance s'engagerait sur le texte de la commission, comme cette loi le prévoyait, la plupart des amendements seraient présentés et discutés devant la commission, et que cela permettrait d'alléger l'ordre du jour des séances. Mais cela ne s'est pas produit : les statistiques montrent en effet que, dans l'ensemble, le nombre des amendements présentés en séance a plutôt augmenté à la suite de cette réforme (De Montis, 2016, p. 455 et s.). L'explication de ce phénomène est double. D'une part, les amendements rejetés en Commission sont souvent redéposés en séance. D'autre part, les parlementaires préfèrent souvent déposer leurs amendements en séance parce que d'un point de vue médiatique celle-ci est mieux mise en valeur qu'une réunion de commission. Les amendements à caractère technique sont souvent déposés en commission, mais les amendements à caractère politique, c'est-à-dire ceux qui sont un moyen d'expression ou d'interpellation de l'opinion publique sont généralement réservés à la séance par leur auteur.

Mais c'est seulement devant la commission ou devant l'assemblée plénière en première lecture que le droit d'amendement peut s'exercer pleinement. À partir de la seconde lecture, le Conseil constitutionnel impose des contraintes particulières, connues sous le nom de « règles de l'entonnoir », dont le but est de faciliter l'accord des deux assemblées sur un texte identique (v. *infra* n° 757).

752. Les sources des amendements parlementaires. - On se doute bien que les amendements parlementaires ne sont pas exclusivement le fruit de l'imagination de leurs auteurs et qu'ils sont souvent inspirés par des organisations formelles ou informelles, spécialisées dans la défense d'intérêts moraux ou matériels. Mais les contacts entre les parlementaires et les représentants de ces organisations se sont longtemps déroulés dans la coulisse et n'étaient soumises à aucune publicité ni même à une obligation de déclaration. Cette situation favorisait évidemment la corruption et les influences occultes.

Pour y remédier, la loi du 10 décembre 2016, dite « loi anti-corruption », ou loi Sapin II du nom du ministre à l'origine du projet, a tenté d'établir la transparence des rapports entre les représentants d'intérêt et les pouvoirs publics. À cette fin, elle oblige les représentants d'intérêts à se déclarer auprès de la Haute autorité pour la transparence de la vie publique en indiquant l'organisme pour lequel ils travaillent ainsi que les intérêts ou entités qu'ils représentent. La Haute autorité crée un fichier numérique qui contient la liste des représentants d'intérêts, et qui peut être consulté par toute personne.

On sait que les élections législatives de 2017 ont entraîné un certain renouvellement du personnel politique car, d'une part, beaucoup d'anciens députés ont choisi de ne pas se représenter afin de pouvoir conserver leurs mandats locaux et, d'autre part, le parti du nouveau président de la République, LRM, avait présenté des candidats choisis principalement parmi les personnes qui n'avaient jusque-là exercé aucun mandat politique et qui venaient pour la plupart du secteur privé. Du fait de ce renouvellement, de façon générale, les députés de la législature ont une conception de la loi un peu différente de celle de leurs prédécesseurs : ils la voient moins comme l'expression d'un intérêt général transcendant que comme la résultante d'une multitude d'intérêts particuliers. Ils s'accommodent donc très bien de la publicité donnée aux interventions des groupes d'intérêt et vont même jusqu'à affirmer que cette publicité a l'avantage d'assurer la traçabilité de la loi, c'est-à-dire de connaître les besoins et les influences qui ont abouti à son adoption.

C'est pourquoi ils ont voulu aller encore plus loin dans la voie de la transparence ont notamment proposé que les parlementaires s'engagent à révéler la source de leurs amendements lorsque ceux-ci sont inspirés par un lobby et que les lobbyistes soient tenus de déclarer non seulement les rendez-vous qu'ils ont sollicités avec un parlementaire mais également ceux qui ont eu lieu à l'initiative de ces parlementaires. Ainsi les agendas des parlementaires cesseraient-ils pratiquement d'être des documents à caractère privé (voir notamment la tribune publiée par les députés du groupe LRM et par une partie des députés du MODEM dans le journal *Le Monde* du 9 octobre 2019).

C. Les grandes étapes de la procédure

1. Le rôle des commissions en matière législative

753. En commission. – Avant d'être discuté(e) en séance plénière, le projet ou la proposition de loi est toujours envoyé(e) pour examen à l'une des commissions permanentes de l'assemblée qui en a été saisie. À la demande du gouvernement ou de l'assemblée, le texte peut néanmoins être renvoyé à une commission spécialement constituée à cet effet. Mais en pratique cette faculté n'est que rarement utilisée[43]. La règle de l'examen préalable en commission s'applique également lorsqu'il s'agit d'un texte transmis par l'autre assemblée.

Il peut arriver que plusieurs commissions permanentes soient intéressées par le projet ou la proposition. Dans ce cas, une seule commission est désignée à titre principal pour établir un rapport sur le projet, mais les autres commissions intéressées peuvent adopter des avis qui seront distribués à tous les membres de l'assemblée, en même temps que le rapport de la commission à laquelle le texte a été renvoyé.

La loi de révision du 23 juillet 2008 a introduit, dans la procédure, deux modifications importantes qui tendent à valoriser le rôle joué par la commission.

En premier lieu, pour que la commission dispose du temps nécessaire à un examen approfondi du texte, des délais minimums, applicables même en matière constitutionnelle, sont prévus : d'après l'alinéa 3 nouveau de l'article 42 C, la discussion en séance d'un projet ou d'une proposition de loi ne peut intervenir, devant la première assemblée saisie, qu'à l'expiration d'un délai de six semaines après son dépôt ; devant la seconde assemblée saisie, cette même discussion ne peut intervenir qu'à l'expiration d'un délai de

43. Depuis 1958, il y a eu environ 70 commissions spéciales à l'Assemblée nationale et 60 au Sénat, c'est-à-dire à peine plus d'une par an en moyenne.

quatre semaines à compter de la transmission du texte adopté par l'autre assemblée[44]. C'est là une amélioration notable des conditions dans lesquelles travaillent les commissions car, auparavant, seule la procédure des lois organiques comportait un délai minimum et celui-ci n'était que de quinze jours entre le dépôt du projet ou de la proposition et le début de la discussion devant la première assemblée saisie. Toutefois la règle des délais minimums connaît quelques exceptions : elle n'est pas applicable aux projets de loi de finances, aux projets de loi de financement de la sécurité sociale, ainsi qu'aux projets « relatifs aux états de crise »[45]. Elle est également écartée, quelle que soit la nature du projet ou de la proposition, lorsque la procédure dite « accélérée » a été engagée (v. *infra* n° 759).

La commission désignée à titre principal choisit un rapporteur parmi ses membres. Elle examine le texte. Elle adopte ou rejette les amendements proposés par ses membres.

En second lieu, pour donner davantage de poids au travail accompli par la commission, l'alinéa premier modifié de l'article 42 C prévoit que la discussion s'engage sur le texte adopté par la commission et non, comme auparavant, sur le texte originel du projet ou de la proposition ou sur le texte transmis par l'autre assemblée. Ce changement modifie sensiblement le rapport des forces entre la commission et le gouvernement. Si ce dernier veut rétablir son texte originel, il ne peut le faire qu'en déposant des amendements qui devront être adoptés en séance plénière. Or cette adoption n'est pas toujours acquise d'avance, même lorsque le gouvernement dispose en principe d'une majorité au sein de l'assemblée saisie. En raison de cette modification du rapport des forces, le Conseil constitutionnel a jugé que les règlements des assemblées ne pouvaient pas interdire au gouvernement de se faire représenter aux réunions des commissions consacrées à l'examen d'un projet ou d'une proposition de loi[46]. Et une circulaire gouvernementale en date du 15 avril 2009 a enjoint aux ministres de participer activement à ces réunions.

De même que la précédente, cette seconde modification comporte des exceptions. En ce qui concerne les projets de révision constitutionnelle, les projets de loi de finances et les projets de loi de financement de la sécurité sociale, c'est toujours sur le texte du gouvernement que s'engage le débat devant la première assemblée saisie.

Mais, en dehors de ces exceptions, qui tiennent à l'objet du projet ou de la proposition, la priorité au texte adopté par la commission s'impose, sauf bien entendu lorsque la commission n'a adopté aucun texte ou lorsque le texte qu'elle a adopté est identique à celui du gouvernement. Mais s'il diffère si peu que ce soit du texte du gouvernement, c'est sur lui que la discussion doit s'engager, même s'il n'a pas été présenté dans le rapport de la Commission sous la forme d'un texte consolidé. En cas de violation de cette règle, le

44. Il faut bien noter que ces délais ne sont applicables qu'en première lecture, c'est-à-dire lorsque chacune des assemblées examine le texte pour la première fois.

45. Il s'agit d'une notion assez vague qui devra être précisée par la jurisprudence du Conseil constitutionnel.

46. CC, déc. n° 2009-579 DC du 9 avril 2009 (cons. 38).

Conseil constitutionnel n'hésite pas à annuler l'ensemble du texte, comme il l'a fait à propos de la loi relative à la mobilisation du foncier public en faveur du logement (CC, déc. n° 2012-655 DC du 24 octobre 2012).

2. L'examen et le vote du texte par chaque assemblée

754. Lorsque le rapport de la commission est prêt, le projet peut être inscrit à l'ordre du jour d'une séance de l'assemblée[47]. L'examen du projet commence par une discussion générale à laquelle prennent part le représentant du gouvernement, le rapporteur de la commission, éventuellement les rapporteurs des commissions saisies pour avis, ainsi que des représentants désignés par les principaux groupes politiques[48]. D'autres parlementaires peuvent éventuellement se faire inscrire dans le débat.

La discussion générale ne donne lieu à aucun vote, sauf si le gouvernement ou un parlementaire dépose une motion de procédure qui peut prendre la forme d'une exception d'irrecevabilité, d'une question préalable, ou d'une demande de renvoi en commission. Précisions le sens de ces termes :

Exception d'irrecevabilité : c'est une motion de procédure tendant à faire reconnaître par l'assemblée que le texte proposé est contraire à la Constitution et qu'il doit donc être immédiatement écarté pour cette raison.

Question préalable : c'est une motion de procédure tendant à faire reconnaître par l'assemblée qu'il n'y a pas lieu de délibérer sur le texte non pas parce que celui-ci serait inconstitutionnel mais parce que son adoption ne serait pas opportune.

Renvoi en commission : c'est une motion de procédure tendant à faire reconnaître par l'assemblée que le texte n'est pas encore en état d'être débattu et qu'il doit faire l'objet d'un examen supplémentaire par la commission avant de revenir à l'ordre du jour d'une séance plénière.

Afin d'éviter des votes en cascade, les motions de procédure sont strictement réglementées par les règlements des assemblées. Ainsi, d'après le règlement de l'Assemblée nationale, il ne peut en être proposé qu'une seule, à l'issue de la discussion générale. Si l'assemblée vote l'exception d'irrecevabilité, la question préalable ou le renvoi en commission, le débat s'arrête là. Mais c'est très exceptionnel car les motions de procédure sont presque toujours déposées par des parlementaires de l'opposition et comme celle-ci est, par définition, minoritaire, elles sont presque toujours rejetées. Depuis 1958, l'Assemblée nationale n'a adopté que deux exceptions d'irrecevabilité[49].

47. Rappelons que, devant l'Assemblée nationale, si le gouvernement engage sa responsabilité sur le vote du projet, celui-ci n'est même pas examiné. Le projet est considéré comme adopté sauf si une motion de censure est votée. Cette procédure (art. 49 al. 3), qui a été étudiée *supra* n° 705 n'est pas applicable devant le Sénat. Mais elle peut éventuellement être utilisée à chaque lecture devant l'Assemblée nationale.

48. On n'exposera ici que la procédure ordinaire. Les règlements des deux assemblées prévoient également des procédures courtes, qui permettent d'adopter un texte sans l'examiner article par article et éventuellement même sans discussion générale. Il s'agit de la procédure d'examen simplifiée (PES) à l'Assemblée nationale et des procédures abrégées au Sénat. Ces procédures ne sont utilisées que pour l'adoption de textes d'une importance mineure, et avec l'accord de tous les groupes politiques.

49. La plus récente remonte au 9 octobre 1998 : il s'agissait du Pacte civil de solidarité (PACS) et les députés de l'opposition, plus nombreux en séance que ceux de la majorité, ont fait voter l'irrecevabilité par

Lorsque la discussion générale est terminée, l'assemblée procède à l'examen du texte article par article. À propos de chacun de ceux-ci, l'assemblée doit examiner en principe tous les amendements proposés, à l'exception de ceux qui ont été déclarés irrecevables.

Toutefois, d'après le second alinéa de l'article 44 C, le gouvernement peut s'opposer à l'examen de tout amendement qui n'a pas antérieurement été soumis à la commission. Mais il use rarement de cette faculté.

755. Le vote bloqué. – En principe, chaque amendement proposé doit faire l'objet d'une discussion et d'un vote. Toutefois si le gouvernement veut empêcher l'assemblée de se prononcer sur certains amendements, il peut recourir à une procédure désignée sous le nom de « vote bloqué ». Celle-ci est prévue par le troisième alinéa de l'article 44 C : « *Si le gouvernement le demande, l'assemblée saisie se prononce par un seul vote sur tout ou partie du texte en discussion en ne retenant que les amendements proposés ou acceptés par le gouvernement* ».

Cette procédure appelle deux remarques :

1° Le vote bloqué est pour le gouvernement une arme très efficace et en même temps très maniable. Il peut être demandé aussi bien devant le Sénat que devant l'Assemblée nationale. Il ne nécessite aucune formalité préalable, alors que, par exemple, la mise en jeu de la responsabilité du gouvernement (art. 49 al. 3) doit obligatoirement être précédée d'une délibération en Conseil des ministres. Enfin, il peut être demandé sur tout ou partie du texte en discussion, c'est-à-dire soit sur l'ensemble du projet de loi, soit sur un seul article, soit sur un sous-ensemble constitué de plusieurs articles.

2° Lorsque le gouvernement demande un vote bloqué, l'assemblée saisie est placée devant une alternative : ou bien elle adopte le texte tel qu'il est proposé par le gouvernement ; ou bien elle le rejette. Mais elle ne peut pas l'adopter en le modifiant par des amendements auxquels le gouvernement n'a pas donné son accord. En d'autres termes, le vote bloqué aboutit à restreindre considérablement le droit d'amendement qui est la principale forme d'initiative législative restant à la disposition des parlementaires. C'est pourquoi ceux-ci protestent généralement contre son utilisation. Sensible à ces protestations, le gouvernement, depuis quelques années, évite d'y recourir trop souvent. Toutefois, depuis 2008, on a assisté à un « retour en force » du vote bloqué (Camby et Servent, 2011, p. 94) qui remplace l'engagement de responsabilité du gouvernement sur le vote d'un texte désormais limité par la Constitution elle-même (v. *supra* n° 707), et qui est souvent utilisé pour rejeter en bloc le mardi une proposition de loi émanant de l'opposition qui a été discutée le jeudi précédent (v. *supra* n° 750).

Le vote bloqué empêche l'assemblée saisie de voter sur les amendements que le gouvernement n'a pas retenus, mais il ne l'empêche pas et même il ne la dispense pas de discuter séparément chacun de ces amendements. Or l'examen d'un seul amendement nécessite toujours au moins quelques

---

surprise. Ce vote n'a finalement pas empêché l'adoption du PACS mais la procédure législative a dû être recommencée à zéro avec le dépôt d'une nouvelle proposition de loi.

minutes. C'est ce qui explique que le droit d'amendement soit souvent utilisé à des fins d'obstruction législative.

756. L'obstruction législative. – Depuis le début des années 1980, l'opposition parlementaire, qu'elle soit de gauche ou de droite, utilise parfois le droit d'amendement pour pratiquer ce que l'on appelle aux États-Unis le « *filibustering* » et que l'on peut traduire en français par obstruction législative. Lorsqu'un groupe parlementaire de l'opposition veut manifester son hostilité à l'égard d'un projet de loi dont il sait qu'il ne pourra pas empêcher l'adoption, il fait déposer par ses membres des centaines, voire des milliers d'amendements qui ne tendent pas réellement à l'amélioration du texte, et qui n'ont en réalité qu'un objectif purement dilatoire.

Le « vote bloqué » ne permet pas de parer à ces tentatives d'obstruction puisqu'il ne dispense pas l'assemblée saisie d'examiner successivement chaque amendement proposé. Devant l'Assemblée nationale, au moins jusqu'à l'entrée en vigueur de la réforme de juillet 2008, le gouvernement pouvait toujours éviter l'obstruction en faisant application de l'article 49 alinéa 3 : en effet, la mise en jeu de la responsabilité gouvernementale supprime tout débat sur le texte et l'Assemblée nationale n'examine donc dans ce cas aucun amendement. Mais cette procédure n'est pas applicable devant le Sénat.

En 1993, pour surmonter une tentative d'obstruction à l'adoption d'une loi concernant l'aide à l'enseignement privé, les sénateurs de la majorité décidèrent d'écarter par un vote global 2 870 amendements considérés comme contraires à la Constitution, ce qui évitait de les examiner un par un. Dans un mémoire adressé au Conseil constitutionnel, les sénateurs de l'opposition critiquèrent cette démarche en alléguant qu'elle portait gravement atteinte au droit d'amendement. Dans sa décision du 13 janvier 1994, le Conseil constitutionnel a rejeté ce moyen en déclarant que la restriction au droit d'amendement, qui devait être appréciée « *au regard du contenu desdits amendements et des conditions générales du débat* », n'avait pas « *revêtu en l'espèce un caractère substantiel* ». Cette motivation très prudente montre que le Conseil constitutionnel entend se réserver une large faculté d'appréciation, et qu'il prend en considération le caractère plus ou moins sérieux et sincère des amendements proposés.

Il arrive que les tentatives d'obstruction débouchent sur une négociation. Par exemple, en septembre 2006, le dépôt d'un projet de loi relatif au secteur de l'énergie, qui prévoyait la fusion de Gaz de France et de la compagnie Suez, suscita un nombre record d'amendements : 137 661 pour la seule Assemblée nationale ! Mais, grâce à la médiation du président de l'Assemblée nationale de l'époque, Jean-Louis Debré, un accord fut trouvé entre les groupes parlementaires de l'opposition (socialiste et communiste) et le gouvernement. Les premiers acceptèrent de limiter leur obstruction de façon que la discussion puisse s'achever au bout d'une dizaine de jours. En échange de cette concession, le second renonça à engager sa responsabilité, ce qui aurait bloqué toute discussion.

En acceptant que l'usage de l'article 49 (3) soit limité, le gouvernement a renoncé à l'une des armes les plus efficaces dont il disposait pour lutter contre l'obstruction législative. Mais le sacrifice n'est qu'apparent car, dans le même temps, une autre technique, presque aussi efficace, a été mise en place. D'après l'alinéa premier modifié de l'article 44 C : « *Ce droit (le droit d'amendement) s'exerce selon les conditions fixées par les règlements des assemblées, dans le cadre déterminé par une loi organique* ». Or l'article 13 de la LO relative à l'article 44 C renoue avec une pratique qui avait été abandonnée en 1969 en permettant aux règlements des assemblées d'instituer une procédure impartissant des limites de temps pour l'examen d'un texte. Cela signifie que le bureau de l'assemblée saisie peut assigner à chaque groupe parlementaire un temps maximum pour présenter et défendre les amendements déposés par ses membres, et qu'un groupe qui ne se plierait pas à cette discipline s'exposerait au risque de voir ses amendements rejetés sans aucun débat. Chaque groupe est donc pratiquement obligé de sélectionner ses amendements et, de ce fait, les possibilités d'obstruction parlementaire sont strictement limitées.

Techniquement, le Sénat, de même que l'Assemblée nationale, aurait pu en réformant son règlement, se doter d'un temps législatif programmé. Mais, en raison de leur culture politique, les sénateurs étaient moins enclins que les députés à pratiquer l'obstruction législative de sorte que la discipline des groupes politiques s'est avérée suffisante pour éviter que les débats se prolongent trop longtemps.

Cette pratique est connue sous le nom de « temps législatif programmé » (TLP). Lorsqu'elle fut introduite dans le règlement de l'Assemblée nationale en 2008, l'opposition de l'époque, c'est-à-dire les socialistes, l'avait jugée doublement antidémocratique, d'une part parce qu'elle restreignait le droit d'amendement et d'autre part parce qu'elle empêchait de prolonger le débat législatif assez longtemps pour sensibiliser l'opinion à l'importance des enjeux. Mais, à partir de juin 2012, les socialistes devenus majoritaires ont à leur tour utilisé le TLP pour faciliter l'adoption de certains projets combattus par l'opposition (De Montis, 2016, p. 468 et s).

Ce qui est certain, c'est que des limitations du temps de discussion ont été introduites, sous une forme ou sous une autre, dans la plupart des régimes parlementaires. Au Royaume-Uni, par exemple, il existe une procédure dite « de la guillotine » qui permet au *speaker* de la Chambre des communes d'écarter certains amendements lorsque cela est nécessaire pour permettre l'adoption d'un texte législatif à une date déterminée.

Lorsque le vote article par article est terminé, l'assemblée saisie se prononce par un vote global sur l'ensemble du texte[50]. Mais comme le Parlement comporte deux assemblées, la procédure législative nécessite une navette et généralement plusieurs examens successifs par chacune des deux assemblées.

50. À l'Assemblée nationale, il peut arriver qu'à ce stade, la majorité soit mise en minorité par surprise en raison de l'absence de la plupart de ses membres. C'est ce qui s'est produit le 3 avril 2009 à propos de ladite loi « Hadopi » (Haute Autorité pour la diffusion des œuvres et la protection des droits sur Internet).

3. La navette et la solution des désaccords entre les deux assemblées

757. Le premier alinéa de l'article 45 C pose le principe de la navette : « *Tout projet ou proposition de loi est examiné successivement dans les deux assemblées du Parlement en vue de l'adoption d'un texte identique* ». Au cours de cette navette, chaque assemblée délibère sur le texte qui lui a été transmis par l'autre assemblée : si elle l'approuve, il n'y a plus de problème ; si elle le modifie, le texte est renvoyé devant l'autre assemblée. À partir de la seconde lecture, les seuls amendements recevables sont ceux qui sont en relation directe avec une disposition restant en discussion, c'est-à-dire une disposition qui n'a pas encore été adoptée en termes identiques par les deux assemblées. Il ne peut y avoir exception à cette règle que dans trois cas : amendements destinés à assurer le respect de la Constitution, à opérer une coordination avec un autre texte en cours de discussion ou à corriger une erreur matérielle (déc. n° 2005-532 DC du 19 janvier 2006, cons. 25 et 26). Cette limitation du droit d'amendement est destinée à faciliter l'adoption finale du texte en évitant des adjonctions qui pourraient susciter de nouveaux désaccords entre les deux assemblées. C'est pourquoi on la désigne généralement sous le nom de règle de « l'entonnoir »[51]. Bien qu'elle ne soit pas explicitement formulée par l'article 45, elle peut se déduire de l'esprit de ce texte qui précise que le but de la navette est l'accord des deux assemblées sur un texte identique.

Si le jeu normal de la navette ne suffit pas à faire disparaître les désaccords, une procédure spéciale peut être déclenchée pour tenter d'accélérer les choses : celle de la commission mixte paritaire, qui est prévue par l'article 45 C.

Cette commission comprend sept députés et sept sénateurs spécialement désignés par leurs collègues pour cette occasion : elle est chargée de proposer un texte sur les dispositions restant en discussion.

La suite de la procédure dépend du résultat de cette tentative de conciliation :

1° Si la commission mixte parvient à adopter un texte, celui-ci peut être soumis par le gouvernement aux deux assemblées. L'article 45 alinéa 3 précise qu'à ce stade, aucun amendement n'est recevable sauf accord du gouvernement. Comme par ailleurs, la règle de l'entonnoir continue de s'appliquer, le droit d'amendement est donc, à ce stade extrêmement restreint.

2° Si la commission mixte paritaire ne réussit pas à proposer un texte de transaction, ou si le texte qu'elle propose n'est pas adopté par les deux assemblées, le gouvernement peut, après une nouvelle lecture par l'Assemblée nationale et par le Sénat, demander à l'Assemblée nationale de statuer définitivement. La loi peut alors être définitivement adoptée par l'Assemblée nationale malgré l'opposition du Sénat. À ce stade, l'Assemblée nationale peut

51. Selon la jurisprudence ancienne du Conseil constitutionnel, cette règle de « l'entonnoir » ne prenait effet qu'après que la commission mixte paritaire ait été saisie (voir décisions n° 402 DC du 28 juin 1998 et n° 430 DC du 29 juin 2000). Mais, depuis sa décision sus-évoquée de 2006, le Conseil constitutionnel lui attribue une portée générale, indépendamment de la saisine de la commission mixte paritaire.

reprendre soit le texte qui avait été proposé par la commission mixte paritaire, soit le dernier texte voté par elle, modifié, le cas échéant par un ou plusieurs des amendements adoptés par le Sénat. Il convient de rappeler que le gouvernement peut lors du nouvel examen du texte par l'Assemblée nationale engager à nouveau sa responsabilité dans les conditions prévues à l'article 49.3, même s'il l'a déjà fait en première lecture.

Cette procédure appelle quelques observations :

a) D'après l'article 45, aussi longtemps que le gouvernement n'intervient pas, les deux assemblées se trouvent sur un pied d'égalité et la navette peut se poursuivre indéfiniment. Le dernier mot n'appartient donc pas en propre à l'Assemblée nationale. Sur ce point, il y a une différence importante par rapport à la IVe République, où l'Assemblée nationale pouvait toujours statuer définitivement à l'expiration d'un certain délai, quelle que fût l'attitude du gouvernement.

b) Le gouvernement peut forcer la résistance du Sénat en s'appuyant sur l'Assemblée nationale, mais il ne pourrait pas faire l'inverse. Seule l'Assemblée élue au suffrage direct peut avoir le dernier mot, parce qu'elle est considérée comme plus représentative de la volonté populaire.

c) La fréquence du recours aux procédures de l'article 45 dépend de la conjoncture politique. Lorsque l'Assemblée nationale et le Sénat ont des colorations politiques nettement différentes, la procédure législative est souvent bloquée par suite d'un désaccord persistant entre les deux assemblées. Pour surmonter ces blocages, le gouvernement, après l'échec des procédures de conciliation, donne habituellement le dernier mot à l'Assemblée nationale. Par exemple, durant la 7e législature, de juin 1981 à mars 1986, il y avait un président de la République socialiste, une majorité de gauche à l'Assemblée nationale mais le Sénat, quant à lui, avait toujours une majorité de tendance centre-droit : plus de cent lois ont été adoptées par l'Assemblée nationale statuant définitivement à la demande du gouvernement, malgré l'opposition très ferme du Sénat. Tel fut notamment le cas des lois de nationalisation. Au contraire, lorsque ce sont les mêmes familles politiques qui disposent de la majorité à l'Assemblée nationale et au Sénat, quand bien même l'équilibre des forces ne serait pas tout à fait identique dans les deux assemblées, les désaccords se règlent généralement au cours de la navette et le gouvernement n'a que rarement besoin de recourir aux procédures de l'article 45.

Par ailleurs, il peut arriver que la procédure de l'article 45 soit déclenchée à la suite d'un désaccord *fictif* entre les deux assemblées. Il s'agit alors en fait d'accélérer la procédure législative en supprimant la discussion des articles devant le Sénat pour empêcher l'opposition de livrer une bataille purement dilatoire.

Globalement, depuis les débuts de la Ve République, les deux tiers des lois environ ont été adoptées dans le cadre de la navette, sans même qu'il soit nécessaire de provoquer l'intervention d'une commission mixte paritaire.

758. La procédure accélérée. – Avant la révision constitutionnelle de juillet 2008, l'article 45 C prévoyait déjà une procédure dite « d'urgence » qui permettait au gouvernement d'intervenir plus rapidement en cas de désaccord entre les deux assemblées. D'après sa dénomination, cette procédure aurait dû être réservée à des cas exceptionnels où, compte tenu des circonstances, la loi en préparation devait intervenir le plus rapidement possible. Mais, selon la jurisprudence du Conseil constitutionnel, pour que le gouvernement pût déclarer l'urgence, il suffisait que cela lui parût opportun. En pratique, la condition d'urgence était interprétée de façon très large : un tiers environ des cas de désaccord entre les deux assemblées était traité selon cette procédure. La révision de 2008 a formellement supprimé la condition d'urgence en rebaptisant la chose « procédure accélérée », ce qui signifie que le gouvernement apprécie de façon discrétionnaire l'opportunité d'y recourir.

La déclaration de procédure accélérée emporte deux conséquences :

En premier lieu, le délai minimum de six semaines prévu par l'article 42 C entre le dépôt du projet ou de la proposition et le début de la discussion en séance (six semaines devant la première assemblée saisie, quatre semaines devant la seconde) ne s'applique pas. Le gouvernement peut donc toujours obliger l'assemblée saisie à se prononcer dans la précipitation[52].

En second lieu, la commission mixte paritaire peut être convoquée après une seule lecture devant chacune des deux assemblées.

L'article 45 C prévoit toutefois que la procédure accélérée ne peut pas être mise en œuvre si les conférences des présidents des deux assemblées s'y sont opposées conjointement. Mais, compte tenu de l'appui politique dont le gouvernement dispose à l'Assemblée nationale, il est pratiquement exclu qu'il puisse y avoir opposition conjointe.

On sait que, depuis le début du quinquennat d'Emmanuel Macron, le gouvernement, sous l'impulsion du chef de l'État, mène les réformes au pas de charge. Dans ces conditions, il n'est pas surprenant que le recours à la procédure accélérée soit encore plus fréquent que sous les quinquennats précédents. On peut se demander si, en privant les assemblées du temps nécessaire à la réflexion, cette précipitation ne risque pas de nuire à la qualité de la loi.

Toutes les prérogatives que la Constitution accorde au gouvernement dans la procédure législative (mise en jeu de sa responsabilité devant l'Assemblée nationale, vote bloqué, procédure accélérée, dernier mot donné à l'Assemblée nationale, etc.) peuvent être utilisées cumulativement en vue de faciliter l'adoption d'un projet de loi (déc. n° 2006-535 DC du 30 mars 2006, cons. 9). Ce projet pourra donc être considéré comme adopté par le Parlement alors que l'Assemblée nationale n'en a jamais débattu et que le Sénat l'a rejeté globalement. Il y a dans une telle situation quelque chose de paradoxal et même de choquant et c'est l'une des raisons qui ont été invoquées pour justifier la limitation de l'utilisation du « quarante-neuf-trois » en 2008.

52. Le nouveau règlement de l'Assemblée nationale prévoyait néanmoins un délai minimum de sept jours entre la mise à disposition du texte adopté par la commission et le début de la discussion en séance. Mais cette disposition a été censurée par le Conseil constitutionnel au motif qu'elle réduisait l'efficacité de la procédure accélérée (v. déc. n° 2014-705 DC du 11 décembre 2014, cons. 40).

759. Le cas particulier des propositions de loi. – Avant l'entrée en vigueur de la réforme de juillet 2008, l'article 45 C ne distinguait pas entre les projets et les propositions de loi. Pour ces dernières, il était donc extrêmement rare qu'une commission mixte paritaire fût réunie car, comme le gouvernement n'en était pas l'auteur, le Premier ministre se désintéressait généralement de leur sort. C'est pourquoi, d'après l'article 45 C nouveau, en ce qui concerne les propositions de loi, l'initiative de la convocation d'une commission mixte paritaire est attribuée aux présidents des deux assemblées agissant conjointement, et non plus au Premier ministre. Mais si la procédure de conciliation échoue, seul le Premier ministre peut demander à l'Assemblée nationale de statuer définitivement.

4. De l'adoption de la loi à sa promulgation

760. La promulgation est l'acte par lequel le président de la République constate que la loi a bien été adoptée selon les formes prévues par la Constitution et donne à toutes les autorités administratives et juridictionnelles l'ordre d'appliquer ou de faire appliquer cette loi.

Le texte de la loi est publié au *Journal officiel*, précédé de la formule de promulgation. La formule de promulgation comporte deux variantes : la première est utilisée lorsque la loi a été votée dans les mêmes termes par les deux assemblées :

« *L'Assemblée nationale et le Sénat ont adopté.*

« *Le président de la République promulgue la loi dont la teneur suit...* ».

Dans le cas où l'accord entre les deux assemblées n'a pas pu se faire, et où l'Assemblée nationale a statué définitivement en application de l'article 45, on utilise la seconde variante :

« *L'Assemblée nationale et le Sénat ont délibéré.*

« *L'Assemblée nationale a adopté.*

« *Le président de la République promulgue la loi dont la teneur suit...* ».

D'après l'article 10 de la Constitution, le président de la République promulgue « *les lois dans les quinze jours qui suivent la transmission au gouvernement de la loi définitivement adoptée* ».

La promulgation n'est pas un acte discrétionnaire. Le président de la République ne doit intervenir que pour s'assurer que la loi a bien été adoptée dans les conditions prévues par la Constitution. D'ailleurs, même en période de cohabitation, si le président de la République a parfois refusé de signer une ordonnance, il ne s'est jamais reconnu le même pouvoir d'appréciation en ce qui concerne la promulgation de la loi.

Pourtant, la promulgation n'a pas toujours lieu dans le délai de quinze jours prévu à l'article 10.

Avant l'expiration de ce délai, la loi peut être déférée au Conseil constitutionnel dans le cadre de l'article 61 alinéa 2 par le président de la République, le Premier ministre, le président de l'une des deux assemblées, soixante députés ou soixante sénateurs. On n'insistera pas sur cette procédure qui est étudiée de manière approfondie au chapitre suivant (v. *infra* n° 799). La saisine du Conseil constitutionnel suspend le délai de promulgation pendant un délai maximum d'un mois.

Si la loi est jugée non conforme à la Constitution, elle ne pourra évidemment pas être promulguée.

Si le Conseil constitutionnel n'a pas été saisi ou s'il rend une décision qui autorise la promulgation d'une partie au moins de la loi, le président de la République peut encore différer la promulgation en demandant au Parlement une nouvelle délibération de la loi ou de certains de ses articles. La faculté de demander une nouvelle délibération est en effet prévue par l'article 10 alinéa 2 de la Constitution. Mais c'est une attribution présidentielle qui n'est pas dispensée de l'obligation du contreseing. Le président de la République a donc besoin de l'accord du Premier ministre pour renvoyer une loi au Parlement en vue d'une nouvelle délibération. S'il ne l'obtient pas, il doit promulguer.

Force est de constater que ce droit n'est que rarement utilisé (trois cas seulement de 1958 à 2019). Cela peut s'expliquer par le contexte politique : en période de concordance des majorités, la plupart des lois votées par le Parlement le sont avec l'accord du président et souvent même sur son initiative. Il n'a donc normalement aucune raison de demander qu'elles soient modifiées. En période de cohabitation, les conflits entre le Parlement et le chef de l'État sont fréquents mais ce dernier ne peut généralement pas demander une nouvelle délibération car il ne s'agit pas d'un pouvoir propre et le Premier ministre refuserait probablement son contreseing. Dans une telle hypothèse, le président ne pourrait d'ailleurs pas espérer tirer un grand bénéfice de son opposition, car le Parlement pourrait évidemment adopter à nouveau la même loi.

Il peut néanmoins arriver qu'une nouvelle délibération soit demandée pour éviter la promulgation d'une loi qui, par suite d'un changement de circonstances, est devenue politiquement inopportune. Mais c'est une hypothèse très exceptionnelle[53]. Cette procédure peut également être utilisée à la suite d'une décision du Conseil constitutionnel qui a censuré certaines dispositions d'une loi sans les déclarer inséparables des autres (décision de non-conformité partielle). Au lieu de promulguer immédiatement ce qui subsiste, le président préfère parfois renvoyer le projet au Parlement pour qu'il remplace les dispositions censurées, afin que le texte finalement promulgué soit plus complet[54].

761. La publication. – La promulgation rend la loi parfaite et lui donne sa date, mais pour que le texte soit obligatoire, il faut qu'il soit connu. La *publication* est l'acte matériel par lequel la loi est portée à la

53. Le cas s'est cependant produit en 1983 : une loi prévoyant l'organisation d'une Exposition universelle à Paris en 1989 avait été adoptée par le Parlement mais le gouvernement et la Mairie de Paris étaient en désaccord sur le financement de ce projet. Pour éviter de promulguer la loi, ce qui lui aurait donné force exécutoire, le président de la République l'a renvoyée au Parlement en demandant une nouvelle délibération qui n'a pas eu lieu. Le projet d'Exposition universelle est donc passé aux oubliettes.

54. Le cas s'est produit en 1985 (loi relative à l'évolution de la Nouvelle-Calédonie) et en 2003 (loi relative à la réforme des scrutins régional et européen).

connaissance des citoyens ; elle consiste dans l'insertion au *Journal officiel*. Avant la réforme de l'article 1er du Code civil par l'ordonnance n° 2004-164 du 20 février 2004, la loi était obligatoire à Paris un jour franc après sa publication, et en province un jour franc après l'arrivée du *Journal officiel* au chef-lieu de l'arrondissement. À présent, « *les lois [...] entrent en vigueur à la date qu'[elles] fixent ou, à défaut, le lendemain de leur publication.* » De plus, depuis le 1er juin 2004, le *Journal officiel* se présente simultanément sur papier, comme auparavant, mais également sous forme électronique.

Il ne suffit cependant pas qu'une loi soit régulièrement promulguée et publiée pour qu'elle puisse effectivement être appliquée. En effet la plupart des lois, même celles à propos desquelles l'article 34 de la Constitution autorise le Parlement à « fixer les règles », ont besoin d'être précisées par des mesures plus concrètes. Ces mesures sont prises par des décrets d'application à défaut desquels la loi ne peut entrer en vigueur. Or, il arrive que les ministères intéressés tardent à prendre ces décrets ou même demeurent totalement silencieux. Un exemple typique est celui de la loi Neuwirth sur la contraception. Promulguée le 27 décembre 1967, certains des décrets nécessaires à son application ne sont intervenus que sept ans plus tard.

Ce phénomène s'explique parfois par des raisons politiques : à défaut d'avoir pu empêcher l'adoption d'une loi, les groupes de pression qui lui sont hostiles tentent de la neutraliser en retardant le plus possible les mesures nécessaires à son application. Mais c'est aussi, dans bien des cas, une conséquence indirecte de l'inflation législative (v. *infra* n° 777) : des lois adoptées sous le coup de l'émotion, à la suite d'un fait divers qui avait particulièrement frappé l'opinion publique, sont laissées inappliquées simplement parce que cette émotion est vite retombée, et que d'autres affaires paraissent plus urgentes.

Des réactions se sont produites, sur le plan du contentieux administratif d'une part, sur le plan politique d'autre part.

Sur le plan du contentieux administratif le Conseil d'État a reconnu, en 1962, que l'obligation pour le gouvernement de prendre les mesures nécessaires à l'application des lois présentait un caractère juridique et par conséquent pouvait être sanctionnée par la voie du recours pour excès de pouvoir. Le juge administratif peut condamner l'administration à des dommages-intérêts au cas où elle n'a pas pris les mesures nécessaires dans des « délais raisonnables ». Mais c'est un palliatif insuffisant compte tenu de la lenteur avec laquelle statue la juridiction administrative. La situation s'est cependant améliorée depuis que les lois du 16 juillet 1980 et du 8 février 1995 ont donné au juge administratif le pouvoir d'adresser des injonctions à l'administration en les assortissant d'une astreinte, c'est-à-dire d'une condamnation à payer une somme proportionnelle au nombre de jours de retard. Ce pouvoir peut en effet être utilisé pour contraindre l'administration à prendre les décrets d'application d'une loi (CE, 11 mars 1994, *AJDA*, p. 387. Voir aussi *GA*, 14e éd., 2003, p. 658 et s.).

Sur le plan politique, chaque commission parlementaire a pris l'habitude de suivre la mise en application des lois adoptées à la suite d'un projet ou d'une proposition sur lequel (laquelle) elle a rapporté. Périodiquement, dans chaque assemblée, une synthèse est établie à partir des rapports des commissions et un bilan est dressé pour l'ensemble de la législation. Le dernier rapport publié par le Sénat sur ce sujet montre que l'application des lois pose toujours problème : sur 1 677 lois adoptées entre juin 1981 et fin décembre 2011, on en relève 261 (soit environ 16 %) qui sont toujours totalement ou partiellement en attente de mesures réglementaires. La plus ancienne date de 1984 ! Mais la situation s'améliore progressivement. La commission sénatoriale pour le contrôle de l'application des lois a constaté que, dans l'ensemble, les mesures d'application des lois adoptées durant la treizième législature (2007-2012) ont été prises dans un délai raisonnable de six mois à un an. Elle insiste néanmoins sur l'importance de ce problème : « La sortie des lois du Parlement ne doit plus être comprise comme le terme du processus démocratique de leur conception mais seulement comme le début du compte à rebours de leur mise en application la plus rapide et la plus fidèle possible »[55].

762. La non-rétroactivité de la loi. – Aux termes de l'article 2 du Code civil : « *La loi ne dispose que pour l'avenir ; elle n'a point d'effet rétroactif* ». Ce principe de non-rétroactivité se justifie par des raisons de sécurité juridique. En effet, s'il n'existait pas, on pourrait se voir réclamer quelque chose à raison d'un acte accompli dans le passé (par exemple un impôt sur la vente d'un terrain) alors que ce n'était pas prévu au moment où cet acte a eu lieu et qu'il était donc impossible d'en tenir compte. Cependant le principe de non-rétroactivité n'est pas absolu. Une loi peut avoir des effets rétroactifs lorsqu'elle le prévoit expressément mais cela n'est pas possible dans les cas où la rétroactivité est interdite par un principe de valeur constitutionnelle. Par exemple, d'après l'article VIII de la DDHC : « *Nul ne peut être puni qu'en vertu d'une Loi établie et promulguée antérieurement au délit* » de sorte que les lois pénales ne peuvent jamais être rétroactives, sauf dans la mesure où elles atténuent la sévérité des peines. À cette limitation posée par un texte, la jurisprudence du Conseil constitutionnel a ajouté deux conditions jurisprudentielles.

La première a une portée générale : la loi ne peut être rétroactive qu'à la condition de poursuivre un but d'intérêt général suffisant et de respecter les décisions de justice ayant force de chose jugée.

La seconde ne concerne que les contrats légalement conclus mais elle va même au-delà de ce qu'exige le principe de non-rétroactivité : le législateur ne saurait porter à ces contrats une atteinte qui ne soit justifiée par un motif d'intérêt général. Cela signifie que les situations juridiques reposant sur un contrat ne peuvent pas, *même pour l'avenir*, être modifiées par le législateur sauf si celui-ci parvient à justifier cette modification par un motif d'intérêt général. Par exemple, en 1984, il a été jugé qu'une loi tendant à protéger le

55. Rapport annuel sur l'application des lois au 31 décembre 2011, n° 323, 2011-2012, p. 101.

pluralisme de la presse écrite en limitant le nombre de titres qui pouvaient se trouver entre les mains d'un même propriétaire ne permettait pas de démanteler les empires de presse existant au moment de la promulgation de la loi car ces empires résultaient de contrats légalement conclus dans le passé (CC, déc. n° 84-181 DC du 13 octobre 1984).

5. Les mesures de suspension de l'application de la loi

763. Les mesures de suspension de l'application de la loi. – Exceptionnellement, les effets de la loi peuvent être régulièrement suspendus dans deux séries d'hypothèses : soit à la suite de mesures de clémence prises à l'égard des particuliers, soit en vertu d'un pouvoir exceptionnel correspondant à une situation de crise. Mais l'on connaît également un cas où l'application d'une disposition législative a été suspendue dès la promulgation du texte en vertu d'une décision présidentielle totalement arbitraire.

a. Les mesures prévues par la Constitution

α. *Les mesures de clémence à l'égard des particuliers*

764. Il s'agit de la *grâce* et de *l'amnistie*.

Le *droit de grâce* a été attribué personnellement au président de la République par la Constitution (art. 17). Son effet est de dispenser de l'exécution matérielle de la peine ; mais la condamnation demeure, ainsi que les déchéances qui l'accompagnent. La grâce peut être graduée, ne porter que sur certaines peines ou les atténuer. Ainsi qu'on l'a déjà noté, depuis la révision constitutionnelle du 23 juillet 2008, il est précisé que le droit de grâce ne peut s'exercer « qu'à titre individuel ». Cette précision ne change pas grand-chose d'un point de vue juridique (car des grâces collectives peuvent toujours être présentées sous la forme d'une série de mesures individuelles) mais, d'un point de vue politique, elles manifestent la volonté que ce droit ne soit utilisé que pour des motifs tenant à la personne de ceux qui en bénéficient, et non pour lutter contre le surpeuplement des établissements pénitentiaires.

C'est au contraire au Parlement qu'il appartient d'accorder *l'amnistie* (art. 34). Il ne s'agit pas d'une suspension. C'est une nouvelle loi, qui apporte une exception à une loi antérieure. Elle n'efface pas seulement la peine et la condamnation. Les crimes ou les délits qui étaient imputables perdent leur caractère criminel.

Lorsque la loi se borne à déterminer une catégorie de condamnés susceptibles d'être amnistiés et laisse à l'exécutif la décision sur les cas individuels, il y a *grâce amnistiante*.

β. *Les pouvoirs de crise*

765. Pour éviter des troubles graves, la Constitution, la loi ou la jurisprudence ont mis en place des régimes spéciaux permettant de suspendre temporairement l'application d'une loi.

Voir sur cette question *supra* n° 616.

b. Les techniques improvisées

766. Dans une allocution du 31 mars 2006, le président de la République de l'époque, Jacques Chirac, annonça qu'il allait promulguer la « loi pour l'égalité des chances », définitivement adoptée par le Parlement, et dont l'article 8 créait une nouvelle catégorie de contrats de travail, le contrat dit « de première embauche » (CPE). Mais il ajoutait qu'il demandait au gouvernement, d'une part, de préparer immédiatement des modifications concernant le CPE et, d'autre part, de prendre les dispositions nécessaires pour que, en pratique, aucun CPE ne puisse être signé tant que ces modifications n'auraient pas été incorporées à la nouvelle loi. Cette allocution fit sensation car c'était probablement la première fois qu'un chef de l'État français promulguait une loi tout en interdisant qu'on en fasse application sur un point essentiel.

Le CPE ne posait aucun problème de conformité à la Constitution car la loi pour l'égalité des chances venait d'être validée par le Conseil constitutionnel, qui n'avait censuré que quelques dispositions de détail, considérées comme détachables de l'ensemble. Mais il avait suscité dans le pays des protestations tellement vives que sa mise en application aurait pu provoquer des troubles graves. Afin de les éviter, le président de la République aurait pu renvoyer la loi au Parlement en demandant une nouvelle délibération, comme le prévoit l'alinéa 2 de l'article 10 C. Mais le Premier ministre, Dominique de Villepin, qui était à l'origine du CPE, et dont le contreseing était nécessaire pour demander une nouvelle délibération de la loi, n'aurait probablement pas accepté cette démarche, qui s'apparentait trop à une reculade. En agissant comme il l'a fait, le président de la République a voulu maintenir les apparences de la fermeté tout en donnant satisfaction, sur le fond, aux adversaires de la réforme.

Au-delà de son aspect anecdotique, ce précédent illustre le fait qu'il est relativement facile au président de la République de s'affranchir des contraintes constitutionnelles lorsqu'il dispose du soutien de la majorité parlementaire. On a pu estimer, non sans fondement que, en demandant au gouvernement de s'opposer à la signature de CPE, le chef de l'État violait la lettre et l'esprit de la loi et de la Constitution. En effet, d'après l'article 432-1 du Code pénal, « *le fait par une personne dépositaire de l'autorité publique, agissant dans l'exercice de ses fonctions, de prendre des mesures destinées à faire échec à l'exécution de la loi est puni de cinq ans d'emprisonnement et de 75 000 € d'amende* ». Et sans forcer le sens des mots, on aurait pu voir dans la démarche du président, « *un manquement à ses devoirs manifestement incompatible avec l'exercice du mandat* », selon les termes de l'article 68 C, ou même un acte de « haute trahison » pour reprendre la terminologie utilisée par ce même article avant la révision constitutionnelle du 27 février 2007 (J.-E. Gicquel, 2006). Mais si graves soient-ils, les manquements du chef de l'État à ses devoirs ne peuvent être juridiquement constatés et sanctionnés que par les deux assemblées parlementaires statuant en termes identiques. Or, compte tenu de la composition politique de ces assemblées, une telle éventualité était pratiquement exclue.

Il n'en est pas moins vrai que la désinvolture dont a fait preuve, dans ces circonstances, le président de la République a pu contribuer à saper, dans l'esprit du public, l'autorité de la loi.

D. Les projets d'E. Macron

767. Un premier projet de réforme institutionnelle déposé en juillet 2017 mais dont l'examen avait été interrompu un an plus tard, tendait à accélérer la procédure législative, d'une part, pour limiter le temps consacré à l'examen des amendements et, d'autre part, en assouplissant les conditions dans lesquelles le gouvernement peut demander à l'Assemblée nationale de statuer définitivement en cas de désaccord entre les deux assemblées. Ces dispositions ne figurent plus dans le projet envisagé en juin 2019, le président ayant choisi d'éviter les difficultés qu'elles auraient immanquablement rencontrées de la part du Sénat au cours de la procédure de révision. Il lui a semblé prudent de laisser les assemblées réformer elles-mêmes leur mode de fonctionnement en modifiant leurs règlements.

§2. Les procédures législatives spéciales

A. La procédure de révision constitutionnelle

768. Cette procédure, qui est fixée par l'article 89, a déjà été étudiée. On rappellera seulement qu'elle se distingue de la procédure législative ordinaire sur deux points principaux :

a) D'une part, la révision doit nécessairement être votée en termes identiques par l'Assemblée nationale et le Sénat. En cas de désaccord, le gouvernement ne peut pas donner le dernier mot à l'Assemblée nationale, comme il peut le faire dans la procédure législative ordinaire. C'est probablement ce qui explique que, par dérogation au principe posée par la réforme de juillet 2008, la discussion d'un projet de révision constitutionnelle, devant la première assemblée saisie, porte sur le texte du gouvernement et non sur celui de la commission. Sachant que l'adoption d'amendements par la première assemblée saisie risquait de compromettre l'aboutissement de la révision, on a jugé plus sage d'éviter tout ce qui, dans la procédure législative, paraissait susceptible de faciliter cette adoption.

b) D'autre part, l'accord des deux assemblées sur un texte identique n'est pas suffisant. La procédure de révision constitutionnelle comporte obligatoirement une seconde étape. Le texte adopté par les deux assemblées doit encore être approuvé par référendum, à moins que le président de la République ne décide, s'il s'agit à l'origine d'un projet de révision constitutionnelle, de le soumettre au Parlement convoqué en Congrès ; dans ce dernier cas, il doit obtenir au moins les 3/5e des suffrages exprimés.

Il est évident que l'article 89 de la Constitution renforce la position du Sénat. Chaque fois que le gouvernement a besoin de réviser la Constitution, comme ce fut le cas par exemple en 1992 pour permettre la ratification du traité de Maastricht, il lui faut négocier avec le Sénat. En échange de son approbation, ce dernier obtient parfois certaines concessions, comme on aura d'ailleurs l'occasion de le vérifier à propos des lois organiques.

B. Les lois organiques

769. Un certain nombre d'articles de la Constitution prévoient l'intervention d'une loi organique pour fixer des modalités d'application considérées comme importantes : loi organique sur les modalités de l'élection du président de la République au suffrage universel (art. 6) ; loi organique sur la composition des assemblées parlementaires (art. 25) ; loi organique sur l'organisation et le fonctionnement du Conseil constitutionnel (art. 63), etc. La révision constitutionnelle du 23 juillet 2008 a prévu l'intervention de sept nouvelles lois organiques dont l'adoption conditionne l'entrée en vigueur de certaines réformes.

Initialement, en 1958, la plupart de ces lois organiques ont été prises sous forme d'ordonnance en vertu des pouvoirs exceptionnels que l'article 92 de la Constitution accordait au gouvernement pour assurer la transition entre la IVe et la Ve République. Mais la procédure normalement applicable aux lois organiques est une procédure parlementaire qui est prévue par l'article 46 de la Constitution, et qui diffère sur plusieurs points de la procédure législative ordinaire.

En ce qui concerne l'ensemble des lois organiques, la procédure de l'article 46 comporte trois différences par rapport à la procédure législative ordinaire :

1° En règle générale, les délais à respecter entre le dépôt ou la transmission du texte et la délibération devant l'assemblée saisie sont les mêmes que pour les lois ordinaires (art. 42 al. 3). La différence par rapport aux lois ordinaires tient au fait que le déclenchement de la procédure accélérée ne supprime pas complètement ce délai. Dans ce cas, le délai entre le dépôt du projet ou de la proposition de loi organique et la délibération devant la première assemblée saisie doit être au minimum de quinze jours.

2° Faute d'accord entre l'Assemblée nationale et le Sénat, le gouvernement peut donner le dernier mot à l'Assemblée nationale dans les conditions prévues à l'article 45, mais celle-ci ne peut statuer définitivement qu'à la majorité absolue de ses membres[56]. Cette exigence exclut, semble-t-il, la possibilité pour le gouvernement d'engager sa responsabilité en application de l'article 49 alinéa 3 car, dans ce cas, seuls les votes favorables à la motion de censure sont recensés et il est donc impossible de savoir si le projet était approuvé par la majorité absolue des députés.

3° Enfin, avant leur promulgation, les lois organiques sont obligatoirement soumises au contrôle du Conseil constitutionnel, alors que, en ce qui concerne les lois ordinaires, la saisine du Conseil est facultative.

56. C'est dans ces conditions qu'a été adoptée en 2001 la loi organique relative à l'inversion du calendrier électoral (v. *supra* n° 543).

Pour certaines lois organiques, la Constitution a prévu une procédure encore plus contraignante : elles doivent être votées dans les mêmes termes par les deux assemblées, tout comme les lois constitutionnelles. Il s'agit, d'une part, des lois organiques relatives au Sénat et, d'autre part, de la loi organique qui fixe les conditions dans lesquelles les étrangers ressortissant d'un pays de l'Union européenne peuvent bénéficier du droit de vote et d'éligibilité aux élections municipales.

La notion de « loi organique relative au Sénat » a été interprétée de façon plutôt restrictive par le Conseil constitutionnel. Selon sa jurisprudence, pour qu'une loi organique puisse être considérée comme « relative au Sénat » au sens de l'article 46 de la Constitution, il ne suffit pas qu'elle affecte indirectement le Sénat. Par exemple, la loi organique qui fixe le nombre des députés affecte indirectement le Sénat car elle a une incidence sur la composition du collège électoral sénatorial. Mais ce n'est pas pour autant une loi organique relative au Sénat au sens de l'article 46 de la Constitution, et il n'est donc pas indispensable qu'elle soit adoptée dans les mêmes termes par les deux assemblées. Seules sont relatives au Sénat les lois organiques qui concernent directement cette assemblée, c'est-à-dire celles qui fixent le nombre des sénateurs, la durée de leur mandat ou certains points de leur statut. Et selon une jurisprudence récente du Conseil constitutionnel, ces lois ne peuvent être considérées comme « relatives au Sénat » que dans la mesure où elles sont « spéciales au Sénat », c'est-à-dire où les dispositions qu'elles contiennent diffèrent de celles applicables à l'Assemblée nationale (v. *supra* n° 659). La même question risque de se poser de nouveau au sujet du projet de loi organique qui diminue de 25 % les effectifs des deux assemblées parlementaires (v. *supra* n° 682). En apparence, il s'agit bien d'une loi relative au Sénat puisqu'elle a un effet direct sur sa composition. Mais ce ne serait pas une loi spéciale au Sénat car une mesure identique s'applique à l'Assemblée nationale. Le Conseil constitutionnel pourrait donc juger que cette loi n'est pas relative au Sénat et que l'accord de celui-ci n'est pas nécessaire, comme il l'a fait en 2014 à propos du cumul des mandats.

Quant au droit de vote et d'éligibilité des ressortissants de l'Union européenne aux élections municipales, il s'agit de l'application de l'une des clauses du traité de Maastricht. La ratification de ce traité nécessitait une révision préalable de la Constitution et cette révision a été opérée par la loi constitutionnelle du 25 juin 1992, qui a inséré un nouveau titre dans la Constitution. Comme le collège électoral des sénateurs est composé dans la proportion des 4/5 par des délégués des conseils municipaux, le Sénat est particulièrement attentif à tout ce qui concerne les élections municipales. En échange de son acceptation de la révision constitutionnelle de juin 1992, il a donc demandé et obtenu que la loi organique relative au droit de vote et d'éligibilité des étrangers ressortissants de l'Union européenne ne puisse pas être adoptée sans son accord.

C. Les lois de finances

770. Les lois de finances sont celles qui déterminent « *la nature, le montant et l'affectation des charges et des ressources de l'État* ». Ce sont donc les lois qui autorisent l'État à percevoir les impôts et à effectuer des dépenses.

La périodicité des lois de finances est annuelle. Les trois premiers mois de la session parlementaire unique (octobre, novembre et décembre) sont principalement consacrés à l'examen et à l'adoption de la loi de finances. D'après l'article 47 C, « *Le Parlement vote les projets de loi de finances dans les conditions prévues par une loi organique* ». Ces conditions spécifiques aux lois de finances concernent, d'une part, la procédure qui leur est applicable et, d'autre part, leur mode de présentation. Les parlementaires ne disposent de l'initiative des dépenses que dans les limites d'une « réserve » prévue à cet effet. À ces règles traditionnelles s'ajoutent depuis quelque temps des contraintes tendant à garantir l'équilibre budgétaire comme dans tous les pays qui font partie de la zone euro.

1. La procédure des lois de finances

771. Les règles essentielles de cette procédure sont fixées par la Constitution elle-même (art. 47 C) et elles n'ont pratiquement pas varié depuis 1958.

Comme la loi de finances est indispensable au fonctionnement des services publics, l'article 47 de la Constitution a prévu, pour en faciliter l'adoption, des règles qui dérogent à la procédure législative ordinaire et qui obligent les assemblées parlementaires à respecter des délais très stricts.

La loi de finances est d'abord déposée sur le bureau de l'Assemblée nationale qui doit se prononcer en première lecture dans un délai de 40 jours. Si elle ne l'a pas fait, le gouvernement saisit le Sénat qui doit lui-même statuer dans un délai de 15 jours. En cas de désaccord entre les deux assemblées, pour éviter que la navette se prolonge indéfiniment, le gouvernement peut utiliser les mêmes procédures que pour les lois ordinaires, c'est-à-dire celles prévues par l'article 45 C. Mais si le Parlement ne s'est pas prononcé définitivement sur la loi de finances dans un délai de 70 jours, les dispositions du projet peuvent être mises en vigueur par ordonnance, ce qui revient à dire que le gouvernement peut alors se passer de l'approbation du Parlement. Toutefois, cette faculté n'est ouverte que lorsque le Parlement ne s'est pas prononcé et non lorsque la loi de finances a été déposée en retard, comme en 1962, ou lorsqu'elle a été annulée par le Conseil constitutionnel, comme en 1979. Dans ces deux cas, le gouvernement a dû faire voter d'urgence une loi spéciale qui lui permettait de percevoir les impôts existants et d'effectuer les dépenses courantes.

Les lois de finances sont donc adoptées selon une procédure particulièrement rapide et c'est ce qui explique que le gouvernement ou même des parlementaires soient souvent tentés d'introduire dans une loi de finances des dispositions qui n'ont aucun caractère financier mais qu'ils pourront ainsi faire adopter presque sans débat. De telles dispositions sont habituellement désignées sous le nom de « cavalier budgétaire ». Cette expression imagée repose sur l'idée que la loi de finances peut être comparée à un cheval se déplaçant au galop : les dispositions que l'on y rattache échapperaient ainsi aux lenteurs de la procédure législative ordinaire. Mais la pratique des « cavaliers budgétaires » est aujourd'hui condamnée par le Conseil constitutionnel qui y voit un détournement de procédure. Quand une loi de finances lui est déférée, il s'oppose à la promulgation de celles de ses dispositions qui n'ont pas vraiment un caractère financier.

2. La présentation des lois de finances

772. Pendant plus de 45 ans, le contenu et la structure des lois de finances ont été déterminés par une loi organique adoptée tout au début de la Ve République (ordonnance n° 59-2 du 2 janvier 1959). Dans ce système, le pouvoir de décision du Parlement était en fait limité aux mesures nouvelles par rapport à l'année précédente, qui représentaient à peine 10 % du montant total des crédits. Et ces mesures nouvelles étaient votées par ministère et par titre, le titre étant représentatif de la nature des dépenses (investissement, fonctionnement, transferts) sans que fussent clairement indiquées les missions auxquelles elles devaient concourir. Le contrôle exercé par le Parlement en matière de finances était donc presque purement formel et ne lui permettait guère d'apprécier l'efficacité de la dépense publique.

Ce système a été profondément modifié par une nouvelle loi organique relative aux lois de finances, adoptée le 1er août 2001 et connue sous le nom de LOLF : issue d'une proposition déposée par un parlementaire mais mise au point avec l'aide du ministère des Finances, la LOLF se propose d'introduire, dans les finances publiques, des méthodes de gestion par objectifs, en associant le Parlement au contrôle de la réalisation desdits objectifs. Il convient de souligner qu'elle a été adoptée par les deux assemblées à l'unanimité.

La nouvelle architecture des lois de finances s'articule autour des missions de l'État. Chaque mission se subdivise en un certain nombre de programmes. Chaque programme correspond à des objectifs, dont la réalisation peut être mesurée grâce à des indicateurs. Le premier schéma adopté pour la mise en œuvre de la LOLF comportait 34 missions, 132 programmes, 672 objectifs et 1 327 indicateurs. À titre d'exemple, il existe une mission Sécurité qui se subdivise en deux programmes : police nationale et gendarmerie nationale. Le programme police nationale comporte six objectifs au nombre desquels figurent l'amélioration de la sécurité routière et le renforcement de la police judiciaire qui consiste dans la recherche des auteurs de crimes ou de délits. Parmi les indicateurs correspondant à ces objectifs, on trouve, pour la sécurité routière, le pourcentage de dépistages positifs d'alcoolémie ou de produits stupéfiants et, pour la police judiciaire, le taux d'élucidation des infractions.

Par rapport à l'ancien système, la LOLF présente en principe deux avantages :

- elle laisse aux administrateurs responsables des programmes une grande liberté dans la gestion des crédits afin qu'ils puissent poursuivre la réalisation des objectifs sans être gênés par des règles tatillonnes ;
- elle permet au Parlement, de même qu'aux organismes de contrôle, tels que la Cour des comptes, de mieux contrôler les performances de l'administration et l'efficacité de la dépense publique en vérifiant si les objectifs correspondant aux programmes ont été atteints. Si les indicateurs montrent qu'ils ne l'ont pas été, les parlementaires peuvent demander que soient modifiés le montant des crédits ou les conditions de leur utilisation.

Le bon fonctionnement de la LOLF dépend pour une bonne part, de la qualité du schéma établi pour son application, et notamment de la pertinence des indicateurs. Mais en fait ce schéma est en réécriture permanente car chaque année de nombreux indicateurs sont modifiés. À chaque loi de finances correspond une loi de règlement, adoptée à la fin de l'exercice, par laquelle le Parlement valide *a posteriori* les écarts qui ont été constatés par rapport aux autorisations initiales. Le projet de loi de règlement est préparé par le gouvernement mais son exactitude doit être certifiée par la Cour des comptes avant qu'il soit présenté au Parlement. Cette loi, qui est votée dans les mêmes conditions que la loi de finances, passait jusqu'à présent relativement inaperçue. Mais la LOLF lui a donné une importance nouvelle car c'est elle qui permet d'apprécier dans quelle mesure les objectifs fixés par la dernière loi de finances ont été atteints En principe, cette loi de règlement est un préalable nécessaire à la discussion du prochain projet de loi de finances, ce qui signifie que la loi de règlement concernant l'année N doit normalement être adoptée en juin de l'année N + 1 pour que l'on puisse en tirer quelques enseignements lors de la discussion de la loi de finances intervenant au cours de l'année N + 1 et concernant l'exercice N + 2. Mais il est douteux que ce mécanisme fonctionne car les assemblées parlementaires accordent trop peu de temps à l'examen du projet de loi de règlement pour pouvoir en tirer des enseignements.

3. La réserve parlementaire

773. Pendant la discussion budgétaire, l'article 40 de la Constitution continue de s'appliquer et théoriquement les parlementaires n'ont donc pas la possibilité de prendre l'initiative d'une dépense publique dont profiteraient spécialement leurs électeurs, par exemple un crédit destiné à la construction d'un rond-point sur une route nationale située dans leur circonscription. Pour atténuer la rigueur de cette interdiction, le gouvernement a pris l'habitude d'inscrire chaque année dans son projet de loi de finances une dotation que l'on désigne habituellement sous le nom de « réserve parlementaire ». Celle-ci n'est pas destinée à satisfaire les besoins personnels des députés et des sénateurs ni à améliorer l'entretien des palais dans lesquels se déroulent leurs travaux. D'une manière officieuse et pour des montants relativement modestes, elle permet de redonner aux élus de la Nation un certain rôle dans l'initiative des dépenses publiques. Dans le cas cité ci-dessus, au lieu de déposer lui-même un amendement, le député intéressé pourra demander au gouvernement d'affecter la part de la « réserve parlementaire » qui lui revient à l'association ou à la collectivité territoriale chargée de rassembler les fonds destinés à la construction du rond-point. Les règles constitutionnelles sont respectées, puisqu'aucun amendement contraire à l'article 40 n'a été déposé, mais rien n'empêche évidemment le député en question d'entretenir sa popularité auprès de ses électeurs en leur faisant savoir que c'est grâce à son intervention auprès du gouvernement que ces crédits ont été obtenus.

Le système porte sur des montants relativement faibles (une centaine de millions d'euros, alors que le montant du budget de l'État s'élève à près de 400 milliards d'euros) et fonctionne de manière opaque et inégalitaire, profitant de façon générale aux élus chargés de fonctions stratégiques (président ou vice-président de la commission des finances par exemple). Pour tenter de remédier à ces défauts, il a été décidé que la loi de règlement indiquerait désormais pour chaque crédit alloué sur la réserve parlementaire les noms du parlementaire dont émane la proposition et de la collectivité ou de l'association bénéficiaire.

En 2017, Emmanuel Macron a décidé de supprimer la réserve parlementaire parce qu'elle incitait les députés et les sénateurs à pratiquer une forme de clientélisme. Cette suppression a été d'autant plus facile que la réserve parlementaire n'avait aucun fondement textuel.

4. Les contraintes tendant à garantir l'équilibre budgétaire

774. Les constituants se sont toujours préoccupés des finances publiques, mais traditionnellement leur principal souci était de poser en cette matière des règles de compétence. La plus ancienne de ces règles, qui est toujours valable, figure à l'article 14 de la DDHC de 1789 : « *Les citoyens ont le droit de constater, par eux-mêmes ou par leurs représentants, la nécessité de la contribution publique, de la consentir librement, d'en suivre l'emploi, et d'en déterminer la quotité, l'assiette, le recouvrement et la durée* ». Toutes les Constitutions françaises successives en ont déduit que les dépenses et les recettes de l'État devaient, chaque année, être votées par le Parlement sous la forme d'un texte qui, depuis 1956, est appelé loi de finances. Dans la plupart des pays étrangers, il existe un principe analogue – « *no taxation without representation* » dans les pays anglo-saxons par exemple – qui emporte les mêmes conséquences. Mais en ce qui concernait le contenu des recettes et des dépenses, les Constitutions étaient généralement muettes ou n'énonçaient que des principes assez vagues, comme celui de l'article 13 de la DDHC de 1789 aux termes duquel « la contribution publique doit être également répartie entre les citoyens, en raison de leurs facultés ». Tout ce qui intéressait la gestion des finances publiques – les différentes catégories de ressources, leur importance respective, les modalités de réalisation de l'équilibre budgétaire, etc. – était considéré comme une question politique relevant du domaine de la loi.

Ce partage des compétences connaissait cependant des exceptions. En France, par exemple, la loi constitutionnelle du 10 août 1926 a affecté directement certaines recettes à la « caisse de gestion des bons de la défense nationale et d'amortissement de la dette publique » de façon que le législateur ordinaire ne puisse pas les détourner de leur finalité. Mais elles étaient extrêmement rares et se rattachaient toujours à des circonstances exceptionnelles, comme la nécessité de résorber les dettes accumulées durant la grande guerre.

La situation est très différente aujourd'hui.

D'une part, au niveau national, en raison de la situation économique, du développement des prestations sociales et du vieillissement de la population, la hausse des dépenses publiques est beaucoup plus difficile à contenir qu'autrefois.

D'autre part, au niveau européen, en raison notamment de la création d'une banque centrale et d'une monnaie commune, l'euro, le déséquilibre des finances publiques dans un État peut avoir des conséquences graves pour ses partenaires et l'État n'a plus la possibilité de demander à la banque centrale d'émettre de la monnaie pour combler le déficit. La lutte contre les déficits publics ne relève donc plus seulement de la gestion interne des États et tend à devenir une obligation conventionnelle. Quelques semaines avant l'élection présidentielle française de 2012, le 2 mars 2012, vingt-cinq chefs d'État ou de gouvernement, parmi lesquels figuraient tous ceux des pays de la zone euro, ont signé à Bruxelles un « traité sur la stabilité, la coordination et la gouvernance économique et financière » (TSCG). En premier lieu, ce traité pose le principe dit « de la règle d'or », qui stipule que les parties contractantes s'engagent à maintenir le budget de leurs administrations publiques en équilibre ou en excédent[57]. En second lieu, il prescrit aux États de se donner une règle soit constitutionnelle, soit d'un niveau inférieur à la Constitution mais supérieure aux lois de finances, par exemple une loi organique, qui les oblige à respecter la règle d'or.

Bien qu'il ait annoncé, durant la campagne, son intention de demander la renégociation de ce traité, François Hollande, une fois élu président de la République, a finalement décidé de l'accepter tel qu'il était. Saisi en application de l'article 54 C, le Conseil constitutionnel a estimé que le traité n'était pas contraire à la Constitution, dès lors que la France choisissait de s'imposer le respect de la règle d'or, non pas par une modification de la Constitution, mais par une loi organique. C'est ce qui a été fait par la loi n° 2012-1403 du 17 décembre 2012 qui a mis en place un dispositif très complexe, dont l'étude détaillée relève du cours de finances publiques et dont on indiquera seulement ici les grandes lignes.

57. En dépit de cette condition, le traité stipule qu'un déficit équivalent à 0,5 % du PIB peut être toléré au moins à titre provisoire, mais à condition que la dette publique du pays considéré soit inférieure ou égale à 60 % de son PIB, ce qui n'est pas le cas de la France.

D'une part, une loi de programmation des finances publiques (LPFP) couvrant une période d'au moins trois ans détermine les étapes successives de réduction des dépenses publiques qui doivent permettre d'atteindre à la fin de la période un objectif à moyen terme (OBM). La première de ces lois couvrait une période de cinq ans qui correspondait au premier quinquennat de François Hollande (2012-2017). Elle fixait comme OBM la réduction progressive du déficit global.

D'autre part, il est créé un Haut conseil des finances publiques (HCFP), composé de personnalités indépendantes[58] dont le rôle principal consiste à suivre l'exécution des lois de finances et des lois de financement de la sécurité sociale pour signaler d'éventuels écarts par rapport à la trajectoire prévue par la LPFP. Lorsque leur ampleur dépasse un certain niveau fixé par la loi organique, la constatation de tels écarts oblige le gouvernement à prendre des mesures de correction qui prennent effet soit durant l'année en cours (loi de finances rectificative), soit l'année suivante. Non seulement ces corrections sont automatiques mais elles doivent être effectuées sans délibération parlementaire préalable, comme l'exige le traité TSCG. Ceci peut sembler un peu paradoxal quand l'on se souvient que, d'après le Conseil constitutionnel, le dispositif mis en place pour garantir le respect de la « règle d'or » ne devait pas porter atteinte aux prérogatives du Parlement et du gouvernement. Mais jusqu'à présent, malgré les écarts qui ont été constatés jamais encore des mesures de correction automatique n'ont été mises en œuvre.

Alors que la révision de juillet 2008 a, de façon générale, étendu les pouvoirs des assemblées parlementaires, et renforcé l'autonomie dont elles disposent, le TSCG et la loi organique de décembre 2012 leur imposent de nouvelles contraintes, en matière financière tout au moins. Mais les deux choses ne sont pas politiquement contradictoires. En 2008, on a estimé que l'on pouvait assouplir des dispositions édictées cinquante ans auparavant pour garantir la stabilité gouvernementale parce que celle-ci était suffisamment assurée par des mécanismes politiques (autorité du chef de l'État, parlementarisme majoritaire). Le TSCG et les mesures prises pour garantir son application sont dirigés moins contre le Parlement considéré en tant que tel que contre le triptyque formé par le chef de l'État, le gouvernement et la majorité parlementaire. On sait par expérience qu'ils ont tendance à multiplier les dépenses publiques, que ce soit pour tenir des promesses électorales ou pour apaiser des mécontentements sociaux. On espère que la loi de programmation des finances publiques et l'automaticité des mesures prises pour corriger les écarts par rapport à la trajectoire fixée par celle-ci les protégeront contre leur propre imprudence en leur donnant un moyen de résister aux pressions des électeurs.

Cependant, à la suite de la crise du Covid-19, la situation s'est inversée. Non seulement l'Union européenne a provisoirement cessé de faire pression sur les États membres pour les obliger à réduire leur déficit budgéraire, mais

58. Les membres du HCFP sont nommés pour cinq ans et non rémunérés. Ils sont recrutés parmi les hauts magistrats de la Cour des comptes, les économistes et les statisticiens de renom.

elle a dû les aider à faire face aux charges nouvelles engendrées par la crise. Le fonds de solidarité de l'Union a été étendu aux urgences majeures de santé publique et ses interventions viennent compléter les efforts consentis par les États membres.

D. Les lois de financement de la sécurité sociale

775. Par son montant le budget de la sécurité sociale est plus important encore que celui de l'État. Mais il est en principe alimenté par des ressources propres, les « cotisations sociales », qui, bien qu'elles constituent des prélèvements obligatoires, ne sont pas considérées comme des « impositions de toute nature » au sens de l'article 34 de la Constitution.

Les « principes fondamentaux de la sécurité sociale » relèvent cependant du domaine de la loi. Le législateur est donc seul compétent pour créer de nouvelles cotisations ou de nouvelles prestations sociales. Mais la fixation des taux de ces cotisations et de ces prestations relève du domaine réglementaire. Jusqu'en 1996, le budget annuel de la sécurité sociale n'était donc ni voté, ni même systématiquement débattu par le Parlement ; un simple document, « le budget social de la Nation », était communiqué au Parlement sous la forme d'annexe générale au projet de loi de finances. Compte tenu de l'importance de ce budget, dont le déficit souvent supérieur à 15 milliards d'euros doit être pris en charge par le budget de l'État, cette situation paraissait anormale. Pour combler cette lacune, la révision constitutionnelle du 22 février 1996, qui modifie les articles 34, 39 et 47 de la Constitution, a créé une nouvelle catégorie de loi : les lois de financement de la sécurité sociale. De même que les « cavaliers budgétaires », les « cavaliers sociaux » sont interdits, c'est-à-dire qu'aucune disposition étrangère au financement de la sécurité sociale ne doit y figurer.

Ces lois sont adoptées chaque année selon une procédure analogue à celle des lois de finances, les délais étant cependant un peu plus courts. D'après l'article 47-1, les dispositions du projet peuvent être mises en vigueur par ordonnances si le Parlement ne s'est pas prononcé dans un délai de 50 jours (au lieu de 70 pour la loi de finances).

À la différence de la loi de finances de l'État, qui vaut autorisation de percevoir les recettes et d'effectuer les dépenses, et qui a donc force obligatoire jusque dans ses moindres détails, la loi de financement de la sécurité sociale se borne à déterminer « *les conditions générales de son équilibre financier* ». Elle a donc un caractère global et estimatif. Les caisses de sécurité sociale, qui sont des organismes autonomes, conservent un certain pouvoir d'initiative quant au montant de leurs dépenses, mais à condition que cela ne compromette pas leur équilibre financier.

Pour tenter de réduire le déficit du budget de la sécurité sociale, le nouvel alinéa introduit par la révision de 1996 dans l'article 34 invite le législateur à envisager les conditions de l'équilibre financier essentiellement et d'abord sous l'angle des ressources. Ce n'est qu'ensuite, et compte tenu des prévisions de recettes, que les « objectifs de dépenses », c'est-à-dire l'estimation du coût des prestations sociales, doivent être fixés par le législateur.

E. Les lois autorisant la ratification d'un traité

776 D'après l'article 53 de la Constitution, « *les traités de paix, les traités de commerce, les traités ou accords relatifs à l'organisation internationale, ceux qui engagent les finances de l'État, ceux qui modifient des dispositions de nature législative, ceux qui sont relatifs à l'état des personnes, ceux qui comportent cession, échange ou adjonction de territoire, ne peuvent être ratifiés ou approuvés qu'en vertu d'une loi* ».

On compte chaque année plusieurs dizaines de lois autorisant la ratification ou l'approbation d'un engagement international. Elles sont adoptées selon la même procédure que les lois ordinaires, sous réserve de deux particularités :

a) En premier lieu, le droit d'amendement, que la Constitution accorde au gouvernement et aux membres du Parlement est, dans ce cas, sans objet. Le texte signé par les représentants des États ne peut plus en effet être modifié. Le Parlement est donc placé devant l'alternative de l'accepter tel quel ou de le refuser. C'est la raison pour laquelle les lois autorisant la ratification ou l'approbation d'une convention internationale sont souvent adoptées par les assemblées parlementaires selon des procédures courtes à l'Assemblée nationale, procédures abrégées au Sénat[59]. Ces procédures, qui permettent d'adopter un texte sans le discuter article par article, et éventuellement même sans le soumettre à la discussion générale, ne peuvent être utilisées qu'avec l'accord de tous les groupes politiques.

b) En second lieu, l'intervention du Conseil constitutionnel, qui demeure facultative, peut se produire soit avant la discussion et le vote - si le Conseil est saisi en application de l'article 54 - soit après - si le Conseil est saisi en application de l'article 61 alinéa 2 (v. *infra* n° 805). Dans le premier cas, c'est le traité lui-même qui est soumis à l'examen du Conseil, alors que dans le second, c'est la loi de ratification. Mais il suffit que le traité ne soit pas conforme à la Constitution pour que la loi de ratification soit elle-même considérée comme inconstitutionnelle.

§3. Le problème de l'inflation législative

777. Depuis quelques décennies, la production législative du Parlement français est en constante augmentation. En vingt ans, de 1983 à 2004, le nombre de pages du recueil annuel des lois publié par l'Assemblée nationale a plus que triplé, passant de 1 067 à 3 721 ! En moyenne, 70 lois nouvelles sont promulguées chaque année, sans compter les ordonnances de l'article 38, au nombre d'une cinquantaine (v. *infra* n° 786). Tous ces textes viennent s'ajouter à un stock de lois en vigueur déjà très important (9 000 en 2000 selon une statistique établie par le Conseil d'État).

---

59. En 2000, sur 37 lois autorisant la ratification d'une convention internationale, 30 ont été adoptées par l'Assemblée nationale selon la procédure d'examen simplifiée (PES).

Cette inflation législative s'explique en partie par des causes générales, qui sont également à l'œuvre dans la plupart des pays étrangers : le développement de la coopération internationale (en moyenne, chaque année, l'intervention du législateur est requise pour la transposition d'une vingtaine de directives communautaires) et l'aggravation de certains problèmes économiques et sociaux (montée du chômage et de la précarité, détérioration de l'environnement). Mais il y a sans doute également une cause particulière, qui tient aux spécificités de la culture politique nationale : la force symbolique de la loi dans la société française. « *L'une des caractéristiques de l'exception française, liée aux colbertismes de droite ou de gauche, réside en effet dans la propension à attendre des miracles de la loi, à la juger en fonction de ses motifs plutôt que de ses conséquences, et à faire appel à l'État législateur à tout propos, en escomptant des résultats à la fois prompts, bienfaisants et exempts d'effets pervers* » (Conseil d'État, 2006, p. 231).

Il est naturel, sinon légitime, que les acteurs politiques cherchent à exploiter cette force symbolique de la loi pour organiser leur communication médiatique, d'autant plus qu'ils sont sans cesse sollicités par des groupes d'intérêt réclamant une intervention de l'État en leur faveur. Selon Pierre Mazeaud, ancien président du Conseil constitutionnel : « *L'inflation législative tient beaucoup à des raisons de médiatisation* (...) *Chaque ministre veut son texte. C'est un moyen pour lui d'aller à la télévision et de se faire connaître. On donne toujours au texte le nom du ministre* (...) *Le Premier ministre, pour être agréable à son ministre, veut placer son texte, d'où l'inflation avec des textes répétitifs. C'est au gouvernement de limiter le nombre des textes* »[60].

Mais le gouvernement lui-même subit des pressions à la fois de la part de l'opinion, qui lui demande de se mobiliser contre le chômage, l'insécurité, pour l'éducation, la santé..., et de la part du chef de l'État, qui veut montrer qu'il tient au moins une partie des engagements pris au cours de la campagne précédent son élection.

Ces raisons valent également pour les amendements parlementaires venant se greffer sur un projet gouvernemental dont ils augmentent parfois le volume dans des proportions considérables : à titre d'exemple, le texte qui était à l'origine de la loi n° 2005-157 du 23 février 2005 sur le développement des territoires ruraux comportait initialement 76 articles ; il en comptait trois fois plus (276) lors de son adoption définitive.

L'inflation législative contribue indirectement à accroître les inégalités car tout le monde n'a pas les moyens de s'y reconnaître dans le maquis d'une réglementation à la fois mouvante (en moyenne un dixième des articles de chacun des grands codes est modifié chaque année) et pléthorique (le Code du travail comporte 2 000 pages, celui des impôts 2 500). On a même parlé à ce sujet de « *fracture juridique : une partie de la population se trouve marginalisée par un droit devenu trop complexe, tandis que d'autres acteurs s'accommodent de la complexité, voire l'exploitent à leur profit* » (Conseil d'État, 2006, p. 273). De plus, l'inflation législative entraîne une perte d'efficacité, car, les

60. *Le Monde*, 15-16 avril 2007.

administrations étant débordées, les décrets d'application se font attendre et la qualité de leur rédaction laisse beaucoup à désirer (v. *supra* n° 763).

La classe politique a pris conscience de ce problème et il est aujourd'hui communément admis que le Parlement devrait légiférer « à la fois moins et mieux ». Mais les bonnes intentions ne se traduisent pas toujours facilement dans les comportements et c'est pourquoi on tente de lutter contre l'inflation législative en instituant des garde-fous pour aider les acteurs politiques à résister aux tentations de la médiatisation.

De son côté, depuis quelques années, le Conseil constitutionnel veille à la qualité technique de la loi et s'efforce de la rendre plus concise et plus intelligible. Il n'hésite pas à censurer les dispositions qu'il juge trop obscures ou trop complexes, ainsi que celles qui lui paraissent inutiles ou dangereuses parce qu'elles n'ont pas de contenu normatif précis. Jean-Louis Debré, qui a présidé le Conseil constitutionnel de 2007 à 2016, a constaté dans son journal tenu durant cette période que les censures des lois fiscales étaient de plus en plus fréquentes : « environ dix pour cent des dispositions de la loi de finances pour 2014 et de la loi de finances rectificative pour 2013 ont été annulées par le Conseil. Ce qui n'était jamais arrivé dans cette proportion » écrit-il (Debré 2016, p. 239). Selon lui, la responsabilité de la dégradation de la loi fiscale incombe non seulement aux politiques, c'est-à-dire aux parlementaires et aux membres du gouvernement, mais aussi à l'administration fiscale elle-même, qui se complaît à entretenir la confusion et la complexité afin de conserver « toute la maîtrise des dossiers et donc une certaine suprématie sur le pouvoir politique » (*ibid.*, p. 240). Il estime pourtant que, malgré ces efforts, « la qualité de la loi ne cesse de se dégrader ».

Section 4 L'élaboration de la loi en dehors du cadre parlementaire

778. Comme le rappelle l'article 34 de la Constitution, la loi est normalement votée par le Parlement. Néanmoins, en vertu de certaines dispositions particulières de la Constitution, le Parlement peut être temporairement dessaisi de sa compétence en matière législative.

Il peut en être dessaisi au profit du gouvernement, au profit du peuple, ou au profit du président de la République.

§1. La législation gouvernementale : les ordonnances de l'article 38

779. (Le Pourhiet, 2011). Sous la IIIe et la IVe République, la Constitution ne prévoyait pas la possibilité pour le Parlement de déléguer même temporairement son pouvoir législatif. L'article 13 de la Constitution de 1946 interdisait même, de la manière la plus formelle, toute délégation du pouvoir législatif. Mais comme il n'y avait pas encore de Conseil constitutionnel, et que le législateur n'était donc soumis à aucun contrôle, le Parlement habilitait de temps à autre le gouvernement à prendre sous forme de règlements des mesures qui auraient dû normalement être prises sous forme de lois. Ces règlements étaient généralement désignés sous le nom de « décrets-lois » (v. *supra* n° 455).

L'article 38 de l'actuelle Constitution a régularisé cette pratique[61]. Mais le problème ne se pose pas tout à fait dans les mêmes termes que sous les régimes précédents car, avant 1958, on ne distinguait pas encore un domaine législatif et un domaine réglementaire. Les habilitations accordées par le Parlement au gouvernement ne pouvaient donc s'analyser que comme des autorisations de modifier par voie réglementaire les textes de forme législative existant dans certaines matières. Sous la Constitution de 1958, au contraire, on distingue un domaine législatif et un domaine réglementaire, qui sont délimités par les articles 34 et 37. Ce que prévoit l'article 38, c'est la possibilité de modifier temporairement cette délimitation au profit du pouvoir réglementaire, c'est-à-dire du gouvernement.

L'article 38 permet en effet au Parlement de voter une loi d'habilitation autorisant le gouvernement à prendre par ordonnances, pendant un délai limité, des mesures qui sont normalement du domaine de la loi.

A. Les conditions de l'habilitation

780. D'après l'article 38 alinéa 1 : « *Le gouvernement peut, pour l'exécution de son programme, demander au Parlement l'autorisation de prendre par ordonnances, pendant un délai limité, des mesures qui sont normalement du domaine de la loi* ».

De la lettre même de ce texte, il résulte que l'habilitation ne peut être demandée que par le gouvernement. Théoriquement, les parlementaires ne peuvent donc pas en prendre l'initiative mais, en pratique, il arrive qu'ils le fassent en déposant une proposition de loi ou un amendement à un projet gouvernemental. Après avoir longtemps toléré cette pratique, le Conseil constitutionnel l'a formellement condamnée dans sa décision n° 2004-510 DC du 20 janvier 2005 (cons. 27 à 29). La possibilité de demander une

61. D'autres dispositions de la Constitution prévoient également la possibilité pour le gouvernement de prendre des ordonnances dans une matière relevant du domaine de la loi, mais elles ont un objet beaucoup plus limité :
- L'article 92 C prévoyait la possibilité de recourir à cette procédure pour la mise en place des institutions de la Ve République. Il a été abondamment utilisé en 1958 et 1959 pour l'adoption des principales lois organiques, et n'a été formellement abrogé qu'en 1995.
- Les articles 47 et 47-1 permettent de mettre en vigueur les projets de loi de finances et les projets de loi de financement de la sécurité sociale lorsque le Parlement ne s'est pas prononcé dans le délai qui lui est imparti (v. *supra* n° 771 et 775).
- L'article 74-1, issu de la loi constitutionnelle du 28 mars 2003 relative à l'organisation décentralisée de la République, donne au gouvernement une habilitation permanente pour étendre le droit applicable en métropole, avec les adaptations nécessaires, aux collectivités d'outre mer autres que les départements et les régions.

habilitation n'est pas subordonnée à des circonstances exceptionnelles : il suffit que le gouvernement ait un programme à réaliser et cette notion de programme est totalement indépendante de celle de l'article 49 alinéa 1er C qui a trait à l'engagement de responsabilité du gouvernement « *sur son programme ou sur une déclaration de politique générale* ». En pratique, le programme au sens de l'article 38 C se confond donc avec la finalité spécifique assignée au projet de loi d'habilitation (par exemple, lutter contre le chômage, renforcer les moyens de maintien de l'ordre, maîtriser les dépenses de santé ou assurer l'exécution d'un engagement international). Si cette finalité doit être clairement indiquée, en revanche le gouvernement n'est pas tenu de révéler la teneur des ordonnances qu'il envisage de prendre pour atteindre l'objectif indiqué.

Il arrive cependant que des avant-projets d'ordonnance soient communiqués aux rapporteurs parlementaires.

Le domaine de l'habilitation doit être défini avec précision mais rien ne s'oppose à ce qu'il soit d'une grande ampleur. Il peut, par exemple, recouvrir à la fois le droit commun des contrats, le droit des obligations et le droit de la preuve (CC, déc. n° 2015-710 DC du 12 février 2015).

La loi d'habilitation doit obligatoirement fixer certains délais :

- D'une part, elle doit indiquer le délai pendant lequel le gouvernement sera habilité à prendre des ordonnances. L'article 38 alinéa 1 précise que ce délai doit être limité mais il ne fixe pas de maximum. On constate une tendance récente à l'allongement de ce délai qui n'était à l'origine que de quelques mois et qui, depuis 2003, est en moyenne de un an, avec des maximums pouvant atteindre vingt-quatre ou trente mois...
- D'autre part, la loi d'habilitation doit également fixer un délai maximum pour le dépôt des projets de ratification des ordonnances qui seront prises par le gouvernement.

Il faut bien comprendre que ces deux délais ont des objets distincts et qu'ils ne coïncident pas. Le premier indique la durée des pouvoirs délégués au gouvernement, la date limite à laquelle pourront être prises les dernières ordonnances ; quant au second, il indique le temps dont disposera ensuite le gouvernement pour préparer les projets de ratification et pour les déposer sur le bureau de l'une des deux assemblées.

La loi d'habilitation est adoptée selon les règles de la procédure législative ordinaire. Elle peut être déférée au Conseil constitutionnel dans le cadre de l'article 61 alinéa 2. Depuis 1974, les parlementaires de l'opposition saisissent souvent le Conseil constitutionnel lorsqu'une loi d'habilitation a été adoptée. Celui-ci va évidemment vérifier si la loi d'habilitation comporte bien toutes les indications qu'elle doit contenir, notamment les indications de délai. Parfois, en outre, il énonce des directives d'interprétation qui limitent la portée des pouvoirs délégués au gouvernement, en précisant les conditions auxquelles devront satisfaire les ordonnances pour être conformes à la Constitution. Par exemple, à propos de la loi d'habilitation du 11 juillet 1986, qui autorisait le gouvernement à délimiter par ordonnance les circonscriptions électorales, le Conseil constitutionnel a indiqué dans sa décision que cette délimitation devrait reposer sur des bases essentiellement démographiques.

B. Les effets de l'habilitation

781. Il faut distinguer un effet positif et un effet négatif :

1. Effet positif

782. Cet effet positif consiste en une extension temporaire de la compétence normative du gouvernement. Pendant le délai fixé par la loi d'habilitation, le gouvernement est autorisé à prendre par ordonnances des mesures qui sont normalement du domaine de la loi, mais seulement évidemment dans les matières visées par la loi d'habilitation et pour poursuivre les objectifs fixés par cette loi[62].

Les ordonnances sont prises en Conseil des ministres après avis du Conseil d'État. Or, d'après l'article 13 alinéa 1 de la Constitution, les ordonnances délibérées en Conseil des ministres doivent être signées par le président de la République. Pour chaque ordonnance, il faut donc l'accord du Premier ministre et du président de la République, ce qui pose souvent des problèmes en période de cohabitation. Durant la première cohabitation, en 1986-1988, le président Mitterrand a refusé de signer certaines ordonnances préparées par le gouvernement Chirac, ce qui a provoqué une importante controverse sur la licéité de ce refus. Quoi qu'il en soit, le gouvernement ne dispose d'aucun moyen juridique pour contraindre le président de la République à signer les ordonnances. En cas de refus de signature, il ne lui reste donc que la possibilité de transformer ses projets d'ordonnances en projets de loi et de les faire adopter par le Parlement, ce qui est évidemment beaucoup plus long.

Les ordonnances entrent en vigueur dès leur publication.

Lorsque les pouvoirs délégués au gouvernement expirent, les ordonnances demeurent en vigueur mais elles ne peuvent plus être modifiées que par une loi parlementaire, sauf pour celles de leurs dispositions qui porteraient en réalité sur une matière du domaine réglementaire...

De plus, d'après l'article 38 alinéa 2, les ordonnances deviennent caduques (c'est-à-dire qu'elles cessent de produire effet) si le projet de ratification n'est pas déposé avant la date limite fixée par la loi d'habilitation.

Mais en pratique, cette contrainte n'est pas très gênante pour le gouvernement, car la Constitution lui impose seulement de déposer un projet de ratification : il n'est nullement tenu d'obtenir cette ratification, ni même de faire inscrire le projet à l'ordre du jour d'une séance. De nombreuses ordonnances prises en application de l'article 38 n'ont jamais été ratifiées par le Parlement tout au moins de façon expresse. Mais si le projet de ratification a

62. Par exemple, selon la jurisprudence du Conseil constitutionnel, si la loi d'habilitation autorise le gouvernement à prendre des ordonnances pour codifier les dispositions législatives existant dans certaines matières, le gouvernement ne pourra pas apporter à ces dispositions des modifications de fond, car une codification doit normalement se faire à droit constant (déc. n° 99-421 DC du 16 décembre 1999).

bien été déposé en temps voulu, tout est en ordre, et l'ordonnance demeure en application.

2. Effet négatif

783. L'effet négatif consiste en une restriction temporaire de la compétence normative du Parlement.

Pendant toute la durée de l'habilitation, les matières qui ont fait l'objet de cette habilitation sont assimilées à des matières réglementaires. Si une proposition de loi ou un amendement d'origine parlementaire paraît contraire à une délégation accordée en vertu de l'article 38, le gouvernement peut donc opposer l'irrecevabilité comme si cette proposition de loi ou cet amendement empiétait sur le domaine réglementaire (art. 41).

Bien entendu, ce dessaisissement est seulement temporaire. Dès que le délai fixé par la loi d'habilitation expire, la répartition normale des compétences est rétablie. Mais il convient de noter que ce dessaisissement temporaire au Parlement ne se produisait pas sous les régimes antérieurs. Sous les IIIe et IVe Républiques, quand le Parlement avait autorisé le gouvernement à modifier par décret des dispositions législatives, il conservait le droit d'intervenir à n'importe quel moment pour reprendre son autorisation ou pour en restreindre la portée. Sous la Ve République, ce n'est plus possible. La tendance déjà signalée à l'allongement des délais d'habilitation se traduit donc par une restriction des compétences du Parlement.

Mais l'irrecevabilité tenant à l'existence d'une délégation accordée en vertu de l'article 38 n'est opposable qu'aux propositions de lois ou aux amendements d'origine parlementaire. Le gouvernement, quant à lui, peut toujours transformer un projet d'ordonnance en projet de loi et c'est ce qu'il fait par exemple lorsque le président de la République refuse de signer un projet d'ordonnance.

C. Le régime juridique des ordonnances et leur ratification

784. La nature juridique des ordonnances de l'article 38. – Les ordonnances de l'article 38 sont des actes pris par le gouvernement dans un domaine qui relève normalement de la compétence du législateur parlementaire. Mais quelle est leur nature juridique ? Faut-il les considérer comme de simples actes administratifs, en les assimilant à des décrets pris dans l'exercice du pouvoir réglementaire ? Ou s'agit-il de véritables lois, comme les actes que le Parlement aurait pu adopter dans les mêmes matières ?

La question n'est pas expressément tranchée par la Constitution mais, pendant longtemps, on a estimé que les ordonnances devaient être considérées comme des actes administratifs tant qu'elles n'avaient pas été ratifiées et comme des actes législatifs à partir du moment où la ratification avait eu lieu. Il en résultait une conséquence importante : une ordonnance non encore ratifiée pouvait être attaquée par la voie du recours pour excès de pouvoir, qui relève de la compétence du Conseil d'État. Mais cette interprétation semble avoir été invalidée par le Conseil constitutionnel qui, dans sa décision nº 2020-843 QPC du 28 mai 2020, a declaré que, dès l'expiration du délai d'habilitation, les ordonnances devaient être considérées comme des actes législatifs. Pour justifier cette jurisprudence nouvelle, le Conseil constitutionnel a tiré argument du troisième alinéa de l'article 38 C qui dispose que, à l'expiration du délai d'habilitation, les ordonnances ne peuvent plus être modifiées que par la loi. Si elles ne peuvent plus être modifiées que par la loi, estime le Conseil, cela signifie qu'elles ont déjà une nature législative.

Ce raisonnement ne paraît pas très convaincant car, s'il était juste, les ordonnances n'auraient pas besoin d'être ratifiées par le Parlement et l'article 38 n'obligerait donc pas, comme il le fait, le gouvernement à déposer pour chaque ordonnance un projet de ratification.

On pouvait néanmoins penser que cette jurisprudence dissuaderait le conseil d'État de contrôler les ordonnances en question car le recours pour excès de pouvoir, qui permet de le saisir, n'est pas ouvert contre les actes ayant une nature législative.

Ainsi, le contrôle du Conseil constitutionnel se serait désormais substitué à celui du Conseil d'État pour cette catégorie d'ordonnances, car, en raison de leur nature législative, elles auraient pu être attaquées par la voie de la QPC.

Mais la situation est plus complexe. Dans une décision du 1er juillet 2020, le Conseil d'État a fait comme s'il ignorait la nouvelle jurisprudence du Conseil constitutionnel, c'est-à-dire qu'il s'est reconnu compétent pour connaître d'un recours pour excès de pouvoir contre une ordonnance qui, d'après la décision du 28 mai 2020, avait une nature législative. Toutefois il s'est abstenu de toute déclaration expresse sur la nature juridique de cette ordonnance.

Après avoir constaté que le Conseil constitutionnel maintenait sa position, le Conseil d'État, par une décision du 28 septembre 2020, a voulu se rallier à cette position sans renoncer au contrôle de l'excès de pouvoir qu'il avait exercé le 1er juillet 2020. Pour y parvenir, il a répété que « les ordonnances prises en vertu de l'article 38 de la Constitution conservent le caractère d'actes administratifs, aussi longtemps qu'elles n'ont pas fait l'objet d'une ratification par le Parlement, ratification qui ne peut être qu'expresse,» et que, par conséquent, « leur légalité peut être contestée par voie d'action, au moyen d'un recours pour excès de pouvoir formé dans le délai de recours contentieux devant le Conseil d'État », mais seulement celles de leurs dispositions qui ne relèvent pas du domaine de la loi. Quant à celles qui relèvent du domaine de la loi et qui portent atteinte à des droits ou libertés garantis par la Constitution, elles peuvent évidemment faire l'objet d'une QPC et être annulées par le Conseil constitutionnel.

Cependant, ces actes, même de nature législative, sont soumis au principe de légalité de sorte que le Conseil d'État peut les annuler ou écarter leur application s'ils portent atteinte, soit à d'autres dispositions de la Constitution que celles qui garantissent les droits et libertés, soit à une règle internationale, conformément à la jurisprudence Nicolo.

Cette solution est ingénieuse. Elle est avantageuse pour les plaideurs qui contesteraient la légalité de l'une de ces ordonnances dans la mesure où elle leur permet d'obtenir satisfaction soit par la voie de la QPC soit par celle du recours par excès de pouvoir.

785. La ratification des ordonnances de l'article 38. – Le gouvernement, comme on l'a vu, doit déposer des projets de ratification s'il veut éviter que ses ordonnances deviennent caduques. Mais de quelle manière la ratitication doit-elle être réalisée ?

On distinguait autrefois la ratification expresse et la ratification implicite. La première était celle qui résultait soit de l'adoption du projet déposé par le gouvernement conformément à l'article 38, soit de l'insertion, dans un autre texte de loi, d'une disposition prévoyant expressément la ratification de l'ordonnance dont il s'agissait. Quant à la ratification implicite, elle résultait de l'interprétation d'une volonté exprimée par le législateur : par exemple si le Parlement adoptait une loi se bornant à modifier sur quelques points une ordonnance ou à y apporter des compléments, on considérait qu'il avait manifesté par là son intention de ratifier cette ordonnance, même si ce n'était pas écrit noir sur blanc. Mais comme la volonté du législateur n'était pas toujours parfaitement claire, la possibilité de ces ratifications implicites était devenue un facteur d'insécurité juridique : dans bien des cas, il était impossible de savoir avec certitude si une ordonnance avait été ou non ratifiée tant que le juge compétent ne s'était pas prononcé. Pour mettre fin à ces incertitudes, la loi constitutionnelle du 23 juillet 2008 spécifie que les ordonnances ne peuvent être ratifiées que de manière expresse (al. 2 nouveau de l'article 38 C).

Lorsqu'il ratifie une ordonnance, le Parlement peut la modifier sur certains points. Mais ces modifications ne peuvent avoir valeur rétroactive que dans les limites qui ont été exposées à propos du régime général de la loi (CC, déc. n° 2015-710 DC du 12 février 2015 et *supra* n° 762).

Du fait de la jurisprudence du Conseil constitutionnel évoquée ci-dessus (voir *supra* n° 784) le gouvernement ne devrait plus avoir besoin d'obtenir la ratification effective de ces ordonnances, puisque celles-ci auront déjà une nature législative. Les projets de ratification devront néanmoins être déposés pour éviter que les ordonnances deviennent caduques mais ce ne sera plus qu'une simple formalité.

D. La pratique des ordonnances

786. La technique des lois d'habilitation a beaucoup servi sous la Ve République. La plupart des gouvernements, quelle que fut leur orientation politique, y ont eu recours à un moment ou à un autre. Les programmes dont ces lois devaient permettre l'exécution sont tellement divers qu'ils découragent toute tentative de classification : maintien de l'ordre en Algérie ; réforme du statut de certains territoires d'outre-mer ; lutte contre des fléaux sociaux ; application de normes communautaires ; mesures d'ordre économique et social ; privatisations ; réforme électorale ; codification, etc. Les délégations ainsi consenties sont parfois impressionnantes par leur étendue, surtout lorsqu'il s'agit de transposer des décisions prises par les instances communautaires[63].

Cette technique permet de gagner du temps. Elle est donc fort utile lorsque l'on a besoin de régler un problème urgent, lorsque l'ordre du jour des travaux parlementaires est surchargé, ou lorsque l'on veut éviter l'obstruction qui serait pratiquée par l'opposition si les projets gouvernementaux devaient être discutés dans le détail. Les statistiques montrent que l'on y recourt de plus en plus fréquemment : de 1960 à 2000, 35 lois d'habilitation ont été adoptées, 24 l'ont été de 2001 à 2004 ; 98 de 2004 à 2013. La moyenne annuelle est donc aujourd'hui supérieure à 9 alors que, durant les premières décennies de la Ve République, elle était inférieure à 1.

Elles permettent parfois aussi de résoudre des questions délicates de politique intérieure. En juillet 2017, le gouvernement d'Édouard Philippe a fait adopter par le Parlement une loi qui l'habilitait à prendre par ordonnance des mesures destinées à assouplir le Code du travail pour favoriser le dialogue social dans les entreprises. On peut s'étonner qu'il ait choisi cette procédure car il s'agissait d'une question importante, qui touchait à la libéralisation de l'économie, et la plupart des parlementaires auraient probablement souhaité débattre eux-mêmes de ces mesures.

Mais pour Emmanuel Macron, qui avait fait de cette réforme l'un des enjeux de sa campagne présidentielle le recours à des ordonnances présente plusieurs avantages ; mettre en valeur les aspects techniques de la question en négociant avec des organisations professionnelles plutôt qu'avec les groupes politiques de l'Assemblée nationale et du Sénat ; aboutir rapidement et préserver son propre pouvoir de décision car les ordonnances sont unilatéralement rédigées par l'exécutif.

L'augmentation du nombre des ordonnances s'explique par plusieurs raisons.

Le gouvernement trouve là un instrument commode qui lui permet de réaliser des réformes à un rythme beaucoup plus rapide que ce que permettrait la procédure législative ordinaire. Il est aussi en mesure d'éviter les amendements qui pourraient être proposés sur un projet de loi ordinaire par les membres de sa propre majorité et qui seraient de nature à détruire la cohérence du texte. L'article 38 joue ainsi parfois le rôle d'un substitut à l'article 44 sur le vote bloqué. S'étant habituées à être dépossédées d'une partie de leur pouvoir législatif au profit des institutions européennes, les assemblées parlementaires se résignent facilement à déléguer au gouvernement la transposition des directives émanant de ces institutions, car il s'agit d'un travail essentiellement technique, qui ne comporte qu'une faible marge d'initiative.

Par ailleurs, la multiplication des interventions du législateur, dans presque tous les domaines, aboutit à une excessive complexité des textes et l'on

63. Ainsi la loi n° 2001-1 du 3 janvier 2001 habilite-t-elle le gouvernement à transposer par ordonnances plus de cinquante directives ou décisions communautaires.

estime généralement (à tort ou à raison) que le gouvernement et l'administration sont mieux outillés que le Parlement pour y remédier. Une proportion relativement importante des lois récentes d'habilitation se donne donc pour objectif la codification ou la simplification du droit.

Quelles qu'en soient les causes, il est certain que le développement de la législation gouvernementale commence à prendre des proportions considérables : environ 55 % des textes adoptés en matière législative en 2004 étaient des ordonnances ! (Sénat, 2005, p. 15).

La réforme constitutionnelle de 2008 n'a fait que renforcer les avantages que présente pour le gouvernement la législation par voie d'ordonnances : en effet comme il a perdu en partie la maîtrise de l'ordre du jour des assemblées, la nécessité de gagner du temps est encore plus impérieuse qu'elle ne l'était auparavant. À l'occasion du contrôle qu'il a exercé sur la loi organique prise en application de l'article 39 C – c'est-à-dire sur le texte qui fixe les nouvelles règles relatives à la présentation des projets de loi – le Conseil constitutionnel a veillé à ce que la procédure de l'article 38 demeure extrêmement souple.

En premier lieu, dans une réserve d'interprétation, il a précisé que le gouvernement, lorsqu'il dépose un projet de loi d'habilitation n'était pas tenu de faire connaître au Parlement la teneur des ordonnances qu'il entendait prendre sur le fondement de cette habilitation.

En second lieu, il a censuré les dispositions de la loi organique prévoyant que les projets de ratification des ordonnances devaient être accompagnés d'une étude d'impact, comme c'est le cas des projets de loi ordinaires : selon lui, comme il s'agit dans ce cas, par définition, d'un texte déjà en vigueur, l'étude d'impact serait sans objet[64].

§2. La législation populaire : les lois adoptées par la voie du référendum

787. Les référendums de l'article 11 constituent l'un des modes d'expression du pouvoir de suffrage. Ils ont déjà été étudiés à ce titre (v. *supra* n° 573).

Le domaine des lois référendaires est beaucoup plus limité que celui des ordonnances de l'article 38. Les ordonnances de l'article 38 peuvent porter sur n'importe quelle matière relevant du domaine de la loi. Quant au référendum, il ne peut porter que sur l'un des objets limitativement énumérés par l'article 11 : organisation des pouvoirs publics, réformes relatives à la politique économique ou sociale de la Nation ainsi qu'aux services publics qui y concourent (loi constitutionnelle du 4 août 1995), ratification d'un traité qui, sans être contraire à la Constitution, aurait des incidences sur le fonctionnement des institutions.

Depuis 1958, sept lois seulement ont été adoptées par la voie référendaire.

64. Voir la décision n° 2009-579 DC du 9 avril 2009, cons. 20 et 21.

À la différence des ordonnances de l'article 38, la loi référendaire, quant à sa nature juridique, doit évidemment être considérée comme un acte législatif et non comme un acte administratif. Elle échappe au contrôle de constitutionnalité, le Conseil constitutionnel s'étant déclaré incompétent (v. *supra* n° 513). Mais elle est en principe soumise au contrôle de conventionnalité exercé par les juridictions administratives et judiciaires (CE Ass., 30 octobre 1998, *Sarran et autres*, *AJDA* 1998 p. 1039).

Mais du point de vue de la procédure législative, les lois qui ont été adoptées par la voie du référendum ne constituent pas une catégorie particulière. Elles peuvent être modifiées ou abrogées de la même manière que les lois d'origine parlementaire sauf dans la mesure où elles ont été incorporées à la Constitution, comme c'est le cas de la loi de 1962 sur l'élection du président de la République au suffrage universel direct et de la loi de 2000 sur le quinquennat. Juridiquement, l'adoption d'une loi par la voie référendaire n'entraîne donc pas un dessaisissement durable du Parlement. Théoriquement, ce dernier pourrait modifier ou même abroger une loi référendaire tout de suite après qu'elle ait été adoptée. Mais politiquement, il lui serait sans doute difficile de le faire.

Il arrive qu'une loi référendaire s'apparente par son contenu à une loi d'habilitation, c'est-à-dire qu'elle comprenne une disposition autorisant le gouvernement ou le président de la République à prendre par ordonnances, pendant un certain délai, des mesures qui seraient normalement du domaine de la loi.

Par exemple, la loi référendaire du 13 avril 1962, dont l'objet principal était d'approuver les accords conduisant à l'indépendance de l'Algérie, comprenait un article 2 qui habilitait le président de la République à prendre par ordonnances toutes mesures législatives relatives au règlement de cette affaire algérienne. En vertu de cette habilitation, le président de la République de l'époque, c'est-à-dire le général de Gaulle, a pris diverses mesures et notamment une ordonnance instituant une Cour militaire de justice compétente pour juger les rebelles qui tentaient de s'opposer par la force à l'indépendance de l'Algérie.

La question s'est posée de savoir si les ordonnances prises en vertu de cette loi référendaire devaient être considérées comme des actes législatifs, insusceptibles d'être attaqués par la voie du recours pour excès de pouvoir, ou comme des actes administratifs.

Le Conseil d'État a jugé que ces ordonnances devaient être considérées, quant à leur nature juridique, comme de simples actes administratifs, tout comme les ordonnances prises en vertu d'une loi parlementaire d'habilitation. En conséquence, il a annulé l'ordonnance instituant la Cour militaire de justice en considérant que cette ordonnance portait des atteintes très graves à certains principes généraux du droit pénal (CE, 19 octobre 1962, *Canal*, *Rec.* p. 552).

Bien que, à l'époque, cette annulation ait provoqué une réaction assez vive du chef de l'État, le général de Gaulle, le principe posé par l'arrêt *Canal* demeure acquis : les ordonnances prises en vertu d'une habilitation référendaire sont soumises au même régime juridique que celles prises en vertu d'une habilitation parlementaire.

§3. La législation présidentielle : les décisions prises en application de l'article 16

783. Lorsque les circonstances exceptionnelles qui en commandent l'application sont réunies, cet article permet au président de la République de prendre « les mesures exigées par ces circonstances » (v. *supra* n° 613).

Ces mesures peuvent porter aussi bien sur les matières législatives que sur les matières réglementaires. Leur domaine est donc potentiellement très large.

Du point de vue des compétences normatives, l'article 16 conduit à se poser au moins deux questions.

La première est celle de savoir si le président de la République dispose alors d'une compétence exclusive pour prendre les mesures exigées par les circonstances, ou si le Parlement, qui se réunit de plein droit, peut légiférer concurremment avec lui. Cette question n'est pas explicitement tranchée par la Constitution. Lors de la crise d'avril 1961, qui constitue l'unique précédent en la matière, il semble que le général de Gaulle ait considéré sa compétence comme exclusive. En effet, dans son message du 25 avril 1961, adressé au Parlement, il a déclaré que la mise en œuvre de l'article 16 ne saurait modifier les activités du Parlement... « *pour autant qu'il ne s'agisse pas de mesures prises ou à prendre en vertu de l'article 16* ». Durant la mise en œuvre de l'article 16, le Parlement serait donc dessaisi de ses compétences sur tout ce qui touche aux mesures à prendre en vertu de l'article 16, c'est-à-dire en fait sur les questions les plus actuelles et les plus graves.

La seconde question concerne la nature juridique des décisions prises par le président de la République en vertu de l'article 16. Ces décisions doivent-elles être assimilées à des actes administratifs, comme les ordonnances prises sur habilitation parlementaire ou référendaire, ou à des actes législatifs ? Dans un important arrêt du 2 mars 1962 (CE, *Rubin de Servens, Rec.* p. 143), le Conseil d'État a jugé :

1° Que la décision initiale de mettre en application l'article 16 devait être considérée comme un *acte de gouvernement*, c'est-à-dire un acte qui, en raison de son objet particulier, échappe à tout recours juridictionnel, par exception au principe général de la soumission des actes des autorités exécutives au contrôle du juge administratif.

2° Que l'article 16 habilitait le président de la République à exercer le pouvoir législatif dans les matières relevant du domaine la loi (art. 34), et le pouvoir réglementaire dans celles relevant du domaine réglementaire (art. 37). Ce qui détermine la nature juridique de la décision, ce n'est donc pas son auteur, comme pour les ordonnances de l'article 38, mais l'objet sur lequel elle porte.

Cette jurisprudence *Rubin de Servens* peut inspirer certaines inquiétudes quant à la protection dont bénéficieraient les libertés publiques en période d'application de l'article 16. En effet, comme les principes fondamentaux des libertés publiques font partie du domaine législatif, toute décision du président de la République portant gravement atteinte à une liberté serait considérée ipso facto comme un acte législatif et échapperait pour cette raison au contrôle du juge administratif. Jusqu'en 2008, comme elle ne pouvait pas non plus être déférée au Conseil constitutionnel, il en résultait que les décisions prises en vertu de l'article 16 n'étaient susceptibles d'aucun recours, sauf lorsqu'elles portaient sur un objet de nature réglementaire, c'est-à-dire en fait sur un objet d'importance minime.

Mais ce n'est plus vrai aujourd'hui car, depuis l'entrée en application de la réforme de 2008, tout plaideur qui se voit opposer un acte de nature législative peut soulever une question prioritaire de constitutionnalité de sorte que, si le Conseil d'État ou la Cour de cassation accepte de transmettre cette question, le Conseil constitutionnel peut contrôler la conformité de l'acte législatif à la Constitution (v. *infra* n° 808 et s.).

Par conséquent, même si le Conseil d'État maintenait sa jurisprudence de 1962, tous les actes pris par le président de la République en vertu de l'article 16 pourraient aujourd'hui faire l'objet d'un contrôle juridictionnel, à l'exception de sa décision initiale de se saisir des pouvoirs de crise, qui serait probablement toujours considérée comme un acte de gouvernement insusceptible de recours

789. Bibliographie

AA. VV. (2001), *Droit constitutionnel, droit communautaire : vers un respect constitutionnel réciproque ? Colloque de La Rochelle, 6 et 7 mai 1999*, Paris, Economica, Aix-en-Provence, PUAM.

Abraham R. (1990), *Droit international, droit communautaire et droit français*, Paris, Hachette Éducation.

Alberton G. (2005), « De l'indispensable intégration du bloc de conventionnalité au bloc de constitutionnalité ? », *RFDA*, p. 249 et s.

Alland D. (1998), « Le droit international "sous" la Constitution de la République », *RDP*, p. 1649 et s.

Amselek P. (1998), « Le budget de l'État et le Parlement sous la Ve République », *RDP*, p. 1444.

Avril P. (1971), « Le vote bloqué », *RDP*, p. 469 et s.

Bataille F. (1966), *Le Conseil d'État, juge constitutionnel*, Paris, LGDJ.

Barbé V. (2009), *Le rôle du Parlement dans la protection des droits fondamentaux : étude comparative Allemagne, France, Royaume-Uni*, LGDJ.

Baudu A. (2010), *Contribution à l'étude des pouvoirs budgétaires du Parlement*, Dalloz, Bibliothèque parlementaire et constitutionnelle.

Bergougnous G. (2013), « Les journées réservées aux groupes d'opposition ou minoritaires de l'Assemblée nationale, terrain privilégié des armes de procédure », *Cs*, n° 2, 2013, p. 161-164.

Boudon J., (2019), « Propos malicieux sur les ordonnances de l'article 38 de la Constitution », *AJOA*, p. 1492-1496.

Bouvier M. et Barilari A. (2010), *La LOLF et la nouvelle gouvernance financière de l'État*, LGDJ, coll. Systèmes.

Baufume B.,

– (1985), « Le droit présidentiel de demander une nouvelle délibération de la loi : le précédent du 13 juillet 1983 », *RDP*, p. 1239.

– (1993), *Le droit d'amendement et la Constitution*, Paris, LGDJ.

Berlia G.,

– (1961), « L'application de l'article 16 », *RDP*, p. 1029.

– (1962), « Le contrôle du recours à l'article 16 et de son application », *RDP*, p. 288.

Boyer-Merentier C. (1996), *Les ordonnances de l'article 38 de la Constitution du 4 octobre 1958*, Paris, Economica, Aix-en Provence, PUAM.

Camby J.-P.,

– (1998), « Quarante ans de lois organiques », *RDP*, p. 1686 et s.

– (1999), « L'article 45 et le droit d'amendement après réunion de la commission mixte paritaire : une audace salutaire de la part du Conseil constitutionnel », *RDP*, p. 19 et s.

Car J.-C. (1999), *Les lois organiques de l'article 46 de la Constitution du 4 octobre 1958*, Paris, Economica, Aix-en-Provence, PUAM.

Carré de Malberg R. (1931), *La loi, expression de la volonté générale*, Paris, Economica, réédition 1984.

Chaltiel Fl. (2000), *La souveraineté de l'État et l'Union européenne, l'exemple français. Recherches sur la souveraineté de l'État membre*, Paris, LGDJ.

Champeil-Desplats V. (2006), « N'est pas normatif qui peut. L'exigence de normativité dans la jurisprudence du Conseil constitutionnel », *CCC*, n° 21, 2006.

Conseil d'État

– (1993), « Considérations générales sur le droit communautaire » in *Rapport public 1992*, Paris, La Documentation française.

– (2006), « Sécurité juridique et complexité du droit », in *Rapport public* 2006, Paris, La Documentation française.

Constitutions

– (2010), n° 2, « La qualité de la loi en débat », p. 195 et s.

– (2011), n° 1, « L'introduction de la règle d'or budgétaire dans la Constitution » (débat), p. 23 et s.

Crouzatier-Durand Fl. (2003), « Réflexions sur le concept d'expérimentation législative (à propos de la loi constitutionnelle du 28 mars 2003 relative à l'organisation décentralisée de la République) », *RFDC*, p. 675 et s.

Debré J.-L. (2016), *Ce que je ne pouvais pas dire*, Paris, Robert Laffont.

Delvolvé P., Lesguillons H. (1964), *Le contrôle parlementaire sur la politique économique et budgétaire*, Paris, PUF.

De Montis A. (2016), *La rénovation de la séance publique du Parlement français : étude sur l'efficacité politique de la réforme constitutionnelle du 23 juillet 2008*, Dalloz, Bibliothèque parlementaire et constitutionnelle.

Derosier J.-P. (2014), « Hors-piste constitutionnel : quand le Conseil constitutionnel décide de poser une question préjudicielle à la CJUE », in *L'État, le droit, le politique – Mélanges offerts à Jean-Claude Colliard*, Dalloz, p. 227-241.

Drago R. (dir.) (2004), *La confection de la loi*, Paris, PUF.

Dubouis L. (1999), « Les trois logiques de la jurisprudence Sarran », *RFDA*, p. 57 s.

Dubout E. (2010), « Les règles ou principes inhérents à l'identité constitutionnelle de la France : une supra-constitutionnalité ? », *RFDC*, n° 83, p. 451-482.

Dutheillet de Lamothe O. (2004), « Le Conseil constitutionnel et le droit européen », *RFDC*, p. 23 et s.

Faculté de droit d'Aix-Marseille (1981), *Vingt ans d'application de la Constitution de 1958. Le domaine de la loi et du règlement*, Paris, Economica.

Fatin-Rouge M. (2004), *Le contrôle du référendum par la justice constitutionnelle*, Aix-en-Provence, PUAM, Paris, Economica.

Favoreu L. (1974), « La délégalisation des textes de forme législative par le Conseil constitutionnel », *Mélanges Waline*, Paris, LGDJ, t. II, p. 429 s.

Foucher B. (1981), « Le dernier mot à l'Assemblée nationale », *RDP*, p. 1192 s.

Fromont M. (2013), « Les juges constitutionnels allemand et français, défenseurs de la souveraineté nationale face à la construction européenne », in *La Constitution, l'Europe et le droit ; Mélanges en l'honneur de Jean-Claude Masclet*, Publications de la Sorbonne, p. 593-616.

Gaïa P. (1991), *Le Conseil constitutionnel et l'insertion des engagements internationaux dans l'ordre juridique interne*, Paris, Economica, Aix-en-Provence, PUAM.

GAUDEMET Y. (2003), « Sur quelques abus de la législation déléguée », in *L'esprit des institutions, l'équilibre des pouvoirs, Mélanges Pactet*, Dalloz, p. 617-628.

GAUTHIER-LESCOP L. (2007), « Une résolution du Parlement pour lutter contre l'inflation normative », *RDP*, p. 111 et s.

GICQUEL J.-E. (2006), « La promulgation-suspension de la loi », *RDP*, p. 569 et s.

GOHIN O. (1999), « La Constitution française et le droit d'origine externe », *RFDA*, p. 77.

GUETTIER C. (1998), « Le contrôle juridictionnel des actes du président de la République », *RDP*, p. 1719 et s.

HÉBRARD P. (1969), « L'article 38 de la Constitution de 1958 », *RDP*, p. 259 s.

KROLIK C. (2014), « Le renouveau des commissions parlementaires permanentes ? », *RFDC* n° 98, p. 345-368.

LEBEN C. (1991), « De la nature juridique des communautés européennes », *Droits*, n° 14, p. 61 s.

LEFEBVRE-RANGEON F. (2015), « L'exigence de normativité de la loi », *AJDA*, p. 1028-1033.

LE MIRE P. (1996), *La loi et le règlement*, Paris, La Documentation française.

LE POURHIET A.-M. (2011), *Les ordonnances, la confusion des pouvoirs en droit public français*, LGDJ, coll. Systèmes.

LUCHAIRE F.,

– (1999), « La réserve constitutionnelle de réciprocité », *RDP*, p. 37 et s.

– (2004), « Le Conseil constitutionnel devant la Constitution pour l'Europe », *RFDC*, p. 465 et s.

MATHIEU B. (2004), *La loi*, Paris, Dalloz 2e éd.

MATHIEU B. et VERPEAUX M. (1999), « À propos de l'arrêt du Conseil d'État *Sarran et autres* : le point de vue du constitutionnaliste », *RFDA*, p. 67.

MAUCOUR-ISABELLE A. (2005), *Rénovation des pouvoirs budgétaires du Parlement sous la Ve République*, Paris, Dalloz.

MOUGUÉ C. (1998), « Le contrôle juridictionnel des ordonnances », *RFDA*, p. 942 et s.

OLIVA E. (1997), *L'article 41 de la Constitution du 4 octobre 1958 : initiative législative et Constitution*, Paris, Economica-PUAM.

PHILIP L.,

– (1996 a), « La révision constitutionnelle du 22 février 1996 », *RFDC*, p. 451 et s.

– (1996b), *L'exercice du pouvoir financier du parlement : théorie, pratique et évolution. Journée d'études du 22 mars 1996*, Paris, Economica, Aix-en-Provence, PUAM.

PIERRE M. (1981), *L'article 45 de la Constitution du 4 octobre 1958*, Paris, LGDJ.

PIMONT Y. (1970), « La question préalable », *RDP*, p. 351 et s.

PORTELLI H. (2006), « Les ordonnances : les raisons d'une dérive », *Droits* n° 44.

QUIRINY B. (2010), « La métamorphose de l'article 41 de la Constitution », *RFDC*, n° 82, p. 313.

RDP (2004), « Point de vue : Conseil constitutionnel et ordre juridique communautaire », p. 869 et s.

RFDA (2005), n° 1 et 2, Dossier : « Les rapports entre l'ordre juridique interne et l'ordre juridique européen. »

RIDEAU J. (2010), *Droit institutionnel de l'Union européenne*, Paris, LGDJ, 6e éd.

ROUX J. (2007), « Le Conseil constitutionnel, le droit communautaire dérivé et la Constitution », *RDP* (4), p. 912-933.

SÉNAT. SERVICE DES ÉTUDES JURIDIQUES (2005), *Les ordonnances de l'article 38 de la Constitution, Document de travail.*

TOURARD H. (2000), *L'internationalisation des constitutions nationales*, Paris, LGDJ.

TOUZEIL-DIVINA M., (2019), *Dix mythes du droit public*, Paris, LGDJ.

TROPER M.,

– (1987), « La signature des ordonnances ; Fonctions d'une controverse », *Pouvoirs*, p. 725, reproduit *in* TROPER M., *Pour une théorie juridique de l'État*, Paris, PUF, 1994.

– (2000) (dir.), « Souveraineté de l'État et hiérarchie des normes dans la jurisprudence constitutionnelle », *CCC*, n° 9, mars-septembre.

– (2018), « Existe-t-il des principes supérieurs à la Constitution ? », *in* LE PILLOUER A. (dir.), *La protection de la Constitution. Finalités, mécanismes, justifications*, Faculté de droit de Poitiers.

Université de droit, d'économie et des sciences (Aix-Marseille). Faculté de droit et de science politique (1981), *Le domaine de la loi et du règlement*, 2e éd., Paris, Economica, Aix-en-Provence, PUAM.

Voisset M. (1969), *L'article 16 de la Constitution du 4 octobre 1958*, Paris, LGDJ.

Wachsmann P. (1998), « L'article 55 de la Constitution et les conventions internationales relatives aux droits de l'Homme », *RDP*, p. 1671 et s.

CHAPITRE 4

Justice et Constitution

790. Si l'on se réfère à la définition que l'article 16 de la Déclaration des droits de l'Homme donne de la Constitution comme une séparation des pouvoirs, c'est-à-dire comme une répartition des compétences, une Constitution ne peut éviter d'organiser l'exercice de la fonction législative et de la fonction exécutive. Elle pourrait en revanche ne contenir aucune règle ou aucun principe sur la fonction juridictionnelle. Les lois constitutionnelles de 1875 sont ainsi complètement muettes à ce sujet (à l'exception de quelques dispositions concernant la mise en accusation du président de la République).

Cependant dans la mesure où les constitutions modernes déterminent immédiatement ou médiatement l'ensemble de la production normative, elles ne pourraient rester silencieuses sur la fonction juridictionnelle qu'à condition d'admettre une thèse qui ne trouve aujourd'hui plus beaucoup de défenseurs : que cette fonction n'est pas créatrice de droit. Or, il est certain que les juges produisent des normes. D'une part, ils produisent des sentences qui sont des normes au moins pour les parties au litige qu'il s'agit de trancher. D'autre part, ils interprètent les textes qu'ils sont censés appliquer et contribuent ainsi à déterminer le contenu de normes de niveau très élevé, des normes législatives ou constitutionnelles. La Constitution doit d'abord déterminer les juridictions compétentes pour trancher certains litiges nés de l'application de la Constitution elle-même. Mais elle doit aussi déterminer les principes fondamentaux de l'organisation de certaines juridictions, au moins celles dont l'activité paraît importante pour la protection des libertés.

Deux groupes d'autorités sont ainsi organisés en totalité ou en partie par la Constitution de 1958 : le Conseil constitutionnel et les juridictions judiciaires. Quant aux juridictions administratives, bien qu'elles ne soient pas explicitement mentionnées dans la Constitution, elles jouent un rôle important dans la protection de certains droits garantis par la Constitution, et leur organisation est en partie déterminée par des principes de valeur constitutionnelle.

Enfin, depuis la révision du 23 juillet 2008, la Constitution comprend un titre XI *bis* consacré au « Défenseur des droits ». Ce dernier ne constitue pas à proprement parler une juridiction car il ne peut émettre que des recommandations et non des décisions ayant autorité de chose jugée. Mais il veille au respect des droits et libertés par les organismes publics de toute nature et le fait qu'il bénéficie désormais d'un statut constitutionnel – alors que son prédécesseur, le Médiateur, avait été mis en place par une loi ordinaire – souligne l'importance qu'on lui attache. La loi organique du 23 mars 2011 lui a conféré le titre « d'autorité constitutionnelle indépendante ».

Section 1
Le Conseil constitutionnel

791. Avant la Ve République, il n'avait jamais existé en France de juridiction constitutionnelle digne de ce nom. Le rôle d'une telle juridiction consiste à donner des interprétations de la Constitution qui s'imposent aux autres pouvoirs constitués, et notamment au Parlement. Or la tradition républicaine française antérieure à 1958 reposait sur l'idée de souveraineté parlementaire.

La création du Conseil constitutionnel en 1958 manifestait précisément la volonté de rompre avec cette tradition.

Mais les pères de la Constitution de 1958 avaient une conception relativement étriquée du rôle dévolu au Conseil constitutionnel. Ils n'avaient pas l'ambition d'en faire une Cour constitutionnelle au sens plein du terme, c'est-à-dire une juridiction chargée de veiller au respect des droits et libertés, comme la Cour suprême des États-Unis ou le Tribunal constitutionnel allemand. Le Conseil constitutionnel devait être, selon l'expression de M. Debré, « *une arme contre la déviation du régime parlementaire* »[1] : il s'agissait en fait d'empêcher l'Assemblée nationale et le Sénat d'empiéter sur les prérogatives gouvernementales.

Mais les institutions évoluent selon leur propre logique, qui peut les conduire à assumer un rôle plus vaste que celui que leurs fondateurs avaient en tête. C'est ce qui s'est produit pour le Conseil constitutionnel. Bien que son mode de composition et la plupart de ses attributions n'aient pas été profondément modifiés depuis 1958, la place qu'il occupe aujourd'hui dans les institutions et dans la vie politique est beaucoup plus importante que ce qui avait été envisagé au départ. Et le nouvel article 61-1 C, introduit par la réforme du 23 juillet 2008, lui permet de jouer un rôle encore plus central dans la défense des droits et libertés.

1. Discours prononcé devant l'assemblée générale du Conseil d'État (27 août 1958).

Sous-section 1 Composition et organisation du Conseil constitutionnel

792. Le Conseil constitutionnel comprend deux catégories de membres : les membres nommés et les membres de droit. Son président, qui joue un rôle important, est nommé par le chef de l'État. Ses membres sont soumis à une obligation de réserve relativement stricte.

793. Les membres nommés. – Ils sont au nombre de neuf : trois sont nommés par le président de la République ; trois par le président de l'Assemblée nationale ; trois par celui du Sénat. On l'a vu, les nominations faites par le chef de l'État ne sont pas soumises à la règle du contreseing. Mais le nouvel article 56 C, modifié par la loi de modernisation des institutions du 23 juillet 2008, précise que les mandats de membre du Conseil constitutionnel font partie des emplois ou fonctions visés par le dernier alinéa de l'article 13 C, c'est-à-dire ceux pour lesquels le pouvoir de nomination du président de la République « *s'exerce après avis public de la commission permanente compétente de chaque assemblée* ». On sait que cet avis, qui n'a dans la plupart des cas qu'une valeur simplement consultative, empêche la nomination lorsque l'addition des votes négatifs dans chaque commission représente au moins trois cinquièmes des suffrages exprimés au sein des deux commissions (v. *supra* n° 607). Quant aux six autres membres, qui sont désignés par le président de l'une ou l'autre assemblée, leur nomination est soumise « *au seul avis de la commission permanente compétente de l'assemblée concernée* ».

Le mandat des membres nommés est de neuf ans. Il n'est pas renouvelable.

De même que le Sénat avant la réforme de 2003, le Conseil constitutionnel se renouvelle par tiers tous les trois ans, de sorte que sa composition évolue assez rapidement sans jamais être soumise à un bouleversement total. Chaque renouvellement triennal donne lieu à une nomination par le président de la République, une par le président de l'Assemblée nationale et une par le président du Sénat[2].

Il peut arriver qu'un membre du Conseil constitutionnel ne termine pas son mandat, pour cause de décès, de démission, de survenance d'une incompatibilité, etc. Un remplaçant doit alors être nommé par l'autorité dont relève le siège devenu vacant, mais cette nomination ne vaut pas pour un mandat complet : le remplaçant achève le mandat de la personne qu'il a remplacée et il est soumis à renouvellement à la date à laquelle cette personne aurait dû elle-même y être soumise. Deux possibilités doivent alors être envisagées.

Si le remplaçant a siégé trois ans ou davantage, il ne peut pas être nommé une nouvelle fois.

2. Le dernier renouvellement a eu lieu en février 2013.

S'il a siégé moins de trois ans, il peut être renommé pour un mandat complet, c'est-à-dire pour neuf ans. L'autorité dont relève le siège n'est jamais tenue de nommer une seconde fois le remplaçant mais, lorsque c'est possible, elle le fait fréquemment. Cette dérogation à la règle selon laquelle le mandat n'est pas renouvelable pourrait se justifier par l'idée que, pour pouvoir participer utilement aux travaux du Conseil constitutionnel, il faut y siéger pendant une période relativement longue, c'est-à-dire pendant au moins trois ans.

Le choix des membres n'est subordonné à aucune condition d'âge, de diplôme ou d'expérience professionnelle. Il s'agit donc pratiquement d'une décision discrétionnaire.

Comme il était prévu en 1958 que le Conseil constitutionnel devait être surtout « *une arme contre la déviation du régime parlementaire* », c'est-à-dire un arbitre des conflits entre le Parlement et le gouvernement, des qualifications juridiques générales ne paraissaient pas absolument indispensables. Mais aujourd'hui, en raison du développement du contrôle de constitutionnalité des lois, le Conseil est amené à rendre des décisions qui ont des répercussions profondes sur toutes les branches du droit.

Cependant, les textes n'ont pas été modifiés de sorte que, contrairement aux autres Constitutions européennes, la Constitution française n'exige pas que les membres du Conseil constitutionnel possèdent des compétences juridiques. En pratique, les personnalités nommées ont été pour partie des juristes qualifiés, professeurs de droit, magistrats, avocats, ou hauts fonctionnaires, pour partie des politiques. On tente parfois de justifier cette composition par une conscience plus aiguë qu'auraient les politiques des conséquences des décisions du Conseil. Cependant, l'idée qu'il y aurait au sein du conseil un équilibre entre les juristes et les politiques doit être nuancée. Il arrive en effet que les politiques aient des compétences juridiques, parfois même des compétences très élevées, comme dans le cas du président Robert Badinter, et que les juristes soient choisis en raison de leurs idées politiques réelles ou supposées. Par ailleurs, certaines personnalités, comme Alain Lancelot, ancien directeur de l'Institut d'études politiques, ou Dominique Schnapper, sociologue, n'entrent dans aucune des deux catégories.

En théorie, la nécessité de recueillir, avant de procéder à la nomination, l'avis public de deux commissions parlementaires (pour le chef de l'État) ou d'une seule (pour les présidents des assemblées) ne devrait rien changer à ces pratiques, car les commissaires ne sont pas tenus d'attacher de l'importance aux titres de qualification juridique. En pratique, cependant, il est probable que les avis négatifs seront plus faciles à justifier aux yeux de l'opinion publique s'ils sont motivés par une absence manifeste de qualification juridique. On peut donc penser que les autorités de nomination se sentiront obligées d'attacher davantage d'importance à ces qualifications, et que les personnes pressenties hésiteront à affronter l'épreuve d'une audience en commission si elles ne les possèdent pas.

Les membres du Conseil constitutionnel sont soumis à des incompatibilités dont le champ a été considérablement étendu par la loi organique du

19 janvier 1995. Ces incompatibilités visent, d'une part, certains mandats politiques et, d'autre part, certaines activités professionnelles.

En ce qui concerne les mandats politiques, les fonctions de membre du Conseil constitutionnel sont incompatibles avec celles de membre du gouvernement ou de membre du Conseil économique, social et environnemental, ainsi qu'avec « *l'exercice de tout mandat électoral* »[3]. Un membre du Conseil constitutionnel ne peut donc exercer ni un mandat électif national, comme celui de député ou de sénateur, ni même un mandat électif local, comme celui de conseiller municipal ou de conseiller général. Avant la réforme opérée par la loi du 19 janvier 1995, les membres du Conseil constitutionnel pouvaient encore exercer des mandats électifs locaux. Mais comme le Conseil constitutionnel est lui-même juge de la validité de l'élection des parlementaires, on a voulu éviter que ses membres puissent être impliqués, à titre personnel, dans des contentieux électoraux, ce qui risquait évidemment de nuire à leur autorité.

En ce qui concerne les activités professionnelles, les membres du Conseil constitutionnel sont soumis aux mêmes incompatibilités que les membres du Parlement, ce qui signifie qu'ils peuvent être professeurs d'université et même avocats alors que ce n'est généralement pas possible à l'étranger.

Pendant toute la durée de leur mandat, les membres du Conseil constitutionnel bénéficient de solides garanties d'indépendance. Ils sont inamovibles, c'est-à-dire qu'ils ne peuvent être révoqués, pas même par les autorités qui les ont nommés. Ils peuvent cependant être déclarés démissionnaires d'office par le Conseil constitutionnel lui-même mais seulement dans un nombre limité de cas énumérés par le décret n° 58-1067 du 7 novembre 1958 qui fixe leurs obligations : acceptation d'un mandat ou d'une fonction incompatible avec le statut ; incapacité physique permanente ; perte des droits civils et politiques ; comportement de nature à compromettre l'indépendance ou la dignité des fonctions. Aucune de ces éventualités ne s'est encore jamais produite, mais un membre peut être poussé à la démission, comme il est arrivé pour le président du Conseil constitutionnel, Roland Dumas, qui faisait l'objet de poursuites judiciaires. Et en août 2017, Michel Mercier, qui venait d'y être nommé par le président du Sénat, et qui faisait l'objet de poursuites judiciaires à propos d'emplois parlementaires supposés fictifs, a renoncé à y siéger. Il était manifestement visé par un communiqué du 4 août dans lequel le Conseil rappelait qu'il avait le pouvoir de démissionner d'office un membre qui ne respecterait pas la dignité de la fonction.

Avant d'entrer en fonctions, les membres du Conseil constitutionnel prêtent serment devant le président de la République.

794. Les membres de droit. – Tout ancien président de la République est de droit membre à vie du Conseil constitutionnel. À la différence des membres nommés, les membres de droit n'ont pas à prêter serment avant d'entrer en fonction.

3. Tels sont les termes employés à l'article 4 de la LO relative au Conseil constitutionnel. L'expression « mandat électif » serait sans doute plus appropriée.

Pendant longtemps, cette institution des membres de droit, qui s'explique par le fait que le Conseil constitutionnel n'était pas conçu pour être une véritable juridiction et dont on ne retrouve d'ailleurs l'équivalent dans aucun pays étranger, n'a pas joué un grand rôle. Les deux anciens présidents de la IVe République, V. Auriol et R. Coty, n'ont siégé au Conseil que d'une manière tout à fait épisodique. Et jusqu'en 2004, aucun des trois anciens présidents de la Ve République qui aurait pu le faire (le général de Gaulle, V. Giscard d'Estaing et F. Mitterrand) n'y avait siégé.

Depuis la révision de mars 2007 portant sur le titre IX de la Constitution, le président de la République peut être destitué par la Haute Cour « *en cas de manquement à ses devoirs manifestement incompatible avec l'exercice de son mandat* » (v. *supra* n° 599). Le texte nouveau de l'article 68 ne précise pas si un président dont le mandat a pris fin dans ces conditions peut siéger au Conseil constitutionnel. Mais compte tenu du fait que la destitution n'entraîne pas la perte des droits civiques, et que l'intéressé peut même se présenter à l'élection présidentielle organisée pour pourvoir à son remplacement, on ne voit pas ce qui pourrait justifier son exclusion du Conseil constitutionnel. Toutefois, si les faits reprochés à l'ancien président constituaient une infraction pénale, ou s'ils étaient contraires à l'honneur, les autres membres du Conseil pourraient éventuellement prononcer sa démission d'office.

Les membres de droit sont soumis aux mêmes incompatibilités que les membres nommés et l'on a pu se demander si cela n'empêcherait pas un ancien président de la République de briguer un mandat parlementaire.

La question se posa en 1984 lorsque V. Giscard d'Estaing, ancien président de la République, fut élu député à l'occasion d'une élection législative partielle. Saisi d'un recours tendant à l'annulation de cette élection, le Conseil constitutionnel l'a rejeté en déclarant : *primo*, que V. Giscard d'Estaing était éligible car une inéligibilité ne peut résulter que d'une disposition législative expresse. Or, si la Constitution confère aux anciens présidents de la République la qualité de membre à vie du Conseil constitutionnel, elle ne leur interdit pas pour autant d'être candidat à un mandat électif. *Secundo*, que l'élection de V. Giscard d'Estaing en tant que député faisait obstacle à ce qu'il siégeât au sein du Conseil (déc. n° 84-983 du 7 novembre 1984, *Rec.* p. 117). Toutefois, dans le cas d'un membre de droit, la survenance d'une incompatibilité n'a qu'un effet temporaire. Elle suspend l'exercice du mandat, mais elle n'y met pas définitivement fin, comme dans le cas d'un membre nommé.

C'est ainsi qu'à la suite de sa défaite électorale de mars 2004, qui lui avait fait perdre la présidence du Conseil régional d'Auvergne, V. Giscard d'Estaing a décidé de siéger au Conseil constitutionnel. De ce fait, l'institution des membres de droit, qui n'avait pratiquement jamais fonctionné, a connu durant quelques années un regain d'actualité, d'autant plus que deux autres anciens présidents, J. Chirac et N. Sarkozy, sont venus y siéger après l'expiration de leur mandat. En revanche, François Hollande n'a jamais envisagé d'y siéger. Cette institution des membres de droit est de plus en plus vivement contestée. Plusieurs critiques lui sont adressées.

En premier lieu, si l'ancien président commence à siéger au Conseil dès la fin de son mandat – comme il en a parfaitement le droit –, il y retrouvera des membres nommés par lui (deux, ou même trois dans le cas où, comme J. Chirac, le président sortant a accompli deux mandats successifs). On peut supposer que les membres qu'il a nommés, et parmi lesquels figurera généralement le président du Conseil constitutionnel, seront d'une certaine manière soumis à son influence. Cette influence peut même s'étendre par ricochet si, comme en 2007, le chef de l'État sortant nomme à la tête du Conseil le président de l'une des assemblées parlementaires qui lui-même, en cette qualité, a nommé d'autres membres du Conseil. C'est alors plus de la moitié des juges constitutionnels qui risque d'appartenir à un même réseau d'influence.

En second lieu, les progrès de la médecine, combinés avec la réduction de la durée du mandat présidentiel, font que le nombre des anciens présidents suffisamment valides pour siéger au Conseil ne cesse d'augmenter. En 2007, le comité Balladur avait recommandé d'abroger au moins pour l'avenir cette institution. À l'époque, cette recommandation n'a pas été suivie mais elle a été reprise en 2017 dans le projet de révision constitutionnelle piloté par le Premier ministre Édouard Philippe. Mais ce projet de révision n'a pas abouti.

Depuis 2010, l'examen des questions prioritaires de constitutionnalité (QPC) est devenu la principale activité du Conseil, au moins d'un point de vue quantitatif (v. *infra* n° 808). Or la plupart des textes qui font l'objet de ces QPC ont été adoptés durant le mandat de l'un des anciens présidents, et généralement avec l'appui de celui-ci. L'intéressé risque donc d'être soupçonné de partialité et l'on comprend qu'il juge plus sage de se déporter, c'est-à-dire de ne pas participer à la délibération, mais rien ne l'y oblige. De façon générale, plus les attributions juridictionnelles du Conseil se développent, plus il paraît souhaitable que ses membres ne soient pas d'anciens acteurs politiques de premier plan, car on peut les soupçonner d'être à la fois juge et partie.

D'après Jean-Louis Debré (2016) la participation des membres de droit aux travaux du Conseil est seulement épisodique. Aucun d'entre eux n'a jamais assisté régulièrement à l'ensemble des réunions de travail, spécialement à celles consacrées aux dossiers de QPC. Mais, dans la plupart des cas, ce sont eux qui choisissent les affaires au jugement desquelles ils participent et par conséquent le risque existe toujours qu'ils puissent exercer une influence sur une décision particulièrement importante.

La question des membres de droit n'est d'ailleurs qu'un aspect particulier d'un problème plus général. Le mode de composition du Conseil est resté celui d'un organe politique, alors que, au moins depuis 2008, ses attributions sont de type juridictionnel. Et c'est pourquoi les remarques concernant les membres de droit pourraient également s'appliquer à certains membres nommés. Lionel Jospin, ancien Premier ministre, et Laurent Fabius, ancien Premier ministre et deux fois président de l'Assemblée nationale, sont d'anciens acteurs politiques de premier plan, au même titre que les membres de droit.

Cette question peut également se poser à propos du contentieux électoral lorsque la contestation porte sur l'élection d'une personnalité politique. C'est ainsi qu'en 2017 l'élection de Manuel Valls comme député dans la première circonscription de l'Essonne a été contestée par Mme Farida Armani, qui était candidate de la France insoumise à cette même élection. Laurent Fabius et Lionel Jospin auraient dû normalement se déporter car ils avaient tous deux employé Manuel Valls comme proche collaborateur dans un passé relativement récent et pouvaient donc être soupçonnés d'avoir un préjugé en sa faveur. Mais ils ne l'ont pas fait et personne n'aurait pu les contraindre à le faire. Dans ces conditions, nul n'a été surpris que l'élection de Manuel Valls ait été validée (déc. n° 2017-5074 AN du 8 déc 2017). Cette situation a entrainé de sévères critiques de la part de la doctrine (v. *AJDA* 2018, 73).

Force est donc de constater que le mode de composition essentiellement politique du Conseil constitutionnel nuit à son autorité.

795. La présidence du Conseil constitutionnel. - Le président du Conseil constitutionnel est nommé par le président de la République (art. 56, al. 3, C). Ce choix, qui relève d'une décision personnelle puisqu'il s'agit là encore d'un acte dispensé du contreseing, est important. Non seulement le président du Conseil constitutionnel joue un rôle de représentation mais il dispose d'un pouvoir général d'organisation des travaux. C'est lui, par exemple, qui désigne les rapporteurs des différentes affaires soumises au Conseil. C'est lui qui nomme le secrétaire général du Conseil constitutionnel et qui dirige l'ensemble des services. Par ailleurs, le président du Conseil constitutionnel a voix prépondérante en cas de partage (art. 56, al. 3, C.).

Le fait que le Conseil comprenne un nombre impair de membres nommés n'exclut nullement l'hypothèse d'un partage égal des voix. Il suffit en effet que sept membres au moins soient présents pour qu'il puisse délibérer, de sorte qu'un scrutin peut donner lieu à un partage de quatre voix contre quatre. De plus, malgré le silence des textes sur ce point, il a toujours été admis qu'un membre pouvait s'abstenir lors d'un scrutin, sauf peut-être si le président du Conseil a déclaré que l'importance de la question à trancher excluait cette possibilité, comme il l'a fait en 1982 lors de la délibération sur la première loi de nationalisation. Enfin, la présence d'un ou plusieurs membres de droit modifie évidemment l'effectif du conseil.

En pratique, cependant, la voix prépondérante du président n'a que rarement l'occasion de jouer car, lors de ses délibérations, le conseil recherche systématiquement le consensus, de sorte que la plupart de ses décisions et de ses avis sont adoptés à l'unanimité ou à une très nette majorité. Sur la période 1974-1980, on trouve néanmoins deux décisions au moins qui ont été rendues grâce à la voix prépondérante du président. (B. Mathieu *et alii*, 2009).

En tant que telle, la nomination du président du Conseil constitutionnel par le chef de l'État n'est pas soumise à la procédure consultative de l'article 13 C. Mais, en pratique, la nomination en qualité de président du Conseil a toujours coïncidé avec la nomination en qualité de membre de ce même conseil, sauf en 2000 et 2004 où les circonstances étaient assez particulières (voir ci-dessous). Au moins dans la plupart des cas, les commissions parlementaires compétentes devraient donc pouvoir, en donnant leur avis sur la nomination d'un nouveau membre, se prononcer indirectement sur le choix d'un futur président.

Depuis 1958, dix présidents se sont succédé à la tête du Conseil constitutionnel : deux ont été nommés par le général de Gaulle (Léon Noël et Gaston Palewski) ; un par Georges Pompidou (Roger Frey) ; trois par François Mitterrand (Daniel Mayer, Robert Badinter et Roland Dumas), trois par Jacques Chirac (Yves Guéna, Pierre Mazeaud et Jean-Louis Debré) et un par François Hollande (Laurent Fabius). On peut dire que le choix du chef de l'État s'est toujours porté sur une personnalité qui était proche de lui politiquement et même, dans la plupart des cas, personnellement.

La durée des fonctions du président du Conseil constitutionnel n'est pas précisée par les textes. Elle n'est pas non plus expressément fixée par la décision de nomination. Mais il a toujours été implicitement admis que le président était nommé en tant que tel jusqu'à l'expiration de son mandat de membre du Conseil constitutionnel. Ainsi qu'on vient de le signaler, jusqu'au 1er mars 2000, la nomination en qualité de président avait toujours coïncidé avec la nomination en tant que membre. La durée des fonctions du président était donc normalement de neuf ans. Mais le 1er mars 2000, à la suite de la démission forcée de Roland Dumas, qui faisait l'objet de poursuites judiciaires, le président de la République a choisi comme président une personnalité qui siégeait déjà au Conseil depuis plus de quatre ans : Yves Guéna. La présidence de celui-ci s'est donc achevée en 2004 en même temps que son mandat de membre du Conseil constitutionnel. Pierre Mazeaud, qui lui a succédé, avait été nommé au Conseil en 1998, et sa présidence s'est donc achevée en février 2007.

Dans certaines circonstances, le chef de l'État peut avoir intérêt à provoquer la démission du président en exercice, afin de lui désigner comme successeur un nouveau membre qui demeurera en fonctions plus longtemps. C'est ainsi que le premier président nommé par F. Mitterrand, Daniel Mayer, l'avait été en 1983 et aurait dû normalement rester en place jusqu'en 1992. Mais en 1986, lors du premier renouvellement triennal suivant sa nomination, Daniel Mayer a renoncé à la présidence, où il fut remplacé par R. Badinter, dont le mandat ne s'est achevé qu'en 1995. Dans sa lettre publique de démission, adressée au président de la République, Daniel Mayer a révélé qu'il honorait ainsi un engagement secret conclu entre lui-même et le chef de l'État trois ans auparavant, lors de sa propre nomination. Certains constitutionnalistes ont qualifié cet engagement de « fraude à la Constitution » en estimant qu'il avait pour objet et pour effet de modifier le calendrier normal du renouvellement du président du Conseil constitutionnel (voir à ce sujet la controverse entre les professeurs Duverger et Luchaire, *Le Monde*, 22 et 26 février 1986).

Pour éviter de telles controverses, certains constitutionnalistes ont proposé que le président du Conseil constitutionnel soit élu par ses collègues, comme c'est le cas par exemple en Italie, et que la durée de son mandat soit fixée par un texte. Une telle réforme nécessiterait une révision de la Constitution.

Par ailleurs, la question se pose de savoir si le président de la République pourrait, à un moment quelconque, mettre fin aux fonctions du président du Conseil constitutionnel, sans le priver de sa qualité de membre du conseil, mais en désignant l'un de ses collègues pour le remplacer. C'est encore l'affaire *Dumas* qui a conduit à envisager cette possibilité. Mais une telle solution se heurte à l'idée que le Conseil constitutionnel est une cour indépendante ce qui paraît incompatible avec le principe selon lequel le pouvoir de nomination impliquerait celui de mettre fin aux fonctions de son président.

796. Le Secrétariat général. - Le président est assisté par un Secrétaire général qu'il choisit lui-même, bien qu'il soit officiellement nommé par le chef de l'État. Comme l'a écrit le professeur Olivier Beaud, ce secrétaire général a une fonction « *qui va bien au-delà de son titre administratif Il est devenu avec son président, la personnalité la plus importante du Conseil constitutionnel. Il participe activement à la conception et à la rédaction des décisions (...) Il rétablit dans ses commentaires reproduits sur le site du Conseil, une motivation que les décisions ne délivrent qu'inégalement. Enfin, il fait fonction de super conseiller technique, en venant au secours de certains membres du Conseil qui, malgré toutes les qualités politiques expliquant leur nomination, n'ont pas nécessairement les connaissances juridiques nécessaires pour officier comme juge constitutionnel* » (Beaud, 2015). Il convient de noter que ce secrétaire général a presque toujours été choisi parmi les membres du Conseil d'État de telle sorte que l'on a pu se demander si, par ce biais, la Haute juridiction administrative n'exerçait pas une tutelle de fait sur le Conseil constitutionnel. Mais juridiquement rien n'interdit à un président de choisir un secrétaire général appartenant à un autre cercle de juristes, par exemple un magistrat judiciaire, un professeur de droit, ou encore un fonctionnaire des assemblées parlementaires. Il en résulterait peut-être des évolutions importantes dans les méthodes de travail du Conseil.

797. L'obligation de réserve. - Bien qu'il statue en droit, le Conseil constitutionnel est souvent amené à trancher des questions qui suscitent des controverses politiques, et à propos desquelles s'affrontent la majorité et l'opposition. Si ses membres apparaissent comme trop politiquement engagés, on risque de douter de l'impartialité de ses décisions. C'est pourquoi une obligation de réserve leur est imposée.

D'après l'article 2 du décret du 13 novembre 1959 fixant les obligations des membres du Conseil constitutionnel, il leur est interdit « *de prendre aucune position publique ou de consulter sur des questions ayant fait ou étant susceptibles de faire l'objet de décisions de la part du Conseil* ». Ce même texte leur fait également défense d'occuper au sein d'un parti ou groupement politique tout poste de responsabilité ou de direction et, de façon plus générale, d'y exercer une activité qui serait de nature à compromettre l'indépendance et la dignité de leurs fonctions.

Ils sont également tenus de garder le secret des délibérations, mais, désormais, après un délai de vingt-cinq ans les archives du Conseil constitutionnel, comprenant les procès-verbaux de ses délibérations, sont accessibles aux chercheurs et les plus importantes ont été publiées[4].

En 2005, durant la campagne précédant le référendum sur la Constitution européenne, l'obligation de réserve a été interprétée d'une manière assez souple, afin de permettre à deux membres du Conseil, V. Giscard d'Estaing et Simone Veil, de s'engager dans cette campagne.

Avant de venir siéger au Conseil constitutionnel, V. Giscard d'Estaing avait participé, en qualité de président de la Convention européenne de Bruxelles, à l'élaboration du traité établissant une Constitution pour l'Europe. Aussi, pour éviter tout soupçon de partialité, s'est-il abstenu de siéger toutes les fois que le Conseil s'est prononcé sur une question ayant un rapport direct ou indirect avec ce traité. Mais il a activement milité pour le oui au référendum du 29 mai 2005 tout en continuant de participer aux autres activités du Conseil.

De manière analogue, S. Veil, membre nommé, a décidé de suspendre ses fonctions de membre du Conseil entre le 1er mai 2005 et la proclamation des résultats du référendum afin de pouvoir également militer pour le oui.

Ces engagements politiques ont suscité d'assez vives protestations. D'une part, la définition précitée de l'obligation de réserve semble interdire les prises de position publiques sur toute question dont le Conseil a été appelé ou peut être appelé à connaître, même si la personne concernée s'abstient de participer à la décision. D'autre part, l'article 4 du décret du 13 novembre 1959 ne prévoit la possibilité d'un congé que pour solliciter un mandat électif. Mais le Conseil dispose à cet égard d'un pouvoir d'interprétation souverain car lui seul peut apprécier si l'un de ses membres a manqué à l'une de ses obligations, le juge administratif se déclarant incompétent en la matière (CE, 6 mai 2005, *M. René Georges Hoffer*, *AJDA*, 2005, p. 979).

D'après Jean-Louis Debré (2016, p. 130 et s.), la question de savoir si l'obligation de réserve est la même pour les membres nommés et pour les membres de droit est controversée. Selon Valéry Giscard d'Estaing, les anciens présidents sont soumis aux règles de réserve qui s'imposent aux autres membres du Conseil lorsqu'il s'agit des travaux de celui-ci, mais rien ne leur interdit d'exprimer publiquement leur opinion sur les choix auxquels donne lieu la vie politique française. Jean-Louis Debré estime au contraire que l'obligation de réserve devrait être la même pour tous les membres du Conseil et il affirme avoir rappelé à l'ordre V. Giscard d'Estaing à la suite de ses prises de position sur les élections législatives et présidentielles de 2012. Mais en pratique, le président du Conseil constitutionnel n'a pas les moyens d'empêcher les anciens chefs de l'État de s'exprimer publiquement comme ils le souhaitent, car il paraît difficilement envisageable de les exclure temporairement ou définitivement.

4. Mathieu B., Machelon J.-P., Mélin-Soucramanien F., Rousseau D. et Philippe X., *Les grandes délibérations du Conseil constitutionnel 1958-1983*, Paris, Dalloz, 2009.

Sous-section 2 Les compétences du Conseil constitutionnel

798. Ces compétences sont diverses et variées. Toutefois, ce serait une erreur de croire que le Conseil constitutionnel peut connaître de n'importe quel litige portant sur l'application ou l'interprétation de la Constitution. Pour nombreuses qu'elles soient, les attributions du Conseil sont énumérées de façon limitative, et la plupart d'entre elles correspondent à des hypothèses très spécifiques. On ne trouve nulle part, dans la Constitution française, une clause de compétence très générale analogue à celle de l'article 93 alinéa 1 de la Loi fondamentale allemande qui permet au Tribunal constitutionnel de statuer « *en cas de litiges portant sur les droits et obligations d'un organe fédéral* ». En d'autres termes, le Conseil constitutionnel français n'a qu'une compétence d'attribution et certains problèmes lui échappent pour la simple raison que ni la Constitution, ni la loi organique n'ont prévu la possibilité de le saisir[5].

Ceci dit, les compétences du Conseil constitutionnel peuvent être regroupées autour de quelques grands thèmes :

1° Les compétences liées à *l'exercice du suffrage*. Le Conseil constitutionnel statue, en cas de contestation, sur la régularité de l'élection des députés et des sénateurs. Il intervient, à différentes étapes, dans le déroulement de l'élection présidentielle. Il veille à la régularité des opérations de référendum « *prévues aux articles 11 et 89 de la Constitution et au titre XV de la Constitution* »[6] et en proclame les résultats. Depuis la révision du 23 juillet 2008, il doit également veiller au respect des dispositions qui encadrent le nouveau référendum d'initiative partagée prévu par l'article 11.

2° Les compétences relatives au *statut des titulaires de certains mandats électifs*. Par exemple, en ce qui concerne le statut des parlementaires, le Conseil constitutionnel peut être saisi en vue de constater l'existence d'une incompatibilité. De même, en ce qui concerne le mandat présidentiel, c'est le Conseil constitutionnel qui constate, sur saisine du gouvernement, l'empêchement temporaire ou définitif du chef de l'État (art. 7 C).

3° Les compétences liées à l'exercice des *pouvoirs exceptionnels de l'article 16*. Le Conseil constitutionnel doit d'abord être consulté sur la réunion des conditions auxquelles est subordonnée la mise en application de

5. Tel est notamment le cas de la plupart des conflits qui risquent de surgir entre le président de la République et le Premier ministre en période de cohabitation (signature des ordonnances, etc.). De même, le problème de la recevabilité d'une motion de censure en période d'application de l'article 16 ne relève pas de la juridiction du Conseil constitutionnel sauf si cette question est traitée dans le règlement de l'Assemblée nationale.

6. Cette précision a été ajoutée à l'article 60 C par la loi constitutionnelle du 28 mars 2003 pour bien marquer que la compétence du Conseil constitutionnel est limitée aux opérations de niveau national. Les référendums organisés dans le cadre d'une collectivité territoriale en application de l'article 72-1 C relèvent de la compétence des juridictions administratives. La référence au titre XV a été introduite en 2005 : il s'agit des référendums prévus par l'actuel article 88-5, qui deviendrait 88-7 à compter de l'entrée en vigueur du traité établissant une Constitution pour l'Europe.

l'article 16 ; il doit ensuite être consulté sur chacune des mesures prises par le président de la République en application de l'article 16. En outre, depuis la révision du 23 juillet 2008, après trente jours d'exercice des pouvoirs prévus par l'article 16, il peut être saisi aux fins d'examiner si les conditions d'exercice de ces pouvoirs sont toujours réunies.

À la différence des autres, les attributions de ce troisième groupe ne sont pas juridictionnelles mais consultatives, c'est-à-dire que dans le cadre de l'article 16, le Conseil constitutionnel ne rend pas des décisions, mais seulement des avis, qui ne lient pas le président de la République.

4° Les compétences liées *à certains incidents de la procédure législative*.

On sait que, dès l'origine, le Conseil constitutionnel était chargé de veiller à ce que le Parlement n'empiète pas sur le domaine réglementaire réservé au gouvernement. Ses compétences prévues aux articles 37 et 41 C se rattachent à cette mission.

Dans un tout autre domaine, d'après l'article 39 C modifié par la loi du 23 juillet 2008, les projets de loi déposés par le gouvernement à l'Assemblée nationale ou au Sénat doivent répondre à des conditions de présentation fixées par une loi organique. En cas de désaccord sur le respect de cette obligation entre le gouvernement et la conférence des présidents de l'assemblée concernée, le Premier ministre ou le président de l'Assemblée peut saisir le Conseil constitutionnel.

5° Les compétences relatives au *contrôle de la constitutionnalité de certains textes* et principalement des lois.

De 1959 à 2016, dans tous les domaines, les décisions du Conseil constitutionnel étaient présentées sous une forme que l'on peut qualifier de « juridictionnelle », parce que c'est celle qu'utilisent depuis la Révolution presque toutes les juridictions françaises, qu'elles appartiennent à l'ordre judiciaire ou à l'ordre administratif. Ce mode de présentation se caractérise par une structure en trois parties – d'abord les visas, c'est-à-dire la liste des textes dont le juge fait application ; ensuite les considérants, c'est-à-dire la motivation ; enfin le dispositif, c'est-à-dire la décision proprement dite – et par l'utilisation de certaines formules comme éléments de liaison, chacun des textes cités dans les visas étant introduit par « vu », et chacune des étapes du raisonnement qui sous-tend la motivation étant introduite par « considérant que » ou « attendu que ».

En mai 2016, le Conseil a annoncé qu'il procédait à une modernisation du mode de rédaction de ses décisions et que cette modernisation avait vocation à être déclinée pour l'ensemble des décisions qu'il rendrait[7].

Autant que l'on puisse en juger d'après les décisions qui ont été rendues depuis le 10 mai 2016, cette modernisation se situe à un niveau superficiel. La structure des décisions ne change pas, mais les éléments de liaison traditionnels, « vu » et « considérant que », disparaissent. La numérotation des considérants est remplacée par une numérotation des paragraphes. Il s'agit donc d'améliorer la lisibilité des décisions en supprimant tout ce qui pourrait

7. Voir les décisions n° 2016 539 et 540 QPC du 10 mai 2016.

déconcerter les personnes non initiées à la terminologie du droit français, mais cette modernisation ne changera probablement rien aux effets des décisions ni aux méthodes permettant de les interpréter[8].

Parmi toutes les décisions du Conseil, celles qui portent sur la constitutionnalité des lois sont certainement les plus importantes. C'est pourquoi on leur consacrera ici des développements spéciaux. On sait que, selon les pays, le contrôle de constitutionnalité peut être exercé tantôt de façon abstraite (c'est-à-dire que le juge considère la loi en elle-même, indépendamment de tout litige particulier) et tantôt de façon concrète (c'est-à-dire qu'il l'examine à l'occasion d'un litige particulier dont la solution dépend du résultat de cet examen)[9].

Jusqu'à une date récente, à la différence de la plupart des cours constitutionnelles étrangères, le Conseil français ne pouvait exercer qu'un contrôle abstrait. Mais depuis l'entrée en vigueur de la révision du 23 juillet 2008, il exerce également un contrôle concret.

§1. Le contrôle abstrait

799. Prévu par les deux premiers alinéas de l'article 61 C, ce contrôle est obligatoire pour les lois organiques et les règlements des assemblées parlementaires, facultatif dans les autres cas.

A. Les lois organiques

800. Ce sont des lois dont l'intervention est prévue par la Constitution, pour fixer les modalités d'application de certains de ses articles. Les pères de la Constitution redoutaient que, par le biais des lois organiques, le Parlement puisse modifier l'équilibre des pouvoirs. C'est pourquoi il est prévu qu'avant leur promulgation, les lois organiques sont obligatoirement soumises au Conseil constitutionnel.

Selon la jurisprudence du Conseil, cette saisine automatique est exclusive de toute autre procédure. Elle fait donc obstacle à ce que le Conseil constitutionnel puisse être saisi par des députés ou des sénateurs sur le fondement du deuxième alinéa de l'article 61 C (déc. n° 92-305 DC du 21 février 1992). Les parlementaires qui contestent la constitutionnalité d'une loi organique ne peuvent donc soumettre leurs arguments au Conseil constitutionnel, sinon de manière officieuse. Mais en pratique, il est relativement fréquent qu'ils lui adressent des observations. Tout en affirmant que ces observations ne valent pas saisine, le Conseil constitutionnel accepte de les prendre en compte et de les joindre au dossier qui peut être consulté sur son site[10].

8. Cette modernisation facilitera peut-être le dialogue des juges au niveau international, car, à la différence des juridictions françaises, ni les juridictions internationales, ni les juridictions des principaux pays étrangers n'ont adopté un mode spécial de présentation de leurs décisions.

9. Cette distinction est quelquefois contestée (Tusseau, 2009).

10. Voir par exemple le dossier joint à la décision 2014-689 DC concernant la suppression du cumul des mandats.

B. Les règlements des assemblées parlementaires

801. Un tel règlement n'est pas une loi mais une simple résolution par laquelle une assemblée parlementaire détermine les modalités de son organisation et de son fonctionnement. L'expérience de la IIIe et de la IVe République avait montré que, par le biais de son règlement, une assemblée parlementaire pouvait parfois s'octroyer des pouvoirs que la Constitution ne lui avait pas accordés. C'est pour éviter une telle dérive que les règlements des assemblées sont désormais obligatoirement soumis, avant leur mise en application, au contrôle du Conseil constitutionnel[11].

C'est dans le cadre de ce contrôle qu'en 1959, le Conseil constitutionnel a interdit le vote de propositions de résolution à l'issue d'un débat sur une question orale (déc. nº 59-2 DC des 17, 18 et 24 juin 1959, *Rec.* p. 58).

Dans ces deux cas, comme l'intervention du Conseil constitutionnel est obligatoire, il n'y a pas de lettre de saisine indiquant les griefs qui peuvent être soulevés contre la loi organique ou contre le règlement de l'assemblée. Le Conseil constitutionnel recherche lui-même les moyens d'inconstitutionnalité, avant de statuer sur ces moyens. En d'autres termes, il remplit à la fois la fonction de procureur et celle de juge.

C. Les lois ordinaires

802. D'après l'article 61 alinéa 2 C, les lois peuvent être déférées au Conseil constitutionnel par le président de la République, le Premier ministre, le président de l'Assemblée nationale, le président du Sénat, soixante députés ou soixante sénateurs.

Le texte originel de l'article 61 alinéa 2 ne prévoyait pas la possibilité d'une saisine par de simples parlementaires. Cette possibilité a été introduite par la loi constitutionnelle du 29 octobre 1974. L'assouplissement de la saisine a d'ailleurs eu de très importantes conséquences (v. *infra* nº 819).

La saisine doit intervenir après l'adoption définitive de la loi par le Parlement, mais avant sa promulgation. Elle suspend le délai de promulgation, qui est de 15 jours à compter de la date de la transmission au gouvernement de la loi définitivement adoptée[12]. À compter de la date à laquelle il a été saisi, le Conseil constitutionnel dispose d'un délai d'un mois pour étudier le dossier et rendre sa décision. Toutefois, si le gouvernement a déclaré l'urgence, ce délai est ramené à huit jours. Le Conseil constitutionnel est donc toujours obligé de

11. Par ailleurs, le Conseil constitutionnel a décidé que les règlements des assemblées parlementaires avaient pour unique objet leur organisation et leur fonctionnement, la procédure législative et le contrôle du gouvernement. Il censure les dispositions qu'il considère comme étrangères à cet objet, par exemple celles concernant le statut des attachés parlementaires (déc. nº 2014-705 DC du 11 décembre 2014, cons. 5 et suiv.).

12. Aucun délai minimal n'étant prévu, le président de la République pourrait, pour empêcher une saisine, promulguer la loi immédiatement après sa transmission au gouvernement. Mais, selon l'usage, il évite de le faire lorsqu'il sait qu'une saisine est en préparation. Toutefois, en 1997, à la suite d'un malentendu, la loi portant réforme du service national a été promulguée alors qu'une saisine était en préparation (voir *Le Monde* des 9 et 10 novembre 1997).

statuer assez rapidement, beaucoup plus rapidement en tout cas que ne le font la plupart des juridictions.

Lorsque ce sont des parlementaires qui saisissent le Conseil constitutionnel, ils peuvent le faire par des lettres individuelles ou collectives : l'essentiel est que la ou les lettres de saisine portent la signature d'au moins soixante députés ou soixante sénateurs, et qu'elles visent toutes les mêmes dispositions de la loi. Il n'est pas indispensable que les saisines soient motivées, mais en pratique elles sont généralement accompagnées d'un mémoire qui développe certains griefs d'inconstitutionnalité. Dans sa décision, le Conseil constitutionnel reprend et analyse d'une manière approfondie chacun des moyens qui ont été soulevés. Les décisions sont donc souvent assez longues et d'une lecture parfois difficile, car elles se fondent sur une argumentation juridique très serrée. En réalité, elles ne paraissent longues que si on les compare aux arrêts de la Cour de cassation ou du Conseil d'État, mais elles sont beaucoup plus brèves que celles de la plupart des Cours constitutionnelles étrangères, qui peuvent faire plusieurs centaines de pages, mais l'on a pu constater depuis quelques années des motivations sensiblement plus développées. C'est pourquoi il est utile, lorsque l'on veut se référer à un principe posé par le Conseil constitutionnel, de citer non seulement le numéro et la date de la décision, mais aussi le numéro du considérant ou du paragraphe[13]. Malgré l'évolution de certaines pratiques procédurales (v. *infra*), la mission du Conseil constitutionnel, telle qu'il la conçoit, consiste moins à trancher un litige entre des parties qu'à examiner la conformité à la Constitution des textes qui lui sont déférés. En d'autres termes, une fois qu'il a été saisi, la suite de la procédure ne dépend plus vraiment de la volonté des saisissants. Cette indépendance se manifeste de deux manières.

D'une part, « *hormis les cas d'erreur matérielle, de fraude ou de vice du consentement* », les saisissants n'ont pas droit au remords, c'est-à-dire que des lettres individuelles ou collectives de retrait ne sauraient faire obstacle à la mise en œuvre du contrôle[14]. La saisine n'a en effet pas pour fonction de protéger l'intérêt subjectif du saisissant, mais de garantir la suprématie de la Constitution, qui présente un caractère objectif.

D'autre part, bien que les saisines soient presque toujours abondamment motivées, le Conseil constitutionnel se réserve la possibilité de statuer *ultra petita*, c'est-à-dire qu'il peut annuler des dispositions visées par les saisines en retenant des moyens non soulevés par celles-ci, mais qui lui paraissent suffisamment importants pour être soulevés d'office, ou, en d'autres termes, de sa propre initiative. Il peut annuler de la même manière des dispositions

13. Rappelons à ce sujet que, depuis le 10 mai 2016, le mode de présentation des décisions du Conseil constitutionnel a changé. Les anciens considérants ont été remplacés par des paragraphes (v. *supra* n°°781).

14. Il ne s'agit pas d'une hypothèse d'école : en décembre 1996, en première lecture d'une loi de finances rectificative, le gouvernement avait fait adopter un amendement (dit « amendement Malraux ») qui prévoyait l'attribution de la carte d'ancien combattant aux volontaires français des brigades internationales de la guerre d'Espagne. Cet amendement avait été vigoureusement contesté par des parlementaires de la majorité qui saisirent le Conseil constitutionnel puis tentèrent de retirer leur saisine à la suite d'une intervention du président de la République. Le Conseil constitutionnel a jugé qu'un tel retrait était impossible (déc. n° 96-386 DC du 30 décembre 1996).

qui n'étaient même pas visées par les saisines, car il se considère toujours comme saisi de l'ensemble de la loi[15].

Dès qu'il a reçu le ou les mémoire(s) de saisine, le Conseil constitutionnel les communique au Secrétariat général du gouvernement. Ce dernier adresse au Conseil constitutionnel un mémoire en réplique dans lequel il prend généralement la défense de la loi attaquée en réfutant les moyens développés dans les lettres de saisine. L'intervention de cet organisme a été justifiée par la volonté de rapprocher le Conseil constitutionnel d'une juridiction et de donner à la procédure un caractère contradictoire. Comme la plupart des lois déférées au Conseil constitutionnel sont d'initiative gouvernementale, on a estimé qu'il était logique que le gouvernement puisse, par l'intermédiaire de son Secrétariat général, prendre la défense de la loi. Cependant, d'une part, cette pratique se heurte à l'idée qu'il n'y a pas de parties au contentieux constitutionnel. D'autre part, le gouvernement n'ayant pas le monopole de l'initiative des lois, le même raisonnement devrait logiquement conduire à demander un mémoire en défense au parlementaire auteur d'une proposition ou d'un amendement. Tel n'est pas le cas.

Les observations du secrétariat général du gouvernement sont immédiatement communiquées aux auteurs de la saisine, qui ont ainsi la faculté de présenter un mémoire en réplique[16].

Bien qu'il ne s'agisse pas à proprement parler d'un litige entre deux parties, le débat qui s'instaure entre les saisissants et le secrétariat général du gouvernement se déroule donc selon les règles de la procédure contradictoire, c'est-à-dire que tout moyen soulevé par les premiers doit être communiqué au second, et réciproquement.

Ce souci du contradictoire, qui s'affirme de plus en plus nettement depuis quelques années, confère à la procédure suivie par le Conseil constitutionnel un certain caractère juridictionnel. Mais cette procédure présente toujours des aspects spécifiques, qui suscitent parfois la critique.

En premier lieu, à la différence du contentieux électoral et de celui des questions prioritaires de constitutionnalité, le contentieux abstrait de la conformité des lois à la Constitution exclut le ministère d'avocat et ne comporte pas d'audience publique permettant aux parties de présenter des observations orales. Cette spécificité tient au fait que ni les saisissants (qui jouent le rôle de demandeur), ni le secrétariat général du gouvernement (qui joue le rôle de défendeur), ne sont censés poursuivre ou défendre un intérêt personnel. En d'autres termes, il s'agit d'un contentieux purement « objectif », par opposition au contentieux électoral, qui présente une dimension subjective,

15. Ainsi a-t-il annulé, pour violation du principe d'égalité entre les citoyens, une disposition qui prévoyait que, dans les villes ayant une population supérieure à 3 500 habitants, les listes de candidats aux élections municipales ne pourraient pas comporter « plus de 75 % de personnes du même sexe », alors qu'aucun grief d'inconstitutionnalité n'avait été soulevé contre cette disposition (déc. du 18 novembre 1983).

16. Depuis une quinzaine d'années, les mémoires de saisine sont généralement publiés à la suite de la décision du Conseil constitutionnel. Il en est de même depuis peu des observations présentées par le secrétariat général du gouvernement.

dans la mesure où la décision du juge risque d'affecter les droits et les obligations d'une personne déterminée (v. *supra* n° 556).

Mais avec l'introduction de la question prioritaire de constitutionnalité (v. *infra* n° 808), le contentieux de la conformité des lois a pris un aspect plus subjectif et la procédure a été aménagée au moins pour permettre l'intervention des avocats.

En deuxième lieu, on peut se demander si l'intervention du secrétariat général du gouvernement est toujours suffisante pour assurer convenablement la défense de la loi attaquée. Il pourrait se produire une situation étrange, si le gouvernement était amené à défendre une loi, adoptée à l'initiative d'un gouvernement précédent, et à laquelle il s'était lui-même opposé lorsqu'il était dans l'opposition.

Mais surtout, la loi est en principe l'œuvre du Parlement, et non du gouvernement. Les parlementaires qui ont opiné en faveur de la loi attaquée peuvent donc légitimement être tentés d'en prendre eux aussi la défense, et pourtant le droit d'intervenir dans la procédure ne leur est pas officiellement reconnu. C'est à certains égards regrettable car, même lorsque la loi provient d'une initiative gouvernementale, elle a généralement été modifiée par des amendements d'origine parlementaire, et rien ne garantit que le secrétariat général du gouvernement prendra la défense de ces amendements. En 1986, Robert Badinter, qui venait alors d'être nommé président du Conseil constitutionnel avait proposé que le conseiller chargé de l'instruction de l'affaire « prenne l'attache » des parlementaires qui avaient rapporté le texte devant chaque assemblée. Mais les présidents des deux assemblées ont rejeté cette proposition car ils ne voulaient pas que le débat parlementaire puisse se prolonger devant le Conseil constitutionnel après l'adoption de la loi[17].

S'il n'existe pas d'opinions concordantes ou dissidentes, du moins connaît-on, depuis juin 1995, les noms des conseillers qui ont participé à la délibération, mais on ne sait pas quels ont été les votes, ni même si un vote est intervenu[18].

À l'issue de cette délibération, le Conseil constitutionnel peut décider qu'une partie seulement de la loi attaquée est contraire à la Constitution. Cette partie ne pourra évidemment pas être promulguée. Mais que vont

17. Rien n'interdit cependant à des parlementaires d'adresser des observations au Conseil pour prendre la défense d'une loi qu'ils ont votée, comme l'ont fait les membres du groupe socialiste en 1982 à propos de l'affaire des nationalisations. Mais il ne peut s'agir que d'une démarche informelle et ces observations ne seront pas visées dans la décision du Conseil. Dans le langage des « initiés », ces interventions officieuses, qui ne sont d'ailleurs pas seulement le fait de parlementaires et qui peuvent émaner d'entreprises ou des groupes de pression ayant un intérêt dans une décision de conformité ou de non-conformité à la loi, sont désignées sous le nom de « petites portes ». L'auteur d'un mémoire à l'appui d'une telle intervention est quelquefois appelé, comme dans les pays anglo-saxons, « *amicus curiae* ». Bien que le Conseil constitutionnel n'en mentionne jamais l'existence dans ses décisions, elles influencent parfois sa jurisprudence. C'est ainsi qu'en 1990, il a soulevé un moyen d'office à la suite d'une intervention qu'avait faite M. Waechter au nom du mouvement des verts (DC 90-277 du 25 juillet 1990, *Rec.* p. 70. Voir *Pouvoirs*, n° 56 p. 204).

18. Avant juin 1995, ces noms n'étaient indiqués que lorsqu'il s'agissait d'un contentieux électoral ou « assimilé », c'est-à-dire un contentieux relatif à la situation personnelle des parlementaires. Rappelons en outre que, depuis le 1er janvier 2008, les procès-verbaux des décisions rendues au moins vingt-cinq ans auparavant peuvent être consultés par les chercheurs.

devenir les autres dispositions de la loi attaquée ? Le sort de ces dispositions dépend d'une appréciation qui est faite par le Conseil constitutionnel.

Ou bien le Conseil constitutionnel estime que les dispositions déclarées inconstitutionnelles sont inséparables de l'ensemble de la loi : dans ce cas, aucune partie du texte législatif ne pourra être promulguée.

Ou bien il estime que les dispositions déclarées inconstitutionnelles sont séparables du restant de la loi : dans ce cas, la partie du texte législatif qui n'a pas été déclarée inconstitutionnelle devra être promulguée, à moins que le président de la République décide de renvoyer l'ensemble du texte au Parlement en vue d'une nouvelle délibération (v. *supra* n° 761).

Comme il s'agit par définition d'un contrôle *a priori*, le Conseil ne peut pas en principe par cette voie examiner la conformité à la Constitution de dispositions législatives déjà promulguées. Il existe cependant une exception d'origine jurisprudentielle à ce principe : le Conseil estime que « la conformité à la Constitution d'une loi déjà promulguée peut être appréciée à l'occasion de l'examen des dispositions législatives qui la modifient, la complètent ou affectent son domaine »[19]. Comme cette exception a été reconnue à une époque où seul existait en théorie le contrôle *a priori*, on pouvait penser qu'à partir du moment où le contrôle *a posteriori* serait officiellement introduit, sous la forme de la question prioritaire de constitutionnalité (v. *infra* n° 808), elle deviendrait inutile et tomberait probablement en désuétude. Mais on constate qu'elle a subsisté et a même pris de l'importance, dans la mesure où le Conseil y a recours plus souvent (Bonnet, 2014).

Jusqu'en 2008, le contrôle abstrait a priori était le seul qui existât en matière de loi. Le Conseil constitutionnel avait tendance à en tirer le parti maximum, c'est-à-dire que lorsqu'il était saisi par des parlementaires dans le cadre de l'article 61 al. 2 C, il relevait souvent d'office des vices de constitutionnalité qui étaient passés inaperçues des auteurs de la saisine.

Depuis 2008, date de la création de la question prioritaire de constitutionnalité (QPC), la situation a changé. Si un vice de constitutionnalité n'a pas été détecté à l'occasion du contrôle abstrait a priori, il pourra l'être ensuite par la voie de la QPC à n'importe quel moment, des années ou même des décennies après la promulgation de la loi. Dès lors, le Conseil constitutionnel a perdu l'habitude de soulever des moyens d'office. Il se borne à statuer sur les moyens soulevés par les saisissants et indique seulement que les autres dispositions ne bénéficient d'aucune présomption de conformité à la Constitution. On trouve généralement dans sa décision la formule : « Le Conseil constitutionnel n'a soulevé d'office aucune question de conformité à la Constitution, et ne s'est donc pas prononcé sur la constitutionnalité des autres dispositions que celles examinées dans la présente décision ».

Il préserve ainsi la possibilité de futures QPC visant des dispositions autres que celles examinées dans la décision, qui ne pourront plus être déclarées irrecevables. Mais, bien entendu, ce n'est pas la loi dans sa totalité qui est

19. CC déc. n° 85-187 DC du 25 janvier 1985. Cette jurisprudence est souvent qualifiée de « néocalédonienne » parce qu'elle est apparue pour la première fois dans une décision relative à l'état d'urgence en Nouvelle-Calédonie.

ainsi protégée et les QPC dirigées contre les dispositions que le Conseil constitutionnel a examinées dans la même loi pourront toujours se voir opposer l'irrecevabilité.

D. Le cas des lois référendaires

803. L'article 61 ne faisant aucune distinction entre les lois selon leur mode d'élaboration, on aurait pu penser que le Conseil était également compétent pour connaître de la régularité de celles qui ont été adoptées par référendum. Tel n'a cependant pas été son avis. Saisi par le président du Sénat d'une demande de déclarer non conforme à la Constitution la loi relative à l'élection du président de la République adoptée par le référendum du 28 octobre 1962, il s'est déclaré incompétent au motif que la loi n'émanait pas des représentants du peuple, mais du peuple lui-même et qu'il ne pouvait exercer un contrôle sur le souverain (déc. n° 62-20 DC du 6 novembre 1962, *Rec.* p. 27). Le raisonnement est assez étrange si l'on considère le texte de l'article 3 de la Constitution : « la souveraineté appartient au peuple qui l'exerce par ses représentants et par la voie du référendum ». Lorsque le peuple se prononce par référendum, il n'exerce pas plus sa souveraineté que lorsqu'il s'exprime par ses représentants. Le Conseil constitutionnel semble raisonner comme si le peuple se réduisait aux électeurs. Or, le peuple qui, aux termes de l'article 3 est présumé représenté, celui dont la volonté est exprimée par les représentants, est un ensemble beaucoup plus vaste que les seuls électeurs. Ceux qui n'ont pas le droit de vote, les enfants par exemple, font partie du peuple et sont représentés. Tout se passe donc comme si, aux yeux du Conseil constitutionnel, la partie était plus importante que le tout.

Cette jurisprudence a été confirmée par la décision du 20 septembre 1992, dite Maastricht III, relative à une loi autorisant la ratification d'un traité. Seules les lois parlementaires peuvent donc faire l'objet d'un contrôle de conformité à la Constitution. Mais une évolution jurisprudentielle paraît aujourd'hui possible, car en 2005, le Conseil n'a pas écarté la possibilité d'examiner non pas la loi référendaire elle-même, mais le décret soumettant la loi au référendum (v. *supra* n° 513).

E. Les lois constitutionnelles

804. Dans sa décision n° 2003-469 DC du 26 mars 2003, le Conseil constitutionnel a jugé que l'article 61 alinéa 2 de la Constitution visait exclusivement les lois ordinaires, et non les lois de révision adoptées dans le cadre de l'article 89. Il s'est donc déclaré incompétent pour contrôler les lois de révision, même lorsqu'elles ont été adoptées par la voie du Congrès, et non par celle du référendum.

Cependant, ces lois de révision sont en principe soumises à certaines limites que le Conseil constitutionnel avait lui-même rappelées dans sa décision du 2 septembre 1992, dite « Maastricht II » et qui concernent, d'une part, la période au cours de laquelle elles peuvent être adoptées (art. 7 et 16 C) et, d'autre part, l'interdiction de porter atteinte « à la forme républicaine du gouvernement » (art. 89 C). Au surplus, elles peuvent fort bien être entachées d'un vice de procédure, comme c'est souvent le cas des lois ordinaires. Mais le respect de ces limites ne repose que sur l'autocontrôle du législateur constituant.

Si le Conseil constitutionnel s'est déclaré incompétent, c'est peut-être parce qu'il n'a pas voulu prendre position dans les controverses sur la portée de la condition relative à la « forme républicaine du gouvernement » : s'agit-il simplement d'empêcher le rétablissement de la monarchie héréditaire ou bien cette condition interdit-elle également de porter atteinte aux principes essentiels d'un gouvernement républicain, à l'État de droit ou à la démocratie ?

L'argumentation des auteurs de la saisine, qui critiquaient la réforme relative à l'organisation décentralisée de la République, portait précisément sur ce point.

Les cours constitutionnelles de certains États étrangers ont admis l'idée que certaines normes constitutionnelles étaient intangibles et qu'il leur appartenait de contrôler les amendements à la Constitution. Le juge constitutionnel français a refusé de s'engager dans cette voie et de reconnaître même le principe d'un tel contrôle. Accepter d'examiner au fond les lois de révision constitutionnelle aurait en effet été admettre qu'il y a dans la Constitution des principes auxquels le pouvoir constituant ne peut porter atteinte, donc que ce pouvoir constituant n'est pas souverain. Or, non seulement une telle thèse aurait créé un paradoxe – comment une norme exprimée dans la Constitution pourrait-elle être supérieure à la Constitution et s'imposer au pouvoir constituant ? – mais elle aurait heurté plusieurs présupposés du droit constitutionnel français : qu'il n'y a de droit que le droit positif – s'il y avait des principes hors d'atteinte du constituant comme du législateur, il ne pourrait s'agir de principes positifs –, que les décisions du juge constitutionnel ne heurtent pas la volonté du souverain et peuvent toujours être surmontées par le souverain lui-même, que les principes fondamentaux de l'État de droit ou de la démocratie ont seulement valeur constitutionnelle.

F. Les engagements internationaux

805. D'après l'article 54 de la Constitution, un engagement international qui n'a pas encore été ratifié ou approuvé peut être déféré au Conseil constitutionnel par le président de la République, le Premier ministre, le président de l'une ou l'autre assemblée, ou encore (depuis la révision du 25 juin 1992) par soixante députés ou soixante sénateurs. Si le Conseil constitutionnel déclare que cet engagement comporte une clause contraire à la Constitution, l'autorisation de le ratifier ou de l'approuver ne pourra intervenir qu'après la révision de la Constitution.

Cette procédure permet de faire contrôler la constitutionnalité d'un engagement international avant que la loi qui en autorise la ratification soit examinée par le Parlement, ou même avant qu'elle soit soumise au référendum si le président de la République décide d'utiliser la voie de l'article 11[20]. S'il n'a pas été fait application de l'article 54 et si la ratification a lieu par la voie parlementaire, la loi de ratification pourra encore être déférée au Conseil constitutionnel après qu'elle a été adoptée par le Parlement, dans le cadre de la procédure de l'article 61 alinéa 2 (CC, 17 juillet 1980, p. 36).

Bien que des dizaines de traités ou accords internationaux soient ratifiées ou approuvées chaque année, la procédure de l'article 54 n'est pas très souvent mise en œuvre. Mais quelques-unes des décisions rendues ont eu des conséquences extrêmement importantes. C'est à la suite de la décision du 9 avril 1992 relative au traité de Maastricht qu'a été créé un titre spécial de la Constitution consacré aux Communautés européennes et à l'Union européenne. Et ce titre a été ensuite modifié et développé pour tenir compte, dans un premier temps, de la décision relative au traité d'Amsterdam (31 décembre 1997), dans un second temps, de celle relative au traité établissant une Constitution pour l'Europe (19 novembre 2004), et enfin de celle relative au traité de Lisbonne (20 décembre 2007).

Dans un domaine tout à fait différent, la décision du 25 janvier 1999 concernant le traité relatif à la Cour pénale internationale, a eu un impact considérable car elle a permis au Conseil constitutionnel de préciser les conditions dans lesquelles peut être mise en jeu la responsabilité pénale du chef de l'État (v. *supra* n° 598).

Du point de vue de la procédure, le contentieux des traités se distingue de celui des lois par le fait que le Conseil est habituellement saisi non par des parlementaires mais par le président de la République agissant seul ou conjointement avec le Premier ministre. Or les saisines du président de la République et du Premier ministre ne sont pas motivées, de sorte que le Conseil doit rechercher lui-même tous les moyens d'inconstitutionnalité susceptibles d'être soulevés contre le traité, un peu comme il le fait pour les lois organiques et les règlements des assemblées. Ce type de saisine est habituellement appelé « saisine blanche » pour le distinguer de celles qui s'appuient sur une argumentation.

Toutefois, en 2017, le Conseil a été saisi par soixante députés d'un recours contestant la conformité à la Constitution française d'un accord économique et commercial conclu entre le Canada et l'UE. La décision qu'il a rendue à la suite de ce recours présente des aspects nouveaux en ce qui concerne tant la procédure que le fond du litige (déc. n° 2017-749 DC du 31 juillet 2017).

Sur le plan de la procédure, il s'agissait d'une saisine argumentée et non d'une saisine blanche. L'aspect contradictoire de cette procédure était donc plus développé que ce n'est d'ordinaire le cas en matière d'engagements internationaux.

Quant à l'objet du litige, il s'agissait d'un accord dit de « nouvelle génération » qui, afin de mieux protéger les investisseurs étrangers, substituait, pour le règlement de certains différends, la compétence d'un tribunal international spécial à celle des tribunaux de l'État d'accueil. Les députés auteurs de la

20. Voir déc. n° 92-312 DC du 2 septembre 1992, *Rec.* p. 76.

saisine estimaient que cette substitution portait atteinte au principe de la souveraineté nationale ainsi qu'au principe de précaution posé par la Charte de l'environnement. Mais le Conseil a repoussé leurs arguments en insistant notamment sur l'intérêt que présentait le développement des relations économiques et commerciales entre le Canada et l'UE. À l'avenir, les accords de ce type seront vraisemblablement de plus en plus nombreux car tous les États chercheront à obtenir, pour leurs propres investisseurs, des conditions aussi favorables que possible.

La procédure de l'article 54 n'est applicable qu'aux engagements internationaux au sens strict du terme, c'est-à-dire les traités ou accords soumis à ratification ou approbation. En revanche, les actes internationaux dérivés, les règlements ou les directives adoptés par les instances de l'Union européenne en application des traités déjà en vigueur, ne sont pas soumis à ratification et ne sont donc pas considérés comme des engagements internationaux. Il en résulte une situation assez paradoxale : en application de l'article 88-4 C, les assemblées parlementaires peuvent adopter des résolutions concernant un projet d'acte communautaire dérivé (v. *supra* n° 692) ; mais si des députés ou des sénateurs estiment qu'un projet d'acte communautaire dérivé est contraire à la Constitution, ils ne peuvent pas saisir le Conseil constitutionnel, alors qu'ils pourraient le faire s'il s'agissait d'un nouveau traité[21].

G. Les « lois du pays » de la Nouvelle-Calédonie

806. En règle générale, les actes des assemblées délibérantes des collectivités territoriales ne sont pas soumis au contrôle du Conseil constitutionnel : en effet, la France étant un État unitaire, ces collectivités ne disposent d'aucune compétence législative et les délibérations de leurs organes ne sont donc que de simples actes administratifs, dont le contentieux relève exclusivement des juridictions administratives.

Mais, ainsi qu'on l'a déjà signalé (*supra* n° 501), à la suite de la révision constitutionnelle du 20 juillet 1998, la Nouvelle-Calédonie a été dotée d'un statut spécial dont les règles ont été fixées par une loi organique[22], et qui déroge assez profondément au principe de l'unité de la République. Le Congrès (organe délibérant de la Nouvelle-Calédonie) peut adopter des actes législatifs (les « lois du pays ») dans un certain nombre de matières qui, d'après l'article 34 de la Constitution, relèvent normalement de la compétence du Parlement de la République. Parmi ces matières, énumérées à l'article 99 de la loi organique, figurent notamment : les règles relatives à l'assiette et au recouvrement des impôts, droits et taxes perçus au profit de la Nouvelle-Calédonie ; les principes fondamentaux du droit du travail, du droit syndical et du droit de la sécurité sociale ; les règles relatives à l'accès

21. Une proposition, qui visait à permettre de saisir le Conseil constitutionnel d'un projet d'acte communautaire dans les mêmes conditions que pour un engagement international, est restée sans suite. Voir Passelecq, 1993, p. 675-701.

22. Loi organique n° 99-209 du 19 mars 1999.

au travail des étrangers ; les règles concernant l'état et la capacité des personnes, etc.

Ces « lois du pays » peuvent être déférées au Conseil constitutionnel selon une procédure de saisine facultative, qui s'inspire de celle prévue pour les lois de la République par le second alinéa de l'article 61 de la Constitution, mais qui présente certaines particularités.

L'auteur de la saisine peut être : le haut-commissaire (qui est nommé par décret du président de la République et qui représente les intérêts de l'État) ; le gouvernement de la Nouvelle-Calédonie ; le président du Congrès ; le président de l'une des assemblées de province de la Nouvelle-Calédonie ; ou enfin dix-huit membres au moins du Congrès (sur un total de cinquante-quatre). Mais une « loi du pays » ne peut pas être déférée au Conseil constitutionnel tout de suite après son adoption : dans une première étape, elle doit être soumise à une nouvelle délibération du Congrès, à la demande du haut commissaire, du gouvernement, du président du Congrès, du président d'une assemblée de province ou de onze membres du Congrès. La saisine du Conseil constitutionnel doit intervenir dans les dix jours suivant la nouvelle délibération, c'est-à-dire avant que la « loi du pays » soit promulguée par le haut-commissaire. Elle doit contenir un exposé « des moyens de droit et de fait qui la fondent », alors que les saisines intervenant dans le cadre de l'article 61 de la Constitution ne sont pas nécessairement motivées. Le Conseil constitutionnel se prononce dans les trois mois de sa saisine. Il dispose donc d'un délai trois fois plus long que lorsqu'il s'agit d'une loi nationale.

Le Conseil constitutionnel peut s'opposer à la promulgation des dispositions contraires à la Constitution ou à la loi organique[23]. Il doit faire respecter, d'une part, les compétences de l'État et, d'autre part, celle des organes de la Nouvelle-Calédonie autres que le Congrès (notamment celles des provinces)[24]. En pratique, les « lois du pays » ne semblent pas avoir donné lieu à un contentieux très abondant. Au 31 décembre 2013, bien que plus de dix ans se fussent écoulés après la mise en place du statut de la Nouvelle-Calédonie, le Conseil constitutionnel n'avait encore rendu que trois décisions dans cette série (dont une décision d'irrecevabilité).

Les « lois du pays », après leur promulgation n'ont force de loi que dans le domaine défini à l'article 99 de la loi organique. Les dispositions intervenues en dehors de ce domaine peuvent être « délégalisées » par décision du Conseil d'État. Elles sont alors considérées comme étant de nature réglementaire, ce qui signifie qu'elles peuvent être modifiées par décret.

23. De même que pour les lois nationales, le Conseil constitutionnel doit préciser si la disposition inconstitutionnelle est inséparable de l'ensemble du texte. S'il ne précise pas qu'elle est inséparable, le restant du texte doit être promulgué. Toutefois, dans les dix jours suivant la publication de la décision du Conseil, le gouvernement de la Nouvelle-Calédonie peut demander au Congrès une nouvelle délibération de la disposition annulée afin d'en assurer la conformité à la Constitution.

24. D'après l'article 20 de la loi organique, les provinces ont une compétence résiduelle : elles sont compétentes dans toutes les matières que la loi organique n'a pas dévolues à l'État, à la Nouvelle-Calédonie ou aux communes.

H. Les actes des collectivités d'outre-mer autres que la Nouvelle-Calédonie

807. La loi constitutionnelle du 28 mars 2003 sur l'organisation décentralisée de la République permet aux assemblées délibérantes des collectivités d'outre-mer, dans les conditions fixées par la loi organique relative à leur statut, d'exercer certaines compétences dans des matières qui relèvent normalement du domaine de la loi (v. *supra* n° 503).

Quant à leur nature juridique, les actes pris par la collectivité d'outre-mer dans ces matières sont considérés comme des actes administratifs, soumis au contrôle juridictionnel du Conseil d'État.

Toutefois, si la loi organique fixant le statut d'une collectivité d'outre-mer l'a prévu, le Conseil constitutionnel peut, sur saisine notamment des autorités de la collectivité, constater qu'une loi nationale promulguée postérieurement à l'entrée en vigueur du statut est intervenue dans le domaine de compétence de cette collectivité.

L'assemblée délibérante de la collectivité peut alors modifier la loi (art. 74 C).

Il y a là un mécanisme de déclassement assez semblable à celui de l'article 37 alinéa 2 C qui permet au gouvernement de modifier, par décret, certaines lois intervenues dans des matières relevant du domaine réglementaire. Mais ce déclassement aboutit à une extension de la compétence de l'assemblée délibérante locale, et non de celle du Premier ministre, comme dans le cas de l'article 37 alinéa 2.

§2. Le contrôle concret : la question prioritaire de constitutionnalité

808. Aux termes de l'article 61-1 C : « *Lorsque, à l'occasion d'une instance en cours devant une juridiction, il est soutenu qu'une disposition législative porte atteinte aux droits et libertés que la Constitution garantit, le Conseil constitutionnel peut être saisi de cette question sur renvoi du Conseil d'État ou de la Cour de cassation qui se prononce dans un délai déterminé.* ».

« *Une loi organique détermine les conditions d'application du présent article.* »

La procédure ainsi décrite n'est pas, à proprement parler, une exception d'inconstitutionnalité car celle-ci suppose que le juge compétent au titre de l'instance principale puisse trancher lui-même la question de constitutionnalité, comme c'est le cas aux États-Unis. C'est une question préjudicielle, ce qui signifie que le juge compétent au titre de l'instance principale devra attendre, pour se prononcer sur le fond, qu'elle ait été tranchée par le juge constitutionnel spécialisé (en l'occurrence le Conseil constitutionnel) ou bien qu'elle ait été écartée par un système de filtrage avant de parvenir jusqu'à celui-ci.

La loi organique du 10 décembre 2009, prise en application de l'article 61-1, désigne cette procédure sous le nom de « question prioritaire de constitutionnalité » (QPC).

Quel en est exactement l'objet ? Par qui peut-elle être soulevée et sous quelles conditions ? Comment s'opère le filtrage ? Pourquoi qualifie-t-on la question de prioritaire ? Comment statue le Conseil constitutionnel s'il est finalement saisi ? Quels sont le contenu et les effets de ses décisions ?

A. Un objet spécifique

809. L'objet du contrôle abstrait prévu par l'article 61 C est extrêmement large : il s'agit de vérifier si la loi déférée est ou n'est pas conforme à la Constitution. Ceci signifie que, dans le cadre du contrôle abstrait, le Conseil constitutionnel peut invalider une disposition législative au motif qu'elle porte atteinte à n'importe quel article de la Constitution, même si cet article n'a pas de rapport avec un droit ou une liberté.

L'objet de la question prévue par l'article 61-1 C est en revanche plus spécifique : elle ne peut être soulevée que s'il est soutenu qu'une disposition législative[25] invoquée au cours d'un procès porte atteinte à des droits et libertés que la Constitution garantit.

Cependant, la notion de « droits et libertés que la Constitution garantit » est suffisamment large pour permettre des recours nombreux.

Certes, seuls paraissent susceptibles d'être invoqués des moyens relevant du droit constitutionnel « substantiel », celui qui protège les droits de l'homme ou les droits sociaux, par opposition au droit constitutionnel « institutionnel », celui qui fixe l'organisation et le fonctionnement des pouvoirs publics. Les irrégularités entachant la procédure législative, que le Conseil a souvent l'occasion de sanctionner dans le cadre du contrôle abstrait *a priori*, sont donc inopérantes dans le cadre du contrôle concret *a posteriori* (déc. n° 2010 QPC du 18 janvier 2010, cons. 7). Les normes de référence utilisables dans le cadre de la QPC se trouvent non seulement dans la Constitution elle-même mais principalement dans les textes auxquels renvoie son Préambule, c'est-à-dire la Déclaration de 1789, le Préambule de 1946 et la Charte de l'environnement.

Cependant, il ne faudrait pas en déduire que le contentieux de la QPC intéresse seulement l'interprétation de ces trois textes. Il arrive en effet que la violation d'une règle à caractère institutionnel porte indirectement atteinte à un droit ou à une liberté garanti par la Constitution. Par exemple, d'après l'article 34 C, les règles concernant la procédure pénale relèvent de la compétence du législateur : si celui-ci délègue au pouvoir réglementaire la tâche de déterminer les cas dans lesquels il peut être dérogé au droit pour un prévenu de choisir librement son avocat, il méconnaît sa compétence sur un point touchant à une liberté essentielle, et la QPC est donc recevable, bien qu'il s'agisse de la violation d'une règle de compétence (déc. n° 2011-223 QPC du 17 février 2012, *Ordre des avocats au barreau de Bastia*). Inversement,

25. Une disposition législative au sens de l'article 61-1 est une disposition à laquelle on reconnaît une valeur législative mais peu importe qu'elle ait été adoptée directement par le Parlement ou qu'elle résulte d'une ordonnance ultérieurement ratifiée par celui-ci. En revanche, les lois référendaires, qui ne sont pas soumises au contrôle *a priori* (v. *supra* n° 803) échappent également au contrôle *a posteriori* car elles constituent « l'expression directe de la souveraineté nationale » (CC, 25 avril 2014, n° 392 QPC, cons. 7).

certaines dispositions figurant dans la Déclaration de 1789, le Préambule de 1946 ou la Charte de l'environnement ne peuvent pas être invoquées dans le cadre de la QPC, parce qu'elles sont trop générales ou trop vagues pour qu'on puisse y voir la reconnaissance d'un droit. C'est par exemple le cas de l'article 14 de la Déclaration de 1789 qui traite du contrôle que les citoyens ont vocation à exercer sur les finances publiques (déc. n° 2010-5 QPC du 18 juin 2010, *SNC Kimberly Clark*).

En ce qui concerne les objectifs de valeur constitutionnelle, le conseil estime généralement que leur valeur normative est trop faible pour que leur violation puisse constituer en elle-même le fondement d'une QPC. Mais la rédaction de certaines décisions laisse parfois entendre qu'elle pourrait être invoquée de manière plus efficace si un autre grief s'y ajoutait. C'est ce qui a été jugé à propos de l'OVC d'intelligibilité et d'accessibilité de la loi (déc. n° 2010-12 QPC du 2 juillet 2010).

B. Une procédure relativement facile à mettre en mouvement

810. La QPC peut être soulevée par un plaideur devant toutes les juridictions d'instruction ou de jugement relevant du Conseil d'État ou de la Cour de cassation, à l'exception de la Cour d'assises. Cette exception a été justifiée par le fait que la Cour d'assises est majoritairement composée de citoyens tirés au sort qui ne possèdent pas, en règle générale, les qualifications juridiques nécessaires pour apprécier le caractère plus ou moins sérieux d'une question préjudicielle. Mais rien ne s'oppose à ce que celle-ci soit soulevée soit en amont du procès d'assises (c'est-à-dire au cours de l'instruction) soit en aval (c'est-à-dire à l'occasion de la décision d'appel et dans les deux cas le dossier est directement transmis à la Cour de cassation). De même, la QPC ne peut pas être soulevée à l'occasion d'une instance devant une autorité administrative indépendante, car une telle autorité ne constitue pas à proprement parler une juridiction, même lorsqu'elle est habilitée à prononcer des sanctions ayant le caractère d'une punition. Mais, en règle générale, il est possible de faire appel de cette sanction devant une juridiction administrative, et la QPC peut alors être soulevée.

Elle peut être soulevée pour la première fois en cause d'appel ou même de cassation. Mais elle ne peut jamais être soulevée d'office par le juge à quelque stade de l'instance que ce soit.

À peine d'irrecevabilité, elle doit toujours être présentée dans un écrit « distinct et motivé ». Cette exigence se justifie par l'idée que, bien qu'elle ait nécessairement un lien avec l'instance principale, la QPC doit être jugée séparément de celle-ci. À cette condition de forme, qui ne soulève pas de difficulté particulière, s'ajoutent trois conditions de fond qui peuvent donner lieu à des appréciations plus délicates.

1° Il faut que la disposition contestée soit applicable au litige ou à la procédure, ou qu'elle constitue le fondement des poursuites (dans le cas d'une affaire pénale). Un lien avec l'affaire jugée au fond est donc nécessaire, comme dans tous les systèmes de contrôle concret. Mais, à la différence du projet de loi organique, aux termes duquel la disposition devait « commander l'issue du litige », le texte finalement adopté n'exige pas que ce lien soit très fort. Il suffit que le texte soit applicable au litige, même si son application ne paraît pas susceptible d'entraîner une grande différence dans le règlement de celui-ci. On a donc voulu faciliter la saisine du Conseil. Ce dernier ne vérifie d'ailleurs pas lui-même l'applicabilité : sur ce point, il s'en remet entièrement à la juridiction de renvoi (Conseil d'État ou Cour de cassation).

2° La deuxième condition est que la disposition contestée n'ait pas déjà été déclarée conforme à la Constitution par le Conseil constitutionnel. Mais à quoi reconnaît-on qu'une disposition a été déclarée conforme ? Dans le cadre du contrôle *a priori* (le seul qui se pratiquait avant l'introduction de la QPC en 2010) les lois sont déférées au Conseil dans leur intégralité mais le plus souvent les moyens soulevés par les auteurs de la ou des saisine(s) ne portent que sur quelques-unes de leurs dispositions Il est vrai que le Conseil s'est toujours reconnu le droit de soulever un moyen d'office pour invalider une disposition qui n'était pas visée par les saisissants mais il est relativement rare qu'il le fasse. Du seul fait qu'une disposition n'a pas été censurée alors qu'elle était comprise dans une loi soumise à son examen, on ne saurait donc déduire qu'elle a reçu de sa part un brevet de constitutionnalité. Un tel brevet suppose que la disposition a fait l'objet d'un examen spécial avant d'être expressément déclarée conforme à la Constitution. Si examen spécial il y a eu, cela doit apparaître dans les motifs de la décision, alors que la déclaration expresse de conformité figure normalement dans le dispositif. C'est pourquoi, selon la loi organique, l'autorité de chose jugée ne peut être établie qu'en s'appuyant sur ces deux parties de la décision.

L'autorité de la chose jugée ne fait pas obstacle à la recevabilité d'une QPC si l'on peut prouver qu'il y a eu « changement de circonstances ». Ce changement peut résulter de la modification des normes de référence du contrôle. Par exemple, si une disposition a été déclarée conforme en 2000 et si un plaideur soutient aujourd'hui qu'elle est contraire à la Constitution en raison d'une violation d'un principe fondamental du droit de l'environnement, l'autorité de la chose jugée ne pourra vraisemblablement pas lui être opposée, car c'est seulement en 2005 que la Charte de l'environnement est devenue l'un des éléments du bloc de constitutionnalité. Mais le changement de circonstances peut aussi résulter d'éléments en partie factuels qui ont modifié la portée d'une disposition législative ancienne. Par exemple, le Conseil constitutionnel avait jugé en 1993 que les garanties prévues par le Code de procédure pénale en matière de garde à vue satisfaisaient aux exigences constitutionnelles. Mais dix-sept ans plus tard, après avoir constaté que le recours à cette procédure s'était généralisé, et qu'elle était couramment utilisée même pour des infractions d'importance mineure, il a estimé que ces garanties anciennes n'étaient plus suffisantes. Bien qu'il ne le dise pas explicitement – et il ne pourrait pas le dire – il a probablement été influencé sur ce point par la jurisprudence de la Cour européenne des Droits de l'Homme. Enfin, il peut arriver qu'une évolution de la jurisprudence du Conseil constitutionnel soit assimilée, par la Cour de renvoi, à un changement de circonstances[26].

3° Il faut enfin que la question ne soit pas « dépourvue de caractère sérieux » c'est-à-dire qu'elle ne soit pas manifestement infondée. D'après, l'article 23-4 (1) LO, qui concerne plus spécialement les dispositions applicables à l'avant-dernier stade de la procédure, c'est-à-dire lors de l'examen de la requête par le Conseil d'État ou la Cour de cassation, cette condition se dédouble : le renvoi est justifié si la question « *est nouvelle ou présente un caractère sérieux* ».

Mais à quoi peut-on reconnaître qu'une question est nouvelle ? Selon la jurisprudence du Conseil, la nouveauté ne peut pas résulter des circonstances particulières de l'espèce mais seulement du fait que la requête est fondée sur une disposition constitutionnelle dont il n'a encore jamais eu à faire application. Il s'agit donc d'un cas assez exceptionnel.

Si elle estime que ces conditions sont remplies, la juridiction saisie décide de transmettre la question au Conseil d'État ou à la Cour de cassation, selon l'ordre de juridictions dont elle relève. Cette décision n'est susceptible d'aucun recours. Mais le refus de transmettre (c'est-à-dire le rejet de la question préjudicielle) peut être contesté à l'occasion d'un recours contre la décision réglant tout ou partie du litige.

Exceptionnellement, dans le cadre du contentieux de l'élection des parlementaires, le Conseil constitutionnel peut être saisi directement d'une QPC, sans passer par l'intermédiaire du Conseil d'État ou de la Cour de cassation. Cette exception tient au fait que le Conseil constitutionnel est juge de ce contentieux en premier et dernier ressort. D'après la lettre de la Constitution, on pouvait craindre que la saisine directe fût impossible puisque l'article 61-1 n'envisage qu'une saisine sur renvoi. Mais le Conseil a fait prévaloir l'esprit de la réforme qui tend à soumettre au contrôle concret l'ensemble de la législation. Il s'est donc reconnu compétent pour examiner une QPC soulevée par un requérant qui contestait l'élection d'un sénateur en prétendant que le mode de scrutin utilisé pour cette élection était contraire au pluralisme des courants d'idées et d'opinions, qui a valeur de principe constitutionnel lorsqu'il concerne la vie politique (déc. n° 2011-4538 du 12 janvier 2012, *Sénat Loiret*). Bien que la requête ait été rejetée sur le fond, il s'agit d'une décision de principe importante, car elle devrait permettre notamment au Conseil de sanctionner les atteintes au principe d'égalité qui sont susceptibles de se produire lorsque le découpage des circonscriptions électorales n'a pas été actualisé pour tenir compte des mouvements de population (*supra* n° 547). La QPC est généralement traitée dans une décision distincte de celle portant sur l'élection contestée car il convient de respecter les règles particulières de procédure applicables à ce type de contentieux (v. *infra* n° 816). Mais ce n'est pas

26. C'est ce qui semble résulter *a contrario* d'une décision par laquelle la Cour de cassation a refusé de transmettre au Conseil une QPC dirigée contre les dispositions du Code pénal définissant le harcèlement moral (Cass. crim., QPC, 11 juillet 2012). En 2002, le Conseil avait déclaré ces dispositions conformes à la Constitution. Mais, avant de rejeter la QPC, la Cour de cassation a pris soin de vérifier si, dans une décision beaucoup plus récente concernant le harcèlement sexuel (déc. n° 2012-240 QPC du 4 mai 2012), le Conseil constitutionnel n'avait pas modifié sa jurisprudence de 2002.

toujours le cas. Quand la demande de QPC ne lui paraît ni nouvelle ni sérieuse, le Conseil la rejette parfois dans la décision même par laquelle il statue sur la validité de l'élection (déc. nº 2017-4977 des 21 et 28 juillet 2017).

C. Un mode de filtrage inhabituel

811. Dans la plupart des pays où le système de la question préjudicielle a été institué, le juge du fond, quel que soit le niveau auquel il se situe dans la hiérarchie, peut saisir directement le tribunal constitutionnel. Ce dernier sélectionne lui-même, dans la masse des recours, ceux qui lui paraissent suffisamment sérieux pour mériter un examen approfondi, les autres étant écartés avec une motivation sommaire ou même parfois sans motivation aucune. Tel est par exemple le cas en Allemagne, en Italie et en Espagne. Au contraire, l'article 61-1 C exclut la transmission directe en réservant au Conseil d'État et à la Cour de cassation le droit exclusif de saisir le Conseil constitutionnel. Ce mode de filtrage est conforme aux recommandations du comité Balladur, qui ne faisait lui-même que reprendre sur ce point les propositions formulées quinze ans auparavant par le comité Vedel ; Il s'agit évidemment d'éviter que le Conseil soit débordé par un afflux de recours dont beaucoup seraient mal fondés en droit et tendraient simplement à retarder le règlement définitif du litige principal. Mais peut-être s'explique-t-il aussi par le fait que, en raison de leur recrutement trop politique, les membres du Conseil suscitent toujours une certaine méfiance dans le milieu des professionnels du droit, et que les magistrats du Conseil d'État et de la Cour de cassation souhaitaient limiter leur pouvoir en évitant de leur déférer des questions qu'ils estimeraient manifestement infondées, étant entendu que « manifestement » est susceptible de plusieurs interprétations.

Il n'en est pas moins vrai que ce mode de filtrage présente des inconvénients à la fois d'un point de vue pratique et d'un point de vue théorique.

1. Un problème pratique : des effets dilatoires possibles

812. Sur le plan pratique, du seul fait que la procédure comporte trois étapes au lieu de deux, le cours de la justice est ralenti et les frais que doivent supporter les plaideurs risquent de s'alourdir. C'est pourquoi la loi organique a tenté d'en accélérer le rythme. Dans la première étape, la juridiction saisie d'une QPC doit statuer « sans délai » par une décision motivée sur la transmission de cette question au Conseil d'État ou à la Cour de cassation. Dans la seconde étape, le Conseil d'État ou la Cour de cassation dispose d'un délai maximum de trois mois pour rejeter la QPC ou la transmettre au Conseil constitutionnel. S'il (ou elle) ne s'est pas prononcé dans ce délai, la question est automatiquement transmise au Conseil constitutionnel. Enfin, ce dernier doit lui-même se prononcer dans un délai de trois mois mais aucune sanction n'est prévue en cas d'inobservation de ce délai[27]. Ces délais ont été dans l'ensemble efficaces pour limiter les effets dilatoires. Cinq ans après la mise en œuvre de la QPC, au 31 décembre 2014, on ne relevait encore que deux cas de renvoi automatique au Conseil constitutionnel, ce qui signifie que, sauf circonstances très exceptionnelles, la Cour de cassation et le Conseil d'État respectent le délai qui leur est imparti. Ceci est également vrai pour le Conseil constitutionnel : on a calculé que le temps moyen qui s'écoule entre la réception par lui d'une QPC et la décision rendue sur celle-ci n'est que de 70 jours, c'est-à-dire nettement moins de trois mois (Maugüé, 2015).

Mais même si tous ces délais sont strictement respectés, la période pendant laquelle la juridiction compétente sur le fond est obligée de surseoir à statuer peut atteindre six mois et ce retard risque évidemment de porter préjudice à l'une ou l'autre des parties au litige. C'est pourquoi la loi organique a prévu plusieurs exceptions à l'obligation de surseoir à statuer.

En premier lieu, le cours de l'instruction n'est pas suspendu et la juridiction peut toujours prendre les mesures provisoires ou conservatoires nécessaires.

En deuxième lieu, il n'est pas sursis à statuer lorsqu'une personne est privée de liberté à raison de l'instance, ni lorsque l'instance a pour objet de mettre fin à une mesure privative de liberté.

Enfin, la juridiction *peut statuer sans attendre la décision relative à la question de constitutionnalité* (ce qui signifie qu'elle dispose dans ce cas d'un certain pouvoir d'appréciation) si les textes prévoient qu'elle statue dans un délai déterminé ou si elle estime que le sursis risquerait d'entraîner des conséquences irrémédiables ou manifestement excessives pour les droits d'une partie.

En 2020, l'état d'exception sanitaire déclaré à la fin du mois de mars risquait de ralentir le fonctionnement des juridictions et de les empêcher de respecter les délais prévus pour la QPC. C'est pourquoi la loi organique n° 2020-365 du 30 mars 2020 a prévu de les suspendre jusqu'au 30 juin 2020. Tout s'est donc passé comme si les délais en cours avaient été prolongés de trois mois. Il convient de noter qu'il s'agit d'une réforme ponctuelle. Si la situation sanitaire se rétablit, les QPC soulevées postérieurement au 30 juin 2020 devraient être traitées dans les délais normaux. D'après l'article 46 de la Constitution, un projet de loi organique ne peut être soumis à la délibération de la première assemblée saisie avant l'expiration d'un délai de quinze jours après son dépôt. En ce qui concerne la loi 2020-365, ce délai n'a pas été respecté parce que, pour des raisons sanitaires, il eût été difficile de prévoir une séance de la première assemblée saisie, qui était en l'occurrence le Sénat, quinze jours après le dépôt du projet.

L'article 61 C dispose que, avant leur promulgation, les lois organiques sont automatiquement soumises au Conseil constitutionnel qui se prononce

27. Sur le plan financier, l'article 23-12 de la LO prévoit que lorsque le Conseil est saisi d'une QPC, la contribution de l'État à la rétribution des auxiliaires de justice qui prêtent leur concours au titre de l'aide juridictionnelle est majorée. Mais les plaideurs qui ne remplissent pas les conditions nécessaires pour bénéficier de cette aide doivent supporter eux-mêmes tous les frais.

sur leur conformité à la Constitution. Dans des circonstances ordinaires, le Conseil constitutionnel aurait certainement declaré que la loi organique était entachée d'un vice de procédure pour violation des formes prévues par l'article 46 C. Mais il a estimé que « compte tenu des circonstances particulières de l'espèce (c'est-à-dire de la crise sanitaire) il n'y a pas lieu de juger que cette loi organique a été adoptée en violation des règles de procédure prévues par l'article 46 de la Constitution » (déc. n° 2020-799 DC du 26 mars 2020, point 3).

Cette formule a suscité de vives inquiétudes. On s'est demandé si le Conseil n'avait pas voulu dire que, en raison de la crise sanitaire, le législateur était entièrement dispensé de l'obligation de respecter la Constitution. Mais une lecture attentive de la décision permet de démentir cette interprétation. En choisissant la formule « circonstances particulières » plutôt que « circonstances exceptionnelles » Conseil constitutionnel a clairement visé non pas toutes les circonstances d'une exceptionnelle gravité qui seraient susceptibles de justifier n'importe quelle violation de la Constitution, mais l'urgence de la menace sanitaire, qui, parce qu'elle nécessitait d'adopter très rapidement la loi organique lui paraissait justifier qu'on dérogeât à une règle spécifique de procédure[28].

Le président du Conseil constitutionnel, Laurent Fabius, a clairement indiqué que la loi organique du 30 mars 2020 avait seulement pour objet d'assouplir temporairement le délai de traitement de la QPC, mais qu'il ne remettait nullement en cause le principe même de celle-ci[29]. Il faut cependant rappeler que les déclarations du président du Conseil constitutionnel, malgré leur autorité morale, sont dépourvues de valeur juridique.

2. Un problème théorique : le risque de grignotage de certaines compétences du Conseil

813. En refusant systématiquement de laisser passer les recours fondés sur certains moyens, le Conseil d'État et la Cour de cassation peuvent interdire au Conseil constitutionnel de se prononcer sur ces moyens et s'ériger ainsi en « juges constitutionnels négatifs » en empêchant que tel ou tel droit, tel ou tel principe, ou tel ou tel objectif puisse se voir reconnaître une valeur constitutionnelle. C'est évidemment contraire au principe même de l'existence d'une juridiction constitutionnelle spécialisée qui, par définition, devrait avoir le dernier mot sur toutes les questions d'interprétation de la Constitution.

Ce risque de grignotage du monopole du juge constitutionnel n'est pas inhérent à tout système de filtrage. Dans les pays comme l'Allemagne, l'Italie ou l'Espagne, où toute juridiction, quel que soit son rang dans la hiérarchie, peut renvoyer directement une question à la Cour constitutionnelle, on peut supposer qu'il s'en trouvera toujours une qui ne partagera pas le point de vue

28. Champeil-Desplats, « Le Conseil constitutionnel face à lui-même », *Revue des droits de l'homme* 2020, à paraître.

29. Voir *Le Figaro* du 18 avril 2020.

de la Cour suprême dont elle dépend, et qui n'hésitera pas à user de son droit de saisine pour la faire désavouer. C'est ce qui n'est pas possible en France puisqu'aucune QPC ne peut parvenir au Conseil sans avoir passé le filtre de l'une des deux cours suprêmes.

Dans l'ensemble, les décisions de non-renvoi sont approximativement quatre fois plus nombreuses que les décisions de renvoi mais cette constatation n'est pas en elle-même significative car, tant devant les juridictions judiciaires que devant les juridictions administratives, les avocats ont tendance à soulever le plus grand nombre possible de moyens pour démontrer à leur client qu'ils n'ont négligé aucune chance de lui faire gagner son procès. Néanmoins, surtout en ce qui concerne la Cour de cassation, la motivation de certaines décisions de non-renvoi paraissait inspirée moins par l'insuffisance des moyens invoqués que par une sorte d'hostilité de principe envers la procédure de la QPC.

C'est ainsi qu'à plusieurs reprises, elle a rejeté une QPC, au motif que le requérant cherchait non à contester les dispositions législatives visées mais l'interprétation qu'elle-même, Cour de cassation, en avait donnée[30]. Or, selon la jurisprudence du Conseil constitutionnel, la conformité d'un texte à la Constitution est souvent liée à l'interprétation qu'on en donne, et les deux choses ne peuvent donc pas être dissociées. Le raisonnement de la Cour tendait en réalité à limiter le champ de l'intervention du Conseil pour sanctifier sa propre interprétation de la loi, parce qu'elle estimait qu'il s'agissait de sa fonction propre.

Pour manifester sa désapprobation de la jurisprudence de la Cour, le Conseil constitutionnel a affirmé à plusieurs reprises « qu'en posant une question prioritaire de constitutionnalité tout justiciable a le droit de contester la constitutionnalité de la portée effective qu'une interprétation jurisprudentielle constante confère à cette disposition » (déc. n° 2010-39 QPC du 6 octobre 2010).

D'après le texte originel de l'article 23-6 de la loi organique relative au Conseil constitutionnel, qui date de 2008, toutes les demandes de renvoi relevant de la compétence de la Cour de cassation devaient être jugées par une formation spéciale comprenant notamment le premier président et les présidents de toutes les différentes chambres. Cette disposition risquait de figer la jurisprudence de la Cour, dans la mesure où c'étaient toujours les mêmes magistrats qui devaient se prononcer, quelle que fût la nature du litige principal à propos duquel la QPC avait été soulevée. Aussi fut-elle abrogée par une nouvelle loi organique en date du 22 juillet 2010. Désormais chaque QPC est jugée par l'une des chambres de la Cour (civile, commerciale, criminelle, etc.) déterminée en fonction de la nature du litige principal, et de ce fait la jurisprudence de la Cour est devenue beaucoup moins monolithique et plus évolutive.

30. Voir par exemple les arrêts du 19 mai 2010 (sur l'absence de motivation des arrêts d'assises) et du 31 mai 2010 (sur la présomption de mauvaise foi en matière de diffamation des autorités publiques).

Peut-être en raison de ce changement de procédure, il semble que, petit à petit, le Conseil constitutionnel et la Cour de cassation sont parvenus à surmonter leur différend grâce à des concessions réciproques.

D'un côté, s'inspirant d'une jurisprudence de la Cour constitutionnelle italienne, le Conseil applique la doctrine dite du « droit vivant ». Cette doctrine signifie que lorsqu'une disposition législative a fait l'objet d'une interprétation « consolidée » – c'est-à-dire une interprétation expressément consacrée par la Cour de cassation et acceptée par l'ensemble des tribunaux judiciaires – le Conseil renonce à en proposer une autre interprétation (Zagrebelsky G., 2010). S'il estime que, dans ces conditions, la disposition est contraire à la Constitution, il va donc l'abroger purement et simplement au lieu de la « récupérer » en l'encadrant par de nouvelles directives d'interprétation. Ainsi, dans sa décision n° 2010-52 QPC du 14 octobre 2010, il a annulé une loi de 1941 en tenant compte uniquement de la manière dont elle avait été interprétée par la Cour de cassation, sans envisager d'autres interprétations possibles. Il convient de noter que cette doctrine du « droit vivant » ne s'applique que lorsque l'inconstitutionnalité est liée à l'existence d'une « interprétation consolidée » au sens que l'on vient de définir. Dans tous les autres cas, qui sont d'ailleurs les plus nombreux, le Conseil se réserve toujours la possibilité de valider une disposition législative en l'encadrant par des directives d'interprétation.

De son côté, la Cour de cassation semble avoir renoncé à la distinction qu'elle avait faite dans ses arrêts précités de 2010 pour empêcher le Conseil d'invalider ses interprétations de la loi. Par exemple, en 2012, elle a renvoyé au Conseil une QPC alors que celle-ci était expressément dirigée contre la portée que la Cour de cassation avait donnée à l'ordonnance du 7 mars 1944 relative aux musulmans d'Algérie (déc. n° 2012-259 QPC de la première chambre civile, 26 juin 2012, cons. 2).

Non seulement la Cour de cassation a manifesté une tendance à filtrer les QPC avec une sévérité excessive mais c'est avec réticence qu'elle a fini par admettre le caractère prioritaire de cette procédure.

D. Par rapport à quoi la QPC est-elle prioritaire ?

814. Ainsi qu'on l'a déjà signalé, les juridictions ordinaires exercent sur la loi un contrôle de conventionnalité, c'est-à-dire qu'elles refusent de faire application des dispositions législatives contraires à une stipulation d'un traité international. Elles se fondent pour cela sur l'article 55 C aux termes duquel : « *Les traités ou accords régulièrement ratifiés ou approuvés ont, dès leur publication, une autorité supérieure à celle des lois, sous réserve, pour chaque accord ou traité, de son application par l'autre partie* ». Introduit en 1975, en ce qui concerne les juridictions de l'ordre judiciaire et en 1988, en ce qui concerne celles de l'ordre administratif, ce contrôle est aujourd'hui de pratique courante. Il s'exerce d'autant plus facilement que, dans la plupart des cas, le juge n'a même pas besoin de vérifier si la condition de réciprocité posée par l'article 55 est effectivement remplie (v. *supra* n° 724).

Or, dans le contentieux judiciaire ou administratif, il est fréquent qu'une disposition législative puisse être contestée de façon analogue par un moyen de constitutionnalité d'une part, par un moyen de conventionnalité d'autre part (par exemple lorsque l'une des parties soutient qu'une disposition restrictive de la liberté de la presse est contraire à la fois à l'article 11 de la DDHC de 1789 – moyen de constitutionnalité – et à l'article 10 de la CEDH – moyen de conventionnalité). Le moyen de constitutionnalité peut aboutir à un résultat définitif et relativement spectaculaire car s'il est accueilli par le Conseil, la disposition contestée sera abrogée, alors que le moyen de conventionnalité permet seulement d'éviter qu'il en soit fait application en l'espèce. En revanche, ce dernier permet de régler plus rapidement le litige car la juridiction compétente sur le fond l'est également pour juger l'exception d'inconventionnalité et n'a donc pas besoin de surseoir à statuer. Les tribunaux surchargés, qui veulent réduire leur retard, et les plaideurs pressés, qui veulent obtenir gain de cause le plus vite possible et aux moindres frais, ont donc plutôt intérêt à envisager en premier lieu l'exception d'inconventionnalité. Mais une telle démarche irait à l'encontre de l'un des objectifs poursuivis par la réforme de 2008 – la revalorisation de la Constitution en tant que norme de référence – et c'est pourquoi elle est formellement interdite par l'article 23-2 de la loi organique relative à la QPC qui dispose que « *la juridiction doit* (...) *lorsqu'elle est saisie de moyens contestant, de façon analogue, la conformité de la disposition à la Constitution et aux engagements internationaux de la France, se prononcer en premier sur la question de constitutionnalité* ». L'article 23-5 pose la même règle en ce qui concerne l'examen d'une QPC par le Conseil d'État ou la Cour de cassation. C'est donc par opposition à la question de conventionnalité que la QPC est qualifiée de « prioritaire ». Au demeurant, si elle n'était pas prioritaire, on courait le risque que le juge judiciaire ou administratif, plutôt que de transmettre la question prioritaire au Conseil constitutionnel, ne préfère écarter une loi pour inconventionnalité, mettant ainsi en péril le principe de la hiérarchie des normes, qui place au sommet du système juridique français la Constitution et non les traités.

Mais il convient de noter que cette priorité n'a pas valeur constitutionnelle puisqu'elle a été établie par une simple loi organique. Sans remettre en cause la priorité absolue de la Constitution, qui a été reconnue à la fois par le Conseil d'État et la Cour de cassation (v. *supra* n° 732), les tribunaux pouvaient donc s'interroger sur sa compatibilité avec les engagements internationaux de la France. C'est ce que n'a pas manqué de faire la Cour de cassation dans une tentative pour entraver le fonctionnement de la QPC (cf. Simon et Rigaux, 2010 ; Molfessis, 2011).

Par un arrêt du 16 avril 2010, elle a posé à la CJUE une question préjudicielle concernant la compatibilité du système mis en place par la loi organique avec l'article 267 du traité. Elle attendait de la Cour qu'elle affirme l'incompatibilité en raison du caractère prioritaire de la QPC. Si, en effet, le juge constitutionnel statuait en premier et affirmait que la loi déférée était conforme à la Constitution ; le juge judiciaire, prétendait la Cour de cassation, ne pourrait plus l'écarter pour inconventionnalité.

Cette initiative, et les réactions qu'elle a suscitées de la part d'autres juridictions, constituent un ensemble de questions et de réponses que l'on désigne habituellement par l'euphémisme « dialogue des juges ».

Dans l'arrêt du 22 juin 2010, par lequel elle répond à la question préjudicielle posée par la Cour de cassation, la CJUE s'est bornée à rappeler les exigences minimales auxquelles devait satisfaire une législation nationale pour être compatible avec l'article 267. Il faut que les juridictions nationales restent libres : de saisir à tout moment la Cour d'une question préjudicielle (mais éventuellement, cela peut se faire à l'issue d'une procédure incidente de contrôle de constitutionnalité) ; d'adopter toute mesure nécessaire afin d'assurer la protection juridictionnelle provisoire des droits conférés par l'ordre juridique de l'Union ; de laisser inappliquée toute disposition législative qui leur paraît contraire au droit de l'Union. De la réponse de la Cour, on peut déduire que l'existence de la QPC n'empêche pas la législation française de satisfaire aux exigences du traité. Ainsi, lorsque le Conseil constitutionnel a statué, sa décision ne préjuge donc pas du résultat d'une question préjudicielle éventuellement posée à la CJUE à l'occasion d'une question de conventionnalité soulevée ultérieurement. Cependant, cela ne répond pas à toutes les interrogations car, d'une part, comme la QPC bénéficie d'une priorité d'ordre chronologique, elle peut tout de même avoir pour effet de retarder le moment auquel la question préjudicielle pourra être posée et, d'autre part, il peut arriver exceptionnellement que les deux questions (constitutionnalité et conventionnalité) soient si étroitement imbriquées qu'il est pratiquement impossible de les dissocier. Il en est ainsi lorsque la disposition contestée fait partie d'une loi dont l'objet consiste à transposer une directive en droit interne car dans ce cas, compte tenu des termes de l'article 88-1 C, le Conseil estime que le respect de cette directive constitue non seulement une obligation internationale mais aussi une obligation constitutionnelle. En répondant à la question de constitutionnalité, le Conseil ne peut donc éviter de se prononcer en temps sur la question de conventionnalité : la loi de transposition est contraire à la Constitution si elle ne respecte pas le traité ou la directive. Il lui faut donc interpréter la directive pour déterminer si la loi attaquée en a fait une application correcte. Or, l'article 267 du traité de Lisbonne réserve à la CJUE le monopole de l'interprétation des actes européens. Le Conseil constitutionnel devrait donc pouvoir poser à la Cour européenne une question préjudicielle pour en obtenir une interprétation authentique. Cependant, dans le cadre du contrôle, *a priori,* il lui est impossible de le faire en raison du délai, mais comme on l'a vu (cf. *supra* n° 732), ce délai est nettement plus long dans le cas des QPC et il lui permet de poser une question préjudicielle. C'est ce qu'il a fait en 2013[31].

815. L'interprétation des dispositions visées par une QPC. – Le sens d'une disposition législative visée par une demande de QPC varie parfois selon qu'on la considère dans un contexte national ou dans un contexte supranational.

31. Décision n° 2013-314P QPC du 4 avril 2013.

Par exemple, supposons qu'une loi française dispose que la détention provisoire doit cesser dès que les nécessités de l'instruction le permettent. Un plaideur demande au juge de transmettre une demande de QPC contre cette loi au motif qu'elle est trop vague s'agissant d'une question qui intéresse la liberté individuelle.

Avant de prendre sa décision, le juge doit évidemment interpréter la disposition législative en question. Il peut le faire de deux manières :

1° Dans un contexte supranational. Le juge devra tenir compte des traités internationaux relatifs à la matière qui ont été ratifiés par la France. Peut-être va-t-il découvrir que l'un de ces traités donne une signification concrète à la formule « dès que les nécessités de l'instruction le permettent ». Dans ces conditions, il rejettera probablement le moyen selon lequel la loi est trop vague et il refusera de transmettre la demande de QPC.

2° Dans un contexte strictement national. Le juge ne pourra tenir compte d'aucun traité ratifié par la France. Il devra interpréter la loi comme si la France était le seul État existant dans le monde. Dans ces conditions, il est probable que la loi lui paraîtra effectivement trop vague et qu'il transmettra la demande de QPC.

Dans une décision du 2 octobre 2020, le Conseil constitutionnel a jugé que seule la seconde méthode, c'est-à-dire celle de l'interprétation dans un contexte strictement national, était valable. Pour le Conseil, la justification de cette position découle de la priorité procédurale accordée à la QPC. Si la demande de QPC doit être examinée avant tout autre moyen, comme l'indique l'adjectif « prioritaire », c'est parce que le législateur organique a voulu revaloriser le droit français par rapport aux conventions internationales. Or, la méthode d'interprétation dans un contexte supranational permettrait de rejeter certaines QPC en raison de l'existence d'une convention internationale, ce qui irait à l'encontre de cet objectif et qui, au surplus, restreindrait le pouvoir du Conseil constitutionnel.

Mais cette jurisprudence s'explique également par la rivalité qui existe entre, d'une part, le Conseil constitutionnel et, d'autre part, les juridictions suprêmes des deux grands ordres de juridictions, l'ordre judiciaire et l'ordre administratif, ainsi que les juridictions internationales. Le Conseil constitutionnel veut éviter que la Cour de cassation ou le Conseil d'État puissent l'empêcher de se prononcer sur une QPC en évoquant une convention internationale.

E. La procédure devant le Conseil constitutionnel

816. Les questions transmises au Conseil constitutionnel par le Conseil d'État ou la Cour de cassation sont examinées selon une procédure d'un caractère plus nettement juridictionnel que celle qui s'applique dans le cadre du contrôle *a priori*. Les parties (c'est-à-dire le demandeur et le défendeur au litige principal) disposent des mêmes droits que devant un tribunal ordinaire. De plus, comme la QPC peut aboutir à l'abrogation d'une disposition législative, les principales autorités de l'État (président de la République, Premier ministre, présidents de l'Assemblée nationale et du Sénat) sont avisées et peuvent intervenir dans la procédure en présentant des observations. En pratique, dans chaque affaire, le Premier ministre présente, par le truchement d'un agent du Secrétariat général du gouvernement, des observations par lesquelles il prend généralement la défense des dispositions législatives attaquées, en réfutant les arguments avancés par l'auteur de la QPC. Les présidents des assemblées, en revanche, n'interviennent presque jamais dans la procédure ; ils s'en remettent au gouvernement du soin de défendre les lois qui ont été adoptées par le Parlement. Quant au président de la République, il ne présente pas non plus d'observations, peut-être parce qu'il occupe une position trop élevée pour paraître se mêler des détails de la législation, et surtout parce que, en dehors des périodes de cohabitation, les observations produites par le Premier ministre l'ont toujours été avec son accord[32].

Le rôle du secrétariat général du gouvernement s'explique aisément lorsque la loi attaquée a été adoptée à l'initiative du gouvernement. Il se comprend moins si elle l'a été à un moment où l'actuel gouvernement était dans l'opposition et pouvait soutenir qu'elle était contraire à la Constitution, mais est parfois justifié par l'idée qu'il faut maintenir le caractère contradictoire de la procédure et par la fiction qu'il existe, indépendamment des positions politiques, un intérêt général, qui serait incarné par le gouvernement en exercice.

Selon la loi organique, les parties sont mises à même de présenter contradictoirement leurs observations au cours d'une audience qui doit être publique, sauf dans les cas exceptionnels prévus par le règlement intérieur du Conseil.

Par décision en date du 4 février 2010, le Conseil s'est doté d'un règlement intérieur spécial qui précise les différentes étapes de la procédure applicable aux QPC. Cette procédure est très respectueuse des droits des parties. Non seulement les pièces produites par la partie adverse leur sont communiquées, mais elles sont tenues informés de toutes les initiatives que le Conseil peut être amené à prendre au cours de l'instruction : s'il décide de recourir à une audition, elles sont invitées à y assister ; s'il envisage de soulever un moyen d'office, elles en sont informées et un délai leur est imparti pour qu'elles puissent présenter leurs observations. Pour ne pas retarder le déroulement de l'instruction, il est prévu que les actes et pièces de procédure ainsi que les avertissements ou convocations sont notifiés par voie électronique.

À lire le règlement intérieur, on pourrait croire que l'audience publique joue un rôle important dans la préparation de la décision. Il est en effet précisé que seuls les membres du Conseil qui y ont assisté peuvent prendre part à la délibération.

Peuvent prendre la parole au cours de l'audience les représentants des parties (à condition qu'ils aient la qualité d'avocat) ainsi que les agents désignés par l'une des quatre autorités de l'État mentionnées ci-dessus. Mais, compte

32. Voir sur ce sujet : Dord O., « La QPC et le Parlement : une bienveillance réciproque », *NCCC*, n° 38, 2013.

tenu du peu de temps dont ils disposent (5 à 10 minutes) les avocats se bornent à résumer très sommairement leurs conclusions écrites et aucune question ne leur est jamais posée par les membres du Conseil. La procédure est donc plus écrite qu'orale et l'audience apparaît presque comme une formalité. Mais chacun peut la visionner sur Internet et cela contribue à susciter l'intérêt du public pour les affaires traitées par le Conseil.

Le règlement intérieur dispose que tout membre du Conseil qui estime devoir s'abstenir de siéger en informe le président. Il prévoit également une possibilité de récusation à la demande de l'une des parties ou de son représentant. Mais les raisons pour lesquelles un conseiller peut être récusé, ou devrait spontanément s'abstenir de siéger, ne sont pas expressément indiquées. Il est seulement précisé que le seul fait qu'un membre du Conseil a participé à l'élaboration d'une disposition législative faisant l'objet de la question de constitutionnalité ne constitue pas en lui-même une cause de récusation. En pratique, les demandes de récusation sont très rares ; les retraits volontaires sont relativement fréquents mais généralement aucune explication n'en est fournie tout au moins publiquement. Cela donne parfois un sentiment de malaise car l'on peut se demander si chaque membre du Conseil n'agit pas en fonction d'un code de déontologie qui lui est propre.

Si la procédure des QPC est assez spécifique, les décisions auxquelles elle aboutit ne diffèrent pas beaucoup, par leur contenu ou leurs effets, de celles rendues dans le cadre du contrôle abstrait.

F. Les décisions QPC

817. Si le Conseil fait droit à la requête en déclarant inconstitutionnelle la disposition critiquée, sa décision produit un effet *erga omnes* et non pas seulement à l'égard des parties au litige, car l'article 62 C prévoit que cette disposition est abrogée « *à compter de la date de la publication de la décision du Conseil constitutionnel ou d'une date ultérieure fixée par cette décision* ». La faculté de reporter la date d'effet de l'abrogation est utilisée quand le Conseil estime que la disposition visée doit être remplacée par une nouvelle législation ou lorsqu'il déclare sans autres explications que l'abrogation immédiate aurait des effets manifestement excessifs. Par exemple, dans sa décision QPC du 30 juillet 2010, où il a déclaré que les dispositions du Code de procédure pénale concernant la garde à vue étaient contraires à la Constitution, le Conseil a cependant maintenu en application ces dispositions jusqu'au 1er juillet 2011, laissant ainsi au Parlement et au gouvernement un délai de 11 mois pour élaborer un nouveau dispositif.

Si au contraire il ne fait pas droit à la requête et valide ainsi la disposition attaquée, il lui arrive d'émettre des réserves pour écarter certaines interprétations qui seraient sémantiquement possibles, comme il le faisait souvent déjà dans le cadre du contrôle *a priori*. Mais c'est plus rare que dans le contrôle *a priori* car le contrôle *a posteriori* porte sur des lois qui s'appliquent déjà depuis un certain temps et qui ont fait l'objet d'interprétations de la part d'autres juridictions. Pour que le Conseil constitutionnel soit amené à examiner la conformité à la Constitution de ces interprétations, il faudrait qu'il fût saisi par les cours qui en sont les auteurs, ce qui est peu probable. Et lorsqu'il s'agit d'une interprétation « consolidée », le Conseil s'abstient généralement de lui en substituer une autre, ainsi qu'on l'a déjà signalé (*supra* n° 813 et 814).

Bien que, ainsi qu'on l'a déjà signalé, le filtrage opéré en amont par la Cour de cassation et le Conseil d'État élimine déjà environ les quatre cinquièmes des demandes de QPC, le Conseil constitutionnel opère encore une sélection sévère sur celles qui parviennent jusqu'à lui : sur 381 décisions rendues entre le 1er mars 2010 et le 31 décembre 2015, il y en a eu seulement 103 de non-conformité totale ou partielle à la Constitution, soit environ 27 %. Dans 70 cas, le Conseil a prononcé l'abrogation immédiate des dispositions censurées. Dans 33 cas seulement, il a eu recours à la technique de l'abrogation à effet différé. Mais même lorsque l'abrogation est en principe différée, la décision commence à produire des effets immédiatement car la législation abrogée n'est pas opposable au plaideur qui a soulevé la QPC et sous certaines conditions il est même possible d'invoquer cette abrogation dans toutes les instances en cours. Il faut donc se reporter au texte même de la décision pour savoir exactement quels sont ses effets dans le temps.

On pensait à l'origine que le nombre des QPC déclinerait assez rapidement parce qu'il y aurait de moins en moins de textes dont la constitutionnalité pouvait prêter sérieusement à contestation. L'expérience des dix premières années ne le confirme pas entièrement : il y a eu en 2011 un pic de 110 décisions qui n'a jamais été atteint depuis, mais le nombre annuel de QPC fluctue entre 60 et 80.

Globalement, dans 80 % des cas environ, le Conseil constitutionnel rend une décision de conformité totale sans aucune réserve d'interprétation, ce qui signifie qu'il rejette purement et simplement les moyens soulevés par l'auteur de la QPC. Les 20 % restants sont des décisions de non-conformité totale ou partielle, ou encore des décisions de conformité comportant une ou plusieurs réserves d'interprétation.

Les secteurs du droit le plus souvent concernés par une QPC sont par ordre d'importance le droit pénal et la procédure pénale, le droit fiscal et la procédure fiscale, le droit processuel, et le droit de l'environnement. Mais il arrive qu'une décision rendue sur une tout autre matière ait des conséquences importantes.

En obligeant le gouvernement et le Parlement à modifier certaines dispositions législatives très anciennes (en cas de non-conformité) ou à les interpréter d'une certaine manière (en cas de réserve d'interprétation), la QPC a beaucoup contribué à la modernisation du droit positif français. Parmi les réformes les plus importantes qu'elle a provoquées, on peut citer celles relatives à la garde à vue, à l'hospitalisation sans leur consentement des malades mentaux, et à la cristallisation des pensions de retraite des anciens combattants.

Sous-section 3
Le développement du rôle du Conseil constitutionnel

818. Ainsi qu'on vient de le voir, les missions du Conseil constitutionnel ne se limitent pas au contrôle de constitutionnalité des lois. Mais ce sont certainement les décisions rendues dans le cadre de ce contrôle qui ont le plus grand impact politique.

Durant les quinze premières années de la Ve République, c'est-à-dire jusqu'à la révision du 29 octobre 1974, le contrôle de constitutionnalité n'était que rarement pratiqué. En ce qui concerne les lois ordinaires, seuls pouvaient saisir le Conseil constitutionnel le président de la République, le Premier ministre et les présidents des deux assemblées. Mais, en règle générale, ces quatre autorités étaient favorables aux lois adoptées par le Parlement et, sauf cas assez rare, elles préféraient s'abstenir de saisir le Conseil constitutionnel.

Le caractère très restrictif de la saisine faisait donc obstacle au développement d'un véritable contrôle de la constitutionnalité des lois. Cependant, dans une décision de juillet 1971, le Conseil constitutionnel a élargi considérablement la notion de Constitution au sens de l'article 61 (v. *infra* n° 820).

Cette interprétation a suscité un désir d'étendre le droit de saisine pour permettre au Conseil d'exercer un contrôle plus étendu. À la suite de la révision de 1974, le Conseil constitutionnel est devenu un pouvoir véritable, qui peut s'opposer à la mise en œuvre d'une politique, et avec lequel l'exécutif est obligé de compter, même lorsqu'il s'appuie sur une majorité parlementaire importante. On peut distinguer trois facteurs principaux qui expliquent cette montée en puissance : l'assouplissement de la saisine (§ 1), mais aussi la richesse des normes de référence utilisées par le Conseil (§ 2), et enfin la gradation savante de ses verdicts (§ 3). Ces facteurs ont permis au Conseil constitutionnel d'élaborer une jurisprudence dont l'impact est considérable (§ 4).

§1. L'assouplissement de la saisine

819. Le premier assouplissement remonte à la réforme de 1974 qui a rendu possible la saisine du Conseil par soixante députés ou soixante sénateurs. Ce sont évidemment surtout (mais pas exclusivement[33]) les parlementaires de l'opposition qui ont fait usage de ce nouveau droit.

La réforme avait d'ailleurs été présentée par le président de la République de l'époque, V. Giscard d'Estaing, comme un élément essentiel du statut de l'opposition. En effet, à la différence du président de la République, du Premier ministre et des présidents des assemblées, l'opposition est, presque par

33. La toute première saisine en application de la réforme de 1974 a été l'œuvre de parlementaires de la majorité qui ont déféré au Conseil la loi légalisant l'IVG (voir la déc. n° 54 DC du 15 janvier 1975).

définition, plutôt hostile à la plupart des lois adoptées par la majorité parlementaire : elle a donc d'excellentes raisons de déclencher le contrôle de constitutionnalité. La réforme avait aussi une autre fonction, moins immédiatement apparente : il s'agissait pour la majorité conservatrice de l'époque de se donner des armes pour le cas où la gauche gagnerait les élections législatives.

Ce premier assouplissement a eu sur l'activité du Conseil constitutionnel des incidences à la fois quantitatives et qualitatives.

En premier lieu, les décisions portant sur la conformité d'une loi ordinaire à la Constitution sont beaucoup plus nombreuses depuis cette réforme. En quinze ans, de 1959 à 1974, le Conseil n'en avait rendu que neuf au total (six sur saisine du Premier ministre et trois sur saisine du président du Sénat) ; la moyenne était donc inférieure à une décision par an ; pour la période suivante, de 1975 à 2012 la moyenne se situe aux environs de onze décisions par an.

En second lieu, les affaires dont s'occupe le Conseil sont désormais beaucoup plus variées. Jusqu'en 1974, sa jurisprudence portait essentiellement sur des questions techniques comme les domaines respectifs de la loi et du règlement ou les incompatibilités parlementaires. Pour importantes qu'elles fussent, ces questions laissaient le grand public assez indifférent et les décisions du Conseil ne retenaient l'attention que d'un petit nombre de spécialistes. Or l'ouverture de la saisine aux simples parlementaires l'a conduit à se prononcer sur des lois relatives à l'interruption volontaire de la grossesse, à la répression des actes de violence, aux droits des travailleurs dans l'entreprise, aux vérifications d'identité, à la maîtrise de l'immigration, à la liberté de la presse, à la liberté de l'enseignement, etc. De même que la Cour suprême des États-Unis ou le Tribunal constitutionnel allemand, le Conseil constitutionnel a désormais un rôle à jouer dans la solution de nombreux problèmes de société, et ses décisions font parfois les grands titres des journaux.

Le second assouplissement de la saisine résulte de la réforme de juillet 2008 qui permet à tout plaideur de soulever une question préjudicielle de constitutionnalité au cours d'un procès, comme cela se pratique depuis longtemps dans la plupart des pays voisins de la France. On a dit que cette réforme allait dans le sens d'une plus grande égalité car désormais chacun pourra faire valoir lui-même devant la justice ses droits fondamentaux alors que, dans le système précédent, il devait s'en remettre à ses représentants, seuls habilités à saisir le Conseil constitutionnel. C'est vrai en un sens. Mais il ne faut pas oublier pour autant que le recours préjudiciel profitera non seulement aux citoyens mais aussi à toutes les personnes physiques ou morales, françaises ou étrangères, susceptibles d'être impliquées dans un procès, et notamment à de puissantes sociétés multinationales défendant leurs propres intérêts, ou ceux de leurs actionnaires. Il ne faut pas non plus se dissimuler que si la justice est en principe gratuite, les services de certains auxiliaires de la justice (avocats, avoués, etc.) ne le sont pas, et que leurs honoraires augmentent souvent en proportion de la durée et de la complexité du procès. Tous les plaideurs ne disposent donc pas des mêmes facilités matérielles pour soulever une question préjudicielle de constitutionnalité, même s'il est vrai que les plus pauvres peuvent bénéficier de l'aide juridictionnelle[34].

Les conséquences de cette réforme sur l'activité du Conseil sont impressionnantes : en un peu moins de cinq ans, du 1er mars 2010 au 31 décembre 2016, le Conseil constitutionnel a rendu 506 décisions QPC. Sur une période beaucoup plus longue, de 1959 à 2016, il n'a rendu que 121 décisions dans le cadre du contrôle *a priori*. Le contrôle *a posteriori* s'exerce donc beaucoup plus fréquemment que le contrôle *a priori*.

Cette différence s'explique peut-être en partie par un effet d'aubaine : jusqu'en 2010, beaucoup de lois en vigueur échappaient au contrôle du Conseil, parce que leur adoption était antérieure à la réforme de 1974, ou parce que, pour diverses raisons, les parlementaires avaient préféré s'abstenir de les lui déférer. La QPC a donc permis d'effectuer une sorte de rattrapage et son rythme devrait un peu se ralentir à mesure que le contrôle s'étend à l'ensemble de la législation en vigueur. Mais elle ne risque pas de se tarir complètement : l'expérience montre en effet que beaucoup de lois qui avaient passé le filtre du contrôle *a priori* ont été jugées défectueuses par le Conseil, parce que certains moyens n'avaient été ni soulevés par les parlementaires saisissants ni relevés d'office, ou parce qu'un changement de circonstances permettait de les examiner sous un nouvel angle.

§2. La richesse des normes de référence

820. Les normes auxquelles le Conseil constitutionnel compare les textes qu'il doit examiner sont par hypothèse toutes des normes constitutionnelles. Mais on en peut distinguer plusieurs types en prenant pour critère le genre de document dans lequel elles sont exprimées (par exemple la Constitution, la Déclaration des droits de l'Homme et du Citoyen, le Préambule de la Constitution de 1946) ou, s'il s'agit de normes non écrites, la manière dont elles sont invoquées par le Conseil constitutionnel (principes fondamentaux reconnus par les lois de la République, principes de valeur constitutionnelle, etc.). Ce sont toutes ces normes qu'on appelle « normes de référence ».

Aux termes de l'article 61 C, le Conseil constitutionnel doit se prononcer sur la conformité des lois à la Constitution. Mais qu'est-ce au juste que la Constitution ? La question n'est pas aussi naïve qu'on pourrait le croire. On pourrait en effet hésiter entre une conception étroite et une conception large. Il faut remarquer que c'est au Conseil constitutionnel qu'il est revenu de choisir entre ces deux conceptions, c'est-à-dire de déterminer l'étendue de son propre pouvoir de contrôle.

34. Pour atténuer ces inégalités, la loi organique prévoit que lorsqu'une question de constitutionnalité a été transmise au Conseil constitutionnel, la contribution de l'État à la rétribution des avocats qui prêtent leur concours au titre de l'aide juridictionnelle est majorée. Mais tous les plaideurs qui ne disposent que de moyens modestes n'ont pas droit à l'aide juridictionnelle.

D'après la conception étroite, la Constitution se réduit au texte fondateur de la Ve République, en tenant compte seulement des modifications qui y ont été apportées par les révisions successives. Elle se compose d'un bref Préambule et de 89 articles. Elle définit le statut et les compétences des pouvoirs publics, mais elle ne contient que très peu de règles relatives aux droits et libertés.

D'après la conception large, la Constitution comprend également les textes auxquels, selon l'alinéa premier du Préambule, le peuple français réaffirme solennellement son attachement, c'est-à-dire la Déclaration de 1789, le Préambule de 1946 et la Charte de l'environnement de 2004.

Dans une décision importante du 16 juillet 1971 (*Rec.* p. 29), qu'on peut même qualifier de révolutionnaire, dans la mesure où elle était contraire aux intentions du constituant de 1958, et qui est un peu antérieure à l'assouplissement de la saisine, le Conseil constitutionnel s'est rallié à cette conception large. Il avait été saisi par le président du Sénat d'une loi qui restreignait la liberté d'association. Faute de trouver dans le corps même de la Constitution une disposition à laquelle comparer cette loi, il a décidé que le Préambule était une partie de la Constitution, ainsi que les textes auxquels se réfère ce préambule, c'est-à-dire la Déclaration des droits de l'Homme et du Citoyen de 1789 et le Préambule de la Constitution de 1946, qui lui-même fait référence aux «*principes fondamentaux reconnus par les lois de la République*». Non seulement cet ensemble est extrêmement vaste, mais ses contours sont un peu vagues, ce qui donne au Conseil une marge de pouvoir discrétionnaire considérable. C'est ainsi qu'il a pu décider que si le principe de la liberté d'association n'était mentionné ni dans la Constitution, ni dans la Déclaration des droits de l'Homme, ni même dans le Préambule de 1946, il constituait néanmoins un principe fondamental reconnu par les lois de la République et avait à ce titre une valeur constitutionnelle, de telle sorte que la loi de 1971 qui lui portait atteinte était contraire à la Constitution.

C'est sur la base de cette jurisprudence de 1971 que le Conseil constitutionnel a élargi son pouvoir.

Le « bloc de constitutionnalité » – c'est-à-dire l'ensemble des normes dont il assure la protection et dont le respect s'impose au Parlement lorsqu'il vote une loi ou ratifie un traité – ne se limite donc pas au texte fondateur de la Ve République. Ce bloc comprend également :

- La Déclaration des droits de l'Homme et du Citoyen de 1789 qui énonce des principes traditionnels tels que la liberté individuelle, l'égalité devant la loi, la non-rétroactivité des sanctions pénales, et le caractère inviolable et sacré du droit de propriété.
- Le Préambule de la Constitution de 1946, qui est d'une inspiration beaucoup plus moderne et qui consacre en tant que «*principes particulièrement nécessaires à notre temps*» un certain nombre de droits économiques et sociaux, comme le droit de grève ou le droit syndical.
- Les principes fondamentaux reconnus par les lois de la République (PFRLR). Ils sont rattachés au bloc de constitutionnalité d'une manière indirecte car le Préambule de la Constitution de 1958 ne les mentionne

pas expressément. Mais il se réfère au Préambule de 1946 qui « *réaffirme solennellement... les principes fondamentaux reconnus par les lois de la République* », en leur reconnaissant une valeur équivalente à celle des droits et libertés consacrés par la Déclaration de 1789. Les PFRLR doivent être recherchés dans la législation en vigueur avant la chute du régime républicain survenue en juillet 1940. La plupart n'ont été reconnus que sous la IIIe République, mais quelques-uns ont une origine plus ancienne, comme le principe de la séparation des autorités administratives et judiciaires qui date de la période révolutionnaire, ou celui de la liberté de l'enseignement, proclamé dès 1848. Comment établit-on l'existence d'un PFRLR ? Ces principes ayant été consacrés à l'origine par des lois ordinaires, et non par des lois constitutionnelles, il n'existe aucun critère formel qui permette de les identifier. C'est donc le point de vue matériel qui est déterminant : les PFRLR sont des principes indissociables de la tradition républicaine française, cette indissociabilité devant être attestée par le fait que le législateur de la IIIe République y était toujours demeuré fidèle[35].

Le Conseil constitutionnel (ou accessoirement le Conseil d'État[36]) peut ainsi créer, en s'inspirant de lois toujours en vigueur mais dont l'origine remonte à plus d'un demi-siècle, de nouveaux principes constitutionnels dont il imposera le respect au législateur d'aujourd'hui. La liste s'allonge au fil de sa jurisprudence. D'ores et déjà, elle comprend notamment : la liberté d'association, qui implique l'interdiction d'un contrôle administratif préalable à l'enregistrement de la déclaration ; la liberté de l'enseignement ; l'indépendance des professeurs d'université et le droit pour ceux-ci de bénéficier au sein des instances universitaires d'une représentation qui leur est propre ; l'indépendance des juridictions administratives ; le respect des droits de la défense devant les juridictions répressives ; l'existence en Alsace-Moselle d'une législation locale qui a été maintenue en vigueur lorsque ces territoires ont été rattachés à la France en 1919, etc. Ajoutons qu'il ne peut pas s'agir d'une règle purement négative en matière de droits. Par exemple, le fait que le mariage entre personnes de même sexe n'ait pas été possible sous la IIIe République n'a pas donné naissance à un PFRLR et le législateur a donc pu ouvrir le mariage aux homosexuels sans violer aucun principe constitutionnel (CC, déc. n° 2013-669 DC du 17 mars 2013).

À la différence de la Déclaration de 1789 et du Préambule de 1946, la *Charte de l'environnement* est largement postérieure à l'adoption de la Constitution de 1958. Elle a été votée par le Parlement en 2004, à l'initiative du président de la République d'alors, J. Chirac, dont la protection de l'environnement était depuis longtemps l'un des thèmes favoris. Mais elle a été rattachée au bloc de constitutionnalité de la même manière que la Déclaration de 1789

35. Voir déc. n° 88-244 DC du 20 juillet 1988, *Rec.* p. 119.

36. À la différence du Conseil constitutionnel, le Conseil d'État ne peut pas censurer une loi au motif qu'elle porterait atteinte à un PFRLR. Mais il peut par exemple énoncer un PFRLR lorsqu'il doit interpréter une convention internationale. Ainsi a-t-il récemment jugé que l'accord de coopération franco-malien du 9 mars 1962 devait être interprété conformément au PFRLR « *selon lequel l'État doit refuser l'extradition d'un étranger lorsqu'elle est demandée dans un but politique* » (CE, 3 juillet 1996, *Koné, AJDA* p. 805).

et le Préambule de 1946, c'est-à-dire par le biais de l'alinéa premier du Préambule qui, depuis la loi constitutionnelle du 1er mars 2005, s'y réfère expressément. Tout en affirmant le droit de chacun à vivre « *dans un environnement sain et équilibré* », cette charte met principalement l'accent sur les devoirs, sans doute pour mieux faire comprendre que l'environnement est fragile et que sa protection nécessite une discipline individuelle et collective relativement stricte : devoir de prendre part à la préservation et à l'amélioration de l'environnement ; de prévenir les atteintes qu'on est susceptible de lui porter, de contribuer à la réparation des dommages qu'on lui a causés, etc. La disposition la plus importante (et la plus controversée) est celle qui oblige les autorités publiques à prendre des mesures pour prévenir un dommage susceptible d'affecter de manière grave et irréversible l'environnement, même si la réalisation de ce dommage est incertaine en l'état actuel des connaissances scientifiques (principe de précaution). La Charte permet donc au juge constitutionnel de contrôler, comme il l'a fait à propos des organismes génétiquement modifiés (OGM)[37], si, compte tenu des gains que l'on peut attendre d'une innovation sur le plan économique ou scientifique, et des risques qu'elle comporte pour l'environnement, les mesures de précaution prises par le législateur doivent être considérées comme suffisantes. Elle accorde également de nouveaux droits aux particuliers et aux associations pour leur permettre de se tenir informés des projets concernant l'environnement et de participer à la prise des décisions dans ce domaine. Elle devrait également contribuer à l'essor du droit de la responsabilité en permettant à la victime d'un dommage de demander réparation pour non-accomplissement de l'une des obligations prescrites[38].

- Les objectifs (ou principes) de valeur constitutionnelle (Montalivet, 2006) : ce ne sont ni des règles écrites, ni des prescriptions précises, mais des finalités assez générales, qui remplissent une fonction de justification importante dans la jurisprudence du Conseil constitutionnel. Il s'y réfère tantôt pour limiter un droit de valeur constitutionnelle expressément reconnu par la Constitution : par exemple le droit de grève ou le droit de libre communication des idées doivent être conciliés avec la sauvegarde du maintien de l'ordre public, qui est un objectif de valeur constitutionnelle[39], et tantôt au contraire pour justifier la protection renforcée accordée à certains droits : par exemple, le pluralisme des quotidiens d'information politique et générale est également un objectif de valeur constitutionnelle, dont le législateur ne peut pas se désintéresser[40].
- Bien qu'elles aient une valeur inférieure à celle de la Constitution proprement dite, les lois organiques font également partie du bloc de constitutionnalité au sens large, car le Conseil constitutionnel les

37. Voir la décision n° 2008-564 DC du 19 juin 2008.

38. Voir à ce sujet le dossier « La Constitution et l'environnement » in *Les nouveaux cahiers du Conseil constitutionnel*, n° 43, avril 2014.

39. Pour le droit de grève : déc. n° 105 DC du 25 juillet 1979, *Rec.* p. 33. Pour la liberté de communication : déc. n° 248 DC du 17 janvier 1789, *Rec.* p. 18.

40. Déc. n° 181 DC des 10 et 11 octobre 1984, *Rec.* p. 73 ; déc. n° 210 DC du 29 juillet 1986, *Rec.* p. 110.

utilise également comme normes de référence pour le contrôle des lois ordinaires. Mais tel n'est pas le cas, en revanche, du règlement des assemblées parlementaires.

La tendance à l'élargissement de la notion de constitution connaît cependant une limite. Bien que, d'après l'article 55 de la Constitution, les traités ou accords régulièrement ratifiés ou approuvés aient, dès leur publication, une autorité supérieure à celle des lois, le Conseil a refusé de les intégrer dans le bloc de constitutionnalité (déc. n° 74-54 DC du 15 janvier 1975, *Rec.* p. 19). Quelle que soit leur importance d'un point de vue politique – on pense notamment au traité fondateur de la Communauté européenne et à la Convention européenne des droits de l'Homme – les engagements internationaux ne constituent donc pas des normes de référence pour le Conseil constitutionnel. Toutefois, en ce qui concerne les normes d'origine européenne, la jurisprudence du Conseil constitutionnel est en voie d'évolution. En effet, depuis que la loi du 25 juin 1992 a introduit dans la Constitution un titre intitulé « Des Communautés européennes et de l'Union européenne », le droit européen ne peut plus être considéré comme tout à fait extérieur à la Constitution. Par exemple, depuis une importante décision du 30 novembre 2006, le Conseil constitutionnel vérifie si les lois de transposition des directives communautaires respectent bien les principes posés par ces directives (v. *supra* n° 730). Indépendamment de cette jurisprudence encore timide, le principe posé par l'article 55 n'est pas dépourvu de toute sanction. En effet, depuis la fin des années 1980, les juridictions judiciaires ou administratives contrôlent, par la voie de l'exception, la conformité des lois aux engagements internationaux (v. *supra* n° 724)[41]. Cependant, l'obligation de respecter ces principes n'a pas, selon le Conseil constitutionnel, sa source dans les traités européens, mais seulement dans la Constitution de la République française.

§3. La gradation savante des verdicts

821. Dans le cadre de l'article 61 alinéa 2, le Conseil doit répondre à la question de savoir si la loi qui lui est déférée est ou non conforme à la Constitution. Mais sa réponse comporte parfois des nuances. On distinguera quatre types de réponses qui peuvent être caractérisées de la manière suivante : oui pur et simple ; oui sous réserves ; non mais ; non pur et simple.

1) Oui pur et simple : après avoir examiné et rejeté les moyens soulevés dans les saisines ou les moyens qu'il a soulevés d'office, le Conseil déclare sans autre commentaire que la loi contestée est conforme à la Constitution.

2) Oui sous réserves : le Conseil déclare également que la loi est conforme à la Constitution, mais sous des réserves d'interprétation formulées dans les

41. Ainsi qu'on l'a déjà signalé, le projet de loi organique relative à la question préjudicielle de constitutionnalité prévoit que lorsqu'une disposition législative est contestée de manière analogue par un moyen de conventionnalité d'une part, par un moyen de conventionnalité d'autre part, les tribunaux judiciaires ou administratifs devront traiter en premier la question de constitutionnalité. Mais une exception est prévue lorsque le moyen de conventionnalité est fondé sur une disposition de droit communautaire.

motifs de sa décision. En d'autres termes, il indique aux autorités chargées d'appliquer la loi le sens exact qu'il convient de lui donner ; il exclut certaines interprétations possibles car elles rendraient la loi contraire à la Constitution.

On peut distinguer plusieurs sortes de réserves d'interprétation : les réserves *neutralisantes* rendent une disposition inopérante en lui refusant toute portée juridique[42] ; les réserves *constructives* modifient le contenu apparent d'une disposition soit pour restreindre son champ d'application[43], soit pour compléter son dispositif d'application[44] ; enfin, les réserves *directives* sont celles qui contiennent des instructions relativement détaillées quant à la manière dont une disposition devra être appliquée[45].

On sait que, jusqu'en mai 2010 (c'est-à-dire jusqu'à l'entrée en vigueur de la QPC), le Conseil constitutionnel exerçait uniquement sur la loi un contrôle « *a priori* ». Ce type de contrôle se prêtait particulièrement bien à l'émission de réserves d'interprétation car, n'étant pas encore entrés en application, les textes soumis au Conseil n'avaient fait l'objet d'aucune interprétation émanant d'une autre juridiction. La situation est évidemment différente en ce qui concerne les textes dont il est amené à connaître par le biais de la QPC et, ainsi qu'on l'a déjà noté, le Conseil doit parfois renoncer à émettre des réserves d'interprétations pour ménager la susceptibilité de la Cour de cassation, qui considère que l'interprétation des lois est sa fonction propre. Mais les réserves d'interprétation n'ont pas cessé pour autant de jouer un rôle important dans le contentieux constitutionnel car, d'une part, le Conseil continue d'exercer un contrôle « *a priori* », en application de l'article 61 C et, d'autre part, même dans le cadre de la QPC, il utilise encore parfois cette technique lorsque le texte qui lui est soumis n'a pas fait l'objet d'une interprétation consolidée (v. *supra* n° 813).

3) Non mais : le Conseil déclare la loi contraire à la Constitution, mais il indique au législateur dans ses considérants comment il doit « refaire sa copie », c'est-à-dire comment il doit s'y prendre pour atteindre les mêmes objectifs par des voies constitutionnelles. Ce type de décision est relativement rare car, en règle générale, le Conseil estime qu'il ne lui appartient pas d'empiéter sur le rôle du législateur en indiquant à celui-ci ce que la loi devrait être. Selon une formule qu'il a maintes fois reprise dans ses considérants, il ne dispose pas « d'un pouvoir général d'appréciation et de décision de même nature que celui du Parlement » car il doit seulement se prononcer sur la

42. Par exemple, une disposition ne permettant la modification d'une loi de plan qu'après deux années d'exécution a été considérée comme dépourvue de toute portée juridique car « le législateur ne peut pas lui même se lier » (déc. n° 82-142 DC du 27 juillet 1982, *Rec.* p. 53).

43. Par exemple, la loi relative à la maîtrise de l'immigration interdisait la délivrance d'une carte de résident « à tout étranger qui vit en état de polygamie ». Le Conseil a jugé cette disposition conforme à la Constitution mais en précisant qu'elle « devait être entendue comme n'étant applicable qu'aux étrangers qui vivent *en France* en état de polygamie » (déc. n° 325 DC des 12 et 13 août 1993, *Rec.* p. 224, cons. 32).

44. Par exemple, cette même loi exigeait pour l'ouverture du droit au regroupement familial une durée de séjour préalable et régulier en France de deux années. Cette disposition a été jugée conforme à la Constitution mais sous réserve que la demande de regroupement puisse être formulée avant l'expiration du délai « *pour que ce droit soit effectivement susceptible d'être ouvert à son terme* » (*ibid.* cons. 71).

45. Voir par exemple la décision n° 207 DC des 25 et 26 juin 1986 qui fixe un ensemble de règles auxquelles le gouvernement doit se conformer lorsqu'il s'agit de privatiser une entreprise publique (*Rec.* p. 61).

conformité de certaines dispositions législatives à la Constitution. Mais il y a des cas où, si le législateur veut atteindre un objectif déterminé, la Constitution ne lui laisse pratiquement aucune marge d'appréciation.

Par exemple, dans sa décision du 16 janvier 1982, le Conseil a déclaré contraire à la Constitution une loi prévoyant la nationalisation d'un grand nombre d'entreprises, au motif principal que les modalités d'indemnisation prévues pour les actionnaires ne pouvaient pas être considérées comme « justes » au sens de l'article 17 de la Déclaration des droits de l'Homme et du Citoyen de 1789. Mais il exposait longuement dans les considérants de cette même décision sur quelles bases ces indemnités auraient dû être calculées, de sorte que la loi de nationalisation a pu être rapidement adoptée dans une nouvelle version, qui a été jugée cette fois parfaitement conforme à la Constitution.

4) Non pur et simple : le Conseil constitutionnel déclare que la loi est contraire à la Constitution sans ajouter d'autres commentaires, sans suggérer des modifications qui permettraient de remédier à ce vice d'inconstitutionnalité.

Quand le contrôle s'exerce sur une loi comportant de nombreuses dispositions, ces quatre types de sentences peuvent fort bien se combiner : certaines dispositions font l'objet d'une déclaration de constitutionnalité pur et simple ; d'autres d'une déclaration de constitutionnalité sous réserves, etc. Grâce à cette gradation savante des verdicts, le Conseil constitutionnel n'exerce plus seulement un pouvoir d'empêchement : il participe d'une certaine manière à l'élaboration de la norme législative, car il en fixe l'interprétation ou en suggère le contenu. Il existe des juridictions constitutionnelles étrangères qui font preuve d'un activisme encore plus manifeste dans leur interprétation des textes. Par exemple, la Cour constitutionnelle italienne introduit parfois dans un article d'une loi soumise à son contrôle quelques mots qui en modifient plus ou moins profondément le sens. Le Conseil constitutionnel n'a encore jamais utilisé cette méthode dont on peut penser que, en France, elle susciterait des protestations. Il lui arrive néanmoins de remplacer quelques mots par d'autres mais uniquement lorsque cela lui paraît nécessaire pour éviter que le texte devienne incompréhensible du fait d'une annulation partielle. Par exemple, si le texte se réfère à l'article N de la loi du tant, qui comporte deux alinéas, et si le Conseil décide d'annuler cette disposition mais seulement en tant qu'elle se réfère au second alinéa de l'article N, il remplacera les mots « à l'article N de la loi du tant » par les mots « au premier alinéa de l'article N de la loi du tant ». Dans ce cas, les mots ajoutés n'ont pas de valeur autonome. Ils se bornent à tirer les conséquences logiques de l'annulation partielle (voir à ce sujet les commentaires au *CCC* de la décision n° 2009-558 DC du 6 août 2009).

La réforme du 20 juillet 2008 a parachevé cet encadrement de la loi en permettant au Conseil de vérifier si les autorités chargées de son application tiennent effectivement compte de ses réserves ou de ses directives d'interprétation. Toutefois, si la question préjudicielle porte sur le sens d'une disposition et que l'une des parties prétend que l'application a été faite en méconnaissance des directives d'interprétation du Conseil constitutionnel, les chances pour que cette question soit déférée au Conseil par le Conseil d'État ou la Cour de cassation paraissent assez faibles car, comme ces deux hautes juridictions répugneraient sans doute à admettre qu'elles puissent être elles-mêmes responsables de cette méconnaissance, elles seraient vraisemblablement tentées d'écarter la question comme manifestement infondée. Pourtant, si une telle situation se reproduisait trop souvent, le Conseil pourrait en prendre ombrage et réclamer une révision de la Constitution pour permettre le renvoi direct de la question préjudicielle par le juge du fond, comme cela se pratique déjà dans la plupart des pays voisins. On peut donc penser que, pour conserver leur pouvoir de filtrage, le Conseil d'État et la Cour de cassation éviteront de se montrer trop intransigeants. Mais, ainsi qu'on l'a déjà noté, le conflit qui avait éclaté entre la Cour de cassation et le Conseil constitutionnel en 2010 à propos de l'interprétation de la loi semble avoir été au moins provisoirement résolu grâce à des concessions réciproques (v. *supra* n° 813).

Il convient de noter que la gradation des verdicts que nous avons indiquée à propos des cas où le Conseil est saisi dans le cadre du contrôle abstrait (art. 61 al. 2) vaut également pour les cas où il est saisi dans le cadre du contrôle concret, c'est-à-dire par la voie de la QPC (art. 61-1).

§4. L'impact de la jurisprudence du Conseil constitutionnel

822. La jurisprudence du Conseil constitutionnel touche pratiquement à toutes les branches du droit (A). L'autorité dont bénéficient ses décisions lui confère un réel pouvoir (B) qui devrait être renforcé par la complémentarité des modes de saisine (C). Toutefois, certains problèmes demeurent en suspens (D).

A. Une jurisprudence extensive

823. La jurisprudence du Conseil constitutionnel porte sur des sujets tellement divers et variés qu'il serait impossible d'en donner en quelques lignes une idée complète. Mais l'on peut dire qu'elle concerne à la fois la hiérarchie des normes, l'équilibre des pouvoirs, la garantie des droits fondamentaux au nombre desquels figure, depuis quelques années, la sécurité juridique.

1. La hiérarchie des normes

824. Par son existence même, le Conseil constitutionnel a rendu plus effective la hiérarchie des normes, surtout depuis la réforme d'octobre 1974 qui a permis à soixante députés ou soixante sénateurs de le saisir. Avant cette réforme, et même avant l'entrée en vigueur de la Constitution de 1958, la Constitution était déjà en principe supérieure à la loi mais cette supériorité n'était pas vraiment sanctionnée dans la mesure où la loi votée par le Parlement n'était soumise à aucun contrôle. Il suffisait donc à un parti ou à une coalition d'être politiquement majoritaire au Parlement (ou même seulement à l'Assemblée nationale) pour modifier *de facto* la Constitution sans la soumettre à une révision formelle. Ce n'est plus possible désormais. La hiérarchie des normes ne concerne d'ailleurs pas seulement les rapports entre la Constitution et la loi, mais aussi entre la Constitution et la loi organique, entre la loi organique et la loi ordinaire, la Constitution et les traités ou encore entre les traités et la loi ordinaire (v. *supra* n° 734).

2. L'équilibre des pouvoirs

825. L'équilibre des pouvoirs est l'une des principales raisons qui ont été avancées en 1958 pour justifier la création du Conseil constitutionnel. À l'époque il s'agissait essentiellement d'empêcher le Parlement d'empiéter sur les prérogatives du gouvernement. Mais les nouvelles procédures de saisine introduites en 1974 et en 2008 ont permis au Conseil de mettre en valeur d'autres équilibres institutionnels. Les nombreuses saisines parlementaires intervenues depuis 1974 lui ont fourni l'occasion d'exercer un contrôle approfondi sur la procédure législative et le fonctionnement interne du Parlement : il a ainsi contribué à fixer les règles concernant par exemple le rôle du Sénat, les limites du droit d'amendement ou encore, depuis la réforme de 2008, les droits spécifiques accordés aux groupes d'opposition ainsi qu'aux groupes minoritaires des assemblées. En 2012, il a censuré les dispositions du règlement de l'Assemblée nationale autorisant un groupe politique à se doter d'une coprésidence paritaire, au motif que les groupes qui utiliseraient cette possibilité seraient avantagés par rapport aux autres, dans la mesure où la coprésidence faciliterait l'exercice de certaines attributions[46]. En s'appuyant sur l'article 66 C, qui érige l'autorité judiciaire en « gardienne de la liberté individuelle », il a sanctionné également les empiétements d'une autorité administrative sur les compétences de celle-ci. Par exemple, dans une décision récente, rendue à la suite d'une QPC, le Conseil a statué pour la première fois sur l'hospitalisation sans leur consentement des personnes souffrant de troubles mentaux : il a jugé qu'une telle hospitalisation ne pouvait être prolongée au-delà de quinze jours sur la base d'un simple certificat médical et sans intervention de l'autorité judiciaire[47]. Cette décision ne concerne pas seulement l'équilibre des pouvoirs mais aussi la défense des droits et libertés.

3. La défense des droits et libertés

826. C'est sur recours des parlementaires (généralement ceux de l'opposition) et, depuis 2010, sur questions prioritaires soulevées par un plaideur que le Conseil constitutionnel exerce ce qui constitue sans doute

46. Déc. n° 2013-664 DC du 28 février 2013.
47. Déc. n° 2010-71 QPC du 26 novembre 2010.

aujourd'hui sa mission la plus importante, c'est-à-dire le contrôle du respect des droits et libertés fondamentaux. À cet égard, les principes découlant de sa jurisprudence intéressent pratiquement toutes les disciplines juridiques, y compris celles que l'on rattache traditionnellement au droit privé, comme le droit du travail, le droit pénal ou le droit des affaires.

La décision qui a entraîné les changements les plus spectaculaires est probablement celle qui a été rendue le 30 juillet 2010, à la suite de l'une des premières QPC. Elle a abouti à l'abrogation de l'ensemble des articles du Code de procédure pénale régissant le régime de la garde à vue de droit commun. Pour remplacer ces articles, le gouvernement a dû faire adopter par le Parlement une nouvelle loi (loi du 14 avril 2011) qui autorise désormais la présence des avocats pour assister leurs clients en garde à vue dès la première heure[48].

Théoriquement, le Conseil constitutionnel se borne à faire respecter des droits ou libertés préexistants à sa jurisprudence, et dont l'origine se situe soit dans un texte adossé à la Constitution (Déclaration de 1789, le Préambule de 1946 ou plus rarement la Charte de l'environnement), soit dans les « principes fondamentaux reconnus par les lois de la République ». Mais encore faut-il concilier ces droits et libertés dont les implications sont souvent contradictoires, et les adapter à l'évolution du contexte social, économique ou technologique. À cet égard, le rôle du Conseil constitutionnel est double. D'une part, il vérifie si un droit ou un objectif de valeur constitutionnelle n'a pas été trop sacrifié à un autre, par exemple la garantie du pluralisme de la presse écrite à la liberté d'entreprise, la dignité de la personne humaine à l'intérêt de la recherche biologique, le principe d'égalité à la libre administration des collectivités locales, ou encore le droit de grève au maintien de l'ordre public. D'autre part il s'assure, le cas échéant, que les garanties antérieurement accordées pour l'exercice d'un droit ou d'une liberté ont été remplacées par des garanties sinon équivalentes du moins suffisantes : il y a donc là une sorte « d'effet cliquet » qui n'interdit pas les réformes, mais qui limite tout de même les oscillations du balancier législatif, le législateur d'aujourd'hui ne pouvant pas anéantir purement et simplement un système de protection élaboré par celui d'hier[49].

En réalité, son rôle dépasse et de beaucoup celui de garant. En interprétant comme il le fait la Déclaration des droits de 1789 et le Préambule de 1946, le Conseil constitutionnel dispose aujourd'hui d'un pouvoir discrétionnaire qui fait de lui, plutôt qu'un gardien de droits et libertés définis une fois pour toutes, un véritable législateur, capable d'exprimer des préférences politiques.

48. Déc. n° 2010-14/22 QPC du 30 juillet 2010.

49. En 1984, par exemple, le Conseil a censuré l'abrogation de certaines dispositions de la loi du 12 septembre 1968 relative à l'enseignement supérieur au motif que les garanties accordées aux enseignants par les dispositions abrogées n'étaient pas remplacées dans la loi nouvelle par des garanties équivalentes (déc. n° 83-165 DC du 20 janvier 1984, *Rec.* p. 30). Mais cet « effet cliquet » ne se manifeste pas dans tous les domaines. En ce qui concerne l'égal accès des femmes et des hommes aux mandats électoraux et fonctions électives (art. 3 al. 5 C), le Conseil constitutionnel a jugé que le législateur était libre de modifier le régime électoral des assemblées parlementaires même si la modification envisagée avait pour effet de réduire les garanties prévues pour favoriser cet égal accès (déc. n° 2003-475 DC du 24 juillet 2003, *Rec.* p. 397).

Au titre des droits fondamentaux, le Conseil constitutionnel est aussi chargé de veiller au respect du principe d'égalité devant la loi, il doit s'assurer que les différences de traitement résultant d'une disposition législative se justifient bien par des différences de situation et cette mission le conduit parfois à prendre position sur des questions complexes et controversées. Ainsi a-t-il jugé qu'en raison de la nature des sources de production de l'énergie électrique utilisées en France, une taxe sur les activités polluantes ne pouvait pas s'appliquer à l'électricité (déc. n° 2000-441 DC du 28 décembre 2000). Cette appréciation est tellement voisine d'un jugement en opportunité qu'on pourrait soutenir qu'elle présente un caractère politique. On pourrait en dire autant des décisions qui fixent une limite au-delà de laquelle un impôt ou une cotisation sociale devrait être considéré comme confiscatoire et donc attentatoire au droit de propriété. Selon la nature des revenus en cause, cette limite est fixée tantôt à 68 %, tantôt à 75 % sans que les raisons de ces variations soient clairement expliquées[50].

Les droits et libertés mentionnés dans le bloc de constitutionnalité ont parfois des implications contradictoires, de sorte que le Conseil constitutionnel ne peut consacrer l'un qu'en sacrifiant l'autre.

Pae exemple, d'un côté, aux termes de l'alinéa 5 du Préambule de 1946, « chacun a le devoir de travailler et le droit d'obtenir un emploi ». Ce droit d'obtenir un emploi implique évidemment un certain degré de protection contre les mesures de licenciement.

Mais, d'un autre côté, d'après l'article 2 de la DDHC de 1789, la liberté et la propriété font partie des droits naturels et imprescriptibles de l'homme et on en a déduit que cet article garantissait la liberté d'entreprendre, ainsi que la liberté du commerce et de l'industrie. Il peut arriver que l'exercice de cette liberté entraîne des licenciements économiques et que la loi les autorise.

Dans des cas de ce genre, le Conseil constitutionnel, tout comme les cours constitutionnelles étrangères, doit opérer des arbitrages, c'est-à-dire faire prévaloir l'un des principes sur l'autre, ou tenter un compromis, ce qu'il fait notamment en invoquant le principe de proportionnalité. Cette technique est connue sous le nom de « balancement ». On ne saurait dissimuler le fait que ce ne sont souvent que des justifications *a posteriori* destinées à présenter des préférences idéologiques comme le résultat d'un calcul rationnel.

Certains auteurs voudraient que la loi puisse imposer la prévalence d'un principe sur les autres (v. par exemple *Le Monde*, 29 mai 2018), mais d'autres objectent qu'il est difficile de le faire de façon générale et abstraite et que le balancement ne peut s'opérer qu'au cas par cas au regard de situations concrètes, c'est-à-dire par une décision juridictionnelle[51].

4. Le principe de sécurité juridique

827. Le Conseil d'État définit ainsi ce principe : *« [Il] implique que les citoyens soient, sans que cela appelle de leur part des efforts insurmontables,*

50. Voir décision n° 2012-660 DC du 29 décembre 2012.

51. Voir décision n° 2012-660 DC du 29 décembre 2012.

en mesure de déterminer ce qui est permis et ce qui est défendu par le droit applicable. Pour parvenir à ce résultat, les normes édictées doivent être claires et intelligibles, et ne pas être soumises, dans le temps, à des variations trop fréquentes, ni surtout imprévisibles » (Conseil d'État, 2006).

La notion de sécurité juridique était sans doute déjà présente dans l'esprit des auteurs de la DDHC de 1789 puisque, aux termes de l'article 2, parmi les droits naturels les plus importants dont la conservation est le but de toute association politique, figure la « sûreté ». Mais ils n'imaginaient probablement pas toutes les conséquences que le Conseil constitutionnel allait tirer de ce principe quelque deux cents ans plus tard. Ces conséquences concernent à la fois le contenu et la forme des lois.

Sur le premier point, alors que la DDHC n'interdit expressément la rétroactivité qu'en matière pénale (art. 8), selon le Conseil constitutionnel, le législateur « méconnaîtrait la garantie des droits (...) s'il portait aux situations légalement acquises une atteinte qui ne soit pas justifiée par un motif d'intérêt général suffisant ». Cette protection accordée aux situations acquises est évidemment de nature à freiner les audaces réformatrices du législateur.

Sur le second point, alors que les auteurs de la DDHC attribuaient à la loi des vertus presque providentielles, le Conseil affiche une certaine méfiance envers la négligence et les maladresses du législateur. D'une part, il interdit à celui-ci de se lancer dans des digressions qui risqueraient de répandre la confusion, d'autre part, il n'hésite pas à censurer des textes pour la simple raison qu'ils ont été mal rédigés et qu'ils ne satisfont pas aux exigences de clarté et d'intelligibilité de la loi (v. *supra* n° 736).

Toutes les décisions du Conseil bénéficient d'une autorité qui contraint les citoyens et les pouvoirs publics à les respecter.

B. Des décisions bénéficiant de l'autorité de la chose jugée

828. L'autorité de chose jugée, signifie que lorsqu'une décision de justice est devenue définitive, c'est-à-dire lorsqu'elle n'est plus susceptible d'aucun recours, il n'existe aucune voie de droit permettant de contester le contenu de cette décision. En d'autres termes, elle ne peut plus être remise en cause, même si elle paraît à certains égards discutable.

Aux termes de l'article 62 C : « *Une disposition déclarée inconstitutionnelle sur le fondement de l'article 61 ne peut être promulguée ni mise en application.* ».

« *Une disposition déclarée inconstitutionnelle sur le fondement de l'article 61-1 est abrogée à compter de la publication de la décision du Conseil constitutionnel.* »

« *Les décisions du Conseil constitutionnel ne sont susceptibles d'aucun recours. Elles s'imposent aux pouvoirs publics et à toutes les autorités administratives et juridictionnelles.* »

Les deux premiers alinéas montrent que le contrôle abstrait *a priori* et le contrôle concret *a posteriori* ont des effets sensiblement équivalents qui ne diffèrent que parce qu'ils s'exercent à des moments différents : dans le premier cas, la loi ne peut pas être promulguée (c'est-à-dire qu'elle n'entrera jamais en vigueur), dans le second elle est abrogée (c'est-à-dire qu'elle cesse définitivement d'être en vigueur).

Le principe posé par le dernier alinéa est absolu dans l'ordre interne : le Conseil constitutionnel étant une juridiction souveraine, il n'existe aucune voie de recours (appel ou cassation) contre ses décisions[52]. Dès qu'elles ont été rendues, celles-ci bénéficient donc de *l'autorité de la chose jugée*, ce qui signifie qu'elles ne peuvent être remises en cause ni par lui-même, ni par une autre autorité administrative ou juridictionnelle.

L'autorité de chose jugée s'attache non seulement au dispositif de la décision (la loi est ou n'est pas conforme à la Constitution) mais aussi à ses motifs, dans la mesure où ils constituent le « soutien nécessaire » du dispositif. Il en résulte que lorsque le Conseil constitutionnel déclare une loi conforme à la Constitution sous certaines réserves d'interprétation, comme il le fait fréquemment, ces réserves s'imposent à toutes les autorités chargées d'appliquer la loi, c'est-à-dire à l'administration ainsi qu'aux juridictions administratives ou judiciaires. Comme l'a rappelé en 2013 le Conseil d'État : « Les réserves d'interprétation dont le Conseil constitutionnel assortit la déclaration de conformité à la Constitution d'une disposition législative sont assorties de l'autorité absolue de la chose jugée et lient le juge administratif pour l'application et l'interprétation de cette disposition »[53].

L'autorité de chose jugée connaît toutefois certaines limites.

En premier lieu, le Conseil constitutionnel estime « *que l'autorité qui s'attache à ses décisions en vertu de l'article 62 de la Constitution ne lui est pas opposable de la même manière qu'aux pouvoirs publics, aux administrations et aux juridictions ordinaires. Il reste maître de sa jurisprudence et sa lecture de la Constitution doit pouvoir évoluer au fil du temps* »[54]. En d'autres termes, à l'occasion d'une loi nouvelle qui complète ou modifie un texte ancien, ou qui en étend la portée, il peut lui arriver de déclarer non conforme à la Constitution une disposition qu'il avait jugée conforme à l'époque où ce texte ancien avait été adopté, comme il l'a fait dans sa décision n° 99-410 DC du 15 mars 1999 relative à la Nouvelle-Calédonie. De la même manière, il est prévu qu'une disposition jugée conforme à la Constitution dans le cadre du contrôle abstrait pourra être réexaminée par le Conseil dans le cadre du contrôle concret lorsqu'un changement de circonstances le justifie.

En second lieu, l'autorité d'une décision n'est absolue qu'à l'égard des litiges concernant la même disposition, législative ou conventionnelle, que celle à propos de laquelle cette décision a été rendue. Si le litige pose un problème analogue mais concerne une autre disposition, la décision du conseil n'aura qu'une autorité scientifique ou morale, c'est-à-dire que le juge compétent pourra s'en inspirer mais ne sera pas juridiquement tenu d'adopter le

52. Cependant, en matière de contentieux électoral, un recours tendant uniquement à la rectification d'une erreur matérielle peut être porté devant le Conseil constitutionnel lui-même (voir *Salvan*, 23 octobre 1987, *Rec.* p. 55).

53. CE, 15 mai 2013, *Commune de Gurmençon* reproduite avec les conclusions du rapporteur in *AJDA* 2013, p. 1639.

54. Conseil constitutionnel, bilan du premier semestre 1999.

même mode de raisonnement. Par exemple, dans une décision du 22 janvier 1999, le Conseil constitutionnel a interprété les dispositions de l'article 68 C concernant les conditions de mise en jeu de la responsabilité pénale du président de la République. Cette décision avait été rendue à propos du traité sur la Cour pénale internationale. Or, à peu près au même moment, les autorités judiciaires ont été saisies de plaintes dirigées contre le président de la République, Jacques Chirac, concernant des faits qui s'étaient produits avant son élection. D'après la décision du Conseil constitutionnel du 22 janvier 1999 sur la Cour pénale internationale, elles auraient dû se déclarer incompétentes, l'article 68 C interdisant les poursuites pendant la durée du mandat, sauf devant la Haute Cour de justice. Mais, dans son arrêt *Breisacher* du 10 octobre 2001, la Cour de cassation a relevé que l'affaire dont elle était saisie ne concernait pas le traité sur la Cour pénale internationale, car il s'agissait d'appliquer le Code de procédure pénale français. Elle en a déduit que la décision du Conseil constitutionnel n'avait, dans ce cas, qu'une simple autorité morale, et non l'autorité de la chose jugée (Hamon, 2002)[55]. Néanmoins, dans la pratique, même lorsqu'il n'y a pas autorité de chose jugée, les plus hautes juridictions françaises s'efforcent de ne pas trop diverger dans leur interprétation de la Constitution, afin de préserver la cohérence du droit.

Enfin, l'autorité de chose jugée ne fait pas obstacle à ce qu'une décision du Conseil constitutionnel puisse être remise en cause devant une juridiction internationale, et notamment devant la Cour européenne des droits de l'Homme. On sait que cette Cour peut être saisie, après épuisement des voies de recours internes, par toute personne qui prétend avoir subi, du fait d'un acte des autorités publiques françaises, une atteinte à l'un des droits reconnus par la Convention européenne des droits de l'Homme. La Cour européenne peut ainsi être conduite à porter une appréciation sur la jurisprudence ou même sur le fonctionnement interne du Conseil constitutionnel. Mais elle ne peut pas directement casser ou réformer une décision rendue par celui-ci. Sans doute, l'État français est-il tenu du point de vue du droit international d'exécuter les arrêts de la Cour, – à défaut il ne peut d'ailleurs être condamné qu'à des sanctions pécuniaires –, mais du point de vue du droit constitutionnel, c'est-à-dire du droit interne, les normes constitutionnelles sont suprêmes[56]. En pratique, cependant, pour des raisons politiques, les juridictions françaises, y compris le Conseil constitutionnel, conforment leurs jurisprudences à celle des juridictions internationales[57].

55. Selon l'ancien secrétaire général du Conseil constitutionnel, Marc Guillaume, cette conception de l'autorité de la chose jugée est trop restrictive. Il estime que le Conseil d'État et la Cour de cassation devraient reconnaître au Conseil en matière constitutionnelle la même autorité que celle qu'ils reconnaissent à la CJUE (Cour de Luxembourg) en matière de droit de l'Union européenne et à la Cour EDH (Cour de Strasbourg) en matière de droit européen des droits de l'homme. En d'autres termes, ils devraient admettre que les décisions du Conseil ont l'autorité de la chose jugée non seulement par rapport aux textes législatifs sur lesquels il a statué mais aussi par rapport aux articles de la Constitution qu'il a interprétés. (cf. Guillaume M., « L'autorité des décisions du Conseil constitutionnel : vers de nouveaux équilibres », *CCC*, n° 30, 2011, p. 49-75).

56. Voir les *Cahiers du Conseil constitutionnel*, n° 9, 2000, p. 93 et s. et *supra* n° 724.

57. La procédure suivie par le Conseil constitutionnel en matière de contentieux électoral a été contestée dans l'affaire Jean-Pierre Bloch, mais la requête a finalement été rejetée sur le fond par la Cour

Certains auteurs estiment que l'autorité de chose jugée telle qu'elle existe actuellement est insuffisante pour permettre au Conseil de jouer pleinement son rôle car elle ne lui permet pas d'imposer aux autres juridictions, et spécialement aux deux cours suprêmes (Conseil d'État et Cour de cassation), le respect de la manière dont il interprète la Constitution. Ils souhaiteraient que l'autorité de chose jugée soit complétée par « une autorité de chose interprétée » à peu près semblable à celle qui existe en droit de l'Union européenne. D'après l'article 220 du traité CE, les organes juridictionnels de l'Union (c'est-à-dire la CJUE et le Tribunal de première instance) « assurent, dans le cadre de leurs compétences respectives, le respect du droit dans l'interprétation et l'application » des traités. Dans la définition de leur mission l'accent est mis sur l'unification de la fonction d'interprétation à l'intérieur de la Communauté et c'est bien l'objet de la principale procédure de saisine qui permet à la Cour de statuer à titre préjudiciel sur l'interprétation de n'importe quelle disposition de droit communautaire originel ou dérivé. Au contraire, le Conseil constitutionnel français n'est pas chargé, tout au moins de façon explicite, d'unifier l'interprétation de la Constitution. Il lui est seulement demandé de contrôler la conformité de certains actes à la Constitution et de veiller à la régularité de certaines opérations. Sans doute est-il obligé, pour ce faire, d'interpréter certaines dispositions de la Constitution mais il n'est nulle part affirmé que ces interprétations seront appelées à devenir des vérités absolues que toutes les juridictions devront respecter, quelles que soient les circonstances et la nature des litiges qu'elles auront à trancher. Mais selon Marc Guillaume, ancien secrétaire général du Conseil constitutionnel, l'autorité de chose interprétée pourrait se justifier par le principe de la spécialisation des juridictions : « Au total, il revient au juge ordinaire d'interpréter la loi civile et pénale sans que la Cour constitutionnelle substitue son interprétation à la sienne ; en revanche, la Cour constitutionnelle a le monopole de l'interprétation de la Constitution »[58]. Mais pour que « l'autorité de chose interprétée » devienne une réalité, il faudrait qu'elle soit sanctionnée par la jurisprudence administrative et judiciaire, ce qui supposerait que la Cour de cassation et le Conseil d'État se rallient à cette théorie, ce qui ne semble pas être le cas pour le moment tout au moins. Les décisions du Conseil ne sont donc revêtues que de l'autorité de chose jugée, avec toutes les limitations que cela comporte.

À l'avenir, toutefois, la situation pourrait changer grâce à la complémentarité des voies de recours.

C. La complémentarité des voies de recours

829. Depuis la réforme du 23 juillet 2008, la France est l'un des rares pays où la conformité d'une loi à la Constitution peut être contrôlée avec une relative facilité, avant sa promulgation d'abord (sous forme de

européenne des droits de l'Homme (v. *supra* n° 557). Cf. également CEDH, 28 octobre 1999, *Zielinski et Pradal et Gonzales et autres c/ France.*

58. Guillaume M., « L'autorité des décisions du Conseil constitutionnel : vers de nouveaux équilibres ? », *NCCC*, n° 30, 2011, p. 70.

contrôle abstrait), puis après sa promulgation (sous forme de contrôle concret). Contrairement à une opinion assez largement répandue, ces deux formes de contrôle ne font pas double emploi et on peut même estimer qu'elles sont, dans une certaine mesure, complémentaires. D'un côté, le contrôle *a priori* fondé sur l'article 61-C est le seul réellement efficace pour sanctionner les atteintes au droit constitutionnel *institutionnel*, car il est mis en mouvement par des parlementaires, c'est-à-dire par les acteurs des batailles de procédure auxquelles a donné lieu l'adoption de la loi. Et, contrairement à ce que l'on attendait, le nombre des saisines *a priori* n'a pas diminué depuis l'instauration de la QPC : il semble même qu'elles soient devenues plus fréquentes depuis 2009 car l'on en compte une vingtaine par an alors que la moyenne des années précédentes était voisine de dix. D'un autre côté, le contrôle a posteriori assure d'une manière plus complète la suprématie du droit constitutionnel substantiel, parce qu'il peut être mis en mouvement par ceux-là mêmes qui sont les titulaires des droits fondamentaux que l'on a voulu protéger, et à un moment où l'application de la loi a permis de mettre en lumière toutes ses potentialités.

Nul cependant ne saurait nier que, entre 1974 et 2008, le Conseil constitutionnel a beaucoup contribué à développer le droit constitutionnel substantiel, bien que, durant toute cette période, il n'ait pu pratiquer qu'un contrôle abstrait *a priori*. Mais une partie importante de ce droit constitutionnel substantiel est contenue dans des directives d'interprétation adressées aux autorités juridictionnelles ou administratives chargées de l'application de la loi et, avant la réforme de 2008, le Conseil n'avait pas la possibilité de les rappeler à l'ordre si elles s'en écartaient. On pourrait penser que cette lacune est aujourd'hui comblée grâce à la QPC mais ce n'est pas absolument certain car cette réforme donne au Conseil d'État et à la Cour de cassation un pouvoir de filtrage qu'ils pourraient être tentés d'utiliser pour écarter systématiquement les questions relatives à la méconnaissance d'une directive d'interprétation. Et, ainsi qu'on l'a déjà signalé, la Cour de cassation se montre très soucieuse de préserver son propre pouvoir d'interprétation des lois (v. *supra* n° 811).

C'est pourquoi une partie importante de la doctrine estime que la réforme de 2008 appelle un complément pour éviter que le filtrage des QPC par le Conseil d'État et la Cour de cassation puisse aboutir à un blocage empêchant le Conseil de statuer sur certaines questions. On peut envisager trois grands types de solutions :

- La suppression du filtre des cours suprêmes, c'est-à-dire la possibilité pour tout tribunal de saisir directement le Conseil d'une question préjudicielle de constitutionnalité. Ainsi qu'on l'a déjà signalé, c'est le système en vigueur dans la plupart des pays voisins (Allemagne, Italie, Espagne).
- La possibilité pour les plaideurs d'interjeter appel devant le Conseil contre une décision négative du Conseil d'État ou de la Cour de cassation.

- La transmission systématique de toutes les décisions de rejet au Conseil constitutionnel et la possibilité pour celui-ci d'évoquer l'affaire si le rejet lui paraît injustifié.

Quelle que soit la solution retenue, elle se traduira par un surcroît de travail pour le Conseil car il lui faudra participer au filtrage des questions, alors que la réforme de 2008 lui permet de s'en remettre entièrement sur ce point au Conseil d'État et à la Cour de cassation. Mais il devrait pouvoir y faire face puisque la plupart des cours étrangères y sont parvenues. Il est vrai que cela supposerait probablement une certaine décentralisation de son mode de fonctionnement. Les QPC étant trop nombreuses pour être examinées toutes en formation plénière, le Conseil devrait se diviser en sections comprenant chacune deux ou trois membres. Cette méthode est déjà utilisée pour l'examen des recours en matière de contentieux électoral mais, dans ce cas, les sections n'ont qu'un rôle d'instruction (v. *supra* n° 557), la décision finale devant toujours être prise en assemblée plénière. S'il s'agissait de filtrer les QPC, les sections devraient au contraire disposer d'un certain pouvoir de décision pour rejeter définitivement un recours ou le transmettre à l'assemblée plénière, et une telle responsabilité suppose davantage de qualifications juridiques que l'instruction d'un litige électoral[59]. C'est pourquoi la réforme de la QPC est liée à des problèmes plus généraux qui demeurent en suspens.

D. Des problèmes en suspens

330. Le problème le plus grave, et qui ne sera sans doute jamais véritablement résolu, est que l'on trouve toujours une fraction de l'opinion qui conteste la légitimité de l'action du conseil. Sa jurisprudence a souvent été critiquée par les gouvernants en place, qu'ils fussent de droite ou de gauche. On l'a comparé à une troisième chambre. On lui reproche parfois de chercher à instaurer un « gouvernement des juges » (Troper, 2001).

En 1993, par exemple, à la suite d'une décision relative aux modalités d'octroi du droit d'asile, le sénateur Étienne Dailly – qui fut d'ailleurs plus tard nommé au Conseil constitutionnel – avait proposé de réviser la Constitution pour exclure le Préambule de 1946 des normes de référence utilisées par le Conseil. Cette proposition ne fut pas retenue. Mais le Premier ministre de l'époque, Édouard Balladur a déclaré, devant le Parlement réuni en Congrès à Versailles, que le Conseil constitutionnel exerçait le contrôle de conformité « *au regard de principes généraux parfois plus philosophiques et politiques que juridiques* ».

Il y avait assurément une part de vérité dans ce jugement : les principes figurant dans la Déclaration de 1789 ou le Préambule de 1946 ne sont

59. Il est parfois proposé que chacun des membres du Conseil puisse recruter quelques assistants parmi les meilleurs diplômés des facultés de droit, comme cela se pratique à la Cour suprême des EUA. Ces assistants seraient charges d'effectuer un premier tri et de signaler à l'attention de leur patron les QPC qui paraissent appuyées sur des moyens sérieux.

évidemment pas dépourvus d'ambiguïtés et laissent un très large pouvoir d'appréciation, dont disposent d'ailleurs toutes les juridictions constitutionnelles.

Pourtant, si le Conseil constitutionnel exerce incontestablement un rôle politique important, on ne peut parler de gouvernement des juges que si des juges exercent l'essentiel du pouvoir, ce qui n'est évidemment pas le cas. Si par contre cette expression signifie seulement que des juges sont associés au gouvernement, alors il faut reconnaître que le Conseil constitutionnel gouverne effectivement.

On constate d'ailleurs qu'il fait de son pouvoir un usage modéré et qu'il n'a jamais bloqué le processus des alternances politiques : il ne s'est en effet pratiquement jamais opposé au principe même d'une grande réforme, comme les lois de nationalisation en 1981, les privatisations en 1986, ou le mariage entre deux personnes du même sexe en 2013. Il s'est borné à en préciser certaines modalités d'application. Et il lui arrive souvent de rappeler qu'il ne détient pas « *un pouvoir général d'appréciation et de décision identique à celui du Parlement* » (déc. n° 74-54 DC du 15 janvier 1975), ce qui revient à dire qu'il s'interdit au moins en principe, de remettre en cause les choix politiques effectués par la majorité parlementaire.

De toute manière, même lorsque le Conseil constitutionnel rend un verdict du type « non pur et simple », ce n'est pas nécessairement lui qui aura le dernier mot. Le gouvernement et sa majorité parlementaire peuvent encore essayer d'atteindre leurs objectifs en modifiant la norme de référence sur laquelle il s'appuie. Une fois la Constitution révisée, la loi pourra être adoptée. Telle a d'ailleurs été la démarche suivie en 1993 par E. Balladur à propos de la réforme du droit d'asile : cette réforme, qui s'était d'abord heurtée à une décision du Conseil, a pu finalement être réalisée après l'insertion d'une nouvelle disposition dans la Constitution (art. 53-1). Le gouvernement Jospin a procédé de la même manière pour introduire des discriminations positives en faveur des populations autochtones de la Nouvelle-Calédonie, en 1998, et en faveur des femmes, en 1999. Le Conseil constitutionnel n'a d'ailleurs jamais contesté la légitimité des modifications apportées à la Constitution en vue de surmonter un obstacle dressé par sa jurisprudence. Il se considère moins comme un censeur que comme un « aiguilleur », c'est-à-dire qu'une déclaration d'inconstitutionnalité signifie simplement que la réforme envisagée ne peut pas être adoptée par la voie législative ordinaire. Et s'il se refuse à exercer un contrôle même très réduit sur les lois de révision, c'est pour bien marquer qu'il respecte le droit du souverain de changer sa Constitution.

Un second problème, dont la réforme de juillet 2008 n'a fait que souligner l'importance, est le contraste entre l'étendue des pouvoirs juridictionnels dont dispose aujourd'hui le Conseil et le caractère toujours plus ou moins politique de son mode de composition. Ainsi qu'on l'a déjà signalé, cette contradiction explique au moins en partie la méfiance que manifestent encore à son égard les milieux de la haute magistrature judiciaire ou administrative. Et c'est aussi probablement l'une des raisons qui expliquent que l'on n'ait pas voulu lui laisser la responsabilité de filtrer lui-même les recours préjudiciels, comme le font la plupart des cours étrangères. Mais si on laisse de côté le problème posé par les anciens présidents de la République, qui ne pourra être réglé que par une révision constitutionnelle, le mode de composition du Conseil est susceptible d'évoluer de façon coutumière, comme cela s'est produit aux États-Unis où petit à petit, grâce au rôle joué par le Sénat dans le processus de nomination des juges, il a été admis par tout le monde que seuls pourraient siéger à la Cour suprême des juristes professionnels hautement qualifiés.

Enfin, on s'étonne parfois que, à la différence des arrêts de la Cour suprême des États-Unis et de ceux du Tribunal constitutionnel allemand, les décisions du Conseil constitutionnel français ne soient jamais accompagnées d'opinions dissidentes (celle d'un juge qui désapprouve le sens de la décision et propose une autre solution) ou concordantes (celle d'un juge qui approuve le sens de la décision tout en la justifiant par d'autres motifs) (Mastor, 2005). De telles opinions sont souvent considérées comme un facteur d'enrichissement de la jurisprudence constitutionnelle, car elles soulignent la complexité des problèmes et laissent entrevoir les revirements ou les évolutions possibles. Mais à cet égard la situation des membres du Conseil constitutionnel ne diffère pas de celle des autres magistrats français, la règle du secret des délibérés, telle qu'on l'entend en France selon une conception très restrictive, interdisant à un juge minoritaire de se désolidariser de ce qui a été décidé par la majorité. En France et dans la plupart des pays latins (à l'exception toutefois de l'Espagne) on craint que la publication d'opinions dissidentes ou concurrentes nuise à l'autorité de la justice en attirant l'attention sur les divisions qui existent en son sein. En ce qui concerne plus particulièrement le Conseil constitutionnel, qui examine souvent des textes politiquement controversés, permettre la publication d'opinions dissidentes ou concordantes aboutirait sans doute à rendre plus difficile la conciliation des différents points de vue, certains membres pouvant être tentés de cultiver leur singularité plutôt que de rechercher des compromis[60].

En d'autres termes, au moins depuis la Révolution, la conception française de la décision juridictionnelle repose sur cette fiction qu'elle exprime non pas un rapport de forces ou un compromis mais la « vérité » du texte. Or une vérité ne peut pas dépendre d'un vote et ne saurait souffrir d'opinions dissidentes ou même concordantes. Pourtant des voix se font entendre en faveur de l'introduction de telles pratiques[61] : l'un des arguments invoqués est que le texte même des décisions du Conseil constitutionnel fait déjà souvent apparaître un balancement entre des principes opposés. Celui que l'on fait prévaloir est ainsi doté d'une suprématie seulement relative, liée au contexte d'une loi particulière. Dans ces conditions ne vaudrait-il pas mieux reconnaître

60. Cette question n'est d'ailleurs pas sans incidence sur l'organisation interne des juridictions constitutionnelles. Là où, comme aux États-Unis, la publication des opinions dissidentes ou concordantes est permise, chaque juge dispose généralement d'un ou plusieurs assistants, qui peuvent l'aider à concevoir et à rédiger sa propre opinion. En France, au contraire, les assistants juridiques travaillant pour le Conseil constitutionnel sont en « *pool* », c'est-à-dire qu'ils reçoivent leurs instructions du président ou du secrétaire général.

61. Un ancien membre du Conseil constitutionnel a même expliqué que, faute de pouvoir publier une opinion dissidente, il avait été tenté de démissionner pour manifester son désaccord (Joxe, 2010).

franchement qu'il n'existe pas de vérité jurisprudentielle absolue et qu'une appréciation différente aurait pu éventuellement l'emporter ?

La question mérite d'autant plus d'être posée que, depuis le 1er janvier 2008, les délibérations vieilles d'au moins vingt-cinq ans du Conseil constitutionnel sont accessibles aux chercheurs, et peuvent même être rendues publiques à l'expiration de ce délai. Puisque l'on a finalement renoncé, pour le passé, à la fiction d'un Conseil unanime, est-il vraiment nécessaire de la maintenir pour le présent ?

Section 2
Les juridictions judiciaires et administratives

831. Certains des principes relatifs à l'organisation et au fonctionnement des juridictions ordinaires sont de nature constitutionnelle, qu'ils aient été énoncés dans le texte de la Constitution ou que le Conseil constitutionnel ait proclamé qu'il s'agit de principes fondamentaux reconnus par les lois de la République. Cependant, seuls un petit nombre de principes jugés essentiels possèdent cette valeur constitutionnelle et la Constitution actuelle, contrairement à beaucoup d'autres, ne contient aucune règle relative à l'organisation de la Cour de cassation, ou du Conseil d'État et très peu de principes de procédure. La raison se trouve dans la conception française de l'autorité judiciaire – le titre VIII de la Constitution qui lui est consacré est d'ailleurs intitulé « autorité » et non « pouvoir judiciaire » et ne comporte que deux articles – qui représente un compromis entre plusieurs idées différentes.

Tout d'abord la fonction juridictionnelle est perçue comme une fonction de stricte application des lois. Si le législateur doit selon cette conception s'abstenir de s'immiscer dans les procès, c'est à lui qu'il appartient d'organiser le service de la justice, comme il organise les autres services publics. C'est pourquoi la plupart des règles relatives aux juridictions sont énoncées sous forme de lois ordinaires ou organiques. La Constitution se limite à un petit nombre de principes fondamentaux que le législateur doit respecter. Il s'agit avant tout de principes de procédure pénale, énoncés à l'article 66 de la Constitution (« *Nul ne peut être arbitrairement détenu. L'autorité judiciaire, gardienne de la liberté individuelle, assure le respect de ce principe dans les conditions prévues par la loi* »), dans la Déclaration des droits de l'Homme ou résultant de la jurisprudence du Conseil constitutionnel.

Mais cette idée doit se concilier avec la séparation des pouvoirs qui, même entendue dans son sens négatif (v. *supra* n° 91) interdit au pouvoir législatif ou au pouvoir exécutif d'exercer aussi la fonction juridictionnelle, donc de faire pression sur les juges. Le principe de séparation des pouvoirs implique donc celui de l'indépendance de la magistrature. Celle-ci serait compromise si les carrières des magistrats dépendaient du pouvoir exécutif comme celles des autres fonctionnaires ou même si les règles relatives à ces carrières pouvaient être modifiées en forme de loi par la majorité du moment. C'est donc la Constitution elle-même qui les énonce.

Enfin on estime que de même que le pouvoir exécutif ne saurait s'immiscer dans les procès, les tribunaux ne doivent pas intervenir dans l'exercice du pouvoir exécutif ou de l'administration. Or on considère en France depuis la Révolution que juger l'administration c'est administrer. Les procès auxquels l'administration est partie sont donc soustraits à leur compétence et relèvent de juridictions spéciales, dites « juridictions administratives », qui forment un ordre juridictionnel distinct, placé sous l'autorité du Conseil d'État comme les juridictions dites judiciaires sont placées sous celle de la Cour de cassation. La séparation des juridictions administratives et judiciaires a été instituée par la loi, mais le Conseil constitutionnel a jugé que le principe selon lequel le contentieux des décisions prises par le pouvoir exécutif et ses agents, dans l'exercice de leurs prérogatives de puissance publique, relève de la compétence de la juridiction administrative, fait partie des « principes fondamentaux reconnus par les lois de la République », qui sont dotés d'une valeur constitutionnelle (déc. n° 224-DC du 23 janvier 1987, cons. 15).

§1. L'autorité judiciaire

832. La Constitution consacre à l'autorité judiciaire, un titre spécial, le titre VIII, qui pose quelques principes essentiels et prévoit l'intervention d'une loi organique portant statut des magistrats.

Si l'on a employé à cet endroit le terme « autorité judiciaire », et non celui de pouvoir judiciaire, c'est en raison d'une méfiance envers la magistrature qui est traditionnelle en France depuis la Révolution (v. *supra* n° 157). On veut aujourd'hui souligner par l'emploi du mot « autorité » que les juges ne sauraient constituer un véritable pouvoir[62]. Cette méfiance paraît toujours vivace. Récemment encore, la commission des lois de l'Assemblée nationale a refusé d'entériner une nomination au CSM parce que le candidat concerné avait déclaré qu'il croyait à l'existence d'un pouvoir judiciaire (v. *supra* n° 608).

Après avoir brièvement rappelé le rôle de l'autorité judiciaire (A), nous étudierons la carrière des magistrats judiciaires (B), puis la composition du Conseil supérieur de la magistrature, qui joue un rôle important dans la gestion de cette carrière (C), et enfin le régime disciplinaire auquel sont soumis les magistrats.

62. Il n'en a pas toujours été ainsi et la Constitution de 1848, qui pourtant ne donne pas aux juges des compétences étendues, comporte un « chapitre VIII, Du Pouvoir Judiciaire », mais ces termes ont à présent cette connotation.

A. Le rôle de l'autorité judiciaire

833. D'après l'article 66 C, qui est compris dans le titre VIII, l'autorité judiciaire est « gardienne de la liberté individuelle ». Elle doit assurer le respect du principe selon lequel « Nul ne peut être arbitrairement détenu ».

Ceci signifie que seuls des magistrats judiciaires peuvent prononcer des peines privatives de liberté ou placer en détention préventive une personne mise en examen. Mais le rôle de l'autorité judiciaire en tant que gardienne des libertés ne se limite pas à cela. Certains actes de police ou d'instruction moins graves que la mise en détention portent néanmoins atteinte soit à la liberté individuelle, soit au droit au respect de la vie privée. Il en est ainsi par exemple des perquisitions, des fouilles de véhicules, des interdictions de séjour et des assignations à résidence. De tels actes ne peuvent être accomplis que sur l'ordre d'une autorité judiciaire ou du moins sous son contrôle. Il faut cependant souligner qu'il ne s'agit pas là d'un monopole de l'autorité judiciaire. Certains actes de l'Administration, susceptibles eux aussi de porter atteinte aux libertés ou aux droits fondamentaux, sont contrôlés par le juge administratif.

Mais le rôle de l'autorité judiciaire en tant que gardienne de la liberté individuelle est souvent restreint en période d'exception. Par exemple, lorsque le président de la République décide de mettre en application l'article 16 C, il peut substituer aux tribunaux judiciaires normalement compétents des tribunaux spéciaux qui, par leur composition et leurs règles de fonctionnement, présentent moins de garanties en ce qui concerne le respect de la liberté individuelle. Mais fort heureusement la mise en œuvre de cet article suppose des circonstances extrêmement graves qui ne sont que très rarement réunies (v. *supra* n° 613).

Les conditions d'application de l'état d'urgence sont moins strictes que celles de l'article 16, puisqu'elles ne supposent ni l'interruption du fonctionnement régulier des pouvoirs publics, ni l'existence d'une menace grave et immédiate sur quelque chose d'essentiel comme l'indépendance de la nation. Et cependant, lorsque l'état d'urgence est déclaré, l'autorité administrative peut se substituer à l'autorité judiciaire non pour juger des personnes mises en examen, mais pour prendre certaines mesures de police ou d'instruction restrictives des libertés.

En 2016, le Conseil constitutionnel, qui avait été saisi par la voie d'une QPC portant sur la loi de 1955 qui définit les pouvoirs de l'administration lorsque l'état d'urgence est déclaré, a exercé sur cette loi une censure partielle en précisant que, dans le cadre de l'état d'urgence, il appartenait au législateur d'assurer la conciliation entre, d'une part, la prévention des atteintes à l'ordre public et, d'autre part, certains droits individuels comme le droit au respect de la vie privée et à l'inviolabilité du domicile. Le Conseil a admis que l'administration puisse, sans autorisation préalable de l'autorité judiciaire, procéder à des perquisitions de jour ou de nuit dans la zone couverte par l'état d'urgence, mais non qu'elle puisse, de sa propre initiative, au cours de ces perquisitions, saisir des objets ou des données informatiques (déc. n° 2016.536 QPC du 19 février 2016) (v. *supra* n° 616).

B. La carrière des magistrats judiciaires

834. L'autorité judiciaire comprend deux sortes de magistrats : d'une part, les magistrats dits « du siège », dont le rôle principal consiste à rendre des jugements ou des arrêts, ce sont eux qui prennent des décisions au nom du peuple français ; d'autre part, les magistrats dits « du parquet », qui représentent auprès des tribunaux l'intérêt collectif de la société, et dont le rôle consiste notamment à prendre des réquisitions en matière pénale. Ils ne participent pas au jugement des affaires, de sorte que la décision judiciaire appartient exclusivement aux magistrats du siège. Tout magistrat peut occuper successivement (mais jamais simultanément) des fonctions relevant du siège et des fonctions relevant du parquet.

D'un point de vue constitutionnel, c'est surtout l'indépendance des magistrats du siège qu'il convient de garantir, car ce sont eux qui prennent les décisions les plus lourdes de conséquences. Ils sont donc protégés contre toute tentative de pression, principalement de la part du pouvoir exécutif, qui pourrait être tenté d'exercer des poursuites contre ses adversaires ou d'empêcher des poursuites contre ses partisans. L'article 64 C précise que les magistrats du siège sont inamovibles, ce qui signifie qu'ils ne peuvent pas être déplacés sans leur consentement, même si c'est en avancement. Il y a déjà là une garantie relativement importante : un magistrat du siège ne peut pas faire l'objet d'une mutation d'office destinée à l'empêcher de participer au jugement d'une affaire. Mais elle n'est pas suffisante pour assurer l'indépendance des magistrats.

En effet ceux-ci, comme les autres fonctionnaires, ont vocation à faire une carrière, c'est-à-dire à occuper des postes de plus en plus élevés à l'intérieur de la hiérarchie judiciaire. Le risque existe donc que le pouvoir politique tente de faire pression sur les magistrats, et en particulier sur les magistrats du siège, en leur promettant des promotions intéressantes et rapides.

D'après l'article 64 de la Constitution, le président de la République « *est garant de l'indépendance de l'autorité judiciaire* » et il est « *assisté par le Conseil supérieur de la magistrature* ».

Mais compte tenu des pratiques politiques de la Ve République, il n'est pas certain que cette garantie présidentielle soit toujours efficace. Les pressions susceptibles d'être exercées sur les magistrats judiciaires peuvent en effet provenir du gouvernement. Or, sauf peut-être durant les périodes de cohabitation, le président de la République apparaît en fait, sinon en droit, comme le véritable chef du gouvernement. On peut donc se demander s'il n'est pas lui-même trop profondément engagé dans la vie politique pour jouer un rôle d'arbitre entre l'autorité judiciaire et les autres pouvoirs de l'État.

Quant au Conseil supérieur de la magistrature, qui doit l'assister, le texte initial de la Constitution de 1958 l'avait placé sous la dépendance quasiment complète du chef de l'État. Le président de la République en nommait les membres et le présidait. Le rôle du CSM consistait essentiellement à donner des avis pour toutes les mesures importantes concernant la gestion de la carrière des magistrats. Mais, dans la plupart des cas, ces avis n'étaient que consultatifs et la décision définitive appartenait au président de la République.

Au total, le président de la République avait donc une emprise très forte sur la carrière des magistrats, et notamment sur celle des magistrats du siège.

Mais depuis une vingtaine d'années, à la suite de quelques grandes affaires judiciaires dans lesquelles étaient impliquées des personnalités politiques (financement occulte des campagnes électorales, délits d'initiés, ingérence, scandale du sang contaminé, etc.), les relations entre l'autorité judiciaire et les milieux gouvernementaux se sont considérablement détériorées : certains dirigeants politiques, voire certains membres du gouvernement en place, reprochaient à des magistrats de les harceler pour tenter de les déstabiliser ; de leur côté, les magistrats accusaient le pouvoir politique de ne pas respecter leur indépendance et d'exercer sur eux des pressions en vue de s'opposer à certaines investigations.

C'est pour tenir compte de ces circonstances que le titre VIII de la Constitution a été modifié en deux temps : en 1993 d'abord, selon les orientations proposées par le rapport du comité Vedel ; en 2008, ensuite, selon les orientations proposées par le rapport du comité Balladur. Ces modifications portent principalement sur la composition et les pouvoirs du CSM.

C. La composition du Conseil supérieur de la magistrature

835. Depuis 2008, il n'est plus présidé par le président de la République, ce qui traduit la volonté d'affirmer son indépendance vis-à-vis du pouvoir exécutif. Il comprend deux formations distinctes, l'une compétente à l'égard des magistrats du siège et présidée par le premier président de la Cour de cassation, et l'autre compétente à l'égard des magistrats du parquet, et présidée par le procureur général près la Cour de cassation. Ce sont ces formations qui exercent les attributions les plus importantes. La formation plénière n'est réunie que pour répondre à des demandes d'avis formulées par le président de la République ou par le ministre de la Justice.

En 1993, on avait voulu qu'il y eût parité, au sein de chaque formation, entre un collège professionnel (six magistrats désignés par leurs collègues[63]) et un collège non professionnel (six personnalités extérieures désignées de différentes manières).

Mais, en 2008, en vue de lutter contre le corporatisme, la parité a été rompue au profit des non professionnels, qui sont désormais au nombre de huit,

63. Cinq magistrats du siège et un magistrat du parquet pour la formation compétente à l'égard du siège, les proportions étant inverses pour la formation compétente à l'égard du parquet.

alors que le nombre des représentants des magistrats n'a pas changé. De plus, le collège des non professionnels ne représente plus principalement l'administration ou l'autorité hiérarchique : si l'on y trouve toujours un conseiller d'État, il comprend également un avocat et six personnalités qualifiées qui n'appartiennent ni au Parlement, ni à l'ordre judiciaire, ni à l'ordre administratif. Ces personnalités sont désignées par le président de la République et les présidents des deux assemblées selon les mêmes modalités que les membres du Conseil constitutionnel.

836. Les pouvoirs du Conseil supérieur de la magistrature ont été considérablement renforcés surtout en ce qui concerne les magistrats du siège.

Pour ces derniers, le Conseil dispose désormais d'un véritable pouvoir de décision : les nominations, les promotions doivent être faites tantôt sur sa proposition, tantôt sur son avis conforme, ce qui signifie que son accord est toujours indispensable. Pour les magistrats du parquet, en revanche, son rôle demeure relativement limité : il ne donne que des avis sur les nominations ou les promotions. Dans l'un de ses rapports annuels, le Conseil supérieur de la magistrature a regretté que la nomination des magistrats du parquet n'obéisse pas aux mêmes règles que celle des magistrats du siège car « *ces particularités nourrissent, à l'intérieur même du corps judiciaire mais aussi dans l'opinion publique, un soupçon sur l'indépendance des magistrats concernés vis-à-vis du pouvoir politique et sur leur liberté d'action...* »[64].

Il s'agit là d'une revendication ancienne qui repose sur des arguments théoriques et pratiques.

Sur le plan théorique, on fait valoir que les magistrats du parquet font partie de la magistrature, qu'ils reçoivent la même formation que leurs collègues du siège et que, au cours de leur carrière, tous les magistrats peuvent occuper indifféremment des fonctions du parquet et des fonctions du siège. Ils devraient donc bénéficier des mêmes garanties d'indépendance.

Sur le plan pratique, la subordination dans laquelle ils sont placés vis-à-vis du ministre de la Justice apparaît comme étant de nature à empêcher l'action publique de s'exercer de la même façon à l'égard de tous. Le droit français consacre en effet le principe de l'opportunité des poursuites. Les membres du parquet, avant de poursuivre une infraction dont ils ont connaissance doivent décider s'il est opportun de le faire et ils disposent pour cela d'un pouvoir discrétionnaire. On pouvait toujours soupçonner que, dans des affaires mettant en cause des personnalités politiques, le ministre ne donne des instructions pour poursuivre les adversaires du gouvernement ou protéger ses amis. On réclamait donc que le « cordon ombilical » avec le ministre soit coupé, comme il l'est dans d'autres pays, en Italie par exemple, et que, non seulement le ministre ne puisse leur donner des instructions, mais qu'il ne puisse ni les sanctionner, ni leur accorder des promotions. S'il pouvait les punir ou les récompenser, le ministre pourrait toujours s'assurer de leur obéissance à des instructions orales et informelles.

64. CSM (1996), p. 47.

À l'inverse, on pouvait estimer que la fonction exercée par les membres du parquet n'est pas de nature juridictionnelle, car ils ne tranchent pas des litiges, mais qu'elle est administrative ou exécutive, car mettre en mouvement l'action publique c'est demander au nom de l'État qu'une juridiction applique la loi. Le caractère exécutif de la fonction ressort d'ailleurs nettement du principe de l'opportunité des poursuites. Une autorité juridictionnelle n'est jamais censée statuer en opportunité, mais toujours dans le strict respect de la loi. Or, avec le principe de l'opportunité des poursuites, il peut arriver qu'une infraction ait été commise, que son auteur soit connu, que le sens de la loi pénale ne fasse l'objet d'aucune discussion et que néanmoins le parquet décide que cette loi ne doit pas être appliquée pour des raisons d'opportunité, qui ne sont au demeurant même pas rendues publiques (Hamon, 2017). C'est la raison pour laquelle, dit-on, cette décision relève d'une « politique pénale ». Or la détermination d'une politique, surtout lorsqu'elle consiste à refuser l'application de la loi, ne peut relever que d'une autorité elle-même politique. L'indépendance du parquet conduirait non seulement à affaiblir le principe de légalité mais aussi à porter atteinte à l'égalité devant la loi, puisque les politiques suivies par les procureurs pourraient être différentes, selon l'idéologie de leurs auteurs, de sorte qu'un type particulier d'infraction pourrait être poursuivi dans une région et non dans la région voisine.

Entre ces deux thèses, les pouvoirs publics balancent ou recherchent des compromis. Plusieurs réformes ont été envisagées ou tentées, mais aucune n'a jusqu'à présent abouti.

On a parfois voulu tirer argument à l'appui de l'indépendance du parquet d'une décision de la Cour européenne des droits de l'homme, qui avait estimé qu'en France, les membres du parquet ne sont pas suffisamment indépendants vis-à-vis du pouvoir exécutif pour qu'on puisse les considérer comme de véritables juges au sens que la Convention EDH donne à ce terme (arrêt *Moulin c/ France* du 23 novembre 2010). Cette jurisprudence n'interdit pas de confier aux membres du parquet des fonctions d'investigations ou de poursuites. Mais, à la différence des magistrats du siège, ils ne peuvent pas être chargés du contrôle de la « garde à vue », c'est-à-dire de la privation temporaire de liberté infligée à une personne qui est retenue par la police pour les besoins d'une enquête. S'il en était autrement, la France pourrait être condamnée pour infraction à l'article 5 de la Convention EDH qui prévoit que « *toute personne arrêtée ou détenue* (...) *doit aussitôt être traduite devant un juge ou un autre magistrat habilité à exercer des fonctions judiciaires* ».

Certains en ont parfois conclu que les magistrats du parquet devraient bénéficier du même statut et des mêmes garanties d'indépendance que les magistrats du siège. En fait, ce n'est pas ce qu'a voulu dire la CEDH. Elle a simplement indiqué que, étant donné leur statut actuel, ils ne peuvent être considérés comme des juges et par conséquent que certaines des compétences qu'ils exercent doivent leur être retirées pour être confiées à des magistrats du siège, mais cela ne signifie pas qu'ils ne peuvent exercer des fonctions d'investigation et de poursuite tout en conservant leur statut actuel.

D. Le régime disciplinaire des magistrats judiciaires

837 Comme tous les agents publics, les magistrats du siège peuvent faire l'objet de sanctions disciplinaires lorsqu'ils ont commis une faute professionnelle. Aux termes de l'article 43 de la LO relative au statut de la magistrature : « *Tout manquement par un magistrat aux devoirs de son état, à l'honneur, à la délicatesse ou à la dignité constitue une faute disciplinaire* ». Mais l'aménagement de leur régime disciplinaire pose un problème délicat car il s'agit de concilier deux exigences antinomiques.

D'un côté, ce régime doit comporter de solides garanties afin d'éviter que, par le biais de l'action disciplinaire, le pouvoir politique puisse porter atteinte à l'indépendance d'un magistrat du siège. Ces garanties concernent d'abord l'autorité compétente en la matière. À l'égard de ces magistrats, le pouvoir disciplinaire n'est pas exercé par le ministre dont ils dépendent – comme c'est le cas pour la plupart des autres agents publics – mais par une juridiction : le Conseil supérieur de la magistrature siégeant en formation disciplinaire. L'autorité hiérarchique, c'est-à-dire le garde des Sceaux ou son représentant, a l'initiative des poursuites, mais il ne peut prononcer lui-même aucune sanction, à l'exception des simples avertissements. En revanche, pour les magistrats du parquet, le pouvoir disciplinaire appartient au garde des Sceaux et le Conseil supérieur donne simplement un avis.

Les garanties portent également sur la notion même de faute disciplinaire : on admettra plus facilement l'existence d'une faute dans le comportement extérieur d'un magistrat que dans son activité juridictionnelle parce qu'il est difficile de porter un jugement sur les décisions prises dans l'exercice de cette activité sans remettre en cause l'indépendance du magistrat, sauf s'il s'agit d'une infraction pénale, comme par exemple la corruption.

Mais, d'un autre côté, certaines décisions prises par un magistrat du siège dans l'exercice de son activité juridictionnelle peuvent causer de graves préjudices (par exemple, détention provisoire en l'absence de présomptions sérieuses ou remise en liberté d'un criminel susceptible de récidiver) et il est difficile d'admettre que les fautes commises dans de tels domaines ne puissent pas être sanctionnées. En 2007, en raison de l'émotion provoquée par l'affaire d'Outreau, où plusieurs personnes mises en examen ont été finalement acquittées après avoir passé plus d'une année en détention provisoire, le Parlement, conformément aux recommandations d'une commission d'enquête, a modifié la loi organique en vue de sanctionner plus efficacement certaines fautes graves commises par les magistrats du siège. Il était prévu, d'une part, que la violation grave et délibérée par un magistrat de certaines règles de procédure constituait une faute disciplinaire et, d'autre part, que les personnes physiques ou morales estimant avoir à se plaindre du comportement d'un magistrat pouvaient saisir directement le médiateur de la République d'une réclamation. Mais, sur ces deux points, la réforme a été invalidée par le Conseil constitutionnel pour atteinte au principe de séparation des pouvoirs et à celui de l'indépendance de l'autorité judiciaire.

Selon le Conseil constitutionnel, ces principes s'opposent à ce que des poursuites disciplinaires puissent être engagées contre un magistrat pour violation d'une règle de procédure « *lorsque cette violation n'a pas été préalablement constatée par une décision de justice devenue définitive* » ; ils s'opposent également à ce que le médiateur de la République, qui est une autorité administrative indépendante, puisse s'immiscer dans une affaire concernant le fonctionnement de la justice judiciaire (déc. n° 2007-551 DC du 1er mars 2007, cons. 6 et 11).

Il semble donc que les fautes commises par les magistrats judiciaires dans l'exercice de leur activité juridictionnelle peuvent difficilement être sanctionnées lorsqu'elles n'ont pas été préalablement constatées par l'autorité judiciaire elle-même. C'est pourquoi la loi constitutionnelle du 20 juillet 2008 a prévu qu'un justiciable pourrait saisir non plus le médiateur ou une autre autorité administrative mais le Conseil supérieur de la magistrature statuant en formation disciplinaire (art. 90 C avant dernier alinéa). Un tel recours a effectivement été institué mais il est soumis à un encadrement très strict : la plainte ne peut être déposée par un justiciable que si elle est dirigée contre le comportement d'un magistrat à l'occasion d'une procédure concernant ce justiciable ; elle est irrecevable tant que ce magistrat demeure saisi de la procédure en question ; elle ne peut plus être présentée après l'expiration d'un délai d'un an suivant une décision mettant fin à cette procédure ; elle est examinée par une commission des requêtes qui peut la rejeter ou la renvoyer au conseil de discipline, la décision de rejet n'étant susceptible d'aucun recours[65].

Le projet de révision constitutionnelle déposé par le gouvernement en mai 2018 prévoit un rapprochement entre le statut des magistrats du parquet et celui des magistrats du siège. D'après l'article 12 de ce projet, d'une part, les magistrats du parquet seraient nommés sur avis conforme de la formation du Conseil supérieur de la magistrature et, d'autre part, cette même formation statuerait comme conseil de discipline à l'égard des magistrats du parquet.

§2. Les juridictions administratives

838. Ainsi qu'on l'a indiqué, il existe en France deux ordres de juridictions totalement distincts : les juridictions judiciaires, coiffées par la Cour de cassation, qui sont compétentes pour juger les litiges entre personnes privées ainsi que les affaires pénales ; les juridictions administratives, coiffées par le Conseil d'État, qui sont compétentes pour juger les litiges de nature non pénale qui opposent un particulier à l'État ou à une autre personne publique. Tout ce qui vient d'être dit ne concerne que les magistrats de l'ordre judiciaire. La Constitution de 1958 ne s'est préoccupée que de l'indépendance de ceux-ci, car ils sont les seuls qui puissent prononcer des peines privatives de liberté.

Toutefois, les juridictions administratives ont également un rôle important à jouer en ce qui concerne la protection des libertés publiques : sur recours

65. Voir l'article 50-3 de la loi organique relative au statut de la magistrature modifié par la loi organique du 22 juillet 2010.

pour excès de pouvoir, elles peuvent annuler les actes administratifs (y compris ceux dont l'auteur principal est le président de la République[66]) qui portent une atteinte non justifiée à un droit ou à une liberté. Ce contrôle de l'excès de pouvoir s'étend aux décisions prises par une autorité administrative indépendante comme le Conseil supérieur de l'audiovisuel (CSA). Il permet donc notamment au Conseil d'État de veiller au respect du principe selon lequel la majorité et l'opposition doivent avoir un égal accès aux médias audiovisuels[67].

C'est pourquoi, bien que le principe de la dualité de juridictions, considéré comme découlant de la conception française de la séparation des pouvoirs, ne soit pas inscrit noir sur blanc dans la Constitution, le Conseil constitutionnel lui a reconnu une valeur constitutionnelle : il s'agit de l'un des « principes fondamentaux reconnus par les lois de la République » (déc. n° 119-DC du 22 juillet 1980, cons. 6).

Section 3
Le Défenseur des droits

839. Sur le modèle de l'*ombudsman* scandinave et d'une institution espagnole plus récente, le *Defensor del Pueblo*, la loi constitutionnelle du 23 juillet 2008 a créé une nouvelle autorité publique : le Défenseur des droits (art. 71-1 C). La loi organique n° 2011-333 du 23 mars 2011 le qualifie d'« autorité constitutionnelle indépendante ». Selon le Conseil constitutionnel, cela signifie simplement qu'il s'agit « d'une autorité administrative dont l'indépendance trouve son fondement dans la Constitution »[68].

À la différence de la plupart des institutions étrangères qui remplissent des fonctions analogues, notamment de l'*Ombudsman* scandinave et du *Defensor del pueblo*, le Défenseur des droits est rattaché au pouvoir exécutif plutôt qu'au Parlement. Il est nommé par le président de la République pour un mandat d'une durée relativement longue (six ans), qui n'est pas renouvelable, de manière à mieux garantir l'indépendance de son titulaire. La procédure de l'article 13 C, qui prévoit la consultation préalable des commissions parlementaires compétentes, est applicable à cette nomination. Mais l'on sait que qu'un avis négatif de ces commissions ne fait pas obstacle à la nomination envisagée par le chef de l'État, sauf s'il a été rendu à la majorité des trois cinquièmes (v. *supra* n° 608). Une fois nommé, le Défenseur des droits bénéficie d'un statut qui protège efficacement son indépendance : il ne peut être mis fin à ses fonctions que sur sa demande ou en cas d'empêchement ; il ne

66. Voir par exemple l'arrêt *Canal* (19 octobre 1962) par lequel le CE a annulé une ordonnance du président de la République créant « une cour militaire de justice ».

67. Voir l'arrêt du 8 avril 2009 invalidant une décision par laquelle le CSA avait refusé de prendre en compte les interventions du chef de l'État pour le calcul du temps de parole accordé à la majorité.

68. Déc. n° 2011-626 DC du 29 mars 2011, cons. 5.

reçoit aucune instruction dans l'exercice de ses attributions ; lui-même et ses adjoints jouissent d'immunités aussi étendues que celles applicables aux parlementaires pour les actes accomplis dans l'exercice de leurs fonctions[69].

En 2014, le poste de Défenseur des droits est devenu vacant, par suite du décès de son titulaire, Dominique Baudis. Il est intéressant de noter que le président de la République, François Hollande, a choisi, pour occuper cette charge, un ancien garde des Sceaux appartenant au principal parti de l'opposition, Jacques Toubon. Par ce choix, il a sans doute voulu marquer que le Défenseur des droits n'était pas un responsable politique, mais plutôt un contrôleur indépendant, qui devait savoir prendre ses distances vis-à-vis des pouvoirs en place.

En 2020, à l'expiration du mandat de Jacques Toubon, le gouvernement a nommé pour le remplacer Claire Hédon, non plus une personnalité politique, mais une journaliste spécialisée dans les questions concernant la lutte contre la grande pauvreté.

À en juger par l'article 71 C, le Défenseur des droits a un champ de compétence à peu près équivalent à celui qu'avait le Médiateur de la République, institué par la loi en 1973 et auquel il s'est substitué : il est chargé de veiller au respect des droits et libertés par les administrations nationales ou locales, par les établissements publics, ainsi que par tout organisme investi d'une mission de service public, même si cet organisme a un statut de droit privé. Mais il faut signaler plusieurs différences importantes.

En premier lieu, son champ d'action est beaucoup plus large car la loi organique précitée lui a confié des attributions qui, auparavant, relevaient de la compétence d'autres autorités administratives indépendantes, notamment celles de l'ancien Défenseur des enfants (défendre et promouvoir l'intérêt supérieur et les droits de l'enfant) et celles de l'ancienne HALDE (Haute Autorité de lutte contre les discriminations directes ou indirectes, prohibées par la loi ou par un engagement international). Ces attributions peuvent donc l'amener à traiter des plaintes dirigées non seulement contre un service public mais aussi contre une personne ou une organisation privée.

En deuxième lieu, alors que le médiateur, au moins en principe, ne pouvait être saisi que par l'intermédiaire d'un parlementaire, le Défenseur des droits peut l'être directement par la personne qui s'estime lésée. Cette personne peut même être mineure lorsqu'il s'agit d'un enfant qui invoque la protection de ses droits ou une situation mettant en cause son intérêt. Il peut également se saisir d'office.

Enfin, le Défenseur des droits bénéficie du prestige que lui vaut sa consécration constitutionnelle, ce qui faisait défaut au médiateur dont la création avait été l'œuvre du législateur.

En raison de l'importance de sa mission et de l'ampleur de ses compétences, le Défenseur des droits dispose d'un appareil administratif assez impressionnant. 250 collaborateurs à son siège central et plusieurs centaines de correspondants à l'extérieur. Il traite environ 100 000 dossiers par an.

69. Voir l'article 2 de la LO du 29 mars 2011 relative au Défenseur des droits.

Si le Défenseur des droits estime qu'un agent public a commis une faute disciplinaire, il peut en informer l'autorité investie du pouvoir d'engager des poursuites disciplinaires. Mais il ne peut pas déclencher lui-même de telles poursuites, ce que le médiateur pouvait faire en théorie mais s'est toujours gardé de faire dans la pratique.

Le détail de ses attributions et les modalités de son intervention ont suscité de telles discussions lors de l'adoption par le Parlement de la réforme de juillet 2008, qu'ils ont dû finalement être renvoyés à une loi organique. De même que le Médiateur ou l'ombudsman, le Défenseur des droits n'a pas d'attributions proprement juridictionnelles de sorte que, à la différence du Conseil d'État ou du Conseil constitutionnel, son influence dépend moins de ses délibérations elles-mêmes, que de l'écho suscité par ses recommandations. On peut espérer qu'elles recevront une large publicité car, aux termes de l'article 71 C : « *Le défenseur des droits rend compte de son activité au président de la République et au Parlement* ».

Le comité Balladur avait souhaité que, en plus de son pouvoir de recommandation, le Défenseur des droits puisse avoir l'initiative de déclencher certaines procédures contentieuses, par exemple en saisissant le Conseil constitutionnel dans le cadre du contrôle *a priori* prévu par l'article 61 C. Cette proposition n'a pas été retenue probablement parce que les parlementaires, qui depuis 1974 ont toujours eu le monopole de cette saisine, ne souhaitaient pas y renoncer. En revanche, le Défenseur des droits peut demander des avis au Conseil d'État et déposer une requête devant le tribunal administratif compétent pour faire reconnaître des droits individuels en faveur d'un groupe de personnes ayant le même intérêt.

Par ailleurs dans un souci de clarification et d'efficacité, le comité Balladur avait souhaité que l'on regroupe, sous l'égide du Défenseur des droits, toutes les autorités administratives indépendantes qui étaient chargées d'attributions spécialisées se rattachant au même domaine. Certaines associations ont tenté de s'opposer à cette recommandation parce qu'elles craignaient que les intérêts sur lesquels elles ont pour mission de veiller soient moins efficacement défendus qu'ils ne l'étaient par des autorités indépendantes spécialisées. Des regroupements ont néanmoins été effectués : comme on vient de le voir, le Défenseur des droits hérite non seulement des attributions du Médiateur de la République mais aussi de celles de la Haute Autorité de lutte contre les discriminations et pour l'égalité (HALDE), du Défenseur des enfants et de la Commission de déontologie de la sécurité. Mais, pour tenir compte des réticences des associations, il est prévu que, pour l'exercice de ces attributions, il sera assisté par des collèges spécialisés.

840. Bibliographie

Sur le Conseil constitutionnel

Akandji-Kombé J.-F. (2015), « Les appréciations en conventionnalité du Conseil constitutionnel », *AJDA*, p. 732-739.

Alberton G. (2005), « De l'indispensable intégration du bloc de conventionnalité au bloc de constitutionnalité », *RFDA*, p. 249.

Avril P., Gicquel J. (2011), *Le Conseil constitutionnel*, Paris, Montchrestien, 6e éd.

Bacquet-Brehant V. (2005), *L'article 62, alinéa 2 de la Constitution du 4 octobre 1958. Contribution à l'étude de l'autorité des décisions du Conseil constitutionnel*, Paris, LGDJ.

Beaud O. (2015), « Brèves remarques sur la nomination du secrétaire général du Conseil constitutionnel », *AJDA*, p. 1009.

Benetti J. (2011), « Les incidences de la question prioritaire de constitutionnalité sur le travail législatif », *Constitutions*, n° 1, p. 23.

Bonnet J.

– (2009), *Le juge ordinaire français et le contrôle de la constitutionnalité des lois ; Analyse critique d'un refus*, Paris, Dalloz.

– (2014), « L'épanouissement de la jurisprudence État d'urgence en Nouvelle-Calédonie », *AJDA*, p. 467.

Bussy F. et Poirmeur Y. (2010), *La justice politique en mutation*, LGDJ, coll. Systèmes.

Camby J.-P.,

– (1999), « La nomination des membres du Conseil constitutionnel ou la liberté absolue de choisir », *RDP*, p. 1573.

– (1999), « Une loi promulguée, frappée d'"inconstitutionnalité" », *RDP*, p. 653-660.

– (2000), « L'article 37 alinéa 2 de la Constitution n'est pas un pouvoir discrétionnaire du Premier ministre », *RDP*, p. 1.

– (2003), « Supra-constitutionnalité : La fin d'un mythe », *RDP* n° 3, p. 671.

– (2004), *Le Conseil constitutionnel, juge électoral*, Paris, Dalloz, 3e éd.

Camby J.-P., Cottin S. (1999), *La procédure devant le Conseil constitutionnel*, Paris, La Documentation française.

Carcassonne G. et Duhamel O. (2011), *La question prioritaire de constitutionnalité*, Dalloz.

Chaix C. (2009), « La question préjudicielle de constitutionnalité : fin heureuse d'une exception française ? », *Polit.*, n° 15.

Champeil-Desplats V. (2001), *Les principes fondamentaux reconnus par les lois de la République. Principes constitutionnels et justification dans le discours juridique*, Paris, Economica.

Chamussy D. (2015), « Le Parlement et la QPC », *CCC* n° 47, p. 45-64.

Conseil d'État (2006), *Rapport public 2006 : Sécurité juridique et complexité du droit*.

Deumier P. (2015), « Les effets dans le temps des décisions QPC : un droit des conséquences des décisions constitutionnelles », *CCC*, n° 47, p. 65-74.

Di Manno Th.,

– (1994), *Le Conseil constitutionnel et les moyens et conclusions soulevés d'office*, Paris, Economica, Aix-en-Provence, PUAM.

– (1997), *Le juge constitutionnel et la technique des décisions « interprétatives » en France et en Italie*, Paris, Economica.

Dokhan D. (2001), *Les limites du contrôle de la constitutionnalité des actes législatifs*, Paris, LGDJ.

Drago G.,

– (1991), *L'exécution des décisions du Conseil constitutionnel. L'effectivité du contrôle de constitutionnalité des lois*, Paris, Economica.

– (2012), *Contentieux constitutionnel français*, Paris, PUF, 3e éd.

– (2010), « Le nouveau visage du contentieux constitutionnel », *RFDC*, n° 84.

Fatin-Rouge M. (2009), « Le Conseil constitutionnel dans la révision du 25 juillet 2008 : entre audace et modération », *RFDC*, n° 78, p. 270/298.

Favoreu L., Philip L.,

– (2013), *Les grandes décisions du Conseil constitutionnel*, Paris, Dalloz, 17e éd.

– (2005), *Le Conseil constitutionnel*, Paris, PUF, Que sais-je ?, 7e éd.

Favoreu L. et Mastor W. (2011), *Les cours constitutionnelles*, Dalloz, coll. Connaissance du droit.

Foucher K. (2010), « L'apport de la question prioritaire de constitutionnalité au droit de l'environnement », *RFDT*, n° 83.

Gahdoun P.-Y. (2010), « Repenser la priorité de la QPC », *RDP*, n° 6, p. 1709.

Hamon F. et Wiener C. (2011), *La justice constitutionnelle en France et à l'étranger*, LGDJ, coll. Systèmes.

Hourquebie F. (2004), *Sur l'émergence du contre-pouvoir juridictionnel sous la Ve République*, Bruxelles, Bruylant.

Jan P. (2010), *Le procès constitutionnel*, LGDJ, coll. Systèmes, 2e éd.

LEVADE A. (2010) « Comment articuler contrôle de constitutionnalité et contrôle de conventionnalité », *Constitutions*, p. 229.

LUCHAIRE F.,

- (1998), « Le Conseil constitutionnel et les lois de validation », *RDP*, p. 23.
- (2002), *Le Conseil constitutionnel*, Paris, Economica, 3 vol.

MAGNON X. (2010), « La QPC face au droit de l'Union : la brute, les bons et les truands », *RFDC*, n° 84.

MARTENS P. (2003), « Sur le juge constitutionnel », *RFDC*, p. 3 et s.

MASTOR W. (2005), *Les opinions séparées des juges constitutionnels*, Paris, Economica.

MATHIEU B (2013), *Question prioritaire de constitutionnalité, La jurisprudence (mars 2010-novembre 2013)*, LexisNexis.

MATHIEU B. et VERPEAUX M.

- (2002), *Contentieux constitutionnel des droits fondamentaux*, Paris, LGDJ.
- (2010) (dir.), *L'autorité des décisions du Conseil constitutionnel*, Dalloz, les cahiers constitutionnels de Paris I.

MAUGÜÉ C. (2015), « 5 ans déjà et toujours aucune prescription en vue », *CCC*, n° 47, p. 12-26.

MEINDL Th. (1997), « Le contrôle de constitutionnalité des actes de droit communautaire dérivé en France. La possibilité d'une jurisprudence Solange II », *RDP*, 6, p. 1665 et s.

MELIN-SOUCRAMANIEN F. (2005) (dir.), *L'interprétation constitutionnelle*, Paris, Dalloz.

MEUNIER J. (1994), *Le pouvoir du Conseil constitutionnel ; Essai d'analyse stratégique*, Paris-Bruxelles, LGDJ-Bruylant.

MILET F.-X. (2010), « Le dialogue des juges à l'épreuve de la QPC », *RDP*, p. 1730.

MONTALIVET P. de (2006), *Les objectifs de valeur constitutionnelle*, Paris, Dalloz.

MOUZET P. (2002), « Sur les revirements du Conseil constitutionnel », *RDP*, p. 1639 et s.

PERRIER J.-B. (2010), « La Cour de cassation et la question prioritaire de constitutionnalité : de la réticence à la diligence », *RFDC*, n° 84.

PFERSMANN O.

- (2001) (dir.) « L'accès des personnes à la justice constitutionnelle », *CCC*, n° 10.
- (2008), « Le renvoi préjudiciel sur exception d'inconstitutionnalité : la nouvelle procédure de contrôle concret *a posteriori* », *PA*, n° 254, p. 103/110.

PHILLIPE X. (2010), « La question prioritaire de constitutionnalité : à l'aube d'une nouvelle ère pour le contentieux constitutionnel français », *RFDC*, n° 82

RAINAUD A. (2009), « La consécration constitutionnelle de la Charte de l'environnement et du préambule de la Constitution : une avancée pour les justiciables », *Politeia*, n° 15.

RENOUX T. et DE VILLIERS M. (2011), *Code constitutionnel*, Paris, Litec.

Revue *Pouvoirs*,

- (1995), n° 74, « Les juges ».
- (2003), n° 105, « Le Conseil constitutionnel ».
- (2011) n° 136, « La question prioritaire de constitutionnalité ».

Revue *Les Nouveaux Cahiers du Conseil constitutionnel*

- (2010), n° 29, « La question prioritaire de constitutionnalité ».
- (2011), n° 30, « L'autorité des décisions du Conseil constitutionnel ».
- (2011), n° 31, « Le Conseil constitutionnel et le droit des biens et des obligations ».
- (2015), n° 47, « 5 ans de QPC ».

Revue *Constitutions*

- (2010), n° 1, « La question prioritaire de constitutionnalité en débat »

ROBERT J. (2000), *La garde de la République*, Paris, Plon.

ROUSSEAU D.,

(2000) (dir.), « Contributions au débat sur les opinions dissidentes dans les juridictions constitutionnelles », *CCC*, n° 8, octobre-février.

- (2012-2) (dir.), *La question prioritaire de constitutionnalité*, Gazette du Palais, 2e éd.
- (2016), *Droit du contentieux constitutionnel*, LGDJ, coll. Domat, 11e éd.

ROUX J. (2010), « La question prioritaire de constitutionnalité à la lumière de la décision du Conseil constitutionnel du 3 décembre 2009 », *RDP*, n° 1, p. 233

SCHNAPPER D. (2010), *Une sociologue au Conseil constitutionnel*, Gallimard.

STONE SWEET A. (2007), « The politics of constitutional review in France and Europe », *CON*, vol. 5, Number 1, p. 69-92.

TROPER M. (2001), « Le bon usage des spectres. Du gouvernement des juges au gouvernement par les juges », *Mélanges Conac*, Paris, Economica.

TUSSEAU G. (2009), *Contre les modèles de justice constitutionnelle. Essai de critique méthodologique / « Modelli » di giustizia costituzionale. Saggio di critica metodologica*, Préf. L. Pegoraro, éd. bilingue, trad. it. A. Morandini, Bologna, Bolonia University Press.

VERPEAUX M. et BONNARD M. (2007), *Le Conseil constitutionnel*, Paris, La Documentation française.

VIALA A. (1999), *Les réserves d'interprétation dans la jurisprudence du Conseil constitutionnel*, Paris, LGDJ.

YENG SENG W. (2005), « Le contrôle des lois promulguées dans la jurisprudence du Conseil constitutionnel, un mystère en voie de dissipation », *RFDC*, p. 35 et s.

ZAGREBELSKY G. (2010), « La doctrine du droit vivant et la question de constitutionnalité », *Constitutions*, p. 5.

Sur l'autorité judiciaire

AVRIL P.,

– (2003), « À propos de la réforme avortée du Conseil supérieur de la magistrature », in *L'esprit des institutions, l'équilibre des pouvoirs, Mélanges Pactet*, Paris, Dalloz, p. 473-582.

– (2017) « L'État de droit contre l'État républicain ? », *Le débat*, n° 196, p. 95-102.

BEAUD O. (2002), « L'émergence d'un pouvoir judiciaire sous la Ve République », *Esprit*, p. 108.

BÉCHILLON (DE) D. (2017), « Torquemada aux manettes », *Le débat*, n° 196, p. 103-106.

CONSEIL SUPÉRIEUR DE LA MAGISTRATURE, *Rapports annuels*.

GRAFFIN Th. (2001), « Le statut des magistrats devant le Conseil constitutionnel : une défense discutable de l'unité du corps judiciaire au profit d'une exigence forte d'indépendance des magistrats », *RDP*, p. 831 et s.

HAMON F. (2017), « L'État de droit et le principe de l'opportunité des poursuites », *Le débat*, n° 196, p. 107-113.

RENOUX Th.,

– (1984), *Le Conseil constitutionnel et l'autorité judiciaire. L'élaboration d'un droit constitutionnel juridictionnel*, Paris, Economica, Aix-en-Provence, PUAM.

– (1999), « Le pouvoir judiciaire en France et Europe continentale : approche comparative », *RDP*, n° 4, p. 965.

– (dir.) (1er octobre 2002 - 28 février 2003), « La justice dans la Constitution », *CCC*, n° 14.

SALAS D. (2000), *Le tiers pouvoir. Vers une autre justice*, Paris, Hachette.

SOULEZ-LARIVIÈRE D. et DALLE H. (dir.) (2002), *Notre Justice*, Paris, Robert Laffont.

TRUCHE P. (1997), *Rapport de la Commission de réflexion sur la justice*, Paris, La Documentation française.

Sur le Défenseur des droits

Centre d'études et de recherche de science administrative et politique (CERSA), *Actes du colloque de mai 2011 sur le Défenseur des droits*, à paraître en 2012, éditions de l'Université Paris II.

TEITGEN-COLLY C. (2011), « Le Défenseur des droits : un ovni dans le ciel constitutionnel », in J.-P. CAMBY, P. FRAISSEIX et J. GICQUEL (dir.), *La révision de 2008 : une nouvelle Constitution ?*, LGDJ.

BOUSTA R. (2011), *Le Défenseur des droits : une apparence trompeuse d'innovation*, rapport au VIIIe congrès français de droit constitutionnel, consultable sur : *http://www.Droitconstitutionnel.org/congrèsNancy*.

Rapport 2014 du Défenseur des droits (consultable sur le site officiel de cette institution).

Index

(Les chiffres renvoient aux numéros de paragraphes)

A

Absentéisme, 426, 678
Abstention, v. Absentéisme
Acte additionnel, 350
Adresse, 355
Afrique du Sud, 131, 234
Allemagne, 177, 234
Amendement, 751
Amparo, 60, 239, 258
Angleterre, 209
Arbitrage, 604
Article 49.3, 705
Assemblée nationale, 372, 644
Assemblée nationale constituante, 324
Australie, 126, 171, 234
Autocratie, 79
Autonomie, 70
Autorité judiciaire, 115, 154, 832
Autorités administratives indépendantes, 152, 739
Autorité de la chose jugée, 828
Autriche, 59

B

Balance des pouvoirs, 77, 92, 341
Balladur, v. Comité Balladur
Bayeux (discours de), 468, 646
Bicaméralisme, 118, 234, 238, 245, 256, 264, 341, 380
Bicamérisme, v. Bicaméralisme
Biélorussie, 299
Bill of Rights, 211, 265
Bipartisme (en Angleterre), 183, 229
Bloc de constitutionnalité, 720, 724, 820
Brésil, 13
Brexit, 232
Bulgarie, 299
Bundesrat, 237
Bundestag, 177, 238

C

Cabinet (britannique), 225
Canada, 234
Catalogne, 255, 257
Cavalier budgétaire, 771, 775
Centralisation, 70
Centralisme démocratique, 284
Chambre des communes, 219
Chambre des Lords, 221
Chambre (des pairs), 354
Chambre des représentants (américaine), 264
Chancelier (allemand), 241
Charte, 353, 356
Check and balances, 108, 261
Chef d'État, 140
Chief Justice, 271
Chine, 301
Classification, 77, 94
Clause d'éternité
Coalitions, 403, 449
Cohabitation, 494, 610
Co-législateur, 329

Comité Balladur, 514, 547, 659, 696, 707, 742, 794, 811, 833, 836, 839
Comité constitutionnel, 444
Comité consultatif constitutionnel, 480
Comité consultatif pour la révision de la Constitution (Comité Vedel), 514
Comité Français de Libération Nationale, 412
Commission européenne, 312
Commission mixte paritaire, 757
Commission nationale des comptes de campagne et des financements politiques, 537, 559
Commissions parlementaires, 246, 252, 256
Communauté européenne, 305
Communautés autonomes, 255
Confédération, 72, 316
Congrès (américain), 263
Congrès (du Parlement), 607
Conseil constitutionnel, 791
Conseil de la République, 441
Conseil (des Anciens), 341
Conseil (des Cinq-Cents), 341
Conseil des ministres, 390, 637
Conseil d'État, 397, 838
Conseil économique, social et environnemental (de la Ve Rép.), 681
Conseil européen, 310
Conseil privé (britannique), 224
Conseil supérieur de la magistrature, 667, 833
Conseil de l'Union européenne, 310, 317
Conseil supérieur de l'audiovisuel, 341, 344, 667
Constitution (de l'an III), 205, 340
Constitution (de l'an VIII), 343
Constitution (de 1791), 203, 328
Constitution (de 1793), 204, 339
Constitution (de 1848), 359
Constitution (de 1852), 364
Constitution (de 1870), 368
Constitution (de 1875), 377
Constitution (de 1946), 428
Constitution (de 1958), 206, 484
Constitution (formelle), 32, 74, 210
Constitution (matérielle), 32, 74, 205
Constitution (rigide), 33
Constitution (Rivet), 374
Constitution (souple), 33
Consulat, 342
Contentieux constitutionnel, 798
Contra constitutionem, 47
Contra legem, 46
Contraintes, 47
Contreseing, 335, 389, 448, 607, 624, 715
Contrôle abstrait, 60
Contrôle *a posteriori*, 60
Contrôle *a priori*, 60
Contrôle concret, 60
Contrôle de constitutionnalité, 53, 798
Contrôle de conventionnalité, 737
Convention européenne des droits de l'Homme, 215, 724, 820
Convention nationale, 336
Conventions (de la Constitution), 39, 215
Corps législatif (en 1791), 330
Cortes, 256
Cour constitutionnelle (allemande), 239
Cour constitutionnelle (espagnole), 258
Cour constitutionnelle (italienne), 249
Cour constitutionnelle (russe), 297
Cour de justice de la République, 632
Couronne, 224

Cour suprême (des États-Unis), 59, 73, 271
Coutume, 45, 217
Crise, 71[illegible], 764
Cuba, 302

D

Décentralisation, 70, 497
Déclaration des droits, 38, 325, 338, 820
Déclassement, 807
Déconcentration, 70
Décrets-lois, 397, 455
Défenseur des droits, 839
Déficit démocratique, 308, 504
Définition (formelle), 17, 116
Définition (matérielle), 9, 116
Définition (méthode), 2, 116
Démocratie, 77
Démocratie (directe), 78, 119, 194
Démocratie (indirecte), 78
Démocratie (populaire), 285
Démocratie (représentative), 78
Démocratie (sociale), 422
Despotisme éclairé, 80
Désuétude, 47, 389
Dévolution, 220
Directoire, 340
Dissolution, 100, 228, 399, 461, 715
DOM-TOM (DROM), 498
Droit communautaire dérivé, 725
Droit constitutionnel (définition), 1
Droit de grâce, 392, 608, 764
Droit international, 722
Droit (naturel), 19
Droits fondamentaux, 16, 31, 36 et s.
Droits horizontaux, 239
Dualisme (de l'exécutif), 140, 299, 484

E

Écosse, 219, 230, 232, 233, 319
Effet cliquet, 822
Élection européenne, 539
Élection partielle, 544
Élection présidentielle, 560 et s.
Élections législatives, 541
Élections primaires, 267, 566
Éligibilité, 545, 566 et s.
Empêchement, 143
Empire (Premier), 347
Empire (Second), 367
Entonnoir (règle de l'-), 751, 757
Environnement (Charte de l'-), 819
Espagne, 253
État, 9, 64
État de droit, 34, 68, 289
État de nécessité, 242
État d'exception, 159, 613, 711
État d'urgence, 616
État (et droit), 65
État (fédéral), voir Fédéralisme
État (fonctions), 114
États Généraux, 324
États-Unis, 51, 59, 106, 261
État (unitaire), 70
Europe, 304
Euroscepticisme, 507
Évian (accords d'), 487
Exception d'inconstitutionnalité, 60, 273, 808
Exception d'inconventionnalité, 724
Exception d'irrecevabilité, 742, 754
Exception préjudicielle, v. Question préjudicielle
Exécutif (moniste et dualiste), 140
Executive agreements, 265
Expérimentation, 497, 747

F

Fédéralisme, 53, 73, 220, 234, 237, 250, 275, 293, 316
Filibustering, 264, 756
First past the post (FPTP), 169
Fonction gouvernementale, 136
Fonction juridictionnelle, 153
Fonction, v. Pouvoir
France Libre, 411

G

Gerry-mandering, 547
Gouvernement, 144 et suivants
Gouvernement (des juges), 60, 274, 830
Gouvernement (formes de), 76
Grande-Bretagne, 47, 210
Guerre, 77, 90, 143
Grèce, 182

H

Habeas Corpus, 214
Hare (système de), 178
Haute Cour, 146, 598
Haute trahison, 146, 388, 598
Hiérarchie des normes, 17, 397, 719, 724, 742, 747
Hondt (système de), 175
Hongrie, 280, 299

I

Initiative populaire, 244
Inflation législative, 777
Immunités, 600, 661
Impeachment, 146, 212, 265, 271, 600
Inamovibilité, 833
Incompatibilité, 629, 657
Inde, 131, 234
Indivisibilité (de la République), 495
Instabilité ministérielle, 245, 252, 403, 460
Interpellation, 401
Interprétation, 48
Investiture, 449
Inviolabilité, 140, 663
Irlande, 171, 178, 182, 232, 306 et s., 484
Irrecevabilité financière, 750
Irresponsabilité, 140, 144, 193, 388, 447, 598, 599, 661
Italie, 244
Israël, 110, 174

J

Japon, 259
Jurisprudence, 52
Jus cogens, 723
Jusnaturalisme, 19, 66

K

Kelsen, 60, 74 à 79, 131
Kompetenz Kompetenz, 316

L

La plus forte moyenne, 175
Le plus fort reste, 175
Légitimité, 12, 31, 55, 184
Libéralisme, 80
Lobbies, 268
Loi, 43, 116, 734
Loi écran, 736
Loi de finances, 770
Loi fondamentale, 37, 236, 243
Loi d'habilitation (art. 38 C.), 779
Loi organique, 40, 769
LOLF, 772
Loi référendaire, 787

M

Mandat (impératif), 193
Mandat (représentatif), 193
Marxisme, 280
Message, 268, 374, 607
Ministres, 100, 140, 621
Monarchie, 77, 224
Monarchie (parlementaire), 352
Monisme (de l'exécutif), 230
Monocamérisme, 237, 330
Monocaméral, v. Monocamérisme
Monocratie, 284
Motion de censure, 102, 699

N

Nation, 185, 196
Navette législative, 757
Neutrons législatifs, 735, 743
Normes, 2
  v. Hiérarchie
Nouvelle-Calédonie, 501
Nouvelle délibération, 760
Nouvelle-Zélande, 234

O

Objectif de valeur constitutionnelle, 820
Obstruction législative, 756
Oligarchie, 77
Opinio juris, 45
Opinion (dissidente), 273
Ordonnances, 133, 779
Ordre du jour, 676, 750
Organe, 117, 138

P

Pacta sunt servanda, 723
Panachage, 507
Parlement européen, 309
Parlementaire (régime), 100, 109, 209, 335, 352, 398
Parlementarisme rationalisé, 102, 252, 424, 467, 623, 664
Parti (unique), 285
Partis, 104, 163, 212, 219, 229, 403, 532
Patriot Act, 268
Perestroïka, 289
Plébiscite, 127, 343, 365
Pologne, 299
Population, 11, 12
Positivisme, 20, 31
Pouvoir constituant, 33
Pouvoir exécutif, 85, 130, 134, 329
Pouvoir judiciaire, v. Fonction juridictionnelle et autorité judiciaire
Pouvoir législatif, 33, 85, 116, 195, 380, 377, 725
Pouvoir réglementaire, 392, 738
Pouvoirs (de crise), 159, 613, 711, 764
Pouvoirs propres, 607
Praeter constitutionem, 46
Praeter legem, 46
Préambule, 38
Préambule de la Constitution de 1946, 430, 820
Premier ministre, 224, 607, 622
Primus inter pares, 390, 621
Président de la République, 592
Président du Conseil, 390
Présidentialisme, 98
Présidentialisation, 593, 610
Principes, 34, 35, 42
Principes fondamentaux reconnus par les lois de la République (PFRLR), 820
Principe général du droit (PGD), 736, 784
Principe de légalité, 68
Principe de participation, 73

Procédure accélérée, 637, 665, 758, 769
Projet de loi, 760
Promulgation, 760
Proposition de droit, 22
Proposition de loi, 760
Publication, 760
Puissance publique, 12, 13, 67

Q

Question de confiance, 102, 402, 459, 600, 623, 705
Question préalable, 677, 754
Question préjudicielle, 512, 737
Questions parlementaires, 686
Quotient électoral, 175
Quinquennat, 593

R

Ratification (traité), 776
Rationalisation du régime parlementaire, v. Parlementarisme rationalisé
Recall, 276
Référé législatif, 157
Référendum, 33, 120, 197, 339, 343, 414, 426, 572, 803
Régime parlementaire, v. Parlementaire (régime)
Régime présidentiel, 105, 261
Régime semi-présidentiel, 107, 484
Régime (socialiste), 281
Régimes (politiques), 94, 208
Règle d'or, 774
Règlement, 133, 135, 137, 396, 736, 801
Règlement (des assemblées), 42, 801
Renvoi en commission, 754
Représentation, 185, 328
Représentation (proportionnelle), 174, 437, 466, 546
Réserve parlementaire, 772
Responsabilité (pénale), 101, 140, 145, 212, 334, 402, 598, 632
Responsabilité (politique), 100, 355, 402, 598, 698
Restauration, 352
Révision, 34, 265, 347, 379, 406, 508
Révolution culturelle, 301
Révolution française, 321
Roi-reine (d'Angleterre), 224
Roumanie, 299
Russie, 291

S

Saisine blanche, 805
Science politique, 24
Scrutin (de liste), 170, 177, 256, 437
Scrutin (majoritaire), 168
Scrutin (modes de), 163
Scrutin (proportionnel), 173, 256, 296, 437
Sénat, 346, 366, 382
Sénat (américain), 106, 263
Sénatus-consulte, 348
Séparation des pouvoirs, 83, 99, 261, 278, 332, 341, 474, 837
Septennat, 376, 593
Slovaquie, 299
Sondages, 194, 230, 548
Sources du droit, 31
Souveraineté, 12, 196
Souveraineté (nationale), 198, 495, 504
Souveraineté (populaire), 197
Soviet Suprême, 283
Speaker, 667, 756
Subsidiarité, 314
Suffrage, 164
Suffrage (censitaire), 353, 517
Suffrage (restreint), 198, 331
Suffrage (universel), 164, 197, 204, 339, 358, 474, 517

Suisse, 97, 119, 173
Suppléant, 544
Supranationalité, 503
Syllogisme, 4, 154

T

Tchécoslovaquie, 299
Temps législatif programmé (TLP), 756
Territoire, 10
Théorie de la souveraineté, 188
Totalitarisme, 80, 286
Traité, 724
Traité d'Amsterdam, 305, 726
Traité de Nice, 305
Traité établissant une Constitution pour l'Europe, 304, 503, 512, 514, 726
Traité de Maastricht, 305, 503, 504, 512, 514, 803, 804
Traité sur la stabilité, la coordination et la gouvernance économique et financière (TSCG), 774
Transparence financière (de la vie politique), 532, 537, 559
Tribunal constitutionnel, 258
Tribunat, 345
Turquie, 581, 727
TTIP (Transatlantic Trade and Investment Partnership), 312

U-V-W

Ukraine, 299
Union européenne, 304, 502, 692, 725
Universalité, 165
URSS, 282
Vacance de la présidence de la République, 716
Validité, 6, 17
Veto, 92, 108, 128, 218, 268, 299, 333
Vice-président (États-Unis), 270
Vichy (régime de), 405
Volonté générale, 78
Vote blanc, 530
Vote bloqué, 755
Vote à main levée, 678
Vote public ordinaire, 678
Vote préférentiel, 176
Watergate, 265, 270
Weimar (République de), 239, 457, 484

Table des matières

Avertissement 13

Avant-propos 15

Principales abréviations 17

Bibliographie générale 19

Introduction Le droit constitutionnel 25

Section 1. Le droit constitutionnel ensemble de normes 25

§ 1. Le droit comme système de normes 25

§ 2. Le droit constitutionnel comme sous-système 31

A. Définition matérielle 32

1. La définition traditionnelle : le droit constitutionnel, droit de l'État 32

2. Insuffisance de cette définition matérielle 35

3. La Constitution, système d'organes 36

4. La Constitution, énoncé des droits fondamentaux 37

B. Définition formelle 39

Section 2. Le droit constitutionnel comme science 42

§ 1. Jusnaturalisme et positivisme 42

A. Le jusnaturalisme 42

B. Le positivisme juridique 43

1. Le modèle des sciences empiriques 43

2. L'objet de la science du droit est le droit 44

3. Le contenu de la science du droit, les propositions de droit 44

4. Le contenu de la science du droit constitutionnel 45

§ 2. Droit constitutionnel et science politique 46

A. L'unité du droit constitutionnel et de la science politique 47

B. La distinction du droit constitutionnel et de la science politique 47

C. Le renouveau du droit constitutionnel 48

D. Les rapports du droit constitutionnel et de la science politique aujourd'hui 49

PREMIÈRE PARTIE – THÉORIE GÉNÉRALE DE L'ÉTAT

Chapitre 1. La Constitution 55

Section 1. Les sources du droit constitutionnel 55
§ 1. La hiérarchie des sources de la constitution matérielle 57
A. La constitution formelle 57
1. La rigidité constitutionnelle 57
2. Fonction de la Constitution 60
3. Contenu de la constitution formelle. La question des préambules et Déclarations des droits 62
B. Les lois organiques 65
C. Les règlements des assemblées 65
D. Les lois ordinaires 66
§ 2. Les types de faits producteurs de droit 67
A. La coutume constitutionnelle 67
1. Définition 67
2. Position du problème 68
3. Les contraintes constitutionnelles 69
B. L'interprétation 71

Section 2. Le contrôle de la suprématie de la Constitution 76
§ 1. Légitimité du contrôle de constitutionnalité 77
A. Thèse de la légitimité du contrôle dans un système démocratique 77
B. L'objection tirée de la théorie réaliste de l'interprétation 79
C. Les théories modernes de l'interprétation 79
§ 2. Les formes du contrôle de constitutionnalité 80
A. Le mode de composition des juridictions constitutionnelles 80
B. Le mode de fonctionnement des juridictions constitutionnelles 83
§ 3. Le rôle des cours constitutionnelles dans le jeu politique 86

Chapitre 2. Le pouvoir 91

Section 1. Le cadre : l'État 91
§ 1. L'État et le droit 92
§ 2. L'État et l'espace, les formes d'organisation de l'État 95
A. L'État unitaire 96
B. L'État composé 97

Section 2. Les formes d'organisation du pouvoir 100
§ 1. Les formes de gouvernement 101
A. La classification ancienne 101
B. Les classifications contemporaines 103
§ 2. Le principe de la séparation des pouvoirs 107

A. La doctrine traditionnelle 107
1. La règle de la spécialisation 107
2. La règle de l'indépendance 107
3. Le résultat attendu 108
B. Les critiques à la doctrine traditionnelle 108
C. La séparation des pouvoirs au XVIIIe siècle 109
1. La distinction des fonctions législative et exécutive 109
2. Le contenu du principe de la séparation des pouvoirs : la règle négative ou l'interdiction du cumul 110
§ 3. Les régimes politiques 114
A. Exposé de la classification traditionnelle 115
1. La prééminence d'un organe 115
2. Équilibre des organes : les modalités de la séparation des pouvoirs 117
B. Critique 125
Section 3. Les techniques d'exercice du pouvoir 129
Sous-Section 1. Les fonctions de l'État 129
§ 1. La fonction législative 131
A. Définition 131
B. L'organe de la fonction législative 132
1. Les assemblées parlementaires 133
2. Le corps électoral statuant par voie de référendum 134
3. Le pouvoir exécutif comme organe législatif 141
4. Le juge constitutionnel 141
C. L'exercice de la fonction législative 143
1. L'organisation du travail législatif 143
2. Les difficultés 144
§ 2. La fonction exécutive 145
A. Le contenu de la fonction exécutive 145
1. La fonction exécutive *stricto sensu* 146
2. La fonction exécutive *lato sensu* 146
3. La fonction exécutive *latissimo sensu*, la fonction gouvernementale 147
B. Les organes de la fonction exécutive 148
1. Les organes suprêmes 148
2. Les organes subordonnés 156
3. Le démembrement du pouvoir exécutif 156
§ 3. La fonction juridictionnelle 157
A. Différentes conceptions de la fonction juridictionnelle 158
1. Le jugement-syllogisme 158
2. Le juge créateur 159
B. Les solutions 159

1. Les solutions françaises de l'époque révolutionnaire 160
2. Les solutions contemporaines. La théorie du pouvoir judiciaire 161
§ 4. Les pouvoirs de crise 162
A. La mise en œuvre 163
B. Détermination du bénéficiaire 164
C. Les pouvoirs conférés à cette autorité 164
Sous-Section 2. La désignation des gouvernants : le scrutin 165
§ 1. Le droit de suffrage 165
§ 2. Les différents modes de scrutin 167
A. Les systèmes majoritaires 167
1. Généralités sur les scrutins majoritaires 167
2. Le scrutin majoritaire uninominal à un seul tour (système britannique) 168
3. Le scrutin majoritaire uninominal à deux tours (système français) 169
4. Le vote alternatif (système australien) 171
B. Les systèmes proportionnels 173
1. Généralités sur les scrutins proportionnels 173
2. La mise en œuvre de la représentation proportionnelle 173
3. Quelques formes particulières de représentation proportionnelle personnalisée 176
C. Les systèmes mixtes 179
§ 3. Le choix d'un mode de scrutin 179
A. Les critères du choix 179
B. L'autorité compétente 180
C. Les tendances générales 182
Section 4. Les justifications du pouvoir 183
§ 1. La représentation 184
A. La théorie de la représentation 184
1. La notion de représentation 184
2. Difficultés de la théorie de la représentation 185
3. Spécificité de la théorie de la représentation en droit public 185
4. Théorie de la souveraineté et théorie de l'organe 186
B. Le mandat représentatif 187
1. L'objet du mandat 187
2. Les caractères du mandat 187
C. Signification moderne du gouvernement représentatif 189
1. Gouvernement représentatif et démocratie 189
2. La qualité de représentant 191

§ 2. La souveraineté 192
A. L'opposition traditionnelle de la souveraineté nationale et de la souveraineté populaire 194
1. La souveraineté populaire 194
2. La souveraineté nationale 194
B. Critique 195
1. Critique historique 195
2. Le présupposé implicite : la conception dogmatique des constitutions 196
C. Détermination du titulaire de la souveraineté 197
1. La Constitution de 1791 197
2. La Constitution de 1793 198
3. La Constitution de l'an III 198
4. La Constitution de 1958 199

DEUXIÈME PARTIE – LES PRINCIPAUX RÉGIMES CONSTITUTIONNELS ÉTRANGERS

Chapitre 1. Les régimes parlementaires 209
Section 1. Le régime britannique 209
§ 1. Les sources du droit constitutionnel britannique 212
A. Les sources écrites 212
B. Les sources non écrites : la coutume et les conventions de la Constitution 215
§ 2. Les organes 216
A. Le Parlement 216
1. La Chambre des communes 216
2. La Chambre des Lords 219
B. La Couronne 221
C. Le cabinet 223
§ 3. Le fonctionnement du système 228
A. Rapports juridiques entre organes : la façade parlementaire 228
B. Le rôle du système de partis : le bipartisme 229
§ 4. La dévolution 235
§ 5. Le parlementarisme dans le Commonwealth britannique 237
Section 2. Quelques variantes du régime parlementaire 241
§ 1. Le régime parlementaire en Allemagne 242
§ 2. Le régime parlementaire en Italie 250
§ 3. Le régime parlementaire en Espagne 259
§ 4. Le parlementarisme japonais 266

Chapitre 2. Le système constitutionnel des États-Unis 275

Section 1. Les organes 276

§ 1. Le Congrès 277

A. Organisation 277

B. Compétences 281

§ 2. Le président 287

§ 3. La Cour suprême 297

A. Composition de la Cour suprême 297

B. Compétences de la Cour suprême 298

Section 2. Les rapports politiques 304

§ 1. Le fédéralisme 304

§ 2. Les rapports entre organes 306

Section 3. L'inexportabilité du système constitutionnel américain . 308

Chapitre 3. Les États de l'Europe centrale et orientale 313

Section 1. Le régime socialiste 314

§ 1. L'URSS 314

§ 2. Les démocraties populaires 317

§ 3. Les signes de dysfonctionnement 317

Section 2. Les transformations : de la perestroïka à l'éclatement de l'URSS (1985-1991) 319

§ 1. La perestroïka 319

§ 2. La disparition de l'URSS 320

Section 3. La situation actuelle 321

§ 1. La situation actuelle de la Russie 321

A. Le fédéralisme 322

B. Le président 322

C. Le gouvernement 323

D. Le Parlement 324

E. La Cour constitutionnelle 325

F. Le fonctionnement des institutions 326

§ 2. La situation dans les anciennes démocraties populaires et les Républiques de l'ex-URSS 329

§ 3. Les variantes du régime socialiste hors d'Europe 334

A. La Chine 334

B. Cuba 339

Chapitre 4. L'Union européenne 343

Section 1. Les institutions 348

§ 1. Le Parlement européen 348

§ 2. Le Conseil européen 349

§ 3. Le Conseil 350
§ 4. La Commission européenne 350
§ 5. La Cour de justice (CJUE) 351
Section 2. Les compétences 352
Section 3. Quelques problèmes constitutionnels liés à la construction européenne 353
§ 1. Le fédéralisme 353
§ 2. La démocratie 357

TROISIÈME PARTIE – APERÇU SOMMAIRE D'HISTOIRE CONSTITUTIONNELLE DE LA FRANCE

Chapitre 1. Les Constitutions de la Révolution et de l'Empire 369
Section 1. L'œuvre de l'Assemblée nationale constituante 369
§ 1. La Déclaration des droits de l'Homme et du Citoyen de 1789-1791 370
§ 2. La Constitution du 3 septembre 1791 371
A. Souveraineté nationale et gouvernement représentatif 372
B. Le fondement de la Constitution : la séparation des pouvoirs 374
1. La thèse traditionnelle 374
2. Le principe de la séparation des pouvoirs en 1791 375
C. Le problème du pouvoir exécutif 377
1. Position du problème en 1790 377
2. La solution de la Constituante 378
D. La suprématie de la Constitution 379
Section 2. Les Constitutions de la Convention 379
§ 1. La Constitution de 1793 380
§ 2. La Constitution du 5 fructidor an III 381
Section 3. Le Consulat et l'Empire 384
§ 1. La Constitution du 22 frimaire an VIII 384
§ 2. Les modifications de la Constitution de l'an VIII 386
Chapitre 2. La monarchie parlementaire 391
Section 1. La Charte du 4 juin 1814 391
§ 1. Caractères généraux 391
§ 2. Les pouvoirs publics 393
§ 3. La pratique politique introduit le régime parlementaire 393
Section 2. La Charte du 14 août 1830 394
Chapitre 3. L'avènement du suffrage universel 397
Section 1. La Constitution du 4 novembre 1848 397

Section 2. Du Prince-président au régime impérial 1852-1870 399
§ 1. La Constitution du 14 janvier 1852 399
§ 2. L'Empire 401
§ 3. Le sénatus-consulte du 21 mai 1870 402

Chapitre 4. La IIIe République 403

Section 1. L'élaboration des lois de 1875 403
§ 1. Le gouvernement de l'Assemblée nationale 404
A. Le principat de M. Thiers 405
B. Le gouvernement de Mac-Mahon 406
§ 2. Les lois constitutionnelles de 1875 406

Section 2. L'organisation des pouvoirs publics 409
§ 1. Le Parlement 409
A. La Chambre des députés 409
B. Le Sénat 410
§ 2. Le pouvoir exécutif 412
A. Le président de la République 412
B. Les ministres 415

Section 3. Le fonctionnement des pouvoirs publics 416
§ 1. La législation 417
§ 2. Le jeu du régime parlementaire dans le cadre de la Constitution de 1875 420
A. L'action de l'exécutif sur le Parlement 420
B. L'action du Parlement sur l'exécutif 422
§ 3. Les déformations du régime parlementaire par la pratique politique 424

Chapitre 5. Les institutions politiques françaises de 1940 à 1946 427

Section 1. Le gouvernement de « l'État français » 427
§ 1. L'acte dit « loi constitutionnelle » du 10 juillet 1940 428
§ 2. L'organisation constitutionnelle du gouvernement de Vichy 429

Section 2. L'organisation de la continuité républicaine dans la France libre 431

Section 3. Les gouvernements provisoires et la préparation de la Constitution de 1946 432
§ 1. Le premier gouvernement provisoire 433
§ 2. Le régime provisoire de la loi constitutionnelle du 2 novembre 1945 434
§ 3. Le projet de Constitution du 19 avril 1946 437
§ 4. Le régime politique 439

Chapitre 6. La IVe République 443
Section 1. Notions générales 444
§ 1. Caractères de la Constitution de 1946 444
§ 2. La philosophie politique et sociale du régime 444
Section 2. L'organisation des pouvoirs publics 446
§ 1. Le Parlement 447
A. Les deux Chambres 447
B. L'Assemblée nationale 448
C. Le Conseil de la République 449
D. Le Comité constitutionnel 450
§ 2. Le pouvoir exécutif 451
A. Le président de la République 451
B. Le Conseil des ministres 452
Section 3. Le fonctionnement des pouvoirs publics 455
§ 1. La législation 456
§ 2. Les rapports entre les pouvoirs publics 457

QUATRIÈME PARTIE – LES INSTITUTIONS DE LA Ve RÉPUBLIQUE

Chapitre 1. Le cadre 465
Section 1. Origines et évolution de la Ve République 465
Sous-Section 1. Le problème de la réforme constitutionnelle en 1958 465
§ 1. Les maux 465
§ 2. Les remèdes 466
A. La réforme électorale 466
B. La rationalisation du parlementarisme 466
C. Le changement du mode de désignation du président de la République 467
Sous-Section 2. Préparation et adoption de la Constitution 468
§ 1. Le retour au pouvoir du général de Gaulle 468
§ 2. La loi constitutionnelle du 3 juin 1958 470
§ 3. L'élaboration du projet 472
A. La préparation de l'avant-projet (début juin-29 juillet) 473
1. Le rôle du président de la République 473
2. Le référendum 474
3. Le statut des membres du gouvernement 474
B. L'intervention du Comité consultatif constitutionnel (1er-14 août) 475
C. La mise au point du texte définitif (15 août-3 septembre) 476

§ 4. Le référendum constituant du 28 septembre 1958 476
Sous-Section 3. La Constitution et son application 477
§ 1. La nature des institutions 477
§ 2. Les institutions et la conjoncture politique 480
A. La période fondatrice 480
1. L'effacement politique du Parlement 480
2. L'affirmation de la prépondérance présidentielle 481
3. La relation directe entre le président et le peuple 481
B. La période de la continuité relative (1969-1981) 482
1. L'abandon de la pratique référendaire 483
2. Le développement de certains contre-pouvoirs 484
3. Le changement d'attitude de la majorité parlementaire 484
C. La période des alternances et des cohabitations (1981-2002) 484
D. La restauration de l'autorité présidentielle 489
E. L'implosion du système des partis 491
Sous-Section 4. Les principes d'indivisibilité de la République
et de la souveraineté nationale 492
§ 1. La République et ses collectivités composantes 492
A. Les collectivités territoriales métropolitaines 493
B. Les collectivités territoriales d'outre-mer 495
1. Les départements ou régions d'outre-mer (DROM)
régis par l'article 73 C 495
2. Les autres collectivités d'outre-mer régies par l'article 74 C 496
C. Le cas particulier de la Nouvelle-Calédonie 497
§ 2. La République et l'Union européenne 498
A. La construction européenne face à la Constitution française . 498
B. La représentation des citoyens français au sein de l'Union ... 502
Sous-Section 5. La rigidité constitutionnelle 504
§ 1. La révision dans le cadre de l'article 89 505
A. L'initiative 505
B. Les limitations du pouvoir de révision 505
C. La procédure 506
D. L'usage de l'article 89 507
§ 2. La révision en dehors du cadre de l'article 89 507
§ 3. L'état actuel du problème de la révision 510

Section 2. Le suffrage et l'encadrement de la vie politique 516
Sous-Section 1. Le corps électoral 516
§ 1. La composition du corps électoral 516
A. La nationalité 517
B. L'âge 518
C. La jouissance des droits civils et politiques 518
§ 2. Les conditions d'exercice du droit de vote 519

§ 3. Les modalités de l'exercice du droit de vote 520
A. Le vote est égal 520
B. Le vote est secret 521
C. Le vote est personnel 521
D. Le vote est facultatif 521
§ 4. Le problème des « discriminations positives » en matière électorale 522
Sous-Section 2. L'encadrement partisan 525
§ 1. Le statut des partis politiques 525
A. La liberté de création des partis politiques 527
B. Le droit à un financement public 529
C. La limitation stricte du financement privé 532
D. L'obligation de rendre des comptes 533
§ 2. L'évolution du système des partis 536
Sous-Section 3. Les principales votations politiques 537
§ 1. Les élections législatives 538
A. La périodicité 538
1. Les élections générales 538
2. Les élections partielles 540
B. Le régime des candidatures 541
C. Le mode de scrutin 542
1. Un scrutin uninominal : le problème du découpage 543
2. Un scrutin majoritaire : le problème des désistements 546
D. L'organisation et le financement de la campagne 547
E. Le plafonnement des dépenses 548
1. La réglementation des moyens de financement 549
2. L'obligation de tenir un compte de campagne 550
F. Le contentieux électoral 551
§ 2. L'élection présidentielle 555
A. La périodicité 556
B. Le régime des candidatures 556
1. Le recueil des parrainages 557
2. La publicité des parrainages 558
C. Le mode de scrutin 561
D. L'organisation et le déroulement de la campagne 563
E. Proclamation des résultats et contentieux 569
§ 3. Le référendum 570
A. Les différentes procédures 570
1. La procédure de l'article 11 570
2. L'article 89 576
3. La procédure de l'article 88-5 577
B. L'organisation du référendum 579

C. Contentieux et proclamation des résultats 580
D. Bilan politique du référendum 584
Sous-Section 4. La moralisation de la vie politique 588
§ 1. Le choix des collaborateurs 589
§ 2. Le pouvoir des parlementaires en matière de dépenses 590
§ 3. La prévention des conflits d'intérêts 590

Chapitre 2. Les organes 593

Section 1. Le statut du président de la République 593
§ 1. Durée et renouvellement des fonctions 593
§ 2. Responsabilité politique ou pénale du président 597
A. L'irresponsabilité présidentielle et ses limites 600
B. L'extension des immunités présidentielles 602
§ 3. Les pouvoirs du président 606
A. Les pouvoirs du président en période normale 606
1. Les missions du président 606
2. Les différentes attributions du président de la République 607
3. La « présidentialisation » du régime et ses limites 614
B. L'extension des pouvoirs présidentiels en cas de circonstances exceptionnelles 619
1. Le dispositif de l'article 16 619
2. L'État d'urgence de droit commun 625
Section 2. Le gouvernement 629
§ 1. L'organisation du gouvernement 629
A. Nomination et révocation des membres du gouvernement 629
B. Composition du gouvernement 633
§ 2. Le statut des membres du gouvernement 636
§ 3. Les attributions du gouvernement 642
Section 3. Le Parlement 649
Sous-Section 1. Composition du Parlement 650
§ 1. L'Assemblée nationale 650
§ 2. Le Sénat 651
Sous-Section 2. La protection de l'exercice du mandat parlementaire 657
§ 1. Les moyens matériels des parlementaires 658
§ 2. Les incompatibilités et la limitation des cumuls 659
§ 3. La situation patrimoniale et les intérêts des parlementaires 665
§ 4. Les immunités parlementaires 665
Sous-Section 3. Organisation et fonctionnement des Chambres 668
§ 1. Les sessions 669
§ 2. Les organes du travail parlementaire 672
A. Les organes de direction et de coordination 672

1. La présidence des assemblées 672
2 Le bureau 674
3. La conférence des présidents 675
B. Les organes politiques 675
C. Les organes de travail 677
1. Les commissions permanentes 677
2. Les commissions législatives spéciales 679
3. Les commissions d'enquête 680
4. Les offices et délégations 680
§ 3. La séance 681
Sous-Section 4. Le Conseil économique, social et environnemental (CESE) 687
Sous-Section 5. Les projets d'Emmanuel Macron 688

Section 4. Les rapports entre les pouvoirs 691
Sous-Section 1. Le contrôle informatif 692
§ 1. Les questions 692
A. Les questions écrites 692
B. Les questions orales 693
§ 2. Les commissions d'enquête et les missions d'information 695
§ 3. Les propositions de résolution 697
A. L'interdiction des propositions de résolution en 1959 698
B. La résurgence des propositions de résolution depuis 1992 dans le domaine des affaires européennes 698
1. La communication des projets et propositions d'actes communautaires 699
2. Les résolutions adoptées dans le cadre de l'article 88-4 ... 700
3. Les résolutions adoptées dans le cadre de l'article 88-6 ... 701
C. Le rétablissement des résolutions en 2008 et leur encadrement constitutionnel 702
§ 4. La notion d'évaluation des politiques publiques 703
Sous-Section 2. La responsabilité ministérielle 705
§ 1. La responsabilité du gouvernement devant l'Assemblée nationale 705
A. La mise en jeu de la responsabilité à l'initiative du gouvernement sur des orientations de politique générale . 705
B. La motion de censure ordinaire 706
1. La recevabilité des motions de censure 706
2. Le déroulement de la procédure 707
3. Les modalités du scrutin 707
C. La mise en jeu par le gouvernement de sa responsabilité sur le vote d'un texte 708
1. Les controverses concernant le quarante-neuf-trois 709
2. Le nouvel encadrement du quarante-neuf-trois 710

D. La situation d'un gouvernement renversé 711
§ 2. L'absence de responsabilité du gouvernement devant le Sénat .. 712
Sous-Section 3. Le contrôle parlementaire en période de crise 713
Sous-Section 4. Le droit de dissolution 718

Chapitre 3. Types de normes et compétences normatives 723

Section 1. Les normes dotées d'une autorité supérieure à celle des lois 723
§ 1. Les normes constitutionnelles 724
§ 2. Les normes internationales 725
A. Le droit international général 725
B. Le droit international conventionnel 726
C. Le cas particulier des normes d'origine communautaire 729
1. La notion de droit communautaire dérivé 729
2. Rappel de quelques étapes de la construction européenne 731
3. Le titre XV de la Constitution depuis l'entrée en vigueur du traité de Lisbonne 732
4. L'encadrement du droit communautaire par les juges nationaux 734

Section 2. Les normes législatives et réglementaires 739
§ 1. La fonction normative de la loi 740
§ 2. La séparation du domaine législatif et du domaine réglementaire 742
A. La limitation du domaine de la loi 743
B. La création d'un domaine réservé au pouvoir réglementaire .. 745
C. Le règlement des conflits de compétence 748
1. La procédure d'irrecevabilité de l'article 41 C 748
2. La procédure de contrôle de conformité de l'article 61 alinéa 2 C 749
3. La procédure de déclassement prévue par l'article 37 alinéa 2 C 750
D. Une séparation plutôt poreuse 753

Section 3. L'élaboration de la loi dans le cadre parlementaire 754
§ 1. Les lois ordinaires 754
A. L'initiative 754
B. Le droit d'amendement 759
C. Les grandes étapes de la procédure 762
1. Le rôle des commissions en matière législative 762
2. L'examen et le vote du texte par chaque assemblée 764
3. La navette et la solution des désaccords entre les deux assemblées 768
4. De l'adoption de la loi à sa promulgation 771
5. Les mesures de suspension de l'application de la loi 775

D. Les projets d'E. Macron 777
§ 2. Les procédures législatives spéciales 777
A. La procédure de révision constitutionnelle 777
B. Les lois organiques 778
C. Les lois de finances 780
1. La procédure des lois de finances 780
2. La présentation des lois de finances 781
3. La réserve parlementaire 782
4. Les contraintes tendant à garantir l'équilibre budgétaire .. 783
D. Les lois de financement de la sécurité sociale 786
E. Les lois autorisant la ratification d'un traité 787
§ 3. Le problème de l'inflation législative 787
Section 4. L'élaboration de la loi en dehors du cadre parlementaire 789
§ 1. La législation gouvernementale : les ordonnances de l'article 38 789
A. Les conditions de l'habilitation 790
B. Les effets de l'habilitation 792
1. Effet positif 792
2. Effet négatif 793
C. Le régime juridique des ordonnances et leur ratification 793
D. La pratique des ordonnances 795
§ 2. La législation populaire : les lois adoptées par la voie du référendum 797
§ 3. La législation présidentielle : les décisions prises en application de l'article 16 799

Chapitre 4. Justice et Constitution 805
Section 1. Le Conseil constitutionnel 806
Sous-Section 1. Composition et organisation du Conseil constitutionnel 807
Sous-Section 2. Les compétences du Conseil constitutionnel 816
§ 1. Le contrôle abstrait 818
A. Les lois organiques 818
B. Les règlements des assemblées parlementaires 819
C. Les lois ordinaires 819
D. Le cas des lois référendaires 824
E. Les lois constitutionnelles 824
F. Les engagements internationaux 825
G. Les « lois du pays » de la Nouvelle-Calédonie 827
H. Les actes des collectivités d'outre-mer autres que la Nouvelle-Calédonie 829
§ 2. Le contrôle concret : la question prioritaire de constitutionnalité 829
A. Un objet spécifique 830

B. Une procédure relativement facile à mettre en mouvement ... 831
C. Un mode de filtrage inhabituel ... 834
1. Un problème pratique : des effets dilatoires possibles ... 834
2. Un problème théorique : le risque de grignotage de certaines compétences du Conseil ... 836
D. Par rapport à quoi la QPC est-elle prioritaire ? ... 838
E. La procédure devant le Conseil constitutionnel ... 841
F. Les décisions QPC ... 843
Sous-Section 3. Le développement du rôle du Conseil constitutionnel ... 845
§ 1. L'assouplissement de la saisine ... 845
§ 2. La richesse des normes de référence ... 847
§ 3. La gradation savante des verdicts ... 851
§ 4. L'impact de la jurisprudence du Conseil constitutionnel ... 854
A. Une jurisprudence extensive ... 854
1. La hiérarchie des normes ... 854
2. L'équilibre des pouvoirs ... 855
3. La défense des droits et libertés ... 855
4. Le principe de sécurité juridique ... 857
B. Des décisions bénéficiant de l'autorité de la chose jugée ... 858
C. La complémentarité des voies de recours ... 861
D. Des problèmes en suspens ... 863
Section 2. Les juridictions judiciaires et administratives ... 866
§ 1. L'autorité judiciaire ... 867
A. Le rôle de l'autorité judiciaire ... 868
B. La carrière des magistrats judiciaires ... 869
C. La composition du Conseil supérieur de la magistrature ... 870
D. Le régime disciplinaire des magistrats judiciaires ... 873
§ 2. Les juridictions administratives ... 874
Section 3. Le Défenseur des droits ... 875
Index ... 881

MANUELS

Collection dirigée par Bernard AUDIT et Yves GAUDEMET

D. Amson : *Histoire constitutionnelle française, De la prise de la Bastille à Waterloo*, t. 1, 2010.
D. Amson : *Histoire constitutionnelle française, De la bataille de Waterloo à la mort de Louis XVIII*, t. 2, 2014.
D. Amson : *Histoire constitutionnelle française, De la mort de Louis XVIII à l'installation du nouveau régime (1824-1830)*, t. 3, 2016.
J.-J. Ansault : *Procédures civiles d'exécution*, 2019.
Ph. Ardant et B. Mathieu : *Droit constitutionnel et institutions politiques*, 33e éd., 2021.
B. Basdevant-Gaudemet et J. Gaudemet : *Introduction historique au droit, XIIIe-XXe siècle*, 4e éd., 2016.
A. Batteur, L. Mauger-Vielpeau : *Droit des personnes, des familles et des majeurs protégés*, 11e éd., 2021.
H. Belrhali : *Droit de la responsabilité administrative*, 2e éd., 2020.
N. Binctin : *Droit de la propriété intellectuelle*, 6e éd., 2020.
J.-R. Binet : *Droit de la bioéthique*, 2020.
J.-B. Blaise et R. Desgorces : *Droit des affaires*, 11e éd., 2021.
R. Bonhomme et M. Roussille : *Instruments de crédit et de paiement*, 14e éd., 2021.
C. Boussard et C. Le Berre : *Droit administratif des biens*, 2e éd., 2019.
C. Boutayeb : *Droit institutionnel de l'Union européenne. Les institutions, l'ordre juridique, les contentieux*, 6e éd., 2020.
C. Boutayeb : *Droit matériel de l'Union européenne*, 6e éd., 2021.
M. Bouvier, M.-Ch. Esclassan et J.-P. Lassale : *Finances publiques*, 20e éd., 2021.
B. Brachet : *Le système fiscal français*, 7e éd., 1997.
Ph. Braud : *Sociologie politique*, 14e éd., 2020.
C. Broyelle : *Contentieux administratif*, 9e éd., 2021.
F. Buy, J.-M. Marmayou, D. Poracchia et F. Rizzo : *Droit du sport*, 6e éd., 2020.
F. Buy, M. Lamoureux et J.-C. Roda : *Droit de la distribution*, 2e éd., 2019.
O. Cachard : *Droit du commerce international*, 3e éd., 2018.
D. Carreau et P. Juillard : *Droit international économique*, 4e éd., 1998.
M. Chagny et L. Perdrix : *Droit des assurances*, 4e éd., 2018.
J.-Ph. Colson et P. Idoux : *Droit public économique*, 9e éd., 2018.
G. Cuniberti : *Grands systèmes de droit contemporains*, 4e éd., 2019.
I. Dauriac : *Droit des régimes matrimoniaux et du PACS*, 5e éd., 2017.
A. Decocq et G. Decocq : *Droit de la concurrence, Droit interne et droit de l'Union européenne*, 8e éd., 2018.
A. Decocq et G. Decocq : *Droit européen des affaires*, 2e éd., 2010.
B. Delaunay : *Droit public de la concurrence*, 2e éd., 2018.
E. Derieux : *Droit des médias (Droit français, européen et international)*, 8e éd., 2018.
P. Deumier : *Introduction générale au droit*, 6e éd., 2021.
E. Dreyer : *Droit pénal spécial*, 2020.

J.-Y. Faberon et J. Ziller : *Droit des collectivités d'Outre-Mer,* 3e éd., 2007.
B. Fages : *Droit des obligations*, 11e éd., 2021.
F. Favennec-Héry et P.-Y. Verkindt : *Droit du travail,* 7e éd., 2020.
N. Fricero et P. Julien : *Procédure civile*, 5e éd., 2014.
M. Fromont et H. Maurer : *Droit administratif allemand,* 1995.
A. Gaillet, Th. Hochmann, N. Marsch, Y. Vilain, M. Wendel : *Droits constitutionnels français et allemand, Une perspective comparée*, 2019.
Y. Gaudemet : *Droit administratif,* 23e éd., 2020.
O. Gohin et J.-G. Sorbara : *Institutions administratives*, 8e éd., 2019.
G. Goubeaux et P. Voirin : *Droit civil,* 2 vol., t. 1, 41e éd., 2021, t. 2, 31e éd., 2020.
C. Grimaldi : *Droit des biens*, 3e éd., 2021.
F. Hamon et M. Troper : *Droit constitutionnel*, 42e éd., 2021.
J. Huet et E. Dreyer : *Droit de la communication numérique*, 2011.
J.-J. Israel : *Droit des libertés fondamentales,* 1998.
J.-C. Javillier, M. Moreau et J.-M. Olivier : *Droit du travail,* 7e éd., 1999.
L. Janicot et M. Verpeaux : *Droit des collectivités territoriales*, 2e éd., 2021.
J.-Y. Kerbourc'h, C. Willmann et J.-P. Chauchard : *Droit de la sécurité sociale,* 9e éd., 2020.
P. Kinder-Gest : *Droit Anglais,* vol. 1 : *Institutions politiques et judiciaires,* 3e éd., 1997.
J. Laroche : *Politique internationale,* 2e éd., 2000.
F. Leclerc : *Le droit des contrats spéciaux*, 2e éd., 2012.
D. Legeais : *Droit des sûretés et garanties du crédit*, 14e éd., 2021.
J. Leroy : *Droit pénal général,* 8e éd., 2020.
J. Leroy : *Procédure pénale*, 7e éd., 2021.
C. de la Mardière : *Droit fiscal de l'entreprise*, 2e éd., 2019.
B. Mathieu et M. Verpeaux : *Contentieux constitutionnel des droits fondamentaux,* 2002.
J. Mestre, M.-È. Pancrazi, I. Arnaud-Grossi, L. Merland et N. Tagliarino-Vignal : *Droit commercial,* 31e éd., t. 1, *Activité commerciale, Structures d'entreprise (commerçants, sociétés et autres groupements)*, 2021, t. 2, *Contrats, sûretés et moyens de paiement, Fonds de commerce et droits intellectuels, Commerce international, Prévention et traitement des difficultés*, 2021.
M.-L. Moquet-Anger : *Droit hospitalier*, 6e éd., 2021.
M.-L. Niboyet et G. de Geouffre de la Pradelle : *Droit international privé,* 7e éd., 2020.
H. Oberdorff : *Droits de l'homme et libertés fondamentales*, 8e éd., 2021.
F. Pérochon : *Entreprises en difficulté,* 10e éd., 2014.
J.-F. Renucci : *Droit européen des droits de l'homme,* 9e éd., 2021.
L. Richer et F. Lichère : *Droit des contrats administratifs,* 12e éd., 2021.
J. Rideau : *Droit institutionnel de l'Union européenne,* 6e éd., 2010.
J.-J. Roche : *Relations internationales*, 9e éd., 2021.
C. Santulli : *Introduction au droit européen*, 2020.
J.-C. Soyer : *Droit pénal et procédure pénale*, 21e éd., 2012.
F. Stasiak : *Droit pénal des affaires,* 2e éd., 2009.
L. Trotabas et P. Isoart : *Droit public (droit constitutionnel, droit administratif, finances publiques, droit administratif spécial)*, 24e éd., 1998.
D. Vidal : *Droit des sociétés*, 7e éd., 2010.

100 %

PAPIER INTÉRIEUR
100 % RECYCLÉ

L'ouvrage que vous tenez entre vos mains est imprimé sur

papier 100% recyclé.

Acteur de la transmission du savoir tout en étant toujours plus respectueux de l'environnement, Lextenso décide d'être le 1er éditeur juridique français à imprimer ses ouvrages sur du papier recyclé.

Cette évolution marque **une nouvelle étape dans la démarche écoresponsable** que nous avons initiée il y a plus de 5 ans : nous utilisons du papier d'origine européenne, issu de forêts gérées durablement et de sources contrôlées, des encres végétales et avons choisi d'imprimer en Europe (à moins de 500 km).

À l'horizon 2025, **notre ambition est d'éditer 80 % de nos ouvrages sur du papier recyclé.**

PEFC
10-31-1316

PEFC recyclé

Ce produit est issu de sources recyclées et contrôlées.

www.pefc-france.org

IMPRIM'VERT®

Imprimé en France sur des papiers provenant exclusivement de l'Union européenne et issus de forêts gérées durablement par Jouve-Print, 733 rue Saint-Léonard, 53100 Mayenne

Papier intérieur 100% fibres recyclées

Ce livre est imprimé sur un site sous management environnemental certifié AFAQ ISO 14001
Achevé d'imprimer en septembre 2021
Numéro d'impression : 2966589X
Dépôt légal : septembre 2021